J. Brandis

Das Münz-, Mass- und Gewichtswesen in Vorderasien bis auf Alexander den Großen

J. Brandis

Das Münz-, Mass- und Gewichtswesen in Vorderasien bis auf Alexander den Großen

ISBN/EAN: 9783741172625

Hergestellt in Europa, USA, Kanada, Australien, Japan

Cover: Foto ©ninafisch / pixelio.de

Manufactured and distributed by brebook publishing software (www.brebook.com)

J. Brandis

Das Münz-, Mass- und Gewichtswesen in Vorderasien bis auf Alexander den Großen

DAS MÜNZ-

MASS-, UND GEWICHTSWESEN

IN VORDERASIEN

IS AUF ALEXANDER DEN GROSSEN

von

J. BRANDIS.

BERLIN.
VERLAG VON WILHELM HERTZ.
([illegible])
1866.

Vorrede.

Jeder geordnete Handelsverkehr setzt die Möglichkeit voraus, den Werth der Waare auf allgemein gültige Weise zu bestimmen. Dazu gehört Feststellung ihrer Quantität, ihrer Qualität und ihres Preises. Die Quantität ermitteln wir durch Zählen, Messen und Wägen, die Qualität durch Vergleichung der vorliegenden Waare mit ihresgleichen, den Preis durch deren Vergleichung mit der Masse aller übrigen Verkehrsobjecte, indem wir sie höher oder geringer schätzen, jenachdem ihr Verhältniſs von Nachfrage und Angebot sich zu dem aller übrigen Waaren stellt. Den allgemeinen Werthmesser kann nur immer eine Waare darstellen, diese aber sehr mannigfaltiger Art sein. In Italien und Griechenland hat in einer früheren Culturperiode das Heerdenvieh, in einer späteren das Nutzmetall als Werthausdruck für alle übrigen Gegenstände gedient. Weder das eine noch das andere erfüllt die Forderungen, die der Verkehr an ein bequemes Zahlungsmittel stellt. Dasselbe muſs leicht transportabel, darf im Verhältniſs zu den übrigen Waaren weder zu selten noch zu häufig, im Verhältniſs zu seinem Werthe weder zu schwer noch zu leicht, muſs zu andern Zwecken verwendbar und doch nicht unentbehrlich, möglichst unveränderlich und schwer zerstörbar, und was zum Theil aus diesen Eigenschaften folgt, einen möglichst stabilen Eigenwerth besitzen; überdies muſs es leicht zu formen und so zu theilen sein, daſs der Werth jedes Theils im Verhältniſs zu seinem Volumen bleibt, endlich muſs die Schätzung seiner Quantität und Qualität auf eine möglichst einfache und allgemein gültige Weise erzielt werden können. Stoffe, die diese Bedingungen besser erfüllten als Gold und Silber, sind bisher nicht ausfindig gemacht worden. Das Verdienst, dieselben zu dem bezeichneten Zwecke zuerst verwandt zu haben, gebührt den Orientalen. In ganz Vorderasien finden wir sie bereits in uralter Zeit in allgemeinem Gebrauch. Von ihrer

Verwendung als Kaufmittel bis zu ihrer Verwandlung in Geld ist aber noch ein weiter Schritt. Je schneller und leichter der Preis der Waare bestimmt werden kann, desto einfacher wird der Verkehr. Es wird darauf ankommen, den Werthmesser so einzurichten, dafs er ebenso wie Zollstock und Pfund selbst nicht weiter gemessen zu werden braucht. So wie Jenes erreicht wird, wenn Mafs und Gewicht gesetzlich festgestellt und diese Bestimmungen durch die Behörde aufrechterhalten werden, so ist auch hierzu eine höhere Macht nothwendig, welche den Werthmesser normirt und für die Richtigkeit ihrer Normirung bürgt. Der Unterschied liegt darin, dafs Mafsstock und Gewicht nur als solche verwendbar, der Werthmesser dagegen, wofern er nicht blofses Symbol des dafür einlösbaren Werthes ist, selbst Waare bleibt. Bürgt nun der Staat oder ein anderes Institut von hinreichender Creditfähigkeit für Schrot und Korn der von ihm zu einem bestimmten Nennwerth als Zahlungsmittel in Umlauf gesetzten Stücke Goldes oder Silbers, so ist jenes Problem gelöst. Diese Stücke erhalten damit die Eigenschaft des Geldes. Als blofse Waare müfsten sie bei jedem Kaufact aufs Neue probirt und gewogen werden, als Geld werden sie gezählt. In welcher Form sie in den Verkehr gebracht werden, ob in Barren-, Stangen-, Platten- oder Kugelform ist vollkommen gleichgültig; nur wird ein Zeichen, welches die Garantie ihres Nennwerthes versinnlicht, unerläfslich sein. In den Ruinen von Ninive und Babylon haben sich derartig gestempelte Stücke Edelmetalls ebensowenig gefunden, wie in Memphis und Theben. Das Pharaonenreich und die vorderasiatischen Grofsstaaten haben den Gebrauch des Geldes nicht gekannt. Dasselbe ist vielmehr eine Erfindung der in Kleinasien angesiedelten Hellenen. Nur die Grundlage war gelegt. Die Edelmetalle circulirten in Vorderasien schon seit uralter Zeit als allgemein anerkannte Werthmesser; Gröfse und Gewicht, vielleicht auch die Form, in der dieselben sich für den Verkehr am besten eignen, waren gegeben, auch die Weise, die Bürgschaft des Staates blos durch Einprägung des Wappens zu bezeichnen, wie wir dies auf den ältesten Münzen finden, war eine alte orientalische Einrichtung und von den Griechen nur zuerst auf das Geld angewandt worden. Ja die Hellenen waren so abhängig von den in Babylon und Ninive geltenden Normen, dafs sie auch die dort bestehende Doppelwährung, auf der die Festsetzung eines zwiefachen Gewichtsfufses für Gold und Silber beruhte, mit hinübernahmen. Die beiden Edelmetalle ergänzen sich als Verkehrsmittel gegenseitig. Es ist ebenso unbequem sehr grofse Werthe mit Silber, wie sehr kleine mit Gold zu bezahlen. Allein es ist ein Irrthum, den das Alterthum sehr oft und in der neuern Zeit Frankreich wiederholt hat, für die beiden Metalle ein bestimmtes Werthverhältnifs festzusetzen. Wie der Preis aller übrigen Waaren im Verhältnifs zum Golde oder Silber nach dem Mafse von Nachfrage und Angebot steigt oder fällt, so schwankt auch der Werth des einen Metalls im Verhältnifs zu dem des andern, und es wäre ebenso verkehrt für beide einen festen Tarif bestimmen zu wollen, wie für Getreide oder Vieh, wie für Ländereien oder Gebäude. Wenn dies in der ältesten Münze von Phokaea, wie später in Sardes und Persepolis dennoch geschehen ist, so geht das auf Vorgänge zurück, die sich in den vorderasiatischen Grofsstaaten lange vor Erfindung des Geldes nachweisen lassen.

Dies genügt, um zu erklären, weswegen der Geschichte des asiatischen Münzwesens, eine Darstellung der in den dortigen Culturländern herrschenden Gewichts- und Verkehrsverhältnisse vorausgeschickt werden mufste. Da sich aber zeigte, dafs die der ältesten, ja der gesammten hellenischen und orientalischen Münzprägung zu Grunde liegenden Gewichtsnormen zu einem in sich vollkommen abgeschlossenen Mafs- und Gewichtsystem gehörten, so mufste auch dieses in den Kreis der Untersuchung und Darstellung gezogen werden. Es kann für einen jüngeren Forscher nichts Erfreulicheres geben, als ein von einem bewährten Meister mit unzulänglichen Mitteln gefundenes wissenschaftliches Resultat, mit Hülfe neuer Quellen und Beweismittel neu zu begründen und festzustellen. Wenn Boeckh in seinen metrologischen Untersuchungen bereits vor fast 30 Jahren den Beweis zu führen versuchte, dafs alle Mafse des Alterthums aus einer gemeinsamen Quelle abzuleiten und dafs diese in Babylon zu suchen sei, so wird die nachstehende Untersuchung, wie ich hoffe, dies Ergebnifs nicht nur bestätigen, sondern auch einen Schritt weiter gehn können und das babylonische Mafs- und Gewichtsystem, das sich bis heute in der Astronomie und selbst in unserer alltäglichen Zeiteintheilung behauptet hat, wenigstens in seinen Hauptmomenten wieder herstellen können. Boeckh's metrologische Forschungen haben ihre eigenthümliche Geschichte gehabt. Während seine Bestimmung des babylonischen und äginäischen Talents und des babylonischen Fufses durch umfangreichere Münzwägungen, durch die Auffindung wohljustirter assyrisch-babylonischer Originalgewichte und durch Messungen babylonischer und assyrischer Gebäude und Steine widerlegt und hierdurch seiner Beweisführung die Hauptstütze entzogen schien, gewann die Forschung durch Benutzung dieser neuen Quellen zugleich ein Mittel, um das von ihm entdeckte Gesammtresultat auf andere und umfassendere Weise zu begründen. — Es ist die Aufgabe des ersten Abschnitts dieser Untersuchungen, das babylonische Maß- und Gewichtsystem, welches die gleiche culturgeschichtliche Bedeutung für die alte Welt gehabt hat, wie das metrische System der Franzosen für die moderne, in seiner Gesammtheit darzustellen. Der zweite Abschnitt bildet den Uebergang zum dritten und behandelt die Geschichte des babylonischen Gewichts vor und nach Erfindung des Geldes. Das Geld wird hier vom Standpunkte des Metrologen, im dritten Abschnitt vom Standpunkte des Historikers betrachtet. Derselbe führt die Geschichte des asiatischen Münzwesens von der ersten Münzprägung in Phokaea bis auf die Zeit Alexanders des Grofsen hinab und stellt die Entwickelung desselben in den einzelnen hellenischen Städten der kleinasiatischen Küste, seine Fortbildung im lydischen und persischen Reiche und den Einflufs der Münzordnung des Krösos und Dareios bis zum Untergang der persischen Monarchie dar, wo zuerst innerhalb eines gröfseren Ganzen ein geordnetes Münzrecht Geltung erhielt und alle verschiedenen Fragen, die sich an die Münze als Verkehrsmittel knüpfen, zur Lösung gelangten. — Für die Art der Behandlung des Gegenstandes hatte Mommsen in seiner Geschichte des Römischen Münzwesens den Weg gezeigt und auch im Einzelnen der Untersuchung durch seine Uebersicht über das asiatisch-griechische Geldwesen im ersten Abschnitt jenes Werkes vorgearbeitet. Numismatisch waren dagegen nur einzelne Theile dieses grofsen Gebietes in einer den heutigen Ansprüchen genügenden Weise bearbeitet worden. So lagen die Untersuchungen des Herzogs von Luynes über die Satrapenmünzen und das kyprische Geld und Sir Ch. Fellows' Zusammenstellung der lykischen Münzen, aufserdem einzelne Beiträge zur kleinasiatischen Numismatik von Borrell, Burgon, dem Freiherrn v. Prokesch-Osten, Waddington und Leake vor. Für die Localisirung der einzelnen Sorten, die bei der grofsen Mannigfaltigkeit von Prägstätten und bei der Masse aufschriftsloser Münzen für diesen Theil der Münzkunde ganz besonders schwierig ist, war gewissermafsen eher zu viel als zu wenig geschehen, eine erneute Prüfung mufste manches vermeintliche Resultat zerstören und die Forschung zur Frage oder zum Zweifel zurückführen; als die erste und unerläfslichste Aufgabe blieb noch die Zusammenstellung des ganzen Materials und die Sichtung der einzelnen Münzreihen nach Gewicht und Alter übrig. Beides konnte mit Aussicht auf Erfolg nur durch Untersuchung der in den hauptsächlichsten Museen befindlichen Münzschätze selbst gelingen. Zu diesem Zweck habe ich wiederholt die

Sammlung des Britischen Museums (1861 und 1863), das Münzkabinet der Bibliothèque impériale (1860, 1863, 1864) und die seit 1863 dort aufgestellte für die vorliegende Aufgabe besonders wichtige Sammlung des Herzogs von Luynes, aufserdem die durch seltene kleinasiatische Münzen ausgezeichnete Sammlung des Herrn W. H. Waddington, sowie die orientalischen Münzen des Grafen v. Vogüé in Paris, in Berlin das Königliche Münzkabinet, die Sammlung des Kammerherrn v. Rauch und des Grafen v. Behr-Negendank, endlich in Turin die Königliche Sammlung für die betreffenden Gebiete durchgearbeitet, überall von den Besitzern und Beamten auf das Bereitwilligste und Zuvorkommendste unterstüzt. Ich darf es nicht unterlassen bei dieser Gelegenheit allen diesen Gelehrten, besonders den Herren W. S. W. Vaux, Ch. Newton, F. W. Madden und R. S. Poole in London, den Herren Chabouillet, E. Muret, W. H. Waddington und dem Grafen v. Vogüé in Paris, sowie Herrn v. Rauch, vor Allem aber Herrn Dr. J. Friedländer in Berlin meinen Dank auszusprechen. Ebenso bin ich Herrn Dr. Hayd in München für Mittheilungen über Münzen des dortigen Kabinets, Herrn Leemans in Leiden für Wägungen altägyptischer Goldringe des dortigen Museums und Herrn A. de Longpérier in Paris für Wägungen eines im Louvre befindlichen assyrischen und einer Anzahl bis dahin unbekannter babylonischer Gewichtsstücke zu grofsem Danke verpflichtet.

Das in den genannten Museen und in der mir zugänglichen Litteratur gesammelte Material findet sich in dem am Schlusse beigefügten Münzverzeichnifs zusammengestellt. Dasselbe umfafst nicht nur das asiatische Geld bis auf Alexander d. Gr. und wo es nöthig schien, darüber hinaus, sondern auch eine Uebersicht über die thrakisch-makedonischen Münzen, wozu die Darstellung der Verbreitung des babylonischen Gewichts Veranlassung gab, und überdies eine Zusammenstellung rheginischer, sicilischer, äginäischer und attischer Kupfersorten, auf die ich nicht umhin konnte bei der Geschichte des asiatischen Scheidegeldes näher einzugehn. Für die letzteren habe ich fast nur das Berliner, für die thrakisch-makedonischen, wie für die asiatischen Kupfermünzen daneben noch das Pariser Museum benutzen können. Was die Einrichtung des Münzverzeichnisses selbst betrifft, so konnte und brauchte auf die ältere Litteratur um so seltner zurückgegangen zu werden, da dieselbe für die asiatische Numismatik wenig ergiebig ist und überdies in der Regel von dem Gewicht der Münzen absieht. Dagegen sind Angaben über den Fundort, wo es möglich und nöthig war, und in dem Verzeichnifs der asiatischen

Gold- und Weifsgoldmünzen eine nähere Bezeichnung der Farbe des Metalls beigefügt. Der Augenschein kann zwar den Probirstein nicht ersetzen; dennoch lassen sich schon aus der Farbe des Goldes in Verbindung mit den gegenwärtig vorliegenden Analysen auf die Mischungsverhältnisse der einzelnen Sorten wenigstens im Allgemeinen richtige Schlüsse ziehn. Zu den bereits bekannten Analysen habe ich noch einige neue hinzufügen können, die theils schon früher vom Herzog v. Luynes, theils für diese Arbeit von mir veranlafst worden sind. — Da es in mancher Beziehung von Interesse ist zu wissen wie häufig die einzelnen Sorten und Nominale vorkommen, so habe ich in der Regel sämmtliche in den gröfseren Kabineten befindliche Exemplare notirt und in das Verzeichnifs aufgenommen[1]). Die Schwierigkeit, die darin liegt, neben den gemeinsamen Prägbildern die dem einzelnen Exemplare eigenthümlichen Schrift- und Beizeichen aufzuführen ohne die Uebersichtlichkeit zu beinträchtigen, habe ich dadurch zu lösen versucht, dafs ich die letztern besonders markirte[2]). Eine vollständige Sammlung derselben zu geben, lag indefs aufserhalb des Zweckes dieser Aufgabe, zumal da Magistratsnamen auf asiatischen Münzen kaum 50 Jahre vor dem Zeitpunkt, mit dem die Untersuchung abschliefst, auftreten. Dennoch sind diese sowohl wie die betreffenden Nebensymbole in der Regel überall beigefügt worden.

Da nicht nur die Untersuchung selbst, deren erster Abschnitt bereits im Herbst 1862 vollendet war, sondern auch der Druck dieses Werkes eine längere Reihe von Jahren in Anspruch genommen hat, so haben sich hier und da Ungleichheiten in der Orthographie einzelner Eigennamen eingeschlichen, die der Leser entschuldigen wird.

---

[1]) Die Ziffern, die das Münzverzeichnifs unmittelbar hinter Brit. Mus., Par. Mus. u. s. w. anführt, bezeichnen die Zahl der Exemplare, die von dem betreffenden Gewicht sich in der bezüglichen Sammlung vorfanden.

[2]) Die den einzelnen Exemplaren eigenthümlichen Bei- und Schriftzeichen sind stets in runden Klammern eingeschlossen.

Berlin, den 20. Mai 1866.

J. Brandis.

Verzeichnifs der Quellen.

Die hauptsächlichsten für das Münzverzeichnifs benutzten Werke und Schriften sind folgende:

E. Beulé Les monnaies d'Athènes, Paris 1858. gr. 8. rechnet, wie gegenwärtig alle Numismatiker mit Ausnahme der englischen, nach dem Gramme.

O. Blau Beiträge zur phönikischen Münzkunde, Leipzig 1852 u. 1855. 8.

— De nummis Achaemenidarum Aramaeo-persicis, Lipsiae 1855. 4.

H. P. Borrell Notice sur quelques médailles Grecques des rois de Chypre, Paris 1836 4. (ohne Gewichtsangaben).

— Unedited autonomous and imperial Greek coins im Numismatic Chronicle vol. III, 103 ff. 133 f. vol. IV, 1 ff. V, 173 ff. VI, 115 ff. 167 ff. VII, 45 ff. VIII, 2 ff. IX, 143 ff. X, 80 ff. XI, 67 f. rechnet wie alle englischen Numismatiker nach dem engl. Grain zu 0.064799 Gr.

Catalogue of the collection of Greek, Roman, Byzantine and Mediaeval coins of the late H. P. Borrell of Smyrna, London 1852. 8.

Cadalvène Recueil de médailles Grecques, Paris 1828. 4. (ohne Gewichtsangaben).

C. Combe Nummorum veterum populorum et urbium qui in museo G. Hunteri asservantur descriptio, Londini 1782. 4.

Taylor Combe Veterum populorum et regum numi qui in Museo Britannico adservantur, Londini 1814. 4.

E. M. Cousinéry Voyage dans la Macédoine t. 1. 2. Paris 1831. 4. (ohne Gewichtsangaben).

Du Mersan Description des médailles antiques du cabinet de M. Allier de Hauteroche, Paris 1829. 4. (ohne Gewichtsangaben).

Sir Charles Fellows Coins of ancient Lycia, London 1855. 8.

C. R. Fox Engravings of unedited or rare Greek coins, London 1856. 1. 2. 4.

Catalogue of the unique collection of Greek and Roman coins formed in the Levant by C. G. Huber, late consul-general for Austria in Egypt, London 1862. 8. Wägungen sind schon beigefügt.

Catalogue of the collection of ancient Greek coins in gold, silver and bronze, formed during a long official residence in Turkey by the Chevalier N. Ivanoff, Consul general for Russia at Smyrna, London 1863. 8.

W. M. Leake Numismata hellenica: a catalogue of Greek coins, London 1854. 4. A Supplement to N. h. London 1859. 4.

Ch. Lenormant Essai sur les statères de Cyzique in der Revue numismatique 1856. S. 7—46, 88—98, 152—163.

F. Lenormant Description des médailles et antiquités composant le cabinet de M. le Baron de Behr, Paris 1857. 8.

— Essai sur le classement des monnaies d'argent des Lagides, Blois 1855. 8.

Adrien de Longpérier Médaille inédite de Lycie in der Revue numismatique 1843. S. 325—338. Monnaies du Serapeum de Memphis. Trouvaille de Myt-Rahineh in der Revue Numismatique 1861. S. 407—428.

H. de Luynes Essai sur la numismatique des Satrapies et de la Phénicie sous les rois Achaeménides, Paris 1846. gr. 8. Supplément gr. 8.

Numismatique et inscriptions Cypriotes, Paris 1852. gr. 8.

J. Millingen Recueil de quelques médailles grecques inédites, Rome 1812. 4. (ohne Gewichtsangaben).

— Sylloge of ancient unedited coins, London 1837. 4. (ohne Gewichtsangaben).

T. E. Mionnet Description de médailles antiques Grecques et Romaines, Paris 1806—1813. 6 voll. 8.

— Recueil des planches, Paris 1808. 8.

— Supplément 1819—1837. 9 voll. 8. Die Gewichte der in diesem Werk beschriebenen griechischen Münzen des Par. Mus. hat Mionnet in seinem: Poids de médailles Grecques d'or et d'argent du cabinet royal de France, Paris 1839 zusammengestellt; er rechnet nach grains (= 0,0531 Gr.) und gros zu 72 grains.

L. Müller Numismatique d'Alexandre le Grand, Copenhague 1855. 8. Planches 4.

— Die Münzen des thrakischen Königs Lysimachus, Kopenhagen 1858. 4.

C. T. Newton A history of discoveries at Halicarnassus, Cnidus and Branchidae, London 1862. 8. Vol. II. p. 1. S. 45. 60.

— Travels in the Levant, London 1865. 8. vol. II. S. 24 f.

Catalogue of the Northwick collection of coins and medals, London 1859. 8.

Catalogue of the entire Pembroke collection of Greek, Roman — coins and medals, London 1848. 8. Von Burgon bearbeitet.

M. Pinder Geschichte und Uebersicht der Berliner Sammlung nebst erklärender Beschreibung einer Auswahl von Münzen, Berlin 1851. 8.

Freiherr v. Prokesch-Osten Inedita meiner Sammlung autonomer altgriechischer Münzen in den Denkschriften der Kaiserl. Wiener Akademie der Wissenschaft. Wien 1854. S. 231 ff. Die Fortsetzung 1859. S. 302 ff. rechnet in der ersteren Abhandlung (Ja. 1854) nach franz. grains, in der zweiten (Ja. 1859) nach gros und grains.

Domenico Sestini Descrizione degli stateri antichi, Firenze 1817. 4., rechnet nach Ducatengewicht zu 3,49 Gr.; doch sind seine ungenauen Wägungen durch die Mittheilungen Strebers bei Mommsen R. M. S. 4 f. überflüssig geworden.

Catalogue of the — collection of coins and medals formed — by the late Thomas Thomas, London 1844. 8., von Burgon bearbeitet.

W. S. W. Vaux On coins of Marathus im Numismatic Chronicle vol. XX. S. 84—100.

Vicomte de Vogüé Tétradrachme d'Azbaal roi de Byblos in der Rev. num. 1865. S. 217—210.

W. H. Waddington Mélanges de Numismatique et de Philologie, Paris 1861, Zusammenstellung seiner Aufsätze aus der Rev. numism. 1856—1861. Neuere Abhandlungen desselben Verfassers in der Rev. numism. 1863. S. 217—241. und 1865. S. 1—23. 223—226.

Catalogue of — Greek coins — the property of James Whittall — of Smyrna. London 1858. 8.

Inhaltsverzeichnifs.

Seite.

Erster Abschnitt. Das metrische System der Babylonier . . . . . . 1 — 40

I. Die ersten Mafsbestimmungen bis zur Entwicklung eines metrischen Systems . . . . . . 3 — 6

II. Das babylonische Sexagesimalsystem . . . . . . 7 — 16

III. Die Mafse der Sphäre und der Zeit . . . . . . 16 — 21

IV. Die Mafse des Raumes . . . . . . 21 — 26

V. Die Mafse der Materie . . . . . . 26 — 33

VI. Wechselverhältnifs der Mafse und Gewichte . . . . . . 33 — 38

Uebersicht über die asiatisch-griechisch-römischen Hohlmafse . . 39

Uebersicht über die Eintheilung der babylonischen Mafse 40

Zweiter Abschnitt. Geschichte des babylonischen Gewichts . . . . . 41 — 160

I. Das babylonische Reichsgewicht . . . . . . 43 — 53

II. Modificationen in der Eintheilung des babylonischen Talents . . 53 — 61

III. Das babylonische Gewicht in der persischen und lydischen Reichsprägung . . . . . . 61 — 72

IV. Der älteste Gold- und Silberverkehr in Vorderasien . . . . . . 72 — 83

V. Die babylonische Doppelwährung . . . . . . 83 — 105

VI. Geschichte des Fünfzehnstaterfufses und des schweren babylonischen Goldstaters in der Münzprägung . . . . . . 105—134

Uebersicht über die Maximalgewichte der nach dem Fünfzehnstaterfufs normirten asiatisch-griechischen Silbermünzen . . . . . . 134—137

VII. Geschichte des Zehnstaterfufses und des leichten babylonischen Goldstaters in der Münzprägung . . . . . . 138—160

Dritter Abschnitt. Das asiatische Münzwesen bis auf Alexander den Grofsen . . . . . . 161—385

I. Das asiatische Münzwesen vor Dareios . . . . . . 163—217

II. Das asiatische Münzwesen von Dareios bis auf Alexander den Grofsen 217—305

1. Die Gold- und Silberprägung . . . . . . 217—274

2. Die Kupferprägung . . . . . . 274—305

III. Uebersicht über die im persischen Reiche geprägten Münzsorten . 305—385

1. III. daskylitische Satrapie . . . . . . 305—319

2. I. ionische Satrapie . . . . . . 319—348

3. IV. Satrapie. Kilikien . . . . . . 348—355

4. II. lydische Satrapie 355

Seite.

5. V. Satrapie. Kypros, Phönikien und das Gebiet der Philistäer . . . 355—378
Kypros . . . . 365—373
Phönikien . . . . 373—378
6. Die übrigen Satrapien des persischen Reiches . . . . . 378—379
Schluss . . . . 380—385

Münzverzeichniss . . . . 386—594
I. Kleinasiatische Gold- und Silbermünzen vor Dareios . . . . . 386—402
1. Lydisches Reich . . . . 386—387
2. Griechische Städte . . . . 387—402
II. Asiatische Gold- und Silbermünzen von Dareios bis Alexander . 403—516
A. Kleinasiatische Goldmünzen . . . . 403—419
B. Die übrigen Münzen des persischen Reiches von Dareios bis Alexander . . . . 420—516
A. Grosskönigliches und Satrapengeld . . . . 420—431
B. Provinzialgeld . . . . 432—516
1. Silbermünzen der III. daskylitischen Satrapie . . . . . 432—447
2. Silbermünzen der I. ionischen Satrapie und Goldmünzen der Insel Rhodus und der karischen Könige . . . . 447—497
3. Silbermünzen der IV. Satrapie Kilikien . . . . 497—501
4. Gold- und Silbermünzen der V. Satrapie Kypros und Phönikien . . . . 501—516

Anhang.
1. Gold- und Silbermünzen von Thrakien und Makedonien . . . . 517—548
2. Kupfermünzen des persischen Reiches 549
1. Grosskönigliches Kupfer 549
2. Städtisches Kupfer . . . . 550—574
1. III. daskylitische Satrapie . . . . 550—557
2. I. ionische Satrapie . . . . 558—573
3. IV. kilikische Satrapie 574
4. V. Satrapie 574
3. Kupfermünzen von Thrakien und Makedonien . . . . 575—583
a) Thrakien . . . . 575—579
b) Makedonien . . . . 579—583
4. Kupfermünzen von Aegina und Athen . . . . 583—584
Aegina . . . . 583—584
Athen 584
5. Kupfermünzen von Rhegion und Sicilien . . . . 585—591
Berichtigungen und Nachträge zu dem Münzverzeichniss . . . 592—594
Berichtigungen und Nachträge zum Text . . . . 595—601
Register . . . . 602—622
Werthbestimmung der häufigsten asiatischen Münzsorten nach heutigem Gelde 623

ERSTER ABSCHNITT.

Das metrische System der Babylonier.

I. Die ersten Mafsbestimmungen bis zur Entwicklung eines metrischen Systems.

Mafs und Gewicht gehören in so hohem Grade zu den ersten und nothwendigsten Bedürfnissen der menschlichen Gesellschaft und die Erfindung derartiger Normen liegt so nah und bietet sich so unmittelbar und natürlich dar, dafs ein Volk selbst auf der untersten Stufe der Civilisation sich kaum ohne diese Elemente denken läfst. Die einfachsten Mittel zu messen und zu wägen findet der Mensch in der Natur selbst. Zur Bestimmung der Länge und Breite eines Gegenstandes bot sich der Finger, die Hand, die Spanne, der Arm, der Fufs, der Schritt ganz von selbst dar, zur Erfindung der Wage leitete die menschliche Gestalt; was man zuerst auf den beiden Händen gegeneinander abgewogen hatte, legte man später auf die Schalen der Wage, die man dem eignen Körper gewissermafsen nachgebildet hatte; ein weitrer Schritt führte zur Uebertragung eines bestimmten, nicht wechselnden Fufs- oder Ellenmafses auf den Mafsstock, und zur Fixirung einer Gewichtseinheit, nach der man die Schwere der Gegenstände gleichmäfsig bestimmen konnte. Ebenso einfach und natürlich ergab sich die Eintheilung des Fufses in vier Hand- und sechszehn Fingerbreiten, wie wir sie z. B. bei den Griechen finden, aus der Vergleichung und Combination dieser beiden Elementarmafse; dagegen setzt die duodecimale Eintheilung des Fufses, der wir in Italien bereits in einer frühen Entwicklungsperiode begegnen, einen Fortschritt und die Bildung eines bestimmten Zahlen- und Eintheilungsprincips voraus.

Ein mehr oder weniger bestimmt fixirtes Fufsmafs und Pfundgewicht wird sich daher bei allen Völkern, die auf einer nicht zu tiefen Culturstufe stehen, finden und bei ihnen wohl meist selbständig und unabhängig entwickelt haben; schwieriger war die Construirung eines irgendwie exacten Hohlmafses, ein solches wird daher wohl in der Regel einer etwas höhern Entwicklungsstufe angehören.

Die beiden nahverwandten Stämme, welche sich auf der italischen und hellenischen Halbinsel festgesetzt haben, sind, wie man bestimmt nachweisen kann, jeder bereits im Besitz eines eigenthümlich ausgebildeten Längen- und Gewichtsmafses gewesen, ehe sie unter einander oder mit dem phönikischen Kaufherrn in Verkehr traten.

Die älteste italische Gewichtseinheit, die *libra*, das heifst die auf der ausgestreckten Hand schwebende Last[1]) mit ihrer duodecimalen Unterabtheilung ist Italien ebenso eigenthümlich wie der italische Fufs, auf welchen die gleiche Eintheilung Anwendung fand. Beide unterscheiden sich wesentlich von den ältesten metrischen Normen der Hellenen, die wiederum schon lange bestanden hatten, ehe die phönikischen Kaufleute in die griechischen Buchten einliefen und tyrische oder babylonische Teppiche und Gewänder nach babylonischer Elle, oder Kupfer, Eisen und Silber nach der babylonischen Mine, oder orientalisches Oel, Wein und Salben nach dem Kab, Bath oder Maris abwogen und verkauften.

Die homerische Zeit bedient sich schon der Wage, und ihr Pfund war das *τάλαντον*, welches Wage und Last in einem Wort bezeichnet. Dasselbe war von geringem Gewicht und hat daher mit der spätern bekannten gröfsten Gewichtseinheit nichts als den Namen gemein[2]). Auch die schon angeführte Eintheilung des Fufses in vier Hand- und sechszehn Fingerbreiten ist gewifs eine uralte hellenische Erfindung. Homer mifst kleinere Entfernungen nach Handbreiten (*δῶρον*) und Ellen (*πυγών*)[3]), gröfsere Abstände nach Plethren oder Furchenlängen und Felder oder Gärten nach einem Flächenmafs (*γύης*), welches wie das Plethron mit dem Bepflügen des Ackers in Verbindung steht und den Raum bestimmt, welcher innerhalb eines bestimmten Zeitabschnitts mit

---

[1]) Vgl. Mommsen Röm. G. I S. 201. 3. Aufl.

[2]) Vgl. Boeckh Metrol. Unters. S. 33. Il. XXIII, 269 wird als dritter Kampfpreis ein Kessel, als vierter 2 Talente Goldes angegeben. vgl. Pollux IX, 55. Hultsch Griechische u. Römische Metrologie S. 104, 4. Böckh giebt Aristoteles (Schol. B. zu d. a. St.) Recht, welcher meint, das homerische Talent sei ein ganz unbestimmtes Gewicht gewesen. Allein da stets eine bestimmte Anzahl von Talenten, bald 10 (Il. IX, 122 XXIV, 232 XIX, 247 Od. IV, 129), bald 2 (Il. XVIII, 507 XXIII, 269. 614 Od. IV, 526), bald 7 (Od. XXIV, 274 IX, 202) aufgeführt werden, so kann man daran nicht wohl denken.

[3]) Vgl. Hultsch S. 83 Anm. 2. 3. S. 85 Anm. 13.

dem Pfluge bestellt werden kann[1]). Bei Hesiod finden wir auſser der Handbreite und Elle noch den Fuſs und die Spanne in Gebrauch[2]).

Alles dies sind eigenthümlich hellenische Normen, die erst später bis auf den Namen des Plethron und die alte Eintheilung des Fuſses und der Elle den orientalischen Maſsen gewichen sind.

Ebenso wie bei den griechischen und italischen Stämmen wird es ursprünglich auch bei allen übrigen Völkern der alten Welt gewesen sein, und jedes schon sehr früh seine mehr oder weniger genau fixirten metrischen Normen gehabt haben. Allein von diesen bis zu einem durchgeführten metrischen System ist noch ein weiter Schritt. Wenn auch erst am Ende des vorigen Jahrhunderts während der französischen Revolution der Versuch, ein solches auf rationeller Basis aufzubauen, gemacht und durchgeführt worden ist, so hat man doch bereits mehr als dreitausend Jahre vorher in Babylon eine Ordnung der Maſse und Gewichte ausgebildet, welcher die Principien, denen das metrische System der Franzosen folgt, nicht ganz fremd erscheinen und deren Formen selbst in Frankreich zum Theil noch heute in Gültigkeit sind.

Es ist bekannt, daſs das französische System um eine natürliche unveränderliche Maſseinheit zu gewinnen, von der Messung eines Quadranten des Erdmeridians oder der Entfernung des Pols vom Aequator ausging, den zehnmillionsten Theil desselben zur Einheit des Längenmaſses, dem Mètre, erhob, das Gramme oder die Gewichtseinheit nach dem Gewicht eines Cubik-Centimeters destillirten Wassers von der Temperatur thauenden Eises bestimmte, für die Quadrat-, Körper- und Hohlmaſse ebenfalls den Ausgangspunkt im Meter fand und die Rechnung mit allen diesen Gröſsen durch die Durchführung der Decimaltheilung

---

[1]) *πέλεθρον* Il. XXI, 407 Od. XI, 577. Das aus der *γύη* abgeleitete *τετράγυον* Od. XVIII, 374 ist nach des Dichters Vorstellung ein Stück Land, welches unter normalen Verhältnissen in einem Tag bepflügt werden kann und maſs nach Eustathios Erklärung zu Od. VII, 113 eine *γύη* im Quadrat. Hesychios und Etymologicum m. p. 242, 21 erklären *γύη* mit *πλέθρον*, wahrscheinlich der ähnlichen Wortbedeutung wegen; dagegen bestimmt der Schol. zu Hom. Il. IX, 579, wo ein *τέμενος πεντηκοντόγυον* vorkommt, das Maſs auf etwas weniger als 10 Klafter = 60 Fuſs. Es ist nicht zu erwarten, daſs das Maſs mit einem der spätern Längenmaſse genau übereinstimmte, da es bei der Reduction des alten hellenischen Fuſses nach dem babylonischen und der Einführung der darnach justirten Längenmaſse übergangen wurde und sich nur hier und da wie in Herakleia am Siris (vgl. die Tafeln von Herakleia C. J. III, 711) in der ursprünglichen Gestalt in Gebrauch erhielt.

[2]) Hesiod. *ἔργα καὶ ἡμέραι* v. 423 f. Hultsch S. 33, Anm. 2.

vereinfachte. Die Absicht eine natürliche feststehende Einheit allen Mafsen und Gewichten zu Grunde zu legen, ist auch bei diesem System nicht erreicht worden[1]), die eigentliche Grundlage desselben ist die alte Toise geblieben und genauere Erdmessungen haben seitdem ganz andre Bestimmungen des Erdquadranten ergeben. In dieser Beziehung ist die neuere englische Mafsregulirung, welche auf der Messung der Länge eines Pendels, der in einer gegebenen Breite unter bestimmten Voraussetzungen Secunden angiebt, basirt ist[2]), zweckmäfsiger verfahren. Den Vortheil, welchen es hat, alle Mafse auf dieselbe Einheit zu begründen, haben die beiden genannten Systeme unter einander und mit den meisten jetzt gültigen Mafssystemen gemein; dagegen zeichnet sich das französische System vor allen andern durch seine bequeme decimale Theilung aus und verdankt dieser seine stets wachsende Verbreitung.

Grade hierin wird es aber durch das erste metrische System, welches überhaupt diesen Namen verdient, durch das, welches die Babylonier ausgebildet haben, übertroffen. Denn das babylonische Eintheilungsprincip ward nicht nur auf die Mafse des Raumes und der Materie, sondern auch auf die der Zeit angewandt, für welche es sich bis auf den heutigen Tag siegreich behauptet hat, und die Zahl, auf der es beruht, verdient für den praktischen Gebrauch beim Wägen und Messen durch ihre mannigfaltigere Theilbarkeit vor der Decimale den entschiedenen Vorzug.

Auch die Idee Flächen-, Hohlmafs und Gewicht auf eine und dieselbe Einheit zu begründen und so die eine Norm durch die andere zu controlliren, ist wahrscheinlich den Babyloniern nicht fremd gewesen. Dafs sie dabei von einer natürlichen, jederzeit wieder herzustellenden Bestimmung ausgegangen seien, läfst sich freilich nicht nachweisen. Indefs kann man bei Erwägung aller in Betracht kommender Momente die Vermuthung nicht unterdrücken, dafs sie auch hierzu einen wenn auch unvollkommenen Versuch gemacht haben.

---

1) Dove, Ueber Mafs und Messen. 2. Aufl. Berlin 1835. S. 12 f. „Von dem mètre vrai et définitif kann man daher nur sagen, dafs es ein gesetzlich bestimmter Theil der Toise du Pérou ist, welcher näherungsweise dem zehnmillionsten Theil des Erdquadranten gleich ist. Die Grundlage des neuern französischen Mafses ist daher die Toise geblieben.

2) Dove S. 33 f.

II. Das babylonische Sexagesimalsystem.

Wir gehen zunächst auf ihr Eintheilungsprincip näher ein. Die babylonische Weise die Zahlen zu benennen und zu bezeichnen war wesentlich dieselbe wie die der übrigen Völker der alten Welt; sie beruhte wie die der Semiten, Griechen und Römer auf der Decimale; die Babylonier besafsen besondere Zeichen für Eins, Zehn, Hundert, Tausend und drückten alle Zahlen durch die Vervielfältigung dieser Zeichen aus [1]). Unsere Rechnung nach dem indisch-arabischen Zahlensystem kannten sie aber ebensowenig wie die eben genannten Völker. Dagegen haben sie ein anderes arithmetisches System ausgebildet, welches auf der Grundzahl 60 beruht und wie das sogenannte dekadische System jedem Zahlzeichen einen von seiner Stellung abhängigen Werth giebt. Hiernach waren ihre Rechentabellen eingerichtet und sämmtliche Mafse des Raumes, der Zeit und der Materie eingetheilt. Wir kennen noch die Namen der beiden ersten Rangstufen dieser Ordnung, in welcher die Einheit jedes folgenden Ranges das 60fache des vorhergehenden beträgt. Es ist der *Sossos*, welcher 60 und der *Saros*, welcher 60 × 60 oder 3600 Einheiten in einem Ausdruck zusammenfafst. Während die Stufenleiter des Decimalsystems von Eins zu Zehn, von Zehn zu Hundert, von Hundert zu Tausend u. s. w. fortschreitet, und durch die den Zahlen angewiesene Position angedeutet wird, zu welchem Range jede einzelne Ziffer gehört, nimmt das Sexagesimalsystem der Babylonier die Zahl 60 als Grundzahl an, bildet jeden folgenden Rang durch die Multiplication des vorhergehenden mit jener Grundzahl, schreitet daher von 1 zu 60, von 60 zu 3600, von 3600 zu 216000, von 216000 zu 12960000 u. s. w. in geometrischer Progression fort und weist jeder Zahl ihren Rang durch ihre Stellung an.

Zunächst finden wir dies System auf dem Fragment einer assyrischen Zahlentabelle an[illegible], welche sich im Britischen Museum be-

---

[1]) Ueber die Zahlzeichen für [illegible] vergl. die Tabelle auf S. 8, für die höhere den babylonischen Text der [illegible] Behistun in Rawlinson's Memoir on the Babylonian and Assyrian Inscriptions Journal of the R. As. Soc. vol. XIV, 1 a. R. lin. 56. und Norris Memoir on the Scythic version of the Behistun Inscription. S. 77 a. a. O. vol. XV. Ueber die Zahlwörter vergleiche die in der folgenden Anmerkung angeführte Schrift von Rawlinson S. 219 und Oppert, Éléments de la grammaire assyrienne. Paris 1860. S. 83 ff.

findet und von Sir H. Rawlinson entziffert worden ist[1]). Auf derselben werden die Quadrate von 1 bis 60 aufgeführt, die Gröfsen nach Saren, Sossen und Einern abgetheilt und der Rang jeder Ziffer durch ihre Position bestimmt, so dafs zum Beispiel dasselbe Zeichen zugleich 1, 60 und 3600 ausdrückt.

Ein Blick auf die letzten Reihen dieser Tabelle, welche hier mit einigen erklärenden Zusätzen wiedergegeben werden, genügt, um sich von der eigenthümlichen Logistik der Babylonier einen Begriff zu bilden.

	(Sossen) (Einer)		Quadrat von (Einer)	
(52 × 60 + 16 = 3136 =)		—		(= 56²)
(54 × 60 + 9 = 3249 =)		—		(= 57²)
(56 × 60 + 4 = 3364 =)		—		(= 58²)
(58 × 60 + 1 = 3481 =)		—		(= 59²)
	(Saren)		(Sossen)	
(60 × 60 = 3600 =)		—		(= 60²)

---

[1]) Journal of the Royal As. Soc. XV. Notes on the early history of Babylonia. S. 218 f. Rawlinson bemerkt S. 219 schon ganz richtig: „there was probably also a higher number in the next ascending series of 60 beyond the *Sar*, which gave as its product 216,000 and two of these periods constituted the antediluvian cycle of Berosus, computed by Syncellus at 432,000 years;“ aber dafs dieser ganzen Rechnungsmethode ein dem dekadischen analoges Zahlensystem zu Grunde liegt, welches auf derselben Basis bis ins Unendliche aufsteigend und absteigend fortschreitet, ist ihm eben so wenig in den Sinn gekommen, wie der Zusammenhang, der zwischen diesem System und der babylonischen Eintheilung der Maſse besteht. — Oppert hat, wie folgende Mittheilung Rawlinson's zeigt, „Mons. Oppert communicated to me last year a theory, which he has probably published before this, that the use of the Soss, Ner and Sar originated in the minor divisions of time. The Soss he supposed to be the hour of 60 minutes, the Ner the day of 10 hours (?); and the Sar the month, containing 60 of these 10-hour periods,“ zuerst an die Analogie des Sossos mit den 60 Theilen der Stunde gedacht, aber den Sossos und Saros als Gröfsen eines Zahlensystems nicht erkannt. Seine Darstellung in seinen Éléments de la Grammaire Assyrienne. Paris 1860. S. 34 trifft auch das Wesen der Sache noch nicht: „Le mot [illegible] s'emploie aussi pour *soixantièmes*, et c'est dans cette acception qu'il paraît ordinairement. C'est ainsi que *sussu*, impliquant le sens de *minute*, est devenu le prototype du *sossos* des Grecs. Dans la notation des Babyloniens, les fractions s'exprimaient en *soixantièmes*; on ajoutait dans les nombres mixtes du nombre entier un autre chiffre

Offenbar läfst sich hier nur aus der Stellung der Ziffern erkennen, was Saros, Sossos oder Einer ist, und ihr Rang wird einfach durch das Nebeneinanderstellen der Zahlenreihen so bezeichnet, dafs die Ziffern der höhern Ordnung links von denen der vorhergehenden stehn. Natürlich kann dies Verfahren bis ins Unendliche hin fortgesetzt werden und die Zahl 13,402,935 würde z. B. danach folgendermafsen zu schreiben sein:

4. Rang.	3. Rang.	2. Rang. (Saros)	1. Rang. (Sossos)	Einer.

Dieselbe Methode läfst sich auch ebenso gut von der Eins abwärts verfolgen, wenn man dieselbe geometrische Progression absteigend bildet und sie nach den Potenzen von $\frac{1}{60}$ fortschreiten läfst. Es wird nur darauf ankommen die Einheit, von der ausgegangen wird, zu markiren und im Uebrigen die Stufen ebenso auf einander folgen zu lassen, wie bei der aufsteigenden Reihe. Danach würde man die Gröfse 2 [illegible] so ausdrücken:

Einer.	1. Rang.	2. Rang.	3. Rang.

Es ist bekannt, dafs die spätern griechischen Astronomen bei ihren Berechnungen sich dieser Methode bedient haben. Dieselbe wird bereits von Geminos (77 v. Chr.) und zwar in Verbindung mit den altbabylonischen Untersuchungen über die mittlere Bewegung des Mondes erwähnt und angewandt[1]). Sie stammt daher, wie auch die oben angeführte ninivitische Zahlentabelle bestätigt, von Babylon her. Dafs sie allgemeine Verbreitung erhielt und noch heute im Gebrauch ist, wird der Autorität des Ptolemaeos zuzuschreiben sein, der sie zur Ausführung der für die griechische Logistik ebenso schwierigen wie weitläufigen Bruchrechnung sehr bequem

---

qui était le numérateur d'une fraction avec le dénominateur 60. Ainsi 12 40 veut dire $12\frac{40}{60} = 12\frac{2}{3}$ etc. Nous ne savons pas si les expressions autres que [illegible] représentaient également les fractions à dénominateur dix (?) fois plus grand." In den Assyrischen Inschriften kommt der Ausdruck [illegible] sehr häufig zur Bezeichnung von 60 Einheiten vor; wie denn z. B. in der von Rawlinson, Hincks, Talbot und Oppert unabhängig von einander übersetzten Inschrift des Tiglath Pilesar I. (Journal of the R. As. Society. 1857. S. 32. 38. 44 ‚Wagen', ‚Eisenbarren' und selbst ‚Könige' auf diese Weise, wie wir sagen würden, schockweise gezählt werden.

[1]) Vgl. Elementa Astron. c. 15 p. 62 ed. Petavius.

fand und durch sein berühmtes Werk in die Astronomie einführte. Der erste Grieche, welcher sich des babylonischen Zahlensystems bedient hat, ist wahrscheinlich Hipparchos (150 v. Chr.) gewesen, der durch Benutzung der in Babylon angestellten und aufgezeichneten Himmelsbeobachtungen der eigentliche Begründer der astronomischen Wissenschaft geworden ist. Man erkennt leicht wie nah dasselbe unserm dekadischen System steht, da das Princip des Stellenwerthes der Zahlen in demselben bereits verwirklicht ist. Bekanntlich haben die Griechen, statt die Reihen durch Zwischenräume zu trennen, wie die Babylonier es thaten, die Weise eingeführt, die einzelnen Grade noch besonders zu bezeichnen und bei Ptolemäos findet sich auch bereits ein unserer Null ähnliches Zeichen, welches das Fehlen einer der Zahlenstufen ausdrückt[1]).

Stellt man die Zahlen nach ihren Werthen genau unter einander, so bedarf man weder des einen noch des andern und das System steht dem unsrigen nur darin nach, dafs aufser den einzelnen Graden noch in jedem Grade zwei Stellen für die Zehner und die Einer zu unterscheiden sind, ein Uebelstand, der nur durch die Ausbildung von 59 verschiedenen Zahlzeichen gehoben werden würde. Es möchte aber wohl die Frage sein, ob die babylonische Methode, die sämmtliche Ziffern durch die Combination von zwei Zeichen auszudrücken vermag, durch eine solche Verbesserung gewinnen würde. Wenn auf der oben angeführten Zahlentabelle der Sossos unter die Einer, der Saros in die Reihe der Sossen gestellt ist, so findet das darin seine Erklärung, dafs dort die regelmäfsige Progression der aufeinanderfolgenden Gröfsen den Zahlenrang hinreichend genau markirte, so dafs eine besondere Reihe nicht mehr gebildet zu werden brauchte. So wenig es Jemanden in den Sinn fallen wird dieses Sexagesimalsystem, wie es sich in Babylon entwickelt hat, unserm Decimalsystem vorzuziehn, so mufs man doch gestehn, dafs das-

---

[1]) Hiernach ward $1\frac{7}{60}\frac{1}{3600}$ so geschrieben: α° ζ′ α″. Ueber das von den griechischen Astronomen angewandte Sexagesimalsystem vgl. Versuch einer kritischen Gesch. der Algebra. I. Thl. Die Algebra der Griechen v. Nesselmann. Berlin 1842. S. 68. 92. 136 ff. A. v. Humboldt über die bei verschiednen Völkern üblichen Systeme von Zahlzeichen in Crelle's Journal für Mathematik. Bd. IV. S. 226. Nesselmann nimmt noch an, dafs das System von Ptolemaeos zuerst eingeführt worden sei. Der erste, bei welchem ich den babylonischen Ursprung vermuthet finde, ist Lepsius Chronologie der Aegypter. I. S. 129. — Dafs die spätern Astronomen sich auch der aufsteigend fortgebildeten Progression bedienten und z. B. eine Anzahl von 237015 Tagen auf folgende Weise ausdrückten 1‴ 8″ 8′ 35°, bezeugt Wallis, bei Nesselmann. S. 137. Anm. 24.

selbe in seiner Anwendung auf metrische Normen vor jenem den sehr entschiednen Vortheil voraus hat, daſs seine Grundzahl 11 Faktoren, nämlich 1. 2. 3. 4. 5. 6. 10. 12. 15. 20. 30, enthält, während in zehn nur drei, in hundert nur acht Zahlen aufgehn.

Der babylonische Sprachgebrauch hatte für das Produkt von 10 Sossen einen besondern Ausdruck *Neros* ausgebildet, der uns von den griechischen Schriftstellern[1]) als chronologische Periode angeführt wird. Für das Zahlensystem selbst hatte die Gröſse keine Bedeutung, wie sie denn auch weder auf der angeführten Tabelle, noch bei der Eintheilung der babylonischen Maſse und Gewichte zur Anwendung gelangt. Sie spielt nur eine Rolle in der Chronologie des babylonischen Schriftstellers Berossos, in der man ebenfalls die Spuren des babylonischen Zahlensystems sehr deutlich erkennt.

Derselbe berechnete nämlich die mythische Periode der babylonischen Vorzeit von Erschaffung der Welt bis zur Sündfluth auf 120 Saren oder 432000 Jahre, die Zeit nach der Sündfluth auf 34091 Jahre oder 9 Saren, 2 Neren, 8 Sossen und 11 Einer und den ganzen Kreis der Geschichte von der Sündfluth bis auf Kyros auf 10 Saren oder 36000 Jahre[2]).

Man hat zur Erklärung dieses chronologischen Zahlenspiels ungewöhnliche Anstrengungen gemacht. Eines besondern Beifalls hat sich die Hypothese zu erfreuen gehabt, die Babylonier hätten in Schaltperioden von 60, 600 und 3600 Jahren ihr Mondjahr mit dem periodischen Sonnenjahr in Uebereinstimmung zu bringen gesucht[3]). Man konnte hierfür die

---

[1]) Vgl. d. folg. Anmerkung.

[2]) Fragm. H. Gr. ed. C. Mueller. II. p. 498: *ἀλλ' ὁ μὲν Βήρωσσος διὰ σάρων καὶ νήρων καὶ σώσσων ἀνεγράψατο, ὧν ὁ μὲν σάρος τρισχιλίων καὶ ἑξακοσίων ἐτῶν χρόνον σημαίνει, ὁ δὲ νῆρος ἐτῶν ἑξακοσίων ὁ δὲ σῶσσος ἑξήκοντα.* Weiterhin werden die Jahre der zehn vorsündfluthlichen Könige nach Saren (p. 499. fr. 5), die der folgenden Herrscher des Euechoos und Chomasbelos nach Neren und Sossen berechnet (fr. 11. p. 503), endlich die Gesammtzahl von 34091 (vgl. Muys Quaest. Chron. Chald. p. 16) Jahren durch 9 Saren = 32400
2 Neren = 1200
8 Sossen = 480
und 11 Einer = 11
34091 ausgedrückt.

[3]) So setzt Bunsen Aeg. IV, 312 voraus, daſs den Babyloniern die Gleichung von 742 synodischen Monaten mit 60 Jahren weniger 2 Tagen 20 Stunden bekannt gewesen sei und nimmt an, daſs sie darnach ihren Kalender geordnet und alle 600 Jahre einen Monat von 29 (eigentlich $28\frac{1}{3}$) Tagen eingeschoben hätten, um ihr Mondjahr mit dem Sonnenjahr in Uebereinstimmung zu bringen. „Die Ausgleichung

Erwähnung eines Cyclus von 600 Jahren bei Josephos [1]), obgleich ihn derselbe nicht ausdrücklich den Chaldäern beilegt und die Analogie 600jähriger Perioden bei Tartaren, Indern und Chinesen anführen [2]), den Gebrauch aller drei Perioden nebeneinander aber doch astronomisch weder erklären, noch wahrscheinlich machen.

Alle diese Versuche beruhen überdies auf der Voraussetzung, daſs das babylonische Jahr ein Mondjahr gewesen sei. Indessen hat bereits Letronne [3]) diese Ansicht siegreich bekämpft, indem er darauf aufmerksam machte, daſs der babylonische Tag mit Sonnenaufgang begann [4]), daſs die Eintheilung des Thierkreises [5]) und die Angaben über den Umfang der Stadt Babylon, welcher von den Bewohnern auf 365 Stadien geschätzt wurde und angeblich nach der Anzahl der Tage im Jahr normirt sein sollte [6]), mit Bestimmtheit auf ein Sonnenjahr schlieſsen läſst. Jetzt liegt die Vergleichung einer Anzahl bisher für diese Untersuchung noch nicht benutzter persischer und babylonischer Daten in den beiden entsprechenden Texten der Inschrift von Behistun vor und mit ihrer Hülfe können wir Letronne's Behauptung zur Gewiſsheit erheben.

---

nach 3600 Jahren war und blieb Sache der Theorie und diese war unvollkommen." Allein wir wissen nur, daſs sie die bekannte Periode von 228 Mondwechseln in 6585 Tagen 8 Stunden entdeckt haben (Ideler H. d. Chronol. I, 206). Legt man diese Rechnung zu Grunde und nimmt für das periodische Sonnenjahr eine Dauer von 365¼ Tagen an, wie sie sich aus derselben Gleichung ergiebt (Ideler I, 207), so betragen nach babylonischer Bestimmung 742 synodische Monate nur 59 Jahre 361 Tage 23 St. 41′ 9[illegible]″, also 3 Tage 6 St. 18′ 50″ weniger als 60 Jahre. Auch v. Niebuhr's (Gesch. Assurs und Babels S. 239) Erklärung hält sich nicht an das Gegebene. Lepsius (Chronol. der Aegypter S. 227 f.), welcher glaubt, daſs nur in der chaldäischen Astronomie und Chronologie das Sonnenjahr angewandt worden sei und für den bürgerlichen Gebrauch ein Mondjahr annimmt, hält demgemäſs den Saros, Neros, Sossos für chronologische Cyclen, gesteht aber, daſs deren astronomische Erklärung noch nicht gelungen sei.

[1]) Joseph A. J. I, 8, 9.

[2]) Bunsen Aeg. V, 278. Lepsius, Chronologie der Aegypter I, 22. Lassen, Indische Alterth. I. S. 825. Bei den Indern werden Cyclen von 60, 3600 (*juga* des Vâkpati), von 216000 (*juga* des Pragâpati) und von 432000 Jahren (*Kalijuga*) angeführt; in den drei ersten Zahlen erkennt man sogleich die drei ersten Stufen des babylonischen Zahlensystems wieder, mit dem Kalender werden daher auch diese Kreise schwerlich etwas zu thun haben.

[3]) Sur l'origine Grecque des zodiaques. Revue des deux mondes 1837.

[4]) Ideler I, 224.

[5]) Diodor II, 30.

[6]) Diodor II, 7.

Die Namen der babylonischen Monate, die auf jener Urkunde vorkommen, sind durchweg verschieden von den entsprechenden persischen, dagegen stimmt die Zählung der Tage so vollkommen[1]) überein, dafs man nicht daran zweifeln kann, dafs der babylonische und persische Kalender bis auf die Namen der Monate selbst durchaus identisch waren. Der letztere ist bekannt. Das Jahr der Perser war wie das der Aegypter ein Sonnenjahr und hielt wie jenes 12 dreifsigtägige Monate und fünf Ergänzungstage, die dem letzten Monat angehängt wurden. Nach der Ueberlieferung der persischen Mohamedaner ist dieses Jahr schon in alter Zeit nach dem periodischen Sonnenjahr von rund 365¼ Tagen, hinter welchem es alle 4 Jahre um einen Tag zurückblieb, geregelt worden, indem man alle 120 Jahre einen Monat einschob[2]).

---

[1]) Dem 14 Viyak'hna entspricht der 14 *Tu* (?) Col. I, 11. l. 15,
dem 26 Atriyata „ „ 26 *Kan* (?) Col. I, 18. l. 36 der Inschr. von Behistun bei Rawlinson a. a. O. Der persische Text nennt hier nach Benfey (die persischen Keilinschriften S. 13) den 27sten, der Text der zweiten Keilgattung, welcher eigne Monatsnamen nicht kennt, sondern die persischen Namen der Monate wiedergiebt, richtig den 26sten. Norris Memoir on the Scythic Version of the Behistun Inscription, J. of the R. As. Soc. XV. S. 105. Ferner dem 27 Anamaka der 27 *Ab* (?) Col. II, 6. l. 46, auch hier ist das persische Datum in der zweiten Keilgattung erhalten. Vgl. Norris S. 109: „the date is clearly the 27th as in the Babylonian version. In the Persian it is indistinct.“ Dem 9 Thaigarachisch entspricht der 9 *Elul* (?) II, 9. l. 52. Dem „Ende“ des Monats Thurawâhara (im persischen und im Text der zweiten Keilgattung) entspricht der 30 Ijar (?) II, 11. l. 56. Dem 22 Viyakhna (nur im Text der zweiten Keilgattung erhalten. Norris S. 115) entspricht der 21ste — ? Col. II, 16. l. 65.

[2]) Die Art der Einschaltung wird verschieden erklärt. Ideler II, 548 f. vereinigt die widersprechenden Nachrichten dahin, dafs alle 120 Jahre das Nauruz- oder Neujahrsfest, welches stets auf den Frühling fallen sollte, auf den ersten des folgenden Monats verschoben worden sei, so dafs das der Versetzung vorhergehende Jahr 13 Monate gehabt, dafs es mit demselben Monate angefangen und geendigt habe und erst nach 1440 Jahren das Neujahrsfest mit dem ersten Monat des Jahres wieder zusammengetroffen sei. Dagegen machen Benfey und Stern (Ueber die Monatsnamen S. 144 f.) geltend, dafs der Nauruz kein Neujahrsfest in unserm Sinne des Worts, dafs dieses, wie die übrigen 5 Hauptfeste der Perser, nicht nur an bestimmte Jahreszeiten, sondern auch an bestimmte Monate und Tage geknüpft gewesen sei, und dafs man den Ferwerdin immer als ersten Monat betrachtet habe. Nach ihrer Ansicht ist der Schaltmonat stets zwischen dem Ende des letzten Monats Asfendarmed und den 5 Ergänzungstagen eingeschoben worden, hat keinen besondern Namen gehabt, sondern erhielt der Reihe nach die Namen der 12 Monate (S. 159); der Nauruz fiel stets auf den ersten Dei, der Anfang des bürgerlichen Jahres auf den ersten Ferwerdin (S. 149).

Für das Alter dieser Jahresform spricht nicht nur die Tradition der persischen Geschichtsschreiber, welche die Erfindung dem Dschemschid[1]) zuschreiben und das Zeugnifs der heiligen Bücher der Parsen über das Alter der persischen Feste, von denen die hauptsächlichsten, der Nauruz und der Mihrgân oder das Mithrafest, in wesentlichem Zusammenhang mit diesem Kalender standen, sondern auch die eigenthümlichen Namen der Monate und Tage, sowie der Gebrauch, jedem Monatstage seinen besondern Namen zu geben, welcher nicht erst unter den Arsaciden und Sassaniden aufgekommen sein kann. Auch wird es ausdrücklich bezeugt[2]), dafs das altpersische Jahr 365 Tage gezählt habe, und die Eintheilung in 12 dreifsigtägige Monate findet durch die Behistuninschrift insofern ihre Bestätigung, als dort einmal der 30ste Tag eines Monats als der letzte bezeichnet wird[3]). Dafs die Perser diese Jahresrechnung ebenso wie ihre Mafse und Gewichte von den Babyloniern entlehnten und nicht umgekehrt die Babylonier von den Persern, daran wird Niemand zweifeln. Da nun die Babylonier bereits die Dauer des periodischen Jahres auf 365¼ Tage bestimmt[4]) haben, so wird man es auch wahrscheinlich finden, dafs sie schon mittelst irgend einer Schaltperiode das bewegliche Sonnenjahr in ein festes zu verwandeln wufsten. Wenn nun auch die 120jährige Schaltperiode einen ursprünglichern Charakter an sich trägt, als die julianische und daher möglicher Weise im bürgerlichen Gebrauch der Babylonier sich erhalten haben kann, so mufste doch der vierjährige Cyclus für alle astronomischen Berechnungen viel bequemer erscheinen und ist gewifs für diesen Zweck in Babylon ebenso früh im Gebrauch gewesen, wie in Aegypten[5]). War hiernach die altbabylonische und altägyptische Jahresrechnung etwa bis auf den Jahresanfang und die Namen der Monate durchaus identisch, so begreift sich wie leicht es war die Daten des einen Kalenders auf die des andern zu reduciren, wie dies mit den Daten der ältern im Almagest erwähnten astronomischen Beobachtungen der Chaldäer und der ersten Abtheilungen

---

[1]) Ideler II, 544 f.

[2]) Curtius III, 3, 9: Magi proximi patrium carmen canebant. Magos trecenti et sexaginta quinque iuvenes sequebantur puniceis amiculis velati, diebus totius anni pares numero; quippe Persis in totidem dies descriptus est annus.

[3]) Vgl. oben S. 13. Anmerkung 1.

[4]) Ideler I, 207.

[5]) Vgl. Boeckh, Ueber die vierjährigen Sonnenkreise der Alten. S. 256 f. Mommsen, Röm. Chronologie. 1. Aufl. S. 71.

des ebenfalls in Babylon angelegten astronomischen Kanons, die dem ägyptischen Kalender folgen[1]), geschehn ist.

Erst später wurde das Verhältnifs anders. Durch Alexanders Eroberungen ward der makedonische Kalender auch über Asien verbreitet und erhielt in Babylon selbst, wahrscheinlich unter Seleukos I., gesetzliche Gültigkeit. Daher datirt Berossos in seiner Geschichte, die er bald nach 280 v. Chr. herausgab und dem Antiochos Soter widmete, nur nach makedonischen Mondmonaten und nach demselben Kalender sind von den dreizehn auf uns gekommenen chaldäischen Beobachtungen die drei jüngsten aus den Jahren 245, 237 und 229 v. Chr. notirt[2]).

Es liegt mithin auf der Hand, dafs an eigentliche Schaltperioden von 60, 600 oder 3600 Jahren bei den Babyloniern nicht zu denken ist. Möglich, dafs sie aus der 5maligen Wiederholung des 120jährigen Cyclus oder aus der 150maligen Wiederholung der 4jährigen Periode einen gröfsern Kreis von 600 Jahren bildeten; einen praktischen Zweck für das Kalenderwesen konnte man dabei unmöglich im Auge haben; ebensowenig sind die beiden Kreise von 432000 und 36000 Jahren, in denen sich des Berossos Chronologie bewegt, viel mehr als müfsige Zahlenspiele; selbst wenn der eine etwa einen Saros hundertzwanzigjähriger Schaltperioden, der andere einen Sossos sechshundertjähriger Kreise umfassen sollte.

Im babylonischen Zahlensystem, welches der ganzen Rechnung in jedem Fall zu Grunde liegt, bezeichnet die erste Gröfse 2 Einheiten des dritten, die zweite 10 Einheiten des zweiten Grades. Saren, Neren und Sossen haben auch in diesem chronologischen Spiel keine andere Bedeutung als die arithmetischer Gröfsen. Etwas anderes sind sie nicht und so wird auch der Saros von den griechischen Erklärern ausdrücklich als Zahl bezeichnet[3]) und wenn einmal die den Chaldäern bekannte Periode

---

[1]) Ideler I, 219 f.

[2]) Ptolem. Almag. IX, 7. p. 170. 171. XI, 7. p. 288 ed. Halma. Ideler I, 228: Sowohl die Aera 'κατὰ Χαλδαίους' (das Jahr 311 v. Chr.), als die Datirung nach makedonischen Monaten spricht gegen die Annahme Letronne's, dafs diese Beobachtungen in Alexandrien angestellt worden seien.

[3]) Hesychios Σαρός· ἀριθμός τις παρὰ Βαβυλωνίοις. Es mufs im Babylonischen zwei ähnlich lautende Worte gegeben haben, von denen das eine die Zahl 3600, das andere, wahrscheinlich mit dem chaldäischen Sihara (Mond) zusammenhängend, die bekannte Periode von 223 synodischen Monaten bezeichnete, binnen welcher alle Mondfinsternisse in gleicher Gröfse und Menge wiederkehren; beide Worte drückte der Grieche durch σάρος aus. Auf diese Weise erklärt sich die Notiz bei

von 223 synodischen Monaten, binnen welcher alle Mondfinsternisse in gleicher Gröſse und in den gleichen Zeiträumen wiederkehren, mit dem Ausdruck in Verbindung gebracht wird, so beruht dies auf einem leicht erklärlichen Miſsverständniſs. Am auffallendsten tritt uns die Anwendung des Sexagesimalsystems bei einer nähern Betrachtung der babylonischen Metrologie entgegen.

III. Die Maſse der Sphäre und der Zeit.

Wenn es heute darauf ankäme, das dekadische Zahlensystem wieder zu entdecken und auſser einzelnen zerstreuten Angaben weiter nichts als die Eintheilung der französischen Maſse vorläge, so würden wir aus dieser das denselben zu Grunde liegende Zahlensystem jedenfalls wieder zur Darstellung bringen können. Ebenso gelingt dies für das System der Babylonier aus der Eintheilung ihrer metrischen Normen.

Es liegt auf der Hand, daſs dasselbe bei denjenigen Maſsen die vollkommenste Anwendung finden und daher am offenbarsten zu Tage treten muſs, bei welchen die Theilung sich am weitesten fortsetzen läſst. Bei praktischen Maſsen der Materie und des Raumes wird sich sehr bald ein Ziel ergeben, über welches hinaus eine Theilung nicht weiter durchzuführen und der kleinste Theil nicht mehr wäg- oder meſsbar ist. Dagegen kennen theoretische Maſse diese Grenze nicht. Solcher Art sind die Gröſsen, deren sich die Babylonier und deren wir uns noch heute

Suidas: *Σάροι. μέτρον, καὶ ἀριθμὸς παρὰ Χαλδαίοις. αἱ γὰρ ρκ'* (120) *σάροι ποιοῦσιν ἐνιαυτοὺς ͵βσκβ'* (2222) *κατὰ τὴν τῶν Χαλδαίων ψῆφον, εἴπερ ὁ σάρος ποιεῖ μῆνας σεληνιακοὺς σκβ'* (222). *οἳ γίνονται ιη'* (18) *ἐνιαυτοὶ καὶ μῆνες ς'.* Auf jeden Fall hat der 3600haltige Saros mit der genannten Periode von 223 synodischen Monaten, die des Suidas Gewährsmann bei der Erklärung des *σάρος* als *μέτρον* im Auge hatte, nichts zu thun (vgl. Ideler I, 206 f.); wie man aus Ptolemaeus Almag. IV. S. 215 ed. Halma und Geminos El. 15 schlieſsen kann, diente sie den Chaldäern dazu, die Mondfinsternisse vorherzubestimmen und die Bewegung des Mondes zu berechnen, hatte also einen wissenschaftlichen Zweck. Drei solcher Perioden enthielten eine volle Anzahl von Tagen (19756) und wurden von den Chaldäern in einem besondern Ausdruck zusammengefaſst, den Ptolemaeos durch *ἐξελιγμός* wiedergiebt. Dieses Zusammenfassen von 3 und weiterhin 120 Perioden, sowie die Eintheilung eines solchen Kreises in 18 Jahre 7 Monate, wonach auf 120 Perioden grade 2230 solcher Mondjahre kamen, ward möglicher Weise durch die Einrichtung der babylonischen Mondtafeln veranlaſst. Die falschen Zahlen bei Suidas wird man sich nach diesen Bemerkungen leicht verbessern können.

bei astronomischen Berechnungen bedienen und die das babylonische Zahlensystem genau wiedergeben. Die Babylonier sind wie manche andere Völker der Erde wahrscheinlich schon früh durch die Vergleichung des Sonnen- und Mondlaufs und die Beobachtung, daſs der Umlauf der Sonne in ungefähr 12 Mondkreisläuften vollbracht wird, zu der Eintheilung des Jahres in 12 Monate geleitet worden und dazu gekommen die Duodecimaleintheilung überhaupt auf die ältesten und ersten Maſse anzuwenden. Bekanntlich haben die Griechen die Zwölftheilung des Tages von ihnen entlehnt [1]) und auch die Elle von 24 Fingerbreiten ist altbabylonisch.

Ein weiterer Schritt führte zur Eintheilung des Kreislaufs, den die Sonne während der Tag- und Nachtgleiche im Aequator beschreibt, in 720 ‚Stadien' oder 360 Doppelstadien [2]) und zur Eintheilung der 12 Zeichen der Ekliptik in je 30 ‚Theile' oder Grade [3]). Allein auch hierin gewahrt man noch keine Spur des babylonischen Zahlensystems. Das erste Bedürfniſs, Stellung und Abstände der Gestirne gegeneinander zu bestimmen, veranlaſste die Idee, am Himmel selbst den Maſsstock hierfür zu suchen. Als solcher bot sich der Durchmesser von Sonne und Mond wie von selbst

---

[1]) Herodot II, 109.

[2]) Achilles Tatius Isag. in Aratum § 18 p. 137 ed. Petav. *Χαλδαῖοι δέ, περιεργότεροι γενόμενοι, ἐπελάβοντο τοῦ ἡλίου τὸν δρόμον καὶ τὰς ὥρας ἀκριβῶσαι. Τὴν γὰρ ἐν ταῖς ἰσημερίαις ὥραν αὐτοῦ, καθ' ἣν ἴσως διέρχεται τὸν πόλον, εἰς τριάκοντα ὅρους μερίζουσιν· ὥστε τὸ λ' μέρος τῆς ὥρας τῆς ἐν τῇ ἰσημερινῇ ἡμέρᾳ ὅρον λέγεσθαι τοῦ δρόμου τοῦ ἡλίου*, mit Letronne's meisterhafter Erklärung im Journal des Savans 1817. S. 739 f. Die Bezeichnung der 720 (= 24 × 30) ὅροι des Sonnenlaufs als Stadien, auf die Letronne aus Manilius Astron. III. v. 274—280 Angaben schlieſst, geht auch aus den unmittelbar folgenden von Letronne nicht berücksichtigten Worten hervor: *λέγουσι δὲ πάλιν ἀνδρὸς πορείαν, μήτε τρέχοντος, μήτε ἠρέμα βαδίζοντος, μήτε γέροντος, μήτε παιδός, τὴν πορείαν εἶναι τοῦ ἡλίου, καὶ λ' σταδίων καθαρῶν εἶναι.* Die Bahn der Sonne während einer Aequinoctialstunde wird mit dem Weg verglichen, den ein tüchtiger Fuſsgänger in derselben Zeit zurücklegen kann. Dieser beträgt volle 30 Stadien (= ¾ geogr. M.), indem die Sonne in 24 Stunden 720 Stadien, in einer 30, in $\frac{1}{30}$ Stunde 1 Stadion abmacht.

[3]) Die Eintheilung der Ekliptik in 12 Thierbilder bezeugt Diodor II, 30 *τῶν θεῶν δὲ τούτων κυρίους εἶναί φασι δώδεκα τὸν ἀριθμόν, ὧν ἑκάστῳ μῆνα καὶ τῶν δώδεκα λεγομένων ζῳδίων ἓν προσνέμουσι*, die Unterabtheilung in 360 Grad Sextus Empir. adv. Astrologus V. p. 339 ed. Fabricius. *τὸν μὲν οὖν ζῳδιακὸν κύκλον, ὥσπερ κατεγράψαμεν διαιροῦσιν εἰς δωδέκα ζῴδια· ἕκαστον δὲ ζῴδιον, εἰς μοίρας τριάκοντα (ἔστω γὰρ τοῦτο ἐπὶ τοῦ παρόντος σύμφωνον αὐτοῖς) ἑκάστην δὲ μοῖραν εἰς ἑξήκοντα λεπτά (οὕτω γὰρ καλοῦσι τὰ ἐλάχιστα καὶ ἀμερῆ).* vgl. p. 342. Ideler, Ueber den Ursprung des Thierkreises. S. 17. Abh. d. Berl. Akad. 1838.

dar und durch die Beobachtung, dafs dieser ungefähr 720 Mal im gröfsten Kreise der Sphäre enthalten war, war das erste astronomische Eintheilungsprincip gegeben[1]). Die Verfolgung der Bahn des Mondes und der Sonne und die Erfahrung, dafs diese ungefähr nach 12 dreifsigtägigen Monaten zu demselben Stern zurückkehrt, von dem sie ausgegangen war, leitete zur Auswahl und Sonderung der 12 Zeichen der Ekliptik und präcisirte, befestigte, erweiterte die genannte Eintheilung der Sphäre. Die Anzahl der „Stadien‘ und „Theile‘ oder Grade war somit bestimmt. Dagegen konnte die Arithmetik bei der Unterabtheilung derselben frei walten und das Zahlensystem in vollem Mafse zur Anwendung bringen.

Es bedarf keiner langen Auseinandersetzung, um zu zeigen, wie vollkommen dies durch die Eintheilung des „Theiles‘ in „erste,‘ „zweite‘ „dritte,‘ „vierte‘ u. s. f. „Sechzigstel‘ wie es die Griechen ausdrückten, oder in Minuten, Secunden, Terzen, Quarten u. s. w. wie wir zu sagen pflegen, erreicht wird. Denn es schreitet hier die Eintheilung abwärts genau ebenso von Stufe zu Stufe fort, wie aufwärts der Einer zum Sossos, der Sossos zum Saros u. s. f. und wie im metrischen System das Milligramm $\frac{1}{10}$ des Centigramms, dieses $\frac{1}{10}$ des Decigramms und dieses $\frac{1}{10}$ des Gramms ist, so die Terze $\frac{1}{60}$ der Sekunde, die Sekunde $\frac{1}{60}$ der Minute u. s. w. Wir würden dies Verfahren nach den bereits dargelegten Thatsachen auf die chaldäischen Astronomen zurückführen müssen, selbst wenn es uns nicht durch mittelbare und unmittelbare Zeugnisse als ihnen eigenthümlich dargestellt würde[2]).

---

[1]) Vgl. Letronne a. a. O. 744 f.

[2]) Vgl. die S. 17 Anm. 3 angeführte Stelle des Sextus Emp. und Geminus El. Astr. 15. ed. Petav. p. 62, welcher die Eintheilung des Grades in Minuten, Secunden u. s. w. genau beschreibt und zwar, wie der Zusammenhang ergiebt, so wie sie in den alten astronomischen Rechnungen der Chaldäer in Gebrauch war. *εὑρίσκεται δὲ αὐτῆ* (die mittlere tägliche Bewegung des Mondes) *γινομένη μοιρῶν ιγ', πρώτων ἑξηκοστῶν ι', καὶ δευτέρων λε', καλεῖται δὲ τὸ τῆς μιᾶς μοίρας ἑξηκοστὸν, πρῶτον ἑξηκοστόν· τὸ δὲ τοῦ πρώτου ἑξηκοστοῦ ἑξηκοστὸν, δεύτερον ἑξηκοστόν· ὁμοίως δὲ τὸ δεύτερον ἑξηκοστὸν διαιρεθὲν εἰς μέρη ξ', καλεῖται τὸ ἓν μέρος τρίτον ἑξηκοστόν. ὁ δὲ αὐτὸς λόγος καὶ ἐπὶ τῶν λοιπῶν ἑξηκοστῶν. Τοιαύτης δὲ τῆς διαστάξεως ἐπακολουθούσης τῶν ἀριθμῶν, ὑπὸ τῶν Χαλδαίων εὕρηται ἡ μέση κίνησις τῆς σελήνης μοιρῶν ιγ', ι', λε'.* Die Entdeckung der Periode von 223 synodischen Monaten, mittelst deren die Chaldäer dieses Resultat fanden und von der Geminus im Vorhergehenden handelt, schreibt Ptolemaeus Almag. IV, 2 p. 215 ed. Halma den *ἔτι παλαιοτέροις* (sc. *μαθηματικοῖς*) zu, nachdem er eben bemerkt hatte, wie natürlich es gewesen, dafs die alten Mathematiker (*οἱ παλαιοὶ μαθηματικοί*) sich der Untersuchung der mittlern Bewegung des Mondes zugewandt hatten. Vgl. Ideler, über d. Sternk. der Chald. Abh. d. Berl. Ak. 1814–15.

Ebenso wie auf den Raum ward das Sexsensystem von den babylonischen Astronomen auch auf die Messung der Zeit angewandt und der bürgerlichen Eintheilung des Tages und der Nacht in 24 Stunden die astronomische in 60 Tagesminuten, Secunden, Terzen u. s. w. an die Seite gestellt. Denn offenbar ist auch dies ein babylonisches Erbstück und man begreift, warum Ptolemaeos sich dieses Verfahrens grade bei Besprechung der chaldäischen und Hipparchischen Untersuchungen über den Lauf des Mondes bedient[1]), während er sonst nach Bruchtheilen der Zeit- oder Aequinoctialstunde rechnet.

Die Eintheilung war für die astronomische Berechnung sehr bequem und konnte z. B. bei dem Calcül, durch den sie mittelst der bekannten Periode der Finsternisse die Länge des synodischen und periodischen Monats bestimmten, volle Anwendung finden.

Eben so gut, wie auf die ganze Dauer von Tag und Nacht, lieſs sich das Zahlensystem natürlich auch auf die Eintheilung der Stunde anwenden. Diese Eintheilung der Zeit ist in Babylon, so weit es die noch unvollkommene Technik zulieſs, auch zur praktischen Durchführung gelangt.

Wir wissen, daſs die Babylonier bei ihren astronomischen Beobachtungen Stunden gemessen haben und bei ihrer Methode den scheinbaren Durchmesser der Sonne durch das Ausflieſsen des Wassers zu bestimmen, noch den dreiſsigsten Theil einer Stunde oder die Zeit von dem Augenblick, in dem sich die Sonnenscheibe am Tage der Nachtgleiche am Horizont zeigt, bis zu ihrem vollendeten Aufgang zu unterscheiden wuſsten[3]). Hiermit hängt

S. 217. Unter diesen ‚noch ältern' Astronomen denkt sich Ptolemaeos diejenigen, von denen die ältesten Beobachtungen von Mondfinsternissen (vom J. 721 v. Chr. abwärts), deren er habhaft werden konnte, herrührten. Vgl. Ptol. Alm. IV, 5. S. [illegible]

[2]) [illegible] 2. Vgl. Lepsius Chronol. S. 126 f.

[3]) Vgl. [illegible] Sternk. d. Ch. 214: „In dem Augenblick, wo sich die Sonnenscheibe am [illegible] Nachtgleiche im Horizont zeigte, öffnete man ein mit Wasser angefüllten und durch Zufluſs aus einem Wasserbehälter stets gefüllt bleibenden Gefäſs, das mit einem Loch im Boden versehen war. Zum Auffangen des auströpfelnden Wassers bediente man sich zweier Behältnisse, wovon das eine bis zum vollendeten Aufgang der Sonne und das andere ungleich geräumigere bis zu ihrer ersten Erscheinung am folgenden Tage untergeschoben blieb. Man maſs oder wog nun sorgfältig das in beiden Behältnissen gesammelte Wasser, und schloſs: wie sich die gesammte Quantität desselben zu dem im kleinen Behältniſs vorhandenen verhält, so 360°, der Umfang der Himmelskugel, zu dem gesuchten Durchmesser." Wenn die Sonne in 24 Stunden 360° zurücklegt, so kömmt auf die Länge ihres

es zusammen, dafs sie die Strecke, welche die Sonne im Aequator während dieser Zeit zurücklegt, als einen Abschnitt ihrer Bahn, welche deren 720 mafs, bezeichneten, und den Weg von 30 ‚Stadien' — wie diese Abschnitte auch genannt wurden — auf dem die Sonne während einer Aequinoctialstunde am Himmel fortschreitet, mit der gleichen Anzahl von Stadien (= 1 geogr. Meilen), die ein tüchtiger Fufsgänger in derselben Zeit auf der Erde abmachen kann, verglichen. Natürlich folgt hieraus noch nicht, dafs eine derartige Zeitspaltung bei allen ihren Himmelsbeobachtungen regelmäfsig durchgeführt worden sei. Im Gegentheil bewegt sich die Angabe der Zeiten für die in Babylon observirten Mondfinsternisse innerhalb ziemlich weiter Grenzen und geht über die Eintheilung der Stunde selten hinaus[1]). Allein jedenfalls ist zu dem noch heute gültigen Verfahren, die Zeit nach Stunden, Minuten, Secunden u. s. w. zu messen, in Babylon der Grund gelegt worden. Jedes Zifferblatt unserer Uhren ist uns unbewufst ein lebendiges Zeugnifs dieser babylonischen Weisheit.

Es hat lange gedauert, bis das babylonische System der Sphärenmessung bei den griechischen Astronomen Aufnahme fand. Dafs bis zur Einnahme Babylons durch Alexander den Grofsen und zur Gründung eines hellenistischen Reiches daselbst nur ganz vereinzelte und allgemeine Kunde davon nach dem Westen gedrungen ist[2]), kann Niemanden Wunder nehmen, aber selbst nachher ist noch über ein Jahrhundert darüber hingegangen, ehe die babylonischen Normen angewandt und die von den Chaldäern angestellten Beobachtungen für die Wissenschaft nutzbar gemacht worden sind. Hipparchos (um 150 v. Chr.), dem eigentlichen Begründer der astronomischen

---

Durchmessers (= ½°) $\frac{1}{30}$ Stunde. Auf dieses Experiment bezieht sich daher auch die S. 17 Anm. 2 angeführte Stelle des Achilles Tatius.

[1]) Die erste (721 v. Chr.) Finsternifs trat ‚eine gute Stunde nach Aufgang des Mondes' ein, die zweite (720 v. Chr.) ‚um Mitternacht', die dritte (720 v. Chr.) ‚nach Aufgang des Mondes', die vierte (621 v. Chr.) ‚am Ende der elften Stunde', die fünfte (523 v. Chr.) ‚eine Stunde vor Mitternacht'. Vgl. Ptolem. Alm. IV. S. 244 f. 340 f. Ideler a. a. O. S. 221 f. Delambre, Histoire de l'Astronomie anc. I, 4.

[2]) Dahin gehört vielleicht die Angabe bei Diog. Laert. I, 1, 24, dafs bereits Thales den Durchmesser der Sonne auf $\frac{1}{720}$ des Umfangs der Sphäre geschätzt habe, nach Schaubach's (Gesch. der Gr. Astron. S. 155) richtiger Auslegung d. a. St., sowie die ungleich besser bezeugte Nachricht (Her. 1, 74), dafs er die Sonnenfinsternifs vom Jahre 585 v. Chr. vorhergesagt habe, da er dabei nur von einem Mondcyclus ausgegangen sein kann, wie wir ihn den Chaldäern, die sich übrigens auf Prophezeien von Sonnenfinsternissen nicht einliefsen (Diod. II, 31), in jener Zeit wohl allein zuschreiben können. Vgl. Ideler, Ueb. die St. d. Ch. S. 216. H. d. Chron. I, 209.

Wissenschaft[1]), gebührt das Verdienst diese Quelle eröffnet zu haben. Er hat wahrscheinlich die feste Zeitrechnung nach Jahren Nabonassars in die Astronomie eingeführt und die in Babylon aufbewahrten Aufzeichnungen über Mondfinsternisse und verschiedene Sternconstellationen für seine Untersuchungen zuerst benutzt und gleichzeitig die chaldäische Eintheilung der Sphäre, sowie das babylonische Sexagesimalsystem angenommen. Allein erst Ptolemaeos (um 150 n. Chr.) ist es gelungen, diese Lehre zur allgemeinen Anerkennung zu bringen[2]). Dagegen sind die babylonischen Maſse des Raumes und der Materie schon viel früher nach dem Abendlande verpflanzt worden, nachdem sie in Vorderasien durch die Eroberungen der mesopotamischen Grofsstaaten überall schon längst allgemeine Gültigkeit erhalten hatten.

IV. Die Maſse des Raumes.

Die Messungen babylonischer Gebäude, Platten und Backsteine, welche J. Oppert auf seiner Expedition nach Mesopotamien angestellt hat, haben für die babylonische Elle eine Länge von 530—525 Millimetern, für den Fuſs eine Länge von 320—315 Millimetern[3]) ergeben. Hierdurch ist die Thatsache festgestellt, daſs der griechische Fuſs von 315—308 Millimetern[4]) nach dem babylonischen normirt worden ist, und von dieser

---

[1]) Vgl. Delambre, Histoire de l'Astr. anc. Discours prélim. S. xiv.

[2]) Letronne a. a. O. S. 744 f. zeigt, daſs bei Autolykos, Aristoteles, Aristarchos, Archimedes, Eratosthenes sich noch keine Spur der Eintheilung in 360° findet. Selbst Ptolemaeos nimmt noch auf eine andere zu seiner Zeit übliche in 720° Rücksicht. Die späteste ist die in 60°, die erst Geminos (70 v. Chr.) anführt.

[3]) [illegible] Berl. Akad. 1854, S. 77. 108. Queipo Syst. métr. I, 279. Die Eintheilung [illegible] in 5 Theile und die Bestimmung des Fuſses auf ⅗ der Elle, ist zwar auffallend (vgl. Hultsch S. 264), aber doch nicht durchaus unmöglich. Viel unwahrscheinlicher ist jedenfalls die Annahme bei Hultsch S. 29, 10, daſs die babylonische gleichwie die gleich lange königliche Elle der Aegypter in 7 Hand- und 28 Fingerbreiten eingetheilt gewesen sei, da dies dem Zahlensystem der Babylonier durchaus widerspricht. Oppert nimmt als Maſs für den Fuſs 0.315[m] an, während einige seiner Messungen auf einen Fuſs von 0.320[m] und eine Elle von 0.530[m] führen. Vgl. unten c. V. Mit den Bestimmungen Oppert's harmonirt das Maſs des samischen Fuſses von 0.315[m] und der samischen Elle, die nach Herodot. II, 168 der ägyptischen von 0.527—0.525[m] gleich war.

[4]) Der attische Fuſs maſs zu Perikles Zeit 308 Millimeter, Hultsch S. 53; dasselbe Maſs zeigen die Tempelruinen von Agrigent; an den Tempeln von Paestum

dürfen wir ausgehn, um auch andere morgenländische Längenmaſse unter den hellenischen wiederzuentdecken. Die Elle ward in Griechenland von jeher auf 1½ Fuſs berechnet und hieran hat man im europäischen Griechenland auch stets festgehalten und sich dort das fremde Ellenmaſs nie aufdrängen lassen. Ja diese Vorstellung hatte sich den Hellenen so fest eingeprägt, daſs man in den kleinasiatischen Kolonien, wo die morgenländische Elle von 525 Millim. sich wahrscheinlich durch Vermittlung der Perser einbürgerte, von dieser ein neues Fuſsmaſs von 350 Millim.[1]) ableitete, welches wie das alte ⅔ dieser neuen Elle betrug.

Nur die Samier haben sich nicht nur den babylonischen Fuſs, sondern auch die babylonische Elle angeeignet. Das eine wissen wir aus Herodot[2]), der bemerkt, daſs die samische Elle der ägyptischen gleich gewesen sei. Letztere war aber keine andere als die königliche von 525 Millim., welche der babylonischen identisch und wahrscheinlich wie die samische von den Ufern des Euphrat herstammt. Den samischen Fuſs kennen wir aus den neuesten Messungen der Ruinen des dortigen alten Heraeon. Bekanntlich war in Asien nicht der Fuſs, sondern die Elle Einheit aller Längenmaſse[3]). Berechnet man nun das griechische Stadion, das constant auf 600 Fuſs und das Plethron, das immer auf 100 Fuſs angegeben wird, auf babylonische Ellen, nach dem thatsächlichen Verhältniſs dieser Elle zum babylonisch-griechischen Fuſs wie 5 : 3, so betrug die Länge des Stadion 360 und die des Plethron 60 babylonische Ellen. Es ist unmöglich in diesen Zahlen babylonisches Maſs zu verkennen. In der That spricht Alles dafür, daſs diese Normen dem Orient und dem griechischen Westen gemeinsam waren und daher wie der griechische Fuſs von dorther eingeführt worden sind. Herodot, welcher die königliche, früher babylonische, später persische Elle, nach welcher er Höhe und Breite der Mauern von Babylon angiebt, von der griechischen unterscheidet[4]), kennt einen Unterschied zwischen dem asiatischen und griechischen Stadion

---

hat Wittich einen Fuſs von 314 Millim., an denen von Selinus einen von 310 Mill., an dem Heraeon zu Samos einen Fuſs von 315 Mill. nachgewiesen. Vgl. Hultsch S. 264. Denkmäler u. Forschungen. J. XVIII. n. 151—153.

¹) Hultsch S. 267.

²) Herod. II, 168. Hultsch S. 264. Die Länge der ägyptischen königlichen Elle stimmt mit der babylonischen überein; die Eintheilung dagegen wahrscheinlich nicht. Vgl. oben S. 21. Anm. 3.

³) Herod. I, 178. Hultsch S. 80. Anm. 12.

⁴) Herod. a. a. O.

offenbar nicht, wenn er Umfang und Dimensionen der Stadt und darin befindlicher Gebäude nach Stadien mißt und dabei solche Zahlen wiedergiebt, die nur auf babylonischer Angabe beruhen können[1]. Dieselbe Vorstellung finden wir bei anderen griechischen Schriftstellern wieder. Denn wenn Ktesias die Längenseite der Stadtmauer von Ninive auf 150 Stadien (= 15 × 3000 Ellen), die Breite auf 90 Stadien (= 9 × 3000 Ellen), den Umfang mithin auf 480 Stadien (= 48 × 3000 Ellen), die Höhe der Mauern auf 100 Fuß (= 60 Ellen), die Höhe der Thürme auf das Doppelte, wenn er ferner den Umfang von Babylon auf 360 Stadien, die Höhe der Ringmauer auf 50 Klafter (= 3 × 60 Ellen) ansetzt[2], so zeigt eine Reduction der Fuß und Klafter auf babylonische Ellen, daß des Ktesias Gewährsmann nach babylonischem Maß rechnete und das Aufgehn der größern Maße in runde Summen von griechischen Stadien, sowie die Uebereinstimmung solcher Summen mit dem babylonischen Zahlensystem, daß das Stadion auch in der Skala der babylonischen Längenmaße seinen Platz hatte. Auf derselben Voraussetzung beruht ebenfalls die Behauptung des Kleitarchos und anderer Begleiter Alexanders des Großen, daß man die Ringmauern Babylons mit Absicht auf eine Länge von 365 Stadien gebracht habe, damit der Umfang der Stadt ebenso viel Stadien betrage, als es Tage im Jahre gebe[3].

Ueberdies finden wir ein Stadion von 600 Fuß und die Erwähnung eines Plethron von 60 Ellen auch bei den Israeliten[4], auf deren Längenmaße uns weiter einzulassen, wir hier verzichten, und bei arabischen

---

[1]) Nach Herod. a. a. O. maß jede Seite der äußersten Ringmauer von Babylon 120 Stadien (= 2 × 60), womit nach Oppert Messungen und Inschriften (Expédition en Mésopotamie I, S. 229) übereinstimmen (doch vergl. unten S. 24 Anm. 1), jede Seite des Tempelraums 2 Stadien (= 12 × 60 Ellen), der Baalsthurm 1 Stadion (= 6 × 60 Ellen) an Höhe und Breite (c. 181).

[2]) Diod. II, 3. 7, 8. Die Brücke über den Euphrat war 5 Stadien lang, 30 Fuß (= 18 Ellen) breit, die Königsburg von Babylon hatte 3 Ringmauern von 60, 40 und 20 Stadien; die mittlere war 50 Klafter (= 3 × 60 Ellen) hoch, die Thürme derselben 70 Klafter (= 252 Ellen) hoch. Das letztgenannte Maß ist das einzige unter denjenigen, bei denen wir solches erwarten können, welches nicht in das babylonische Zahlensystem paßt. Ein Wasserbassin zur Ableitung des Euphrat maß 300 Stadien ins Gevierte, 35 Fuß (= 21 Ellen) Tiefe (Diod. II, 9) und die hängenden Gärten 4 Plethren (= 4 × 60 Ellen) ins Gevierte (Diodor II, 10).

[3]) Diod. II, 7.

[4]) Fenner v. Fenneberg, Ueber die Verschiedenheit der griechischen Stadien. Berlin 1858. S. 89 f.

Autoren wird die *Asla* als babylonisches und persisches Maſs angeführt und zu 60 Ellen berechnet[1]).

Sowie wir das morgenländische Stadion und Plethron auf hellenischem Boden wiederfanden, so ist uns das gröſste babylonische Wegmaſs im persischen Parasanges erhalten, welcher genau 30 Stadien betrug[2]). Der Parasanges bezeichnete die Strecke, welche ein rüstiger Fuſsgänger in einer Stunde zurücklegen konnte und so vollendete auch die Sonne, jenem vergleichbar, nach der babylonischen Vorstellung im Aequator jede Stunde einen Weg von 30 Stadien, oder einen Parasanges[3]).

Was die Unterabtheilung der babylonischen Elle betrifft, so kann man nicht daran zweifeln, daſs die älteste Eintheilung, wie bei der griechischen, die in 24 Fingerbreiten oder Zoll gewesen sei; während die ihr gleich lange ägyptische bekanntlich 28 Daktylen maſs. Auch dies ergiebt sich aus den Nachrichten über die astronomischen Untersuchungen der Babylonier. Beim Ausdruck der scheinbaren Dimensionen von Sonne und Mond, sowie der Abstände der Gestirne von einander, bedienten sich nämlich die babylonischen Astronomen des Ellenmaſses, indem sie den 360ten Theil des Umfangs der Sphäre als ‚Elle' betrachteten, und demgemäſs auf den Durchmesser von Sonne und Mond, der eine halbe ‚Elle' zu 24 Zoll betrug, 12 Zoll rechneten[4]). Bekanntlich hat sich diese Eintheilung bis auf den heutigen Tag behauptet.

Bei diesen astronomischen Messungen brauchte man sich auf geringere Gröſsenunterschiede nicht einzulassen, bei irdischen Messungen wird dagegen der Zoll als kleinste Einheit den Babyloniern ebensowenig genügt haben, wie den Aegyptern, auf deren Ellen noch 16tel der Fingerbreite markirt und unterschieden werden[5]). Es ist daher wohl vorauszusetzen,

---

[1]) Bernard, de mensuris et ponderibus antiquis. Oxon. 1688. ed. 2. p. 224. 228. Oppert giebt als Name des babylonischen Stadions aus der Inschrift des Nebucadnezar, die früher im East India house aufbewahrt wurde, *ammatgagar* an. Vgl. Expédition en Mésopotamie II, 321. An seiner Entzifferung *480 ammatgagar* (col. 45), statt Rawlinson's *400* u. s. w., zweifle ich sehr, da mir die Zahlen über 50 nie so wie dort ausgedrückt vorgekommen sind, und was Oppert als 80 liest, sonst Pluralzeichen ist.

[2]) Vgl. Hultsch, Metrologie. S. 274.

[3]) Vgl. oben S. 17. Anm. 2.

[4]) Die Beweise nach Ptolem. Alm. IV, 8. IX, S. 170. XI, S. 288 ed. Halma, bei Ideler, Ueber die Sternkunde der Chaldäer. S. 202. Anm. 1 und Letronne, Journal des Savans 1817. S. 742 f.

[5]) Vgl. die bei Queipo, Essai sur les systèmes métriques. vol. I. abgebildeten 3 Ellen, bei denen die Eintheilung in 448tel der Elle sich wiederholt.

daſs die Eintheilung nach dem babylonischen Zahlensystem auch an der Elle weiter entwickelt wurde und der alten aus der Natur sich ergebenden Theilung in 24 Fingerbreiten, die in 60 Linien u. s. w. an die Seite gestellt wurde; und hiermit mag die Bestimmung des Fuſses als $\frac{2}{3}$ Elle zusammenhängen, die gewiſs nicht ursprünglich ist, sondern wohl einer späteren Maſsnormirung ihre Entstehung verdankt[1]). Hiernach würde sich das Plethron zur Elle, die Elle zur Linie verhalten wie der Saros zum Sossos, der Sossos zu Eins und das Stadion aus 6 Sossen, der Parasanges aus 3 Saren Ellen bestehen.

Wenn das Plethron als Längenmaſs aus dem Orient importirt ist, so wird es auch als Flächenmaſs ursprünglich babylonisch und wie in Griechenland das Quadrat von 100 Fuſs, so in Babylon das Quadrat von 60 Ellen gewesen sein[2]).

Es ist merkwürdig eine wie groſse Verbreitung diese babylonischen Raummaſse nicht nur in Vorderasien, sondern auch diesseits des Mittelmeeres gefunden und wie sie in Griechenland die in der homerischen Zeit noch üblichen Normen mehr oder weniger verdrängt haben. Man ging dort zwar von der althergebrachten Rechnung nach Fuſs nicht ab und lieſs auch die ebenso alte anderthalbfüſsige Elle ebensowenig wie die sechsfüſsige Klafter fahren, nahm aber im Uebrigen die morgenländischen Maſse einfach an, indem man den griechischen Fuſs nach dem babylonischen regulirte, die Namen Plethron und Stadion auf babylonische Maſse übertrug, und die einheimischen Feld- und Längenmaſse ganz auſser Gebrauch setzte. Wie es scheint, war diese neue Ordnung in Griechenland noch nicht durchgeführt oder noch nicht populär geworden, als die spartanischen Parthenier Tarent gründeten (708 v. Chr.); wenigstens finden wir in der tarentinischen Pflanzstadt Herakleia am Siris neben der gewöhnlichen Rechnung nach Fuſs, Schritt (ὄργυμα) und Ruthe (σχοῖνος) noch als Längen- und Feldmaſs den alten Gyes in Anwendung[3]). Es hat auch noch Niemand die mit groſser Bestimmtheit auftretende Ueberlieferung anzuzweifeln gewagt, daſs der argivische König Pheidon

[1]) Die alte Eintheilung der Elle ist gewiſs in Babylon wie in Griechenland die in 24 Fingerbreiten und 1½ Fuſs gewesen.

[2]) Oppert, Expédition en Mésop. I. p. 229. Anm. 2, sucht aus babylonischen Inschriften ein Flächenmaſs von 60 □Fuſs und ein anderes von 360 × 3600 □Fuſs nachzuweisen. Vgl. Quelpo I, 285 f. Zu Herakleia am Siris gab es ein Flächenmaſs, den σχοῖνον, welches 120 □Fuſs Ausdehnung hatte. C. J. Gr. III. p. 707.

[3]) Vgl. C. J. Gr. III. p. 711.

in Hellas zuerst ein geordnetes Mafs, Gewichts- und Münzsystem geschaffen habe und nach den Traditionen, welchen Herodot folgte, fällt die Regierung dieses Herrschers erst um etwa funfzig Jahre nach dem erwähnten Zeitpunkt[1]). Es ist wahrscheinlich, dafs einzelne dieser fremden Mafse vor Pheidon bereits hier und da und besonders in den kleinasiatischen Kolonien in Anwendung waren; allein eine so systematische Verpflanzung der fremden Normen und Regulirung der beibehaltenen alten nach dem neuen Muster, wie wir sie bei der Skala der Raummafse nachweisen konnten, bildet sich nicht allmählig, sondern konnte nur einer von Staatswegen durchgeführten Ordnung, wie sie dem Pheidon zugeschrieben wird, ihre Entstehung verdanken. Wenn wir daher auf Pheidon die neue Regulirung dieser Mafse nach morgenländischem Muster zurückführen, so stehen wir wohl auf historischem Boden.

V. Die Mafse der Materie.

Wenden wir uns nun zu den Gewichts- und Hohlmafsen, so finden wir auch hier das babylonische Zahlensystem durchgeführt. Was erstere betrifft, so mag hier die Anführung der Thatsache genügen, dafs das Talent in 60 Minen, die Mine in 60 Shekel, der Shekel wieder in 30 Theile zerlegt wurde, dafs man mithin die Rechnung nach dem Saros und Sossos so weit verfolgte, als die Technik irgend zuliefs. Die weitere Ausführung und die Geschichte der verschiedenen Modificationen und deren Verbreitung über die alte Welt wird einem späteren Abschnitt vorbehalten. Von den babylonischen Hohlmafsen würden wir nicht viel mehr als nichts wissen, wenn nicht Alles für die Vermuthung spräche, dafs die antiken Hohlmafse sämmtlich auf denselben Ursprung zurückzuführen sind, wie die hellenischen Längenmafse und Gewichte. In der That ist die Uebereinstimmung zwischen den Hohlmafsen des alten Orients und Occidents sowohl ihrem Inhalt wie ihrer Eintheilung nach so grofs, dafs man die gemeinsame Herkunft aller dieser Normen nicht bezweifeln kann.

Die Wanderung der griechischen Hohlmafse von Hellas nach Italien ist eine ausgemachte Thatsache. Während die italischen Stämme ihr einheimisches Flächen- und Gewichtsmafs mit grofser Tenacität festhielten, haben sie die griechischen Hohlmafse einfach herübergenommen und sich vollständig

---

[1]) Herod. VI, 127.

angeeignet. Offenbar hatte der binnenländische Tauschverkehr in Italien das Bedürfnifs eines exact durchgeführten Mafssystems für Flüssigkeiten und trockene schüttbare Gegenstände noch nicht fühlbar gemacht, als die Griechen anfingen, sich auf der Halbinsel festzusetzen. Erst mit diesen Ansiedelungen begann ein ausgedehnter Productenhandel. Der Oelbaum und vielleicht auch der Weinstock ist den Italikern erst durch die Hellenen bekannt geworden, die erste Einfuhr von Wein und Oel ging jedenfalls von diesen aus[1]). Nimmt man hinzu, dafs die griechischen Thongefäfse, die nach einheimischem Mafs angefertigt waren, sehr früh ein beliebter Einfuhrartikel in Italien geworden waren, wie dies die Fundstücke in Etrurien, Latium und Campanien, sowie die Einbürgerung der griechischen Worte *κρατήρ* (cratera), *ἀμφορεύς* (amphora) und *πατάνη* (patina) beweisen[2]), so erscheint es nicht auffallend, dafs dort die griechischen Hohlmafse mit ihren Namen ohne erhebliche Aenderungen Eingang fanden. Auch läfst sich noch nachweisen, dafs es der Handel mit den sicilischen Pflanzstädten war, durch den die Latiner diese neuen Normen kennen lernten und anzunehmen veranlafst wurden[3]).

Dieselben Verhältnisse, welche diese Annahme bedingten, haben in einer früheren Zeit auch zwischen dem Orient und Griechenland obgewaltet. Bedenkt man, dafs die Kornproduction in vielen Theilen Griechenlands für die Consumtion nicht ausreichte, dafs Oel in der ältesten Zeit nur in Attika gebaut wurde, dafs indische und babylonische Gewürze und Salben, syrische Weine, orientalischer Weihrauch schon früh, wenn auch meist erst nach Homer aus Asien eingeführt wurden, wie dies die Fremdnamen *νάρδος, βάλσαμον, κίνναμον, κύμινον, βδέλλιον, μαλάχη, μύρον, νίτρον, παλάθη, σήσαμον, σίναπι, νέκταρ, σινδών, στύραξ, ὕσσωπος*[4]) u. a. documentiren, so wird man die Einbürgerung der asiatischen Mafse auch in Hellas begreiflich finden. Sowie das venezianische Apothekergewicht nach Nürnberg[5]) gewandert ist, sowie das französische Weinmafs, die brabanter Elle und holländische Flüssigkeitsmafse mit den Waaren und den Gefäfsen, in denen diese versandt werden, auf die Märkte der grofsen europäischen Handelsstädte gelangen und dort beim Verkauf der betreffen-

---

[1]) Mommsen, Röm. Gesch. 3. Aufl. I, 184 f.

[2]) Ebenda S. 194.

[3]) Darauf weist die Aufnahme der sicilischen *ἡμίνα* (vgl. Athen. XI, 479 *B.*) und anderes hin. Mommsen a. a. O. I, 198.

[4]) Vgl. Meyer, Griechenland und der Orient. Movers Phoenic. III, 69—104.

[5]) Böckh, Metrolog. Unt. S. 39.

den Producte zur Anwendung kommen[1]), ebenso brachte der phönikische Kaufmann mit den morgenländischen Weinen und Oelen die Mafsgefäfse, in welche diese gefüllt waren, und mit dem von ihm importirten Getreide das Scheffelmafs, nach dem er dasselbe in Syrien oder Aegypten eingehandelt hatte, in den griechischen Verkehr. So war das babylonische Salböl in birnenförmigen Alabasterfläschchen, Palmwein in eigenthümlichen Krügen, *κάδοι* genannt (von dem semitischen *kad*), im griechischen Handel[2]), so mafs man in den hellenischen Hafenstädten persisches Korn nach der *Addir* und *Achane*[3]), ägyptisches und syrisches nach dem *κάβος*[4]), Wein und Oel aus denselben Ländern nach dem *ἵν*[5]) und seiner Hälfte der *ἡμίνα*; so bürgerten sich die Namen für die fremden Mafsgefäfse, wie *κάδος, κάβος, βῖκος, ἵν, κιβώριον*, ebenso wie die Mafse selbst in Hellas ein, wie überhaupt der Grieche das Handelsgeschäft vom Phönikier gelernt, und von ihm die technischen Handelsausdrücke, wie *ἀρραβών* und *κόλλυβος*, in ähnlicher Weise angenommen hat, wie der europäische Norden die seinigen vom lombardischen Kaufmann.

In der homerischen Zeit wurden Cerealien und Flüssigkeiten nach dem ‚Mafs' (*μέτρον*) gemessen[6]). Daneben kommt aber schon die *χοῖνιξ* vor, ein Gefäfs, welches soviel hielt, als zur Tageskost eines Menschen hinreichte[7]). Nach der Ueberlieferung soll das alte ‚Mafs' gröfser als die Choenix gewesen sein[8]), seit Einführung der Solonischen Ordnung galt indefs die letztere als das ‚Mafs' oder die Einheit und das Hemihekton oder Zwölftel des Medimnos, welches 4 Choeniken fafste, hiefs daher Tetrametron oder ‚vier Mafs'[9]).

---

[1]) So sind in Hamburg die französischen Weinmafse und beim Thranhandel die amsterdamer Schmaltonne, dort und in London die brabanter Elle in anerkanntem Gebrauch. Vgl. Ch. u. Fr. Noback, Taschenbuch der Münz-, Mafs- und Gewichts-Verhältnisse 1851. I, S. 331. 332. 333. Anm. S. 543.

[2]) Herod. III, 20 *μύρου ἀλάβαστρον καὶ φοινικηίου οἴνου κάδον*. Athen. 473 B. *Κλείταρχος ἐν ταῖς γλώσσαις τὸ κεράμιόν φησιν Ἴωνας κάδον καλεῖν.* Ev. Matth. 26, 7 *προσῆλθεν αὐτῷ γυνὴ ἔχουσα ἀλάβαστρον μύρου.* Ueber die Form dieser Gefäfse vgl. Jahn, Beschreibung der Münch. Vasensammlung S. CXV.

[3]) Eust. p. 1854 *'Αριστοφάνης' ἀλφίτων μεδίμνων ἔδειξα. 'Αχάνη.* Aristoph. Ach. 108 f.

[4]) *Κάβος* (hebr. qab) *μέτρον σιτικὸν καὶ οἰνικόν* Hesych. Suidas fügt hinzu: *καὶ παροιμία κάβου κάβος.* Davon *κάβωνας* oder *κίβωνας* soviel wie *ἄπληστος*.

[5]) *ἵν* (hebr. hin) Eustat. p. 1282, 51. 1753, 7 *ἔλαιον πλέον ἤπερ ἵν.*

[6]) Il. XXIII, 741 *ἓξ δ' ἄρα μέτρα χάνδανεν* (*ὁ κρατήρ*). Vgl. Il. XII, 422. Od. II, 355. IX, 209.

[7]) Hultsch a. a. O. S. 62. Anm. 16.

[8]) Eust. p. 1853, 63 f. — [9]) Hultsch a. a. O. S. 63. Anm. 17.

Ob das homerische ‚Maſs‘ bereits zu den orientalischen Hohlmaſsen in Beziehung gestanden, wissen wir nicht; daſs ein in Sidon gearbeitetes silbernes Gefäſs gerade ‚6 Maſs‘ enthielt, während ein, wie es scheint, in Hellas angefertigter kupferner Kessel deren 4 maſs[1]), kann man vielleicht dafür anführen, aber nicht als Beweis gelten lassen. Dagegen sind die nachhomerischen Körpermaſse auf das Bestimmteste auf morgenländischen Ursprung zurückzuführen. Der attische κάδος, dem später der griechische Name ἀμφορεύς oder μετρητής beigelegt ward[2]), ist nichts anderes als der gleichnamige phönikische Weinkrug, der auf ein *Bath*, das Maſs des phönikisch-hebräischen Metretes, normirt war, die *Kotyle*, das ‚Viertelmaſs‘, entsprach genau dem Inhalt der kleinen Alabasterfläschchen, in denen in Asien wie in Griechenland morgenländische Salben verkauft wurden[3]), womit es zusammenhängt, daſs diese Essenzen in Griechenland auch in gröſseren Quantitäten stets nach diesem Maſs[4]) gemessen wurden. Der lakedämonische Medimnos, der weit verbreitet gewesen sein muſs, da er später in Aegypten unter den Ptolemaeischen Maſsen wieder auftritt[5]), war ein Fünftel des groſsen phönikischen Kornmaſses, des *Kor*, und das Sechstel desselben, der *Hekteus*, dem phönikischen *Saton*[6]) durchaus identisch; ferner betrug der attische Medimnos wiederum ⅔ des lakedämonischen und war der Absicht nach vielleicht der persischen *Artabe*, die Persien nicht allein angehörte, sondern wohl in ganz Vorderasien und jedenfalls in Aegypten[7]) Geltung hatte, nachgebildet, und daſs das phönikische *Kab* und *Hin*, ersteres als Kornmaſs, letzteres als Oelmaſs, im griechischen Verkehr war, wird ausdrücklich bezeugt[8]). In der Solonischen Maſsordnung repräsentirte jenes das *Dichoinikon*, während dieses dem sechsten Theil des *Metretes* oder einem Doppel*chus* entsprach.

Wie das spätere attische Maſssystem sich zu dem vorsolonischen und zu dem äginäischen verhielt, ist leider nicht mehr genau zu er-

---

[1]) Il. XXIII, 741. 268.

[2]) Hultsch S. 80. Anm. 3. S. 89. Anm. 4.

[3]) Das ἀλάβαστρον hielt nach Epiphanios p. 182 ½ Sextarius = 1 κοτύλη.

[4]) Böckh, Staatshaushalt I, 149. 2. Aufl.

[5]) Der lakedämonische Medimnos war gleich 1½ attischen (Hultsch S. 260) = 144 Sextarien, der ptolemäische = 9 römischen Modien = 144 Sext. Hultsch S. 284. Das Kor = 45 Modien = 720 Sextarien. Hultsch S. 272.

[6]) Böckh S. 259. Saton = 1½ Modien = 24 Sextarien.

[7]) Hultsch S. 284.

[8]) Vgl. oben S. 28. Anm. 4. 5. Ueber die Werthe vgl. Hultsch S. 272 f.

mitteln. Wir wissen nur im Allgemeinen, daſs das äginäische Maſs gröſser war, als das Solonische[1]). Von dem äginäischen wird indeſs wohl das lakedämonische, welches auf die Maſsregulirung des Pheidon, der das äginäische Gewicht im Peloponnes eingeführt hat, zurückgehen mag, nicht verschieden sein. Vom lakedämonischen Medimnos ist aber schon bemerkt worden, daſs er 1½ mal gröſser als der attische war und so wird auch der lakedämonische Chus, der nicht ganz ⅔ des attischen betrug[2]), ursprünglich und der Absicht nach zu dem attischen in dem einfachen Verhältniſs von 3:2 gestanden haben und die äginäisch-peloponnesischen Hohlmaſse ebenso gut wie die attischen nach orientalischen Mustern regulirt worden sein.

Von den asiatischen Körpermaſsen sind nur die hebräischen ihrer ganzen Skala nach bekannt. Unter diesen werden uns das Kor oder Chomer und das Saton oder Seah auch als phönikische Maſse genannt[3]); aber auch das Hin, das Kab und das Bath müssen so gut den Phönikiern wie den Hebräern angehört haben, weil wir sie im griechischen Verkehr finden, in den sie nur durch den phönikischen Handel gelangt sein können. Hin und Epha sind, wie es scheint, Ausdrücke ägyptischen Ursprungs[4]). Daraus folgt indeſs nicht, daſs das Maſssystem, dem sie angehören, selbst ägyptisch war. Im Gegentheil begegnen wir andern Theilen desselben nicht allein in Phönikien, sondern auch in Persien wieder. Denn in dem persischen Trockenmaſs Kapithe erkennt man das hebräisch-phönikische Kab, welches, wie jenes, auf 2 Choeniken bestimmt wird[5]), und in der Achane das Sechsfache des Kor[6]). Es war mithin auch das persische Hohlmaſs dem phönikisch-hebräischen verwandt, und da wiederum der persische *Maris* sichern Angaben nach die Hälfte des syrischen Metretes[7]) betrug, der wiederum zu den phönikisch-hebräischen Maſsen in einfachem Verhältniſs steht, so wird hierdurch ein gemeinsamer Ursprung aller vorderasiatischen Körpermaſse sehr wahrscheinlich, und es ist viel glaubhafter, daſs diese Normen von dorther stammen, von wo die übrigen vorderasiatischen Gewichts- und Maſsbestimmungen ausgegangen sind, als von Aegypten, welches selbst die königliche Elle von Babylon entlehnt hat.

Dies läſst sich noch bestimmter nachweisen, denn auch die Einthei-

---

1) Böckh S. 275 f. Hultsch S. 258. — 2) Hultsch S. 260.

3) Böckh S. 259. — 4) Böckh S. 244. — 5) Hultsch S. 275.

6) Achane = 45 att. Medimnen (Hultsch S. 275) = 4320 Sext. = 6 × 720 Sext.

7) Maris = 10 att. Choen = 60 Sextarien, der syr. Metretes = 120 Sextarien. Hultsch S. 271.

lung der asiatischen Hohlmafse beruht ebenso wie die der übrigen Mafse auf dem babylonischen Zahlensystem.

Suchen wir nämlich die Skala der babylonischen Hohlmafse aus den persischen, syrischen, phönikischen und hebräischen Mafsen wieder herzustellen und gehen von der kleinsten Einheit der phönikisch-hebräischen Körpermafse für trockene und flüssige Gegenstände dem Log aus, der dem Inhalt nach genau dem Römischen Sextarius[1]) und der halben attischen Choenix oder dem spätern ξέστης entspricht, so findet sich, dafs auf den babylonischen Metretes, den Maris der Perser, 60, auf das doppelte Mafs, den Metretes der Syrer[2]), 120, auf das gröfste Getreidemafs, die Achane, 72 × 60, auf das nächste, das Kor, 12 × 60 solcher Einheiten gehen, dafs der Maris mithin zum Log sich wie das Talent zur Mine, das Plethron zur Elle und der Sossos zur Einheit verhält, und dafs das Kor auf 12, die Achane auf 72 Sossen normirt war. Nimmt man hinzu, dafs in dieser Skala mehrere Mittelglieder fehlen, dafs, wie dem hebräisch-phönikischen Bath als Metretes das Epha als Medimnos entsprach, ebenso dem Maris und dem Metretes ein gleich grofses Trockenmafs gegenübergestanden haben wird, indem das System offenbar ursprünglich nur ein Mafs für flüssige wie für trockene Gegenstände kannte, so erhalten wir folgendes Schema:

Babylonisches Hohlmafs.

	Für Flüssigen.		Für Trockenen.	
I.	1			3600 × 60
	50 Achane			72 × 60
II.	1			60 × 60
	5 Kor			12 × 60
	30 Metretes .	2 × 60	30	2 × 60
	50 Bath . . .	60 + 12	50 Epha . . .	60 + 12
III.	1 Maris	60	1	60
	2½	24	2½ Saton	24
	5 Hin	12	5	12
	15 Kab	4	15 Kab	4
	60 Log	1	60 Log	1

---

[1]) Böckh S. 261.

[2]) Leider ist über die Eintheilung des Syrischen Metretes nichts Sicheres zu ermitteln, da die Lesart bei Kleopatra p. 770 zwischen 6 und 90 schwankt. Hultsch S. 271. Anm. 1.

Ob die auf dieser Tabelle vorausgesetzten Maſse von 216000 und 3600 Einheiten, welche zum Maris sich wie der Saros und Sossos zur Eins verhalten würden, je etwas Weiteres als bloſse Rechnungsgröſsen gewesen, kann nicht mehr ermittelt werden, die Anwendung des babylonischen Zahlensystems tritt ohnehin in der Skala hinreichend hervor und bedarf keines weitern Beweises.

Ebenso wie die Römer den attischen Körpermaſsen gegenüber verfahren sind, wie sie die Maſse bis zum Modius und Congius aufwärts einfach entlehnt, dagegen weder den Medimnos noch den Metretes angenommen, sondern an die Stelle des letzteren als gröſstes Maſs ein Gefäſs gesetzt haben, welches ⅔ des Metretes faſste[1]), ebenso haben die Phönikier und Hebräer die babylonischen Körpermaſse ohne Veränderung nur bis zum Saton aufwärts recipirt und als gröſste Einheit ihrer Flüssigkeitsmaſse nicht den Maris, sondern ein Maſs gewählt, welches zwar ebenfalls zur babylonischen Skala gehörte, indem es ⅙ des doppelten babylonischen Metretes und $\frac{1}{10}$ des Kor betrug, allein dort nicht als Einheit, sondern als Theil auftrat.

---

[1]) Vgl. Hultsch S. 81. Mommsen, R. Gesch. 3. Aufl. I. S. 204. Bei den Maſsen des Trocknen lieſs man die gröſste Einheit, den *μέδιμνος*, fallen und erhob statt dessen den *ἑκτεύς*, welchem man den aus *μέδιμνος* corrumpirten Namen *modius* beilegte, zur Einheit. Ebenso warf man die *χοῖνιξ* über Bord. Was die Maſse des Flüssigen betrifft, so entspricht dem *χοῦς* nach Inhalt und Namen der Congius genau und dieser mag in Italien längere Zeit für das Flüssige die Maſseinheit gebildet haben, wie der Modius für das Trockne. Erst bei der allgemeinen von Staatswegen unternommenen Regulirung der Römischen Gewichte und Maſse wird das Quadrantal, welches der Absicht nach ein Gefäſs vom Inhalt eines römischen Kubikfuſses darstellen sollte, hinzugekommen sein. Diese neue Einheit ward aus dem ⅔ Metretes, der 8 Congien faſste, gebildet, und zur Regulirung desselben wahrscheinlich nach griechischem Vorgang das Wassergewicht benutzt, wobei der attische Gewichtsfuſs zur Norm diente. Die folgende Tabelle soll diese Verhältnisse verdeutlichen.

Maſse des Flüssigen.				Maſse des Trocknen.			
Attische.	Talent	Römische.	Talent	Attische.	Talent	Römische.	Talent
1 *μετρητής*	1½					1 *μέδιμνος*	2
		1 amphora	1				
		2 urna	½	1 modius	⅓	6 *ἑκτεύς*	⅓
12 *χοῦς*	⅛	8 congius	⅛	2 semodius	⅙	12 *ἡμίεκτον*	⅙
						48 *χοῖνιξ*	$\frac{1}{24}$
72 *ξέστης*	$\frac{1}{48}$	48 sextarius	$\frac{1}{48}$	16 sextarius	$\frac{1}{48}$	96 *ξέστης*	$\frac{1}{48}$
144 *κοτύλη*		96 hemina		32 hemina		192 *κοτύλη*	
288 *τέταρτον*		192 quartarius		64 quartarius			
576 *ὀξύβαφον*		384 acetabulum		128 acetabulum			
864 *κύαθος*		576 cyathus		192 cyathus		1152 *κύαθος*	

Daſs der Sextarius ebenso wie der Quartarius römische Zuthat ist, beide aber später auch im griechischen System Eingang fanden, hat schon Böckh bemerkt, S. 203 f.

Aehnlich ist man wiederum mit den phönikisch-hebräischen Körpermafsen in Griechenland umgegangen, wo man ebenfalls bei der Regelung dieser Verhältnisse sich die fremden Normen mit bestimmter Auswahl angeeignet hat. Allein die einzelnen Theile des babylonischen Systems, wie wir sie unter verschiedenen Namen in Phönikien, Palästina, Persien, Athen und Rom wiederfinden, lassen sich alle mit Leichtigkeit der ursprünglichen Skala wieder einordnen. Nur die Bestimmung, die uns Herodot[1]) von der persischen Artabe giebt, macht einige Schwierigkeit. Danach würde dies Mafs 102 Log enthalten und somit weder zu der Achane (= 4320 Log), noch zur Kapithe (= 4 Log) und Addix (= 6 Log) in rundem Theilverhältnifs stehn. Doch kennen wir weder die Eintheilung noch die Zwischenstufen der persischen Mafsskala, und sind auch nicht im Stande die Genauigkeit der Herodotischen Bestimmung zu beurtheilen. Dafs ein dieser Artabe ähnliches Mafs im asiatischen Verkehr war, darauf deutet der attische Medimnos hin, der ebenso wie der attische Metretes wahrscheinlich einem schon vorhandenen Mafs nachgebildet worden ist und vielleicht ursprünglich und der Absicht nach sich von jener nicht unterschied. Die altägyptische Artabe betrug wie das hebräische Epha ½ des attischen Medimnos[2]) und gehört mithin auch in dasselbe System.

VI. Wechselverhältnifs der Mafse und Gewichte.

Wenn selbst unserer so weit fortgeschrittenen Technik eine genaue Herstellung der Hohlmafse nach ihrer geometrischen Definition schwer wird und man dieselben auf keine bessere Art zu reguliren weifs, als durch Wägen der Wassermenge, welche ein solches Mafsgefäfs enthält[3]), so wird man sich nicht wundern, dafs bereits die Alten den Inhalt der Hohlmafse nach dem betreffenden Wasser- oder Weingewicht bestimmt haben. Denn diese beiden Flüssigkeiten nahm man als gleich schwer an, wie denn auch der Unterschied des spezifischen Gewichts zwischen beiden nicht sehr erheblich ist[4]).

---

[1]) Herodot. I, 192. vgl. Hultsch S. 276.

[2]) Hultsch S. 284.

[3]) Dove, Ueber Mafs und Messen. Berlin 1835. S. 23.

[4]) Das spezifische Gewicht verschiedener Weine nach Noback a. a. O. xxxvii.

Bordeauxwein	0.9940
Burgunder	0.9915
Rheinwein	0.9925—0.0020
Portwein	0.9970.

Die römische Amphora sollte, wie das Silianische Plebiscit verordnet, 80 Pfund Wein enthalten und die kleinern Maſse im Verhältniſs. Auf dem unter Vespasian im Jahre 75 n. Chr. geaichten Farnesischen Congius ist nur bemerkt, daſs er 10 Pfund hielt, eine nähere Angabe der Flüssigkeit fehlt. Das System ist in den metrologischen Schriften der Kaiserzeit, welche, wie die zu Grunde liegende Berechnung nach einer Drachme von $\frac{1}{96}$ röm. Pfund beweist, dabei auf älteren Quellen fuſsten, vollkommen durchgeführt [1]. Da dieselben Maſse für trockene and flüssige Producte bis zum Sextarius aufwärts galten, so fand das Princip selbstverständlich auch auf die Körpermaſse für Trocknes Anwendung.

Diese Normirung der Hohlmaſse nach dem Gewicht ist von den Römern, welche die Normen selbst erst aus der Fremde entlehnten, nicht erfunden worden; daſs nach der römischen Skala für den attischen Metretes und Medimnos ein Gewicht von je $1\frac{1}{2}$ und 2 attischen Talenten vorausgesetzt wird, deutet darauf hin, daſs eine derartige Regulirung bereits in Athen stattfand und zwar nach dortigem Gewicht. Allein das Verfahren ist auch in Athen nicht zuerst geübt worden. Es ist vielmehr altbabylonisch. Auf der Inschrift von Karnak, welche die Kriegszüge Tuthmoses III. verewigt und dabei die von ihm theils im Felde erbeuteten, theils als jährliche Tribute empfangenen Gegenstände im Einzelnen aufführt, werden Wein, Honig, Spezereien, Datteln — Producte, die dem König von asiatischen Stämmen geliefert worden waren, nach ‚Minen' berechnet [2]. An die Gewichtsmine ist hierbei nicht zu denken, obgleich Weihrauch in späterer Zeit in Asien sowohl wie in Griechenland nach dem Gewicht verkauft wurde [3]. Denn alsdann würden diese Quantitäten nicht nach dem asiatischen Gewicht, sondern ebenso wie das in der Inschrift ebenfalls als Tribut asiatischer Stämme aufgeführte Gold, Silber und Eisen nach aegyptischen Pfunden gemessen worden sein. Jene ‚Mine' kann nur als Körpermaſs angesehen werden, der Name aber deutet mit Bestimmtheit auf Babylon hin. Erinnert man sich nun, daſs der babylonische

[1]) Böckh S. 16 f. 24. Hultsch S. 88. 95.

[2]) Vgl. The Annals of Tothmes III by S. Birch. Archaeologia vol. xxxv. 1853. Notice de quelques fragments de l'inscription de Karnak par M. de Rougé. Revue Arch. 1860. Es geben ein von den *Rutennu* 1718 *Mna* süſsen Weins, B. p. 14, von den *Tahi* (Coelesyrien) 490 *Mna* Honig, 6428 *Mna* Wein, B. p. 24. R. p. 15; von denselben 828 *Mna* Spezereien, R. 18, 22; von den *Rutennu* 306 *Mna* Wein, B. p. 27, 696 *Mna* Spezereien, R. 21, 2080 *Mna* Datteln, ebendaselbst; von den *Asi* 2400 *Mna* Erdharz, B. 27; aus Mesopotamien 81 *Mna* Spezereien, B. 28, 989 *Mna* ? R. 22 u. s. w.

[3]) Vgl. z. B. Herod. I, 183. VI, 97. Polyaen IV, 3, 32. Plutarch Alex. 25, 4.

Metretes in 60 Einheiten getheilt wurde, wie das Talent in 60 Minen, so wird man es sehr wahrscheinlich finden, dafs dem Sechzigstel jenes Mafses in Babylon derselbe Name beigelegt wurde, wie dem Sechzigstel des Talents, und dafs das phönikisch-hebräische Log dasselbe Mafs darstellt wie die ‚Mine‘ der Inschrift von Karnak. ‚Mine‘ bedeutet nichts anderes als ‚Theil‘ und es ist wohl denkbar, dafs dasselbe Wort für den sechzigsten Theil der Stunde, der Elle, des Talents und des Metretes in gleicher Weise gebraucht wurde. Eine Bestimmung der Körpermafse nach dem Gewicht würde also aus diesem Ausdruck allein mit Sicherheit noch nicht zu folgern sein. Erwägt man aber, wie wenig wahrscheinlich es ist, dafs dies Verfahren in Rom oder in Athen erfunden worden sei, wie ferner die babylonische Messung der Zeit durch den Fall des Wassers, bei der die einzelnen Quantitäten genau gewogen oder gemessen wurden, ganz von selbst zur Ergänzung der einen Operation durch die andere leiten mufste[1]), so wird man dem Umstande, dafs dasselbe Wort die Einheit des Körpermafses und des Gewichts bezeichnete, eine gröfsere Bedeutung beilegen und der Vermuthung Raum geben dürfen, dafs das babylonische Hohlmafs nach dem Wassergewicht bestimmt und der Metretes Wasser auf ein Talent, das Log auf eine Mine Gewicht festgesetzt worden ist.

Wenden wir nun die römischen Gewichtsbestimmungen der Hohlmafse auf den babylonischen Metretes oder den Maris, der auf 60 Sextarien angegeben wird, sowie auf das Log, das dem Sextarius für identisch galt, an, so erhalten wir für jenen ein Gewicht von 100 römischen Pfunden (zu 327.45 Gr.) oder 32.745 Kilogr., für dieses ein Gewicht von $1\frac{2}{3}$ Pfund oder 545.75 Gr., was so genau wie möglich dem Gewicht der Mine und des Talents, welches die Griechen als das babylonische bezeichneten und nach welchem das lydische und persische Reichssilber geschlagen worden ist, entspricht. Dies ist nicht das Gewicht, welches wir erwarten würden; es ist nicht das alte assyrisch-babylonische Talent ‚des Königs‘ wie es die Fundstücke von Ninive darstellen, sondern ein von diesem abgeleitetes, welches sich zu jenem wie 10 : 9 verhielt und ursprünglich nur für den Silberverkehr berechnet war. Indefs ist dasselbe, wie wir zeigen können, bereits sehr früh im Gebrauch des Morgenlands gewesen. Seine Entstehung wird ebenso wie die Bestimmung des Fufses auf $\frac{2}{3}$ Elle mit einer neuen Regelung der Mafs- und Gewichtsverhältnisse

---

[1]) Vgl. Boeckh S. 67 f.

in Babylon zusammenhängen und darin der Grund liegen, weswegen es als Basis für die Normirung der Hohlmafse gewählt wurde[1]). Dies gewinnt durch folgende Erwägung noch an Wahrscheinlichkeit.

Wir wissen, dafs die Römer sich nicht darauf beschränkt haben, ihr Hohlmafs nach dem Gewicht zu reguliren, sondern dasselbe auch mit den Linearmafsen in Verbindung gebracht haben, indem sie das Quadrantal dem Inhalt eines römischen Kubikfufses gleich setzten. Böckh[2]) hat bereits mit Recht bemerkt, wie unwahrscheinlich es sei, dafs die unwissenschaftlichen Römer dies Verfahren zuerst eingeführt und angewandt haben sollten; um so mehr, da sie es bei der Theorie bewenden liefsen und in der Praxis die genauere Bestimmung der Hohlmafse auf das bereits gegebene Gewicht begründeten. Denn ein nach dem römischen Kubikfufs genau construirtes Gefäfs enthält bedeutend weniger als 80 römische Pfund Wasser. Es liegt daher die Voraussetzung sehr nah, dafs auch hierin die ersten genauen Ordner von Mafs und Gewicht vorangegangen sind und als Basis zur Bestimmung des Hohlmafses und Gewichts den Fufs angenommen haben. Die Babylonier sind dabei von einem Fufs ausgegangen, welcher 0.320^m mafs und auf eine Elle von 0.530^m zurückleitet. Wenn J. Oppert nach Backsteinen und Steinplatten beide Mafse um 0.005^m niedriger annimmt, so führen dagegen seine Messungen von Gebäuden und Mauern des alten Babylon, sowie die Messungen Anderer von ninivitischen Monumenten vielfach auf ein höheres, welches entweder dem genannten sehr nah kommt oder dasselbe noch übersteigt, wie dies Böckh und Vazquez Queipo nachgewiesen haben[3]). Auch stimmt das letztere noch besser mit dem Mafs der ägyptischen Elle über-

[1]) Wenn man will, kann man dies Verhältnifs auch so auffassen, dafs das Wassergewicht des Maris, der wie sich aus dem Folgenden ergiebt, aus dem babylonischen Kubikfufs gebildet wurde, auf $\frac{10}{9}$ oder 4000 Sechzigstel des assyrisch-babylonischen Gewichtstalents, das Log auf $\frac{10}{9}$ der entsprechenden Mine festgesetzt wurde.

[2]) a. a. O. S. 27 f.

[3]) Böckh, Berichte der Berl. Akad. der Wissenschaften 1854. S. 78 f. Wenn die Seite der Königsburg nach Oppert 380^m, das erste Stockwerk 24^m mifst, so ergiebt jenes eine Elle von 0,527.77^m, dieses eine Elle von 0,533.33^m. Vazquez Queipo, Essai sur les systèmes métriques et monétaires. I. S. 281 f., legt mit Recht grofses Gewicht nicht sowohl auf die Messungen ninivitischer Gebäude von Botta und Place, die sogar einen Fufs von 0.325^m ergeben, als besonders auf die Bestimmung zweier Platten von Gold und Silber, die im Fundament des Palastes von Khorsabad gefunden und auf einen Fufs von 0,320^m normirt sind. Auch die ägyptischen Ellenmafse variiren zwischen 0.527—0.525^m. Hultsch S. 279. Anm. 4.

ein, deren ursprüngliche Identität mit der babylonischen vorauszusetzen ist.

Der babylonische Kubikfufs (zu 0.320^{m}) Wasser wiegt bei 15° C. 32.7405 Kilogr., bei einer Temperatur von 18.75° C. = 15° R., wie sie für Babylon etwa anzunehmen sein würde, 32.721 Kilogr.[1]) und dies trifft mit dem oben gefundenen Werthe für den babylonischen Metretes von 60 Log ebensowohl wie mit dem Gewicht des babylonischen Talents, nach welchem jener normirt war, zusammen und führt ebenfalls auf eine Mine von 545 Gr. oder genauer von 545.35 Gr. Hiermit dürfen wir wohl die Ableitung des Gewichts und des Hohlmafses vom babylonischen Fufs oder die Begründung aller babylonischen Mafse auf dieselbe Einheit als bewiesen ansehn. Der *Maris* war das babylonische Quadrantal, welches den Inhalt eines Kubikfufses und das Wassergewicht eines Talentes hatte, während der sechzigste Theil, das *Log* der Mine, das doppelte oder der syrische Metretes zwei leichten oder einem schweren babylonischen Talent entsprach; so dafs sich derselbe Unterschied, den man beim Gewicht zwischen schwerer und leichter Mine aus den Monumenten nachweisen kann, bei den Hohlmafsen wiederholt.

Wir haben gesehen, dafs das babylonische Zeitmafs derselben Eintheilung unterliegt wie das des Raumes und der Materie. Die beiden letztern beruhen auf einer und derselben Einheit. Man kann kaum die Vermuthung unterdrücken, dafs auch das Mafs der Zeit nicht nur die Eintheilung, sondern auch die letztgenannte Eigenschaft mit diesen gemein hatte.

Wir wissen, dafs die Babylonier die Länge der Aequinoctialstunde durch den Fall des Wassers bestimmten. Wenn sie nun den Durchmesser der Oeffnung, durch welche das Wasser aus einem Gefäfs ins andere ausflofs, so einrichteten, dafs während einer Aequinoctialstunde ein Talent, während der entsprechenden Minute eine Mine Wasser, im erstern Fall in ein Mafs vom Inhalt eines Kubikfufses oder eines Maris, im

[1]) Queipo, der a. a. O. I. S. 322 bereits die Uebereinstimmung des ‚babylonischen' Talents der Griechen mit dem Wassergewicht des babylonischen Kubikfufses von 0.320^{m} nachgewiesen hat, legt seiner Berechnung Flufswasser bei 15° C. zu Grunde und gelangt so zu einem Gewicht von 32.768 Kilogr., welches dem Gewicht von destillirtem Wasser bei seiner gröfsten Dichtigkeit gleich ist. Indefs möchte die Temperatur etwas zu niedrig genommen sein, da nach Dove's Temperaturtafeln Bagdad, das nicht viel nördlicher liegt als Babylon, eine mittlere Temperatur von 18.5° R. hat. Bei der im Text angegebenen Berechnung ist mir Herr Dr. Welland in Coblenz behülflich gewesen.

andern Falle in ein Mafs vom Inhalt eines Log abflofs, so war die Bestimmung der Aequinoctialzeit durch das Talent und Hohlmafs gegeben und man besafs zugleich ein sehr einfaches Mittel, die verschiedenen Mafse gegenseitig immer wieder aufs Neue zu controliren, indem die Quantität Wassers, die während dieser gegebenen Zeit abflofs, gewissermafsen eine natürliche Gröfse repräsentirte, die durch Nachwägen und Nachmessen sich wenigstens annäherungsweise stets wieder darstellen liefs.

Diese Vermuthung mag gegründet sein oder nicht, immerhin bleibt die Thatsache bestehn, dafs das babylonische Mafs- und Gewichtsystem bereits alle seine Normen auf dieselbe Einheit begründete und die Eintheilung derselben nach einem Zahlenprincip anordnete, welches gerade für den praktischen Gebrauch sehr wesentliche Vortheile vor unserem dekadischen System darbietet. Uebrigens knüpfte man, wie es scheint, bei Aufstellung dieses Systems an das bereits gegebene Gewicht in ähnlicher Weise an, wie das metrische System der Franzosen an die alte Toise; nur dafs bei der babylonischen Mafsreform das Talent nach einem neu normirten Fufs geregelt und zugleich das Hohlmafs sowohl nach der letztern wie nach der Gewichtseinheit festgestellt wurde. Man wird sich hiernach nicht darüber wundern können, dafs das System sich schon so früh über Vorderasien und nach und nach auch über einen grofsen Theil von Europa verbreitet hat. Von den folgenden beiden Tabellen soll die eine den gemeinsamen Ursprung aller antiken Hohlmafse aus demselben System, wobei sämmtliche Werthe auf die dem Sextar identische und dem Wassergewicht der bezeichneten babylonischen Mine entsprechende Mafseinheit reducirt sind, die andere die gleichförmige Eintheilung aller babylonischen Mafse übersichtlich darstellen.

I. Uebersicht über die asiatisch-griechisch-römischen Hohlmafse.

Babylonisches Mafs für Flüssign.	Babylonisches Mafs für Trockenes.		Persisches Mafs für Flüss.	Persisches Mafs für Trockenes.		Phönikisch-hebräisches Mafs für Flüssigen.	Phönikisch-hebräisches Mafs für Trockenes.		Ptolemäisches Mafs für Flüss.	Ptolemäisches Mafs für Trockenes.		Lakonisches Mafs.		Attisch-römisches Mafs für Flüssigen.	Attisch-römisches Mafs für Trockenes.	
		Min.			Min.			Min.			Min.		Min.			Min.
	1	216000														
	50 Achane	72 × 60		Achane	72×60											
	1	60 × 60														
	5 Kor . . .	12 × 60					1 Kor	6×120								
										1 Medimnos	144	Medimnos	144			
30 Metretes	30	2 × 60														
				Artabe	109?										1 Medimnos	96
50 Bath	50 Epha	60 + 12				1 Bath	10 Epha	72		Alte Artabe	72			1 Metretes		72
1 Maris	1	60	Maris		60											
														1½ Quadrantal		48
2½	2½ Saton	24					30 Saton	24		6 Hekteus	24	Hekteus	24			
															6 Hekteus (modius)	16
5 Hin	5	12				6 Hin		12		12 Hemihektion	12	Hemihekton	12			
						6 Heiliges Hin		9				Chus	9			
7½	7½ Addix	8		Addix	8										12 Hemihekton (semodius)	8
							180 Assaron	7.2								
									Chus		6			12 Chus (congius)		6
15 Kab	15 Kab	4		Kapithe	4	18 Kab	180 Kab	4							24 Dichoinikon	4
															48 Choinix	2
										96 Choinix	1.5					
60 Log	60 Log	1				72 Log	720 Log	1						48 Sextarius	96 Sextarius	1
120 Alabastron	120	½							Kotyle	288 Kotyle	½			96 Hemina	192 Kotyle	½

II. Uebersicht über die Eintheilung der babylonischen Maſse.

Zahlenmaſs.

Saros.	Sossos.	Einer.
1	60	3600
	1	60

Zeitmaſs.

Stunde.	Minute.	Secunde.
1	60	3600
	1	60

Raummaſs.

1. Aeltere Eintheilung.

Elle.	Fuſs.	Fingerbreite.
1	1½	24
	1	16

2. Neuere Eintheilung.

Parasangen.	Stadion.	Plethron.	Elle.	Fuſs.	Linie.
1	30	180	10800	18000	648000
	1	6	360	600	21600
		1	60	100	3600
			1	1⅔	60
				1	36

Astronomisches Maſs.

Aequator.	Parasangen.	Stadion.	Minute.	Secunde.
1	24	720	43200	2592000
	1	30	1800	108000
		1	60	3600
			1	60

Gewicht.

Talent.	Mine.	Stater.	Obole.
1	60	3600	108000
	1	60	1800
		1	30

Hohlmaſs.

[illegible]	Kor.	Metretes.	Bath Epha.	Maris.	Saton.	Hin.	Kab.	Log.
1	5	30	50	60	150	300	900	3600
	1	6	10	12	30	60	180	720
		1	1⅔	2	5	10	30	120
				1	2½	5	15	60
					1	2	6	24
						1	3	12
							1	4

ZWEITER ABSCHNITT.

Geschichte des babylonischen Gewichts.

I. Das babylonische Reichsgewicht.

Nichts liegt so offen zu Tage wie der morgenländische Ursprung des griechischen Gewichtsystems. Wenn die Ausdrücke Mine und Stater, von denen der eine aus dem Aramäischen entlehnt, der andere die Uebersetzung des gleichbedeutenden semitischen Wortes Shakel ist, hierauf mit Bestimmtheit hinweisen, so läfst im Besondern die eigenthümliche Eintheilung, der das hellenische Gewichtstalent unterliegt und die sich in allen verschiedenen Modificationen, unter welchen dieses auftritt, wiederfindet, auf die Herleitung aus Babylon schliefsen. Es ist bereits bemerkt[1]), dafs das Gewicht, welches an den Ufern des Euphrat zuerst festgestellt worden und sich von dort aus über die alte Welt verbreitet und fast überall, mit Ausnahme des Nilthals und der italischen Halbinsel geherrscht hat, nach demselben Zahlensystem eingetheilt ist, wie die babylonischen Raum-, Zeit- und Körpermafse. Schon in der Form, in welcher es zu den Hellenen gelangt ist und die im orientalischen Verkehr sich bei Schätzung von Gold- und Silberwerthen entwickelt hat und schon früh im Gebrauch gewesen ist, erkennt man die babylonische Zahlenordnung sogleich wieder. Wenn 60 Minen auf das Talent, 50 Stater auf die Mine, 12 Obolen auf den Stater und mithin 600 Obolen auf die Mine, 36000 auf das Talent gingen, so sieht man wie hier die Grundzahl 60 eine hervorragende Rolle spielt. Indefs ergiebt sich sogleich, dafs das Sexagesimalsystem nicht vollständig durchgeführt ist und die Eintheilung nicht wie beim Plethron, bei der Elle und Linie, wie beim Grad, der Minute und Secunde gleichmäfsig fortschreitet, sondern dafs die babylonische Zahlenordnung durch Einschiebung einer Decimale unterbrochen und erst mit der duodecimalen Unterabtheilung des Staters wieder in die Saren- und Sossenrechnung eingelenkt wird.

Glücklicher Weise kann man jedoch gegenwärtig nachweisen, dafs die ursprüngliche Form dieses Gewichtsystems, aus welcher das helle-

---

[1]) S. 26.

nische abgeleitet ist, der Zahlenordnung der Babylonier ebenso genau entspricht, wie deren Zeit-, Körper- und Raummafs. Das ursprüngliche babylonische System theilte, wie das hellenische, das Talent in 60 Minen, aber die Mine nicht in 50, sondern in 60 Theile und entwickelte am Sechzigstel der Mine dieselbe Eintheilungsweise, soweit sie praktisch durchführbar war weiter, so dafs sich das Talent zur Mine, die Mine zum Shekel, wie die Stunde zur Minute, die Minute zur Secunde, das Talent zum Shekel, wie die Stunde zur Secunde und der Saros zur Einheit verhielt, um hier der Kürze wegen das Sechzigstel der Mine mit dem Ausdruck Shekel zu bezeichnen.

Man verdankt die Aufklärung dieser Verhältnisse der Entdeckung einer Reihe altassyrischer Gewichtsstücke, welche Layard aus den Trümmern Ninive's aufgegraben hat und die sich gegenwärtig im britischen Museum befinden, sowie einer ninivitischen Keilschrifttabelle, die E. Hincks zur Feststellung der aus jenen Monumenten sich ergebenden Resultate benutzt hat[1]). Mit diesen Hülfsmitteln gelingt es, die Untersuchung über das babylonische Talent zum Abschlufs zu bringen.

Jene assyrischen Gewichtsstücke zeigen, so weit sie nicht wesentliche Beschädigung erlitten haben, sehr genaue Jüstirung und zeichnen sich hierdurch sehr vortheilhaft vor allen Monumenten der Art aus, die man in Griechenland und Italien gefunden hat. Der feine Sinn für Erkenntnifs der kleinsten Unterschiede und der einfachsten Verhältnisse von Mafs und Zahl, welcher die Bewohner Mesopotamiens zur Erfindung eines in sich abgeschlossenen Mafs- und Gewichtssystems führte, hat offenbar auch die Kunstfertigkeit ihrer Handwerker geleitet.

Die meisten jener Monumente sind überdies, wie die Aufschriften beweisen, Normaletalons gewesen, bei deren Jüstirung daher mit ganz besonderer Genauigkeit verfahren werden mufste. Mit Ausnahme der kleinern Stücke findet sich auf allen der Name des Königs, unter dem sie angefertigt worden, ebenso genau bemerkt, wie das Nominal, welches auf den Bronzegewichten in vierfach verschiedenem Ausdruck — in Keil-

---

[1]) On the Assyrian and Babylonian Weights by Mr. E. Norris im Journal of the Royal As. Society 1856. B. XVI. Ueber Hincks' Entdeckung vgl. ebenda S. 4, Anm. 3. Die erste Beschreibung der Gewichtstücke findet sich bei Layard Discoveries in the Ruins of Nineveh and Babylon. 1853. S. 601. Die Erklärungen der aramäischen Inschriften von Luynes, Mémoire sur le sarcophage d'Esmunazar. Paris 1856. S. 81 f. und Levy, Geschichte der jüdischen Münzen. Breslau 1862. S. 148 f., weichen von der Norrisschen vielfach ab.

schrift, in aramäischer Schrift und zweimal in Zahlzeichen — wiederholt ist. Von den 28 Gewichten, die Layard aus Ninive mitgebracht hat, sind 15 aus Erz, die übrigen von Stein. Jene, welche äufserlich schöner und sorgfältiger gearbeitet sind wie diese, stellen einen liegenden Löwen, die Steingewichte — freilich mehr angedeutet als ausgeführt — die Figur einer Ente dar. Diese beiden Formen sind offenbar typisch gewesen, da die Monumente aus den verschiedensten Regierungen kaum irgend einen Unterschied der äufsern Gestalt darstellen.

Der liegende Löwe, dessen Bild auch auf das Gepräge der ältesten Goldmünzen von Sardes und Milet übertragen worden ist, hat noch unter der Achämenidenherrschaft als Modell für Erzgewichte gedient. Ueberhaupt mufs dieser Typus für den bezeichneten Zweck im Orient allgemeiner verbreitet gewesen sein, als der andere, da die Enten, wenn überhaupt beschrieben, nur mit Keilschrift versehen sind, die Löwen bis auf eine oder zwei Ausnahmen neben dieser noch aramäische Inschriften zeigen; ein deutlicher Beweis, dafs sie auf einen ausgedehnteren Verkehr berechnet waren. Auch im Gewicht unterscheiden sich die beiden Typen. Die Enten stellen eine Mine von 505 Gr., die Löwen bis auf drei, die ebenfalls nach dem leichtern Gewicht normirt sind, eine doppelt so schwere Mine von 1010 Gr. dar.

Edwin Norris, welchem das Verdienst gebührt, die aramäischen Legenden zuerst entziffert und die einzelnen Stücke nach ihren Gewichtsunterschieden geordnet zu haben, nennt die erstere leichte Mine die babylonische, weil eine der Enten, nach der darauf angebrachten Keilinschrift, unter einem babylonischen Könige und daher ohne Zweifel in Babylon selbst angefertigt und geaicht worden ist. Dieser Grund ist nicht ausreichend, allein da das Talent, welches die Griechen als das babylonische bezeichneten, zunächst an dieses Gewicht anknüpft, so wird man jene Bezeichnung in gewissem Sinne annehmen dürfen und sich die leichte Mine als das vorzugsweise in Babylon, die schwere Mine als das in Assyrien und wohl weiter in ganz Syrien üblich gewordene Landesgewicht denken müssen[1]), für welches sich aus diesem Grunde die Hinzufügung aramäischer Aufschrift empfahl.

---

[1]) Ein Bleigewicht der Sammlung des Herzogs von Luynes von 1005 Gr. gehört wahrscheinlich auch hierher. Auf demselben sieht man eine Art gehenkeltes Kreuz und ein anderes Zeichen von der Form eines geschwungenen Φ, darunter einen Strich, vielleicht zur Bezeichnung des Nominals. Queipo I, 428 sieht darin phönikische Zeichen.

Uebrigens waren in Ninive selbst beide Minen neben einander in anerkanntem Gebrauch; beide werden als Gewichte ‚des Königs' bezeichnet und wenn daneben auf den Stücken, die dem schweren Gewichtsystem angehören, der Ausdruck ‚Mine des Landes', wie Norris die aramäischen Worte erklärt, vorkommt, so kann man dies als Bestätigung der oben entwickelten Ansicht betrachten. Es versteht sich aber, dafs beide Gewichte ursprünglich in Babylon normirt worden sind.

Zu der leichten Mine gehören 13 Steingewichte in Entenform und 3 bronzene Löwen (No. 6. 10. 11 bei Norris), diese letztern haben nur ihrer Aufschriften wegen einiges Interesse.

No. 6. Liegender Löwe mit offnem Rachen von Bronze ohne Henkel und ohne Spur eines solchen. Aramäische Schrift fehlt, die Keilschrift bedeutet ‚Palast des Tiglatpilesar, Königs von Assyrien. Zwei Minen des [Königs].' Gewicht: 14120 engl. Gran = 914.98 Gr., was für die Mine 457.49 Gr. ergiebt.

No. 10. Liegender Löwe mit offnem Rachen von Bronze ohne Spur einer Handhabe. Auf der untern Fläche der Basis in aramäischer Schrift: מנה מלך I ‚Eine Mine des Königs', auf dem Rücken des Löwen ein Strich als Zahlmarke. Keilschrift undeutlich. Gewicht: 7409 engl. Gran = 480.10 Gr.

No. 11. Liegender Löwe mit geschlossenem Maul von Bronze ohne Spur einer Handhabe. Auf der untern Fläche der Basis in aramäischer Schrift: מנה מלך ‚Mine des Königs'. Die Keilschrift ‚*mana sa sar*' bedeute dasselbe. An der Seite des Löwen ein Strich. Gewicht: 7229 e. Gran = 468.44 Gr.

Zu einer irgendwie genaueren Bestimmung des Normalgewichts sind die vorstehenden drei Monumente schon wegen ihres geringen Nominals nicht zu gebrauchen. Dagegen ist hierfür das folgende, vollkommen erhaltene dreifsig Minengewicht aus Stein von grofser Wichtigkeit.

No. I. Ente aus grünem Basalt mit dreizeiliger Keilinschrift, welche bedeutet:

‚Dreifsig Minen Gewicht'
‚Palast des Evil (?) Merodak'
‚Königs von Babylon.'

Gewicht: 232420 e. Gran — 15060.91 Gr., auf die Mine 502.03 Gr.

No. II. Ente aus weifsem Marmor ist leider stark lädirt. Aus der längern Keilinschrift ersieht man, dafs es ein dreifsig Minengewicht und unter einem König von Assyrien geaicht worden ist. Das Gewicht beträgt 225150 engl. Gran = 14589.81 Gr., was auf die Mine 486.327 Gr. ausmacht.

Die übrigen Gewichte dieser Gattung sind Theile der Mine, an welchen man die eigenthümliche babylonische Eintheilungsweise entwickelt findet.

Die Enten III und IV von 189.93, bezüglich 177.48 Gr., sind Gewichte desselben Nominals, welches durch die Zahl 6 und eine auf diese folgende Keilgruppe bezeichnet wird. Es sind also 6 Einheiten zu 31.655, bezüglich 29.58 Gr., während Ente V von 127.72 Gr., deren Werth durch die Zahl 8 und ein von dem eben erwähnten verschiedenes Monogramm ausgedrückt wird, 8 Einheiten zu 15.965 Gr. enthält.

Offenbar ist die gröſsere Einheit von rund 32 Gr. das Doppelte der kleineren von rund 16 Gr.; und jene beträgt $\frac{1}{15}$, diese $\frac{1}{30}$ der Mine. Dies Theilungsverhältniſs wird durch eine Keilschrifttabelle des britischen Museums bestätigt, aus welcher Hincks[1]) nachweist, daſs die Mine in 60 Einheiten und jede dieser Einheiten wieder in 30 Theile zerfiel. Es liegt daher auf der Hand, daſs die Babylonier die Sossenrechnung ebenso an der Mine wie am Talent soweit durchführten, wie überhaupt eine Eintheilung praktisch ausführbar war. Eigenthümlicher Weise besaſsen sie aber nicht nur für das Sechzigstel, sondern auch für das Fünfzehntel, das Dreiſsigstel und das Fünfundvierzigstel der Mine einen besonderen Ausdruck und jedes dieser Theilstücke bildete wieder eine Einheit für sich.

Für die beiden erstgenannten Theilstücke beweisen dies die bereits angeführten Monumente (Ente III, IV, V), für das dritte ein kleines vollkommen erhaltenes Gewicht (Ente VI) von 21.36 Gr., welches am Rande zwei deutlich markirte Striche zeigt und offenbar als $\frac{1}{45}$ der Mine aufzufassen ist[2]). Die Erklärung dieser eigenthümlichen Stückelung wird sich im Verlauf dieser Untersuchung ergeben.

In der folgenden Tabelle sind die bereits beschriebenen Theilstücke der Mine mit allen übrigen in Assyrien aufgefundenen Monumenten dieser

[1]) Vgl. oben S. 44 Anm.

[2]) Dieses Monument, dessen Gewicht Layard a. a. O. auf 329.36 engl. Gran = 21.34 Gr. angiebt, womit das Resultat meiner Wägung (21.36 Gr.) fast ganz übereinstimmt, ist sehr wohl erhalten. Auf der Oberfläche ist das Bild eines Vogels durch ein Paar Striche angedeutet und links von ihm sind 7, rechts 5 Kügelchen eingegraben. Am Rande sieht man sehr deutlich zwei Striche nebeneinander zur Bezeichnung des Nominals.

Gattung, deren Nominal sich übrigens nur aus dem Gewicht bestimmen läfst, zusammengestellt[1]).

Bezeichnung des Monuments.	Gewicht.		Nominal.
Ente III	189.93 Gr.	[illegible] der Mine	= 24 Sechzigstel.
„ IV	177.48 „	[illegible] „ „	= 24 „
„ V	127.72 „	[illegible] „ „	= 16 „
„ VI	21.36 „	[illegible] „ „	= 2[illegible] „
„ VII	7.73 „	[illegible] „ „	= 1 „
„ VIII	7.49 „	[illegible] „ „	= 1 „
„ IX	6.67 „	[illegible] „ „	= [illegible] „
Gewicht aus Hematit	5.40 „	[illegible] „ „	= [illegible] „
Ente X	5.20 „	[illegible] „ „	= [illegible] „
Gewicht aus weifsem Marmor	4.38 „	[illegible] „ „	= [illegible] „
Ente XI	2.56 „	[illegible] „ „	= [illegible] „
„ XII	2.10 „	[illegible] „ „	= [illegible] „
„ XIII	1.99 „	[illegible] „ „	= [illegible] „

Wir gehn nun zu der Beschreibung der assyrischen Gewichtstücke über, die dem System der schweren Mina angehören, und stellen an die Spitze ein Monument, welches bisher noch nicht mit in Betracht gezogen worden ist, aber wegen seines bedeutenden Nominals die gröfste Beachtung verdient. Es ist dies ein Löwe von Bronze, von Botta in dem Palaste von Khorsabad aufgegraben und gegenwärtig im Louvre aufgestellt, der vollkommen erhalten und nach demselben Modell gearbeitet ist, wie die Gewichte des britischen Museums.

Eine Aufschrift findet sich auf demselben nicht, indefs zeigt das Gewicht, von 60.400 Kilogr., dessen Bestimmung ich Herrn v. Longpérier's Güte verdanke, dafs diejenigen Recht hatten, welche das Stück den Monumenten jener Gattung zuzählten. Es ist ein Talent von 60 schweren Minen zu 1006.6 Gr.

Die Gewichtsstücke des britischen Museums, die nachstehend zusammengestellt werden, sind sämmtlich von geringerem Nominal.

[1]) Ente VI — XIII werden von Norris nicht erwähnt; bei Layard a. a. O. nur deren Gewichte. Das Gewicht aus Hematit und das aus weifsem Marmor waren bisher nicht bekannt, sie befinden sich im britischen Museum, woselbst ich dieselben 1863 gewogen habe. Ersteres ist eine kleine runde Platte, auf der man die Keilzeichen No. 196 u. 94 der Liste bei Oppert Exp. II, S. 111. 116. erkennt, letzteres soll wahrscheinlich eine Ente darstellen, auf der übrigens glatten Oberfläche sind zwei Punkte eingegraben.

Bezeichnung des Monuments.	Aufschrift und Bemerkungen.	Gewicht.	Gewicht auf eine Mine.
No. 1. Liegender Löwe mit offnem Rachen von Bronze. 15 Minen.	An der einen Seite des Löwen (¹מנן — IIIII בז[י]ארק[א] ‚fünfzehn Minen des Landes‘ (Norris), an der andern Seite 15 Striche, an der Seite der Basis חמשא עשר מנה Mit Henkel. (‚15 Minen‘).	230520 E. Gran = 14937.79 Gr.	995.85 Gr.
No. 2. Desgl. Fünf Minen.	An der einen Seite des Löwen מנן IIIII בז[י] ארקא ‚fünf Minen des Landes‘ (Norris), an der andern 5 Striche, an der Seite der Basis חמשא (‚fünf‘), auf dem Rücken des Löwen zwei Zeilen Keilschrift, die nach Löwe 8 ergänzt, bedeutet: ‚Palast [des .... Königs von Assyrien]‘ ‚5 Minen [des Königs]‘. Mit Henkel.	77856 E. Gran = 5045.1 Gr.[2])	1009 Gr.
No. 3. Desgl. Drei Minen.	An der einen Seite des Löwen מנן III בז[י] ארקא ‚drei Minen des Landes‘ (Norris), an der andern drei Striche, an der Seite der Basis של[ו]שא מ[נ]ה מ[ל]ך ‚drei Minen des Königs‘ (Norris), auf dem Rücken Keilschrift: ‚3 Minen ....‘ Die Handhabe ist abgebrochen.	44184 E. Gran = 2863.14 Gr.	954.38 Gr.

¹) Die gröſste Schwierigkeit machen die Zeichen, die zwischen der Ziffer und dem Wort ארקא auf No. 1. 2. 3. 4 vorkommen. Norris liest sie זי, gesteht aber, daſs das erste Zeichen eher wie ב aussieht und daſs auf No. 2 ein drittes Zeichen zu erkennen ist, Luynes dagegen ב[ז][ה], und Levy בז[י], wofür No. 4 zu sprechen scheint, wo das י noch erhalten ist. Derselbe übersetzt No. 1 dem Sinne nach wie Norris ‚15 Minen Landesgewicht‘ und in gleicher Weise die übrigen Inschriften, indem er זי, welches auch auf Satrapenmünzen und dem Gewicht von Abydos vorkommt, wohl richtig mit dem chaldäischen זי zusammenstellt. Luynes erkennt in dem, wie ich glaube, diplomatisch unanfechtbaren Wort ארקא die verschiedenen Namen der Personen, die die Gewichte geaicht haben, auf No. 1 ‚*Thirsada*‘ תרסדא, auf No. 2 ‚*Sadoc*‘ צדקא, auf No. 3 ‚*Adar*‘ אדרא, auf No. 4 ירקא ‚*Jerac*‘, auf No. 9 אדרא ‚*Adar*‘ und übersetzt demgemäſs No. 1 ‚numeravit 15 in hoc (pondere) Thirsada quinque et decem minas‘ und ebenso die übrigen Legenden. Jedenfalls hat er gegen Norris darin Recht, das erste Wort auf No. 1, 2, 3, 4, 5 מנן statt מנה zu lesen, wogegen die Deutung von No. 3 מנ[ו]ה[ו]מלך mit dem Original nicht stimmt.

²) Mommsen, Das Geld. Grenzboten 1863. S. 396, berechnet das Gewicht irrig auf 5055 Gr. Queipo I, 341 ganz richtig auf 5045 Gr.

An der einen Seite des Löwen מנן II ב דיארקא ‚zwei Minen des Landes‘ (Norris), an der andern 2 Striche, an der Basis .... מלך die Keilinschrift auf dem Rücken des Löwen bedeutet: ‚Palast des Senacherib [Königs von Assyrien], zwei Minen des Königs‘. Mit Henkel.	30732 E. Gran = 1991.44 Gr.
An der einen Seite des Löwen מנן II מלך ‚zwei Minen des Königs‘ (Norris), an der andern zwei Striche, die Keilschrift auf dem Rücken bedeutet: ‚Palast des Salmanassar [Königs von Assyrien], zwei Minen des Königs‘. Ohne Handhabe; das Innere des Löwen ist zum Theil mit Blei ausgegossen.	29784 E. Gran = 1930.01 Gr.
Ohne Inschrift. Handhabe ist nie vorhanden gewesen.	15491 E. Gran = 1000.38 Gr.
An der Seite des Löwen מנה ‚Mine‘, an der andern Seite ein Strich, an der Seite der Basis מנה מלך ‚Mine des Königs‘ (Norris), auf dem Rücken des Löwen Keilschrift: ‚Palast des .... ‚Königs von Assyrien‘ ‚Mine des Königs‘. Handhabe abgebrochen.	14730 E. Gran = 954.56 Gr.
An der Seite der Basis מנה[?] ארקא, an der Seite des Löwen f. Henkel vorhanden, Keilschrift undeutlich.	10279 E. Gran = 666.08 Gr.

Bezeichnung des Monuments.	Aufschrift und Bemerkungen.	Gewicht.	Gewicht auf eine Mine.
No. 12. Desgl. mit geschlossenem Rachen. Ein Viertel Mine.	Unter der Basis [רבע א]רקא [1], vgl. Löwe 13 ‚Ein Viertel des Landes' (Norris), Keilschrift auf dem Rücken des Löwen: ‚Reich des Senacherib' ‚Königs von Assyrien' ‚[Ein Viertel] Mine'. Ohne Handhabe.	3709 E. Gran = 240.34 Gr.	961.36 Gr.
No. 13. Desgl. mit offnem Rachen. Ein Viertel Mine.	Unter der Basis רבע ארקא ‚Ein Viertel des Landes' (Norris), an der Seite des Löwen vier Striche, Keilschrift enthält nach Norris Spuren des Namens Senacherib's. Mit Henkel.	3651 E. Gran = 236.58 Gr.	946.32 Gr.
No. 14. Desgl. Ein Fünftel Mine.	An der Seite des Löwen fünf Striche, an der andern חמש ‚ein Fünftel' (Norris) und dasselbe noch einmal unter der Basis. Mit Henkel und einem Ring um den Kopf.	3059 E. Gran = 198.22 Gr.	991.10 Gr.
No. 15. Desgl. Drei Shekel?	Unter der Basis III (?) שקלה [2]. Ohne Henkel, ein eiserner Ring, der den Löwen lose umgiebt, ist mit demselben gefunden und demgemäſs auch mit gewogen worden.	837 E. Gran = 54.23 Gr. (Norris), 52.39 Gr. nach eigner Wägung.	Gewicht des Shekels? 17.46 Gr.

Die Zusammenstellung aller dieser Monumente zeigt, daſs die Effectivgewichte derjenigen Stücke, welche keine erhebliche Beschädigung erlitten haben, sehr wenig unter einander differiren, wobei der Gewichtsverlust zu der Gröſse des Nominals in Proportion steht und wie natürlich bei den gröſsern Stücken geringer ist als bei den kleineren. Es ist daher nicht zufällig, daſs die acht gröſsten unversehrten Exemplare die höchsten Effectivgewichte ergeben:

---

[1]) Norris vermuthet in den vorhandenen Zeichen ein Wort wie קרש, Levy wagt keine Deutung. Indeſs ist die Legende offenbar nicht verschieden von No. 13.

[2]) Von den Zeichen [illegible], wie sie mir erschienen, kann das erste, dritte und vierte nicht wohl anders als ש ל ה gedeutet werden, allein die Deutung des zweiten als ק ist sehr zweifelhaft.

Das dreifsig Minengewicht (Ente I)	auf die leichte Mine	502 Gr.
Das Talent (Löwe des Louvre)	auf die schwere Mine	1000.0 „
Das 15 Minen-Stück (Löwe 1)	„ „ „ „	995.85 „
Das 5 Minen „ (Löwe 2)	„ „ „ „	1000 „
Das 2 Minen „ (Löwe 4)	„ „ „ „	995.72 „
Das 1 Minen „ (Löwe 7)	„ „ „ „	1000.38 „
Das 1 Minen „ (Löwe 9)	„ „ „ „	999.12 „

dann folgt die Fünftelmine (Löwe 14) mit 991.12 Gr. und die Reihe schliefst das Einviertelminenstück, mit 946.32 Gr. auf die Mine, welches aus einem unbekannten Grunde erhebliche Gewichtseinbufse erlitten, die sich bei Löwe 3, 8, 12 aus dem Verluste der Handhabe, bei Löwe 5 aus der Art der Fabrikation erklärt. Diese Uebereinstimmung des Gewichts ist um so bemerkenswerther, da die Stücke ganz verschiedenen Zeiten und Regierungen angehören. Man darf daher wohl voraussetzen, dafs diese assyrischen Gewichte sehr genau justirt worden sind und danach das Normalgewicht der leichten Mine auf 505 Gr., das der schweren auf 1010 Gr. ansetzen, ohne sehr erheblichem Irrthum ausgesetzt zu sein.

Zum Glück steht uns überdies noch eine Controle zu Gebot, die dieses Ergebnifs bestätigt.

Die älteste kleinasiatische Goldprägung bewegt sich um ein Ganzstück von höchstens 16.57 Gr., dessen Normalgewicht nach den im Verhältnifs etwas schwerern Theilstücken auf 16.80 Gr. angesetzt werden kann und welches, wie es scheint, zuerst in Phokaea und Milet, später am häufigsten in Kyzikos geprägt worden ist, die lydische und persische Reichsmünze um einen Goldstater von 8.17 und 8.40 Gr. Jenes ist offenbar das Sechzigstel der schweren, dieser das Sechzigstel der leichten babylonisch-assyrischen Mine[1]), von denen die eine hiernach sich auf 1008 Gr., die andere auf 490 und 504 Gr. stellen würde. Auch auf dem griechischen Festland fand dieser Fufs schon in früher Zeit unter dem Namen des euboischen Gewichtes Eingang; der Stater stand dort in der ältesten korinthischen Prägung auf 8.40 Gr., ward aber in der Solonischen bis auf 8.52 Gr. und später in Athen noch weiter erhöht. Man sieht wie genau diese Bestimmungen an das Gewicht heranführen, wie es sich aus den ninivitischen Monumenten ergiebt. Dasselbe Resultat bietet endlich auch die Wägung einer vollkommen wohl conservirten Goldplatte dar, die mit vier andern Tafeln von Silber, Erz, Blei und Anti-

[1]) Hierauf hat zuerst Mommsen in der angef. Schrift S. 39 aufmerksam gemacht.

monium in den Fundamenten des Palastes von Khorsabad aufgefunden worden und auf das Gewicht von $\frac{1}{3}$ der leichten oder $\frac{1}{6}$ der schweren Mine normirt ist. Sie wiegt 167 Gr. und setzt daher eine Mine von 501 Gr. oder 1002 Gr. voraus.

Hieraus ergiebt sich als

Normalgewicht

des schweren Talents	60600	Gr.	des leichten Talents	30300	Gr.
der „ Mine	1010	„	der „ Mine	505	„
des Fünfzehntels	67.33	„	des Fünfzehntels	33.66	„
des Dreifsigstels	33.66	„	des Dreifsigstels	16.83	„
des Fünfundvierzigstels	22.44	„	des Fünfundvierzigstels	11.22	„
des Sechzigstels	16.83	„	des Sechzigstels	8.41	„
des Achtzehnhundertstels	0.56	„	des Achtzehnhundertstels	0.28	„

II. Modificationen in der Eintheilung des babylonischen Talents.

Bei der grofsen Stetigkeit, mit der im Morgenland die einmal angenommenen Einrichtungen sich fortzupflanzen pflegen, erregt es einiges Befremden, dafs die alte Eintheilung des babylonischen Gewichtssystems zwar in ihren wesentlichen Grundzügen, aber doch nicht ganz unverändert sich verbreitet hat. Die Sechzigtheilung des Talents ist überall durchgedrungen und ebenso begegnen wir, wie schon angeführt, dem identischen Gewicht des babylonisch-assyrischen Sechzigstels in Hellas wie in Kleinasien, im lydischen wie im persischen Reiche wieder. Allein der Grieche rechnete ebensowenig wie der Perser 60, sondern 50 dieser Sechzigstel auf die Mine, 3000 auf das Talent. Auch die weitere Eintheilung erhielt sich nicht. In allen griechischen Münzordnungen ward der Stater nicht in 30, sondern in 12 Obolen getheilt; während an dem Goldstück kyprischer Dynasten daneben die Zehntheilung, wie an dem Gewichtsshekel der Juden die Zwanzigtheilung entwickelt wurde. Diese Modificationen, in welchen man sehr deutliche Spuren des Kampfes erkennt, der zu allen Zeiten zwischen dem Duodecimal- und dem Decimalsystem gewaltet hat, haben sich erst mit der Einführung des Geldes verbreitet und festgesetzt, sind aber keinenfalls erst mit und durch dieselbe entstanden. Indefs knüpfen sie sich allerdings auf das Engste an den ältesten Gold- und Silberverkehr an.

Dafs bei den Hellenen keine andere Eintheilung des Talents und der Mine als die genannte vorkommt, ist bekannt. Dasselbe gilt aber auch für den persischen Reichsfufs. Der persische Golddareikos galt gesetzlich 20 persische Silberdrachmen oder 10 Silberstater; eine Silbermine von 100 Drachmen oder 50 Statern mufste mithin den Werth von 5, ein Silbertalent von 6000 Drachmen oder 3000 Statern den Werth von 300 Dareiken haben und in der That sind dies die Gleichungen, die ausdrücklich bezeugt werden, die eine von griechischen Grammatikern, die andere von dem asiatischer Verhältnisse sehr kundigen Xenophon[1]).

Zu demselben Ergebnifs leitet ein in Abydos aufgefundenes, wohlerhaltenes, bronzenes Gewichtstück, welches genau nach demselben Modell gearbeitet ist, wie die bronzenen Löwen aus Ninive, und wie jene an der Basis eine aramäische Inschrift zeigt, über deren Bedeutung kein Zweifel obwaltet[2]). Sie bezeugt, dafs das Gewicht von einem Schatzbeamten geprüft worden sei, giebt aber sein Nominal nicht an. Bei einem Theilstück würde diese Unterlassung unerklärlich sein, bei einem Talent nicht. In der That stellt das Monument, wie sein Gewicht von 25.657 Kilogr. zeigt, ein persisches Goldtalent von 3000 Statern zu 8.552 Gr. dar; und eine Angabe des Nominals war hier daher ebenso überflüssig, wie bei dem bronzenen Löwen aus Khorsabad. Der Einwand, dafs das Gewichtstück ebensogut als attisches Talent aufgefafst werden könnte, erledigt sich dadurch, dafs attischer Fufs in Kleinasien bis auf Alexander den Grofsen nur ganz sporadisch und keinenfalls in Abydos vorkommt, und die Art der Fabrikation, die aramäische Inschrift und der Fundort

[1]) Die Beweise weiter unten S. 63, Anm. 1.

[2]) Notice sur un talent de bronze trouvé à Abydos, par M. de Vogüé aus der Revue Archéologique 1862. Die Inschrift אספרן לקבל סתריא זי כספא wird von ihm erklärt ‚Contrôlé en présence des conservateurs de l'argent.' Dem Sinn nach übereinstimmend übersetzt Levy a. a. O. S. 153, ‚Genehmigt oder recht befunden von Seiten des Satrapen der über das Silber gesetzt ist.' Auf dem Untertheil des Löwen ist das Zeichen 𐤓 eingravirt, welches Vogüé wohl richtig für ein phönikisches *resch* erklärt; doch ist seine Annahme, dafs dasselbe *hundert* bedente und das Nominal des Gewichts anzeige, wenig wahrscheinlich, da Buchstaben als Zahlzeichen so früh nicht vorkommen. Auch in diesem Falle würde es indefs wohl nur etwa als Notiz über die Mine dieses Talents aufgefafst werden können, die nach persischem System nicht 60 sondern 50 Shekel, oder nach griechischem Ausdruck 100 Drachmen enthielt. Als 100 Minengewicht würde das Monument eine Mine von 256 Gr. voraussetzen, die nur halb so grofs ist, wie die leichte babylonische und zu der sich ein Dareikos von 8.55 Gr. wie $\frac{1}{30}$ und die Silberdrachme von 5.70 Gr. als $\frac{1}{45}$ stellen würde. Es liegt aber auf der Hand, wie wenig sich die Voraussetzung empfiehlt, dafs man auf einem Gewichtstück von $1\frac{1}{3}$ Talent zur Bezeichnung des Nominals einen so wenig bestimmten Ausdruck sollte gewählt haben, während bei *einem* Talent die Abwesenheit jeder Nominalbezeichnung nicht auffällt.

des Monuments dasselbe fast mit Gewifsheit der Achämenidenzeit zuweisen und jedenfalls den Gedanken an eine spätere Entstehungszeit ausschliefsen. In Vorderasien scheint die Kenntnifs der aramäischen Schrift und Sprache ungefähr ebenso verbreitet gewesen zu sein, wie jetzt im civilisirten Europa das Französische, und daher zur Abfassung officieller Urkunden sich besonders geeignet zu haben. Daher ihre Anwendung auf den ninivitischen Gewichten, auf dem Löwen von Abydos und auf persischen Provinzialmünzen, die häufig selbst an solchen Orten mit aramäischer Aufschrift geprägt wurden, wo es eine irgend beträchtliche aramäische Bevölkerung nicht gab. War nun, wie nicht anders anzunehmen ist, das Gewichtsstück von Abydos auf den persischen Reichsfufs normirt, so kannte dieser keine andere Eintheilung des Talents als die hellenische in 3000 Stater.

Dafs Dareios bei seiner Ordnung von Gewicht und Münze diese Eintheilung erst von den Griechen entlehnt und dagegen eine im Orient allgemein gültige Einrichtung aufgegeben haben sollte, wird Niemandem glaublich erscheinen. Im Gegentheil läfst sich nachweisen, dafs die Rechnung nach Talenten von 3000 und nach Minen von 50 Shekeln in Asien sehr alt war.

Wir begegnen ihr bei den Israeliten und zwar nicht nur in denjenigen Angaben der Bibel, welche der persischen Zeit angehören, sondern auch in solchen, die entschieden früher sind.

Wenn die Chronik das Gewicht der goldenen Tartschen, die Salomo für den Tempel machen liefs, auf je 300 Gewichte Goldes bestimmt, während das Buch der Könige den Betrag auf 3 Minen angiebt[1]), so beweist das freilich nur, dafs man unter der griechisch-makedonischen Herrschaft, in welche die Abfassungszeit der Chronik fällt[2]), in Palästina ebenso wie in Hellas 100 Drachmen auf die Mine rechnete. Dagegen darf man einer Stelle im Pentateuch[3]) wohl entnehmen, dafs die erwähnte Eintheilung des Talents dort althergebracht war.

Die Gesammtsumme der vom Volke entrichteten Heiligthumssteuer wird an jener Stelle auf 100 Talente 1775 Shekel angegeben, wozu 603,550 Männer jeder einen halben Shekel beitrugen, so dafs hiernach auf das Talent 3000 Shekel und da das Talent durchgängig in 60 Minen eingetheilt wird, auf die Mine 50 Shekel kommen.

---

[1]) 2 Chron. 9, 16. 1 Kön. 10, 17. vgl. Joseph. Arch. VIII, 7, 2.

[2]) Bleek, Einleitung in das alte Testament. S. 394.

[3]) 2 Mos. 38, 25.

Dasselbe System setzt ein auf heilige Gelübde bezügliches mosaisches Gesetz voraus, welches den Menschen nach Alter und Geschlecht, den Acker nach seinem Ertrage abschätzt und dabei von einem Maximalsatz von 50 Shekeln ausgeht[1]). Auch die Nachricht, dafs eine ‚Zunge‘ Goldes, welche Achon aus der Beute von Jericho veruntreute, gerade 50 Shekel gewogen habe[2]), darf als Bestätigung dieser Rechnung gelten, die nicht mit 60, sondern mit 50 Shekeln abschlofs.

Leider ist der Text der einzigen Stelle der Bibel, die ausdrücklich von der Eintheilung des Gewichts handelt, bei Ezechiel 45, 12 unverständlich. Es heifst dort ‚der Shekel soll zwanzig Gera haben, zwanzig Shekel, fünfundzwanzig Shekel und fünfzehn Shekel soll euch die Mine sein.‘ Der chaldäische Uebersetzer[3]), dem die 60theilige babylonische Mine vorschwebte, fafst die Worte so auf: ‚der Sela soll 20 Maln haben, der dritte Theil einer Mine soll 20 Sela, eine Silbermine soll 25 Sela, der vierte Theil einer Mine soll 15 Sela, die 60 zusammen sollen euch eine Mine und zwar eine grofse heilige Mine sein.‘ Man mag den Werth dieser Erklärung für die vorliegende Stelle anschlagen wie man will, jedenfalls befestigt sie die aus den Monumenten gegenwärtig gewonnene Gewifsheit, dafs die Babylonier 60 Theile auf die Mine rechneten. Die Uebersetzung der Septuaginta ‚der Shekel soll 20 Gera enthalten, das Fünfshekelgewicht soll 5 Shekel und das Zehnshekelgewicht soll zehn und fünfzig Shekel soll euch die Mine sein,‘ geht dagegen von der hellenischen Zählungs- und Eintheilungsweise aus und drängt dieselbe auf gewaltsame Weise den Worten des Propheten auf. Einen sichern Schlufs wird man aus der Stelle nicht ziehen können, auf keinen Fall wird sie aber die Thatsache, dafs es in Asien eine doppelte Eintheilungsweise der Mine und des Talents gab, entkräften können.

Es erscheint am wahrscheinlichsten, dafs die decimale Eintheilung der Mine zuerst bei dem Gold- und Silberverkehr aufkam. Der gewöhnliche Waarenhandel drehte sich wie jetzt um Pfund und Centner, so damals um Mine und Talent, der Verkehr mit edlen Metallen dagegen vorzugsweise um den Shekel, wie bei uns um den Thaler oder Gulden. Schon lange vor Prägung des Geldes cursirten im asiatischen Handel Silber- und Goldstücke im Gewichte eines ganzen, halben und viertel Shekels[4]) u. s. w.,

---

1) 3 Mos. 27, 3. 16. — 2) Josua 7, 21.

3) Bertheau, Zur Geschichte der Israeliten S. 9 fg. Geschichte der jüdischen Münzen von Levy. Breslau 1862. S. 14.

4) Halbe Shekel 2 Mos. 30, 13. 38, 26. 1 Mos. 24, 22. Viertelshekel 1 Sam. 9, 8.

die nachgewogen und probirt werden mufsten, wie man zu allen Zeiten Geldstücke hat nachwiegen und probiren müssen, die aber jenachdem sie sorgfältig fabricirt waren, nicht viel unbequemer für den Gebrauch waren, als Goldmünzen ohne festen Curs.

Im Handel gewöhnte man sich sehr bald daran, ausschliefslich nach der Einheit zu rechnen, mit der man zahlte und die Werthe nicht nach Minen, sondern nur nach Shekeln abzuschätzen, ähnlich wie wir nicht von Mark oder Pfunden Silbers, sondern nur von Thalern reden, und die Athener meist nur nach Drachmen rechneten. Die Mine trat zurück und neben dem Shekel blieb nur noch das Talent als gröfste Rechnungseinheit im Gebrauch; so finden wir es im A. T. wenigstens in den ältern Büchern allenthalben wo von Gold- und Silberzahlungen die Rede ist[1]), während die Mine nur als eigentliche Gewichtsnorm vorkommt[2]). Es liegt auf der Hand, dafs sich diese Rechnungsweise um so mehr empfahl, wenn es im asiatischen Verkehr Minen von verschiedenem Werthe gab, während die Gewichtseinheit des Shekels dieselbe blieb. Wo und wann man es nun zuerst bequemer gefunden hat, auf das Talent 3000 statt 3600 Shekel zu rechnen, wissen wir nicht; diese Eintheilung ist aber neben der streng sexagesimalen nicht nur in Palästina, sondern, wie nachgewiesen werden soll, auch in Ninive und Babylon bereits in sehr alter Zeit in Gebrauch gewesen. War auch das Talent von 3000 Shekeln anfangs vielleicht nur Rechnungsgröfse, so war doch nichts natürlicher, als dafs sich aus dieser sehr bald ein neues Gewichtstalent bildete, welches von derselben Einheit wie das assyrisch-babylonische Reichstalent ausging, sich zu diesem aber wie 3000 zu 3600 verhielt.

Dies war bereits geschehen, als man in Kleinasien Gold zu prägen begann und den alten Goldshekel oder das Sechzigstel der babylonisch-assyrischen Mine, wie er in Barrenform in Asien cursirte, durch Einprägung des Stempels zur Münze erhob. Keinenfalls ist die Eintheilung des

---

[1]) Vgl. z. B. 2 Mos. 38, 25: 100 Talente 1775 Shekel Silbers aus der Heiligthumssteuer. Richter 16, 5: 1100 Shekel Silbers. Richter 9, 4: 70 Shekel Silbers. Hohes Lied 8, 11 ff.: 1000 Shekel Silbers; 200 Shekel Silbers. 1 Kön. 10, 29: 150 und 600 Shekel Silbers. 1 Chron. 21, 25: 600 Shekel Goldes. 2 Kön. 5, 5: 6000 Shekel Goldes. Erst in späteren Büchern werden auch gröfsere Werthsummen nach der Mine berechnet. vgl. Esra 2, 69. Neh. 7, 71.

[2]) Vgl. Ezechiel 45, 12. 1 Kön. 10, 17. Zuweilen wird auch bei Gewichtsbestimmungen die Mine übergangen. So 2 Mos. 38, 24: 29 Talente 730 Shekel Goldes. 2 Samuel 14, 26: ‚200 Shekel nach dem königlichen Gewicht.'

Talents und der Mine, wie wir sie bei den Hellenen finden, eine von ihnen ausgegangene Neuerung[1]).

Das morgenländische Gewichtssystem scheint man in Griechenland gleichzeitig mit Einführung der Münze aufgenommen zu haben. Dies erkennt man am deutlichsten an der Drachme und der Geschichte ihrer Entstehung. Die Drachme ist eine rein hellenische Schöpfung und dem Morgenlande vollkommen fremd. Sie hat sich nachweisbar zuerst an der Silberprägung entwickelt, hat den Stater, der anfangs noch neben ihr fortbestand, nach und nach verdrängt und ist zuletzt für Münze und Gewicht die beliebteste Rechnungseinheit geworden.

Das Gewicht des ersten Münzstaters war durch das babylonisch-assyrische Gewichtsystem gegeben; es war in Gold, wie bereits gezeigt, das Sechzigstel der schweren oder leichten Mine, im Gewicht von 16.80 oder 8.40 Gr., in Silber ein Stück von 14.9 oder 11.2 Gr., welches zum Golde in einem festen, correlaten Verhältnifs stand. Für den gewöhnlichen Verkehr war ein so schweres Geldstück nicht bequem. Am besten wird sich hierfür immer ein Silberstück von 5—6 Gr. Gewicht eignen, wie denn dem Engländer der Shilling von 6.02 Gr., dem Franzosen sein Franc von 5 Gr. und uns das Fünfgroschenstück von 5.345 Gr. die beliebteste Münze für den Gebrauch im gemeinen Leben ist. Man gelangte daher von selbst dazu, bestimmte Theilstücke des Staters, die diesem Zwecke besser entsprachen, neben demselben in gröfserer Menge zu prägen. Es hat seinen besondern, im Verfolg dieser Untersuchung noch zu erörternden Grund, weshalb man den Silberstater von 14.9 Gr. stets getheilt und geviertelt, den Stater von 11.2 Gr. gedrittelt hat und wie auf diese Weise von dem einen die Hälfte oder das Viertel, von dem andern das Drittel Courantmünze geworden ist. Hier genügt es, darauf hinzuweisen, dafs sich die älteste hellenische Silberprägung in Kleinasien vor der Regierung des Dareios lediglich um den Stater von höchstens 14.90 Gr. bewegt, dafs die erste Silbermünze auf dem griechischen Festlande, die ohne Zweifel nach kleinasiatischem Muster geprägt worden ist, der äginäische Stater von 12.60 Gr., wie jener halbirt wurde, dafs hier zuerst der Name Drachme als Bezeichnung dieser Hälfte nachzuweisen ist, dafs dann in der Solonischen Silberprägung, die sich, obgleich auf einem verschiedenen Münzfufs basirt, an die äginäische anschlofs, die Drachme den Stater gänzlich verdrängt hat, und dafs diese Rech-

[1]) So stellt es Mommsen, Grenzboten 1863, S. 390, dar.

nungsweise auch für das attische Gewicht mafsgebend geworden ist. Die Richtigkeit dieser Auffassung wird durch die Thatsachen bestätigt, dafs sich beim kleinasiatischen und sogar beim athenischen Goldstück die Bezeichnung Stater erhalten hat, dafs auch die ältere korinthische Prägung, die auf das Sechzigstel der babylonischen Mine Silber münzte, nicht die Drachme, sondern nur diese Einheit kannte, und dafs dieselbe auch im hellenischen Gewicht sich vielfach behauptet und vielleicht nur im attischen System von der Drachme gänzlich verdrängt worden ist. Die Aufschriften *CTAτὴρ* und *ΔΙCτάτηρον*[1]) auf zwei Gewichtsstücken aus Kyzikos beweisen, dafs man dort nicht wie in Attika nach Drachmen, sondern nach Statern wog und rechnete und dafs dies auch anderswo üblich war, zeigt ein Fragment des Eupolis[2]).

Uebrigens ist der Ausdruck *δραχμή*, d. h. Handvoll, was im Gegensatz zum Stater oder der Wage mit ihren zwei gleichwichtigen Schalen die Last der einen Schale bezeichnet, vom Gewicht hergenommen und zeigt ebenso wie das Wort Stater, dafs man bei der ersten Anwendung desselben das Geldstück noch als Waare betrachtete, bei der das ihren Werth bestimmende Gewicht als die Hauptsache erschien.

Beim Stater hat sich ebenso wie bei der Mine im Orient bereits in alter Zeit neben der babylonischen auf dem Sexagesimalsystem beruhenden Theilung eine Decimaleintheilung ausgebildet. Die Israeliten, welche auf den Shekel 20 *Gera* rechneten[3]), scheinen eine andere als die letztere nicht gekannt zu haben. Auch in dem orientalischen Münzwesen haben sich hiervon noch vereinzelte Spuren erhalten, wie denn bei der Goldprägung kyprischer Dynasten aus dem vierten Jahrhundert v. Chr. Zwanzigstel und Vierzigstel des Ganzstücks vorkommen. Doch dies ist eine vereinzelte Ausnahme; das Gewöhnliche ist bei der Münze von Anfang an die Duodecimaltheilung des Staters gewesen und geblieben; von der babylonischen Trigesimaltheilung findet sich dagegen keine Spur.

Als die äginäische Münzordnung, die älteste des griechischen Festlandes dort eingeführt wurde, war in Kleinasien die Zwölftheilung sowohl

---

[1]) Vgl. Longpérier in d. Annali dell' Instituto. XIX. 1847. 336. 337. Mommsen, Röm. Münzwesen S. 7.

[2]) Pollux IX, 57. *Ἐν δὲ Ταξιάρχοις (Εὔπολις) τὸν ῥητὸν λέγει·*

— ὅτ' ἦν μέτρον τέσσαρας Κράτης
πέντε στατῆρας εἶχε, ναὶ μὰ τὸν Δία
νῦν δὲ ῥᾷόν γε δύο τάλαντα ἀργυρίου.

[3]) 2 Mos. 30, 13. 3 Mos. 27, 25. 4 Mos. 3, 47. Ezech. 45, 12.

beim Golde wie beim Silber bereits durchgeführt und wurde nun auch auf das äginäische Silber angewandt, indem man auf die kleinste Einheit den Namen der bis dahin im Peloponnes als Werthmesser cursirenden Eisenbarren[1]) übertrug und 12 *Obolen* auf den Stater, 6 auf die Drachme rechnete.

Dies ging auch in die attische Münzordnung über, nur dafs dort bei dem Zurücktreten des Staters sich die Obolentheilung lediglich an die Drachme knüpfte. Wie fest sich der Begriff einer Drachme zu 6 Obolen in Griechenland eingebürgert hatte, zeigt die korinthische Münzgeschichte. In der ältern Periode, die uns nur in der nach korinthischem Fufs normirten Münzordnung grofsgriechischer Städte entgegentritt, welche Stücke aus der Zeit vor 580 v. Chr. (50. Ol.) aufzuweisen hat, erkennt man als Theilstücke des Staters aufser dem Drittel nur Sechstel und Zwölftel, daher kann von einer Drachme dort überhaupt nicht die Rede sein, sondern nur vom Stater und seinen Theilen; die Uebereinstimmung mit dem kleinasiatischen Goldstater, seinem ganzen und halben Sechstel — der *ἕκτη* und dem *ἡμίεκτον* — ist noch vollkommen erhalten[2]). Dagegen begegnen wir in den Münzen der Stadt Korinth selbst einer wesentlichen Veränderung, die offenbar erst nach Uebersiedelung des dortigen Münzfufses nach Italien eingetreten ist. Dort wurden nämlich aufser dem Drittel vorzugsweise nicht Zwölftel, sondern Achtzehntel des Staters geprägt, und da Schriftsteller von einer korinthischen Drachme sprechen, so ist die von Mommsen[3]) gefundene Erklärung ebenso einfach wie richtig; man übertrug auf das Drittel des Staters den Namen der Drachme, der dem Wortsinn nach eigentlich der Hälfte zukommt, und theilte diese, ebenso wie die äginäische und attische Drachme, in 6 Obolen ein.

Nachdem man in Griechenland einmal begonnen hatte, die Drachme als die eigentliche Rechnungseinheit anzusehn, verwischte sich der ursprüngliche Begriff des Staters und sein Verhältnifs zur Drachme so sehr, dafs man schliefslich auch das attische Vierdrachmenstück, von dem doch nur 25 auf die Mine gingen, als Stater[4]) und jede Münze von 3—4 Gr. Gewicht, ohne Rücksicht auf ihr Theilverhältnifs zum Ganz-

---

1) Böckh, Metr. S. 76. Mommsen, R. M. S. 169. Hultsch S. 106.
2) Mommsen, Röm. Münzwesen. S. 109.
3) Mommsen a. a. O. S. 60 f.
4) Hultsch S. 150. Anm. 7.

stück, als Drachme[1]) bezeichnete. Am längsten hat sich der Begriff und der Name des Staters beim Golde erhalten. Denn da auf dem griechischen Festlande sehr wenig Gold geprägt wurde, so cursirten dort fast nur persische und kleinasiatische Goldstücke[2]), die natürlich ihre einheimische Bezeichnung auch im Auslande beibehielten. Ja man war dort so sehr an dies Geld gewöhnt, dafs, wenn in Athen ausnahmsweise in Gold gemünzt wurde, der persische Dareikos dabei zum Vorbild genommen und demgemäfs das Ganzstück wie jener als Stater bezeichnet wurde.

So kam es, dafs man für gemünztes Gold in der Regel die morgenländische Rechnung nach Statern beibehielt[3]), während für Silber durchgängig die Drachme zur Rechnungseinheit wurde.

III. Das babylonische Gewicht in der persischen und lydischen Reichsprägung.

Nachdem wir das assyrisch-babylonische Reichstalent kennen gelernt und die verschiedenen Modificationen, welche die Eintheilung desselben im Orient wie im Occident erlitten hat, uns vor Augen geführt, wird nachzuweisen sein, welche Veränderungen im Laufe der Zeit an dem Gewichte selbst, sowohl in Babylon, wie bei seiner Wanderung durch die alte Welt eingetreten sind und unter wie vielen verschiedenen Formen dasselbe System an den verschiedensten Orten erscheint. Es wird sich ergeben, dafs, so grofs auch deren Mannigfaltigkeit zu sein scheint, unter so verschiedenen Namen dieselben auch auftreten, sie sämmtlich auf das Sechzigstel der schweren oder leichten babylonisch-assyrischen Mine zurückgehn. Um dieses bewegt sich das ganze asiatisch-griechische Gewichts- und Münzsystem.

Man wird hierbei am passendsten von der persischen Reichsprägung ausgehn, weil wir über diese am besten unterrichtet sind, weil sie am unmittelbarsten auf dem babylonischen Sechzigstel beruht und sie uns über das im asiatischen Verkehr seit uralter Zeit constante Verhältnifs

---

[1]) Dies gilt besonders von dem Drittel des babylonischen Silberstaters von 11.2 Gr., das am häufigsten in Kilikien geprägt und in römischer Zeit als Drachme bezeichnet wurde vgl. Mommsen R. M. S. 47, und von der rhodischen Drachme späterer Prägung oder dem Viertel des ursprünglichen Staters von etwa 15 Gr. vgl. Mommsen a. a. O. S. 39.

[2]) Vgl. Böckh, Staatsh. d. Ath. 2. Aufl. I, 31 f.

[3]) Vgl. Hultsch S. 168 f.

zwischen Gold und Silber, welches bei dieser Untersuchung von der gröfsten Wichtigkeit ist, Aufschlufs giebt.

Dem äufsern Anschein nach ist die persische Reichsmünze, welche sich wesentlich nur um 2 Nominale bewegt, nach einem doppelten Gewichtsfufs normirt, das Gold — der *στατὴρ Δαρεικός* — nach dem Sechzigstel der leichten babylonischen Mine von 8.40 Gr., das Silber — der *σίγλος Μηδικός* — nach einem Gewicht von 5.60 Gr. Dies ist auch die griechische Auffassung gewesen, die uns Herodot[1]) in seinem bekannten Bericht über die von Dareios festgesetzten Tribute wiedergiebt. Denn der zwiefache Fufs, welcher nach seiner Angabe für diese Leistungen, je nachdem sie in Gold oder in Silber bestanden, angenommen war, ist derselbe, um den auch die persische Münze sich bewegt. Das euboische Gewicht, in welchem der Bestimmung des Grofskönigs gemäfs der Goldtribut der Inder abgeführt werden sollte, war, wie Mommsen[2]) gezeigt hat, das Talent, nach welchem die korinthische und attische Münzordnung normirt worden ist; diese beruhen wiederum auf derselben Einheit, wie die persische Goldprägung, nämlich auf einem Stater von rund 8.40 Gr. Und dafs die Griechen nicht nur das Gewicht, das nach Herodot bei Zahlung der Silbertribute der 19 übrigen Satrapien mafsgebend sein sollte, sondern auch den Fufs, auf den das persische Reichssilber geprägt wurde, als babylonisches Talent bezeichneten, wissen wir aus dem Zeugnifs des Aelian[3]). Auch das Werthverhältnifs des Goldes zum Silber, welches für die Tributzahlung festgestellt war und von Herodot abgerundet auf 13 : 1 angegeben wird, findet sich in der persischen Münze wieder. Der Dareikos hatte nach dem Zeugnifs des Harpokration[4]) den

---

[1]) III, 89 f.

[2]) a. a. O. S. 25 f.

[3]) Var. hist. 1, 22: *Δῶρα τὰ ἐκ βασιλέως διδόμενα τοῖς παρ' αὐτὸν ἥκουσι πρεσβευταῖς, εἴτε παρὰ τῶν Ἑλλήνων ἀφίκοιντο εἴτε ἑτέρωθεν, ταῦτ' ἦν. Τάλαντον μὲν ἑκάστῳ Βαβυλώνιον ἐπισήμου ἀργυρίου, τάλαντα δὲ, φιάλαι δύο ἀργυραῖ. Δύναται δὲ τὸ τάλαντον τὸ Βαβυλώνιον δύο καὶ ἑβδομήκοντα μνᾶς Ἀττικάς.*

[4]) Harpokration s. v. *Δαρεικός. εἰσὶ μὲν χρυσοῖ στατῆρες οἱ Δαρεικοί, ἠδύναντο δὲ ἕκαστος αὐτῶν ὅπερ ὁ παρὰ τοῖς Ἀττικοῖς ὀνομαζόμενος χρυσοῦς. οὐκ ἀπὸ Δαρείου τοῦ Ξέρξου πατρός, ἀλλ' ἀφ' ἑτέρου τινὸς παλαιοτέρου βασιλέως ὠνομάσθησαν. λέγουσι δέ τινες δύνασθαι τὸν Δαρεικὸν δραχμὰς ἀργυρίου εἴκοσι, ὡς τοὺς πέντε Δαρεικοὺς δύνασθαι μνᾶν ἀργυρίου.* Dasselbe beim Schol. in Aristoph. Eccl. 598. und Suidas. Früher nahm man die hier und bei Xenophon erwähnten Silberdrachmen, Minen und Talente für attische und gewann dadurch einen Hauptbeweis für das vermeintlich uralte Werthverhältnifs des Goldes gegen das Silber; wie 10 : 1. vgl. Boeckh Staatsh.

Werth von 20 Silberdrachmen, worunter das eben erwähnte persische Silberstück von 5.60 Gr. zu verstehen ist, welches als Hälfte des an der ganzen Südküste Kleinasiens allgemein herrschenden Staters von 11.2 Gr. ganz richtig als Drachme bezeichnet wurde, fünf Dareiken den Werth einer Silbermine und damit stimmt die Angabe des Xenophon genau überein, wenn er erzählt, Kyros der Jüngere habe dem Amprakioten Silanos für die Erfüllung einer Weissagung 10 Talente verhiefsen und dies Versprechen später durch Zahlung von 3000 Dareiken ausgelöst[1]). Denn nach einem andern Talent als dem des persischen Münzfufses konnte der persische Prinz, der an dieser Stelle redend eingeführt wird, offenbar nicht rechnen.

Da sich nun das Gewicht des medischen Siglos zu dem des Dareikos wie 13⅓ : 20 oder wie 2 : 3 verhält, so ging man offenbar auch in der persischen Münze von der angegebenen oder einer ihr sehr nahe liegenden Werthproportion der beiden Metalle gegen einander aus. Es versteht sich, dafs Herodot dieses legal fixirte Cursverhältnifs der beiden persischen Geldsorten gegen einander ebenso bekannt und geläufig war, wie uns die Geltung des Thalers und Friedrichsd'ors. Nahm er nun nach der im asiatischen Verkehr wahrscheinlich üblich gewordenen runden Rechnung das Verhältnifs des Goldes zum Silber wie 13 : 1 an, so mufste er das darauf basirte Gewicht der persischen Silberdrachme auf $\frac{13}{20}$ des Dareikos, die Silbermine von 100 Drachmen auf $\frac{13}{10}$ der Goldmine von 50 Dareiken und das Verhältnifs der beiden entsprechenden Talente — des euboischen und babylonischen — zu einander wie 60 : 78 ansetzen. Geht man hiervon aus, so kann man die bereits angeführte, vielfach besprochene Herodotische Stelle[2]) mit Sicherheit wieder herstellen. Nach seiner Darstellung hatten neunzehn Satrapien zusammen 7600 babylonische

---

I, 42 ff. Mommsen 13, 197. Hultsch S. 174. Indefs giebt es kein bestimmtes Zeugnifs, aus dem sich dasselbe für die Zeit vor Alexander, selbst in Griechenland, wo das Gold billiger war als im Orient, nachweisen liefse. Später ist der Curs des Goldes in Griechenland gesunken. Vgl. unten c. IV. Vazquez Queipo (a. a. O. I, 300) gebührt das Verdienst, die Stelle bei Xenophon richtig erklärt und das legale Cursverhältnifs der Metalle in der persischen Münze zuerst nachgewiesen zu haben.

[1]) Xen. Anab. I, 7, 18: *ἐνταῦθα Κῦρος Σιλανὸν καλέσας τὸν Ἀμπρακιώτην μάντιν ἔδωκεν αὐτῷ δαρεικοὺς τρισχιλίους, ὅτι τῇ ἑνδεκάτῃ ἀπ' ἐκείνης τῆς ἡμέρας πρότερον θυόμενος εἶπεν αὐτῷ ὅτι βασιλεὺς οὐ μαχεῖται δέκα ἡμερῶν. Κῦρος δ' εἶπεν· Οὐκ ἄρα ἔτι μαχεῖται, εἰ ἐν ταύταις οὐ μαχεῖται ταῖς ἡμέραις· ἐὰν δ' ἀληθεύσῃς, ὑπισχνοῦμαί σοι δέκα τάλαντα. τοῦτο τὸ χρυσίον τότε ἀπέδωκεν, ἐπεὶ παρῆλθον αἱ δέκα ἡμέραι.*

[2]) III, 90—94.

Talente Silber, die Inder 360 euboische Talente Gold als jährliche Abgabe einzuzahlen. Um beide Beträge in einen Gesammtausdruck zusammenfassen zu können, reducirt Herodot die nach babylonischem Gewicht angegebenen Summen auf euboisches Talent, von dem er seinen Lesern eine deutlichere Vorstellung zutrauen durfte als von jenem, rechnet alsdann das indische Gold in Silberwerth um und zieht die beiden Producte zusammen[1]). Die Umrechnung des Goldes auf Silber ist ganz richtig; 360 Talente Goldes haben nach dem von ihm angenommenen Preisverhältnifs der beiden Metalle den Werth von 4680 Talenten Silbers. Dagegen kann nach dem eben Gesagten die Proportion der euboischen zur babylonischen Mine wie 60 : 70[2]) ebensowenig richtig sein als die Zahl 9540, welche im Text als das Product der Reduction von 7600 babylonischen Talenten auf euboisches Gewicht angegeben wird und die weder mit der richtigen noch mit der falschen Würderung des babylonischen Talents stimmt. Verbessert man dagegen die Zahl 70 in 78 und 9540 in 9880 — $\overline{Θ}ΦΜ$ in $\overline{Θ}ΩΠ$ — wie bereits Mommsen[3]), der auf einem andern Wege zu diesem Resultat gekommen ist, vorgeschlagen hat, so ist die ganze Rechnung in Ordnung und man darf vollkommen überzeugt sein, dafs Herodot so und nicht anders gerechnet und geschrieben haben kann. Indefs ist, wie die Vergleichung der persischen Münzen selbst zeigt, seine Angabe über das denselben zu Grunde liegende Werthverhältnifs der beiden Metalle zu einander nicht ganz genau.

---

[1]) c. 95: *τὸ μὲν δὴ ἀργύριον τὸ Βαβυλώνιον πρὸς τὸ Εὐβοϊκὸν συμβαλλόμενον τάλαντον γίνεται τεσσεράκοντα καὶ πεντακόσια καὶ εἰνακισχίλια τάλαντα· τὸ δὲ χρυσίον τρισκαιδεκαστάσιον λογιζόμενον, τὸ ψῆγμα εὑρίσκεται ἐὸν Εὐβοϊκῶν ταλάντων ὀγδώκοντα καὶ ἑξακοσίων καὶ τετρακισχιλίων. τούτων ὦν πάντων συντιθεμένων τὸ πλῆθος Εὐβοϊκὰ τάλαντα συνελέγετο ἐς τὸν ἐπέτειον φόρον Δαρείῳ μύρια καὶ τετρακισχίλια καὶ πεντακόσια καὶ ἑξήκοντα.*

[2]) c. 89: *τοῖσι μὲν αὐτῶν ἀργύριον ἀπαγινέουσι εἴρητο Βαβυλώνιον σταθμὸν ταλάντου ἀπαγινέειν, τοῖσι δὲ χρυσίον ἀπαγινέουσι Εὐβοϊκόν· τὸ δὲ Βαβυλώνιον τάλαντον δύναται Εὐβοΐδας ἑβδομήκοντα μνέας.*

[3]) Röm. Münzwesen S. 23. Mommsen erklärt die Gleichung von 60 babylonischen mit 78 euboischen Talenten, die ursprünglich im Text stand, aber von der richtigen = 60 : 80 ebenfalls abweicht, durch eine im gemeinen Leben gangbare Gleichung von attischen Drachmen mit persischem Silbergeld, wobei der geringe Unterschied zwischen der etwas leichtern euboischen und etwas schwerern attischen Währung übersehn worden wäre. Herodot hatte aber im Gegentheil nur die erstere vor Augen und berechnete das Gewichtsverhältnifs des persischen Gold- und Silbertalents, wie gezeigt, nach der von ihm abgerundeten Werthproportion der beiden Metalle und aus der davon abhängigen Cursgleichung des Dareikos und Siglos.

Unter den mit dem Bilde des gekrönten Bogenschützen bezeichneten persischen Königsmünzen lassen sich auf Grund kleiner Modificationen des Gepräges vier verschiedene Reihen unterscheiden[1]). Von diesen können die beiden letztern, wie es scheint, nicht sehr zahlreich geprägten, nämlich die mit dem Typus des knieenden Königs, der im Begriff ist, den Pfeil abzuschiefsen und die, welche nur den Oberkörper des Monarchen darstellt, der in der Linken den Bogen, in der Rechten ein kurzes Schwerdt hält, zur Bestimmung des Normalgewichts nicht dienen, da sie, wie auch das durchschnittlich leichtere Gewicht verräth, einer jüngern Zeit angehören und nur in Silber vorkommen.

Ihre Entstehung wird vermuthlich in eine Zeit fallen, in der die Goldprägung ruhte oder ganz aufgegeben war. Dagegen giebt es von den beiden älteren Reihen sowohl Gold- wie Silbermünzen. Indefs läfst sich auch von diesen wiederum nur eine für unsern Zweck verwerthen. Denn mit dem Typus des knieenden Königs, der in der Linken den Bogen, in der Rechten ein kurzes Schwerdt hält, ist bisher, so viel bekannt, erst ein Exemplar in Gold zum Vorschein gekommen[2]), welches überdies entweder an Gewicht verloren hat oder jüngerer Fabrik ist. Alle übrigen Golddareiken stellen den knieenden gekrönten Grofskönig mit dem Bogen in der ausgestreckten Linken und dem Stab in der gesenkten Rechten dar, und dieser Sorte gehören auch die 300 Exemplare an, welche sich vor einigen Jahren im Xerxeskanal am Berge Athos gefunden haben und die daher unter Dareios oder Xerxes geprägt sein werden. Von 125 Stück, die Borrell[3]) gewogen hat, ergab sich ihm als Durchschnittsgewicht 8.385 Gr. Doch ist das allein mafsgebende Maximalgewicht nach einem im Cabinet des Herzogs von Modena und einem andern im britischen Museum befindlichen Exemplar auf 8.40 Gr. anzusetzen, womit denn auch das Gewicht der correlaten und gleichzeitigen Silberdrachme von höchstens 5.60 Gr.[4]) übereinstimmt.

---

[1]) Vergl. Abschnitt III. Tabelle B, I, 1.

[2]) Dasselbe befindet sich im Britischen Museum und ist, so viel ich weifs, noch nicht publicirt. Es wiegt 8.32 Gr.

[3]) Numismatic Chronicle 6, 153.

[4]) Die schwersten Siglen der erwähnten I. Reihe des Brit. Par. Berlin. Museums und der Luynesschen Sammlung, die ich sämmtlich untersucht habe, übersteigen das Gewicht von 5.60 Gr. nicht. 4 Exemplare des Par. Mus. von 5.65 (?), 5.80 und 5.78 Gr., die durch Feuer gelitten, sich dabei mit fremdartigen Stoffen verbunden und so an Gewicht gewonnen haben müssen, kommen nicht in Betracht; die einzigen

Denn diese beiden Einheiten verhalten sich, wie Mommsen zuerst richtig bemerkt hat[1]), wie 2 : 3. Die nach Xerxes geprägten Dareiken scheinen sämmtlich um ein Geringes leichter zu sein, sie wiegen meist etwa 8.35 Gr., wozu auch das Gewicht des seltnern und wie die vorhandenen Exemplare zeigen, ebenfalls einer jüngern Periode angehörigen Doppeldareikos von höchstens 16.70 Gr. sehr wohl paſst.

Wir dürfen hiernach als das Normalgewicht der von Dareios zuerst geprägten beiden Geldsorten 8.40 und 5.60 Gr. annehmen. Wahrscheinlich ist aber das demselben zu Grunde liegende Reichstalent noch etwas schwerer gewesen. Denn das in Abydos gefundene, sehr genau gearbeitete Talent ergiebt einen Stater von mindestens 8.552 Gr.[2]). Auch stehen die in Lampsakos und andern griechischen Freistädten nach dem Muster des Dareikos geprägten Goldstater regelmäſsig etwas höher als dieser und steigen bis 8.49 Gr. Noch schwerer sind zwei Goldmünzen der Luynesschen Sammlung, die wahrscheinlich eben so wie die meisten Doppeldareiken in einer hellenischen Stadt der kleinasiatischen Küste geprägt sind, und von denen die eine, die sich von den übrigen Dareiken durch die viel ausgeführtere Zeichnung und etwas verschiedene Bildung des Kopfes unterscheidet, 8.50 Gr. und die andre mit dem knieenden Bogenschütz auf der Schauseite und einem Schiffsvordertheil auf der Rückseite gar 8.57 Gr. wiegt[3]). Ja von einer phönikischen Dynastie auf der Insel Kypros, die Gold vom halben Stater abwärts sehr reichlich geprägt hat, besitzen wir Stücke dieses Nominals bis 4.30 Gr. Mit

Exemplar des Berl. Mus. von 5.85 Gr., welches ächt zu sein scheint und wohl erhalten ist, darf man daher als Übermünzt ansehen. Von der zweiten Reihe ist mir nur eins (von 5.68 Gr. im Br. Mus.) über 5.60 Gr. vorgekommen, die Maximalgewichte der III. und IV. Reihe übersteigen 5.52 und 5.43 Gr. nicht.

[1]) R. M. S. 13.

[2]) Der Löwe von Abydos wiegt 25.657 Kil. = 3000 × 8.552 Gr. M. de Vogüé bemerkt aber a. a. O. ‚sous la base se trouve une feuille supplémentaire de métal, destinée sans doute à ajuster le poids, et dont il manque une partie: M. Calvert évalue le fragment disparu à une ou deux livres anglaises; la surface a d'ailleurs peu souffert.'

[3]) Der Dareikos von 8.50 Gr. unterscheidet sich sehr wesentlich von allen übrigen Exemplaren, die mir vorgekommen sind, durch die ausgeführtere Zeichnung des Gewandes und Stabes und den, wie es scheint, bartlosen Kopf des Königs. Die Rückseite hat nichts Bemerkenswerthes und enthält am allerwenigsten eine Darstellung des Marsyas, die Lenormant Rev. num. franç. 1856. p. 14 so glücklich war darin zu entdecken. Das Goldstück von 8.57 Gr. ist bei Luynes Num. des Satr. Tafel I. n. 6 abgebildet.

diesen Thatsachen wird die Beobachtung zu verbinden sein, dafs auch das Silbergeld mehrerer Provinzialstädte des persischen Reiches besonders im letzten Jahrhundert der Achämenidenherrschaft nicht unerheblich höher steht, als das persische Reichssilber. So wiegt in Phaselis der älteste Stater einseitiger Prägung höchstens 10.89 Gr. Der viel jüngere zweiseitig geprägte mit dem Stadtnamen 11.20 Gr., und die noch spätere Drachme mit dem Magistratsnamen bis 5.71 Gr.[1]), und um dieselbe Zeit, wie Phaselis die letztgenannte Münze, vielleicht noch etwas später, prägten Amisos und Sinope Drachmen bis 5.67 und 6.08, das bithynische Herakleia Stater bis 11.70 Gr. und Hälften bis 5.71 Gr.[2]). Wahrscheinlich wird man diese Erscheinungen darauf zurückführen dürfen, dafs beim Reichsgelde ein gewisser Procentsatz für den Schlagschatz abgerechnet und danach das Gewicht im Verhältnifs gekürzt wurde, dem Provinzialgeld aber der gleiche Curs mit dem Gold und Silber des Grofskönigs, von dem besonders ersteres wegen seines feinen Korns und seiner genauen Ausprägung in allen Kassen Asiens wie Griechenlands sehr gern angenommen wurde, nur dadurch gesichert werden konnte, dafs man es etwas vollwichtiger ausbrachte. Dies war um so nöthiger, je entlegener die Prägorte vom grofsen Weltmarkte lagen, und je weniger man für die Geldsorten auf legale Gewähr oder Schutz rechnen konnte. Ersteres gilt allerdings von Sinope, Herakleia und Amisos, mit deren Prägung das an der West- und Südküste Kleinasiens nach persischem Fufs geschlagne Silber, welches das Gewicht des Reichsgeldes mit wenigen Ausnahmen nie übersteigt und häufig erheblich darunter bleibt, sehr entschieden contrastirt, letzteres von dem angeführten Goldcourant einiger griechischer Freistädte, dessen Entstehung in eine Zeit fällt, in der diese Orte von persischer Herrschaft unabhängig waren.

Wenn nun die Gewichtseinheit des persischen Reichssilbers $\frac{2}{3}$ von dem Gewicht des Golddareikos betrug, sich mithin der doppelt so schwere babylonische Stater zu dem, dem Dareikos gleichwichtigen, euboischen Stater wie 4 : 3 verhielt und auf 60 euböische Minen 60 babylonische gingen, so mufste dem schon erwähnten Cursverhältniss der beiden Geldsorten gegen einander ein Werthverhältnifs des Goldes zum Silber wie $13\frac{1}{3}$ zu 1 zu Grunde liegen, welches Herodot auf die angegebene Zahl abgerundet hat[3]).

---

[1]) Vgl. Abhdlg. III. Tab. B, II, 2.

[2]) Ebenda Tab. II, 1.

[3]) Vgl. Mommsen, Grenzboten 1863. No. 10. S. 397.

Wie wir aus Herodots, Xenophons und Anderer Angaben sehen, rechnete man in Kleinasien bei Goldzahlungen in der Regel nach Dareiken, nur bei gröſsern Summen und auch nicht immer nach Goldtalenten zu 3000 Dareiken, bei Silberzahlungen nach dem sogenannten babylonischen Silbertalent und gab auch im erstern Fall zuweilen nur den Silberwerth nach der letztern Währung an[1]). Hiernach könnte man geneigt sein, dieses ‚babylonische' Talent für das eigentliche Reichsgewicht zu halten und den Dareikos nach dem relativen Werthe der Metalle ebenso aus dem Gewichte des Silberstaters sich entwickelt denken, wie in der französischen Münze das Gewicht des Zwanzigfrankenstücks nach dem Normalgewicht des Silberfranken bestimmt worden ist. Allein es verhielt sich die Sache genau umgekehrt.

Das Gewicht des Dareikos ist das Sechzigstel der altbabylonischen leichten Gewichtsmina, aus dem sich eine neue Mine von 50 statt von 60 und ein neues Talent von 3000 statt von 3600 solcher Einheiten entwickelt hatte, welches in Griechenland schon lange vor Dareios unter dem Namen des euboischen Talentes Eingang gefunden hatte und in Persien zum Reichsgewicht erhoben wurde. Nach diesem lieſs Dareios prägen, wobei auf die Mine 50 Dareiken geschlagen und nach dem Preisverhältniſs des Goldes zum Silber wie 13⅓ zu 1 die Silberdrachme zum Werth von $\frac{1}{20}$ Dareikos auf ⅔ desselben normirt wurde.

[1]) Herod. VII, 28 f. Pythios besaſs 2000 Talente Silber und 3993000 Dareiken. Xen. Anab. I, 1, 9: 10,000 Dareiken, vgl. besonders die oben S. 63 angeführte Stelle: 3000 Dareiken = 10 Talente. Xen. h. Gr. III, 5, 1 *Τιθραύστης … πέμπει Τιμοκράτην τὸν Ῥόδιον ἐς τὴν Ἑλλάδα, δοὺς χρυσίον ἐς πεντήκοντα τάλαντα ἀργυρίου*, das sind — das Talent als babylonisches aufgefaſst — 15000 Dareiken. Wenn Agesilaos, nach Plutarch Ages. c. 15, in Bezug auf diese Bestechung nur von 10000 ‚Bogenschützen' sprach, die ihn aus Asien vertrieben hätten, so muſs er entweder von einer andern Schätzung wie Xenophon ausgegangen sein, oder 50 Talente des in den griechischen Städten Kleinasiens vorherrschenden (leichten) Fünfzehnstaterfuſses im Sinne gehabt haben. Auch Aelian's (var. h. 1, 22) babylonisches Talent gemünzten Silbers, das er auf 72 (attische) Minen bestimmt, ist kein anderes als das babylonische Talent des Herodot, Xenophon, Ktesias u. s. w., und nicht, wie Mommsen, Grenzboten S. 396, mit Norris annimmt, das alte babylonische Gewichtstalent, welches auch nicht 72, sondern 69 attische Minen wog. Es ist auch an sich kaum wahrscheinlich, daſs sich für ein Gewicht, das bereits Herodot nicht mehr kannte, ein späteres Zeugniſs erhalten haben sollte, und daſs ein Grieche gemünztes persisches Silber nach einem andern Talent berechnet haben sollte, als alle übrigen und, wie wahrscheinlich ist, als die Perser selbst. Die Nachricht müſste aus Babylon selbst stammen, wo das Gewicht allerdings wohl noch unter den Achämeniden in Gebrauch war. Vgl. noch unten S. 70.

Hier lag also die Goldwährung zu Grunde, wie in der französischen Münze das Silbergewicht. Wie dort nach dem Normalgewicht des Silberfrankens von 5 Gr. auf Grund des legal festgesetzten Werthverhältnisses der beiden Metalle wie 15½ zu 1 und mit Berücksichtigung der vorgeschriebenen Legirung das goldne Zwanzigfrankenstück auf 6.4516 Gr. tarifirt ist[1]), so ward in Persien umgekehrt die Silbermünze von 5.60 Gr. aus dem Goldstück von 8.40 Gr., welches die gesetzliche Geltung von 20 jener Silberstücke hatte, entwickelt.

Insofern man diese als Drachme und den derselben entsprechenden Stater wiederum als Einheit eines besonderen Gewichtssystems ansah, ergab sich eine neue Mine zu 60 und ein neues Talent zu 3000 Statern von 11.2 Gr., das sich zum correlaten euboischen wie 13⅓ : 10 oder wie 4 : 3 und zum assyrisch-babylonischen Reichsgewicht wie 13⅓ × 3000 zu 10 × 3600 oder wie 10 : 9 verhielt. Die Griechen haben dasselbe als das babylonische Talent bezeichnet. Man kann daher nicht daran zweifeln, daſs dasselbe bereits in Babylon in Gebrauch war, wie denn überhaupt die erwähnte Würderung des Goldes gegen das Silber und die darauf begründete doppelte Gewichtsnormirung, weder im persischen, noch im lydischen Reiche, wo sie in der Münze des Krösos nachweisbar ist, zuerst aufgestellt worden, sondern eine alte Einrichtung der mesopotamischen Groſsreiche war, die auf jene Monarchien überging. Es ist daher wohl anzunehmen, daſs auch in Persien neben dem Talent, wie es das Monument von Abydos darstellt, dieses babylonische Silbergewicht als besonderes Talent gesetzliche Gültigkeit hatte. Für die Städte Lampsakos und Chios beweisen es alte Gewichtsstücke, welche auf diesen Fuſs normirt sind[2]).

Uebrigens wurde die persische Silbermünze, der die Griechen den einheimischen Namen ‚Siglos', d. h. Shekel, beilegten und die sie im Gegensatz zum ‚babylonischen' Stater als Drachme ansahen, nach persischer Rechnung offenbar wiederum ebenso wie der Dareikos als Einheit eines besonderen Talents aufgefaſst, welches nur die Hälfte des ‚babylonischen' Talents wog. Wir werden sehen, daſs dieser Gebrauch bereits im assyrischen Reiche galt.

Indeſs wurde im persischen Reiche, soviel wir wissen, das Silber nicht nach diesem, sondern stets nach dem ‚babylonischen' Talente abge-

[1]) Chr. u. Fr. Noback, Taschenbuch der Münz-, Maſs- und Gewichtsverhältnisse I, 797 f. 803. 812.

[2]) Vgl. cap. VII dieses Abschnitts.

schätzt, wobei die Reduction der nach demselben angegebenen Werthe auf das entsprechende Goldgewicht höchst einfach war, da zehn solcher Silbertalente dem Werthe eines Goldtalentes genau gleichkamen. Unter den mit asiatischen Verhältnissen vertrauten griechischen Schriftstellern ist die Rechnung nach dieser doppelten Gold- und Silberwährung ganz constant gewesen.

Aufser Herodot und Xenophon kann man noch Ktesias anführen, der in seiner persischen Geschichte häufig von Silber- und Goldtalenten redet und dabei immer den persischen Münzfufs vor Augen hat. Denn wenn er von zehn Millionen Talenten Goldes und hundert Millionen Talenten Silbers erzählt[1]), die mit dem Sardanapal auf dessen Scheiterhaufen verbrannt seien, so verräth sich die Rechnung nach persischem Gelde sogleich dadurch, dafs nach dieser die beiden ungleichen Summen denselben Betrag an Gold und Silber ergeben: eine Spielerei, wie sie für Ktesias sehr bezeichnend ist. Hierhin gehört noch eine andere Erzählung desselben Schriftstellers, die Nikolaos von Damaskus[2]) ihm nachgeschrieben hat und nach der Nanaros, der König von Babylon, von seinem Oberlehnsherrn, dem medischen König Artaeos, sich Straffreiheit durch verschiedene Geschenke und Zahlung von 1000 Talenten Silbers und 100 Talenten Goldes erkaufte, wobei der Satrap Mitraphernes für 10 Talente Goldes, 100 Talente Silbers und kostbare Geräthe die Vermittelung übernahm. Hiernach scheint es fast, als sei es asiatische Hofsitte gewesen, bei gröfseren Geschenken an Gold und Silber von beiden Metallen gleich viel zu spenden, womit auch die Angabe des Ktesias

---

[1]) Athen. p. 629. Bei der Beschreibung der babylonischen Schätze spricht Ktesias bei Diodor. II, 9 stets von ‚babylonischen' Talenten. So wog eine goldene Statue des Zeus 1000, eine der Rhea ebensoviel, von 3 goldenen Gefäfsen eins 1200, die andern beiden je 600 ‚babylonische' Talente.

[2]) Fragm. hist. Graecorum ed. C. Mueller III. p. 363. Ὁ δὲ Νάναρος, τοῦτο ἀκούσας, ἐν ἄκρῳ φόβῳ ἦν καὶ ἐπὶ Μιτραφέρνην καταφεύγει, ὃς ἦν τῶν σατραπῶν δυνατώτατος, καὶ ὑπισχνεῖτο αὐτῷ χρυσίου τάλαντα δέκα, καὶ φιάλας χρυσᾶς δέκα, καὶ ἀργυρᾶς διακοσίας, καὶ ἀργυρίου νομίσματος τάλαντα ἑκατὸν [καὶ Παρσώνδῃ ἀργυρίου νομίσματος τάλαντα ἑκατόν], καὶ ἄλλας ἐσθῆτας πολυτελεῖς, βασιλεῖ δὲ χρυσοῦ μὲν τάλαντα ἑκατόν, καὶ φιάλας χρυσᾶς ἑκατόν, ἀργυρᾶς δὲ τριακοσίας, ἀργυροῦ δὲ νομίσματος τάλαντα χίλια. Aus dem weiter Folgenden: Παρσώνδῃ δέ, καίπερ ὧν ἔδρασεν, ἑκατὸν τάλαντα ἀργυρίου erhellt, dafs des Parsondas Namen ausgefallen ist, Coray setzt denselben vor ἀργυρίου νομίσματος τάλαντα ἑκατόν, vgl. Nicol. Dam. ed. Orelli, Suppl. p. 23; offenbar war aber hier ein Homoioteleuton die Ursache, warum der Name übergangen wurde, und es ist daher zu ergänzen, wie im Text angegeben worden ist.

über das Vermögen des Sardanapal im Zusammenhang stehen [illegible]. Noch bemerkenswerther ist diese Rechnungsweise bei einem orient[illegible] Schriftsteller, dem Verfasser der Bücher der Chronik, der so sehr in persischer Währung befangen war, dafs er sogar dem Salomo persische Dareiken in die Tasche spielt und aufserdem, wenn auch weniger freigebig wie Ktesias, den von David ererbten Schatz des weisen Königs mit 100000 Talenten Goldes und einer Million Talenten Silbers[1]), das heifst, nach der angeführten Werthgleichung, mit genau soviel Gold wie Silber füllt.

Vor Dareios hat bereits Kroesos auf das Sechzigstel der altbabylonischen leichten Mine den nach ihm benannten Goldstater und auf ein nach dieser Einheit im Verhältnifs von 10 : 13⅓ oder 3 : 4 normirtes Gewicht den entsprechenden Silberstater geprägt, nur dafs beide Stücke um ein Geringes niedriger stehen, als der Dareikos und der correlate babylonische Silberstater. Bei der Bestimmung des Normalgewichts kommt der Umstand sehr zu statten, dafs aufser dem nach dem bezeichneten Fufs normirten Goldstück mit dem gleichen Gepräge noch andere, entweder gleichzeitige oder etwas frühere Goldmünzen vorkommen, die demselben Gewichte folgen, wie das correlate Silbergeld. Danach ist der Kroesische Goldstater auf 8.1675 Gr., der entsprechende Silberstater auf 10.89 Gr. anzusetzen, wie dies die folgende Uebersicht im Besonderen nachweist:

Gold						Silber	
	Normalgewicht.	Maximalgewicht.		Normalgewicht.	Maximalgewicht.	Normalgewicht.	Maximalgewicht.
[illegible]	—	—	1	10.89	10.67	10.89	10.70
1	8.1675	8.10	[illegible]	—	—	—	—
[illegible]	—	—	[illegible]	—	—	5.44	5.40
[illegible]	—	—	[illegible]	3.63	3.63	3.63	3.50
[illegible]	2.72	2.70	[illegible]	—	—	—	—
[illegible]	—	—	[illegible]	1.81	1.80	—	—
[illegible]	1.36	1.35	[illegible]	—	—	—	—
[illegible]	—	—	[illegible]	0.90	0.87	0.90	0.76
[illegible]	0.68	0.67	[illegible]	—	—	—	—

Offenbar hatte in Lydien der Goldstater von 8.16 Gr. ebenso wie später der Dareikos in Persien den Werth von 10 Silberstatern zu

[1]) 1 Chr. 22, 14.

10.89 Gr. oder 20 Drachmen zu 5.445 Gr., da die beiden Geldsorten genau in demselben Gewichtsverhältnifs zu einander ausgebracht sind, wie die Nominale des persischen Reichsgeldes.

Die Gold- und Silberprägung des Dareios unterschied sich daher weder im Gewichtsfufs, noch in der zu Grunde gelegten Würderung der Metalle wesentlich von der des Krösos und bei der grofsen Stetigkeit, mit der sich organische Einrichtungen im Morgenlande fortpflanzen und von einem Staate auf den andern in gleicher Weise zu vererben pflegen, darf man mit grofser Wahrscheinlichkeit voraussetzen, dafs der Ursprung jener Normen, auf welche die beiden ältesten orientalischen Reichsprägungen begründet sind, viel höher in die Vergangenheit zurückgeht, als die Erfindung des Geldes und in dem Reiche zu suchen ist, in dem wir das erste geordnete Mafs- und Gewichtssystem finden.

Um dies weiter zu verfolgen, werden wir nicht umhin können, auf den ältesten Gold- und Silberverkehr des Orients näher einzugehen.

IV. Der älteste Gold- und Silberverkehr in Vorderasien.

Während der Occident im Handel und Verkehr sich noch der ursprünglichsten Tauschmittel bediente, früher des Heerdenviehs, später auf einer etwas höheren Stufe der Civilisation der Nutzmetalle, des Kupfers und Eisens, waren in Vorderasien bereits seit uralter Zeit die edeln Metalle allgemein gültiger Werthmesser geworden. In den ältesten israelitischen Ueberlieferungen wird der Preis der Waaren nach Gewichten Goldes und Silbers bestimmt, die dem Empfänger von dem Verkäufer zugewogen wurden. Auf diese Weise ward sowohl in Palästina selbst, wie bei den Nachbarvölkern, den Kanaanitern, Philistern, Midianitern, Syrern, Babyloniern, Assyrern, Phönikern und Aegyptern der Handel vermittelt. So ersteht Abraham bei Hebron einen Begräbnifsplatz für 400 Shekel Silbers, ‚welches im Kauf gang und gäbe war' und das er dem Ephron zuwiegt[1]), empfängt als Entschädigung von Abimelech 1000 Shekel Silbers[2]), so erwirbt Jakob einen Landbesitz von den Hemoritern für 100 *Qesita*[3]), was ebenso wie *Shekel* ein Stück Werthmetall

[1]) 1 Mos. 23, 15.

[2]) 1 Mos. 20, 16.

[3]) 1 Mos. 33, 19, vgl. Jos. 24, 32 *Qesita* kommt noch Hiob 42, 11 vor, wo von den Verwandten Hiobs erzählt wird, jeder habe ihm eine Qesita und ein goldenes Stirnband geschenkt.

von bestimmtem Gewichte bezeichnet, so wird Joseph für 20 Shekel Silbers an midianitische Kaufleute verhandelt[1]), so kauft Salomo ägyptische Wagen zu 600, ägyptische Pferde zu 150 Silbershekeln[2]). Auch für Abgaben, Contributionen und sonstige Leistungen finden wir in diesen Ländern seit uralter Zeit bestimmte Summen in Silber und Gold festgestellt. So war der Schadenersatz in dem israelitischen Gesetzbuch nach Shekeln Silbers normirt[3]), die Heiligthumssteuer, die jeder Jude über 20 Jahren leisten mufste, auf einen halben Shekel Silbers angesetzt[4]).

Eine bestimmte regelmäfsige Organisation der Steuern und Abgaben war in Asien vor Dareios unbekannt. Dieselben gingen den asiatischen Dynasten entweder in Form von Geschenken zu[5]), oder wurden, wie wir aus den ninivitischen Inschriften sehn, auf alljährig wiederholten Heereszügen von dem Herrscher oder seinem Feldherrn eingetrieben; nebenbei wurden zur Unterhaltung des Hofes und Heeres Natural- und Werthlieferungen ausgeschrieben, die auf einzelne Provinzen und Städte in der Weise vertheilt waren, dafs jede für eine bestimmte Zeit den ganzen Aufwand zu bestreiten hatte[6]), oder zu bestimmten Lieferungen verpflichtet war, und diese Einrichtung wurde auch von Dareios nicht aufgehoben[7]). In den beiden ersteren Fällen spielen aber, ebenso wie bei den eigentlichen Kriegscontributionen, die Beträge an edelen Metallen fast immer die Hauptrolle. So gingen dem König Salomo, der jüdischen Ueberlieferung nach, jährlich 666 Talente Goldes ein[8]), eine Summe, die, beiläufig bemerkt, etwas hoch gegriffen ist, da sie hinter dem Gesammtbetrag der Tribute der zwanzig persischen Satrapien nicht zurückbleibt. In den Annalen des Königs ‚Shalmanassar', die auf der bekannten schwarzen Stele des britischen Museums eingegraben sind, werden zwar die jährlichen Tribute dem Mafs und Gewicht nach nicht näher specificirt, allein unter den gelieferten Gegenständen erscheint an erster Stelle fast immer Gold und Silber[9]). Genauer sind andere assyrische Urkunden. Nach

1) 1 Mos. 37, 28.

2) 1 Kön. 10, 29.

3) Movers Phoenic. III, 1, 28.

4) 2 Mos. 30, 13; 38, 26.

5) Vgl. Herod. III, 89. 2 Chr. 17, 11. 1 Kön. 4, 21. 2 Sam. 8, 6.

6) 1 Kön. 4, 7 ff.

7) Herodot I, 192. Xen. Anabas. I, 4, 9.

8) 1 Kön. 10, 14.

9) Vgl. Rawlinson, A commentary on the Cuneiform Inscr. S. 22 f. aus dem Journal of the Royal As. Soc. 1850. Die Entzifferung der betreffenden Stellen ist im

einer Inschrift des Assarhaddon empfängt dieser König von einem Herrscher, dessen Name verloren ist, 10 Minen Goldes[1]), auf der Inschrift eines viel ältern Königs, des Assarakpal oder Assardanpal werden einmal 4 Minen Silbers, dann 10 Minen desselben Metalls, darauf 20 Talente Silbers, weiterhin wieder 20 Talente Silbers und 10 Gewichte Goldes, als Abgaben verschiedener Könige Syriens aufgeführt[2]). Aehnliche Angaben enthalten die Annalen des Sanherib, der vom jüdischen Könige Hiskiah nach der Bibel 30 Talente Goldes und 300 Talente Silbers[3]), nach den Keilinschriften 30 Talente Goldes und 800 Talente Silbers als Contribution empfing[4]).

Die Feststellung bestimmter Summen und Gewichte für derartige Leistungen läfst auf ebenso bestimmte Ansätze über das Korn der Metalle, in welchen dieselben den königlichen Beamten einzuzahlen waren, schliefsen. Hierüber bemerken freilich die assyrischen Inschriften nichts. Dagegen wissen wir, dafs das Metall, in dem die Inder dem Dareios ihre jährliche Abgabe entrichteten, gediegener Goldstaub sein mufste[5]),

Grofsen und Ganzen sicher, da der Ausdruck für Tribut (mandatta) aus den dreisprachigen Inschriften bekannt ist und die Deutung der Worte Gold, Silber u. s. w. durch verschiedene Combinationen längst feststeht. Vgl. Oppert, Études Assyriennes p. 67.

[1]) Die Inschrift steht auf einem Cylinder, der in Nimrud gefunden worden ist; einige Stücke derselben hat F. Talbot (Assyrian texts translated. London 1858) übersetzt. Die Deutung der betreffenden Stelle (Col. III, 22. Talb. p. 14) ist, wie der mir vorliegende Textabdruck zeigt, sicher.

[2]) Vgl. Talbot a. a. O. p. 26. 27. Die betreffenden Stellen finden sich auf der Inschrift: Col. III, 63, 64, 65, 73. Dieselbe ist auf mehrern Platten, die den Fufsboden eines Tempels in Nimrud bedeckten, eingegraben und auf anderen Steinen wiederholt.

[3]) 2 Kön. 18, 14.

[4]) Vgl. Rawlinson, Outlines of Ass. history p. xxxv. Den Text enthält der Cylinder, der, 1830 in Kojundschik gefunden, nach seinem früheren Besitzer Colonel Taylor's Cylinder heifst. Die Stelle Col. III, 34 habe ich auf dem im Louvre befindlichen Abdruck zu vergleichen Gelegenheit gehabt. Oppert, Les inscriptions des Sargonides, Annales de philosophie chrétienne. t. VI. 5. série. S. 45, übersetzt ‚30 talents d'or et 400 talents d'argent,' erklärt mir aber auf eine an ihn gerichtete Anfrage, dafs die Zahl 400 statt 800 durch einen Druckfehler in seinen Text gelangt sei. Andere Angaben von Beträgen an Gold und Silber finden sich noch in einer von Oppert übersetzten Inschrift des Sargon. Vgl. a. a. O. S. 30, wo 154 Talente 26 Minen 10 Drachmen (?) Gold, 1804 Talente 20 Minen Silber, und S. 35, wo 11 Talente 30 Minen Gold, 2100 Talente 24 Minen Silber erwähnt werden.

[5]) Herod. III, 94. 95.

der, aus goldhaltigem Sande gewonnen[3]), der Reinigung nicht mehr bedurfte. Auch in ägyptischen Inschriften werden bei Erwähnung von Abgaben und Leistungen mehrere Arten Goldes häufig unterschieden. So in den Annalen Ramses III. ‚gutes Gold', ‚Gold des Landes aus Koptos' und Gold aus Aethiopien (Kusch)[4]). In der höchst interessanten Inschrift, welche die Wände des großen Tempels des Ammon Ra zu Karnak bedeckt und Tuthmosis III. Annalen enthält, seine verschiedenen Feldzüge nach Vorderasien beschreibt, die erbeuteten Gegenstände und die in jedem Jahre eingegangenen Tribute einzeln aufzählt, vermissen wir genauere Angaben von der Art; doch verdanken wir diesem Dokument, von dem kürzlich (1860) durch Mariette neue bis dahin unbekannte Fragmente ans Licht gefördert sind, andrerseits die wichtigsten Aufschlüsse über die in Asien im 10. Jahrhundert v. Chr. geltenden Gewichte und das damalige Werthverhältniß der edelen Metalle gegen einander. Wir werden daher auf Grund der bereits 1853 von S. Birch[5]) veröffentlichten Uebersetzung und der von demselben und von E. de Rougé[6]) nach Mariette's Entdeckung gelieferten Nachträge und Verbesserungen auf dieses Monument näher eingehen. Dasselbe enthält den Bericht über 15 Feldzüge des Königs, die meist nach Mesopotamien, Syrien, Phönikien und Arabien gerichtet waren und zwischen das 22ste und 42ste Jahr seiner Regierung fielen[7]).

Nach der Geschichte jedes Feldzuges werden regelmäßig die eingezogenen Kriegscontributionen, sowie die erbeuteten Gegenstände und am Schluß nach einer bestimmten stets wiederkehrenden Ordnung die Tribute, die jedes Jahr aus den verschiedenen Theilen des Reichs eingegangen waren[8]) aufgezählt.

Außer Sklaven, Vieh, Korn, kostbaren Geräthen, werthvollen Steinen, Eisen, Blei u. a. m. wurden von den besiegten tributpflichtigen Stämmen Vorderasiens dem ägyptischen Herrscher auch regelmäßig Beträge

---

[3]) Her. III, 98, 102 f. Daß unter ψῆγμα χρυσίου nicht Goldsand, d. h. goldhaltiger Sand in unserem Sinne, sondern reines Gold zu verstehn ist, geht auch aus andern Stellen hervor, vgl. Antiphil. 21 (IX, 310 der Anthol. Palat. v. Jacobs) ψῆγμ' ἄπυρον χρυσοῖο. Auch Krösus' Schatzkammer enthielt große Mengen Goldes in dieser Form Her. VI, 125.

[4]) Chabas notes sur un poids égyptien. Révue archeol. 1861. Janv. p. 16.

[5]) Archeologia 1853 vol. xxxv, 116—166. Die neuen Stücke hat Birch gleichzeitig mit Rougé übersetzt in den Transact. of the Royal Soc. of Lit. vol. VII. new series.

[6]) Notice de quelques fragments de l'inscription de Karnak. Paris 1860 aus der Révue archeolog.

[7]) Rougé p. 12. — [8]) Ebenda p. 6.

in Gold und Silber eingeliefert. Diese werden nach einem eigenthümlich ägyptischen Gewicht berechnet, dessen gröfsere Einheit man früher irrthümlicher Weise dem Namen und Werthe nach mit der babylonischen Mine identificirte. Jetzt weifs man, dafs dieses Gewicht mit den asiatischen Systemen in keinem nachweisbaren Zusammenhang steht, sondern in jeder Beziehung dem Nillande eigenthümlich ist. Die ägyptische Gewichtsskala kennt nur zwei Einheiten mit decimaler Theilung; nach einem wohlerhaltenen und erst kürzlich aufgefundenen Gewichtsstück aus Serpentin ist man berechtigt, die kleinere auf 9.0717 Gran, die gröfsere auf 90.717 Gran anzusetzen. Der Name der einen wird vermuthungsweise Kat, der der andern Uten gelesen[1]).

Werthvolle Steine und insbesondere die edeln Metalle wurden im alten Aegypten nach diesem Fufse gewogen; zuweilen auch Eisen, welches ebenso wie Blei meist in „Ziegel-[2])“ oder Barrenform in den Verkehr kam. So werden in der bezeichneten Inschrift einmal 108 Ziegel gereinigtes Eisen[3]) im Gewicht von 2040 ägyptischen Pfunden angeführt, die dem König von den Asi, einem arabischen Stamm, geliefert wurden, während sonst immer nur die Anzahl der Barren verzeichnet ist. So empfängt der König aus Arabien (Asi) 40 Ziegel Eisen, einen Ziegel Blei[4]), später 6 Ziegel Blei und aufserdem 108 Klumpen Blei[5]), aus Mesopotamien (Naharaina) 47 Ziegel Blei[6]), aus Assyrien (von den Rotennu) 40 Ziegel Eisen[7]), später 80 Ziegel Eisen[8]), 11 Ziegel Blei, aus Mesopotamien (aus Anaukasa) 276 Ziegel Eisen des Landes, 47 Ziegel Blei[9]).

---

[1]) Vgl. Chabas a. a. O. In einem Zimmer des Nordwestpalastes von Nimrud hat Layard zwei schön gearbeitete Würfel aus Erz gefunden, die auf einer Seite einen Skarabäus, in Gold eingelegt, darstellen. Layard (Babylon and Nineveh p. 196, woselbst auch die Abbildung) vermuthete, dafs es Gewichte seien. Dies bestätigt sich. Der gröfsere Würfel wiegt nach meiner Wägung 5122 (nach Layard 5124) Engl. Gran = 265 Gramm, der andere 2696 Engl. Gran (nach Layard 2199 Engl. Gran) = 174.7 Gr.; jener fast genau drei, dieser 2 ägyptische Pfund; dafs die Monumente aus ägyptischer Fabrik sind, zeigt auch der Skarabäus.

[2]) Bekanntlich haben auch die classischen Sprachen diesen Ausdruck für Barren; den πλίνθοι χρυσαῖ καὶ ἀργυραῖ (z. B. bei Polyb. X, 27, 12) entsprechen im Lateinischen: lateres argentei atque aurei. vgl. Mommsen a. a. O. S. 308. Anm. 52.

[3]) „Fer affiné.“ Rougé a. a. O. p. 21. l. 35.

[4]) Birch p. 21 = 134. — [5]) Rougé p. 21. l. 35. — [6]) Birch p. 22 = 135.

[7]) Rougé a. a. O. p. 16. l. 11.

[8]) Rougé p. 20 „fer en nature.“

[9]) Birch p. 30 = 143.

Diese Eisen- und Bleibarren hatten vermuthlich ziemlich constante Form und Gewicht, so dafs es überflüssig schien, über dieses noch weitere Angaben hinzuzufügen. Auch von Gold und Silber wird das Gewicht zwar in den meisten Fällen, aber nicht immer angeführt. Wo dergleichen Angaben fehlen, war das Metall wohl meist zu Gefäfsen und Geräthen verschiedener Art verarbeitet, während man es sich sonst entweder in Form von gediegenen Klumpen, wie sie auf den Wänden des von Tuthmosis in Karnak geweihten Heiligthums abgebildet sind[1]), oder in Form von Ringen zu denken hat, von denen uns verschiedene altägyptische Wandmalereien ein sehr deutliches Bild geben[2]).

Von diesen Ringen wird dasselbe und in noch höherem Mafse gelten wie das, was wir von den Eisen- und Bleibarren behauptet haben. Es mufste für den Verkehr, welcher sich noch nicht zum Gebrauch legaler allgemein gültiger Werthzeichen emporgeschwungen hatte, angemessen erscheinen, die edeln Metalle, deren man sich statt dieser bediente, in Formen von bestimmtem Gewicht und Feingehalt zu bringen, deren ungefähren Werth jeder kannte und die daher im Handel eine mehr oder weniger constante Geltung erhalten konnten. War noch dazu Gewicht und Korn auf diesen Formen irgendwie bemerkt, so brauchte in vielen Fällen, wenn der Credit des Käufers für die Genauigkeit der Jüstirung bürgte, nicht einmal nachgewogen zu werden; immer aber mufste es die Berechnung erleichtern, wenn der Preis einer Waare nach Gewichten Goldes oder Silbers angegeben war und man diesen Betrag sich sogleich in eine bestimmte Anzahl von Stangen, Ringen oder in was für Formen von der bezeichneten Eigenschaft das Metall gegossen war, umrechnen und mit diesen bezahlen konnte. Andererseits mufste es den Handel mit diesen Metallen selbst erleichtern, wenn dieselben in einer Form angeboten wurden, über deren Gewicht und Werth man sich auf den ersten Blick einen wenn auch nur approximativen Ueberschlag machen konnte.

Es mochten also die Metalle als Tauschmittel oder als blofse Waare auf den Markt gelangen, immer mufste das nächste Bedürfnifs der Zweckmäfsigkeit dahin leiten, sie in Formen der erwähnten Art zu bringen, über deren Würderung im Ganzen kein Zweifel sein konnte, wenn auch bei einer ganz genauen Bestimmung weder Anwendung der Waage noch

[1]) Birch, a. a. O. p. 42 = 155.

[2]) Wilkinson Manners and Customs of ancient Egypt. vol. II, 10.

des Probirsteins ganz entbehrt werden konnte, wo niemand für die richtige Justirung bürgte.

Der älteste griechische Verkehr ward durch Stangen Eisens[1]), der italische durch Barren Kupfers vermittelt, von denen wenigstens die gröſseren in regelmäſsige viereckige Formen gegossen, gewöhnlich auf beiden Seiten mit einer Marke versehen und in diesem Falle, wie es scheint, durchweg auf das constante Gewicht von 5 Pfund ausgebracht waren[2]). Auch in Britannien circulirten noch zu Cäsars Zeit Kupfer- und Eisenbarren von bestimmtem Gewicht[3]). In derselben Form war im Orient seit frühester Zeit Gold und Silber im gewöhnlichen Verkehr. Hierauf deutet nicht nur die Erwähnung einer ‚Zunge Goldes' im Gewicht von 50 Shekeln, die ein Israelit von den in Jericho erbeuteten Schätzen an sich brachte[4]), sondern noch mehr die verschiedenen, im A. T. angeführten Zahlungen, die das Cursiren einzelner nach dem Gewicht normirter Metallstücke mit Bestimmtheit voraussetzen[5]). Im Groſshandel scheinen die edeln Metalle in Aegypten wie in Asien, wenn nicht in rohen Klumpen, der Regel nach in Ringform auf den Markt gebracht worden zu sein, und dieser Gebrauch hat im Alterthum eine groſse Verbreitung gefunden und sich hier und da bis auf den heutigen Tag erhalten. Für Asien und Aegypten beweisen es die ägyptischen Bildwerke und die Inschrift von Karnak. Auſserdem aber erinnert daran ebensowohl der hebräische Ausdruck für die schwerste Gewichts-

---

[1]) Pollux IX, 77. Plut. Lys. 17. Vgl. Hultsch a. a. O. S. 106 und S. 186. Mommsen R. M. S. 169.

[2]) Mommsen, Röm. Münzw. S. 172.

[3]) Caes. de b. g. V, 12. Utuntur aut aere aut taleis (annulis cod. Lond. und griech. Uebers.) ferreis ad certum pondus examinatis pro nummo. vgl. Vaux Num. Chron. XVI, 130.

[4]) Jos. 7, 21.

[5]) Dies gilt besonders von der schon oben erwähnten Heiligthumssteuer, und wenn 1 Samuel 9, 8 als etwas durchaus nicht Ungewöhnliches erzählt wird, daſs der Bursche, der Saul begleitete, einen Viertelshekel in der Tasche hatte, so zeigt dies, daſs der Verkehr mit solchen Silberstücken sehr verbreitet war. Vgl. Movers Phoeniz. III, 1, 33 und Soetbeer ‚Das Gold' in der ‚Gegenwart'. Heft 144. S. 635: „Aus dieser Stelle (1 Mos. 23, 16), sowie aus den Berichten über den Landankauf von den Kindern Hemor's durch Jakob um 100 ‚Qesita', über den Verkauf Josephs an midianitische Kaufleute um 20 Silberlinge und aus anderen Erwähnungen läſst sich entnehmen, daſs in jenen alten Zeiten Silbergeld, wenn auch noch nicht gemünzt, sondern in abgewogenen Stücken von bestimmter Feinheit, schon längst im Gebrauch gewesen sein wird."

einheit, welcher einen Kreis[1]) bezeichnet, wie die φθοΐδες χρυσῶν, welche in athenischen Kassen vorkamen[2]).

Auch unter den alten Kelten in Irland und England scheinen goldne Ringe als Tauschmittel ganz allgemein angewandt worden zu sein. Dieselben waren von verschiedener Größe und Gewicht, wie dies ein in Cambridgeshire gefundener Bund von solchen Ringen, die unter einander in mehr oder minder genauer Gewichtsproportion stehen, verdeutlicht[3]). Im Innern Afrikas wird noch heute der Handel durch goldne und silberne Ringe vermittelt, von denen die erstern der Regel nach auf ein Gewicht von 12 Engl. Gran (= 0,764 Gr.) normirt sein sollen[4]). Auch in Arabien unter den Beduinen und in mehreren Theilen Vorderindiens cursiren silberne Ringe von constantem Gewicht die als Tauschmittel dienen[5]).

---

[1]) כִּכָּר 2 Mos. 38, 25. 26. 1 Kön. 9, 14. 10, 10. 14. 2 Kön. 5, 5. 18, 14. 1 Chr. 22, 14. 29, 7. Esr. 8, 26. Zachar. 5, 7.

[2]) Boeckh C. I. Gr. I, 219. Staatsh. d. Ath. II, 76. 70 d. 2. Aufl.

[3]) Numism. Chron. XIV, 64. Der große Ring, an dem zwei Paar kleinere Doppelringe und ein fünfter vierfacher Ring wie Schlüssel an einem Bunde befestigt sind, wiegt 612 Engl. Gran (= 39.656 Gr.), der schwerste unter den kleinern, der aus vier einzelnen unter einander verbundenen Ringen besteht, 360 Engl. Gran (= 23.3267 Gr.), die beiden schwereren Doppelringe je 132 Engl. Gran (= 8.55 Gr.), die beiden leichteren je 68 Engl. Gran (= 4.399 Gr.), diese letztgenannten also halb so viel als die vorletzten, fast ½ des drittletzten und [illegible] des großen Ringes, an dem alle andern hängen. Es mag erwähnt werden, daß diese Gewichte sehr wohl als $\frac{1}{120}$, $\frac{1}{60}$, [illegible], [illegible] der babylonischen Mine, welche der karthagischen Prägung zu Grunde lag, aufgefaßt werden können, wie denn die beiden größten Nominale auch in jener häufig auftreten. vgl. Monatsber. der Berl. Akad. 15. Juni 1863 und unten cap. VII. Hoare hat ein Verzeichniß aller bisher gefundenen kelto-irischen Goldringe zusammenzustellen begonnen. Num. Chron. XVII, 71 f. Eine Sonderung der verschiedenen Sorten würde wohl zu einer Feststellung des maßgebenden Gewichtsfußes führen. Es ist möglich, daß die goldenen Ringe von einer halben, einer ganzen oder zwei Mark Gewicht, welche in der Heimskringla, der isländischen Chronik der norwegischen Seekönige aus dem 13. Jahrhundert erwähnt werden, auch hierhin gehören. Dickinson N. C. VIII, 208 f.

[4]) Vgl. Dickinson Num. Chr. VI, 15 f. und ebenda die Abbildung solcher Ringe. vgl. N. C. VIII, 215. — N. Chr. XVI, 169 führt derselbe zwei afrikanische Goldringe von 96½ Engl. Gran (= 6.27 Gr.) und von 134⅓ Engl. Gran (= 8.70 Gr.) Gewicht an.

[5]) Die indischen Ringe wiegen 12 Ruppees (= 12 × 180 Engl. Gran = 12 × 11.66 Gr.) Num. Chr. VIII, 217. Seiner Gestalt wegen mag hier noch das chinesische und japanesische Kupfer- und Eisengeld erwähnt werden, das aus runden, in der Mitte durchlöcherten Scheiben besteht und dort seit uralter Zeit in derselben Weise fabricirt worden sein soll. Vgl. Williams Num. Chron. XVI, 44: „This money consisted simply of round discs of metal with a hole in the centre.“

In allen diesen Fällen entspricht der bestimmten Form, in welche die edelen Metalle gebracht sind, ein bestimmtes Gewicht, nach welchem sie normirt ist; und dasselbe wiederholt sich überall dort, wo Gleiches oder Aehnliches vorkommt. Für die Zeit der römischen Republik, als Gold und Silber noch vielfach in Barren circulirte, können wir es vom Silber nachweisen und dürfen nicht anstehn, es vom Golde anzunehmen[1]). Auch in China, wo der Verkehr fast nur durch Barren vermittelt wird, werden solche nach einer festen Skala in Gold von ½ bis 10 Tähls, in Silber von ½ bis 100 Tähls fabrizirt. Was dort den Handel sehr erschwert, dafs weder die Gold- noch die Silberstücke gleichen Feingehalt haben, so dafs es einer bei jeder Zahlung wiederholten Probirung bedarf[2]), dies mufs in Rom wenigstens für das Gold durch einen legalen Stempel, der für das Korn bürgte, vermieden worden sein.

Ein ähnliches Verfahren wird für die reichen und handelskundigen aramäischen Völker Vorderasiens vorauszusetzen sein, und man wird wohl annehmen dürfen, dafs die erwähnten asiatischen und ägyptischen Gold- und Silberscheiben nach bestimmten Gewichten normirt gewesen sind. In der That können wir aus den Tributangaben der Inschrift von Karnak dies im Besondern nachweisen. Nur einmal findet sich in den noch erhaltenen Fragmenten dieser Urkunde neben dem Gewicht der Ringe auch ihre Zahl angegeben. Im 33. Jahre erhielt Tuthmosis III von einem syrischen Stamm (den Cheta) aufser andern Gegenständen Silber in 8 Ringen, im Gesammtgewicht von 301 ägyptischen Pfunden[3]). Diese Stelle allein, nach welcher sich der Ring auf 37.625 ägyptische Pfund berechnet, bietet ein sicheres Resultat noch nicht dar; allein eine andere, welche das Gewicht von 108 „Ziegeln" gereinigten Eisens, die der König aus Arabien erhält, auf 2040 ägyptische Pfund angiebt[4]), kommt der Untersuchung zu Hülfe. Denn wenn diese Metallbarren und Ringe überhaupt nach bestimmtem Gewicht normirt waren, so wird dabei ein und dieselbe Skala so gut für Eisen wie für Silber gegolten haben. Die Berechnung bestätigt diese Voraussetzungen. Ein Eisenbarren wog 18.88 ägyptische Pfund, also fast genau halb mal so viel, als ein Silberring, und wir sehen hieraus, dafs das Metall in Vorderasien in Barren von verschiedener Form und Gewicht, die nach ein und demselben Fufs normirt

[1]) Mommsen R. M. 401. 808. Anm. 62.

[2]) Chr. u. Friedr. Noback a. a. O. I, 896.

[3]) Rougé p. 19. l. 26.

[4]) Rougé p. 21. l. 25.

waren, in den Handel kam[1]). Es frägt sich nur noch, welche Gewichtsskala dabei mafsgebend gewesen ist. Dafs es nicht die altägyptische war, zeigen die ungraden Zahlen, die sich für das Gewicht des einzelnen Ringes und Barrens bei der Reduction auf ägyptische Pfunde ergeben. Auch würde dies bei Fabrikaten, die aus Vorderasien geliefert wurden, im höchsten Grade auffallend sein. Denn Gold und Silber findet sich in der Inschrift von Karnak in Form von Ringen nur unter den Tributen mesopotamischer und syrischer Stämme erwähnt, und jene Barren gereinigten Eisens kamen, wie bemerkt, aus Arabien.

Es drängt sich vielmehr von selbst die Vermuthung auf, dafs diese Metallformen nach dem in ganz Asien gültigen babylonischen Gewichtsfufs normirt waren. Wenn sich nun zeigt, dafs das Gewicht eines jener Silberbarren von 3413 Gr. genau 400, das eines jener Eisenbarren von 1712 Gr. 200 Sechzigstel der leichten babylonischen Mine beträgt, so wird man darin wohl die Bestätigung dieser Vermuthung finden dürfen. Dafs dabei das Gewicht der Mine sich um ein Geringes höher — beim Silber auf 511.9 Gr., beim Eisen auf 513 Gr. — als nach den ninivitischen Monumenten stellt, hat kein Bedenken, wenn man erwägt, wie leicht bei der Verpflanzung des Gewichtsfufses von einem Lande in das andere eine kleine Abweichung von dem ursprünglichen Normalstande eintreten konnte und wie oft dies nachweisbar geschehen ist. In dem vorliegenden Falle dient der Umstand vielleicht dazu, den Ort zu ermitteln, wo jene Formen normirt worden sind. Es ist bekannt, dafs die reichsten Silber- und Eisengruben der alten Welt in Spanien und auf der Insel Elba sich befanden, und dafs ihre Bearbeitung durch die Phönikier in die älteste Zeit hinaufreicht. Die Annahme, dafs das Metall jener Silber- und Eisenbarren von sidonischen Bergwerksbesitzern in den bezeichneten Gegenden gewonnen und nach dem dort gültigen Gewichtsfufs abgewogen und in diese Formen gegossen worden sei, möchte daher nicht unwahrscheinlich sein. Wir kennen das Gewicht, nach welchem die Karthager im dritten Jahrhundert v. Chr. sowohl in Afrika, wie in Sicilien und besonders in Spanien Silber und Gold geprägt haben und es ist um so eher vorauszusetzen, dafs dasselbe in den phönikischen Kolonien des Westmeers seit alter Zeit Gültigkeit gehabt, da es auf der altbabylonischen Mine beruht, deren Gewicht übrigens in der Münze nicht unerheblich gesteigert worden ist; denn das

[1]) Die Armringe, die Abrahams Knecht der Rebekka gab, von 5 Sekeln Goldes (1 Mos. 24, 22), sind wohl als Schmuck aufzufassen.

dort häufig geprägte Silberstück von 3.92 Gr. setzt ursprünglich eine Mine von 529 Gr. voraus, zu der es sich wie 1 : 135 verhält. Es scheint aber, dafs das alte Handelsgewicht, wie dies häufig vorkommt, etwas niedriger stand und dem Gewicht der in der Inschrift von Karnak erwähnten Silber- und Eisenbarren ungefähr gleich kam, so dafs hierdurch die oben geäufserte Vermuthung bestätigt werden würde. Da nun die Einheit des karthagischen Münz- und Gewichtsfufses nicht das Sechzigstel, sondern das Fünfundvierzigstel der babylonischen Mine bildet[1]), so wird man diese auch für die Normirung der erwähnten Silberbarren als mafsgebend betrachten dürfen und deren Gewicht richtiger auf 300 solcher Einheiten bestimmen; was sich auch an und für sich mehr empfiehlt, indem dasselbe alsdann — diese Einheit als Stater betrachtet — genau auf 5 oder 6 Minen ankam, jenachdem man 60 oder 50 solcher Stater auf die Mine rechnete. Es versteht sich, dafs Silberbarren von so bedeutendem Gewicht, welches sich bei den eben besprochenen auf mehr als 7 preufsische Pfund beläuft, nur für den Grofshandel berechnet waren.

Der gewöhnliche Verkehr konnte kleinerer Gold- und Silberstücke nicht entbehren und wenn in Palästina ganze, halbe und viertel Silbershekel im gemeinen Gebrauch cursirten, wie dies die oben angeführten Zeugnisse beweisen[2]), so müssen wir dasselbe für Ninive und Babylon voraussetzen. Dafs dort Goldbarren im Gewichte eines Sechzigstels der babylonischen Mine umliefen und dafs in Kleinasien solche Stücke als Norm bei der ältesten Goldprägung gedient haben, ist schon vermuthet worden. Dasselbe wird aber auch von den Theilstücken gelten.

Es befinden sich im Leydener Museum eine Reihe kleiner in Aegypten gefundener Goldringe von eigenthümlicher Form, die nicht als Schmuck, sondern wie die gröfseren bereits erwähnten Gold- und Silberringe als Zahlungsmittel gedient zu haben scheinen[3]). Die Gewichte derselben, deren Mittheilung ich Herrn Leemans verdanke, lassen 6 verschiedene Nominale erkennen, die offenbar nicht zum ägyptischen, sondern zum babylonischen Fufse gehören. Denn die schwersten Stücke zu 1.35 Gr. charakterisiren sich als Zwölftel des schweren babylonischen Sechzigstels zu 16.20 Gr. und auch die übrigen lassen sich diesem System leicht einreihen, wie dies in der folgenden Uebersicht versucht worden ist.

---

[1]) Siehe unten c. VII. — [2]) Siehe oben S. 78.

[3]) Man findet ein Exemplar abgebildet in Aegyptische Monumenten van het Nederl. Museum v. Leemans Abth. II. Taf. XLI. n. 298, wo jedoch, wie mir der Verf. mittheilt, die eckige an einer Seite offne Form des Ringes nicht wiedergegeben ist.

Anzahl der Ringe.	Effectivgewicht.	Normalgewicht.	Theile des Sechzigstels der Mine.
2	1.35	1.35	$\frac{5}{60} = \frac{1}{12}$
1	1.30		
1	1.25		
1	1.20		
2	0.95	1.08	$\frac{4}{60} = \frac{1}{15}$
1	0.80	0.81	$\frac{3}{60} = \frac{1}{20}$
5	0.64	0.675	$\frac{2\frac{1}{2}}{60} = \frac{1}{24}$
1	0.60		
1	0.55	0.54	$\frac{2}{60} = \frac{1}{30}$
2	0.50		
2	0.48		
1	0.40	0.405	$\frac{1\frac{1}{2}}{60} = \frac{1}{40}$

Das Ergebniß ist um so interessanter, da uns in diesen Monumenten Theilstücke des Staters vorliegen, die fast alle später in der Goldprägung wieder erscheinen, nämlich das Zwölftel und Vierundzwanzigstel beim phokaischen Stater, das Zwanzigstel und Vierzigstel in der kyprischen Prägung; nur das Fünfzehntel und Dreifsigstel läfst sich in der Münze nicht mehr nachweisen. Auch sehen wir, dafs bei der schweren Mine die Theilung bis zum Dreitausendsechshundertstel derselben fortgesetzt und damit das Sexagesimalsystem vollständig durchgeführt wurde.

Was vom Golde gilt, wird in noch höherem Mafse auf das Silber Anwendung finden, da der Kleinverkehr sich vorzugsweise um das letztere Metall dreht und dieses in der älteren Zeit in den weniger reichen Ländern Vorderasiens, wie zum Beispiel in Palästina, sogar ausschliefsliches Zahlungsmittel war.

V. Die babylonische Doppelwährung.

Es mufs in den mesopotamischen Grofsstaaten schon sehr früh eine auf legaler Bestimmung des Werthverhältnisses der beiden edelen Metalle gegeneinander basirte Doppelwährung geschaffen worden sein. Wahrscheinlich knüpfte sich diese Einrichtung zuerst an die Tribute und Contributionen, die von den assyrischen und babylonischen Machthabern den unterworfenen Völkern auferlegt wurden, wobei nothwendiger Weise nicht nur Gewicht und Feingehalt der betreffenden Metalle, in denen gezahlt werden sollte, sondern auch die Würderung derselben ebenso genau fixirt sein mufste, wie dies bei der Steuervertheilung des Dareios und später in Rom in den verschiedenen Verträgen, in denen bestimmte Leistungen in Gold und Silber ausbedungen wurden[1]), geschehen ist. War nun für derartige Abgaben eine festregulirte Doppelwährung von Staatswegen eingerichtet, so war nichts natürlicher, als dafs dieselbe auch sehr bald im Handel mafsgebend wurde.

Wenn man im gewöhnlichen Verkehr mit kleinen Silber- und Goldbarren von bestimmtem Gewichte zahlte, so liegt auf der Hand, wie sehr es diesen erleichtern mufste, und wie sehr die mühsame Reductionsrechnung von Silber- auf Goldwerth vereinfacht wurde, wenn man die erstern nicht auf dasselbe Gewicht ausbrachte wie die letzteren, sondern nach einem Bruchtheile der babylonischen Mine abwog, welches nach dem Preisverhältnisse der beiden Metalle in der Weise normirt war, dafs der Gewichtseinheit in Gold eine runde Anzahl von Gewichtseinheiten in Silber dem Werthe nach entsprach. Auf diesem Verfahren beruht die lydische und persische Reichsprägung und noch heute wird dasselbe überall, wo überhaupt Gold und Silber regelmäfsig geprägt wird, unter verschiedenen Modificationen befolgt. Ueberall richtet sich das correlate Gewicht der beiden Sorten in erster Linie nach der Würderung der Metalle, die für die Prägung festgesetzt ist, es mag nun Doppel-, Silber- oder Goldwährung herrschen. Hierdurch gewinnt die noch im Einzelnen nachzuweisende Thatsache, dafs seit frühester Zeit in Asien nicht nur Gold-, sondern auch Silberbarren von demselben Gewichte in Umlauf gewesen sind, nach welchem Krösos und Dareios ihr Geld prägen liefsen, ein besonderes Interesse.

Es wurde bereits bemerkt, dafs der Name des lydischen und persischen Silbergewichts, welches die Griechen als das babylonische Talent bezeichneten, auf den babylonischen Ursprung der Doppelwährung und mithin auf eine Zeit hinweist, in der man gemünztes Geld noch nicht

[1]) Z. B. in dem Vertrage mit den Aetolern Polyb. XXII, 15 *δότωσαν δὲ Αἰτωλοὶ ἀργυρίου μὴ χείρονος Ἀττικοῦ παραχρῆμα μὲν τάλαντα Εὐβοϊκὰ διακόσια τῷ στρατηγῷ τῷ ἐν τῇ Ἑλλάδι, ἀντὶ τρίτου μέρους τοῦ ἀργυρίου χρυσίον, ἐὰν βούλωνται, διδόντες, τῶν δέκα μνῶν ἀργυρίου χρυσίου μνᾶν διδόντες*, sowie in dem mit Antiochos Polyb. XXII, 26 *ἀργυρίου δὲ δότω Ἀντίοχος Ἀττικοῦ Ῥωμαίοις ἀρίστου τάλαντα μύρια δισχίλια . . . . . . μὴ ἔλαττον δ' ἑλκέτω τὸ τάλαντον λιτρῶν Ῥωμαϊκῶν ὀγδοήκοντα*. Vgl. Liv. 38, 38 und Mommsen R. M. S. 25. Anm. 87.

kannte. Allein auch die Verbreitung der verschiedenen aus der Silbereinheit abgeleiteten Gewichts- und Münzsysteme, die zum Theil in ältere Zeit hinaufreicht als die Prägung des Krösos, spricht für das hohe Alter jener Einrichtung.

Die asiatische Doppelwährung ging von einer Würderung der beiden edeln Metalle (1:13⅓) aus, die der gegenwärtig gültigen (1:15½) viel näher steht, als die, welche im griechischen Verkehr mafsgebend war. Wenn wir die verschiedenen Angaben der Grammatiker über den Preis des Goldes in Griechenland übergehen, die zum Theil auf Mifsverständnifs beruhen[1]), auf keinen Fall aber von erheblicher Bedeutung sind, da die Zeit, auf welche sie sich beziehen, nicht genau zu ermitteln ist, und uns nur an bestimmte datirbare Zeugnisse halten, so ergiebt sich, dafs auf dem griechischen Markte Gold im 4. Jahrhundert v. Chr. höchstens den 12fachen Preis des Silbers hatte. Diesen Curs giebt das dem Plato zugeschriebene und seiner Zeit angehörige Gespräch über die Gewinnsucht[2]) an.

Von einer etwas niedrigern Gleichung ging Lysias[3]) in seiner Berechnung von Konon's Vermögen aus, welches 21⅔ Talente Silber und 5000 Goldstater betrug und von ihm im Ganzen auf ungefähr 40 Talente bestimmt wird, wobei er den Goldstater auf etwa 22 attische Drachmen ansetzte. Da dies nur zum geringsten Theil attische, sondern wohl meist persische Goldstücke[4]) gewesen sein werden und der Dareikos damals höchstens 8.35 Gr. wog, so kommen wir hiermit auf ein Preisverhältnifs von 11.55:1. Fast zu demselben Curs, zu 22 Drachmen 5⅓ Obolen, wurde in Athen noch 50 Jahre später unter Lykurgos Finanzverwaltung zwischen Ol. 110, 3 und 113, 3 (338—326 v. Chr.) eine gröfsere Quantität Goldes angekauft[5]).

---

[1]) Dies gilt von der oben S. 62 Anm. 4 angeführten Stelle bei Harpokr. und Suidas.

[2]) Hipparch. p. 231 D.

[3]) In der Rede über das Vermögen des Aristophanes p. 155, die Ol. 98, 1 = 388 v. Chr. gehalten worden ist. Boeckh Staatsh. 1, 33, welcher das zehnfache Preisverhältnifs des Goldes zum Silber zu Grunde legt, berechnet danach die Gesammtsumme auf 38⅓ Talente, wofür nur ein sehr oberflächlicher Rechner 40 Talente angeben konnte.

[4]) Attisches Gold wurde sehr sparsam geprägt und an kyzikenische oder phokaische Stater, die zu Demosthenes Zeit (gegen Phormio 23) 28 attische Drachmen galten, kann man wegen der Gleichung eines Goldstaters mit 22 Silberdrachmen, die der Berechnung zu Grunde liegt, nicht denken. Es bleiben daher nur Dareiken oder diesen nachgeprägte kleinasiatische Goldstater übrig.

[5]) Mommsen R. M. S. 855. Hultsch S. 176.

Der Preis des Goldes scheint in Griechenland erst auf das zehnfache des Silbers gesunken zu sein, als in Folge von Alexanders Eroberungszügen große Mengen dieses Metalles nach dem Westen geflossen waren[1]); so erklärt sich die Schätzung bei Menander, der 1 Talent Goldes 10 Silbertalenten gleichsetzt[2]), und so mögen sich auch alle übrigen Angaben über dieses niedrige Verhältniſs, die überdies meist auf späte Schriftsteller zurückgeführt werden, auf diese Periode beziehen[3]). Auf keinen Fall ist aber dieser Curs, wie man bisher gewöhnlich angenommen hat[4]), im Orient oder im Occident seit uralter Zeit gültig gewesen.

Daſs das Gold in Asien seit alter Zeit bedeutend theurer war, als in Griechenland, wird sich dadurch erklären, daſs dort die Nachfrage nach diesem Metalle stets sehr viel gröſser gewesen ist, als im Occident, indem nicht nur verhältniſsmäſsig viel mehr zu Schmuck verarbeitet wurde, sondern auch der Handel seit frühester Zeit sich des Goldes ebensowohl wie des Silbers als Tauschmittel bediente und überdies groſse Summen im königlichen und Privatbesitz aufgehäuft lagen, die dem Verkehr vollständig entzogen waren. Die leichte Transportabilität groſser Werthe in Gold muſste den vorzugsweisen Gebrauch dieses Metalles in Asien um so mehr empfehlen, da der Groſshandel dort zum groſsen Theile zu Lande bewerkstelligt wurde. Diese Verhältnisse änderten sich mit dem Beginne der Geldprägung nicht. In Asien wurde Gold massenhaft gemünzt, während dasselbe auf dem griechischen Festlande bis auf Philipp II von Makedonien so gut wie gar nicht geprägt worden ist und dort nur Silberwährung herrschte. Unter solchen Umständen richtete

---

[1]) Vgl. Böckh, Staatsh. I, 42. 2. Aufl.

[2]) Pollux IX, 76.

[3]) Hesychios unter *χρυσοῦς* beruft sich auf Polemarchos, Zonaras Annal. 10, p. 540 B auf Cassius Dio. Die Angabe bei Hesychios *δραχμὴ χρυσίου. δύο νομίσματα, εἰς ἀργυρίου λόγον δραχμῶν ι'* (statt *δεδράχμων ι'* Gronov.) und Suidas ist allgemein gehalten.

[4]) Böckh a. a. O. 39 f. Mommsen R. M. 197. vgl. indeſs S. 57. Hultsch S. 174 f. Daſs auch vor Alexander der persische Dareikos im kleinen Verkehr auf dem griechischen Festlande nicht manchmal nur zu 20 attischen Drachmen berechnet worden sei, soll indeſs nicht behauptet werden; im Gegentheil scheint darauf eine Stelle des Ktesias zu deuten, der (bei Nicol. Damasc. F. h. Gr. ed. Müller III, 406) erzählt, daſs die persischen Könige, so oft sie nach Pasargadae kämen, jeder der dortigen persischen Frauen Gold im Betrage von 20 ‚attischen Drachmen', wie es ausdrücklich heiſst, zum Geschenk machten. Denn damit will er offenbar den Werth eines Dareikos bezeichnen.

sich hier die Nachfrage mehr auf Silber, dort mehr auf Gold und brachte die Preisverhältnisse hervor, die wir nachgewiesen haben.

Wenn nun in Asien sich der Preis der beiden Metalle gegen einander wie $13\frac{1}{3}:1$ stellte, so war das Aequivalent des babylonischen Sechzigstels von 8.415 Gr. in Gold, in Silber ein Stück von 112.2 Gr., welches genau $\frac{2}{9}$ der Mine betrug. Theilte man dieses ebenso wie die Goldeinheit in 30 Theile, so ergab sich ein Silberstück von 3.74 Gr., dessen Werth dem kleinsten Nominal in Gold von 0.28 Gr. entsprach. Um dieses Gewicht scheint sich der Silberverkehr des Morgenlandes vor Erfindung des Geldes ebenso, wie später die gesammte kleinasiatische und ein guter Theil der griechischen Silberprägung gedreht zu haben. Das Dreifache desselben ist der Stater des von den Griechen als babylonisch bezeichneten, das Vierfache der Stater des ältesten kleinasiatischen und des spätern tyrischen Silbertalents, und da beide auf derselben Einheit beruhen, so begreift man, warum jener in der Regel gedrittelt, dieser immer halbirt und geviertelt auftritt. Wollte man nämlich neben der Goldwährung eine correlate Silberwährung, und für diese eine im gewöhnlichen Verkehr bequeme Gewichtseinheit schaffen, so konnte hierzu das Silberstück von 112.2 Gr., welches für diesen Zweck viel zu schwer war, nicht dienen, während dessen Dreifsigstel allein nicht ausreichend war; es kam darauf an, ein Theilstück zu wählen, das sich der Goldeinheit im Gewichte näherte und zu dieser dem Werth nach zugleich in einfacher arithmetischer Proportion stand. Dies konnte auf verschiedene Weise erreicht werden. Erhob man das Zehntel jenes Silberstückes von 112.2 Gr. zur Einheit, so ergab sich die äufserst bequeme decimale Rechnung, die wir in der lydischen und persischen Münze wiederfinden. Allein man konnte ebenso gut auch dem fünfzehnten Theil den Charakter der Einheit verleihen und blieb alsdann dem babylonischen Rechnungs- und Eintheilungssysteme in Fünfzehntel, Dreifsigstel und Sechzigstel getreuer, als auf die andere Weise. Auf die eine Art gelangte man zu einem Silberstater von 11.22 Gr., auf die andere zu einem von 7.48 Gr., oder wenn man von der schweren babylonischen Mine und von dem Silberäquivalent des schweren Goldstaters im Gewicht von 224.4 Gr. ausging, zu einem Stater von 22.44 Gr. und einem von 14.96 Gr., der eine wog $\frac{1}{45}$, der andere $\frac{2}{135}$ der babylonischen Mine, von jenem gingen 10, von diesem 15 auf die entsprechende Goldeinheit, wie dies die nachstehende Uebersicht im Einzelnen darlegt:

Goldwerth. Theil der schweren Mine.	Goldwerth. Theil der leichten Mine.	Gewicht. Gold.		Gewicht. Silber.	Silberwerth. Theil der schweren Mine.	Silberwerth. Theil der leichten Mine.
$\frac{1}{30}$	$\frac{1}{15}$	33.66	=	448.8	$\frac{20}{45}$	$\frac{40}{45}$
$\frac{1}{60}$	$\frac{1}{30}$	16.83	=	224.4	$\frac{10}{45}$	$\frac{20}{45}$
$\frac{1}{120}$	$\frac{1}{60}$	8,415	=	112.2	$\frac{5}{45}$	$\frac{10}{45}$

Theil der schweren Mine.	des Sechzigstels.	der leichten Mine.	des Sechzigstels.	Gold.		Silber.	Theil der schweren Mine.	des Sechzigstels.	der leichten Mine.	des Sechzigstels.
$\frac{3}{1800}$	$\frac{1}{10}$	$\frac{6}{1800}$	$\frac{2}{10}$	1.683	=	22.44	$\frac{1}{45}$	$\frac{4}{3}$	$\frac{2}{45}$	$\frac{8}{3}$
$\frac{2}{1800}$	$\frac{1}{15}$	$\frac{4}{1800}$	$\frac{2}{15}$	1.122	=	14.96	$\frac{2}{135}$	$\frac{8}{9}$	$\frac{4}{135}$	$\frac{16}{9}$
$\frac{1½}{1800}$	$\frac{1}{20}$	$\frac{3}{1800}$	$\frac{1}{10}$	0.841	=	11.22	$\frac{1}{90}$	$\frac{2}{3}$	$\frac{1}{45}$	$\frac{4}{3}$
$\frac{1}{1800}$	$\frac{1}{30}$	$\frac{2}{1800}$	$\frac{1}{15}$	0.561	=	7.48	$\frac{1}{135}$	$\frac{4}{9}$	$\frac{2}{135}$	$\frac{8}{9}$
$\frac{1}{3600}$	$\frac{1}{60}$	$\frac{1}{1800}$	$\frac{1}{30}$	0.280	=	3.74	$\frac{1}{270}$	$\frac{2}{9}$	$\frac{1}{135}$	$\frac{4}{9}$

So entwickelte sich ein zwiefaches Silbergewicht, jenachdem die Einheit auf den Werth von 10 oder 15 Sechzigsteln in Gold festgesetzt wurde, oder wie man es auch ausdrücken kann, das Silberäquivalent der kleinsten Goldeinheit drei- oder viermal im Silberstater enthalten war. So erklären sich alle verschiedenen Modificationen, unter denen das babylonische Gewicht in der alten Welt sich darstellt. Denn wenn man sieht, wie in einigen Theilen Vorderasiens ausschliefslich das Silberäquivalent des zehnten, in andern das des fünfzehnten Theiles des Sechzigstels der babylonischen leichten oder schweren Mine in Gold, als Rechnungseinheit eines Münztalentes auftritt, wie zum Beispiel die phönikische ebenso wie die älteste kleinasiatische Silberprägung und der spätere rhodische und syrische Münzfufs auf einem Stater von 14—15 Gr., dagegen die lydische und persische Reichsmünze, sowie die Prägung der kilikischen und pamphylischen Städte auf einem Stater von 11.2 Gr. beruht, wie sich beide Währungen häufig nah berühren, und obgleich das Drittel des einen Staters sich mit dem Viertel des andern vollständig deckt, dennoch die Prägung des einen Ganzstückes die des andern ausschliefst, ja wie sich bereits vor Erfindung des Geldes in einigen Ländern jenes, in andern dieses als mafsgebende Gewichtseinheit nachweisen läfst, so wird man diese Erscheinungen darauf zurückführen dürfen, dafs in Asien bereits seit uralter

Zeit ungeprägte, hier nach der einen, dort nach der andern Gewichtseinheit normirte Silberstücke in Circulation waren, die man ebenso wie das correlate Goldgewicht als Shekel bezeichnete und als Theile eines besondern Talentes behandelte, auf welches je nach der Eintheilung der Mine 3600 oder 3000 solcher Metallstücke gerechnet wurden. Auf diese Weise entstand neben dem Goldgewicht, das auf dem Sechzigstel der babylonischen Mine beruhte, ein doppeltes Silbergewicht, dessen Einheiten sich gegen einander wie 3 : 4 verhielten. Man wird die beiden hierauf basirten Systeme als den Zehn- und Fünfzehnstaterfufs unterscheiden dürfen, wobei freilich die Bezeichnung nicht wie bei unserm 30 Thaler- und 24½ Guldenfufs an das Gewicht, sondern zunächst nur an das Werthverhältnifs zu der entsprechenden Goldeinheit erinnert. In Ninive und Babylon mag man ursprünglich Silberstücke sowohl im Werthe von $\frac{1}{15}$ wie von $\frac{1}{10}$ Goldshekeln, zum Gewicht von $\frac{1}{67\frac{1}{2}}$ und $\frac{1}{45}$ Mine neben einander in den Verkehr gebracht haben; doch mufs man mit der Zeit, besonders im babylonischen Reiche, die letztere Einheit vorgezogen haben, worauf schon der Name des babylonischen Talentes, wie es die Griechen bezeichneten, hindeutet. Denn dieser beruht auf einem Stater von 11.2 Gr., oder dem Fünfundvierzigstel der leichten königlichen Mine. Hierdurch erklärt sich auch der eigenthümliche oben[1]) schon erwähnte Umstand, dafs man in Assyrien und mithin auch in Babylon aufser dem Sechzigstel der Mine noch das Fünfzehntel, Dreifsigstel und Fünfundvierzigstel derselben als besondere Gewichtsnominale unterschied und dafs es Gewichtsstücke giebt, die ausdrücklich als $\frac{1}{15}$, $\frac{1}{30}$ und $\frac{1}{45}$ der Mine bezeichnet werden, während sie nach der einfachen Sexagesimaleintheilung 24, 16, und 2⅔ Sechzigstel repräsentiren würden. Offenbar waren die ersten beiden Nominale für die Goldwährung, das letztere für die Silberwährung geschaffen worden, indem Goldbarren im Gewichte von $\frac{1}{15}$, $\frac{1}{30}$ und $\frac{1}{60}$, Silberbarren im Gewichte von $\frac{1}{45}$ Mine circulirten, für die man eigene Gewichtsstücke construirte, um beim Nachwägen der lästigen sich stets wiederholenden Reduction überhoben zu sein. Es erhellt hieraus, wie genau die älteste Gold- und Silberprägung sich an die im Handel einmal gültig gewordenen Formen angeschlossen hat, da auch später Goldmünzen im Gewichte von 33.60, 16.80, 8.40 Gr.[2]), Silbermünzen im Gewichte von

[1]) Seite 47 f.

[2]) Der altphokaische Stater wog normal 16.80 Gr., der Dareikos 8.40 Gr. Dafs im Alterthum auch kleinasiatische Goldstücke vom doppelten Gewicht des phokaischen Staters vorkamen, hat Mommsen R. M. S. 4 aus einer attischen Inschrift nach-

11.2 Gr. und deren Theile, den asiatischen Verkehr zum grofsen Theile vermittelten. Glücklicher Weise können wir die babylonische Doppelwährung noch an assyrischen Monumenten nachweisen, welche in das 8. Jahrhundert v. Chr. gehören.

In den Fundamenten des Palastes von Khorsabad, welchen Sargina, der Vater des Sanherib, erbauen liefs, haben sich 5 mit Keilschrift bedeckte Tafeln von Gold, Silber, Erz, Antimonium und Blei gefunden, von welchen die beiden erstgenannten von Vasquez Queipo gewogen und bereits zur Bestimmung des der persischen Münze zu Grunde liegenden Normalgewichtes benutzt worden sind[1]). Nach seiner Untersuchung wiegt die goldene Platte, welche 0.080^{m} (= 1/4 babylonische Fufs zu 0.320^{m}) lang und 0.040^{m} (= 1/8 Fufs) breit ist, 167 Gr. oder 20 Sechzigstel der leichten babylonischen Mine; die silberne, von 0.120^{m} (= 3/8 Fufs) Länge und 0.061^{m} (= 1/5 Fufs) Breite, 438.62 Gr., mithin, wie die oben gegebene Uebersicht zeigt, soviel wie das Silberäquivalent von 1/15 Mine Gold, oder 8/9 der leichten babylonischen Mine. Das Gewicht dieser beiden Tafeln bewegt sich daher um dieselben Einheiten, wie die lydische und persische Reichsprägung, die Goldeinheit beträgt 8.35 Gr., die Silbereinheit 10.965 Gr., dem Werthe nach verhalten sich dieselben zu einander, wie 5:1, dem beabsichtigten Gewichte nach, wie 3:8, ihrer räumlichen Ausdehnung nach, wie 2:3 und der Zahl der Gewichtseinheiten nach, nach denen sie normirt sind, wie 20:40. Das Ergebnifs ist um so sichrer, da die

---

gewiesen, in der ein [illegible] zum Gewicht von 7 Drachmen 2½ Obolen = 32.38 Gr., welches im Parthenon zu Athen aufbewahrt wurde, erwähnt wird; in den bekannten Museen finden sich solche Exemplare nicht.

[1]) Queipo a. a. O. I, 282, 284. Die Tafel aus Blei ist mit andern assyrischen Monumenten auf dem Transport nach Bassora im Tigris untergegangen, die übrigen 4 sind im Louvre. Die Entzifferung der Inschriften findet man bei Oppert Expédition en Mésop. II, 343 f. Die Stelle, in der die Platten selbst erwähnt werden, lautet nach seiner Uebersetzung (S. 350): „Sur des tables en or, en argent, en antimoine, en cuivre, en plomb, j'ai écrit la gloire de mon nom, et je les ai mises dans les fondations." — Quripo geht bei der Bestimmung des Normalgewichts der persischen Reichsmünze irriger Weise vom Durchschnittsgewicht der vorhandenen Exemplare und von dem durch Herodot nicht ganz genau überlieferten Werthverhältnifs der beiden Metalle aus und berechnet danach den Dareikos auf 8.376 Gr., den Siglos auf 5.44 Gr. Dies Resultat pafst zwar recht wohl zu den aus den beiden Platten von Khorsabad sich ergebenden Gewichten, die nach einer etwas leichteren Mine als die assyrischen Gewichtsstücke — die goldene nach einer Mine von 501 Gr., die silberne nach einer von 493.425 Gr. — normirt sind, aber durchaus nicht zu dem allein mafsgebenden Maximalgewicht der persischen Münzen.

Platten in jeder Beziehung mit grofser Accuratesse gearbeitet sind, wie dies auch von Monumenten, die die Grundsteinlegung eines Königshauses verewigen sollten, nicht anders zu erwarten ist. Ihre Form erinnert an die goldenen, von Herodot[1]) beschriebenen „Halbziegel", welche die Basis des werthvollen Weihgeschenkes bildeten, das Krösos für den Tempel zu Delphi anfertigen liefs, und die wie jene, genau doppelt so lang, wie breit waren.

Die nach dem 13½fachen Werthe des Goldes gegen das Silber regulirte Doppelwährung, läfst sich noch weit über die Zeit des Sargina hinaus bis in das 16. Jahrhundert vor unserer Zeitrechnung, nicht nur in Mesopotamien, sondern auch in Syrien nachweisen und zwar aus den Angaben der Inschrift von Karnak.

Es ist nämlich in hohem Grade auffallend, dafs die in jener Urkunde nach ägyptischem Gewichte aufgeführten Gold- und Silbertribute, welche von asiatischen Stämmen eine Reihe von Jahren hindurch dem ägyptischen Herrscher erlegt wurden, bis auf eine Ausnahme immer ungrade Summen ergeben. Nur einmal erhält der König von einer syrischen Völkerschaft, den *Tunep* grade 100 Pfund Silber und ebensoviel Gold[2]); sonst kommen nicht allein die Beträge der Kriegsbeute, sondern auch die der alljährlichen Tribute auf ungrade Zahlen aus[3]).

Diese Beobachtung führt auf die Vermuthung, dafs diese Leistungen der asiatischen Völkerschaften nicht nach ägyptischem, sondern nach babylonischem Gewichtsfufse normirt und die Summen erst vom Empfänger auf ägyptische Pfunde reducirt worden sind. Die Probe, welche sich leicht machen läfst, seitdem das Gewicht des altägyptischen Pfundes bekannt ist, entspricht dieser Erwartung vollkommen.

Das Silber, im Betrage von 966 ägyptischen Pfunden, einem Loth, welches Tuthmosis im 23. oder 24. Jahre seiner Regierung von den

[1]) I, 50.

[2]) Im 29. Jahre der Regierung. Rougé p. 14. l. 8.

[3]) Von den Aethiopiern erhält Tuthmosis im 37. Jahr 800 Pfund, im 38. Jahr 100 Pfund Goldes (vgl. Birch p. 29 = 142. l. 49. 50 und Rougé p. 11), dagegen im 33. Jahr nur 154 ägyptische Pfund 2 Loth (Rougé p. 19. l. 27) und im 39. Jahr von demselben Metall 144 ägyptische Pfund 8 Loth. (Vgl. Birch p. 21 = 134. l. 2. vgl. Rougé p. 11). Bei Rougé p. 21. l. 35 und l. 36 sind die Zahlen nicht ganz erhalten, an der letzteren Stelle ist noch übrig ... 254 Pfund Goldes, die Bezeichnung mehrerer Hunderte aber ausgefallen. Die Reduction dieser Zahlen auf babylonisches Gewicht gelingt ebensowenig wie der Nachweis, welches System in Aethiopien im Gebrauch war.

assyrischen Städten *Janudo*, *Anaugasa* und *Herenkar* nach seinem Siege bei Megiddo eingeliefert wurde [1]), war ursprünglich auf ein Gewicht von 7600 Fünfundvierzigsteln der babylonischen Mine zu 11.20 Gr. normirt und entsprach einem Goldwerthe von 760 Sechzigsteln zu 8.40 Gr. Der Silbertribut der *Rotennu*, ebenfalls eines mesopotamischen Stammes aus dem 31. Jahre des Königs [2]), von 761 ägyptischen Pfunden, 2 Loth, belief sich auf 6200 Fünfundvierzigstel zu 11.14 Gr. und repräsentirte mithin einen Goldwerth von 620 Sechzigsteln zu 8.36 Gr.

Der Goldtribut der Fürsten von Mesopotamien von 45 ägyptischen Pfunden, ½ Loth [3]), den der König im 33. Jahre wahrscheinlich in Ninive empfing, stellt sich nach babylonischem Fuſse auf 465 Sechzigstel zu 8.42 Gr.

Auch die in *Anaugasa*, in Mesopotamien, von Tuthmosis in seinem 34. Jahre erhobene Contribution, Gold ‚in Gefäſsen und Ringen' im Gesammtgewicht von 50 ägyptischen Pfunden, 6 Loth [4]), Silber im Gewichte von 153 ägyptischen Pfunden [5]), scheint dem Sieger nach babylonischem Gewichte zugewogen und von dem einen Metalle die Summe von 550 Sechzigsteln zu 8.379 Gr., von dem andern ein Betrag von 1250 Fünfundvierzigsteln zu 11.10 Gr., im Werthe von 125 Goldstücken zu 8.38 Gr., in verschiedenen Formen zusammengebracht worden zu sein.

Mit Bestimmtheit läſst sich dies von den in demselben und den folgenden Jahren aus Asien eingegangenen Abgaben behaupten; denn der Goldtribut der *Rotennu* im 34. Jahre von 55 ägyptischen Pfunden, 8 Loth [6]), betrug 600 Sechzigstel zu 8.426 Gr., der Silbertribut desselben Stammes im 39. Jahre von 1495 ägyptischen Pfunden, 1 Loth [7]), 12000 Fünfundvierzigstel zu 11.30 Gr., im Werthe von 1200 Goldshekeln zu 8.47 Gr., endlich der syrische Tribut der *Cheta* im 40. Jahre von 93 ägyptischen Pfunden, 2 Loth [8]) Goldes, eine Summe von 1000 Sechzigsteln zu 8.424 Gr.

---

[1]) Birch p. 13 = 126 ‚silver in rings'. Rougé p. 9.
[2]) Rougé p. 16. l. 10.
[3]) Rougé p. 18. l. 22. Birch p. 26 = 139, l. 29 liest irrig 47 Pf. 9 Loth.
[4]) Rougé p. 20. l. 31.
[5]) ‚Argent des vases de ce pays avec des anneaux.'
[6]) Rougé p. 20. l. 32.
[7]) Birch p. 30 = 143. l. 11 ‚silver in rings.'
[8]) Birch p. 21 = 134, 6. Rougé p. 11.

Von der syrischen Abgabe aus demselben Jahre, welche in 8 Ringen von 301 ägyptischen Pfunden Gewicht bestand, ist bereits oben die Rede gewesen und nachgewiesen worden, nach welchem Fuſse der einzelne Ring normirt war[1]). Bei der Tributzahlung kam es aber selbstverständlich nicht auf das ursprünglich beabsichtigte Fabrikgewicht der einzelnen Metallbarren, sondern darauf an, daſs eine bestimmte Werthsumme durch das Gesammtgewicht der betreffenden Metallstücke erreicht werde. Legt man daher unter dieser Voraussetzung der Reduction denselben Fuſs, wie bei den übrigen Abgaben, die dem Tuthmosis von mesopotamischen und syrischen Stämmen gezahlt wurden, zu Grunde, so ergiebt sich für diesen Silberbetrag ein Gewicht von 2450 Silbereinheiten zu 11.14 Gr. im Werthe von 245 Goldshekeln zu 8.355 Gr.

Mit dieser Zusammenstellung wird der Beweis geführt sein, daſs nicht nur die babylonische Mine von 505 Gr. bereits im 16. Jahrhundert vor unserer Zeitrechnung in Mesopotamien und Syrien Geltung hatte, sondern, daſs neben der Goldwährung eine besondere Silberwährung bestand, welche nach dem bekannten Werthverhältnisse der Metalle zu einander normirt und deren Einheit das Fünfundvierzigstel der Mine war[2]). Dabei ist in hohem Grade bemerkenswerth, daſs dieses Gewicht vom 16. bis zum 5. Jahrhundert v. Chr. sehr geringe Schwankungen zeigt. Nach den aus den Angaben der Inschrift von Karnak gewonnenen Ergebnissen, bewegt sich zur Zeit des Tuthmosis das Sechzigstel zwischen 8.35 und 8.47 Gr., steht aber meist auf 8.42—8.40 Gr., die Mine mithin zwischen 508 und 501 Gr. und auf 505 Gr. ist dieselbe auch nach dem schwersten ninivitischen Gewichtsstück anzusetzen. Etwas weniger, 501—493 Gr., wog die Mine, nach welcher die Gold- und Silberplatten des Palastes von Khorsabad jüstirt worden sind. Die Münze des Krösos endlich führt auf ein Gewicht von 490 Gr. und der älteste phokaische Stater, sowie das Gold und Silber des Dareios wieder auf das

---

[1]) Vgl. S. 80 f.

[2]) Man kann die verschiedenen, aus der Inschrift von Karnak angeführten Beträge in Silber natürlich ebenso gut auf den Fünfzehnstater- wie auf den Zehnstaterfuſs berechnen. Allein die Zahlen selbst zeigen sogleich, daſs nicht der erstere, sondern der letztere bei der Einzahlung maſsgebend war. Denn

7800	Einheiten	des	Zehnstaterfuſses	entsprechen	5850	des Fünfzehnstaterfuſses
1250	„	„	„	„	937½	„ „
6200	„	„	„	„	4650	„ „
12000	„	„	„	„	9000	„ „
2450	„	„	„	„	1837½	„ „

von 505 Gr., während die Mine, welche der älteste euboische Stater der attisch-korinthischen Prägung ursprünglich voraussetzt, um 5 Gr. schwerer ist. Diese Verhältnisse gewähren einen überraschenden Einblick in die Geschichte des ältesten asiatischen Verkehrs, welcher sich nach der in Babylon eingeführten Mafs- und Gewichtsordnung richtete und durch Gold- und Silberstücke vermittelt wurde, die nach babylonischem Curs und babylonischem Gewichte normirt waren. Ob diese Barren irgendwie signirt oder gestempelt waren, darüber ist nichts zu ermitteln, als gewifs dürfen wir dagegen die Thatsache ansehen, dafs das Werthverhältnifs des Goldes gegen das Silber, auf der das Gewicht der Silbereinheit beruhte, ebenso wie diese in den mesopotamischen Grofsstaaten legal festgestellt war und bei allen öffentlichen Zahlungen ebenso wie später in Lydien und Persien mafsgebend gewesen ist.

Während wir den Zehnstaterfufs in Mesopotamien bereits im 16. Jahrhundert v. Chr., und nach Erfindung des Geldes zuerst in der lydischen, sodann in der persischen Reichsprägung, sowie an der ganzen kleinasiatischen Südküste von Phaselis an und auf der Insel Cypern herrschend finden, begegnen wir dem Fünfzehnstaterfufse von frühester Zeit bei den Israeliten, in der ältesten wie in der spätern Silberprägung der griechischen Kolonien an der kleinasiatischen Westküste, von Kalchedon bis nach Knidos, ferner sowohl vor wie nach Alexander dem Grofsen in den Silbermünzen der meisten phönikischen Städte, endlich in einer Reihe persischer Königsmünzen, die wahrscheinlich in Syrien geschlagen worden sind, um die Verbreitung dieser beiden Systeme über Europa hier nicht weiter zu verfolgen. Daneben blieb überall dem Golde das Sechszigstel der leichten oder schweren babylonischen Mine als Gewichtseinheit in der Weise vorbehalten, dafs jenes regelmäfsig mit dem Zehn-, dieses mit dem Fünfzehnstaterfufse zusammen auftritt. Nur ausnahmsweise hat man in der ältesten Zeit in Kleinasien und Kyrene, nach Alexander sowohl in Aegypten unter den Ptolemäern, wie in der karthagischen Prägung, Gold auf den für Silber bestimmten Gewichtsfufs gemünzt, wie umgekehrt in Griechenland das attische und korinthische Silber auf die alte asiatische Goldwährung geschlagen worden ist.

Die frühesten Spuren des Fünfzehnstaterfufses und der ihm correlaten Goldwährung treten uns bei den Israeliten entgegen. Josephos[1])

---

[1]) Arch. XIV, 7, 1 *λαμβάνει δὲ* (Crassus) *καὶ δοκὸν ὁλοσφύρατον χρυσῆν, ἐκ μνῶν τριακοσίων κατεσκευασμένην· ἡ δὲ μνᾶ παρ' ἡμῖν ἰσχύει λίτρας δύο καὶ ἥμισυ.*

bestimmt die jüdische Goldmine — denn von dieser ist an der betreffenden Stelle die Rede — auf $2\frac{1}{2}$ römische Pfund oder 818.57 Gr., was für die Einheit ein Gewicht von 16.37 Gr. ergiebt, indem die Israeliten, wie nachgewiesen[1]), nach der fünfzigtheiligen Mine rechneten. Das Gewicht dieses Shekels steht etwas niedriger als das entsprechende Sechszigstel, wie es sich aus den ninivitischen Monumenten ergiebt, dem Münzfuſs des Krösischen Goldstaters dagegen gleich. Wenn Josephos an einer andern Stelle[2]) 10 Goldshekel durch 10 Dareiken wiedergiebt, so bestätigt er insofern seine erste Bestimmung, als das persische Goldstück demselben Gewichtssysteme wie der jüdische Goldshekel angehört, doch ist seine Ausdrucksweise ungenau, da jenem nicht der einfache, sondern der doppelte Dareikos, wie er manchmal, wenngleich selten, geprägt worden ist, gleichstand.

Auch das jüdische Silbergewicht beruhte auf dem babylonischen Systeme, aber die Einheit, ‚der heilige Shekel', belief sich nicht, wie der babylonische, lydische und persische Silberstater, auf den Werth von $\frac{1}{10}$, sondern auf den Werth von $\frac{1}{15}$ Goldstater.

Nach Josephos[3]) wog ein goldner Leuchter im Tempel zu Jerusalem 100 Minen und dies war, wie er hinzufügt, das Gewicht eines hebräischen Talentes. An Goldgewicht ist hier nicht zu denken, denn auf eine Mine von 818 Gr. führt die Angabe der vorliegenden Stelle auf keine Weise, man mag unter der Mine die römisch-attische oder die altattische verstehen. Nach vorneronischem Gewichte würde sich dieselbe auf 1.986, nach dem neronischen auf 1.84, nach dem solonischen auf 2.22 römische Pfunde berechnen. Wenn Josephos das erste vor Augen hatte, so wog die hebräische Mine 650 Gr., wenn das letzte, 727.62 Gr. und der entsprechende Shekel entweder 13.00 oder 14.55 Gr. Mit dem letztern Resultat stimmt auch einestheils das Zeugniſs des Epiphanios[4]), der das hebräische Talent rund auf 125 römische Pfunde schätzt; andrerseits das Gewicht des nach syrischem Fuſse geprägten jüdischen Münzshekels von 14.65 Gr.[5]), den Josephos für identisch mit dem mosaischen Shekel be-

[1]) Siehe oben S. 55 f.

[2]) Arch. III, 8, 10. Vgl. 4 Mos. 7, 14.

[3]) Arch. III, 6, 7: *κατὰ πρόσωπον δὲ τῆς τραπέζης ...... ἵσταται λυχνία ἐκ χρυσοῦ κεχωνευμένη διάκενος, σταθμὸν ἔχουσα μνᾶς ἑκατόν, ἃς Ἑβραῖοι μὲν καλοῦσι κίγχαρες, εἰς δὲ τὴν Ἑλληνικὴν μεταβαλλόμενον γλῶτταν σημαίνει τάλαντον.*

[4]) Epiphanios ed. Petavius II. p. 183. Das Talent wog 133.2 R. Pfund, was Ep. auf 125 Pfund abgerundet hat.

[5]) De Saulcy, Rech. sur la num. Jud. p. 17 ff. Queipo III, 60 f.

trachtete, da er den einen wie den andern auf 4 attische Drachmen — d. h. nach dem Sprachgebrauch seiner Zeit — auf 4 römische Denare schätzt[1]). Diese Anschauung wiederholt sich auch bei Philon, Hesychios, Hieronymos u. a.[2]), jedenfalls ist aber die Bestimmung des hebräischen Talentes auf 100 attische Minen nicht aus dieser Gleichung, welche vielmehr auf ein Talent von 120 solcher Minen führen würde, abgeleitet; die Berechnung wird daher wohl auf altattisches Gewicht gestellt sein und auf ein älteres Zeugnifs zurückgehen.

Auf eine Mine von 7.27 Gr. und einen Shekel von 14.54 Gr. führen aber noch andere Umstände, die von gröfserer Bedeutung sind, als gelegentliche Angaben später Schriftsteller. Wir haben oben nachgewiesen, dafs und warum der babylonische Silberstater von etwa 11.2 Gr. stets gedrittelt, der Stater von etwa 14.90 Gr. halbirt und geviertelt auftritt. Vom hebräischen Shekel gilt das letztere. Wir wissen, dafs die Heiligthumssteuer, die jeder Israelit zahlen mufste, einen halben Shekel betrug und auch ein Viertelshekel wird als Silberstück, welches im gewöhnlichen Verkehr war, gelegentlich erwähnt[3]). Erst in der persischen Zeit, in der persisches Geld, der Dareikos und der babylonische Silberstater mit seinem Drittel, in Palästina Eingang fand, kommen Drittelshekel vor und nun ward auch statt des frühern Satzes die Tempelabgabe auf einen Drittelshekel festgesetzt[4]). Wenn diese Thatsache schon mit Bestimmtheit darauf hindeutet, dafs in Palästina das Silbergewicht auf den Fünfzehnstaterfufs begründet war, so erhält dies im Besondern durch die eigenthümliche

---

[1]) Arch. III, 8, 2: Ὁ δὲ σίκλος νόμισμα Ἑβραίων ὢν Ἀττικὰς δέχεται δραχμὰς τέσσαρας, wo von dem heiligen Shekel die Rede ist. Ebenso bestimmt er die gleichwichtige tyrische Silbermünze auf 4 Drachmen. De bello Jud. II, 21, 2: τοῦ Τυρίου νομίσματος, ὃ τέσσαρας Ἀττικὰς δύναται. Der hebräische Shekel war mithin dem Werthe nach ein τετράδραχμον, seinem Verhältnifs zur Mine nach dagegen ein δίδραχμον, wie ihn die Siebzig und Philon, oder ein στατήρ, wie ihn das N. Testament auch bezeichnet. Böckh S. 55. 61. Bei Matth. 17, 24. 27 findet man beide Vorstellungen vermischt, indem dort das Ganzstück ganz richtig στατήρ, die Hälfte wegen ihrer Tarifirung auf 2 Denare (vgl. Mommsen S. 36) δίδραχμον genannt wird, während dieselbe bei den Siebzig δραχμή heifst.

[2]) Vgl. Böckh, M. U. S. 62 f.

[3]) Siehe oben S. 78 Anm. 6. Ebenso kommen als Theile des nach demselben Fufs geprägten Münzshekels aufser Dreivierteln, Hälften und Vierteln vor.

[4]) Nehem. 10, 33. Später ist wahrscheinlich im Zusammenhang mit der Münzprägung der Makkabäer die Tempelsteuer wieder auf einen halben Shekel, d. h. ½ Münzshekel (von 7.22 Gr.) angesetzt worden, wie aus Matth. 17, 24. 27 hervorgeht.

Eintheilung des hebräischen Silbershekels in 20 Gerah[1]), die später auch auf den Gewichtsshekel überging, seine volle Bestätigung. Das Sechzigstel der babylonischen Mine ward in 30 Theile zerlegt. Wenn diese Stückelung nun, wie nachgewiesen[2]), auch auf den gleichwichtigen Goldshekel angewandt wurde, so darf man wohl voraussetzen, dafs das Verfahren in derselben Weise an der correlaten Silbereinheit oder dem Fünfundvierzigstel der königlichen Mine, aus der sich wieder ein neues Talent entwickelte, geübt und der schwere und leichte Stater von 22.44 Gr. und 11.22 Gr. ebenfalls in je 30 Theile getheilt wurde. Wenn nun in Palästina das Zweidrittelstück des erstern zum Silbershekel erhoben wurde, so war es ganz natürlich, dafs man, dem entsprechend, diesen auch nur in 20 Theile zerlegte, die der kleinsten babylonischen Silbereinheit gleichwichtig waren. Denn die hebräische Silberwährung ging von derselben Basis aus wie die babylonische, aufser dafs dort das Aequivalent von [illegible], hier von [illegible] des correlaten Goldshekels die Rechnungseinheit bildete. Es ist nicht schwer für dies Verhältnifs noch andere Beweise beizubringen. Die Berichte über David's und Salomo's Reichthümer in den hebräischen Geschichtsbüchern sind bekanntlich durchaus nicht mit übertriebener Bescheidenheit abgefafst, bewegen sich vielmehr in grofsen runden Summen. Die Angabe der Chronik, dafs David seinem Nachfolger 100000 Talente Goldes und eine Million Talente Silbers hinterlassen, wurde bereits oben[3]) erwähnt. Die Summen, die David für den Tempelbau bestimmte, betrugen nach derselben Quelle 3000 Talente Goldes, die aus Ophir bezogen worden waren, und 7000 Talente Silbers, die freiwilligen Beiträge 5000 Talente Goldes, 10000 Dareiken und 10000 Talente Silbers[4]). Die Bücher der Könige, welche ältern Ueberlieferungen folgen, wissen von David's Reichthümern noch nichts zu erzählen und geben nur Berichte über Salomo's Einkünfte und Einzelnes über seine Ausgaben beim Tempelbau. Auch hier begegnen wir immer runden Summen. Von Hiram gehen 120 Talente, aus Ophir 420[5]), als Geschenk der Sabäerkönigin 120 Talente Goldes ein[6]), für 200 Schilder werden 40, für 300 Tartschen 15 Talente Goldes verwandt[7]). Um so auffallender erscheint die Nachricht, dafs die jährliche Einnahme des Königs sich auf 666 Talente Goldes

---

[1]) 2 Mos. 30, 13. 3 Mos. 27, 25. 4 Mos. 3, 47. 18, 16. Ezech. 45, 12.
[2]) Siehe S. 82 f. — [3]) Siehe S. 71.
[4]) 1 Chron. 30, 4. 7. — [5]) 1 Kön. 9, 14. 28.
[6]) 1 Kön. 10, 10. — [7]) Ebenda 10, 16. 17.

belaufen habe[1]). Dieselbe ist ebenso übertrieben wie alle übrigen. Denn 666 Goldtalente zu 3000 schweren Stateren betragen 13320 babylonisch-persische Silbertalente also 2120 Talente mehr als die Einkünfte des ganzen persischen Reiches unter Dareios. Um so weniger Grund lag vor, an dieser Stelle keine runde Summe zu nennen. Das Räthsel löst sich, wenn wir uns erinnern, daſs nach der altbabylonischen Gold- und Silberwürderung 15 Silbershekel zu etwa 14.5 Gr., wie wir sie mit Wahrscheinlichkeit den Juden zuschreiben dürfen, dem Werth eines schweren Goldshekels, 15 hebräische Silbertalente einem Goldtalent gleichstanden und 666⅔ Goldtalente, mithin genau 10000 Silbertalente betrugen. Man sieht, die Rechnung war ursprünglich auf Silber gestellt und ist nachher erst auf jene Summe in Gold reducirt und auf 666 Talente abgerundet worden.

Einen ferneren Beweis für die Annahme des Josephos, daſs der althebräische Silbershekel dem tyrischen Münzshekel gleichwichtig war und für seine Bestimmung der hebräischen Mine gewinnt man durch die folgende Combination. Nach einer durchaus verläſslichen Nachricht der Bücher der Könige[2]) legte der assyrische König Sanherib dem Hiskiah eine Contribution von 30 Talenten Goldes und 300 Talenten Silbers auf. Dagegen bezeugt der Bericht einer ninivitischen Inschrift über diesen Feldzug Sanherib habe 30 Talente Goldes und 800 Talente Silbers vom jüdischen König empfangen. An der richtigen Entzifferung dieser Stelle kann man nicht wohl zweifeln[3]). Die Vergleichung der beiden Angaben ist im höchsten Grade merkwürdig, da sie zeigt, daſs die Hebräer nach dem assyrischen Goldtalent, aber nach einem verschiedenen Silbertalent rechneten, welches sich zum assyrischen wie 8 : 3 verhielt. Dies stimmt mit den Ergebnissen der vorstehenden Forschung genau überein, wenn, wie gezeigt, der israelitische Goldshekel vom schweren assyrisch-babylonischen Sechzigstel nicht verschieden war und daneben ein Silbershekel vom Gewichte des tyrischen Münzstaters, welcher sich auf $\frac{1}{70}$ der schweren, auf $\frac{1}{35}$ der leichten babylonischen Mine belief, als Einheit des Silbertalents galt. Denn dieser betrug ¼ des Silberstaters von 11.2 Gr., dessen erste Normirung auf Babylon zurückgeführt wurde, und ½ des medischen Siglos von 5.6 Gr., der, wie wir jetzt sehen, ebenso wie später in der persischen Reichsmünze bereits in der assyrischen Silberwährung die

[1]) Ebenda 10, 14.
[2]) 2 Kön. 18, 14.
[3]) Vgl. oben S. 74.

Gewichtseinheit bildete. Während man also in Palästina nach einem Silberstück rechnete, welches auf den Werth von $\frac{1}{15}$ Goldshekel und das Gewicht von $\frac{1}{50}$ Mine normirt war, drehte sich die assyrische Silberwährung um ein Metallstück, von dem 40 dem Werthe der Goldeinheit und 90 dem Gewichte der leichten babylonischen Mine entsprachen.

Auch lehrt die Zusammenstellung jener beiden Berichte, dafs in Ninive ebenso wie in Palästina neben dem Gewichtstalent von 3600 Sechzigsteln der Mine bei Schätzung edeler Metalle eine besondere Rechnung nach Talenten von 3000 Gold- und Silbereinheiten, die nach der bekannten Werthgleichung gegeneinander abgewogen waren, Anwendung fand. Wenn daher nicht 3600, sondern 3000 Dareiken auf das persische Goldtalent gezählt wurden, wie sich dies aus der Ueberlieferung und dem Gewicht von Abydos ergiebt, so beruht dies auf einer alten Einrichtung der mesopotamischen Grofsreiche und wenn die Griechen ein Talent von 3000 Silberstateren zu 11.2 Gr. als das babylonische bezeichneten, so haben sie darin vollkommen Recht gehabt; nur war dies nicht das assyrisch-babylonische Gewichtstalent, wie es die ninivitischen Monumente darstellen, sondern ein von diesem abgeleitetes Silbertalent von 33.660 Kilogr. Wir haben gesehn[1]), dafs dieses letztere dem Wassergewicht des babylonischen Metretes, der wiederum den Inhalt eines babylonischen Kubikfufses repräsentirte, gleich war. Man ging bei dieser Bestimmung von derselben Tarifirung der babylonischen Mine aus, die dem hebräischen Talent, dem Gewicht der Silberplatte des Palastes von Khorsabad und der Krösischen Reichsmünze zu Grunde liegt, aber etwas unter dem Gewicht der schwersten ninivitischen Gewichtstücke bleibt, indem sie sich auf 490.9 Gr. und ihr Fünfundvierzigstel auf 10.91 Gr. stellt. Die Erhöhung des Gewichts bis auf 505 Gr. mag in eine spätere Periode fallen. Immerhin setzt aber die Normirung eines besondern Silbergewichts nach einem bestimmten Bruchtheil der babylonischen Mine die letztere als schon bestehend voraus, wie denn auch die damit zusammenhängende Beziehung aller Mafse auf dieselbe Einheit auf eine Zeit höherer Entwicklung hindeutet. Wir werden uns daher das schwere und leichte königliche Gewichtstalent von 60.600 und 30.300 Kilogr., oder wenn wir die frühere Normirung der Mine zu Grunde legen, von 58.908 und 29.454 Kilogr. als das alte Reichsgewicht zu denken haben. Aus diesem hat sich alsdann nach der legalen Festsetzung des Werthes der beiden edeln Metalle gegeneinander,

[1]) Vgl. oben S. 35 f.

an die sich zugleich die neue Eintheilung der Elle in 1½ Fuſs und die neue Regulirung der Maſse und Gewichte nach der Einheit dieses Fuſses anschloſs, das neue Silbertalent entwickelt. Warum man bei diesem von der sexagesimalen Eintheilung der Mine abging und dieselbe auf 50 statt auf 60 Einheiten normirte, ist nicht zu ermitteln. Es leuchtet aber ein, daſs, wenn man einmal Silberbeträge zu Talenten von 3000 Einheiten berechnete, man eine einfache Reduction von Silberwerth auf Goldwerth nur herstellen konnte, wenn man auch das Goldtalent auf 3000 Einheiten festsetzte. So entstand in Mesopotamien ein dreifaches Talent:

1. Das eigentliche Gewichtstalent, das Talent „des Königs" in doppelter Form.

a)	Das schwere	von	60.600 Kilogr.
	mit der Mine	„	1.010 „
	mit deren Sechzigstel	„	16.83 Gr.
b)	Das leichte	„	30.300 Kilogr.
	mit der Mine	„	505 Gr.
	und deren Sechzigstel	„	8.415 „

2. Das Goldtalent, welches sich in seinen beiden entsprechenden Formen zu dem Gewichtstalent wie 5 : 6 verhielt.

a)	Das schwere	von	50.490 Kilogr.	= 3000 Sechzigstel der schweren Gewichtsmine.
	mit der Mine	„	841.5 Gr.	
	und deren Einheit (= $\frac{1}{50}$ M.)	„	16.83 „	
b)	das leichte	„	25.245 Kilogr.	= 3000 Sechzigstel der leichten Gewichtsmine.
	mit der Mine	„	420.7 Gr.	
	und deren Einheit (= $\frac{1}{50}$ M.)	„	8.415 „	

3. Das Silbertalent, welches auf dem fünfundvierzigsten Theil der Mine „des Königs" als Einheit basirt, sich zu dem Gewichtstalent wie 10 : 9, zu dem Goldtalent wie 4 : 3 verhielt.

a)	Das schwere	von	67.320 Kilogr.	= 4000 Sechzigstel der schweren Gewichtsmine.
	mit der Mine	„	1.122 „	
	und deren Einheit (= $\frac{1}{50}$ M.)	„	22.44 Gr.	
b)	Das leichte	„	33.660 Kilogr.	= 4000 Sechzigstel der leichten Gewichtsmine.
	mit der Mine	„	561 Gr.	
	und deren Einheit (= $\frac{1}{50}$ M.)	„	11.22 „	

Es ist nicht wahrscheinlich, daſs alle diese Talente in ihren beiden verschiedenen Formen neben einander im Gebrauch gewesen sind. Mit Gewiſsheit läſst sich dies nur von dem schweren und leichten Gewichtstalent behaupten, dagegen ist von den Modificationen des Gold- und

Silbergewichts, die sämmtlich im asiatischen Verkehr vorkamen, hier die eine, dort die andere zu legaler Gültigkeit gelangt. So finden wir den schweren Goldstater außer in Assyrien und Palästina in der ältesten phokaischen Prägung, den leichten, der in Babylon maßgebend gewesen sein muß, in der lydischen und persischen Goldprägung, die schwere Silbereinheit im karthagischen Gewichtsfuß, die leichte im babylonischen Reiche, in der Prägung des Krösos und später nach Dareios in Kleinasien und anderswo wieder; wogegen das Silber der persischen Königsprägung eigentlich nicht auf dem babylonischen Stater, sondern seiner Hälfte als Einheit beruhte, die daher auch selbst wieder als Shekel oder Siglos bezeichnet wurde, obgleich man das Stück in Kleinasien allgemein nicht als Fünfzigstel, sondern als Hundertstel der babylonischen Silbermine betrachtete und danach auch Beträge in persischem Gelde überall berechnete.

Aus der Vergleichung der beiden Berichte über die von Sanherib in Jerusalem erhobene Contribution geht aber hervor, daß das Neunzigstel der leichten assyrisch-babylonischen Gewichtsmine bereits in Ninive Rechnungseinheit der dort üblichen Silberwährung war und es wird damit im Zusammenhang stehn, daß unter 7 ninivitischen Gewichtsstücken, die Bruchtheile des Sechzigstels jener Mine darstellen, drei auf die bezeichnete Silbereinheit normirt sind [1]).

Das entsprechende assyrische Silbertalent wog mithin

	16.830 Kilogr.	= 1000 Sechzigstel [illegible]
die Mine	280.5 Gr.	
die Einheit (= $\frac{1}{50}$ M.)	5.61 „	

Hiernach würde man das Gewicht der in Khorsabad gefundenen goldnen Platte nach assyrischer Rechnung auf 10, das der silbernen auf 60 Einheiten der entsprechenden Gold- und Silberwährung anzusetzen haben.

Uebrigens scheint die Thatsache, daß man in Mesopotamien ebenso wie in Palästina und später in Persien 60 Einheiten auf die Gold- und Silbermine rechnete, auch aus den auf babylonisches Gewicht reducirten Summen hervorzugehn, welche in der Inschrift von Karnak für die dorther und aus Syrien bezogenen Tribute angegeben werden, wie dies die folgende Zusammenstellung [2]) zeigt.

---

[1]) Vgl. oben S. 48.

[2]) Es schien überflüssig, die oben S. 91 f. nach der leichten babylonischen Mine reducirten Beträge der assyrischen Tribute hier auf die in Ninive im 8. Jahrhundert gültige Gold- und Silberwährung, von der jene auf $\frac{1}{60}$, diese auf $\frac{1}{180}$ der schweren Mine beruht, umzurechnen, da das Resultat dasselbe bleibt und überdies sich

Sechzigstel in Gold ergeben	nach dem 60 Staterfuſs,	nach dem 50 Staterfuſs.
550 (aus Mesopotamien)	9 Minen 10 Stater	11 Minen — Stater
485 „ „	8 „ 5 „	9 „ 35 „
600 „ „	10 „ — „	12 „ — „
1000 („ Syrien)	16 „ 40 „	20 „ — „
Fünfundvierzigstel in Silber.		
7800 (aus Mesopotamien)	2 Tal. 10 „ — „	2 Tal. 36 „ — „
1250 „ „	— „ 20 „ 50 „	— „ 25 „ — „
6200 „ „	1 „ 43 „ 20 „	2 „ 4 „ — „
12000 „ „	3 „ 20 „ — „	4 „ — „ — „
2450 („ Syrien)	— „ 40 „ 50 „	— „ 49 „ — „

Man sieht, daſs unter den 9 überhaupt in Betracht kommenden Ziffern 6 entschieden die Normirung der 50theiligen Mine voraussetzen, während in den 3 übrigen Fällen ebensogut diese wie die 60theilige Mine maſsgebend gewesen sein kann, für die letztere ausschlieſslich aber nirgendwo die Entscheidung fällt.

Wenden wir nun den Blick wieder auf das hebräische Gewichtswesen zurück, so finden wir dort dieselben Verhältnisse wie in Ninive und Babylon wieder, nur daſs in Palästina für die Silberwährung nicht der Zehn-, sondern der Fünfzehnstaterfuſs gebräuchlich war und die auch dort zu Grunde liegende babylonische Mine um ein Geringes niedriger tarifirt war, wie in Babylon. Die Einheit des Goldtalents — oder das Sechzigstel der schweren babylonischen Gewichtsmine — betrug 16.37 Gr., die Einheit des Silbertalents oder 1/45 derselben Mine 14.55 Gr. Die erstere fiel daher, abgesehn von der unwesentlichen Gewichtsdifferenz, mit dem schweren assyrisch-babylonischen Goldshekel zusammen, während die letztere sich zu dem babylonischen Silberstater wie 4 : 3, zu seiner Hälfte, dem assyrisch-persischen Silbershekel, wie 8 : 3 verhielt und zugleich den Werth von 1/10 des correlaten Goldshekels hatte.

Diese Silbereinheit wurde ebenso wie die entsprechende Goldeinheit als „heiliger Shekel"[1]) bezeichnet, vermuthlich weil das Normalgewicht im Tempel aufbewahrt wurde. Während nun Silber- und Goldbeträge in den ältern Büchern des alten Testaments in der Regel nach diesem Nominal abgeschätzt wurden, begegnet man bei einer Angabe über das Gewicht von

---

zwischen dem 16. und 8. Jahrhundert die Verhältnisse möglicher Weise könnten geändert haben.

[1]) Die Silbereinheit 2 Mos. 30, 13. 38, 25. 3 Mos. 27, 25. 4 Mos. 3, 47. Die Goldeinheit nur 2 Mos. 38, 24, wogegen sonst schlechthin von Shekeln Goldes die Rede ist. Vgl. 2 Mos. 24, 22. Jos. 7, 21.

Absalons Haar der Rechnung nach „königlichem Gewicht“[1]). Das letztere war ohne Zweifel identisch mit der assyrisch-babylonischen Mine des Königs, wie sie auf den ninivitischen Monumenten bezeichnet wird und die in Palästina so gut wie in Ninive als Landesgewicht galt. Es versteht sich, daſs diese ‚königliche‘ Gewichtsmine hier wie dort der babylonischen Eintheilung in 60 Einheiten unterlag und der Silbershekel, dessen Gewicht $\frac{1}{60}$ dieser Mine betrug, nach derselben normirt wurde. Da die fünfzigtheilige Mine nur auf Gold- und Silberzahlungen Anwendung fand, die oben erwähnte Stelle des Ezechiel[2]) aber von der Gewichtsmine handelt, so folgt, wie man jetzt sieht, die rabbinische Erklärung offenbar einer ältern Ueberlieferung, wenn sie dem Propheten die Eintheilung derselben in 60 Shekel zuschreibt[3]). Unter solchen Umständen war es auch, abgesehn von dem bereits angeführten Grunde[4]), natürlich, daſs man Beträge in Gold und Silber gewöhnlich nicht nach Minen, sondern nach Shekeln abschätzte, da die Gold- und Silbermine leichter als die Gewichtsmine war. Hiernach wog

1.	das hebräische Gewichtstalent	58.932 Kilogr.	= 3600 × 16.37 Gr.
	die Mine	982 Gr.	= 60 × 16.37 „
	der Shekel	16.37 „	
2.	das Goldtalent	49.110 Kilogr.	= 3000 × 16.37 „
	die Mine	818.5 Gr.	= 50 × 16.37 „
	der Goldshekel	16.37 „	= $\frac{1}{60}$ Gewichtsmine
3.	das Silbertalent	43.650 Kilogr.	= 3000 × 14.55 Gr.
	die Mine	727.5 Gr.	= 50 × 14.55 „
	der heilige Shekel	14.55 „	= $\frac{1}{67.5}$ Gewichtsmine.

Das Gewicht von 9 ‚heiligen‘ Silbershekeln betrug mithin soviel wie 8 Sechzigstel der Gewichtsmine und der Werth von 15 ‚heiligen‘ Shekeln in Silber stand dem Werth von einem Goldshekel gleich[5]). Es ist sehr wahrscheinlich, daſs neben dem nach dieser Einheit normirten Silberstück im Handel auch der babylonische Silbershekel zuweilen vorkam, wie denn die Bezeichnung der 400 Shekel, die Abraham den kanaanitischen Chittiern für einen Acker zahlte, als Silbers, ‚welches bei dem

[1]) 2 Sam. 14, 26. — [2]) 45, 12.

[3]) Dagegen ist die Bezeichnung dieser Gewichtsmine als der ‚heiligen‘, welche bei Ezechiel sich nicht findet, wahrscheinlich falsch.

[4]) Siehe oben S. 57.

[5]) Man sieht, wie die Ansätze der Gold- und Silbereinheit nach Josephus sich genau wie 9 : 8 verhalten und auf dieselbe Gewichtsmine von 982 Gr. führen.

Kaufmann gilt'[1]), sich darauf beziehen mag. Allein als regelmäſsiges Zahlungsmittel galt der babylonische Silberstater in Palästina erst seit der Regierung des Dareios. Von da ab ward persisches Gold und Silber auch dort das gewöhnliche Courant und die Tempelsteuer nach diesem neu festgesetzt und berechnet[2]). Erst als die Makkabäer eigenes Silbergeld zu prägen anfingen, kam das ‚heilige' Gewicht wieder zur Geltung, indem die mit ‚Shekel Israel' bezeichnete Silbermünze nach der alten Silbereinheit normirt wurde[3]). Dies empfahl sich um so mehr, da der sehr verbreitete Silberstater der benachbarten Stadt Tyros demselben Fuſse folgte. Dabei ward, wie dies häufig vorkommt, das alte Gewicht in der Münze um ein Geringes erhöht und das Ganzstück auf 14.65 Gr. Maximalgewicht ausgebracht, während das tyrische Tetradrachmon das Gewicht von 14.34 Gr. nicht übersteigt.

So schwer die Frage zu beantworten ist, warum der Fünfzehnstaterfuſs und nicht der, wie es scheint, in Assyrien und Babylon vorzugsweise herrschend gewordene Zehnstaterfuſs in Palästina für die Silberwährung maſsgebend wurde, so darf dem Umstand, daſs man die Einheit dieses Systems dort als heiligen Shekel bezeichnete, doch so viel entnommen werden, daſs die Anwendung desselben in sehr alte Zeit und vielleicht in eine Periode hinaufreicht, in der auch in Mesopotamien noch nach dieser Einheit die für den allgemeinen Verkehr bestimmten Silberbarren abgewogen wurden, wie denn auch die Normirung des Silbershekels auf den Werth von $\frac{1}{15}$ und $\frac{1}{30}$ Goldstater dem Sexagesimalsystem mehr entspricht, wie das aus der decimalen Werthgleichung entwickelte Gewicht.

Erwägt man, daſs die Israeliten mit ihren Handelsbeziehungen zunächst auf die phönikische Küste angewiesen waren und daſs ihr Hohlmaſs dem phönikischen sich eng anschloſs, daſs ferner der Fünfzehnstaterfuſs die älteste Silberprägung an der kleinasiatischen Küste beherrschte, welche der phönikische Kaufmann seit den frühesten Zeiten befuhr und ausbeutete, daſs unter der persischen Herrschaft die meisten

[1]) 1 Mos. 23, 16. — [2]) Siehe oben S. 96 Anm. 4.

[3]) Wenn die vorstehende Darstellung richtig ist, so verdient die rabbinische Unterscheidung zwischen dem mosaischen und dem späteren, oder zwischen dem heiligen und dem gemeinen Shekel, von denen der erstere bald auf $\frac{5}{4}$, bald auf das Doppelte des letzteren bestimmt wird (vgl. Maimonides de siclis ed. Esgers. Leiden 1718. S. 2 f. 20. Böckh S. 58 ff.) keine Beachtung, wie denn auch das Zeugniſs des Josephos derselben direct widerspricht. Derselben liegt vielleicht der Unterschied zwischen dem heiligen und dem unter den Achämeniden gültigen babylonischen Silberstater, der übrigens $\frac{3}{4}$ des erstern betrug, zu Grunde.

phönikischen Städte nach demselben System gemünzt haben, während in Kilikien und auf der Insel Kypros der babylonische Silberfuſs galt, daſs derselbe dort nach Alexander in ausschlieſslichem Gebrauch war, und daſs auſserdem in Asien dieser Fuſs nur in persischen Königsmünzen erscheint, die wahrscheinlich in Syrien geprägt worden sind, so wird man zu der Annahme geleitet, daſs diese Währung in Syrien und Phönikien vorzugsweise einheimisch war und von dort einestheils nach Palästina, anderntheils nach Kleinasien und weiter nach Makedonien, wo dieselbe auch schon früh auftritt, verpflanzt worden ist. Daſs daneben in einigen Städten, besonders in Sidon und wohl auch in Tyros der Zehnstaterfuſs in Geltung war, wie er denn schon früh in Karthago und den phönikischen Niederlassungen des Westmeers Aufnahme fand, spricht gegen jene Vermuthung nicht und man wird es daher nicht miſsverstehn, wenn wir das Fünfzehnstatersystem, das ebensogut wie die babylonische Zehnstaterwährung an den Ufern des Euphrat entstanden ist, der Kürze wegen als den phönikischen Gewichtsfuſs bezeichnen.

VI. Geschichte des Fünfzehnstaterfuſses und des schweren babylonischen Goldstaters in der Münzprägung.

Verfolgen wir die Geschichte des Fünfzehnstaterfuſses seit Erfindung des Geldes[1]), so zeigt sich, daſs derselbe in der kleinasiatischen Silberprägung von der ältesten Zeit an bis auf die Regierung des Dareios fast ausschlieſslich geherrscht hat und in den griechischen Städten der ganzen Westküste, von Kalchedon an bis nach Knidos hin auch durch die Einführung der persischen Reichswährung, welcher das babylonische Silbertalent erst eine allgemeinere Verbreitung verdankt, nur hier und da verdrängt worden ist. Wie im asiatischen Barrenverkehr blieb dies Gewicht seiner ursprünglichen Bestimmung gemäſs in der Regel dem bezeichneten Metall vorbehalten. Indeſs hat man es in der ältesten Zeit vorübergehend auch auf Gold übertragen.

Wir können von drei Städten gleichzeitige Gold- und Silbermünzen aufweisen, die überhaupt zu den frühesten Erzeugnissen der Prägekunst gehören und diesem System folgen. Dies sind Klazomenae, Chios und

---

[1]) Es schien überflüssig, in diesem und dem folgenden Kapitel jedesmal auf die dem III. Abschnitt beigefügte Uebersicht über die Gewichte der asiatischen und makedonisch-thrakischen Münzen vor Alexander dem Groſsen, auf die sich die nachstehende Darstellung gründet, zu verweisen.

Lampsakos. In Klazomenae, wo derselbe Stempel für beide Sorten diente, ward das Ganzstück von höchstens 14.06 Gr. nur in Gold, die Hälfte von 7 Gr. und deren Theilstücke nur in Silber; in Lampsakos, wo das Prägbild und in Chios, wo das Prägbild und Gewicht nach den Metallen etwas modificirt erscheint, ward das Ganzstück so gut in Gold wie in Silber ausgebracht, nur in Silber dagegen die Hälfte. In demselben Metall ward in Chios neben dieser in der ältesten Zeit noch das Sechstel geprägt, das indefs etwas später dem Viertel weichen mufste, während dort in Gold, aufser dem Ganzstück, Viertel und Zwölftel vorkommen; dagegen findet man in Milet und Samos, wo ebenso wie in Sardes der Fünfzehnstaterfufs bereits für die Goldprägung mafsgebend geworden war, bevor man dort Silber zu schlagen begonnen hatte, eine verschiedene Stückelung der Goldmünze. Denn in beiden Städten erscheint nicht das Viertel, sondern das Drittel als die gewöhnliche Theilmünze, in Milet, wo dies Geld überhaupt am massenhaftesten geprägt worden ist, aufserdem, wenngleich seltner, Hälften, Sechstel, Zwölftel und Achtundvierzigstel. Man kann hiernach nicht daran zweifeln, dafs das Grofsstück von etwa 14 Gr. als Stater zu betrachten ist, das in Silber niemals anders als halbirt und geviertelt worden ist, in Gold dagegen abweichend von der altasiatischen Weise und wahrscheinlich nach dem Muster des anderwärts und auch in Milet gleichzeitig geschlagenen phokaischen Staters gesechstelt und gedrittelt wurde.

Wie weit sich das nach diesem Fufs geprägte Goldstück verbreitet hat, läfst sich noch nicht genau feststellen. In Kleinasien müssen sich aufser den genannten noch mehrere andere Städte, zu denen wahrscheinlich auch Kyzikos gehört, an der Prägung betheiligt haben, wie denn eine der frühesten Goldmünzen, die es überhaupt giebt, die noch kein Prägbild, sondern nur die Spuren der beiden mit unebner Oberfläche versehenen Stempel zeigt, zwischen denen der Schrötling bei der Prägung befestigt war, sich als Hälfte dieses Staters ausweist[1]). Aufserdem

---

[1]) Eine Abbildung dieser Münze von 7.14 Gr., die sich im Pariser Museum befindet und dort von mir gewogen und untersucht worden ist, giebt F. Lenormant, Essai sur le classement des monnaies des Lagides, pl. VIII, 9. Man kann auf dem Revers allerdings keilartige, aber gewifs nur zufällige Formen erkennen; um die a. a. O. S. 152 abgedruckten beiden Gruppen der zweiten (!) Keilgattung, die den Namen des Kyros ausdrücken, darin zu sehn, mufs man Lenormants Augen besitzen, der übrigens bei dieser Erklärung J. Oppert zu Rath gezogen hat: „Le second groupe est certain; il présente une variante, autorisée, du reste, par l'usage

giebt es noch eine uralte, wahrscheinlich makedonische Münze und sehr primitive, in Aegina geschlagene Goldstücke, die hierher zu rechnen sind. Das Alter dieser Goldprägung läſst sich am besten an den noch vorhandenen lydischen Münzen verfolgen. Denn die Sardes zugehörigen Goldmünzen dieses Fuſses, die in der Prägung die gröſste Verwandtschaft mit den erwähnten milesischen und samischen Stücken bekunden, sind ungleich älter als das Gold- und Silbercourant, welches mit Recht dem Kroesos zugeschrieben wird, und unterscheiden sich von demselben sehr wesentlich nicht nur durch das Gepräge, sondern auch durch das Korn und durch den Gewichtsfuſs. Auch hat man schon sehr früh aufgehört, nach diesem System Gold zu schlagen; wahrscheinlich ist keine der erwähnten Münzen jünger als Kroesos und gewiſs keine später als Dareios.

Ohne Zweifel ist es Phokaea gewesen, wo man für dieses Metall zuerst die altasiatische Währung eingeführt und den Stater zuerst auf das Gewicht des Sechzigstels der schweren babylonischen Mine ausgebracht hat; wie dies der Name des ‚phokaischen Staters', der für das kleinasiatische Goldstück von rund 16 Gr. bei den Griechen üblich geblieben ist, mit Bestimmtheit andeutet[1]). Man kann nicht daran zweifeln, daſs die ältesten Goldstücke dieses Fuſses, von Phokaea selbst, von Teos, Chios und Milet ebenso alt sind, wie die primitivsten Münzen des Fünfzehnstaterfuſses und man sieht daher wie in Kleinasien gleich von Anfang an beide Systeme nebeneinander in Gebrauch waren.

Indeſs unterscheiden sich die Goldmünzen des einen Fuſses im Korn sehr wesentlich von denen des andern. Während der phokaische Stater in der ältesten Zeit nicht nur vollwichtig, sondern auch in möglichst reinem Golde ausgeprägt wurde, sind die gleichzeitigen Münzen des Fünfzehnstatersystems durchgängig von sehr blassem und häufig noch viel schlechterem Metall, als die späteren in Kleinasien so massenhaft geprägten

---

de ces textes ... Le premier groupe est moins positif; il est cependant extrêmement probable. Comme je ne suis nullement versé dans l'étude des écritures cunéiformes, je dirai que cette lecture est le résultat d'une étude de la pièce faite avec M. J. Oppert." Die übrigen a. a. O. angeführten Münzen, die entweder gar kein Prägbild oder nur eine stern- oder blumenartige Verzierung zeigen, gehören nach dem Fundort zum gröſsern Theil nach Makedonien, vgl. den Katalog der Borrellschen Sammlung S. 6. Einige derselben befinden sich im Pariser Museum unter den Elektronmünzen von Kyzikos, andere in der Sammlung des Herzogs von Luynes. In dem Katalog der Münzen von Whittall, der nach Lenormant eine grofse Anzahl derselben besessen haben soll, finde ich keine, die hierher zu rechnen sein möchte.

[1]) Mommsen, Grenzboten 1863. S. 388.

Stater und Hekten des phokaischen Fufses. Da beide Sorten an mehrern Orten wie in Chios, Lampsakos und Milet nebeneinander vorkommen, so erkennt man deutlich, dafs die Wahl des Gewichtsfufses von der Bestimmung des Feingehalts abhing, und dafs man den für Silber geschaffenen Fufs ursprünglich nur auf Elektron — wie man dieses Gold, das etwa 30 % Silber enthielt, bezeichnete — übertrug, dem feinen Golde dagegen das dafür festgesetzte altbabylonische Gewicht vorbehielt. Mit dem letztern nahm man ohne Zweifel auch das in den mesopotamischen Monarchien durchgeführte Princip einer legalen Doppelwährung an, indem man, dem in Ninive und Babylon anerkannten Curs gemäfs, den Werth des phokaischen Goldstaters von 16.60 Gr. normal auf 15 Silberstater zu 14—15 Gr., wie solche in Klazomenae, Lampsakos, Chios und anderwo gleichzeitig geschlagen wurden, festsetzte. Von demselben Gesichtspunkt ging auch Krösos aus, als er das lydische Münzwesen reformirte und seinen Goldstater, der die Hälfte des phokaischen betrug und von möglichst reinem Golde dargestellt wurde, auf den Werth von 10 Silberstatern zu 10.89 Gr., die sich zu dem eben erwähnten kleinasiatischen Silberstück wie 3 : 4 verhielten, normirte.

Während die Elektronprägung nach dem Fünfzehnstaterfufs sehr früh aufhörte, blieb dieses System in den griechischen Städten der kleinasiatischen Westküste die eigentliche Grundlage der Silberprägung.

Es gestaltete sich hier also schon in der ältesten Zeit mit der Einführung des phokaischen Fufses das Verhältnifs zwischen Gold- und Silbergewicht ebenso wie im Barrenverkehr der Israeliten; dem Silberstater des auch in Kleinasien einheimischen Fufses entsprach in Gold das Sechzigstel der schweren babylonischen Mine, wogegen mit dem babylonischen Silberstater in der Regel das Sechzigstel der leichten babylonischen Mine zugleich auftritt.

Die erstere Combination wird, wie bereits vermuthet wurde[1]), denjenigen phönikischen Städten, die den Hauptverkehr zwischen den Euphratländern und den Küsten des ägäischen Meeres vermittelten, eigenthümlich gewesen und durch diese nach Kleinasien verpflanzt worden sein, während die letztere, welche kurz nach der Zerstörung Ninive's und der Stiftung der babylonischen Monarchie durch Nabopolassar (606 v. Chr.) in der Reichsmünze des Krösos zuerst erscheint, auf einer in Babylon legalisirten Einrichtung beruhen wird, womit denn auch die griechishe Bezeichnung des Zehnstaterfufses als des ‚babylonischen' Talentes zusammenhängt.

[1]) Siehe S. 104.

Das Normalgewicht des nach dem phönikisch-kleinasiatischen Fuſse geprägten Goldstaters ist für Milet, nach dem schwersten Sechstel von 2.40 und einem Drittel von 4.74 Gr., auf 14.40 Gr., für Chios, nach einem Viertel von 3.65 Gr., auf 14.60 Gr. anzusetzen, obgleich die höchsten Effectivgewichte, die überhaupt vorkommen, 14.246 Gr. nicht übersteigen. Dies ergiebt für die dem Systeme ursprünglich zu Grunde liegende babylonische Mine, zu der sich das Ganzstück wie 2 : 135 verhält, ein Gewicht von 972 bezüglich 985 Gr., das viel leichter ist, als das der ninivitischen Gewichtstücke sich dagegen an die Mine anschlieſst, welche der Krösische Stater von 8.17 Gr. voraussetzt. Die Maximalgewichte sind in der nachstehenden Tabelle zusammengestellt.

	Stater.	Hälften.	Drittel.	Viertel.	Sechstel.	Zwölftel.	Vierundzwanzigstel.	Achtundvierzigstel.	Normalgewicht des Staters.
Sardes	14.18	—	—	—	—	—	—	—	14.52
Kyzikos	—	—	4.709	—	—	—	—	—	
Lampsakos	13.85								
Kymae	14.246								
Klazomenae	14.06								
Milet	14.10	6.95	4.74	—	2.40	1.17	—	0.32	14.40
Chios	14.05	—	—	3.65	—	1.15	—	—	14.60
Samos	14.06	—	4.70	—	—	—	—	—	
Abydos?	14.05								
Kuh mit Kalb	13.95								
Ohne Bild	—	7.14	—	—	—	1.18	0.58	—	
Aegina	13.42	—	—	—	—	1.185	—	—	
Makedonien	—	—	—	—	2.23	—	—	—	

Der Stater dieses Systems ist in der frühern Zeit in Silber, wie es scheint, selten geprägt worden, häufiger dagegen die Hälfte, welche in Klazomenae, Lampsakos, Methymna und auch in Chios die gewöhnliche Courantmünze war; von Phokaea kennt man bis jetzt kein gröſseres Nominal als das Viertel von 3.79 Gr., dieses hat sich von dort aus zunächst nach den phokaischen Kolonien Velia und Massalia und weiter von Massalia aus über das obere Rhonethal, das Alpenland bis Trient und über die Lombardei verbreitet, von Velia aus in Poseidonia und in den campanischen Städten eingebürgert, wo indeſs wie in Kleinasien die Hälfte des Staters von 7.60 Gr. wieder zum Vorschein kommt. Auch Ephesos hat sich, wie es scheint, in der ältesten Periode auf Prägung des Viertels beschränkt und ist erst später zu gröſsern Nominalen übergegangen. Das

Ganzstück erscheint am frühesten in Chios, später auch in Samos, Klazomenae, Kyzikos, Byzanz, Abydos, Erythrae und Ephesos, wie es denn zumal seit Beginn der nach derselben Währung normirten rhodischen Prägung (seit 408 v. Chr.) das beliebteste gröfsere Silberstück im ganzen Westen Kleinasiens bis nach Lykien hin geworden ist, während seit Dareios an der Süd- und Nordküste der Halbinsel in den Städten Pamphyliens, Pisidiens, Kilikiens, auf der Insel Kypros, in Sinope und Herakleia, die dem persischen Einflusse unmittelbarer unterworfen waren, der babylonische Silberstater oder die dem persischen Silbersiglos nachgeprägte Drachme vorherrschend war. Diese hat unter der Achämenidenherrschaft ausnahmsweise auch hier und da in hellenischen Städten der Westküste Eingang gefunden, eine gröfsere Verbreitung aber nie gewonnen.

Neben dem Fünfzehnstaterfufse war in der ältesten Silberprägung noch ein anderes Gewicht mafsgebend, welches nach dem Orte, wo dasselbe zuerst auftritt, als äginäisches Talent bezeichnet wurde. Dasselbe hat sich wahrscheinlich aus jenem Systeme erst entwickelt und so läfst sich auch aus der Geschichte des äginäischen Fufses ein Beweis für das hohe Alter der phönikisch-kleinasiatischen Silberwährung ableiten.

Es ist ausgemacht, dafs dieser Münzfufs vor Solon in Aegina und in einem Theile des Peloponnes, wo er der Ueberlieferung nach durch den argivischen König Pheidon eingebürgert wurde, herrschte und dafs man in Attika bis auf jene Zeit mit äginäischem Gelde zahlte und nach äginäischem Gewichte wog[1]). Erwägt man nun, dafs die älteste Prägung von Kleinasien ausging, dafs ferner der äginäische Stater von 12.60 Gr. Maximalgewicht[2]) ebenso wie das Ganzstück des Fünfzehnstaterfufses der Theilung in zwei Hälften oder Drachmen unterliegt, während der babylonische Silberstater stets gedrittheilt und nur vorübergehend in der Münze des Krösos neben dem Drittel die Hälfte desselben auftritt, die dann in der persischen Reichsprägung zur neuen Einheit wird und erst seit Dareios auch in den hellenischen Städten der kleinasiatischen Küste hier und da Aufnahme findet, so wird man das Vorbild des äginäischen Systemes nicht im babylonischen Zehn-, sondern im kleinasiatisch-phönikischen Fünfzehnstaterfufse zu suchen haben[3]). Diese Annahme gewinnt

[1]) Vgl. Mommsen R. M. S. 43 f. Hultsch S. 132 f.

[2]) Nach Mommsen S. 44, Anm. 185. 12.52 Gr. doch siehe w. u.

[3]) Mommsen a. a. O. S. 45 nimmt das erstere an: „Ueber die Entstehung dieses Fufses kann kein Zweifel sein; der äginäische Stater von 12.40 Gr. steht dem persisch-

eine unmittelbare Bestätigung durch die Vergleichung des schon erwähnten äginäischen Goldstückes, welches den ältesten äginäischen Silbermünzen gleichzeitig, aber nicht nach demselben Gewichte wie jene, sondern wie die frühesten Goldmünzen von Sardes, Milet, Chios, Lampsakos, Samos u. s. w. nach dem phönikischen Fünfzehnstaterfuſse normirt ist. Wo Gold und Silber nach verschiedenem Gewichtsfuſse gemünzt vorkommen, ist man nach der Analogie der in Asien herrschenden Verhältnisse wohl berechtigt, eine bestimmte Cursgleichung zwischen den beiden Sorten und mithin eine Normirung des Silbergewichtes nach dem Goldgewichte vorauszusetzen. Dies scheint auch in dem vorliegenden Falle geschehen zu sein. Das äginäische Goldstück ist ebenso wie die gleichartigen kleinasiatischen Münzen sehr stark legirt[1]). Nehmen wir nun bei dem Ganzstücke von 14.24 Gr. Maximalgewicht eine Beschickung von 33⅓ pCt. an, so entspricht dem Goldgehalte im Gewichte von 9.49 Gr. nach der in Asien anerkannten Werthproportion der beiden Metalle ein Silberäquivalent von 126.5 Gr., das heiſst, ein äginäischer Goldstater hatte die Geltung von 20 äginäischen Silberdrachmen zu 6.32 Gr., was, wie man leicht erkennt, ein sehr wahrscheinliches Verhältniſs ergiebt, da dasselbe dem im babylonischen Reiche festgesetzten und von Kroesos und Dareios angenommenen Curse der bekannten beiden Gold- und Silbergewichtseinheiten analog ist. Hiernach würde der äginäische Silberfuſs allerdings formell zum Zehnstatersysteme gehören, in der That aber aus dem Fünfzehnstaterfuſse abgeleitet sein, worauf auch die Stückelung des Ganzstückes führt.

Es ist wohl anzunehmen, daſs man in der ältesten Zeit als noch äginäisches Gold geschlagen wurde, in Griechenland ein doppeltes äginäisches Gewicht unterschied, das schwerere Goldtalent und das leichtere Silbertalent und daher mag es kommen, daſs, wie es scheint, auch noch später das Gewicht des nach dem erstern Fuſse geprägten Silbers, wie

---

kleinasiatischen groſsen Silberstück von reichlich 11 Gr. zu nahe, um nicht ursprünglich mit ihm identisch und aus ihm abgeleitet zu sein, wobei, wie das schon vorkam (S. 12) und wie wir es auch sonst noch finden werden, das Gewicht neu festgestellt und um eine Kleinigkeit erhöht ward. Wichtiger war die Veränderung in der Eintheilung; sie geht hier nicht mehr wie in Kleinasien vom Drittel, sondern von der Hälfte aus und entwickelt an dieser die Sechstelung."

[1]) Daſs das Ganzstück von 13.42 Gr. im Paris. Mus., das übrigens beträchtlich an Gewicht verloren haben muſs, von sehr blassem Golde ist, kann ich selbst bezeugen; nach Hussey, S. 96, scheint das im Br. Mus. befindliche Zwölftel von 1.185 = 18.3 Engl. Gran von besserem Korn zu sein.

es aufser in Kleinasien vor Allem noch in der ältern makedonischen Münze auftritt, ebensogut als äginäisches Talent bezeichnet wurde, wie der Münzfufs, nach welchem in Aegina, im Peloponnes und anderswo Silber gemünzt wurde. So erklärt sich die Angabe des Pollux, der einmal das äginäische Talent zu 10000 attischen Drachmen, ein anderes Mal ganz übereinstimmend die äginäische Drachme zu 10 attischen Obolen ansetzt[1]); denn diese Bestimmung pafst durchaus nicht auf das Gewicht des äginäischen Silbergeldes, man mag unter der Drachme mit Boeckh die altattische oder mit Hussey den Denar der Kaiserzeit verstehen[2]), drückt dagegen die Gewichtsgleichung zwischen dem altäginäischen Goldtalente und dem nach demselben Fufse geprägten altmakedonischen und kleinasiatischen Gelde mit dem gleichzeitigen attischen Courant sehr richtig aus[3]). So würde also Pollux oder auch schon sein Gewährsmann das äginäische Goldtalent mit dem Silbertalent verwechselt und die Gewichtsbestimmung des erstern auf das letztere bezogen haben.

Die Analogie der äginäischen Währung mit dem Fünfzehnstaterfufse gewährt einen sichern Anhalt für die Benennung des nach dem letztern normirten kleinasiatischen Silbergeldes. Denn man wird hiernach das Stück von etwa 14.50 Gr. nicht nur in Gold, sondern auch in Silber als Stater, die Hälfte als Drachme zu bezeichnen haben, und die Rechnung nach

1) IX, 86. 76.

2) Böckh M. U. S. 77. Hussey, An essay on the ancient weights and money. S. 81 f. 61. vgl. Hultsch S. 186 f.

3) Bekanntlich hat Böckh M. U. S. 77 f. aus den angeführten Stellen des Pollux seine Bestimmung des äginäischen Talents, welches er mit dem babylonischen identificirt, abgeleitet. Da zu diesem Ansatz indefs nur ein Stater von etwa 14.55 Gr. (= 274 par. Gran) pafst, der äginäische Silberstater aber höchstens 12.60 Gr. wiegt, so war er zu dem Auskunftsmittel gezwungen, das Gewicht des letztern als den heruntergegangenen äginäischen Fufs zu bezeichnen, obgleich die ältesten äginäischen Silberstücke nie ein höheres Gewicht darstellen. Hultsch, S. 137, nimmt an, dafs des Pollux Gewährsmann das altmakedonische Silberstück von 14.50 Gr. als äginäisches Didrachmon angesehen habe, und dafs dadurch jener Ansatz entstanden sei, der den legalen Curs zwischen dem makedonischen Silber vor und seit Alexander ausdrücke. Diese Ansicht ist sehr wahrscheinlich, indefs versteht man erst wie eine solche Verwechselung eintreten konnte, wenn man das altäginäische Goldtalent mit in Betracht zieht. Gegen die Vermuthung Mommsens, S. 48 ff., dafs Pollux mit der äginäischen Drachme die Drachme der Cistophorenprägung gemeint habe, hat Hultsch S. 136, Anm. [illegible] richtig bemerkt, dafs die Annahme (S. 51), Pollux habe, den Cistophorus als Tetradrachmon betrachtend, für das römische Talent 9600 Cistophorendrachmen gefunden, seine Angabe, dafs das äginäische Talent 10000 attische Drachmen betragen habe, nicht wohl stützen könne.

dieser Einheit wird sich mithin bereits in Kleinasien an der nach dem Fünfzehnstaterfuſse geordneten Silberprägung entwickelt haben.

In der That wiederholt sich dort, wenigstens in der ältern Zeit, mit wenigen Ausnahmen die Erscheinung, daſs ebenso wie in der äginäischen Prägung neben dem Ganzstücke am meisten die Hälfte, ja in der ältesten Zeit diese häufiger als jenes, das Viertel dagegen nicht mehr hervortritt als das übrige Kleingeld.

Es versteht sich, daſs hierbei Orte wie Lebedos, Prokonnesos, Pordoselene, Tenedos, Antissa, Abydos, Parion und Skepsis, wo überhaupt nur sparsam oder nur Kleingeld wie das Viertel und dessen Theile geprägt wurden, nicht in Betracht kommen können. Eine richtige Einsicht können nur die Münzverhältnisse solcher Städte gewähren, wo massenhaft und wenigstens von der Hälfte abwärts geprägt wurde. Wenn wir aber sehen, wie in Erythrae in der älteren Periode nur Hälften und in Methymna nur Hälften, Achtel und Kleingeld, in Klazomenae fast nur Hälften, in Ephesos daneben nur in der ersten Zeit, als das Ganzstück noch gar nicht geprägt wurde, Viertel erscheinen und diese in der zweiten Periode, als auch das Ganzstück hinzugekommen war, wieder verschwinden, daſs in Magnesia und Samos nur Ganze, Hälften und Kleingeld und an letzterem Orte erst später das Viertel, aber sparsam hinzutritt, und daſs sich dieselben Verhältnisse in Rhodos und in Karien wiederholen, daſs in Kyzikos und in der Münze der chalkidischen Halbinsel das Viertel gar nicht, in der dieser verwandten Prägung Philipps II. von Makedonien dasselbe sehr selten vorkommt und hier das Sechstel des Ganzstücks als kleine Courantmünze an die Stelle tritt[1]), so wird man die Ansicht aufgeben müssen, das Viertel als Drachme zu betrachten und diese Bezeichnung dagegen wie in der äginäischen Münze der Hälfte zuweisen.

Der makedonischen und chalkidischen Prägung analog ist auch das früheste sehr alterthümliche Silbergeld der Stadt Chios, welches fast nur aus Hälften besteht, an denen die Drittelung weiter entwickelt wird, während das Viertel in der ältesten Periode fehlt und erst später hinzukommt.

Daſs in der rhodischen Münze, welche von Hekatomnos in Karien eingeführt wurde, das Groſsstück als Stater und die sehr häufige Hälfte als Drachme aufzufassen sei; hat man in der That auch schon längst

---

[1]) Vgl. die am Ende des Kapitels beigefügte Tabelle.

erkannt[1]), obgleich ein Hauptgrund, welcher dafür angegeben wird, dafs sich neben dem Viertel auch Drittelstücke finden, nicht stichhaltig ist. Allerdings wird ein solches Exemplar der Pariser Sammlung von 4.53 Gr. angeführt, allein dasselbe ist gegossen[2]). Dagegen erkennt man aus zwei Nachrichten über die Tarifirung der rhodischen Drachme gegen den römischen Denar, dafs bald das Halbstück von 6.92 Gr., bald das Viertel als Drachme angesehen worden ist[3]). Nun ist aber die Prägung der oben genannten Städte der rhodischen so vollkommen gleichartig, und überall wiederholt sich die Eintheilung in Ganze, Hälften, Viertel, bisweilen Sechstel, Achtel, Zwölftel, Vierundzwanzigstel und das Vortreten der Hälfte hier wie in der äginäischen Münze in dem Mafse, dafs man diese Systeme unmöglich von einander trennen kann. Dasselbe gilt auch von dem Cistophorus, der von den Römern im J. 621 d. St. (132 v. Chr.) als Landesmünze der Provinz Asia ins Leben gerufen wurde[4]) und dessen Prägung nicht anders denn als Erneuerung und Fortsetzung der alten Fünfzehnstaterwährung, die damals in jenen Gegenden neben dem nach attischen Fufse gemünzten Courant noch in Geltung war, betrachtet werden kann, wobei eine kleine Gewichtsabknappung das Gewicht des Grofsstücks fast wieder auf die Höhe des ältesten samischen Silberstaters herunterbrachte[5]). Durch diese Analogie erklärt es sich auch, wie das Grofsstück überhaupt als Didrachmon oder Stater angesehen werden konnte, was thatsächlich, wenn auch nicht immer geschehen ist[6]) und

---

[1]) Boeckh M. U. S. 101.

[2]) Mommsen S. 39: „mit Recht bemerkt Boeckh, dafs das letztere auch als Ganzstück oder Stater betrachtet ward, wie dies namentlich die Drittel beweisen." Das S. 38 Anm. 116 angeführte Drittel wird schon bei Mionnet III, 416, 162 als gegossen bezeichnet. Ein anderes Exemplar dieses Gewichts ist mir nirgends vorgekommen.

[3]) Der anonyme Alexandriner, der nach Nero gelebt haben mufs (Hultsch S. 11), berechnet die rhodische Mine auf 5 ptolemäische Minen, mithin die Drachme auf 1¼ Denar (Cap. 18, Mai, Iliadis fragmenta et picturae. Mailand 1819, p. 165), wogegen eine Inschrift von Kibyra vom J. 71 n. Chr. C. J. Gr. n. 4380a die rhodische Drachme auf ⅝ Denar ansetzt, so dafs das eine Mal das Grofsstück als Didrachmon oder Stater, das andere Mal als Drachme betrachtet wurde. Vgl. Mommsen a. a. O. S. 39. Hultsch S. 263.

[4]) Mommsen S. 48.

[5]) Der Cistophorus wog höchstens 12.71 Gr., der ältere samische Silberstater 13.27—12.20 Gr.

[6]) Nach dem ungenannten Alexandriner a. a. O. stand die äginäische Drachme, in der Mommsen S. 48 die Cistophorendrachme erkennt, der rhodischen, die er auf 1¼ Denar ansetzt, gleich und der Cistophorus ward von ihm mithin als Didrachmon

nicht durch die Vergleichung des in Kleinasien fast gar nicht mehr vorkommenden äginäischen Staters veranlafst sein kann[1]). Dafs übrigens an einigen Orten, wo der Fünfzehnstaterfufs herrschte, ausnahmsweise nicht auch dem Viertel des Staters die Bezeichnung Drachme beigelegt worden sei, wie dieses Nominal denn kurz vor und nach Alexander dem Grofsen in Klazomenae, Kromna, Kolophon, Teos allein ausgebracht wurde, in Erythrae und Chios in derselben Periode das Halbstück verdrängt hat, soll nicht behauptet werden.

Wahrscheinlich ward diese neue Benennung aber erst allgemeiner, als durch Alexanders Eroberungszüge das attische Tetradrachmon auch im Asien zur Herrschaft gelangte und nun allmälig so sehr an Gewicht verlor, dafs sich das Grofsstück des Fünfzehnstaterfufses von ihm nicht sehr erheblich mehr unterschied[2]). Am frühesten läfst sich der neue Sprachgebrauch in Aegypten nachweisen, wo von den Ptolemäern auf dasselbe Gewicht sowohl Gold wie Silber geprägt wurde und das goldne Grofsstück von 27.88 Gr., welches übrigens als Stater bezeichnet wurde, nach dem zwölfeinhalbfachen Werthe des Goldes gegen Silber gesetzlich eine Mine oder 100 Drahmen von 3.56 Gr. Silber, das Grofssilberstück von 14.23 Gr. mithin als Tetradrachmon galt[3]). Es war natürlich, dafs demgemäfs auch die den ptolemäischen gleichartigen Silbermünzen, wie sie zur Diadochenzeit in Tyros (zu 14.34 Gr.), in Sidon (zu 13.97 Gr.), im Arados (zu 15.29 Gr.) und seit Augustus in Antiochia (zu 15.28 Gr.), sowie von den makkabäischen Fürsten in Jerusalem (zu 14.65 Gr.) geschlagen worden sind, von den Griechen als Tetradrachmen betrachtet wurden[4]), obgleich dies der orientalischen Auffassung widersprach. Denn nach dieser blieb die Münze der in 12 oder 24 Theile getheilte Stater oder Shekel, wie dies die Aufschrift des nach tyrischem Fufse gemünzten Silberstücks der Makkabäer „Shekel Israel‘ beweist. Auch den ein-

---

angesehn, während er anderswo als Tetradrachmon bezeichnet und betrachtet wird. vgl. Mommsen S. 49.

[1]) Mommsen S. 47 nimmt das letztere an.

[2]) Vgl. Mommsen R. M. S. 73 Anm. 225. Wenn die oben S. 68 Anm. 1 vorgeschlagene Erklärung der bei Plut. Ages. 15 vorausgesetzten Gleichung von 10000 Dareiken mit 60 leichten kleinasiatisch-phönikischen Silbertalenten richtig ist, so hat die Bezeichnung des Silberstücks von 3.75 Gr. als Drachme schon früher begonnen.

[3]) Vgl. Mommsen S. 41.

[4]) Vgl. Joseph. de b. Jud. 2, 21, 2 *συνωνούμενος τοῦ Τυρίου νομίσματος, ὃ τέσσαρας Ἀττικὰς δύναται*. Ant. J. 3, 8, 2 *ὁ σίκλος νόμισμα Ἑβραίων ὢν Ἀττικὰς δέχεται δραχμὰς τέσσαρας*. vgl. Boeckh S. 62. 63. Mommsen S. 35 f.

heimischen Namen dieser syrischen Münze kennen wir aus der rabbinischen Ueberlieferung. Sie hiefs Sela und ward in 24 Maln getheilt[1]), wobei von einer besonderen Bezeichnung der Viertel und Hälften, wie sie neben dem Ganzstück geprägt wurden, keine Rede ist. Diese ursprüngliche Auffassungsweise verschwand vollends, als Pompeius das syrische Grofssilberstück zu 4 Denaren tarifirte[2]), und man nun jene Münze vier ‚attischen' Drachmen gleichsetzte, worunter man in Rom seit der gesetzlichen Uebertragung dieses Namens auf den römischen Denar[3]) den letzteren verstand.

Man erkennt übrigens aus der einheimischen Benennung des spätern syrisch-phönikischen Silbergeldes noch deutlich genug, dafs diese Prägung nur eine Reproduction und Fortsetzung der frühern war, welche unter der Achämenidenherrschaft an der phönikischen Küste zwar nicht in denselben Orten, aber doch in nächster Nähe in Byblos, Asdod und vielleicht auch in Tyros geübt worden ist.

Hierhin gehört zunächst eine Reihe byblischer Königsmünzen mit der Galere einerseits und dem stierwürgenden Löwen andrerseits, auf denen sich die Namen Baal, Ainel, Azbaal, Adarmelek finden und die sämmtlich eben so wie einige andre aufschriftlose desselben und ähnlichen Gepräges auf den Fünfzehnstaterfufs geschlagen sind. Das Grofsstück wiegt bis 14.40 Gr., hält sich aber meist unter 14 Gr. und steht mithin in den schwerern und wahrscheinlich ältern Exemplaren dem spätern tyrischen, in den leichtern dem sidonischen Tetradrachmon ganz gleich. Als Kleingeld kommen Viertel von 3.65—3.45 Gr., Sechszehntel von 0.87—0.55 Gr. und Zweiunddreifsigtel von 0.39—0.36 Gr. vor, oder wenn wir den einheimischen Namen darauf anwenden, Stücke von 6, 1½ und ¾ Maln. Bei ganz gleichartigen Silbermünzen, die den Dagon auf der Schauseite, Galere über geflügeltem Seepferd auf der Rückseite darstellen, und wohl nach Asdod zu bringen sind, begegnen wir aufserdem Sechsteln und Achteln oder 4 und 3 Obolenstücken.

Diese Eintheilung ist offenbar mit Rücksicht auf den correlaten babylonischen Zehnstaterfufs gewählt worden, der nicht nur in der persischen Reichsmünze, sondern an der ganzen Küste von Phaselis an bis nach Arados hin und auf der Insel Kypros mafsgebend war und sich im phönikischen Verkehr mit der dort bestehenden Währung beständig

[1]) Eagers zu Maimonides de Siclis S. 15 f. Böckh S. 59. 63.

[2]) Mommsen S. 35. 715.

[3]) Im Jahre 608 d. St. = 145 v. Chr. Mommsen S. 71.

mischen muſste. Daher empfahl es sich sehr, das Kleingeld beider correlaten Währungen auf das gleiche Gewicht auszubringen, was um so näher lag, da der Drittelstater der einen sich mit dem Viertelstater der andern deckte. So kam es, daſs man in Phönikien von der Prägung des Vierundzwanzigstels absah und dagegen 1½ Obolenstücke münzte, die dem häufig gemünzten Zwölftel des babylonischen Silberstaters gleich standen. Es verschwand mithin im Kleingeld äuſserlich der Unterschied zwischen dem Zehn- und Fünfzehnstaterfuſs gänzlich und blieb nur in der Bezeichnung der einzelnen Nominale und beim Ganzstück in der Weise bestehn, daſs wo die erstere Währung herrschte, nie das 4/3 Stück oder der kleinasiatisch-phönikische Stater von 14.40 Gr., wo die letztere nie das ¾ Stück oder der babylonische Stater von 11 Gr. geprägt wurde. Nirgends zeigt sich dies deutlicher als an der phönikischen Küste selbst. Arados gehört noch dem Gebiete des babylonischen Staters an, wie die Münzen mit dem bärtigen lorbeerbekränzten Kopf einerseits und der Galere andrerseits beweisen. Die übrigen Städte prägten nach dem Fünfzehnstaterfuſs. Dort steht das Ganzstück auf 10.67—10.04 Gr., hier auf 14.40—13.04 Gr. Das Kleingeld dagegen gleich. Die folgende Vergleichung der Königsmünzen von Byblos mit dem aradischen Gelde wird dies verdeutlichen.

Byblos.		Arados.				
1	14.40		—	=	2/15	Dareikos
¾	—	1	10.80	=	1/10	„
¼	3.60	⅓	3.60	=	1/30	„
1/16	0.90	1/12	0.90	=	1/120	„

Auch in Syrien muſs der Fünfzehnstaterfuſs von alter Zeit her einheimisch gewesen sein, da sich auf andere Weise nicht erklären läſst, warum die persischen Groſskönige, welche wenigstens 7 Regierungen hindurch in jener Satrapie, und zwar wahrscheinlich in Damaskos, Silber mit einem groſsköniglichen Wappen haben prägen lassen, für diese Münzen nicht den babylonisch-persischen Reichsfuſs, sondern jenes Gewicht gewählt haben. Das Groſsstück dieses Courants betrug 1/40 der schweren assyrisch-babylonischen Gewichtsmine und hatte den Werth von 4/15 Dareikos. In den ältesten Exemplaren steht dasselbe auf höchstens 28.30 Gr., unter den spätern Regierungen erreicht es kaum 26.00 Gr. Es sind die bekannten Münzen, welche häufig in der Nähe von Damaskos und in Mesopotamien gefunden werden und die auf der einen Seite den König und Wagenlenker auf einem mit 4—6 Pferden bespannten Wagen, auf der andern entweder Galere vor Thürmen und Mauer, oder nur die Galere darstellen, über der sich meistens das Regierungsjahr des betreffenden Königs bemerkt findet. Dazu gehören Viertel und Zweiunddreifsigstel, die älteren von 6.81 und 0.90, die spätern von 6.75 und 0.855 Gr. Maximalgewicht, mit dem gleichen Gepräge der Rückseite, aber meist einem andern grofsköniglichen Wappen — König als Löwentödter — auf der Schauseite. Entsprechende Achtel von 3.18—3.00 Gr. kommen selten und nur von einer spätem Reihe vor.

Man sieht, das Grofsstück und Viertel wiegt genau das Doppelte des Staters und Viertelstaters der byblischen Königsmünzen. Das Sechzehntel hat man in Damaskos nicht geprägt, sondern das dem gleichen phönikischen Nominal entsprechende Zweiunddreifsigstel, offenbar um auch hier eine dem Zwölftel des babylonischen Staters gleichgeltende Kleinmünze zu besitzen. Man wird auch bei diesem Gelde das Grofsstück als Shekel oder Stater betrachten dürfen und die analoge Bezeichnung des gleichwichtigen gröfsten ptolemäischen Goldstücks von 27.88 Gr. als Stater[1]) möchte daher der orientalischen Rechnungs- und Auffassungsweise ganz entsprechend sein, während sie dem in Aegypten eingebürgerten griechischen Sprachgebrauch widerspricht, da nach diesem die Münze als Oktadrachme aufzufassen ist.

Es wird altem phönikischen Einflusse zuzuschreiben sein, wenn der schwere Münzstater von 29.50 Gr. Maximalgewicht auch im Bereiche der pangäischen Gold- und Silberbergwerke vorkömmt, die wahrscheinlich ebenso wie die Gruben des gegenüberliegenden Thasos zuerst von den Phönikiern ausgebeutet worden sind. Die hierher gehörigen Münzen, zum Theil von sehr barbarischer Prägung, sind von den Bisaltern, den Edonern, den Orreskiern und in Abdera geschlagen worden. Die ältesten derselben gehören in die Zeit Alexanders I. von Makedonien, also in den Anfang des 5. Jahrhunderts v. Chr. Denn nachdem dieser König in den Besitz der reichen Bergwerke im Gebiet der Bisalter gelangt war, welche ihm täglich ein Talent Silber einbrachten[2]), begann er dort nach demselben Fufse und mit dem gleichen Gepräge Silber auf eignen Namen zu schlagen, während die wahrscheinlich ebenso alten makedonischen Münzen der Stadt Aegae dem babylonischen Zehnstaterfufse folgen. Zu den von den

---

[1]) Letronne, Récompense promise à qui découvrira .. deux esclaves. S. 10 aus dem Journ. des Savants 1833. Mommsen S. 41.

[2]) Herodot V, 16.

Bisaltern geprägten Ganzstücken von 29.26—28.52 Gr. kommen etwas spätere, meist übermünzte Achtel von 4.10—3.14 Gr. mit der Aufschrift ΜΟΣΣΕΩ vor; zu den Alexandermünzen von 29.15—28.20 Gr. auſser den Achteln von 4.09—3.89 Gr. noch Sechzehntel von 1.83 Gr. und Vierundzwanzigstel von 1.03 Gr.

Die ältesten Münzen dieser Art sind wohl die Groſssilberstücke von Abdera mit dem Bild des nach links gewendeten Greifen, deren Gewicht auch bis 29.50 Gr. steigt; und so wird wohl zunächst von dort die makedonisch-thrakische Prägung nach dem schweren Fünfzehnstaterfuſs ausgegangen sein, wie denn auch das in Abdera ebensowohl wie auf den Münzen der Mutterstadt Teos gebräuchliche, in vier regelmäſsige Felder getheilte, eingeschlagene Viereck der Rückseite sich auf allen Münzen dieser Währung wiederholt. Sehr lange hat diese Prägung nicht gedauert, in Abdera ging man sehr bald zur Ausmünzung der Hälfte des Staters von 15.17—14.24 Gr. über, bei den Orreskiern lieſs man den in Makedonien schon in ziemlich früher Zeit vorkommenden babylonischen Zehnstaterfuſs an die Stelle treten und von den makedonischen Königen hat nach Alexander I. Niemand mehr nach jener schweren Währung Geld geschlagen. Archelaos, Alexanders Nachfolger, hat zwar, wie es scheint, noch kurze Zeit, aber mit verschiedenem Gepräge, die Hälfte geprägt, deren Gewicht (von 13.22 Gr.) indeſs nicht zu dem alten Ganzstück, sondern zu dem in Makedonien sehr niedrig stehenden babylonischen Silberstater in Verhältniſs gesetzt wurde, ist aber dann zu der letztern Währung übergegangen, die in der makedonischen Reichsmünze bis auf Philipp II. geherrscht hat.

Die spätesten makedonisch-thrakischen Münzen des schweren Fünfzehnstaterfuſses tragen den Namen des Getas, des Königs der Edoner; sie wiegen 27.70—27.10 Gr. und zeigen, ebenso wie die gleichartigen Stücke der Orreskier auf der Schauseite einen nackten, mit der Kausia bedeckten, mit zwei Speeren bewaffneten Mann, hinter zwei Ochsen stehend, während die der Bisalter einen ähnlich bekleideten und bewehrten Mann neben dem Pferde stehend darstellen; verwandt, aber später und wahrscheinlich nicht demselben Fuſs angehörig, ist eine Sorte schwerer Silberstücke von 40.55 und 34.50—34.35 Gr. Gewicht, die wohl als attische Zehn- und Achtdrachmenstücke aufzufassen sind, obgleich sie nach der Form der Buchstaben auf einem mit ΔΕΡΡΟΝΙΚΟΣ bezeichneten Exemplar zu urtheilen, noch vor Alexander dem Groſsen geprägt sein werden.

So findet man denselben Fuſs an der Nord- und Südküste des mittelländischen Meeres. Die schweren persischen Königsmünzen von Damaskus standen dem beschriebenen, makedonisch-thrakischen Groſsgelde dem Gewichte nach so nah, daſs sich beide Sorten im Verkehr mischen konnten und in Folge dessen jenes in Europa nie häufig gewordene Geld nach Asien hinüberwanderte, wo es den erwähnten, ziemlich häufigen Königsmünzen im Handel gleich stand. Wenigstens sind die beiden einzigen mir bekannt gewordenen Exemplare der von Getas geschlagenen Münzen im Tigris gefunden worden.

Was das Gewicht des nach dem Fünfzehnstaterfuſse normirten Silbergeldes betrifft, so kann man nicht erwarten, an allen verschiedenen Orten, wo derselbe geherrscht hat und zu allen verschiedenen Perioden genau dasselbe zu finden. Dennoch begegnen wir einer gröſseren Gleichmäſsigkeit als man vorauszusetzen geneigt sein würde. Gehen wir von der babylonischen Mine von 1010 Gr., wie sie sich aus den ninivitischen Monumenten ergiebt, aus, so gewinnen wir für die auf $\frac{1}{67}$ derselben bestimmte Einheit ein Normalgewicht von 14.9 Gr. Dies erreichen die ältesten kleinasiatischen Münzen dieses Fuſses in der Regel ebensowenig wie der phokaische Stater das Normalgewicht des babylonischen Sechzigstels, oder der babylonische Silberstater das des babylonischen Fünfundvierzigstels. Die ältesten kleinasiatischen Silberstücke dieses Gewichts stehen ebenso wie die gleichartigen Elektronmünzen selten höher als 14 Gr., die entsprechende Drachme meist unter 7 Gr., eine Ausnahme machen nur Chios und Phokaea, wo man aus einer besondern Veranlassung noch über das Normalgewicht hinausgegangen ist. Auch die ältesten orientalischen Silbermünzen dieses Systems, die indeſs sämmtlich jünger sind als Dareios, bleiben unter dem Normalgewicht; so wiegen die in Syrien geschlagenen persischen Königsmünzen höchstens 28.30 Gr., die Königsmünzen von Byblos höchstens 14.40 Gr.; etwas schwerer sind dagegen die makedonisch-thrakischen Groſssilberstücke, die in Abdera bis 29.50 Gr. ausgebracht worden sind.

Das erwähnte phönikische und syrische Silbergeld stand in der persischen Zeit in constantem Gewichts- und Cursverhältniſs zu dem auf der Insel Kypros, in Kilikien, und weiter bis Arados hin herrschenden babylonischen Silberstater, welcher in der Regel nicht höher als zu 11 Gr., meist darunter, in Arados z. B. nicht schwerer als zu 10.67 Gr. ausgeprägt worden ist und sich zu dem phönikischen Stater wie 3 zu 4 verhielt.

Dafs beide wieder vom Gewichte des persischen Golddareikos abhingen, braucht hier nicht wiederholt zu werden. Aehnlich können wir bei der Normirung des kleinasiatischen Silbers von der ältesten Zeit an in der Regel die Rücksicht auf das gleichzeitig geprägte Goldstück nachweisen, dieses mochte nun demselben oder dem phokaischen Fufse folgen. Der erstere Fall ist, wie wir sahen, in Klazomenae und Lampsakos eingetreten, wo denn auch das Gold- und Silbergewicht sich genau entspricht[1]), der letztere dagegen fast in allen übrigen hellenischen Städten der kleinasiatischen Westküste, in denen überhaupt in beiden Metallen geprägt worden ist.

Es wurde bereits erwähnt[2]), dafs nach dem Sechzigstel der schweren babylonischen Mine zuerst in Phokaea Gold gemünzt worden ist. Von dort aus hat sich dieser Münzfufs über die meisten Griechenstädte der kleinasiatischen Nordwestküste verbreitet; fast überall — zuletzt am häufigsten in Kyzikos — wurde Gold nach phokaischem Muster geprägt. Von den zum ionischen Bunde gehörigen zwölf Städten kennen wir nur vier Ephesos, Kolophon, Priene und Myus, von denen wir bis jetzt keine derartige Münzen nachweisen können; dagegen lassen sich aufser den übrigen acht, noch zwölf Städte aufzählen, die sich an dieser Prägung betheiligt haben. Ueberhaupt giebt es keinen nur einigermafsen bedeutenden Ort an der ganzen Küste von Herakleia am Pontos bis nach Milet, der auf dieser Liste sich nicht fände. In den gröfsern Orten, in Phokaea selbst, in Klazomenae, Chios, Milet, Teos, Samos, Mytilene, Methymna, Lampsakos und Kyzikos, wurde vom Ganzstücke abwärts, d. h. Stater, Sechstel, Zwölftel, selten Vierundzwanzigstel und Achtundvierzigstel, in den kleinern, wie in Kyme, Erythrae, Herakleia, Antandros, Kebrene, Pergamon, Abydos, Birytis, Dardanos, Smyrna, wie es scheint, nur Sechstel und kleinere Theilstücke geprägt.

Es lassen sich zwei Perioden dieser Prägung sehr bestimmt unterscheiden. In der ältern ward das Metall im Ganzen noch wenig legirt und das Normalgewicht, besonders beim Theilstück bestimmt festgehalten. In der jüngern Periode verwandte man dagegen höchstens 70% reines Gold und ersetzte den Rest hauptsächlich durch Silber. Zugleich sinkt das Effectivgewicht des Ganzstückes von 16.57 auf höchstens 16.00 Gr., des Sechstels von 2.80 Gr. auf höchstens 2.60 Gr.; in den allermeisten Fällen steht das letztere nicht höher als 2.55 Gr. Auch verschwindet die ein-

[1]) Siehe oben S. 106.

[2]) S. 107.

seitige Prägung, die in der ältern Zeit noch Regel ist, mehr und mehr. Erst aus dieser jüngern Periode schreibt sich die Vorstellung her, daſs das schlechteste Gold das phokaische sei[1]); denn die ältesten Münzen dieser Stadt sind eben so rein, wie die frühesten Goldmünzen dieses Fuſses aus Chios, Teos, Lesbos und Milet, während die spätern allerdings stärker legirt und zugleich leichter sind, als die irgend einer andern Stadt.

Das Normalgewicht der frühern Periode muſs für den Stater nach zwei Sechsteln von 2.80 Gr., von denen das eine nach Mytilene, das andere nach Chios gehört, auf mindestens 16.80 Gr. angesetzt werden, obgleich, wie bereits bemerkt, das schwerste in Teos geschlagene Exemplar nicht mehr wie 16.57 Gr. wiegt. In Phokaea und Chios hat man das Gewicht ursprünglich wohl noch höher gehalten, da dort das entsprechende Silbergeld im Verhältniſs um ein Geringes schwerer ist, und in Phokaea das Viertel des Silberstaters auf 3.79 Gr., in Chios die Drachme sogar auf 7.97 Gr., das Ganzstück freilich nur auf 15.26 Gr. steht. Dieses auffallend hohe Gewicht des Silbers, wie es sich in der ältern Zeit sonst nicht findet, läſst sich für Chios auf einen besondern Grund zurückführen. Es gab dort zur Zeit des peloponnesischen Krieges eine gangbare Münze, die als chiisches Vierzigstel bezeichnet wurde[2]). Mit Recht hat man diese Theilbestimmung auf die Mine bezogen[3]), darf aber weder mit Mommsen an die attische, noch an die babylonische Silbermine denken, da der in Chios von alter Zeit an sehr viel und stets zu etwa 15.2 Gr. ausgeprägte Silberstater, der hier allein in Betracht kommen kann, weder als attischer, noch als persisch-babylonisches Drittehalbdrachmenstück aufgefaſst werden konnte[4]). Wie man leicht nachrechnen kann, paſst der Ausdruck nur auf die in Griechenland, auf den Kykladen, in Rhodos, Kreta, Teos, Kyme, Thasos u. a. O. in der ältern Zeit in der Münze ganz allgemein verbreitete äginäische Mine und es ergiebt sich hieraus die interessante Thatsache, daſs man in Chios die Silberprägung zwar im Allgemeinen nach

[1]) Vgl. Hesychios: Φωκαΐς ... τὸ κάκιστον χρυσίον. Mommsen S. 7.

[2]) Thukydides VIII, 101. Ὁ δὲ Μίνδαρος ἐν τούτῳ καὶ αἱ ἐκ τῆς Χίου τῶν Πελοποννησίων αἱ νῆες, ἐπισιτισάμενοι δυοῖν ἡμέραιν, καὶ λαβόντες παρὰ τῶν Χίων τρεῖς τεσσαρακοστὰς ἕκαστος Χίας u. s. w.

[3]) Hussey a. a. O. S. 73.

[4]) Mommsen S. 17 bezieht den Ausdruck daher auch nicht auf den kleinasiatisch-phönikischen Stater von 15 Gr., sondern auf den babylonischen Silberstater von 10.91 Gr., der aber, wie er selbst bemerkt, in Chios gar nicht geprägt wurde, wie dies doch nach der Bezeichnung der Münze als ‚chiisches' Vierzigstel zu erwarten sein würde.

dem Fünfzehnstaterfuſse einrichtete, zugleich aber durch eine kleine Gewichtserhöhung dafür sorgte, daſs die einheimische Silbermünze zu dem nach äginäischem Fuſse geprägten ausländischen Gelde in ein einfaches Cursverhältniſs zu stehen kam. Es wurden 40 chiische Silberstater auf eine äginäische Mine geprägt, so daſs vier chiische Drachmen fünf äginäischen an Werth und Gewicht vollkommen gleich standen. So erklärt sich auch ein anderer Ausdruck für chiisches Geld, die bei Xenophon vorkommende *πενταδραχμία*[1]), die allerdings als Rechnungsmünze aufzufassen ist, aber zwei chiischen Silberstatern genau entsprach.

Die Annahme einer derartigen Tarifirung des chiischen gegen äginäisches Geld hat nichts Auffallendes, wenn man die groſse Verbreitung des letztern in der ältesten Zeit und die frühere commercielle Bedeutung von Aegina in Anschlag bringt. Die mehr als vollwichtige Ausprägung des Silbergeldes findet sich auſser in Chios auch noch in Phokaea; an beiden Orten steht damit das hohe Gewicht des gleichzeitigen, von möglichst reinem Golde hergestellten Staters phokaischen Fuſses ohne Zweifel in engem Zusammenhange und es ist gewiſs nicht zufällig, daſs wir in der ältesten Zeit an denselben Prägstätten vollwichtig geschlagenem Silber und Gold nebeneinander begegnen. Offenbar war das eine nach dem andern und beides nach der in den asiatischen Groſsreichen legalisirten Doppelwährung normirt, wobei sich der Werth des Goldes noch um ein Geringes höher als im Barrenverkehre stellte. So ist denn also in Phokaea nicht nur zuerst nach dem Sechzigstel der babylonischen Gewichtsmine geprägt, sondern gleichzeitig auch die auf dem bekannten Preisverhältnisse der beiden Metalle beruhende asiatische Doppelwährung eingeführt worden. In den übrigen Städten, wo in derselben Periode Silber nach dem Fünfzehnstaterfuſse gemünzt worden ist, hat sich das Gewicht desselben nicht nach dem correlaten phokaischen Goldstater, sondern nach der meist an den gleichen Orten geprägten Elektronmünze, deren Stater aber effectiv nicht höher als bis 14.24 Gr., meist auf höchstens 14 Gr. stand, gerichtet. So wiegt in Klazomenae das Ganzstück aus Elektron 14 Gr., die entsprechende Silberdrachme 7 Gr., der Stater von Lampsakos in beiden Metallen höchstens 14.24 Gr. Die Silberdrachme von Methymna 6.80 Gr., von Erythrae 7.10 Gr., das älteste ephesische Viertel 3.50 Gr., während die Drachme in der persischen Zeit, in der die Stadt Gold nach

---

[1]) Hellenic. 1, 6, 12 *λαβὼν δὲ ταῦτα ἐκεῖθεν, καὶ ἐν Χίῳ πενταδραχμίαν ἑκάστῳ τῶν ναυτῶν ἐφοδιασάμενος, ἔπλευσε* u. s. w.

dem Dareikenfuſse prägte, zu diesem in Verhältniſs gesetzt und bis auf 7.58 Gr. erhöht wurde.

In Samos begann die Silberprägung nicht so früh, wie in den genannten Städten und wahrscheinlich erst, als man die Elektronprägung nach dem phönikisch-kleinasiatischen Fuſse bereits aufgegeben hatte und zum Systeme des phokaischen Staters übergegangen war, diesen aber nicht vollwichtig, sondern kaum zu 16 Gr., das Sechstel zu höchstens 2.57 Gr. ausmünzte. Es scheint, daſs im Verhältnisse zu diesem Gewichte auch das des Silbers festgesetzt und so niedrig normirt worden ist, daſs das Ganzstück von 13.27 Gr. und die Hälfte von 6.65 Gr. dem äginäischen Stater und der entsprechenden Drachme näher steht, als den gleichen Nominalen der chiischen Silberprägung. Der samische Gewichtsfuſs tritt im Orient auſserdem nur noch in Kyrene und Barke auf, wohin er von Samos aus eingeführt worden sein mag, wie denn von einem engern Zusammenhange dieser Städte in älterer Zeit auch die geschichtliche Ueberlieferung berichtet[1]). Unter der Herrschaft der Battiaden (640—450 v. Chr.) wurde dort das Groſsstück in beiden Metallen auf das Sechzigstel der schweren babylonischen Mine, unter Anwendung der auch in Athen gebräuchlichen Stückelung geschlagen, nur daſs die der attischen Drachme entsprechende Münze als Stater, die der halben als Drachme bezeichnet wurde, wie dies aus der Vergleichung eines Fragments des Aristoteles mit den vorhandenen Münzen hervorgeht. Denn wenn dieser berichtet, daſs der Tetrastater, der Stater und der Halbstater kyrenäische Goldmünzen gewesen seien[2]), so läſst sich dies nur auf die häufig vorkom-

[1]) Herod. IV, 162 f. Arkesilaos III. (um 530 v. Chr.), floh nach Samos, sammelte dort ein Heer und bemächtigte sich mit dessen Hülfe wieder der Herrschaft. Die ältesten Münzen des samischen Fuſses sind die mit dem Stadtnamen von Kyrene und Barke bezeichneten, die noch in die erste Periode, die mit dem Untergang der Battiaden 450 v. Chr. endigt, fallen. vgl. Müller Num. de l'anc. Afrique I, S. 42. 61. 78. 84.

[2]) Pollux IX, 62 *ἦν μέντοι, ὡς Ἀριστοτέλης φησίν, ἐν Κυρήνῃ καὶ τετραστάτηρον καὶ στατὴρ καὶ ἡμιστάτηρον χρυσοῦ νόμισμα.* Mommsen S. 95 bezieht diese Ausdrücke auf die kyrenäischen Goldstücke vom Gewicht des (attischen) Tetrobolon und des Obolos, die nach dem vorausgesetzten Verhältniſs des Goldes zum Silber wie 12 : 1 einem Tetrastater und Stater Silbers im Werthe gleich gewesen seien. Indeſs kommt das Tetrobolon nur selten, die Obole gar nicht vor, die von Mommsen dahin gerechneten Münzen gehören vielmehr dem samischen Fuſse an und sind als Vierteldrachmen aufzufassen (vgl. die Uebersicht bei Müller, Numismatique de l'ancienne Afrique, table III). Auch wurde in Kyrene Silber nach attischem Fuſs fast nur in der ältesten Periode geprägt; etwa in der ersten Hälfte des 5. Jahrh. v. Chr. ward die samische Währung eingeführt und auf diese paſst jene Erklärung nicht.

menden Stücke von 17.7—4.3 und 2.12 Gr. beziehen, während es auf die attische Benennung dieser Nominale ebensowenig pafst, wie der schon von Andern hervorgehobene Umstand, dafs in Kyrene nur halbe, nicht ganze Obolen nach attischem Ausdrucke, gemünzt worden sind[1]). Diese vermeintlichen Hemiobolien sind eben in Kyrene Obolen genannt worden. Später, aber noch vor Einführung der Republik, vertauschte man dies System mit dem Fünfzehnstaterfufse, wie er in Samos gebräuchlich war und prägte Tetradrachmen von 13.4—12.4 Gr., Drachmen von 3.5—3 Gr., halbe Drachmen von 1.65—1.45 Gr. und Obolen von 0.87—0.67 Gr. in Silber, die drei letzten Nominale zuweilen auch in Gold, und behielt nur für das letztere Metall den ältern Münzfufs daneben bei. Auch bei der neuen Währung ward der Name der Drachme auf die Hälfte übertragen und zugleich diese Geldsorte zu der ältern so in Verhältnifs gesetzt, dafs fünf neue Drachmen dem Gewichte des frühern Oktadrachmon oder Tetrastater entsprachen, wie denn auch der letztere in Silber als Pentadrachmon bezeichnet wurde[2]). Unter den Ptolemäern ward die Silberdrachme auf die Höhe von 3.96 Gr. gebracht, so dafs sie nun den ptolemäischen und tyrischen Drachmen ungefähr gleich stand. Auch in Samos ist das Grofssilberstück in einer jüngern Periode, aber wahrscheinlich noch vor Alexander, bis auf 15.48 Gr. erhöht worden. Die gleiche Gewichtssteigerung des Fünfzehnstaterfufses bemerkt man gleichzeitig in mehreren Städten, so in Erythrae, Kyzikos, ferner in Thasos, wo damals an die Stelle der frühern äginäischen Währung, die Prägung des Staters von 15.28 Gr. getreten ist. Wahrscheinlich hängt dies mit der Einführung des Fünfzehnstaterfufses in der durch Vereinigung von Lindos, Jalysos und Kameiros im Jahre 408 (Ol. 93, 1) neu gegründeten Stadt Rhodos und mit dem gleichzeitigen raschen Aufblühen des rhodischen Handels zusammen, durch welchen das sehr reichlich dort geprägte Silbercourant eine grofse Verbreitung und Bedeutung gewann, so dafs es für die mit diesem Staate in Geschäftsverbindung stehenden Orte vortheilhaft schien, ihr Geldwesen nach rhodischem Muster zu ordnen. Auch in Rhodos ward das Gewicht des Silbers durch das gleichzeitig nach dem Muster des Dareikos geprägte Gold bestimmt, und da man das Normalgewicht des Goldstaters bis auf wenigstens 8.68 Gr. erhöhte, so mufste auch das Grofssilberstück, wenn man es nach dem im persischen Reiche legalisirten

---

[1]) Müller S. 20. Hultsch S. 287.

[2]) Pollux IX, 60. καὶ πεντάδραχμον παρὰ Κυρηναίοις nach Müller's Erklärung S. 121.

Preisverhältnisse der beiden Metalle auf den Werth von $\frac{1}{12}$ Goldstater bringen wollte, ein Gewicht von wenigstens 15.42 Gr. erhalten. Die ältesten und schwersten rhodischen Zweidrachmenstücke wiegen sogar noch etwas mehr und geben bis 15.60 Gr., während die Mehrzahl sich um ein Gewicht von 15.20 Gr. bewegt.

Diese rhodische Währung ist seit Hekatomnos in dem karischen Lehnreich in der Königsprägung sowohl, wie in den verschiedenen städtischen Münzen eingeführt und mafsgebend geworden, hat aber ihren Einflufs auch auf weiterliegende Gebiete ausgeübt und bald, wo der Fünfzehnstaterfufs noch nicht bestand, zur Annahme desselben, bald, wo er bereits galt, zu einer Erhöhung des Gewichtes nach rhodischem Vorbild geleitet.

Der Dareikos von 8.40 Gr. galt zehn babylonische Silberstater zu 11.20 Gr. und da dieser sich zu dem phönikisch-kleinasiatischen Didrachmon wie 3 : 4 verhielt, auch soviel wie 15 Drachmen des letztern Fufses zu 7.45 Gr., so wie der doppelt so schwere phokaische Goldstater von 16.80 Gr. dem Werthe von 15 Statern zu 14.90 Gr. entsprach. Indefs konnte dieser, wie sich von selbst versteht, seinen Normalwerth nur so lange behalten, als er vollwichtig und das Metall in der ursprünglichen Reinheit ausgeprägt wurde. Es galt unter dieser Voraussetzung

1 Goldstater zu 16.80 Gr.	= 2 Dareiken	: 15 Silberstater zu 14.9 Gr.	= 30 Drachmen zu 7.45 Gr.
$\frac{1}{6}$ „	= $\frac{1}{3}$ Dareikos	: $2\frac{1}{2}$ „	= 5 Drachmen
$\frac{1}{12}$ „	= $\frac{1}{6}$ „	: $1\frac{1}{4}$ „	= $2\frac{1}{2}$ „
$\frac{1}{24}$ „	= $\frac{1}{12}$ „	: $\frac{5}{8}$ „	= $1\frac{1}{4}$ „
$\frac{1}{48}$ „	= $\frac{1}{24}$ „	: $\frac{5}{16}$ „	= $\frac{5}{8}$ „

Als man dagegen statt reinen Goldes Elektron zu prägen begann, änderte sich das Verhältnifs. Zur Zeit des Demosthenes[1]) galt ein Kyzikener im Bosporos 28 attische Drachmen oder 132.78 Gr. Silber, mithin nicht 15, sondern kaum 9 Stater zu 14.9 Gr. und ein *ἡμίεκτον* sogar nicht mehr als 6 attische Obolen oder 5.64 Gr. Silber[2]). Nach dem erstern Curs würde der Kyzikener den Werth von noch nicht 12 babylonischen Silberstatern zu 11.2 Gr. gehabt haben, während auf den nur etwa

[1]) Demosth. 34, 23 gegen Phormio.

[2]) Krates bei Pollux IX, 62 *ἡμίεκτον ἦν χρυσοῦ, μανθάνεις, ὀκτὼ ὀβολοί*, was Mommsen S. 57 f. auf attisches Gold, Hultsch S. 164 Anm. 9, wie mir scheint, richtiger auf kleinasiatisches bezieht, da das *ἡμίεκτον* als Zwölftel der Drachme aufgefafst Bedenken hat und dem gewöhnlichen griechischen Sprachgebrauch, nach dem es als Theilstück des Staters angesehn ward, widerspricht.

halb so schweren, aber aus gediegenem Golde geprägten Dareikos zehn solcher Stücke gingen. In der That galt noch um den Anfang des 4. Jahrhunderts v. Chr. in Kleinasien ein monatlicher Sold von einem Kyzikener für nicht beträchtlich höher als der eines Dareikos, wie er gewöhnlich den Miethstruppen gewährt wurde[1]). Es ist sehr wahrscheinlich, dafs die legirten Goldmünzen in mehreren Städten, besonders in Kyzikos selbst, wo sie am reichlichsten gemünzt worden sind, gegen das Silber ursprünglich einen festen Curs hatten; auch läfst sich die Thatsache, dafs so viele und selbst kleinere Orte es vortheilhaft fanden, sich an dieser Prägung zu betheiligen, wohl am einfachsten dadurch erklären, dafs unter denselben eine gegenseitige Uebereinkunft darüber bestand, dies Geld in den Kassen der betheiligten Städte zu dem einmal festgesetzten Curs anzunehmen. Allein lange und allgemein konnte dies schon deswegen nicht durchgeführt werden, weil man in den verschiedenen Prägstätten mit der Beschickung sehr ungleich verfuhr. Daher entschlofs sich eine Anzahl dieser Städte unter der Regierung der letzten Achämeniden, nämlich Lampsakos, Abydos und Ephesos, diese Prägung ganz aufzugeben und statt dessen reines Gold nach persischem Gewichte zu münzen. Es ist um so eher anzunehmen, dafs dasselbe dem Dareikos im Curse gleich stand und wie dieser constant 20 persische oder 15 kleinasiatische Silberdrachmen galt, da es in der Regel noch etwas über das Dareikengewicht ausgebracht wurde. Für diese Tarifirung ist sehr bezeichnend, dafs zwar nicht mehr unter persischer Herrschaft, aber doch in einer Zeit, in der in den Hauptprägstätten Kleinasiens, wie in Chios, Samos, Erythrae, Ephesos und Rhodos, Silber noch nach kleinasiatischem Fufse gemünzt und das danach normirte Geld die Verkehrsverhältnisse der Halbinsel noch beherrschte, an mehreren Orten statt der sonst allein üblichen Hälften und Viertel Zwei- und Eindrittelstücke des Goldstaters auftreten, die offenbar ebenso wie das Ganzstück das Goldäquivalent für eine runde Anzahl Silbermünzen darstellten. Denn es galt

1 Goldstater	zu 8.55 Gr.	(effectiv 8.47 Gr.)	= 15	Silberdrachmen zu etwa 7.50 Gr.
⅔ „	„ 5.70 „	(ef. 5.7—5.629 „)	= 10	„ „ „ „
⅓ „	„ 2.85 „	(ef. 2.91—2.85 „)	= 5	„ „ „ „

Das Eindrittelstück finden wir in Pergamon, das Zweidrittelstück in Teos und Klazomenae. Auch in Ephesos kommt eine Goldmünze von 5.46 Gr., und zwar hier neben dem Goldstater (von 8.47 Gr.) und mit dem gleichen Gepräge wie dieser, vor, die man vielleicht ebenfalls als Drittelstater auf-

[1]) Vgl. Hultsch S. 269.

zufassen hat, wiewohl hier die Entscheidung wegen des verhältnifsmäfsig leichteren Gewichts minder sicher ist.

Die Stückelung des Goldstaters giebt auch sonst Aufschlufs über die Tarifirung desselben gegen das correlate Silber.

Es ist bereits darauf hingedeutet worden, dafs eine phönikische Dynastie, die in Kition auf der Insel Kypros herrschte und nach persischem Reichsfufse Gold und Silber prägte, eine von der gewöhnlichen abweichende Stückelung des Goldes anwandte und Zehntel des Staters schlug. Die hierhin gehörigen kitischen Münzen sind Halbstater von 4.30—4.15 Gr. und Zehntel von 0.82—0.78 Gr. Die Veranlassung dieser Stückelung ist nach dem Vorstehenden leicht zu errathen, denn Drittel, Sechstel und Zwölftel des Goldstaters entsprechen nach babylonischer Währung keiner runden Werthsumme in Silber, während dies bei dem Fünftel und Zehntel, welche zwei bezüglich einen babylonischen Silberstater galten, der Fall ist. Eine Bestätigung dieser Auffassung gewähren die gleichzeitigen Münzen des Euagoras. Dieser führte in Salamis im Gegensatz zu der auch sonst in Kypros gültigen persisch-babylonischen Währung das rhodische Münzsystem ein, er prägte in Silber Drachmen zu 7.32 Gr., in Gold ganze, Drittel- und Zwölftel-Stater zu 8.33—2.63—0.64 Gr. Die Ausdehnung seiner Herrschaft mochte ihn aber dazu veranlassen, aufserdem nach demselben Systeme und mit denselben oder ähnlichen Prägbildern, wie die phönikischen Dynasten von Kition, Geld zu münzen. Dabei ward aber die Stückelung des Goldstaters ebenfalls nach der in Kition üblichen Silberwährung eingerichtet und als Theilstück derselben das Zehntel und Zwanzigstel gemünzt. Der König prägte also nach doppeltem Systeme, für seine griechischen Unterthanen mit griechischer Aufschrift:

	Goldstater (zu 8.33 Gr.) zum Werthe von 15 Silberdrachmen (zu 7.32 Gr.).
Drittel	„ „ „ „ 5 „
Zwölftel	„ „ „ „ 1¼ „

für die theils phönikische, theils einheimische Bevölkerung im Süden und Südosten der Insel in der Regel mit kyprischer Aufschrift:

Zehntel	Goldstater (zu 0.80 Gr.) zum Werthe von 1 Silberstater (zu 10.90 Gr.).
Zwanzigstel	„ (zu 0.39 Gr.) „ „ „ ½ „

Wir schliefsen an die Geschichte des Fünfzehnstaterfufses und des mit demselben in der ältern Zeit gleichzeitig in der Goldprägung auftretenden Sechzigstels der schweren babylonisch-assyrischen Mine, eine Uebersicht über die Verbreitung des aus der erstern Währung hervorgegangenen äginäischen Fufses an.

Dafs dieser schon zu Pheidons Zeit (um 660 v. Chr.) in Aegina Anwendung fand und von Pheidon im Peloponnes eingeführt wurde, ist eine Ueberlieferung, an der man nicht wohl zweifeln kann. Vor Solon wog und rechnete man auch in Athen nach äginäischem Gewicht und nach ihm blieb dasselbe dort gültiges Marktgewicht, während für die Münze der euboische Fufs mafsgebend geworden war. Es ist bekannt, dafs die äginäische Währung in der ältern Zeit mit Ausschlufs von Athen, Korinth, Aetolien, Akarnanien und Epirus in ganz Griechenland, sowie in den chalkidischen Kolonien Italiens und Siciliens, ferner in der Münze der paeonischen Könige, in Kreta, auf den Kykladen, insbesondere in Keos, Naxos und Siphnos herrschte[1]).

Eine umfassendere Vergleichung und genauere Sichtung der vorhandenen Münzschätze zeigt aber, dafs die Verbreitung derselben gerade in der ältesten Zeit eine noch viel allgemeinere gewesen ist. Vor Allem tritt sie schon sehr früh in Kleinasien selbst auf, in Teos[2]), Kyme, Knidos und in Herakleia am Pontos, ferner auf dem thrakischen Chersones, in Thasos vor Einführung des persisch-babylonischen Fufses, in Kameiros vor Gründung der rhodischen Hauptstadt und selbst in dieser vor Einführung des kleinasiatisch-phönikischen Staters; ja man darf wahrscheinlich auch die ältesten Münzen der Insel Kypros, die wenigstens zum Theil der Stadt Marion angehören, und den älteren Silberstater der gegenüberliegenden kilikischen Stadt Kelenderis zu demselben System rechnen; sowie auch die ältesten Münzen von Korkyra nicht, wie man angenommen hat, dem babylonisch-persischen Zehnstaterfufs, der dort erst später ebenso wie in Dyrrhachion Eingang fand, sondern der äginäischen Währung zuzuweisen sind[3]). Den unmittelbaren Beweis für die grofse

---

[1]) Vgl. Mommsen R. M. S. 46. Hultsch S. 132.

[2]) Mommsen S. 47 rechnet das teische Geld zum persisch-babylonischen Fufs, obgleich dort der Stater bis 12.17 Gr. wiegt. Entscheidend schien ihm für diese Annahme der Umstand zu sein, dafs als einzige gröfsere Theilmünze dort das Drittel, die Hälfte aber nicht vorkomme, indefs findet sich das letztere Nominal, während die von ihm angeführten Drittel mit dem Stadtnamen von 3.64 Gr. bedeutend später sind und nicht zu den nach äginäischem Fufs geprägten Reihen gehören. Es sind vielmehr Drachmen des in Teos in späterer Zeit eingeführten Fünfzehnstaterfufses.

[3]) v. Prokesch-Osten, Inedita m. Sammlung. 1854. in den Denkschriften der Wiener Akademie ph.-hist. Cl. Bd. V. S. 249 bemerkt, dafs das Gewicht des Staters der älteren korkyräischen Münzen, die bald mit dem Bilde der Kuh, die ein Kalb säugt, auf der einen und zwei sternartigen Verzierungen, den sogenannten Gärten des

Verbreitung dieses Fußes in der ältesten Zeit gewährt ein von H. Borrell genau beschriebener Fund von 760 Stateren und Drachmen äginäischer

---

Alkinoos auf der andern Seite, bald mit der Amphora auf der Schauseite und dem Stern auf der Rückseite bezeichnet sind, 218—200 Par. Gran = 11.58—10.62 Gr. beträgt und mit den ältern Münzgewichten von Kreta, Arkadien und Elis übereinstimmt. Mommsen S. 64 f. dagegen rechnet dies Geld zum System des babylonisch-persischen Silberstaters. Das Richtige liegt in der Mitte: die ältern Reihen sind Münzen äginäischer, die spätern persisch-babylonischer Währung, wie dies die folgende Vergleichung der von mir im britischen Museum gewogenen Exemplare mit denen der Prokesch'schen Sammlung zeigt.

Korkyra.

1. Aeltere Reihen. Aeginäische Währung.

11.87 Gr. Br. Mus. Kuh, Kalb säugend.)(Zwei Sterne in tief eingeschlagenen Vierecken.
11.58 „ Prokesch.
5.68 „ } Br. Mus.
5.52 „ }
11.32 = 213 Prokesch. Amphora)(Stern in vertieftem Viereck. (abgegriffen.)
2.85 Gr. (2) }
2.58 „ } Br. Mus.
2.50 „ }

2. Jüngere Reihen. Persischer Fuß.

a)
11.00 Gr. }
10.98 „ } Br. Mus. Kuh, Kalb säugend.)(2 Sterne in länglichen vertieften Vierecken.
10.55 „ }

b)
10.98 Gr. }
10.90 „ }
10.80 „ } Br. Mus. Kuh, Kalb säugend.)(KOP und verschiedene Symbole, wie Keule, Lanzenspitze, Traube, um ein flach vertieftes, zwei Sterne darstellendes Viereck.
10.30 „ }
9.85 „ }
5.15 „ } Br. Mus. KOPKYPA Vordertheil einer Kuh.)(Zwei Sterne in v. V., im Felde Amphora und Traube.
4.75 „ }

Dyrrhachion.

Persische Währung.

10.98 „ }
10.85 „ }
10.75 „ } Br. Mus. Kuh, Kalb säugend.)(ΔYP und Keule um dasselbe Viereck.
10.60 „ }

Späterer Fabrik.

3.25 „ (?) }
3.18 „ (?) } Br. Mus. Magistratsname. Dasselbe Bild.)(ΔYP und Vatersname des Magistrats um dasselbe Viereck.
3.10 „ }

Währung, der im Jahre 1821 auf der Insel Thera, dem heutigen Santorin, gemacht worden ist[1]). Derselbe enthielt aufser 541 Schildkrötenstateren und einer Anzahl peloponnesischer Silberstücke, 131 theils mit dem halben Löwen, theils mit dem Eberkopf bezeichnete Münzen, die wahrscheinlich den Städten Olus[2]) und Lyttos auf Kreta angehören, 14 Didrachmen mit dem bekannten Wappen von Naxos, der Vase mit Trauben an beiden Henkeln, darüber ein Epheublatt, und 41 Stater mit dem halben Pferde auf der Vorder- und zwei sternartig verzierten ungleichen Einschlägen auf der Rückseite, die der Herzog von Luynes in seiner Sammlung Kyme beigelegt hat; aufserdem aber noch 29 Exemplare unbekannter Herkunft, von denen 23 mit dem Bilde zweier Delphine übereinander in umgekehrter Richtung von Borrell dem Pheidon zugeschrieben werden, wahrscheinlich aber in Thasos geprägt worden sind[3]). Ein ähnliches Ergebnifs lieferte ein anderer, mehrere Jahre später in Melos aufgegrabener Schatz, über den aber Genaueres nicht bekannt ist.

In der folgenden Uebersicht stellen wir die höchsten Effectivgewichte der ältesten Münzsorten des äginäischen Fufses zusammen.

	Stater.	Drachme.	Triobolon.	Obolos.	Hemiobolion.
Aegina[4])	12.60	6.37	3.12	1.17	0.64
Korkyra	11.87	5.58	2.85	—	—
Kreta[5]): Aptara	11.34	—	2.75	—	—
Itanos	11.67	5.24	—	—	—

---

[1]) Numism. Chronicle VI, S. 134.

[2]) Unter den in Melos gefundenen Münzen fanden sich ebenfalls mehrere mit dem halben Löwen und aufserdem mit den Buchstaben ΟΛΥ oder ΛΥΟ bezeichnete Exemplare, vgl. Borrell a. a. O. Den letztern gewifs identisch sind die im Pariser Museum Pinder beigelegten Silberstater von 11.90, 11.75, 11.65, 11.60 (2) Gr. mit Kopf und Hals eines Löwen und der Aufschrift ΟΛΥ oder ΟΥΛ, welche der Herzog von Luynes, dessen Sammlung ähnliche Exemplare enthält, Olus zugetheilt hat.

[3]) Borrell a. a. O. S. 42 dienen als Anhaltspunkt für seine Zutheilung die spätern argivischen Münzen, die auf der Rückseite die zwei Delphine, aber nicht allein, sondern mit andern Symbolen zusammen, zeigen, während die thasischen Münzen mit dem Stadtnamen ganz dasselbe Bild als das eigentliche Prägbild der Rückseite darstellen. vgl. Leake In. Gr. 44.

[4]) Die Stater der ältern durch die Wasserschildkröte bezeichneten Reihe scheinen leichter zu sein als die der spätern mit dem Bilde der Landschildkröte. Jene wiegen nach Prokesch höchstens 12.43 Gr., von diesen das schwerste, bisher bekannte Exemplar, das sich in der Sammlung des Herrn v. Rauch befindet, 12.60 Gr.

[5]) Die Maximalgewichte von Lyttus und Phaestos bei Mommsen S. 46 Anm. 143. Knosos: 12.06 Gr., Brit. Mus. Nackter Mann, ein Knie gebeugt, X das Labyrinth in

9*

	Stater.	Drachme.	Triobolon.	Obolen.	Hemiobolien.
Knosos	12.05	—	—	—	—
Lyttos	12.42	—	—	—	—
Phaestos	12.00	—	—	—	—
Gortyn	12.25	6.20	2.85	—	—
Olus	11.90	—	—	—	—
Tylissos	11.60	—	—	—	—
Keos	11.78	5.68	2.55	0.95	0.60
Karthaea	11.98	—	—	0.93	0.57
Koressia					
a) Aeltere Reihe	11.85	5.80	3.10	0.67	0.46
b) Jüngere Reihe	12.10	—	2.90	—	—
Naxos	12.50	—	—	—	—
Siphnos	12.72	—	—	—	—
Kypros	11.75	—	—	—	—
Kelenderis	11.60	—	—	—	—
Kameiros	12.08	—	—	—	—
Rhodos	11.68	5.90	—	—	—

---

vert. Viereck. Die bei Leake und Mionnet angeführten Ex. sind sämmtlich leichter. — Gortyn: 12.25 Gr., Br. Mus. Weibliche Figur auf einem Baumstamm sitzend. ⅄ ΓΟΡΤΥΝΙΟΝ rückläufig. Ochs schreitend nach links mit umgewandtem Kopf. Die Drachme von 6.20 Gr. mit demselben Bild und der Aufschrift ΓΟΡΤΥ ist jünger. Das Triobolon von 2.85 Gr. Stier liegend. ⅄ Löwenkopf von vorn, dagegen gleichzeitig. Der älteste Stater mit der bei Leake a. a. O. und Mommsen a. a. O. Anm. 144 wiedergegebenen Aufschrift ist leichter. — Aptara: bei Leake Ins. Gr. 8 ΑΠΤΑΡΑΙΩΝ Weiblicher Kopf im Feld ΠΥΘΑ ⅄ ΠΤΟΛΙΟΙΚΟΣ Krieger mit Speer und Schild, die Rechte ausgestreckt über einem Baum. Ein anderes Exemplar ohne ΠΥΘΑ von 11.30 Gr. im Br. Mus. Ebenda mit gleichem Gepräge das Triobolon von 2.75 Gr. — Itanos: vgl. Leake Ins. Gr. 22. — Olus: vgl. S. 131. Die spätern, von denen ein Exemplar bei Leake Ins. Gr. 28 von 10.68 Gr. = 165, haben persisches Gewicht. — Tylissos: Leake Ins. Gr. 46. — Keos: 11.78 Gr. Brit. Mus. Diota ⅄ Tief eingeschlagenes in 8 Felder getheiltes Viereck. Die spätern: Diota im Kreise ⅄ Diagonal getheiltes Viereck, sind attischer Währung. Im Br. Mus. sind 2 Didrachmen von 8.35, 8.26 Gr. und 3 Trihemiobolien von 1.07—0.85 Gr. — Karthaea: 11.98 Gr. = 185 Leake Ins. Gr. 6. Amphora ⅄ Eingeschlagenes Viereck, in dem 3 tiefe Dreiecke. Ein anderes Exemplar desselben Gewichts mit ΚΑΡΘ auf der Rückseite, und die Kleinmünzen ebenda. — Koressia: 11.85 Gr. Brit. Mus. Sepia daneben Delphin ⅄ Tief eingeschlagenes Viereck in Windmühlenflügelform. Die Kleinmünzen mit demselben Gepräge. Die Hemiobolien mit der Aufschrift ϘΟ ebenda, vgl. Leake Ins. Gr. 12. Die jüngere Reihe unterscheidet der durch Kreuzband in 4 regelmässige Felder getheilte Einschlag. Die Gewichte sind ebenfalls nach Exemplaren des Brit. Mus. bestimmt. — Naxos 12.50 Gr. Berl. Mus. Amphora, an deren Henkeln Trauben hängen, darüber Epheublatt. 12.41 Gr. M. Waddington. — Siphnos: 12.72 Gr. Brit. Mus. Adler von vorn. ⅄ Tief eingeschlagenes Viereck.

	Stater.	Drachme.	Triobolon.	Obolos.	Hemiobolion.
Knidos	—	6.30	—	—	—
Kyme (?)	12.00	—	—	—	—
Teos	12.17	6.75	2.67	1,25	—
Herakleia am Pontos	—	—	3.05	—	—
Thrak. Chersones	12.59	6.23	2.53	1.10	—
Thasos	12.55	5.95	2.65	0.95	—

Man wird hiernach das Normalgewicht des äginäischen Staters auf 12.60 Gr. ansetzen dürfen. Derselbe steht in der Mitte zwischen der Einheit des Fünfzehn- und Zehnstaterfusses und sein Auftreten in der Münzprägung nimmt auch chronologisch diese Stellung ein. Im eigentlichen Griechenland herrschte er schon lange vor Solon und in Kleinasien und dem griechischen Archipel kommt er nur in der ältesten Münze vor und macht in den meisten Fällen bald andern Systemen Platz.

So tritt in Rhodos, Knidos, Kyme und Teos die kleinasiatisch-phönikische Währung an seine Stelle, viel häufiger aber geht er in den seit Dareios' Münzreform erst allgemeiner verbreiteten babylonisch-persischen Zehnstaterfuss über. Dies zeigt sich in Herakleia, Kelenderis, auf den Inseln Thasos und Kypros ebenso wie in Korkyra, am deutlichsten aber auf Kreta, wo alle ältern Münzsorten dem äginäischen Gewicht, die meisten der jüngern, wie insbesondere die von Knosos, dem kretischen Chersones, Apollonia, Eleutherna, Hyrtakos, Olus, Phalasarna, Polyrrhenion, Praesos, Rhaukos und Sybritia dem System des persisch-babylonischen Silberstaters folgen, obgleich auf dieser Insel ebenso wie in Kypros das äginäische Geld dem Gewicht des letztern so nah steht, dass die Unterscheidung oft schwer wird. Wenn man aber erwägt, dass der babylonische Silberstater vor Dareios nur äusserst selten und nie vollwichtig auftritt, das äginäische Didrachmon dagegen gerade in der ältesten Zeit am weitesten verbreitet war, so wird man für die Sonderung der beiden Systeme in der Zeit vor Dareios folgende Regel aufstellen dürfen: Wenn ein Silberstater, dessen Prägung dieser Periode angehört, das Gewicht von 11.20 Gr., regelmässig übersteigt, so ist er nach äginäischem, bleibt er darunter, nach babylonischem System normirt; während dies von dem spätern Silbergelde durchaus nicht mehr gilt.

Man wird daher die ältesten kyprischen Silberstücke, obgleich deren Maximalgewicht 11.75 Gr. nicht übersteigt und dazu gehörige Hälften bis jetzt nicht vorkommen, zu demselben System rechnen dürfen, wie die uralten Münzen von Olus, Tylissos und Keos, die ebenfalls das Gewicht von

12 Gr. nie erreichen und meist nicht schwerer sind als jene, während die kaum vor dem Anfang des 4. Jahrhunderts und meist sehr viel später geschlagenen Silberstater und Drachmen von Phaselis, Herakleia und Sinope, die im Gewicht den ältesten Didrachmen von Kypros und den ältesten Drachmen von Korenia gleichstehn, unzweifelhaft persisch-babylonischer Währung sind.

Sowie diesseits des ägäischen Meeres und auf den Kykladen meist der attische und korinthische Münzfufs, ebenso hat auf Kreta, Kypros, Thasos und an der kleinasiatischen Küste der persisch-babylonische und der ihm verwandte phönikisch-kleinasiatische Stater dem äginäischen die Herrschaft streitig gemacht und ihn schliefslich ganz verdrängt. Daher kommt es, dafs diese Währung dort überhaupt nur in der ältern Zeit vorkommt und später mehr und mehr verschwindet.

Uebersicht über die Maximalgewichte der nach dem Fünfzehnstaterfufs normirten asiatisch-griechischen Silbermünzen.

I. Griechische Münzen.

1. System der schweren Drachme.

	Stater.		Drachme.		Persische Drachme =4½ Ob.		3 Obolen.		2 Obolen.		1½ Obolen.		1 Obolos.		½ Obolos.	
	Gewicht.	Expl.	Gewicht.	Expl.	Gewicht.	Expl.	Gewicht.	Expl.	Gewicht.	Expl.	Gewicht.	Expl.	Gewicht.	Expl.	Gewicht.	Expl.
a) Vor Dareios:																
Lampsakos [1]	14.28	1	6.80	5	—	—	—	—	2.30	3	1.80	1	—	—	—	—
Methymna	—	—	6.80	7	—	—	—	—	—	—	—	—	—	—	—	—
Klazomenae	—	—	7.00	9	—	—	3.04	2	—	—	—	—	1.07	6	0.58	1
Ephesos	—		—	—	—	—	3.50	4	—		—		—	—	—	—
Erythrae	—	—	7.10	4	—	—	—	—	—		—		—	—	—	—
Chios [2]	15.79	2	7.97	18	—	—	3.81	14	2.60	4	—	—	—	—	—	—
b) Nach Dareios:																
Kyzikos																
a) Aeltere Reihe	14.84	1	6.73	1	—	—	—	—	2.05	1	1.58	2	1.16	9	0.40	2
b) Jüngere	15.25	10	—	—	5.57	1	—	—	2.07	1	—	—	—	—	—	—

[1] Den Maximalgewichten ist auf der vorstehenden Tabelle die Anzahl der von mir gewogenen oder bereits von Andern beschriebenen Exemplare jedesmal beigefügt zur Begründung der oben S. 118 f. über das seltnere oder häufigere Vorkommen der einzelnen Nominale gemachten Angaben; wobei ich bemerke, dafs von den im Pariser und Britischen Museum vorhandenen Münzen, die hierher gehören, die unverdächtigen und unversehrten Exemplare sämmtlich von mir gewogen worden sind, so dafs diese aus den Münztabellen des dritten Abschnitts ausgezogene Uebersicht aller Wahrscheinlichkeit nach ein richtiges Bild von der Häufigkeit oder Seltenheit der einzelnen Nominale gewährt.

[2] Das chiische Viertel von 3.81 Gr. ist etwas jünger als das Sechstel von 2.60 Gr.

	Stater.		Drachme.		Persische Drachme = 4½ Ob.		3 Obolen.		2 Obolen.		1½ Obolen.		1 Obolos.		½ Obolos.	
	Gewicht.	Expl.	Gewicht.	Expl.	Gewicht.	Expl.	Gewicht.	Expl.	Gewicht.	Expl.	Gewicht.	Expl.	Gewicht.	Expl.	Gewicht.	Expl.
Parion	13.58	1	—	—	—	—	—	—	2.47	20	—	—	—	—	—	—
Lesbos																
1. Potin	15.40	10	7.00	1	—	—	—	—	—	—	—	—	—	—	—	—
2. Silber																
Methymna																
a) Aeltere Reihe	—	—	—	—	—	—	—	—	—	—	1.85	5	1.20	4	0.62	4
b) Jüngere „	—	—	6.45	8	—	—	3.19	2	—	—	—	—	1.27	1	—	—
Klazomenae	—	—	—	—	—	—	3.48	5	—	—	—	—	1.02	1	—	—
Ephesos																
a) Aeltere Reihe	—	—	7.58	5	—	—	3.34	19	—	—	1.69	2	1.10	5	—	—
b) Jüngere „	15.23	27	6.60	12	5.42	4	3.05	1	—	—	1.75	2	—	—	—	—
Magnesia	13.35	1	7.25	2	5.57	4	—	—	—	—	1.70	6	1.02	1	0.65	1
Samos																
a) Aeltere Reihe	13.77	37	6.65	2	—	—	—	—	2.20	1	1.45	8	0.98	6	0.49	2
b) Jüngere „	15.46	11	6.71	10	—	—	3.34	3	—	—	1.70	7	1.05	5	0.70	4
Jalysos	14.45	6	—	—	—	—	—	—	—	—	—	—	—	—	—	—
Lindos	13.70	4	—	—	—	—	—	—	—	—	—	—	1.05	2	—	—
Rhodos																
Aeltere Reihe	15.60	11	6.92	14	5.65	1	3.40	4	—	—	—	—	—	—	—	—
Jüngere „	13.77	11	6.75	24	5.50	1	3.30	39	2.40	14	1.69	20	1.15	5	—	—
Karische Könige																
Hekatomnos	15.17	1	—	—	—	—	—	—	—	—	—	—	—	—	—	—
Maussolos	15.10	7	—	—	—	—	2.70	6	—	—	1.50	1	—	—	—	—
Idrieus	15.06	2	6.65	3	—	—	3.60	8	—	—	—	—	—	—	—	—
Pixodaros	—	—	7.07	8	—	—	3.55	1	—	—	—	—	0.80	2	—	—
Othontopates	13.01	1	—	—	—	—	—	—	—	—	—	—	—	—	—	—
Kalymna	—	—	6.67	7	—	—	3.11	8	—	—	1.40	1	—	—	0.85	1
Kos	15.27	6	6.80	12	—	—	3.34	6	2.04	8	1.45	9	1.10	2	—	—
Kypros																
Euagoras	—	—	7.39	4	—	—	—	—	—	—	—	—	—	—	—	—
Demonikos	—	—	6.98	1	—	—	—	—	—	—	—	—	—	—	—	—
Nikokles	—	—	6.62	2	—	—	—	—	2.10	2	—	—	—	—	—	—
Pythagoras	—	—	7.01	4	—	—	—	—	2.06	4	—	—	—	—	—	—
Makedonien und Thrakien																
Archelaos	13.27	9	—	—	—	—	—	—	—	—	—	—	—	—	—	—
Philipp II.	14.46	34	7.29	2	—	—	3.60	2	2.34	7	—	—	—	—	—	—
Chalkidike	14.55	17	—	—	—	—	—	—	2.37	9	—	—	—	—	0.28	1
Amphipolis	14.47	11	—	—	—	—	3.60	2	2.40	3	1.79	4	—	—	0.55	4
Philippi	13.81	4	—	—	—	—	3.18	8	—	—	1.69	8	—	—	—	—
Akanthos	14.43	9	—	—	—	—	—	—	—	—	—	—	—	—	—	—
Maroneia	14.20	5	7.72	2	—	—	3.08	8	—	—	1.85	1	0.95	8	—	—
Abdera	15.17	27	6.35	1	—	—	3.04	7	—	—	—	—	1.20	1	0.70	5
Thasos	15.25	4	7.80	4	—	—	3.34	8	—	—	1.70	5	—	—	—	—

	Doppelstater.		Stater.		Viertelstater.		Achtelstater.		Zwölftelstater.	
	Gewicht.	Anzahl	Gewicht.	Anzahl	Gewicht.	Anzahl	Gewicht.	Anzahl	Gewicht.	Anzahl
Abdera	29.50	4	—	—	—	—	—	—	—	—
Edoner	27.70	3	—	—	—	—	—	—	—	—
Bisalter	29.36	6	—	—	4.10—3.14	11	—	—	—	—
Orreskier	29.13	2	—	—	—	—	—	—	—	—
Alexander I.	29.15	6	—	—	4.09—3.59	6	1.81	1	1.23	1

2. System der leichten Drachme.

	Tetradrachm.		Didrachm.		Persische Drachme zu 9 Ob.		Drachme.		4 Obolen.		3 Obolen.		2 Obolen.		1 Obolos.		½ Obolos.	
	Gewicht.	Anzahl	Gew.	Anzahl	Gew.	Anzahl	Gew.	Anzahl	Gew.	Anzahl	Gew.	Anzahl	Gew.	Anzahl	Gew.	Anzahl	Gew.	Anzahl
a) Vor Dareios:																		
Abydos	—	—	—	—	—	—	3.79	8	—	—	—	—	—	—	—	—	—	—
Phokaea	—	—	—	—	—	—	3.79	2	—	—	—	—	—	—	—	—	—	—
b) Nach Dareios:																		
Byzanz	15.00	5	—	—	5.41	9	3.65	3	2.49	4	1.52	7	1.20	4	—	—	—	—
Kromna	—	—	—	—	—	—	3.54	14	—	—	—	—	—	—	—	—	—	—
Kalchedon																		
a) Ältere Reihe	14.70	1	—	—	5.35	7	3.55	5	2.55	4	—	—	1.06	1	—	—	—	—
b) Jüngere „	—	—	—	—	—	—	3.90	4	2.00	5	—	—	—	—	0.63	3	—	—
c) Jüngste „	13.96	3	—	—	5.30	3	—	—	—	—	—	—	—	—	—	—	—	—
Parion	—	—	—	—	—	—	—	—	2.47	20	—	—	—	—	—	—	—	—
Abydos																		
Jüngere Reihen	14.70	3	—	—	5.70	3	3.73	16	2.49	6	1.60	1	1.15	1	—	—	—	—
Gargara	—	—	—	—	—	—	3.06	1	—	—	—	—	—	—	—	—	—	—
Prokonnesos	—	—	—	—	—	—	3.56	9	2.35	1	—	—	1.16	1	—	—	—	—
Pordoselene	—	—	—	—	—	—	3.95	1	—	—	—	—	—	—	—	—	—	—
Megara	—	—	—	—	—	—	3.80	1	—	—	—	—	—	—	—	—	—	—
Skepsis	—	—	6.45	1	—	—	3.81	6	—	—	1.86	1	—	—	—	—	—	—
Tenedos	14.79	3	—	—	—	—	3.81	4	2.01	1	1.85	6	—	—	—	—	—	—
Erythrae																		
Jüngere Reihe	15.02	3	—	—	—	—	3.90	25	—	—	1.69	8	1.00	3	0.56	9	0.30	2
Phokaea																		
Jüngere Reihe	—	—	—	—	—	—	—	—	—	—	1.69	3	1.17	1	0.66	1	—	—
Teos																		
Jüngere Reihe	—	—	—	—	—	—	3.64	9	—	—	1.69	7	1.18	5	0.52	1	—	—
Lebedos	—	—	—	—	—	—	—	—	—	—	1.69	8	—	—	—	—	—	—
Kolophon																		
Jüngere Reihe	—	—	—	—	—	—	3.60	5	—	—	1.85	9	1.10	1	—	—	—	—
Chios																		
Jüngere Reihe	15.33	14	—	—	—	—	3.86	37	—	—	1.90	1	—	—	—	—	—	—
Samos																		
Jüngste Reihe	—	—	—	—	—	—	3.15	9	2.34	3	—	—	—	—	—	—	—	—

	Tetradrachm.		Didrachm.		[illegible] Drachme.		Drachm.		4 Obolen.		3 Obolen.		2 Obolen.		1 Obolen.		½ Obolos.	
	Gewicht	Expl.	Gew.	Expl.	Gew.	Expl.	Gew.	Expl.	Gew.	Expl.	Gew.	Expl.	Gew.	Expl.	Gew.	Expl.	Gew.	Expl.
Knidos																		
Jüngere Reihe	15.14	4	—	—	—	—	3.75	17	2.40	2	1.75	4	1.20	3	—	—	—	—
Idyma	—	—	—	—	—	—	3.00	5	—	—	—	—	—	—	—	—	—	—
Myndos																		
(nach Alexander)	—	—	—	—	—	—	3.30	4	—	—	1.83	2	1.61	1	—	—	—	—
Tabae																		
(nach Alexander)	—	—	—	—	—	—	3.60	3	2.57	1	1.61	6	—	—	—	—	—	—

II. Orientalische Münzen.

	Doppelshekel.		Shekel.		[illegible] Shekel.		[illegible] Shekel.		[illegible] Shekel.		[illegible] Shekel.		[illegible] Shekel.		[illegible] Shekel.	
	Gewicht.	Expl.	Gewicht.	Expl.	Gewicht.	Expl.	Gewicht.	Expl.	Gewicht.	Expl.	Gewicht.	Expl.	Gewicht.	Expl.	Gewicht.	Expl.
Pers. Königsm.																
1. Reihe	28.07	8	—	—	6.95	7	—	—	—	—	—	—	0.76	4	0.37	3
2. „	27.80	2	—	—	—	—	—	—	—	—	—	—	—	—	—	—
3. „	28.80	8	—	—	—	—	—	—	—	—	—	—	0.88	14	—	—
4. „	25.90	3	—	—	—	—	—	—	—	—	—	—	0.77	4	—	—
5. „	25.86	7	—	—	—	—	—	—	—	—	—	—	0.55	1	—	—
6. „	26.85	10	—	—	6.75	4	3.30	4	—	—	—	—	0.86	4	—	—
7. „	28.00	6	—	—	—	—	3.85	1	—	—	—	—	0.856	9	—	—
8. „	—	—	—	—	6.80	1	—	—	—	—	—	—	0.75	8	0.80	1
Byblos																
Ainel	—	—	13.09	6	—	—	—	—	—	—	—	—	0.78	8	—	—
Azbaal	—	—	13.25	5	—	—	—	—	—	—	—	—	0.85	6	—	—
Baal	—	—	14.40	2	—	—	3.55	2	—	—	—	—	—	7	—	—
Adarmelek	—	—	—	—	—	—	—	—	—	—	—	—	0.75	2	—	—
Ungenannt	—	—	14.00	2	—	—	2.65	5	—	—	—	—	0.87	2	0.39	1
Arados																
1. Reihe	—	—	—	—	—	—	3.35	7	2.70	4	1.80	4	0.75	3	—	—
2. „	—	—	10.60	3	—	—	3.00	1	—	—	—	—	0.75	6	—	—
3. „	—	—	10.60	17	—	—	—	—	—	—	—	—	—	—	—	—

VII. Geschichte des Zehnstaterfufses und des leichten babylonischen Goldstaters in der Münzprägung.

Wenn in den Monarchien am Euphrat und Tigris der Verkehr durch kleine Goldbarren im Gewicht von 16.80 Gr. oder 8.40 Gr. und durch Silberbarren von 11.2 Gr. oder 5.60 Gr., das heifst durch Metallstücke im Gewicht von 1/30 und 1/60 Mine vermittelt wurde, die unter Voraussetzung eines bestimmten Feingehalts nach dem gesetzlich festgestellten Curse des Goldes gegen das Silber sich dem Werthe nach wie 20, bezüglich 10 : 1 verhielten und dort alle Zahlungen nach diesen beiden Einheiten normirt und geleistet wurden, so war es natürlich, dafs als Krösos in seinem Reiche, welches sich unter Alyattes zur Grofsmacht emporgeschwungen hatte, zuerst eine gleichmäfsige Gold- und Silberprägung einführte, er dabei diese babylonische Doppelwährung zu Grunde legte. Zu seiner Zeit cursirte in Kleinasien neben dem nach phönikischem Fufs geschlagenen Elektronstater, wie er aufser in Sardes selbst, insbesondere in Milet, Samos, Chios und Klazomenae geprägt wurde, Silbergeld, welches dem gleichen oder dem nah verwandten äginäischen System folgte, und aufserdem der phokaische Goldstater. Krösos gab die Elektronprägung gänzlich auf und schuf statt dessen eine neue Gold- und Silbermünze, die sich der genannten Form fügte. Der Goldstater ward auf 1/60, der Silberstater auf 1/45 der leichten babylonischen Mine angesetzt, jener zu 8.17 Gr., dieser zu 10.89 Gr. Normalgewicht aasgebracht und von dem einen Drittel, Sechstel und Zwölftel, normal zu 2.72 — 1.36 — 0.68 Gr., von dem andern Hälften, seltner Drittel und ebenfalls Zwölftel zu 5.44 — 3.63 — 0.90 Gr. geschlagen[1]).

Aufserdem liefs Krösos noch eine zweite Sorte Goldstücke münzen, mit dem gleichen Gepräge, aber nicht nach dem Goldgewicht, sondern nach demselben Fufse wie das Silbergeld abgewogen, und von dieser Stater, Drittel, Sechstel und Zwölftel, aber keine Hälften, zu 10.67 — 3.63 — 1.80 — 0.87 Gr. Effectivgewicht ausbringen. Es ist dies der einzige bekannte Fall in der asiatisch-griechischen Münzgeschichte, dafs Gold auf das babylonische Silbergewicht geprägt worden ist. Die Veranlassung dazu ist leicht zu errathen, denn das Goldstück von 10.89 Gr. Normal-

---

[1]) Vgl. oben S. 71.

gewicht stand in demselben Werthverhältnifs zu dem in den benachbarten griechischen Städten, insbesondere in Phokaea, Lampsakos, Klazomenae, Ephesos und Chios cursirenden Silbergelde, wie der Krösische Goldstater von 8.17 Gr. zu dem correlaten lydischen Silbercourant, und sowie der letztere den Curs von 20 Silberdrachmen zu 5.44 Gr. hatte, so galt die erstere Münze 20 Silberstücke zu 7.25 Gr., indem die beiden entsprechenden Nominale sich zu einander gleichmäfsig wie 4 : 3 verhielten. Hierzu kam, dafs, wie wir im folgenden Abschnitt zeigen werden, das Goldstück von 10.89 Gr. zugleich den Werth des früher in Sardes geprägten Elektronstaters von 14.2 Gr. genau repräsentirte, so dafs der Zusammenhang dieser Verhältnisse sich klar genug darstellt, indem das Bedürfnifs vorlag, für das lydische Reich eine Goldmünze zu schaffen, die einerseits die frühere Elektronmünze ersetzte, andrerseits eine bequeme Ausgleichung mit der Silberdrachme der reichen hellenischen Küstenstädte, die alle, bis auf Milet, dem lydischen König tributpflichtig waren, darbot. Uebrigens ist das Goldstück von normal 10.89 Gr. sehr selten und bis jetzt erst in einem Exemplar bekannt; das am häufigsten vorkommende Nominal dagegen die Münze von 8.17 Gr., in der man daher ganz ganz richtig den „Krösischen Stater" erkannt hat. Es scheint aber, dafs auch der Doppelstater, also ein Stück von 16.34 Gr., geprägt worden ist; wenigstens versichert Borrell, dafs ihm ein solches Exemplar vorgekommen sei[1]). Sollte sich dies bestätigen, so würden die beiden Goldsorten sich als Theile dieses Ganzstücks darstellen und sich die einzelnen Nominale folgendermafsen zu einander verhalten:

1	16.34	Gr. Gold	=	20	Stater	zu	10.89	Gr. Silber
⅔	10.89	„	=	20	Drachmen	„	7.25	„
½	8.17	„	=	20	„	„	5.44	„
2/9	3.63	„	=	6⅔	„	„	7.25	„
⅙	2.72	„	=	6⅔	„	„	5.44	„
1/9	1.81	„	=	3⅓	„	„	7.25	„
1/12	1.36	„	=	3⅓	„	„	5.44	„
1/18	0.90	„	=	1⅔	„	„	7.25	„
1/24	0.68	„	=	1⅔	„	„	5.44	„

[1]) N. C. II, 218: „Josephus mentions that there were gold coins of Croesus, which weighed four drachms, — so that we have evidence that the Lydians had a larger money. Indeed one of these tetradrachms came under my notice in 1819 at Constantinople." Die Angabe über Josephus beruht auf einem Irrthum.

Die Prägung des Krösos, in der das babylonische Silbergewicht wahrscheinlich zum ersten Mal in der Münze auftritt, hat nur kurze Zeit gedauert und ist daher ohne erheblichen Einfluſs auf das kleinasiatische Geldwesen geblieben. Bis auf ganz vereinzelte Ausnahmen kommt weder im Orient noch im Occident nach dem bezeichneten Fuſs normirtes Silbergeld vor, welches älter wäre als Dareios, und wo es vorkommt, bleibt das Gewicht, ebenso wie in der Krösischen Münze, stets unter dem von Dareios fixirten Normalgewicht, welches ganz genau mit den assyrischen Monumenten übereinstimmt.

Dahin gehören in Kleinasien einige alte, sehr seltene, einseitig geprägte Stücke mit dem Löwenkopf zu 11.02 — 9.97 Gr., die vielleicht Milet zuzuweisen sind, wo in der spätern persischen Zeit der babylonische Silberstater geherrscht hat, ferner einige andere, ebenso seltne mit dem Vordertheil eines Löwen bezeichnete Münzen zu 10.92 — 9.72 Gr., die, nach dem eigenthümlichen, horizontal getheilten, oblongen Einschlag der Rückseite zu urtheilen, in einer karischen Stadt geschlagen worden sind, endlich vielleicht noch die frühesten einseitig geprägten Silberstater von Phaselis zu 10.89 Gr. Maximalgewicht. Auſserdem tritt dieser Fuſs vor Dareios nur in den sehr alterthümlichen, halbbarbarischen Münzen der makedonischen Stadt Lete, die höchstens 10.22 Gr. wiegen, sowie in dem ebenfalls sehr primitiven Silbergeld von Neapolis auf, welches Stater und Drittel zu 9.80 und 3.84 Gr. geschlagen und an dem letztern Nominal dieselbe Theilung bis zum Sechstel zu 0.63 Gr. abwärts weiter entwickelt hat. Denn alles andere Silbergeld dieser Zeit, das man wohl hierher gerechnet hat, die Münzen von Korkyra, Teos und der Insel Kypros folgen dem äginäischen Gewicht.

Erst durch die Münzordnung des Dareios hat der Zehnstaterfuſs eine gröſsere Verbreitung gewonnen. Als derselben eigenthümlich wurde bereits die Erhöhung des Gewichts bis auf den in Babylon angenommenen Normalstand und die Erhebung der Hälfte des Silberstaters zur Münzeinheit hervorgehoben; im übrigen unterscheidet sie sich nicht wesentlich von der Prägung des Krösos, die auch schon durch die Halbirung des Staters das spätere persische Verfahren vorbereitet hatte.

Wo nun der Zehnstaterfuſs erst unter dem unmittelbaren persischen Einfluſs eingeführt worden ist, da erscheint auch immer der Halbstater als eigentliche Courantmünze, deren Gewicht gewöhnlich eher höher als niedriger wie der medische Siglos steht. Wo man dagegen die Anwendung dieses Gewichtsfuſses bereits in vorpersischer Zeit entweder nachweisen oder voraussetzen kann, selbst wenn die Münzprägung erst später begann, da begegnen wir überall nicht der Zwei-, sondern der Dreitheilung des Staters und einer Gewichtsnormirung, welche der des lydischen Silbergeldes näher steht als der des persischen Courants. Ersteres gilt z. B. von Sinope, Amisos, Herakleia, von mehreren griechischen Städten der kleinasiatischen Westküste, wie von Lampsakos, Kolophon, Mytilene, von Phaselis in einer jüngeren Periode, sowie von Abdera und Maroneia, letzteres von den genannten makedonischen Städten, von Kilikien, Pamphylien und Pisidien, wo man nicht vor Dareios zu prägen begann, aber wahrscheinlich schon viel früher nach der babylonischen Silbereinheit gerechnet und gezahlt hat, da diese Landschaften bereits im 13. Jahrhundert v. Chr. den assyrischen Grofskönigen zinspflichtig waren und deren Herrschaft im 8. Jahrhundert durch die Gründung von Tarsos und Anchiale erneuert und befestigt wurde. Das Gebiet dieser Silberprägung nach babylonischem Gewicht mit der ihm ursprünglich eigenthümlichen Stückelung beginnt im Westen bei Phaselis und erstreckt sich an der Südküste der Halbinsel und an der Westküste Syriens bis Arados hin, sowie über die Insel Kypros. Unter den dazu gehörigen Städten nahm nur Phaselis in einer jüngeren Periode das etwas höhere persische Münzgewicht an und prägte zugleich statt des Drittelstaters die Hälfte, die sonst innerhalb der bezeichneten Grenzen nur noch in Aspendos vorkommt, wie dies die folgende Uebersicht der nachweisbaren Maximalgewichte zeigt:

	Doppelstater.	Stater.	Hälften.	Drittel.	Viertel.	Sechstel.	Zwölftel.	Vierundzwanzigstel.
Phaselis 1. Periode	—	10.89	—	—	—	—	—	—
2. „	—	11.20	5.71	—	2.70	—	—	—
Soloi Satrapengeld	—	10.98	—	—	—	—	—	—
Stadtmünzen	20.51	10.88	—	—	—	—	0.68	—
Mallos und Soloi	—	11.00	—	—	—	—	—	—
Tarsos Satrapengeld	—	10.95	—	—	—	—	0.75	—
Stadtmünzen	—	10.89	—	3.20	—	—	0.79	—
Seigo	—	10.53	—	—	—	—	—	—
Kelenderis	—	10.84	—	—	—	1.09	0.65	—
Mallos Satrapengeld	—	10.43	—	—	—	—	—	—
Stadtmünzen	—	10.27	—	—	—	—	—	—
Nagidos Satrapengeld	—	10.50	—	—	—	—	—	—
Stadtmünzen	—	10.78	—	—	—	—	0.86	—
Aspendos	—	11.05	5.30	—	—	—	—	—
Side Satrapengeld	—	10.74	—	—	—	—	—	—
Stadtmünzen 1.	—	10.96	—	—	—	—	—	—
2.	—	11.25	—	3.44	—	—	0.55	0.30
Arados	—	10.67	—	3.53	—	—	0.86	—

Unter den ältern Münzen der Insel Kypros ist es eben so schwer wie bei der Prägung der kretischen Städte, diejenigen Sorten, welche der äginäischen Währung folgen von denen zu sondern, die dem babylonischen Fuſse angehören, da die beiden Gewichte hier eben so wie in Kreta in einander übergehen. Daſs die ältesten Münzen, die dort überhaupt geschlagen sind und die mit Wahrscheinlichkeit Salamis beigelegt werden, den erstern beizuzählen sind und daſs auch Marion [illegible] äginäischem Gewichte gemünzt hat und erst später zum baby[illegible] Systeme übergegangen ist, scheint gewiſs zu sein. Dagegen ist [illegible] in Betreff der ältesten Münzen von Amathus, die wohl zum Theil [illegible] vor Dareios geprägt sind, zweifelhaft. Das Gewicht derselben [illegible] schen dem des äginäischen und babylonischen Staters in der Mitte, [illegible] dem erstern eigenthümliche Zweitheilung ist aber wenigstens bei den ältern Reihen noch beibehalten. Ueberhaupt scheint aber auf dieser Insel die frühere Herrschaft der äginäischen Währung auf das Gewicht des derselben folgenden babylonischen Fuſses in ähnlicher Weise eingewirkt zu haben, wie sich dies auf der Insel Kreta nachweisen läſst. Denn erst die jüngste Prägung, die zum Theil von einzelnen Städten, zum Theil von den in Kition residirenden Dynasten phönikischer Abkunft, zum Theil endlich von den griechischen Königen von Salamis ausging, die, wie es scheint, für ihre griechischen Unterthanen nach rhodischem Fuſse und mit griechischer Aufschrift, für die übrigen nach babylonischem Gewichte und mit doppelter kyprischer und griechischer Aufschrift Silber prägten, stellt den Stater so dar, wie wir ihn auf dem gegenüber liegenden Festland finden. Durch die gleichzeitige Anwendung der beiden letzterwähnten Münzgewichte auf der Insel erklärt es sich auch, daſs von einer Reihe babylonischen Fuſses Zweidrittel des Staters, die den von Euagoras geprägten Drachmen rhodischer Währung gleichstehen, vorkommen. In der folgenden Tabelle sind die höchsten hierhin gehörigen Münzgewichte zusammengestellt.

Salamis	Stater.	Zweidrittel.	Hälften.	Drittel.	Viertel.	Sechstel.	Achtel.	Zwölftel.
1. äginäischer Fuſs	11.72	—	—	—	2.18	—	—	0.99
2. babylonischer Fuſs	11.30	6.70	—	3.60	2.52	—	—	0.79
Amathus								
1. äginäischer Fuſs	11.40	—	5.72	—	—	—	1.50	—
2. babylonischer Fuſs	11.84	—	—	3.37	—	—	—	—
Marion								
1. äginäischer Fuſs	11.75	—	—	—	—	—	—	—
2. bab. Fuſs a) erste Reihe	10.51	—	—	—	—	—	—	—
b) zweite „	11.17	—	—	—	—	—	—	—
c) dritte „	—	—	—	—	2.53	—	—	—

	Stater.	Zweidrittel.	Hälften.	Drittel.	Viertel.	Sechstel.	Achtel.	Zwölftel.
Paphos babylonischer Fuſs								
1. Reihe	10.65	—	—	—	—	—	—	—
2. „	10.95	—	—	—	—	1.87	—	0.97
3. „	11.20	—	—	3.44	—	—	—	0,77
Kyprische Könige								
Azbaal	10.95	—	—	3.60	—	—	—	—
Baal Melek	10.90	—	—	3.80	2.45	1.90	—	0.90
Melchitan	10.31	—	—	3.40	—	—	—	—
Euagoras	10.90	—	—	3.04	2.70	—	—	—
Demonikos	10.95	—	—	—	—	—	—	—
Prägort unbekannt	11.18	—	—	—	—	—	—	—
„ „	10.85	—	—	3.65	—	—	—	—

Man erkennt deutlich, daſs in Kypros sowenig wie in den gegenüberliegenden Landschaften des kleinasiatischen Festlandes die Auffassung des Staters von 11 Gr. als Tridrachmon, des Drittels als Drachme zulässig ist, indem das letztere Theilstück nicht wie die griechische Drachme wieder gesechstelt, sondern neben demselben Zweidrittel, Viertel, Sechstel und Zwölftel des Staters geprägt und der letztere stets als das zwölftheilige Ganzstück behandelt worden ist. Erst in späterer Zeit wurde auf das Drittel der Name der Drachme übertragen und das Ganzstück als Tridrachmon betrachtet[1]).

Das vollständigste Bild der am babylonischen Silberstater entwickelten eigenthümlichen Stückelung gewährt die erst geraume Zeit nach Dareios in Milet begonnene oder wieder aufgenommene Silberprägung, welche vom Stater am häufigsten das Zwei- und Eindrittelstück, etwas seltener die Hälfte, am seltensten Drei- und Einviertelstücke, aber alle neben einander ausbrachte. Die in Inschriften vorkommende Bezeichnung einer ‚milesischen' oder ‚einheimischen' Drachme[2]), kann nur entweder auf das Ganzstück oder auf die Hälfte gehen. Für letzteres spricht, daſs die dem ersteren Nominal gleichwichtige Münze den Griechen in der ältern Zeit stets als Stater, der dem letzteren gleichwichtige medische Siglos als Drachme galt und in den Städten, wo wie in Amisos, Sinope, Lampsakos, Kolophon, Erythrae, Priene, Jasos, Termera, kein gröſseres Theilstück des babylonischen Staters als dieses und von demselben wieder Hälften, Zwei- und Eindrittelstücke, sowie Sechstel geprägt wurden, eine andere Benen-

[1]) Vgl. oben S. 61 Anm. 1. Mommsen R. M. S. 47. Pollux IX, 60.

[2]) C. J. 2855. 2858. Mommsen S. 15 Anm. 51 faſst das Ganzstück als Drachme auf, an welchem die attische Obolentheilung entwickelt worden sei.

nung dieser Münze gar nicht denkbar ist. Die verschiedenen Nominale des milesischen Silbergeldes würden hiernach folgendermaßsen aufzufassen sein:

Stater = 2 Drachm.	1⅔ Drachm.	8 Obolen.	1 Drachme.	4 Obolen.	3 Obolen.	2 Obolen.
10.59 (5)[1]	8.39 (1)	6.61 (15)	5.21 (13)	3.64 (25)	2.50 (2)	1.75 (11)

und das Vorwiegen der Zwei- und Eindrittelstücke sich daraus erklären, dafs dieselben den Hälften und Vierteln des in den benachbarten griechischen Städten allgemein herrschenden Staters des kleinasiatisch-phönikischen Fufses im Curse gleich standen und sich damit mischen konnten.

Wie in Milet, so hat die persische Währung auch in den andern griechischen Kolonien der kleinasiatischen West- und Nordküste erst spät und überhaupt nur hier und da sich einbürgern können.

Als das älteste Geld dieses Fufses in jenen Gegenden darf man die bekannten Billonmünzen der Insel Lesbos betrachten. Es giebt deren mehrere Sorten, von denen die einen nach dem Fünfzehnstaterfufse wahrscheinlich für Methymna, die andern nach dem babylonisch-persischen Silberfufse wahrscheinlich für Mytilene geprägt sind. Die letzteren zeigen die dem persischen Reichsgelde eigenthümliche Halbirung des Staters und sind daher jünger als Dareios, wie denn auch der geringe Feingehalt auf eine spätere Zeit deutet. Auch ihr Gewicht schliefst sich dem persischen Reichsfufse näher an, als der ältern etwas niedriger gehaltenen Währung, wie sie sich im Silber des Kroesos im ältesten makedonischen und auch noch im spätern Münzwesen der kleinasiatischen Südküste darstellt. Der Stater wiegt 11.30—10.80 Gr., die Hälfte 5.50—5.40 Gr., das Zwölftel 0.80 Gr. und das Ganzstück steht zu den aus demselben Metalle und gleichartig geprägten lesbischen Stücken von 15.40—14.15 Gr. durchschnittlich in dem Normalverhältnisse von 3:4. Alles übrige hierher gehörige Silbergeld dieses Fufses ist viel jünger. Wie die nachstehende Uebersicht zeigt, spielt überall wo es auftritt die dem persischen Siglos nachgemünzte Drachme eine grofse Rolle; das Gewicht steht häufig aus der oben schon erwähnten Veranlassung[2]) höher als der Reichsfufs. Dies gilt besonders von den Münzen der entlegensten Orte der kleinasiatischen Nordküste, von Sinope, Amisos und Herakleia; in der letztern Stadt ging der Münzfufs erst mit Beginn der Silberprägung der dort seit

[1]) Die eingeklammerten Ziffern bezeichnen in dieser und den folgenden Uebersichten die Anzahl der in den Münztabellen des dritten Abschnitts aufgeführten Exemplare.

[2]) Siehe S. 67.

364 v. Chr. herrschenden Tyrannen, kurz vor Alexander dem Grofsen, herunter.

	Stater. 2 Drachmen.	Hälften. Drachme.	Drittel. 4 Obolen.	Viertel. 3 Obolen.	Sechstel. 2 Obolen.	Achtel. 1½ Obol.	Zwölftel. Obolos.
Amisos	—	5.75	3.75	2.65	1.72	—	—
Peira	—	5.65	—	—	1.71	—	—
Sinope	—	6.03	—	3.08	1.95	—	—
Herakleia							
1. Periode aegin. Fufs							
2. „ pers. „	—	5.71	3.90	—	1.85	1.14	0.90
3. „	11.70	5.45	3.85	—	1.85	—	—
4. „							
a) Stadtmünzen	9.45	—	—	—	—	—	—
b) Königsmünzen	9.60	4.79	—	2.30	—	—	—
Kios	—	—	—	2.55	1.96	1.25	—
Adramytsion	—	—	—	2.93	—	—	—
Antandros	11.05	—	3.68	2.60	—	1.15	—
Assos	—	5.07	—	2.92	—	—	—
Lampsakos	—	5.30	3.82	2.55	—	1.45	0.70
Abydos	—	5.20	—	2.86	—	—	0.87
Ophrynion	—	—	—	2.76	—	—	—
Aegae	—	—	—	2.84	1.76	—	0.80
Mytilene	11.40	—	3.93	2.88	1.75	1.37	0.95
Erythrae	—	4.70	—	—	—	1.02	—
Kolophon	—	5.48	—	—	—	—	—
Halikarnassos	9.31	—	—	—	—	—	0.71
Jasos	—	5.32	—	2.45	—	—	—
Termera	—	4.70	3.60	—	—	—	—
Kalymna	10.55	—	—	—	—	—	—
Jalysos	11.05	—	—	2.45	—	—	—
Astyra	9.69	—	—	—	—	1.10	0.91

Aufserdem wurden an manchen Orten, wo der Fünfzehnstaterfufs herrschte, neben dem Gelde dieses Systems, einzeln und vorübergehend Münzen im Gewicht des persischen Siglos geschlagen; so in Kyzikos (zu 5.57 Gr.), Ephesos (zu 5.95 Gr.), Magnesia (zu 5.57 Gr.), Rhodos (zu 5.65 Gr.) und am häufigsten in Kalchedon und dem gegenüberliegenden Byzanz, wo das Viertel des Staters von 15.00—14.44 Gr. als Drachme, die viel öfter geprägte Münze von 5.41 Gr. als Neunobolenstück aufzufassen und das vorkommende Kleingeld folgendermafsen zu benennen ist.

	Tetradrachmon.	9 Obolen.	Drachme.	4 Obolen.	3 Obolen.	2 Obolen.
Byzanz	15.00-14.44 (5)	5.41-5.09 (9)	3.65-3.25 (3)	2.49-2.30 (4)	1.52-1.50 (2)	1.20-0.85 (4)
Kalchedon	14.70 (1)	5.55-4.85 (7)	3.55-3.25 (6)	2.55-2.21 (4)	—	1.05 (1)

Aehnlich war das Verhältnifs in Abydos, nur dafs dort dem nach persischem Gewicht gemünzten Silber ein besonderes Prägbild vorbehalten war. Dafs dieser Münzfufs überall erst durch persischen Einflufs Eingang gefunden hat, erhellt dort am deutlichsten, wo aufser der persischen Silberdrachme auch ein dem Dareikos gleichwichtiges Goldstück geprägt worden ist, wie wir dies in Abydos, Ephesos, Lampsakos und Milet finden; die Prägung nach persischer Währung unterschied sich in diesen Städten von der des Grofskönigs im Allgemeinen nur dadurch, dafs sie sich nicht auf die beiden bekannten Nominale in Gold und Silber beschränkte und das Gold etwas über, das Silber eher unter dem Gewicht der entsprechenden Reichsmünze tarifirt war.

Auch über Kleinasien hinaus, in Thrakien und Makedonien, machte sich der Einflufs des persischen Münzwesens geltend. Am auffallendsten tritt dies in den Städten Abdera und Maroneia hervor, die beide etwa um den Anfang des 4. Jahrhunderts die Prägung nach dem Fünfzehnstaterfufs aufgaben und den babylonischen Silberstater mit der persischen Stückelung annahmen.

	Stater. 3 Drachmen.	Hälften. 1½ Drachme.	Viertel. 4½ Obolen.	Sechstel. 3 Obolen.
Abdera	11.40—9.65 (11)	5.65—5.10 (3)	2.75—2.35 (23)	1.60—1.25 (4)
Maroneia	11.15—10.42 (13)	—	2.80—2.26 (23)	1.84—1.25 (3)

Unter Archelaos (413—399 v. Chr.) ward dieselbe Währung auch für die makedonische Königsprägung mafsgebend, bis Philipp II. wieder zum Fünfzehnstaterfufs überging, dem bereits die Münze Alexanders I. gefolgt war.

	Stater.	Viertel.	Sechstel.	Zwölftel.
Archelaos	10.72—9.63 (10)	2.75—2.00 (16)	1.96—1.65 (5)	0.95—0.85 (3)
Pausanias	9.41 (1)	—	—	—
Amyntas II.	10.59—9.00 (17)	—	1.56—1.08 (4)	—
Perdikkas III.	9.65 (1)	2.25 (1)	—	—

Wo sonst in Makedonien und Thrakien nach dem babylonischen Silberstater geprägt worden ist, herrscht die Dreitheilung desselben vor; so in den eigenthümlichen halbbarbarischen Münzen der Orreskier und Letaeer und dem gleichartigen für Thasos geprägten Gelde, ferner in dem Courant von Neapolis, Aegae und wahrscheinlich auch von Orthagoreia und Dikaea.

	Stater.	Zweidrittel.	Drittel.	Sechstel.	Achtel.	Zwölftel.
Orreskier	10.22-9.00 (17)	—	—	—	—	—
Letaeer	10.25-8.26 (27)	—	3.90 (1)	—	1.30-0.90 (13)	0.84-0.78 (2)
Thasos	10.25-8.93 (10)	—	3.60-3.25 (8)	—	—	—
Aegae	9.825-9.20 (5)	6.10 (1)	—	—	1.08-0.98 (3)	0.87 (1)
Orthagoreia	10.88-9.81 (2)	—	—	—	—	—
Dikaea	9.61 (1)	7.38 (1)	—	—	—	—
Neapolis						
1. Periode	9.80-9.30 (9)	—	3.84-3.38 (6)	—	1.10 (1)	0.63-0.60 (2)
2. „	—	—	3.71-3.60 (3)	1.90-1.70 (11)	—	—

Die primitivsten neapolitanischen und letäischen Münzen gehören, wie wir sahen, in vorpersische Zeit, auch von den übrigen Reihen sind die meisten älter als die schwerer ausgebrachten und nach dem persischen System getheilten Stücke von Maroneia und Abdera. Der babylonische Silberstater ist daher in diesen Landschaften zuerst in seiner ursprünglichen Gestalt und erst später in der nach dem Muster des persischen Reichsgeldes modificirten Form bekannt geworden.

Im eigentlichen Griechenland begegnen wir lediglich der letztern, allein nur in den akarnanischen und ätolischen Gaumünzen, in dem Silbergelde der Städte Dyrrhachion und Apollonia[1]) und in der jüngern Prägung von Korkyra, wo diese Währung ebenso wie auf Kypros und Kreta der ältern äginäischen unmittelbar gefolgt ist[2]).

Man sieht, wie der babylonische Zehnstaterfuſs auf rein griechischem Boden nur ausnahmsweise zur Geltung gelangt und in den meisten Fällen sich erst aus dem äginäischen Gewicht entwickelt hat, so daſs er dort als herabgegangener äginäischer Fuſs angesehen werden muſs. Auch in Italien sind sichere Spuren desselben nicht nachzuweisen, denn die Münzen von Velia, Poseidonia und den campanischen Städten gehören ebenso wie das Silbergeld von Massalia nicht zum Zehn-, sondern zum Fünfzehnstaterfuſs, während man die alten etruskischen Silberstater von 11.40—11.125 Gr., die neben Goldstücken altmilesischen Gewichts von 4.67 und 1.15 Gr. vorkommen, eher dem äginäischen als dem persisch-babylonischen System zuschreiben wird[3]), nachdem erwiesen ist, daſs

[1]) Vgl. Mommsen S. 64 f.

[2]) Vgl. oben S. 133.

[3]) Vgl. Mommsen R. M. S. 216. 261. 859. Da die Entlehnung des etruskischen Münzsystems aus Kleinasien in sehr alte Zeit und jedenfalls in die vorpersische Zeit hinaufreicht, so kann man die erwähnten Silberstater, deren Gewicht beträchtlich höher ist als es sich in der Silberprägung nach babylonischem Fuſs vor Dareios

jenes nicht nur in Griechenland, auf den Kykladen und in Kreta, sondern auch in Kleinasien in der frühesten Zeit geherrscht hat.

Dagegen finden wir den Zehnstaterfuſs in der karthagischen Prägung, wie dieselbe theils in Afrika, theils in den überseeischen karthagischen Niederlassungen in Sicilien und Spanien geübt worden ist, wieder. Als diese begann, hatte jenes Gewicht seine ursprüngliche Bestimmung eingebüſst und, ebenso wie in Kleinasien in der ältesten Zeit auf den Fünfzehnstaterfuſs, so wurde auch auf dieses so gut Gold wie Silber geschlagen. Auch scheint damals die hellenische Drachmenrechnung in Karthago bereits Eingang gefunden zu haben; denn die eigentliche Courantmünze ist ein Stück von 3.92 Gr. Maximalgewicht und die Groſssilbermünzen von 45.99 — 38.65 — 29.38 — 23.40 — 14.83 — 11.21 Gr. lassen sich nicht wohl anders denn als Vielfache dieser Einheit oder als Zwölf-, Zehn-, Acht-, Sechs-, Vier- und Dreidrachmenstücke auffassen[1]), wie denn auch die Nachricht, daſs dem Hanno von den Karthagern eine Buſse von 6000 Goldstücken auferlegt worden sei[2]), auf eine Rechnung nach Talenten zu 6000 Drachmen hindeutet.

Es ist wohl vorauszusetzen, daſs dieser karthagische Gewichtsfuſs in den phönikischen Kolonien des Westmeers seit uralter Zeit gültig gewesen und schon mit den ersten Einwanderern dorthin gelangt sei, da das Nominal von 3.92 Gr. offenbar $\frac{1}{15}$ der babylonischen 'Mine des Königs' darstellt und dem Gewicht des Silberäquivalents der kleinsten Einheit in Gold entspricht[3]), welches nur gegen den alten Normalstand etwas erhöht erscheint. Das System wird daher auch ursprünglich der gleichen Eintheilung unterlegen haben wie dort, wo es zuerst festgestellt worden ist.

Suchen wir nun den alten Shekel oder Stater dieses Fuſses wieder zu entdecken, so werden wir uns wohl daran halten dürfen, daſs die

irgendwo darstellt, mit Mommsen dem persisch-babylonischen System nicht zuweisen, vielmehr schlieſsen sie sich den Silbermünzen äginäischer Währung an, wie sie in Kyme, Teos, Kypros und Kreta geschlagen worden sind. An Kypros erinnert auch die häufig glatte Rückseite etruskischer Münzen, die auſserdem meines Wissens nur noch bei Silbermünzen von Amathus vorkömmt, wobei es irrevalent ist, daſs diese Eigenthümlichkeit bei den oben erwähnten Reihen zufällig nicht nachzuweisen ist.

[1]) Vgl. Müller, Numismatique de l'ancienne Afrique II. S. 184. Zobel de Zangronis, Ueber einen bei Carthagena gemachten Fund spanisch-phönikischer Silbermünzen, aus den Monatsberichten der Berl. Akad. der Wissensch. 1863.

[2]) Diodor. XXIII, 14.

[3]) Vgl. oben S. 67 f.

schwersten Stücke des von den Barkiden in Spanien geschlagenen Silbers sich um ein Gewicht von 23.40 Gr. bewegen und daſs das gröſste Nominal, welches von den Karthagern überhaupt geprägt worden ist, das Doppelte jenes Gewichts nicht übersteigt. Man wird mithin in dem Gewicht von 23.40 Gr. den alten Stater des karthagischen Gewichtsfuſses erblicken dürfen, dessen Sechstel später in der Münze zur Rechnungseinheit oder Drachme erhoben worden ist.

In diesem Ganzstück erkennt man sogleich den doppelten babylonischen Silberstater wieder, welcher sich zu dem bis etwa 17.63 Gr. erhöhten Sechzigstel der schweren babylonischen Mine wie der einfache zum gleichen Nominal der leichten verhielt. Und daſs das babylonische Sechzigstel, wie es sich in Karthago als Goldgewicht bei den Juwelieren im Gebrauch erhalten zu haben scheint, wenigstens annähernd die entsprechende Gewichtshöhe erreichte, scheint sich aus Folgendem zu ergeben.

Bei der Einnahme von Neu-Karthago durch P. Scipio fanden sich unter der römischen Beute 276 goldene Opferschalen, von denen die meisten nach Livius ausdrücklichem Zeugniſs ein römisches Pfund wogen[1]). Dieselben waren gewiſs nicht nach römischem Gewicht normirt. Es gab aber im Alterthum ein kleines Goldtalent, welches mehrfach erwähnt wird und, wie aus verschiedenen Angaben hervorgeht, in Griechenland, Sicilien und auch in Karthago bei Schätzung von Goldschmiedearbeiten in Anwendung war[2]). Dasselbe beruhte auf dem babylonischen Sechzigstel, indem es auf ein Gewicht von drei attischen Goldstatern oder auf 26.19 Gr. bestimmt wird. Von diesem gehen genau 12½ auf ein römisches Pfund (von 327.4 Gr.) und so wird wohl dies Gewicht bei der Fabrikation jener Schalen als Norm zu Grunde gelegen haben und zu jedem Stück 37½ babylonische Sechzigstel zu 8.73 Gr., oder nach griechischem Ausdruck ⅝ Minen Metall verwandt worden sein.

---

[1]) Liv. xxvi, 47 paterae aureae fuerunt ducentae septuaginta sex, librae ferme omnes pondo.

[2]) Vgl. Etym. M. unter τάλαντον· τὸ τάλαντον κατὰ τοὺς παλαιοὺς χρυσοῦς εἶχε τρεῖς· διὸ καὶ Φιλήμων ὁ κωμικός φησι· δύ' εἰ λάβοι τάλαντα, χρυσοῦς ἓξ ἔχων ἀπαιτεῖται. Vgl. Pollux IV, 173: ὁ δὲ χρυσοῦς στατὴρ δύο ἦγε δραχμὰς Ἀττικάς, τὸ δὲ τάλαντον τρεῖς χρυσοῦς. IX, 53: ἠδύνατο δὲ τὸ τοῦ χρυσίου τάλαντον τρεῖς χρυσοῦς Ἀττικούς. Eustat. zu Il. IX. p. 740, 19: τὸ δὲ Μακεδονικὸν τάλαντον τρεῖς ἦσαν χρύσινοι. Hultsch S. 109, Anm. 22 führt 8 Stellen an, welche die Rechnung nach dem kleinen Talent voraussetzen. In einer derselben, Diod. XI, 26, wird von einem goldnen Kranze von 100 Talenten berichtet, den Damarate von den Karthagern empfing. Ueber die Entstehung dieses Goldtalents vgl. Mommsen S. 42 f.

Es versteht sich, dafs der in Karthago nachgewiesene Stater von etwa 23 Gr. ursprünglich ebenso wie das entsprechende babylonische Nominal Silbergewicht war, indem er nach dem bekannten Werthverhältnifs der Metalle zu einander auf ¾ des Sechzigstels der schweren babylonischen Mine, wie jenes auf ⅔ des gleichen Nominals der leichten normirt war. In den phönikischen Niederlassungen des Westmeers hat man aber wahrscheinlich die gesonderte Rechnung nach Gold- und Silbergewicht schon früh aufgegeben und das letztere zum allgemeinen Gewichtsfufs erhoben, nach dem denn auch später in beiden Metallen geprägt worden ist, wobei, wie dies häufig vorkommt, das Gewicht eine Steigerung erlitten haben wird. Denn während die ninivitischen Gewichtstücke auf einer Mine von 1010 Gr. beruhen, würde sich dieselbe nach dem Gewicht des Fünfundvierzigstels von 23.4 Gr. auf 1053 Gr. stellen.

Aus dieser Darstellung ergiebt sich, dafs an der phönikischen und syrischen Küste in der ältesten Zeit die beiden Systeme des Zehn- und Fünfzehnstaterfufses neben einander geherrscht haben. Jenem begegnen wir, wie wir eben sahen, in den gröfstentheils von Tyros gegründeten Kolonien des Westmeers und aufserdem unter der Achämenidenherrschaft in den Münzen von Arados, endlich in ziemlich späten Gewichtstücken von Berytos und Antiocheia, welche eine (fünfzigtheilige) Mine von 1071.2 Gr. und mithin einen Stater von 21.42 Gr. darstellen, der dem in Karthago nachgewiesenen Gewichtsshekel bis auf die geringe durch Ort und Zeit bedingte Gewichtsdifferenz entspricht.

Dagegen finden wir den Fünfzehnstaterfufs von der ältesten Zeit an in Palästina, unter der persischen Herrschaft in der Silberprägung von Byblos, Asdod und Damaskos, nach Alexander im tyrischen, aradischen und sidonischen Courant; ferner — wahrscheinlich durch den in frühester Zeit von Sidon beherrschten Handel vermittelt — an der kleinasiatischen Westküste in den ältesten Münzen, die wir überhaupt kennen, sowie etwa seit Beginn des fünften Jahrhunderts v. Chr. in Abdera und im Bereiche des thrakisch-makedonischen Bergwerksbezirks.

Wir wenden uns nun zu der Geschichte der Münzwährungen, die auf dem Sechzigstel der babylonischen Gewichtsmine beruhn, soweit dieselben im Laufe der Untersuchung noch nicht berührt worden sind. Obgleich auf dieses Gewicht ursprünglich nur Gold geschlagen worden ist, auf das Sechzigstel der schweren Mine der phokaische Stater, auf das der leichten, der Stater des Krösos, und später das persische Reichsgold, dem sich die jüngere Goldprägung von Smyrna, Ephesos, Milet, Abydos,

Teos, Klazomenae, Pergamon, Lampsakos und Rhodos, sowie die der Dynasten von Karien, Salamis und Kition angeschlossen hat, so ist dasselbe im hellenischen Münzwesen doch schon sehr früh auf Silber übertragen worden. In Griechenland war dieser Fuſs unter dem Namen des euboischen bekannt und wurde dort zuerst in Korinth, später von Solon in Attika eingeführt[1]).

Allein auch in Asien ist derselbe hier und da der Silberprägung zu Grunde gelegt worden. Es giebt alte Münzen von Methymna zu 8.40—7.98 Gr., von Tenedos zu 8.15 Gr. und von Kos zu 16.83—16.25 Gr., die hierher gehören. Ferner sind in Milet wahrscheinlich noch ehe man dort die Prägung nach persischem System begann, attische Drachmen, Zwei- und Einobolenstücke zu 4.26 — 1.24 — 0.69 Gr. und eigenthümlicher Weise auch Tridrachmen zu 13.05 Gr., die sonst nirgends vorkommen, geschlagen worden. Sodann hat der lykische Städtebund sein Geld gröſstentheils nach diesem Fuſse normirt und Stater, Drittel, Sechstel, Zwölftel und seltner Hälften, Viertel, Achtel und Fünfsechstel zu 8.89 — 7.70 — 4.08 — 2.97* — 1.98 — 1.55 — 1.10 — 0.71 Gr. Maximalgewicht ausgebracht. Daneben kommen dort Stücke, meist mit besonderm, zuweilen aber auch mit dem gleichen Gepräge, zu höchstens 9.97 Gr. und, wenn auch selten, entsprechende Drittel bis 3.09 Gr. und Sechstel bis 1.59 Gr. vor. Das Verhältniſs dieser beiden Sorten zu einander ist schwer zu bestimmen. Im Allgemeinen wird man die letztere zum System des babylonischen Silberstaters rechnen dürfen, mit dem sie die Dreitheilung gemein hat. Allein es ist unmöglich zu glauben, daſs eine Münze von 9.97 — 9.17 Gr. dem Stater von etwa 11 Gr., wie er in Kilikien und Pamphylien in der Regel ausgebracht wurde, oder gar 2 persischen Siglen zu 5.60 Gr. im Curse gleichstehn konnte. Erwägt man nun, daſs das lykische Silberstück von 8.89 Gr., das ebenso wie der Dareikos der Absicht nach $\frac{1}{60}$ der babylonischen Mine betrug, sich zu diesem, nach dem im persischen Reich gültigen Werthverhältniſs der Metalle gegen einander dem Werth nach wie 1 : 13⅓ verhielt, so wird man es nicht unwahrscheinlich finden, daſs zum Behuf einer einfachern Rechnung eine Münze geschaffen wurde, die zugleich zu dem einheimischen Courant und zu dem Werthe des persischen Goldstücks in rundem Verhältniſs stand. So mochte man dazu kommen, diese Münzen zu prägen, deren Gewicht $\frac{9}{8}$ des einheimischen Silberstaters betrug und deren Curs sich demgemäſs auf $\frac{1}{10}$ Dareikos stellte.

[1]) Vgl. Mommsen R. M. S. 24 f.

Lykische Münzen:	10/9 Stater.	Stater.	5/6 St.	1/2 St.	1/3 St.	1/4 St.	1/6 St.	1/8 St.	1/12 St.
Arina	—	8.49	—	3.77	—	—	—	—	—
Koprile[1]	9.67 (8)	8.80 (14)	7.25	—	2.85 (12)	—	1.53 (5)	1.10 (2)	0.71 (2)
Tandjoré	9.97 (2)	8.53 (2)	—	—	—	—	—	—	—
Gareja	9.63	—	—	—	—	—	—	—	—
Patara	9.84	—	7.70	—	—	—	—	—	—
Pérekli	—	8.07	—	4.08	2.84 (9)	1.98	—	—	—
Tèchebafiwe[2]	9.71 (2)	8.65 (6)	—	—	2.51	—	—	—	—
Troäneme	9.74	—	—	4.08	2.65 (3)	—	1.55 (4)	—	—
Münzen bezeichnet mit:									
Löwenkopfhaut	9.74 (5)	—	—	—	2.65 (2)	—	1.49 (6)	1.10 (2)	—
Pallaskopf	9.98 (2)	8.89 (5)	—	—	—	—	—	—	—
Halbem Eber	9.39 (3)	8.67 (2)	—	3.97	2.79	—	—	—	—
Pegasus	9.75 (2)	—	—	—	2.97 (3)	—	—	—	—
Mann mit Dreifufs	—	8.42	7.45	—	—	—	—	—	—

Der Stater von 8.89 Gr. ist um 0.49 Gr. schwerer als der Dareikos. Genau auf der gleichen Höhe stehen Silbermünzen dieses Fufses, die in einer phönikischen Stadt, wahrscheinlich Asdod, aber kaum vor Alexander dem Grofsen geschlagen worden sind, die ebenso wie die frühern ebendaselbst nach dem Fünfzehnstatersystem geprägten Münzen auf der Vorderseite einen bärtigen Mann auf geflügeltem Seepferd, auf der Rückseite Eule und Peitsche darstellen. Endlich scheint auch das von dem Thrakerkönig Seuthes geschlagene Silber dasselbe Gewicht zu erreichen. Offenbar ist in allen diesen Fällen die Rücksicht auf den attischen Fufs, nach dem sich das Didrachmon auf 8.73 Gr. stellte, bei der Normirung bestimmend gewesen. Doch behielt man im Orient die alte Dreitheilung des Staters in der Regel bei, wie dies auch in der korinthischen Prägung geschehn ist. Selbst beim attischen Fufse kann man es noch deutlich verfolgen, wie erst allmälig die neue Zweitheilung sich Bahn gebrochen, der alte Stater oder das Didrachmon, wenigstens beim Silber, erst nach und nach verschwindet und sich die in älterer Zeit seltner vorkommende Drachme mehr und mehr zur eigentlichen Courantmünze erhebt, zu der sich das Tetradrachmon etwa wie unser Thaler zum Fünfgroschenstück verhält.

---

[1]) Ob 2 Stücke von 3.09 und 3.00 Gr. und 3 von 1.53 und 1.50 Gr. übermünzte Drittel und Sechstel des Staters von 8.80 Gr. oder untermünzte Theilstücke des Staters von 9.97 Gr. sind, ist schwer zu entscheiden.

[2]) Drei im 3. Abschnitt unter diesem Namen aufgeführte Münzen von 1.69—1.52 Gr. sind, ebenso wie 2 aus Troäneme von 1.55—1.52 Gr., Sechstel des Staters von 9.97 Gr.

Indefs hatte die solonische Prägung hierzu bereits den Grund gelegt, indem sie, der Analogie des äginäischen Geldes folgend, nicht das Drittel, sondern die Hälfte des babylonischen Sechzigstels zur Rechnungseinheit oder Drachme gestempelt hatte. Dagegen scheint dem Münzwesen der makedonischen Städte Mende, Potidaea und Terone, die in sehr hohes Alterthum hinaufreicht, die neue attische Stückelungs- und Rechnungsweise noch fremd zu sein, indem dort neben dem Ganzstück von 16.91, 17.60 und 17.24 Gr. Maximalgewicht, das einestheils dem Gewicht des attischen Tetradrachmon, anderntheils dem des phokaischen Goldstaters ungefähr gleich steht, nicht das Viertel wie in Attika, sondern die der phokaischen Hekte und dem Hemihekton entsprechenden Nominale gemünzt worden sind. — Was das Gewicht der verschiedenen auf dem Sechzigstel der babylonischen Mine beruhenden Münzsysteme betrifft, so ist hier ebenso wie beim babylonischen Silberstater eine fortgesetzte Steigerung wahrnehmbar. Wir haben gesehn, dafs jener in der ältesten babylonischen Gewichtsnormirung auf 10.90 Gr. stand und erst später auf 11.22 Gr. erhöht wurde[1]), dafs der älteste makedonische, sowie der kröisische Silberstater, ja auch noch das in späterer Zeit an der kleinasiatischen Südküste und in Kypros gemünzte Geld dieses Fufses sich an die erstere, der persische Reichsfufs dagegen an die letztere Norm anschlofs, dafs die auf 5.60 Gr. angesetzte persische Drachme in Herakleia bis 5.71, in Sinope sogar bis 6.03 Gr. und dafs in der karthagischen Prägung des dritten Jahrhunderts v. Chr. der Doppelstater bis 23.4 Gr. gestiegen ist. Dieselben Wandlungen hat auch das babylonische Sechzigstel erfahren, welches in dem frühesten babylonischen und israelitischen Verkehr ebenso wie in der Kröisischen Goldmünze auf 8.17 Gr., in der persischen Reichsmünze und der ältesten korinthischen Prägung auf 8.40 Gr., in der spätern auf 8.66 Gr. stand, in der attischen aber bis auf 8.73, in der lykischen bis 8.89, endlich in der Goldprägung von Pantikapaeon sogar bis 9.07 Gr. erhöht worden ist.

Es ist bekannt, dafs Alexander der Grofse den attischen Fufs, den Philipp II. bereits in die makedonische Goldprägung eingeführt hatte, auch für die Silbermünze seines Reiches angenommen hat, und dafs in Folge seiner Eroberungen diese Währung sich über ganz Vorderasien verbreitet hat und sowohl in der königlichen Münze wie in der städtischen Prägung, wie sie z. B. Smyrna, Klazomenae, Magnesia, Tarsos u. a. O. geübt haben, herrschend geworden ist. Hier und da und besonders in

[1]) Vgl. S. 90 f.

Tyros, Sidon und Arados, sowie später in Antiochia, wurde neben der königlichen Münze noch nach dem alten phönikischen Fünfzehnstaterfuſs fortgeprägt; im Allgemeinen aber sind die ältern Währungen durch das neue System mehr oder weniger verdrängt worden.

Auf diese Weise ist durch einen eigenthümlichen Kreislauf das auf dem Sechzigstel der babylonischen Mine beruhende Münzgewicht in etwas veränderter Gestalt aus dem Occident wieder dahin zurückgewandert, von wo es ursprünglich ausgegangen war.

Es bleibt uns noch übrig, auf eine Reihe von Gewichtsstücken aus verschiedenen Theilen Vorderasiens¹) näher einzugehn und dieselben zur Ergänzung der vorstehenden Forschung zu benutzen.

Man wird um so weniger erwarten dürfen, im Orient überall denselben Fuſs in der Münze und im Gewicht in Anwendung zu finden, da dort schon in der ältesten Zeit für Silber und Gold ein von dem Gewichtstalent zwar abgeleitetes, aber gesondertes Talent sich entwickelt hatte, während in Hellas, wo das asiatische Gewicht sich wahrscheinlich erst mit Einführung der Münze einbürgerte, dasselbe Talent in der Regel im Handel wie in der Münze maſsgebend wurde. Indeſs ist auch dort das Gegentheil eingetreten, wenn in der Münze von einer Währung zur andern übergegangen und alsdann der ältere Gewichtsfuſs im Waarenverkehr beibehalten wurde. So war es z. B. in Athen, wo das früher gültige äginäische Talent Handelsgewicht blieb, als die Münze nach dem euboischen Fuſse geregelt wurde²).

In dem Silbergelde der griechischen Kolonien in Kleinasien herrschte seit der frühesten Zeit der phönikisch-kleinasiatische Fünfzehnstaterfuſs vor, erst nach Dareios fand auch das persisch-babylonische System gröſsere Verbreitung und wurde, wie es scheint, gleichzeitig legales Marktgewicht, da selbst von solchen Städten, die in der Münze dem alten System treu blieben, nach persischem Fuſse geaichte Gewichtsstücke vorkommen. Dies gilt z. B. von Chios, wo der Silberstater (von 15.27 Gr.) nach einer Mine von 763 Gr. geprägt wurde, während im Handel nach der persisch-babylonischen Mine von 547 Gr. gerechnet wurde, wie dies zwei mit dem Stadtwappen, der Sphinx und der Amphora, bezeichnete

¹) Die meisten der hier in Frage kommenden Monumente sind von A. de Longpérier in den Annales de l'Institut archéol. XIX. 1847. S. 333 ff. zusammengestellt und genau beschrieben worden, die der Layardschen Sammlung habe ich selbst zu untersuchen Gelegenheit gehabt.

²) Vgl. Böckh M. U. S. 144 f.

Bleigewichte, von denen das eine von 1124.10 Gr. die Aufschrift ΔΥΟΜΝΑΑ, das andere von 547 Gr. die Aufschrift ΜΝΑ trägt, beweisen[1]). Auch von Lampsakos giebt es ein Gewichtsstück, welches diesem System angehört und eine Mine von 545 Gr. ergiebt[2]). Dort war dieser Fufs nach Dareios auch in der Münze eingeführt und dagegen die ältere kleinasiatische Währung aufgegeben worden.

Die beiden kyzikenischen Monumente[3]), die ein Ein- und Zweistatergewicht desselben Fufses darstellen, nach welchem die Stadt ihr Gold prägte, sind schon oben erwähnt worden; das eine, ein Doppelstater, wiegt 29.8 Gr., ist also etwa 2.20 Gr. zu leicht, das andere, ein Stater, 18.7 Gr. und daher 2.7 Gr. zu schwer ausgefallen, wie dies bei so kleinen Nominalen häufig vorkommt.

Das ephesische Silbergeld folgt dem gleichen Münzfufse wie das chiische; wenn daher ein Monument der Layneaschen Sammlung von 38.42 Gr., welches mit dem bekannten Prägbild der ephesischen Münzen, der Biene und ΕΦ auf der einen, dem Kopf der Artemis auf der andern Seite bezeichnet ist, richtig als 5 Drachmenstück aufgefafst wird, so stimmt dies mit dem Münzgewicht sehr wohl überein, das eine Drachme von 7.61 Gr. voraussetzt.

In Syrien und an der phönikischen Küste war, wie wir sahen, bereits in sehr alter Zeit der Zehn- und Fünfzehnstaterfufs nebeneinander in Gültigkeit und es wurde unter den Achämeniden nach beiden Systemen in verschiedenen Städten aber gleichzeitig Silber geprägt. Mit dem Unter-

---

[1]) No. 1 u. 2 bei Longpérier. Die drei Gewichte No. 3, 4 u. 5 mit dem Bilde der ganzen und halben Amphora, scheinen nicht, wie Longpérier vermuthet, nach Teos, sondern nach Athen zu gehören, wo angeblich viele mit demselben Bilde bezeichnete Gewichtsstücke gefunden werden. Eins der von Longpérier beschriebenen Monumente (No. 3) soll aus Aegina, ein ganz gleichartiges des Berl. Museums mit dem halben Krug und ΗΜΙΤΡΙΤΟΝ aus Athen selbst kommen. Nur auf No. 4 ist die Aufschrift ΗΜΙΤΡΙΤΟΝ unzweifelhaft, die Lesung ΤΗΙ auf den übrigen beiden, wie Longpérier selbst zugiebt, zweifelhaft. Vgl. die Abbildungen Monum. de l'Inst. IV. pl. XLV.

[2]) Das Monument No. 7 bei Longpérier ist mit dem Vordertheil des geflügelten Seepferds darüber Η und darunter ΞΕΝΟ bezeichnet. Es wiegt 290.9 Gr., doch sind für den erst später daran befestigten Henkel 15—20 Gr. Gewicht abzurechnen. Die Erklärung Longpérier's des Η als ἡμιμναῖον wird durch das Gewicht bestätigt.

[3]) Das eine Gewicht von 29.8 Gr. (No. 12 Longp.) mit ΚΥΖΙ ΔΙϹ zeigt einen Thunfisch, das andere (No. 13 Longp.) von 18.7 Gr. ΚΥΖΙ ΑΤΟ neben Fackel, beide sind aus Erz. Die Inschrift des letztern hat Mommsen S. 7 zuerst richtig gedeutet.

gang der persischen Monarchie verschwand das erstere aus der Münze, ward aber im gewöhnlichen Verkehr als Handelsgewicht beibehalten. Dies beweisen zwei Gewichte aus Antiochia, von denen das eine von 1068.2 Gr. die Aufschrift ΔΗΜΟΣΙΑ ΜΝΑ, das andere von 535.15 Gr. die Bezeichnung ΔΗΜΟΣΙΟΝ ΗΜΙΜΝΑΙΟΝ trägt[1]), sowie ein in Berytos gefundenes Monument[2]), welches sich durch sein Gewicht von 267.8 Gr. als ein dazu gehöriges Viertelminenstück ausweist. Die Einheit dieser drei Monumente bewegt sich zwischen 1071.2 und 1068.2 Gr. und steht daher der Mine, welche dem altaradischen Silberstater von höchstens 10.67 Gr. zu Grunde liegt, vollkommen gleich. Dieselben sind sämmtlich aus einer Zeit, in der in Syrien nur noch nach attischem und tyrischem Fuße geprägt wurde, indem das erste im Jahre 57, das zweite wahrscheinlich im Jahre 30, das dritte im Jahre 151 v. Chr. geaicht worden ist. Das phönikische Münzgewicht stellen zwei Gewichtstücke der Luyneschen Sammlung, die derselben Epoche angehören, dar. Das eine scheint in Sidon angefertigt worden zu sein, indem es das auf Erzmünzen dieser Stadt mehrfach vorkommende doppelte Füllhorn[3]) und eine ebenfalls dort übliche, vermuthlich nach der Aera der Seleukiden berechnete Zeitbestimmung trägt.

---

[1]) In der Mitte von Schauseite und Rückseite zeigt No. 14 das Bild eines vorwärts schreitenden Elephanten und die Inschrift: ΑΓΟΡΑΝΟΜΟΥΝΤΩΝ ΑΝΤΙΟΧΟΥ ΚΑΙ ΠΟΠΛΙΟΥ wiederholt, nur daß das zweite Mal der zweite Name voransteht. Am Rande der Vorderseite befindet sich die Aufschrift: ΑΝΤΙΟΧΕΩΝ ΤΗΣ ΜΗΤ[ΡΟΠΟ]ΛΕΩΣ ΚΑΙ ΙΕΡΑΣ ΚΑΙ ΑΣΥΛΟΥ ΚΑΙ ΑΥΤΟΝΟΜΟΥ, auf dem Rande der Rückseite ΕΤΟΥΣ ΕΒΔΟΜΟΥ. ΔΗΜΟΣΙΑ ΜΝΑ. Dies Monument, bei dem ein kleines Stück ausgebrochen und das deswegen im Verhältniß leichter ist, als das folgende, ist von Blei; No. 15 dagegen von Erz. Am Rande von No. 15 liest man auf der einen Seite ΑΓΟΡΑΝΟΜΟΥΝΤΩΝ ΝΙΚΑΝΟΡΟΣ ΤΟΥ ΑΡΤΕΜΙΔΟΡΟΥ, auf der andern ΚΑΙ ΑΠΟΛΛΩΝΙΔΟΥ ΤΟΥ ΑΜΦΑΙΝΕΤΟΥ, in der Mitte der ersten ΕΤΟΥΣ Β und die Monogramme der Namen Apollonides und Nikanor neben dem Bilde der auf einen Anker sich stützenden Fortuna, in der Mitte der andern ΔΗΜΟΣΙΟΝ ΗΜΙΜΝΑΙΟΝ neben dem Bilde eines Widders unter Stern.

[2]) No. 16. Das Gewicht ist 1794 in den Ruinen von Berytos gefunden worden und zeigt das Bild eines um den Griff eines Dreizacks geschlungenen Delphins darüber LΑΞΡΜΖ und darunter ΔΙΟΝΥΣΙΟΥ ΑΓΟΡΑΝΟ. Die obere Zeile erklärt Longpérier S. 345 durch *ἔτους* ΑΞΡ (161) *μηνὸς ἑβδόμου*.

[3]) Vgl. Mionnet V, 369, 207 f.

Dieses Monument mit der Aufschrift

ΕΤΟΥΣΑΛ
ΔΗΜΟΣΙΑ
ΔΙΜΝΑ

und dem Zeichen ∃ zwischen den beiden Füllhörnern, welche den Raum zwischen der zweiten und dritten Zeile einnehmen, wiegt 678 Gr. und ist mithin nach einer Einheit von 339 Gr. normirt, die von der aus dem schwersten sidonischen Tetradrachmon von 13.97 Gr. abgeleiteten Mine nur wenig abweicht.

Das andere Gewichtsstück, welches ebenso wie jenes von Blei ist, trägt eine phönikische Inschrift, die ebenfalls eine chronologische Angabe enthält, aber, wie es scheint, keine Nominalbezeichnung. Doch beweist sein Gewicht von 1497 Gr., dafs es demselben System angehört[1]).

Ein drittes, dem erstgenannten ganz gleichartiges Monument derselben Sammlung aus Stein wiegt 441 Gr. und führt, wie die unter den zwei Füllhörnern angebrachte Aufschrift ΤΕΤΑΡΤΟΝ beweist, auf eine Mine von 1776 Gr., die das Vierfache der attischen beträgt. Wahrscheinlich gehört dies entweder aus dem letzteren oder unmittelbar aus dem Sechzigstel der schweren babylonischen Mine abgeleitete Gewicht in dieselbe Kategorie, wie das von den Metrologen erwähnte antiochische ‚Holztalent', welches 375 römische Pfund wog (d. i. auf die Mine 2046 Gr.) und wahrscheinlich bei der Gewichtsbestimmung sehr schwerer Körper gebraucht wurde[2]). Wie oben nachgewiesen worden ist, wurde das tyrische Tetradrachmon in der ältern Zeit als Stater oder Shekel angesehn, die ältere Mine war daher doppelt so schwer als die spätere und in der jüdischen Silberprägung hielt man auch an der frühern Auffassung fest. Das der letztern zu Grunde liegende Münztalent wog etwa 132 römische Pfund, wurde aber von den Römern auf etwas weniger, nämlich auf 126 Pfund tarifirt, wie dies ein von Montfaucon beschriebenes steinernes Gewichtstück[3]) mit der Aufschrift: PONDO.

---

[1]) Das Monument wird schon bei Queipo I, 423 erwähnt. Die obere Reihe der Inschrift:

ʃ I Σ 1 ∇
Λʃ ⅄

scheint die Zahl 21 neben der auch auf sidonischen Münzen vorkommenden Gruppe שנת (Jahr) zu enthalten. Vgl. Gesenius Script. ling. Phoenic. monum. I, 88.

[2]) Vgl. Böckh M. U. S. 78.

[3]) Montfaucon Antiq. expl. Bd. III, 169. Böckh M. U. S. 151.

CXXV. TALENTUM SICLORUM III und die daraus entstandene, bereits angeführte Bestimmung des Epiphanios[1]) beweist.

Neben den im Vorstehenden erwähnten Talenten hat sich im asiatischen Verkehr auch das altbabylonische königliche Reichsgewicht vielfach sogar bis in späte Zeit hinab erhalten. Von einem hierher gehörigen wahrscheinlich phönikischen und gewiss orientalischen Gewichtsstück der Luyneasschen Sammlung von 1005 Gr. ist bereits oben S. 45 die Rede gewesen. Ein zweites Monument derselben Gattung, ein Minenstück aus Blei von 516 Gr., welches sich in der Luyneasschen Sammlung befindet, ist in Syrien unter Antiochos IV angefertigt worden. Dasselbe trägt die Aufschrift ΒΑΣΙΛΕΩΣ ΑΝΤΙΟΧΟΥ ΘΕΟΥ ΕΠΙΦΑΝΟΥΣ ΜΝΑ, welche das Bild der Nike zwischen 2 Sternen, in der Rechten den Kranz, in der Linken einen Palmzweig haltend, umgiebt, und gehört zum System des leichten babylonischen Talents, wie das erstgenannte Monument zu dem des schweren. Dasselbe gilt von einem sehr wohl erhaltenen Viertelminenstück aus Erz von 122 Gr. aus Antiochia in Karien[2]). Es würde interessant sein, zu erfahren, ob diese Mine, welche noch lange nach Alexander in Asien so verbreitet war, dafs sie sogar in einer erst von Antiochos I. gegründeten Stadt Aufnahme fand, sich bei ihrer Verpflanzung auch die ursprüngliche Theilung in 60 Einheiten bewahrt hat; indefs läfst sich hierüber leider nichts mehr ermitteln.

Zum Schlufs stellen wir noch die verschiedenen babylonischen Talente und die von ihnen abgeleiteten Gewichtsysteme übersichtlich zusammen.

I. Babylonisches Gewichtstalent.

		Aeltere Form.	Jüngere Form.
1.	Schweres Talent	58.896 Kilogr.	60.600 Kilogr.
	Mine	0.816 „	1.010 „
	$\frac{1}{60}$ Mine . . .	16.36 Gr.	16.83 Gr.

Abgeleitete Gewichte:

Die Handelsmine in Palästina	982 Gr.
Phönikische Handelsmine	1005 „

[1]) Siehe oben S. 95.

[2]) No. 10 bei Longpérier. Die eine Seite des Monuments zeigt das Bild eines Auerochsen, darüber ANTIOXEION, darunter TETAPTON.

	Ältere Form.	Jüngere Form.
2. Leichtes Talent	29.448 Kilogr.	30.300 Kilogr.
Mine	490.8 Gr.	505 Gr.
1/60 Mine	8.18 „	8.415 „

Abgeleitete Gewichte:

1. Die Handelsmine in Antiochia am Mäander 488 Gr.
2. Syrische Handelsmine . . . . 510 „

II. Babylonisches Goldtalent.

	Ältere Form.	Jüngere Form.
1. Schweres Talent	49.080 Kilogr.	50.490 Kilogr.
Mine	818 Gr.	841.5 Gr.
1/50 Mine . . .	16.36 „	16.83 „

Abgeleitete Gewichte:

1. Der hebräische Goldshekel . . . 16.37 Gr.
2. Der phokaische Stater. . . . . . 16.80 „

	Ältere Form.	Jüngere Form.
2. Leichtes Talent	24.540 Kilogr.	25.245 Kilogr.
Mine	409 Gr.	420.7 Gr.
1/50 Mine . . .	8.18 „	8.415 „

Abgeleitete Gewichte:

1. Der Krösische Goldstater . . . . . 8.17 Gr.
2. Der euboische Fuſs
   a) Der korinthische Stater . . . . 8.40 „
   b) Der attische „ . . . . . 8.73 „
3. Der persische Goldstater . . . . . 8.40 „
4. Der Goldstater von Pantikapaeon . 9.07 „

III. Babylonisches Silbertalent.

1. Der Zehnstaterfuſs:

	Ältere Form.	Jüngere Form.
a) Schweres Talent	65.400 Kilogr.	67.320 Kilogr.
Mine	1090 Gr.	1122 Gr.
1/50 Mine . . .	21.80 „	22.44 „

Abgeleitete Gewichte:

1. Der karthagische Münzstater . . 23.4 Gr.
2. Die Handelsmine von Antiochia . 1070.3 „
3. „ „ „ Berytos . . 1071.2 „

	Aeltere Form.	Jüngere Form.
b) Leichtes Talent	32.700 Kilogr.	33.660 Kilogr.
Mine	545 Gr.	561 Gr.
$\frac{1}{50}$ Mine . . .	10.90 „	11.22 „

Abgeleitete Gewichte:

1. Der altmakedonische Silberstater . 10.22 Gr.
2. Der Krösische „ . 10.89 „
3. Der babylonisch-persische „ . 11.20 „

2. Der Fünfzehnstaterfufs:

	Aeltere Form.	Jüngere Form.
a) Schweres Talent	87.180 Kilogr.	89.520 Kilogr.
Mine	1453 Gr.	1492 Gr.
$\frac{1}{50}$ Mine . . .	29.06 „	29.84 „

Abgeleitete Gewichte:

1. Der Silberstater von Abdera. . . 29.50 Gr.
2. „ „ „ Damaskos. . 28.30 „

	Aeltere Form.	Jüngere Form.
b) Leichtes Talent	43.590 Kilogr.	44.760 Kilogr.
Mine	726 Gr.	746 Gr.
$\frac{1}{50}$ Mine . . .	14.53 „	14.92 „

Abgeleitete Gewichte:

1. Der hebräische Silbershekel . . . 14.55 Gr.
2. Der kleinasiatische Münzstater
   a) in Elektron . . . . 14.40 „
   b) in Silber . . . . . . 15.26—13.27 „
3. Der phönikische Silberstater
   a) vor Alexander d. Gr. . . . . 14.40 „
   b) nach „ „ . 15.29—13.97 „
4. Das ptolemäische Tetradrachmon . 14.24 „
5. Das äginäische Didrachmon . . . 12.60 „

DRITTER ABSCHNITT.

Das asiatische Münzwesen bis auf Alexander den Grofsen.

I. Das asiatische Münzwesen vor Dareios.

Die Bearbeitung der edeln Metalle ist in Asien uralt und die Kunst dieselben zu scheiden und möglichst rein darzustellen dort bereits in frühester Zeit geübt worden. Sowie auf ägyptischen Inschriften aus dem 13. Jahrhundert v. Chr. verschiedene Arten Goldes ausdrücklich unterschieden werden[1]), so wird auch in einem der ältesten Stücke der Bibel die Vortrefflichkeit des wahrscheinlich von der Ostküste Afrika's (Chawilah) bezogenen Goldes hervorgehoben[2]). Die Untersuchung verschiedener aus Erz und Eisen gearbeiteter Gegenstände, die in Ninive aufgegraben worden sind, zeigt, dafs man die eigenthümlichen unter verschiedenen Mischungsverhältnissen wechselnden Eigenschaften der Metalle sehr genau kannte, die Beschickung des Kupfers mit Zinn sowie die Anwendung von Eisen oder Erz je nach der Bestimmung des aus diesen Stoffen zu fertigenden Geräthes in durchaus zweckmäfsiger Weise modificirte, und z. B. Glockengut durch eine Mischung von 86% Kupfer mit 14% Zinn darzustellen, bei der Fabrikation von Gegenständen, die wie Fufsgestelle, Haken und dergl. eine gewisse Widerstandskraft besitzen mufsten, dem Kupfer durch eine Legirung von 10% Zinn die angemessene Sprödigkeit zu verleihen wufste, dagegen für Geräthe, die noch dauerhafter gearbeitet sein mufsten, Eisen wählte, endlich für Gefäfse, bei denen es auf die Härte und Festigkeit der Masse nicht ankam, die Legirung fast ganz unterliefs[3]).

Dies und Alles was wir von dem frühen Gold- und Silberverkehr des Orients wissen, insbesondere die Einrichtung einer festen Doppel-

[1]) Vgl. oben S. 75.

[2]) 1 Mos. 2, 12. Vgl. Movers Phönizier III, 1, 58.

[3]) Vgl. Layard, Nineveh and Babylon S. 191 und die S. 670 f. abgedruckte Untersuchung von Dr. Percy.

währung berechtigt uns die Fertigkeit im Probiren und Scheiden der edeln Metalle dort seit ältester Zeit eben so bestimmt vorauszusetzen, wie wir die Kunst der Mischung und Bearbeitung der unedlen Metalle nachweisen können.

Die Alten wufsten sehr wohl, dafs das Gold nie ganz vollkommen rein und immer mit Silber aber verschieden gemischt vorkommt. Nach Plinius soll alles Gold Silber, und zwar bald 10 %, bald 12.5 %, nur das in Galizien gewonnene albucarensische Gold nicht mehr als $\frac{1}{36}$ Silber (= 2.77 %) enthalten[1]). Neuere Analysen ergeben, dafs zum Beispiel das Waschgold von Boruschka am Ural sich mit höchstens 16.15 %, das Gold von Vöröspatak in Siebenbürgen dagegen mit höchstens 38.74 % Silber versetzt findet[2]). Im Anfang des 5. Jahrhunderts v. Chr. galt das indische Gold für ganz besonders rein, das in Lydien theils aus dem Paktolos, theils in den Gruben am Tmolos und Sipylos gewonnene Metall dagegen für sehr silberhaltig.

Man bezeichnete das letztere bald als Elektros oder Elektron, bald als weifses Gold. Jener Ausdruck findet sich zuerst bei Sophokles[3]), dieser bei Herodot[4]), der unter Elektron nur Bernstein versteht[5]). Wann man dieses ursprünglich wohl nur für den letzteren Gegenstand gemünzte Wort auf weifs legirtes Gold übertragen hat, ist nicht mit Sicherheit zu bestimmen. In der Ilias kommt es überhaupt nicht vor, in den Stellen der Odyssee wo die Deutung sicher ist[6]), kann man es nur auf Bernstein beziehen, bei Hesiod und in dem homerischen Gedicht Eiresione ist die Entscheidung zweifelhaft, obgleich die Spätern an den erwähnten Stellen unter diesem Ausdruck vielfach das genannte Metall

---

1) Plin. h. n. 33, 4, 23.

2) Vgl. die Zusammenstellung in Rammelsberg's Handbuch der Mineralchemie. Leipzig 1860. S. 8.

3) Ant. 1037: *ἐμπολᾶτε τὸν πρὸς Σάρδεων ἤλεκτρον, εἰ βούλεσθε, καὶ τὸν Ἰνδικὸν χρυσόν.*

4) I, 50: *καὶ τούτων (τῶν ἡμιπλινθίων) ἀπέφθου χρυσοῦ τέσσερα, τρίτον ἡμιτάλαντον ἕκαστον ἕλκοντα, τὰ δὲ ἄλλα ἡμιπλίνθια λευκοῦ χρυσοῦ, σταθμὸν διτάλαντα.*

5) III, 115.

6) Dies gilt von Od. 15, 460: *χρύσεον ὅρμον ἔχων, μετὰ δ' ἠλέκτροισιν ἔερτο* und Od. 18, 296 *χρύσεον ἠλέκτροισιν ἐερμένον, ἠέλιον ὥς.* Vgl. Buttmann, über das Elektron. Abh. d. Berl. Akad. 1818. S. 38 f. Dagegen ist aus Od. 4, 73 f., wo von den Schätzen an ‚Erz, Gold, Elektron, Silber und Elfenbein' im Hause des Menelaos zu Sparta die Rede ist, ebenso unmöglich eine bestimmte Entscheidung abzuleiten, wie aus der Beschreibung des Schildes des Herakles bei Hesiod. v. 141—143, zu dessen Verzierung aufser Elfenbein und Emaille auch Elektron verwandt wurde, oder aus der Eiresione v. 10, wo am Fufsgestell eines Webstuhls Elektron erwähnt wird.

verstanden haben[1]). Wahrscheinlich kam der neue Sprachgebrauch erst auf, als die lydischen Goldquellen eröffnet worden waren, was in der homerischen Zeit noch nicht geschehen zu sein scheint; denn daß Metall von der bezeichneten Mischung auch noch anderswo, als in Kleinasien gefunden worden sei, davon findet sich in älterer Zeit keine Spur, und daß Herodot sich des Ausdrucks in jenem Sinne nicht bediente, deutet darauf hin, daß derselbe unter den Griechen selbst damals noch keine allgemeine Verbreitung gewonnen hatte. Später dagegen und besonders bei den Römern[2]) bezeichnete das Wort alles Gold, was eine bestimmte Proportion Silber enthielt, es mochte künstlich hergestellt, oder in dieser Mischung gewonnen sein, was indeß zu Plinius Zeit, wo die Goldwäscherei am Paktolos aufgehört und die Gruben am Tmolos und Sipylos nur noch sehr geringe Erträge lieferten[3]), so selten vorkam, daß man dem natürlichen Elektron die fabelhaftesten Eigenschaften zuschrieb[4]).

Das in Lydien etwa im 7., 6. und 5. Jahrhundert v. Chr. massenhaft gewonnene weiße Gold wurde im gewöhnlichen Verkehr als ein von Silber und Gold gleich verschiedenes Metall betrachtet, welches seinen besondern von beiden abweichenden Werth besaß. Dies deutet sowohl die Sophokleische Stelle, welche lydisches Elektron und indisches Gold bestimmt unterscheidet, wie auch die Nachricht des Herodot[5]) an, daß von den 117 Halbziegeln, welche die Basis des kostbaren Weihgeschenks bildeten, das Krösos dem Orakel zu Delphi schenkte,

---

[1]) Vgl. Plin. h. n. 33, 23. Virgil's Aeneis 8, 402. 624 electro auroque recocto, wo von der Rüstung des Aeneas die Rede ist.

[2]) Pausan. V, 12, 6: *τὸ δὲ ἄλλο ἤλεκτρον ἀναμεμιγμένος ἐστὶν ἀργύρῳ χρυσός.* Eustath. zu Dionys. Perieg. v. 293: *ἤλεκτρος δὲ νῦν οὐχὶ τὸ ἐκ χρυσοῦ καὶ ἀργύρου κρᾶμα.* Hesych. s. v. *Ἤλεκτρον, ἀλλότυπον χρυσίον.* vgl. Photius und Suidas. Servius zur Aen. 8, 402. Isidor orig. 16, 24. Plin. h. n. 33, 4, 23 ed. Sillig: Omni auro inest argentum vario pondere, alibi decuma parte, alibi octava; in uno tantum Callaecae metallo, quod vocant Albucrarense, tricesima sexta portio invenitur; ideo ceteris praestat. Ubicumque quinta argenti portio est, et electrum vocatur; scobes hae reperiuntur in canaliensi. Fit et cura electrum argento addito. Quod si quintam portionem excessit, incudibus non resistit. Vetusta et electro auctoritas Homero teste, qui Menelai regiam auro et electro, argento, ebore fulgere tradit. Minervae templum habet Lindos insulae Rhodiorum, in quo Helena sacravit calicem ex electro.

[3]) Strabo p. 626. 591.

[4]) a. a. O. Electri natura est ad lucernarum lumina clarius argento splendere. Quod est nativum, et venena deprehendit; namque discurrunt in calicibus arcus caelestibus similes cum igneo stridore et gemina ratione praedicunt.

[5]) I, 50.

die vier obern, ebenso wie der Löwe, der darauf stand, von reinem im Schmelztiegel geläuterten Golde, die übrigen 113 dagegen aus weiſsem Golde d. h. aus Elektron getrieben waren. Auch Plinius[1]) berichtet von einem wahrscheinlich uralten Kelch aus solchem Metall, der im Tempel der Pallas zu Lindos sich befand und angeblich von der Helena geweiht worden war.

Während in Asien seit uralter Zeit der Verkehr durch Gold- und Silberbarren von bestimmtem Feingehalt und Gewicht vermittelt worden war, wurde man an der kleinasiatischen Westküste, wo sich die Idee zuerst Bahn gebrochen hat, Metallstücke durch einen eingeprägten Stempel, der für das festgesetzte Korn und Schrot bürgte, in Geld zu verwandeln, durch die eben dargestellten Verhältnisse dazu veranlaſst, Münzen nicht nur von Gold und Silber, sondern auch aus dem in Lydien reichlich gewonnenen Weiſsgolde zu schlagen. Für die beiden letzteren Metalle wählte man den vermuthlich durch den phönikischen Handel eingeführten Fünfzehnstaterfuſs, für Gold das altbabylonische Goldgewicht, dessen Einheit das Sechzigstel der schweren königlichen Mine war, und hieran hielt man auch in der ältesten Zeit streng fest. Unter allen kleinasiatischen sogenannten Goldmünzen des phönikischen Fuſses, die ich selbst gesehn oder von denen ich eine genaue Beschreibung erlangen konnte, ist mir nur eine einzige — der oben S. 106 beschriebene Halbstater ohne Bild — vorgekommen, die nicht aus blassem, meist sehr silberweiſsem Metall geprägt gewesen wäre[2]), während die ältesten Stater phokaischen Fuſses sich vor allen spätern nicht nur durch höheres Gewicht, sondern auch durch mög-

[1]) a. a. O.

[2]) Hiernach ist Mommsen's Angabe S. 19 zu berichtigen, der seine Vermuthung, daſs das Korn dieser Münzen beträchtlich besser sei, als das des phokaischen Goldes, durch das Zeugniſs Hussey's über das Zwölftel mit der Schildkröte und das Burgon's über die Exemplare der Thomasschen Sammlung stützt. Indeſs versichert der letztere von den beiden milesischen Stücken n. 2153. 2154, daſs sie aus blassem Golde (‚pale gold') seien, während seine Angabe über den klazomenischen Stater, n. 2129, S. 296, der sich jetzt in der Luyneschen Sammlung befindet, ungenau ist. Das Zwölftel mit der Schildkröte habe ich nicht gesehn, wohl aber den entsprechenden Stater der Pariser Sammlung, der unbezweifelt aus Weiſsgold ist. Ueber die zahlreichen Exemplare des Münchener Museums verdanke ich Herrn Dr. H. Hayd genaue Mittheilungen. Von den mir überhaupt bekannt gewordenen 58 Münzen dieser Gattung habe ich 39 selbst gesehn und besitze von 17 verläſsliche Beschreibungen. Dem im Text erwähnten Halbstater, welcher silberfrei zu sein scheint, kommen 2 in Milet geprägte Exemplare des Münch. und Brit. Museums am nächsten, die sich vor den übrigen meist sehr blassen milesischen Münzen dieser Sorte durch dunklere Farbe auszeichnen.

lichst feines Korn auszeichnen. Am auffallendsten tritt dieser Unterschied in den Prägstätten hervor, wo wie in Milet, Samos, Lampsakos und Chios, uralte Münzen von beiden Sorten nebeneinander vorkommen, und wo vermuthlich gleichzeitig die Prägung in Gold und Elektron geübt worden ist.

Die Thatsache, dafs man den ursprünglich für Silber normirten Münzfufs nie auf reines Gold, sondern nur auf Weifsgold übertragen hat, bestätigt, dafs man die letztere Mischung als ein besonderes Metall, das sich vom Golde unterschied, betrachtete. Sein Werth mufste sich nach dem Mischungsverhältnifs richten; es ist aber sehr wahrscheinlich, dafs dasselbe beim Waschgold des Paktolos ein ziemlich constantes entweder wirklich oder doch der Voraussetzung nach gewesen ist, und dafs daher dieses Metall einen ebenso festen Curs hatte, wie das indische Gold. Nach Plinius mufste das Gold um Elektron zu heifsen, wenigstens 20 % Silber enthalten, von Servius und Isidor[1]) wird die Beschickung auf 25 % angegeben. Diese Zeugnisse gelten aber schwerlich vom lydischen Weifsgold, dessen Quelle früh versiegte. Für dieses läfst sich indefs aus der Ueberlieferung des Herodot über die Gewichtsverhältnisse der zu dem erwähnten Weihgeschenk des Krösos verwandten Halbziegel, von denen die goldenen je 2½ die ganz gleichförmigen weifsgoldenen nur 2 Talente wogen, und durch Vergleichung der spezifischen Gewichte der beiden Mischkörper eine Silberlegirung von 30 % nachweisen[2]). Es wird sich daher der Preis dieses Metalls zu dem des reinen Goldes nicht ganz wie 3 : 4 verhalten und ein aus demselben geprägter Stater von 14.52 Gr. etwa den Werth von einem Goldstater zu 10.89 Gr. gehabt haben. Dies ist aber wahrscheinlich auch das in der kleinasiatischen Münze angenommene Normalverhältnifs gewesen. Hierauf deutet zunächst die lydische Münzgeschichte hin. Die ältesten dem Gepräge und Stempel nach der lydischen Hauptstadt zuzutheilenden Münzen sind aus Weifsgold und auf den phönikischen Fufs geschlagen. Man kennt bis jetzt nur zwei Exemplare dieser Sorte, die ungleich alterthümlicher sind als die spätern Krösischen Goldstater und ihre Verwandtschaft mit diesen nur durch das Prägbild verrathen.

Das eine aus dem Münchener Kabinet zeigt auf der Schauseite Vordertheil von Stier und Löwen von einander abgekehrt und mit den Nacken aneinandergekoppelt, also das Wappen des Krösischen Courants in modificirter

---

[1]) Siehe oben S. 165 Anm. 2.

[2]) Vgl. H. Stein's Ausgabe des Herodot zu d. a. St.

Stellung, das andere aus der Ivanoffschen Sammlung zwei in gleicher Weise aneinandergefügte Löwenköpfe von vorn; die Rückseite beider ist gleich, sie charakterisirt sich durch drei tief eingeschlagene Zapfenlöcher, von denen das mittlere oblong, die beiden andern kleiner und von rechteckiger Form sind.

Von diesen Münzen, die gewiſs zu den ältesten gehören, die man überhaupt kennt, unterscheidet sich sehr wesentlich das ebenfalls einseitig aber schon mit groſser Regelmäſsigkeit geprägte Gold- und Silbergeld, welches sehr häufig in Casabá, in der Nähe des alten Sardes, gefunden wird, und auf der Vorderseite Vordertheil von Stier und Löwen gegeneinander gewendet, auf der Rückseite ein senkrecht getheiltes eingeschlagenes Viereck darstellt, und in Bild, Korn und Schrot eine so groſse Gleichförmigkeit zeigt, daſs es im Bereich eines kurzen Zeitraums geschlagen worden sein muſs[1]). Man hat dasselbe ohne Zweifel mit Recht dem Krösos zugeschrieben und in dem von reinem Golde geprägten Stater von 8.17 Gr. die von den Griechen als *Κροίσειος στατήρ*[2]) bezeichnete Münze erkannt. Mit dieser Prägung führte Krösos die ganz genau nach babylonischem Muster eingerichtete Doppelwährung in seinem Reiche ein, indem er ein Goldstück (zu 8.17 Gr.) im Gewicht des Sechzigstels der königlichen Mine schuf, welches den Werth von 10 auf $\frac{1}{15}$ derselben Einheit nor-

[1]) Borrell, An inquiry into the early Lydian money, and an attempt to fix the classification of certain coins to Croesus im Numism. Chron. II, 216 f. „Very different from coins successively issued through a long period of time, and of which their relative dates may be approximately fixed by the style of their execution, those under consideration have this singular peculiarity, — that they all appear nearly of the same age. Neither in the workmanship of the principal type, nor in the form of the indented squares of the reverse is any material difference to be observed.“ Borrell begründet seine Classificirung mit Recht auf die alterthümliche Fabrik, auf den Fundort, das häufige Vorkommen und den Münzfuſs dieses Goldes, welcher in beiden Metallen auf demselben Systeme beruht, wie der des Goldes und Silbers der persischen Könige. Die nach dem Silberfuſs geprägten Goldmünzen sind Borrell, wie es scheint, unbekannt geblieben. Das einzige bis jetzt bekannte Ganzstück von 10.67 Gr. befindet sich in München, Drittel kommen häufiger vor. Mommsen S. 19 faſst diese Münzen als zu dem oben erwähnten, ebenfalls in München befindlichen Weiſsgoldstater von 13.955 Gr. gehörige Dreiviertel- und Viertelstücke auf, wobei die Verschiedenheit des Gepräges, der Fabrikation und des Korns übersehen wird; indeſs ist diese Ansicht auf das Gewicht beschränkt, insofern richtig, als sich die beiden den verschiedenen Sorten zu Grunde liegenden Einheiten allerdings wie 3 : 4 verhalten. Sestini St. ant. S. 91 f. brachte noch alle diese Münzen nach Samos. Der Verfasser des Jvanoffschen Katalogs S. 17 vermuthet, daſs die Herkunft des oben erwähnten Exemplars Milet sei. — [2]) Pollux III, 87. Vgl. Herod. I, 54.

mirten Silberstatern (zu 10.89 Gr.) hatte, und sich zu diesem wie der spätere Dareikos zum babylonischem Silberstater verhielt. Neben dem Goldstater wurden indess außer dem Drittel, Sechstel und Zwölftel, mit genau demselben Stempel und Feingehalt, noch andere Nominale geprägt, deren größtes mit dem Gewicht des Silberstaters übereinstimmt. Dieselben sollten wahrscheinlich einestheils die Vermittlung zwischen den ältern Weißgoldmünzen und dem neuen Courant bilden, während sie anderntheils auf den Verkehr mit den tributpflichtigen hellenischen Städten berechnet waren, die ihr Silber nicht nach dem Zehn-, sondern nach dem Fünfzehnstaterfuſs ausbrachten. Denn wenn, wie S. 71 nachgewiesen wurde, der Krösische Goldstater zu 8.17 Gr. 10 Silberstater zu 10.89 Gr. galt, so muſste ein nach dem letztern Gewicht normirtes Goldstück den Curs von 10 Silberstatern zu 14.52 Gr. oder 20 Drachmen zu 7.26 Gr., wie sie damals — wenn auch bald etwas leichter, bald etwas schwerer in Lampsakos, Klazomenae, Chios und anderwärts ausgebracht wurden, erreichen, da sich die beiden correlaten Nominale zu einander wie 3 : 4 verhielten. Wenn ferner die nach der Ueberlieferung des Herodot angesetzte Würderung des weiſslegirten lydischen Goldes richtig ist, so entsprach das Goldstück von 10.89 Gr., dessen Korn dem des Dareikos kaum nachzustehen scheint[1]), soweit man in diesen Dingen Genauigkeit erwarten kann, dem Goldgehalt der ältern lydischen Elektronmünze[2]), deren Normalgewicht 14.52 Gr. betrug, und man hatte mithin durch die feinere Darstellung des Korns eine neue Münze geschaffen, die dem ältern Courant im Werthe gleich stand, obgleich sie nur auf $\frac{3}{4}$ seines Gewichts auskam.

[1]) Borrell a. a. O. S. 218. „Herodotus mentions that the coins struck by Darius, and from him called Darics, were famous for the extraordinary purity of the gold, used in their fabrication, — to which those existing bear ample testimony. The Lydian coins, or those I presume to be of Lydia, of the same metal, appear to be equally free from alloy." Eine Analyse liegt nicht vor. Der Anschein aller mir vorgekommenen Exemplare bestätigt dies Urtheil.

[2]) Unter Voraussetzung von 30 % Silbergehalt besteht

der Stater von 14.52 Gr. aus	10.164	Gr.	Gold,
	4.356	„	Silber,
bei 25 % Beschickung aus	10.89	„	Gold,
	3.63	„	Silber,

in dem erstern Falle enthält der Goldstater von 10.89 Gr. um 0.726 Gr. feines Metall mehr als der Stater von 14.52 Gr., hat aber, wenn man den Silbergehalt des letztern in Anschlag bringt, nur einen um 0.4 Gr. Gold höhern Werth; in dem letztern Falle dagegen einen um 0.26 Gr. Gold oder 3.63 Gr. Silber geringern Werth als jener.

Diese Auffassung erhält noch dadurch ihre Bestätigung, daſs der am häufigsten und vor allem in Milet und Samos vorkommenden Stückelung dieser Elektronmünze in Drittel, Sechstel und Zwölftel ganz entsprechend, der auf den gleichen Werth, aber auf das babylonische Silbergewicht normirte lydische Goldstater von 10.89 Gr. derselben Eintheilung unterliegt, während vom gleichwichtigen Krösischen Silberstater fast nur Hälften und sehr selten Drittel zum Vorschein kommen. Man wollte offenbar die alte Weiſsgoldmünze durch das neue Courant ganz ersetzen und prägte daher

statt	des Ganzstücks	aus	Elektron	von	14.52	Gr.	die	Goldmünze	von	10.89	Gr.
„	des Drittels	„	„	„	4.84	„	„	„	„	3.63	„
„	des Sechstels	„	„	„	2.42	„	„	„	„	1.81	„
„	des Zwölftels	„	„	„	1.21	„	„	„	„	0.90	„

Dies Ergebniſs gewährt einen weitern sichern Schluſs auf die Tarifirung des nach phönikischem Fuſse normirten uralten kleinasiatischen Elektrongeldes, einestheils gegen das in mehreren Städten, wie in Lampsakos, Klazomenae und Chios gleichzeitig nach derselben Währung geprägte Silber, anderntheils gegen das nach phokaischem Fuſse gemünzte Gold.

Denn wenn das lydische Goldstück von 10.89 Gr. dem Werthe von 10 Silberstatern zu 14.5 Gr. entsprach, so gilt das Gleiche von der auf das letztere Gewicht normirten Elektronmünze, wie sie in den genannten Städten geprägt wurde, und der wie gezeigt, jene Goldmünze im Curse gleichstand; und da die letztere zugleich auf Gewicht und Werth von $\frac{2}{3}$ des fein ausgeprägten phokaischen Goldstaters auskam, so hatte auch der Stater aus Weiſsgold dieselbe Geltung.

Diese Verhältnisse werfen ein neues Licht auf das älteste kleinasiatische Münzwesen, welches die asiatische Doppelwährung nicht nur im Gold- und Silbergeld zur Darstellung brachte, sondern auch auf die aus Mischgold geprägte Münzsorte übertrug, so daſs zur Zeit des Krösos im lydischen Reiche, welches damals den ganzen Westen von Kleinasien bis zum Halys umfaſste, eine dreifache Währung bestand, die auch an mehreren Orten, wie in Lampsakos, Chios und Milet gleichzeitig auftritt. Dabei schlieſst sich das correlate Silbergeld in Gepräge und Gewicht bald an die Gold- bald an die Elektronmünze näher an.

In Lampsakos und Klazomenae trat der letztere, in Chios und Milet ebenso wie beim Krösischen Gelde der erstere Fall ein. Zu dem lampsakenischen Weiſsgoldstater mit dem Vordertheil eines beflügelten Seepferdes, von etwa 14 Gr., gehört wahrscheinlich ein Silberstater gleichen Gewichts und verwandten Gepräges, von dem kürzlich ein Exemplar von 14.28 Gr. in dem interessanten von A. de Longpérier beschriebenen Funde in Myt-Rahineh, auf dem Boden des alten Memphis, zum Vorschein gekommen ist, und dem zwei gleichartige im Britischen Museum befindliche Münzen von 6.80 und 6.74 Gr. als Hälften entsprechen [1]). Diese Silberstücke stellen freilich nicht das Seerofs, sondern ein beflügeltes Pferd dar. Indessen wechseln diese Typen auch auf spätern unzweifelhaft lampsakenischen Münzen, wie denn umgekehrt auf syrakusischen Erzmünzen der Pegasus zuweilen durch das Seepferd ersetzt wird [2]). Und dafs Lampsakos in älterer Zeit nach dem Fünfzehnstaterfufs Silber münzte und erst unter der persischen Herrschaft zur persischen Währung überging, zeigt eine Drachme von sehr alter Fabrik mit dem gewöhnlichen Prägbilde, die sich im Berliner Museum befindet, und deren Gewicht (6.50 Gr.) mit dem der erwähnten Exemplare des Britischen Museums übereinstimmt, so dafs selbst, wenn die letzteren nicht dahin gehören sollten, die gleichzeitige Elektron- und Silberprägung in der ältesten Zeit für Lampsakos feststeht. Daneben ist aber auch noch die Goldprägung nach phokaischem Fufse dort geübt worden, indem sich sehr alte ziemlich vollwichtige und nicht übermäfsig stark legirte Goldmünzen dieses Systems mit dem Prägbild der erwähnten Elektronmünzen, dem als Nebensymbol der Thunfisch beigesellt ist, finden.

Hier begegnen wir also einer dreifachen Währung, wobei das grofse Silberstück vermuthlich auf $\frac{1}{10}$ Elektron- und $\frac{1}{15}$ Goldstater tarifirt war, und die beiden letztern Sorten sich dem Werthe nach wie 2 : 3 verhielten.

---

[1]) Die spätern Kupfermünzen von Lampsakos zeigen ganz deutlich die Gestalt eines Seepferds, dessen Hintertheil fischartig ausläuft. Auch bei den ältern Silber- und Goldmünzen, die nur das Vordertheil des Thieres darstellen, scheint seine Fischnatur durch eine an dem übrigens senkrecht durchtheilten Rücken angebrachte Flosse angedeutet zu sein, die indefs auch als Flügel aufgefafst werden kann (vgl. die Abbildungen bei Sestini a. a. O. Taf. VI) und bisweilen, wie auf einem Exemplar der v. Rauchschen Sammlung, ganz fehlt. Die Hufen des Thieres sind nur auf sehr wenigen Exemplaren durch Flossen ersetzt. Longpérier, Revue num. 1861. S. 417, legt den pl. xviii, 5 abgebildeten Stater, ebenso wie 4 andere ebenfalls in Myt-Rahineh gefundene Münzen mit dem Pegasus, nach Korinth. Die letztern gehören dahin, die pl. xviii, 5 abgebildete aber unterscheidet sich von ihnen sehr wesentlich nicht nur durch das Gewicht, sondern auch durch den Einschlag, und beides weist nach Kleinasien hin. Die oben erwähnten Hälften des Br. Mus. lagen 1861 unter Erythrae.

[2]) Vgl. Hunter Taf. 54. No. 13. 14. 15.

Genau ebenso lagen die Münzverhältnisse in Chios, nur dafs dort das Silbergeld sich nicht an die Elektron-, sondern an die Goldprägung anlehnt. Denn das Gewicht der beiden ersteren Sorten beruht zwar auf dem gleichen Fufs ist aber nicht wie in Klazomenae und Lampsakos identisch, indem sich das Ganzstück in Elektron auf 14.60 Gr normal, das in Silber auf 15.29 Gr., die Drachme sogar auf 7.97 Gr. stellt. Dagegen scheint der Stater phokaischen Fufses nach einem Sechstel des Pariser Museums von fast 2.80 Gr. zu urtheilen, eher über als unter seinem Normalgewicht ausgebracht worden zu sein, womit denn auch die höhere Normirung des Silbergeldes, welches, wie wir gezeigt haben, zur äginäischen Mine in ein rundes Verhältnifs gesetzt war[1]), zusammenhängt. Doch galt gewifs auch in Chios derselbe Werthtarif der verschiednen Sorten gegeneinander, wie in den übrigen kleinasiatischen Städten zu jener Zeit, obgleich die Prägung einen etwas höheren Preis des Goldes voraussetzt. Das nur in Chios vorkommende Viertel des weifslegirten Goldstaters von 3.65 Gr. hatte mithin den Werth des Sechstels in Gold von 2.80 Gr. und dieses die Geltung von 2½ Silberstatern zu 15.26 Gr., indem die betreffenden Ganzstücke auf den Curs von 10 bezüglich 15 Didrachmen in Silber festgesetzt waren. Auf allen drei Geldsorten findet man das chiische Stadtwappen, die Sphinx, wiederholt, jedoch auf den Goldmünzen mit Beifügung des Thunfisches, auf den Silbermünzen meist mit Beifügung des Weinkrugs und als Nebensymbols der Traube.

Am massenhaftesten ist das Geld aus Elektron in Milet geschlagen worden und zwar aufser dem Stater Hälften, Drittel, Sechstel, Zwölftel und Achtundvierzigstel zu 14.10 — 6.95 — 4.74 — 2.40 — 1.17 — 0.32 Gr. Maximalgewicht. Das Metall der Theilstücke ist zum Theil so blafs, dafs es Silber fast ähnlicher sieht als Gold. Auch hier schlofs sich das Silbergeld, wenn man die alterthümlichen Silberstücke babylonischen Fufses mit dem Löwenkopf Milet beilegen darf[2]), im Gewicht und wie es scheint auch im Gepräge den Goldmünzen an, unter denen sich ein

---

[1]) Vgl. oben S. 122.

[2]) Eine dieser Münzen ist in Myt-Rahineh gefunden und wird von Longpérier Samos beigelegt, vgl. Rev. num. a. a. O. S. 423, pl. xvIII, No. 10, wogegen indefs ihr Gewicht spricht, welches in der samischen Prägung nicht vorkommt, während Milet bekanntlich unter persischer Herrschaft nach babylonischem Fufse gemünzt und dabei den Stater nicht höher als zu 10.59 Gr. ausgebracht hat. Auch erscheint als samisches Prägbild zwar das Fell des Löwenkopfes von vorn, aber nicht, soweit ich sehe, der Löwenkopf selbst.

Exemplar findet, das Burgon für die älteste Münze erklärt, die ihm je vorgekommen sei[1]). Wahrscheinlich ist hier die Silberprägung nach dem Muster des Kröischen Silbergeldes erst nach Einführung der Goldprägung eingerichtet worden, und daher statt des phönikischen Fünfzehnstaterfufses der babylonische Zehnstaterfufs zur Geltung gelangt, während man sich früher mit der Gold- und Elektronprägung begnügt hatte. Die Veranlassung dazu mochte in den innigen Beziehungen liegen, die zwischen der reichen hellenischen Handelsstadt und dem lydischen Reiche bestanden[2]). Daher entspricht das Gewicht des Silberstaters von höchstens 11.02 Gr. einestheils dem des lydischen Silbercourants, anderntheils dem des milesischen Goldstaters, der nach dem schwersten Sechstel von 2.76 Gr. auf 16.56 Gr. angesetzt werden darf, und mithin sich zu der Silbereinheit genau wie 3 : 2 verhielt. Ohne Zweifel lag auch dieser Normirung die babylonische Doppelwährung, welche das lydische und persische Münzwesen beherrscht, zu Grunde, und der Goldstater galt daher gesetzlich 20 Silberstater wie der Dareikos 20 Silberdrachmen. Als Prägbild erscheint auf beiden Sorten der Löwenkopf mit offnem Rachen, nur ein Goldstater stellt den Löwen in ganzer Figur dar. Die Rückseite bezeichnet ein meist in 4 Felder getheiltes eingeschlagenes Viereck, deren zwei auf einer Silbermünze mit diagonalen Linien, ähnlich wie auf dem Revers der ältesten äginäischen Münzen durchzogen sind, während der Goldstater mit dem Löwen dieselbe senkrechte Theilung darstellt, wie das Kröische Geld und die milesischen Drittel aus Mischmetall. Wahrscheinlich ist die Prägung aus lydischem Weifsgold von Sardes, die aus reinem Golde von Phokaea ausgegangen. Letzteres beweist der Name des phokaischen Staters, welcher in der ältern Zeit dem in verschiedenen kleinasiatischen Städten nach demselben Fufs gemünzten Goldstück gleichmäfsig beigelegt[3]), und erst später, als Kyzikos die Hauptprägestätte für dies Geld wurde, durch die nach jener Stadt benannte Goldmünze verdrängt ward. Dagegen spricht für die Entstehung der Elektronmünze in Sardes einestheils die Nachricht des Herodot[4]), dafs unter allen Völkern die Lyder zuerst Gold und Silber gemünzt hätten, obgleich dieselbe in Betreff des letzteren Metalls nicht zuzutreffen scheint, da sich vor Kröesos bis jetzt kein lydisches Silbergeld nachweisen läfst, und die

[1]) Katalog der Thomasschen Sammlung. S. 300.

[2]) Herod. I, 140. — [3]) Vgl. Mommsen R. M. S. 7, Anm. 18. Hultsch S. 268.

[4]) I, 94: (*Λυδοί*) *πρῶτοι δὲ ἀνθρώπων τῶν ἡμεῖς ἴδμεν νόμισμα χρυσοῦ καὶ ἀργύρου κοψάμενοι ἐχρήσαντο.*

Silberprägung von Chios, Klazomenae, Teos und Phokaea gewifs lange vor ihm begann, anderntheils die auffallende Verwandtschaft, welche die uralten Elektronmünzen von Milet, Kyme, Samos, Chios und Kyzikos untereinander und mit den lydischen nicht nur im Gewicht, sondern auch in der Fabrikation bekunden. Entscheidend ist dabei vor Allem die Prägung der Rückseite, die aufser in Chios beim Ganzstück die oben beschriebenen drei Zapfenlöcher, bei dem Drittel und Sechstel die auch beim Krösischen Gelde beibehaltene senkrechte, mehr oder weniger deutlich markirte Halbirung in derselben Weise darstellt, nur dafs die Einschläge in Samos und häufig auch auf dem milesischen Drittel stern- oder blumenartig verziert sind. Der Umstand, dafs die Form und Zahl der Einschläge mit dem Nominal wechselt, dafs der Stater und das Halbstück durch drei, das übrige Kleingeld durch zwei Einschläge bezeichnet wird, dafs ferner die fortschreitende Kunst die rohe Form dieser Zapfenlöcher durch Ornamente veredelt, die eigenthümliche Gestalt derselben aber unberührt gelassen hat, beweist sehr deutlich, dafs man durch modificirte Stempelung der Rückseite die Unterscheidung der Nominale erleichtern wollte. Für dies Bestreben ist auch der Revers der chiischen Elektronmünzen charakteristisch, deren Einschlag beim Stater in 4, bei dem Viertel in 2 Felder getheilt ist, während beim Zwölftel nur eins hervortritt, und es wird nicht zufällig sein, dafs zu der Stückelung die Anzahl der Felder im Verhältnifs steht, indem in Milet und Samos, wo der Stater gedrittheilt wird 3, in Chios, wo er geviertheilt wird, deren 4 auf dem Ganzstück markirt sind. Uebrigens wurde in der Regel auch das Prägbild nach dem Nominal modificirt, wie denn in Milet der Stater und Halbstater den liegenden zurückschauenden Löwen, das Kleingeld bis auf ein Drittel mit demselben Gepräge, den Löwenkopf mit aufgesperrtem Rachen, darüber Stern, der samische Stater Stier oder Vordertheil des Stiers, das Drittel und Sechstel das auf den spätern Silbermünzen wieder auftretende Löwenkopffell von vorn darstellt. Es mag noch erwähnt werden, dafs, soweit meine Beobachtung reicht, in der ältesten Zeit die eigenthümlichen Verzierungen auf der Rückseite des beschriebenen milesischen und samischen Geldes nie auf Goldstücken, sondern nur auf Elektron- und Silbermünzen erscheinen; auf erstern aufser an den genannten beiden Orten noch in Chios, auf letztern vielleicht in Kyme, wie denn auch die sogenannten Gärten des Alkinoos auf dem Revers der Münzen ältester Fabrik von Korkyra und Dyrrhachion an diese in Kleinasien zuerst auftretenden Formen zu erinnern scheinen.

Wir gehen nun zu dem Münzwesen derjenigen Städte über, in denen neben der Elektronprägung keine Gold-, sondern nur Silberwährung bestand. Unter diesen ist vor Allem Klazomenae zu nennen, wo ebenso wie bei dem Courant, welches Kroesos schlagen liefs, derselbe Stempel für das Elektron- und Silbergeld diente; denn der klazomenischen Silberdrachme mit dem Vordertheil des beflügelten Ebers auf der Schauseite und dem viergetheilten Einschlag der Rückseite, von 7.00 Gr., entsprach in Prägung und Gewicht ganz genau der Elektronstater von 14.06 Gr. der auf 20 dieser Silberstücke normirt war. Theilstücke des letztern finden sich nicht, von der Silberdrachme dagegen Triobolen, der ganze und halbe Obolos, letzterer durch den Eberkopf bezeichnet.

Vielleicht darf man auch Kyme den Städten beizählen, die in ältester Zeit Geld aus Elektron und Silber geschlagen haben. Diese Vermuthung beruht auf der freilich durchaus nicht sichern Zutheilung eines Elektronstaters der Ivanoffschen Sammlung von 14.246 Gr., der auf der Schauseite ein reich aufgezäumtes, mit Schabracke bedecktes Pferd, auf dem Revers die schon beschriebenen drei Zapfenlöcher der gleichartigen samischen, lydischen und milesischen Münzen darstellt, und auf dem Vorschlag eine Reihe uralter Silberstücke äginäischen Fufses mit dem Vordertheil eines springenden Pferdes und zwei blumenartig verzierten Einschlägen derselben Stadt beizulegen; wobei wohl die Verwandschaft, welche die wenig scharfe Prägung und das Metall dieser Münzen mit dem Kröischen Silbergeld verräth, und die Vergleichung der in der persischen Zeit geschlagenen kymäischen Kleinsilberstücke, auf denen das Vordertheil des Pferdes wieder erscheint, bestimmend gewesen ist[1]).

Mit gröfserer Bestimmtheit darf man Abydos hierher rechnen, denn ein Elektronstater der Münchener Sammlung mit Adler neben Fisch, ist

[1]) Dafs der Elektronstater in Kyme geprägt sei, vermuthet der Verfasser des Ivanoffschen Katalogs S. 17, 153, die Silbermünzen mit dem Pferdekopf, die man bei Du Mersan, Médailles inédites S. 73, abgebildet findet, wurden früher Maroneia, von Mionnet, S. VI, 6, Kyme beigelegt. Wenn Sestini's Zeugnifs verläfslich wäre, welcher auf drei Exemplaren der Hedervarschen, Puertasschen und Fontanaschen Sammlung die Aufschrift ΚΛΑΙΟ auf der Schauseite und auf zweien derselben die Buchstaben ΚΛΑΙ auch auf der Rückseite wiederholt gefunden hat (vgl. Mus. Hederv. II, p. 156, Taf. XVIII, 15. 16. Mionnet S. VI, 64, 19. 20), würden dieselben nach Klazomenae gehören; doch spricht dagegen nicht nur das Gepräge, sondern auch das Gewicht so entschieden, dafs bei der bekannten Unzuverlässigkeit Sestini's eine Bestätigung abzuwarten ist. Mir sind nie andere als aufschriftlose Exemplare vorgekommen.

wahrscheinlich dort geprägt worden [1]), und eine Anzahl einseitig gemünzter Triobolen oder Drachmen in Silber von 3.79—2.09 Gr. haben einen so alterthümlichen Charakter, dafs man sie wohl in dieselbe Periode setzen darf, obgleich die beiden auf denselben vorkommenden Prägbilder Anker und Maske, die bei den spätern Silbermünzen auf Schau- und Rückseite vertheilt erscheinen, dem des correlaten Elektronstaters nicht entsprechen. Aufser diesen Städten ist bis jetzt keine bekannt, welche die Elektron- und Silberprägung gleichzeitig geübt hätte.

Dagegen scheinen Kyzikos und Samos, deren Silberprägung verhältnifsmäfsig spät begann, bereits in vorpersischer Zeit neben dem ersteren Metall Gold nach phokaischem Fufse geschlagen zu haben.

Für Samos, von deren Elektronmünzen bereits (S. 174) die Rede war, beweist dies ein in der Pariser Sammlung befindliches Sechstel dieses Fufses von 2.70 Gr. mit fast demselben Prägbild (Löwenkopffell von vorn über Thun), welches die Drittel und Sechstel der Weifsgoldmünzen charakterisirt. Dafs Samos schon zur Zeit des Polykrates Gold prägte, wissen wir überdies aus der Nachricht des Herodot, dafs der Tyrann die Lakedaemonier durch Zahlung von platirten Goldstücken, die inwendig mit Blei ausgefüllt waren, zum Abzug bewogen habe [2]). Dagegen ist der stets zweiseitig geprägte samische Silberstater von 13.27 Gr., der das Löwenkopffell auf der Schauseite, auf der Rückseite Vordertheil des Stiers in vertieftem Viereck meist mit Hinzufügung der Anfangsbuchstaben des Stadtnamens darstellt, und so die beiden Prägbilder des Elektrongeldes auf derselben Münze vereinigt, kaum vor Dareios anzusetzen. Diese Zeitbestimmung beruht auf der Vergleichung des übrigen kleinasiatischen Geldes. Denn während man auf dem griechischen Festlande, insbesondre in Athen die einseitige Prägung schon sehr früh aufgegeben hat, sind die griechischen Städte in Kleinasien und an der makedonisch-thrakischen Küste der alten Weise zum Theil noch bis über das Ende des sechsten Jahrhunderts v. Chr. hinaus treu geblieben. Dies beweist zum Beispiel das gröfstentheils nach persischem Fufse normirte Silbergeld von Kalchedon, Byzanz und Salymbria, das zum Theil nach demselben, zum Theil nach dem Fünfzehnstatersystem gemünzte Billongeld von Lesbos, die jüngern Reihen des ephesischen und teischen Silbergeldes mit dem Stadtnamen, wie denn

[1]) vgl. Sestini st. an. S. 72 und Taf. VII, 12, sowie die bekannten späteren Silbermünzen der Stadt (Hunter Taf. 1, 13 ff.) mit dem Stadtnamen und Adler auf dem Revers.

[2]) Her. III, 56.

selbst auf den noch spätern Münzen von Teos und Chios der Einschlag erscheint und nur durch Erweiterung der Querbänder, auf denen der Stadt- und Magistratsname angebracht wurde, modificirt worden ist. Auch auf den Münzen von Abdera, welches nicht vor 543 v. Chr. zu prägen anfing, ist der von der Mutterstadt Teos herübergenommene viergetheilte Einschlag noch längere Zeit beibehalten. Dieselbe Erscheinung wiederholt sich in der makedonischen Königsprägung, die unter Alexander I. und sogar unter Archelaos, also bis ans Ende des 5. Jahrhunderts grössentheils einseitig blieb. Bei der kleinasiatischen Goldprägung ist man von dieser Eigenthümlichkeit noch später abgegangen. So ist ein kyzikenischer Stater der Pariser Sammlung von 15.95 Gr., nach der Technik und nach der Aufschrift ΕΛΕΥΘΕΡΙ zu urtheilen, kaum vor Alexander dem Grossen und ein andrer der Luynesschen Sammlung von 15.92 Gr., dessen Prägbild — Zeus, in der Rechten Scepter auf der Linken Adler, kniend — der Rückseite der Alexandermünzen nachgebildet zu sein scheint, wahrscheinlich noch später gemünzt worden. Auch das persische Reichsgeld muss hier erwähnt werden, welches den von Dareios eingeführten einseitigen Stempel bis zum Untergang der Monarchie beibehalten hat. Ueberdies zeigt die samische Silberprägung, um zu dieser zurückzukehren, im Vergleich mit den unzweifelhaft ältern Gold- und Elektronmünzen der Stadt, eine bereits sehr entwickelte Technik.

Von Kyzikos besitzt die Münchener Sammlung ein Drittel von 4.702 Gr. in Elektron mit dem Löwenkopf und der Aufschrift [illegible] die wohl mit Sestini KIΣYKE zu lesen ist[1]).

Daneben wird wahrscheinlich auch die Goldprägung nach phokaischem Fusse, die später dort eine so ausserordentliche Ausdehnung gewann, schon vor Dareios begonnen haben. Doch ist die Unterscheidung zwischen den ältern und jüngern Sorten grade bei Kyzikos äusserst

[1]) Die im Text angegebene Form der Zeichen ist einer genauen von Dr. Hayd in München angefertigten Zeichnung nachgebildet. Etwas verschieden sind sie bei Sestini St. ant. Taf. IV, 15 und bei Mommsen R. M. S. 90, Anm. 73 wiedergegeben, der in denselben lykische Buchstaben vermuthet. Für die Versetzung von I und Y hat schon Sestini die Analogie des Namens Mytilene angeführt, der auf den Münzen Μυτιλήνη, in den Handschriften meist Μιτυλήνη geschrieben wird. Vgl. Plehn, Lesbiaca S. 10 f. Auffallend ist nur die Bildung des Σ, die der ursprünglichen phönikischen Form Z (vgl. die Münze des Azbaal von Byblos bei Luynes Num. de Satr. pl. XV, no. 35—42) näher steht als der des ionischen Alphabets aus Ol. 40—47, welches übrigens auch die hier ebenfalls noch auftretende Anwendung des E für langes ε schon nicht mehr kennt.

schwierig, da unter den, auf sehr verschiedene Stempel geprägten Reihen, die nicht nur durch das Wahrzeichen der Stadt, den Thunfisch, welcher ebenso wie der ziemlich regelmäfsige viergetheilte Einschlag der Rückseite auch in andern Städten vorkömmt, sondern auch durch das Prägbild selbst sich als kyzikenische Münzen ausweisen, sich weder in der Fabrikation, noch im Feingehalt eine so merkbare Verschiedenheit zeigt, als unter den Goldmünzen von Phokaea, Milet und Teos, wie denn auch die eigenthümliche einseitige Prägung, wie es scheint, noch bis in die Zeit Alexanders des Grofsen beibehalten worden ist. Als einziges Kriterium zur Bestimmung der Zeit bleibt daher die Differenz des Gewichts übrig, das sich bei zwei Statern bis 16.37 und 16.26 Gr. erhebt, während es sich meist um 16 Gr. bewegt. Allein auch diese Exemplare sind bedeutend jünger als die primitivsten Goldmünzen der genannten drei Städte und demgemäfs auch ihr Feingehalt beträchtlich geringer.

Ueberblicken wir das Gebiet, über welches sich die älteste von Lydien ausgehende Elektronprägung nach phönikischem Gewicht erstreckte, so zeigt sich, dafs sie in Kleinasien fast auf der ganzen Westküste von Kyzikos bis Milet ja vielleicht auch auf der Insel Kos herrschte, und dafs sich an derselben aufser Sardes unter den ionischen Städten Milet, Samos, Chios, Klazomenae, unter den äolischen wahrscheinlich Kyme und wenn man einige, demselben Fufs folgende und mit dem Eberkopf bezeichnete Münzen Methymna zuschreiben darf, auch Lesbos, aufserdem Lampsakos und die beiden milesischen Kolonien Kyzikos und Abydos betheiligten. Von Kleinasien verbreitete sich die Währung einestheils nach Makedonien [1]), wo sie freilich nur ganz vereinzelt auftritt, anderntheils nach Aegina [2]) und sogar bis an die italische Küste nach Etrurien hin [3]). In Kleinasien wird dieselbe wahrscheinlich sehr bald, nachdem sie im lydischen Reiche durch die Goldprägung des Kroesos ersetzt worden war, eingegangen sein, und dagegen etwa gleichzeitig die in Phokaea zuerst eingeführte babylonische Goldwährung sich in Elektronprägung verwandelt haben; denn obgleich die ältesten Stater und Kleinmünzen phokaischen Fufses, wie sie in Phokaea selbst, in Teos und Milet gemünzt worden sind, dem Anschein nach von fast ganz silberfreiem Metall sind, so begegnen wir doch sehr alten und gewifs noch der Zeit vor Dareios angehörigen Münzen dieses

[1]) Vgl. S. 107.
[2]) Vgl. S. 111.
[3]) Vgl. S. 147.

Fafses, die durch ihre blassere Farbe die Anwendung legirten Metalls verrathen. Zuerst scheint man sich dieses Mischgoldes bei Prägung der Theilmünzen bedient zu haben, wie sich dies besonders von Phokaea nachweisen läfst; wo das ältere Sechstel minder rein ist, als der älteste Stater, wiewohl sich der Feingehalt der phokaischen wie überhaupt aller ältern kleinasiatischen Sechstel, die selten unter 2.60 Gr. wiegen, noch sehr wesentlich von dem der spätern, meist zu 2.50 Gr. ausgeprägten Stücke unterscheidet, wie dies bereits Burgon und Andere bemerkt haben[1]). Dafs die letztern einen auffallend geringen Goldgehalt, in der Regel kaum 10 Karat, haben, ist gegenwärtig durch eine Reihe von Analysen, die weiter unten mitzutheilen sein werden, festgestellt. Für die schlechtesten von allen galten im Alterthume, nach dem bereits angeführten Zeugnifs der Grammatiker[2]), die phokaischen Goldmünzen und damit stimmen auch die Thatsachen insofern überein, als dem geringern Schrot dieser Goldmünzen der Erfahrung gemäfs auch ein gröberes Korn zu entsprechen pflegt und die späteren unter den Achämeniden gemünzten phokaischen Sechstel mit dem Robben, auf die allein sich jene Ueberlieferung bezieht, durchschnittlich leichter sind, als die irgend einer andern kleinasiatischen Prägstätte.

Bei der ältesten nach babylonischem Gewicht normirten kleinasiatischen Goldprägung, wie wir sie vor Allem an einem phokaischen Stater von 16.5 Gr. an einem teischen von 16.57 Gr. an einem milesischen von 16.39 Gr. und an einer Reihe von entsprechenden Theilmünzen nachweisen können, die dem Anschein nach von ebenso feinem silberfreien Metall geprägt sind wie das Krösische Goldstück, läfst sich

[1]) Burgon bemerkt im Katalog der Thomasschen Sammlung S. 316 von drei phokaischen Münzen zu 2.58, 2.59 und 0.44 Gr.: „this coin and the following being of gold, are to be distinguished from the class of electrum coins which they appear to have preceded" und von einer Reihe meist zweiseitig und an verschiedenen Orten geprägter Elektronmünzen S. 282: „these coins immediately followed those of more archaic style, of gold, and of a slightly heavier weight. Vgl. den Katalog der Northwick Collection zu No. 963: „It is worthy of remark that these early Hectae, when in gold, always reach 40 grains (= 2.59 Gr.) in weight, but those in electrum never ... coins in electrum weighing about 39 grains (= 2.519 Gr.). Den ältern phokaischen Sechsteln steht bisweilen dem Anschein nach das Metall der nach phönikischem Fufs geschlagenen Elektronmünzen ziemlich nah. Daher bezeichnet Burgon a. a. O. S. 301 das Gold zweier milesischer Drittel ebenso, wie das Metall eines der erwähnten phokaischen Sechstel (S. 316), als ‚pale gold.'

[2]) Vgl. oben S. 122.

[3]) Revue numism. 1856. S. 89.

die Absicht nicht verkennen, die in dem Barrenverkehr der asiatischen Groſsreiche üblich gewordene Doppelwährung auf die Münze zu übertragen. In Phokaea scheint sich die Umwandlung der nach der babylonischen Mine abgewogenen Gold- und Silberbarren in Geld, d. h. in Metallstücke, für deren Werth der Staat durch Einprägung des Stempels die Garantie übernahm, zuerst vollzogen zu haben; hier wurde zuerst Gold und Silber nach den an den Ufern des Euphrat und Tigris seit Jahrhunderten eingeführten und festgehaltnen Gewichts- und Werthverhältnissen gemünzt und eine von möglichst feinem Metall geprägte Goldmünze geschaffen, die den sechzigfachen Werth der mit dem gleichen Bilde bezeichneten Silbermünze repräsentirte, indem die letztere dem Silberäquivalent des sechzigsten Theils der Goldeinheit nach der in den vorderasiatischen Groſsreichen gültig gewordnen Werthproportion der edeln Metalle entsprach. Diese Gold- und Silbermünzen stellen das Wappen der Stadt, den Robben auf die gleiche Weise dar, das einzige unterscheidende Merkmal ist das Zeichen Θ, welches auf den erstern beigefügt ist, auf den letztern fehlt. Auch die Rückseite zeigt durchaus ähnlich geformte Vertiefungen, welche durch den untergelegten Stempel in den Schrötling eingedrückt wurden. Von der ältesten phokaischen Prägung in Gold und Silber kennen wir nur die beiden genannten Nominale von 16.50 und 3.79 Gr. Effectivgewicht. Denn die mit verschiedenen Symbolen bezeichneten Theilmünzen in Gold, die der beigefügte kleine Robbe charakterisirt, scheinen sämmtlich etwas später zu sein als der beschriebene Stater. Abgesehn von einer Reihe, mit dem Fischkopf über einem kleinen Fisch, die zum Theil vollwichtig ausgeprägt und von ziemlich silberfreiem Metall zu sein scheint, deren Zutheilung aber nicht ganz sicher ist, entsprechen diese Theilmünzen weder dem Gewicht noch dem Feingehalt nach dem phokaischen Ganzstück. Dieselben sind zwar, wie schon bemerkt, weniger blaſs und durchschnittlich bedeutend schwerer als die spätern phokaischen Sechstel, die sich überdies durch eine viel jüngere Fabrik unterscheiden, sind aber von weniger feinem Golde als der erwähnte Stater und auſserdem im Verhältniſs bedeutend leichter. Man sieht daher, daſs man in Phokaea schon früh und zuerst wie es scheint am Theilstück begonnen hat, das zu einem festen Curse ausgebrachte Gold zum Vortheil des Staates und zum Nachtheil des Publikums zu verschlechtern und die ursprüngliche Werthmünze zur Creditmünze herabzudrücken. Diese successive Verringerung des Korns läſst sich nun auch in den übrigen

Prägstätten nachweisen, obgleich dort die Zwischenstufen nicht eben so deutlich zu erkennen sind. Allein während z. B. der schwerste milesische Goldstater von 16.39 Gr. wenig legirt zu sein scheint, zeigt ein andres ebenfalls sehr altes aber leichteres Exemplar von 16.06 Gr. schon eine stärkere Silberbeschickung. Dieselbe Erscheinung wiederholt sich auch in Samos, Chios und Lesbos, deren vollwichtig geprägte Sechstel zwar von feinerem Korn zu sein scheinen, als alle spätern, aber dem ältesten teischen, milesischen und phokaischen Stater doch nachstehn.

Am reinsten scheint Teos nicht nur das Ganzstück, sondern auch das Kleingold, das Sechstel und das Zweidrittel des letztern Nominals von 1.879 Gr. in dieser Periode ausgeprägt zu haben, während das spätere Gold phokaischen Fufses nicht besser ist, als das der übrigen Städte. Auch durch seine Silberprägung nahm Teos eine besondre Stellung ein, da diese nicht dem kleinasiatisch-phönikischen, sondern dem äginäischen Fufse folgte. Als Prägbild erscheint auf dem Goldstater und dem Sechstel der Greifenkopf, auf dem Neuntel und dem Silbergelde der Greif, das Wappen der Stadt, welches von dort nach Abdera verpflanzt und auch noch in der spätern teischen Prägung beibehalten worden ist. Soweit man aus den vorhandenen Münzen einen Schlufs ableiten kann, scheinen Teos und Kyzikos zuerst ihr Geld, wenn auch nicht regelmäfsig mit dem Stadtnamen bezeichnet zu haben. Dort kommt derselbe wie wir sahen bei einem Drittel aus Elektron, hier bei dem ältesten Goldstater vor, welcher über dem Greifenkopf die sehr eigenthümliche Aufschrift T⅃CM zeigt, die man kaum anders als auf den Namen Teos deuten kann[1]), zumal da auch das Prägbild auf diese Stadt hinweist.

---

[1]) Die 4 Zeichen sind weder bei Sestini st. ant. IX, 5 noch bei Mommsen S. 8 ganz genau wiedergegeben, auch bemerkt M., dafs im Abdruck das erste eher wie ein I erscheine. Nach Dr. Hayd's Versicherung ist der obere Querstrich dieses Buchstabens, auf dessen Deutung es vor Allem ankommt, jedenfalls länger, fast noch einmal so lang als der untere, wie dies auch seine Zeichnung, die im Text nachgebildet worden ist, bestätigt. Für ein ı wird man daher das Zeichen nicht wohl ansehn können, wie denn auch der Name, der in Abu Simbel THIOΣ geschrieben ist, nicht wohl TIOΣ lauten konnte und man die Münze auch nicht dem bithynischen Tios beilegen kann, woran Mommsen gedacht hat (S. 6), da von dieser Stadt nur späte Erzmünzen mit ganz abweichendem Gepräge bekannt sind. Vgl. Mion. II, 459. S. V, 257. Vielleicht stellt dieses Zeichen, welches unmittelbar rechts neben dem Ohr des Greifen steht, die Spur eines E dar, das auf ein ausgefallenes T folgte. Denn TEIOΣ für THIOΣ würde in dieser frühen Periode kein Bedenken erregen und in der Aufschrift des erwähnten kyzikenischen Drittels eine Analogie finden.

Wahrscheinlich fällt die Prägung dieser Münze vor die Entwicklung des ionischen Alphabets, wie es die Söldnerinschriften von Abu Simbel aus dem Anfang des 6. Jahrhunderts v. Chr. darstellen, da die auf denselben angewandten Formen des *i* und *s*, die auf dorischen Inschriften sich bekanntlich viel länger erhalten haben, auf jenen Urkunden nicht mehr erscheinen. Auf dem teischen Silbergelde kommt der Stadtname erst viel später und zuerst bei einer Reihe vor, die nach dem Charakter der Schrift[1]) und des Gepräges etwa in die Zeit des Dareios gesetzt werden darf, anfangs in THI verkürzt und meist rückläufig später, wenigstens auf dem Stater, ausgeschrieben; die dabei verwandte Neutralform THION setzt als Name dieses Geldstücks vermuthlich *δίδραχμον* voraus. Dafs ebenso wie Sardes, Phokaea und die übrigen kleinasiatischen Städte auch Teos sein Gold zu einem festen Curse gegen das Silber ausgebracht haben wird, ist um so eher anzunehmen, da dasselbe dort in der ältesten Zeit ganz rein ausgeprägt wurde. Wendet man nun die dort nachgewiesene Werthproportion auf das teische Geld an, so erhält man für den Goldstater von 16.80 Gr. Normal- und 16.57 Gr. Effectivgewicht einen Werth von 18 Silberstatern zu 12.50 Gr., bezüglich 12.27 Gr., wie sie in Teos thatsächlich geprägt worden sind. Unter dieser Voraussetzung galt das Sechstel in Gold 3, das Neuntel 2 Silberstater, und so wird wohl dieser Tarif die Prägung des letztern Nominals, welches sonst nicht vorkommt, veranlafst haben.

Unter den übrigen Städten, die in Kleinasien bereits in vorpersischer Zeit nach phokaischem Fufse Gold geprägt haben, kann man aufser den erwähnten, noch Kalchedon und Methymna und etwa Mytilene namhaft machen, denn von den mit dem kalchedonischen Wappen dem schreitenden Stier, dem hier der Thunfisch beigegeben worden ist, bezeichneten Goldmünzen scheint ein von Borrell beschriebnes Exemplar von 16.10 Gr. feineren Korns zu sein, als die übrigen und daher der ältern Periode noch anzugehören. Wenn man eine sehr alte Silbermünze mit ähnlichem Prägbilde aus dem Funde von Myt-Rahineh derselben Stadt zuschreiben darf[2]), so ist auch die Silberprägung dort etwa gleichzeitig und früher

---

[1]) Das offene H erscheint schon auf Inschriften von Teos um Ol. 76 = 484 v. Chr., von Milet um Ol. 65—69 = 520—500 v. Chr. Vgl. Kirchhoff, Studien zur Geschichte des griechischen Alphabets S. 128. 130 f. Die Rückläufige und furchenförmige Anordnung der Zeilen hört in den ionischen Städten Kleinasiens etwa gegen das Ende des 6. Jahrhunderts auf Kirchhoff a. a. O. S. 129.

[2]) Rev. num. 1861. S. 421.

geübt worden, als man nach den übrigen, gröfstentheils nach persischem Fufse normirten und mit dem Stadtnamen bezeichneten Münzen jüngerer Fabrik anzunehmen berechtigt ist. Da indefs jenes Exemplar ein attisches Didrachmon von 8.58 Gr. darstellt, und dieses Gewicht in Kalchedon gar nicht, in Kleinasien überhaupt nur ganz ausnahmsweise auftritt, so ist die Zutheilung zweifelhaft.

Die lesbischen Goldmünzen sind ebenso wie die kalchedonischen von minder reinem Metall als die erwähnten milesischen, phokaischen und teischen Stater, dagegen erreichen sie wenigstens in den Theilstücken noch bisweilen das Normalgewicht. So wiegt ein Sechstel mit dem Kalbskopf, welches wohl Mytilene beizulegen ist, 2.75 Gr., die häufigern Sechstel mit dem Eber über Thunfisch, die in Methymna geprägt sind, bis 2.70 Gr., der entsprechende Stater dagegen nur 16.105 Gr. Eigenthümlicher Weise hat, wie es scheint, die erstere Stadt, der Hauptort der Insel erst nach Dareios Silber zu schlagen begonnen, während es von Methymna zwei verschiedene Reihen sehr alter Silberstücke giebt, von denen die einen einseitig und aufschriftslos geprägte Drachmen des kleinasiatisch-phönikischen Fufses zu 6.80 — 6.72 Gr., die andern zweiseitig gemünzte Didrachmen attischer Währung von 8.40 — 7.98 Gr. darstellen. Als Prägbild zeigen beide Sorten das Wappen von Methymna, welches auch die dortigen Goldmünzen charakterisirt, die Drachme von 6.80 Gr., vielleicht im Gegensatz gegen den übrigens bisher noch nicht vorkommenden Stater, den halben Eber, das attische Didrachmon den Eber nach rechts schreitend auf der Schauseite, einen Pallaskopf archaischen Stils auf der Rückseite und die Aufschrift ΜΑΘVΜΝΑΙΟΣ, welche wohl als Name der Münze στατήρ voraussetzt, bald auf der einen, bald auf der andern, bald auf beiden Seiten wiederholt[1]). Der Charakter der Schrift, die Form des α, ν und ϑ weist diese Münzen in die Zeit vor oder des Dareios und die sonst in dieser Periode nur noch in Tenedos und etwa in Kos vorkommende zweiseitige Prägung mag wohl ebenso wie das Gewicht attischem Einflufs zuzuschreiben sein, worauf vielleicht auch der Pallaskopf deutet. Es ist daher wohl nicht zufällig, dafs die oben erwähnten Silberstücke von Tenedos mit der Aufschrift

---

[1]) Die Abbildung der im Par. Mus. befindlichen Münze bei Mion. Pl. LVI, 1. Die beiden Endbuchstaben des Stadtnamens sind auf derselben nicht zu erkennen, die beiden Anfangsbuchstaben hat Mionnet nicht richtig ΜΕ statt ΜΑ gelesen, wie eine nähere Besichtigung des Originals und die Vergleichung anderer Exemplare lehrt.

Stier und dem Adler bezeichnet sind, und die Zahl dieser Städte wird sich noch vermehren, wenn es gelingt, eine gröfsere Menge dieser Goldmünzen zu localisiren. Es ist kaum zu glauben, dafs ein so charakteristisches gemeinsames Wahrzeichen zufällig und bedeutungslos sei. Da die kleinasiatische Goldprägung nicht von Kyzikos, sondern von Phokaea ausging, so ist an die Nachahmung eines einmal bekannt und beliebt gewordenen Typus in den genannten Städten, nicht zu denken. Erwägt man aber, dafs der phokaische Stater ursprünglich auf einen bestimmten Silberwerth tarifirt war und dafs dieser, sowie man dies Geld nicht mehr aus reinem Metall, sondern aus lydischem Weifsgold zu prägen begann, sinken muste, wenn die einzelnen Städte, die sich an der Prägung betheiligten, sich nicht zu der Aufrechterhaltung eines Zwangscurses gegenseitig verpflichteten, so wird man die Thatsache, dafs eine Anzahl kleinasiatischer Städte ihre Goldmünzen auf ein und dieselbe Weise zeichneten, durch die Annahme eines von ihnen geschlossenen Münzvertrags erklären dürfen, der diesem Gelde in allen betheiligten Orten den Legalcurs garantirte. Aehnliche Conventionen bestanden bekanntlich auch unter den achäischen Kolonien Grofsgriechenlands, unter den Städten der achäischen Conföderation im Peloponnes[1]) und in Kleinasien unter den zum lykischen Bunde gehörigen Gemeinden. Soweit man bis jetzt die Sachlage beurtheilen kann, waren dieser Convention nicht nur ionische, sondern auch äolische und selbst dorische Städte beigetreten, während Phokaea sich ihr nicht angeschlossen hat, doch erstreckte sich ihr Gebiet allem Anschein nach nicht weiter südlich als Milet, und nördlich nicht weiter als Kalchedon. Die Nominale, um welche sich die Prägung bewegt, sind die bekannten, nämlich der Stater, das Sechstel, Zwölftel, Vierundzwanzigstel sowie Zweidrittel und Hälften des letztern Theilstücks oder Sechsunddreifsigstel und Achtundvierzigstel des Staters zu 16.35 — 2.70 — 1.35 — 0.70 — 0.40 und 0.30 Gr. Maximalgewicht; aufserdem kommt noch von einer Reihe mit dem Bilde des Hundes über Thunfisch, die Sestini nach einer angeblichen Silbermünze gleichen Gepräges, auf der er die thatsächlich nicht vorhandnen Zeichen ΚΟΛΟ erkannte, Kolophon beigelegt hat, ganz vereinzelt ein Achtel- und Dreiviertelstück zu 1.97 und 12.20 Gr. vor.

Nach der Fabrik der hierher gehörigen Münzen zu urtheilen hat die Prägung mit dem Thunfisch lange vor Dareios begonnen, wurde aber unter der persischen Herrschaft von den meisten Städten aufgegeben

---

1) Vgl. Mommsen R. M. S. 106.

und fast nur von Kyzikos, das sich nach der Zerstörung von Milet zu einer Handelsstadt ersten Ranges emporgeschwungen hatte, fortgesetzt, womit die Uebertragung des Typus auf die erwähnten kyzikenischen Silbermünzen zusammenhängt.

Auf eine ähnliche Erscheinung in dieser spätern Periode deutet eine Reihe goldner Sechstel durchaus gleichartiger Fabrik hin, die auf einen doppelten Stempel, einen erhabnen und einen vertieften, geschlagen sind und die verschiedensten Wappen tragen. Doch hat sich das Gebiet dieser Prägung wahrscheinlich auf einen kleinern Raum beschränkt, als die ältere mit dem Thunfisch. Wenigstens kann man bis jetzt nur Lesbos, Klazomenae und wahrscheinlich Erythrae als Münzstätten namhaft machen, und es dürften sich die wenigen noch nicht localisirten Münzen dieser Gattung kaum auf eine grofse Anzahl verschiedener Orte vertheilen.

Als Kroesos eine neue lydische Reichsmünze schuf, fand er in den ihm unterworfenen hellenischen Küstenstädten drei Hauptgeldsorten in Circulation: Elektronmünzen kleinasiatisch-phönikischen Fufses, wie sie besonders in Milet, Samos, Chios, Klazomenae, Lesbos, Kyme, Lampsakos, Abydos, Kyzikos und in seiner eigenen Hauptstadt geprägt wurden, nach demselben System normirtes Silbergeld aus Chios, Phokaea, Ephesos, Klazomenae, Methymna, Lampsakos, Abydos und Goldmünzen phokaischen Fufses aus Phokaea selbst, aus Samos, Chios, Teos, Milet, Lesbos, Lampsakos, Kyzikos und Kalchedon. Der Goldstater stand wohl noch zu dem ihm ursprünglich verliehenen Curse und galt 30, der Elektronstater 20 Silberdrachmen. Aufserdem kam noch Silber äginäischer Währung von dem bithynischen Herakleia, von Knidos und von Teos vor, zu dem sowohl das chiische Courant, wie das phokaische Gold, in einem festen Werthverhältnifs stand, um hier das ganz vereinzelt geprägte Silbergeld attischen Fufses zu übergehen. Kroesos führte nun im Gegensatz zu der in den hellenischen Städten vorherrschenden Fünfzehnstaterwährung die babylonische Zehnstaterwährung ein und liefs gleichzeitig die Elektronprägung aufhören. Dagegen behielt er das ebenfalls auf der babylonischen Mine beruhende kleinasiatische Goldgewicht bei, liefs aber den phokaischen Stater, der offenbar für den Verkehr viel zu schwer und unbequem war, entweder gar nicht mehr oder nur noch sehr sparsam prägen und erhob die Hälfte zur neuen Einheit, die sogar häufiger gemünzt wurde als das Kleingold, für welches die ursprüngliche Stückelung bestehen blieb. Wie in Phokaea und Klazomenae ward ein und derselbe Stempel für die Gold-

und Silbermünze verwandt, und wie dort von der letzteren nicht der Stater, sondern die Drachme zur eigentlichen Courantmünze bestimmt. Ihr Werth ward auf 1/20 der neuen Goldeinheit, ihr Gewicht auf 2/3 derselben und zugleich auf 3/4 der alten kleinasiatischen Silberdrachme normirt.

Auch in anderer Beziehung verräth die lydische Münzreform eine stete Rücksichtsnahme auf das in der Monarchie circulirende griechische Geld. Denn neben dem neuen Goldstater, seinem Drittel, Sechstel und Zwölftel wurden noch andere Nominale in diesem Metall geprägt, nämlich 4/3, 2/3, 4/9 und 2/9 der Einheit, die eine bequeme Ausgleichung sowohl mit dem kleinasiatischen Elektronstater, wie mit der kleinasiatischen Silberdrachme darboten, indem das Grofsstück dem ersteren im Curse gleichgestellt war, und zu der letzteren sich wie 20 : 1 d. h. ebenso wie der Goldstater zur Krösischen Silberdrachme verhielt. Auch im Gewicht schlofs sich die neue lydische Münzordnung enger an den in der kleinasiatischen Geldprägung herrschend gewordenen Effectivstand als an die gleichzeitige babylonische Norm an, und ging nicht von dem Gewichte des Sechzigstels und Fünfundvierzigstels der königlichen Mine von mindestens 8.40 und 11.20 Gr. aus, wie es die ninivitischen Monumente darstellen, sondern richtete sich nach dem thatsächlichen Gewicht des kleinasiatischen Goldes, indem die Goldeinheit oder die Hälfte des phokaischen Staters, der damals wahrscheinlich von seinem ursprünglichen Normalstande schon beträchtlich herabgegangen war, auf 8.17 Gr., der danach normirte Silberstater auf 10.89 Gr. und die entsprechende Drachme auf 5.445 Gr. festgesetzt wurde, was wiederum ziemlich genau auf 3/4 des gleichen Nominals kleinasiatisch-phönikischer Währung auskommt, wie es in den griechischen Kolonien, wenn auch bald etwas schwerer, bald etwas leichter, ausgebracht wurde.

Es wird hier am Orte sein, sich zu vergegenwärtigen, inwiefern das älteste in Kleinasien geschlagene Geld denjenigen Ansprüchen, welche man an ein gutes, den Bedürfnissen des Verkehrs entsprechendes Münzwesen stellen darf, nachkam. Wenn für ein gutes Geldsystem als unerläfsliche Bedingung vor Allem der Grundsatz gilt, dafs die Münze genau den festgestellten Feingehalt und das legale Gewicht besitze, und dafs ihr Nenn-, Metall- und Curswerth übereinstimme, so ist die älteste Prägung schon durch ihre Entstehung und ihre unmittelbare Entwicklung aus dem asiatischen Barrenverkehr, deren Formen sie annahm, von selbst dazu gelangt, diese Forderungen, der Absicht nach und soweit es die noch unvollkommene Technik zuliefs, zu erfüllen. Das erste Geld war eben, was Geld sein soll, ein Stück Edelmetall von bestimmtem Gewicht, welches durch den ihm eingeschlagenen Stempel, der für das festgestellte Schrot und Korn bürgte, zu einem bequemeren Tauschmittel umgeschaffen worden war. Da aufserdem der Name jeder Münze zugleich ihr Gewicht bezeichnete, so mufste schon dadurch die richtige Vorstellung vom Wesen des Geldes sich erhalten, jede Abweichung von der festgesetzten Norm erkennbarer und die Nothwendigkeit, dieselbe möglichst genau darzustellen, zwingender werden. Die erste Prägung war im strengsten Sinn des Wortes eine Werthprägung; der älteste gemünzte Goldstater sollte einem Stück reinen Metalls vom Gewichte eines Sechzigstels der babylonischen Mine in Schrot und Korn und daher auch im Werthe vollkommen entsprechen. Dasselbe galt vom Silber und dem aus lydischem Weifsgold gemünzten Gelde, dessen Entstehung nicht durch die Absicht, eine Creditmünze zu schaffen, sondern durch das häufige Vorkommen dieses Metalls in Kleinasien veranlafst wurde. Die älteste Münzeinheit war durch die im asiatischen Barrenverkehr übliche Gewichtseinheit gegeben. Indefs war der älteste Goldstater von 16.80 Gr., dessen Gewicht mehr als das Doppelte eines englischen Sovereigns beträgt, offenbar für den gewöhnlichen Verkehr viel zu schwer; daher wurde die nächste Theilmünze, das Sechstel, ungleich häufiger geprägt als das Ganzstück; allein um letzteres ganz zu ersetzen, war dieses Nominal wieder zu klein. Daher schlug die lydische Münzreform den richtigen Weg ein, indem sie die Hälfte zur Einheit erhob und ein Goldstück schuf, welches seiner bequemen Gröfse wegen in der persischen, makedonischen und selbst noch in der römischen Reichsprägung von Cäsar an bis ins dritte Jahrhundert n. Chr. immer wieder reproducirt worden ist und im Dareikos, im Philippeos und im cäsarischen Aureus seine Vertreter findet, wie denn auch noch heute das Gewicht des englischen Sovereigns fast derselben Norm folgt.

Der älteste Silberstater von 15.27—14 Gr., der in heutigem Gelde einen Münzwerth von 27—26 Sgr. hatte, war als Grofssilberstück sehr angemessen, als Hauptmünze aber zu grofs. Daher wurde in den griechischen Prägstätten gleich von Anfang an eine neue Einheit durch Halbirung des Staters entwickelt und die Rechnung nach Drachmen statt der orientalischen Rechnung nach Shekeln oder Statern eingeführt. An einigen Orten, wie in Phokaea und Abydos, scheint bereits in der ältesten Zeit eine noch kleinere Münzeinheit gewählt und nicht die Hälfte, sondern das Viertel als Drachme, jene dagegen als Stater bezeichnet worden zu sein; wenigstens kennt man bis jetzt weder von Phokaea und Abydos, noch von den phokaischen Kolonien in Italien und Gallien aus der älteren Zeit eine gröfsere Courantmünze als das erwähnte Nominal, während das Doppelstück von etwa 7.50 Gr., wo es innerhalb der erwähnten Grenzen vorkommt, erst in einer jüngeren Periode hervortritt. Doch blieb dies Verfahren in der älteren Zeit ganz vereinzelt und hat auf die äginäische Währung, die leichteste Form des Fünfzehnstaterfufses, die keine andere Drachme als den Halbstater von 6.30 Gr. kennt, niemals Anwendung gefunden. Auch Krösos nahm das griechische Drachmensystem für seine Silberprägung an, indem er die Hälfte des babylonischen Silberstaters von 5.445 Gr., beiläufig eine Münze von fast 10 Sgr. Silberwerth, vorzugsweise prägte.

In der Stückelung ist man im Alterthum, sowohl beim Golde wie beim Silber, unglaublich weit heruntergegangen und hat die Methode, die kleineren Münzsorten im Verhältnifs stärker zu legiren, damit dieselben durch ihre Kleinheit für den Verkehr nicht zu unbequem werden, ebenso wenig gekannt, wie das Verfahren, die gröfseren Geldstücke durch einen kleinen Kupfer- oder Silberzusatz härter und zum Gebrauch geeigneter zu machen. Wenn man sich erinnert, wie wenig der Versuch geglückt ist, goldene Fünffranken- oder Eindollarstücke in Curs zu setzen, so begreift man kaum, wie die häufig geprägten Goldmünzen, im Werthe von etwa einem, beziehlich einem halben Thaler, d. h. Zwölftel und Vierundzwanzigstel des phokaischen Staters, oder gar die freilich seltneren Zweidrittel und Hälften des letzteren Nominals, ja noch kleinere Münzen, wie die attischen Brakteaten bis zu 0.10 Gr. abwärts, sich im Verkehr halten konnten. Beim Silber hat man wenigstens in Kleinasien die Grenze etwas höher gezogen und nicht leicht kleinere Münzen als den Obolos und das Hemiobolion zu 1.40 und 0.70 Gr. gemünzt; Hälften des letzteren Nominals kommen in der ältesten Zeit gar nicht, in der späteren äufserst selten vor, im Allgemeinen ging man beim Silber nicht tiefer als bis zur Ausmünzung eines Stücks ungefähr vom Werthe eines Silbergroschen herab. Auch Krösos ist beim Zwölftel des Gold- und Silberstaters stehen geblieben. Scheidemünze war dagegen in der älteren Zeit vollkommen unbekannt.

Was die Bezeichnung der einzelnen Münzsorten betrifft, so hat man sich bei der ältesten Prägung darauf beschränkt, das Wappen der betreffenden Gemeinde, durch welches deren Garantie für den gesetzmäfsigen Feingehalt und das richtige Gewicht der Münze angezeigt ward, auf dem

Geldstück anzubringen, die Beifügung des Stadtnamens kommt vor Dareios in Kleinasien nur ganz vereinzelt, später fast nur beim Silbergeld vor, eine Nominalbezeichnung durch Aufschrift fehlt gänzlich und findet sich überhaupt im ganzen Gebiet der griechischen Münzprägung nur ausnahmsweise. Die Erklärung für diese auffallende Erscheinung wird wohl theils in dem beschränkten Circulationsgebiet der einzelnen Geldsorten, theils in dem Umstande liegen, dafs die Münzeinheit in Kleinasien und in der vorsolonischen Prägung des griechischen Festlandes überall in dem gleichen Verhältnifs zu dem jedesmal angenommenen Grundgewicht stand, dafs das Grofsstück immer den Stater oder 1/50 der Mine, die Hälfte oder das nächstgröfste Stück in Silber immer die Drachme oder 1/100 der Mine repräsentirte und dafs andere gröfsere Nominale, wie 3, 4, 5 Drachmen- oder Staterstücke, in der Regel nicht geschlagen wurden. Daher trat bei diesen Münzsorten jener Mangel nicht hervor. Auch war das Sechstel in Gold, das Drittel oder Viertel in Elektron durch Gröfse und Gewicht leicht vom entsprechenden Stater zu unterscheiden. Dennoch hat man in einigen Prägstätten schon in der ältesten Zeit den Gold- und Elektronstater im Gegensatz zu jenen Theilstücken entweder durch die modificirte Form des Einschlags, wie dies von Milet, Chios und Samos nachgewiesen wurde[1]), oder durch eine Veränderung des Prägbildes charakterisirt. Dies gilt z. B. von Phokaea, Kalchedon und Teos, wo auf dem Stater gewöhnlich der Robbe, der Stier, der Greif, auf dem entsprechenden Kleingeld dagegen nur der Kopf oder das Vordertheil dieser Thierbilder eingeprägt erscheint. Die eigentliche Schwierigkeit lag in der Sonderung der kleineren Theilstücke unter einander. Um so auffallender ist es, dafs man diese Nominale nur ausnahmsweise durch besondere Merkmale kenntlich gemacht hat. So sind von einer Phokaea beigelegten Reihe in Gold mit dem Fischkopf, von der Sechstel, Zwölftel, Achtundvierzigstel und Sechsundneunzigstel des Staters vorkommen, die beiden ersteren Nominale durch Beifügung eines kleineren Fisches, der auf den beiden letzteren fehlt, charakterisirt, von einer anderen Reihe das Sechstel durch eine Harpyie, die in der Rechten den Thunfisch hält, das Zweidrittel- und Halbstück dieses Nominals durch den Obertheil der Harpyie bezeichnet. So hat Klazomenae für den Stater in Elektron, die Drachme, das Triobolon und den Obolos in Silber ein und dasselbe Prägbild, das Vordertheil des beflügelten Ebers, verwandt, das Hemiobolion durch den Eberkopf unterschieden. Diese Beispiele würden sich leicht vervielfältigen

[1]) Vgl. oben S. 174.

lassen, zumal wenn man die Vergleichung auf weitere Gebiete ausdehnen will; wie denn z. B. nur an die bekannte Charakterisirung[1]) des attischen Tetrobolon durch zwei Eulen, des Diobolon durch zwei Eulen, die in einen Kopf zusammengehen, des Trihemiobolion durch die Eule mit weit geöffneten Flügeln, des Tritemorion durch drei, des Tetartemorion durch eine Mondsichel erinnert zu werden braucht. Im Allgemeinen hat man aber dem Augenmafs und Tastsinn die Unterscheidung der Sorten in einem auffallenden Grade überlassen, und man begreift z. B. nicht leicht, wie es möglich war, die einzelnen Theilmünzen des Krösischen Goldstaters, insbesondere das Drittel, Sechstel und Zwölftel vom Vier-, Zwei- und Einneuntelstück ohne Anwendung der Wage zu sondern. Wenn in diesen Beziehungen die älteste Prägung sehr mangelhaft war, so war sie es noch vielmehr in der Herstellung der Münze selbst. Die Weise, den Stempel möglichst tief zu schneiden, die schon ziemlich früh aufkam und später die schönste Entfaltung der griechischen Kunst auch auf diesem Gebiete gefördert hat, war ökonomisch betrachtet wenig zweckmäfsig, da das hohe Relief des Prägbildes die Abnutzung der Münze erleichterte; erst etwa seit der Zeit Alexanders des Grofsen und besonders in der römischen Prägung hat man sich bestrebt, die Forderungen der Kunst und der Staatswirthschaft mehr gegen einander auszugleichen und die Oberfläche flacher, die Form regelmäfsiger und den Rand schärfer darzustellen begonnen. Denn abgesehen vom Stempel war auch die Behandlung des Schrötlings in der ältesten Zeit eine höchst unvollkommene, indem das Münzmetall nicht in plattgewalzten Stücken, sondern in kugelförmigen aber wenig regelmäfsig geformten Klumpen auf den Prägstock gelegt wurden, und die einzelnen Geldstücke weder in gleicher Dicke, noch in gleicher Gestalt und Umfang, sondern bald rund, bald oval, bald kleiner, bald gröfser aus der Münze herauskamen, wodurch sie der Abnutzung und absichtlichen Verletzung in viel höherem Grade ausgesetzt waren, als dies bei regelrecht geformten und exact geränderten Münzen möglich ist. Indefs hat man von Anfang an sich zu der Prägung im Kreise bekannt, so unvollkommen dieselbe auch zuerst ausgeführt wurde, und damit diejenige Form des Geldstücks angenommen, welche stets und überall als die bequemste sich bewährt und nur ausnahmsweise mit anderen vertauscht worden ist.

Von grofser Bedeutung war für das kleinasiatische Münzwesen nicht nur die Regelung nach dem babylonischen Gewicht, sondern besonders

[1]) Vgl. Hultsch S. 158 f.

die damit verbundene Einführung der babylonischen Doppelwährung. Daſs die Aufrechterhaltung einer doppelten Gold- und Silberwährung, welche eine stabile Uebereinstimmung des für die Münze einmal festgesetzten Werthverhältnisses der beiden Metalle mit dem nothwendiger Weise stets schwankenden Marktpreise derselben voraussetzen würde, unmöglich ist, braucht hier nicht weiter erörtert zu werden[1]). Mit der Zeit muſs sich das Verhältniſs verschieben und bald das Gold, bald das Silber gegen den in der Münze angenommenen Werth steigen oder fallen. Die Folge ist, daſs aus der beabsichtigten Doppelwährung eine einfache Währung entsteht, indem alle Zahlungen, wenn sie ebenso gut in Silber wie in Gold geleistet werden können, in dem jedesmal billigeren Metall entrichtet werden, und gleichzeitig das theurere aus dem Verkehr verschwindet. Wie man dieser Schwierigkeit im Barrenverkehr der asiatischen Groſsreiche begegnet ist, in denen die correlaten Gold- und Silbereinheiten nach dem 13⅓fachen Werthe des Goldes gegen das Silber so gegen einander abgewogen waren, daſs die eine zur andern in einem einfachen Werthverhältniſs stand und auſserdem beide einem runden Bruchtheil der Mine entsprachen, so daſs jede Abweichung entweder den Nennwerth oder das Gewicht verändern muſste, läſst sich natürlich nicht mehr ermitteln. Nach dem Tauschverhältniſs der beiden Metalle, welches wir oben[2]) für Griechenland nachgewiesen haben, möchte man anzunehmen geneigt sein, daſs der legale Werth des Goldes in Babylon etwas über den thatsächlichen Marktpreis tarifirt war und daſs mithin dort die Goldwährung vorherrschte, wie dies vom persischen Reiche, dessen Münzwesen ganz genau nach der babylonischen Doppelwährung geordnet war, mit Bestimmtheit behauptet werden darf.

Die älteste kleinasiatische Gold- und Silberprägung, wie sie besonders in Phokaea und Chios geübt wurde, ging zwar ebenfalls von der aus Mesopotamien überlieferten Grundnorm aus, zeigt aber in der Ausführung unverkennbar eine noch gröſsere Hinneigung zur Goldwährung, indem der Goldstater zum Normalgewicht, die Silberdrachme aber im Verhältniſs etwas schwerer ausgebracht und somit der legale Goldwerth noch höher als in Babylon, nämlich auf das 13½fache des Silbers tarifirt wurde, was den in Kleinasien üblichen Marktpreis gewiſs beträchtlich überstieg. Damit stimmt denn auch der Umstand vollkommen überein,

[1]) Vgl. den Artikel Münzwesen von Adolph Wagner im Staatswörterbuch von Bluntschli und Brater VII, 75 f.

[2]) S. 65.

dafs in Phokaea Gold massenhaft, Silber nur sparsam geschlagen worden ist. Noch günstiger stellte sich das Verhältnifs für das Gold, als man den phokaischen Stater zu legiren begann. Indefs mufste daraus auch sehr bald eine Entwerthung der Goldmünze hervorgehen, ihr Legalcurs konnte nur künstlich aufrecht erhalten werden und von der beabsichtigten Doppelwährung nicht mehr die Rede sein. Vielleicht hat der oben nachgewiesene Münzverband[1]) mehrerer an der Goldprägung betheiligter kleinasiatischer Städte, in denen der phokaische Stater wahrscheinlich Zwangscurs hatte und zur Creditmünze herabsank, seinen Zweck eine Zeit lang erreicht, in allen demselben nicht angehörigen Orten wurde die Goldmünze wieder zur Waare, und war wie diese allen Preisschwankungen unterworfen. Damit mufste nothwendiger Weise die Silberprägung, die bis dahin in den meisten Städten sehr sparsam geübt worden war, mehr zur Entwicklung gelangen. Es kam hinzu, dafs mit Einführung der persischen Reichsmünze durch Dareios die Goldprägung den unterworfenen Städten und Staaten untersagt und Vorrecht des Grofskönigs wurde. In der That beginnt die Silberprägung an der kleinasiatischen West- und Nordwestküste erst jetzt einen bedeutenderen Aufschwung zu nehmen. Diese Veränderung markirt sich nicht nur in dem Verhältnifs, in dem dort vor und nach Dareios Silber und Gold geschlagen worden ist, sondern auch durch die Nominale, in welchen beide Sorten ausgebracht wurden. Denn es ist bezeichnend, dafs in Sardes, Samos und Kyzikos in der ältesten Zeit gar kein Silber, in Phokaea und Abydos wenig und nur in kleinen Nominalen geprägt worden ist und dafs das letztere auch von Klazomenae gilt, dafs dies Metall überhaupt vor Dareios in Menge nur in Teos, Chios und Klazomenae und dagegen Gold oder Elektron aufser an den erwähnten Orten, wie die grofse Anzahl noch nicht localisirter und mit den verschiedensten Wappen bezeichneter älterer Goldmünzen phokaischen Fufses beweist, wahrscheinlich noch in vielen anderen Städten ausschliefslich gemünzt worden ist. Damit hängt zusammen, dafs man gleichzeitig den Gold- und Elektronstater in Theile zerlegte, deren Werth vielfach unter der kleinasiatischen Silberdrachme stand. Offenbar wollte man nicht nur die Abschliefsung der gröfseren, sondern überhaupt möglichst aller Kaufacte durch Gold ermöglichen und das Silber, wo es daneben noch geprägt wurde, sollte nur zur Aushülfe bei der Vermittelung des kleinen Verkehrs dienen. Dagegen finden wir seit Dareios in dem bezeichneten

---

1) S. S. 189.

Gebiet überhaupt und im besonderen dort, wo früher nur oder fast nur Gold geschlagen wurde, eine sehr entwickelte Silberprägung. Am auffallendsten zeigt sich dies in Samos, Kalchedon und Milet; nur wenige Orte, wie Phokaea, blieben der alten Weise getreu, unterliefsen aber in Gold die Prägung der Einheit und kleinen Theilstücke und beschränkten sich fast ganz auf das Sechstel und Zwölftel, indem alle geringeren Werthe durch Silber ausgeglichen wurden.

Durch Legirung und Gewichtskürzung des phokaischen Staters, dessen ursprünglicher Nennwerth gleichwohl möglichst aufrecht erhalten wurde, verliefs man zuerst das Princip der Werthprägung und veranlafste zugleich eine unerträgliche Münzverwirrung, indem man nun neben dem nach kleinasiatisch-phönikischem Fufse normirten Elektronstater von etwa 14 Gr. eine zweite Geldsorte von gleichfalls legirtem Golde erhielt, deren Grofsstück nur wenig schwerer, nämlich höchstens 16.35 Gr. wog. Die Haupttheilmünzen der beiden Stater waren zwar verschieden, von dem einem war es das Drittel, von dem anderen das Sechstel; doch wurde auch von jenem das letztere Nominal, von beiden das Zwölftel, Vierundzwanzigstel und Achtundvierzigstel geprägt und wer sich nur einigermafsen um Münzgewichte bekümmert hat, weifs, wie schwer es ist, Stücke zu 2.70, 1.35, 0.67, 0.33 Gr., von anderen zu 2.40, 1.20, 0.60, 0.30 Gr. ohne Wage zu unterscheiden. So lange der phokaische Stater und seine Theile aus ganz oder möglichst reinem Golde geprägt wurden, ergab sich die Sonderung dieser Münzsorten aus der verschiedenen Farbe des Metalls von selbst; als dies aufhörte, wurde die Unterscheidung viel schwieriger und war in vielen Fällen nur dem Kenner möglich, indem das Elektrongeld im Allgemeinen zwar noch immer eine etwas silberweifsere Färbung hatte, als der wahrscheinlich schon früh nicht nur mit Silber, sondern, wie wir sehen werden, auch mit Kupfer versetzte phokaische Stater, aber doch häufig nur schwer wahrnehmbare Abweichungen zeigte, und überdies das Gepräge zwar in Milet, Samos und Chios, wo es für beide Sorten verschieden war, anderswo aber, wie z. B. in Lampsakos, wo es wesentlich identisch war, keinen Anhalt gewährte. Unter solchen Umständen war es ganz natürlich, dafs die Elektronprägung nach dem kleinasiatisch-phönikischen Fufse, die früher selbständig neben der Gold- und Silberprägung bestanden hatte, einging, und dafs auch Krösos dieselbe ganz aufgab und nur reines Gold und Silber nach babylonischer Währung schlug. Hierbei hielt er sich streng an das in Babylon legalisirte Werthverhältnifs der beiden

Metalle, indem er die Silberdrachme zum Nennwerth von $\frac{1}{20}$, zum Gewicht von $\frac{2}{3}$ Goldstater, d. h. Gold gegen Silber zum Curse von $13\frac{1}{3}:1$ ausbrachte. Obgleich sich in dieser Münzordnung die Absicht, eine feste Doppelwährung zu schaffen, auch dadurch verräth, dafs allem Anschein nach ebensoviel Silber wie Gold geprägt wurde, so ist doch wahrscheinlich auch in der lydischen Münzcirculation das Gold vorherrschend gewesen, da sein Marktpreis den legalen Münztarif schwerlich erreichte. In der Auswahl des Prägbildes folgte Kroesos dem Gebrauch der kleinasiatischen Städte, welche auf ihrem Münzstempel ihr Stadtwappen anbrachten. Denn das Gepräge seines Geldes — Vordertheil von Stier und Löwe gegeneinander gekehrt — ist wohl nicht als königliches, sondern als städtisches Emblem aufzufassen; königliche Wappen erscheinen zuerst auf der persischen Reichsmünze.

Die krösische Münzordnung ist ohne erheblichen Einflufs auf das kleinasiatische Geldwesen geblieben. Gold ist vor Dareios auf die neu eingeführte Gewichtseinheit nirgends[1]), Silber nur an einigen Orten geschlagen worden. Dafs die Silberstater babylonischen Fufses mit dem Löwenkopf auf der Vorderseite und dem gewöhnlich in vier, zuweilen in noch mehr Felder getheilten, eingeschlagenen Quadrat der Rückseite noch in diese Periode gehören, ist gewifs, welcher Stadt sie dagegen zuzutheilen sind, steht nicht in gleicher Weise fest; doch spricht für Milet das Prägbild und die auch auf den milesischen Goldmünzen vorkommende Form der vertieften Kehrseite. Desselben Gewichts und ebenfalls sehr alter Fabrik ist eine Reihe Silbermünzen, die mit dem Vordertheil eines Löwen bezeichnet sind, und sich durch die beiden oblongen, durch ein horizontales Band geschiedenen, eingeschlagenen Vierecke der Rückseite als karische Münzen ausweisen.

Ferner wird wohl noch das älteste ebenfalls einseitig geprägte, mit dem Vordertheil eines Ebers bezeichnete Silbergeld von Phaselis in dieselbe Zeit fallen; weiter hat sich aber die babylonische Silberwährung in

---

[1]) Man könnte geneigt sein, hierher eine Münze des Ivanoffschen Cabinets von 8.61 Gr. (= 132.1 Gran), die im Katalog No. 151 so beschrieben wird: „a rude delineation of a bee, or fly? rev. two deep incuses, the one oblong, the other square, the interior of both curiously ornamented; of globular form, and most archaic fabric," zu rechnen. Indefs ist auch diese nicht von Gold, sondern von Elektron und überdies, wie mehrere Stücke dieser Sammlung, von zweifelhafter Aechtheit, wie dies auch der niedrige Preis (8 £), der für das Exemplar bei der Auction bezahlt worden ist, beweist.

Kleinasien vor Dareios nicht verbreitet, und tritt anderwärts in derselben Periode überhaupt nur noch in der thrakisch-makedonischen Prägung auf, die ebensogut, wie die des griechischen Festlandes, auf kleinasiatische Vorgänge unmittelbar zurückgeht. Denn das älteste, gewöhnlich zweiseitig geprägte[1]) Silbergeld von Halikarnaſs, welches auf dem Avers Vordertheil eines Pegasus, auf dem Revers ein panterähnliches Geschöpf, oder Vordertheil einer Ziege, letzteres Bild mit beigefügten Initialen des Stadtnamens darstellt und der gleichen Währung folgt, scheint ebenso, wie der älteste Silberstater der karischen Insel Kalymna (behelmter bärtiger Kopf archaischen Stils)(Leier in Vertiefung) zu 10.55 Gr., von Jalysos auf Rhodos (Stier)(Adlerkopf in vertieftem Viereck) zu 11.05 Gr. und von Side in Pamphylien (Granatapfel)(behelmter oder lorbeerbekränzter Kopf oder Delphin in vertieftem Viereck) zu 11.25 Gr., schon nicht mehr vor, sondern in die Regierung des Dareios zu fallen, mit dessen Münzordnung das babylonische Silbergewicht erst zu gröſserer Verbreitung und allgemeinerer Geltung gelangte.

Sardes ist die erste nichtgriechische Stadt, Lydien das erste orientalische Reich gewesen, in dem Geld geprägt worden ist. Daſs die Erfindung der Münze wesentlich griechisch, nicht orientalisch ist, erkennt man sehr bestimmt aus der Geschichte des Geldes selbst. Während um die Mitte des sechsten Jahrhunderts vor Chr. bereits alle bedeutenderen hellenischen Städte auf der kleinasiatischen West- und Nordwestküste von Herakleia bis Phaselis, auf den Inseln des ägäischen Meeres, in Makedonien und Thrakien, in Sicilien und Groſsgriechenland und vor Allem auf dem griechischen Festlande Geld prägten, ist auſser in der lydischen Monarchie, deren Herrscher auch in anderen Beziehungen die Vortheile der griechischen Civilisation erkannt hatten und dieser in ihrem Lande Eingang zu verschaffen suchten, in keinem orientalischen Reiche Silber oder Gold geschlagen worden. In Babylon und Ekbatana blieb man, ebenso wie in den phönikischen Handelsstädten, beim Barrenverkehr stehn, während der Westen bereits ein ausgebildetes Geldwesen besaſs. Auch die Stiftung der persischen Monarchie brachte zunächst hierin keine andere Veränderung hervor, als daſs mit der Zerstörung des lydischen Reiches auch die lydische Reichsprägung aufhörte. Von Kyros und Kambyses giebt es noch keine Münzen. Erst Dareios, der zuerst sein Augenmerk

---

[1]) Nur eine einseitig geprägte Kleinmünze, ein Zwölftel des Staters, ist bis jetzt bekannt. Vgl. Borrell Numism. Chron. IX, 152.

mehr auf den Occident richtete und zuerst die Meerenge überschritt, welche bis dahin den persischen Eroberungen gegen Westen ein Ziel gesetzt hatte, führte die Geldprägung in Persien ein und erst nach ihm, zum Theil sogar erst viel später, begannen die überwiegend barbarischen Orte von Pamphylien, Pisidien und Kilikien, ein Theil der phönikischen Städte, wie Arados und Byblos, ebenso wie die phönikischen Dynasten auf der Insel Kypros, Geld zu schlagen. Noch später ist bekanntlich die neue Erfindung in den phönikischen Kolonien des Westmeers zur Anwendung gelangt und auf der ganzen afrikanischen Küste ist vor Alexander dem Grofsen regelmäfsig nur in den alten dorischen Pflanzstädten Kyrene und Barke Geld gemünzt worden; weder Aegypten noch Karthago hat vor jener Epoche an den Vortheilen dieser Verkehrserleichterung Theil genommen.

Diese Thatsachen sind um so auffallender, da die Grundlagen, auf denen die älteste Prägung beruht, das Gewichtssystem, die Auswahl von Gold und Silber als der zum allgemeinen Werthmesser geeignetsten Stoffe, die Feststellung eines legalen Werthverhältnisses dieser beiden Metalle und die von dem letzteren abhängige Normirung einer besonderen Gold- und Silbereinheit, schon Jahrhunderte ehe der erste phokaische Stater in Circulation gesetzt worden ist, in Babylon zu einer festen Gestaltung gelangt waren. Was der Erfinder des Geldes hinzufügte, war formell betrachtet sehr wenig und doch hinreichend, um dem Stück Metall, welches als Zahlungsmittel, aber ohne Gewähr seines Werthes, der bei jedem Kaufact immer wieder aufs Neue ermittelt werden mufste, im Handel cursirte, einen anerkannten, ein für alle Mal feststehenden Werth zu verleihen. Die Idee, hierfür den Staatscredit zu verwenden, der Gemeinde die Fabrikation des allgemeinen Zahlungsmittels vorzubehalten, dem zur Münze bestimmten Gold- und Silberstück den legalen Stempel als Gewähr der Uebereinstimmung zwischen ihrem Nenn- und Realwerth einzuprägen, und so durch die Garantie des Staates alles Nachwägen und Probiren überflüssig zu machen, ist nicht orientalisch, sondern rein hellenisch. Wenn hierauf die Geschichte des Geldes mit Bestimmtheit führt und alle Anzeichen dahin deuten, dafs die Prägung vom Golde ausging, so zeigt im Besondern der Name des phokaischen Staters, dafs es Phokaea war, wo der folgenreiche Gedanke zuerst zur Ausführung gelangte. Damit ist auch die Frage gelöst, die nach der Beschaffenheit der Münzen selbst zweifelhaft sein konnte, ob nicht die zuerst, wie es scheint, in Sardes geprägte Weifsgoldmünze älter ist, als der phokaische Goldstater.

Im Gegentheil erkennt man jetzt, dafs bei der ersten Geldprägung von dem richtigen Princip ausgegangen wurde, die Münze aus möglichst reinem Metall darzustellen, und dafs man erst später den Versuch machte auch das in Lydien gewonnene silberhaltige Waschgold ungeläutert für die Prägung zu verwenden und neben dem Gold- und Silbergeld ein drittes Courant zu schaffen. Auf die Folgen dieses Mifsgriffs, welcher später dazu führte, auch den phokaischen Goldstater aus legirtem Metall darzustellen, ist bereits hingewiesen worden[1]).

Die Zeit der ersten Prägung wird sich ebenfalls aus ihrer Entwicklungsgeschichte wenigstens annähernd bestimmen lassen. Am Ende des 7. Jahrhunderts v. Chr. wurde in Griechenland nach der äginäischen Drachme, welche aus der Einheit des ältesten kleinasiatischen Silbergeldes, dem Aequivalent des dreifsigsten Theiles des phokaischen Goldstaters, entstanden war, gerechnet, und im Peloponnes war sie wahrscheinlich schon in der zweiten Hälfte des 7. Jahrhunderts von Pheidon eingeführt worden[2]), in Aegina selbst daher noch früher in Gebrauch. Auch nach dem euboischen Fufs, der sich aus der kleinasiatischen Goldeinheit entwickelt hatte, ist in Italien bereits vor der 50. Olympiade (580 v. Chr.)[3]), in Korinth, von wo diese Prägung ausging, daher noch früher und in Athen zuerst unter Solons Archontat (Ol. 46, 3 = 594 v. Chr.) Silber gemünzt worden. Diese Daten führen etwa auf den Beginn des 7. Jahrhunderts als den Zeitpunkt, in dem in Phokaea die älteste Prägstätte eröffnet worden ist. Die Circulation des ältesten Geldes scheint aber in diesem Jahrhundert über die griechische Welt nicht hinausgegangen zu sein; wenigstens haben sich in den Ruinen von Ninive, welches 606 v. Chr. zerstört worden ist, bis jetzt keine alten Münzen gefunden.

Ehe wir zur persischen Reichsprägung übergehen, wird es angemessen sein, nicht nur diejenigen älteren Prägstätten Kleinasiens näher zu bezeichnen, die in der vorstehenden Darstellung noch nicht berührt worden sind, sondern überhaupt alle verschiedenen Geldsorten zusammenzustellen, die vor und zur Zeit des Dareios an den Küsten und auf den Inseln des ägäischen Meeres in Geltung waren.

Während in den hauptsächlich ionischen und äolischen Städten der kleinasiatischen West- und Nordwestküste von Kalchedon bis Milet neben

---

[1]) S. 198.

[2]) Vgl. Hultsch Metrologie S. 133. vgl. oben S. 26.

[3]) Mommsen S. 109.

dem phokaischen Goldstater die Silberdrachme von durchschnittlich 7.50 Gr. in der ältesten Zeit vorherrschte, finden wir in den dorischen Städten und an der Südküste der Halbinsel vor Dareios fast nur die beiden Währungen, die zwar aus diesem doppelten kleinasiatischen Münzgewicht entstanden waren, sich aber erst auf dem griechischen Festlande selbständig ausgebildet haben, nämlich den äginäischen und euboischen Fuſs. Dem erstern gehören die ältesten Münzen von Knidos an, die auf der Rückseite schon den Kopf der Aphrodite und meist auch die Initialen des Stadtnamens, aber beides in archaischem Stil und in vertieftem Viereck, auf der Schauseite Kopf oder Vordertheil des Löwen darstellen; ferner die gröſstentheils einseitig geprägten und meist aufschriftlosen Silbermünzen von Kamiros mit dem Feigenblatt, sowie das älteste kyprische wahrscheinlich in Amathus und Salamis geschlagene Geld, das wenigstens zum Theil noch vor die Zeit des Dareios fällt; endlich noch ein sehr alter Silberstater der gegenüberliegenden kilikischen Stadt Kelenderis mit dem auch auf dem spätern Gelde wiedervorkommenden mit 2 Speeren bewehrten Reiter, die älteste und jedenfalls die einzige einseitig geprägte Groſsmünze, die aus Kilikien, Pisidien und Pamphylien bekannt ist. Auſser in Knidos, wo fast nur die Drachme bis 6.30 Gr. geschlagen wurde, war in den erwähnten Orten, ebenso wie in der ältesten Zeit in Aegina[1]), auf Kreta und in Teos das Hauptmünzstück das Didrachmon. Der euboische Fuſs tritt nur in Lykien und auf der Insel Kos auf; hier in ziemlich alterthümlichen Tetradrachmen zu höchstens 16.83 Gr., von denen die ältern noch auf der Schauseite die Aufschrift ΚΟΣ und die Figur eines nackenden Tänzers vor Dreifuſs, auf der Rückseite die Krabbe — das einzige Prägbild der Kleinmünzen — in der Mitte eines unregelmäſsig vertieften, diagonal getheilten Vierecks darstellen; in Lykien schon in den frühesten, mit dem Ebervordertheil bezeichneten Münzen, die weder Aufschrift noch das lykische Bundeswappen, das Dreibein, sondern statt dessen auf der Rückseite ein eigenthümlich gegliedertes, eingeschlagenes Viereck zeigen.

Wahrscheinlich gehören sowohl die koischen Tetradrachmen, wie dieses lykische Geld, welches ebenso wie das meiste spätere aus Di-

---

[1]) Im Pariser Museum befanden sich im J. 1864 von der ältern Sorte mit der Wasserschildkröte 29 Didrachmen und 6 Drachmen, von der jüngeren Reihe mit der Landschildkröte 22 Didrachmen und 8 Drachmen. Auch der in Thera gefundene Schatz enthielt fast nur Didrachmen äginäischen Fuſses, vgl. Borrell Num. Chron. VI, 134 — ein deutlicher Beweis, daſs dieses Nominal zumal in der ältesten Zeit überhaupt am häufigsten geprägt wurde.

drachmen, Drachmen und Dritteln oder Tetrobolen besteht, in einzelnen etwas jüngern mit Aufschrift versehenen Exemplaren[1]) aber auch schon die Anwendung des in dieser Landschaft zu höchstens 9.98 Gr. ausgebrachten babylonischen Silberstaters darstellt, noch in das sechste Jahrhundert[2]). Das Vorkommen der Drachme neben dem Didrachmon in Lykien und das Vorherrschen des Tetradrachmon in Kos läfst vermuthen, dafs die Währung nicht von Korinth, sondern von Athen aus in diesen Gegenden eingeführt worden ist, in Lykien aber früher als in Kos, da nur in der ältesten Zeit in Athen das Didrachmon vorzugsweise geprägt wurde[3]).

Der kleinasiatischen Drachme oder dem entsprechenden Stater begegnen wir in dieser Periode in den bezeichneten Gegenden nur auf Rhodos, wo Lindos auf diesen Fufs schon sehr früh, anfangs aufschriftslos, mit dem Löwenkopf und dem dort und in Karien üblichen horizontal getheilten oblongen Einschlag, später mit der Aufschrift ΙΔΝΙΛ, die auf dem zwischen beiden Vertiefungen des Reverses laufenden Rande angebracht ist, Silberstücke zu 13.84 — 13.55 Gr. geprägt hat, und wohin wahrscheinlich auch die ganz gleichartigen, rückseitig ebenso bezeichneten Münzen zu 13.64 — 13.50 Gr. mit zwei Delphinen über einander, einem dritten kleinern Delphine darunter, sowie eine ähnliche, vielleicht Jalysos angehörige uralte Münze mit dem Kopf eines Raben, darüber ein Delphin zu 13.49 Gr. zu bringen sind. Man sieht, dafs das ältere Münzwesen dieser hauptsächlich von Doriern colonisirten Inseln und Städte Kleinasiens sich enger an die auf dem griechischen Festland, als an die in den ionischen und äolischen Kolonien gültigen Normen anschliefst. Dies zeigt sich nicht nur am Münzfufs, sondern auch darin, dafs südlich von Milet die Goldwährung aufhört und in diesen Gegenden, ebenso wie auf Kreta, auf den Kykladen und in Griechenland, Silberwährung herrscht. Die einzige Prägstätte, von der wir aus älterer Zeit Goldmünzen besitzen, ist Kos und auch von dieser sind mir nur 2 Kleinmünzen bekannt

---

[1]) Z. B. 9.26 Gr. = 143 Fellows Coins of ancient Lycia pl. I, 1. Die auf dem Schulterblatt des Ebers angebrachte Aufschrift K : B liest Millingen Anc. Coins pl. V, 17 unrichtig KAB. Seine Attribution nach Kabalis (S. 74) ist kaum weniger gewagt, als die von Fellows (S. 7) nach Kaunos. Aehnliche Münzen mit einzelnen Buchstaben auf der Rückseite befinden sich im Pariser Museum. Ueber das Gewicht der lykischen Münzen vgl. oben S. 151 f.

[2]) Siehe unten S. 212.

[3]) Vgl. Hultsch Metrol. S. 151.

geworden, die sich beide im Britischen Museum befinden und durch das eingeprägte koische Wappen, die Krabbe, kenntlich sind. Dieselben scheinen zum System des lydischen Elektronstaters zu gehören, zu dem sich die eine von 2.32 Gr. als Sechstel, die andere von 0.14 Gr. wahrscheinlich als Sechsundneunzigstel stellt.

Aehnlich wie an der kleinasiatischen Süd- und Südwestküste waren die Münzverhältnisse an der Nordseite des ägäischen Meeres in Thrakien und Makedonien beschaffen. Auch hier ist bis auf Philipp II. Gold nur ganz vereinzelt und in kleinen Nominalen geschlagen worden, das eigentliche Courant war Silber, womit wohl zusammenhängt, dafs in diesem Metall ganz besonders grofse Stücke gemünzt wurden, indem man das Bedürfnifs fühlte, auch für höhere Werthe Aequivalente in Geld zu besitzen. Das Zurücktreten der Goldprägung in diesen Gegenden ist um so auffallender, da in den Gruben des Pangaeon in Päonien, am Strymon, bei Skapte Hyle und in Thasos Gold in Menge gefunden wurde[1]).

Die gröfste makedonisch-thrakische Goldmünze der ältern Periode, deren Gewicht man kennt, ist ein Sechstel phokaischen Fufses[2]), welches das Wappen der thasischen Silbermünzen äginäischer Währung — zwei Delphine über einander — und dazwischen zwei Kügelchen trägt. Dazu gehört ein etwas jüngeres Vierundzwanzigstel zu 0.79 Gr. mit dem Satyrkopf auf der Schau- und dem eben beschriebenen Typus ohne Kügelchen aber mit Θ auf der Rückseite. Aufser diesen thasischen Goldstücken giebt es eine Reihe einseitig geprägter Zwölftel, Vierundzwanzigstel und Achtundvierzigstel der bezeichneten Einheit zu 1.34, 0.65, 0.32 Gr. Maximalgewicht, die verschiedene Typen — Viereck in Relief, bisweilen mit 4 kleinen Halbkreisen an den Aufsenseiten, Maske, Pferdekopf, Fischkopf, Halbkreis auf Kegel — darstellen und gröfstentheils in der Nähe des alten Thessalonike gefunden worden sind[3]). Wahrscheinlich sind die mit Maske bezeichneten Exemplare Neapolis, die mit Pferdekopf Maroneia beizulegen, jedenfalls sind sie sämmtlich in Makedonien oder Thrakien und zwar in sehr früher Zeit gemünzt worden. Das Metall derselben scheint ebenso rein zu sein, wie das der ältesten kleinasiatischen Goldmünzen, etwas

---

[1]) Boeckh Staatshaushalt I, 7.

[2]) Eine von Cadalvene S. 76 Fig. 1 und Cousinéry pl. VI, 2 vgl. S. 182 abgebildete Goldmünze, die auf dem Boden des alten Lysimachia gefunden worden ist, Kentaur Frau haltend (℞ viergetheiltes eingeschlagenes Viereck) von vierter Gröfse, ist wahrscheinlich schwerer; ihr Gewicht ist leider nicht bekannt.

[3]) Vgl. den Katalog der Borrellschen Sammlung S. 6.

blasser ist ein wahrscheinlich Akanthos zugehöriges Vierundzwanzigstel von 0.583 Gr. mit dem Stier, sowie eine Goldmünze, die sich durch ihr Prägbild — diagonal getheiltes Viereck in Relief — ebenfalls als makedonisch charakterisirt, obgleich ihr Gewicht von 2.23 Gr. nicht dem phokaischen, sondern dem des kleinasiatischen Elektrongeldes folgt[1]).

Auch zwei Goldmünzen einer etwas späteren Epoche, von denen das eine von 3.60 Gr. Gepräge und Gewicht der vom Bisalterfürsten Mosses gemünzten Silberdrachmen, die andere von 2.55 Gr. — also ein Sechstel phokaischer Währung — das Wappen von Potidaea darstellt, sind beide von ganz blassem Metall, die erstere vielleicht nur vergoldet. Erst später und nicht sehr lange vor Philipp II. begann man in einigen makedonischen und thrakischen Städten wieder Münzen von feinem Gold und zum Theil in gröfseren Nominalen zu schlagen, wobei man entweder wie in Thasos, Aenos und später in Philippi persische Währung, oder wie in Abdera, Maroneia und im chalkidischen Städtebund einen eigenthümlichen Gewichtsfufs zu Grunde legte, der sonst nur noch in Pantikapaeon vorkommt. Allein auch diese Goldmünzen sind äufserst selten[2]) und so sieht man deutlich, dafs in diesen Gegenden, ebenso wie in Griechenland und an der Süd- und Südostküste Kleinasiens, die Silberwährung vorherrschend war und es bis zur Einführung des makedonischen Reichsgoldes durch Philipp II. blieb. Was nun das älteste thrakisch-makedonische Silbergeld betrifft, so fügt sich ein Theil desselben den Normen, welche bereits in frühester Zeit in Kleinasien gegolten haben. Der geschichtliche Zusammenhang liegt dabei ziemlich klar zu Tage. Denn wir finden den Kleinasien eigenthümlichen Fünfzehnstaterfufs zunächst und am frühesten in denjenigen Städten, welche von dort aus kolonisirt worden sind, in Abdera, Maroneia und Byzanz. Abdera, welches zuerst von Klazomenae aus etwa im J. 656 v. Chr. gegründet wurde, hat die bezeichnete Währung von dorther angenommen, obgleich die Thätigkeit seiner Münze erst nach der zweiten im Jahre 544 v. Chr. von den Teiern ausgehenden Kolonisation begonnen hat, wie dies das von Teos entlehnte Prägbild, der Greif, beweist. Doch ward in Abdera das Gewicht etwas erhöht, auch führte die ausschliefsliche Herrschaft der Silberwährung dazu, gröfsere Nominale auszubringen.

---

1) Vgl. oben S. 198.

2) L. Müller Numismatique d'Alexandre le grand S. 57 Anm. 5 kennt von autonomen makedonisch-thrakischen Goldmünzen überhaupt nur eine von Aenos, eine von Thasos und eine von Philippi.

Statt der klazomenischen Drachme wurde der Stater von 15.17 Gr. Maximalgewicht das Hauptmünzstück, daneben wurden aber auch noch doppelt so schwere Stücke bis 29.50 Gr. und als kleineres Courant hauptsächlich das Viertel von 3.64 Gr. geschlagen. Maroneia hat denselben Münzfuſs von ihrer Mutterstadt Chios entlehnt, und wie diese in der ältern Zeit Drachmen zu 7.72 Gr., später die etwas niedriger normirte Hälfte und als Groſsstück deren Vierfaches den Stater von 14.28 Gr. geschlagen. Die Münzverhältnisse von Byzanz endlich, das ebenso wie das gegenüberliegende Kalchedon von megarischen Kolonisten gegründet wurde, sind denen der letztern Stadt vollkommen identisch[1]). Von Abdera aus ward das Groſssilberstück von 29.50 Gr. bei den makedonisch-thrakischen Völkerschaften eingeführt, die in der nächsten Nähe des metallreichen Pangaeon zwischen Strymon und Nestos und über den Strymon hinaus wohnten, bei den Edonern, Bisaltern und Orreskiern. Die von diesen Stämmen auf das bezeichnete Gewicht geschlagenen Münzen zeigen eine ganz gleichartige Fabrik, sie sind sämmtlich einseitig geprägt, die Rückseite charakterisirt das von Teos nach Abdera und von dort weiter verpflanzte, in 4 Quadrate getheilte, flach eingeschlagene Viereck, auch die Zeichnung des Oberstempels ist zwar variirt, aber ähnlich, auf den Münzen der Orreskier und Edoner gewöhnlich ein nackender, mit 2 Speeren bewaffneter, mit der Kausia bedeckter Mann zwischen oder hinter 2 Ochsen, auf denen der Bisalter und den ganz gleichartigen Münzen Alexanders I. von Makedonien dieselbe Figur neben Pferd stehend. Die ältesten Exemplare dieses eigenthümlichen Geldes scheinen nächst den Münzen von Abdera, die mit der Aufschrift ΟΡΡΗΣΚΙΟΝ von höchstens 28.13 Gr., sowie die etwas leichtern des Edonerkönigs Getas zu sein, auf denen bald ΓΕΤΑ ΒΑΣΙΛΕΩΣ ΗΔΩΝΑΝ bald ΓΕΤΑΣ ΗΔΟΝΕΟΝ ΒΑΣΙΛΕΥΣ steht. Jünger sind jedenfalls die Münzen mit der Aufschrift ΒΙΣΑΛΤΙΚΟΝ, auch die ganz gleichartigen mit der Aufschrift ΑΛΕΞΑΝΔΡΟ auf dem Rande des der Rückseite eingeprägten Vierecks, gehören in etwas spätere Zeit, und da diese letzteren von Alexander I. im Anfang des 5. Jahrhunderts geschlagen sind, müssen die drei erstgenannten Sorten noch in das 6. Jahrhundert gehören. Theilmünzen kommen nur von den beiden jüngsten Reihen vor, nämlich Achtel zu 3.92—3.14 Gr., die, wie die Aufschrift ΜΟΣΣΕΩ zeigt, für einen Bisalterfürsten des Namens geschlagen worden

[1]) Vgl. oben S. 145.

sind, und Achtel, Sechszehntel und Vierundzwanzigstel zu 4.09—3.88, 1.83 und 1.03 Gr. mit dem Namen Alexanders I.

Die Achtel der letzterwähnten Reihe sind meist so hoch ausgemünzt, dafs man sie für attische Drachmen halten könnte, wenn die übrigen Nominale dazu pafsten, auch von der erstern Reihe giebt es ein Exemplar zu 4.10 Gr., alle übrigen stehn aber auf oder unter 3.92 Gr., ja es giebt Stücke bis 3.14 Gr. Man wird daher bei den erwähnten zu schweren Exemplaren eher eine zufällige ungenaue Ausmünzung anzunehmen haben und demgemäfs eine Anzahl von makedonisch-thrakischen Grofssilberstücken zu 40.55—40.50 und 34.5—34.35 Gr., welche zum Theil den Namen ΔΕΡΡΟΝΙΚΟΣ[1]) tragen und dem eben beschriebenen Gelde der Orreskier und Edoner durchaus verwandt und ungefähr gleichzeitig sind, aber kleine Verschiedenheiten des Gepräges und ganz andere Gewichtsnominale darstellen, nicht wie früher (S. 110) vermuthet wurde, als attische Okta- oder Dekadrachmenstücke, sondern als Zehn- und Zwölffache der auch den Silberstücken des Getas von 27.70—27.10 Gr. zu Grunde liegenden Einheit von 3.45—3.37 Gr. auffassen.

Neben diesen Münzen ist im Bereich des makedonisch-thrakischen Bergwerksbezirks zum Theil gleichzeitig und von denselben Stämmen, aber stets mit verschiedenen Prägbildern auch Silber babylonischen Fufses geschlagen worden. Auch dieses Geld ist durchaus gleichartiger Fabrik, obgleich es verschiedenen Orten und Völkerschaften angehört, unter denen man nach den manchmal beigefügten Aufschriften die Letäer und Orreskier namhaft machen kann. Der Ursprung dieser eigenthümlichen Prägung läfst sich im Besondern nicht mehr ermitteln, wenn auch die directe Einführung des Münzfufses aus Kleinasien nicht zweifelhaft sein kann. Nicht nur die Fabrik, sondern auch das Gewicht des ältesten Staters von höchstens 10.22 Gr. beweist, dafs sie vor Dareios und in einer Periode erfolgte, wo der wahrscheinlich von Krösos zuerst gemünzte babylonische Silberstater noch weit unter dem späteren durch die persische Münze legalisirten Normalgewicht stand. Das sie charakterisirende Prägbild ist der auf verschiedene Weise, aber immer äufserst satyrhaft aufgefafste Faun,

[1]) Eine wiederholte nach dem Druck von S. 119 vorgenommene Vergleichung der Derronikosmünze der Luynesschen Sammlung hat gezeigt, dafs die dort abgebildete Form des P durch Abgleiten des Schrötlings auf der Münze entstanden, sich aber auf dem Stempel ursprünglich nicht befand. Auch das Exemplar der Bibliothèque impériale zeigt die gewöhnliche Form. Nach dem Gepräge würde man diese beiden Münzen für nicht viel jünger als die des Getas und der Orreskier halten.

der bald neben einem Weibe stehend, bald knieend und Weib im Arme haltend, im letzteren Falle häufig mit einem Kentaur vertauscht und nur auf den Kleinmünzen allein, aber etwas variirt dargestellt wird. Auf dem Ganzstück bemerkt man in der Regel drei Kügelchen, die indeſs zur Nominalbezeichnung nicht dienten, da sie sich bisweilen auch auf dem entsprechenden Kleinsilber wiederfinden. Auf der Rückseite erscheint in der ältern Zeit ein diagonal getheiltes tief eingeschlagenes Viereck, wie es den jetzt allgemein Athen zugetheilten uralten Silbermünzen mit dem Gorgohaupt, dem Knöchel, dem Rad, dem Pferd, dem Dreibein und der Eule eigenthümlich ist und auch auf dem ältesten Gelde der makedonisch-thrakischen Städte Neapolis, Dikaea und Potidaea, sowie auf einigen Münzen vorkommt, deren Schauseite einen Schwan, im Schnabel Eidechse haltend, oder auch zwei Schwäne darstellt, und die früher Kamarina in Sicilien, jetzt mit Recht einer Stadt im Gebiet der pangäischen Bergwerke, von einigen Herakleia, von anderen wenigstens theilweise Eion beigelegt werden.

In einer jüngeren Epoche geht diese Form hier wie in allen genannten makedonisch-thrakischen Prägorten, insofern die Prägung nicht sogleich zweiseitig wird, in den in vier Felder rechteckig getheilten Einschlag über, welcher, wie es scheint, zuerst von Teos aus an die Nordküste des ägäischen Meeres verpflanzt worden ist. Nur auf wenigen theils mit der auf beiden Seiten und auf einer sogar zweimal wiederholten Aufschrift ИOIATƎΛ, theils mit dem Namen der Orreskier bezeichneten Münzen tritt auf dem Unterstempel statt des Einschlags als besonderes Prägbild der Helm hervor, der sich später auch auf einigen makedonischen Königsmünzen wiederfindet.

Bezeichnend für das Präg- und Circulationsgebiet dieses Geldes ist der Umstand, daſs dasselbe immer an der Westgrenze von Thrakien gefunden wird[1]), und daſs auch Thasos sich an dessen Prägung betheiligte und neben seinem sonstigen, im Münzfuſs wie im Gepräge durchaus abweichenden Courant Silbermünzen nach der Währung und mit dem Wappen des letäisch-orreskischen Geldes nur mit Beifügung der Zeichen Θ oder ΘA und weniger barbarisch ausgeführt, wahrscheinlich für den Verkehr mit jenen Völkerschaften schlagen lieſs, welche um die thasischen Besitzungen auf dem gegenüberliegenden Festlande herumwohnten. Diese Prägung muſs übrigens in Thasos lange Zeit und vielleicht noch bis in die Zeit

[1]) Vgl. Cadalvene Recueil S. 78.

Alexanders fortgesetzt worden sein; da das Gewicht dort allmälig in den attischen Fufs übergeht, der Stater von 10.25 Gr. bis 8.10 Gr. sinkt und statt des Drittels von höchstens 3.60 Gr. schliefslich die Hälfte zu 4.21 Gr. ausgebracht wird.

Auch die Thasos gegenüberliegende und von Athen gegründete Stadt Neapolis hat sich diesem Münzsystem angeschlossen, indem sie zwar mit besonderem Gepräge, nämlich mit dem früher auch von ihrer Mutterstadt[1]) verwandten Wappen, dem Gorgohaupte, aber nach demselben Fufse Stater, Drittel, sowie Sechstel und Drittel des letztern Nominals, das wahrscheinlich als Drachme galt, zu 9.80, 3.84, 1.10, 0.60 Gr. prägte. Dasselbe gilt von Dikaea, der östlichsten Stadt, wo dieser Münzfufs vorkommt.

Man erkennt aus diesen Thatsachen deutlich genug, dafs der Mittelpunkt der oben beschriebenen Geldprägung im Bereiche des pangäischen Bergwerksbezirkes zwischen Nestos und Strymon lag und dafs die Wohnsitze der an derselben vorzugsweise betheiligten Stämme der Letäer und Orreskier, deren Namen sich sonst nicht erhalten haben[2]), dort zu suchen sind. Von diesen haben die Orreskier daneben die nach kleinasiatisch-phönikischem Fufse normirte schwere Geldsorte, welche auch bei den Edonern, die zur Zeit des peloponnesischen Krieges nicht nur die Mündung des Strymon, sondern auch das Gebiet von Drabeskos inne hatten, und bei den Bisaltern üblich war, geschlagen und so finden wir auf der Scheide zwischen Thrakien und Makedonien schon in alter Zeit die beiden correlaten, auf derselben Einheit beruhenden Währungen neben einander in Gebrauch, die den frühesten asiatischen Silberverkehr beherrscht hatten und um die sich besonders seit Dareios auch die gesammte asiatische Silberprägung dreht.

Während in Maroneia, Byzanz und Abdera, sowie zwischen Strymon und Nestos die Geldprägung von Kleinasien aus eingeführt und nach dortigem Muster geordnet wurde, war dagegen das Münzwesen der chalkidischen

---

[1]) Was Cousinéry voyage dans la Macédoine II, 129 und Cadalvene Recueil S. 68 aus dem Gepräge der Münzen schliefsen, dafs Neapolis athenische Kolonie gewesen, wird nirgendwo bezeugt, ist aber wahrscheinlich, da dasselbe nach Skylax S. 27 von dem benachbarten Daton gilt.

[2]) Man identificirte die Orreskier früher entweder mit den Oresten an der Westgrenze von Makedonien oder mit den Bewohnern von Orestias, im nördlichen Thrakien, dem späteren Hadrianopolis. Dafs beides unmöglich ist, haben Cousinéry II, 164 f. Cadalvene S. 78 f. und Leake Num. Hell. Eur. Gr. S. 81 gezeigt.

und thrakischen Halbinsel von dem des griechischen Festlandes abhängig, indem die chalkidischen Städte Akanthos, Mende, Potidaea und Torone den euboisch-attischen, die Städte des thrakischen Chersones den äginäischen Münzfuſs annahmen. Auch Thasos hat in der ältern Zeit nach letzterem Gewichte geprägt. Für den geschichtlichen Zusammenhang braucht nur daran erinnert zu werden, daſs die vorzugsweise von Euboea aus colonisirten chalkidischen Städte in den engsten Beziehungen zu Athen standen, daſs ferner Thasos von Paros aus, der thrakische Chersones von Miltiades noch vor Solons Tode colonisirt worden ist, als in Athen der neue attische Münzfuſs zwar bereits eingeführt, aber die alte Rechnung nach äginäischem Gelde daneben wohl noch ebenso üblich war, wie auf den Kykladen, in Aegina, in Kreta und im Peloponnes.

Es wirft ein interessantes Licht auf die Verkehrsverhältnisse dieser Länder im 6. Jahrhundert v. Chr., daſs die makedonischen Könige, als sie zu prägen anfingen, nicht den Münzfuſs der ihnen zunächst gelegenen hellenischen Küstenstädte auf der chalkidischen Halbinsel, sondern den der makedonisch-thrakischen Stämme am Bertiskos und Pangäon annahmen. Denn das in ihrer ältesten Hauptstadt in Aegae, dem späteren Edessa, geschlagene Geld, welches durch das Bild des knieenden und zurückschauenden Ziegenbocks kenntlich ist, besteht hauptsächlich aus Groſsstücken zu höchstens 9.825 Gr., zu dem das in Neapolis zur Drachme gewordene Theilstück nicht vorkommt, wohl aber das Drittel des letztern Nominals von 1.08—0.87 Gr. und auſserdem eine Münze von 6.10 Gr., welche sowohl als Zweidrittel des Staters, wie als äginäische Drachme aufgefaſst werden kann, und deren Prägung eine Rücksichtsnahme auf die damals in ganz Griechenland herrschende und später auch von den päonischen Königen angenommene äginäische Währung verräth, womit denn vielleicht auch die niedrige Ansetzung des babylonischen Silberstaters, der vermuthlich einen Curs von 1½ äginäischen Drachmen hatte, hier sowohl wie in Makedonien und Thrakien zusammenhängt. Die ältesten Exemplare des in Aegae geprägten Silbers sind unzweifelhaft älter als die ersten mit einem makedonischen Königsnamen bezeichneten Münzen, die von Alexander I. mit bisaltischem Wappen und nach bisaltischer Währung wahrscheinlich geschlagen worden sind, als er sich (nach 480 v. Chr.)[1] der Bergwerke am Bertiskos bemächtigt hatte.

Die Frage, was für Geldsorten bereits vor der Münzreform des

---

[1]) Stein zu Herod. V, 17, 8.

Dareios an den Küsten des ägäischen Meeres circulirt haben, wird sich im Allgemeinen aus dem Stil und der Fabrikation der vorhandenen Münzen leicht beantworten lassen; Niemand würde zum Beispiel anstehn die ältesten Münzreihen von Potidaea, Terone, Neapolis, Akanthos, Thasos und vom thrakischen Chersones, die schweren Silberstücke der Edoner und Orreskier ebensowohl vor jene Epoche zu setzen, wie die uralten Schildkrötenstater von Aegina oder das früher beschriebene Conrant der ersten kleinasiatischen Prägstätten. Zweifelhafter bleibt die Beurtheilung in anderen Fällen, doch bietet der schon erwähnte Münzfund von Myt-Rahineh[1]) häufig einen erwünschten Anhalt zur Prüfung und Bestätigung solcher Zeitbestimmungen dar. Dieser Schatz, ohne Zweifel das Besitzthum eines ägyptischen Goldschmieds, enthielt, aufser einigen Silberbarren im Gesammtgewicht von 73.320 Kilogr., aufser verschiedenen, theils vollendeten, theils unvollendeten silbernen Schalen, aufser einem silbernen Geräth, einem Schmelztiegel von Thon und einer kupfernen Kelle, eine grofse Anzahl mehr oder weniger zerschnittener Silbermünzen, die sämmtlich zum Einschmelzen bestimmt waren und von denen leider nur 23 soweit unversehrt sind, dafs ihre Typen erkennbar werden. Diese Silberstücke, welche 17 verschiedenen über die Küsten und Inseln des ägäischen Meeres vertheilten Prägorten angehören, sind sämmtlich von sehr alterthümlicher Fabrik und einseitiger Prägung. Da sie dem Anscheine nach kaum in Umlauf gewesen waren, als sie in die Hände des ägyptischen Juweliers kamen, so müssen sie ungefähr in ein und derselben Epoche gemünzt worden sein und A. de Longpérier hat gewifs umsomehr Recht, diese nicht tiefer als in das 6. Jahrhundert v. Chr. herabzurücken, da sich unter den verschiedenen Sorten keine einzige persische Münze gefunden hat; seine Vermuthung, dafs der Schatz aus Veranlassung der persischen Eroberung im Jahre 525 v. Chr. vergraben worden sei, wird daher wohl das Richtige treffen.

Von dem damaligen Gelde des eigentlichen Griechenlands und des Archipels finden sich in dem Schatze Münzen aus Korinth, Aegina, Eretria und Naxos, von dem makedonischen und thrakischen Silber Münzen von Maroneia, Aegae und ein Stater mit dem Wappen der Lethäer, endlich aus Kleinasien Münzen von Kalchedon, Teos, Chios, Ephesos[2]), wäh-

[1]) Revue numism. 1861 S. 414 f.

[2]) Die bei Longpérier a. a. O. S. 419 beschriebene Münze mit der Biene von 3.42 Gr. ist wohl wegen ihres Gewichts nicht Keos, wo äginäischer Fuß herrschte, sondern Ephesos beizulegen.

scheinlich von Milet und Lampsakos[1]), ferner von Kos, sowie eine lykische Drachme attischen und ein kyprisches Didrachmon äginäischen Fußes, mit dem Bilde des liegenden Widders und glatter Rückseite, endlich von der afrikanischen Küste zwei Tetra- oder nach einheimischem Ausdruck zwei Oktadrachmen euboischen Fußes aus Kyrene. Für die meisten der genannten Prägstätten durfte man bereits vor diesem Funde ein hohes Alter voraussetzen; zweifelhaft dagegen mußte die Datirung der halbbarbarischen letäischen, sowie der für ihr Alter auffallend niedrig und platt geprägten Münzen von Aegae bleiben. Auch der lykischen Prägung und dem bezeichneten, wahrscheinlich in Amathus geschlagenen kyprischen, sowie dem koischen Gelde, von dem bis jetzt nur zweiseitig gemünzte Großstücke bekannt sind, würde man ohne die Entdeckung des Schatzes von Myt-Rahineh ein so hohes Alter kaum zugetraut haben. Auf diese Weise wird es gegenwärtig möglich sein, sich über das in dieser Periode circulirende Geld wenigstens eine annähernd richtige Vorstellung zu bilden.

Versuchen wir nun nach der vorstehenden Darstellung eine Gesammtübersicht über die verschiedenen Geldsorten zu gewinnen, welche zur Zeit, als Dareios die persische Reichsmünze einführte, sowohl im Orient wie in Griechenland und an dem Nordgestade des ägäischen Meeres cursirten, so finden wir, daß das Präggebiet jener Zeit in Kleinasien sich zwar nördlich nicht weiter als bis zum bithynischen Herakleia, östlich nicht weiter als bis Kelenderis erstreckte, und daß es in jener Periode außer in Herakleia ebensowenig eine Prägstätte an der Süd- wie an der Westküste des schwarzen Meeres gab, daß aber an den Küsten der Propontis, des Hellespont, des ägäischen und ionischen Meeres von Herakleia bis Kelenderis und von Byzanz bis Korkyra fast in allen namhaften hellenischen Städten und selbst bei mehreren thrakisch-makedonischen Stämmen, sowie in der Hauptstadt des makedonischen Reiches schon damals Geld in Menge geschlagen worden ist, wobei in Bezug auf Münzfuß und Gepräge überall die größte Mannigfaltigkeit herrschte. In den thrakisch-makedonischen Ländern allein gab es damals wenigstens 15 verschiedene Prägstätten, von denen Thasos und der Vorort des thrakischen Chersones nach äginäischem, Byzanz, Abdera und Maroneia, die Münze der Orreskier und Edoner nach dem leichten oder schweren kleinasiatisch-phönikischen, die der Letäer ebenso wie Aegae, Neapolis und

[1]) Ueber die von Longpérier Korinth und Samos, von mir Lampsakos und Milet zugetheilten Münzen vgl. oben S. 171. 173.

Dikaea nach babylonischem, endlich Akanthos, Potidaea, Mende und Terone nach attischem Fuſse Silber prägten, um die dort zurücktretende Goldmünze nicht weiter zu erwähnen. Etwas gröſser war in jener Zeit die Münzeinheit in dem Gebiet, welches Griechenland, die Kykladen und Kreta umfaſste, wo zwar die Menge der verschiedenen Münztypen und Prägstätten nicht geringer war, wo aber bis auf Athen, Euboea und Korinth, wo der solonische und korinthische Fuſs galten, überall äginäische Währung herrschte, deren Nominale überdies in den verschiedenen Orten so gleichmäſsig ausgebracht wurden, daſs sich z. B. das Geld von Kreta, Aegina und Naxos sehr wohl mischen konnte, wie dies der oben erwähnte Fund auf der Insel Thera beweist [1]).

Am gröſsten war die Mannigfaltigkeit der verschiedenen Münzwährungen und Sorten in den reichen hellenischen Handelsstädten der kleinasiatischen Nordwest- und Westküste, wo die Geldwirthschaft am meisten entwickelt war, und auf die Dareios bei seiner Münzordnung zunächst Rücksicht nehmen muſste. Obgleich hier im Allgemeinen die Silberprägung zurücktrat und in dem ganzen Gebiete von Herakleia bis Milet, wo entschieden die Gold- und Elektronprägung vorwaltete, mehrere Städte wie Kyzikos, Samos und Mytilene vor Dareios gar kein Silber, die übrigen bis auf Klazomenae, Teos und Chios nur sehr wenig geschlagen haben, so begegnen wir doch nirgends einer so groſsen Menge verschiedener Silbersorten wie in Kleinasien. Denn obgleich der kleinasiatische Stater von 14 bis 15 Gr. und die entsprechende Drachme vorherrschten, so war doch auch der euboische Fuſs durch die Münzen von Tenedos, Methymna, Lykien und Kos [2]), der äginäische durch die von Herakleia [3]), Teos, Kameiros, Knidos, Amathus, Salamis, sowie wahrscheinlich von Kelenderis und vielleicht von Kyme vertreten [4]), endlich der babylonische Stater, von Kroesos in Lydien eingeführt, in Phaselis, in Milet und in einer andern karischen Münzstätte bereits zur Aufnahme gelangt [5]), und wenn sich auch die nach dem erstgenannten System normirte Drachme von etwa 7 Gr. oder deren Hälfte in Lamp-

[1]) Vgl. oben S. 131.

[2]) Vgl. oben S. 203.

[3]) In Bezug auf Herakleia muſs hier nachträglich erwähnt werden, daſs Leake Eur. Gr. S. 54 die oben S. 129 dieser Stadt zugetheilten Münzen der arkadischen Stadt Heraea beilegt.

[4]) Siehe oben S. 175.

[5]) Siehe S. 140. 199.

sakes, Methymna, Klazomenae, Ephesos und Erythrae mit geringer Gewichtsdifferenz geschlagen wurde[1]), so waren die entsprechenden Nominale dagegen in Chios, in Abydos und Phokaea soviel schwerer[2]), dafs auch diese Sorten unter einander nicht wohl im Curse gleich stehn konnten. Offenbar war das Silbergeld der einzelnen Städte nur auf ein beschränktes Circulationsgebiet berechnet, der gröfsere internationale Verkehr ward durch Gold- und Elektronmünzen vermittelt, und wenn auch für die letztern beiden Sorten in den einzelnen Orten ein bestimmtes Werthverhältnifs zu dem gleichzeitig geprägten Silber festgesetzt war und z. B. der phokaische Goldstater ursprünglich auf 60 phokaische Silberdrachmen (zu 3.79 Gr.), wie der klazomenische Elektronstater auf 20 dortige Silberdrachmen (zu 7 Gr.) tarifirt war[3]), so konnte diesen Werthgleichungen doch nur eine mehr oder weniger lokale Bedeutung zukommen.

Eine gröfsere Gleichmäfsigkeit herrschte unter den verschiedenen kleinasiatischen Gold- und Elektronmünzen. Besonders die letztern, für die sich wenigstens 11 verschiedene Prägstätten nachweisen lassen, zeigen unter einander eine verhältnifsmäfsig geringe Gewichtsdifferenz. Sieht man von verautzten Exemplaren ab, so schwankt das Gewicht des Staters nur zwischen 14.246 und 13.85 Gr., das Drittel zwischen 4.74 und 4.66 Gr. Dagegen war es bei diesem Gelde die Eigenthümlichkeit des Metalls selbst, welche eine Werthdifferenz der einzelnen Exemplare, auch wenn ihr Gewicht wohl justirt war, veranlafste, indem es bei der Anwendung von Mischmetall äufserst schwierig ist, den einzelnen Münzen die gleiche Karatirung zu verleihen. Wir haben oben[4]) gesehen, dafs man zu Herodots Zeit dem lydischen Weifsgeld einen Gehalt von etwa 70 Procent Gold und 30 Procent Silber beilegte und dafs Kroesos als Aequivalent des früher in Sardes geprägten Elektronstaters ein Goldstück schuf, dessen Gewicht um etwa 25 Procent geringer war, als jene Münze. In der That wird aber der Goldgehalt in den einzelnen Exemplaren bald etwas gröfser, bald etwas kleiner gewesen sein, wie dies auch der Anschein der Münzen bestätigt, die zwar im Allgemeinen sehr blafs sind, sich aber doch wieder unter einander durch eine sehr wahrnehmbare Farbenverschiedenheit unterscheiden. Um diesen Voraussetzungen und Vermuthungen gegenüber auch einen thatsächlichen

---

[1]) Siehe S. 134.

[2]) Vgl. S. 136.

[3]) Vgl. S. 170. 175. 180.

[4]) S. 167.

Anhalt zu gewinnen, habe ich ein milesisches Zwölftel mit dem Löwenkopf, darüber Stern, von 1.15 Gr. Gewicht und sehr blasser silberweisser Farbe einschmelzen und analysiren lassen, woraus sich als Resultat die folgenden Mischungsverhältnisse ergeben haben:

Gold	53.6
Silber	43.8
Kupfer	2.6
	100.0

Die Thatsache, dafs der Kupferzusatz dieser Münze sehr gering ist, erscheint um so bemerkenswerther, da derselbe, wie wir sehen werden, bei den späteren, nach phokaischem Fusse normirten und zweiseitig geprägten Sechsteln bis 11.6 Procent beträgt, und wird wohl als Bestätigung der Annahme betrachtet werden dürfen, dafs diese Geldsorte in der That aus dem natürlichen in Lydien gewonnenen Weifsgold geschlagen worden ist, welches ebenso wie das sibirische und siebenbürgische Gold fast keine anderen Bestandtheile als Gold und Silber enthielt, während bei der Prägung der Goldmünzen phokaischen Fufses in der ältesten Zeit möglichst reines, später künstlich legirtes Metall verwandt wurde, dem man durch einen starken Kupferzusatz die rothe Farbe des Goldes zu verleihen suchte. Daher kommt es, dafs solche Münzen in der Regel bedeutend dunkleres Aussehn haben, als jenes Elektrongeld, obgleich alle bisher analysirten Exemplare einen geringeren Goldgehalt zeigen. Wiewohl nun dieser bei dem milesischen Zwölftel das von Herodot vorausgesetzte Verhältnifs bei weitem nicht erreicht, so wird man bei Bestimmung der ursprünglichen Würderung dieser Sorte gegen das gleichzeitig geprägte Silber und Gold doch die letztere Proportion als mafsgebend betrachten dürfen, da sie der damaligen Schätzung entspricht, sowenig diese auch in jedem einzelnen Stück mit der Wirklichkeit übereinstimmt.

Den besten Beweis dafür, wie wenig sich die Prägung dieses Elektrongeldes bewährte, vermuthlich weil der ihm legal verliehene Curs im Verkehr nicht aufrecht zu erhalten war, gewährt die Thatsache, dafs man dieselbe sehr früh und jedenfalls schon vor Dareios aufgegeben hat. Die häufig auf diesen Münzen vorkommenden Nachstempel, in denen man Dreibein und Apollokopf zu erkennen glaubt[1]), deuten freilich darauf hin, dafs sie später zu irgend einer Zeit wieder in Umlauf gesetzt und

[1]) Vgl. Burgon im Katalog der Thomasschen Sammlung S. 301 No. 2153. 2154.

als gesetzliches Zahlungmittel anerkannt worden sind; wann und wo dies geschah, läfst sich aber nicht mehr bestimmen.

Auch das Gold phokaischen Fufses circulirte in Exemplaren von so verschiedenem Schrot und Korn, dafs auch dieses den gröfsten Preisschwankungen unterworfen sein mufste. Neben dem ältesten in Phokaea, Teos und anderwärts möglichst rein und vollwichtig ausgeprägten Stater von 16.57 Gr. Maximalgewicht, gab es gewifs schon grofse Massen des namentlich in Kyzikos, Kalchedon, Lampsakos, Methymna, Klazomenae, Teos, Chios, Samos und anderwärts mit dem Beizeichen des Thunfisches geschlagenen Goldes, von dem der Stater in der Regel nicht höher als bis 16.10 Gr., das entsprechende Sechstel häufiger unter als über 2.68 Gr. ausgebracht und welches ohne Zweifel schon stark mit Silber und Kupfer versetzt wurde. Eine Analyse solcher Stücke aus dieser älteren Zeit liegt zwar nicht vor, indefs unterscheidet sich deren Farbe von der der späteren nach Dareios und zweiseitig geprägten Sechstel, über deren Feingehalt kein Zweifel mehr obwaltet, sehr wenig, während die Differenz in dieser Beziehung zwischen diesen beiden Sorten und dem ältesten phokaischen und teischen Stater von 16.57 und 16.50 Gr. sehr wesentlich ist. Die letzteren scheinen nicht weniger fein zu sein, als das kröisische und persische Gold.

II. Das asiatische Münzwesen von Dareios bis auf Alexander den Grofsen.

1. Die Gold- und Silberprägung.

Bei einer so grofsen Münzverwirrung, wie sie nach der vorstehenden Darstellung in den griechischen Städten Kleinasiens bis auf Dareios bestand, liefs sich eine Münzeinheit nur durch Einführung einer allgemeinen als gesetzlichen Zahlungmittels anerkannten Landesmünze erzwingen, welche die erwähnten Unvollkommenheiten nicht besafs, sondern bei deren Prägung in Bezug auf Schrot und Korn die richtigen, in der ältesten Zeit mafsgebenden Principien wieder befolgt wurden, und der gegenüber das übrige umlaufende Geld entweder in ein festes Tarifverhältnifs gesetzt, oder zur Waare und im besten Falle zur blofsen Scheidemünze herabgedrückt wurde. Diesen Zweck haben sowohl Krösos wie Dareios zu erreichen gestrebt, jener, wie es scheint, durch das erstere, dieser durch das letztere Verfahren. Beide sind auf das Princip der eigentlichen Werthprägung durch Herstellung möglichst feiner Gold- und Silbermünzen zurückgegangen. Es ist aber schon darauf hingewiesen worden, wie sich die kröisische Münzordnung dabei so eng wie möglich an die Norm der im lydischen Reiche umlaufenden Münzsorten gehalten hat, indem sie den Goldstater ziemlich genau auf die Hälfte des Effectivgewichts der ältesten phokaischen Goldeinheit, den correlaten Silberstater auf etwa 1½ der damals am häufigsten vorkommenden Silberdrachme normirte und zugleich neben dem Hauptgoldstück und seinen Theilen eine zweite Reihe von Goldnominalen schuf, die wahrscheinlich den kleinasiatischen Elektronmünzen im Curse gleichstehen sollten[1]). Beides deutet mit Bestimmtheit auf eine feste Tarifirung der verschiedenen im lydischen Reiche circulirenden städtischen Münzsorten zu der neuen Reichsmünze hin, wobei der letzteren vermuthlich ein kleiner Vorzug eingeräumt war.

Dareios schlofs sich im Allgemeinen eng an die kröisische Münzordnung an. Dem kröisischen Goldstater wurde das Hauptgoldstück des persischen Reiches nachgebildet, und in Silber ein der kröisischen Silberdrachme entsprechendes Stück und zwar als einziges Nominal geprägt; sowie denn auch in Gold ursprünglich nur der Stater ausgebracht, alle Theilmünzen dagegen unterdrückt und der Doppelstater erst später hinzugefügt wurde. Indefs hatte Dareios bei der genauern Festsetzung des Gewichts keine Veranlassung auf die in den griechischen Städten Kleinasiens circulirenden Geldsorten Rücksicht zu nehmen, vielmehr wurde dabei auf die früher im babylonischen Reiche bestehende und in Persien recipirte Norm zurückgegangen und danach der Stater als das Sechzigstel der Mine auf 8.40 Gr., der Silbersiglos als das Neunzigstel derselben Einheit auf 5.60 Gr. bestimmt. Dafs der Wahl dieser beiden Gewichtsnominale für Silber und Gold der uralte asiatische Werthtarif der beiden Metalle zu Grunde lag und nach diesem das persische Goldstück die legale Geltung von 20 Silbersiglen erhielt, ebenso wie früher die entsprechende kröisische Münze auf 10 Silberstater, der älteste doppelt so schwere phokaische Goldstater auf 60 Silberdrachmen, deren Gewicht genau ⅔ vom Gewicht des persischen Silbersiglos betrug, tarifirt war, braucht hier nicht noch einmal erörtert zu werden[2]).

Für den Grofshandel war ein Nominal in Gold im Werthe von etwa 7 Thlr. vollkommen genügend, im Kleinhandel konnte man dagegen mit einem einzigen Nominale in Silber im Werthe von etwa 5 Sgr. heutigen Geldes nicht ausreichen. Zur bequemen Erledigung der Geschäfte bedarf es viel kleinerer und mannigfaltigerer Werthäquivalente.

---

[1]) Siehe oben S. 169.

[2]) Vgl. oben S. 162 ff.

Es konnte also nicht die Absicht sein, durch dieses Reichsgeld das umlaufende Silbercourant zu ersetzen. Im Gegentheil mufste dasselbe bestehen bleiben, die städtische Prägung in Kleinasien fortgesetzt werden, wenn nicht ein Stillstand im Verkehrsleben eintreten sollte. Auch lag es nicht im Charakter der orientalischen Monarchien den unterworfenen Städten und Staaten ihre Selbständigkeit gänzlich zu entziehen. Selbst in dem straffer organisirten persischen Reiche erlitt deren innere Verfassung und Verwaltung eine wesentliche Aenderung nicht. Die von Königen beherrschten kyprischen und phönikischen und die von Tyrannen regierten griechischen Städte behielten ihre Dynasten, ebenso wie Kilikien seine angestammten Fürsten und Lykien seine alte Bundesverfassung. Selbst als es nach dem ionischen Aufstand geboten schien, die verschiedenen Tyrannen in den griechischen Küstenstädten Kleinasiens zu beseitigen, wurden keine persischen Beamten an die Stelle gesetzt, sondern in den einzelnen Orten die selbständige Einrichtung freier Verfassungen veranlafst[1]). Daher behielten die einzelnen Städte mit ihrer municipalen Selbständigkeit auch ihr Münzrecht bei. Nur die Goldprägung ward dem Grofskönig vorbehalten[2]). Allein, dafs an irgend einem Orte die Silberprägung unterdrückt worden wäre, davon findet sich keine Spur. In Sardes hat freilich nach Kroesos die Thätigkeit der Münze aufgehört. Allein dort war dieselbe nicht städtisch, sondern königlich gewesen und überdies die Stadt Residenz des Statthalters der zweiten Satrapie geworden und hatte als solche wahrscheinlich jede Bedeutung und municipale Selbständigkeit verloren. Dagegen beweisen es die in grofsen Massen vorhandenen Münzen, dafs anderswo überall die Silberprägung unter persischer Herrschaft lebhaft fortbetrieben oder auch neu eingerichtet wurde. Auch ward Aryandes, der Satrap von Aegypten, wie Herodot erzählt[3]), von Dareios mit dem Tode bestraft, nicht weil er Silbergeld schlug, sondern weil er dasselbe feiner ausbrachte als der Grofskönig selbst, worin dieser einen hinreichenden Beweis für die Empörungsgelüste des Statthalters jener wichtigen Provinz zu finden glaubte. Daher ward denn auch dies aryandische Geld nicht verrufen oder eingeschmolzen, sondern circulirte noch zu Herodots Zeit. Allein eine gesetzliche Anerkennung genofs das Provinzialsilber nicht, in den Staatskassen wurde nur grofsköngliches Geld angenommen, alles übrige als

[1]) Herod. 6, 43.

[2]) Hierauf hat zuerst Mommsen R. M. S. 12 hingewiesen.

[3]) Herod. 4, 166.

Barrenmetall behandelt und nach dem Gewicht berechnet. Dies deutet schon Herodots Bericht über die Tributumlage des Dareios an. Danach ward das von 19 Satrapien eingezahlte Silber ebenso wie das indische Gold nach dem Reichsgewicht abgewogen, darauf eingeschmolzen und in Barren von bestimmter Form solange im Schatze aufbewahrt, bis es zur Münzprägung verwandt wurde [1].

Daher kam auch für die abhängigen Städte und Gebiete in ihren Beziehungen zum Grofskönig wenig darauf an, nach welchem Fufs sie prägten und die meisten derselben blieben den einmal gültig gewordenen Formen getreu, wie denn selbst Satrapen häufig nicht nach dem Reichsfufs, sondern nach fremdem Gewicht gemünzt haben. Wenn dennoch das Münzwesen vieler Städte seit Dareios nach dem persischen Reichsfufs eingerichtet wurde, so lag dies in den Verkehrsverhältnissen, indem es allerdings für solche Gegenden und Städte, die in engern Handels- oder sonstigen Beziehungen zu Persien standen, seine Vortheile haben mufste, solches Geld zu prägen, welches sich im Verkehr mit dem Reichsgeld mischen konnte, während alles übrige Courant dagegen vermuthlich nur mit Verlust einzuwechseln war.

So ist es gewifs nicht zufällig, dafs in Pisidien, Pamphylien und Kilikien, wo die mesopotamischen Eroberer schon früh Fufs gefafst hatten, und wo auch nach Befreiung der kleinasiatischen Hellenenstädte die persische Oberhoheit unangetastet blieb, die Prägung, die dort aufser in Kelenderis erst nach Dareios begann, durchweg nach babylonisch-persischer Währung geordnet wurde. Dasselbe gilt von der Insel Kypros, wo um dieselbe Zeit der äginäische Fufs mit dem persischen vertauscht ward, sowie von der Stadt Arados, während die übrigen phönikischen Städte sich eine selbständigere Stellung durch Annahme des auch in Kleinasien gültigen Funfzehnstaterfufses bewahrten. Auch an der kleinasiatischen Nordküste, wo Sinope und Amisos erst in dieser Periode, Herakleia erst jetzt massenhafter Silber zu schlagen anfing, wiederholen sich dieselben Verhältnisse, so dafs man sieht, wie Städte, die östlich von den kyaneischen Felsen und vom chelidonischen Vorgebirge lagen und im kimonischen Frieden dem Perserkönig unterworfen blieben [2], auch in Bezug auf ihr Geldwesen sich in dem engsten Zusammenhang mit Persien befanden. Dabei waltete nur der Unterschied ob, dafs an der kleinasiatischen Süd-

---

[1] Herod. 3, 89. 96.

[2] Grote history of Greece V, 451 f.

küste, wo das babylonische Gewicht wahrscheinlich schon seit der assyrischen Eroberung im Barrenverkehr eingebürgert war, der babylonische Silberstater, also ein Stück doppelt so schwer wie der persische Siglos Courantmünze ward, neben der nur ausnahmsweise die Hälfte, meist das Drittel der früher gebräuchlichen Stückelung gemäfs als Theilstück auftrat, während in Sinope und Amisos, wo keine solche Vorgänge waren, die persische Drachme nachgeprägt und wie im Reichsfufs zur Einheit ward, der man alsdann als Kleinmünzen das Zweidrittel, die Hälfte und das Drittel beifügte. Die oben [1]) bereits berührte Thatsache, dafs hier das Gewicht ein wenig über den Normalstand erhöht worden ist, beweist ebenfalls, dafs ein Zwang, nach dem Reichsfufs zu prägen, nicht geübt, mithin eine gesetzliche Anerkennung den danach normirten Sorten nicht gewährt wurde. Vielmehr sah man sich wohl durch die abgelegene und isolirte Lage genöthigt, das Courant etwas schwerer auszubringen, um ihm im Verkehr den gleichen Curs mit dem Reichsgelde zu sichern. Solche Gründe lagen an der Küste des ägäischen Meeres nicht vor und hier finden wir auch im Allgemeinen den Stater im Verhältnifs eher unter als über dem Reichsgelde normirt.

Während also von Herakleia bis Sinope und von Phaselis bis Arados der persisch-babylonische Fufs nach Dareios unbedingt herrschend wurde, fand er an der kleinasiatischen West- und Nordwestküste zwar auch an vielen Orten, aber doch nur ausnahmsweise Aufnahme. Es ist sehr lehrreich im Einzelnen zu verfolgen, wo dies geschah und wo nicht. In Chios und Samos, wo nach der Schlacht von Mykale fast bis zum Untergang des Reiches persische Besatzungen nicht mehr geduldet worden sind, begegnen wir keiner Spur dieses Systems, auf der Insel Rhodos vor dem Synoikismos nur in Jalysos dem Stater, nachher ganz vereinzelten, dem persischen Siglos nachgeprägten Exemplaren. Dasselbe gilt von den Inseln Tenedos, Kos und den gröfseren Küstenstädten, von Klazomenae, Teos und Knidos, wo nach diesem Münzfufs gar nicht, sowie von Ephesos, Magnesia, Kyzikos und Abydos, wo nur gelegentlich und neben dem Courant kleinasiatisch-phönikischer Währung die persische Drachme geschlagen worden ist; ferner von Lesbos, wo nur Mytilene das System sich angeeignet, Methymna nur ausnahmsweise danach gemünzt hat. Dagegen finden wir dasselbe allerdings in einer Menge von kleineren Orten, wo entweder wie in Kios, Ophrynion,

[1]) S. 67.

Sigeion und Aegae nur bis zur halben Drachme oder wie in Assos, Jasos, Termera und später in Priene bis zur Drachme aufwärts gemünzt worden ist. Dem Stater begegnen wir nur in Milet, Antandros, Mytilene, Methymna, Jalysos, Halikarnassos und Astyra, und von bedeutenderen Städten haben sich außer Milet nur Erythrae, Kolophon und Lampsakos, unter denen die letzteren drei ebenso wie Sinope und Amisos nur die Drachme und ihre Theile geschlagen haben, dem System angeschlossen. Hier und da läßt sich auch noch die besondere Veranlassung errathen, unter der nach persischem Gewicht Silber geprägt wurde. So tragen die dieser Währung folgenden Münzen von Termera den Namen des Tymnes, welcher, wie mit einiger Wahrscheinlichkeit vermuthet wird, der Sohn des Histiaeos war dessen Vater denselben Namen führte wie der Enkel, und wohl von ihm die Tyrannis ererbte[1]), die ihn, wie vorauszusetzen ist, zu einem engeren Anschluß an Persien veranlaßte. Daß ferner Lampsakos und Magnesia noch nach der Schlacht von Mykale durchaus unter persischer Herrschaft standen, beweist die Ueberlieferung, daß dem Themistokles deren Einkünfte nebst denen von Myus zugewiesen wurden, und daß er in Magnesia residirte. Später, als Lampsakos frei geworden war, hat die Stadt nach dem Reichsfuße auch Gold gemünzt.

Bei den meisten dieser Orte erklärt sich die Annahme des persischen Gewichts um so leichter, da sie, wie die Technik ihrer Münzen beweist, überhaupt erst nach Dareios Silber zu prägen anfingen. Dies gilt von Kios, Antandros, Assos, Ophrynion, Sigeion, Aegae, Mytilene, Kolophon, Jasos, Termera, Kalymna, Halikarnaß, Jalysos und Astyra. Nur Milet hat wahrscheinlich ebenso wie Phaselis bereits vor Dareios, durch die krösische Prägung veranlaßt, den babylonischen Stater gemünzt[2]). Lampsakos und Erythrae sind die einzigen Orte, wo früher die kleinasiatische Drachme geherrscht hatte und nun die persische ganz an ihre Stelle trat, während diese in Kyzikos, Abydos, Ephesos, Magnesia und Rhodos nur daneben geduldet und meist mit besonderem Gepräge ausgebracht wurde. Dagegen wurden in Kalchedon und Byzanz, wo ebenfalls jener Münzfuß als der frühere und ursprünglichere anzusehen ist, nach Dareios aber auch die persische Drachme Eingang fand, beide Systeme mit einander verbunden, nur daß hier das Tetradrachmon von höchstens 15 Gr. und die entsprechende Drachme von etwa 3.60 Gr. seltener, am häufigsten das dem persischen Siglos gleichwichtige Neunobolenstück von

[1]) Vgl. Waddington Mélanges 9 ff.

[2]) Siehe S. 140. 199. 215.

5.60 Gr. und zwar mit dem gleichen Gepräge wie das übrige Geld geschlagen wurde. Da sich nämlich der Absicht nach und ursprünglich das Tetradrachmon zum babylonischen Stater wie 4 : 3 verhielt, so konnten diese beiden Geldsorten sehr leicht gegeneinander in Verhältnifs gesetzt werden und sich die betreffenden Theilstücke, insbesondere das Zweidrittel der persischen Drachme mit der kleinasiatischen Drachme mischen; natürlich wurden aber, je nachdem man von dem einen oder anderen System ausging, die verschiedenen Nominale verschieden benannt und jedesmal nur diejenigen geprägt, die zur betreffenden Einheit in einem einfachen Theilverhältnifs standen, wie dies der Münzbestand der hier in Frage kommenden Städte zeigt und die folgende Uebersicht darstellt:

14.92	11.20	5.60	3.73	2.80	2.48	1.86	0.93	0.62
Kleinasiatisches System.								
Tetradr.	3 Dr.	9 Ob.	1 Dr.	4½ Ob.	4 Ob.	3 Ob.	(1½ Ob.)	1 Ob.
Persisches System.								
16 Ob.	2 Dr.	1 Dr.	4 Ob.	3 Ob.	(2⅔ Ob.)	2 Ob.	1 Ob.	(⅔ Ob.)

Die Einführung des babylonischen Silberstaters und seiner Hälfte in so manchen hellenischen Städten des kleinasiatischen Festlandes konnte natürlich nicht ohne Einflufs auf weiterliegende Gebiete bleiben, zu denen dieselben in Handelsbeziehung standen. So erklärt es sich, dafs die beiden bedeutendsten und eben von Kleinasien aus colonisirten Städte der thrakischen Küste Abdera und Maroneia etwa um das Ende des 5. oder den Anfang des 4. Jahrhunderts v. Chr. die kleinasiatische Währung mit der persischen vertauschten und Stater, ganze, halbe und sechstel Drachmen prägten. Etwa gleichzeitig trat dieselbe Veränderung auch in der makedonischen Königsprägung ein, indem Archelaos (413—399 v. Chr.) den wie es scheint von ihm selbst noch angewandten kleinasiatisch-phönikischen Fuſs verlieſs und den persischen annahm, den auch seine Nachfolger bis auf Philipp II. beibehalten haben. Man sieht, das persische Gewicht hat sich in diesen Gegenden erst eingebürgert, als die persische Herrschaft dort schon längst aufgehört hatte. Es ist also auch hier der Handel und nicht der gesetzliche Zwang gewesen, der diese Erscheinung hervorgerufen hat.

Wie mächtig die Verkehrsinteressen in dieser Beziehung wirken, erkennt man auch daran, dafs noch vor Untergang des persischen Reichs durch das Aufblühen des rhodischen Handelsstaates eine Reaction zu Gunsten des dort eingeführten kleinasiatischen Fünfzehnstaterfufses Statt fand, indem nicht nur ganze Gebiete wie Karien und die karischen Inseln, sowie die karischen und kyprischen Könige Hekatomnos und Euagoras den Münzfuſs einfach recipirten, sondern auch die bedeutendsten kleinasiatischen Städte wie Kyzikos, Ephesos, Chios und Samos, die zwar wesentlich demselben System folgten, aber den Stater und die Drachme bald etwas höher, bald etwas tiefer ausbrachten, ihr Münzwesen danach modificirten. Auch Thasos ist diesem Beispiele mit Aufgebung der dort früher herrschenden äginäischen Währung gefolgt, und wenn wir sehen, wie um die Mitte des 4. Jahrhunderts auch Akanthos das attische Tetradrachmon gegen den kleinasiatischen Silberstater vertauscht und nicht nur der chalkidische Bund, sondern auch Philipp II. denselben Fuſs annimmt, so erkennt man, daſs auch diese Thatsache mit der Verbreitung des rhodischen Geldes und Handels zusammenhängt.

Was das Gewicht der nach persischem Fuſse geschlagenen Drachme betrifft, so bemerkt man, wie bereits angedeutet wurde[1]), daſs dieselbe an der West- und Nordwestküste Kleinasiens in der Regel ebenso wie der babylonische Stater von Phaselis bis Arados und auf der Insel Kypros unter dem Normalstand bleibt und auf höchstens 5.48 Gr. steht. Gegen Ende der persischen Herrschaft sank das Gewicht selbst an solchen Orten, wo es früher sehr hoch gestanden hatte, noch mehr. Das zeigt sich am deutlichsten in Herakleia am Pontos, wo bis zum Beginn der unter gemeinschaftlicher Herrschaft der beiden Brüder Timotheos und Dionysios (seit 352 v. Chr.) eingerichteten Königsprägung der Stater bis 11.70 Gr. ausgemünzt wurde, dann aber bis 9.45 Gr. fiel, indem auch die gleichzeitigen Königsmünzen zu demselben Gewicht, der Stater zu höchstens 9.60 Gr., die Drachme zu 4.79 Gr., geschlagen wurden. Dieselbe Norm führte Amastris, die ihrem Gemahl Dionysios in der Herrschaft über Herakleia um das Jahr 306 v. Chr. folgte, in der nach ihr benannten Stadt, die durch Vereinigung der Orte Tios, Kromna, Kytoros und Sesamos gebildet worden war, ein. Auch in zwei ionischen Städten, in Erythrae und in Priene, begegnen wir in dieser Periode einer Drachme von höchstens 4.70 Gr. Doch gehört das Geld von Erythrae noch in die Zeit vor Alexander dem Groſsen, das von Priene ist dagegen, ebenso wie das von Amastris, wahrscheinlich später.

Diese leichte Drachme steht im Verhältniſs zu dem babylonischen Stater, wie er in Lykien schon ziemlich früh geprägt worden ist, ohne aber daſs hier irgend ein Zusammenhang Statt fände, indem der lykische

---

[1]) Seite 221.

Bund vielmehr bei dieser Normirung eine bequemere Ausgleichung mit dem Reichsgolde bezweckte, als sie sein übriges Courant darbot[1]). Auch das Reichsgeld ist unter den späteren persischen Königen sehr merklich niedriger ausgeprägt worden, wie dies vom Golde bereits früher nachgewiesen, vom Silber angedeutet worden ist[2]). Die beiden ältesten Reihen persischer Silberdrachmen, deren eine den knienden König mit Bogen in der Linken und Stab in der Rechten, die andere bald mit Schwerdt, bald mit Pfeil in der Rechten darstellt, sind meist vollwichtig ausgeprägt, obgleich auch hier möglicher Weise eine Stufenleiter sich nachweisen lassen würde, wenn man die unter den einzelnen Regierungen gemünzten Stücke von einander unterscheiden könnte; dagegen erreichen von den beiden anderen Reihen, die in allen Exemplaren eine viel modernere Fabrik verrathen und unter den letzten Grofskönigen gemünzt worden sein müssen, keine das Normalgewicht. Die eine, welche den knienden König, im Begriff, den Pfeil abzuschiefsen, darstellt, wiegt bis 5.54 Gr., die andere, auf welcher nur der Oberkörper des Monarchen mit Bogen und Schwerdt erscheint, bis 5.47 Gr.

Als Dareios die Münzprägung im persischen Reiche einführte, war in Kleinasien in der ersten, zweiten und in einem Theil der dritten Satrapie, sowie auf der Insel Kypros die Geldwirthschaft bereits vollständig entwickelt, und wo dies noch nicht der Fall war, wie in Kilikien oder der vierten Satrapie, sowie in den griechischen Städten der Nordküste, da entfaltete sie sich sehr bald nach Dareios. Auch die phönikischen Städte, unter denen man Arados und Byblos namhaft machen kann, erkannten die Vorzüge des Geldes und begannen Silber zu prägen. Dagegen waren die fünfzehn übrigen Satrapien lediglich auf das vom Grofskönig nicht etwa regelmäfsig, sondern nur gelegentlich gemünzte Geld beschränkt. Wo die Naturalwirthschaft herrschend blieb, wie dies wohl von den in Hochasien gelegenen Provinzen vorauszusetzen ist, war dies gleichgültig; dagegen mufste in den grofsen Handelsstädten in Syrien und Mesopotamien ebensowohl wie in Aegypten, nachdem dort der Geldverkehr einmal begonnen hatte, sich sehr bald das Bedürfnifs nach mehr Scheidegeld, welches durch das nur in einem Nominal und in unzureichender Menge in Curs gesetzte Reichssilber nicht befriedigt wurde, in hohem Grade fühlbar machen.

---

1) Vgl. oben S. 151.

2) Vgl. oben S. 65.

Dies mag den Grofskönig veranlafst haben, neben seinem mit dem bekannten Bilde bezeichneten Reichsgelde in einigen syrischen Städten für die Circulation in den genannten Ländern, besonderes Provinzialgeld nach dem dort landesüblichen Fufse und mit besonderen grofsköniglichen Wappen prägen zu lassen. Es sind dies die häufiger erwähnten grofsen Silberstücke, welche auf der Schauseite den König und Wagenlenker auf einem mit 4—6 Pferden bespannten Wagen, entweder auf der Löwenjagd begriffen und schnell dahineilend, oder in feierlichem Aufzuge und von einem zu Fufs nachfolgenden Stabträger begleitet, im Felde meist aramäische Schrift, auf der Rückseite entweder eine mit fünf Thürmen befestigte Stadt über Galere und unter der letzteren zwei Löwen, oder nur eine Galere mit Ruderern und darüber meist aramäische Zahlzeichen darstellen. Von diesen Münzen, die 28.30—25.65 Gr. wiegen, kann man nach Modificationen des Gewichts, des Gepräges und der verschiedenen Aufschriften wenigstens sechs verschiedene Reihen unterscheiden. Dieselben sind gewifs ebenso wenig an einem und demselben Orte wie unter einer und derselben Regierung geprägt worden. Die Reihe, deren Rückseite die mit Thürmen befestigte Stadt charakterisirt und höchstens 28.07 Gr. wiegt, gehört, wie die Technik beweist, nicht nur einer älteren Periode, sondern auch einer anderen Fabrik an, als die verschiedenen Sorten, welche auf der Rückseite eine mit Ruderern besetzte Galere darstellen. Die letzteren mögen zwar alle an demselben Orte gemünzt sein, müssen aber wiederum sehr verschiedenen Zeiten angehören. Die älteste Reihe dieser Klasse, die übrigens noch immer jünger ist als die erst erwähnte Sorte, zeigt über der Galere gewöhnlich ein aramäisches Beth und wiegt bis 28.30 Gr. Von den übrigen ist mir bis jetzt nur ein Exemplar vorgekommen, welches das Gewicht von 26 Gr. erreicht. Unter diesen letzteren kann man wiederum zwei Gruppen sehr bestimmt von einander sondern. Auf der Schauseite der einen findet man dasselbe Wort wieder, welches auf ziemlich späten, zum Theil nach Alexander dem Grofsen geprägten tarsischen Stadt- und Satrapenmünzen erscheint, und das wohl ebenso sicher מזדי gelesen wird, wie seine Deutung zweifelhaft ist[1]), auf der Rückseite ein aramäisches Beth, auf das verschiedene Zahlzeichen — 1, 2, 20 und 21 — folgen. Von der zweiten Gruppe läfst sich nach den drei verschiedenen Buchstabenzeichen ירע, עע und עב, die im Felde über dem königlichen Gespann eingeprägt sind und mit

[1]) Vgl. Blau Phön. Münzk. II, S. 13 Anm. 1. Waddington Mélanges S. 71.

denen die Zahlzeichen des Reverses insofern zu correspondiren scheinen, als die Zählung mit jeder neuen Aufschrift wieder mit eins beginnt und soweit die Kenntnifs der vorhandenen Münzen reicht, zweimal bis 13 und einmal bis 3 fortschreitet, wiederum 3 verschiedene Reihen unterscheiden, die wahrscheinlich ebensoviel verschiedenen Regierungen entsprechen, so dafs sich diese Münzen, abgesehen von den beiden ältesten Reihen, die vermuthlich unter Dareios und Xerxes geschlagen worden sind, auf mindestens 4 verschiedene Grofskönige vertheilen würden, von denen einer wenigstens 41, zwei wenigstens 13 und einer mindestens 3 Jahre geherrscht haben müfste, eine Annahme, die auch die Dauer der Regierungen Artaxerxes' I. von 21, Dareios' II. von 19, Artaxerxes' II. und III. von 46 und 21 Jahren vollkommen gestattet[1]). Die auffallende Gewichtsabknappung von 28.30 Gr. bis auf maximal 26.00 Gr. würde hiernach in die Regierung Artaxerxes' I. fallen, unter dem überhaupt der Verfall des Reiches begann, der von da ab immer weiter fortschreitet und unter Artaxerxes Mnemon schon soweit gediehen war, dafs

---

[1]) Nun wird diese Classification wohl der von Charles Lénormant zuerst im Trésor de Numismatique, Num. des rois Grecs angebahnten und von François Lénormant in dem Katalog der Sammlung Behr S. 149 f. befolgten Vertheilung vorziehn. Die letztere sucht die einzelnen Reihen sowohl der hier in Frage kommenden persischen Grofssilberstücke, wie der Dareiken und Siglen nach den verschiedenen Porträts der dargestellten Könige zu unterscheiden, wobei für Dareios die Abbildung des Königs auf dem Felsen von Behistun und auf dem unten noch zu erwähnenden Siegel des Monarchen, für Xerxes die bekannte Xerxesvase des Vatican und ein in Kertsch gefundener Cylinder, für Artaxerxes II. eine Münze des Pharnabazos, auf der nach Lénormant's Annahme das Porträt des Grofskönigs abgebildet ist (Luynes N. d. Satr. taf. 1, 5), der Vergleichung zu Grunde gelegt wird. Die Berechtigung so zu verfahren kann nicht in Abrede gestellt werden, da der persische Stempelschneider ohne Zweifel, soweit dies bei der ihm aufgegebenen typischen Darstellungsart möglich war, ebensowohl eine Porträtähnlichkeit in dem Bilde des Grofskönigs anstrebte, wie der Bildhauer, welcher den Sanherib in seinem Palast in Niniveh darstellte und den Namen des Königs darüber schrieb (vgl. Layard Mon. of Nin. sec. ser. pl. 23) oder der Künstler, welcher den Dareios auf dem Felsen von Behistun nebst seinen Bogen- und Köcherträgern Gobryes und Aspathines, sowie die 10 von ihm besiegten Empörer abgebildet hat. Vgl. Rawlinson Inscr. of Behistun Journ. of the R. As. Soc. vol. X die dazugehörigen Inschriften in persischer Sprache ebenda S. XXIV f.; in babylonischer Uebersetzung a. a. O. XIV, 1 detached inscriptions at Behistun, und in der Sprache der 2. Keilschriftgattung in Norris Memoir on the Scyth. Vers. ebenda vol. XV, S. 134. Allein bei der kleinen Dimension, welche der Kopf des Königs auf den Münzen einnimmt, und der meist wenig scharfen Prägung halte ich es für unmöglich auf diesem Wege zu befriedigenden Resultaten zu gelangen.

sogar die öffentlichen Urkunden nicht mehr correct hergestellt worden[1]). Zu diesen Grofssilberstücken sind nun als Theilstücke Viertel und Sechszehntel, seltener Achtel, Zweiunddreifsigstel und Vierundsechzigstel mit denselben Typen auf der Rückseite, aber meist mit verschiedenen grofskönigliches Wappen auf der Schauseite, die bald den König als Löwentödter, bald als Bogenschützen darstellen, geprägt worden, um hier besondere, auf einzelnen Exemplaren vorkommende Modificationen zu übergehen. Auch die erwähnten Buchstaben- und Zahlzeichen findet man auf diesem zum Theil Kleingeld wieder.

Die älteste hellenische Prägung ist eine städtische, die ältesten Münztypen sind Städtewappen gewesen, die wenigstens in Kleinasien meist aus Thiersymbolen bestanden. Auch Krösos ist dieser Tradition noch gefolgt und hat auf sein Geld noch kein besonderes königliches, sondern das Stadtsiegel von Sardes einprägen lassen. Erst Dareios hat ein königliches Wappen auf seine Münzen gesetzt. Der Gebrauch des Petschafts war im Orient uralt und viel allgemeiner verbreitet als im Abendland. In den Sammlungen assyrischer und babylonischer Alterthümer ist nichts häufiger als das cylinder- oder kreisförmige Siegel und in dem Archiv des Sohnes des Assarhaddon, welches zu Ninive ausgegraben worden ist, fanden sich grofse Massen beschriebener Thontafeln, die sämmtlich untersiegelt sind. Jeder Babylonier trug, wie Herodot berichtet[2]), seinen Siegelring, jede Urkunde wurde durch Aufdrücken des Siegels vollzogen[3]). Da die Schrift, deren man sich in Babylon und Ninive bediente so complicirt war, dafs nur der Schriftgelehrte schreiben konnte, so ergab sich dies von selbst: Ratification eines Actes durch Namensunterschrift war unmöglich. Wer ausnahmsweise kein Wappen besafs, siegelte mit dem Nagel seines Daumens[4]), wie heute der Schriftunkundige mit einem Kreuze unterzeichnet. Gewöhnlich bestand das Wappen des Privatmannes aus einfachen Symbolen wie Hund, Aehre, Mondsichel, Schwerdt, Skorpion, Rad, Kuh ihr Kalb säugend, Einhornkopf u. dgl.[5]),

[1]) Vgl. Oppert Expédition scientifique en Mésopotamie II, 196.

[2]) I, 195 vgl. Strabo XVI, 746.

[3]) Layard Babylon and Nineveh S. 608 Rawlinson bilingual inscriptions. Im Journal of the R. As. Soc. new series I, 1, 188 f.

[4]) Rawlinson a. a. O. S. 189.

[5]) Layard The Monuments of Nineveh 2 s. pl. 69. Layard Babyl. and Nin. Deutsche Uebersetz. taf. XIX, c. d, wo antike Abdrücke solcher Siegel abgebildet sind. Assyrisch-babylonische und persische Siegelringe, die bei Pantikapaeon ausgegraben sind, findet man in den Antiquités du Bosphore Cimmérien pl. XVI, 3. 6. 10. 14 dargestellt.

die vermuthlich in irgend einem Zusammenhang mit dem Namen oder der Person des Eigenthümers standen und ganz in der Art unserer Siegel auf einer kreisförmigen Fläche eingravirt waren. Auf Cylindern begegnen wir dagegen gröſseren Darstellungen, auf denen meist die betreffende Person, deren Namen auch häufig beigefügt ist, in mannigfaltigen Situationen selbst erscheint[1]. Daſs das Siegel eine morgenländische Erfindung und erst von dem semitischen Handelsmann, bei dem es eine groſse Rolle spielen muſste, im Abendlande eingeführt worden ist, darauf scheint Manches hinzudeuten. Jedenfalls war der Gebrauch desselben nicht bei allen abendländischen Völkern ursprünglich und verbreitete sich erst nach und nach, und es ist charakteristisch genug, daſs die ältesten kleinasiatischen Städtewappen, wie sie auf den frühesten Münzen erhalten sind, zum groſsen Theil dieselben Thiercombinationen darstellen, die auf assyrisch-babylonischen Monumenten constant sind, wie die Sphinx mit erhobener Tatze, den beflügelten Löwen, den beflügelten Eber, das beflügelte Seepferd, den Greifen u. dgl., was sich wohl nicht durch die Abhängigkeit der ältesten griechischen Stempelschneidekunst von der babylonisch-assyrischen, die sich in der Technik und der Art der Darstellung überall verräth[2]), allein erklären läſst. Als in Phokaea der Gedanke zuerst aufkam, Goldstücke von bestimmtem Gewicht und Feingehalt, für deren Nominalwerth sich der Staat verbürgte, in den Verkehr zu bringen, wurde diese Bürgschaft der semitischen Einrichtung ganz analog durch Einprägung des Stadtsiegels dargestellt[3]) und daher in derselben Weise verfahren, wie in Ninive, Babylon und Tyros bei Unterzeichnung eines Kaufcontracts, bei Vollziehung eines Schuldscheins oder Quittirung einer Rechnung. Ebenso bezeichnete Dareios sein königliches Geld mit seinem königlichen Insiegel, wodurch jeder dieser wandelnden Verträge, wie man das Geld in gewissem Sinne wohl bezeichnen darf, als richtig und gültig anerkannt ward. Das königlich persische Wappen stellte, wie dies auch den Griechen be-

---

[1]) Layard Mon. of Nin. a. a. O. Babyl. and Nineveh. Deutsche Ausg. taf. XVIII.

[2]) Vgl. meinen Artikel über Assyrien in Pauly's Realencyclopädie. 2. Aufl. I, 1906 f.

[3]) Wahrscheinlich ergab sich auch die Prägung im Kreise aus der Form der ältesten Siegel, wie denn überhaupt eine Menge von Einzelheiten, wie der Perlenkranz, die Kügelchen oder Rosetten u. s. w., von den orientalischen Siegeln auf die ältesten griechischen Münzstempel übertragen sind. vgl. Pauly's Realencycl. a. a. O. S. 1907.

kannt war [1]), des Königs eigenes Bildnifs dar. Die persische Darstellungsweise schlofs sich wie die persische Kunst überhaupt hierbei eng an die assyrischen und babylonischen Vorbilder und Muster an. Der assyrische Grofskönig war in seinem Palast in den verschiedensten Situationen bald als Löwentödter zu Fufs, bald als Jäger oder Streiter zu Wagen, bald in feierlicher Ruhe opfernd, thronend oder auf seinem Wagen stehend abgebildet worden [2]), und ebenso oder ähnlich erschien Dareios auf den Basreliefs von Persepolis, wie man aus den wenigen, noch vorhandenen Resten seines Königshauses schliefsen darf [3]). Diese typischen Darstellungen gingen auch auf die königlichen Siegel über, die in Babylon und Ninive ebensowohl wie in Persepolis das Bild des Monarchen selbst in verschiedenen Situationen zeigten [4]), wie denn auch Alexander der Grofse, der die Erbschaft des asiatischen Grofskönigthums antrat, wenigstens die für Makedonien und Griechenland erlassenen Edicte mit dem eigenen Bildnifs, die für Asien bestimmten Verordnungen mit dem Siegel des letzten Perserkönigs vollzog [5]) und später Augustus, als sein Nachfolger in der Weltherr-

---

[1]) Schol. ad Thuc. I, 129 *ἡ σφραγὶς τοῦ Περσῶν βασιλέως, εἶχε, κατὰ μέν τινας, τὴν βασιλέως εἰκόνα, κατὰ δέ τινας, τὸν Κῦρον τοῦ πρώτου βασιλέως αὐτῶν, κατὰ δέ τινας, τὸν Δαρείου ἵππον, δι' ὃν χρηματίσαντα ἐβασίλευσεν.* Die beiden letztern Mittheilungen sind offenbar verkehrt. Denn dafs das unten S. 231 zu erwähnende Siegel des Dareios ihn und nicht den Kyros darstellt beweist die Aufschrift. Der goldene Adler des Kyros, dessen Xenoph. Cyrop. VII, 1, 4 gedenkt, war kein Wappen- oder Siegelbild, wie Bernd Die Hauptstücke der Wappenwissensch. I, S. 240 anzunehmen scheint, sondern ein Feldzeichen, wie solche auch auf Denkmälern abgebildet sind, vgl. Botta Monum. de Ninive pl. 157. 158.

[2]) Der König als Löwentödter auf einem Siegel, vgl. unten S. 231. Anm. 2. Der König zu Fufs Botta pl. 105. Layard Nineveh and Babylon S. 361. Der König auf seinem Thron Layard a. a. O. S. 150. Monum. of Ninev. sec. series pl. 23. Mon. of Nin. pl. 5. pl. 12, anbetend pl. 20. pl. 89. Der König zu Wagen auf der Jagd, Botta pl. 110. Der König in feierlichem Aufzug zu Wagen, neben ihm ein Wagenlenker, hinter ihm Stab- oder Sonnenschirmträger, Botta pl. 53. Layard Nineveh and Babylon S. 61B, vgl. auch S. 111. Monum. 2. ser. pl. 49, der König zu Wagen im Kampf, Botta pl. 58. pl. 63. 71. 100, zu Wagen durch einen Flufs fahrend Layard Nin. and Babyl. S. 341.

[3]) Vgl. Niebuhr's Reisebeschreibung nach Arabien und anderen umliegenden Ländern. Kopenhagen 1778. II, taf. 29. 30, wo der König auf dem Thron sitzend, und taf. 35, wo er als Löwentödter dargestellt ist.

[4]) Ueber die verschiedenen Siegel der assyrischen Grofskönige vgl. meinen Artikel über Assyrien in Pauly's Realencyclop. 2. Aufl. I, S. 1906.

[5]) Vgl. Curtius 6, 6 litteras quoque, quas in Europam mitteret, veteris anuli gemma obsignabat, his quas in Asiam scriberet, Darei anulus imprimebatur. Dafs

schaft, zuerst mit dem Bilde Alexanders, später mit dem eigenen Porträt siegelte [1]). Die im Palast des Sanacherib zu Koyundschik aufgefundenen Siegelabdrücke [2]) zeigen den König genau in derselben Stellung wie eine persepolitanische Sculptur [3]) und wie die oben beschriebenen Münzen, im Begriff mit dem kurzen Schwerdt in der Rechten den aufrechtstehenden Löwen zu durchbohren, während er mit der Linken das Thier am Ohre festhält, und auf einem im britischen Museum befindlichen Siegel des Dareios [4]), auf dem in den drei officiellen Sprachen des Reiches geschrieben steht: „Ich bin Dareios der grofse König," sieht man den Monarchen in derselben Situation abgebildet, wie auf der ältesten Reihe jener Grofssilberstücke, die ohne Zweifel demselben Herrscher beizulegen sind, nur dafs mehrere Motive, die dort des beschränkten Raumes wegen fehlen, hier vollständig wiedergegeben sind und die Haltung des Königs etwas modificirt erscheint. Hier ist derselbe im Begriff, den Pfeil gegen einen zur Abwehr sich hoch aufrichtenden Löwen abzuschiefsen, während ein anderer schon tödtlich getroffen unter den dahineilenden Pferden am Boden liegt, über ihm schwebt Auramazda, seitwärts steht eine Dattelpalme. Auf dem Stempel der erwähnten Münzen dagegen ist die Jagdscene nur durch das am Boden liegende Thier angedeutet, über welches der Wagen hinwegrollt, auch ist der König nicht mit dem Bogen bewaffnet [5]), sondern hält wie gewöhnlich die Rechte erhoben, die Linke gesenkt. Einer etwas verschiedenen Auffassung begegnen wir auf denjenigen Münzreihen, deren Rückseite die mit Ruderern besetzte Galere charakterisirt.

Alexanders eigenes Siegel sein Porträt darstellte, berichtet Plin. h. n. 37, 4. Confirmat hanc opinionem edictum Alexandri magni quo vetuit in hac gemma ab alio se scalpi quam a Pyrgotele, offenbar nicht wie Plinius meint, blos deswegen, weil dieser der berühmteste Künstler seiner Zeit war, sondern um einer Fälschung des königlichen Siegels vorzubeugen.

[1]) Plin. a. a. O. Suet. Oct. 50. Früher hatte Augustus sich des Siegels seiner Mutter bedient, welches eine Sphinx darstellte.

[2]) Der König als Löwenkämpfer auf Siegelabdrücken, Layard Nineveh and Bab. S. 154. 161 und Titelblatt. Mon. of Nineveh 2. ser. pl. 69 n. 2. 4. vgl. Botta pl. 164 über andere königliche Siegel aus Nineveh, vgl. Layard Nin. and Babyl. S. 160. 607. und die betreffenden Abbildungen (deutsche Ausg. taf. VI, 6. XVIII, 8).

[3]) Niebuhr a. a. O. taf. 35. Das vom König angegriffene Thier hat Leib und Kopf eines Löwen, aber auf der Stirn ein Horn und Adlerklauen, auf einer anderen Darstellung ebenda ist es ein Löwe, der vom König erwürgt wird.

[4]) Vgl. Annales de l'Institut archéologique 1847. pl. W. 1.

[5]) Vgl. die Abbildung einer derartigen Münze bei Lenormant Monnaies des Lagides. pl. VIII, 3, Mion. S. 8, 427, 38. pl. XIX, 4.

Hier erblicken wir den König ebenfalls zu Wagen, aber im feierlichen Aufzuge, die Pferde in langsamer Bewegung und den Stabträger, der nur auf dem Kleingelde fehlt, hinter dem Wagen einherschreitend [1]). Auch für diese Darstellung finden sich die Vorbilder auf den ninivitischen Denkmälern. Dagegen ist das Wappen, welches den König als knieenden Bogenschütz darstellt und das eigentliche Reichsgeld bezeichnet, den persischen Königen durchaus eigenthümlich [2]).

Wenn sich nun das eben beschriebene Grofssilber und das dazu gehörige Kleingeld durch seine Typen im Allgemeinen als königliche Münze charakterisirt, so kommt weiter die Frage in Betracht, wo und für welche Gebiete dasselbe geprägt worden ist. In Ermangelung anderer bestimmterer Merkmale mufs uns bei dieser Untersuchung zunächst der Fundort, der Charakter der Schrift und der Münzfufs leiten, welcher sich von dem des Reichssilbers unterscheidet. Diese Momente deuten alle auf Syrien und Mesopotamien hin. Die dem Vicomte de Vogüé zugehörigen 16 Exemplare, von denen 13 auf der Rückseite die Galere darstellen, sind zum gröfsten Theil bei Damaskos, zwei im britischen Museum befindliche Grofssilberstücke mit der Galere vor einer mit 5 Thürmen befestigten Mauer, im Tigris [3]), 3 dazu gehörige Zweiunddreifsigstel und 1 Vierundsechzigstel des turiner Museums sind in einem bleiernen Gefäfse in Aleppo gefunden worden. Besonders die letztere Thatsache ist von Wichtigkeit, da Kleingeld ein beschränkteres Circulationsgebiet zu haben pflegt, als Grofsgeld. Was nun die Schrift betrifft, so ist diese, nach der Reihe zu urtheilen, auf der sich überhaupt eine längere Legende findet, entschieden aramäisch und nicht phönikisch; wie denn auch das dort vorkommende Wort מזדי aufserdem nur auf tarsischen Stadt- und Satrapenmünzen erscheint, die unzweifelhaft aramäische Aufschriften tragen. Die Eigenthümlichkeit, durch welche sich aramäische von phönikischer Schrift auf den Monumenten aus der Achämeniden Zeit hauptsächlich unterscheidet, nämlich

[1]) Vgl. Lenormant a. a. O. pl. VIII, 2. Mionnet Planches. pl. LXI, 1.

[2]) Sennacherib auf seinem Throne hat freilich den Pfeil in der Rechten, den Bogen in der Linken (Layard Nin. and Bab. Deutsche Ausg. taf. XI a), auch wird der Nationalgott Assur den Bogen spannend dargestellt. Vgl. Vaux handbook to the antiquities of the Br. Museum. 1851. S. 272, allein die Darstellung des Königs als knieenden Bogenschützen kommt in Nineveh, soviel ich weifs, nicht vor.

[3]) Nach einer mir im britischen Museum gemachten Mittheilung sind beide im Jahre 1818, und die eine von Rich gefunden worden; dagegen bemerkt Layard Nineveh and its remains II, 386: „those in the British Museum were principally found in the bed of the Euphrates, near Babylon."

die Oeffnung der oberen Haken bei den Formen des Beth, Daleth, Resch und Koph[1]) kann man auf jenen Grofssilberstücken zwar nur an den beiden erstgenannten Buchstaben nachweisen, indefs genügt dies, um die Verwandtschaft dieser Schrift mit der, welche sich auf dem meisten Satrapengeld und einem grofsen Theil der kilikischen Stadtmünzen findet, zu erkennen, obgleich die letztere schon viel abgeschliffenere Formen zeigt, als jene. Zweifelhafter ist die Entscheidung bei den übrigen Münzreihen jener Gattung, weil das dort gelegentlich vorkommende Beth von demselben Buchstaben, wie ihn die Königsmünzen von Byblos und Kition darstellen, sich nur durch eine gröfsere Eckigkeit der Form auszeichnet, eine Eigenthümlichkeit, die sich ebenfalls auf dem erwähnten Silber mit aramäischer Aufschrift wiederholt. Dafs der Gewichtsfufs, nach dem die Münzen geprägt sind, seit uralter Zeit in Phönikien und Palästina und daher wahrscheinlich auch in Syrien in Gebrauch war, wogegen in Ninive und Babylon der Zehnstaterfufs herrschte, ist früher nachgewiesen worden[2]). Kann man nun an Babylon wegen des Gewichts, an Phönikien wegen der Schrift nicht denken, so empfiehlt sich der Vorschlag, die Prägung der Münzen nach Syrien zu verlegen, auch dadurch, dafs wir der Darstellung des Königs auf seinem Wagen noch auf einer Silbermünze begegnen, deren Rückseite das Bild der Atergatis, deren Schauseite den Namen Abdhadad trägt, und die mit grofser Wahrscheinlichkeit der syrischen Stadt Bambyke zugetheilt wird[3]).

Dagegen ist die Frage sehr schwierig, welchen Städten im Besonderen die Prägung zuzuweisen sei. Für einen Prägort in der Nähe vom heutigen Aleppo spricht der Fundort der Münzen mit den 5 Thürmen, für Damaskos die Thatsache, dafs dort die übrigen Reihen häufig vorkommen; bei Thapsakos war auch eine Residenz des Satrapen von Syrien[4]), in Damaskos ein königliches Schatzhaus[5]). Die Zeichnung der beiden Unterstempel deutet dagegen auf einen am Wasser gelegenen Ort hin, was wiederum auf Hamath und Thapsakos besser als auf Damaskos passen würde[6]).

---

[1]) Vgl. Vic. de Vogüé Notice sur un talent de Bronze trouvé à Abydos S. 8 aus der rev. archéol. 1862.

[2]) Siehe S. 104 f. — [3]) Vgl. Waddington Mélanges S. 90 f.

[4]) Xenoph. Anab. 1, 4, 10.

[5]) Curtius de gestis Alex. III, 83.

[6]) F. Lenormant Monnaies des Lagides S. 169 glaubt auf einer Münze des Kabinets Behr (Cat. n. 830), jetzt im Par. Mus., welche der ältesten Reihe (König zu Wagen auf der

Auf jeden Fall ist die Bedeutung und Bestimmung dieses großköniglichen Provinzialgeldes, das sich als solches durch die Verbindung des großköniglichen mit einem städtischen Wappen charakterisirt, vollkommen klar und auch über sein Circulationsgebiet waltet im Allgemeinen ein Zweifel nicht ob.

Da dasselbe ebenso gut wie das eigentliche Reichssilber auf den Namen und mit dem Bilde des Großkönigs geprägt war, so darf man voraussetzen, daß es jenem gesetzlich vollkommen gleichgestellt war, zum persischen Golde und Silber in einem festen legal anerkannten Curse stand und in allen königlichen Kassen zum Nennwerth angenommen wurde. Die am häufigsten geprägte kleine Courantmünze, das Viertel von höchstens 6.96 Gr., dessen Normalgewicht sich zu dem des persischen Siglos wie 4 : 3 verhielt, muß daher die Werthung von $\frac{1}{15}$, das Achtel die Geltung von $\frac{1}{30}$ Golddareikos oder $\frac{1}{60}$ Doppeldareikos gehabt haben und zugleich auf 3 Grosssilberstücke 16, auf 3 Viertelstücke 4 persische Drachmen gerechnet worden sein. Der große Vorzug dieses Geldes vor dem Reichssilber lag in der Prägung der verschiedenen Nominale, wobei auch auf den Verkehr mit den zunächst gelegenen Gebieten Rücksicht genommen war. Denn das häufig vorkommende Zweiunddreißigstel bot eine sehr bequeme Scheidemünze für den Handel nicht nur mit den phönikischen Städten dar, die wie Byblos derselben Fünfzehnstaterwährung folgten, aber nicht das Großstück, sondern nur dessen Hälfte und als kleinere Courantmünzen Viertel und Sechszehntel des letzteren Nominals prägten, sondern auch mit Arados, Kilikien und Kypros, wo als kleinstes Theilstück des dort herrschenden babylonischen Silberstaters das Zwölftel geschlagen wurde, welches dem Zweiunddreißigstel des syrischen und dem Sechszehntel des phönikischen Großsilberstücks im Gewicht gleichstand. Auch der persische Name dieses Nominals ist noch bekannt. Es hieß Danake

---

[1] Jagd X Mauer mit 5 Thürmen darunter Galere) angehören, die griechischen Buchstaben ^VPA zu sehen und erkennt in denselben den Namen des Aryandes und in diesem Gelde das von Herodot (4, 166) erwähnte Silber dieses Satrapen wieder. Bei einer wiederholten Besichtigung der Münze ist es mir nicht gelungen, in jenen Zeichen etwas anderes als zufällige Striche zu finden. Daß Aryandes in Aegypten Münzen mit griechischer Aufschrift sollte geprägt haben, ist schwer zu glauben. Dieselbe Aufschrift, nur noch vollständiger, nämlich APVAN, soll auf einer unzweifelhaft phönikischen Münze des Herzogs von Luynes (Num. des Satr. 93, 47) stehen. Indeß hat Luynes selbst sich von der Richtigkeit dieser Entdeckung, die ebenfalls von Fr. Lenormant herrührt, nicht überzeugen können (vgl. S. 94 „si cette légende était plus positive" u. s. w.). Auch ich bekenne, nichts gesehn zu haben.

und ward von den Griechen ganz richtig auf etwas mehr als einen attischen Obolos geschätzt[1]). Die Notiz, daſs es in späterer Zeit in der syrischen Stadt Antiocheia circulirte, paſst sehr wohl auf den Fundort dieser Münzen. Das von Hesychios erwähnte Hemidanakion oder das Vierundsechzigstel ist seltener als die Einheit, kommt aber ebenfalls vor, doch wie es scheint nur in der früheren Zeit, ehe man neben diesem Kleingelde auch noch Kupfer prägte. Denn nachdem die Geldwirthschaft in diesen Gegenden sich einmal Bahn gebrochen hatte, genügte dasselbe für den Kleinverkehr nicht mehr. Daher begann man unter den letzten Achämeniden nach griechischem Vorgang neben dem Silber auch Kupfermünze zu schlagen, wobei man von dem gleichen Gewichtsfuſs ausging.

Es wurden in diesem Metall hauptsächlich zwei Nominale mit dem Gepräge der jüngeren syrischen Königsmünze geprägt; das gröſsere zeigt auf der Schauseite den König auf dem mit 4—6 Pferden bespannten Wagen, das kleinere entweder nur den Kopf des Königs oder den König als Bogenschütz, auf der Rückseite beide die Galere. Jenes wiegt zwischen 6.70—5.60 Gr., dieses 3.30—2.70 Gr., ein drittes kleineres Nominal von etwa 0.65 Gr. mit dem zuletzt beschriebenen Gepräge ist sehr selten. Dieselben entsprechen offenbar dem Viertel, Achtel und Zweiunddreiſsigstel in Silber, und wir haben hier mithin ebenso wie später im ptolemäischen Münzsystem bereits Silber- und Kupferdrachmen neben einander. Ging man nun, wie dies durchaus nicht unwahrscheinlich ist, auch schon von demselben Werthverhältniſs der beiden Metalle (1 : 60) aus, wie später in Aegypten, so galt das Achtel in Silber 60 Stücke desselben Gewichts in Kupfer, und 3600 der letzteren gingen mithin auf einen Doppeldareikos, so daſs damit das altbabylonische Zahlensystem beim Gelde wieder in Anwendung kam und bei der Reduction von Gold auf Silber und Kupfer gebraucht werden konnte, indem der Doppeldareikos sich zu jener Silbereinheit und die letztere zur Kupferdrachme dem Werthe nach wie der Sossos zur Einheit, das Talent zur Mine, und das gröſste Goldstück zu dem erwähnten Kupferstück wie der Saros zur Einheit oder das Talent zum Shekel sich verhielten.

---

[1]) Pollux 9, 82 καὶ μὴν καὶ τὸν δανάκην εἶναί τινές φασι νόμισμά τι Περσικόν. Suidas δανάκη· τοῦτο νομισματός ἐστιν ὄνομα, ὃ τοῖς νεκροῖς ἐδίδοσαν πάλαι συγκηδεύοντες ... das folgende: ἐπιχωριάζει τῇ μεγάλῃ Ἀντιοχείᾳ τῆς Συρίας τὸ δανακόν, ὥσπερ χρῶνται εἰς μακρᾶς πραγματείας ist ein späterer, aber nicht zu verachtender Zusatz. Hesychios δανάκη· νομισμάτιόν τι βαρβαρικόν, δυνάμενον πλέον ὀβολοῦ ὀλίγῳ τινι. Hesych. ἡμιδανάκιον· νόμισμα ποιόν.

Wir kommen nun zu dem von Satrapen geschlagenen Gelde. Daſs den obersten persischen Provinzialbeamten ebensowohl wie den tributpflichtigen Städten und Dynasten Silber zu prägen gestattet war, versteht sich. Diese Voraussetzung wird überdies durch eine groſse Anzahl von Satrapenmünzen und durch die bereits erwähnte Erzählung Herodots über die Prägung des Aryandes bestätigt. Allein soweit wir aus dem gegenwärtigen Münzbestande einen Schluſs ableiten dürfen, haben die Satrapen in ihren Provinzen eine regelmäſsige Münzprägung durchaus nicht geübt. Daſs von den Satrapen der ionischen, lydischen und daskylitischen Satrapie etwa in Magnesia, Sardes und Daskyleion oder in irgend einer anderen Stadt ihres Gebietes Geld geschlagen worden wäre, davon findet sich vor Artaxerxes II. überhaupt keine Spur und aus späterer Zeit nur vereinzelte Ausnahmen. Dagegen giebt es eine beträchtliche Anzahl von Silberstatern, die in kilikischen Küstenstädten, aber nicht von Statthaltern der vierten Satrapie, sondern von Satrapen geprägt worden sind, von denen wir bestimmt wissen, daſs Kilikien niemals unter ihrer Verwaltung gestanden hat. Dazu gehören vor Allem die sehr zahlreichen in Tarsos geschlagenen Münzen, die den Namen des Pharnabazos, des bekannten Satrapen der dritten daskylitischen Satrapie, tragen. Die Annahme wird richtig sein, daſs deren Prägung durch eine der Expeditionen veranlaſst worden ist, die Pharnabazos als Befehlshaber der persischen Heeresmacht und Flotte zwischen 392 und 374 v. Chr. von der kilikischen Küste aus gegen das abgefallene Aegypten führte [1]). Aus derselben Fabrik ist noch eine andere Reihe ganz gleichartiger Silbermünzen hervorgegangen, die wie jene nach babylonischem Fuſs und mit aramäischer Aufschrift geprägt aber statt des Namens des Pharnabazos, den des Datames tragen und mit groſser Wahrscheinlichkeit dem bekannten Satrapen von Kappadokien und Paphlagonien zugeschrieben werden, welcher dem Pharnabazos im Oberbefehl gegen Aegypten folgte [2]). Daſs durch solche Expeditionen Silberprägungen in groſsem Umfange veranlaſst wurden, wird endlich noch durch die in Nagidos geschlagenen Münzen mit dem ebenfalls in aramäischer Schrift ausgedrückten Namen des Tiribazos bestätigt. Dieser war zur Zeit des Rückzuges der Zehntausend Statthalter des östlichen Armeniens. Später erhielt er den Oberbefehl gegen die Spartaner im Westen von Kleinasien und schloſs

---

[1]) Waddington Mélanges S. 64 f.

[2]) Waddington a. a. O. S. 66 f. Der Name wird תדנמו (Tadnamu) geschrieben.

im Jahre 387 v. Chr. mit Antalkidas den Frieden ab. Nagidos gehörte also weder das eine, noch das andere Mal zu seinem Gebiet; das auf seinen Namen dort gemünzte Silber wird vielmehr in eine spätere Zeit (zwischen 386 und 380 v. Chr.) fallen, als Datames mit dem Oberbefehl gegen Euagoras betraut war[1]).

Ueberhaupt hat keine Provinz soviel Satrapengeld aufzuweisen wie Kilikien. Denn außer den genannten giebt es noch eine Reihe von Münzen, die den Städten Tarsos, Mallos und Soloi angehören und sich zwar nicht durch ihre Aufschrift, wohl aber durch ihr Prägbild, das den Satrapen in verschiedener Weise darstellt, als Satrapenmünzen documentiren. Dies wird ohne Zweifel eben damit zusammenhängen, daß für die vielen in der letzten Zeit des persischen Reiches ausgerüsteten Seeexpeditionen unter allen Prägstätten keine gelegener waren, als die Hafenstädte an der kilikischen Küste, von wo aus die persischen Flotten ausliefen. Dagegen lassen sich bis jetzt nur sehr wenige solcher Münzen aufzählen, die von persischen Satrapen in ihrer eigenen Statthalterschaft geschlagen worden sind. Dies gilt nur von einem in Kyzikos geprägten Tetradrachmon des Pharnabazos mit griechischer Aufschrift, ferner von zwei auf der Rückseite mit den Wappen von Lampsakos und Klazomenae, dem beflügelten Pferd und Eber und der Aufschrift OPONTA bezeichneten Kleinmünzen, die gewiß dem gleichnamigen Satrapen von Mysien beizulegen sind, welcher im Jahre 362 an der Spitze der Empörung gegen Artaxerxes II. stand, später zu ihm überging und als Belohnung die Verwaltung der ionischen Satrapie erhielt[2]); ferner von mehreren Drachmenstücken mit dem Wappen von Sinope, von denen eins den Namen des Datames in griechischer, andere den des Ariarathes in aramäischer Schrift tragen, endlich von einer Anzahl von Silbermünzen, die auf der Vorderseite Bild und Namen des Baal Gazor, auf der Rückseite das eines Greifen, der einen Hirsch zerfleischt, und den Namen des Ariarathes, ebenfalls in aramäischer Schrift, führen und wahrscheinlich in der paphlagonischen Stadt Gaziura geprägt worden sind.

Aber auch diese Münzen lassen sich nicht als Beweis gegen den Satz anführen, daß die persischen Statthalter nur gelegentlich Geld in ihren Satrapien geprägt haben, denn von dem Tetradrachmon des Pharnabazos und der Drachme des Datames ist bis jetzt nur je ein, von den

[1]) Waddington a. a. O. S. 61.

[2]) Diodor. 15, 90. 91. Dem. 14, 31. Waddington Rev. num. 1863. VIII, 237.

Münzen des Orontes, der beiläufig bemerkt einige Zeit lang sich gegen seinen Oberherrn im Aufstand befand, sind nur drei Exemplare bekannt, und wenn auch Sinope nominell zur Satrapie des Datames gehört hat, der Statthalter von Kappadokien und Paphlagonien war, so hat die Stadt doch dem Ariarathes, der während der letzten zwanzig Jahre Satrap eines Theils von Kappadokien gewesen ist, gewifs nur vorübergehend Tribut gezahlt und ist wahrscheinlich auch dem Datames gegenüber die längste Zeit ebenso unabhängig gewesen [1]), wie sie es während des Rückzuges der zehntausend Griechen war. Was endlich die in Gaziura geprägten Drachmen des Ariarathes betrifft, so kann deren Zeit ebensowohl nach als vor den Untergang des persischen Reiches fallen, da Ariarathes länger als zehn Jahre nach jenem Zeitpunkte sich seine Unabhängigkeit der makedonischen Herrschaft gegenüber bewahrt hat [2]).

Während also von den persischen Satrapen die Geldprägung regelmäfsig nicht geübt worden ist, hat dagegen eine Menge kleinerer und gröfserer Dynasten, die nicht direct unter dem Grofskönig, sondern ebenso wie die städtischen Communen unter dem obersten Provinzialbeamten standen, Silber zum Theil ebenso massenhaft und regelmäfsig geschlagen, wie die kleinasiatischen Städte. Dies gilt z. B. von den Königen von Herakleia am Pontos, die unter der gemeinschaftlichen Regierung des Dionysios und Timotheos (um 344 v. Chr.) die Prägung begannen und bis zum Ende des Reiches fortsetzten; ferner von Themistokles als Herrn von Magnesia, von Tymnes als Tyrannen von Termera, von Zenis und Mania als Herrschern von Dardanos, von den karischen Königen, Hekatomnos, Maussolos, Idrieus und Othontopates, von Euagoras und seinen Nachfolgern in Salamis, von den phönikischen Königen von Kition, sowie von den Königen Baal, Ainel und Azbaal von Byblos. Auch die lykischen Münzen, die auf der einen Seite einen mit der Tiara bedeckten bärtigen Kopf, auf der anderen einen Pallaskopf darstellen und mit den Namen Artoapara und Ddenefele bezeichnet sind, sowie eine Silberdrachme mit dem gewöhnlichen Gepräge von Sinope und dem Namen Abdemon in aramäischer Schrift [3]), endlich die vermuthlich in Bambyke in Syrien auf den Namen des Abdhadad geprägten Münzen [4]) wer-

---

[1]) Von Expeditionen des Datames gegen Sinope erzählt Polyaen VII, 21, 2. 5. vgl. Waddington S. 83.

[2]) Waddington Mél. S. 82.

[3]) Vgl. Waddington Mél. S. 85. pl. VI, 4.

[4]) Waddington a. a. O. 90 f.

den wahrscheinlich Dynasten angehören, die in den genannten Gebieten und Städten zur Herrschaft gelangt waren. Daſs von diesen Unterkönigen einige wie Maussolos und Euagoras zeitweilig vom Groſskönig mehr oder weniger unabhängig waren, ändert in dieser Frage nichts, da ihr Recht, Silber zu schlagen, in keinem Falle bezweifelt werden kann. Immer bleibt die Thatsache auffallend, daſs die obersten persischen Provinzialbeamten, welche häufig ihre Satrapien ebenso wie jene Dynasten ihre Herrschaft von Vater auf Sohn vererbten, sich der Geldprägung in der Regel enthielten, die jene so massenhaft übten. Zur Erklärung wird man wohl einestheils den Umstand gelten machen dürfen, daſs die Geldprägung sich unter den Orientalen überhaupt erst allmählich Bahn brach, daſs in Kleinasien das städtische Courant für den gewöhnlichen Bedarf genügte und daſs in den übrigen Provinzen, wo Geldwirthschaft herrschte, das von den Groſskönigen in Syrien geprägte Silber aushalf, wo das eigentliche Reichssilber allein nicht hinreichte. Ueberdies scheinen aber die Satrapen zwar das Recht, Silber zu münzen, aber unter denselben Beschränkungen wie die tributpflichtigen Dynasten und Städte besessen zu haben, indem ihr Geld vor dem übrigen Provinzialsilber keinerlei Vorrecht genoſs und dem Reichsgelde ebenso wenig gleichgestellt war wie jenes. Mit dieser Annahme erklärt sich am einfachsten die Erzählung des Herodot[1]) von dem Gelde des Aryandes, das vermuthlich deshalb feiner als das Reichssilber hergestellt wurde, um dem letzteren, welches das Vorrecht genoſs, in den königlichen Kassen zum Nennwerth angenommen zu werden, im Curse gleichzustehen. Auch ist bemerkenswerth, daſs das vorkommende Satrapengeld durchaus nicht immer nach dem Reichsfuſs, sondern ebenso wie das von den Dynasten emittirte Silber in der Regel nach der an dem jedesmaligen Prägort üblichen, oder nach einer selbstgewählten Währung normirt ist. So prägte Pharnabazos in Kyzikos Tetradrachmen kleinasiatischen, in Tarsos Silberstater babylonischen Fuſses, Orontes in Mysien Drachmen, ein anderer Satrap wahrscheinlich in Kolophon Tetradrachmen der ersteren Währung, Datames in Tarsos dasselbe Geld wie Pharnabazos, in Sinope dagegen die dort übliche persische Drachme, ebenso wie lykische Dynasten oder Satrapen — worauf es bei dieser Frage nicht ankommt — lykisches, Maussolos in Karien und Euagoras in Salamis rhodisches und Themistokles in Magnesia attisches Gewicht für ihre Münzen angenommen haben.

---

[1]) 4, 166.

Wer das Recht hatte, auf eigenen Namen Geld zu schlagen, dem konnte es auch nicht verwehrt werden, sein eigenes Bild und Wappen auf seine Münze zu setzen. Häufig haben sich freilich die Satrapen ebenso wie die verschiedenen Dynasten dessen enthalten und damit begnügt, das Geld mit ihrem Namen zu bezeichnen, ohne an dem Gepräge, welches sie in der jedesmal von ihnen benutzten Prägstätte vorfanden, irgend etwas zu ändern. So unterscheiden sich die in Sinope geprägten Münzen des Datames, des Ariarathes und Abdemon von den entsprechenden Stadtmünzen wesentlich nur durch Hinzufügung des Namens. Dagegen begegnen wir auf dem übrigen Satrapengelde stets einem besonderen, von dem des städtischen Courants verschiedenen Gepräge, welches mehr oder weniger deutliche Beziehungen zum Münzherrn erkennen läfst und daher als dessen Wappen angesehen werden darf, um so mehr, da die meisten dieser Typen die auffallendste Analogie mit den assyrisch-babylonischen und persischen Siegeln bekunden. So findet sich auf der Rückseite der Silberstater des Tiribazos das Bild des Auramazda [1]), auf tarsischen Münzen des Datames zwei Männer vor einem persischen Feueraltar [2]), auf anderen zwei persische Krieger [3]), auf allen ebendaselbst geprägten Münzen des Pharnabazos und den meisten des Datames der Kopf eines mit griechischem Helm bekleideten Mannes [4]). Eine andere Reihe tarsischer Silberstater, die ebenfalls auf den Namen des Datames geschlagen sind, stellt die Gestalt eines mit der Tiara bedeckten, auf dem Sessel sitzenden, vornehmen Persers dar, in dem man nicht anstehen kann, den Satrapen selbst zu erkennen [5]). Auf anderen Münzen erscheint der Satrap zu Pferde [6]), bald die Rechte erhoben, bald die

---

[1]) Waddington Mél. pl. V, 1. vgl. damit die Siegel bei Layard Nin. and Bab. Deutsche Ausg. taf. 18.

[2]) Luyn. num. des Satr. pl. II, 2. Ein ganz ähnlicher Feueraltar auf einem persischen Cylinder bei Layard Nineveh and Babylon 607.

[3]) Vgl. Waddington a. a. O. pl. V, 5.

[4]) Eine Reihe Münzen mit demselben Gepräge, aber ohne Satrapennamen, sind, wie Waddington Mélanges S. 65 richtig bemerkt, ebenfalls von Pharnabazos oder Datames geprägt worden. Es würde der Mühe werth sein, zu untersuchen, ob die Münzen des Datames denselben Kopf tragen, wie die des Pharnabazos. Nach den Abbildungen bei Luynes pl. I u. II scheint er verschieden zu sein.

[5]) Vgl. Luynes N. d. S. pl. II, 3. 4. 5.

[6]) Vgl. Waddington Mélanges pl. V, 5. 6. Stadtmünzen („autonomes de Tarse"), wie Waddington annimmt, können dies offenbar nicht sein. Luynes a. a. O. pl. VI, 1. pl. VIII, 1. 2. Mion. S. 8. 428. 38. 39. pl. XIX, 6.

Lotosblume haltend, bald wie assyrische Krieger auf niniwitischen Siegelabdrücken mit dem Speere jagend[1]) und vom Grofskönig nur durch die niedrige Tiara, die seinen Kopf bedeckt, zu unterscheiden[2]).

Auch der Kopf des Satrapen findet sich auf einer Anzahl an verschiedenen Orten geprägter Münzen dargestellt. Vor Allem auf dem in Kyzikos mit griechischer Aufschrift geschlagenen Tetradrachmon des Pharnabazos, dessen Rückseite das auch auf kyzikenischen Goldstatern vorkommende Schiffsvordertheil über Thunfisch, und dessen Schauseite den Namen und das mit der Tiara bedeckte Haupt des Satrapen zeigt[3]). Einen Kopf mit ähnlicher Bekleidung sehen wir auf Silberstatern, die in den kilikischen Städten Mallos und Soloi gemünzt sind, ferner auf den oben erwähnten lykischen Dynasten- oder Satrapenmünzen, auf Tetradrachmen attischen Fufses, die von einem Unterkönig oder Statthalter von Baktrien — wahrscheinlich einige Zeit nach Alexander — geschlagen worden sind[4]), endlich auf der Vorderseite eines lampsakenischen Goldstaters und zweier kleinasiatischer Silbermünzen, deren eine auf der Rückseite eine Leier und die Aufschrift ΒΑΣΙΛ, die andere den König als knienden Bogenschütz, über dem König ΒΑΣΙΛΕΩΣ und im Felde eine Galere darstellt, und die beide einer hellenischen Küstenstadt, die erstere vielleicht Kolophon angehören[5]). Dafs auf den drei letztgenannten Münzen sich dasselbe Porträt wiederholt, scheint gewifs zu sein. Doch kann dies nicht das Bild Artaxerxes II. sein, wie man nach der Aufschrift der beiden Silberstücke und nach dem Charakter der Fabrication dieser Münzen, die auf seine Zeit hinweist, angenommen hat, da das unterscheidende Merkmal des Grofskönigs, die hohe von der Kitaris umgebene Tiara, fehlt[6]), mit welcher er in Persepolis sowohl wie in Behistun,

---

1) Vgl. Layard Nin. and Babyl. S. 156.

2) Vgl. Layard Nineveh and Babylon. S. 618. 851. 111. Niebuhr's Reisebeschreibung nach Arabien und andern umliegenden Ländern II. Tafel 29. 30 und die Darstellung des Dareios auf dem Felsen von Behistun. Journal of the Royal As. Soc. vol. X. Auch in dem knieenden Bogenschützen auf der Schauseite zweier in Soloi geprägter Münzen erkennt der Herzog von Luynes a. a. O. S. 51 (pl. VII, 2. 3) gewifs ganz richtig das Bild des Satrapen.

3) Luynes Num. des Satr. pl. I, 6.

4) Luynes a. a. O. pl. VI. Vaux Num. Chr. 18, 145.

5) Waddington pl. VII, 3. 4. 5.

6) Auf den Bildwerken von Persepolis erscheinen Xerxes sowohl (bei Niebuhr a. a. O. taf. 25 e. vgl. S. 133. 143), wie Dareios (vgl. Niebuhr taf. 29. 30, vgl. S. 147 und die Inschriften taf. 31) mit einem hohen schachbrettartigen Hute bekleidet,

auf den syrischen Grofssilberstücken wie auf dem dazu gehörigen Kleingelde, auf den Golddareiken wie auf den Silbersiglen, er mag auf dem Throne sitzend oder auf dem Wagen stehend, als Löwentödter [1]) oder als Bogenschütz auftreten, stets dargestellt wird. Vielmehr wird man auch dieses Bild als das des Satrapen anzuerkennen haben, der ausnahmsweise auch die Goldprägung übte und auf der Rückseite seiner Silbermünzen Titel und manchmal auch Wappen seines Oberherrn anbrachte, in dessen besonderem Auftrage er vielleicht die Prägung unternahm.

---

der nicht verschieden ist von der Kopfbedeckung der übrigen dort abgebildeten Perser, in dem aber einzelne Löcher sichtbar sind, die vermuthlich zur Befestigung einer von Metall gearbeiteten Krone (vgl. Niebuhr S. 137. 147) dienten, wie sie auf dem Bildwerke von Behistun (vgl. Journal of the R. As. Soc. vol. X) und auf sämmtlichen Münzen dargestellt ist. Diese Krone bezeichnet Xen. Cyrop. (VIII, 3, 13 *εἶχε δὲ καὶ διάδημα περὶ τῇ τιάρᾳ*) als Diadem, andere wie Arrian. 4, 7, 4 (vgl. Diod. 17, 77. Brissonius de reg. Pers. princ. S. 32) als *κίδαρις*. Der letztere Ausdruck wird von spätern wiederum mit *τιάρα* verwechselt. Wahrscheinlich war jenes aber der einheimische (ursprünglich semitische) Name dieses kronenartigen Schmuckes, der an die Tiara, welche jeder Perser trug (vgl. Herodot. VII, 62 *Πέρσαι μὲν ὧδε ἐσκευασμένοι· περὶ μὲν τῇσι κεφαλῇσι εἶχον τιάρας καλεομένους πίλους, ἀπαγέας* und die Bildwerke bei Niebuhr taf. 31, 32, 33), befestigt war und sie umgab und die Alexander als *διάδημα* an seiner Kausia befestigte. vgl. Arrian. 7, 22 *ἐς τὴν κυρβασίαν καὶ τὸ διάδημα αὐτῇ συνεχόμενον*. Curtius de gest. Alex. VI, 20. III, 8 und Brissonius a. a. O. Hiermit hing es zusammen, daß nur die Tiara des Grofskönigs aufrecht stand (Xenoph. Anab. 2, 5, 23 und die bei Brissonius 28 f. angef. Stellen), die des Privatmannes zwar auch aus steifem Wollenzeug verfertigt, doch ohne jenen auszeichnenden Schmuck war, durch den die Tiara des Grofskönigs vermuthlich erst jene besondere von den griechischen Schriftstellern erwähnte Form erhielt. Auch die Tiara der assyrischen Monarchen unterschied sich von der ihrer Unterthanen (vgl. Pauly Realenc. a. a. O. S. 1912). Luynes Num. des Satr. S. 55 und Waddington Mél. S. 96 nennen die Kopfbedeckung der Satrapen auf den bezeichneten Münzen Mitra, was sie nicht ist. Mitra ist vielmehr eine Art Turban, eine um den Kopf geschlungene Binde, wie sie nach Herod. 1, 195 die Babylonier trugen, während der hier in Frage stehende auf den Münzen abgebildete Hut eine niedrige aus Wollenzeug verfertigte Tiara darstellt, die über der Stirn mit einem Bande zusammengeschnürt ist und in ihren Verlängerungen über den Hals herabhängt. Entscheidend ist übrigens bei dieser Frage, daß die Bekleidung der Köpfe auf den genannten 3 Münzen, auf denen man das Porträt des Grofskönigs findet, sich durchaus nicht unterscheidet von derjenigen, welche uns auf den baktrischen (*Luynes* pl. VI. VII), den lykischen (Fellows Lycian Coins taf. XVII) und den Satrapenmünzen von Mallos und Soloi (vgl. Luynes taf. VI, VII) begegnet, deren Prägbild unzweifelhaft den Satrapen selbst darstellt.

[1]) Wenn bei Niebuhr taf. 25, *e. d.* der Grofskönig, der als Löwentödter dargestellt ist, nur mit einer Binde, die sein Haar zusammenhält, dargestellt wird, so ist dies entweder eine ungenaue Abbildung oder eine ganz vereinzelte Ausnahme.

Dieselbe Verbindung des grofsköniglichen Wappens mit dem Namen oder dem Bilde des zunächst betheiligten Münzherrn wiederholt sich auch auf einer schon erwähnten Münze des syrischen Dynasten oder Satrapen Abdhadad, auf einer tarsischen und andern noch nicht localisirten Satrapenmünzen[1]) endlich auf einer Reihe einseitig und mit dem gewöhnlichen Dareikentypus geprägter Tetradrachmen oder Didrachmen kleinasiatischen Fufses von 15.37—14.40 Gr., die über dem knieenden Grofskönig im Felde häufig den Namen ΠΥΘΑΓΟΡΗΣ führen und ohne Zweifel von einem in persischem Dienst stehenden Griechen des Namens in einer kleinasiatischen Küstenstadt geschlagen worden sind[2]). Ein grofsköniglichen Wappen kommt aufser auf den genannten Münzen noch auf zwei tarsischen Silberstatern vor, deren Oberstempel dieselbe Zeichnung — König als Löwentödter — darstellt, wie die meisten syrischen Kleinmünzen, deren Unterstempel aber verschiedene Typen enthält. Auf der einen Münze sieht man das Bild des Königs, aber in modificirter Stellung mit Krone und Lanze einherschreitend wiederholt, im Felde die Bezeichnung des Prägorts aramäisch und griechisch, auf der anderen die Darstellung einer Kuh, die ihr Kalb säugt, und darüber ein noch unerklärtes Wort in aramäischer oder phönikischer Schrift[3]).

Wenn die oben entwickelte Ansicht über das Verhältnifs des Reichs- und königlichen Provinzialgeldes zu dem übrigen im persischen Reiche curssirenden, von Satrapen, Dynasten oder Städten geprägten Courant überhaupt richtig ist, so erscheint die Voraussetzung wahrscheinlich, dafs im Allgemeinen alles Silber, welches das grofskönigliche Wappen führte, gesetzlich anerkanntes Geld war und in den königlichen Kassen zum Nennwerth acceptirt wurde, alles Uebrige dieses Vorzuges entbehrte. Eine Ausnahme hiervon machte vermuthlich nur das Silber, welches für bestimmte, im königlichen Auftrag unternommene Expeditionen gemünzt wurde, und zu dessen Prägung wohl mit der Anweisung der für die Kriegführung nöthigen Summen Vollmacht ertheilt wurde.

---

[1]) S. oben S. 240. Waddington Mél. pl. V, 6. Mion. S. 8. pl. XIX, 6.

[2]) Vaux Numism. Chronicle 18, 147 hält den Pythagoras für identisch mit einem gleichnamigen Griechen, der seinem Freunde, dem Militärgouverneur von Susiana in Susa eine (von Loftus gefundene) griechische Inschrift gesetzt hat, aus der zwar nicht mit Sicherheit hervorgeht, dafs er in persischem Dienste stand, wohl aber, dafs jene Münzen ihm nicht wohl zugeschrieben werden können, da er sich nur als σωματοφύλαξ bezeichnet, was Vaux irrthümlich mit „captain of the body guard" übersetzt.

[3]) Vgl. Waddington Mél. pl. V, 7. 8.

Indem wir uns nun zu der persischen Goldprägung wenden, haben wir uns daran zu erinnern, daſs vor Dareios in den hellenischen Küstenstädten Kleinasiens Goldwährung herrschte, und nachdem die Prägung des alten Elektrongeldes und des krösischen Goldes aufgehört hatte, insgemein nach dem phokaischen Stater von etwa 16 Gr. und dem dazugehörigen Sechstel und Zwölftel gerechnet wurde. Wie schwankend und unsicher der Werth dieses Goldes sein muſste, von dem die verschiedensten, in Bezug auf Korn und Schrot durchaus ungleichen Sorten circulirten, ist früher gezeigt worden[1]). Durch Prägung des möglichst rein und gleichmäſsig ausgebrachten Golddareikos wurde die Einheit wiederhergestellt, und ein allgemeines, im ganzen persischen Reiche anerkanntes Werthmaſs geschaffen. Auf die Prägung dieses Goldes wurde die äuſserste Sorgfalt verwandt, das Metall möglichst rein[2]), das Gewicht möglichst gleichmäſsig hergestellt. In der That enthält nach einer von Letronne mitgetheilten Analyse[3]) der Dareikos nur eine Beschickung von 0.03 Procent, und auch das Gewicht der einzelnen Exemplare zeigt verhältniſsmäſsig geringe Schwankungen. Die älteren vermuthlich unter Dareios und Xerxes geprägten Stücke von 8.40 Gr. Maximalgewicht wiegen durchschnittlich 8.385 Gr.[4]), die jüngeren gewöhnlich unter 8.36 Gr., fallen aber nicht tiefer als bis 8.30 Gr. Die Doppeldareiken stehen gewöhnlich zwischen 16.70 und 16.48 Gr. Für das Gold wurde dasselbe groſskönigliche Wappen verwandt wie für das Silber, die ursprüngliche Zeichnung aber mit noch mehr Stetigkeit festgehalten. Die groſse Masse und insbesondere alle älteren, unter Dareios und Xerxes geschlagenen Dareiken zeigen genau dasselbe Bild, den knienden König mit langem Haupt- und Barthaar, mit dem langen persischen Rock, dem Kandys und Hosen bekleidet, auf dem Kopf die Krone, auf dem Rücken den mehr oder weniger deutlich angedeuteten Köcher, in der Rechten Stab oder Lanze, in der ausgestreckten Linken den Bogen haltend. Da der persische Groſskönig ebenso wie die assyrischen und babylonischen Monarchen stets mit langem Kinnbart dargestellt wird, so ist es wenig wahrscheinlich, daſs die beiden oben S. 66 erwähnten Goldmünzen, auf denen der König bartlos erscheint und statt des Oberkleides eine Art Schuppenpanzer trägt, von einem Achämeniden gemünzt worden sind. Auch stimmt das Gewicht des in der Sammlung des Herzogs von Luynes befindlichen Exemplars von 8.50 Gr. mehr mit dem Golde Alexanders als dem des Da-

[1]) Vgl. S. 216 f. — [2]) Herod. IV, 166.

[3]) Considérations S. 108. — [4]) Vgl. oben S. 65.

reios überein[1]). Es wäre nicht undenkbar, dafs der makedonische Eroberer, der sich für Asien auch des Siegels des Dareios Codomanus bediente[2]), gelegentlich und in einer frühen Periode nach dem Dareikentypus Gold hätte schlagen lassen. Aufserdem kommt nur noch eine persische Goldmünze mit einem modificirten Gepräge vor, welches dem der zweiten Reihe der Silbersiglen entspricht und den Monarchen statt mit dem Stab mit dem kurzen Schwerdt in der Rechten abbildet. Es ist oben[3]) bemerkt worden, dafs die mit dem letztgenannten ebensowohl wie die mit dem gewöhnlichen Typus geschlagenen Silbermünzen eine ältere Fabrik bekunden, als die beiden in Gold nicht vertretenen Reihen, auf denen der König entweder nur in halber Figur, oder im Begriff den Pfeil abzuschnellen, dargestellt ist. Vermuthlich bezeichnen diese vier verschiedenen Modificationen des Gepräges der Silbermünzen, denen man noch eine fünfte hinzufügen kann, indem auf den Drachmen der zweiten Reihe der Grofskönig in der Rechten statt des kurzen Schwerdtes bisweilen einen Pfeil hält, ebensoviel verschiedene Regierungen; doch müssen, selbst wenn man nur die 6 längeren Regierungen des Dareios, Xerxes, Artaxerxes I., Dareios Nothos, Artaxerxes II., und Ochos berücksichtigt, und sowohl die Xerxes' II. und des Sogdianos, von denen die erstere 45 Tage, die letztere 6 Monate gedauert hat, wie die des Arses (2 Jahr) und Dareios Codomanus (4 Jahr) aufser Acht läfst, immerhin mehrere Könige sich desselben Münzstempels bei der Silberprägung bedient haben. Die Prägung der drei älteren Reihen mag man den vier erstgenannten Königen zuschreiben, den Beginn der jüngeren Prägung, die zugleich ein entschieden leichteres Gewicht darstellt, in die Zeit Artaxerxes II. setzen, unter dem der Verfall des Reiches reifsende Fortschritte machte. Gefutterte Exemplare, die überhaupt beim persischen Silber ziemlich häufig sind, findet man übrigens schon bei den ältern Reihen. Warum man beim Golde den von Dareios eingeführten Stempel unverändert beibehielt und hier viel conservativer verfuhr als beim Silber, wird wohl dieselbe Erklärung finden, wie die Thatsache, dafs man noch lange nach Alexanders Tode fortfuhr auf seinen Namen und Bild Geld zu prägen[4]). Bei einem Geld-

---

1) Vgl. oben S. 66. Doch ist das in der Sammlung des Herrn v. Prokesch befindliche Exemplar viel leichter, es wiegt 3 Gran (= 0.159 Gr.) weniger als die ältern Dareiken, mithin unter 8.25 Gr. Vgl. Ined. 1854. S. 293.

2) Siehe oben S. 230.

3) S. 65.

4) Vgl. Müller Numismatique d'Alexandre le Grand S. 87 f.

stück, welches wie der Dareikos den internationalen Verkehr nicht nur in Asien, sondern auch über Asien hinaus vermittelte, war es geboten, das einmal bekannte und anerkannte Gepräge nicht zu verlassen, sondern immer wieder zu reproduciren. Auch die Doppeldareiken zeigen das gewöhnliche Prägbild, obgleich dieselben nicht nur einer jüngern Epoche angehören, sondern auch an andern Orten gemünzt worden sind, wie das übrige Reichsgeld. Während letzteres wahrscheinlich in Persepolis oder in Susa fabricirt wurde, wo sich die gröfsten königlichen Schätze befanden[1]), kann man nicht umhin, die Doppeldareiken einer griechischen Prägstätte zuzuweisen. Darauf führen vor Allem die im Felde links oder rechts vom Könige beigefügten Beizeichen, die mir auf dem übrigen Reichsgeld nie begegnet, hier aber, wie es scheint, constant sind und meist griechische Buchstaben wie ΦΙ, $\underset{\Lambda}{\Phi}$, Χ und $\underset{OO}{X}$, bisweilen einzelne Gegenstände wie Lorbeerkranz und Tiara darstellen. Auch der Unterstempel ist minder unregelmäfsig behandelt und durch parallel gezogene Rillen in eine Anzahl von horizontalen Feldern getheilt. Dies und das niedrige Gewicht deutet zugleich mit Bestimmtheit auf eine spätere Entstehungszeit hin. Veranlassung und Ort der Prägung sind nicht näher zu fixiren, von den auf den Alexandermünzen vorkommenden Münzzeichen läfst sich kein einziges zur Vergleichung herbeiziehn. Dagegen erkennt man aus den angeführten Thatsachen deutlich genug, dafs es in der Prägung des Dareios noch keine Doppeldareiken, sondern nur je ein Nominal in Gold und Silber gab und dafs jene erst später hinzugefügt wurden.

Wenn man erwägt, dafs die einseitige Prägung zwar in den kleinasiatischen Städten am Anfang des 6. Jahrhunderts noch ziemlich allgemein war, aber das vertiefte Viereck der Rückseite schon vor Dareios fast überall eine regelmäfsige Form angenommen hatte, wie dies nicht nur das ältere Elektrongeld, sondern auch das kleinasiatische Gold und insbesondere das Courant des Krösos beweist, so erscheint es einigermafsen auffallend, dafs die Kehrseite des von Dareios zuerst geprägten Geldes durchaus vernachlässigt und die durch den Unterstempel bewirkte Einsenkung zwar nicht sehr tief, aber durchaus primitiv erscheint. Da die wahrscheinlich ebenfalls schon unter Dareios beginnende Prägung des syrischen Provinzialsilbers zweiseitig ist, so wird man kaum umhin können,

---

[1]) Ueber Persepolis, vgl. Brissonius de regio Persarum princ. S. 40. 122. Diodor 17. 70 f. Curtius 5, 2, über Susa vgl. Brissonius S. 45. Herodot 5, 33.

in dieser Behandlung des eigentlichen Reichsgeldes eine gewisse Absichtlichkeit zu erkennen. Bei dem letzteren kam es eben nur darauf an, das großkönigliche Wappen deutlich zu markiren und es dadurch als das vom Monarchen emittirte legale Courant zu bezeichnen, die Rückseite war gleichgültig, je unregelmäfsiger sie sich darstellte, umsomehr trat das königliche Siegel hervor, welches diesem Stück Metall, wie jedem vom Oberherrn erlassenen Edict, die gesetzliche Geltung verlieh.

Man hat bereits im Alterthum die Ansicht aufgestellt, dafs das Goldstück, welches die Griechen mit dem Namen *Δαρεικὸς στατήρ* oder schlechthin *Δαρεικός* bezeichneten[1]) — denn dieser Ausdruck haftet ursprünglich nur am Golde[2]) — älter sei als Dareios. Indefs läfst sich für diese Behauptung, die auch noch in der neueren Zeit Vertreter gefunden hat[3]), kein stichhaltiger Grund anführen. Vielmehr widerlegt sie, abgesehn vom Zeugnifs des Herodot, schon der Name auf das Bestimmteste, der den Ursprung ebenso genau bezeichnet, wie die Ausdrücke *Κροίσειος, Φιλίππειος, Ἀλεξάνδρειος στατήρ*[4]) den Ursprung der von diesen Königen zuerst geschlagenen Goldmünzen. Der einheimische in Persien gebräuchliche Name ist verloren gegangen, für das Silberstück hat er sich dagegen erhalten. Vermuthlich wurde dasselbe als *σίγλος Μηδικός*[5]) im Gegensatz zum babylonischen und kleinasiatisch-phönikischen Stater bezeichnet, die im Orient ohne Zweifel denselben Namen führten. Nach dem für das persische Geldwesen mafsgebenden babylonischen Gewichtssystem kam der dem griechischen *σίγλος* zu Grunde liegende Ausdruck Shekel sowohl der Gold- wie der Silbereinheit zu, insofern beide als der 60. Theil der nach dem Werthverhältnifs dieser Metalle in Verhältnifs zu einander gesetzten correlaten Minen betrachtet wurden. Wahrscheinlich unterschied man daher in Persien die beiden Münzen als goldene und silberne Shekel, mochte aber für den ersteren noch ein besonderes Wort ausgebildet haben.

Insofern der Dareikos so gut wie der Silbersiglos als gesetzliches Zahlungsmittel galt, herrschte im persischen Reiche Doppelwährung. In-

---

[1]) Vgl. Hultsch S. 277. Anm. 9.

[2]) Vgl. Mommsen R. M. S. 13.

[3]) Vgl. Hultsch S. 160. Anm. 7.

[4]) Hultsch S. 277. Anm. 9. gegen die von Blau Beiträge zur phönik. Münzkunde I, S. 17 f. vorgetragene Ableitung des Namens *δαρεικός* hat sich Mommsen S. 11, 41 mit Recht erklärt.

[5]) Mommsen S. 13, 43. Xen. anab. 1, 5, 6. Pollux 9, 62. Phot. Hesych. C. J. Gr. n. 150, 20. Rangabé ant. Hell. 2 n. 836. 837. 843.

defs mufste thatsächlich sehr bald die Goldwährung entschieden die Oberhand erhalten. Dies lag schon darin, dafs es in Silber nur ein Nominal gab, welches für den Verkehr durchaus nicht genügte. Wichtiger war aber der Unterschied zwischen dem Welttauschwerth des Goldes und dem diesem Metall in der persischen Münze verliehenen Legalwerth. Der letztere war höher als der erstere. Während der Dareikos in Persien zum 13⅓fachen Betrage gegen das Silber ausgebracht wurde, betrug der Realwerth des Goldes in Athen höchstens das 12fache des Silbers[1]) und kann in Kleinasien bei dem lebhaften Handelsverkehr, der zwischen den Küstenländern des ägäischen Meeres stattfand, nicht viel höher gewesen sein. Es mufste mithin derselbe Fall eintreten, wie in Frankreich, wo seit 1850 das Gold unter das in der Münze angenommene Werthverhältnifs von 15½ : 1 sank und in Folge dessen allgemeines Zahlungsmittel wurde, während das theurere Silber mit Prämie exportirt ward. So wurde die bereits vor Dareios in Kleinasien übliche Goldwährung auch im persischen Reiche allgemein herrschend: alle Rechnungen, die über einen Dareikos betrugen, wurden nicht wie in Griechenland und seit Alexander dem Grofsen im ganzen Bereich seiner Monarchie auf Silberdrachmen, sondern regelmäfsig auf Dareiken oder kleinasiatische Goldstater gestellt und alle gröfseren Zahlungen in Gold geleistet.

Dies erkennen wir zunächst aus den unter persischer Herrschaft in Kleinasien abgefafsten Urkunden, in denen die Rechnungseinheit stets das persische oder kleinasiatische Goldstück bildet. So wird in der Uebereinkunft zwischen den Gemeinden von Halikarnassos und Salmakis und dem Tyrannen Lygdamis aus dem Jahr 449 v. Chr. (Olymp. 82, 4)[2]) nach Statern und Zwölfteln gerechnet, d. h. nach Goldstatern und Zwölfteln phokaischen Fufses, wie sie zwar, so viel bekannt, in Halikarnassos selbst nicht, aber in den meisten übrigen griechischen Städten der Halbinsel geschlagen wurden[3]). Ebenso kommt in Inschriften jener Zeit aus Kyzikos[4])

[1]) Vgl. oben S. 85.

[2]) Kirchhof Studien zur Gesch. des griechischen Alphabets S. 126.

[3]) Vgl. Newton Halicarnassus II, 2. S. 672. l. 26 — *ὁρκοῦν δὲ τ[οὺς ἐκ]δικαστὰς ἡμι[ε]κτον δεξαμ[ένου]ς* und l. 37 *ἢν δὲ μὴ ᾖ αὐ[τ]ῷ ἄξια δέκα [στα]τήρων.*

[4]) C. J. Gr. no. 3657 *στατῆρας πεντακοσίους*. Böckh's Zweifel, ob dies goldene oder silberne Stater waren, wird man kaum theilen können, da das Wort ohne Beisatz gewifs immer Goldmünzen bezeichnete. n. 3658 *στατῆρας ἑκατόν*. Da in den Inschriften römischer Zeit, wie no. 3692 u. 3694, stets nach Denaren gerechnet wird, so wird diese Urkunde doch wohl noch in vorrömische Zeit fallen, obgleich in Kyzikos eine nach Statern normirte Zahlung auch in späterer Zeit am wenigsten auffallen würde.

Lampsakos[1]) und Smyrna[2]) als einziger Werthausdruck für alle gröfsern Beträge in der Regel nur der Goldstater vor, während später die Drachmenrechnung an die Stelle tritt. Besonders deutlich läfst sich dies in den smyrnäischen Rechnungsurkunden verfolgen, indem die älteren sämmtliche Summen in Gold-, die jüngeren in Silbergeld ausdrücken. Auch der Dareikos erscheint als Werthseinheit in einem Ehrendecret der Stadt Erythrae für den karischen Dynasten Mausolos[3]). Dafs im persischen Reiche Gold viel massenhafter circulirte als Silber bestätigen ferner die Berichte der Schriftsteller über Sold- und andere Zahlungen, die eben im persischen Reiche stets in diesem Metall geleistet wurden. So bestand die Summe von 50,000 Talenten, die Tithraustes zur Bestechung der griechischen Staatsmänner nach Griechenland sandte, wie ausdrücklich angegeben wird, aus Golddareiken[4]), so gab Kyros der Jüngere dem Klearchos zur Anwerbung eines Heeres 10,000 Dareiken[5]) und zahlte dem Amprakioten Silanos die ihm versprochene Summe von 10 Talenten in Gold aus[6]). Auch der Truppensold ward in Gold berechnet und bezahlt[7]).

Wenn ferner der Lyder Pythes, der Herr von Kelaenae, wie Herodot[8]) erzählt, 3,993,000 Dareiken und nur 2000 Talente Silbers besafs, wenn im königlichen Schatz zu Susa 9000 Talente in gemünztem Golde und 40,000 Talente ungemünzten Metalls[9]) sich vorfanden, als Alexander sich dieser

---

[1]) C. J. Gr. no. 3641 b. l. 31 ἀναπεισάτω στατῆρας πεντήκοντα καὶ δραχ[μάς]. Geringere Beträge als ein Stater werden auch l. 6 durch Drachmen und Obolen ausgedrückt.

[2]) In dem ältesten Verzeichnifs C. J. Gr. n. 3140 der zu einem öffentlichen Werk beigesteuerten Gelder wird nur nach Goldstatern, in spätern, wie n. 3141 und n. 3 bei Le Bas Voyage archéol. en Grèce et en Asie mineure, nach Drachmen, und ebenso in 2 Urkunden C. J. n. 3142 n. 3143, in denen zwar römische Eigennamen vorkommen, die aber noch in vorrömische Zeit gehören, nach Drachmen gerechnet.

[3]) Le Bas partie 5, 3. Erythrae no. 40. S. 40 καὶ [στεφ]ανῶσαι Μαύσσωλλον μὲν [ἐκ δαρ]εικῶν πεντήκοντα, Ἀρ[τεμισίην] δὲ ἐκ τριήκοντα δαρει[κῶν].

[4]) Xenoph. Hellen. 3, 5, 1. Plutarch. Ages. 15.

[5]) Xen. An. 1, 1, 9.

[6]) Xen. An. 1. 7. 18.

[7]) Xen. An. 1, 3, 21. 7, 6, 1. 5, 6, 23.

[8]) VII, 28.

[9]) Diodor. 17, 66 ἀσήμου χρυσοῦ καὶ ἀργύρου πλείω τῶν τετρακισμυρίων ταλάντων .... χωρὶς δὲ τούτων ἐνάκισχίλια τάλαντα χρυσοῦ χαρακτῆρα δαρεικὸν ἔχοντα. Arrian. III, 16, 7 und Curtius 5, 8 geben die ganze Summe rund auf 50,000 Talente an, Plutarch. Alex. 36. Strabo XV, 731. Just. XI, 14, 10 erwähnen nur die 40,000 Talente ungemünzten Metalls. Bei allen diesen Berechnungen ist die Einheit das Silber-

Schätze bemächtigte, so darf man daraus wohl den Schlufs ziehn, dafs die Goldwährung im persischen Reiche durchaus vorherrschte und dafs dies thatsächliche Verhältnifs auch von der Regierung des Grofskönigs insofern anerkannt wurde, als in der persischen Münze vorzugsweise Gold geprägt ward.

Erst durch Alexander den Grofsen wurde in Asien Silberwährung eingeführt. Es wird hier umsomehr am Ort sein, etwas näher auf die Münzverhältnisse des makedonischen Reiches einzugehen, da sich durch Vergleichung der im dortigen Münzrecht gültigen Principien mit den im persischen Reiche herrschend gewordenen Normen, zugleich eine deutlichere Erkenntnifs der letzteren gewinnen läfst. Philipp II. sah mit Recht in der Schöpfung eines einheitlichen Münzwesens ein Hauptmittel zur Consolidation seines Reiches. Unter allen Silbermünzsorten, welche zu seiner Zeit an den Küsten des ägäischen Meeres circulirten, war keine so verbreitet, wie das nach dem kleinasiatischen Fünfzehnstaterfufs geprägte Geld, das bereits früher in den meisten Städten der kleinasiatischen West- und Nordwestküste und in einigen Orten Thrakiens und Makedoniens gemünzt wurde, aber seit Beginn und Entwicklung der rhodischen Prägung in diesen Ländern entschieden das Uebergewicht erhalten hatte. Diese Währung, welche an der thrakisch-makedonischen Küste in Byzanz, Aenos, Thasos, Akanthos und Neapolis bereits galt, in Amphipolis und im chalkidischen Städtebund im vierten Jahrhundert v. Chr. Eingang fand, ward nun von Philipp als Norm für die neue makedonische Reichssilbermünze gewählt. Zu gleicher Zeit ward jetzt zuerst eine regelmäfsige Goldprägung von Philipp eingerichtet, für welche ihm als Muster das damals verbreitetste Goldstück, der Dareikos, diente. Doch liefs er die Goldwährung nicht an die Stelle, sondern an die Seite der früher allein herrschenden Silberwährung treten und führte damit in seinem Reiche Doppelwährung ein. Um dieselbe aufrecht zu erhalten, mufste das Gold in der Münze zu einem Curse ausgebracht werden, welcher dem Welttauschwerth desselben möglichst entsprach und ihm jedenfalls näher kam, als das in der persischen Münze angenommene Verhältnifs.

---

talent, wie dies Diodor. 17, 71 in seinem Bericht über die von Alexander in Persepolis vorgefundenen Schätze ausdrücklich bemerkt: *δώδεκα μυριάδας ταλάντων, εἰς ἀργυρίου λόγον ἀγομένου τοῦ χρυσίου*. Vermuthlich hat man sich auch unter den 2600 Talenten gemünzten Geldes, die sich nach Curtius de gest. Al. 3, 35 summa pecuniae signatae fuit talentum duo milia et sescenta, facti (codd. facile) argenti pondus quingenta aequabat, in Damaskos befanden, Golddareiken zu denken.

Welches der Legalcurs des von Philipp und Alexander gemünzten Goldes gewesen, wird nirgends überliefert. Indefs ist derselbe leicht zu finden. Denn wenn der Dareikos gesetzlich die Geltung von 10 babylonischen Silberstatern zu 11.2 Gr. und im Handel den Werth von 15 Silberdrachmen zu 7.46 Gr. oder 7½ entsprechenden Statern zu normal 14.92 Gr. hatte und dasselbe Verhältnifs später auch für das rhodische dem Dareikos ebenfalls nachgeprägte Gold beibehalten wurde, so liegt die Voraussetzung nahe, dafs auch Philipp, dessen Münzwesen sich dem rhodischen im Allgemeinen anschlofs, diese Werthung annahm. Da er indessen das Gewicht des Goldstaters von 8.40 bis 8.63 Gr. erhöhte und dagegen den Silberstater nur zu 14.46 Gr. ausbrachte, so blieb das Werthverhältnifs der beiden Metalle, welches der Prägung zu Grunde lag, unter der persischen Norm und betrug ziemlich genau 12½ : 1. Es ist um so wahrscheinlicher, dafs Alexander der Grofse, der den Fünfzehnstaterfufs Philipps mit der attischen Währung vertauschte, hierin nichts geändert hat, da bekanntlich dieselbe Werthproportion später auch in dem ptolemäischen Reiche mafsgebend wurde, und dafs sein Goldstater mithin den Werth von 25 Silberdrachmen erhielt. Diese Annahme gewinnt dadurch noch an Probabilität, dafs Caesar der von ihm neugeschaffenen Goldmünze, die im Gewicht dem Goldstück Philipps und Alexanders nachgebildet war, denselben Nennwerth verlieh, indem er sie auf 25 Denare tarifirte[1]; denn sein Zweck, ihr im Orient neben dem Philippeus Eingang zu verschaffen, wurde offenbar erst erreicht, wenn er sie dem letzteren auch gesetzlich vollkommen gleichstellte und da der Denar der Alexanderdrachme bereits legal gleichstand, so geschah dies durch jene Tarifirung.

Philipp hat nun zuerst das volle Münzrecht für die Krone in Anspruch genommen und nicht nur das von ihm geschaffene Reichsgeld zum alleingültigen gesetzlichen Zahlungsmittel erhoben, sondern auch die Prägung des städtischen Courants überall untersagt, wo es in seiner Macht stand, und dagegen die vermuthlich von königlichen Beamten beaufsichtigte Fabrikation des mit seinem Wappen bezeichneten Geldes angeordnet. Denn eine andere Bedeutung kann es nicht haben, dafs mit Ausnahme der von Philipp colonisirten und nach ihm benannten Stadt Philippi mit einem Male in allen unmittelbar abhängigen Gebieten seines Reiches, insbesondere in Thrakien und Makedonien, die locale

[1]) Mommsen R. M. S. 751. Hultsch S. 232. Anm. 6.

Münzprägung aufhört und dagegen nicht nur in solchen Städten, die früher eigenes Münzrecht gehabt, sondern auch in andern, die früher nie Geld geschlagen hatten, die königliche Prägung massenhaft geübt wird[1]). Dasselbe System ward nun von Alexander auch über Asien verbreitet. Nur diejenigen Städte und Gebiete, denen die Autonomie gewährleistet war, wie insbesondere die hellenischen Städte Kleinasiens, behielten das Recht, eigenes Courant zu münzen[2]). Allen anderen ward die Verpflichtung auferlegt, nach dem legalen Gewichtsfuſs und mit dem königlichen Stempel ihr Geld zu schlagen.

Weder unter Philipp noch unter Alexander scheint eine Theilung des Münzrechts in der Weise bestanden zu haben, daſs dem Oberherrn die Goldprägung allein vorbehalten blieb. Mit der vollen Autonomie war vielmehr auch das volle Münzrecht verbunden. So hat Philippi unter Philipp nicht nur eigenes Silber, sondern auch eigenes Gold geschlagen; und wenn auch die Goldprägung in den hellenischen Städten Kleinasiens mit der Herrschaft der Alexanderdrachme fast ganz aufhörte, so ist sie doch nicht ganz versiegt. Daſs Kyzikos noch unter oder nach Alexander Stater phokaischen Fuſses geprägt hat, ist schon erwähnt[3]). Aber auch von Pergamon, Ephesos, Milet, Smyrna, Teos und Klazomenae giebt es einzelne Goldmünzen, die keinenfalls mehr unter den Achämeniden gemünzt sind, und von denen die smyrnäischen sogar den erst etwa am Ende des 3. Jahrhunderts in dieser Stadt angebrachten Tetradrachmen gleichzeitig sind, die von Klazomenae aber, welche dasselbe Gepräge zeigen, wie das dortige sehr schön und noch vollwichtig ausgemünzte Silber attischen Fuſses (lorbeerbekränzter Apollokopf)(ΚΛΑΣΟ Schwan, Magistratsname) wohl noch unter oder kurz nach Alexander dem Groſsen, die von Teos, Milet und Ephesos jedenfalls noch neben der Silberprägung kleinasiatischen und babylonischen Fuſses, welche in Ephesos etwa um den oben erwähnten Zeitpunkt, in Milet und Teos aber viel früher erlosch, geschlagen worden sind. Wenn ferner die ersten Seleukiden sehr wenig, die späteren ebenso wie die pergamenischen, parthischen und kappadokischen Herrscher, wie es

---

[1]) Vgl. Müller Numism. d'Alexandre le Grand S. 66. 67. Anm. 6. Vgl. die Liste der Städte, in denen unter Philipp Reichsgeld geschlagen ward S. 376 ff., unter denen Pella, Tragilos, Akroathon, Skione, Therma, Pelagonia, Dion, Herakleia, Kardia, Krithote, Koela, Aegospotamos vor Philipp, nach dem Münzbestand zu urtheilen, kein Silber geschlagen haben.

[2]) Vgl. Müller a. a. O. S. 68 f.

[3]) Vgl. S. 177.

scheint, gar nicht, von den makedonischen Königen nur Philippos Aridaeos viel Gold geschlagen hat, so liegt der Grund gewifs nicht in der Vorstellung, dafs dem Grofskönigthum allein das Vorrecht der Goldprägung zukam¹), zumal da die Nachfolger der Diadochen sich dieser Vorstellung doch leichter hätten entschlagen können, als jene selbst und Niemand mächtig genug war, um sie an der Usurpirung eines Vorrechts zu hindern, dessen Träger nicht mehr existirte und das dessen nächste Erben gar nicht, die Ptolemäer überhaupt nie anerkannt haben. Vielmehr liegt die Ursache dieser Erscheinung darin, dafs durch Alexander den Grofsen die griechische Silberwährung über den Orient verbreitet und Silber fortan das gewöhnliche und wohlfeilere Zahlungsmittel wurde. Alexander hat bereits, wie es scheint, weniger Gold geprägt als Philipp²) und dagegen die von ihm eingeführte und massenhaft gemünzte Alexanderdrachme zur allgemeinen, in seinem ganzen Reiche gültigen Zahlungseinheit erhoben. Nach ihr wird seitdem in den öffentlichen Urkunden der Monarchie regelmäfsig gerechnet³) und nur in den freien oder halbfreien Städten, die ihr

¹) Diese Ansicht vertritt Mommsen R. M. S. 702: „Das Verlegen der makedonisch-kleinasiatischen Goldprägung ist ein noch unaufgeklärtes geschichtliches Räthsel. Wenn man hinzunimmt, dafs die Prägung des Goldes auf Philipps und Alexanders Namen auch nach ihrem Tode sicher constatirt ist, so läfst sich die Vermuthung nicht abweisen, dafs die Goldprägung gedacht ward als verknüpft mit dem Grofskönigthum und dafs alle diejenigen Könige, welche sich dem daraus erwachsenen Staatensystem zuzählten — was von Aegypten nicht unbedingt gilt — und nicht eben augenblicklich auf die Alexandermonarchie in ihrem ganzen Umfang Anspruch machten, sich der Goldprägung unter eigenem Namen enthielten."

²) Müller a. a. O. S. 67. 373, der dafür Ekhel Doctr. num. II, 96 nicht anführen durfte.

³) So in Inschriften von Teos C. J. Gr. n. 3069 (nach 152/151 v. Chr.) *ἀργυρίου Ἀλεξανδρείου δραχμὰς μυρίας καὶ πεντακισχιλίας* le Bas Sect. XIII. Add. n. 1557. Thyatira C. J. n. 3521 (unter Attalos I. 239 v. Chr.) *ἀπὸ δραχμῶν Ἀλεξανδρείων ἑκατόν*. n. 3596 *Ἀλεξανδρείας ἑκατόν*. Ilion n. 3599 (aus dem 3. oder 2. Jahrh. v. Chr.) *τὰς μυρίας καὶ τετρακισχιλίας Ἀλεξανδρείας*. Dasselbe Geld wird in derselben Inschrift vorher und nachher ohne nähere Bezeichnung schlechtweg Drachme genannt; ebenso wie in dem Vertrage zwischen der Gemeinde von Ilion und der von Skamandria n. 3597 und in den oben S. 249 angeführten smyrnäischen Inschriften, wo nur von Alexanderdrachmen die Rede sein kann, da dort anderes Silber als nach diesem Fufs nie geprägt worden ist. Dagegen wird in der ephesischen Inschrift n. 2953ᵇ, die wahrscheinlich kurz nach Alexander fällt, und wo ebenfalls nur nach Drachmen gerechnet wird, die einheimische Drachme des dort noch ziemlich lange nach Alexander beibehaltenen kleinasiatischen Fufses gemeint sein. Was für eine Drachme in Mylasa n. 2694ᵇ, Patara n. 4283 vgl. Add. II, 1127, Termessos n. 4366ᵃ, Asperia n. 4300ᵉ. 4300ᵉ, Myra n. 4303ᵉ

eigenes Münzrecht behalten hatten, die einheimische Drachme daneben geduldet, aber überall die Silberwährung durchaus an die Stelle der Goldwährung gesetzt. Auch stand wahrscheinlich der Münzwerth des geprägten Goldes etwas unter dem Welttauschwerth dieses Metalls, welcher im Orient nicht nur vor, sondern auch nach Alexander gegen Silber etwas über 12.5 : 1 betragen haben mufs, da die Nachfolger des Ptolemaeos Soter sich veranlafst gesehen haben, die Golddrachme niedriger (bis 3.48 Gr.) auszubringen, als die früher ganz entsprechende Silberdrachme (zu 3.57 Gr.[1]), wodurch das Gold in der Münze auf das Zwölfzweidrittelfache des Silbers zu stehen kam — offenbar, weil sie sonst ihr Gold mit Verlust ausgeprägt haben würden.

Ueberdies scheint in einigen Theilen Asiens von Anfang an eine besondere Vorliebe für Silbergeld bestanden zu haben. Sowie dies heute insbesondere von Indien gilt, so unter den Achämeniden und später von Syrien, wo die persischen Grofskönige eine besondere Silberprägung einrichteten, und wo die unter den Seleukiden massenhaft geübte königliche und städtische Silberprägung so wenig dem Bedürfnifs entsprach, dafs die Silberstater attischen Fufses von Smyrna, Myrina, Kyme, Lebedos, Magnesia und Herakleia in Ionien massenhaft dorthin wanderten und dort offenbar mehr circulirten, als in Kleinasien, wie dies der Fundort dieser Münzen zeigt[2]), ähnlich wie man heute den französischen Fünffrankenthaler selten in Frankreich, aber desto häufiger jenseits der Pyrenäen in Spanien und Portugal findet.

Wenn hiernach im makedonischen und in den Diadochenreichen Gold und Silber zu münzen alleiniges Vorrecht der Krone war und dies auf abhängige Städte und Staaten nur mit der Autonomie und durch besondere Auto-

---

vgl. Add. S. 1139, Thes n. 4244 und n. 4303$^{b\,4}$. 4303$^{b\,5}$. 4315^{b} und was für ein Talent in der etwas ältern Inschrift von Pinara n. 4259 gemeint sei, ist minder sicher, obgleich in Lykien und an der ganzen Südküste Kleinasiens die Alexanderdrachme schon in früher Zeit geprägt worden ist (Müller a. a. O. S. 273 f.). In Halikarnafs n. 2656 ist wohl ebenso wie in Rhodos selbst n. 2525^{b} die rhodische Drachme Wertheinheit gewesen, die auch n. 2693^{e} *τιμῆς τὰ πάντα ἀργυρίου Ῥοδίου λεπτοῦ δραχμῶν ἑπτακισχιλίων* vgl. l. 11. 13, ebenso wie auf milesischen Inschriften n. 2855 (vgl. Mommsen S. 26, 68) und n. 2858 vorkommt, wo „einheimische" oder „milesische", „rhodische" und Alexanderdrachmen neben einander genannt werden. Der letztern begegnen wir aufserdem auf böotischen und argivischen Inschriften und bei Appian Sic. 2 und Polyb. 34, 8, 7 (vgl. Mommsen a. a. O.).

[1]) Vgl. Mommsen S. 40.

[2]) Borrell Numism. Chr. 6, 155.

risation übertragen wurde[1]), so war dagegen im persischen Reiche Silber und Kupfer zu schlagen Niemandem verwehrt; nur galt das mit dem grofsköniglichen Wappen bezeichnete Geld als das alleinige gesetzliche Zahlungsmittel, alles übrige diesem gegenüber als Waare. Die Goldprägung behielt sich die Krone ganz allein vor. Dies letztere deutet, wie Mommsen[2]) bemerkt, schon die Ueberlieferung des Herodot über Aryandes an, welcher nur Silber münzte, vermuthlich weil ihm Gold zu schlagen nicht gestattet war. Auch besitzen wir nur einen in Lampsakos geprägten und mit dem Bilde eines Satrapen bezeichneten Goldstater[3]), den man gegen diese Annahme anführen könnte. Da aber sonstiges Satrapengold gar nicht und jene Münze eben nur in einem Exemplar vorkommt, so bestätigt diese Ausnahme nur die Regel. Auch die von dem persischen Scepter abhängigen Dynasten haben nur ausnahmsweise und unter besonderen Umständen Gold geschlagen. Von den Königen von Herakleia und Byblos giebt es nur Silbermünzen, von den karischen Dynasten hat weder Hekatomnos, noch Maussolos, noch Idrieus, sondern erst Pixodaros 340—335 v. Chr., also innerhalb der letzten fünf Jahre der persischen Herrschaft, Gold gemünzt, aber nur vom halben Stater abwärts. Dasselbe gilt von einer phönikischen Dynastie, die im vierten Jahrhundert v. Chr. in Kition herrschte und mit dem gleichen Gepräge (streitender Herakles)(Löwe Hirsch würgend) eine Zeit lang Silber und Gold, jenes nach babylonischem, dieses nach dem Dareikenfufs, aber ebenfalls nur vom halben Stater abwärts geschlagen hat. Die auf diesen Münzen befindlichen phönikischen Aufschriften ergeben fünf verschiedene Königsnamen, von denen zwei — Azbal und Balmelek — nur auf Silbermünzen, zwei — Meleknamas (?) und Melekramkit — nur auf Gold- und einer — Melkjiten — sowohl auf Gold wie auf Silbermünzen vorkommt[4]). Es

---

[1]) So verlieh Antiochos VII. Sidetes den Juden das Recht der Münzprägung. 1. Makk. 15, 6.

[2]) R. M. S. 12. — [3]) Vgl. oben S. 241.

[4]) Auf diesen Münzen fand Luynes Num. des Satr. S. 60 f., abgesehen von den ersten beiden Königsnamen, hauptsächlich vier verschiedene Aufschriften, die er auf den König von Kition, den König von Kition und Tyros, den König von Tyros und den König der Chittim in Syrien deutete. Die im Text gegebene Zutheilung beruht auf einer Mittheilung des Vicomte de Vogüé, dafs dieses Gold ebenso wie das dazu gehörige Silber, welches man ohnehin nicht gern mehreren verschiedenen Prägstätten zuweisen würde, immer auf der Insel Kypros gefunden wird und auf seiner Entdeckung, dafs zwei dieser Münzaufschriften die Namen zweier Könige enthalten, die auf drei phönikischen Inschriften aus Kition

wiederholt sich hier also dieselbe Erscheinung, wie bei den karischen Dynasten, dafs die Goldprägung durchaus nicht von allen und mithin wohl nur kraft besonderer Ermächtigung geübt wurde. Die nähere Veranlassung läfst sich für die kitischen Könige, welche die Silberprägung sogar gegen die Goldprägung zeitweise ganz zurücktreten liefsen, um so weniger nachweisen, da ihre Namen nur aus Münzen und vielleicht aus Inschriften bekannt sind. Indefs ist doch bemerkenswerth, dafs Kition mit Amathus und Soloi zusammen in dem Unabhängigkeitskriege des Euagoras stets einen Hauptstützpunkt der persischen Herrschaft bildete, und dafs die dort herrschenden phönikischen Könige, wie es scheint, schon früher im Kampf mit den griechischen Dynasten von Salamis sich gegen deren Angriffe durch engen Anschlufs an Persien zu schützen suchten [1]). Auch als Alexander Asien eroberte, scheint Kition zu Persien sich gehalten zu haben und deswegen dem salaminischen Herrscher Pnytagoras zur Belohnung für die bei der Eroberung von Tyros gewährte Unterstützung übergeben worden zu sein [2]); so dafs die Vermuthung nahe liegt, dafs die kitischen Dynasten sich das Recht der Goldprägung, welches ihren Gegnern, den salaminischen Königen, nicht verwehrt werden konnte, durch besondere, dem Grofskönig geleistete Dienste erworben hatten.

als Herrscher von Kition und Idalion genannt werden. Diese Dynastie wurde nach jenen Urkunden, von denen eine bereits von Pococke bekannt gemacht (vgl. Gesen. Mon. l. Phoenic. 1, 125. VIII, 1. taf. 11, 1), aber zuerst von Vogüé Rev. Archéolog. 1862. VI, 247 f. im Zusammenhang mit den beiden übrigen behandelt und übersetzt werden konnte, von Melkjiten gegründet, dessen Vater Balram noch nicht als König bezeichnet wird, ihm folgte sein Sohn Namealtan (?), von dessen 21. Jahr, wie es scheint, die eine und von dessen 37. Jahr die andere Inschrift datirt ist. Aus Münzen lernen wir aufserdem noch drei Königsnamen kennen Melekramkit, Azbal und Balmelek, die beiden letzteren haben nur Silber gemünzt. Selbst wenn die Identification der auf den Münzen und Inschriften vorkommenden beiden Namen, über die man erst nach Erscheinen der von Vogüé (bereits im Jahre 1863) vorbereiteten Abhandlung wird urtheilen können, sich nicht bewähren sollte, bleibt es durchaus wahrscheinlich, dafs diese ebenso wie andere ganz gleichartige Gold- und Silbermünzen, die sich jenen nicht nur dem Gepräge, sondern auch dem Gewichtsfuſs nach eng anschliefsen und ebenfalls meist phönikische Aufschrift, wenn auch nur einzelne Buchstaben wie ב, לב, ית, בך, לך, zeigen (vgl. Luynes N. d. Satr. pl. XIV. XV), in der phönikischen Pflanzstadt Kition geprägt und der Dynastie zuzuschreiben sind, die dort nach Andeutungen der Schriftsteller und den angeführten Inschriften in der letzten Zeit der Achämenidenherrschaft und daher gleichzeitig mit den griechischen Königen von Salamis regiert hat.

[1]) Engel Kypros I, 296. 300. 311. 316.

[2]) Engel a. a. O. S. 356.

Daſs die erwähnten Goldmünzen nicht vor die Regierung Artaxerxes II. fallen, beweist im Allgemeinen ihre Fabrik; ob die zwei Königsnamen beigefügten Zahlen (25, 27, 30, 45, 46 und 3, 10) Regierungsjahre des kitischen Dynasten, nach denen auch kitische Inschriften datirt sind, oder des Groſskönigs bezeichnen und alsdann auf Artaxerxes II. und Ochos zu beziehen sind, läſst sich nicht entscheiden[1]. Auch die hellenischen Dynasten von Salamis Euagoras, Nikokles und Pnythagoras haben neben ihrem Silbergelde rhodischen Fuſses Gold nach dem Dareikenfuſse und zwar vom Stater abwärts geschlagen, was seine Erklärung darin findet, daſs Euagoras fast während der ganzen Dauer seiner Regierung sich im Kampfe mit dem Groſskönig befand und nur unter der ausdrücklichen Bedingung, vom Groſskönig als König anerkannt zu werden[2], sich unterwarf und Tribut zu zahlen sich verpflichtete. Diese Auszeichnung, mit der vermuthlich die Ermächtigung, Gold zu prägen, verknüpft war, muſs auf seine Nachfolger sich vererbt haben, die ebenso wie Euagoras jenen Titel auf ihren Münzen führten, während die Dynasten von Karien sämmtlich und die von Herakleia sich bis auf Amastris desselben enthalten und stets mit der bloſsen Namensbezeichnung begnügt haben.

Es ist oben[3] nachgewiesen worden, daſs sich etwa seit Dareios eine starke Vermehrung des Silbergeldes in den kleinasiatischen Städten der West- und Nordwestküste bemerkbar macht, in denen bis dahin Gold und Elektron ganz überwiegend und zum Theil ausschlieſslich geprägt worden war. Auch ist diese Erscheinung bereits damit in Verbindung gebracht worden, daſs Dareios mit der Einführung der Reichsmünze die Goldprägung in den unterworfenen Städten untersagt und sich vorbehalten hatte. Als nun nach den hellenischen Befreiungskriegen die meisten dieser Städte ihre Autonomie wiedererlangten, begann die Goldprägung aufs Neue und ward wieder sehr lebhaft, in einigen Orten wie in Phokaea sogar fast ausschlieſslich geübt. Mehrere derselben, nämlich Lam-

---

[1]) Das letztere nimmt der Herzog von Luynes N. des Satr. S. 74. 80 an, bezieht aber das 46. Jahr irriger Weise auf die Regierung Artaxerxes I., der nach dem allein maſsgebenden ptolemäischen Canon nur 41 Jahr regiert hat. Dagegen könnte die Datirung sehr wohl auf Artaxerxes II. passen, der nach dem Canon 46 Jahre geherrscht hat. Es ist bekannt, daſs die unter dem „Satrapen Mausolos" verfaſsten Decrete von Mylasa ebenfalls nach Jahren des Groſskönigs Artaxerxes II., und nicht des einheimischen Dynasten datirt sind. Vgl. C. J. Gr. 2691 *c. d. e.*

[2]) Vgl. Engel a. a. O. — [3]) S. 197.

psakos, Abydos und Ephesos, fingen jetzt an, reines Gold nach dem Dareikenfufs zu münzen; besonders zahlreich sind die lampsakenischen Stater, seltener die Goldmünzen der beiden übrigen Städte aus dieser Periode. Dafs auch der Grofskönig gelegentlich diese hellenischen Prägstätten benutzen liefs, beweist aufser den Doppeldareiken[1]) ein Goldstater, dessen Oberstempel den gewöhnlichen Typus des persischen Reichsgeldes und dessen Unterstempel das Bild eines Schiffsvordertheils darstellt[2]), welches mit Bestimmtheit auf die bezeichnete Herkunft schliefsen läfst. Das Gewicht dieser autonomen Münzen steht, wie bereits bemerkt, durchschnittlich höher, als das des persischen Reichsgoldes[3]).

Viel massenhafter wurde aber die Prägung nach phokaischem Fufse geübt, am massenhaftesten in Kyzikos, da der kyzikenische Stater neben dem Dareikos jetzt das verbreitetste Goldstück wird. In der Prägung selbst traten indefs grofse Veränderungen ein; man gab die einseitige Prägung beim Theilstück fast ganz auf und behielt sie nur für den Stater regelmäfsig bei; auch hörte die Prägung des letzteren Nominals aufser in Kyzikos, wie es scheint, in den meisten Städten auf; man beschränkte sich nicht nur in den kleineren Orten, wie in Parion, Birytis, Kebren, sondern auch in Städten wie Abydos, Smyrna, Teos Phokaea, Chios und Samos auf Prägung von Kleingold und im Besonderen fast ganz auf das Sechstel; Zwölftel und kleinere Nominale aus dieser Periode kommen nur äufserst selten vor. Ferner fing man gleichzeitig an, die Münzen noch stärker zu legiren wie früher und um ihnen zum Unterschiede von dem kleinasiatischen Elektrongelde einen rothen, goldähnlichen Anschein zu geben, dem von Natur sehr silberhaltigen Metall auch noch bis 11.6 Procent Kupfer beizumengen, während die milesischen Weifsgoldmünzen nur 2.6 Procent enthalten. Allein auch der Silbergehalt dieser Münzen ist stärker, als der des letzteren Geldes und wenigstens bei den Theilmünzen bedeutender als der Goldgehalt. Es liegen gegenwärtig drei Analysen von zweiseitig geprägten goldenen Sechsteln dieser Periode vor, welche fast die gleichen Resultate ergeben. Von zwei auf Veranlassung des Herzogs von Luynes untersuchten Münzen enthielt die eine mit dem Löwenkopf auf der Vorderseite und einem vertieft geprägten Thierkopf auf der Rückseite[4]) bezeichnete Münze von 2.52 Gr. Gewicht:

---

[1]) Vgl. oben S. 246. — [2]) Vgl. Luynes N. des Satr. pl. I, 8.
[3]) Siehe oben S. 66. — [4]) Vgl. Sestini Stat. ant. IV, 9—14.

Gold	41.33
Silber	51.00
Kupfer	7.67
Bleispur	
	100.00

Die andere[1]) vom gleichen Gewicht mit dem lorbeerbekränzten Apollokopf auf der Schau- und einem Ephebenkopf mit langem, herabwallenden Haar[2]) auf der Rückseite:

Gold	41.167
Silber	53.940
Kupfer	4.893
	100.000

Eine dritte auf meine Veranlassung analysirte Münze von 2.40 Gr. Gewicht[3]), die auf der Schauseite einen weiblichen Kopf, auf der Rückseite die Leier darstellte und wahrscheinlich in Lesbos geprägt ist, hatte eine noch geringere Karatirung und enthielt:

Gold	39.50
Silber	48.90
Kupfer	11.60
	100.00

Wenn hiernach der Feingehalt dieser Münzen sich auf nur etwa 40 Procent stellte, so betrug das Silberäquivalent eines solchen Sechstels nach dem in Persien fixirten Werthverhältnifs der Metalle etwa 13.46 Gr., nach der in Griechenland üblichen Würderung nur etwa 12 Gr. und man begreift daher sehr wohl, dafs ein kleinasiatisches Zwölftel in Athen nur 8 Obolen, d. h. 5.84 Gr. Silber gelten konnte[4]). Indefs mufs der kyzikenische Stater beträchtlich feiner ausgeprägt worden sein, da dieser im Bosporos den Werth von 28 attischen Drachmen hatte[5]), was nach dem zwölffachen Werthe des Goldes gegen Silber auf einen Goldgehalt von

[1]) Von diesen beiden Analysen war nur das Resultat der zweiten, aus der Rev. num. fr. 1856, S. 89, wo indefs das Gepräge der Münze nicht angegeben war, bekannt. Das Nähere über die letztere und die Mittheilung der ersteren Analyse verdanke ich Herrn Waddington, dem der Herzog von Luynes die Ergebnisse dieser Untersuchungen zur Verfügung gestellt hatte.

[2]) Vgl. Sestini Stat. ant. VII, 16.

[3]) Sestini Stat. ant. VII, 17. Die hier und S. 216 angeführte Analyse hat Mr. F. Pisani in Paris ausgeführt.

[4]) Vgl. oben S. 126.

[5]) Demosthenes 34, 23.

63.5 Procent führt. Auch ist der Stater dieser Periode, der gewöhnlich 16.00 Gr. wiegt, verhältnifsmäfsig etwas schwerer als das zweiseitig gemünzte Sechstel von etwa 2.55 Gr. Die Thatsache, dafs gerade die Theilstücke am leichtesten und grobkörnigsten hergestellt wurden, scheint anzudeuten, dafs dieses nach dem phokaischen Fufs geprägte Gold in den betheiligten Städten auch in dieser Periode noch zu einem festen Curse ausgegeben wurde. Dies darf wohl mit Bestimmtheit von einer Klasse goldener Sechstel behauptet werden, die sehr verschiedene Wappen darstellen, aber sich durch ein gemeinsames Wahrzeichen, nämlich die vertiefte Prägung der Rückseite, auszeichnen. Diese Eigenthümlichkeit erklärt sich, wie bereits hervorgehoben wurde [1]), am einfachsten durch Annahme einer Münzconvention, die nur die gegenseitige Garantie des für das Vereinsgeld festgesetzten Nennwerthes bezwecken konnte und dieselbe auf die angegebene Weise bezeichnete. Diese Münzen charakterisiren sich auch dadurch als Vereinsmünzen, dafs sie regelmäfsig zwei verschiedene Städtewappen, wie Löwenkopf und Kalbskopf, Löwenkopf und beflügelter Eber, Maske und Pantherkopf u. s. w., auf Rück- und Schauseite vertheilt, darstellen. In der Fabrikation zeichnen sie sich vor allen auf zwei erhabene Stempel geschlagenen kleinasiatischen Goldstücken sehr vortheilhaft aus, einige Sorten gehören zu dem Besten, was die antike Prägekunst überhaupt geleistet hat. Die ihnen gemeinsame dunkle Farbe des Metalls ist, wie die oben [2]) mitgetheilte Analyse zeigt, durch rothe Legirung hervorgebracht.

Wie viel Städte diese Convention umfafst hat, läfst sich ebensowenig mehr nachweisen, wie der Nennwerth, unter dem die Münzen innerhalb derselben cursirten. Indefs darf man mit Gewifsheit die lesbischen Städte, die mehrere Sorten mit dem Kalbskopf auf der Rückseite und verschiedenen Prägbildern wie Widderkopf über Vogel, Pantherkopf, Löwenkopf meist mit beigefügten Initialen des Inselnamens (ΛE) auf der Vorderseite für gemeinsame Rechnung gemünzt haben, ferner Klazomenae und Samos, deren Wappen beflügelter Eber und Löwenkopffell auf mehreren Münzen erscheinen, und wohl auch Dardanos, Kebren, Erythrae und Abydos unter diesen Orten namhaft machen und dafs sich noch eine Reihe anderer an der Prägung betheiligte, aus den verschiedenen Münztypen schliefsen. Jedenfalls hat sich der Verein aber nur über die vorzugsweise ionischen und

[1]) Siehe S. 100.

[2]) S. 259.

äolischen Kolonien der West- und Nordwestküste erstreckt, da die dorische Hexapolis und die Städte an der Südküste Kleinasiens sich überhaupt an der Goldprägung so gut wie gar nicht betheiligt haben[1]). Es versteht sich, daſs der Nennwerth dieser Münzen nicht nur den Metallwerth, sondern auch den Marktwerth, den sie im auswärtigen Handel hatten, überstieg. Das Sechstel muſs daher wenigstens 1¼ Stater kleinasiatisch-rhodischen Fuſses zu etwa 15 Gr. oder 3⅓ persische Drachmen gegolten haben, wenn man den Minimalwerth nach dem von Demosthenes angeführten Curs des Kyzikeners im Bosporos berechnet. Und daſs das letztere Goldstück in Kleinasien eher höher als niedriger wie der Dareikos, d. h. eher über als unter 20 Silbersiglen stand, geht auch daraus hervor, daſs statt des gewöhnlichen monatlichen Soldes von einem Dareikos[2]) den unter Xenophon's Oberbefehl stehenden Truppen gelegentlich ein Kyzikener angeboten wird[3]).

Daſs die Auffassung dieser kleinasiatischen Goldmünzen als Vereinsmünzen richtig ist, erhält noch dadurch eine Bestätigung, daſs dieselben Orte, die sich an deren Prägung betheiligt haben, mit Ausnahme von Dardanos, auch gleichwichtiges und gleichartiges Silbergeld ausgebracht haben, welches zwar nicht die Eigenthümlichkeit des vertieften Unterstempels[4]), wohl aber alle anderen Eigenschaften des Vereinsgoldes theilt und wie dieses immer zwei verschiedene Städtewappen auf der Schau- und Rückseite combinirt. So haben Samos mit dem Löwen- oder Pantherkopf und dem halben Pferde dem Münzzeichen von Erythrae, oder dem Eber dem Wahrzeichen von Methymna, sowohl Samos wie Abydos mit ihren entsprechenden Wappen und dem beflügelten Eber von Klazomenae, oder der Sphinx von Chios, oder dem Widderkopf von Kebren, endlich die letztere Stadt mit ihrem Wappen und dem Greifen von Teos Silbergeld geschlagen, welches gewöhnlich aus Drachmen und Triobolen zu 3.55 und 1.75 Gr. Maximalgewicht, seltener aus entsprechenden Tetrobolen, Diobolen und Obolen besteht. Es ist offenbar sehr wahrscheinlich, daſs diese Silberprägung zu der erwähnten Goldprägung in Beziehung stand und daſs man in jenem Münzverband das Bedürfniſs fühlte, neben einer einheitlichen Goldmünze eine gleichartige Scheidemünze in Silber zu schaffen. Ebenso finden wir neben den für ge-

[1]) Siehe S. 204. — [2]) Hultsch S. 269, 10. — [3]) Xenoph. Anab. 5, 6, 23.

[4]) Bei Hunter taf. 66, 10 wird eine auf den Stempel eines Conventionssechstels geschlagene Silbermünze von 2.62 Gr. (= 49.5) angeführt, eine andere derartige Münze ist mir nicht vorgekommen.

meinsame Rechnung der lesbischen Städte gemünzten und mit ΛΕ bezeichneten goldenen Sechsteln, aus Potin und einseitig geprägte Obolen babylonischen Fufses zu 0.02 Gr. Maximalgewicht, die auf der Schauseite verschiedene Typen wie Eber- oder Negerkopf neben der Aufschrift ΛΕΣ oder ΛΕ tragen. Aufserdem hat sich, um dies hier anzuknüpfen, abgesehen von einigen Tetradrachmen attischen Gewichts mit den Prägbildern von Klazomenae und Kyzikos[1]), die in ihrer Art allein stehen, und über die noch weitere Aufklärung abzuwarten ist, innerhalb des Bereiches der kleinasiatischen Goldprägung nur noch die Spur einer Münzeinigung zwischen Ephesos, Samos und Rhodos in einer freilich geringen Anzahl von Silberstücken erhalten, die auf der Rückseite als Vereinszeichen den jugendlichen Herakles schlangenwürgend und die Aufschrift ΣΥΝ, auf der Schauseite die betreffenden Stadtwappen, die Biene, das Löwenkopffell und die rhodische Blume mit den Initialen der bezüglichen Städtenamen darstellen[2]). Da das Gewicht dieser Münzen sich zwischen 11.53 und 9.24 Gr. bewegt, so können sie ebensowohl als schwere Stater babylonischen, wie als leichte Didrachmen äginäischen Fufses betrachtet werden. Dafs nach dem letzteren Gewicht Rhodos auch eigenes Geld geprägt hat, haben wir oben gesehn[3]).

Eine Vereinsprägung in Silber von gröfserem Umfang und einiger Bedeutung ging in Kleinasien nur vom lykischen Städtebund aus, also von einer Landschaft, wo überhaupt nie Gold geschlagen worden ist. Die lykischen Silbermünzen folgen ebenso wie das übrige Bundesgeld einem gemeinsamen Gewichtsfufs und tragen auf der Rückseite ein gemeinsames Bundeszeichen, die Triquetra, während auf der Schauseite die Wappen der einzelnen Prägstätten angebracht sind. Es ist möglich, dafs auch die kilikischen Städte untereinander und mit den pamphylischen und pisidischen, wo überall ausschliefslich der babylonische Silberstater herrschte, sich zur Annahme dieses gemeinsamen Gewichtsfufses vereinigt haben. Doch findet sich hier ein gemeinsames Vereinszeichen nicht.

---

[1]) 17.16 = 264.9. Fox II, 27.

[2]) Vgl. Waddington rev. num. 1863, 223 ff., der die Entstehungszeit dieser Münzen zwischen 394 und 390 v. Chr. setzt. Seine Auffassung des Wortes ΣΥΝ als Präposition und die Erklärung derselben im Zusammenhang mit dem Prägbilde („le mot ΣΥΝ, inscrit auprès d'une représentation de la force héroïque, comme si l'on avait voulu dire ‚l'union fait la force'") scheint mir bedenklich. Vielleicht ist ΣΥΝ*ωμοσία* oder mit Leake Num. hell. Ins. Gr. 38 ΣΥΝ*μαχία* zu ergänzen.

[3]) Siehe oben S. 129.

Nur die beiden Städte Mallos und Soloi haben eine Zeit lang wie es scheint eine Vereinsmünze mit dem gleichen Prägbilde geschlagen[1]).

Andere Conventionsprägungen in dieser Periode sind zwischen kleinasiatischen Städten mit Sicherheit nicht nachzuweisen, wohl aber kommen Münzvereinigungen mit auswärtigen Orten vor. Eine derartige bestand von der ältesten Zeit an zwischen den beiden megarischen Kolonien Kalchedon und Byzanz, die nicht nur stets nach dem gleichen Gewichtsfufs, sondern auch mit sehr ähnlichen Prägbildern anfangs nur Silber, später auch Kupfer geschlagen haben. In der Periode der einseitigen Prägung, in der Grofsstücke zu 15 Gr. neben Kleinmünzen zu 5.40, 3.65, 2.55, 1.2 Gr. Maximalgewicht gemünzt wurden, stellte das kalchedonische Geld den Stier über Aehre schreitend, das byzantische ein Rind über Delphin dar, später münzten beide Städte das Grofssilberstück zu 13.96, das Theilstück zu 5.30 Gr. mit dem verhüllten Demeterkopf auf der einen, Byzanz mit dem Bilde des Poseidon, Kalchedon mit dem des Apollo auf der Rückseite aus, während das gleichzeitige Vereinskupfer nur das byzantische Wappen, aber mit Beifügung beider Städtenamen trägt[2]). Auch Samos und Athen scheinen vorübergehend einen ähnlichen Bund geschlossen zu haben, wenn man als Beweis dafür eine Münze mit dem gewöhnlichen samischen Typus anführen darf, die am Rande der Rückseite die bekannten Initialen des Namens der Stadt Athen, wie sie auf den älteren attischen Münzen erscheinen, zeigt[3]).

Da die Provinzialmünze im persischen Reiche gegen das grofskönigliche Geld nicht tarifirt war, so mufste der Wechselcurs dieser Sorten gegen einander ein durchaus schwankender sein. Doch war dem Reichsgeld dadurch ein Vorzug vor dem Provinzialgeld gesichert, dafs das erstere in den königlichen Kassen zum Nennwerth, das letztere nach dem Gewicht berechnet wurde; im Handel wird daher eine nach dem Reichsfufs geschlagene städtische oder Dynastenmünze dem grofsköniglichen Gelde nur dann gleich gestanden haben, wenn sie etwas voller ausgebracht war. Dies findet in der bereits angeführten Thatsache[4]) seine Bestätigung, dafs besonders in den vom Verkehr entfernter liegenden Gebieten, wo nach persischem Gewicht Silber geprägt wurde, dasselbe ebenso wie alles nach dem Reichsfufs geschlagene Provinzialgold in der Regel etwas über den Normalstand ausgemünzt ward. Bestimmte

[1]) Vgl. Luynes Numism. des Satr. S. 63 f. pl. XI.

[2]) Vgl. Mion. I, 377, 80—86. 92. Hunter taf. 13, 18.

[3]) Vgl. Borrell Num. chron. VII, 74. — [4]) Siehe oben S. 67.

Angaben, wodurch dieser Beweis ergänzt werden könnte, fehlen. Die von Xenophon[1]) mitgetheilte Gleichung eines Siglos mit 7½ Obolen bezieht sich ebenso wie die Ueberlieferung des Photios und Hesychios, wonach derselbe sich auf 8 Obolen stellen würde, auf attisches Geld; weder die eine noch die andere beruht auf etwas mehr als auf einer approximativen Schätzung, wie denn auch wenigstens zu Xenophons Zeit von einem bestimmten Wechselcurs dieser beiden Münzsorten, die sich im Handel nur ausnahmsweise mischten, nicht die Rede sein konnte. Die erstere Gleichung ist etwas zu niedrig, die zweite etwas zu hoch, beide sind daher für die vorliegende Frage ohne Werth.

Während im innern Asien das persische Reichssilber vermuthlich das einzige oder hauptsächliche Zahlungsmittel im Kleinverkehr war und in Babylonien und Syrien gegen das grofskönigliche Provinzialgeld zurücktrat, mischte es sich in Kleinasien wohl überall mit dem einheimischen Courant. Dafs dasselbe in Karien häufig cursirte, zeigt ein vor einigen Jahren (1823) auf der Insel Kalymna aufgegrabener Schatz[2]), in dem sich mehrere tausend persischer Silberdrachmen und einige wenige kilikische Satrapenmünzen[3]) neben vorwiegend Drachmen und Triobolen[4]) von Rhodos, Kos und Kalymna, Kleingeld der karischen Könige Maussolos, Idrieus und Pixodaros und je einem Didrachmon von Knidos und Maussolos, im Ganzen etwa zehntausend Silbermünzen gefunden haben. Dabei ist es gleichgültig, ob dieser Schatz bereits vor Alexander dem Grofsen vergraben worden ist, wie man dies mit einiger Wahrscheinlichkeit daraus geschlossen hat[5]), dafs die Alexanderdrachme in demselben fehlt, oder erst später, da der letztere Fall nur beweisen würde, dafs die Einführung der Alexanderwährung in der Geldcirculation von Karien

[1]) Anab. I, 5, 6. — [2]) Vgl. Borrell N. C. IX, 165. Vgl. Prokesch In. 1854. S. 289.

[3]) Mion. V, 644, 26.

[4]) Borrell nennt Drachmen und Didrachmen von Rhodos und Kos, Tetradrachmen von Maussolos und Knidos und Münzen von Kalymna zu 101 E. Gran = 6.54 Gr.; im Text sind diese Bezeichnungen nach S. 113 geändert worden. Charakteristisch ist für die Richtigkeit der Ansicht, dafs das Silberstück von etwa 6.54 Gr. als Drachme, nicht als Didrachmon betrachtet wurde, auch die Thatsache, dafs in diesem Schatze aus Kalymna selbst sich fast nur jenes Nominal befand. „Erst in ganz neuerer Zeit wurden auch einige Drachmen (d. h. Triobolen) aufgefunden." Prokesch a. a. O.

[5]) Prokesch a. a. O. Mommsen S. 34. Anm. 103 will diesen Grund nicht gelten lassen. In der That wurde an der Westküste Kleinasiens die Alexanderdrachme erst nach seinem Tode zu prägen begonnen (vgl. Müller N. d'Alex. S. 232) und auf karischen Inschriften ward noch ziemlich spät nach rhodischem Silber gerechnet. C. J. Gr. 2693 *e. f.*

wenigstens in der ersten Zeit keine erhebliche Aenderung hervorgebracht hat.

Auch bei Sardes hat man Silbersiglen neben einer Anzahl von krösischen Silberdrachmen vergraben gefunden[1]), und dafs jenes Geldstück in Lykien circulirte, zeigen die mit dem lykischen Vereinswappen, dem Dreibein, gestempelten Exemplare[2]). Ob diese Stempelung noch unter der Herrschaft der Achämeniden stattfand, ist freilich nicht mit Bestimmtheit zu entscheiden, doch ist dies um so wahrscheinlicher, da die damit zusammenhängende Vereinsprägung mit der persischen Herrschaft aufhörte und erst unter den römischen Kaisern wieder erneuert worden ist. Ueberdies begegnen wir diesen und andern Nachstempeln nur auf den ältern Sorten des persischen Reichssilbers, was unerklärlich wäre, wenn dieselben erst unter Alexander oder später angebracht worden wären. Diese Stempelung ist nicht so aufzufassen, als wäre dadurch jener im ganzen persischen Reiche ohnehin gültigen Münze erst die Circulation im lykischen Bundesgebiete gleichsam ermöglicht worden, sondern sie hat vielmehr die Bedeutung gehabt, dafs das betreffende Geldstück dadurch den Vorzug erhielt, innerhalb der lykischen Grenzen gegen die Landesmünze zu einem bestimmten Curse angenommen zu werden, der diesem fremden Courant im Allgemeinen verliehen worden war, aber nur an den gestempelten Exemplaren haftete. Wie das lykische Silber in den grofsköniglichen Kassen, so ward das grofskönigliche Geld in den lykischen Vereinskassen nicht nach dem Nennwerth, sondern nach dem Gewicht abgeschätzt und erhielt erst durch Einprägung des bezeichneten Zeichens seinen bestimmten nach der Landesmünze normirten Werth.

Ueberhaupt sind Nachstempel auf den persischen Silbermünzen sehr häufig, von 81 Exemplaren, die ich im Britischen Museum (im J. 1863) untersucht habe, waren 47 damit versehn. Dieselben zeigen außer dem Dreibein verschiedene andere Typen, wie den Kalbskopf, der an das Wappen der lesbischen Bundesmünzen erinnert[3]), und die Kuh, mit der auch pamphylische und kilikische Satrapenmünzen signirt erscheinen[4]). Offenbar haben diese

---

[1]) Vgl. Lenormant Cat. Behr S. 150.

[2]) Die beiden betreffenden bei Fellows Coins of anc. Lycia pl. VIII, 1. 2 abgebildeten Siglen gehören der zweiten Klasse (König kniend, in der Linken Bogen, in der Rechten Schwerdt) an. Auch die bei Mionnet S. 8, 424, 9 beschriebene Münze („une contremarque divisée en quatre parties triangulaires") ist wohl hierher zu rechnen.

[3]) Vgl. oben S. 260. Leake Kings of Persia 52.

[4]) Vgl. Leake a. a. O. Luynes Num. d. Satr. pl. I. II „Syennesis". pl. III, 5 pl. VI. „S. de Malhus". Longpérier und Luynes erklären die Kuh für die Jo, deren Namen

Zeichen denselben Zweck gehabt, wie der eben besprochene lykische und andere Stempel dieser Art, welche im Alterthum vorkommen; sie waren dazu bestimmt, fremden Goldsorten innerhalb des Gebietes, welches die Stempelung anordnete, Heimathsrecht zu verschaffen, indem man ihnen gleichzeitig einen bestimmten auf die Landesmünze lautenden Nennwerth verlieh und sie so durch Beifügung des eigenen Wappens gewissermafsen zur eigenen Münze umschuf, für deren richtige Ausprägung die Gemeinde ebensowohl die Bürgschaft übernahm, wie für das in der eigenen Münze geschlagene Geld. Diese Aichung konnte im Allgemeinen natürlich ebensogut von einer einzelnen Gemeinde, wie von einem Münzverein, oder von der obersten Reichsbehörde ausgehen. Der letztere Fall war in Persien ausgeschlossen, da dort nur das grofskönigliche Geld als solches anerkannt war; dagegen kommt später im Seleukidenreich ein derartiger Stempel vor, durch welchen eigene Münzen als vollwichtig, fremde Sorten als gleichberechtigt anerkannt wurden[1]). Dem lykischen Stempel analog ist die Contremarke, durch welche der an der Cistophorenprägung betheiligte Münzverband Tetradrachmen von Side und Tetradrachmen Alexanders des Grofsen[2]) innerhalb seiner Grenzen unter Festsetzung eines bestimmten Nennwerthes[3]) umlauffähig machte. Ob die übrigen

---

zuweilen auch in griechischer Schrift beigefügt zu sein scheint, vgl. Luynes S. 5. 11. 51, auf einer ähnlichen, ebenfalls auf einer kilikischen Münze befindlichen Contremarke erkennt Luynes einen Stier und daneben das Wort *Bal* in phönikischer Schrift, vgl. a. a. O. S. 20. pl. II, 9. Prokesch in. 1854, 294 glaubt in den Nachstempeln der persischen Silbermünzen Zeichen meist barbarischer Art zu sehn, die „den östlichen" oder „scythischen im Norden gelegenen Gebieten" angehörten.

[1]) Vgl. Müller Numism. d'Alex. le Gr. S. 105. Anm. 4 zur Vergleichung mag hier noch der Nachstempel erwähnt werden, „wodurch verschliffene republikanische Denare in der ersten Kaiserzeit wieder umlauffähig gemacht wurden." Mommsen R. M. S. 343.

[2]) Vgl. Müller a. a. O.

[3]) Mommsen R. M. S. 73 nimmt an, daſs der auf diesen Tetradrachmen eingeschlagene Cistophorenstempel nur beweisen könne, daſs diese dadurch dem Cistophorus formell gleichgestellt worden seien und findet darin eine Bestätigung der livianischen Berechnung (34, 52, 6), wonach das attische Tetradrachmon 3 Denare wog und seiner Emendation der von Paulus überlieferten Stelle des Festus p. 359 „Euboicum talentum nummo Graeco sex milium cistophorum est." Allein ebensowenig wie man daran irgend denken kann, daſs der persische Siglos von 5.60 Gr. durch das eingeprägte Dreibein der lykischen Drachme von 4.2 Gr. gleichgestellt werden sollte, ebensowenig wird man annehmen dürfen, daſs im vorliegenden Falle eine Münze von 17.46 Gr. auf den Werth des Cistophorus von 12.64 Gr. tarifirt wor-

auf persischen Silberdrachmen vorkommenden Nachstempel ebenfalls Bundeswappen oder die Zeichen einzelner Gemeinden darstellen, ist nicht zu ermitteln; wahrscheinlich gehören sie sämmtlich noch in die Zeit vor Alexander dem Grofsen, da sie, soweit meine Beobachtung reicht, nur auf den beiden ältern Reihen des persischen Silbersiglos vorkommen[1]).

Irrthümlicher Weise hat man auch Einschnitte, die sich auf makedonisch-thrakischen Grofssilberstücken Alexanders I., des Edonerkönigs Getas und der Bisalter, ferner auf alten athenischen Deka- und Tetradrachmen und auf kilikischen Satrapenmünzen zeigen, als eine Art von Marke angesehn, durch welche die Perser diese Münzen als gültiges Courant bezeichnet hätten[2]). Vielmehr machte man diese Einschnitte, die, charakteristisch genug, nur auf grofsen Stücken vorkommen, um Aechtheit und etwa Feingehalt der einzelnen Exemplare zu probiren, wie dies im Orient noch heutigen Tages geschieht. Dies brauchte indefs nicht von den Behörden auszugehn, sondern konnte ebensowohl im Privatverkehr und Handel vorgenommen werden.

Mit der Eroberung Alexanders des Grofsen hörte die autonome Münzprägung in Kleinasien durchaus nicht überall auf, vielmehr erhielt eine Anzahl hellenischer Städte jetzt erst unbeschränktes Münzrecht, welches ihnen nicht nur gestattete, die lokale Silber- und Kupferprägung ungestört fortzusetzen, sondern auch Gold zu schlagen wovon sie auch gelegentlich Gebrauch gemacht haben. Dies gilt besonders von den ionischen und äolischen Kolonien der West- und Nordwestküste, in denen noch

---

den sei. Warum durch einen derartigen Stempel eine fremde Sorte der Landesmünze gerade gleich gesetzt worden sein soll, ist nicht abzusehn. Es kam doch nur darauf an, ein allgemein verbreitetes Geldstück umlauffähig zu machen und dies war erreicht, wenn man ihm einen festen gegen die Landesmünze tarifirten Curs verlieh und überdies die betreffenden Exemplare stempelte. Ein Curs, wie der von Mommsen angenommene, liefs sich aber keinen Tag aufrechterhalten. Vielmehr wird, da der Cistophorus auf 3, das attische Tetradrachmon sonst überall auf 4 Denare tarifirt war (vgl. Mommsen 71 f. 690 f. Hultsch S. 185), dieses Verhältnifs auch hier das mafsgebende gewesen sein. Livius' Berechnung ist in jedem Falle falsch, da er vom Gewicht spricht, die Stelle des Festus ganz ungewifs.

[1]) Dies gilt von allen 47 Exemplaren, die ich im Britischen Museum gefunden habe. Auch Mionnet führt nur contremarkirte Silbersiglen der ersten Klasse an, vgl. 5, 641, 4, S. 8, 423, 4. 6. 9. 10. 13. 16. 17. 18. 19. 21. 22. 24. 25. 27 und bemerkt, dafs im Besitz Cousinéry's sich 17 Exemplare befänden (vgl. 5, 641 Anm.), die derselben Epoche wie die von ihm beschriebenen Exemplare angehörten.

[2]) Dies nehmen Leake N. hell. Kings 1. 19. An. Gr. 127. Eur. Gr. 23. 167 und Hultsch S. 162. Anm. 11 an.

nach dem Untergang des persischen Reiches mehrfach, wie in Kyzikos und anderwärts, sowohl Mischgold nach phokaischem, als reines Gold nach attischem Gewicht gemünzt worden ist [1]). Eines der jüngsten Exemplare der erstern Sorte ist ein sehr spätes und demgemäfs auch sehr auffallend leichtes Sechstel (zu 2.34 Gr.) aus der Stadt Alexandreia in Troas, die von Antigonos gegründet, aber erst von Lysimachos mit dem bezeichneten Namen belegt worden ist. Von dem hierhergehörigen pergamenischen, ephesischen, milesischen, klazomenischen, smyrnäischen und rhodischen Golde ist bereits die Rede gewesen [2]). Hier ist noch hinzuzufügen, dafs in diesen Prägstätten auch das städtische Silber mit entsprechenden Typen und nach einheimischer Währung noch längere Zeit fortgemünzt worden ist. Nur Klazomenae ist vielleicht schon unter Alexander zum attischen Fufs übergegangen und hat nach diesem Gewicht die wunderschön und vollwichtig geprägten Tetradrachmen, Didrachmen und Triobolen in Silber, mit dem Apollokopf auf der Vorderseite, dem Schwan, dem Stadt- und Magistratsnamen auf der Rückseite zu münzen begonnen und daneben gelegentlich auf denselben Stempel in Gold den Zweidrittelstater geschlagen. Dagegen setzte Ephesos die Silberprägung nach kleinasiatischem, Milet nach babylonischem und Rhodos nach rhodischem Fufs fort. Erst spät, vermuthlich nicht vor der Mitte des 3. Jahrhunderts, ging Ephesos zur Alexanderwährung über und noch später fing auch Rhodos an, attische Drachmen zu schlagen [3]), während in Milet die städtische Prägung wohl schon früher gänzlich erlosch.

Aufser diesen Städten, die in beiden Metallen gemünzt haben, hat die städtische Prägung nach einheimischer Währung in Silber nachweisbar auch in Herakleia am Pontos, Sinope, Kalchedon, Kyzikos, Adramyteion, Parion, Erythrae, Phygela, Priene, Chios, Samos, Tarsos, und wohl auch in Teos, Knidos, Kos, Side und Soloi noch nach Untergang des persischen Reiches fortgedauert. In diese Periode fallen zumal die chiotischen Drachmen (Sphinx vor Diota)(Stadt- und Magistratsname Diota) zu 3.95 Gr., die samischen (Löwenkopfhaut)(Stadtname Stiervordertheil) zu 3.18 Gr., die prienischen (behelmter Pallaskopf)(Dreizack in mäandrischem Zierrath neben Magi-

[1]) Vgl. oben S. 127 f.

[2]) S. a. a. O.

[3]) Die Fabrikation dieser attischen Drachmen verräth eine sehr späte Zeit, sie zeigen auf der Schauseite Apollokopf von Strahlen umgeben von vorn, auf der Rückseite neben Initialen des Stadt- und Magistratsnamens die rhodische Blume von vorn.

stratennamen und Initialen des Stadtnamens) zu 4.92 Gr. und eine Anzahl tarsischer Silberstater babylonischen Fufses, die zum Theil erst im 2. Jahrh. v. Chr. geschlagen worden sind[1]). Aufserdem haben Dionysios (336—304 v. Chr.) der Tyrann von Herakleia und nach ihm seine Wittwe und Nachfolgerin Amastris (304—288 v. Chr.) in eigenem Namen sowohl unter wie nach Alexander leichte babylonische Stater zu höchstens 9.60 Gr., ersterer auch Drachmen zu 4.79 Gr. in ihrer Residenz gemünzt und Amastris dasselbe Nominal auch in der von ihr gegründeten und nach ihr benannten Stadt mit dem gleichen Gepräge, aber nicht mit ihrem, sondern mit dem Gemeindenamen bezeichnet, ausbringen lassen. Nach ihr ist die autonome Prägung in beiden Orten eingegangen.

Obgleich es nun wahrscheinlich ist, dafs die meisten hellenischen Städte auf der kleinasiatischen Halbinsel ihr Münzrecht unter der Regierung Alexanders des Grofsen, der ihnen überhaupt mancherlei Freiheiten zugestand, behielten und erst nach seinem Tode, zum Theil erst lange nachher, einbüfsten, indem namentlich alles im westlichen Kleinasien auf den Namen Alexanders geprägte Reichsgeld vermuthlich erst in die letztere Zeit gehört[2]), so gilt dies doch durchaus nicht von ganz Kleinasien und auch nicht einmal von allen Prägstätten der ganzen Süd- und Westküste[3]). Im Gegentheil zeigen sich mehrfache Spuren, die beweisen, dafs die autonome Prägung in manchen Orten gleich mit dem Untergang des persischen Reiches aufhörte. So tragen die letzten karischen Königsmünzen den Namen des Othontopates; unter Ada, der nach dessen Vertreibung von Alexander die Verwaltung Kariens übergeben wurde, ist dort kein Geld mehr geprägt worden. Dieselbe Erscheinung wiederholt sich, wie es scheint, in Salamis auf der Insel Kypros, indem die letzten salaminischen Königsmünzen die des Pnythagoras sind, der sich dem makedonischen Eroberer unterwarf, während von Nikokreon, der dort nach ihm, aber noch unter Alexander regierte, keine Münzen vorkommen. Wahrscheinlich ist auf der ganzen Insel unter Alexander autonomes Geld nicht mehr geprägt worden. Erst später finden sich dort wieder einzelne derartige Münzen, wie das Grofssilberstück des Nikokles, des Königs von Paphos, und die kleine Goldmünze des Menelaos, des Statthalters Ptolemaeos I. Dasselbe wird von den lykischen und mehrern andern kleinasiatischen Städten gelten, wiewohl

[1]) Vgl. Waddington Mélanges S. 78.

[2]) Vgl. Müller Num. d'Alex. le Grand S. 68.

[3]) Dies nimmt Müller a. a. O. S. 67 f. an.

es natürlich im einzelnen Falle unmöglich ist, nachzuweisen, ob die Fabrikation einer Münzsorte in die Zeit vor oder unter Alexander dem Grofsen gesetzt werden darf. Gewifs ist aber, dafs nach seinem Tode sehr bald die autonome Prägung aufser in den oben genannten Städten überall erlosch und erst viel später und nach attischem Fufse wieder begann.

Die Münzfreiheit, die von dem makedonischen Eroberer vielen kleinasiatischen Gemeinden gewährt wurde, erhielten, wiewohl wahrscheinlich erst nach seinem Tode, auch einzelne phönikische Städte. Dafs Tyros, Sidon und Arados unter den Seleukiden ihr eigenes Courant geschlagen haben, ist bekannt; die aradische Aera beginnt mit d. J. 259, das nachweisbar älteste aradische Tetradrachmon, welches dahin gehört, ist vom Jahre 163 v. Chr. (= 96 der Aera)[1]), Kleinmünzen mit phönikischen Zahlzeichen giebt es schon vom Jahre 239 v. Chr. (= 20 der Aera) an, das älteste tyrische Tetradrachmon datirt vom Jahre 122 v. Chr. (= 4 der tyrischen Aera), das älteste sidonische vom Jahre 106 v. Chr. (= 5 der sidonischen Aera). Allein es giebt andere phönikische Silbermünzen, die beträchtlich älter sind, als dieses Geld und zugleich jünger als das unter den Achämeniden gemünzte Courant. So kommt mit dem Gepräge der oben[2]) erwähnten Silberstater babylonischen Fufses, die auf der Schauseite den bärtigen lorbeerbekränzten Kopf, auf der Rückseite die Galere, phönikische Buchstaben und Zahlzeichen darstellen[3]) und die wahrscheinlich in Arados und gewifs unter der persischen Herrschaft geprägt worden sind, ein Tetradrachmon attischen Fufses vor, welches der Seleukidenzeit zuzuweisen sein wird. An dieses schliefsen sich der Zeit nach zunächst die dort zwischen 313 und 258 v. Chr. geprägten Alexandermünzen[4]), dann die bereits genannten Kleinmünzen an, die gewöhnlich auf der Schauseite den lorbeerbekränzten Zeuskopf oder einen thurmgekrönten Frauenkopf, auf der Rückseite ein Schiffsvordertheil und darüber den Stadtnamen im Monogramm darunter phönikische Zahlzeichen darstellen, die sich auf die erwähnte Aera beziehn. Auch in einer andern phönikischen Stadt, die unter den Achämeniden Stater, Viertel und Sechzehntel

---

[1]) Vgl. Mommsen R. M. S. 36. Anm. 107 auf den dort nicht erwähnten Kleinsilbermünzen von 2.72 Gr. Maximalgewicht mit phönikischen Zahlzeichen finden sich die Zahlen 20 (Mion. 5, 458, 806) und 42 (Mion. 807), auf dem entsprechenden Kupfer die Zahlen 20 (M. 809), 45 (M. 813), 64 (M. 812), 72 (M. 814. 815), 76 (M. 811).

[2]) S. oben S. 117. 141. 220.

[3]) Vgl. Mionnet S. 8, 426, 80—82. Lenormant M. des Lag. pl. VIII, 4.

[4]) Vgl. Müller Num. d'Alexandre S. 294.

zu 13.60, 3.00 und 0.75 Gr. mit dem Bilde eines bärtigen Mannes auf beflügeltem Seepferd auf dem Ober- und der Eule neben Peitsche und Haken auf dem Unterstempel[1]) geschlagen hat, ward nach Untergang des persischen Reiches dieser Gewichtsfuſs mit der von Alexander eingeführten Währung vertauscht und Didrachmen zu höchstens 8.80 Gr., seltner Tetrobolen zu 2.86 Gr. und Obolen zu 0.65 Gr. mit dem gleichen Gepräge gemünzt. Nach dem Gewicht und der Fabrik wird man diese Münzen in die Zeit der ersten Seleukiden setzen und die auf der Rückseite angebrachten Zahlzeichen (2—35) wohl auf die Aera der Seleukiden (312 v. Chr.) beziehen dürfen.

Dagegen begann in Kleinasien die jüngere städtische Prägung nach attischem Fuſse, der wir in Sinope, Lampsakos, Abydos, Alexandreia in Troas, Ilion, Tenedos, Aegae, Kyme, Myrina, Ephesos, Erythrae, Herakleia, Lebedos, Magnesia, Smyrna, Chios, Alabanda, Antiochia, Halikarnassos, Kos, Rhodos, Perga, Side und Tarsos begegnen, kaum vor Ende des 3. Jahrhunderts v. Chr. und zum Theil sogar noch viel später. Dies erkennt man nicht nur an dem platten, hohlen Gepräge dieses Geldes[2]), sondern auch am Gewicht. Denn das Tetradrachmon dieser Städte erreicht auſser in Side nirgendwo mehr 17 Gr., ja bleibt sogar meist erheblich darunter und steht daher ebenso niedrig wie in der Münze der Seleukiden seit Antiochos V. (164—162), im makedonischen Reiche seit Philipp V. (220—179), im kappadokischen unter Ariarathes IV. (220—163) und in der gesammten bithynischen Königsprägung von Prusias I. bis Nikomedes III. (228—76). Offenbar trat am Ende des 3. Jahrhunderts in Makedonien sowohl wie in Asien in der städtischen wie in der königlichen Münze überall eine ziemlich gleichmäſsige Verminderung des Gewichtes ein[3]), nur das Silber der pergame-

[1]) Vgl. Lenormant a. a. O. pl. VIII, 5. — [2]) Vgl. Müller a. a. O. S. 77, 12.

[3]) In der folgenden Uebersicht sind die höchsten Gewichte der Gold- und Silbermünzen der betreffenden makedonischen, thrakischen, syrischen, pergamenischen, kappadokischen und bithynischen Könige nach Mionnet (Poids S. 72, 46, 172, 140, 136), Leake Num. hell. und Prokesch Ined. 1854, und aller kleinasiatischen Städte, die nach Untergang des persischen Reiches nach der Alexanderwährung gemünzt haben, nach den mir vorliegenden Wägungen zusammengestellt. Ueber Zeit und Gewicht der Tetradrachmen von Side vgl. Borrell N. C. 8, 84 f.

Makedonische Könige.

	Gold.	Silber.		Gold.	Silber.
Philippos Aridaeos (323—317)	8.58	17.18	Antigonos Gonatas (277—240)	—	17.207
Antigonos (306—301)	8.58	17.02	Philippos V. (220—179)	—	16.94
Demetrios Poliorketes (294—287)	8.60	17.17	Perseus (179—168)	—	16.88

nischen Könige machte eine Ausnahme, indem das Tetradrachmon zwar unter Philetaeros und Eumenes I., wie es scheint, das Normalgewicht in der Regel nicht erreichte, aber unter Attalos I. u. II. wieder voll ausgeprägt wurde.

Thrakische Könige.

	Gold.	Silber.
Lysimachos (311—281)	8.54	17.207

Pergamenische Könige.

	Gold.	Silber.
Philetaeros (283—263)	—	16.83
Eumenes I. (263—241)	—	16.97
Attalos I. (241—197)	—	17.15
Eumenes II. (197—159)	—	16.83
Attalos II. (159—138)	—	17.11

Syrische Könige.

	Gold.	Silber.
Seleukos I. (312—281)	8.60	17.20
Antiochos I. Soter (281—262)	8.58	17.31
Antiochos II. (262—246)	8.52	17.21
Seleukos II. (246—227)	8.54	17.04
Antiochos Hierax (227)	—	17.30
Seleukos III. (227—224)	—	17.04
Antiochos III. (224—187)	—	17.20
Seleukos IV. (187—175)	—	17.20
Antiochos IV. (175—164)	—	17.20
Antiochos V. (164—162)	—	16.78
Demetrios I. (162—150)	—	16.88
Alexander I. (150—146)	—	16.88

Kappadokische Könige.

	Gold.	Silber.
Ariarathes IV. (220—163)	—	16.41
Ariarathes V. (163—130)	—	4.22

Bithynische Könige.

	Gold.	Silber.
Prusias I. (228—183)	—	16.41
Prusias II. (183—149)	—	16.70
Nikomedes II. (149—91)	8.45	16.88
Nikomedes III. (91—76)	—	16.80

Kleinasiatische Städte.

	Gold.	Silber.		Gold.	Silber.
Sinope	—	16.8	Erythrae	—	4.15
		8.25	Herakleia	—	16.53
Kalchedon	—	16.65	Lebedos	—	16.23
Lampsakos	—	16.47	Magnesia	—	16.57
Pergamon	2.91	—	Miletos	8.45	
Abydos	—	16.62	Smyrna	8.47	16.80
Alexandreia	(El. 2.30)	16.38	Teos	5.620	—
Ilion	—	16.70	Chios	—	3.95
Tenedos	—	16.79	Alabanda	—	16.464
Aegae	—	15.98	Antiochia	—	16.25
Kyme	—	16.80	Halikarnassos	—	4.25
Myrina	—	16.83	Kos	—	16.51
Klazomenae	6.70	17.06	Rhodos	—	4.30
		8.18	Perga	—	16.196
Ephesos	8.47	4.21	Side	—	17.02
	(5.46)		Tarsos	—	16.95

Die kleinasiatische Elektronprägung war bereits vor Dareios eingegangen, die Goldprägung ruhte an der Nordwest- und Westküste der Halbinsel nach Einführung der persischen Münzordnung nur kurze Zeit und wurde dann in derselben Weise wie früher wieder aufgenommen und fortgesetzt, die Silberprägung nahm seit Dareios einen neuen Aufschwung und gewann eine gröfsere Verbreitung, behielt aber im Uebrigen ihren Charakter wesentlich bei. Durch die persische Münzreform war zwar zu den bereits bestehenden Währungen eine neue hinzugekommen, die auch an der Nord- und Südküste Kleinasiens zur unbedingten Herrschaft gelangte, an der Nordwest- und Westküste vielfach Verbreitung fand. Dagegen trat im Uebrigen allmälig eine gröfsere Uniformität ein, indem der äginäische Gewichtsfufs in Kleinasien nach und nach gänzlich verschwand, der attische nur in Lykien beibehalten wurde. Denn in Tenedos und Methymna, wo vor Dareios nach attischem Fufs geprägt worden war, finden wir nach Dareios keine Spur mehr davon, in Kos ward derselbe im Anfang des 4. Jahrhunderts mit dem rhodischen Gewicht vertauscht. Nur in Milet wurden eine Zeit lang nach attischer Währung Drachmen und Kleingeld, seltner Tridrachmen mit Löwenkopf auf dem Ober-, Stern in vertieftem Viereck auf dem Unterstempel geschlagen, später aber der persisch-babylonische Silberstater, der dort wahrscheinlich bereits vor Dareios geherrscht hatte, wieder eingeführt. Die äginäische Währung hörte in Kameiros mit dem rhodischen Synoikismos, in Knidos mit Einführung des rhodischen Gewichtsfufses auf, und ging auf der Insel Kypros ebenso wie in Kreta und Korkyra in derselben Periode in den persisch-babylonischen Fufs über. So wurde im Anfang des 4. Jahrhunderts v. Chr. in Asien Silber nur noch entweder nach kleinasiatisch-phönikischem oder nach persisch-babylonischem Fufse gemünzt. Der erstere war in dieser Periode neu eingeführt worden in Kromna, Kyzikos, Prokonnesos, Skepsis, Tenedos, Teos, Samos, Rhodos und im ganzen Gebiet der rhodischen Währung, endlich in zwei phönikischen Prägstätten, der letztere in allen oben[1]) aufgezählten Orten. Den Nachweis der einzelnen Sorten behalten wir dem letzten Abschnitt vor, welcher eine nach Satrapien und Städten geordnete Uebersicht über das im Bereiche des persischen Reiches gemünzte Geld zu geben versucht. Die wesentlichste Neuerung, welche nach Dareios in der Geldprägung eintrat, war die Einführung des Kupfergeldes, dessen Geschichte wir nun darzustellen haben. Dies wird un-

[1]) S. 221 f.

möglich sein, ohne zugleich auf die Kupferprägung in anderen Ländern der alten Welt näher einzugehn.

2. Die Kupferprägung.

Der orientalische Verkehr hatte sich seit uralter Zeit des Goldes und Silbers als Werthmesser bedient und die älteste kleinasiatische Prägung war hierbei stehn geblieben, indem sie neben diesen Metallen zwar noch eine Mischung aus beiden, aber andere geringere Stoffe zur Münze nicht verwandte. Der Gedanke zum Ausdruck solcher Werthe, die durch Silber ohne Unbequemlichkeit nicht mehr ausgeglichen werden können, sich minder werthvoller Metalle zu bedienen, tauchte erst spät auf. Bis in das 5. Jahrhundert hinein begnügte man sich an den Küsten des ägäischen Meeres entweder damit, dem mit Ausbreitung der Geldwirthschaft immer fühlbarer werdenden Bedürfnifs nach Scheidemünze durch eine bis zum Uebermafs getriebene Stückelung des Silbers zu entsprechen, oder überliefs es dem Kleinverkehr, sich durch Tausch- oder andere Mittel selbst zu helfen.

Umgekehrt war in Italien und Sicilien in der ältesten Zeit Kupfer das allgemeine Zahlungsmittel und die Kupferwährung zu einer so unbedingten Herrschaft gelangt, dafs in Rom und den von ihm abhängigen italischen Städten anfangs nur in diesem Metall Münze geschlagen und die Silberprägung erst im Jahre 268 v. Chr. eingeführt wurde[1]), während in Sicilien das nach attischem Fufs bereits in der ersten Hälfte des 6. Jahrhunderts[2]) gemünzte Silbergeld zur alten italisch-sicilischen Werthseinheit, dem Pfunde, oder der in zwölf Unzen theilbaren Litra Kupfers in der Weise in Verhältnifs gesetzt ward, dafs die letztere Rechnungseinheit blieb. Denn die Litra Kupfers, deren Gewicht man gleichzeitig auf eine halbe attische Mine fixirte, ward dem Werth von ⅕ Silberdrachme oder $\frac{1}{10}$ Stater, d. h. das Didrachmon dem Werth von 10 Kupferlitren gleichgestellt und sowohl dieses Nominal, wie die entsprechenden Theilstücke nicht nach der attischen Silber-, sondern nach der sicilisch-italischen Kupferwährung benannt, wodurch die letztere als die mafsgebende anerkannt wurde. So verwandelte sich der Stater in ein Dekalitron, der Obolos in ein Zehnunzenstück und das viel häufiger als dieser und dem System entsprechender geprägte Zehntel des Staters ward zur

[1]) Vgl. Mommsen R. M. S. 300.
[2]) Mommsen R. M. S. 70.

Litra, während die ursprünglichen griechischen Namen gänzlich verschwanden oder in den Hintergrund traten[1]).

An und für sich würde es hiernach im höchsten Grade wahrscheinlich erscheinen, daſs in den Ländern, wo man von der Kupferwährung anging und erst nach und nach zur Silberwährung fortschritt, auch das erste Kupfergeld geschlagen worden und daſs die Kupferprägung daher zuerst in Sicilien und Italien aufgekommen und erst später nach Griechenland und Kleinasien verpflanzt worden sei. Untersucht man aber die Thatsachen genauer, so ergiebt sich, daſs in den Ländern des Westmeers die Kupferwährung zwar bis in die älteste Zeit hinaufreicht, die Prägung in diesem Metalle aber auf Vorgängen beruht, die in Griechenland und Kleinasien nachzuweisen sind. Denn wiewohl das Litrensystem, dessen Anwendung bereits sehr alte Silbermünzen bezeugen[2]), in Sicilien nicht jünger ist, als die Einführung der Münze, so begnügte man sich auf dieser Insel doch fast bis zum Beginn des 4. Jahrhunderts damit, das Werthverhältniſs der beiden Metalle gegen einander legal festgesetzt zu haben, ohne der Silberprägung eine entsprechende Kupferprägung an die Seite zu stellen. Auch von Kupferbarren mit gesetzlichem Stempel, die sich von der Münze wesentlich nur durch die Form unterscheiden, scheint in Sicilien keine Spur vorzukommen. Die ältesten sicilischen Kupfermünzen sind wohl ohne Zweifel die syrakusischen und diese sind beträchtlich jünger als das älteste Silbergeld der Stadt; keine einzige zeigt mehr die jenem eigenthümliche archaische Schrift, vielmehr sind sie wohl sämmtlich erst nach Einführung des jüngern, ionischen Alphabets, welches in Sicilien etwa um dieselbe Zeit wie in Athen (Ol. 94, 1 = 404) vielleicht etwas früher[3]) recipirt worden ist, geprägt worden[4]). Auch ist das durch einen in der Mitte angebrachten Stern verzierte eingeschlagene Viereck, welches sich auf einigen Kleinkupfermünzen zeigt, deren Vorderseite die Inschrift ΣΥΡΑ und den Korekopf darstellt, wie die Form dieser Buchstaben und die Zeichnung des Prägbildes beweist,

---

[1]) Vgl. Mommsen R. M. S. 77 f. — [2]) Mommsen R. M. S. 80.

[3]) Siehe Mommsen S. 110. Anm. 53.

[4]) Obgleich die jüngeren Formen des ρ und υ, die sich in den ältesten Aufschriften des Kupfergeldes darstellen, möglicher Weise vor Einführung des ionischen Alphabets aufgenommen worden sein könnten, so beweist doch die Vergleichung der nach dem Sieg bei Kyme (Ol. 76, 3 = 474) abgefaſsten Inschrift des Hiero (C. J. I, 16), die ebenso wie die Demareteia aus Ol. 75, 1 = 480 (vgl. Mommsen S. 70. Leake Sic. 71) noch A und V zeigt, sowie der Entwicklungsgang der Schrift in andern Orten, daſs dies nicht sehr viel früher geschehen sein kann.

kein Kriterion ihres Alters. Das Quadratum incusum wiederholt sich in Syrakus auch auf Goldmünzen, die anerkanntermafsen in eine verhältnifsmäfsig späte Periode gehören [1]) und man sieht daher deutlich, wie dort in späterer Zeit die Stempel des ältesten Silbergeldes gelegentlich für die Gold- und Kupfermünzen wieder hervorgezogen und nachgeahmt worden sind [2]). Die ältesten bekannten Kupfermünzen der Stadt sind vielmehr schwere Stücke achter Gröfse mit Pallaskopf und der Aufschrift ΣΥΡΑ auf der Vorderseite und Stern zwischen zwei Delphinen auf der Rückseite, die gewöhnlich zwischen 33.739 und 28.97 Gr. wiegen [3]).

Es wird bei der nachstehenden Uebersicht über die Geschichte der antiken Kupferprägung um so angemessener sein, auch die Gewichte des sicilischen und italischen Kupfergeldes, soweit dies von Andern noch nicht geschehen ist [4]), einer Untersuchung zu unterwerfen, da eine genaue Prüfung dieser Verhältnisse zugleich die Beurtheilung der ältesten kleinasiatischen Kupferprägung fördert und erleichtert. Es kommt vor Allem darauf an, zu bestimmen, inwiefern und wie lange das Kupfergeld

---

[1]) Mommsen R. M. S. 94.

[2]) Die richtige Ansicht über diese Kupfermünzen verdanke ich Dr. J. Friedländer. Mommsen S. 81, vgl. S. 113, 63 erklärt dieselben für das älteste Kupfergeld und ist, weil sie zu klein und leicht sind, um als Werthstücke betrachtet zu werden, zu der Annahme genöthigt, dafs man hier wie in Rhegion (s. S. 97 vgl. unten S. 290), obgleich von der ältesten Zeit an dem Litrensystem folgend, das eben auf der Kupferwährung beruht, doch anfangs das Kupfer als Zeichengeld ausgeprägt und erst später wenigstens annähernd in Werthmünze umgewandelt habe — eine Voraussetzung, die dem natürlichen Entwicklungsgange nicht entspricht.

[3])
33.739 } Berl. Mus.
32.614 }
31.35 = 464 Leake Ins. Gr. 74.
30.70 Berl. Mus.
29.93 = 462 Leake.
29.20 } Berl. Mus.
28.979 }

Zwei Exemplare des Berl. Mus. von 40.415 und 38 Gr. sind offenbar überműnzt.

[4]) Die Untersuchung über das römisch-italische Kupfergeld ist durch Mommsens Geschichte des R. Münzwesens abgeschlossen, über das Kupfergeld von Sicilien und Grofsgriechenland liegen aus früherer Zeit die von Böckh Metr. U. S. 363 ff. zusammengestellten Angaben vor, zu denen jetzt noch einzelne Wägungen und Bemerkungen Leake's in s. Topographical and historical notes on Syracuse in Transact. of the R. Soc. of Litter. sec. series III, 239 f. und in s. Numismata hellenica unter Sicily hinzukommen. Mommsen ist auf die Gewichte dieser Münzen nicht näher eingegangen.

Werthmünze war und blieb. Offenbar war dies in Syrakus und in ganz Sicilien so lange der Fall, als die ursprüngliche Werthung der beiden Metalle wie 250:1, welche auf der oben angeführten Gleichung beruhte, festgehalten wurde. Dieser Zeit gehören die eben erwähnten Münzen an, die als Doppelungkien vollen Gewichts, welches normal sich auf 34—36 Gr. stellt[1]), aufzufassen sind, und denen andere etwas jüngere Kupferstücke 7. bis 6. Gröfse mit dem Zeuskopf und der Aufschrift ΖΕΥΣ ΕΛΕΥΘΕΡΙΟΣ[2]) auf der einen, dem springenden Pferd oder Donnerkeil und dem Stadtnamen auf der andern Seite von 18.168 oder 16.97—14.80 Gr.[3]) als Ungkien entsprechen. Auch Theile der Unze wurden in dieser Periode in Kupfer ausgebracht, deren der Kleinverkehr zur Ausgleichung der geringeren Werthe bedurfte. Die halbe Unze von 9—8.5 Gr. Normalgewicht wird durch eine Münzreihe repräsentirt, die mit den ältesten Grofsstücken das Gepräge der Schauseite gemein hat, auf der Rückseite aber statt der Delphine und des Sterns Seepferd zeigt und deren Gewicht sich zwischen 9.30 und 7.20 Gr. bewegt[4]). Dagegen ist es sehr fraglich, ob die oben erwähnten Kupfermünzen mit eingeschlagenem Viereck, die 4.92—4.20 Gr.[5]) wiegen, sowie eine andere ähnliche Sorte, deren Rückseite ΣΥΡΑ und zwei Delphine zwischen 4 Radspeichen darstellt, von 4.30—3.65 Gr.[6]), dieser oder einer späteren Periode angehören, indem sie ebensowohl als Viertelunzen Voll-

---

[1]) Jenachdem man von der schwersten Silberlitra zu 0.83 Gr. (vgl. Mommsen 81, 9) oder von dem Maximalgewicht des Staters zu 8.60 Gr. ausgeht.

[2]) Der Dienst dieses Gottes ward in Syrakus 466 v. Chr. eingeführt. Vgl. Diodor 11, 72. Leake a. a. O. S. 74.

[3]) 18.168 Berl. Mus. (springendes Pferd).
16.97 = 262 Leake (Donnerkeil, Adler).
15.67 = 242 „ (Donnerkeil).
15.62 Berl. Mus. (Donnerkeil, Gerstenkorn).
15.48 = 238 Leake (Donnerkeil, Gerstenkorn).
14.80 Berl. Mus. (Donnerkeil, Gerstenkorn).
Ein Exemplar des Berl. Mus. mit dem springenden Pferde wiegt 22 Gr.

[4]) 9.30, 8.50, 7.20 } Berl. Mus. Pallaskopf ΣΥΡΑ ⅹ Seepferd.

[5]) 4.92 Berl. Mus.; 4.79 = 74 Leake 76 } ΣΥΡΑ Korakopf ⅹ Viergeth. Quadr. inc., in dessen Mitte Stern.
4.50, 4.20 } Berl. Mus.

[6]) 4.30, 3.65 } Berl. Mus. Korakopf ⅹ ΣΥΡΑ und 2 Delphine zwischen 4 Radspeichen.

gewicht, wie als Dreiunzenstücke der leichten zu Aristoteles Zeit schon um $\frac{1}{10}$ reducirten Litra aufgefafst werden können.

Die Werthproportion von Silber zu Kupfer wie 250:1 mag bei der Einführung des Litrensystems in der ersten Hälfte des 6. Jahrhunderts dem Marktpreise der beiden Metalle entsprochen haben, nach und nach trat aber mit der allmälig fortschreitenden Preissteigerung des Kupfers, welches in der Prägung der Ptolemäer im Verhältnifs von 1:60, in der spätern römischen Kaiserzeit wieder etwas niedriger, nämlich im Verhältnifs von 1:100—125, ausgebracht worden ist[1]), eine wesentliche Aenderung ein. Das unter seinem wirklichen Werthe ausgegebene Kupfergeld mufste nothwendiger Weise aus dem Verkehr verschwinden, die Silberwährung daher von selbst die Oberhand gewinnen und der ursprüngliche Legalcurs der beiden Metalle aufgegeben werden. So wurde man theils hierdurch, theils durch die unter Dionysios dem Aeltern († 367) eingetretene Finanznoth veranlafst[2]), das Gewicht der Kupferlitra um $\frac{4}{5}$ herabzumindern. Damit sank diese Einheit von 219—204 Gr. auf 42—40.8 Gr., das Hemilitron oder das Sechsunzenstück von 109.5—102 Gr. auf 21—20.4 Gr., die Unze von 18—17 Gr. auf 3.6—3.4 Gr. und das Verhältnifs des Silbers zum Kupfer stellte sich nun wie 50:1. Diese reducirte Litra bezeichnet Aristoteles als die „alte"[3]) im Gegensatz zu der noch leichtern, die zu seiner Zeit in Gültigkeit war, und deren Gewicht nur die Hälfte der eben bezeichneten Einheit betrug. Durch die erste Reduction gewann die Kupferwährung wieder die Oberhand, zugleich begann aber das Kupfergeld zur Creditmünze herabzusinken, was die spätere Reduction vollendete, indem seitdem der Nominalwerth der Münzen mehr als zweimal, ja vielleicht drei- oder viermal soviel als ihr Realwerth betrug. Wenn nun, wie dies die Münzgewichte beweisen[4]), dennoch das Normalgewicht der einzelnen Nominale selbst noch bis in die Zeit Hieron's II. und wahrscheinlich noch später in Syrakus möglichst genau eingehalten wurde, so lag dies in der Macht der Tradition, die die ursprüngliche Werthprägung wenigstens scheinbar aufrecht erhielt.

Es hängt mit der Reduction der Litra zusammen, dafs die eben erwähnten Gewichtsnominale des ältesten syrakusischen Kupfergeldes in den jüngern Reihen durchaus nicht mehr vorkommen und dagegen an-

[1]) Vgl. Hultsch S. 210. 242.

[2]) Vgl. Mommsen S. 84. Pollux 9, 79.

[3]) Pollux 9, 87.

[4]) Vgl. die Münztabellen.

dere an die Stelle treten, die sich dem neuen Gewichtsfufs fügen und ebenso genau abschneiden wie jene. Daher kann über die Benennung der einzelnen in dieser jüngeren Periode vorkommenden Nominale von 11, 5.20, 3.60, 2.90, 1.90 Gr.[1]) im Allgemeinen kein Zweifel obwalten, obgleich dieselben nicht wie in den andern sicilischen Städten mit Werthzeichen versehen sind. Nur ist es unmöglich, die Münzen der älteren von denen der jüngeren Reduction zu unterscheiden, indem durch die letztere das ältere Hemilitron zur Litra, die halbe Unze zur Unze wurde. Daher können die Kupferstücke von 10—11 Gr. und 3.60 Gr. ebensogut in der zweiten wie in der dritten Periode geprägt worden sein, wogegen die von 1.00 Gr. und von 5.20 Gr. mit überwiegender Wahrscheinlichkeit der letzteren beigelegt werden, da sie offenbar Ein- und Dreiunzenstücke der zweiten Reduction darstellen, während es nicht wahrscheinlich ist, dafs überhaupt je 1½ und seit der ersten Reduction halbe Unzenstücke geschlagen worden sind. Am häufigsten ist in Syrakus das Kupferstück von höchstens 11 Gr., welches auch noch von Agathokles, Hieron II., von Gelon und Hieronymos geprägt wurde, und zwar von Hieron II. neben der Litra von 20.5 Gr., dem Dreiunzenstück von 5.10 Gr. und einem seltneren Stück von 33.25 Gr., das als 2 Litrenstück aufzufassen sein möchte, am seltensten die Kupfermünze von 1.90 Gr. oder die Ungkia ausgebracht worden, die von Aristoteles als Wertheinheit auch mit dem Namen Chalkus bezeichnet wird. Werthzeichen kommen auf den syrakusischen Kupfermünzen sehr selten und in sehr später Zeit vor; mit ihnen tritt, charakteristisch genug, zugleich eine nochmalige Gewichtsverminderung ein, indem der früher bis 5.40 Gr. und später doch wenigstens noch bis 4.90 Gr. ausgebrachte Dreier jetzt bis auf 3.78 Gr. sinkt[2]). Nachdem das Kupfergeld bereits längst zum Zeichengeld geworden war, ward dies durch Einprägung des Werthzeichens und die gleichzeitige wiederholte Gewichtsabknappung nun auch vom Staate thatsächlich anerkannt.

In anderen sicilischen Städten hat man viel früher begonnen, die einzelnen Nominale des Kupfergeldes durch die meist auf der Rückseite

---

[1]) Vgl. die Münztabellen.

[2]) Vgl. die in den Münztabellen zusammengestellten Gewichte der mit drei Kugeln bezeichneten Dreiunzenstücke. Die bei Hunter S. 299. n. 138 angeführte Münze mit der Aufschrift OΓKI gehört zu einer gröfstentheils durch Umprägung älterer Stücke entstandenen Reihe (Mommsen S. 88, 12. Hunter n. 137), die Deutung der Aufschrift ist daher nicht ganz zweifellos; ebensowenig die Ueberlieferung in Betreff einer ältern Münze, auf der Mionnet (S. 1, 437, 542) ein Kugelzeichen fand.

angebrachten Kugelzeichen von einander zu sondern. Daher kann man hier mit noch gröfserer Sicherheit als in Syrakus die Geschichte seiner Entwickelung in den verschiedenen Perioden nach den Münzgewichten verfolgen, und da man fast überall den gleichen Nominalen begegnet, so gewährt diese Untersuchung vielfach die Bestätigung der für das syrakusische Scheidegeld gewonnenen Resultate. Wie in Syrakus ist auch in den übrigen in Betracht kommenden sicilischen Prägstätten das Kupfer jünger als das Silbergeld und im Allgemeinen auch noch beträchtlich später als die syrakusische Kupferprägung; denn von Kupfergeld aus der Periode der vollwichtigen Litra ist weder in den chalkidischen Kolonien, noch sonstwo irgend eine Spur nachzuweisen und nur hier und da begegnen wir Exemplaren, die auf eine etwas schwerere Einheit, als die Litra der ersten Reduction, normirt und daher noch vor dieser geprägt sind. Auch deutet die Fabrik der Münzen auf dieses Verhältnifs hin, indem besonders die scharfe und sorgfältige Ränderung der ältesten Sorten von Himera, Akragas und Lipara gegen die ältesten syrakusischen Kupferstücke eine fortgeschrittene Technik verräth. Da nun auf allen diesen Münzen das voreukleidische Alphabet, das in Sicilien ungefähr um dieselbe Zeit wie in Athen beseitigt wurde[1]), bereits verschwunden ist, und die ältesten Münzen jünger sind, als die syrakusischen, von denen dasselbe gilt, so wird man den Beginn der Kupferprägung in diesen Orten nicht vor, sondern erst nach Anfang des 4. Jahrhunderts ansetzen dürfen, womit denn auch übereinstimmt, dafs weder von Selinus, welches im Jahre 408 = Ol. 92, 4, noch von Naxos, das im Jahre 403 = Ol. 94, 2 zerstört wurde, Kupfergeld nachzuweisen ist[2]).

Die einzigen in Grofsgriechenland und Sicilien mit voreukleidischer Schrift vorkommenden Kupferstücke hat Rhegion aufzuweisen. Es sind dies kleine Münzen zweiter Gröfse mit R E und Punkt im Kreise innerhalb eines Perlenkranzes auf der einen und dem Löwenkopf auf der andern Seite[3]), die zu den mit REC oder RECI bezeichneten Diobolen (von 1.12 Gr.) und Obolen (von 0.77—0.51 Gr.) ganz gleichen oder nur wenig abweichenden Gepräges in Silber gehören und entschieden einer Zeit zuzuschreiben sind, in der die Litrenrechnung sich in Rhegion noch

---

[1]) Mommsen R. M. S. 110, 58.

[2]) Mommsen S. 113.

[3]) Die bei Carelli descr. n. 23. 25. 26. Mion. S. 1. 849. 1049. 1052. 1053 aufgeführten gröfsern Kupfermünzen mit RECI, RECIN, RECINON und demselben Punkte im Kreise sind nicht hinreichend beglaubigt. Vgl. Mommsen S. 97, 40.

nicht eingebürgert hatte. Dies geschah dort nicht vor Einführung des ionischen Alphabets, indem vor dieser Epoche Silbermünzen, die das Gewicht der Silberlitra oder des Zehntelstaters erreichten, nicht vorkommen[1]). Denn Mommsens Annahme, dafs der auf den ältesten Kupfermünzen erscheinende Punkt im Kreise als Werthzeichen und die Stücke selbst als Unzen aufzufassen seien, ist um so unwahrscheinlicher, da die Münzen noch beträchtlich leichter sind, als die Unze, wie sie sich nach der zweiten Reduction der Kupferlitra, die in Syrakus erst viel später eintrat, darstellt. Vielmehr sind es Kupferobolen, wie das älteste Silber der Stadt nach äginäischem Muster geprägt, und haben mit dem sicilisch-italischen Litrensystem nichts gemein. Als das letztere geraume Zeit nachher in Rhegion Aufnahme fand, hatte sich die eben erwähnte zweite Gewichtsreduction des Kupfers in Sicilien bereits vollzogen. Daher wurde dieser Fufs in Rhegion mafsgebend und neben dem Kleinsilber in Kupfer Ein-, Drei- und Fünfunzenstücke zum Gewicht von 1.80, 5.60 und 10 Gr. geprägt. Obgleich bei diesem rheginischen Kupfergelde Werthbezeichnungen ebenso wie beim syrakusischen fehlen, so ist doch die Benennung dieser dem Gewicht und der Gröfse nach scharf abschneidenden Sorten durchaus sicher, da Münzen des kleinsten Nominals manchmal die Aufschrift PHΓINH tragen[2]), wozu man eben nur *οὐγκία* ergänzen kann und dem schwersten Nominal dem Gewicht und der Gröfse nach entsprechende Stücke späterer Prägung das Werthzeichen Π führen.

Man erkennt aus der Prägung dieses letzteren Nominals, dafs in Rhegion die Rechnung nach Drachmen und Obolen durch die Litrenrechnung nicht verdrängt worden ist, sondern in Silber sogar die Oberhand behalten hat. Man münzte dort in der Regel Litren oder Hemilitren weder in Silber noch in Kupfer, sondern gewöhnlich nur ganze und halbe Obolen in ersterem und dem Hemiobolion dem Werthe nach entsprechende Fünfunzenstücke in letzterem Metall. Ob in Rhegion neben dem Obolos über-

---

[1]) Die Silbermünzen mit der noch rückläufigen Aufschrift REC wiegen 0.67 —0.61 Gr., die mit RECI 0.77—0.61 Gr. (Mommsen S. 125. 3 Exemplare des Berl. Museums 0.70, 0.68, 0.67 Gr.); nach dem Tetradrachmon von 17.38 Gr. berechnet sich der Obol auf 0.723 Gr., die Litra auf 0.867 Gr., so dafs man Mommsens Vermuthung (S. 98), dafs die letztere Reihe theils Obolen, theils Litren seien, nicht beipflichten kann. Im Berl. Museum finde ich aus der älteren Periode aufserdem noch ein bei Mommsen S. 125 nicht angeführtes Nominal, ein Diobolon in Silber von 1.12 Gr. (Löwenkopf ✗ REC rückläufig im Perlenkranz).

[2]) Vgl. Münztabellen. Berl. Mus. Löwenkopf ✗ Ephebenkopf mit Stirnband PHΓINH. Bei Mionnet fehlt die Münze.

haupt je Litrenstücke in Silber ausgebracht worden sind, ist sehr zweifelhaft, da zwar einige Exemplare von 0.82—0.77 Gr. angeführt werden, die das gewöhnliche Obolengewicht übersteigen, die meisten Münzen derselben Reihe aber sich dem letzteren fügen[1]) und es überdies eine noch unedirte kleinere mit H bezeichnete Silbermünze giebt, die in einem wohlerhaltenen Exemplar 0.30 Gr. wiegt, und daher nur als Hemiobolion aufgefafst werden kann[2]). Bei dem späteren mit Werthzeichen versehenen rheginischen Kupfergelde kann man eine successive Gewichtsverminderung deutlich wahrnehmen, indem die ältern Pentongkien 12.60—10.70 Gr., ein mit IΓ bezeichnetes Vierunzenstück 7.15 Gr.[3]) wiegt, während die jüngern Pentongkien sich auf 6.30 Gr., die entsprechenden Vier- und Dreiunzenstücke auf 3.05 und 2.50 Gr. stellen. Immerhin wurden aber, wie man sieht, die einzelnen Nominale streng nach dem Verhältnifs der jedesmaligen Einheit und nicht willkürlich normirt, obgleich ihr Gewicht in keiner Wechselbeziehung zu ihrem Werthe mehr stand.

Auf das übrige in den grofsgriechischen Städten geprägte Kupfergeld braucht hier nicht weiter eingegangen zu werden, da dasselbe in diesem ganzen Münzgebiet überhaupt selten und ebenso wie in Campanien erst spät auftritt[4]). Wenden wir uns dagegen zur sicilischen Kupferprägung zurück, so finden wir zwar, wie bereits bemerkt, aufser in Syrakus nirgendwo mehr die vollwichtige Litra repräsentirt, wohl aber einzelne Münzen von Agrigent und Lipara, die auf eine Unze normirt sind, die etwa doppelt so schwer ist, als die syrakusische der ersten Reduction. So giebt es Trianten von Lipara zu 26.55—21.23 Gr. und dazu gehörige aber verhältnifsmäfsig schon etwas leichtere Hexanten mit dem gleichen Gepräge (Vulcankopf ΛΙΠΑΡΑΙΟΝ mit 3, ΛΙΠ mit 2 Kugeln) von 15.50—14.246 Gr., ferner ein Hemilitron von Akragas (AKPA Adler Hase zerfleischend)(Krebs, Krabbe, 6 Kugeln) von 28.95 Gr. Es mufs daher kurz nach Beginn des 4. Jahrhunderts, aber vermuthlich noch vor der in Syrakus unter Dionys erfolgten Gewichtsreform in den bezeichneten Städten der schwere vollwichtige Litrenfufs beseitigt gewesen sein,

---

[1]) Vgl. Mommsen S. 125. Zwei Exemplare des Berl. Mus. wiegen 0.75 und 0.74 Gr.

[2]) Löwenkopf)(H im Kreis. Diese Münze befindet sich im Berl. Mus.

[3]) Auch dieses Nominal ist mir nur in einem Exemplar des Berl. Mus. vorgekommen und war bisher unbekannt. Vgl. Mommsen S. 98, 42, der nur die Aufschriften Γ, ... oder IIII und III anführt.

[4]) Vgl. Mommsen R. M. S. 103. 113. 117.

wozu dort wie in Syrakus die Preisveränderung des Kupfers die Hauptveranlassung dargeboten haben wird.

Indefs blieb man nicht lange bei diesem schwereren Fufs stehn, sondern ging bald zu der durch die bezeichnete Reform bis auf etwa 40.8 Gr. herabgesetzten Litra über. Ein grofser Theil des Kupfergeldes der genannten und anderer sicilischer Städte fügt sich diesem Fufse. Dahin zählt ein Dreier von Himera mit dem Hahn auf der einen und drei Kugeln auf der andern Seite von 11.20 Gr., welcher älter ist, als alle übrigen in den Tabellen des III. Abschnitts zusammengestellten Münzen desselben Gepräges, ferner aus Akragas Trianten mit den oben angeführten Typen von 12.20—10 Gr. Hemilitren in zwei verschiedenen Reihen, von denen die ältere (mit oder ohne ΑΚΡΑΓΑΝΤΙΝΟΝ, Adler auf Delphin)(Krebs, Krabbe, 6 Kugeln) 21.30—20.50 Gr., die jüngere (ΑΚΡΑΓΑΣ Kopf des Flufsgotts)(Adler auf ionischer Säule, 6 Kugeln Krabbe) 18.60—15.10 Gr. wiegt und endlich zu der erstern Reihe gehörige Hexanten von 7.20—7.10 Gr., um auf die Kleinmünzen von 2.10 Gr. (Adlerkopf)(Krebs) ohne Nominalbezeichnung, die vermuthlich als Ungkien aufzufassen sind, hier nicht weiter einzugehn.

Ebenso wie man in Akragas und Lipara vom Vollgewicht nicht direct zu der um 20% reducirten Litra überging, ist z. B. in Himera auch ein allmäliger Fortschritt von der ersten zur zweiten Reduction und später noch weiter abwärts nachzuweisen. So giebt es Hemilitren jener Stadt mit dem bereits angeführten Gepräge von 12.90—12.25 Gr. und entsprechende Dreier von 7.80 Gr., die eine Unze von höchstens 2.15 Gr. voraussetzen, welche zwischen dem Gewicht der ersten und zweiten Reduction in der Mitte steht; mit Einführung der letzteren sinkt der Dreier bis auf 5.80 Gr. und auch hierbei blieb man nicht stehn, da das Hemilitron der spätern Reihen 6.45—5.50 Gr., d. h. nur so viel wie der Dreier der frühern wiegt, bis sein Gewicht schliefslich bis auf 3.50 Gr. herabgeht. Dem letztern entsprechend giebt es von Leontini Dreier zu 2.10—1.55 Gr. von Lipara Hemilitren zu 4.05—3.88 Gr., Hexanten zu 1.75 Gr., etwas spätere Dreier zu 1.25 Gr. Ueberall wird das ursprüngliche Werthkupfer nach und nach zum Zeichengeld, obgleich dabei die nach der jedesmaligen Einheit sich richtende Gewichtsdifferenz der einzelnen Nominale im Allgemeinen noch möglichst beobachtet wird; wie denn z. B. auch die Vierunzenstücke von Segeste 9.80—8.60 Gr., der entsprechende Hexas 4.00 Gr. wiegt, obgleich hier Nenn- und Realwerth schon soweit differirten, dafs es wesentlich gleichgültig war, ob man die

Kupfernominale in richtigem Verhältnifs zu einander ausbrachte oder nicht.

Ganz ähnlich wie in Sicilien haben sich die Verhältnisse in Italien gestaltet. Die älteste Wertheinheit war das Pfund Kupfer, welches auch die ältesten gestempelten, auf 5 Pfund normirten Barren noch darstellen[1]). Dagegen steht fest, dafs das älteste römische Geld der Kupferas, vermuthlich aus Rücksicht auf das gleichzeitig cursirende ausländische Silber[2]), nur auf 10 Unzen normal (= 273 Gr.) und die Theilmünze dem entsprechend ausgebracht worden ist[3]). Auf dieser Höhe hielt sich das Kupfer etwa 200 Jahre lang, vom J. 451 bis zum J. 269 v. Chr., sank aber mit der Einführung der Silbermünze im J. 268 zuerst auf den Triental und später allmälig bis auf den Sextantar, den Unzial (537 = 217 v. Chr.) und schliefslich bis auf den Semunzialfufs (wahrscheinlich 665 = 89 v. Chr.) herab[4]).

Dem Zehnunzenfufs lag vermuthlich die Gleichung von einem Scrupel Silbers mit 250 Scrupeln Kupfers[5]) (= 10⅖ Unzen), d. h. dasselbe Werthverhältnifs der beiden Metalle zu Grunde, welches in Sicilien etwa bis zum Anfang des 4. Jahrhunderts in Gültigkeit war. Im Trientalfufs war die Kupfer- zur Silbermünze noch immer im Verhältnifs von 1:240, also für das erstere Metall sehr gering angesetzt[6]), was um so auffallender ist, da man in Sicilien von dieser Gleichung schon seit mehr als 100 Jahren abgegangen war. Die stetige und allmälig fortschreitende Verringerung des Gewichtes der Kupfermünze war daher ebenso natürlich wie nothwendig. Mit Einführung des Sextantarfufses erreichte man ein Verhältnifs der beiden Metalle (1:120—140), welches ihrem damaligen Welttauschwerthe ungefähr entsprochen haben wird[7]). Als aber das Gewicht noch mehr sank und schon vor dem zweiten punischen Kriege

[1]) Vgl. Mommsen R. M. S. 172.

[2]) Mommsen R. M. S. 190 f. 192.

[3]) Mommsen R. M. S. 206 f.

[4]) Mommsen S. 288 f. 308. 379. 383. 421.

[5]) Mommsen S. 206 f.

[6]) Hultsch S. 210.

[7]) So urtheilt auch Hultsch S. 211. 218 f. Anm. 26. Mommsen S. 379 f. nimmt dagegen an, dafs das Verhältnifs zwischen Kupfer und Silber = 1 : 250 im Jahre 217 im Handel noch mafsgebend gewesen sei und kommt daher S. 421 zu dem Schlusse, dafs die römische Kupfermünze thatsächlich durch die Verringerung des trientalen, rechtlich durch die Einführung des unzialen Fufses aufgehört habe Werthmünze zu sein.

sich thatsächlich dem Unzialfufs näherte, war die Kupfermünze auf dem Wege zum Zeichengelde zu werden. Dies verhinderte das flaminische Gesetz vom J. 217, indem es den Denar auf 16, statt auf 10 Asse festsetzte, gleichzeitig den Unzialfufs legalisirte, und dadurch die Werthproportion zwischen den Metallen auf 1:112 fixirte.

Das Kupfer ward in Rom erst zur Zeichenmünze, als am Ende des zweiten punischen Krieges in Folge der reichen Kriegsbeute das Silber in Masse in Rom zusammenströmte und damit (vom J. 194 an) die Silberwährung zur alleinigen Herrschaft gelangte[1]). Das Gewicht ging von da ab immer tiefer herab, die Ausmünzung der einzelnen, besonders der geringeren Nominale begann unregelmäfsiger zu werden[2]) und im Jahre 89 ward durch das papirische Gesetz der thatsächlich längst beseitigte Unzialfufs mit dem Semunzialfufs vertauscht[3]), was aber nicht verhinderte, dafs der As zuweilen noch leichter ausgebracht wurde[4]). In der That war es, seitdem die Kupferwährung aufgegeben worden war, vollkommen gleichgültig, wie hoch oder wie niedrig man die Kupfermünze ausprägte, vorausgesetzt, dafs ihr Münzwerth über ihrem Realwerth blieb. Wenn man dennoch im J. 89 ein verhältnifsmäfsig noch ziemlich hohes Gewicht, das einen 56fachen Werth des Silbers gegen das Kupfer voraussetzt, als Minimalsatz[5]) fixirte, so zeigt dies, dafs man die Werthprägung beim Kupfer der Form nach noch immer festhielt, obgleich sie es thatsächlich zu sein längst aufgehört hatte. Diese Fiction läfst sich sogar noch weiter abwärts verfolgen. Nachdem zwischen 84 und 74 v. Chr. die Kupferprägung ganz aufgegeben worden war, begann sie von neuem im J. 15 v. Chr. und zwar mit Wiederherstellung der alten Formen. Die höhern Nominale, den Sesterz (=4 As) und Dupondius, die beide in Messing ausgemünzt wurden, normirte man auf den Unzialfufs und brachte jenen auf eine Unze (=27.29 Gr.), diesen wahrscheinlich auf ½ Unze, den As, Semis und Quadrans dagegen, die aus Kupfer waren, auf den Semunzialfufs, nämlich auf ½, ¼ und ⅛ Unze aus[6]).

Obgleich die Kupferwährung in Italien und Sicilien uralt war, so begann die Kupferprägung nach diesem System doch, wie wir gesehn haben, in Sicilien nicht lange vor Anfang des 4. Jahrhunderts[7]), in Rom nicht vor d. J. 451 v. Chr. Selbst die stets auf beiden Seiten gemarkten rö-

[1]) Mommsen S. 330 f. — [2]) Mommsen S. 423.
[3]) Mommsen S. 338. 383. 423.
[4]) Mommsen S. 383. — [5]) Mommsen S. 423.
[6]) Mommsen S. 765 f. — [7]) Siehe oben S. 275.

mischen Kupferbarren, die sich vom Gelde nicht wesentlich unterscheiden, sind schwerlich viel älter, da sie die Anwendung des doppelten Stempels in der Münze voraussetzen und auch übrigens meist einen jüngern Stil bekunden [1]). Die einzige in diesen Ländern vorkommende Kupfermünze, die in ältere wenn auch nicht in viel ältere Zeit zu setzen ist, das älteste Kupferstück der chalkidischen Kolonie Rhegion steht aufser Zusammenhang mit der italischen Kupferwährung und findet sein Vorbild vielmehr ebenso wie der älteste in dieser Stadt herrschende Münzfufs in Aegina. Schon dies deutet mit Bestimmtheit darauf hin, dafs die Kupferprägung nicht in den Ländern des Westmeers, sondern dort erfunden und zuerst geübt worden ist, wo die Kunst des Prägens überhaupt sich zuerst entwickelt hat.

In der Zeit vor Dareios begnügte man sich in Kleinasien damit, für Werthe bis zum Belauf von etwa 1 Sgr. abwärts Silbermünze zu schlagen und überliefs es dem Verkehr, die geringern Beträge durch andere Mittel auszugleichen. Den ersten Versuch minder werthhaftes Metall als Silber zur Münze zu verwenden, scheint man in Lesbos gemacht zu haben, wo eine ziemlich ausgedehnte Potinprägung zu einer Zeit auftritt, wo man an Kupfergeld, welches dort überhaupt verhältnifsmäfsig erst spät und wohl kaum vor dem 4. Jahrhundert eingeführt ward, noch nicht dachte. Denn die bekannten theils auf kleinasiatischen, theils auf persisch-babylonischen Fufs einseitig geprägten und mit verschiedenen Wappen bezeichneten Münzen aus diesem Metall, die theils Methymna, theils Mytilene zuzuschreiben sind, können nicht viel jünger sein, als die Münzordnung des Dareios. Da Lesbos gleichzeitiges Silbergeld nicht aufzuweisen hat, indem das älteste in Methymna geschlagene älter, alles übrige jünger ist, so haben diese Potinmünzen offenbar das Silber ersetzen sollen und daher nicht als Scheide-, sondern als Creditgeld gedient; sie standen in demselben Verhältnifs zum Silber, wie das legirte phokaische Gold oder das Elektron zum reinen Golde. Auch später als die Silberprägung in Methymna wieder aufgenommen worden war, in Mytilene begonnen hatte und in beiden Orten gleichzeitig die Kupferprägung geübt wurde, hat man gelegentlich und vorübergehend statt des Silbers wieder Potin verwandt und für die gleichzeitige lesbische Bundesprägung überhaupt neben dem Golde kein anderes Metall als dieses verarbeitet.

---

[1]) Vgl. Mommsen S. 174. „Luynes (Lenormant élite céram. intr. I, p. xxxix) sah freilich in einer italienischen Sammlung ein viereckiges Kupferstück sehr alten Stils."

Wo zuerst Kupfer geschlagen worden ist, ob in Kleinasien oder in Griechenland, ist schwer zu bestimmen. Die alterthümlichsten Kupfermünzen des griechischen Festlandes kommen, soviel mir bekannt, in Aegina vor, wo es zwar neben dem allerältesten mit der Seeschildkröte bezeichneten Silber, dessen Unterstempel noch sehr roh und unregelmäfsig gearbeitet ist, noch kein gleichzeitiges Kupfer giebt, wohl aber neben den jüngeren Reihen, deren Rückseite das bekannte eigenthümlich geformte, in 5 Felder getheilte, vertiefte Viereck darstellt. Das älteste Kupfer — ein Stück zweiter Gröfse von beiläufig 2.3 — 1.70 Gr. Gewicht — unterscheidet sich von dem entsprechenden Silber wesentlich nur durch die verschiedene Zeichnung des Oberstempels, der statt der Schildkröte zwei, seltner drei Delphine und dazwischen A oder A zeigt, während der Unterstempel genau denselben Einschlag darstellt, wie das Silbergeld, nur dafs in dessen Feldern gewöhnlich die Initialen des Inselnamens oder einzelne Buchstaben vertheilt sind, was übrigens hier und da auch bei jenem vorkommt. Erst als die Silberprägung in Aegina eingegangen war, tritt dort zweiseitig gemünztes Kupfer in einem gröfseren Nominal und mit ganz anderen Prägbildern auf. Wenn man diese Veränderung, wie an und für sich wahrscheinlich und nach Beschaffenheit der Münzen selbst wohl erlaubt ist, mit dem Beginn der athenischen Herrschaft im J. 456 v. Chr. oder mit der Vertheilung der Insel an athenische Kolonisten im J. 431 in Zusammenhang bringen darf, so würde damit ein bestimmtes Datum gegeben sein und hiernach der Anfang der Kupferprägung in Aegina etwa in das erste Viertel des 5. Jahrhunderts v. Chr. gesetzt werden können. Dahin leitet auch die Vergleichung des ältesten attischen Kupfergeldes, welches beträchtlich jünger ist als das äginäische und dessen Einführung wahrscheinlich vor das Jahr 444 (Ol. 84, 1) fällt, in dem der Dichter und Staatsmann Dionysios, der diese Mafsregel anrieth, als einer der Anführer der Kolonie nach Thurii ging[1]).

Auch in Kleinasien begegnen wir Kupfermünzen, die dem Zeitalter des Dareios näher stehn, als dem zuletzt erwähnten Zeitpunkt und jedenfalls älter sind, als das athenische Kupfergeld. Dahin gehören namentlich die sehr dick und alterthümlich geschlagenen Kupferstücke von Kalchedon, denen die durchaus gleichartigen byzantischen Kupfermünzen gleichzeitig sind, ferner das Kupfer von Klazomenae und wohl auch von Chios, wo die Prägung dieses Metalls begann, ehe man die Anwendung des einseitigen

[1]) Boeckh Staatshaush. I, 770.

Stempels aufgegeben hatte. Hier ist ebenso wie in Aegina die Kupferprägung wohl noch in die erste Hälfte des 5. Jahrh. zu setzen. Auch in anderen Städten wie in Lampsakos, Abydos und Samos kommt Kupfergeld vor, welches zwar etwas jünger als das der genannten Städte ist, aber doch noch derselben Periode angehört.

Die Kupferprägung hat sich ebenso wie die Gold- und Silberprägung erst allmälig verbreitet. Auf der kleinasiatischen Nordküste ist vor Alexander d. Gr. nur in Kromna, Sesamos und Herakleia, allein in letzterer Stadt nicht vor Beginn der Königsprägung im J. 344 v. Chr., in Kromna und Sesamos wahrscheinlich noch später, Kupfer geschlagen worden, in Kilikien sind nur Phaselis, Side und etwa Selge zu nennen, wo vor jener Zeit Scheidegeld ausgebracht wurde. Auch in Kypros und in Lykien kommt ebenso wie in Phönikien Kupfergeld vor Untergang des persischen Reiches nur ausnahmsweise vor; die karischen und salaminischen Dynasten haben ebenso wie die phönikischen und kitischen Könige dasselbe bei sich einzuführen verschmäht und von allen unter dem persischen Scepter stehenden Dynasten, aufser den Königen von Herakleia, nur Mania, die Herrscherin von Dardanos, Kupfer geprägt. Ebenso giebt es kein Satrapenkupfer und die oben erwähnten[1]) mit dem grofsköniglichen Wappen bezeichneten und in Syrien geschlagenen Kupfermünzen gehören nicht zu den älteren, sondern zu den jüngeren Reihen des entsprechenden Silbergeldes. Man sieht, die Kupferprägung wie die Geldprägung überhaupt war eine rein griechische Erfindung, die in dieser Periode fast nur auf hellenischem Boden geübt wurde. Allein auch hier fand sie nur nach und nach, und erst am Ende des 5. Jahrhunderts allgemeinen Anklang. So ist auf der Insel Rhodos nicht vor dem Synoikismos im Jahre 408, in Knidos und Kalymna nicht vor der noch späteren Einführung der rhodischen Währung Kupfer gemünzt worden, und die ionisch-äolischen Städte der kleinasiatischen West- und Nordwestküste sind daher hierin, wie in so vielem Andern, den dorischen vorangeeilt. Allein auch jetzt kam in den hellenischen Städten Kleinasiens die Kupferprägung wohl nur auf, wo die Silberprägung bereits herrschte; so haben z. B. Phygela, Priene und Smyrna in beiden Metallen erst nach Untergang des persischen Reiches zu münzen begonnen; auch Klazomenae, wo nach Dareios die frühere Silberprägung aufgegeben und statt dessen neben Gold nur Kupfer geschlagen worden ist, macht hiervon keine Ausnahme.

Ebenso ist in den entfernter liegenden Gebieten die Prägung dieses

---

[1]) S. 235.

Metalls erst seit dem Ende des 5. oder Anfang des 4. Jahrhunderts nachzuweisen. Unter den makedonischen Königen war es Archelaos (413—390), der Regenerator des Reiches, der zuerst Kupfer schlug, und um dieselbe Zeit begann die Prägung auch in Akanthos, wo es noch Kupfergeld neben dem Silber attischer Währung giebt, welche erst im 4. Jahrhundert mit der kleinasiatischen vertauscht worden ist, in Neapolis erst im Anfang des 4. Jahrhunderts, auch in Amphipolis, im chalkidischen Städtebund und in Philippi nach Einbürgerung der kleinasiatisch-rhodischen Währung, überhaupt vor Alexander wohl nur noch in Olynthos, in Orthagoreia, Pydna und Terone, in den meisten übrigen Städten erst nach jenem Zeitpunkt.

Ebenso datirt in Thrakien die Kupferprägung, abgesehn von Byzanz, erst etwa von der letzten Hälfte oder dem Ende des 5. Jahrh. Die ersten datirbaren Münzen sind die in Maroneia geschlagenen Kupferstücke mit dem Namen der Odrysenfürsten Sparadokos und Amadokos, von denen der letztere um 400 v. Chr. herrschte und Verbündeter des Seuthes war, als Xenophon mit seinen Kampfgenossen in Chrysopolis landete[1]), während Sparadokos vielleicht mit dem Vater des älteren Seuthes identisch ist, der zur Zeit des peloponnesischen Krieges lebte[2]). Das älteste Kupfergeld von Maroneia und Abdera wird ungefähr gleichzeitig, das von Aenos, Dikaea, Metambria und Thasos etwas später sein, und die meisten übrigen Städte, wie namentlich Kardia, Sestos und Aegospotamos, in denen noch kein gleichzeitiges Silber vorkommt, nicht vor Alexander d. Gr. zu münzen begonnen haben.

Da die älteste kleinasiatische Prägung wesentlich Werthprägung war, da ferner auch nach Dareios auf der Halbinsel Silber in kleineren Nominalen als bis zum Obolos der leichten, oder dem Hemiobolion der schweren kleinasiatischen Drachme herab selten und auch dieses Nominal nicht oft geprägt wurde, so darf man erwarten, dafs auch bei der Kupfermünze, welche das Kleinsilbergeld ersetzen sollte, dies Princip festgehalten wurde. Es ist bekannt, dafs in Aegypten unter den Ptolemäern neben der Gold- und Silber- auch Kupferwährung bestand und dafs dabei ein Verhältnifs des Goldes zum Silber wie 12½ : 1, des Silbers zum Kupfer wie 60 : 1 angenommen war[3]), welches dem Welttauschwerth dieser

[1]) Xen. Anab. VII, 7, 3. Hell. IV, 8, 26. Raoul-Rochette Lettre à M. Grotefend in d. Annal. de l'Inst. arch. 1836, S. 116.

[2]) Thuc. II, 101. IV, 101. Raoul-Rochette a. a. O. S. 106 ff.

[3]) Vgl. Mommsen R. M. S. 40 f.

Metalle wenigstens so nahe stehen mufste, dafs die einzelnen Währungen dadurch nicht aufser Gleichgewicht kamen. Man rechnete nach Drachmen Kupfers und Silbers, der Stater oder das Oktadrachmon in Gold war auf eine Silbermine oder ein Kupfertalent, die Silberdrachme auf 60 Kupferdrachmen normirt, und da man in Silber nur Grofsgeld, nämlich Tetradrachmen zu 14.23 Gr. und daneben nur noch Didrachmen, aber seltner, münzte, so war der ganze Kleinverkehr auf Kupfer beschränkt. Dieses ward daher wenigstens formell nicht als Zeichen-, sondern als Werthmünze behandelt, auf deren annähernd genaue Gewichtsnormirung eine gewisse Sorgfalt verwandt werden mufste. Die Thatsachen entsprechen dieser Voraussetzung wohl. Denn es giebt Penta- und Tetradrachmen von Ptolemaeos I. zu 18.40 und 14.50 Gr. Drachmen und Didrachmen von ihm und Berenike zu 3.95 — 3.60 und 7.80 — 6.60 Gr., Didrachmen von Ptolemaeos III. zu 5.70 — 5.50 Gr., halbe Drachmen von Berenike II. zu 1.60 — 1.50 Gr., Drei-, Sechs- und Zwanzigdrachmenstücke von Ptolemaeos VIII. zu 9.60, 23.40 — 22.30, 66.50 Gr., und selbst noch von Ptolemaeos IX. Tridrachmen zu 10.80 — 9,46 Gr., Didrachmen zu 7.60 und Pentadrachmen zu 16.90 Gr., die, wie man sieht, von dem Normalgewicht nicht allzuweit abweichen[1]).

Dafs auch die persischen Grofskönige in Syrien Kupferprägung übten,

---

[1]) Diese Angaben beruhen auf Wägungen, die von mir (i. J. 1865) im Berl. Mus. angestellt worden sind, wobei die dort angenommene Classification der Münzen beibehalten worden ist. R. S. Poole („Weights" in Smith's Dictionary of the Bible wiederholt in Madden's history of Jewish Coinage. London 1864. S. 277 f.) findet unter den Kupfermünzen der Ptolemäer 5 verschiedene Nominale zu 4.535 (= 70), 9.07 (= 140), 18.14 (= 280), 45.30 (= 700) und 90.7 Gr. (= 1400 E. Gran) und nimmt an, dafs dieselben nicht nach der Münzdrachme, sondern nach dem altägyptischen in 10 Loth theilbaren Pfunde von 90.717 Gr. (vgl. oben S. 76) normirt, dabei aber nach der Münzdrachme benannt worden seien (a. a. O. S. 284), so dafs das Loth Kupfer von 9.07 Gr. in der Münze zur Drachme, das Pfund zum Dekadrachmon geworden wäre und dadurch das Verhältnifs von Silber zu Kupfer sich wie 152 : 1 — nach Poole 78 oder 80 : 1, weil er das Didrachmon von 7.126 (= 110 E. Gr.) als Drachme nimmt — gestellt haben würde. Man wird die Möglichkeit dieses Verfahrens nicht in Abrede stellen können, indefs sind die oben mitgetheilten Wägungen nicht damit in Uebereinstimmung zu bringen, insbesondere nicht die häufig vorkommenden Stücke fünfter Gröfse zu 7.80, 7.00, 6.60 (Ptolemaeos I. und Berenike), 7.60 (Ptolemaeos IX.) und die erster Gröfse von 1.60, 1.50 Gr. (Berenike II.), während man die angeblichen Triobolen, Drachmen, Didrachmen und Pentadrachmen sehr wohl als untermünzte Zwei-, Drei-, Sechs- und Zwölfdrachmenstücke und das vermeintliche Dekadrachmon als 25 Drachmenstück ansehen kann. Frühere Wägungen vgl. bei Boeckh M. U. S. 143.

dieselbe nach dem Silbergewicht normirten und das Kupfer auf dieselben Nominale ausbrachten wie jenes ist schon bemerkt worden[1]). Es versteht sich, daſs dies Verfahren, wie die Münzprägung überhaupt, weder in Persien noch in Aegypten erfunden, sondern dort zuerst geübt worden ist, wo die Kupferprägung begann. Diese Annahme scheint sich zu bestätigen.

Es konnten bei der Kupferprägung überhaupt zwei verschiedene Wege eingeschlagen werden: Entweder man ging von einem bestimmten Werthverhältniſs der Kupfer- zur Silbereinheit aus und fixirte danach das Gewicht der erstern, ohne daſs dieses einem der Silbernominale, der Drachme oder dem Obolos entsprach, oder man brachte das Kupfer auf dieselben Gewichtsnominale aus, wie das Silber und setzte dann nach dem Verhältniſs der beiden Metalle zu einander fest, wieviel Kupfereinheiten auf die entsprechende Silbereinheit gerechnet werden sollten. Das erstere Verfahren befolgte man in Athen, das zweite in der persischen, in der ptolemäischen und in der ältern Kupferprägung von Aegina und der kleinasiatischen Städte; bei diesem stimmte das Gewicht der Kupfereinheit mit dem der Silbereinheit überein, bei jenem nicht. Es walten hier eben dieselben Verhältnisse wie bei der Gold- und Silberprägung ob. Während man in Athen, sowie seit Alexander im makedonischen und später im ptolemäischen Reiche beide Metalle nach demselben Gewichtsfuſse münzte, hatte man in der orientalischen Prägung für Gold und Silber von jeher doppeltes Gewicht. Die Golddrachme Alexanders und die der Ptolemäer war gleich schwer wie die entsprechende Silberdrachme, und beide zu einander in ein rundes Werthverhältniſs gesetzt. Dagegen ging die älteste kleinasiatische Prägung, die Prägung des Krösos, des Dareios und Philippos von einem vorher festgesetzten Werthverhältniſs der beiden Metalle zu einander aus und bestimmte danach die betreffenden, davon abhängigen correlaten Gewichtseinheiten. Wo wir daher im Kupfer dieselben Gewichtsnominale finden, wie im Silber, darf man das erstere, wo dies nicht der Fall ist, das letztere Verhältniſs voraussetzen.

Zu *χαλκοῦς*, dem Namen der athenischen Kupfereinheit, wird man entweder *στατήρ* oder *ὀβολός* zu ergänzen haben. Welches von beiden ist um so schwerer zu sagen, da wir nicht wissen, wo diese Bezeichnung zuerst entstand. Geschah dies in Aegina, wo in der älteren

---

[1]) Oben S. 235.

Zeit nur ein Nominal in Kupfer von 2.30—1.70 Gr. Gewicht geprägt wurde, so würde man ὀβολός als die natürlichste Ergänzung ansehn und annehmen dürfen, dafs der äginäische Kupferobol der Absicht nach auf das Gewicht von 2 Silberobolen normirt war. Als aber in Athen die Kupferprägung begann, scheint das Wort seine ursprüngliche Bedeutung verloren zu haben. Man prägte dort bekanntlich bis zur Zeit Alexanders des Grofsen Silber bis zum Tetartemorion (dem Viertelobol = 4 Pf.) herab, und daneben etwa seit der Mitte des 5. Jahrhunderts Kupferstücke, deren 8 auf einen Obol, 2 auf das eben bezeichnete Nominal gingen. Nur vorübergehend scheint man im Jahre 406 v. Chr. statt der kleinsten Silbereinheit Kupfer geprägt zu haben. Die Mafsregel war eine Nothmafsregel, die bald wieder aufgegeben wurde, indem das durch dieselbe entstandene Kupfer verrufen ward[1]).

Unter den athenischen Kupfermünzen, die noch dem älteren Stil und daher der Zeit vor Alexander angehören, lassen sich innerhalb der einzelnen Reihen regelmäfsig zwei durch Gewicht und Gröfse scharf von einander gesonderte Nominale erkennen, von denen das gröfsere in der wahrscheinlich ältesten Reihe 6.5—5.5 Gr., das kleinere von jenem auch durch das Gepräge verschiedene Stück ungefähr ½ von jenem (2.25—1.85 Gr.) und ebensoviel wie der äginäische Chalkus wiegt. Bei einer spätern Reihe beträgt das Gewicht des gröfsern Stücks nur 5.5—4.9 Gr., dagegen das des kleinern etwa die Hälfte, nämlich 2.6—2.5 Gr., und beide Nominale sinken noch später im Verhältnifs auf 3.9—3.2 Gr., bezüglich 1.60—1.20 Gr., bis nach Alexander mit Aufhören der Kleinsilberprägung gröfsere Kupfernominale an die Stelle treten. Da es nicht wahrscheinlich ist, dafs solange das kleinste Silberstück das Tetartemorion war, man schwerere Kupfermünzen als zum halben Werthe dieses Nominals geprägt hat, so wird man in dem Grofsstück den attischen Chalkus, in dem dazugehörigen Theilstück den κόλλυβος, der als kleinste Scheidemünze häufiger erwähnt wird[2]), erkennen dürfen. Es wurde mithin das Kupfer in der ersten Zeit zum Silber im Verhältnifs wie 1 : 72.2 ausgebracht, was sowohl etwas über der in der ptolemäischen Prägung wie über der in Syrakus nach der ersten Reduction angenommenen Werthung steht. Auch kann man nicht umhin, sowohl in dem Gewicht des ältesten Chalkus, wie in dem des entsprechenden Theilstücks,

---

[1]) Vgl. Hultsch M. S. 166.

[2]) Hultsch a. a. O.

eine Annäherung an den in Athen als Handelsgewicht beibehaltenen äginäischen Gewichtsfufs zu erblicken, indem vermuthlich das Ganzstück der Absicht nach auf eine äginäische Drachme, das Drittel ebenso wie in Aegina der Chalkus auf 1 Diobolon normirt war, womit auch zusammenhängen wird, dafs man dem Drittel wenigstens in der ältesten Reihe das Gepräge des Diobolon (zwei Eulen in einen Kopf zusammengehend[1]) gab.

Es liegt auf der Hand, dafs die athenische Theilung des Obols in 8 Chalkus durch die Stückelung des Silbers veranlafst worden ist, die dort älter war, als die Kupferprägung. Dagegen walteten in Aegina, wo man, wie es scheint, nur in der ältesten Zeit Silber bis zum Hemiobolion, später nur noch bis zur Drachme abwärts münzte, derartige Verhältnisse nicht ob und es ist daher wahrscheinlich, dafs man dort ein bequemeres und dem Theilungsprincip des Talents, der Mine und der Drachme analogeres Eintheilungssystem beobachtete. Da der älteste attische Chalkus genau 3mal schwerer war, als der äginäische und der attische Obolos nicht ganz ⅗ des äginäischen betrug, so entsprach der letztere ungefähr zehn attischen Kupferstücken und wird daher — wenn man in Aegina von einem ähnlichen Werthverhältnifs der beiden Metalle ausging, wie in Athen — vermuthlich auf 30 (äginäische) Chalkus normirt gewesen sein. Diese Zahl deutet auf ein ursprüngliches Verhältnifs hin. Dasselbe oder ein analoges entstand überall dort ganz von selbst, wo man, wie in Aegypten, in Persien und in vielen Städten Kleinasiens, Kupfer und Silber auf dieselben Gewichtsnominale ausbrachte und dabei von dem bekannten im Orient vielleicht dem Marktwerth ungefähr entsprechenden Preisverhältnifs der beiden Metalle ausging, nach welchem die Silberdrachme auf 60, der Silberobol auf 10 Kupferdrachmen oder 60 Kupferobolen zu stehen kam.

In der That wird die Eintheilung des Obols in 10 Chalkus, womit man eben die Kupfereinheit bezeichnete, ausdrücklich bezeugt[2]), wie sie denn auch in Aegypten mit Gewifsheit nachgewiesen ist, und dafs in Delphi der Obol wenigstens mehr als 8 Chalkus galt, geht aus einer Inschrift hervor[3]).

Dafs aber nicht nur in Aegina, sondern auch in Kleinasien, wo vielleicht die Kupferprägung wie die Prägung überhaupt erfunden worden ist, diese Münze ebenso wie das Silbergeld nach dem Drachmen- und

[1]) Vgl. Hultsch S. 159 Anm. 20.

[2]) Plin. h. n. 21, 34.

[3]) C. J. I, 8165.

Obolensystem, d. h. nach dem in jedem Orte gültigen Münz- oder Gewichtsfufs ausgebracht worden ist, zeigen nicht nur die von mir für diesen Zweck angestellten Wägungen, sondern auch einzelne freilich sehr sporadisch auftretende Münzwerthbezeichnungen. Was die letztern betrifft, so müssen natürlich diejenigen, die sich auf Münzen späterer Zeiten finden und überdies nur den entsprechenden Silberwerth angeben, aufser Acht bleiben. So sind die Münzen von Metapont, mit der Aufschrift ΟΒΟΛΟΣ[1]), aus Samothrake mit ΤΡΙΩΒΟΛΟ[2]), aus Aegion in Achaia mit ΗΜΙΟΒΕΛΙΝ ΑΙΓΙΟΝ[3]), aus Chios mit ΟΒΟΛΟΣ ΧΙΩΝ[4]) und aus Rhodos mit ΔΙΔΡΑΧΜ[5]) oder ΔΙΔΡΑΧΜΟΝ ΡΟΔΙΩΝ[6]), sämmtlich als reines Zeichengeld zu betrachten, bei dem die Werthbezeichnung zum Gewicht in keiner Beziehung stand. Anders verhält es sich mit zwei Kupferstücken, die beide geraume Zeit vor Alexander dem Grofsen geprägt worden sind und auf denen Münznamen vorkommen, die nicht dem entsprechenden Münzwerth in Silber gelten, sondern nur das Eigengewicht ausdrücken können. Das eine ist eine Münze des Berliner Museums, die auf der Rückseite das Gepräge des ältesten zweiseitig gemünzten Silbergeldes der Stadt und die Aufschrift ΧΑΛΚ III zeigt[7]), welche nach dem Gebrauch der Inschriften nur durch χαλκοῖ ὀβολοὶ τρεῖς gedeutet werden kann. Auch das Gewicht von 1.85 Gr. stimmt hiermit überein, indem dieses genau auf 3 Obolen des in Abydos auch für das Silber mafsgebenden kleinasiatischen Fufses auskommt. Neben diesem tritt ein anderes Nominal in Kupfer hier gleichzeitig ebensowenig auf wie in Aegina. Die andere hier in Betracht kommende Münze ist etwas späteren Datums, in Byzanz geprägt, und führt die Aufschrift ΔΡΑΧΜΑ. Dieselbe wiegt nur 2.00 Gr., was offenbar

---

[1]) Vgl. Mommsen R. M. S. 112. Anm. 60. Drei Exemplare wogen 8.67, 8.42 und 7.95 Gr.

[2]) Ekhel 1, XXXVIII; 2, 52. Die bei Hunter taf. 47, 12 abgebildete Münze ist 5.—6. Gröfse.

[3]) Ekhel a. a. O. Die bei Khell Adpend. alt. ad Numism. Graeca S. 10 beschriebene, taf. 1, 8 abgebildete Münze 5. Gröfse wiegt nach S. 19 6.405 Gr. = 1⅔ Drachmen (= 3.78 Gr.) 19⅓ Gran nürnberger Gewichts. Das entsprechende Hemiobolion in Silber wog 0.24 Gr., die Drachme 2.91 Gr. Vgl. Mommsen R. M. S. 96 f.

[4]) Vgl. Mion. 3, 277, 121, Gröfse 8½. Das bei Khell S. 19 angeführte Stück wiegt 15.09 Gr. (= 269 nürnb. Gran).

[5]) Vgl. Ekhel. 2, 603. Hunter taf. 45 (Gröfse 10).

[6]) Mion. 3, 427, 277 (Gr. 9½) von Tiberius und Livia, 282 von Nero (Gr. 10).

[7]) Beschrieben von J. Friedländer in den Berl. Bl. für Münzkunde III, 12.

der Hälfte des persischen Silbersiglos entspricht, dessen Gewicht sich dort seit Dareios im Silber mit dem des kleinasiatischen Münzfuſses gemischt hat[1]), und ist daher viel zu leicht, als daſs die Nominalbezeichnung den Silberwerth ausdrücken könnte. Auch ist in Byzanz, wie es scheint, sowohl früher wie gleichzeitig das Kupfer nach diesem Fuſs normirt worden, indem ältere Ein-, Zwei- und halbe Drachmen zu 4.75, 2.30, 1.30 Gr. Maximalgewicht, sowie neben dem angeführten Exemplar gleichzeitige und etwas spätere Drei- und Zweidrachmenstücke zu 7.8 und 5.9 Gr. vorkommen, an deren Stelle in einer noch jüngeren Periode das Tetradrachmon in Kupfer zu 9.95 Gr. tritt. Es ist sehr charakteristisch, daſs auch Kalchedon, das demselben Münzfuſs folgte, in der ersten Zeit der Kupferprägung, die dort ebenso alt ist wie in Byzanz und wohl noch in die erste Hälfte des 5. Jahrhunderts zu setzen ist, Kupfermünzen zu 5.60 Gr., also zum Gewicht des dort ebenfalls in Silber nachgeprägten persischen Siglos ausbrachte, und erst später das Gewicht der kleinasiatischen Silberdrachme von 3.60 Gr. auch für die Scheidemünze annahm. Daſs dies kein zufälliges Zusammentreffen ist, beweist das Kupfergeld der meisten übrigen kleinasiatischen Städte, und zwar nicht nur derjenigen, in denen die Prägung wie in Chios und Klazomenae, wo die ältesten Reihen noch das eingeschlagene Viereck bewahrt haben, wahrscheinlich ebenso früh begann, wie in Byzanz und in Kalchedon, sondern auch anderer Orte, die erst später diesem Beispiel gefolgt sind.

Die älteste Kupfermünze von Chios entspricht in Gewicht und Gepräge fast genau der Silberdrachme von 3.81 Gr., wie sie dort vor Einführung des rhodischen Fuſses, also im 5. Jahrhundert, geprägt worden ist. Sie zeigt auf der Schauseite die Sphinx und davor den zweihenkligen Krug, auf der Rückseite das viergetheilte eingeschlagene Viereck und wiegt 3.35 Gr.[2]). Dasselbe Nominal ward auch noch neben dem Silber rhodischer Währung beibehalten. Doch war hier bis auf Alexander die Scheidemünze noch sehr selten, erst später gewinnt sie an Umfang, indem nun neben der Silberdrachme von 3.95 Gr. und deren Hälfte von 1.00 Gr. drei verschiedene Nominale in Kupfer von

---

[1]) Siehe oben S. 145.

[2]) Da in Chios die einseitige Prägung bis zum Anfang des 4. Jahrhunderts, die Andeutung des quadr. inc. bis auf Alexander d. Gr. und länger beibehalten worden ist, so kann die in mehreren Sammlungen, wie im Par. Mus. und in dem Kabinet Falbe's in Kopenhagen (vgl. Whitte de rebus Chiorum S. 75, 10) vorkommende Kupfermünze mit dem Gepräge der jüngern einseitigen Silberdrachme recht wohl ächt sein.

5.50, 2.50, 1.17 Gr. Maximalgewicht auftraten, von denen das erste, am häufigsten geprägte wahrscheinlich die Einheit repräsentirt, die anfangs der persischen Silberdrachme entspricht, nach und nach aber auf das Gewicht der kleinasiatischen Drachme herabsinkt.

Klazomenae hat dagegen unter den Achämeniden vorzugsweise Kupfer und zwar nach persischem Gewicht, eigenes Silber gar nicht geschlagen, sondern sich nur an der oben erwähnten Vereinsprägung betheiligt. Auch hier bildet das Grofsstück, welches in den drei ältesten auf einander folgenden Reihen sich stets um das Gewicht der persischen Drachme von höchstens 5.80 Gr. bewegt, die Einheit, der die daneben regelmäfsig vorkommenden und durch ihre Gröfse genau von einander und von der Einheit abgegränzten Theilstücke von etwa 3.85 und 1.80 Gr.[1]) vermuthlich als Zwei- und Eindrittelstücke entsprechen, so dafs hier also dasselbe Gewichtssystem auf die Kupfermünze angewandt erscheint, welches in Sinope, Amisos, Lampsakos und vielen andern Städten für die gleichzeitige Silberprägung mafsgebend war[2]). Erst nach Untergang des persischen Reiches wird auch hier das Kupfer in gröfseren Stücken, aber zugleich unregelmäfsiger und, wie es scheint, nur noch in 2 Nominalen ausgebracht, von denen das gröfsere bis 8.25, das kleinere — wahrscheinlich die Hälfte — bis 4.70 Gr. wiegt. Genau demselben Gewichtsfufs wie in Klazomenae begegnen wir auch in der ältesten Kupferprägung von Lampsakos, wo ebenfalls neben dem Ganzstück (Doppelkopf Ӿ ΛΑΜ halbes Seepferd) von 5.00 Gr. Zweidrittel zu 3.90 Gr., seltner Hälften zu 2.70 Gr. und mit besonderem Gepräge auch Viertel gemünzt worden sind. Dort tritt dies um so deutlicher hervor, da das gleichzeitige Silber der Stadt genau dieselben Nominale darstellt, und mit der Beseitigung des persischen Fufses für das letztere Metall, auch im Kupfer eine Gewichtsveränderung eintritt, indem nun neben der Silberdrachme von 8.08 und 3.44 Gr. doppelt so schwere Kupferstücke von 6.80 Gr. ausgebracht werden, denen Sechstel zu 1.15 Gr. genau entsprechen. Erst nach Alexander treten hier ebenso wie in Klazomenae 2 andere Kupfernominale von 9.80 und 4.80 Gr. Gewicht an die Stelle, die sich offenbar wie die Einheit zur Hälfte verhalten.

Im Allgemeinen ist der persische Fufs in der ältesten kleinasiatischen Kupferprägung vorwiegend gewesen, was sich einfach dadurch erklärt, dafs diese aufkam, als jenes Gewicht nicht lange vorher Reichsgewicht geworden

---

[1]) Die Zweidrittelstücke der ältesten Reihe sind häufig etwas schwerer und wiegen bis 4.85 Gr. — [2]) Vgl. S. 145.

war. Dasselbe ist aufser an den erwähnten Orten in Birytis, Eresos, Methymna, Mytilene, Magnesia, Phokaea, Samos, Oenoe auf Ikaria und in Phaselis mit Bestimmtheit und vielleicht auch in Tion und Astakos nachzuweisen. Von diesen Orten haben Astakos, Tion Birytis, Eresos, Oenoe und Phokaea gar kein oder nur sehr wenig und kleines Silbergeld aufzuweisen, Mytilene und Phaselis nach persischem Fufs, Magnesia und Methymna neben dem Courant kleinasiatischer Währung gelegentlich auch die persische Drachme geprägt. Das beim Silber übliche Theilungssystem finden wir am vollständigsten auf das Kupfergeld von Methymna, Mytilene und Magnesia übertragen, wo neben der Einheit Zweidrittel, Hälften, Drittel und Sechstel, d. h. nach der beim Silber herkömmlichen Bezeichnung Drachmen, Vier-, Drei-, Zwei- und Einobolenstücke auftreten.

Sehr charakteristisch sind auch die Münzverhältnisse von Milet, wo den beiden verschiedenen Silbergeldsorten ebensoviel verschiedene Kupfergeldsorten mit entsprechendem Gewicht und Gepräge gegenüberstehn. Das Kupfer, welches zu dem ältern Silber attischen Fufses gehört und auf der Schauseite einen umschauenden Löwen, auf der Rückseite einen Stern zeigt, besteht aus kleinen Münzen von höchstens 2.25 Gr., die offenbar das Gewicht eines attischen Triobolon repräsentiren, während die Kupferstücke mit dem gewöhnlichen Gepräge (Apollokopf)(Löwe umschauend nach Stern, Magistratsname, Monogramm) dieselben 3 Nominale darstellen, die gleichzeitig auch in Silber am häufigsten geprägt worden sind, nämlich Münzen zu 7.40, 3.75 und 1.45 Gr. Maximalgewicht, unter denen das der kleinasiatischen Drachme entsprechende Stück vorwiegt, so dafs dieses wohl als die Einheit angesehn werden mufs[1]). Demselben kleinasiatischen Fufs begegnen wir aufser in Milet und den oben[2]) erwähnten Prägstätten, in der Kupferprägung mehrerer anderer Orte, wo die entsprechende Silberdrachme entweder wie in Herakleia und auf der Insel Kypros als Drittel des babylonischen Staters, oder wie in Kyzikos, in Abydos, Neandria und Teos als selbständige Einheit auftritt. Unter diesen Prägstätten ist besonders Teos hervorzuheben, wo die Kupferprägung erst spät begann, sich aber in Gewicht und Gepräge eng an die Silbermünze anschlofs und neben der Silberdrachme von 3.45 Gr. und dem dazugehörigen Kleingeld Drachmen und Triobolen in Kupfer zu 3.80 und 1.60 Gr. geschlagen wurden. Dieselben beiden Nominale

[1]) Ob eine Münze des Par. Mus. 3—4. Gröfse von 5.20 Gr. ein eigenes Nominal darstellt, wage ich nicht zu entscheiden; dafs ein gleiches in Silber oft vorkommt, ist bekannt. — [2]) S. 294. 296.

finden wir in der älteren Periode in Kyzikos, später tritt in der letzteren Stadt an die Stelle des gröfsern das Doppelstück von 6.70 Gr. und aufserdem eine der persischen Drachme gleichwichtige Münze von 5.44 Gr., die dort gleichzeitig in Silber vorkommt und sich zum Kleinkupferstück von 1.35 Gr. als Tetrobolon, zur Einheit als Zweidrittelstück verhält.

Man wird nach den angeführten Thatsachen wohl kaum mehr daran zweifeln können, dafs in der ältern kleinasiatischen Kupferprägung die einzelnen Stücke nicht nach der Gröfse, sondern zunächst nach dem Gewicht normirt und danach die Gröfse erst bestimmt worden ist und dafs dabei diejenigen Systeme zu Grunde gelegt wurden, die auch in der Silberprägung vorherrschten. Dafs es sich hierbei nicht der Mühe lohnte, die einzelnen Exemplare ebenso genau zu justiren, wie bei der Silber- und Goldmünze, versteht sich von selbst und es wird daher Niemanden wundern, wenn hier gröfsere Schwankungen stattfinden, als dort. Allein wenn wir an den verschiedensten Orten dieselben Gewichte wiederfinden und zugleich, wie dies z.B. in Klazomenae und Samos der Fall ist, ganz verschiedene Scheidegeldsorten immer wieder um die gleichen Nominale sich bewegen sehn, so kann man an ein Spiel des Zufalls nicht wohl denken.

Bereits in der letzten Zeit der persischen Herrschaft fing die Ausmünzung des Kupfers an, unregelmäfsiger zu werden, das Princip die Stücke nach dem Münzgewicht zu normiren, wurde aber beibehalten. Wir haben gesehn, dafs man sich sowohl in Aegina, wie in Rhegion und in den kleinasiatischen Städten, in denen zuerst Kupfer geschlagen worden ist, in der ältesten Zeit auf kleine Nominale beschränkt hat. In Aegina und Rhegion wurden in der frühesten Periode nur Kupferobolen, in Abydos Triobolen und in Kleinasien überhaupt vor Alexander kein schwereres, als ein der persischen oder der leichten kleinasiatischen Drachme gleichwichtiges Kupferstück gemünzt; ein Didrachmon des erstern Fufses kommt in Kupfer gar nicht, eins des letztern nur ganz vereinzelt vor.

Nach Untergang des persischen Reiches erhielt die Kupferprägung mit Verbreitung des von Alexander geschaffenen Reichsgeldes im ganzen Bereich seiner Monarchie eine gröfsere Bedeutung. Das Reichssilber ward in der Regel nur in grofsen Nominalen, in Tetradrachmen und Drachmen ausgebracht, nur ausnahmsweise Triobolen und noch seltner Obolen geprägt[1]), alle kleinern Geschäfte mufsten daher durch Kupfergeld vermit-

[1]) Vgl. Müller Numismatique d'Alexandre le Grand S. 2.

teilt werden. Dies übte auch auf diejenigen Prägstätten, in denen autonomes Geld fortgemünzt wurde, seinen Einfluſs aus. Von Athen ist dies bereits angedeutet worden[1]), dort begegnen wir jetzt erst Kupfermünzen fünfter und sechster Gröſse von 10 und 15.30 Gr. Gewicht.

In Kleinasien macht sich diese Veränderung um so mehr geltend, da hier beim Kupfer zugleich ein Gewichtswechsel eintritt und jetzt in den meisten Orten an der Stelle des kleinasiatischen oder persischen Fuſses der neue Reichsfuſs erscheint. Da, wie bereits bemerkt, die Genauigkeit der Ausmünzung in dieser Periode mehr und mehr abnimmt, so ist der Beweis für die vorstehende Behauptung nicht mit der gleichen Evidenz zu führen, wie für die ältere Zeit. Doch wiederholt sich die Beobachtung an so vielen verschiedenen Prägstätten, daſs das jüngere Kupfergeld, welches nach dem entsprechenden Silbergeld und andern Anzeichen zu urtheilen, in diese Periode gesetzt werden muſs, sich nicht mehr um die frühern, sondern hauptsächlich um zwei Gewichtsnominale, ein gröſseres von durchschnittlich 8.50 Gr. und ein kleineres von etwa 4.30 Gr. bewegt, die offenbar nach attischem Fuſs normirt sind, daſs man an dem Vorwalten dieses Systems in allen jenen Orten nicht zweifeln kann. Daſs das Groſsstück hier und da, wie in Dardanos bis 9.10 Gr., in Abydos bis 8.95 Gr., oder wie in Assos und Gargara nur bis 7.8 und 7.2 Gr. und die Hälfte wie in Abydos und Skepsis nur bis 3.85 und 3.60 Gr. Maximalgewicht ausgebracht worden ist, wird Niemanden irre führen. Dagegen trifft in Sigeion und Priene mit dem attischen Gewicht auch attisches Gepräge zusammen. In Sigeion begegnen wir neben dem Ganzstück von 8.50 Gr. mit dem Prägbild des attischen Diobolon (zwei Eulen in einen Kopf zusammengehend)[2]) Viertel- und Achtelstücke von 2.10 und 1.05 Gr. mit dem gewöhnlichen Typus der ältern attischen Drachme (Eule daneben Mondsichel)[3]). Da die Stadt von alter Zeit her in engster Beziehung zu Athen stand, so könnte hier die Prägung möglicher Weise schon vor Alexander d. Gr. begonnen haben, indeſs deuten die gleichzeitigen, übrigens seltenen Silbermünzen auf eine spätere Zeit hin. Lange hat die Thätigkeit der Münze dort jedenfalls nicht gedauert, da die Stadt einige Zeit

---

[1]) Siehe oben S. 292, auch wird jetzt erst ein *δίχαλκον* und *τετράχαλκον* erwähnt, vgl. Hultsch S. 166. 168.

[2]) Die Münzen von 6.50 Gr. sind wohl als Dreiviertel- und nicht als kleiner und leichter ausgebrachte Ganzstücke anzusehn.

[3]) Attisches Gepräge findet sich auſserdem auch auf dem Kupfer von Miletopolis, vgl. Mion. S. 5, 331, 616, und Adramytteion, vgl. Leake As. Gr. 3.

nach Untergang des persischen Reiches von den Iliern zerstört wurde und zu Strabo's Zeit nicht mehr existirte. Dagegen sind die Silber- und Kupfermünzen von Priene, die auf der Schauseite den Pallaskopf und auf dem Grofskupferstück von 8.30 Gr. rückseitig auch die Eule darstellen, gewifs erst nach Untergang des persischen Reiches gemünzt.

Aufserdem finden wir nach diesem Zeitpunkt attisches Didrachmen- und Drachmen-, seltner Triobolen- und Diobolengewicht beim Kupfergelde von Assos, Gargara, Abydos, Dardanos, Kebren, Ophryneion, Skepsis, Klazomenae, Priene, Smyrna und Samos, Drachmengewicht in Gergetha, Antandros, Pergamon, Aegae und Gambrion, vielleicht darf man auch noch Rhodos hierherrechnen, wo früher, ebenso wie in Kalymna und Kos, wie es scheint, nur Kleinkupfer zweiter Gröfse von höchstens 2 Gr. Gewicht, dessen Rückseite noch die Spuren des vertieften Vierecks zeigt, später auch Grofsstücke bis zum Gewicht eines attischen Tetradrachmon und daneben kleinere Münzen von 3.95 und 1.70 Gr. Maximalgewicht geschlagen worden sind, die man wohl als Viertel und Achtel jenes Nominals ansehn kann.

Auch über Kleinasien hinaus und besonders in einigen thrakischen und makedonischen Städten, die erst seit Einführung der Alexanderwährung Kupfer gemünzt haben, wiederholen sich dieselben Gewichtsnominale wie in Kleinasien. Dies läfst sich namentlich von Aphytis, Aegospotamos, Alopekonnesos, Samothrake und wohl auch von Kardia behaupten. Was das frühere Kupfergeld dieser Länder betrifft, so ist dasselbe weder so alt, noch mit derselben Genauigkeit ausgeprägt worden wie das kleinasiatische, ein näheres Eingehn darauf mithin zwecklos. Von besonderem Interesse ist nur das bereits erwähnte [1], in Maronela für den Odryserfürsten Amadokos geschlagene Kupfer, das aus auffallend dick und schön gemünzten Stücken fünfter Gröfse besteht, die auf das Gewicht eines attischen Tetradrachmon normirt zu sein scheinen; wobei man sich daran zu erinnern hat, dafs auch sein Verbündeter Seuthes diesen Gewichtsfufs angenommen und attische Didrachmen (von 8.50 Gr.) in Silber geschlagen hat [2].

Auch würde es lehrreich sein, die Kupferprägung der makedonischen Könige zu verfolgen, da diese sich chronologisch genau bestimmen läfst; allein erst von Amyntas III. (389—383; 381—369) ab wird das Scheidegeld in gröfserer Menge, zugleich aber sehr ungleich geschlagen. Die

[1]) Siehe oben S. 289.

[2]) Vgl. Luynes Num. d. Satr. S. 45.

Einheit bildet eine Münze dritter Gröfse von 4.40 Gr. (unter Perdikkas von 5.40 Gr.), neben der nur noch die Hälfte von 2.05 Gr. (unter Aeropos von 2.70 Gr.) vorkommt.

Da das kleinste von Philipp II. häufig geschlagene Silberstück eine Münze von 2.775 Gr. war, so ist zu erwarten, dafs das Kupfergeld bei ihm eine gröfsere Rolle spielte, wie unter seinen Vorgängern, die die Stückelung des Silbers etwas weiter fortgesetzt haben. In der That tritt dasselbe unter ihm massenhafter auf; zugleich werden die Stücke gröfser und schwerer und die Hauptcourantmünze bis 7.20 Gr., die Hälfte bis 3.20 Gr. ausgebracht. Während die Einheit früher dem Gewicht nach ungefähr der Drachme des babylonisch-persischen Fufses entsprochen hatte, der bis dahin in der makedonischen Königsprägung mafsgebend gewesen war, entspricht diese jetzt dem Halbstater (oder Didrachmon) der von Philipp II. neu eingeführten kleinasiatischen Währung, wie die Hälfte dem dazugehörigen Viertel[1]).

Die Münzordnung Alexanders des Grofsen umfafste die Prägung des Scheidegeldes nicht minder wie die des Goldes und Silbers; auch diese war nach einem einheitlichen System geregelt und in allen verschiedenen königlichen Prägstätten des Reiches wurde das Kupfergeld auf seinen Namen mit seinem Wappen und in denselben Nominalen gleichmäfsig ausgebracht. Das Hauptcourantstück bildet auch hier eine Münze 4. Gröfse von 7.40 Gr. Maximalgewicht, daneben tritt nur ein kleineres Nominal[2]), eine Münze zweiter Gröfse von etwa 2.00 Gr. — vermuthlich das Viertel der Einheit — aber höchst selten auf. Wir dürfen daher in dem erstern den Chalkus erblicken, der wohl der Absicht nach ebenso das Gewicht eines Didrachmon des neuen Reichsfufses darstellen sollte, wie die Kupfereinheit Philipp's II. und seiner Vorgänger nach den entsprechenden jedesmal herrschenden Währungen normirt worden war.

Die gesammte Münzprägung Alexanders beruhte mithin auf ein und derselben Einheit, der attischen Drachme, die in Gold, Silber und Kupfer in gleicher Weise und nur mit dem Unterschiede ausgemünzt wurde, dafs in Gold und Kupfer das Didrachmon, in Silber das Tetradrachmon das am häufigsten ausgebrachte Nominal war. Man wird nicht umhin können, hierin

---

[1]) Ob das kleinere Nominal zweiter Gröfse von 1.65 Gr. Maximalgewicht (bei Müller Num. d'Alex. 339, 24. 28) mit dem jugendlichen Herakleskopf und Keule oder Donnerkeil Philipp II. oder Philippos Aridaeos zuzuschreiben ist, ist zweifelhaft.

[2]) Die seltenen Stücke 3. Gröfse stellen gewifs ein von den Münzen 4. Gröfse verschiedenes Nominal nicht dar.

die offenbarste Analogie mit dem ptolemäischen Münzwesen zu erkennen, welchem dasselbe Princip zu Grunde lag, nur dafs dort die Silberprägung gegen die Kupferprägung zurückstand und dadurch die Drachme Kupfers zur Rechnungseinheit wurde, während in der Münze Alexanders dieses Nominal nicht als Drachme bezeichnet wurde, sondern vermuthlich denselben Namen führte, wie die Kupfereinheit in der attischen Prägung. Dagegen erscheint es im höchsten Grade wahrscheinlich, dafs die Werthung der einzelnen Geldsorten gegeneinander, ebenso wie die Einheit des Gewichts, keine von Ptolemaeos I. herrührende Neuerung, sondern aus der Münzordnung Alexanders entlehnt war. Vom Nennwerth des Goldes ist dies bereits nachgewiesen worden[1]) und so wird dasselbe auch wohl vom Kupfer gelten; das heifst, die Alexanderdrachme ebenso wie die ptolemäische auf 60, der entsprechende Obolos auf 10 Chalkus normirt gewesen und damit ein System auf die attische Währung übertragen worden sein, welches nur wenig modificirt in Aegina[2]) und ebenso in den meisten Städten Kleinasiens, in der persischen, ja vielleicht auch in der makedonischen Reichsprägung Philipps II., kurz fast überall dort gegolten hatte und noch galt, wo der Chalkus ursprünglich als Obolos oder als Drachme angesehn worden war, wogegen wohl die attische Eintheilungsweise nur lokal und im Anschlufs an die in Athen übliche und bereits bestehende Stückelung des Silbers entstanden war. Dafs auch die letztere vor Alexander dem Grofsen sich von Athen aus nach andern Orten verbreitet hat, ist sehr möglich. So wird man das attische Eintheilungssystem wohl in Mytilene und Methymna voraussetzen dürfen, wofern nämlich die in beiden Städten der attischen Stückelung durchaus entsprechend ausgebrachten Tetartemorien, sowie die in Mytilene gemünzten Hälften dieses Nominals dem ältesten Kupfergelde noch gleichzeitig sind. Dasselbe gilt für die spätere Zeit vielleicht von Sigeion und Priene, wo das Kupfer attisches Gepräge führte.

Seit Alexander gab es mithin eine zwiefache Eintheilung des attischen Obolos, eine in 10 und die andere in 8 Chalkus, die erstere war die von Alexander zuerst auf den attischen Münzfufs übertragene und für das Reichsgeld festgesetzte, die zweite die in Athen seit der Mitte des 5. Jahrhunderts übliche Rechnung. Daher erklärt es sich, dafs beide Systeme auf attisches Geld, allein das eine auf das altattische, das andere auf das attisch-römische, d. h. die auf einen römischen Denar tarifirte Alexanderdrachme bezogen werden, ersteres finden wir bei Pollux[3]), der sich dabei

---

[1]) Siehe oben S. 251. — [2]) Siehe S. 293. — [3]) Pollux 9, 65.

auf den Komödiendichter Philemon beruft, letzteres bei Plinius[1]). Die altattische Eintheilungsweise mag sich in Athen und auch anderwärts hier und da erhalten haben, constant blieb sie nur beim Gewicht, wie es die Aerzte für ihre Zwecke ausgebildet hatten und bei dem der Chalkus, obgleich ursprünglich Münze und nicht wie Stater, Drachme und Obolos zugleich stathmische Gröfse, Theilstück der bis dahin kleinsten Einheit wurde. In dieser Eigenschaft begegnet uns derselbe in den metrologischen Tabellen der römischen Kaiserzeit, die auf Dioskorides und Galen zurückgeführt werden[2]).

Die Bezeichnung der Kupfereinheit als Drachme und ihres Sechstels als Obolos, die mit deren Normirung nach dem Münzgewicht in Zusammenhang stand, wird in den meisten Prägstätten bereits vor Untergang des persischen Reiches aufgegeben worden, kann aber am Ende des 4. Jahrhunderts noch nicht ganz aufser Gebrauch gekommen sein, da wir sie bei den Ptolemäern wiederfinden. Diese Benennung ist allein schon ein Beweis dafür, dafs man das Kupferstück ursprünglich nicht minder als Werthstück ansah, wie die Silber- und Goldmünze, und mit ihm ebensowohl den Begriff eines bestimmten Metallgewichts und mithin eines bestimmten Werthes verband, wie mit jenen. Inwiefern und wie lange nun dieser Begriff festgehalten worden ist, läfst sich nicht ermitteln. Einen genügenden Aufschlufs darüber würde uns nur das in den einzelnen Orten angenommene Werthverhältnifs der Metalle zu einander gewähren.

In der ältesten attischen Scheidemünzprägung ward das Kupfer zum Silber im Verhältnifs von 1 : 72 ausgebracht[3]) und kam daher vermuthlich der Werthmünze noch ziemlich nah. Später verringerte man das Gewicht des attischen Chalkus und steigerte dadurch den Münzwerth

---

[1]) Plinius XXI, 34 Drachma Attica — fere enim Attica observatione medici utuntur — denarii argentei habet pondus, eademque 6 obolos pondere efficit, obolus 10 chalcos.

[2]) Vgl. Hultsch Metr. S. 106. Pollux 4, 168 (bei Hultsch Metr. scr. rel. fr. 29, 2). Ferner Hultsch a. a. O. fr. 53, 8. fr. 60, 8. 13. fr. 72, 7; über die falsche Zahl in fr. 59, 8 und anderwärts vgl. Boeckh Arch. Zeitung 1847. S. 44 f. Die Angaben des anonymen Alexandriners (Hultsch fr. 95, 1), des Metrologen Diodoros, des Suidas unter τάλαντον, des Photios und Suidas unter ὀβολός, oder ihrer Gewährsmänner können sich ebensogut auf das Gewicht, wie auf attisches Geld beziehn. Die drei letztgenannten sind aus sehr später Zeit, da sich bei ihnen die Unterabtheilung des Chalkus in 7 Lepta findet, vgl. Hultsch Metr. rel. S. 157.

[3]) Siehe oben S. 292.

des Kupfers, so dafs dieses nun vollends zur Zeichenmünze wurde. Was für eine Norm in den kleinasiatischen Städten und überall, wohin die Kupferprägung von dort aus sich verbreitete, in der ältesten Zeit angenommen war, wissen wir nicht. Dafs aber auch hier ursprünglich das Princip der Werthprägung an die Spitze gestellt wurde, zeigt nicht nur bisweilen die Aufschrift und regelmäfsig das Gewicht, sondern auch häufig die äufsere Form der ältesten Kupferstücke, wie sie namentlich in Kalchedon, Tion und Chios, sowie in Byzanz und in Maroneia vorkommen, die im Verhältnifs zu ihrem Durchmesser auffallend dick und dabei regelmäfsig und schön geprägt sind, so dafs man erkennt, dafs die Quantität des Metalls, welches seinen Werth bestimmte, als die Hauptsache, die Gröfse des Stückes als Nebensache betrachtet wurde. Es versteht sich, dafs das Princip nach und nach überall aufgegeben und schliefslich nur die äufsere Form desselben beibehalten wurde, das heifst, dafs man das Kupfergeld zwar nach bestimmtem Gewichte und nicht willkürlich, insbesondere die einzelnen Theilstücke im richtigen Verhältnifs untereinander und zur Einheit normirte, aber ihren Münzwerth bedeutend über ihrem Metallwerth ansetzte. Dies mag vor Alexander bereits an vielen einzelnen Orten geschehen sein, wird aber gewifs erst lange nachher allgemein geworden sein. Wie das in der Münzordnung Alexanders und der Ptolemäer angenommene Werthverhältnifs von Kupfer zu Silber sich zum damaligen Marktpreis verhielt, ist nicht zu ermitteln. Es ist aber wahrscheinlich, dafs dadurch das Kupfergeld zwar nicht zur ganz werthlosen Zeichenmünze, wohl aber zur Creditmünze wurde, wiewohl die äufsere Form der Werthprägung, die möglichst genaue Normirung nach dem Gewicht, die ihre Bedeutung verlor, sowie der Pfennig viel weniger Kupfer enthielt, als sein Nennwerth besagte und dieser viel höher war, als der Realwerth, auch hier ebenso festgehalten wurde, wie dies beim römischen Kupfergelde noch in der Kaiserzeit geschah. Wie auch diese Form nach und nach immer mehr vernachlässigt und das Gewicht immer niedriger und zugleich unregelmäfsiger wurde, läfst sich am besten an den in der Kaiserzeit geprägten und mit den Bezeichnungen ACCAPION HMYCY oder HMYACCAPION[1]), ACCAPION, ACCAPIA ΔΥΩ oder ΔΥΟ und ACCAPIA TPIA versehenen chiotischen Kupfermünzen verfolgen, die nach der in der römischen Kaiserprägung angenommenen Norm[2]) bezüglich 6.82, 13.64, 27.29 und 40.92 Gr. wiegen

[1]) Vgl. Madden's Jewish Coinage S. 243.

[2]) Vgl. S. 185.

müfsten, in der That aber in den schwersten und wohl auch ältesten Exemplaren sich höchstens auf ein Gewicht von 8.70, 7.20, 10.80 und 17.05 Gr. belaufen, welches aber später bis auf 1.42, 2.91, 4.34 und 6.82 Gr. sinkt [1]), so dafs man sieht, wie das Nominalgewicht überhaupt nur bei dem kleinsten Nominal und auch bei diesem nur vorübergehend beobachtet worden ist.

III. Uebersicht über die im persischen Reiche geprägten Münzsorten.

1. III. Satrapie.

(Umfafste die Gebiete der am Hellespont angesiedelten Hellenen, der Phryger, Thraker, Paphlagonier, Maryandyner und Syrer, d. h. Mysien, Bithynien, Grofsphrygien, Paphlagonien, Galatien und Kappadokien. Residenz des Satrapen Daskyleion.)

Paphlagonien. Amisos, ursprünglich milesische Pflanzstadt, später nach dem zweiten Perserkrieg von athenischen Ansiedlern neu kolonisirt, die der Stadt den Namen Peiraeeus beilegten. Die Prägung begann erst nach der zweiten Gründung, wie der Stil der Münzen, die Aufschrift ΠΕΙΡΑ oder ΠΕΙΡΑΙΩΝ und die Eule, das Prägbild der Rückseite, beweist. Vor Alexander ist nur Silber geschlagen worden, dasselbe besteht aus Drachmen persischen Fufses zu 5.67, Tetrobolen zu 3.75, Triobolen zu 2.65 und Diobolen zu 1.72 Gr. Maximalgewicht. Kupfergeld kommt erst später vor, als die Stadt den Namen Amisos wieder angenommen hatte.

Amastris, welches die gleichnamige Gründerin, die Nichte des Dareios Codomanus und Gemahlin des Dionysios, des Tyrannen von Herakleia, auf dem Boden von Sesamos und mit Einverleibung der Städte Tion, Kytoros und Kromna nach ihrer Trennung von ihrem zweiten Gemahl Lysimachos (302 v. Chr.) gebaut hatte, schlug unter deren Regierung († 288 v. Chr.) mit demselben Gepräge wie sie, aber mit beigefügtem Stadtnamen, Silberstater babylonischen Fufses zu 9.70 Gr.

---

[1]) Nach Madden Jewish Coinage S. 143 sind bei diesem chiotischen Kupfergelde zwei und vielleicht noch mehr verschiedene Gewichtssysteme befolgt worden, von denen das schwerere das Assarion im Durchschnitt auf 5.47 Gr. (= 85.45 E. gr.), das leichtere auf 2.34 Gr. (= 36.16 E. gr.) bringt. Im Text konnten die Maximalgewichte nach den in den Münztabellen aufgeführten, von mir ermittelten Wägungen, die Minimalgewichte und die Gewichte der Dreiassarionstücke nach J. Khell Appendicula altera ad numismata graeca. Vindobonae 1764. S. 18 f. angegeben werden.

Da Kromna, Tion und Sesamos mit der Gründung von Amastris zu existiren aufhörten, so sind die Silberdrachmen von Kromna zu 3.54 Gr. ebenso wie das in allen drei Städten geschlagene Kupfergeld vor diesem Zeitpunkt, das Geld der erstern Stadt aber wahrscheinlich nicht lange vorher und vielleicht erst nach Untergang der persischen Herrschaft geschlagen worden.

Sinope, milesische Kolonie, hat erst lange nach Dareios und wohl kaum vor Ende des 5. Jahrhunderts Silber nach persischem Fuſs zu münzen begonnen, da sich von dem vertieften Viereck der Rückseite, welches wenigstens an der Westküste Kleinasiens am Anfang des 4. Jahrhunderts verschwindet[1]), keine Spur mehr zeigt und dagegen der Magistratsname, dessen Beifügung in Kleinasien in der Regel dieselbe Epoche bezeichnet, regelmäſsig auftritt. Es lassen sich drei Prägperioden wohl unterscheiden. Aus der ältesten giebt es Drachmen zu 6.03, Triobolen zu 3.083, Diobolen zu 1.95 Gr., später sinkt das Ganzstück bis 4.93[2]), das Triobolon bis 2.45, das Diobolon gewöhnlich bis 1.50 Gr.[3]). Für die Drachme hat man stets dasselbe Gepräge (Kopf der Sinope)(ΣΙΝΩ Adler auf Thun, Initialen des Magistratsnamens) beibehalten, für das Kleingeld aber nicht. Das letztere unterschied sich von Hause aus vom Ganzstück durch einen verschiedenen Unterstempel (Adler mit ausgebreiteten Flügeln von vorn), in der zweiten Periode ward aber auch der Oberstempel variirt und für das Triobolon ein neuer Unterstempel (Schiffsvordertheil) geschnitten. Es läſst sich noch approximativ bestimmen, wann die ältere Periode aufhörte. Datames, der Satrap von Paphlagonien, der um 362 v. Chr. starb, lieſs in Sinope mit seinem Namen in griechischer Schrift noch Drachmen nach dem ältern Gewichtsfuſs (5.85 Gr.) schlagen, während die ebenfalls in Sinope geprägten Drachmen des Ariarathes, der eine geraume Zeit hindurch und bis zu seinem Tode (322 v. Chr.) Kappadokien beherrschte, höchstens 5.25, meist aber nur etwa 5.00 Gr. wiegen. Daher werden die autonomen Münzen desselben oder noch leichtern Gewichts in die Zeit Alexanders und später fallen, wie sie auch zu dem von Amastris

[1]) Vgl. Waddington Rev. num. 1856, 61. 1863, 234. Die bei Sestini Lett. II. taf. 4 angeführte Münze: Stoſsender Stier, Magistratsname)(ΣΙΝΩ Rad im vert. Viereck, ist mir nicht vorgekommen.

[2]) Prokesch In. 1854, 261.

[3]) Ob die leichteren Stücke von 1.25—1.11 Gr. als Obolen persischen oder als Diobolen attischen Fuſses aufzufassen sind, wie Prokesch In. 1854, 261 vermuthet, wage ich nicht zu entscheiden.

gemünzten Stater von 9.70 Gr. im Verhältnifs stehn. Erst etwa am Ende des 3. Jahrhunderts ist die Stadt zur attischen Prägung übergegangen und hat, wiewohl selten, Tetradrachmen zu 16.80, häufiger Didrachmen zu 8.25 Gr. geschlagen. Zu dem Silbergeld persischen Fufses gehöriges Kupfergeld ist mir nicht vorgekommen.

Bithynien. Der Stadt Astakos, dem spätern Nikomedeia, gehören Kupfer- und Silbermünzen zu, die auf der Vorderseite das Stadtwappen den Krebs (ἀστακός[1]), auf der Rückseite einen weiblichen Kopf darstellen; das Gewicht der Silbermünzen ist nicht bekannt.

In der megarischen Kolonie Kalchedon (gegr. Ol. 26, 2 = 675) kann man vier Münzperioden unterscheiden. Sie scheint schon in sehr alter Zeit die Prägung begonnen und zu den Städten gehört zu haben, die Gold nach phokaischem Fufs mit dem ihrem Stadtwappen beigefügten Thunfisch münzten[2]). Wenn eine in Myt-Rahineh gefundene Silbermünze mit dem schreitenden Rind[3]), wie wohl anzunehmen ist, dahin gehört, so hat die Stadt daneben Silber nach euboischem oder korinthischem Fufs geprägt[4]). In der zweiten Periode, wahrscheinlich kurz vor Dareios, begann die kalchedonisch-byzantische Vereinsprägung[5]), die Tetradrachmen, Drachmen und Diobolen zu 14.70, 3.55, 1.05 Gr. und seit Einführung des persischen Reichsfufses auch Drachmen persischen Fufses oder nach einheimischem Ausdruck Nemmobolenstücke und deren Hälften zu 5.35 und 2.55 Gr. ausbrachte. Die analogen Wappen der beiden Städte, von Kalchedon das Rind über Aehre, von Byzanz das Rind über Fisch, sind bekannt, auch der Unterstempel ist in beiden Prägstätten ganz gleichmäfsig behandelt und zeigt vier meist punktirte Einschläge in Windmühlenflügelform. Auf den ältern Silbermünzen von Kalchedon bemerkt man bisweilen noch die älteren Formen Ꝁ und Λ, die aber noch vor der einseitigen Prägung aufgegeben wurden. Diese behielt man in Silber sehr lange bei, wiewohl sie für das Kupfer schon längst beseitigt worden war. Denn man kann nicht umhin, anzunehmen, dafs eine Anzahl von Kupferstücken, die auf der einen Seite dasselbe Bild wie diese

---

1) Vgl. Müllingen Récueil S. 61.

2) Siehe oben S. 188 f.

3) Rev. num. 1861. pl. 18, 9.

4) Die bei Mion. 2, 421, 64 beschriebene und Pl. 41, 4 abgebildete Münze, Diota im Felde Fisch ℟ 4 dreieckige Vertiefungen, in denen die Buchstaben ΚΑΛ, ist wohl nicht hinlänglich bezeugt.

5) Vgl. oben S. 263.

Silbermünzen, auf der andern Seite Pallaskopf oder drei Aehren darstellen, den jüngeren Exemplaren dieser Reihe gleichzeitig sind.

In die dritte Periode, deren Beginn etwa mit dem Anfang des 4. Jahrh. zusammenfallen mag, gehört eine Anzahl Drachmen, Triobolen und Obolen zu 3.90, 2.00 und 0.67 Gr., die sowohl schwereres Gewicht wie anderes Gepräge als die Vereinsmünzen haben, und daher in eine Zeit fallen, wo die Verbindung mit Byzanz gelöst war; das gleichzeitige Kupferstück trägt das Gepräge der Drachme, auf die dasselbe vermuthlich auch dem Gewicht nach normirt war. In der vierten Periode ward wieder Vereinsgeld geschlagen, nämlich kleinasiatische Tetradrachmen und persische Drachmen zu etwas niedrigerem Gewicht, wie in der zweiten Periode, zu 13.96 und 5.30 Gr. Auf dem Oberstempel dieses Geldes erscheint in beiden Städten der Demeterkopf, auf der Rückseite in Byzanz Poseidon, in Kalchedon Apollo, auf beiden mit den Initialen, bezüglich dem Monogramm des Stadtnamens, auf byzantischen Kupferstücken dieser Epoche kommen auch beide Stadtnamen nebeneinander vor[1]). Als das in Kalchedon in dieser Zeit geschlagene Kupfergeld mag man die Reihe mit Apollokopf und Dreifufs neben der Aufschrift ΚΑΛΧΑΔΟΝΙΩΝ, die in 7., 5. und 2. Gröfse vorkommt, ansehn[2]). Der Münzverband mit Byzanz scheint die letzterwähnte Silberprägung überdauert zu haben, da der Doppelname noch auf späteren byzantischen Kupferstücken sich wiederholt[3]), wie denn auch kalchedonische Kupfermünzen dieser Zeit aus byzantischen umgeprägt worden sind[4]). Wenn die Bemerkung Borrell's[5]) richtig ist, dafs der Demeterkopf auf diesen kalchedonischen Münzen das Porträt der Arsinoe, der Gemahlin des Lysimachos, darstellt, so ist damit die Zeit ihrer Prägung bestimmt. Die mit dem Porträt Alexanders und des Lysimachos dort geschlagenen Stadtmünzen sind Tetradrachmen attischen Fufses.

Herakleia, eine Kolonie von Megara und Tanagra, scheint in der ältesten Zeit derselben Währung gefolgt zu sein, welche im Peloponnes üblich war, und Triobolen äginäischen Fufses mit den Initialen des Stadt-

---

[1]) Vgl. Hunter taf. 13, 18.

[2]) Vgl. Leake As. Gr. 40. Combe 169. Pembroke II. taf. 18, 8. Mion. 2, 422, 73. S. 5, 20, 132.

[3]) Hunter taf. 13, 22.

[4]) Vgl. Mion. S. 5, 25, 130.

[5]) Num. chron. 6, 191.

namens auf der einen, einem archaisch gebildeten weiblichen Kopf mit Schleier auf der andern Seite und gleichzeitig goldene Sechstel phokaischen Fufses mit einem ähnlich geformten Kopf geprägt zu haben, doch läfst sich darüber mit Sicherheit noch nicht urtheilen, da die Attribution dieser Münzen zweifelhaft ist[1]). Nach Dareios fand die persische Währung Eingang, zugleich erscheinen von jetzt ab vorzugsweise Typen, die in unmittelbarem Bezug zu dem Stadtheros stehn. Vor dem Beginn der Königsprägung lassen sich zwei Epochen scharf sondern; in der ältern war das gröfste und häufigste Silberstück die Drachme von 5.71, neben der das Tetrobolon von 3.90, das Diobolon zu 1.67 und der Obolos zu 0.97 Gr. erscheint, in der spätern tritt auch der Stater von 11.70 Gr. hinzu, der mit oder bald nach dem Beginn der Königsprägung unter Dionysios und Timotheos plötzlich bis auf 9.60 Gr. sinkt. Die jetzt gewöhnlich derselben Prägstätte zugewiesenen Münzen[2]), die auf der Rückseite den Stadtnamen um viergetheiltes Quadratum incusum darstellen, von 2.80, 1.85, 0.90, 0.35 Gr., gehören doch wohl nach Herakleia Sintike, in deren Nähe dieselbe Behandlung des Unterstempels häufig vorkommt, namentlich in Akanthos, Aeneia und bei den Bisaltern gebräuchlich war und gelegentlich sich auch in Maroneia und Abdera findet. Auch das Gewicht widerstreitet nicht, da Maroneia und Abdera in der Zeit, wo sie dem persischen Fufse folgten, ebenfalls halbe und Dritteldrachmen zu 2.80 und 1.60 Gr. geschlagen haben. Die königliche Prägung begann in Herakleia erst unter der gemeinschaftlichen Regierung des Timotheos und Dionysios; von Klearchos (364—352), dem Gründer der Dynastie, und von seinem Bruder und Nachfolger Satyros (352—344) giebt es keine Münzen. Neben der Königsprägung, die Stater, Drachmen und Triobolen zu 9.60, 4.79 und 2.30 Gr. lieferte, hörte die Thätigkeit der städtischen Münze hier ebensowenig wie in Amastris auf; nur wurde natürlich auch in der letztern das Gewicht reducirt. Städtisches Kupfer ist in Herakleia nur in 2 kleinen Nominalen und sparsam geschlagen worden, in der Königsprägung tritt es ebenfalls zurück, doch sind die Nominale schwerer, da die Prägung des Obolos und Diobolon in dieser unterlassen und neben dem Stater nur die Drachme und wiewohl seltener auch das Triobolon angebracht wurde.

---

[1]) Vgl. oben S. 214 Anm. 3. Eine dieser Sorte verwandte Münze des Berl. Mus. zeigt einen männlichen Kopf und auf der Rückseite ERA, mithin eine Form des *e*, die sonst in Kleinasien nicht vorkommt.

[2]) Wobei wohl mafsgebend war, dafs Allier eine solche Münze in Herakleia am Pontos gefunden hat, vgl. Mion. 1, 476 Anm.

Die Silbermünzen der milesischen Kolonie Kios, Triobolen und Diobolen persischen Gewichts zu 2.55 und 1.25 Gr., werden, dem Gewicht und der Fabrik nach zu urtheilen, den Königsmünzen von Herakleia etwa gleichzeitig sein. Das mit TIANON bezeichnete, sehr schön und dick geprägte Kupferstück der milesischen Kolonie Tios ist jedenfalls älter. Erst seit Kurzem weifs man, dafs Kios auch Goldstater geschlagen hat, dieselben stehen dem Gewicht nach dem Alexandergolde gleich[1]) und sind daher nicht vor seine Zeit zu setzen.

Mysien. Die äolische Stadt Antandros hat erst nach Dareios und zwar nach persischem Fufse zu prägen begonnen, in der ältesten Zeit Stater zu 11 Gr., später nur Kleingeld, wie Drittel zu 3.66, Viertel zu 2.60 und Sechstel zu 1.81 Gr., d. h. wenn das erstere Nominal als Einheit galt, Drachmen, Tetrobolen und Triobolen. Das Goldstück mit dem halben springenden Ziegenbock von 1.38 Gr. wird, obgleich einseitig geprägt, auch noch in diese Epoche gehören und vermuthlich nicht als Zwölftel des phokaischen, sondern als Sechstel des persischen Staters aufzufassen sein, zu dem es dem Gewicht nach besser pafst. Das Kupfergeld der Stadt ist vermuthlich nicht gleichzeitig, sondern erst nach Untergang des persischen Reiches gemünzt[2]). Die ebenfalls äolische Stadt Assos begann die Prägung später als Antandros, vermuthlich nicht vor dem 4. Jahrh. v. Chr. und also nicht lange ehe Eubulos sich zum Tyrannen von Assos und Atarneus aufgeschwungen hatte, dem später Hermeias († 345 v. Chr.) dort folgte. Auch hier ward nur Kleinsilber und ebenfalls nach persischem Fufse geschlagen, nämlich die Drachme zu 5.07 Gr., häufiger deren Hälfte zu 2.92 Gr. mit der Aufschrift AᏟᏟION (auf späteren Exemplaren AΣΣION), endlich das Hemiobolion zu 0.48 Gr. Nur die kleinen Kupfermünzen mit dem gleichen Gepräge wie das Triobolon sind gleichzeitig, die Reihe mit Pallaskopf und Greifen, die auch gröfsere Nominale enthält, gehört wohl, ebenso wie das noch spätere zum Cistophorengelde gehörige Kupfer und Kleinsilber von Atarneus[3]), in die Zeit nach Alexander.

Die Kleinkupfermünzen mit der Aufschrift AᏟTY werden der Stadt Astyra zuzutheilen sein, die zum Unterschied von dem gleichnamigen, in Troas, östlich von Dardanos gelegenen Orte, die mysische hiefs und zwischen Adramytcion und Antandros lag[4]).

---

[1]) Vgl. Waddington Rev. numism. 1865. S. 3 ff. — [2]) Vgl. oben S. 300.

[3]) Bei Mion. 2, 525, 67. S. 5, 297, 97. Hunter taf. 8, 5. AR. Berl. Mus. 3.00 Gr. Lorbeerbekr. Apollokopf)(AT Vordertheil eines Pferdes dahinter Schlange.

[4]) Vgl. Böckh Staatsh. II, 673.

Ebenso wie der Robbe das Wahrzeichen von Phokaea, so war der Thunfisch das von Kyzikos. Beide Symbole wurden auf den Münzen dieser Städte in durchaus analoger Weise mit den verschiedensten Prägbildern combinirt, auf den kyzikenischen Silbermünzen mit dem Schiffsvordertheil[1]), mit dem Löwenkopf, mit dem Eber, mit dem Kopf des Atys, mit dem der Proserpina und mit dem Bilde des Apollo, auf Kupfermünzen der Stadt mit dem Dreifufs. Sehr viel gröfser ist aber die Mannigfaltigkeit der Darstellungen, denen der Thunfisch auf den bekannten Goldstatern und entsprechenden Theilstücken phokaischen Fufses beigefügt ist. Abgesehn von den Sorten, welche die Wappen anderer kleinasiatischer Städte, wie das beflügelte Seepferd von Lampsakos, den schreitenden Stier von Kalchedon, den Eber von Methymna, den beflügelten Eber von Klazomenae, den Greif von Teos, die Sphinx von Chios und das Löwenkopffell von Samos mit dem Thunfisch verbinden und die wahrscheinlich alle vor Dareios geprägt und den genannten Städten zuzuschreiben sind[2]), lassen sich noch wenigstens 75 verschiedene Reihen aufzählen, die auf dieselbe Weise verschiedene Typen mit dem Thunfisch combiniren. Dieselben sind sämmtlich einseitig geprägt und haben nicht nur dasselbe Wahrzeichen, sondern zeigen dieselbe Farbe und Mischung des Metalls, dieselbe Behandlung des in 4 Quadrate getheilten auf dem Grunde gewöhnlich punktirten Unterstempels. Da nun der kyzikenische Stater im Anfange des 4. Jahrh. v. Chr. neben dem Dareikos das verbreitetste Goldstück war, und da wir wissen, dafs die übrigen hellenischen Städte Kleinasiens, die sich früher zum Theil an der Goldprägung mit dem Thunfisch betheiligt hatten, in dieser Periode zur Anwendung des doppelten Stempels übergegangen und nur noch zweiseitig geprägte Sechstel ausbrachten, so wird man alle jüngeren mit dem Thunfisch bezeichneten Goldmünzen Kyzikos, von den älteren der Stadt alle diejenigen zuschreiben dürfen, auf denen sich nicht fremde Städtewappen finden. Da der Schöpferkraft des Stempelschneiders für die Typen der kyzikenischen Goldmünzen der weiteste Spielraum gelassen war, dagegen das Silber und ältere Kupfer ebenso wie in andern Prägstätten behandelt wurde, so lassen sich nur die wenigsten Goldmünzen durch Vergleichung der Prägbilder als kyzikenisch nachweisen. Dies gilt allerdings von den Reihen, die mit dem Kopf des Atys, einer andern, die mit dem

---

[1]) Vgl. die Münze des Pharnabazos Luynes N. des Satr. taf. I, 5.

[2]) Vgl. oben S. 188.

Löwen und einer dritten, die mit dem Schiffsvordertheil bezeichnet ist. Indeſs erkennt man sehr wohl, daſs die meisten Darstellungen ebenso wie die Typen der übrigen kyzikenischen Geldsorten an den Dienst der Stadtgottheiten anknüpfen, insbesondere an den der Proserpina, der Hauptgöttin von Kyzikos, der Demeter[1]), des Bakchos, des Herakles, des Apollo, des Zeus, des Poseidon und der Pallas. Die älteren Kyzikener von den jüngeren zu unterscheiden, ist schwierig. Das einzige Kriterium bildet auſser dem Stil, der leicht trügt, das Gewicht, die Farbe des Metalls und die Wahrnehmung, daſs in der späteren Epoche in Kyzikos ebensowenig wie in den übrigen kleinasiatischen Städten weiter als bis zum Sechstel abwärts gemünzt worden ist. Im Allgemeinen kann man behaupten, daſs Thierbilder meistens eine ältere, andere Darstellungen eine jüngere Epoche bezeichnen. Daſs die Stadt in der ältesten Zeit auch Weiſsgoldmünzen mit dem Löwenkopf und den Initialen des Stadtnamens geschlagen hat, ist oben nachgewiesen[2]). Die Silberprägung begann vermuthlich erst nach Dareios. Bis zum Anfang des 4. Jahrhunderts trat das Groſssilbergeld, später das Kleinsilber gänzlich zurück. In der ältern Epoche ist der Stater von 14.84 Gr. und die Drachme von 0.22 Gr. selten, dagegen häufiger das Kleingeld, das Diobolon, Trihemiobolion, der ganze und halbe Obolos zu 2.07, 1.58, 1.16 und 0.40 Gr., was natürlich ist, da alle gröſsern Geschäfte durch Gold vermittelt wurden. Am Anfang des 4. Jahrhunderts ward rhodisches Gewicht angenommen, aber nur der Stater zu 15.23 Gr. und statt des Kleinsilbers Kupfer in zwei Nominalen geprägt. Dieses Silberstück trägt das Wappen, welches bei Suidas[3]) irrthümlich dem ‚Stater', d. h. dem Goldstater beigelegt wird, nämlich den Kopf der als ΣΩΤΕΙΡΑ bezeichneten Proserpina auf der einen und den Löwenkopf über Thunfisch auf der andern Seite. Die noch spätere Silbersorte die auf der Schauseite das gleiche Bild, auf der Rückseite Apollo über Thunfisch darstellt und deren Stater gewöhnlich nur 13.48 Gr. und darunter wiegt, wird vermuthlich dem gleichwichtigen Silberstater von Kalchedon gleichzeitig und daher erst nach Untergang des persischen Reiches gemünzt sein[4]). Daſs auch die kyzikenische Goldprägung die persische Herrschaft überdauert hat, ist oben gezeigt[5]).

---

[1]) Vgl. Ch. Lenormant Essai sur les statères de Cyzique Rev. num. 1856. S. 35. Anm. Borrell N. C. 6, 150.

[2]) S. 177.

[3]) S. v. *Κυζικηνὸς στατήρ*.

[4]) Siehe S. 308. — [5]) Siehe S. 177.

Von Gargara, das erst in der letzten Zeit der Achämenidenherrschaft von den Tyrannen von Assos zuerst unter dem Namen Gargaros gegründet und erst später verlegt und umgetauft worden ist[1]), giebt es nur sehr leichte Silberdrachmen zu 3.05 Gr., die auch durch ihr Gewicht zeigen, daſs sie spät und vermuthlich aus derselben Zeit sind, wie das späteste Silbergeld von Kyzikos. Hauptsächlich wurde in der Stadt Kupfer geschlagen, letzteres, wie es scheint, nach attischem Gewicht und daher erst nach der makedonischen Eroberung.

Die Kupfermünzen von Gergithos oder Gergitha[2]) sind wahrscheinlich nicht aus der alten Stadt im Rhodiosthal[3]), nordwestlich von Skepsis, sondern aus der gleichnamigen neuen, die erst Attalos an den Quellen des Kaikos erbaute[4]), und daher wie die von Gargara attischen Gewichts.

Die Münztypen der phokaischen Kolonie Lampsakos bewegen sich vorzugsweise um den Cultus des Poseidon, des Priapos, des Bakchos und der Pallas, das eigentliche Stadtwappen war aber das Seepferd des Poseidon. Bis auf Dareios ward dort nur mit diesem Bilde geprägt, in Weiſsgold und Silber nach kleinasiatischem, in schon ziemlich stark legirtem Golde nach phokaischem Fuſse, in Silber die Drachme zu 6.80, auſserdem das Diobolon zu 2.30, das Trihemiobolion zu 1.30 Gr. und, wie es scheint, das Tetrobolon zu 4.52 Gr.[5]); das Didrachmon und die Drachme mit dem beflügelten Pferde, die oben[6]) erwähnt wurden, darf man jetzt Erythrae zuweisen[7]). Nach Dareios erlitt das Münzwesen eine vollständige Umgestaltung. Die einseitige Prägung ward aufgegeben, neues Bild und Gewicht angenommen, in reinem Gold auf die verschiedensten Oberstempel, aber mit dem Stadtwappen auf der Kehrseite, Stater zu 8.49 Gr., daneben Silberdrachmen, Tetrobolen, Triobolen, Diobolen und Obolen zu 5.30, 3.82, 2.55, 1.45, 0.72 Gr. Maximalgewicht nach persischem Fuſs geschlagen. Ebenso wie in Kyzikos

[1]) Forbiger H. d. alt. Geogr. 2, 143.

[2]) Die der Stadt von Prokesch Jn. 1854 beigelegten Goldstatere gehören wohl nach Chios.

[3]) Herod. V, 122. VII, 43.

[4]) Strabo 616 vgl. Leake As. Gr. 69.

[5]) So ist das Gewicht der von Fox II, 6, 83 bekannt gemachten Münze aufzufassen, wofern dieselbe nicht etwa von Weiſsgold ist und ein Drittel des Staters darstellt.

[6]) S. 171.

[7]) Vgl. unten S. 325.

ist hier das Kleinsilber vorherrschend und die Drachme, wie es scheint, seltner als deren Theilstücke. Dennoch tritt bereits jetzt gleichzeitiges Kupfer auf, welches, wie es scheint, nach dem gleichen Gewicht normirt war, wie das Silber.

In Parion sind erst in später Zeit aber noch vor Alexander in Silber Tetrobolen kleinasiatischer Währung zu 2.47 Gr. Maximalgewicht mit Medusenhaupt und dem rückblickenden Stier und gleichzeitig stark legirte Sechstel phokaischen Fufses zu 2.55 Gr. geschlagen worden, wenn man nämlich die mit Demeterkopf und dem stofsenden Stier oder mit Dreifufs bezeichneten Hekten in der That dorthin bringen darf; erst nach Alexander kommt das Tetradrachmon zu 13.58 Gr. vor[1]). Die Unterscheidung der älteren Münzen von Parion und von Paros ist um so schwieriger, da sie Aufschrift und Münzfufs mit einander gemein haben. Indefs haben die Parianer andere Nominale geprägt wie die Parier, diese Didrachmen und Drachmen (zu 6.69 und 3.34 Gr.), jene Tetrobolen und Tetradrachmen[2]). Dies und der Fundort entscheidet.

Auf der Insel Prokonnesos ist unter der Achämenidenherrschaft sowohl Silber wie Kupfer geschlagen worden, ersteres, soviel bekannt, in 3 Nominalen, der Drachme, dem Tetrobolon und dem Diobolon zu 3.56, 2.35 und 1.15 Gr., letzteres nur in zwei Nominalen. Das Stadtwappen, welches auch auf den Silbermünzen erscheint, ist der Hirsch oder ein ihm nah verwandtes Thier (*πρόξ*)[3]), von welchem die Insel nach der gewöhnlichen Etymologie ihren Namen erhalten haben sollte.

Troas. In der milesischen Kolonie Abydos herrschte von Haus aus für Silber derselbe Münzfufs wie in Phokaea, vor Dareios wurde dort mit Maske oder Anker die Drachme bis 3.79 Gr. und daneben mit dem Bilde des Adlers, der erst viel später auch auf den Silbermünzen sich zeigt, der Weifsgoldstater zu 14.05 Gr. gemünzt[4]); auch nach Dareios blieb die Drachme, auf der jetzt gewöhnlich jene beiden Typen, die in der älteren

---

[1]) Hiernach ist S. 135 zu verbessern, wo die Münzen von Parion zum System der schweren Drachme des Fünfzehnstaterfufses gerechnet worden sind.

[2]) Vgl. Leake As. Gr. 93. Borrell N. C. 6, 157 weist nach dem Fundort die Silbermünzen mit Demeterkopf und ΠΑΡΙ im Epheukranz, von denen Prokesch In. 1854 zwei Nominale zu 6.69 Gr. (= 126) und zu 3.34 Gr. (= 64) anführt, der Insel Paros zu.

[3]) *Πρόξ* wird auch als Reh und als Hirschkalb erklärt. Das Münzbild scheint einen Hirsch darzustellen.

[4]) Vgl. oben S. 175.

Periode abwechseln, auf Vorder- und Rückseite vertheilt erscheinen, die Hauptmünze, viel seltner ist das Kleingeld, das Tetrobolon, das Triobolon und das Diobolon, sowie das Tetradrachmon zu 2.40, 1.60, 1.15 und 14.65 Gr., fast ebenso häufig dagegen ein der halben persischen Drachme entsprechendes Stück von 2.90 Gr., zu dem in einer jüngeren Periode, die ein Wechsel der Prägbilder bezeichnet, indem an Stelle des Ankers der Adler, an Stelle der Maske meist der Apollo- oder der Pallaskopf tritt, auch das der Einheit gleichwichtige Münzstück zu 5.20 Gr., von dem übrigen Courant durch besonderes Prägbild gesondert, hinzukommt. Dasselbe hatte die Geltung von 9, die Hälfte die Geltung von 4½ Obolen[1]). Auch die Goldprägung ist in dieser Periode ziemlich eifrig betrieben worden, wozu die Stadt wohl durch ihre Goldgruben[2]) veranlafst wurde. Denn sie hat nach Dareios sowohl reines Gold nach dem Reichsfufs, wie legirte Sechstel phokaischen Fufses zu höchstens 2.52 Gr. ausgebracht. Da beide Sorten auf der Rückseite dasselbe Münzwappen (den Adler) führen, wie das obenerwähnte jüngere Silbergeld, so fallen sie ohne Zweifel auch in dieselbe Periode, d. h. in das 4. Jahrhundert v. Chr. Kupfergeld giebt es sowohl aus der zweiten wie aus der dritten Periode, aus jener nur Kleinkupfer, aus dieser dagegen auch gröfsere Nominale. Doch scheint die jüngere Kupferprägung, obgleich sie dieselben Typen zeigt, wie das spätere Silber, nicht vor Alexander d. Gr. begonnen zu haben[3]), wie denn auch das entsprechende Silber nach Untergang des persischen Reiches noch einige Zeit fortgemünzt worden sein wird. Auch an der Vereinsprägung hat sich Abydos betheiligt und sowohl Conventionssechstel, wie Conventionsdrachmen, Triobolen und Obolen mit dem eigenen Wappen und dem Wappen entweder von Klazomenae, von Chios oder von Kebren geschlagen.

Von der kleinen Stadt Birytis giebt es bis jetzt nur Sechstel in legirtem Gold und Kupfermünzen[4]), beide Sorten sind aus persischer Zeit, allein wohl erst aus dem 4. Jahrhundert v. Chr., und auf der Schauseite mit dem Kopf eines Dioskuren mit eiförmigem Helm zwischen zwei Sternen bezeichnet.

---

[1]) S. 145. 223.

[2]) Xen. Hell. IV, 8, 37.

[3]) Siehe S. 299 f.

[4]) Früher wurden diese Münzen Berytis (vgl. Pellerin Rec. II. taf. 81, f. 2) in Phönikien, die Sechstel von Sestini (St. ant. S. 14) Phokaea zugetheilt; Mionnet führt sie S. 5, 550 unter Birytis auf.

Die Münzen von Kebren kennt man erst seit wenigen Jahren durch Borrell[1]) und Waddington[2]). Die Prägung der Stadt geht in ziemlich hohes Alterthum hinauf und hat vielleicht sogar vor Dareios begonnen, wenn man zwei kleine mit dem Widderkopf, dem kebrenischen Stadtwappen, bezeichnete Elektronmünzen von 2.34 und 0.61 Gr., die offenbar zum System des Weifsgoldstaters als Sechstel und Vierundzwanzigstel gehören, der Stadt zuweisen darf. Nach Dareios ist das Sechstel phokaischen Fufses (Pan- oder Apollokopf)(zwei gegeneinandergekehrte Widderköpfe, dazwischen Zweig)[3]), sowie Kleinsilber und Kleinkupfer geschlagen worden, letzteres in einem, ersteres in drei Nominalen zu 1.12, 0.50 und 0.15 Gr. Maximalgewicht, d. h. Diobolen, Obolen und Tetartemorien. Das zweiseitig geprägte Gold gehört wohl in die Zeit vor dem Ende des peloponnesischen Krieges, denn später kam Kebren ebenso wie die äolischen Städte wieder unter persische Herrschaft und hat nur kurze Zeit den Lakedämoniern gehört[4]). Eine dort geprägte Kupfermünze mit einem tiarabedeckten Kopf rührt wohl entweder von Zenis, dem Dynasten von Dardanos, dem Pharnabazos die Verwaltung dieses Gebietes übertragen hatte, oder vom Satrapen Artabazos her, der Troas im Jahre 360 beherrschte. Das spätere Kupfergeld mit dem Apollo- und Widderkopf, welches auch gröfsere Nominale kennt, ist wahrscheinlich nicht vor Alexander d. Gr. zu setzen, wie denn auch ein Exemplar dieser Sorte auf der Rückseite die Initialen des Namens Antigonia trägt, den Antigonos der mit Skepsis verbundenen und neu gegründeten Stadt gab. Später ward sie von Lysimachos in Alexandreia umgetauft und hat unter diesem Namen sowohl Sechstel von legirtem Golde[5]), wie Kupfer geschlagen. Es ist bemerkenswerth, dafs der lorbeerbekränzte Apollokopf aufser auf den eben erwähnten Münzen von Kebren auch auf der Schauseite der meist gleichzeitigen Münzen von Megara, Gentinos, Hamaxitos, Larissa, Neandreia, Atarneus und Aegae erscheint, und auch in Alexandreia beibehalten worden ist. Vielleicht steht dies damit in Zusammenhang, dafs das Gebiet der meisten dieser Orte in das von Alexandreia incorporirt wurde, wiewohl sie sich im Uebrigen, ebenso wie Kebren ihre Selbstständigkeit noch einige Zeit bewahrten;

[1]) Borrell N. C. 6, 190 f. (1844).

[2]) Waddington Mél. 24 f.

[3]) Sestini St. ant. 84 bringt diese Sechstel ebenso wie die mit ΛΕ bezeichneten lesbischen Goldmünzen noch nach Lebedos.

[4]) Waddington Mél. S. 25.

[5]) Vgl. oben S. 268.

bestimmt wissen wir dies aufser von Kebren von Hamaxitos und Neandreia[1]). Von diesen Münzen scheinen die Silbermünzen von Megara und Neandreia die frühesten zu sein und noch in die Zeit vor Alexander dem Grofsen zu gehören. Kebren hat als Mitglied des kleinasiatischen Münzvereins sowohl Silber wie Gold, nämlich Sechstel mit dem eigenen Wappen und dem von Lesbos und Obolen mit dem eigenen und dem von Teos geschlagen.

Auch die Prägung von Dardanos scheint in hohes Alterthum hinaufzugehn. Es ist sehr wahrscheinlich, dafs das Sechstel aus legirtem Gold von 2.63 Gr. mit den beiden streitenden Hähnen, dem Prägbild, welches Pollux[2]) allen dardanischen Münzen beilegt und das entsprechende Vierundzwanzigstel mit dem Hahnenkopf, sowie die dazugehörige Silberdrachme von 3.85 Gr. mit dem letztern Typus noch vor Dareios geprägt sind. Aus der Zeit nach Dareios giebt es sowohl autonome wie Dynastenmünzen des Zenis und seiner Gemahlin Mania, die ihm in der Herrschaft über Aeolis folgte und 399 von ihrem Schwiegersohn Meidias ermordet ward[3]); jenes sind Tetrobolen und Triobolen kleinasiatischer Währung zu 2.35 und 1.97 Gr., dieses Drachmen, Obolen und Tetartemorien persischen Fufses zu 4.63, 0.58 und 0.21 Gr., zu letzteren gehört gleichzeitiges Kleinkupfer, während das städtische Kupfergeld mit dem Reiter wohl erst nach Untergang des persischen Reiches gemünzt ist, als die Silberprägung bereits eingegangen war.

Dagegen ist das Silber und das entsprechende Kupfergeld von Ophryneion in die Zeit vor Alexander zu setzen; ersteres besteht aus halben Drachmen persischen Gewichts zu 2.76 Gr.

Das Silbergeld von Skepsis, welches hauptsächlich aus Drachmen bis 3.81 Gr., seltner Didrachmen zu 6.45 Gr. und Triobolen zu 1.85 Gr., Trihemiobolien zu 0.80 und Obolen zu 0.518 Gr. besteht, ist nicht sehr alt, das älteste etwa aus dem Ende des 5. Jahrhunderts; Gold kommt, soviel bekannt, in der Stadt gar nicht, Kupfer in der ältern Zeit, mit andern Typen als das Silber, aber nur in kleinen Nominalen vor, die gröfsern sind auch hier erst später und jedenfalls jünger als das meiste mit den gleichen Münztypen (Seepferd)(Palmbaum) versehene Silber, dessen Aufschrift stets die ältere Form des Σ verwendet, während auf

---

[1]) Strabo 604.

[2]) IX, 84.

[3]) Xen. Hell. III, 1, 10—14. Polyaen. 8, 54.

dem Kupfer die jüngere Form des Σ gebräuchlicher ist. Die Silberprägung wird wohl mit dem Untergang des persischen Reiches oder sehr bald nachher aufgehört haben, während die Kupferprägung mit denselben Stempeln noch längere Zeit fortgesetzt ward. Das Silber wird noch vor die Zeit fallen, in der Skepsis nach Antigonia verpflanzt wurde, das erwähnte Kupfer in die Zeit nach Rückkehr der Bewohner in ihre alte Stadt.

Auch Sigeion hat Silber und Kupfer spät zu münzen begonnen, wahrscheinlich erst nach Alexander d. Gr., beides mit attischen Typen (Pallaskopf und Eule) und nach attischem Gewicht, was dahin deutet, dafs die Beziehungen, welche die Stadt in älterer Zeit zu Athen hatte, auch später noch fortdauerten. Nur ein zweiseitig geprägtes Sechstel von legirtem Golde (Pallaskopf von vorn und Hermeskopf), welches der Stadt mit Wahrscheinlichkeit zugeschrieben wird, ist älter. Die Prägung hat nicht lange gedauert, da die Stadt einige Zeit nach Untergang des persischen Reiches von den Iliern zerstört wurde, und schliefst mit den erwähnten Kupfermünzen ab.

In Tenedos ist in der ältesten Zeit Silber nach attischem Fufs geprägt und dann wahrscheinlich noch vor Beginn des 5. Jahrhunderts zum kleinasiatischen Fufs übergegangen worden. Die beiden bekannten Wappen von Tenedos, Doppelkopf[1]) und Doppelaxt, die bereits im Alterthum die verschiedensten Erklärungsversuche hervorgerufen haben[2]), erscheinen zusammen zuerst auf einem Triobolon attischen Fufses und sind seitdem sowohl in der persischen Zeit, in der Tetradrachmen, Drachmen und Triobolen kleinasiatischer Währung zu 14.79, 3.51, 1.65 Gr. und daneben Kleinkupfer ausgebracht wurde, wie auch in der Tetradrachmen- und Drachmenprägung des 3. Jahrhunderts, stets beibehalten worden. Nur das älteste Silber und das spätere Kupfer hat bald den einen, bald den anderen dieser Typen durch fremde ersetzt. Die Silberprägung kleinasiatischen Fufses scheint mit der makedonischen Eroberung eingegangen zu sein.

Satrapen- und Dynastengeld ist in der daskylitischen Provinz nur wenig geschlagen worden: in Sinope persische Drachmen von Datames, Ariarates und Abdemon, dasselbe Nominal wahrscheinlich in Gaziura von

[1]) Nach Leake Zeus und Hera.

[2]) Vgl. Arist. Pol. s. v. *Τενέδιος πέλεκυς* fr. 170 fr. h. Gr. ed. Müller II, 167. Herakleides Pont. fr. 7. Phot. 28. Leake Ins. Gr. 42.

Ariarates[1]), in Herakleia das erwähnte königliche Courant, in Kyzikos Tetradrachmen kleinasiatischen Gewichts von Pharnabazos, in Lampsakos kleinasiatische Drachmen von Orontes, in Dardanos das bereits angeführte Silber- und Kupfergeld des Zenis und der Mania, welches, wie es scheint, mit dem Bilde der letztern und zuweilen mit dem Namen des erstern in Monogramm bezeichnet ist. Aufserdem kommt noch ein lampsakenischer Goldstater[2]) und eine Kupfermünze[3]) aus Kebren vor, die beide den Kopf eines vornehmen Persers darstellen und daher ebenfalls hierher gehören.

2. I. Satrapie.

(Begreift Aeolis, Ionien, das Gebiet der Magneten, Karien, Lykien, Milyas und Pamphylien. Sitz des Satrapen wahrscheinlich das mäandrische Magnesia.)

Da Herodot Killa mit zu Aeolis rechnet, welches am Ausflufs des Waldbachs Killos lag[4]), so gehörte nicht nur das eigentliche Aeolis zwischen Kaikos und Hermos, sondern auch der Küstenstrich von der Spitze des adramytenischen Meerbusens an bis zum Kaikos hin zur ionischen Satrapie. Nur Adramyteion, welches übrigens erst nach Alexander Silberstücke zu 2.93 Gr. Maximalgewicht, die man doch wohl als leichte kleinasiatische Drachmen wird aufzufassen haben[5]), und entsprechendes Kupfer geschlagen hat, ward noch zur daskylitischen Provinz gerechnet[6]). Von den übrigen dort gelegenen Städten hat Pergamon in persischer Zeit Triobolen zu 1.50 Gr. (mit Apollo- und tiarabedecktem Kopf), die vielleicht dem Gongylos, dem Herrn von Pergamon, Gambreion, Myrina und Gryneia zuzuschreiben sind, später Münzen mit anderem Gepräge (Herakleskopf und Palladion) in Silber und Gold, ersteres in zwei Nominalen zu 1.36 und 0.84 Gr., von letzterem Stater und Drittel geprägt, die sowohl ihrem Gewicht wie dem Gepräge nach nicht mehr in die persische Zeit gehören[7]). Dasselbe gilt von dem pergamenischen Kupfer. Dagegen ist eine Silberdrachme von 3.95 Gr. der Stadt Pordosia auf der Insel Pordoselene noch in die Zeit vor Alexander zu setzen. Ob sich dasselbe von dem Kupfergeld von Kisthene behaupten läfst, wage ich nicht zu entscheiden.

---

[1]) Vgl. oben S. 237 f. — [2]) Vgl. oben S. 241. 255.

[3]) Vgl. S. 316. — [4]) Forbiger H. d. alt. Geogr. II, 144.

[5]) Hiernach ist S. 145 zu verbessern.

[6]) Vgl. Thuk. 5, 1.

[7]) Anders urtheilt Waddington Rev. num. 1866. S. 8 f. über die in Saïda aufgefundenen Stater.

Von den Städten der Landschaft Aeolis zwischen Kaikos und Hermos hat Aegae sehr bald nach Einführung der persischen Münzordnung begonnen Kleinsilber nach dem Reichsfuſs zu prägen, nämlich Triobolen und Obolen zu 2.84 und 0.80 Gr. Die älteste Reihe mit dem Stadtwappen, dem Ziegenvordertheil, zeigt noch die alte Form des σ, die später verschwindet, während die auch in Korinth und in den chalkidischen Kolonien des Westmeers übliche runde Form des γ sich auf den Münzen der Stadt etwa bis auf die Zeit Alexanders des Grofsen erhalten hat. Denn erst die Kleinmünzen mit der Aufschrift AIΓAE, die, wie es scheint, attische Triobolen zu 2.15 Gr. darstellen, zeigen die jüngere Form. Kupfergeld scheint vor dieser Epoche nicht vorzukommen.

Ueber die Münzgeschichte von Kyme ist noch wenig Gewisses ermittelt[1]). Die einzigen Münzen, die man der Stadt mit Sicherheit beilegen darf, sind sehr alte einseitig geprägte Silberobolen kleinasiatischen Fufses zu 0.59 Gr., die wohl noch in das 5. Jahrhundert v. Chr. gehören und mit dem Adlerkopf und zuweilen den Initialen des Stadtnamens KV bezeichnet sind. Von Dareios bis Alexander scheint der Ort nicht gemünzt zu haben[2]), die von Borrell[3]) ihr vermuthungsweise beigelegten Sechstel phokaischen Fufses sind wohl Erythrae zuzuschreiben. Die doppelseitig geschlagenen Kleinsilbermünzen mit Adler und Pferdevordertheil werden wohl attisches Gewicht haben und daher in die Zeit nach der makedonischen Eroberung gehören. Die übrigen äolischen Städte des Festlandes, scheinen entweder wie Larissa, Notion, Gryneia, Kanae, gar nicht, oder wie Neonteichos, Pitane, Elaea (wohl das frühere Aegiroessa), Myrina, Atarneus und Tamnos erst später gemünzt zu haben; über das Geld von Myrina, Neonteichos und Pitane kann kein Zweifel obwalten, dafs aber das Kleinsilber von Elaea in die Zeit nach Alexander gehört, beweist auch das niedrige Gewicht der Drachme von 3.107 Gr., nur Tamnos hat ein Triobolon von 1.78 Gr. aufzuweisen, das möglicherweise noch in persische Zeit gehört. Das Kupfer der beiden letzteren Städte ist jedenfalls spät. Gergitha ist bereits erwähnt worden[4]).

Von dem ältesten Golde der Insel Lesbos ist bereits oben die Rede gewesen und angeführt worden, dafs vor Dareios nur aus Methymna

[1]) Vgl. oben S. 175.

[2]) Vielleicht gehört die kleine Kupfermünze mit Adlerkopf und Stern Fox II, 60 noch in die persische Periode.

[3]) N. C. 7, 46. — [4]) Siehe oben S. 315.

Silber, aber wahrscheinlich sowohl von dieser Stadt wie von Mytilene Gold vorkommt[1]). Nach Dareios haben die 5 lesbischen Städte, die Herodot[2]) kannte, Mytilene, Antissa, Pyrrha, Eresos und Methymna, und aufserdem noch Nasiope Geld geschlagen, letzteres aber wahrscheinlich erst, nachdem der Glanz von Antissa, welches an derselben Bucht lag, erloschen war[3]). Die lesbische Münzgeschichte dieser Periode hat ein besonderes Interesse sowohl dadurch, dafs sich die einzelnen Städte zu einer gemeinschaftlichen Prägung vereinigten, wie dadurch, dafs hier zuerst ein geringeres Metall neben Gold und Silber als Prägstoff angewandt ward. Das lesbische Bundesgeld, welches vermuthlich in Mytilene geschlagen wurde, bestand aus goldenen Sechsteln phokaischen Fufses, die Pallas- oder Bakchoskopf auf der Schauseite, auf der Rückseite gewöhnlich die Initialen des Inselnamens (ΛΕ) und das Bild zweier gegeneinandergekehrter Kalbsköpfe trägt, zwischen denen meist ein Zweig sichtbar wird, und aus einseitig geprägten Potinmünzen von 0.92 Gr., offenbar Obolen persischer Währung mit dem Neger- oder Eberkopf, den Wappen von Antissa und Methymna und der Aufschrift ΛΕΣ oder ΛΕ bezeichnet. Dafs Lesbos zugleich an der oben erwähnten gröfsern kleinasiatischen Münzconvention betheiligt war, ist bereits erwähnt worden[4]); auch für diese wurden goldene Sechstel, mit incus geprägter Rückseite und häufig mit den Initialen des Inselnamens, aber mit verschiedenen und zum Theil aufserlesbischen Städtewappen geschlagen[5]). Die Potinprägung mufs in Lesbos sehr früh, vielleicht noch unter Dareios begonnen haben und wird damals das Silbergeld ebenso wie früher die Prägung aus legirtem Gold das reine Gold ersetzt haben. Die ältesten Münzen aus diesem Metall sind aufschriftslos und theils persischer, theils kleinasiatischer Währung, zeigen aber im Uebrigen dieselbe flache Prägung, dasselbe rechteckig geformte Zapfenloch statt des Unterstempels, und überhaupt dieselbe Technik. Die Didrachmen und Drachmen persischer Währung von 11.30 und 5.50 Gr. tragen dasselbe Prägbild — die beiden Kalbsköpfe dazwischen Zweig — wie die goldenen Bundesmünzen und sind daher wie diese vermuthlich in und für Mytilene gemünzt worden, wo das persische Gewicht später beim Silbergelde geltend blieb; die Didrachmen, Drachmen und Obolen kleinasiatischen Fufses von 15.30, 7.00, 1.40 Gr. führen verschiedene Wappen, wie Löwenkopf, Löwen-

[1]) Siehe oben S. 138. — [2]) 1, 151.

[3]) Leake Ins. Gr. 27.

[4]) Siehe S. 260 f. — [5]) Siehe a. a. O.

kopffell, Rosette und Maske, ihr Gewicht schliefst sich an dasjenige an, das bereits in alter Zeit in Methymna und später wahrscheinlich auch in Antissa herrschte[1]). Diese verschiedenen Sorten repräsentiren also die beiden Währungen, die seit Dareios auf der Insel nebeneinander in Geltung waren und da dieselben eine so verwandte Fabrikation bekunden, dafs man sie am liebsten alle ein und derselben Prägstätte zuweisen würde, da es ferner auch einzelne mit dem Wappen von Mytilene, den zwei Kalbsköpfen, bezeichnete Potinmünzen von 1.20—0.60 Gr. giebt, die offenbar nicht auf persischen, sondern auf kleinasiatischen Fufs normirt sind, so erkennt man deutlich, dafs dies Geld gleichzeitig für den Gebrauch in den einzelnen Städten nach den beiden Hauptwährungen ausgebracht wurde und dafs, wie vorauszusetzen, durch ein bestimmtes Tarifverhältnifs dafür gesorgt war, dafs die Sorten sich unter einander mischen konnten, wie denn auch der Stater von 11.30—11.10 ziemlich genau auf ¾ des Grofsstücks von 15.40—15.05 Gr. auskommt, so dafs für Lesbos das oben dargelegte Werthverhältnifs[2]) offenbar als das legale zu betrachten ist. Auch bei der Silberprägung, die in Mytilene erst nach Dareios und wahrscheinlich erst nach Aufgabe der eben erwähnten Potinprägung begann, in Methymna um dieselbe Zeit einen neuen Aufschwung nahm, ist eine derartige Rücksichtnahme wahrzunehmen, indem Methymna aufser seinem Silber kleinasiatischen Fufses, welches meist die Amphora auf dem Unterstempel zeigt, Triobolen und Didrachmen persischen Fufses mit Pallaskopf und Leier gemünzt hat, die wohl zunächst für den Verkehr mit Mytilene bestimmt waren, dessen Courant ausschliefslich diesem Gewicht folgt und gewöhnlich ebenfalls die Leier auf der Rückseite führt. Da es zu dem Silber persischer Währung von Mytilene und zu dem Silber kleinasiatischen Gewichts von Methymna zugehöriges Kupfergeld giebt und es nicht wahrscheinlich ist, dafs neben diesen beiden Sorten noch Potin geprägt worden ist, so wird das für jene beiden Städte aus diesem Metall gemünzte Geld wohl in eine frühere Periode zu setzen sein, worauf auch die Fabrikation desselben führt. Nur ganz vereinzelt kommt in Mytilene, mit demselben Gepräge (Apollokopf und Löwenkopf) wie

---

[1]) Gegen die Zutheilung dieser Münzen nach Pergamon auf Grund später Kupfermünzen dieser Stadt mit zwei Ochsen- oder Stierköpfen gegeneinander (vgl. Hunter taf. 42, 13. Peller. rec. pl. 60, 47), die F. Bompois revue num. 1863, 314 ff. vorgeschlagen hat, sprechen die Aufschriften der ganz gleichartigen, unzweifelhaft lesbischen Potinmünzen und der oben erwähnten goldenen Sechstel.

[2]) Siehe S. 88 f. 223. 234.

das Silber bezeichnetes Kleingeld in Potin vor. Dort hat also in der städtischen Prägung gelegentlich die Anwendung von Potin und Silber abgewechselt, die eigentliche Potinprägung aber ebenso wie in Methymna aufgehört, als die Silberprägung begann. Nur Bundesgeld ward in diesem Mischmetall fortgemünzt, denn dieses gehört in dieselbe Periode wie das erwähnte städtische Silber und Kupfer. Die Typen des letztern entsprechen bald denen des gleichzeitigen Silbers (Apollokopf und Leier), bald denen des gleichzeitigen städtischen Goldes (weiblicher [Sappho]kopf und Leier). Man sieht daher wie zu derselben Zeit in dieser Prägstätte für Kosten der Stadt Gold, Silber und Kupfer, für Rechnung der Insel Gold und Potin und aufserdem noch für den kleinasiatischen Münzverband Gold mit vertieftem Unterstempel gemünzt worden ist. Von dem letztern ist dasjenige bereits erwähnt worden, welches die Aufschrift ΛΕ trägt, aufserdem giebt es aber noch anderes, welches mit dem Anfangsbuchstaben des Stadtnamens bezeichnet ist. Beide Sorten combiniren mit dem einheimischen Wappen, dem Kalbskopf, welcher auch auf mytilenäischem Kupfergelde auftritt, Wahrzeichen verschiedener Städte des kleinasiatischen Festlandes, wie den Widderkopf von Kebren oder den Hahnenkopf von Dardanos. Die Stückelung des Silbergeldes ist in Mytilene weiter getrieben worden wie irgend wo anders, denn es kommen neben dem Stater nicht nur Triobolen, sondern Trihemiobolien, ferner ganze, halbe, Viertel- und Achteloboien zu 11.40, 2.88, 1.37, 0.97, 0.46, 0.20 und 0.10 Gr. Maximalgewicht vor; in Methymna finde ich unter dem Gelde kleinasiatischer Währung nur Drachmen, Triobolen, Trihemiobolien, ganze, halbe und Vierteloboien zu 6.45, 3.20, 1.45, 1.15, 0.50, 0.28 Gr., wenn in dieser Periode das Stück von 3.20 Gr. nicht vielmehr als Drachme zu bezeichnen ist. Von Antissa kommt nur Potin, von Eresos, Nasiope und Pyrrha nur Kupfer und Kleinsilber vor, von Eresos Triobolen persischen Fufses zu 2.65 Gr., wenn die Münzen, mit Demeterkopf und ΕΡ in Monogramm von zwei zusammengeschlungenen Aehren umgeben, dahin gehören[1]), von Nasiope dasselbe Nominal und Hemiobolien, endlich von Pyrrha Obolen zu 0.60 Gr. Wie es scheint, hat nach der makedonischen Eroberung die Prägung in edeln Metallen auf der Insel sehr bald aufgehört, und ist die Prägung der Alexanderdrachme sogleich an die Stelle getreten[2]).

[1]) Vgl. Mion. 3, S. 36 Anm., der sie lieber nach Eretria auf Euboea bringen möchte.

[2]) Vgl. Leake Ins. Gr. 26.

Ionia. Nachdem in Klazomenae die ältere Elektron-, Silber- und Goldprägung[1]) eingegangen war, hat man sich dort fast ganz auf die Kupferprägung beschränkt, und nach Dareios weder eigenes Gold noch Silber gemünzt, sondern sich nur an der Vereinsprägung betheiligt. Denn es giebt in Silber Drachmen, Triobolen, Diobolen und Obolen zu 3.55, 1.95, 1.02, 0.60 Gr. mit dem Wappen von Klazomenae, entweder in Verbindung mit dem von Samos, oder dem von Abydos, und goldene Sechstel mit dem beflügelten Seepferd auf der einen und dem Löwenkopf von Samos oder dem Hahnenkopf von Dardanos auf der andern Seite. Dagegen ist die Kupferprägung in Klazomenae in dieser Periode zu einem Aufschwung gelangt, wie kaum in einer andern Stadt Kleinasiens, wie sie denn auch schon früh und mit Beibehaltung der einseitigen Prägung begann[2]). Erst unter oder gleich nach Alexander fing die Stadt wieder an Silber und zwar nach attischem Fufse zu münzen[3]).

Die Münzgeschichte von Kolophon beginnt erst nach Dareios und zerfällt in zwei scharf abschneidende Perioden. In der ältern wird die persische Drachme und nur diese, in der spätern die kleinasiatische zu 3.62 Gr., daneben Triobolen und Diobolen zu 1.65 und 1.10 Gr. geprägt. Auf den ältern Münzen erscheint der Stadtname noch häufig rückläufig und das Prägbild der Rückseite stets im vertieften Viereck, auf den jüngern fällt dies fort, dagegen wird der Magistratsname beigefügt. Kolophonisches Gold kommt gar nicht, Kupfer vor Alexander, wie es scheint, nur selten vor; dahin gehört wohl nur die mit Apollokopf und Leier, dem Prägbild der Silbermünzen, bezeichnete Sorte, während die Kupfermünzen mit dem Bilde des bewehrten Reiters auf der Rückseite später, wie wohl natürlich vor Zerstörung der Stadt durch Lysimachos (290 v.Chr.), zu setzen sind.

In Ephesos fing die Silberprägung etwa zu derselben Zeit an wie in Klazomenae und war genau nach demselben Gewichtsfufs eingerichtet, nur dafs dort Drachme hiefs was hier Didrachmon war. In der Zeit vor Dareios ward, wie es scheint, nur die Drachme zu 3.50 Gr. gemünzt, später mit EΦ auch das Doppelstück und zwar etwas schwerer zu 7.58 Gr., daneben Drachmen, Triobolen und Diobolen zu 3.80, 1.60, 1.10 Gr. ausgebracht. Die Anwendung eines einzigen Stempels, auf dem die Biene, das ephesische Stadtwappen, und EΦ, später EΦEΣION er-

[1]) Siehe S. 175.

[2]) Siehe S. 296.

[3]) Siehe oben S. 252. 272.

scheint, erhielt sich bis zum Anfang des vierten Jahrhunderts, wo die nach rhodischem Fufse balancirte Tetradrachmenprägung begann[1]). Auch die Goldprägung nach persischem Fufse fällt vor diese Epoche, und das Bundesgeld, das Ephesos mit Rhodos, Knidos und Samos zusammen schlug[2]), mag etwa auf der Scheide zwischen beiden Perioden stehen. Auf dem Tetradrachmon kleinasiatisch-rhodischen Fufses ward das Prägbild der Schauseite beibehalten, der Unterstempel dagegen mit Symbolen des Artemisdienstes, dem halben Hirsch und der Palme, verziert und zugleich der Magistratsname beigefügt. Von Kleinmünzen kömmt mit demselben Gepräge nur ein Stück vom Gewicht der persischen Drachme vor, das gleichzeitige Triobolon von 1.72 Gr. ist durch modificirte Zeichnung des Unterstempels von dem übrigen Gelde unterschieden. Erst in dieser Periode beginnt die Kupferprägung, bleibt aber auf kleine Nominale beschränkt. In der dritten Prägperiode wird auch die Biene mit dem Artemiskopf vertauscht und statt des Tetradrachmon ein leichtes Didrachmon von 6.60 Gr. Maximalgewicht geprägt. Daneben kommen mit etwas modificirter Zeichnung der Rückseite Münzen vom Gewicht des persischen Siglos vor, die wohl noch unter persischer Herrschaft entstanden sein werden, wie denn auch auf einigen derselben der Name des Echeanax auftritt, der vielleicht mit dem Vater des Anaxagoras, Kodros und Diodoros identisch ist, die unter Alexanders Regierung den Tyrannen Hegesias erschlugen und die Stadt befreiten[3]). Danach würde diese Periode noch kurze Zeit vor Alexander beginnen, aber nicht mit ihm schliefsen, wie denn insbesondere das Goldstück von 8.47 Gr., welches auf der Schauseite ebenfalls den Artemiskopf darstellt, bedeutend später ist. Dafs etwa am Ende des dritten Jahrhunderts Ephesos zur attischen Währung überging, ist bereits bemerkt worden[4]).

Die Thätigkeit der Münze von Erythrae ist von alter Zeit an sehr bedeutend gewesen; erythräisches Silber wird in grofser Menge nicht nur in der Nähe, sondern an allen Gestaden des europäischen und asiatischen Griechenlands gefunden[5]), und obgleich die Stadt nicht zu den bedeutendsten des ionischen Städtebundes gehörte, so nahm sie doch durch die Masse des von ihr geprägten Geldes eine hervorragende Stelle in dem-

[1]) Vgl. oben S. 125. 223.
[2]) Siehe S. 262.
[3]) Vgl. Polyaen. VI, 49. Dies nimmt Borgum an. Vgl. Cat. Thomas S. 297.
[4]) Siehe oben S. 271.
[5]) Prokesch Ined. 1854. S. 265.

selben ein. Vor Dareios wurden Silberstater und Drachmen zu 14.28 und 6.80 Gr. mit dem Bilde des Pegasus, das letztere Nominal etwas vollwichtiger (zu 7.10 Gr.) auch mit dem lanzenführenden Reiter geschlagen. Denn die erstere Sorte wird man nach Vergleichung der unzweifelhaft erythräischen Kleinmünze mit dem halben Pegasus und Stern, die in verschiedenen Sammlungen, wie in der des General Fox, im Berl. Mus. u. s. w. vorkommt, nicht Lampsakos, sondern Erythrae zuschreiben müssen[1]). Auch ein goldenes Sechstel, mit dem Bilde einer aufgeblühten Rose, die auf spätern Silbermünzen der Stadt gelegentlich wieder erscheint, darf man mit um so mehr Wahrscheinlichkeit ihr zutheilen, da dasselbe auf dem Boden des alten Erythrae gefunden worden ist. Weniger sicher ist die Zutheilung der einseitig geprägten Sechstel mit dem löwenhautbedeckten Herakleskopf[2]). Nach Dareios scheint die Prägung einige Zeit geruht zu haben, denn die leichten Silberdrachmen persischen Fusses zu 4.70 Gr., die sich an die ältesten Sorten zunächst anreihen und ganz verschiedene Prägbilder, auf der Vorderseite eine nackte männliche Gestalt, die ein Pferd führt, auf der Rückseite eine Rosette in vertieftem Viereck nebst den Initialen des Stadtnamens zeigen, sind wohl kaum älter als 450 v. Chr., nach dem Gewicht zu urtheilen, würde man sie sogar noch viel später setzen, da eine so leichte persische Drachme sonst überall erst nach Alexander auftritt. Das dazu gehörige Kleingeld von 1.32, 0.95 und 0.30 Gr. mag man als Tribemiobolien, Obolen und Hemiobolien auffassen. Als die rhodische Währung sich mehr und mehr verbreitete, ward sie auch in Erythrae recipirt, aber das Grofsstück als Tetradrachmon betrachtet und daneben Drachmen und Triobolen zu 3.65 und 1.69 Gr. Maximalgewicht, mit Herakleskopf auf der einen und seinen Attributen, Köcher, Bogen, Keule auf der andern Seite, geprägt, auf dem Kleinsilber, dem Zwei- und Einobolenstück zu 1.00 und 0.65 Gr., verwandte Typen angebracht. Auch hier ward jetzt ebenso wie in Ephesos und Kolophon der Magistratsname hinzugefügt und gleichzeitig die Kupferprägung begonnen. Uebrigens scheint diese Tetradrachmenprägung in Erythrae später angefangen zu haben, als in den übrigen Städten, wahrscheinlich kaum vor Alexander, den sie jedenfalls lange überdauert hat, wie dies auch die Formen des Σ und M bestätigen, die auf diesem Silbergelde und dem dazu gehörigen Kupfer meist die ältern ersetzen.

[1]) Hiernach ist S. 171 zu berichtigen.

[2]) Vgl. Cat. Thomas S. 209 n. 2144 „this coin is of gold, and anterior to the class of electrum coins. By the type it is presumed to belong to Erythrae."

Erythrae hat auch Vereinsgold geschlagen, auf dem das eigene Wappen, der Herakleskopf, mit dem Löwenkopf von Samos, oder mit dem Widderkopf von Kebren oder der Maske von Abydos combinirt ist; auch Silbergeld kommt vor, welches mit dem samischen Löwenkopf und einem andern erythräischen Prägbilde, dem Pferdevordertheil, bezeichnet, aber wohl in Samos geschlagen ist.

Ob das Kupfergeld der kleinen Stadt Gambrion älter als Alexander ist, wage ich nicht zu entscheiden. Silber kennt man von der Stadt bis jetzt nicht. Lebedos scheint vor diesem Zeitpunkt kein Kupfer, in Silber nur Triobolen zu 1.69 Gr. — gelegentlich mit milesischem Prägbild — geschlagen zu haben. Auch wird man zweiseitig gemünzte Sechstel später Fabrik aus legirtem Golde mit Pallaskopf und Eule, oder mit halbem Geisbock und Eule der Stadt wohl zuweisen dürfen[1]). Obgleich Lysimachos die Einwohner von Lebedos gröfstentheils nach Ephesos versetzte, hat die Stadt sich doch später wieder erholt und etwa im 2. Jahrhundert v. Chr. Tetradrachmen attischen Fufses zu münzen begonnen.

Die ältesten Münzen von Magnesia sind die von Themistokles geprägten Drachmen attischen Fufses, unter zwei Exemplaren, die überhaupt bekannt sind, ist eine platirt, was zu beweisen scheint, dafs der schlaue Athener mit dieser Geldprägung eine Finanzspeculation verband[2]). Die magnesischen Stadtmünzen sind Stater und Drachmen, Trihemiobolien, Obolen und Hemiobolien kleinasiatischen und Drachmen persischen Fufses zu 14.65, 7.25, 1.70, 1.02, 0.66, 5.57 Gr. Maximalgewicht; das Prägbild, der thessalische Reiter[3]) mit der Lanze bewaffnet und der stofsende Stier, findet sich sowohl auf dem Silber wie auf dem entsprechenden Kupfer; im dritten Jahrhundert nahm die Stadt Alexanderwährung an.

Ueber die vor Dareios geschlagenen milesischen Münzen ist oben[4]) das Nöthige gesagt, hier ist nur noch nachzutragen, dafs es in der Sammlung des Herzogs von Luynes eine Anzahl platirter Weifsgoldsechstel zu 2.32—2.20 Gr. mit Löwenkopf und Stern giebt, die wohl die spätesten Münzen dieser Sorte sind, aber zugleich zeigen, dafs der Betrug, welchen Polykrates den Lakedämoniern spielte[5]), in dieser Periode nicht einzig in

---

[1]) Vgl. Burgon Cat. Thomas 2032. Dagegen sind weder die mit ΛΕ bezeichneten goldenen Sechstel mit Sestini Stat. ant. S. 64, noch die Potinmünzen mit verwandtem Gepräge mit Prokesch Ined. 1854 S. 286, nach Lebedos zu setzen.

[2]) Ueber die Platirung der alten Münzen vgl. Mommsen S. 387 f.

[3]) Vgl. Leake As. Gr. S. 77. — [4]) S. 172 f. — [5]) Herod. 3, 56.

seiner Art dasteht, sondern gelegentlich auch von Stadtverwaltungen nachgeahmt wurde. Die Stadt erholte sich nach der Zerstörung durch die Perser im Jahre 490 v. Chr. nur sehr allmälig. Die ältesten nach diesem Zeitpunkt geschlagenen milesischen Münzen fallen nicht vor den Anfang des 4. Jahrhunderts[1]). Dieselben sind erst genauer durch einen Fund bekannt geworden, den man im Jahre 1853 in Gherelli, drei Stunden nördlich von Budrum (Halikarnassos), gemacht hat[2]). Es sind Tridrachmen, Drachmen, Triobolen, Diobolen und Obolen attischen Gewichts von 13.05, 4.25, 2.19, 1.13, 0.60 Gr. mit dem Löwenkopf oder auch dem ganzen Löwen auf der Schau-, dem Stern auf der Rückseite bezeichnet. Da sich die beiden verschiedenen dem Löwenkopf beigefügten Aufschriften EKA und MA sehr einfach auf Hekatomnos und Maussolus deuten lassen, so hat man daran gedacht, die Münzen den gleichnamigen karischen Dynasten zuzuweisen[3]), die alsdann auch Milet in ihrem Besitz gehabt haben müfsten, und dort nach attischem, in Halikarnassos nach rhodischem Fufse geprägt hätten. Dafs die Vergleichung einer Silbermünze des Pixodaros mit demselben Stern auf der Rückseite[4]), ferner eines von Prokesch bekannt gemachten aufschriftlosen Triobolons der eben erwähnten Sorte mit dem Löwen[5]) mit dem Tetradrachmon des Hekatomnos aus dem Berliner Museum, und endlich der Fundort für jene Vermuthung spricht, läfst sich nicht leugnen, unzweifelhaft ist aber die Sache nicht.

Auf jeden Fall sind diese Münzen in Milet geprägt und ebenso gewifs älter[6]), als die bekannten milesischen Silbermünzen persischen Gewichts mit Apollokopf und Löwe nach Stern aufblickend, über die nach dem oben[7]) Bemerkten hier nichts mehr hinzugefügt zu werden braucht. Wenn die eben erwähnten Münzen Hekatomnos und Maussolos († 353) zugehören, so begann die Prägung des jüngern milesischen Silbers nicht vor der Mitte des 4. Jahrhunderts und mithin erst kurz vor Alexander. Dafs die Kupferprägung neben dieser Silberprägung geübt ward, ist bereits angeführt[8]). Die früher so ergiebige Goldprägung ist in Milet unter der Achämenidenherrschaft versiegt.

---

1) Vgl. Waddington Mél. S. 15.
2) Vgl. Newton a history of discov. at Halicarnassus II, 1. S. 48.
3) Vgl. Waddington Mél. S. 14 f. Newton a. a. O.
4) Vgl. Newton a. a. O. S. 60.
5) Prokesch Ined. 1854 pl. IV, 16. Waddington Mél. taf. 1, 3. Newton S. 45. 61.
6) Leake Sup. S. 69 setzt sie sogar in d. J. 500 v. Chr., aber gewifs zu früh.
7) S. 144. — 8) S. 297.

Die erste Epoche der phokaischen Münzgeschichte schlofs wahrscheinlich mit der Zerstörung der Stadt durch Harpagos. Denn wiewohl die Phokäer nach ihren verschiedenen Fahrten und Kämpfen zum grofsen Theil zur Heimath wieder zurückkehrten[1]) und die Stadt darauf auch wieder zu einigem Wohlstand sich emporschwang, so fällt doch ihre Blüthezeit vor jene Epoche, wie dies auch die Münzen bestätigen. Sowohl die Prägung des phokaischen Goldstaters, wie die der Silberdrachme von 3.70 Gr., die von Phokaea aus zunächst in den beiden Kolonien Massalia und Velia (gegr. um 553 v. Chr.) eingeführt wurde und von dort aus sich weiter verbreitete[2]), fällt vor jenen Zeitpunkt; aus späterer Zeit besitzen wir nur Triobolen zu höchstens 1.82 Gr., Diobolen und Obolen zu 1.20 und 0.66 Gr. in Silber[3]) und Sechstel zu höchstens 2.57 Gr. von sehr schlechtem Golde, die sich vor den gleichzeitigen Goldstücken anderer kleinasiatischen Städte nicht nur hierdurch und durch ihr geringes Schrot[4]), sondern auch durch die einseitige Prägung auszeichnen, welche die Stadt ebenso wie Kyzikos bis zur Zeit Alexanders des Grofsen beibehalten hat. Die Prägbilder sind auch in dieser Periode sehr mannigfaltig, doch bleibt der Robbe das Wahrzeichen der Stadt und wird ebenso wie der Thun in Kyzikos den verschiedenen Typen beigefügt. Kupfer scheint in dieser Periode in gröfserer Menge geschlagen worden zu sein wie Silber, das älteste Kupfer wird dem jüngsten Silber etwa gleichzeitig sein.

Von der kleinen Stadt Phygela besitzen wir in Silber nur ein Tetradrachmon von 13.96 Gr. und gleichzeitiges Kupfer, beides wird nicht älter, sondern jünger sein als Alexander, da das Gewicht des erstern mit den unter Lysimachos in Kalchedon und Byzanz geprägten Tetradrachmen übereinstimmt[5]).

Dasselbe gilt von den Silberdrachmen leichten persischen Fufses von Priene und dem entsprechenden Kupfergelde.

Auch Smyrna hat vor Alexander weder Silber noch Kupfer gemünzt. Leichte goldene Sechstel zu 2.55 Gr., gröfstentheils mit Darstellungen aus dem Cultus der Kybele und des Hermes geschmückt,

---

[1]) Her. 1, 165. — [2]) Mommsen R. M. S. 113 f.

[3]) Vielleicht sind die einseitigen Drei- und Zweiobolenstücke mit dem Greifenkopf noch vor Dareios zu setzen; da bei Kleinstücken die einseitige Prägung länger beibehalten worden ist, als beim Grofsgelde, bleibt die Entscheidung in solchen Fällen immer besonders schwierig.

[4]) Siehe oben S. 122. 179. — [5]) S. 308.

welche der Stadt seit Sestini[1]) meist zugeschrieben werden, gehören ihr nicht zu. Vielmehr hat wie Strabo[2]) berichtet, Smyrna seit ihrer Zerstörung durch Alyattes (631—564)[3]) bis zur Wiederherstellung durch Antigonos wüste gelegen, die Einwohner in kleinen Ortschaften zerstreut gewohnt und von Geldprägung in dieser Zeit keine Rede sein können. Auch kommt ihr Name in den attischen Tributlisten nicht vor[4]). Wenn eine Gemeinde des Namens in dieser Periode überhaupt bestanden hat, wie dies des Skylax[1]) Erwähnung wahrscheinlich macht, so ist sie jedenfalls nur ganz unbedeutend gewesen.

Ebenso wie die Münze von Phokaea ist die der Stadt Teos in größerer Thätigkeit vor als nach Dareios gewesen; den Scheidepunkt bildete ohne Zweifel die teische Auswanderung nach Abdera im Jahre 546 v. Chr.; insbesondere wird alles alte teische Gold[2]) vor diesen Zeitpunkt fallen, dagegen mag die Silberprägung nach äginäischem Fuße auch später als die Stadt wieder aufgeblüht war noch fortgesetzt worden sein und sich nicht nur bis in die Zeit des Dareios, sondern noch länger erhalten haben. Alles Silber äginäischen Fußes ist einseitig geprägt, nur auf einer Kleinmünze findet sich auf der Rückseite dieselbe sternartige Verzierung, wie auf den alten samischen und einigen milesischen Weißgoldmünzen. Auf der ältesten Reihe, die aus Didrachmen, Drachmen und Diobolen zu 12.05, 5.75, 2.10 Gr. besteht und innerhalb deren wiederum eine Menge verschiedener Abstufungen des Alters sich zeigen, fehlt jegliche Aufschrift, dem Stadtwappen, dem rechtshin gewendet sitzenden Greifen, werden nur kleine Beizeichen, die meist zum Bakchosdienst in Bezug stehen, beigefügt, auf den ältesten Exemplaren fehlen indessen auch diese; später finden wir außerdem die Aufschrift THI, zum Theil rückläufig, oder THION auf dem Didrachmon, TH oder T auf dem Triobolon, dem ganzen und halben Obolos. Das Gewicht, welches jetzt für die betreffenden Nominale bis 12.17, 2.07, 1.25 und 0.65 Gr. steigt, erhält sich von nun an ungefähr auf derselben Höhe. Ob THION für THIΩN steht, was später allerdings an seine Stelle tritt, oder wie die Aufschriften ΤΕΡΜΕΡΙΚΟΝ, ΤΕΡΣΙΚΟΝ, ΣΟΛΙΚΟΝ, ΝΑΓΙΔΙΚΟΝ und wohl auch ΣΑΜΙΟΝ, ΚΩΙΟΝ, ΚΙΛΙΚΙΟΝ, ΚΟΛΟΦΩΝΙΟΝ, ΙΑΛΥΣΙΟΝ, ΡΟΔΙΟΝ u. s. w. sich auf den Namen des Geldstückes bezieht, ist schwer zu entscheiden. Wahrscheinlicher ist der

[1]) Stat. ant. S. 85.
[2]) Rer. 1, 16.
[3]) S. 97 c.
[4]) S. 646.
[1]) Vgl. Boeckh Th. II, 658.
[2]) Siehe oben S. 181.

angeführten Analogien wegen das letztere, überdies sind die betreffenden Münzen aus einer Zeit, in der das ω, das in Milet bereits um Ol. 60 auftritt[1]), in den ionischen Städten Kleinasiens schon in Gebrauch war. Wann der äginäische Fufs aufgegeben ward, läfst sich nicht ganz genau bestimmen, doch wird man nicht allzuweit irren, wenn man den Anfang der jüngern Prägperiode um das Ende des 5. Jahrhunderts setzt. Um diese Zeit mag man begonnen haben die Drachmen, Triobolen und Diobolen kleinasiatischen Fufses zu 3.84, 1.89, 1.13 Gr. zu münzen, die auf der Rückseite das eingeschlagene Viereck noch andeuten, aber durch ein Querband, auf dem der Stadt- und Magistratsname angebracht ist, trennen.

Erst gleichzeitig mit der jüngsten Reihe, deren Unterstempel einen zweihenkligen Weinkrug darstellt, die aber gelegentlich auf Schau- und Rückseite ganz verschiedene Bilder bringt und im Gewicht etwas niedriger steht, kommt Kupfergeld vor. Wahrscheinlich ist auch ein Sechstel aus legirtem Golde von 2.61 Gr. mit Bakchoskopf und Weinkrug aus derselben Periode, die noch einige Zeit über Untergang des persischen Reiches hinaus gewährt haben wird. Auch Teos hat sich an der Vereinsprägung betheiligt, bis jetzt kennt man aber nur Silbermünzen mit dem Doppelwappen von Teos und Kebren, mit dem Greifen bezeichnetes Vereinsgold kommt nicht vor.

Keine Stadt hat ihr Wappen auf den Münzen so lange festgehalten, wie Chios. Auf dem ältesten wie auf dem spätesten Silbergelde erscheint die Sphinx mit andern Symbolen des Bakchos, dem Weinkrug und der Traube; damit hängt zusammen, dafs in Chios ebenso wie in der persischen Reichsmünze die einseitige Prägung beibehalten und erst lange nach Alexander ganz aufgegeben worden ist. Bis zum Anfang des 4. Jahrhunderts fehlt auf dem Unterstempel jegliche Andeutung irgend eines Bildes; nur auf den Weifsgoldmünzen zeigen sich Verzierungen, die aber auf diese beschränkt blieben. Erst um den angegebenen Zeitpunkt wird das Querband des eingeschlagenen Vierecks wie in Teos beschrieben und der Magistratsname darauf angebracht, ein Prägbild aber nicht hinzugefügt. Etwa im 3. Jahrhundert v. Chr. ward der Weinkrug von der Schauseite auf die Rückseite versetzt und als selbständiges Prägbild verwandt; dafs Chios vor Dareios Gold und Weifsgold, sowie Silberdrachmen zu 7.97 und Diobolen zu 2.60 Gr., daneben, aber doch wohl etwas später

[1]) Kirchhoff Stud. z. Gesch. des gr. Alph. 132 ff.

Didrachmen zu 15.26 Gr. geprägt hat, ist oben [1]) bemerkt worden. Es ist möglich, dafs die Einführung der leichten Drachme von 3.81 Gr. bereits vor Dareios stattfand, jedenfalls ist sie von Dareios ab bis zum Ende des 5. Jahrhunderts die Haupt- und vielleicht die einzige Courantmünze gewesen. Ob neben ihr schon Kupfergeld auftritt, ist nicht ganz zweifellos [2]), eine umfangreichere Kupferprägung begann hier wie in anderen Städten wohl erst gleichzeitig mit der durch Verbreitung der rhodischen Währung veranlafsten Tetradrachmenprägung, allein nicht mit dem gleichen Typus, sondern mit dem Prägbild (Sphinx und Weinkrug), welches später auch auf das Silber übertragen ward. Dafs das frühere Didrachmon, spätere Tetradrachmon, von 15.26 Gr. als chiotisches Vierzigstel bezeichnet ward, ist oben [3]) nachgewiesen, und auch bereits erwähnt worden [4]), dafs Chios sowohl vor Dareios zu den kleinasiatischen Münzvereinsstaaten gehört hat, die Gold mit dem Thunfisch, wie am Ende des 5. oder Anfang des 4. Jahrhunderts v. Chr. zu denjenigen, die Silber nach gleichem Gewicht und mit doppeltem Wappen geprägt haben.

Samos scheint vor Dareios kein Silber, sondern nur Gold und Weifsgold geschlagen zu haben [5]), wie denn auch das Geld des Polykrates platirtes Gold war [6]). Die spätere Münzgeschichte der Stadt von Dareios bis Alexander zerfällt ebenso wie die von Teos und Chios in zwei Perioden, indem bis zum Ende des 5. Jahrhunderts ein Silberstater mit Löwenkopffell, Stiervordertheil und der Aufschrift ΣΑ oder ΣΑΜΙΟΝ bezeichnet, zum Maximalgewicht von 13.27 Gr. und daneben, aber viel seltner, mit verschiedenen kleinen Modificationen des Gepräges und in der Regel ohne Aufschrift Drachmen zu 6.67—5.89 Gr., Triobolen zu 2.70—2.68 Gr., Diobolen zu 2.10, Trihemiobolien zu 1.70—1.45, Obolen zu 0.85—0.60 und Hemiobolien zu 0.49—0.45 Gr. ausgebracht wurden, dann aber ebenso wie in Chios die Prägung nach rhodischem Fufse begann. In Samos blieb indefs das Grofsstück von 15.48 Gr. Didrachmon, neben dem auch die Drachme von 6.71, das Triobolon von 3.84 und das Trihemiobolion von 1.70 Gr., sowie mit verschiedenem Gepräge und wohl auch erst später der Obolos von 1.05—0.55 Gr. gemünzt wurden. Die Prägbilder blieben auch in der jüngeren Periode dieselben, doch ward das des Unterstempels nicht mehr in Vertiefung dargestellt und ebenso wie um dieselbe Zeit in Teos, Chios, Milet und Erythrae der Magi-

[1]) S. 127. 172.
[2]) Siehe S. 122.
[3]) Siehe oben S. 176.
[4]) Vgl. S. 205.
[5]) Siehe S. 188. 261.
[6]) Her. 3, 56.

stratenname beigefügt. Der Nacken des Stiers ist in dieser Periode häufig mit einer Guirlande umgeben, die ihn ebenso wie der beigefügte Lorbeerzweig vermuthlich als Preisstier charakterisirt, wie er dem Sieger beim dithyrambischen Wettgesang verliehen wurde. Samos hat sich ebenso wie Chios, Teos, Klazomenae, Lampsakos, Kalchedon u. s. w.[1]) in der früheren Zeit an der Goldprägung mit dem Thunfisch betheiligt und ist auch nach Dareios eins der hauptsächlichsten Glieder des häufig erwähnten kleinasiatischen Münzverbandes gewesen. Als solches hat die Stadt sowohl Drachmen, Triobolen und Diobolen zu 3.55, 1.45 und 1.29 Gr. Maximalgewicht in Silber mit dem eigenen Wappen und dem von Klazomenae, Kebren, Erythrae oder Methymna, wie Vereinssechstel in Gold mit dem incus geprägten Löwenkopf oder dem Löwenkopffell auf der Rückseite und dem Pferdevordertheil von Erythrae, oder dem halben beflügelten Eber von Klazomenae oder der Maske von Abydos, oder endlich dem Widderkopf von Kebren auf der Schauseite geschlagen, wie umgekehrt Lesbos und Dardanos Münzen des gleichen Nominals mit dem eigenen Wappen auf der Rückseite und dem samischen auf der Schauseite gemünzt haben. Es ist nicht immer leicht zu entscheiden, an welchem Orte eine Vereinsmünze geprägt worden ist. Im Allgemeinen gilt aber die Regel, dafs dieselben das Wappen ihrer Prägstätte auf der Rückseite führen, wie dies die mit ΣA und den Doppelwappen von Klazomenae und Samos bezeichneten samischen Silbermünzen ebensowohl wie die mit ΛE und den Doppelwappen von Kebren und Lesbos bezeichneten lesbischen Sechstel, sowie die Vereinsmünzen von Rhodos, Samos, Knidos und Ephesos beweisen; indefs kommt auch das Gegentheil vor, wie denn die Diobolen mit Panther- und Widderkopf und der Aufschrift ΣA ebenfalls in Samos geprägt worden sind, wiewohl sie das eigene Wahrzeichen auf der Schauseite, das von Kebren auf der Rückseite führen. Das samische Vereinssilber war früher sehr selten, ist aber jetzt in gröfserer Menge zum Vorschein gekommen[2]). Dasselbe mag ebensowohl wie das entsprechende Vereinsgold noch vor den Anfang des 4. Jahrhunderts fallen. Es ist bemerkenswerth, dafs eine Reihe von samischen Prägbildern, die theils auf diesem Conventionssilber, theils auf dem späteren städtischen Gelde auftreten, wie der Pantherkopf, das Schiffsvordertheil und der Weinkrug bereits auf dem ältesten Didrachmon als Beizeichen vorkommen. Dafs neben dem Silber rhodischen Fufses

[1]) Siehe oben S. 188.

[2]) Vgl. Prokesch Ined. 1854. S. 283.

Kupfer geschlagen worden ist, ist gewifs, wahrscheinlich hat aber die Kupferprägung in Samos bereits früher begonnen und die Reihe mit Frauenkopf und Löwenkopffell wird wohl noch in die zweite Münzperiode gehören. Sowohl diese wie die spätere Sorte mit halbem Stier oder Frauenkopf und Schiffsvordertheil besteht aus drei Nominalen zu 2.70, 1.80 und 1.2 Gr., von denen das schwerste der halben persischen Drachme entspricht, die übrigen sich zu ihm wie Zwei- und Eindrittelstücke verhalten. Das auf diesen und den entsprechenden Silberobolen abgebildete Schiff wird vermuthlich das als *σάμαινα* bezeichnete, Samos eigenthümliche Fahrzeug[1]) darstellen, wonach auch diese Münzen ebenso bezeichnet wurden[2]), wie die Dareiken als Bogenschützen, die attischen Drachmen als Eulen oder Jungfrauen und die äginäischen Drachmen als Schildkröten. Der der Hera heilige Pfau, dessen Athenäos[3]) als samischen Münztypus erwähnt, erscheint erst auf sehr späten Kupfermünzen[4]).

Ob die Silberdrachme zu 3.23 Gr., aus Oenoe auf der Insel Ikaria, mit Artemiskopf und dem stofsenden Stier, von der bis jetzt nur ein Exemplar bekannt ist, sowie das dazugehörige Kupfer noch in die persische Zeit gehört, ist zweifelhaft.

Karien. Aufser den 6 dorischen Städten, Knidos, Kos, Halikarnassos, Jalysos, Lindos und Kamiros haben in Karien und auf den karischen Inseln vor dem 4. Jahrh. v. Chr. nur Astyra, Termera, Leros und Kalymna und überhaupt vor Alexander aufserdem nur noch Jasos, Idyma, Tabae und Rhodos Geld geschlagen; Gold nur Rhodos, Kos und Leros, aber die beiden letzteren Orte äufserst wenig, Kos vor, Leros und Rhodos nach Dareios.

Knidos hat auf seinem Silbergeld andere Wappen nicht geduldet, als den Kopf der Aphrodite, der knidischen Hauptgöttin, sowie ihr Symbol, den Löwenkopf, und nur auf ganz spätem Kleinsilber den letzteren Typus mit Dreifufs oder Ochsenkopf vertauscht. Die Prägung hat hier wahrscheinlich schon vor Dareios begonnen und bis ans Ende des 5. Jahrhunderts den äginäischen Münzfufs beibehalten, sich aber auf Drachmen — früher zu 6.20, später zu 6.30 Gr. Maximalgewicht — und Obolen zu 0.90 Gr. beschränkt. Dieselbe bediente sich von Anfang an eines doppelten Stempels, sowohl Bild wie Schrift ward aber anfangs in archaischem Stil und das Hauptbild in der ganzen ersten Periode in Vertiefung

---

1) Vgl. Plutarch Perikles c. 26. Suidas s. v. *Σαμίων ὁ δῆμος*.

2) Suidas a. a. O. *οἱ δὲ τὴν σάμαιναν νόμισμα εἶναι*.

3) XVI, p. 655 A.

4) Vgl. Hunter taf. 47, 8. Allier pl. XVI, 15. Poll. taf. CVII, 9.

gehalten. In Folge der Verbreitung, welche das rhodische Geld insbesondere in den karischen Städten erfuhr, ward dann um den bezeichneten Zeitpunkt oder etwas später zum kleinasiatischen Münzfuſs übergegangen und nach dem rhodischen Didrachmon normirte Tetradrachmen zu 15.14, entsprechende Drachmen zu 3.75 und Triobolen zu 1.78 Gr. Maximalgewicht ausgebracht, zugleich die Vertiefung des Oberstempels aufgegeben und den Initialen des Stadtnamens der Magistratsname beigefügt. Später, aber erst nach Alexander, sank die Drachme bis auf 3.17 Gr., das Triobolon bis 1.56 Gr. Maximalgewicht herab, wozu sich jetzt ein Tetrobolon zu 2.40 und ein Diobolon zu 1.10 Gr. hinzugesellten. Kupfergeld tritt erst gleichzeitig mit der Tetradrachmenprägung auf. Eigenthümlich ist eine Reihe in Knidos geprägter Drachmen, theils persischen, theils attischen Gewichts, mit dem knidischen Löwen auf der Rückseite und dem rhodischen Apollokopf auf der Schauseite, die man wohl als Bundesmünzen auffassen und in dieselbe Zeit setzen darf, wie die Conventionsmünzen, die Rhodos, Knidos, Samos und Ephesos nach dem gleichen Gewichtsystem geschlagen haben [1]). Auch mit dem gewöhnlichen Gepräge kommen attische Drachmen wiewohl selten und aus später Zeit vor.

Von Halikarnassos giebt es auffallend wenig Stadtmünzen aus älterer Zeit, aus der ersten Periode, die erst unter oder nach Dareios begann [2]) und bis zum Ende des 5. Jahrh. dauerte, ist nur ein persisch-babylonischer Stater zu 9.31 Gr., dazugehörige Obolen zu 0.71—0.61 Gr. und eine Drachme äginäischen Fuſses bekannt, die indeſs auf knidisches Gewicht und Gepräge und daher vermuthlich in Knidos selbst gemünzt worden ist; aus der zweiten Periode, in welcher die Stadt Residenz der karischen Könige wurde, nur wenige Drachmen kleinasiatischer Währung. Wahrscheinlich hat in der früheren Zeit der Ausschluſs der Stadt von der dorischen Eidgenossenschaft [3]) ihr Aufblühn verkümmert, und unter Maussolos und seinen Nachfolgern die Münze vorzugsweise königliches Geld geliefert. Häufiger wird das städtische Silbergeld erst lange nach Alexander, als die Stadt sich von ihrer gänzlichen Zerstörung wieder erholt hatte und nun mit ganz verschiedenen Wappen (Medusenhaupt und Pallaskopf) Drachmen und Kleingeld theils nach kleinasiatischem, theils nach dem Reichsfuſs zu prägen begann. Die Kleinkupfermünzen mit Seepferd und Leier [4]) gehören vielleicht noch in die erste Münzperiode der Stadt.

---

[1]) Vgl. oben S. 262, wo Knidos nicht erwähnt ist.

[2]) S. 200. — [3]) Herod. 1, 144. — [4]) Fox II, 101.

Die Silbermünzen von Jasos, Drachmen und Triobolen persischen Fufses, zu 5.32 und 2.45 Gr. mit Apollokopf und Knaben auf Delphin reitend[1]) sind ebenso wie die Drachmen oder Triobolen rhodischer Währung zu 3.80 Gr. von Idyma erst aus dem 4. Jahrh. v. Chr., für die letzteren beweist es Gewicht und Prägbild (rhodischer Apollokopf auf der Schauseite), für die ersteren die Technik und der beigefügte Magistratsname, der sich auf den meisten kleinasiatischen Münzen erst in dieser Periode findet. Das Geld von Myndos und Tabae ist jünger als Alexander, die letztere Stadt, die von einer aus Phrygiern und Pisidiern gemischten Bevölkerung bewohnt war[2]), ist wohl ebenso wie Alabanda, Alinda, Mylasa und andere karische Städte erst nach Alexander gräcisirt worden.

Dagegen giebt es von Termera nur Drachmen und Tetrobolen persischen Gewichts mit dem Namen des Tyrannen Tymnes, die unter der Regierung des Xerxes gemünzt sind[3]); unter Mausolos ging die Stadt ein, ihre Bevölkerung ward nach Halikarnassos verpflanzt und nur die Burg blieb als Gefängnifs bestehen[4]); daher verschwindet sie seitdem aus der Geschichte. Auf diesen Münzen finden wir zuerst[5]) als Ortsbezeichnung das Adjectivum in sächlicher Form (ΤΕΡΜΕΡΙΚΟΝ), wozu ἀργύριον, νόμισμα oder κόμμα zu suppliren ist.

Kalymna hat ebenso wie Halikarnassos im 5. Jahrhundert v. Chr. den babylonischen Silberstater, zu 10.55 Gr., geprägt und ist dann im 4. Jahrhundert zur rhodischen Währung übergegangen, nach der Drachmen, Triobolen, Trihemiobolien und Hemiobolien zu 6.62, 3.17, 1.49 und 0.35 Gr. Maximalgewicht ausgebracht wurden. Nach Alexander kommen auch Didrachmen attischen Fufses zu 8.48 Gr. vor. Das Prägbild bleibt in allen drei Perioden dasselbe; die Aufschrift ΚΑΛΥΜΝΙΟΝ, die wie ΤΕΡΜΕΡΙΚΟΝ, ΤΕΡΞΙΚΟΝ u. s. w. den oben angeführten Begriff voraussetzt, erscheint erst in der zweiten Periode; auch begann damals erst die Kupferprägung, die sich auf ein kleines Nominal beschränkte.

In Kos fing die Prägung später an als in Athen, woher der Münzfufs entlehnt ward, aber noch vor Dareios und jedenfalls in einer Zeit, wo das ionische Alphabet, welches in der ursprünglich zum dorischen Bunde

---

[1]) Vgl. Pollux IX, 6. Ael. nat. an. VI, 15.

[2]) Strabo 629.

[3]) Vgl. oben S. 238. Waddington Mél. S. 10.

[4]) Waddington a. a. O.

[5]) Doch ist vielleicht auch die Aufschrift ΤΕΝΕΔΙΟΝ auf den noch älteren Münzen von Tenedos ebenso zu erklären.

gehörigen, aber freilich doch vorzugsweise ionischen Stadt Halikarnassos um Ol. 82 bereits angewandt wurde[1]), noch nicht bekannt war und in Athen bereits auf doppelten Stempel gemünzt wurde. Denn die Aufschrift der ältesten Silbermünzen ΚΟΣ wird erst auf jüngeren Tetradrachmen mit ΚΩΣ vertauscht und die Anwendung des Doppelstempels, den die ionisch-äolischen Städte Kleinasiens erst viel später annahmen[2]), ist vermuthlich ebenso wie der Münzfuſs und das Princip der Silberwährung von Athen aus eingeführt worden[3]), wie denn auch das diagonal getheilte eingeschlagene Viereck des Unterstempels der ältesten Tetradrachmen, in dessen Mitte das Stadtwappen, der Seekrebs, erscheint, an den Unterstempel der ältesten einseitig geprägten athenischen Münzen erinnert. Die Zeichnung des Oberstempels, nackende Figur vor Dreifuſs, die gewöhnlich und wohl richtig als tanzender Apollo mit dem Tympanon, von Sestini[4]) und Luynes[5]) als Discuswerfer erklärt wird, verschwindet in der zweiten Periode, in der hier wie in Kalymna, Halikarnassos und Knidos rhodische Währung eingeführt wird, und wird durch den Kopf des Herakles ersetzt, dessen Symbole, Keule, Bogen und Köcher, auf der Rückseite beigefügt werden. Erst nach Alexander, als die Stadt nach dem makedonischen Reichsfuſs zu münzen begonnen hatte, treten Prägbilder auf, die sich auf den wenigstens in späterer Zeit berühmtesten Dienst der Insel, den Aeskulapdienst, beziehn und das alte Stadtwappen, welches schon auf einer Reihe Drachmen rhodischen Gewichts durch andere Motive ersetzt worden war, verschwindet jetzt ganz. Die zweite Periode bezeichnet auch in Kos die Beifügung des Magistratsnamens und die Neutralform ΚΩΙΟΝ, die sich bis in die 3. Periode hinein erhält, aber freilich schon früher gelegentlich mit ΚΩΙΩΝ abwechselt. In der ersten Periode münzte die Stadt, die im Jahre 366 v. Chr. (= Ol. 103, 3) zwar neu aufgebaut, aber nicht erst entstanden[6]) und wie dies auch wohl die Münzaufschrift bestätigt, bereits früher denselben Namen wie die Insel geführt hat, fast nur Tetradrachmen zu 16.83 Gr.,

---

[1]) Vgl. Kirchhof zur Gesch. des griech. Alph. S. 126.

[2]) Siehe S. 176.

[3]) Vgl. oben S. 208 f.

[4]) Lett. t. IV, 81.

[5]) Annales de l'Inst. archéol. 1836, 376 Anm.

[6]) Kuester de Co ins. 7 nimmt dies nach Diodor. XV, 76 und Strabo 657 an, obgleich Thuk. 8, 108 von Befestigung der früher durch ein Erdbeben zerstörten Stadt Kos spricht.

selten Diobolen zu 1.60 Gr., die letzteren ebenso wie das Gold[1]) einseitig, in der zweiten Periode, deren Anfang man in die erste Hälfte des 4. Jahrhunderts setzen darf, Didrachmen, Drachmen, Triobolen und Diobolen zu 15.22, 6.80, 3.54 und 1.10 Gr., nach Alexander wieder Tetradrachmen attischen Fußes und daneben Triobolen und Diobolen, aber keine Drachmen. Kupfer giebt es erst in der zweiten Periode und zwar hier wie in Kalymna, Halikarnassos und Rhodos nur in einem kleinen Nominal ausgebracht.

Die rhodische Währung ist in diesen Städten ohne Zweifel unter dem Einfluſs des Hekatomnos und seiner Nachfolger eingeführt worden, die etwa seit 387 v. Chr. Karien als erbliche Satrapie inne hatten[2]), vorübergehend sogar Rhodos und Kos beherrschten[3]) und ihr Silbergeld nach rhodischem Gewicht und seit Maussolus auch mit dem rhodischen Helioskopf auf der Schauseite münzten. Es bezeichnet die eigenthümliche Stellung dieser Dynasten, die dem Reichthum der ihnen untergebenen hellenischen Städte ihre Macht verdankten und der hellenischen Civilisation huldigten, aber, selbst Karier von Abstammung und von dem Wunsche beseelt, ein vollkommen unabhängiges karisches Reich zu stiften, sich zunächst auf ihre eigene Nationalität stützen muſsten, daſs sie als Hauswappen das Bild des karischen Nationalgottes, des Zeus Stratios von Labranda mit der ihm eigenthümlichen Doppelaxt der Labrys[4]), führten und auf ihren Münzen anbrachten. Von Hekatomnos besitzt man bis jetzt nur ein Didrachmon rhodischer Währung zu 15.17 Gr., an dessen Aechtheit man mit Unrecht gezweifelt hat[5]), von Maussolos Didrachmen, Triobolen

---

1) Vgl. S. 204 f. — 2) Boeckh zu C. J. 2691.

3) Demosth. de pace p. 63 de Rhod. lib. p. 121. Vgl. Newton a. a. O. 45. 46.

4) Vgl. Plutarch quaest. Graec. p. 302 A.

5) Newton Halikarnassus II, 1. 45. „I would add that the coin of Hekatomnus from the Berlin collection ... though to be found in Eckhel, was not thought free from suspicion by that distinguished numismatist, the late Mr. Burgon; and an inspection of this coin some years ago gave me an unfavourable impression of it." Hiergegen hat mir Dr. J. Friedländer in Berlin gestattet, die folgenden Bemerkungen abzudrucken: „Das Tetradrachmon des Hekatomnos, ein Unicum der Königl. Sammlung, ist von dem berühmten Reisenden Herrn Newton, welcher es hier gesehen hat, für verdächtig erklärt worden. Diese Münze ist unzweifelhaft ächt. Sie war früher gehenkelt wie es scheint, ein Rest der Löthung des abgebrochenen Henkels entstellt einen Theil des Randes und Feldes; vielleicht ist es dieser Umstand, welcher Herrn Newton getäuscht hat. Denn die Münze hat alle Kennzeichen der Aechtheit. Sie stammt aus der berühmten Sammlung des Kurfürsten Karl Ludwig von der Pfalz, welche im Jahre 1685 durch Erbschaft in den Besitz des großen Kurfürsten gelangte,

und Tribemiobolien zu 15.05, 3.70 und 1.59 Gr. Maximalgewicht, von Idrieus Didrachmen, Drachmen, Triobolen zu 15.06, 6.6, 3.60 Gr., von Pixodaros, der auch Gold (halbe, Sechstel und Vierundzwanzigstel Stater zu 4.14, 1.41, 0.37 Gr.) prägte[1]), keine Didrachmen, sondern vorzugsweise Drachmen, außerdem Triobolen und Obolen zu 7.02, 3.55 und 0.80 Gr., endlich von Othontopates, der von Alexander d. Gr. vertrieben ward, ein Didrachmon zu 15.01 Gr. Die Frage, ob das in Milet geprägte Silber attischer Währung mit den Aufschriften EKA oder MA den beiden erstgenannten Königen zuzuschreiben sei, ist oben erörtert worden[2]).

Beger hat sie im Thesaurus Palatinus S. 148 und dann im Thesaurus Brandenburgicus I. S. 266 abgebildet, und später hat Sestini in der Lettera VIII (S. 81 Taf. VI, 1), welche die Königl. Sammlung betrifft, sie abermals publicirt, ohne irgendwelchen Anstoß zu nehmen. Er war ein höchst erfahrener Kenner, der selten oder nie, soviel ich weiß, sich von falschen Münzen hat täuschen lassen, so leichtfertig er auch oft griechische Münzen gelesen und angetheilt hat *). — Nichts leichter als eine Münze zu verdächtigen; wenigstens sollte in solchen Fällen angegeben werden, *warum* man die Aechtheit bezweifelt, welcher Theil des Typus oder der Aufschrift Zweifel erregt, in welcher Weise sie falsch ist, ob gegossen, mit dem Grabstichel gefälscht, oder mit modernen Stempeln geprägt. Diese Münze des Hekatomnos hat nun Aufschrift, Typen und Gewicht, welche völlig zu denen seiner Folger stimmen. Aus den inneren Kennzeichen können also keine Zweifel entstehen. Was aber die äußeren betrifft, so kann die Münze nicht *gegossen* sein, dann müßte es ein Original geben, und sie ist ja ein Unicum. Daß sie nicht mit dem Grabstichel gefälscht, sondern geprägt ist, sieht jeder, das Feld ist rein, auch dicht an den Figuren, die Buchstaben vortrefflich im Charakter, der Rand zeigt deutlich die Spuren der Prägung. Es bleiben also nur moderne Stempel. Allein alle Münzen aus modernen Stempeln sind in zahlreichen Exemplaren vorhanden, weil die Fälscher, welche sich doch nur des Gewinnes wegen der großen Mühe unterziehen, falsche Stempel zu schneiden, auch immer *viele* Exemplare prägen und verkaufen. Und unsere Münze ist ja ein Unicum. Griechische Münzen im Charakter der ächten sind auch erst in unserer Zeit erfunden worden, und diese ist seit 1686 bekannt. — Leider ist es immer schwer und bedarf guter Gründe und vieler Worte den Ruf einer verdächtigten Münze herzustellen. Zum Schlusse nehme ich keinen Anstand, so ungern ich dem berühmten englischen Gelehrten widerspreche, zu versichern, daß es nach meiner Ansicht keine Münze giebt, welche mit größerer Sicherheit als ächt bezeichnet werden kann." — [1]) Vgl. oben S. 255.

[2]) S. 327. Die Veranlassung dieser Prägung in Milet ist schwer zu ermitteln. Ob die Stadt je zum karischen Reich gehört hat, ist sehr zweifelhaft, wir wissen nur, daß Mausolos einen Versuch zu ihrer Eroberung machte, der aber mißlang. Vgl. Newton a. a. O. II, 1, 45.

*) In der Revue numismatique française 1856 S. 60 ist unser Exemplar wiederum besprochen und Taf. III, 8 abgebildet, nicht völlig genau, der Löwe schlägt auf der Münze mit dem Schweif seine Flanke.

Die Münzgeschichte von **Rhodos** zerfällt in zwei Hauptperioden, die Prägung der drei Städte Jalysos, Kamiros und Lindos, die sich Ol. 93, 1 = 408 v. Chr. zur Gründung der neuen Hauptstadt vereinigten und seitdem aus der Geschichte verschwinden, und die Prägung der letztern seit 408 v. Chr. Die ältesten Münzen der Insel scheinen die einseitig geprägten aufschriftlosen Didrachmen äginäischen Fufses von **Kamiros** zu sein, welches vor dem angegebenen Zeitpunkt der Hauptort der Insel war. Hier tritt zuerst das in zwei horizontale oblonge Vierecke getheilte Quadratum incusum auf, welches wir auch in Lindos, in Halikarnassos und auf mehrern noch nicht lokalisirten Münzen dieses Präggebietes wiederfinden[1]). Später erscheint hier wie in Lindos auf dem Rande zwischen den beiden Vertiefungen der Stadt- oder Städtername und zwar in der Form ΚΑΜΙΡΕΩΝ. Erst aus dieser Zeit giebt es Kleingeld in zwei Nominalen von 1.26—1.17 und 0.90—0.50 Gr., die aber wohl als Obolen und Hemiobolien kleinasiatischen Fufses aufzufassen sind, nach dem auch in **Lindos** und **Jalysos** geprägt ward. Die letztere Stadt war ebenso wie Halikarnassos vorwiegend ionisch, da der älteste Silberstater mit dem Stadtnamen die Aufschrift ΙΕΛΥΣΙΟΝ[2]) führt, die erst später mit ΙΑΛΥΣΙΟΝ vertauscht wird. Diese Münze ist vor Einführung des ionischen Alphabets und daher vor dem Jahre 440 = Ol. 82, 4 gemünzt worden, in dem wir dieses Alphabet in Halikarnassos bereits finden. Vor Annahme des kleinasiatischen Fufses, nach dem Jalysos Stater und Diobolen zu 14.45 und 2.50 Gr., Lindos[3]) Stater und Obolen zu 13.84 und 1.05 Gr. ausgebracht hat, scheint die erstere Stadt den persisch-babylonischen Silberstater zu 11.05 Gr. gemünzt zu haben, dem auch die bereits angeführten noch nicht bestimmter lokalisirten karischen Münzen mit dem Löwenvordertheil folgen. Ein ebenfalls in Jalysos geprägtes Tetradrachmon attischen Fufses führt auf der Schauseite das kyrenäische und samische Wappen, die Silphionstaude und den Löwenkopf, es mag daher als Bundesmünze anzusehen sein, und dadurch die Anwendung des in Kyrene damals üblichen Münzfufses sich erklären, wiewohl die Ueberlieferung nur von politischen Beziehungen zwischen Kyrene und Samos weifs, die auch sonst durch die Münzgeschichte bestätigt werden. Dagegen möchte es bedenklich sein, aus der Beifügung des klazomenischen Münzzeichens auf der Schauseite des jalysischen Geldes auf eine Münz-

[1]) Vgl. Borrell N. C. 9, 153.

[2]) Diese Angabe beruht freilich nur auf dem Zeugnifs des Cat. Ivanoff n. 857.

[3]) S. 204.

convention zwischen Klazomenae und Jalysos zu schliefsen[1]), da der Silberstater der letztern Stadt im Verhältnifs beträchtlich schwerer ist als die klazomenische Drachme.

Als die Stadt Rhodos gegründet war, ward die Prägung der Insel hier centralisirt. Auch Astyra auf der rhodischen Peraea, welches früher Stater, Obolen, halbe und Viertel-Obolen babylonisch-persischen Fufses zu 9.69, 0.91, 0.48, 0.22 Gr. in Silber[2]) gemünzt hatte, gab jetzt, wie es scheint, diese Prägung auf und beschränkte sich auf Fabrikation von Kupfergeld.

Das rhodische Stadtwappen, die Granatblüthe[3]), kommt schon vor Gründung der Stadt auf Kleinmünzen von Kamiros, der frühern Hauptstadt, und vielleicht auf einem Tetartemorion von Astyra[4]) vor, und ist daher wohl schon früher Wahrzeichen der Insel gewesen, deren Namen und Wappen auf die neue Stadt übertragen wurden. Das letztere ward wie gewöhnlich auf dem Unterstempel, auf dem Oberstempel dagegen das Bild des rhodischen Hauptgottes, des Helios, angebracht. Den bis dahin in Jalysos und Lindos gebräuchlichen Münzfufs behielt man in der neuen Prägung bei, erhöhte aber das Gewicht des Staters bis 15.60 Gr. und münzte neben demselben auch die Drachme (zu 6.95 Gr.), das Triobolon (zu 3.40 Gr.), dessen Hälfte (zu 1.89 Gr.) und später noch anderes Kleingeld aus. Die Münzgeschichte der Stadt zerfällt in drei Epochen. In der ersten erscheint der Helioskopf ohne Strahlen[5]), das Bild des Unterstempels, die Granatblüthe nebst Knospe und Beizeichen wie Sphinx, Krug, Dreizack u. s. w. in der Mitte eines vertieften Vierecks, welches nur bei der Drachme häufig verschwindet; der Aufschrift ΡΟΔΙΟΝ sind gewöhnlich, aber nicht immer, ein oder zwei Buchstaben, vermuthlich die Initialen des Magistratsnamens, beigefügt. Auch in der zweiten Epoche, in der das Gewicht etwas sinkt, der Stater nur noch zu 13.77, die Drachme zu 6.78, das Triobolon nur bei einer ältern Reihe zu 3.36 Gr. Maximalgewicht, später zu höchstens 3.17 Gr., meist aber viel niedriger und aufserdem Diobolen zu 2.31, Tribemiobolien zu 1.45 und Obolen zu 1.08 Gr. ausgebracht werden, erhält sich beim Triobolon und dem übrigen Kleingeld auf dem Unterstempel die

[1]) Daran denkt Leake Aeg. Sea 21.

[2]) Die Münze von 1.10 Gr. ist wohl als übermünzter Obolos aufzufassen.

[3]) Vgl. Leake Aeg. Sea 85.

[4]) Borrell N. C. 9, 167, 6. Die Beschreibung läfst kein abschliefsendes Urtheil zu.

[5]) Vgl. Waddington Rev. num. 1866 S. 8 ff.

Spur einer flachen Vertiefung, wiewohl auch hier regelmäfsig nur bei einer ältern Reihe (Helioskopf rechtshin gewandt), zugleich wird ebenso wie in der gleichzeitigen Prägung der karischen Städte und Inseln, die wahrscheinlich erst unter Mausolos, also wohl nicht vor dem Jahre 377 v. Chr. begann[1]), der Magistratsname dem Stadtnamen beigesellt, und der letztere auf der Drachme und dem übrigen Kleingelde in PO verkürzt. Der Anfang dieser Epoche darf hiernach etwa in das Jahr 380 v. Chr. gesetzt werden, ihr Ende lange nach Alexander[2]). Auch das Prägbild blieb wesentlich unverändert, die Modifikationen treffen nur die Schauseite, auf der der Helioskopf jetzt regelmäfsig von Strahlen umkränzt erscheint, dieser mag nun wie gewöhnlich von vorn oder im Profil dargestellt sein. Letzteres gilt von der eben erwähnten Sorte, von der nur Kleingeld vorkommt, die aber wohl noch vor die Zeit Alexanders des Grofsen gehört, da sie noch das flach vertiefte Viereck der Rückseite zeigt. Nur auf einer Reihe, die sich zugleich durch verschiedenes Gewicht auszeichnet, indem sie Drachmen und Triobolen persischen Gewichts darstellt, sieht man den Helioskopf ohne Strahlen, aber mit fliegendem Haar[3]) und zuweilen mit kleinen Flügeln über der Stirn[4]). Drachmen desselben Gewichts kommen auch mit dem gewöhnlichen Gepräge, wiewohl vereinzelt, vor und während die Stadt im Münzverbande mit Samos, Knidos und Ephesos stand, hat sie auch babylonische Stater sowohl als Conventionsgeld wie für eigene Rechnung geschlagen[5]). Erst seit dem kürzlich beschriebenen Funde von

---

[1]) Siehe oben S. 338.

[2]) Mionnet 3, 414. Anm. findet auf einer Münze (n. 117) mit flach vertieftem Viereck einen Magistratsnamen, der auch auf dem Alexandergelde wieder vorkommt, und schliefst daraus, dafs die Anwendung des vertieften Vierecks sich bis in Alexanders Zeitalter erhalten habe. Offenbar ist aber dieser Schlufs nicht gerechtfertigt, da dieselben Magistratsnamen zu verschiedenen Zeiten wieder erscheinen können. Ein chronologisch sicheres Datum würde man gewinnen, wenn Mionnet's Beschreibung einer andern Münze (n. 150) verläfslich wäre, auf der er als Contremarke den Kopf des Antigonos Gonatas zu entdecken glaubte, was er aber später selbst wieder aufgegeben hat. Vgl. Mionnet S. 6, 597, 254. Anm. c.

[3]) Mionnet 3, 418, 162 beschreibt den Kopf wohl nicht richtig als tête de Méduse ailée et hérissée de serpens, vue de face, vgl. S. 6, 597. Anm. a. „la tête qui n'est pas radiée n'est point celle du soleil, mais la tête de la Gorgone." Vgl. die Abbildung bei Hunter taf. 45, 5. Leake a. a. O.: „head of Apollo ulv., with hair as the sun but not surrounded with rays.

[4]) Wenn die Abbildung bei Hunter p. 247, 11. taf. 45, 6 genau ist.

[5]) Vgl. S. 262. Die Ansicht, dafs die bezeichneten Conventionsmünzen von 11.53 Gr. Maximalgewicht möglicher Weise äginäische Stater sein könnten, ist aufzugeben und

Saida[1]) weifs man, dafs Rhodos mit dem Gepräge der ersten Periode und mithin schon vor Alexander dem Grofsen Gold geschlagen hat. Spätere Goldmünzen waren schon früher bekannt. Dagegen tritt rhodisches Kupfergeld erst in der zweiten Epoche und wie es scheint anfangs nur in einem kleinen Nominale auf, erst nach Alexander ward hier wie anderswo Grofskupfergeld geschlagen. Uebrigens erkennt man aus der auffallend niedrigen Gewichtsnormirung des späteren rhodischen Kleinsilbergeldes, dafs auch dieses als Scheidemünze behandelt wurde. In der römischen Kaiserzeit ist man sogar noch weiter gegangen und hat, ähnlich wie in Rom den Sesterz, so hier das damalige Didrachmon, die frühere Drachme[2]), die auf ½ Denar tarifirt war, in Kupfer ausgebracht.

Die rhodische Währung ward nicht nur auf den benachbarten Inseln und Städten, in Megiste, Kalymna, Kos, Knidos, Halikarnassos, Idyma und Tabae, von den kyprischen und karischen Königen Euagoras und Hekatomnos, zum Theil mit beiden Prägbildern wie in Megiste, zum Theil nur mit dem Bilde des Oberstempels, dem Helioskopf, recipirt, sondern auch in entferntern Prägstätten in der Weise eingeführt, dafs entweder der bis dahin gültige Münzfufs aufgegeben oder das Gewicht der entsprechenden Nominale danach normirt wurde[3]). Erst in der dritten Münzperiode, die vermuthlich nicht vor Anfang des 2. Jahrhunderts v. Chr. eintrat, ward die Währung in Rhodos selbst aufgegeben und mit dem attischen Münzfufs vertauscht. Auch wird jetzt erst die Zeichnung des Stadtwappens, das bekanntlich in derselben Gestalt wie auf den Münzen auf den rhodischen Thongefäfsen als Aichungsstempel verwandt wurde, verändert und die Blume nicht mehr halb, sondern voll aufgeblüht und von oben gesehn dargestellt.

Lykien stellte von der Natur besonders begünstigt, von Alters her sowohl in Sprache und Schrift, wie in seiner politischen Verfassung ein abgesondertes in sich geschlossenes Ganze dar. Die lykische Eidgenossenschaft bewahrte ihre alten Satzungen bis in Strabo's[4]) Zeit hinein. Der

---

die bei Prokesch In. 1854 angeführte gleichwichtige Stadtmünze wohl als gleichzeitig anzusehn. Die einseitig geprägte, in Rhodos gefundene und ebenfalls von Prokesch In. 1859. taf. 1, 8 bekannt gemachte Münze mit dem Helioskopf von 5.90 Gr. ist allerdings eine äginäische Drachme, aber älter als die Stadt Rhodos und vermuthlich in Kamiros geprägt.

[1]) Waddington Rev. num. 1865. S. 3 ff.

[2]) Vgl. oben S. 294.

[3]) Vgl. oben S. 125. 228. 234. 312. 325. 326. 332. 334 ff.

[4]) S. 665.

Bundestag, bei dem damals 23 Städte nach ihrer Gröfse durch je drei, zwei oder eine Stimme vertreten waren, entschied über alle allgemeinen Angelegenheiten. Dahin gehörten vor Allem die Abgaben und Steuern und damit auch das Münzwesen, welches bereits in früher Zeit in dieser Landschaft einheitlich geordnet war. Der Bund hatte sein eigenes Bundeswappen, die sogenannte Triquetra, die auf der Kehrseite der Landesmünze eingeprägt wurde; nur dieses oder das mit demselben Stempel contremarkirte ausländische Geld[1]) ward in den Landeskassen zum Nennwerth angenommen. Wie alt die lykische Bundesprägung sei, läfst sich schwer bestimmen. Es scheint aber eine Reihe von Münzen zu geben, die meist aufschriftlos und älter sind als das gewöhnliche Bundesgeld mit dem Dreibein, und auf der Schauseite Eberkopf, auf der Rückseite eine eigenthümlich gegliederte Vertiefung zeigen, die sich auf späteren Münzen zu einem, dem lykischen Dreibein analog gebildeten Vierbein entwickelt. Eine dieser Münzen ist in Myt-Rabineh gefunden und gehört daher noch in das 6. Jahrhundert v. Chr. Die Bundesprägung mag daher unter oder bald nach Dareios begonnen haben. Es ist vorauszusetzen, dafs sie alle bedeutendern Bundesstädte umfafst hat. Dies scheint auch nicht blos die Mannigfaltigkeit der Typen des Oberstempels, wiewohl diese häufig ein und derselben Prägstätte angehören, sondern besonders die verschiedenen Aufschriften zu bestätigen. Die letzteren bezeichnen wohl theils Gau-, theils Städtenamen. Ersteres scheint von dem Namen ΚΟΓΡΛΛΕ zu gelten[2]), der sich auf einer Menge verschiedener Münzreihen wiederfindet, die die mannigfaltigsten Specialtypen führen und daher wohl einer Anzahl verschiedener Städte desselben Districts zuzuschreiben sind, worauf auch der Umstand führt, dafs wir auf einem derartigen Geldstück den Initialen des lykischen Namens der Stadt Xanthos begegnen[3]). Dagegen wird man die Aufschriften Pĕreklĕ (nach Sharpe = Heraklea, nach Longpérier = Aperrae oder Aperlae[4]),

---

[1]) Vgl. S. 205 f.

[2]) Die Deutung des Namens ist schwierig. Sharpe bei Fellows An account of discoveries in Lycia p. 460 denkt an Kabalia (Ptolem. Plinius) oder Kabalis (Strabo), einen District, der die Städte Oenoanda, Balbura und Bubon umfafst hat. Unter den verschiedenen Wappen ist auch der stierwürgende Löwe Fellows Lyc. c. pl. X, 1. 2. 3, der über einem Felsengrabe in Myra, aber auch in Xanthos als Wappen vorkommt. Fellows Account S. 197. 174

[3]) Vgl. Fellows Lyc. coins pl. XII, 7.

[4]) Sharpe a. a. O. S. 465. Longpérier Rev. num. 1843. S. 432. Ueber den Namen Aperlae vgl. Forbiger Handb. d. G. II. S. 259.

Tröuneme (Tlos Sharpe[1]) und Mechrapata (nach Fellows dasselbe wie das jetzige Makri, das griechische Telmessos[2])), die nur auf Münzen desselben Gepräges vorkommen und noch mehrere andere[3]) auf Ortsnamen deuten dürfen. Im Allgemeinen ist aber die Localisirung der einzelnen Sorten um so schwieriger, da die Bedeutung der lykischen Buchstaben zwar bis auf zwei ermittelt[4]) und die Münzaufschriften daher wohl zu entziffern, aber die einheimischen Ortsnamen meist unbekannt sind, indem die lykischen Städte ebenso wie heute die meisten Orte im Wadtland, im Elsafs und in Lothringen doppelte Namen, einen griechischen und einen einheimischen hatten, von denen sich meist nur der erstere erhalten hat[5]). Eine Anzahl von Städten, unter denen wir Xanthos (Arina) und Patara (Pttarazu), also gerade die bedeutendsten Orte namhaft machen können, hat neben dem Bundesgeld auch eigenes Courant mit besonderem Gepräge gemünzt, welches zwar des Bundeswappens entbehrt, aber in Bezug auf den Gewichtsfufs sich dem übrigen Gelde eng anschliefst. Dahin zählen auch die oben[6]) angeführten und wahrscheinlich in Patara geprägten Satrapen- oder Dynastenmünzen, die auf der einen Seite das Bild des Münzherrn, auf der andern den Pallaskopf darstellen. Auch die zahlreichen mit dem Vierbein bezeichneten Silberstücke[7]) sind als Sondermünzen aufzufassen; eine Anzahl derselben ist durch ein im Felde beigefügtes Dreibein[8]) zugleich als Bundesgeld charakterisirt.

Das häufigste lykische Münzstück war der Silberstater von höchstens 8.89 Gr.[9]). Da dasselbe dem Gewicht des Dareikos ungefähr entsprach, so ist mit Bestimmtheit vorauszusetzen, dafs dasselbe nach dem im persischen Reiche festgesetzten Werthverhältnifs von Gold zu Silber auf 1/13⅓ oder, wie wahrscheinlicher, auf rund 1/18 Golddareikos tarifirt war. Dies bestätigen die lykischen Grabinschriften, auf denen mehrmals als Strafsumme für den Schädiger des Grabes 13 Einheiten[10]),

---

1) A. a. O. S. 458. — 2) Lycian coins S. 9.

3) Wie Bêguarrê, vielleicht Pegasa, vgl. Sharpe S. 459. Lassen über die lyk. Inschriften Z. d. M. G. 1856. X, S. 335. Uêbume und Gêreea (Korykos Lassen S. 336).

4) Vgl. Lassen a. a. O. S. 338.

5) So hiefs Xanthos auf lykisch Arina oder Arna, vgl. Steph. Byz., Antiphellos Habessos, vgl. Plin. h. n. 5, 27, 28. — 6) S. 238.

7) Eine dieser Münzen (Ivanoff 414) zeigt dasselbe Wappen (Kuh ihr Kalb säugend), welches auch auf dem berühmten Grab (dem Harpyienmonument) von Xanthos über der Thür angebracht ist, vgl. Fellows Account S. 170.

8) Fellows XVI, 2. — 9) Siehe S. 151.

10) Vgl. Lassen a. a. O. S. 350. Sharpe bei Fellows Account pl. 36. n. 19 u. S. 483.

d. h. ohne Zweifel 13 solcher Silberstater angegeben werden, was um so auffallender erscheint, da sonst immer runde Summen wie 2, 3, 10, 12, 20, 30 genannt werden, aber in der angeführten Annahme seine Erklärung findet. Man erkennt hieraus deutlich, daſs auch in Lykien, wo nur Silber, kein Gold geprägt und nach der Landesmünze gerechnet ward, die persische Goldwährung berücksichtigt wurde. Neben dieser Münze ward eine andere etwas schwerere von höchstens 9.97 Gr. geprägt, die zu einer bequemeren Ausgleichung mit dem persischen Reichsgolde diente, da sie auf $\frac{1}{2}$ Dareikos tarifirt war. Für die Theilmünzen kann auf das oben[1]) Bemerkte verwiesen werden. Kupfergeld kommt nur aus der Prägstätte vor, der die mit Péreklé bezeichneten Münzreihen zuzuschreiben sind[2]). Es sind wie das älteste äginäische und rheginische Kupfergeld kleine Stücke zweiter Gröſse.

Pamphylien und Pisidien südlich vom Tauros. Die dorische Kolonie Phaselis, obgleich später zu Lykien gerechnet, hat niemals zum lykischen Bunde gehört[3]) und stets ihre Selbständigkeit demselben gegenüber bewahrt. Dies zeigt sich auch in dem Münzwesen, welches mit dem lykischen nichts gemein hat, sondern sich an das pamphylische und kilikische anschlieſst. Von Phaselis an beginnt die Herrschaft des babylonischen Silberstaters, die hier, wie es scheint, bereits vor Dareios und zwar zu 10.89 Gr., anfangs einseitig, später zweiseitig und nach dem persischen Normalgewicht, daher etwas höher, nämlich bis zu 11.20 Gr. geprägt ward. Prägbild der Stadt war das nach ihr benannte schnellsegelnde Fahrzeug, von dem vor Dareios nur das Vordertheil, in einen Eberkopf auslaufend, in der zweiten Periode auch das Hintertheil mit beigefügten Initialen des Stadtnamens dargestellt ward. In der dritten Periode, deren Anfang man in die erste Hälfte des 4. Jahrh. setzen mag, tritt auch der Magistratsname hinzu, wogegen das Stadtwappen durch andere Prägbilder, wie Apollokopf und Leier, theilweise oder ganz verdrängt wird. In der ersten und zweiten Periode wird nur der Stater, später auch die Drachme und das Triobolon gemünzt, und gleichzeitig die Kupferprägung begonnen. Phaselis war eine ganz griechische Stadt. Auch in den übrigen Prägstätten dieses Gebiets, nämlich in Aspendos, Selge und Side, wohnten hellenische Kolonisten, ja die Gründung dieser Städte wurde sogar auf Hellenen zurückgeführt, Aspendos sollte von Argivern, Selge

---

[1]) Siehe S. 151.

[2]) Vgl. Fellows C. of L. S. 10.

[3]) Strabo 678. Boeckh Staatsh. II, 705.

von Lakedämoniern, Side von Kyme aus colonisirt worden sein. Allein die barbarischen Elemente scheinen hier unter der persischen Herrschaft wieder die Oberhand erhalten zu haben: in Side ward zu Alexanders Zeit kein Griechisch mehr gesprochen[1]), auch in Aspendos fand der makedonische Eroberer keine Hellenen mehr und die aspendischen Münzen, welche sämmtlich nicht den griechischen, sondern den einheimischen Stadtnamen führen, bestätigen diese Angaben ebensowohl, wie die einzigen beschriebenen Silberstater von Side, die nicht griechische, sondern eine ganz eigenthümliche aramäische Aufschrift zeigen[2]). In Side hat mithin ein semitischer Stamm, in Aspendos die einheimische pamphylische Bevölkerung, die den Griechen zwar ursprünglich stammverwandt war, auch das griechische Alphabet — mit dem Digamma — angenommen hatte, aber doch eine ganz verschiedene Mundart sprach[3]), das Uebergewicht gewonnen. Dennoch verräth die Prägung dieser Orte mittelbar oder unmittelbar hellenischen Einfluſs. Derselbe zeigt sich nicht nur in der Technik, sondern auch in den Prägbildern der Münzen, indem der Granatapfel von Side und der freilich erst in einer jüngern Periode auftretende Schleuderer von Aspendos, offenbar mit Rücksicht auf die gleich- oder ähnlich lautenden Stadtnamen, gewählt worden sind[4]). Besonders gilt jenes von Side, wo die Prägung begonnen haben wird, als das hellenische Element noch vorherrschte. Auch hat man hier, abweichend von der orientalischen Rechnungsweise, den Drittelstater als Drachme behandelt, und nicht vom Halbstater, sondern von diesem Nominal Sechstel und Zwölftel zu 0.55 und 0.30 Gr. Maximalgewicht gemünzt. Uebrigens ist in Side ebenso wie in den benachbarten Prägstätten Kleinsilber sehr selten, zu dem Silberstater mit aramäischer Aufschrift, welcher wohl erst nach Alexander d. Gr. gemünzt worden ist, fehlt es gänzlich; Kupfergeld tritt, wie es scheint, erst neben dem Tetradrachmon der Alexanderwährung auf.

Während Phaselis sich vom lykischen Bunde entfernt hielt, scheint Aspendos zu demselben in Beziehung gestanden zu haben. Wenigstens führen die aspendischen Münzen der ersten Periode, die einige Zeit nach

[1]) Arrian 1, 26.

[2]) Luynes Num. des Satr. S. 23.

[3]) Lassen Z. d. m. G. 1856. X, 384 f.

[4]) Wahrscheinlich klang der einheimische Name von Aspendos, wie die Münzaufschrift ΕΣΤFΕΔΙΙΥΣ (wohl das Gentilitium) abnden läſst, noch mehr an σφενδονήτης an, wie der griechische.

Dareios begann und bis zum Anfang des 4. Jahrhunderts gedauert haben mag, auf der Rückseite das lykische Bundeswappen, das Dreibein, welches auch in der zweiten Periode neben dem Schleuderer, der jetzt als Wappenbild auftritt, als Beizeichen beibehalten wird. Wie es scheint, gehört das Kleingeld, der Halb- und Viertelstater, der vom Grofssilberstück stets durch besonderes Prägbild unterschieden wird, noch der ersten Periode an.

Die Münzen von Selge sind sämmtlich spät, die ältesten dem aspendischen Silberstater der zweiten Periode nicht nur gleichzeitig, sondern auch in Gepräge und Gewicht und bis auf die Aufschrift[1]) durchaus identisch; die beiden Städte müssen also in jener Zeit in einem Münzverband gestanden haben. Später nahm die Stadt eigenes Gepräge an und behielt nur die beiden Ringer auf der Schauseite ihrer Münzen bei. An der ganzen Südküste Kleinasiens, östlich von Phaselis, scheint nur Selge und vielleicht Kelenderis vor Alexander d. Gr. Kupfer geprägt zu haben. Von Satrapen und Untersatrapen geprägtes Geld giebt es aus der ersten Satrapie von Klazomenae, wo Orontes[2]) leichte kleinasiatische Drachmen zu 3.13 Gr., von Magnesia, wo Themistokles Didrachmen attischen Gewichts, und von einer lykischen Stadt, wo Artospara und Ddenefele Stater, letzterer aufserdem Dreiviertel und Sechstel desselben Nominals zu 8.40, 6.55 und 1.36 Gr., geschlagen haben.

§. IV. Satrapie Kilikien.

Kilikien war unter der persischen Herrschaft Lehnreich geblieben und wurde von eigenen Fürsten regiert[3]). Der Grundstock der kilikischen Bevölkerung war wahrscheinlich semitisch[4]), Kelenderis, Tarsos und Anchiale ursprünglich assyrische Gründungen. Daher erklärt sich der Gebrauch der aramäischen Schrift und Sprache nicht blos auf den tarsischen Satrapenmünzen, sondern auch auf den meisten dortigen Stadtmünzen. In den übrigen Prägstätten überwog indefs das griechische Element; sowohl Soloi, welches von Argivern und Lindiern gegründet war, wie Mallos und Nagidos und selbst Kelenderis, wo sich hauptsächlich Samier niedergelassen hatten, waren schon im 5. Jahrhundert v. Chr. hellenische Städte.

[1]) Die Münzen mit demselben Gepräge, aber abweichendem Gewicht (von 7.91 – 7.24 Gr.), sind vielleicht mit Rücksicht auf das lykische Courant geprägt.

[2]) Siehe oben S. 237.

[3]) Vgl. H. Stein zu Herod. 3, 90.

[4]) Lassen Z. d. m. G. X, 1856. S. 385.

Die ältesten Münzen von Tarsos sind Satrapenmünzen. Da ihr Stil noch recht archaisch ist, so wird man sie etwa in die Regierung des Xerxes setzen dürfen[1]). Dem Bilde und Wappen des Münzherrn ist sein Name nicht beigefügt, wohl aber der Stadtname und zwar in aramäischer, auf einer jüngern Münze mit grofskóniglichem Wappen zugleich in griechischer Schrift. Die letztere allein — in der Form ΤΕΡΣΙΚΟΝ — finden wir nur auf einer etwa gleichzeitigen Stadtmünze, welche auf der Rückseite eine Darstellung des löwenbekämpfenden Herakles zeigt, die wohl hier ebenso wie auf zwei andern aufschriftlosen, aber ebenfalls tarsischen Silberstatern mit Rücksicht auf das ähnliche in derselben Prägstätte verwandte grofskönigliche Wappen (König als Löwentödter) gewählt und wahrscheinlich Nachahmung eines um das Ende der Regierung Dionysios des Aeltern († 367) oder etwas später vorkommenden syrakusischen Prägbildes ist[2]). Um das Ende des 5. oder den Anfang des 4. Jahrhunderts erscheint zuerst der Baal von Tarsos nebst der aramäischen Umschrift ‚Baaltars' — wie später auf Münzen des Hadrian ΔΙΟΣ ΤΑΡΣΕΩΝ[3]) — sowohl auf dem städtischen Gelde, wie auf den meisten Satrapenmünzen, thronend und bald das Scepter in der Rechten, bald die Linke auf dieses gestützt und alsdann in der ausgestreckten Rechten Traube und Aehre, auf spätern Münzen auch Adler haltend. Während auf dem Satrapengelde aus der Zeit vor Alexander das Wappen des Münzherrn, wo sich ein solches überhaupt findet, stets die Schauseite ausfüllt und der Rückseite das tarsische Stadtwappen oder ein anderer Typus vorbehalten bleibt, erscheint auf der Schauseite des städtischen Silbers von nun an immer die eben erwähnte Darstellung des tarsischen Gottes, auf der Rückseite dagegen verschiedene Typen — vor Alexander zuerst der hirschzerfleischende Löwe, den auch das gleichzeitige Geld der phönikischen Dynasten von Kition zeigt; auf dem sehr seltenen Kleingeld Vordertheil eines Wolfes; später der stierfressende Löwe, zugleich das Prägbild von Byblos; endlich unter den Seleukiden der Löwe ruhig dahinschreitend; das letztere Bild wird auch noch in der Zeit, als die Stadt, etwa im 3. Jahrhundert v. Chr., zur Alexanderwährung übergegangen war, beibehalten. Aufser dem Bilde des Baal begegnen wir in der zweiten Münzperiode auf der Rückseite des städtischen Geldes zuerst und von

---

[1]) Vgl. Luynes Num. des Satr. S. 66.
[2]) Luynes a. a. O. S. 61 f.
[3]) Luynes a. a. O. S. 6.

dieser Zeit an gewöhnlich dem Worte מזדי, welches sich nie auf tarsischen Satrapenmünzen, aus der Zeit vor Alexander wohl aber auf einer der jüngern Reihen des in Syrien geschlagenen großköniglichen Provinzialsilbers — auf Großstücken so gut wie auf Kleinmünzen[1]) — findet und vermuthlich eine ähnliche Bezeichnung enthält[2]) wie die Aufschrift ἀργύριον oder κόμμα auf den Silberstatern des Seuthes. Ob die in Tarsos residirenden[3]) kilikischen Lehnsfürsten, die, wie es scheint, sämmtlich den Titel oder Namen Syennesis führten, überhaupt Geld geschlagen haben, ist sehr fraglich. Die von Luynes[4]) dem letzten unter diesem Namen vorkommenden Fürsten, dem Zeitgenossen des jüngern Kyros, zugeschriebenen Silberstater (Apollo libirend)(Herakles mit Bogen und Keule), sind wohl nicht in Tarsos, sondern in Side geprägt, welches nie zu Kilikien gehört hat, die Deutung der aramäischen Aufschrift sehr zweifelhaft[5]). Dasselbe gilt von den Legenden auf einer Anzahl unzweifelhaft sidetischer Münzen, die nach Luynes Erklärung[6]) theils den Namen des Dernes, des Satrapen von Phönikien während des Zuges der Zehntausend, und der Stadt Side, theils den des Syennesis und des Dernes in einem Alphabet darstellen, welches mit dem palmyrenischen die größte Aehnlichkeit hat. Man könnte daran denken, die mit ΚΙΛΙΚΙΟΝ oder חלך[7]) oder mit beiden Worten bezeichneten Silberstater als kilikisches Reichsgeld anzusehen. Allein dieselben haben das gleiche Gepräge (behelmter männlicher Kopf)(Frauenkopf von vorn[8])) wie das meiste mit den Namen

---

[1]) Vgl. oben S. 226. — [2]) Vgl. Waddington Mél. S. 75 f.

[3]) Xen. Anab. I, 11, 12—27. — [4]) Num. des Satr. S. 11.

[5]) Insbesondere ist die Annahme, daß der dritte Buchstabe, der die Form eines griechischen N hat, ein ן repräsentirt, sehr bedenklich.

[6]) Num. des Satr. S. 22 f.

[7]) Waddington Mél. 66 liest כלך, allein sowohl die Abbildung (pl. V, 4) der von ihm beschriebenen Münze (vgl. Judas rev. n. 1863, 108), wie die in der Sammlung des Herzogs v. Luynes befindlichen Exemplare zeigen ein ח als ersten Buchstaben. Dasselbe gilt von der Münze des Pharnabazos, Luynes Num. des Satr. S. 4. n. 3. Man kennt nur eine Münze mit כלך (bei Luynes pl. I, 1), vgl. Judas a. a. O., wo Luynes מלך zu lesen glaubte. Vgl. Luynes a. a. O. S. 5, wogegen Waddington Mél. S. 63 mit Recht Einspruch erhebt. Auf der Münze der Behrschen Sammlung (Cat. n. 866), auf der Waddington תרנמו כלך liest, ist die Deutung des zweiten Wortes zweifelhaft. Vgl. Judas a. a. O. S. 109. Daß übrigens die Form חלך Kilikien bezeichnete, beweist die bilingue Inschrift auf der bei Waddington Mél. pl. V, 4 abgebildeten Münze.

[8]) Nach Luynes S. 6 ist der Frauenkopf eine Copie der von Kimon auf syrakusischen Münzstempeln, vgl. Mionnet 1, 297, 762, dargestellten Arethusa, vgl. E. Curtius Beitr. z. ält. M. 1, 231.

des Pharnabazos und Datames bezeichnete Silber, und da wir auf dem Stater des Pharnabazos den Landesnamen zuweilen ebenfalls in aramäischer Schrift beigefügt finden[1]), so wird auch dies Geld vermuthlich von ihm geschlagen worden sein[2]). Die Münze der kilikischen Hauptstadt wurde vom 5. Jahrhundert v. Chr. an vielfach von fremden Satrapen benutzt, die zum Theil dort Expeditionen ausrüsteten, zum Theil in der Nähe residirten. Ersteres gilt von Pharnabazos, der daselbst, vermuthlich während seines Feldzugs gegen Aegypten zwischen 378 und 373 v. Chr., prägen liefs, sowie von Datames, der hierzu dieselbe Veranlassung hatte[3]), da er jenem im Oberbefehl folgte. Dagegen werden Abdsohar oder Badiasares und Sames, von denen wir Münzen mit dem gleichzeitigen städtischen Gepräge besitzen, denen auf der Rückseite die bezeichneten Namen in aramäischer Schrift beigefügt sind[4]), vermuthlich als einheimische Dynasten anzusehen sein, die um die Zeit Alexanders Theile von Kilikien oder Kappadokien beherrschten. Dieselben Namen kommen noch auf griechischen Münzen des 2. Jahrhunderts v. Chr. vor[5]), die ebenfalls Dynasten zugehören, die in jenen Gegenden mehr oder weniger unabhängige Fürstenthümer besafsen. Dafs die Silberstater des Sames nicht vor Alexander dem Grofsen geprägt sind, zeigt der Adler, der hier, wie auf dem gleichzeitigen städtischen Courant, auf der Rechten des Baal Tarsios steht und offenbar erst aus Nachahmung der Zeusdarstellung auf dem Alexandersilber den übrigen Symbolen beigefügt ist. Die autonome Silberprägung ist in Tarsos ziemlich bald nach Alexander eingegangen, und hat erst etwa im 3. Jahrhundert nach der Alexanderwährung, aber noch immer mit den frühern Typen und aramäischer Aufschrift, wieder begonnen. Wie sehr die Gräcisirung der Stadt mittlerweile fortgeschritten war, sieht man an den griechischen Buchstabenzeichen, die jetzt häufig im Felde der Rückseite erscheinen. Wiewohl in Tarsos Kleinsilber äufserst

---

1) Num. des. Satr. S. 4. n. 2. 3. — 2) Waddington Mél. S. 65.

3) Waddington S. 65. 71.

4) Die Umschrift der Münzen des Abdsohar: מזדי ז על עברנהרא וחלך hat wohl Blau Phön. Münzk. 2, 13 und damit übereinstimmend Waddington Mél. S. 70 f. richtig gelesen und im Allgemeinen richtig gedeutet: „Monnaie d'Abdsohara de Cilicie"; nur ist der beigefügte Landesname hier ebenso aufzufassen wie auf den Silberstatern des Pharnabazos und steht nicht in Beziehung zum Münzherrn, der niemals über Kilikien geherrscht hat, sondern bezeichnet nur die Satrapie in der das Geld geprägt worden ist. Eine andere Erklärung versucht Levy Z. d. m. G. 1861 XV, 623 f. Auf den Münzen des Sames, vgl. Luyn. N. d. S. pl. IV, 1—6, steht nur מזדי סס „Geld des Sames". Das ס ist zuerst richtig gelesen von Blau a. a. O. 1, 2. — 5) Vgl. Mion. 4, 455.

selten ist und in gröfserer Menge erst neben dem attischen Tetradrachmon auftritt, vor Alexander d. Gr. überhaupt neben dem Stater nur das Zwölftel aber ebenfalls sehr sporadisch vorkommt, so hat die Scheidegeldprägung dennoch hier nicht vor Untergang der persischen Herrschaft begonnen. Vielmehr sind die ältesten tarsischen Kupfergeldsorten viel später. Die auf den tarsischen Münzen übliche Darstellung des Baal ging auch auf andere kilikische Münzen über und ward sogar in benachbarten Gebieten nachgeahmt. Insbesondere findet sie sich auf der Rückseite einer Münzreihe, deren Vorderseite ein Pallaskopf ziert, wie er ähnlich auf einer in Mallos geprägten Münze Demetrios II. wieder vorkommt, und die, wie hiernach und nach den beigefügten griechischen Buchstabenzeichen (M, Ϲ̈, Ϲ) mit einiger Wahrscheinlichkeit vermuthet wird[1]), für die Städte Mallos und Soloi geschlagen worden ist. Ferner begegnen wir diesem Typus auf einer Kleinmünze mit ähnlichem Gepräge, die man Nagidos beigelegt hat[2]), die aber wohl auch der eben bezeichneten Prägstätte angehört. Auch die Silberdrachmen, welche Ariarates († 322 v. Chr.)[3]) als Satrap oder Dynast eines Theils von Kappadokien, während der Regierung Alexanders des Grofsen[4]), wie es scheint, in Gaziura am Iris prägen liefs[5]), zeigen auf der Schauseite das Bild des Baal Gazor, nach dem Vorbild des Baal von Tarsos gearbeitet. Dafs die Zeusdarstellung auf dem im südöstlichen Kleinasien und in den benachbarten Ländern geprägten Alexandersilber ebenfalls als eine Copie des tarsischen Münztypus angesehen werden darf, ist schon von Andern bemerkt worden[6]).

Ebenso wie in Tarsos sind auch in Soloi die Satrapenmünzen, die wie dort das Bild des Münzherrn (forteilender Bogenschütz) auf der Schauseite, das Stadtwappen (Traube) auf der Rückseite führen, älter als das städtische Geld. Der Satrapenname fehlt hier ebenso wie auf den frühern tarsischen Satrapenmünzen. Der Stil ist auf den ältesten Exemplaren, die mit ϹΟΛΕΟΝ oder ϹΟ bezeichnet sind, noch archaisch, erst mit der Aufschrift ϹΟΛΕΩΝ tritt eine modernere Fabrik ein[7]), noch später wird der forteilende Bogenschütz mit dem tiarabekleideten Kopf des Sa-

---

[1]) Luynes a. a. O. S. 68 f.

[2]) Vgl. Cat. Behr n. 684.

[3]) Vgl. Waddington Mél. S. 84.

[4]) Für diese Periode spricht der hinzugefügte Adler. Vgl. S. 351.

[5]) Waddington Mél. S. 88.

[6]) Müller Num. d'Alexandre le Grand. S. 98.

[7]) Vgl. Hunter S. 286, 2.

trapen, die Traube mit dem Herakleskopf und darauf[1]) auch die erwähnte Form der Ortsbezeichnung mit ΣΟΛΙΚΟΝ vertauscht. Das älteste städtische Courant ist wohl etwas älter als das jüngste Satrapengeld, da es das vertiefte Quadrat beibehalten hat und die Aufschrift zuerst ΣΟΛΕΩΝ, später ΣΟΛΙΚΟΝ oder ΣΟΛΙΟΝ lautet. Erst in der jüngsten Periode wird wieder die erstere Form des Namens gewählt. Auch in Soloi kommt Kleingeld fast gar nicht und neben dem Stater nur noch der Doppelstater vor, der aufserdem meines Wissens nur auf der Insel Kypros, aber erst in der Zeit des Ptolemaeos Soter von Nikokles, dem Könige von Paphos, geprägt worden ist. Kupfergeld giebt es wohl erst aus der Zeit nach Untergang der persischen Herrschaft.

Das älteste Geld von Mallos ist nicht älter als der oben erwähnte tarsische Silberstater mit griechischer Aufschrift, dessen Rückseite das gleiche Prägbild, den löwenbekämpfenden Herakles, trägt, in dem man die Nachahmung eines gleichzeitigen syrakusischen Münzstempels erkannt hat[2]); die Prägung begann daher in der ersten Hälfte des 4. Jahrhunderts, und ward sowohl für Rechnung der Stadt, wie für persische Satrapen geübt, deren Namen übrigens hier ebensowenig wie in Soloi und in der ältern Zeit in Tarsos beigefügt sind. Gleichzeitiges Kupfer findet sich nicht.

Kelenderis, obgleich ursprünglich assyrische Gründung, ward schon früh eine griechische Stadt, wie dies ihre Prägung beweist. Wenn ein Didrachmon äginäischen Fufses[3]) mit dem mit 2 Wurfspiefsen bewaffneten Reiter dahin gehört, so fing die dortige Münze bereits vor Dareios an zu arbeiten; allein auch die ältesten, noch aufschriftlosen Silberstater persischen Fufses mit dem seitwärts sitzenden Reiter und dem knieenden zurückschauenden Ziegenbock, dem Prägbild, welches von da an für das Grofsgeld stets beibehalten worden ist, sind noch aus dem 5. Jahrhundert v. Chr. Neben dem Stater kommen hier, wiewohl sehr selten, auch das Drittel zu 3.59 Gr., sowie das Drittel und Sechstel des letzteren Nominals zu 1.09 und 0.65 Gr. vor, letztere Nominale mit besonderem Gepräge, Kupfergeld erst nach Alexander.

In Nagidos begann die Prägung ebenso spät wie in Mallos; wenn die Silberstater des Tiribazos, der zur Zeit des Feldzugs der Zehntau-

---

[1]) Luynes a. a. O. S. 51.

[2]) Siehe oben S. 349.

[3]) Vgl. oben S. 129.

send Satrap des westlichen Armeniens war, später (387) den Frieden des Antalkidas abschlofs und zwischen 386 — 380 gegen Euagoras commandirte, überhaupt der Stadt zuzuweisen sind, so mag dies das älteste dort gemünzte Geld sein; das städtische Courant mit meist sehr künstlichen Darstellungen des Bakchos und der Aphrodite, auf dem ähnlich wie auf den Münzen von Soloi die Aufschrift ΝΑΓΙΔΕΩΝ mit ΝΑΓΙΔΙΚΟΝ wechselt, ist gewifs später, Kupfer aus der Zeit der persischen Herrschaft nicht vorhanden, obgleich auch hier der Stater Hauptcourantstück war und aufser diesem nur das Zwölftel und auch dieses äufserst selten auftritt.

Auf dem ganzen Gebiet, welches hauptsächlich die IV. Satrapie, aufserdem aber Pamphylien und das südliche Pisidien, kurz die ganze kleinasiatische Südküste von Phaselis bis zum issischen Meerbusen umfafste, herrschte unter der persischen Herrschaft die vollkommenste Münzeinheit. Dennoch variirt das Gewicht des hier fast ausschliefslich gemünzten Silberstaters an den einzelnen Orten zwischen 11.25 und 9.20 Gr. Es scheint nun, dafs man in einer jüngeren Periode die zu leichten Stücke aufser Curs gesetzt und die vollwichtigen durch einen Stempel als umlauffähig von Neuem anerkannt hat. So erklärt sich am einfachsten eine viereckige Contremarke mit dem Bilde einer Kuh, die auf einer grofsen Anzahl innerhalb dieses Gebietes geschlagener Silberstater sich findet. Denn man mag die Bedeutung dieses Zeichens auf die in jenen Gegenden vielfach verbreiteten Sagen von der Jo, deren Namen auch häufig beigefügt ist, beziehen oder nicht[1]), jedenfalls ist dasselbe kilikischen Ursprunges, da es fast ausschliefslich auf Münzen dieser Landschaft vorkommt, und scheint, was unsere Vermuthung bestätigt, überdies nur den schwereren Exemplaren eingeprägt zu sein[2]). In welche Zeit dieser Stempel gehört und von wem er ausging, ist schwer zu sagen, jedenfalls entstand er in einer Epoche, in der der babylonische Silberstater und seine Hälfte, der persische Siglos, — denn auch auf diesem begegnen wir jenem Stempel[3]) — noch das Hauptcourant in jenen Gegenden bildete. Dies wird noch lange

[1]) Vgl. oben S. 265. Luynes a. a. O. S. 5 f.

[2]) Das Zeichen der Kuh ist bemerkt worden auf drei Münzen von Side (Luynes pl. I, II. „Syennesis" pl. III, 5) zu 10.74, 10.72, 10.70 Gr. (= 145 Mion.), auf einer Datamesmünze von Tarsos (Luynes pl. II, 9) zu 10.87 Gr., auf zwei Münzen von Mallos (Luynes pl. VI, Leake) zu 10.10, 10.43 Gr. und auf einer aus Soloi (Hunter taf. 51, 30) zu 10.88 Gr.

[3]) Siehe oben S. 265, 4.

nach Alexander der Fall gewesen sein. Denn wiewohl von den pamphylischen, pisidischen und kilikischen Städten wohl nur Tarsos noch einige Zeit nach Untergang des persischen Reiches autonomes Silber nach diesem Fuſse fortgemünzt hat und namentlich in Mallos, Soloi und Nagidos die Prägung des Alexandergeldes an die Stelle trat [1]), so muſsten doch in diesen Gegenden solche Massen älteren Courants noch vorhanden sein, daſs dieses sich im Curs erhielt. Daher wird es nöthig geworden sein das Werthverhältniſs des neuen zum alten Silber zu regeln, den vollwichtigen Exemplaren des letzteren einen bestimmten Tarif gegen die neue Reichsmünze zu verleihen und dies durch einen Stempel ebenso zu bezeichnen, wie es unter der Achämenidenherrschaft in Lykien und später im Seleukidenreich und anderswo geschah [2]).

4. II. Satrapie.

In der zweiten Satrapie, welche das Land der Myser, Lyder, Lasonier, Kabalier und Hygenner umfaſste, hat unter den Achämeniden wohl keine Prägstätte bestanden, die Hauptstadt Sardes, wo auch später der Satrap residirte, nach Krösos kein Geld mehr gemünzt. In Betreff des älteren lydischen Courants kann auf das früher Bemerkte hingewiesen werden [3]); daſs das Silber des Krösos auch noch unter den Achämeniden neben der persischen Drachme circulirte und sich mit dieser mischte, ist ebenfalls oben gezeigt [4]).

5. V. Satrapie. Kypros, Phönikien und das Gebiet der Philistäer.

Kypros. Zu Herodots Zeit bestand die kyprische Bevölkerung aus Griechen, Phönikiern und Aethiopern [5]). Ob unter den letztern asiatische oder afrikanische Aethioper [6]) zu verstehen sind, erfahren wir nicht, jedenfalls ist ihnen die eigenthümliche Schrift und Sprache zuzuschreiben, die wir auf kyprischen Münzen und Inschriften finden. Ihre Deutung

---

1) Vgl. Müller Num. d'Alex. le Grand. S. 273. 292 ff.

2) Vgl. oben S. 265. Hiernach würde dieser Stempel nicht wie der lykische und der lesbische(?), die sich auch auf dem persischen Reichssilber angebracht finden, vor, sondern nach Alexander fallen, wie dies auch wegen der griechischen Umschrift an und für sich wahrscheinlich ist (vgl. Luynes a. a. O. S. 5 f.). Wenn er nur auf persischen Drachmen älterer Fabrik erscheint (vgl. oben S. 266), so kann man dies auch dadurch erklären, daſs nur diese vollwichtig waren (vgl. S. 224).

3) Vgl. oben S. 168 f. 190 f. — 4) Vgl. S. 265.

5) Herod. 7, 90. — 6) Herod. 7, 69. 70.

und Erklärung, die bis jetzt noch nicht gelungen ist, wird uns über die Herkunft dieses Stammes Auskunft geben. Da die Schrift aus mehr als 80 Zeichen besteht, so ist es wahrscheinlich, dafs sie aus einer im Uebergang zur Lautschrift begriffenen Bilderschrift entstand, sie wird sich daher wohl entweder an die assyrisch-babylonische Keilschrift, die von Armenien bis Susiana und von den medischen Gebirgen bis an den Ausflufs des Euphrat und Tigris hin verbreitet war, oder an die ägyptische Hieroglyphik anschliefsen[1]). Historische Anknüpfungspunkte fehlen weder für die eine noch für die andere Annahme. Unter dem assyrischen Grofskönig Sargina (720—703) wurde ein Feldzug gegen die Insel von Ninive aus unternommen, und in Larnaka, dem frühern Kition, zum Zeichen der Eroberung eine Trophäe errichtet, auch unter seinem Grofssohn Assarhaddon (680—667) war die Insel Ninive tributpflichtig[2]), daher die Verpflanzung asiatischer Stämme nach Kypros, wie sie in den asiatischen Grofsreichen üblich war[3]), sehr wahrscheinlich. Was andrerseits die Beziehungen zu Aegypten betrifft, so ist bekannt, dafs Amasis (570—525) Kypros eroberte und dafs die Insel bis zum Beginn der persischen Herrschaft ägyptische Provinz blieb. Daher würde eine Emigration von Aethiopern nach Kypros um diese Zeit ebenfalls denkbar, wiewohl nicht so wahrscheinlich sein, wie eine von den Assyrern veranlafste Kolonisation. Auch spricht nicht nur der Charakter der Kunst[4]), was bei der Lage der Insel an und für sich ohne Bedeutung wäre, sondern auch die religiösen Darstellungen auf den mit kyprischer Schrift bezeichneten

---

[1]) Letzteres nimmt Luynes an Num. Cypr. S. 46. Vgl. auch Lenormant im Cat. Behr S. 121.

[2]) Vgl. Assyrien in Pauly's Realencyclopädie. 2. Aufl. 1, 1898.

[3]) Vgl. Pauly's Realencyclopädie a. a. O. 1911.

[4]) Vgl. zum Beispiel den über dem Löwen schwebenden Adler Luynes pl. II, 5—6 mit Layard Nin. II, 340 und anderswo, die Blume der Rückseite und die Verzierungen unter der Sphinx Luynes pl. II, 17 und pl. VI, 8. 9, mit ähnlichen Ornamenten bei Layard Nin. II, 296 f., das Zeichen des Gottes Assur über dem Stier Luynes pl. III, mit Layard Nineveh II, 448, den heiligen Stab auf dem Löwenrücken und dem Flügel des Hermes Luynes pl. II, 14. 15, mit der Darstellung auf einem babylonischen Cylinder Luynes pl. VII, 1. vgl. Luynes S. 13; ferner den Stier mit menschlichem Angesicht Luynes pl. VI, 2 mit dem „man-bull" von Ninive, endlich die vielen Verzierungen durch Blatt, Knöchel, Stern, gehenkeltes Kreuz u. s. w., die die leeren Räume im Felde der Hauptprägbilder bedecken. Dafs die Isistafel in Turin (Luynes S. 59 pl. XI) kyprische Aufschrift zeigt, beweist nur, dafs in Kypros zur Zeit und unter der Herrschaft der Ptolemäer Kunstwerke nach ägyptischen Mustern fabricirt wurden.

Münzen und Alles, was wir über die Götterdienste der Insel wissen, für den engsten Zusammenhang mit Asien und insbesondere mit den Cultusgebräuchen der mesopotamischen Grofsstaaten. Dahin gehört der Dienst der Astarte, der uns auf mannigfaltige Weise auf den Münztypen entgegentritt, ferner der Hauptcultus der Insel, der der Aphrodite, deren uraltes Symbol, das gehenkelte Kreuz, welches sie auch auf dem assyrischen Bildwerke von Pteria in der Hand hält[1]) und das noch heute wie früher bei den Babyloniern den ihr geweihten Planeten bezeichnet, nur auf wenigen kyprischen Münzen fehlt, aufserdem der Dienst des Assur, dessen Bild auf Geldstücken dieser Insel ebenso wie in Ninive dargestellt wird, endlich der Cultus des assyrischen Herakles, dem der Stier mit dem menschlichen Haupte heilig war[2]), welchen wir ebenfalls auf einer kyprischen Münze wiederfinden. Auch kyprische Sitten und Gebräuche knüpfen an die in Babylon und Ninive herrschenden Einrichtungen an. So bedeckten die Könige ihr Haupt, wie die Babylonier, mit der Mitra[3]) und kämpften die Salaminier auf Streitwagen[4]), wie die Assyrier. Ueberdies ist nicht ohne Bedeutung, dafs die kyprische Schrift, ebenso wie die phönikische von rechts nach links läuft, während die ägyptischen Hieroglyphen in der Regel von links nach rechts geschrieben werden. Die letztere Richtung ist freilich auch der Keilschrift eigen, allein wenn man aus dieser eine der phönikischen ähnliche Lautschrift bildete, so war nichts natürlicher, als dafs man auch in der Richtung sich der letztern fügte[5]).

Jedenfalls war die nichtgriechische und nichtphönikische Bevölkerung der Insel im 5. Jahrhundert v. Chr. die überwiegende. Die Mehrzahl der vor Euagoras (etwa vor 408) geprägten Münzen zeigen, wenn überhaupt, kyprische Aufschrift. Dagegen scheint die erste Kolonisation, insbesondere die Erbauung der Städte, von den Phönikiern ausgegangen zu sein. Dafs Kition, Paphos, Amathus, Karpasia, Lapathos phönikische Gründungen waren, steht durch Zeugnisse fest[6]), von Idalion, Tamassos[7]), Soloi[8]), Golgoi[9]), Salamis[10]),

[1]) Vgl. Layard Nin. II, 456. — [2]) Vgl. Pauly's Realencycl. 2. Ausg. I. S. 1910.
[3]) Her. 7, 90. — [4]) Her. 5, 113.
[5]) Noch ist zu bemerken, daß das die einzelnen Wörter scheidende Interpunktionszeichen sich ganz ähnlich in der persischen Keilschrift wiederfindet, in Aegypten nicht vorkommt.
[6]) Vgl. Movers Die Phönizier II, 2, 222.
[7]) Olshausen Rh. M. N. F. 8, 337.
[8]) Movers S. 248, 113. Olshausen Rh. M. N. F. 8. S. 330 Anm.
[9]) Movers a. a. O. S. 223, 43. — [10]) Movers 238, 92.

Ammochostos (assyrisch Amtichadasti) beweisen es die Namen; Kition blieb bis zur Zeit Alexanders und wohl noch länger eine phönikische Stadt. Doch haben sich hellenische Ansiedler vorzugsweise aus dem Peloponnes schon früh auf Kypros festgesetzt, in der ersten Hälfte des 7. Jahrh. gab es bereits, wie auch später[1]), zehn kleine Königreiche auf der Insel, von diesen hatten Idalion, Kition, Soloi, Kurion, Tamassos, Ammochostos, Limenion, Aphrodisia und wahrscheinlich auch Salamis hellenische Herrscher, nur Paphos wurde von einem Phönikier regiert[2]). Der Griechenfreund Amasis wird hierin eine Aenderung nicht hervorgebracht haben. Auch wissen wir, dafs zu Solons Zeit in Soloi und zur Zeit der persischen Eroberung in Salamis griechische Könige residirten[3]), und bereits vor Dareios wurde die Geldprägung vom griechischen Festlande aus auf der Insel eingeführt[4]). Ebenso finden wir während des ionischen Aufstandes die Städte Salamis, Soloi und Kurion unter griechischen Dynasten[5]), auch als die Insel den Persern sich wieder unterworfen hatte, änderte sich dies nicht; im zweiten Perserkrieg wurden die kyprischen Schiffe von griechischen Königen[6]) befehligt, selbst Paphos gehorchte damals einem griechischen Herrscher[7]). Aus der folgenden Zeit wissen wir über die inneren Zustände der Insel sehr wenig. Im Jahre 478 wurden zwar die meisten Städte von den Hellenen befreit[8]), aber im kimonischen Frieden (449) ganz Kypros dem Grofskönig überlassen[9]); die Entthronung des hellenischen Herrschergeschlechts von Salamis durch einen phönikischen Usurpator[10]) mag kurz darauf Statt gefunden haben. Salamis blieb von da ab längere Zeit hindurch im Besitz dieser neuen Dynastie, bis Abdemon, König von Kition[11]), sich der

[1]) Engel Kypros 1, 231 f. — [2]) Pauly's Realencyclopädie a. a. O. S. 1828.

[3]) Engel a. a. O. S. 256. 263. Movers a. a. O. S. 245 nimmt an, dafs Siromos (Her. 5, 104), der Sohn des Euelthon, der zur Zeit der persischen Eroberung in Salamis herrschte, ein Phönikier gewesen sei, weil er denselben Namen führt, wie ein gleichzeitiger tyrischer Herrscher (Her. 7, 98). Doch leuchtet ein, wie wenig auf einen solchen Gleichklang der Namen zu geben ist.

[4]) Vgl. oben S. 203 f.

[5]) Her. 5, 113.

[6]) Herod. 7, 90. 98. Vgl. 5, 104.

[7]) Herod. 9, 195.

[8]) Grote history of Greece V, 339.

[9]) Grote a. a. O. V, 451 ff.

[10]) Isokrates Euagor. 192. Grote a. a. O. X, 21.

[11]) Nach Isokrates p. 193 wurde einer der Nachkommen des phönikischen Usurpators von einem der damaligen kyprischen Herrscher (*εἷς τῶν δυναστευόν-*

Stadt bemächtigte und sie zur Residenz seines Reiches machte. Unter der phönikischen Herrschaft ward das griechische Element ganz zurückgedrängt[1]) und gelangte erst wieder zur Herrschaft, als Euagoras, aus dem alten Geschlecht der Teukriden, Abdemon tödtete, die Stadt eroberte und sich zum Tyrannen von Salamis emporschwang. Jetzt ward das griechische Uebergewicht auf der Insel wieder hergestellt; neben Euagoras wird uns aus dieser Zeit noch ein anderer hellenischer Dynast genannt[2]); nur in Kition erhielt sich eine phönikische Dynastie, die dort bis zur makedonischen Eroberung geherrscht hat. Man sieht, dafs die in den kyprischen Städten regierenden Könige entweder der hellenischen oder der phönikischen Nation angehörten. Um so auffallender ist es, dafs mit Ausnahme der Münzen von Marion, eines späten Silberstaters von Paphos und der Münzen der hellenischen Könige von Salamis, welche griechische Aufschrift, sowie der Münzen der phönikischen Könige von Kition, die phönikische Aufschrift haben, alles Geld, was in Kypros vor Alexander geprägt worden, mit kyprischer Schrift bezeichnet ist. Offenbar gehörte in den meisten Städten der Hauptstock der Bevölkerung dem Stamm an, welchen Herodot als äthiopisch bezeichnet und dessen Sprache und Schrift uns auf den kyprischen Münzen und Monumenten entgegentritt. Nur die Aristokratie und die einzelnen Dynastenhäuser waren fremder Abkunft, entweder Hellenen oder Phönikier. Daher kam es, dafs hier sich das griechische Königthum länger erhalten hat, wie irgend wo anders, weil die Träger desselben nicht über ihresgleichen, sondern über Barbaren herrschten. Es war mithin ganz natürlich, dafs bis auf Euagoras auf dem kyprischen Gelde, welches, wie überhaupt das meiste städtische Courant im Alterthum auf ein beschränktes Circulationsgebiet berechnet war, nur einheimische Schrift angewandt wurde, und erst Euagoras, der seine Kraft und Stütze in der hellenischen Civilisation suchte, griechische Aufschrift auf seinen Münzen einführte.

---

war wohl identisch mit dem vorher erwähnten τὸν βασιλεύοντα) vom Throne gestofsen und von diesem Euagoras verbannt. Nach Theopomp (Photius 120 ed. Bekker) war er ein Kitier, also wohl der König von Kition, der zugleich über Salamis herrschte. Wenn Diodor 14, 98 ihn einen Tyrier nennt, so ist auch das möglich, da er aus Tyros gebürtig und zugleich Dynast von Kition sein konnte. Nach der Eroberung von Salamis schlug er dort seine Residenz auf. Die Münze, welche der Herzog von Luynes Rev. n. 1850. S. 310. pl. XI, 1 dem Abdemon zuschreibt, gehört nach Bambyke in Syrien. Vgl. Waddington Mél. 91.

[1]) Grote a. a. O. X, 21.

[2]) Ktesias bei Phot. 44.

Uebrigens hörte die Geldprägung mit einheimischer Schrift seit der Thronbesteigung des Euagoras auf der Insel nicht auf, vielmehr findet sich noch eine Anzahl von Münzen aus seiner und der spätern Zeit, welche kyprische Legenden entweder allein oder in Verbindung mit griechischer Schrift tragen. Ja nicht nur auf dem Gelde seiner Nachfolger, sondern sogar noch auf dem Goldstück, welches Menelaos, der Statthalter des Ptolemaeos Soter, prägen liefs, erscheint ein kyprisches Buchstabenzeichen neben griechischer Schrift[1]).

Man wird die Münzgeschichte von Kypros, von der ältesten Zeit bis auf Alexander den Grofsen, am angemessensten in zwei Abschnitte theilen, zwischen denen der Anfang der griechischen Königsprägung in Salamis, sowie der der phönikischen in Kition, den Scheidepunkt bildet. Die erstere begann nicht vor 408 v. Chr., die andere wohl etwas früher. In der ersten Periode ward von der Zeit an, wo man überhaupt die Münzen mit Aufschrift versah, aufser in Marion überall mit kyprischer Schrift geprägt, anfangs nach äginäischem Gewicht, welches indessen hier, ebenso wie in Kreta und Korkyra, später in das babylonisch-persische überging.

Am deutlichsten tritt dies in Marion hervor, wenn man, wie dies sehr wahrscheinlich ist[2]), dieser Stadt eine Reihe zum Theil sehr alter Silberstater zuschreiben darf, die auf der Schauseite ein forteilendes[3]), beflügeltes Weib (wohl Astarte), auf der Rückseite eine konische Säule — wahrscheinlich das Bild, unter dem Aphrodite in Paphos und anderwärts verehrt ward — zwischen zwei Trauben und einzelne griechische Buchstaben tragen. Denn von diesen wiegt das älteste vielleicht noch im 6. Jahrhundert gemünzte Exemplar 11.75 Gr., die jüngeren weniger,

---

[1]) Luynes hält dieses Zeichen ‡ für den Anfangsbuchstaben des Namens Salamis. Indefs findet sich dasselbe auch auf einer Kupfermünze (Luynes pl. V, 5), die das Wappen von Paphos führt und daher dort geprägt ist.

[2]) Vgl. Waddington Mél. 56 f.

[3]) Ich verdanke E. Curtius die Bemerkung, dafs in der älteren Kunst die eilende Bewegung durch ein eigenthümliches Beugen der Kniee dargestellt wird, welches man gewöhnlich als eine knieende Stellung ansieht; nichts kann mehr für die Richtigkeit dieser Beobachtung sprechen, als die Darstellung der Astarte auf den erwähnten Münzen von Marion (Luynes N. C. pl. VII, 2. 3. 4). Wahrscheinlich gilt aber dasselbe auch von der Darstellung des beflügelten Hermes, des Bogenschützen und des lanzenführenden Kriegers auf Münzen von Salamis (Luynes pl. VI, 7. 8), von Soloi und von Tarsos in Kilikien (Luynes N. d. S. pl. VII, 2. 8. pl. VIII, 2) und von der älteren Darstellung des mit Bogen und Scepter bewaffneten Grofskönigs auf dem persischen Reichsgelde, die erst auf der spätesten Reihe vielleicht aus Mifsverständnifs des Stempelschneiders in einen schiefsenden und daher in der That knieenden Bogenschützen verwandelt wird.

aber immer noch mehr als der babylonisch-persische Stater an der gegenüberliegenden kleinasiatischen Küste und in Kypros selbst. Sie gehören daher dem äginäischen Gewichtsystem an, während eine jüngere Reihe von Silbermünzen, die mit den Initialen des Stadtnamens und mit Typen bezeichnet sind, die sich auf dieselben Götterculte beziehen, — auf der Schauseite mit dem Bilde der Astarte, die den vom Himmel gefallenen und in Phönikien aufgelesenen Stern eilend fortträgt, auf der Rückseite mit dem Schwan der Aphrodite[1]) — babylonische Silberstater und Viertel zu 11.17—9.91 Gr. und 2.53 Gr. darstellen. Sowie diese Prägbilder die Behandlung phönikischer Mythen durch griechische Künstler zeigen, ebenso verrathen die Aufschriften Verbindung griechischen und orientalischen Wesens. Der ursprüngliche Name der Stadt — vielleicht kyprischen Ursprungs — scheint Marlu gewesen zu sein. So ward er wenigstens von den dort neben den Hellenen angesiedelten Phönikiern ausgesprochen, wie dies eine Münze zeigt, die auf der Schauseite den Namen in phönikischer, auf der Rückseite in griechischer Schrift wiedergiebt. Auch die griechische Aussprache wich in der älteren Zeit nicht ab, wie dies die Legenden ΜΑΡΛ und ΜΑΡΛΟ, an deren Stelle sich nur auf der Münze mit bilinguer Aufschrift die offenbar barbarische Form ΜΑΛΡ findet, beweisen. Erst als die Stadt vollständig gräcisirt war, was gewifs erst einige Zeit nach Euagoras geschah, erhielt der Name die bekannte hellenische Form, die uns zuerst auf einer Münze etwa aus der zweiten Hälfte des 4. Jahrhunderts[2]) entgegentritt.

Die übrigen kyprischen Münzen dieser Periode tragen, wie bereits bemerkt, wenn überhaupt, kyprische Aufschrift. Da das Alphabet noch nicht entziffert worden ist, und die phönikischen Legenden, die der Herzog von Luynes auf einigen dieser Geldstücke gefunden hat, entweder sehr undeutlich oder ganz problematisch sind[3]), so hat man keinen andern Anhalt zur Localisirung der einzelnen Sorten als die Typen.

[1]) Vgl. Luyn. N. C. S. 37.

[2]) Waddington a. a. O. S. 56.

[3]) Ersteres gilt von der Drachme pl. I, 10, auf der Luynes die Spuren des Wortes אמתן (Amathus) zu lesen glaubt, vgl. S. 5. 7, letzteres von zwei Silberstatern (pl. III, 9. 10. 11. 12), auf denen Schriftzüge sich finden, die zum Theil Aehnlichkeit mit phönikischen haben, die aber doch wohl dem kyprischen Alphabet angehören. Dieselben mögen den phönikischen Zeichen סרלמבן entsprechen, stellen diese aber gewifs nicht selbst dar, wie Luynes S. 16 annimmt. Dagegen scheint die Legende auf der Rückseite von pl. VI, 5 und V, 3 phönikisch zu sein; der erste Buchstabe ist aber keinesfalls, wie Luynes glaubt, ein ב, sondern ein מ.

So wird man wohl nicht irren, wenn man alle Münzen, die bald auf der einen, bald auf der andern, bald auf beiden Seiten den Löwen häufig mit denselben Beizeichen darstellen, wie das bekannte Goldstück des Euagoras, welches auf der Schauseite den Aphroditenkopf, auf der Rückseite den fressenden Löwen, auf dessen Rücken Adler, über seinem Haupte Stern zeigt, der Stadt Salamis zuschreibt. Auch bei diesen Münzreihen kann man sehr deutlich den Uebergang des äginäischen Fufses in den babylonisch-persischen verfolgen. Die älteste einseitig und aufschriftlos geprägte Münze, die ebenfalls dahin gehört, da sie, wie es scheint, dasselbe Prägbild, den beflügelten, dahineilenden Hermes, darstellt, wie die spätern, deren Rückseite der umschauende Löwe charakterisirt, wiegt 11.72 Gr., von den letztern, die stets mit kyprischer Schrift versehen sind, ein Exemplar noch 11.70 Gr., die übrigen weniger, ein Diobolon 2.18, ein Obolos 0.99 Gr. Dafs diese Münzen ebensowohl wie die von Marion zum äginäischen Gewichtssystem gehören, ist gewifs, wahrscheinlich ist dasselbe auch noch von einer zweiten Reihe mit dem liegenden Löwen auf der Schauseite und dem Löwenvordertheil in vertieftem Viereck auf der Rückseite, von der das älteste, noch aufschriftlose Exemplar, zwar schon nach Dareios, wiewohl nicht lange nach ihm geprägt ist[1]), aber doch noch 11.36 Gr., mithin mehr wiegt als das Normalgewicht des babylonisch-persischen Silberstaters von 11.20 Gr. beträgt. Es kommt nicht viel darauf an, welchem System man sie zuschreibt; wenn ein Drittel mit Löwenkopf und gehenkeltem Kreuz von 3.50 Gr.[2]) zu dieser Reihe gehört, so entscheidet dies die Frage. Als Euagoras den Thron bestieg, herrschte jedenfalls schon der babylonische Fufs. Denn ein Stater von 11.10 Gr., der den Adler über Löwen auf der Schauseite, Löwenvordertheil auf der Rückseite zeigt, und daher ohne Zweifel in Salamis und zwar zu jener Zeit gemünzt ist, erreicht ziemlich genau das angegebene Normalgewicht.

Wie die Münzen mit dem Löwen nach Salamis, so gehören wohl die mit dem Widder nach Amathus, wo dieses Thier mit seinem Fell der Aphrodite geopfert wurde[3]). Die älteste in Myt-Rabineh gefundene[4]) Münze dieser Art ist aufschriftlos, die Rückseite ganz glatt. Nach dem Gewicht dieses Exemplars von 11.25 Gr. würde man diese Reihe, bei

[1]) Vgl. Luynes S. 12.

[2]) Luynes pl. II, 12.

[3]) Vgl. Luynes S. 5 f.

[4]) Vgl. oben S. 212.

der die einseitige Prägung auch noch nach Dareios beibehalten worden ist, als man bereits längst angefangen hatte Aufschrift hinzuzufügen, zum System des babylonischen Staters rechnen, da indefs von dieser Sorte auch der Halbstater von 5.72 Gr. vorkommt, und das Ganzstück zweier anderer Sorten derselben Prägstätte (mit Widder und Widderkopf oder gehenkeltem Kreuz) bis 11.40 und 11.34 Gr. wiegt, so erkennt man deutlich, dafs auch in Amathus ebenso wie in Salamis und Marion ursprünglich äginäisches Gewicht galt, welches hier indefs schon früh bis auf das Gewicht des babylonischen Staters herabging, neben dem in der spätern Zeit auch Drittel zu 3.37 und Sechstel zu 1.60 Gr. geschlagen wurden. Die eben beschriebenen Münzen von Amathus sind sämmtlich, die von Salamis zum gröfsten Theil noch vor der Regierung des Euagoras geschlagen. Dasselbe gilt von den meisten übrigen mit kyprischer Schrift versehenen Sorten, wie namentlich der mit Löwenkopf und Medusenhaupt, mit Stier und Vogel[1]), mit Minotaur und Knöchel, ferner von der einseitig geprägten Münze mit der Sphinx und wohl auch noch von den Reihen mit Apollokopf und Astarte (Europa) auf Stier[2]), mit Stier und Aphrodite auf Widder, obgleich die letztern, von denen ein Exemplar über einen jüngern Stater von Aspendos geprägt ist[3]), wohl schon bis in die Zeit des Euagoras, d. h. in den Anfang des 4. Jahrh. hineinreichen. Alle diese Reihen folgen dem babylonisch-persischen Gewichtsfufs, es sind Stater zu 11.20, —9.79, Drittel zu 3.65—3.36, Viertel zu 2.12, Achtel zu 1.37—1.25 und Zwölftel zu 0.97—0.65 Gr., eine sichere Localisirung derselben ist bisher nicht gelungen. Daher läfst sich auch die interessante Frage noch nicht lösen, ob der Stamm, welcher sich der kyprischen Schrift und Sprache bediente, über die ganze Insel verbreitet war. Gewifs ist nur, dafs er aufser in Kition, welches phönikisch war, in der ganzen südlichen Hälfte vorherrschte, sich aber auch über den Nordwesten bis Soloi erstreckte.

[1]) Wenn man in dem Vogel, der bald stehend, bald fliegend dargestellt ist, eine Taube erkennen dürfte, so würden die Münzen ohne Zweifel Paphos zuzuschreiben sein (vgl. Borrell Not. pl. n. 16). Indefs ist die Bestimmung schwierig; einige halten ihn für eine Wachtel, die andern für einen Raubvogel. Luynes S. 18 sagt: „cet oiseau, qui a le port d'un oiseau de proie et n'en a pas les caractères distinctifs.“ Mir selbst schien der stehende Vogel das Bild eines Adlers, der fliegende das einer Taube darzustellen.

[2]) Zu dieser Reihe gehört wohl die von Luynes N. d. S. S. 40, 3 dem Bogen zugeschriebene Münze, die einen sehr ähnlich gebildeten lorbeerbekränzten Apollokopf darstellt.

[3]) Vgl. Luynes S. 27.

Für Amathus und Salamis beweisen dies die Münzen, für Idalion die bekannte dort gefundene Bronzetafel[1]), für Golgoi (das jetzige Athiéno bei Dali) eine bilingue[2]), für Alt- und Neu-Paphos, sowie für Soloi eine Anzahl von Felsen- und Monumentalinschriften[3]).

Von Salamis kommen aus der Zeit vor Euagoras ebensowenig griechisch wie phönikisch beschriebene Münzen vor. Doch giebt es eine Reihe von Silberstatern zu 11.20—10.91 Gr. mit der auf Schau- und Rückseite wiederholten phönikischen Aufschrift לארקמלך, die wahrscheinlich in Kypros[4]), aber gewifs noch vor der Mitte des 5. Jahrhunderts geschlagen sind, und daher noch in die erste Münzperiode der Insel gehören würden. Das Gepräge, Pallaskopf sehr eigenthümlichen archaischen Stils, auf der einen Seite von vorn und in vertieftem Viereck, auf der andern seitwärts dargestellt, giebt für eine nähere Bestimmung keinen Anhalt. Die Schrift deutet ebensowohl auf Phönikien wie auf Kypros, das Gewicht, der Stil und die Fabrik aber auf letzteres hin. Man könnte daran denken sie einem Könige von Amathus zuzuschreiben, dessen Namen die Griechen Rhoikos aussprachen, von dem wir aber weiter nichts wissen, als dafs er in Gefangenschaft gerieth, befreit wurde und darauf die Athener mit Korn versah[5]), womit denn möglicher Weise die Wahl des Prägbildes zusammenhängen könnte. Andere phönikische Münzen aus dieser Epoche sind bis jetzt in Kypros nicht nachzuweisen[6]).

Während die Geldprägung mit kyprischer Schrift in der ersten Periode bei weitem überwogen hatte, ward sie in der zweiten immer mehr zurückgedrängt. Euagoras führte in Salamis eine nach hellenischem Muster eingerichtete, und ziemlich gleichzeitig die phönikischen Könige von Kition eine mit orientalischen Prägbildern und mit phönikischer Schrift versehene Gold- und Silberprägung ein. Griechisches und phönikisches Geld wurde jetzt das Hauptcourant der Insel.

Euagoras reformirte nicht nur die Münzstempel in Bild, Schrift und Stil und liefs sie im Gegensatz gegen die höchst unvollkommenen

---

[1]) Luynes S. 89. pl. VIII. IX.

[2]) Vogüé Rev. arch. 1862. II, 247.

[3]) Vgl. Luynes S. 50. pl. XI. Vogüé a. a. O. II, 246. 247.

[4]) Vgl. Luynes N. d. Satr. S. 96.

[5]) Hesych. *Ῥοίκου κριθοπομπία* Suidas *Κριθοπομπία*.

[6]) Die mit ב bezeichnete Münze bei Luynes N. d. S. pl. VI, 8 kann man nicht unbedingt dahin rechnen, da sie zu einer Reihe von Münzen mit kyprischer Schrift zu gehören scheint.

Erzeugnisse der einheimischen Prägstätten im edelsten griechischen Stil ausführen, sondern führte auch anderes Gewicht ein, indem er den in Kypros üblichen babylonischen Silberstater mit der rhodischen Drachme vertauschte. Außerdem begann er Gold zu schlagen, was vor ihm auf der Insel noch nicht geschehen war. Nichts charakterisirt mehr seine Stellung, die er dem Großkönig gegenüber einnahm, als daß er gleich ihm Goldstater (zu 8.33 Gr.) und außerdem Drittel und Zwölftel zu 2.63 und 0.72 Gr. schlug, das Großstück mit dem nur wenig modificirten salaminischen Stadtwappen, auf der Kehrseite dem Löwen, auf dessen Rücken Adler und über dem ein Stern steht, und dem Kopf der Aphrodite auf der Schauseite; das Kleingeld mit den gleichen Typen wie das Silber (Aphroditen- und Pallaskopf). In letzterem Metall kommt neben der Drachme von 7.60 Gr. nur das Viertel oder das Tribemiobolion zu 1.78 Gr. vor[1]). Ohne Zweifel war ebenso wie in Rhodos der Goldstater auf 15, das Drittel mithin auf 5 Drachmen normirt[2]). Neben diesem königlichen Courant ward in Salamis wie schon früher bemerkt, auch städtisches Silber nach babylonischem Fuße und mit dem Stadtwappen weiter geprägt, aber neben dem Stater von 11.12 Gr. nicht nur wie früher Ein-, sondern auch Zweidrittelstücke zu 6.60 Gr., offenbar mit Rücksicht auf die gleichwichtige Drachme des Euagoras ausgebracht. Wann Euagoras den Thron bestieg, ist bekanntlich nicht

---

[1]) Borrell (Rois de Chypre 15 f.), dem das Verdienst gebührt, die kyprischen Königsmünzen zuerst erkannt zu haben, will nur den Goldstater dem Euagoras beilegen, alles übrige mit ΕΥ oder ΕΥΑ bezeichnete Gold und Silber Euagoras II. (auch Luynes war 1852 dieser Ansicht, N. Cypr. S. 15), der zwar Ansprüche auf den Thron von Salamis erhoben, diesen selbst aber nie inne gehabt zu haben scheint; denn außer einer Stelle in einem Briefe des Philippos (Demosth. 161. Engel S. 346) läßt sich nur die ganz allgemein gehaltene Nachricht des Diodor 16, 42: *τὸν ἐν τοῖς ἀνώτερον χρόνοις βεβασιλευκότα κατὰ τὴν νῆσον* dafür anführen, wo übrigens nicht einmal behauptet wird, daß er in Salamis geherrscht habe. Auch ist es nicht wahrscheinlich, daß Euagoras I. kein Silber und nur Goldstater sollte gemünzt und daß, nachdem Nikokles die Silberdrachme nur zu 6.33 Gr., jetzt Euagoras II. sie viel höher, zu 7.50 Gr., sollte ausgebracht haben. Vielmehr wird die schwerste Drachme auch dem ältesten König gehören. Die Unterscheidung nach dem Stil der Münzen täuscht bekanntlich sehr. Dagegen wäre es möglich, daß die Münzen mit Heraklaskopf und Bock und der Aufschrift ΕΥ Euagoras II. zuzutheilen wären, der in diesem Falle etwa ein von Salamis abhängiges und früher zur Herrschaft des Euagoras I. gehöriges Fürstenthum inne gehabt und später bei einem Thronwechsel Ansprüche auf das Haupterbe gemacht haben könnte.

[2]) Vgl. oben S. 126 f.

überliefert, vermuthlich geschah es um das Jahr 410, seine Geldprägung, die sich an die rhodischen Normen anschloſs, begann jedoch nicht vor 408 v. Chr. Auch über die Ausdehnung seiner Herrschaft liegen nur allgemeine Angaben vor. Gewiſs ist, daſs sie sich weiter als über Salamis und kurze Zeit fast über die ganze Insel erstreckte. Da wir sowohl Gold- und Silbermünzen besitzen, die mit den Initialen seines Namens, aber zugleich mit kyprischer Schrift und mit ganz verschiedenem Gepräge wie das königliche und städtische Courant von Salamis (meist Herakleskopf oder Herakles und Bock oder Bocksvordertheil) bezeichnet sind, so kann man kaum daran zweifeln, daſs auſser in seiner Residenz noch in einer anderen Prägstätte auf seinen Namen gemünzt worden ist [1]). Offenbar war dies letzt erwähnte Geld, welches aus Statern und Dritteln zu 10.90 und 3.05 Gr. in Silber, und aus Zehnteln, Zwölfteln und Zwanzigstelstatern in Gold zu 0.80, 0.60 und 0.39 Gr. bestand, nach babylonischem Fuſs mit Rücksicht auf das übrige inländische Courant geschlagen und die Stückelung des Goldes um so angemessener, da das Zehntel den legalen Werth von einem, das Zwanzigstel den Werth von einem halben babylonischen Silberstater hatte [2]).

Nach der Ermordung des Euagoras (374 v. Chr.) folgte ihm sein Sohn Nikokles, der die königliche Gold und Silberprägung mit kleinen Veränderungen des Prägbildes (auf dem Goldstater, zu 8.27 Gr., statt des Löwen weiblicher Kopf mit Stirnband, auf dem Kleingold, dem Zwölftel zu 0.65 Gr., der Silberdrachme, zu 6.33 Gr., und dem Diobolon, zu 2.10 Gr., Apollo- statt Pallaskopf) fortsetzte.

Während er in Salamis herrschte, muſs Demonikos [3]), der aus der an ihn gerichteten Rede des Isokrates bekannt ist, eines der anderen kyprischen Königreiche inne gehabt haben. Ihm ist ohne Zweifel eine Silberdrachme rhodischen Gewichts von 6.98 Gr. zuzuschreiben, die auf der Schauseite Herakles mit Bogen und Keule, auf der Rückseite Pallas mit Schild und Lanze nebst den Initialen seines Namens zeigt

---

[1]) Luynes S. 20 f. legt sowohl diese Münzen, wie die Reihe mit Stier und Vogel, nach seiner Deutung der Aufschrift Salamis bei. Indeſs sind die betreffenden Aufschriften verschieden und die Identität nur durch Annahme von homophonen Zeichen zu beweisen, was immer bedenklich ist. Vgl. über den vermeintlichen Anfangsbuchstaben des Namens Salamis oben S. 360, 1.

[2]) Siehe oben S. 128.

[3]) Nach Tzetzes war er ein Sohn des Euagoras, nach Isokrates des Hipponikos. Engel S. 325.

und vielleicht auch ein Stater babylonischen Fufses zu 10.96 Gr. mit demselben Gepräge und phönikischer Aufschrift, in der vermuthlich sein Name enthalten ist[1]). Offenbar ist das Bild des streitenden Herakles eine hellenische Nachahmung des Typus, welchen die phönikischen Königsmünzen von Kition gleichzeitig darstellten. Dies und die phönikische Aufschrift deuten wohl auf einen der halb phönikischen Orte der Insel, wie Amathus oder Paphos, als Prägstätte hin.

Es war, wie es scheint, dieselbe, in der auch Euagoras das erwähnte kyprische Courant nach einheimischem Gewicht und mit dem Bilde des Herakles und Bocks schlagen liefs. Denn es giebt auch Silbermünzen mit dem gleichen Gepräge und denselben kyprischen Schriftzügen, aber nicht mit EY oder E, sondern mit Δ bezeichnet, die man wohl dem Demonikos wird zuschreiben dürfen[2]). Ob dasselbe von einem goldenen Zwölftel oder Zehntel zu 0.70 Gr. mit Zeus- und Frauenkopf gilt, auf dem man denselben griechischen Buchstaben zu sehen glaubt, steht dahin. Auch hier wiederholt sich die Erscheinung, dafs an demselben Orte mit griechischer Schrift nach rhodischem, mit kyprischer oder phönikischer Schrift nach babylonischem Fufse gemünzt ward.

Wann Pnytagoras[3]) den Thron bestieg, wissen wir nicht, im Jahre 351 hatte er denselben bereits inne. Ebenso wenig ist überliefert, ob er ein Nachkomme des Euagoras war. Jedenfalls setzte er die von jenem begonnene Münzprägung in derselben Weise fort, indem er Goldstater mit demselben, goldene Sechstel mit ähnlichem Gepräge wie Nikokles zu 8.35 Gr., Silberdrachmen und Diobolen zu 7.01 und 2.36 Gr. mit lorbeerbekränztem Frauen- und Artemiskopf ausbrachte.

Wie sich das griechische Element seit der Thronbesteigung des Euagoras auf der Insel ausbreitete, sieht man am deutlichsten an den Münzen. Während in der ersten Periode nur Marion mit griechischer Schrift ge-

---

[1]) Auf die Identität des Gepräges der beiden Medaillen hat zuerst Lenormant Cat. Behr n. 698 aufmerksam gemacht. Die Vermuthung, dafs der Name nicht wie Luynes N. d. S. 82 las מלך רמכת, sondern מלך רמנך (König Demonikos) zu deuten sei, rührt von dem Grafen Vogüé her.

[2]) Vgl. Luynes S. 23. Cat. Behr n. 705.

[3]) Einen König Pythagoras von Salamis, den Engel und auch Borrell vom Pnytagoras unterscheiden, hat es nicht gegeben. Die von letzterem S. 48 dafür angeführte Münze aus dem Par. Mus. zeigt nicht ΠΥ, sondern ΠΝ. Dasselbe wird von der andern von ihm beschriebenen und aus dem Cabinet eines Liebhabers stammenden gelten, da weder in London, noch in Paris und Berlin ein derartiges Exemplar vorkommt.

prägt hatte, geschah jetzt dasselbe nicht nur in Salamis und in einer anderen kyprischen Prägstätte, wo der einheimischen Schrift die griechischen Initialen des Namens der betreffenden königlichen Münzherrn beigefügt wurden, sondern auch in Paphos, wo aus dieser Epoche ein Silberstater babylonischen Fufses mit der Aufschrift ΠΑΦΙ vorkommt. Auch die Kupferprägung fand jetzt auf Kypros Eingang. Es giebt verschiedene Reihen kyprischer Kupfermünzen dritter und zweiter Gröfse, von denen die eine dasselbe Prägbild (Aphroditekopf und Taube) zeigt wie die eben erwähnte Silbermünze und daher nach Paphos gehört, die andere mit Löwe und Pferd bezeichnete Salamis zuzuschreiben sein wird, wo indefs nur die städtische, nicht die königliche Münze Kupfer geschlagen hat. Zugleich bemerkt man wie das Geld mit einheimischer Schrift in dieser Zeit seltener wird. Aufser den erwähnten salaminischen Stadtmünzen lassen sich nur zwei oder drei Sorten aufweisen, die in diese Epoche zu setzen wären. Dahin gehören die mit Sphinx oder Pallaskopf und Blume und die mit dem löwenwürgenden Herakles und Pallas bezeichneten Münzen, von denen besonders die ersteren sehr moderner Fabrik und nicht lange vor Alexander gemünzt sind[1]). Auch standen als Alexander Asien eroberte, nicht nur Salamis, wo Pnytagoras noch herrschte, sondern auch die meisten übrigen Orte wieder unter der Herrschaft griechischer Könige, insbesondere wissen wir dies von Amathus, Kurion[2]) und von Soloi und aus dem Jahr 312 von Lapathos, Kerynia und von Marion[3]); nur Kition wurde ebenso wie zu Euagoras Zeit von einem Phönikier regiert, wie dies der Name des damaligen Königs Pygmalion[4]) beweist. Dafs dort im 5. und 4. Jahrhundert phönikische Dynasten geherrscht haben, bestätigen jetzt auch sowohl Münzen wie Inschriften. Da es feststeht, dafs die Gold- und Silbermünzen, die mit dem streiten-

---

[1]) Vgl. Luynes S. 34. Dasselbe gilt wohl auch von den Münzen mit Pallaskopf und Stern (pl. V, 10), von denen indefs ein Exemplar mit kyprischer Schrift noch nicht zum Vorschein gekommen ist.

[2]) Arrian 2, 21. 22.

[3]) Diodor 19, 79.

[4]) Getödtet 312. Diod. 19, 79 und 59. Engel a. a. O. S. 353 vermuthet, dafs das Gebiet, welches Alexander nach dem Zeugnifs des Duris (bei Athen. 4, 167) dem Pnytagoras auf seine Bitte in Kypros geschenkt und welches in früherer Zeit der König Pasikypros dem Kitier Pymatos für 50 Talente überlassen hatte, Kition gewesen sei. Wenn dies richtig ist, so fällt jedenfalls die Geschichte des Pasikypros in eine sehr viel frühere Zeit, auch müfste nach dem Tode des Pnytagoras alsdann die Stadt wieder abgegeben worden sein, was nicht wahrscheinlich ist.

den Herakles und dem hirschfressenden Löwen bezeichnet sind, in der Regel in Kypros gefunden werden[1]), kann man nicht mehr daran zweifeln, dafs dieselben sämmtlich dort gemünzt sind. Dafür spricht auch das beigefügte kyprische Wahrzeichen, das gehenkelte Kreuz, das auf diesen Stücken wie überhaupt auf dem kyprischen Gelde nur selten fehlt. Das Prägbild der Schauseite ist eigenthümlich, das der Rückseite findet sich auch auf einer Reihe tarsischer Silberstater wieder, ein ähnliches, der stierzerfleischende Löwe auf dem Königsgelde von Byblos. Die phönikische Aufschrift enthält Königsnamen, von denen zwei Azbaal und Baalmelek[2]), die nur auf Silbermünzen vorkommen, mit Sicherheit entziffert worden sind. Da der erstere sich auch auf dem königlichen Silbergelde von Byblos findet, wiewohl dort mit dem Zusatz „König von Gebal", welcher hier fehlt, so hat man diese kitischen Münzen derselben Stadt zugetheilt[3]), aber mit Unrecht, da nicht nur das Prägbild, sondern auch das Gewicht abweicht. Das kitische Geld folgt wie alles kyprische, mit Ausnahme des griechischen Königssilbers, dem babylonischen, das byblische dem kleinasiatisch-phönikischen Fufse. Auch wiederholt sich jener Name in andern phönikischen Städten[4]), so dafs das Zusammentreffen kein Bedenken erregt[5]). Das Geld des Azbaal besteht aus Statern und Dritteln zu 10.95 und 3.60 Gr., das des Baalmelek aufserdem aus Vierteln, Sechsteln und Zwölfteln zu 2.25, 1.00 und 0.90 Gr. Dies Geld ist schwerer und daher wahrscheinlich älter, als das übrige kitische Königssilber, welches, wie es scheint, Alles ein und demselben Herrscher zuzuschreiben ist. Da nun dieser schon gleichzeitig Gold gemünzt und die Goldprägung in den Vasallenstaaten des persischen Reichs und zumal in Kypros erst am Ende der Achämenidenherrschaft begonnen hat, das Silber des Azbaal und

[1]) Mündliche Mittheilung des Grafen Vogüé, welcher im Jahre 1862 im Auftrage der französischen Regierung Ausgrabungen auf der Insel Kypros geleitet und selbst 9 dieser Münzen in seiner Sammlung hat.

[2]) Melek gehört zum Namen und ist nicht Titel; als Titel würde das Wort wie auf kitischen Inschriften und Münzen entweder vorgesetzt oder wie auf den Münzen von Byblos der betreffende Stadtname beigefügt worden sein.

[3]) Vgl. Luynes N. d. Satr. S. 88 f. 91. Vaux N. C. XX. S. 98.

[4]) Vgl. Luynes a. a. O. S. 89.

[5]) Ueberdies scheinen die Münzen des Azbaal von Kition älter zu sein, als die des gleichnamigen Königs von Byblos, so dafs man immerhin zwei Könige desselben Namens annehmen müfste. Luynes N. d. S. S. 89 wenigstens setzt die Münzen des Azbaal von Kition in die Zeit Artaxerxes I., die des gleichnamigen Königs von Byblos später. Dagegen vgl. Vaux a. a. O. S. 90.

Baalmelek aber gewifs noch in das 5. Jahrhundert gehört, so deutet auch dies auf eine frühere Entstehungszeit des letztern hin. Es ist offenbar am wahrscheinlichsten, dafs ebenso wie im karischen Lehnreich auch hier die ältern Könige nur Silber, die spätern auch Gold geschlagen haben. Wie es scheint haben sich aber in Kition alle jüngern Dynasten auf die Goldprägung beschränkt, wenigstens mit den gleichen Prägbildern kein Silber ausgebracht, nur ein König hat gleichzeitig Gold und Silber auf dieselben Stempel gemünzt. Wahrscheinlich ist dies derselbe, welcher in drei kitischen Inschriften als König von Kition und Idalion bezeichnet wird und dessen Name Melkjiten lautete[1]). Derselbe hat das Gepräge

---

[1]) Von diesen 3 Inschriften ist die eine im Besitz des Herrn Pierides befindliche ziemlich gleichzeitig vom Vicomte de Vogüé im Octoberhefte der Rev. arch. 1862. S. 248 f. und von H. Ewald in den Gött. gel. Anz. v. 5. Nov. 1862 (vorgetr. am 1. Nov.) mitgetheilt und gedeutet worden, von dem erstern sowohl mit Beifügung des Textes und der Uebersetzung der zweiten Herrn Rey angehörigen, wie der dritten durch Pococke längst bekannten Urkunde (vgl. Gesenius m. l. Ph. tab. 11, VIII, 1). An der letztern hatten sich bereits im J. 1846 der Herzog v. Luynes N. d. S. S. 110 f., im J. 1850 Movers Phönix. II, 2, 212 Anm. und im J. 1860 Blau Zeitschr. d. m. Ges. XIV, 654 f. versucht; doch konnte sie erst im Zusammenhang mit den beiden übrigen verstanden werden. Nachdem dieselbe nun auch H. Ewald in einem Nachtrag (Gött. gel. Anz. 17. Dec. 1862) behandelt und M. A. Levy in den Phönik. Studien II. III, 1—17 das Original der Inschrift des Herrn Pierides in einer nach dem Abklatsch verfertigten Libographie herausgegeben und Vogüé's Erklärung der 3 Inschriften einer Revision unterworfen hat, kann über Namen und Titel der einzelnen Könige, soweit sie erhalten sind, kaum ein Zweifel mehr obwalten. Die älteste Inschrift (des Herrn G. Rey) beginnt: „am 16. Tag des Monats Pa .... im 3. Jahr des Königs Melkjiten [des Königs von Kition und] Idalion, des Sohnes von Baalram." Die folgende (die des Herrn Pierides): „am 6. Tag des Monats Bul im 21. Jahr des Königs .... [des Königs von Kition] Idalion und Tamassos, des Sohnes des Königs Melkjiten, des Königs von Kition und Idalion." Die jüngste (Pococke II, taf. 33): „am 4. (24. Ewald) Tag des Monats Marphe (Marim, Blau und Levy) im 37. Jahr des Königs Namaijiten (Vogüé und Ewald), des Königs von Kition und Idalion, des Sohnes des Königs Melkjiten, des Königs von Kition und Idalion." In der zweiten ist der Königsname leider zerstört, Vogüé's am Stein selbst geprüfte Vermuthung ist aber offenbar sehr wahrscheinlich, dafs es Namaijiten war, der auch in der dritten als Sohn von Melkjiten bezeichnet wird. Dafs derselbe in seinem 21. Jahr auch Tamassos beherrschte, im 37. dagegen ebenso wie sein Vater nur Kition und Idalion, scheint Ewald (S. 546) bedenklich, möchte aber doch erklärlich sein, besonders wenn man, auf die Vergleichung der Münzen gestützt, die Regierung des Königs etwa in die Zeit des Euagoras setzen darf. Der Name Kition wird ebenso wie Athen. 2, 2 (vgl. Levy a. a. O. S. 6) כתי geschrieben. Daher Luynes' Deutung der Buchstaben כיתן und der angeblichen Form חרן durch Kition sehr bedenklich ist. Der Name Melkjiten bis auf das Schlufs e ebenso

seiner Vorgänger, des Azbaal und Baalmelek, die vielleicht nicht derselben Dynastie angehörten, da sein Vater Baalram den Königstitel noch nicht geführt zu haben scheint, beibehalten, und nur das gehenkelte Kreuz, welches auf dem ältern Silbergelde fehlt, hinzugefügt. Wie die Inschriften zeigen, umfafste das Reich die beiden nah bei einander liegenden Städte Kition und Idalion, denen später auf kurze Zeit noch Tamassos hinzugefügt wurde. Denn Melkjiten's Sohn wird in einer Urkunde, die von seinem 21. Jahr datirt ist, König von Kition, Idalion und Tamassos genannt, dagegen in einer andern in seinem 37. Jahr verfafsten Inschrift ebenso wie sein Vater titulirt. Während wir auf dem Silber des Azbaal und Baalmelek, sowie auf dem Gold und Silber des Melkjiten noch keinen Daten begegnen, sind dieselben auf allen spätern Goldmünzen ebenso constant, wie auf jenen kitischen Inschriften; auf einer Reihe steigen die Ziffern von 14—46, auf einer andern von 3—10. Auf der letztern liest man mehr oder weniger deutlich den Namen Melekramkit, der aus den Inschriften nicht bekannt ist, die Aufschriften der erstern Sorte sind schwerer zu deuten; der Versuch, den Namen des Königs Namsijiten darin zu finden, liegt nah, scheint aber nicht zu gelingen. Das Zeitalter dieser Dynasten würde sich leicht bestimmen lassen, wenn man mit Luynes die Daten auf Regierungsjahre des Grofskönigs beziehen dürfte, da nur Artaxerxes II. 46 Jahre lang regiert hat. Allein die Analogie der Inschriften spricht dagegen. Im Allgemeinen wird man aber wohl kaum daran zweifeln können, dafs die drei oder vier Könige, welche Gold geschlagen haben, Zeitgenossen des Euagoras, Nikokles und Pnytagoras waren, und dafs die Silberprägung etwa um die Hälfte des 5. Jahrhunderts begann. In ächt orientalischer Weise prägte diese Dynastie ebenso

geschrieben wie auf der Inschrift, ist ganz deutlich auf der Goldmünze Luyn. N. d. S. XIII, 5 und der Silbermünze XIII, 6 und auch auf der Abbildung Luynes' zu erkennen. Ob die Münzen XIII, 19. 20, auf denen כית, aber nichts weiter zu lesen ist, und auch statt des gehenkelten Kreuzes als Beizeichen eine Tiara beigefügt ist, demselben König angehören, ist minder gewifs. Ebensowenig wage ich mich über die Münzlegenden pl. XIII, 2. 4 zu entscheiden, die Luynes durch מלך רמצר und למלך כיתועצר, ‚des ersten Königs von Tyros' und ‚des Königs von Kition und Tyros', deutet, da ich die Münzen selbst nicht habe sehen können. Nur die Aufschriften der Münzen des Pariser Museums, der Sammlungen des Herzogs von Luynes und des Grafen Vogüé habe ich untersucht und die einzelnen Zeichen durch hebräische Buchstaben in den Tabellen so wiedergegeben, wie ich sie deuten zu müssen glaubte, eine vollständige Vergleichung aller einzelnen Exemplare in Erwartung der vom Grafen Vogüé versprochenen Abhandlung unterlassen.

wie Krösos und Dareios Gold und Silber mit den gleichen Prägbildern, in Silber die genannten Nominale, in Gold nur den Halbstater, beides nach dem Reichsfuſs, allein das Gold verhältniſsmäſsig viel schwerer als der Groſskönig, anfangs bis 4.30, später bis 4.25 und 4.15 Gr. Nur einzelnes Kleingeld ward in dieser Prägstätte gelegentlich mit modificirten Typen ausgebracht, in Gold Zehntelstater zu 0.82—0.78 Gr., wie sich versteht im Werthe eines Silberstaters, in Silber Zwölftel und Vierundzwanzigstel der Einheit zu 0.95 und 0.45 Gr. mit Herakleskopf und dem hirschfressenden oder sitzenden Löwen, das Silber auch mit einzelnen phönikischen Buchstaben, wie לך, חע, בך, לב, ב, bezeichnet, deren Deutung noch nicht gelungen ist. Auch ist bemerkenswerth, daſs etwa von der zweite Hälfte des 5. Jahrh. bis auf Alexander, unter dem die Prägung wohl aufhörte, eine wesentliche Veränderung des Stempels nicht vorgenommen, sondern stets nach demselben Muster gearbeitet wurde, eine Wahrnehmung, die sich überhaupt in der orientalischen Kunst häufiger wiederholt[1]), und auch an der persischen Reichsmünze von Dareios bis auf Artaxerxes II. zu beobachten ist.

Mit Hülfe der Münzen und Inschriften gewinnen wir im Allgemeinen ein ziemlich vollständiges Bild von den Bevölkerungs- und Machtverhältnissen der Insel, auf der sich hellenische und orientalische Elemente auf das Mannigfaltigste durchkreuzten und zusammentrafen. Neben dem Königreich des Euagoras blieb offenbar das Fürstenthum, welches Kition und Idalion, ja vor Euagoras Thronbesteigung wohl auch Salamis und später kurze Zeit hindurch das wegen seiner Kupfergruben wichtige Tamassos umfaſste, der mächtigste Staat auf der Insel und beide wetteiferten mit einander in der Schöpfung eines guten und einheitlichen Münzwesens. Die phönikischen Herrscher schlossen sich hierbei, wie wohl überhaupt in ihrer Politik, eng an Persien, Euagoras dagegen an Griechenland an. Als er sich des Thrones bemächtigte lagen Industrie und Handel in Salamis vollständig darnieder, die Hellenen waren von aller Betheiligung ausgeschlossen[2]). Er eröffnete die kyprischen Häfen aufs Neue den griechischen Schiffen und schuf zugleich ein neues Courant, welches dem an der kleinasiatischen Küste zu seiner Zeit verbreitetsten Gelde in Schrot und Korn gleich stand und daher für den Verkehr mit Rhodos und Karien, mit Samos, Chios und Kyzikos sich am Besten eignete.

---

[1]) Vgl. meinen Artikel über Assyrien in Pauly's Realencyclop. I, 1. 2. Aufl. S. 1904.

[2]) Vgl. Grote a. a. O. X, 21.

Der letzte König von Salamis, welcher dies Geld münzte, war Pnytagoras († 312 v. Chr.), von seinem Sohn Nikokreon, der im Jahre 311 den Thron bereits inne hatte[1]), sind keine Münzen nachzuweisen, vielmehr hörte mit Beginn der makedonischen Herrschaft wahrscheinlich die autonome Münzprägung in Kypros auf. Erst unter der Herrschaft der Ptolemäer hat dieselbe wieder begonnen, und nicht nur Menelaos, der Statthalter des Ptolemaeos Soter, sondern auch Nikokles, der König von Paphos, Geld geschlagen, dieser in seiner Residenz Doppelstater babylonischen Gewichts in Silber zu 20.09 Gr., jener in Salamis Drittelstater in Gold zu 2.70 Gr. mit dem bereits von Pnytagoras verwandten Gepräge (thurmgekrönter weiblicher Kopf)(weiblicher Kopf mit Stirnband geschmückt). Auch anderes, theils mit denselben Typen und den Buchstaben K und BA, theils mit Pallas- und thurmgekröntem Kopf und den Buchstaben K und A bezeichnetes Silber und vielleicht auch entsprechendes Gold ist damals in Salamis geprägt worden, die Attribution desselben aber ganz ungewifs[2]).

Phönikien. Unter den Münzen mit phönikischer Aufschrift, die nach Phönikien gehören, lassen sich mit vollkommener Sicherheit nur die Königsmünzen von Byblos localisiren. Es steht jetzt durchaus

[1]) Vgl. Plut. Alex. 29 mit Arrian exp. Al. 42, 22. Man könnte daran denken, einen Theil der mit NK bezeichneten und bisher dem Nikokles zugeschriebenen Münzen dem Nikokreon zu geben. Dann müfste der letztere aber die Prägbilder seines Vaters aufgegeben und die des viel früheren Königs wieder angenommen haben, was nicht wahrscheinlich ist.

[2]) Borrell a. a. O. S. 51 f. erklärt K und A für Anfangsbuchstaben der Namen Kypros und Alexander; da indefs dem K auf der einen Seite, ebenso wie auf den übrigen salaminischen Königsmünzen auf der andern Seite BAσιλέως entspricht, so wird man darin wohl den Anfangsbuchstaben eines Königsnamens zu sehn haben. Wenn die zwei entsprechenden im Berl. Mus. befindlichen Goldstücke, die 6.83 und 6.82 Gr. wiegen, ächt sind, so gehört das Geld in die Zeit der Ptolemäer, da das Gewicht der letztgenannten Stücke offenbar ziemlich genau dem Gewicht eines ptolemäischen Didrachmon entspricht, wie sie in Gold häufig ausgebracht wurden. Bei Mionnet Poids 201 wiegen 2 Exemplare des Ptolemaeos I. 7.06 (= 132½) und 7.04 Gr. (= 132¼), später sinkt das Gewicht. Julius Friedländer theilt mir über diese Münzen Folgendes mit: „Die beiden kyprischen Goldmünzen und die silberne des Euagoras (vgl. unten die Tabelle) stammen wirklich aus der kurpfälzischen Sammlung, welche 1685 dem Grofsen Kurfürsten vererbt worden ist. Die goldene mit dem Pallaskopf ist auch in Silber bekannt (Borrell S. 51. Abbildung 7), unser Exemplar scheint mir gegossen und ist also vielleicht ein Abgufs eines silbernen; die beiden anderen, die goldene und die silberne des Euagoras, sind aber geprägt — ob ächt weifs ich nicht sicher."

fest, dafs alles Silbergeld, welches auf der Schauseite ein mit Hopliten besetztes Schiff über Seepferd, auf der Rückseite den stierfressenden Löwen nebst phönikischer Aufschrift darstellt, dieser Stadt zuzuschreiben ist[1]), während eine andere Sorte verwandter Fabrik und ähnlichen Gepräges (streitender Herakles)(hirschfressender Löwe), die man bisher mit ihr zusammengestellt hat, mit Bestimmtheit Kition zugewiesen werden darf[2]). Man erkennt auf diesem byblischen Gelde die Namen 5 verschiedener Herrscher, Baal, Ainel, Azbaal, Adarmelek und Og (?), die bis auf den letzten, der nur auf einer wohl nicht ganz erhaltenen Kleinmünze vorkommt, sämmtlich den Titel ‚König von Gebal' führen[3]). Zahlen sind nicht beigefügt, andere Kriterien des Alters fehlen, man wird die Münzen daher nur nach dem Gewicht ordnen können und die schwersten Reihen an die Spitze stellen. Unter Baal steht der Stater oder Shekel bis 14.40, das Viertel bis 3.55 Gr., unter Ainel das Ganzstück bis 13.89, unter Azbaal sogar nur bis 13.25 Gr. Von den übrigen beiden Herrschern giebt es bis jetzt nur Sechszehntel, die auch unter Ainel und Azbaal das einzige Kleingeld neben dem Stater bilden und bis 0.85 Gr. wiegen. Aufserdem sind aus derselben Prägstätte noch zwei andere in der Regel aufschriftlose Silbermünzsorten hervorgegangen, die auf der Schauseite wesentlich dasselbe Gepräge[4]), auf der Rückseite dagegen entweder Geier auf incus geprägter Ziege oder Löwen auf incus geprägtem Stier darstellen; nur auf einem Zweiunddreifsigstel zu 0.39 Gr. tritt das Bild eines Greifen an die Stelle. Auch dieses Geld ist als königliches Geld zu betrachten, da Byblos ebenso wie Sidon, Tyros und Arados bis auf die makedonische Periode von Königen regiert worden ist[5]). Die eine Reihe, die aus Statern, Vierteln, Sechszehnteln und Zweiunddreifsigsteln zu 14.00,

---

[1]) Vgl. Luynes Num. des Satr. S. 91 f., welcher (1846) zuerst die Aufschriften richtig gelesen hat. Vgl. Movers Phön. II, 1. 103.

[2]) Siehe oben S. 369.

[3]) Auf den Münzen des Baal ist auch die Präposition ל beigefügt, die sich zuweilen ebenfalls auf den erwähnten kilikischen Münzen (Luynes N. d. S. taf. XIV, 23—26. XV, 35—40) und auf einer wahrscheinlich noch älteren Reihe phönikischer Dynastenmünzen aus Kypros findet. Vgl. oben S. 364. Luynes N. d. S. taf. XVI, 49—51.

[4]) Doch geht auf den eben erwähnten Münzen das Vordertheil der Galere in einen Löwenkopf, auf diesen bald in einen Pferde-, bald in einen Greifenkopf aus; über die vermeintliche Aufschrift APVAN, die sich auf einem Exemplar (Luynes taf. XVI, 47) finden soll, ist oben S. 234 das Nöthige gesagt.

[5]) Vgl. Movers Phoen. II, 1, 530.

3.65, 0.70 und 0.30 Gr. besteht, folgt dem Gewicht nach unmittelbar auf die Münzen des Baal, die andere, bei der die betreffenden Nominale maximal 13.67, 3.40 und 0.30 Gr. wiegen, auf die des Ainel. Der Gebrauch, einzelne Theile des Prägbildes vertieft zu schneiden, findet sich in diesem Theil von Asien häufiger, so auf der ältesten Reihe des in Syrien geschlagenen grofsköniglichen Provinzialsilbers, wo der unter dem Wagen des jagenden Grofskönigs dahingestreckte Löwe ebenso behandelt ist, wie der Stier und die vom Geier zerfleischte Ziege auf diesen byblischen Münzen. Auch in Bezug auf das Gewicht stehen diese im Uebrigen ganz verschiedenen Münzsorten in Wechselverhältnifs zu einander. Denn der älteste byblische Stater von 14.40—14.00 Gr. beträgt ziemlich genau die Hälfte der ältesten syrischen Grofssilberstücke von 28.30—28.07 Gr. und später sinkt das Gewicht sowohl in der syrischen wie in der phönikischen Prägstätte in gleicher Proportion, so dafs man hierdurch einen Anhalt gewinnt, um das Alter der einzelnen in Byblos gemünzten Reihen wenigstens approximativ zu bestimmen. Das Geld des Baal sowie die ältere darauf folgende aufschriftlose Sorte werden etwa in die Zeit des Xerxes I., die Münzen des Ainel in die Zeit Artaxerxes I. und die übrigen vier Reihen noch später zu setzen sein, indem auch bei dem grofsköniglichen Provinzialsilbergelde eine analoge Gewichtsabknappung frühestens unter Artaxerxes I. einzutreten scheint[1]). Keinenfalls ist daher Ainel mit dem gleichnamigen König (Enylos) identisch, der nach Arrians Zeugnifs zur Zeit Alexanders über Byblos herrschte[2]).

Dem byblischen Gelde durchaus verwandt, aber doch wohl einer anderen Prägstätte zugehörig[3]), ist eine Sorte Kleinsilberstücke, Viertel Achtel und Sechzehntel des leichtern kleinasiatisch-phönikischen Staters, zu 3.25, 1.80 und 0.76 Gr., die auf der Rückseite das byblische Prägbild der Schauseite, Galere über Seepferd, auf der Schauseite den Fischgott Dagon darstellen, der bekanntlich besonders in Askalon, aber auch in anderen Städten der phönikischen Küste verehrt wurde. Die meisten dieser Münzen sind aufschriftlos, auf einigen finden sich aber dieselben Buchstaben מא, die nicht nur auf dem in Arados gemünzten Alexandersilber[4]), sondern auch auf einer anderen unter den Achämeniden und

[1]) Vgl. S. 227.

[2]) Arrian. II, 20, 1. Luynes a. a. O. S. 92. Das Gegentheil nimmt Movers a. a. O. S. 103 an.

[3]) Luynes hat die Münzen in seiner Sammlung Asdod zugetheilt.

[4]) Vgl. Müller Num. d'Alex. 295.

wohl ebenfalls dort geprägten phönikischen Geldsorte sich wiederholen, und da sie auf den letzteren Münzen gewöhnlich in Verbindung mit Zahlzeichen auftreten, als Zeichen für die Zahl 100[1]), von Andern als Initialen verschiedener Städtenamen erklärt worden sind[2]). Das einzige ältere phönikische Kupfergeld, welches vorkommt, gehört zu dieser Sorte.

Wir kommen nun zu einer dritten Reihe phönikischer Münzen, die sämmtlich auf der Rückseite eine Eule und daneben Peitsche und Krummstab, wie wir ihn ähnlich in der Hand eines assyrischen Königs, dessen Statue in Nimrud aufgefunden worden ist, erblicken[3]), auf der Schauseite bald Delphin über Purpurschnecke, bald einen mit Bogen bewaffneten bärtigen Mann, auf Seepferd sitzend, darstellen. Es scheint, dafs die Münzen mit dem Delphin, die eine eigenthümliche Behandlung des Unterstempels zeigen, indem das Bild aus einer den Contouren genau folgenden Vertiefung herausgearbeitet ist, älter sind, als alle übrigen. Nur von dieser älteren Sorte giebt es Kleingeld, nämlich Viertel und Sechszehntel von 3.00 und 0.75 Gr. — das letztere Nominal zuweilen mit modificirtem Prägbild (Seepferd über Delphin) -- neben dem Stater von 13.60 Gr. Maximalgewicht; auf einigen Exemplaren bemerkt man auch phönikische Schrift[4]).

Von der zweiten Sorte, welche das Bild des bärtigen Mannes auf Seepferd bezeichnet, lassen sich zwei Reihen auf das bestimmteste sondern, die ältere, welche zum Theil noch sehr unregelmäfsig und klumpig ausgeprägte Exemplare aufzuweisen hat und aus Statern zu 13.60 Gr. Maximalgewicht besteht, ist vor Alexander, die jüngere, die schon durch ihre flache Prägung eine spätere Entstehungszeit verräth und überdies einem andern Gewichtsfufs folgt, nach Alexander gemünzt worden. Die letztere besteht aus Statern euboischen Fufses zu 8.70—8.05 Gr., seltener aus Dritteln und Zwölfteln zu 2.86 und 0.65 Gr.; auf der Rückseite des Grofsstücks sind stets Zahlzeichen beigefügt (2—35), die man wohl auf die Seleukidenaera wird beziehen dürfen[5]), so dafs diese Prä-

---

[1]) Gesen. Scr. L ph. mon. S. 270. taf. 35, 1.

[2]) Vgl. Müller a. a. O. 296.

[3]) Vgl. Layard Nineveh and Babylon S. 361.

[4]) Auf einem Stater des Par. Mus. nach Mion. 5, 643, 15 שנת d. i. im Jahre 1, nach meiner Abschrift שלשן, auf einem Stater des Vicomte de Vogüé שלשן, auf einem Viertel aus der Sammlung Luynes' כם, aber undeutlich.

[5]) Vgl. S. 271. Vielleicht auch 102 (מ||), wenn מ in der That 100 bezeichnet. Vgl. Gesen. a. a. O. S. 87.

gung bis zum Jahre 276 v. Chr. gedauert haben würde. Auch auf einzelnen Exemplaren der älteren Reihe begegnen wir Zahlzeichen (2 und 4 [1])), die entweder, wie die auf dem grofsköniglichen Provinzialgelde vorkommenden Ziffern, Regierungsjahre des Grofskönigs oder, wie auf dem kitischen Gelde, Regierungsjahre des Münzherrn bezeichnen.

Man könnte daran denken, diese Münzen Tyros beizulegen, weil auf der älteren Reihe die Purpurschnecke, das bekannte Wahrzeichen dieser Stadt [2]), beigefügt ist. Auch ist wohl zu erwarten, dafs Tyros ebensowohl wie Byblos und Arados unter den Achämeniden geprägt haben wird, und nachdem die von Luynes der Stadt beigelegten Königsmünzen (streitender Herakles)(Stier Hirsch zerfleischend) sich als kyprisch herausgestellt haben, so würden für Tyros andere kaum übrig bleiben.

Wir wenden uns schliefslich zu einer häufig vorkommenden Münzsorte, die wahrscheinlich Arados zugetheilt werden darf, obgleich sie nicht dem System des kleinasiatischen, sondern dem des babylonischen Staters angehört. Ihr Prägbild stellt auf der Schauseite einen bärtigen lorbeerbekränzten Kopf, auf der Rückseite eine Galere, darüber in der Regel das Wort ℵC in phönikischer Schrift mit und ohne Zahlzeichen (10, 13, 14, 15, 20) [3]) dar. Das Gewicht des Grofsstücks variirt zwischen 10.67 und 9.75 Gr., das Drittel wiegt höchstens 3.53 Gr., das viel seltnere Zwölftel bis 0.86 Gr. Auch diese Prägung hat die persische Herrschaft überdauert, da ein Tetradrachmon attischen Gewichts zu 16.60 Gr. mit dem gleichen Gepräge vorkommt [4]). Gehören diese Münzen Arados an, wie wohl anzunehmen ist, da die spätern unter den Seleukiden geprägten Kleinsilbermünzen der Stadt sich diesen dem Gepräge nach anzuschliefsen scheinen [5]), und sind die Silbermünzen mit Delphin oder Krieger auf See-

[1]) Wenn das auch hier einmal vorkommende 𐤒 100 bedeuten sollte, so könnte diese Zahl nur auf die Aera des Kyros (536 v. Chr.) bezogen werden.

[2]) Vgl. Müller Num. d'Alexandre le Gr. S. 302. Die Purpurschnecke erscheint auf dem in Tyros geprägten Alexandersilber als Beizeichen und auf autonomen Kupfermünzen als Contremarke Mion. 5, 419, 564. S. 8, 302, 309, 311. Leake As. Gr. S. 140.

[3]) 10 ist durch —, 20 durch O ausgedrückt, auch die Zeichen ٨ und ↑ wird man wohl als Varianten für das erstere Zeichen ansehen und nicht mit dem für 100 (Levy Phöniz. Stud. 3, 32, vgl. Blau Z. d. d. m. G. 1855. S. 353) identificiren dürfen. Worauf sich Blau's Ausspruch a. a. O.: „Die Daten auf phönikischen Münzen nach der Aera des Cyrus laufen mit 185, vielleicht mit 190 (351 – 346 v. Chr.) aus," bezieht, weifs ich nicht.

[4]) Vgl. oben S. 270.

[5]) Vgl. Lenormant Essai sur le classement des monnaies d'argent des Lagides S. 162 Anm. und die dort erwähnte im trésor num. pl. LXV, 2 abgebildete Münze des

pferd und Delphin Tyros zuzuschreiben, so würden die drei bedeutendsten phönikischen Städte in der Münzgeschichte dieser Periode repräsentirt sein. Von Sidon, welches unter Artaxerxes Ochos 351 v. Chr. zerstört wurde, würde man nur ältere Münzen erwarten können.

6. Die übrigen Satrapien des persischen Reiches.

Von den übrigen 16 Satrapien haben nur drei unter der persischen Herrschaft Prägstätten gehabt, die sechste ägyptische, in der vorübergehend unter Aryandes Satrapengeld, dagegen von Barke und Kyrene ununterbrochen zahlreiches städtisches Courant, sowohl in Gold wie in Silber geprägt worden ist[1]), ferner diejenige Satrapie, in der das grofskönigliche Reichsgeld[2]), und endlich die neunte assyrische, in welcher wahrscheinlich sowohl das grofskönigliche Provinzialsilber, wie auch anderes Dynastengeld gemünzt worden ist. In der zweiten lydischen ist nur bis zur persischen Eroberung geprägt worden und ebenso haben sich die übrigen binnenländischen Provinzen unter den Achämeniden theils mit dem umlaufenden grofsköniglichen Geld, theils mit dem nicht nur aus den Küstenstädten von Kleinasien und Phönikien, sondern auch aus dem Auslande, wie Athen[3]), Makedonien und Thrakien[4]), dorthinströmenden

---

Mus. Luynes mit dem bärtigen lorbeerbekränzten Kopf und Schiffsvordertheil, darüber ꟼ, und oben S. 270. Die Buchstaben מא könnten möglicher Weise die Initialen von Marathus und Arados bezeichnen (vgl. die bei Müller N. d'Alex. a. a. O. S. 296 angeführte Abhandlung von Judas Ét. dém. de la langue phén. p. 114); denn Marathus gehörte vor Alexander d. Gr. allerdings zum Gebiete von Arados, doch war letzteres der Vorort. Vgl. Movers a. a. O. II, 1, 102, Anm. 80.

[1]) Auf das Geld von Barke und Kyrene hier näher einzugehen, schien nach der gründlichen Untersuchung L. Müller's Numism. de l'anc. Afr. I, 1 ff. Kopenhagen 1860, überflüssig, über den Münzfufs kann auf das oben S. 125 Bemerkte verwiesen werden.

[2]) Persien oder Susiana s. oben S. 246.

[3]) Siehe Prokesch Ined. 1859. S. 231: „dafs dort (in den Ländern südlich und südöstlich der großen Salzwüste von Khorasan bis Kerman und bis an den indischen Kaukasus) schon in ältester Zeit die Tetradrachmen Athens liefen, ist mir nicht blos dadurch erwiesen, dafs ich grade von dorther mehrere und darunter auch des ältesten Stils (ohne Olivenblätter am Helme) erhielt, sondern durch eine schöne Folge der Ausartung des athenischen Gepräges, das in dem Lande am See Zarrah, dem Sakestan oder Sehestan, durch eine Reihe von Jahrhunderten nachgebildet wurde." Dahin gehören wohl auch die sehr eigenthümlichen Kleinsilbermünzen mit behelmtem Frauen- oder Doppelkopf und Eule von vorn, oder Doppelkopf und Pferdevorder-

und vielfach nicht nur bis Mesopotamien, sondern bis nach Hochasien hin circulirenden Courant beholfen. Von Prägstätten im Innern des Reiches kennen wir bis jetzt aus der persischen Zeit überhaupt nur Gaziura in Kappadokien, wo Ariarates[1]), Dambyke in Syrien, wo der Satrap oder Dynast Abdemon[2]) theils mit eigenem (tiarabedeckte männliche Figur anbetend[3])), theils mit grofsköniglichem Wappen (König auf Wagen), wahrscheinlich unter Artaxerxes Mnemon, Silber gemünzt hat, ferner Susa oder Persepolis, wo das Reichsgeld, endlich die noch nicht näher bekannten, aber wahrscheinlich in der neunten Satrapie gelegenen Orte, in denen das grofskönigliche Provinzialsilber geprägt worden ist[4]). Denn das angeblich unter den Achämeniden in Baktrien gemünzte Silbergeld[5]), welches auf der Schauseite den tiarabedeckten Kopf des Münzherrn, auf der Kehrseite Priester vor einem Tempel anbetend darstellt, ist viel jünger und folgt dem durch Alexander d. Gr. eingeführten Münzfuſs. Es sind Obolen, Drachmen, Tetra- und, wie es scheint, Hexadrachmen attischen Gewichts zu 0.69, 3.82, 16.80 und 27.40 Gr.[6]). Ueber die verschiedenen Sorten, das Gepräge und die Prägstätten des grofsköniglichen Reichs- und Provinzialgeldes ist oben das Nöthige gesagt[7]).

theil, die in zwei Nominalen von 4.12—3.45 Gr. und 0.80—0.50 Gr., offenbar Drachmen und Obolen attischen Fuſses, auftreten und bald einzelne griechische, bald aramäische Buchstaben, bald beides neben einander, aber immer sehr ungeübte Prägung zeigen. Auf einem Exemplar des Mus. Vogüé finden sich neben ylyl (לבלב Beliib?) sogar die Initialen des Namens Athen selbst in griechischen Schriftformen, die offenbar denen der attischen Münzen älteren Stils nachgeahmt sind. Die im Turiner Museum befindlichen Exemplare dieser Sorte sind mit Sechszehntelstatern aus Phönikien (bärtiger Mann auf Seepferd)(Eule mit Peitsche und Scepter) und Vierundzwanzigsteln mit grofsköniglichem Wappen (König als Bogenschütz)(Thurm und Mauer) zusammen in einem Gefäſs in Aleppo gefunden worden.

4) Siehe oben S. 120.

1) Siehe oben S. 234.

2) Vgl. Waddington Mél. S. 90 f. Die Jahreszahlen 30 und 20, die auf der Schauseite beigefügt sind, könnten wohl auf Regierungsjahre des Grofskönigs gehn, da der Dynast sich theilweise auch des grofsköniglichen Wappens bedient hat. Ueber den Münzfuſs läſst sich noch nichts Bestimmtes angeben, da das eine Exemplar (von 8.50 Gr.) vernutzt, das andere gefuttert ist.

3) Vgl. die assyrischen und persischen Siegel bei Layard Nineveh and Babylon S. 607. 604, deren Inhaber auf denselben ebenfalls opfernd oder anbetend dargestellt ist.

4) S. 225 f. 233.

5) Vgl. Luynes Num. des Satr. S. 42.

6) Vgl. die Münztabellen und Prokesch In. 1859. S. 331.

7) Vgl. S. 226 f. 244 f.

Versuchen wir zum Schlufs uns in den Hauptgrundzügen zu vergegenwärtigen, welche Fortschritte das asiatische Geldwesen seit Einführung der persischen Reichsmünze gemacht, so tritt uns zunächst die grofse Verbreitung entgegen, welche diese hellenische Erfindung in der bezeichneten Periode erfahren hat. Vor Dareios gab es im Norden von Kleinasien keine Prägstätte östlich von Herakleia, an der Südküste keine östlich von Phaselis, wenn nicht etwa Kelenderis schon früher Geld geschlagen hat[1]). Mit der Zerstörung des lydischen Reiches war auch die einzige rein orientalische Münze eingegangen, die bis dahin bestanden hatte. Nach Dareios begann man nicht nur in fast allen gröfsern und vorzugsweise griechischen Städten der Nordküste, in Sinope, Amisos, Tios und Kromna[2]), sondern auch in den ganz oder fast ganz barbarischen Städten von Pamphylien, Pisidien und Kilikien, sowie in den meisten phönikischen Staaten Geld zu schlagen. In Lykien entwickelte sich die Bundesprägung und auch in Kypros vermehrten sich die Prägstätten, die zuerst unter griechischem Einflufs entstanden waren und sich jetzt mehr von demselben loslösten.

Dagegen ist die Münzeinheit im persischen Reiche auch durch die Schöpfung des Reichsgeldes nicht erreicht worden. Es war allerdings ein grofser Fortschritt, dafs jetzt in der ganzen Monarchie nach dem Golddareikos gerechnet wurde und somit sämmtliche Werthe nach demselben Mafse bestimmt werden konnten; auch war es von erheblichem Gewinn, dafs es daneben grofskönigliches Silbergeld gab, welches in einem legal fixirten Werthverhältnifs zu diesem allgemein cursirenden Goldstück stand. Hätte man die autonome Silberprägung, die allein freigegeben war, überall nach dem Reichsfufs reformirt, so war die vollkommenste Münzeinheit hergestellt. Da aber zur Annahme desselben ein Zwang nicht bestand, so blieb man in den Orten, wo bereits die Münze in Thätigkeit war, in der Regel bei den alten Normen stehen. Nur wo die Prägung jetzt erst

1) Vgl. S. 129. 351.

2) Die nördlichste kleinasiatische, aber nicht mehr zum persischen Reich gehörige Prägstätte war wohl in einer der Städte von Kolchis, wohin vermuthlich die Kleinmünzen von anscheinend ziemlich schlechtem Silber zu 2.25 — 1.70 Gr. — offenbar Triobolen attischen Gewichts — zu bringen sind, die auf der Schauseite einen weiblichen Kopf im archaischen Stil im Perlenkranz, auf der Rückseite einen Ochsenkopf im Kreis darstellen und, wie es scheint, nicht sehr alter, aber keineswegs barbarischer Fabrik sind. Die im Berl. Mus. befindlichen Exemplare sind vom Botaniker Koch am Kaukasus gesammelt worden.

neu eingerichtet wurde, ward das Reichsgewicht meistens recipirt. Daher kommt es, daſs in dem ganzen nicht hellenischen Münzgebiet, welches die Mittelmeerküste von Phaselis bis Arados und von da bis Tyros, ferner das syrische Hinterland zwischen Phönikien und dem Euphrat und Tigris, sowie die Insel Kypros umfaſste, unter den Achämeniden eine gröſsere Münzeinheit herrschte, als in den hellenischen Prägstätten der kleinasiatischen Halbinsel. Man kannte dort nur den babylonischen und phönikisch-kleinasiatischen Silberstater, das Gewicht des einen regulirte man nach der groſsköniglichen Reichsdrachme, das des andern nach dem groſsköniglichen Provinzialsilber, so daſs der für das Reichsgeld festgestellte Tarif auch auf dieses autonome Silber Anwendung finden und die betreffenden Sorten zu $\frac{1}{10}$ und $\frac{1}{15}$ Golddareikos ausgegeben werden konnten[1]). In den hellenischen Prägstätten hat man sich dagegen nur ausnahmsweise entschlossen zum Reichsfuſs überzugehen. Abgesehen von Lykien, welches eine besondere Stellung einnahm, übrigens auch als einer der zum athenischen Bunde gehörigen Staaten[2]) recht wohl zum hellenischen Münzgebiet gerechnet werden darf, blieb hier bis zum Ende des 5. Jahrh. die gröſste Mannigfaltigkeit in den Geldsorten bestehen; dieselbe verringerte sich seit der Reform des Dareios nicht, sondern ward im Gegentheil noch gröſser, indem zwar in den meisten Orten das alte Courant in Gültigkeit blieb, aber in vielen daneben der babylonisch-persische Silberstater oder die entsprechende Drachme geprägt zu werden begann und somit zu den vorhandenen Sorten noch eine neue hinzukam. Dabei blieb man in Teos, Knidos und Kamiros noch lange dem äginäischen, in Kos dem attischen Gewichtsfuſs getreu, und brachte nicht nur die kleinasiatische schwere und leichte Drachme oder den entsprechenden Stater, sondern auch das der persischen Drachme nachgemünzte Geldstück zu den verschiedensten Gewichten aus, die nicht minder unter einander, wie vom Normalstande abwichen. Hierdurch wurde die Münzverwirrung gröſser denn je und der einzige allgemeine Werthmesser blieb das persische Goldstück. Als nun aber die hellenischen Städte nach der Schlacht am Eurymedon (469) ihre Freiheit wiedererlangten, die ihnen später durch den kimonischen Frieden (449) verbrieft ward und bis nach der Niederlage der Athener auf Sicilien erhalten blieb, da begann man dort auch wieder zu der frühern sehr unvollkommenen Goldprägung zurückzukehren und nach phokaischem Fuſse

---

[1]) Vgl. oben S. 126 f.

[2]) Vgl. Boeckh Staatsh. II, 704.

in stark legirtem Metall, in Kyzikos Stater, in den übrigen Städten Sechstel zu münzen, so dafs jetzt auch der Dareikos wieder einen Concurrenten in dem kyzikenischen Goldstück erhielt. Nur wenige Städte zogen es vor, reines Gold nach dem Reichsgewicht zu schlagen. In dieser allgemeinen Münzverwirrung versuchte man an verschiedenen Orten sich durch Bildung von Münzconventionen zu retten und an der Stelle der mannigfaltigen Sorten Vereinsgeld von gleichem Schrot und Korn in Gold und Silber zu schaffen. Doch blieben alle diese Versuche vereinzelt und mifslangen daher. Eine Besserung trat erst ein, als am Ende des 5. Jahrhunderts der rhodische Einheitsstaat gestiftet und gleichzeitig ein neues Münzwesen geschaffen wurde, welches auf dem alten kleinasiatischen Silberstater beruhte, diesen aber gegen den damaligen Mittelstand etwas erhöhte, so dafs er auf reichlich Vierdrittel des babylonisch-persischen Silberstaters zu stehen kam. Da gleichzeitig nach dem Muster des Dareikos Gold geprägt wurde, so ist vorauszusetzen, dafs dieses jenem möglichst gleichgestellt und ihm daher derselbe Werth von 15 Silberdrachmen oder achtehalb Silberstatern beigelegt ward[1]), zu dem auch der Dareikos nach dem im persischen Reiche einmal bestehenden legalen Tarifverhältnifs ausgegeben werden konnte. Der Vortheil der neuen Schöpfung lag also zunächst wohl darin, dafs das rhodische Geld zum persischen in Verhältnifs gesetzt und durch diese Umformung die alte ursprüngliche Cursgleichung[2]) der beiden Systeme wiederhergestellt ward. Indefs auch diese Reform wäre vereinzelt geblieben, wenn sie nicht theils durch das rasche Aufblühen des rhodischen Staates, theils dadurch eine besondere Bedeutung erhalten hätte, dafs sie ziemlich gleichzeitig auch in den beiden ebenfalls neu erstehenden Staaten, in dem des Euagoras und des Hekatomnos, Aufnahme fand und sich bald über das ganze karische Gebiet und noch weiter verbreitete. Denn die bedeutendsten kleinasiatischen Handelstädte, nämlich Samos, Chios, Teos, Ephesos, Erythrae, Kyzikos, Kolophon, richteten jetzt ihr Geldwesen in der früher bezeichneten Weise[3]), wenigstens in Bezug auf Gewicht und vermuthlich auch in Bezug auf Feingehalt, nach dem rhodischen ein. Nachdem nun auch Philipp von Makedonien (359—336) den kleinasiatisch-rhodischen Silberstater und gleichzeitig das dem Dareikos nachgebildete Goldstück

[1]) Vgl. oben S. 126. Leider ist das Gewicht des älteren rhodischen Goldstücks, welches erst bei dem Funde in Sakis zum Vorschein gekommen ist, nicht bekannt. Die späteren sind natürlich nach dem Alexandergelde normirt.

[2]) Vgl. oben S. 87 f. 222 f. 234.

[3]) Siehe S. 343.

in seinem Reich eingeführt[1]) und in allen ihm unmittelbar untergebenen Städten die ausschliefsliche Prägung seiner königlichen Münze angeordnet hatte, so war beim Regierungsantritt Alexanders d. Gr. der nach dem persischen Reichsfufs normirte Goldstater und das nach dem bezeichneten Gewichte normirte Silbergeld das verbreitetste Courant an den Küsten des ägäischen Meeres. Man kann daher wohl fragen, ob Alexander nicht besser gethan haben würde, das Geldwesen, wie es sein Vater eingerichtet hatte, zu belassen, anstatt noch einmal eine Aenderung vorzunehmen und wie Philippos den babylonisch-persischen mit dem kleinasiatisch-rhodischen Silberstater, jetzt wieder den letztern mit dem attischen Tetradrachmon zu vertauschen.

Ziemlich gleichzeitig mit der rhodischen Währung kam eine Einrichtung im kleinasiatischen Münzwesen auf, die man wohl als eine Verbesserung ansehen darf, nämlich der Gebrauch, die Namen der Magistrate, unter deren Verantwortlichkeit die Prägung geschah, auf dem Gelde zu vermerken. Ohne Zweifel wurde hierdurch sowohl die Gefahr der obrigkeitlichen Münzverschlechterung wie der Münzfälschung vermindert. Es ist bekannt, dafs in Athen diese Neuerung erst etwa zur Zeit Alexanders Eingang fand[2]), wo sie zuerst vorkommt, ist schwer zu sagen; in Rhodos selbst wurden etwa bis zum Jahr 380 nur die Initialen, erst dann der ganze Name beigefügt[3]). Ganz analog ist der Gebrauch auf dem grofsköniglichen Provinzialgeld, auf dem Golde der kitischen Könige und auf phönikischen Silberstücken Daten anzubringen, die sich in der Regel auf die Regierungsjahre des betreffenden Münzherrn bezogen haben werden; indefs findet sich auch dies erst auf den jüngern Reihen, am frühesten und wohl schon seit Artaxerxes I. auf dem grofsköniglichen Provinzialgelde, auf allem übrigen nicht vor Beginn des 4. Jahrhunderts.

Eine andere Reform auf dem Gebiete der Geldprägung, die ebenfalls von den Hellenen ausging, ist in dieser Periode dem Orient noch fast ganz fremd geblieben, nämlich die Einführung des Scheidegeldes, die um so nothwendiger war, da die Stückelung des Silbers, wie man sie früher geübt hatte, zu den gröfsten Unbequemlichkeiten führte. Die Kupferprägung ward etwa seit dem Anfang des 4. Jahrhunderts in den griechischen Städten Kleinasiens ziemlich allgemein, fafste dagegen im eigentlichen Orient nur hier und da Fufs[4]); in Kilikien und Pamphylien

[1]) Siehe S. 113. 250. — [2]) Vgl. Hultsch Metr. S. 161.

[3]) In Teos kommen einzelne Buchstaben, die gewifs als Initialen des Magistratsnamens aufzufassen sind, viel früher vor. — [4]) Vgl. oben S. 288.

ist dies um so auffallender, da dort auch die Prägung des Kleinsilbers Ausnahme war, so dafs man für alle kleineren Geschäfte auf Tauschhandel beschränkt blieb. Während hierin der Orient von Hellas überflügelt wurde, war das orientalische Geld in andern Beziehungen viel vollkommner als das griechische. Es ist bekannt, dafs die hellenischen Stempelschneider in dieser Periode ihre Kunst zur gröfsten Vollendung brachten und sowohl in der Erfindung wie in der Ausführung den orientalischen weit überlegen waren, allein was, vom Standpunkte des Künstlers betrachtet, unvollkommen erschien, das Beharren an typischen einmal angenommenen Formen, war in seiner Anwendung auf Geld von unendlichem Vortheil. Während in Hellas nur die Haupthandelstädte wie Athen, Chios, Samos und Rhodos es erkannten, wie wichtig es für den Credit des Geldes ist, das Prägbild möglichst wenig zu modificiren und dem einmal angenommenen Wappen in Gruppirung und Ausführung treu zu bleiben, ward dies in der orientalischen Prägung überall auf das Strengste durchgeführt. Das Reichsgeld, das grofskönigliche Provinzialgeld, das Gold und Silber der Dynasten von Kition behielt viele Regierungen hindurch stets dasselbe Gepräge, nur andere Namen, Buchstaben und Zahlzeichen wurden beigefügt, im Uebrigen keine nennenswerthe Modification vorgenommen; dieselbe Beobachtung machen wir bei dem gleichzeitigen phönikischen Gelde, zumal bei dem Königssilber von Byblos und von einer bestimmten Zeit an auch bei dem in Tarsos geschlagenen Courant. Selbst die karischen Dynasten haben sich seit Maussolos in der Darstellung ihrer Münztypen namhafte Aenderungen nicht erlaubt. Es versteht sich, dafs hieran allein der conservative Charakter der asiatischen Kunst nicht schuld war. Es kam hinzu, dafs für den Orientalen das Prägbild stets die Bedeutung des Wappens behielt. Der Grofskönig konnte mehrere Wappen besitzen, verschiedene Geldsorten mit verschiedenen derselben bezeichnen, allein alle seine Wappen bewegten sich um die Darstellung seiner Person und jedes einzelne mufste seinen bestimmten Charakter behalten. Auch wechselten dieselben nicht wesentlich mit dem einzelnen Dynasten, sondern vererbten sich von Grofsreich zu Grofsreich, von Thron zu Thron und von Herrscher zu Herrscher. Ebenso oder ähnlich war es bei seinen Vasallen, und so sehen wir, dafs während die phönikischen Dynasten von Kition stets an dem Bilde ihres Schutzgottes des phönikischen Herakles und dem Symbol des hirschbändigenden Löwen festhielten, ihre Nebenbuhler, die griechischen Könige von Salamis, nicht einmal während ein und derselben Regierung stets die gleichen Stempel verwandten und nur den thurmgekrönten Kopf der Aphrodite aber auch nicht immer reproducirten. Besonders gegen Ende dieser Epoche begann die Sucht in den griechischen Städten die Typen zu wechseln und mit der Mannigfaltigkeit und Künstlichkeit der Prägbilder zu prunken. Wie sehr die Circulation des Geldes, die auf dem Credit dessen beruht, der es ausbringt, erleichtert wird, wenn das Zeichen dieser Bürgschaft auf allgemein verständliche Weise dargestellt wird, wie wichtig es ist, jenes Symbol im Gedächtnifs dessen zu befestigen, bei dem es circuliren soll und ein wie einfaches Mittel hierzu die stete Wiederholung desselben Bildes bietet, — dieser Erfahrungssatz scheint damals vielfach mifsachtet worden zu sein. So sehn wir in Kalchedon um das Ende des 5. Jahrh. das alte Stadtwappen, den über Aehre schreitenden Stier auf immer vom Gelde verschwinden, um ganz abweichenden Prägbildern Platz zu machen, die später noch einmal wechseln. Aehnliches bemerken wir auf dem Silbergelde von Kyzikos, Lampsakos, Abydos, Klazomenae, Erythrae, Halikarnassos u. a. O. Es mochte hierzu die weitgreifende Aenderung verführen, die in Kleinasien sich erst in dieser Epoche, im eigentlichen Griechenland schon früher an der Münze vollzogen hatte, die Ersetzung des einfachen Stempels durch einen doppelten und die Nothwendigkeit neben dem eigentlichen Wappen ein neues Prägbild zum Schmuck der bis dahin leeren Seite zu erfinden. Das eigentliche Stadtwappen ward jetzt in der Regel auf der Rückseite angebracht [1]), so in Sinope, Amisos, Kios, Antandros, Assos, Prokonnesos, Miletos, Kos, Rhodos, Aspendos, Side, sowie auf dem meisten kleinasiatischen Bundesgelde, anders verfuhr man dagegen in Ephesos, wo die Biene auf der Schauseite blieb und die Rückseite mit andern Prägbildern geschmückt wurde, sowie in Chios und Teos, wo man die einseitige Prägung im Wesentlichen beibehielt und auf der Rückseite nur Stadt- oder Magistratsnamen oder beides anbrachte.

---

[1]) Vgl. oben S. 333.

MÜNZVERZEICHNISS.

I. Kleinasiatische Gold- und Silbermünzen vor Dareios.

1. Lydisches Reich.

I. Periode. Vor Krösos. Weifsgoldprägung kleinasiatischen Fufses.

13.955	Sestini St. ant. p. 91. n. 1. taf. IX, 13. Mommsen Röm. M. S. 18, 65.	Sehr blasses Gold.	Vordertheil von Stier und Löwe von einander abgekehrt und mit den Nacken aneinandergefügt.	Drei tief eingeschlagene Zapfenlöcher, das mittlere oblong, die beiden andern quadratisch.
14.18	= 219 Ivanoff 152[1]).	Blasses Gold.	Zwei Löwenköpfe von vorn, mit den Nacken aneinandergefügt.	Dasselbe.

II. Periode. Gold des Krösos.

1. Gold. Babylonischer Fufs.

a) Erste Reihe.

10.67	Sestini p. 91. n. 2. taf. IX, 14. Mommsen 19, 70.	Reines Gold.	Vordertheil von Stier und Löwe gegeneinander gekehrt.	Senkrecht getheiltes eingeschlagenes Viereck.
5.63	Paris. Mus.			
3.55	Sestini p. 92. n. 4. taf. IX, 16. Mommsen 19, 70.			
1.80	Mus. Luynes.			
1.76	Mus. Prokesch[2]).			
0.87	Mus. Prokesch.			

b) Zweite Reihe.

8.10	= 125 Borrell N. C. II, 216.	Reines Gold.	Vordertheil von Stier und Löwe gegeneinander gekehrt.	Dasselbe.
8.076	Mus. Prokesch.			
8.07	Paris. Mus.			
8.065	Sestini p. 91. n. 3. taf. IX, 15. Mommsen 5, 8.			
8.054	= 124, 3 Thomas p. 339.			
8.05	Brit. Mus.			

[1]) „Electrum or Gold ... two lions' heads seen in front, and united together by the napes of their necks: rev three deep and rough incuses, that in the centre oblong, the others square, but of different sizes."

[2]) Die Wägungen der Münzen des Freiherrn v. Prokesch sind mir von Th. Mommsen mitgetheilt worden.

8.03	= 124 Ivanoff 531.	Reines Gold.	Vordertheil von Stier und Löwe gegeneinander gekehrt.	Senkrecht getheiltes eingeschlagenes Viereck.
8.02	Mus. Luynes.			
7.996	= 123, 4 Pembroke p. 219. p. I, t. I.			
2.70	Mus. Luynes.			
2.675	Mus. Prokesch.			
1.35	Mus. Rauch.			
1.35	Mus. Luynes.			
1.35	Mus. Prokesch.			
0.673	Sestini p. 92. n. 6. taf. IX, 17. Mommsen a. a. O.			
0.67	Mus. Prokesch.			

2. Silber. Babylonischer Fufs.

10.70	Paris. Mus.	. . . .	Vordertheil von Stier und Löwe gegeneinander gekehrt.	Dasselbe.
10.59	= 163½ Ivan. 532.			
10.48	= 161 Borrell N. C. II, 216.			
10.22	Mus. Luynes.			
5.40	= 83½ Ivan. 533.			
5.40	Cat. Behr 833.			
5.39	= 83½ Borrell a. a. O.			
5.35	Mus. Luynes.			
5.30	Par. Mus. Mion. Pl. XXXVI, 2.			
5.24	= 81 Borrell a. a. O.			
5.20	Par. Mus.			
5.18	= 80 Borrell a. a. O.			
5.15	Par. Mus.			
3.50	Cat. Behr 834.			
0.76	= 11¾ Borrell a. a. O.			

2. Griechische Städte.

Herakleia in Bithynien.

1. Gold. Phokaischer Fufs.

2.60	Par. Mus.	Blasses Gold.	Archaisch geformt. Frauenkopf nach links, die Haare sorgfältig gelockt, durch ein Stirnband gehalten.	Tiefes viergeth. Quadr. incusum.
2.55	Par. Mus.			
2.55	Mus. Luynes.			

3.06	Par. Mus. vgl. oben S. 214, S. 309.	. . . .	Frauenkopf, den Hinterkopf mit Schleier bedeckt, archaischen Stils nach links.	ϘA innerhalb eines v… einer Verzierung ei… gefaſsten vert. Vi… ecks.
2.90	Par. Mus. Mion. S. 5, 51, 256. vgl. Sestini lett. num. Cont. VII, 47, 1. taf. 1, 15.	. . . .	Dasselbe Gepräge.	ΑΔƎ Dasselbe.
2.94	Par. Mus. vgl. Leake Eur. Gr. 54.			
2.75	Par. Mus.			
2.29	Berl. Mus.	. . . .	Archaisch geformter männlicher Kopf.	ERA Dasselbe.

Kalchedon.

1. Gold. Phokaischer Fuſs.

16.10	= 284.5 Borrell N. C. VI, 160.	„Gold."	Schreitend. Stier über Thunfisch.	Unregelmäſsiger in vi… Abschnitte getheilt… Einschlag.
16.00	Par. Mus.			
15.91	= 245.5 Leake As. Gr. 50 a. d. Br. Mus.	„Elektrum."		
9.60	Brit. Mus.			

2. Silber. Euboischer Fuſs.

8.58	Myt-Rabineh R. n. 1861. p. 421. pl. 18, 9.	. . . .	Stier schreitend nach links, unt. d. Bauch eine Rosette.	Eingeschlag. Viereck.

Kyzikos [1].

Weiſsgold. Kleinasiatischer Fuſs.

4.702	Sestini St. ant. p. 51. n. 12. taf. IV, 15. Mommsen S. 18. Anm. 66.	Blasses Gold.	[illegible] Löwenkopf nach links.	Senkrecht getheilt. ei… geschlagenes Vierec…

Lampsakos.

1. Weiſsgold. Kleinasiatischer Fuſs.

13.85	Sest. St. ant. p. 62, 2. Mommsen S. 18, 65.	Blasses Gold.	Vordertheil eines beflügelten Seepferdes nach links, darüber Blume.	Viergetheiltes eingesc… Viereck.

[1] Die kyzikenischen Goldmünzen phokaischen Fuſses sind S. 403 zusammengestellt.

3. Silber. Kleinasiatischer Fufs.

Berl. Mus. = 69.8 Fox II, 83. Brit. Mus. Par. Mus. Mion. 2, 560, 292. Brit. Mus. = 19¾ Hunter taf. 31, 24.	....	Vordertheil eines beflügelten Seepferdes.	Tief eingeschl. viergetheiltes Quadrat.

Abydos.

1. Weifsgold. Kleinasiatischer Fufs.

Sestini p. 72. n. 7. taf. VII, 12.	Blasses Gold.	Adler neben Fisch.	Eingeschlag. Viereck.
Par. Mus.	„	Adler n. rechts umschauend.	Dasselbe.

2. Silber. Kleinasiatischer Fufs.

Mus. Wadd. Vgl. Peller. II. taf. 51, 1 Mion. Pl. XXXVI, 7. = 48.1 Leake As. Gr. 1.	....	Maske von vorn.	Dasselbe.
Mus. Wadd. (sehr alterthümlich).	....	Anker.	Dasselbe.

Kebren.

Weifsgold. Kleinasiatischer Fufs.

= 86.3 Whittall 398.	„Electrum."	Widderkopf nach links.	Tief eingeschl. Viereck.
= 9.7 Whittall 899.	„	Widderkopf von roher Arbeit.	Dasselbe.

2. Silber. Kleinasiatischer Fufs.

r. Mus.	....	Hahnenkopf nach rechts.	Viergeth. eingeschlagenes Viereck.
it. Mus.	....	Hahn nach rechts.	Dasselbe.

Tenedos.

Silber. Euboischer Fufs.

it. Mus.	....	Doppelkopf archaisch. Stils.	TEИE behelmter bärtiger Kopf in vertieftem Viereck.
rit. Mus.	....	Dasselbe.	Weiblicher Kopf in vertieftem Viereck.
31.1 Leake Ins. Gr. 43. r. Mus. 27.5 Leake Ins. Gr. 43.	....	Dasselbe.	ƎИƎT ИOIΔ Doppelaxt in vert. Viereck.
24 Leake Ins. Gr. 43.	....	Dasselbe.	ƎT ИE Dasselbe.

Kyma.

1. Weifsgold. Kleinasiatischer Fufs.

220 Ivanoff 153.	„Blasses Electrum."	Vordertheil eines aufgezäumten Pferdes m. Schabracke nach rechts, darüber eine Art Blume.	Drei tiefe Zapfenlöcher, das mittlere oblong, die andern quadrat.

2. Silber. a) Aeginäischer Fufs.

12.00	Mus. Luynes. vgl. S. 175, 1. Kreta?			
11.90	Berl. Mus.	. . . .	Vordertheil eines springenden Pferdes.	Zwei stern- od. blumenartig verzierte vertiefte Einschläge.
11.80	Berl. Mus.			
11.40	Mus. Rauch.			

b) Kleinasiatischer Fufs.

0.59	= 9½ Borrell N. C. 7, 46.	. . . .	Adlerkopf nach links.	Rohes eingeschlagenes Viereck.
0.46	Mus. Luynes.	. . . .	KV Dasselbe.	Vier eingeschl. Vierecke in Windmühlenflügelf.
0.43	Mus. Luynes.			
0.41	= 6¾ Borrell N. C. 7, 46.		KV Dasselbe nach rechts.	Dasselbe.

Lesbos. Mytilene.

Gold. Phokaischer Fufs.

2.75[1]	Paris. Mus., ähnlich Sest. IV, 26.	Dunkl. Gold.		
2.60	= 49 Prokesch In. 1854. taf. IV, 12.	„Gold."		
1.30	Par. Mus.	Dunkl. Gold.	Kalbskopf, rohe Zeichnung.	Eingeschlag. Viereck.
0.60	Par. Mus.	"		
0.56	Par. Mus.	"		

Methymna.

1. Gold. Phokaischer Fufs.

16.105	Sestini St. ant. pl. IV, 27. 28. Momms. S. 4.	Mittelfarbiges Gold.	Eber nach links, darunter Thunfisch.	Viergeth. eingeschlagenes Viereck.
2.70	Par. Mus. Mion. S. 6, 55, 26.	„Gold."		
2.655	= 41 Hunter t. 66, 2.	"		
2.64	Mus. Luynes.	Besseres Gold.	Dasselbe.	Dasselbe.

2. Silber. a) Kleinasiatischer Fufs.

6.80	Par. Mus. (Pollo ?).	. . . .	Vorderth. eines Ebers nach rechts.	In 4 Quadrate geth. eingeschlagenes Viereck.
6.72	Brit. Mus.	. . . .	Dasselbe.	Roh eingeschl. Viereck.

[1]) Nach einer 1864 wiederholten Wägung; früher 2.80, vgl. S. 172.

b) Euboischer Fufs.

8.45	Par. Mus. Mion. S. 6, 68, 43. Pl. LVI, 1.	....	ΜΑΘVΜΝΑΙ.. Eber nach rechts schreitend.	Archaisch geform. Pallaskopf in vert. Viereck.
8.20	Par. Mus.	....	Ohne Schrift. Dasselbe.	ΜΑΘVΜ.... Dass.
8.16	= 126 Leake ins. Gr. 25 aus d. Brit. Mus.	....	ΜΑΘVΜΝΑΙΟΣ Dasselbe.	Dasselbe ohne Schrift.
7.98	= 123.2 Thomas 2021.			
8.15	Mus. Luynes.	....	Schrift undeutl. Dasselbe.	ΜΑΘVΜ...Ο. Dass.
8.00	Mus. Luynes.	....	..ΘVΜ..... Dasselbe.	ΜΑΘΜΝΑΙΟΣ Dasselbe.

Klazomenae.

1. Weifsgold. Kleinasiatischer Fufs.

14.06	= 217 Thomas. 2129 Mus. Luynes. Fundort Samos.	Blasses Gold.	Halber beflügelt. Eber nach rechts.	Viergeth. eingeschlagenes Viereck.

2. Gold. Phokaischer Fufs.

16.04	Par. Mus. Mion. S. 5, 801, 106.	Legirt. Gold.	Vordertheil eines beflügelten Ebers über Thun.	Viergeth. Quadr. inc.
16.00	Brit. Mus.			

3. Silber. Kleinasiatischer Fufs.

7.00	Brit. Mus. Vgl. Allier pl. XIV, 10.	....	Vordertheil eines beflügelten Ebers.	Viergeth. eingeschlagenes Viereck.
6.95	Par. Mus.			
6.93	= 107 Thomas 296.			
6.90	Par. Mus.			
6.89	Brit. Mus.			
6.88	Mus. Wadd.			
6.75	Brit. Mus.			
6.70	Par. Mus.			
6.65	Par. Mus.			
3.04	Brit. Mus.			
2.95	Mus. Wadd.			
1.31	= 20[illegible] Hunt. taf. 66, 15.			
1.07	= 20[illegible] Mion. S. 6, 85, 23.			

Ephesos.

1. Weifsgold. Kleinasiatischer Fufs.

6.62	= 133.1 Ivanoff 151. ob ächt?	„Electrum.“	Roh gezeichnete Biene (oder Fliege).	Zwei tiefe Zapfenlöcher, das eine oblong, das andere quadratisch, im Innern eigenthümlich verziert.
1.20	Par. Mus.	Blasses Gold.	Vordertb. eines umschauenden Hirsches nach rechts.	Eingeschlag. Viereck.

2. Silber. Kleinasiatischer Fufs.

3.50	Mus. Luynes.	. . . .	Biene, sehr roh gearbeitet.	Alterthümliches eingeschlagenes Viereck.
3.42	Longpérier[1]) R. n. 1861, 419 aus Myt-Rahin. pl. XVIII, 7.	. . . .	Biene nach rechts.	Durch 2 Diagonalen getheiltes eingeschlagenes Viereck.
3.34	= 63 Prokesch Ined. 1854.	. . . .	Fliegende Biene.	Unregelm. eingeschlag. Viereck.
3.25	Brit. Mus.			

Erythrae.

1. Gold. Phokaischer Fufs.

2.58	Brit. Mus.	Dunkleres G.	Herakleskopf mit d. Löwenhaut bedeckt, archaischen Stils.	Viergeth. eingeschlagenes Viereck.
2.55	Brit. Mus.			
2.55	Par. Mus.			
2.50	= 38.8 Thomas n. 2144.	„Gold.“		
2.59	= 40 Borrell N. C. VII, 64 in Erythrae gefunden (a very primitive coin).	„Gold.“	Aufgeblühte Rose.	Zwei parallele eingeschl. Vierecke.
1.40	= 22 Whittall 520.	„Electrum.“	Aufgeblühte Blume.	Eingeschlag. Viereck.

[1]) Longpérier setzt die Münze nach Kos; allein dort herrschte äginäisches Gewicht und für eine halbe äginäische Drachme ist das Stück zu schwer.

2. Silber. Kleinasiatischer Fufs.

7.10	= 109.2 Thom. p. 299. Vgl. Mion. 8, 568, 151. S. 7. pl. 6, 1.	. . . .	Reiter nach rechts.	Eingeschlag. Viereck.
7.05	Brit. Mus. 2.	. . . .	Reiter mit Lanze n. rechts.	Dasselbe.
7.04	Brit. Mus.			
14.28	Rev. num. 1861. pl. 16, 5 aus Myt-Rabiach.	. . . .	Beflügeltes Pferd n. rechts.	Eingeschlag. Viereck in Windmühlenflügelform.
6.80	Brit. Mus.	. . . .	Vordertheil eines beflügelten Pferdes.	Eingeschlag. Viereck.
6.74	Brit. Mus.			

Miletus.

1. Weifsgold. Kleinasiatischer Fufs.

14.10	Brit. Mus.	Zieml. d. Gold.	Löwe liegend, Kopf zurückwendend, in Einfassung von Doppellinien.	Drei tiefe Zapfenlöcher, das mittlere oblong, die beiden andern quadratisch.
14.076	= 165 Mion. S. 9, 227, 1. pl. X, 1.	Sehr bl. Gold.		
6.95	Brit. Mus.	Blasses Gold.	Löwe liegend nach rechts, den Kopf umwend. n. l.	Dasselbe.
4.72	= 71 Ivanoff 264.	„Gold" (?)	Löwe liegend nach links, den Kopf nach rechts.	Zwei eingeschl. Vierecke (in einem ders. ein Stern) (beide Vierecke verziert).
4.68	Par. Mus.	Sehr bl. Gold.		
4.74	= 89¼ Mionnet 3, 528, 76.	Blasses Gold.	Löwenkopf mit aufgesperrtem Rachen, darüber meist Stern, im Felde häufig kleine Contremarken.	In zwei Rechtecke getheiltes eingeschlagenes Viereck, oft sternförmig verziert.
4.73	Mus. Waddingt.	„		
4.73	= 73 Leake As. Gr.	„Electrum."		
4.73	Brit. Mus.	Blasses Gold.		
4.72	Sestini p. 50. n. 2. taf. IV, 2. Mommsen S. 18, 66.	Zieml. dunkles Gold.		
4.72	= 73 Ivanoff 262.	„Gold" (?)		
4.72	= 72.8 Thom. p. 301.	Blasses Gold.		
4.72	Par. Mus.	„		
4.702	Sestini p. 51. n. 12. Mommsen a. a. O.	„		
4.70	Brit. Mus. 2.	„		
4.70	Mus. Luynes 2.	Sehr bl. Gold.		
4.70	= 72.6 Leake = Thomas n. 2164.	Blasses Gold.		

4.70	Par. Mus.	Sehr bl. Gold.	Löwenkopf mit aufgesperrtem Rachen, darüber meist Stern.	Zwei eingeschlag. Vierecke, oft sternförmig verziert; bei den kleinern Stücken ist meist nur ein eingeschlag. Viereck zu erkennen.
4.70	Par. Mus.	Blasses Gold.		
4.69 4.68 4.67 4.66	Brit. Mus.	„		
4.545	Sestini p. 49. n. 1. Mommsen a. a. O.	Zieml. blasses Gold.		
4.46	Lenorm. Cat. Behr p. 94. n. 664.	„Gold" (?)		
2.40	Brit. Mus.	Blasses Gold.	(Neben Löwenkopf ein unerkennbarer Gegenstand.)	Dasselbe.
2.35	Par. Mus.	„		
1.17	Sestini p. 50. n. 7. taf. IV, 7. Mommsen a. a. O.	Sehr bl. Gold.	Löwenkopf mit aufgesperrtem Rachen, darüber meist Stern.	Dasselbe.
1.15	Brit. Mus. 2.	Blasses Gold.		
1.15	Mus. Luynes.	„		
0.31	Mus. Luynes.	„		
2.32 2.20	Mus. Luynes platirt.	„	Löwenkopf nach links.	Stern in eingeschlagenem Viereck.

2. Gold. Phokaischer Fufs.

16.39	Brit. Mus.	Sehr wenig legirtes Gold.	Löwe stehend nach links.	In zwei Rechtecke geth. eingeschlag. Viereck.
16.10	= 248.5 Borrell N. C. 6, 150.	Desgl.	Löwenkopf mit weit geöffnetem Rachen, sehr archaischen Stils.	Roh eingeschl. Viereck.
16,10	Brit. Mus.	Desgl.		
16.06	= 247.9 Thom. p. 300. n. 2152. (the oldest coin of any collection).	„Bl. Gold nicht Electrum."		
16.06	Mus. Luynes.	Blasses Gold.		
2.76	= 42.6 Thom. p. 300. n. 2152.	„Gold."	Löwenkopf mit offnem Rachen auf rundem Schild.	Eingeschlag. Viereck.
2.76	Brit. Mus.	Dunkl. Gold.	Löwenk. mit offnem Rachen.	Dasselbe.
2.75	Par. Mus.	„	Dasselbe nach links, roher Stil.	Unregelmäfsig eingeschlagenes Viereck.
2.68	= 41.5 Thom. p. 301. n. 2153.	„Gold."	Löwenkopf von vorn.	Dasselbe.
2.55	Par. Mus.	Dunkleres G.	Löwenk. m. offn. Rachen n. l.	Viergeth. Quadr. inc.
1.02	Par. Mus.	Sehr bl. Gold.	Aehnlicher Löwenk. n. links.	Roh eingeschl. Viereck.
0.32	Par. Mus.	Blasses Gold.	Aehnliches Bild.	Vierg. eing. Viereck.

3. Silber. Babylonischer Fuſs.

11.07	Mus. Luynes unter Lydien.	. . . .	Kopf und Hals eines Löwen.	In 4 Felder getheiltes eingeschlag. Viereck.
10.878	= 168 Ivanoff 534.	. . . .	Löwenk. mit offnem Rachen.	In 4 Rechtecke getheilt. eingeschlag. Viereck.
9.97	Aus Myt-Rabineb. Rev. n. 1861. p. 423. n. 16. pl. XVIII, 10.	. . . .	Dasselbe nach rechts.	Diagonal getheiltes vierfeldriges Quadr. incus. zwei Felder noch einmal getheilt.

Phokaea.

1. Gold. Phokaischer Fuſs.

16.50	Sestini St. ant. I, 1. Mommsen 8.	Reines Gold.	Robbe, darunter ʘ.	Zwei ungleiche unregelmäſsige Zapfenlöcher.
2.59	= 40 Thomas p. 316. n. 2260.	„Bl. Gold, aber nicht Elektr."	Kopf eines Robben, darunter ein kleinerer Robbe.	Eingeschlag. Viereck.
2.60	Par. Mus.	Dunkleres G.	Helm n. links über Robbe.	Unregelm. Quadr. incus.
2.65	Mus. Luynes.	„	Behelmter, bärtiger Kopf n. links über Robbe.	Viergeth. Quadr. inc.
2.60	Par. Mus.	„	Ziegen- oder Widderkopf über Robbe.	Viergeth. Quadr. incus.
2.58	= 39.8 Leake As. Gr. 100.	„Electrum."		
2.57	Mus. Luynes.	Dunkleres G.		
0.645	Mus. Wadd.	Legirt. Gold.	Dasselbe.	Dasselbe.
0.42	Par. Mus.	„	Dasselbe.	Verzierung I. Quadr. inc.
2.59	= 40.1 Northw. 1047.	„Gold."	Löwenk. n. links üb. Robbe.	Roh eingeschl. Viereck.
2.59	= 40 Ivanoff 158.	„	Löwenkopf nach links daneben Robbe.	Eingeschlag. Viereck.
2.56	Mus. Luynes.	Legirtes Gold.	Vordertheil eines Löwen, Robbe fressend.	Dasselbe.
2.655	= 41 Ivanoff 156.	„Gold."	Kopf eines Ebers n. links, dabei Robbe.	Roh eingeschl. Viereck.
2.59	= 40 Ivanoff 157.	„	Kopf eines Kalbes, dabei Robbe.	Dasselbe.
2.59	= 40 Ivanoff 159.	„	Ziege knieend nach links, darüber Robbe.	Dasselbe.
2.56	= 39.6 Thom. p. 315. n. 2259.	„Gold."	Weiblicher Kopf archaisch. Stils mit herabhängendem Haar, runden Ohrringen und Halsschmuck, dahinter Robbe.	Eingeschlag. Viereck.

2.60	Brit. Mus.	Wenig legirtes Gold.	Fisch, darunter Robbe.	Dasselbe in Windmühlenflügelform.
1.35	Brit. Mus.	Dergl.		
2.72	Par. Mus. Sest. IX, 24. Pellerin Rec. III. pl. 115.	„	Fischkopf nach links, darunter ein kleiner Fisch.	Eingeschlag. Viereck.
2.70	Par. Mus.	„	Dasselbe, darunter Blume.	Dasselbe.
1.40	Par. Mus.	„	Dasselbe ohne Blume.	Dasselbe.
1.32	Par. Mus.	„		
1.30	Par. Mus.	„		
0.34	Brit. Mus.	„	Fischkopf nach links.	Dasselbe.
0.15	Par. Mus.	„		
2.59	= 40 Whittall 471.	„Electrum."	Greifenkopf mit offnem Rachen, daneben Robbe.	Dasselbe.
0.65	Brit. Mus.	„		
0.65	= 10.2 Whittall 472.	„		
0.65	Mus. Wadd.	Blasses Gold.		
0.44	= 6.9 Thom. n. 2200.	„		

2. Silber. Kleinasiatischer Fufs.

3.79	Brit. Mus.	. . . .	Robbe nach rechts, sehr alterthümlicher Fabrik.	Viergeth. Quadr. inc.
3.68	Mus. Laynes.	. . . .	Dasselbe.	Alterthümliches Quadr. incus., dem des Goldstaters bei Sest. Stat. ant. I, 1 ähnlich.

Teos.

1. Gold. Phokaischer Fufs.

a) Aeltere Reihe.

16.57	Sestini Stat. ant. IX, f. 5. Mommsen 3.	Reines Gold.	ΤΗΙΟΜ Greifenkopf mit aufgesp. Rachen n. links.	Eingeschlag. Viereck.
2.75	Mus. Laynes.	Gold.	Greifenkopf nach rechts.	Dasselbe.
2.60	Par. Mus. Peller. Rec. III. pl. 115. Mion. 6, 614, 12. Pl. 43, 5. Sest. 1, 27.	Dunkles Gold.	Greifenkopf nach links.	Viergeth. eingeschlagenes Viereck.
1.379	= 29 Borrell N. C. 7, 70. Fundort Teos.	„	Greif mit ausgebreiteten Flügeln nach links.	Dasselbe.
0.64	Par. Mus. Mionnet S. 6, 373, 1868. Allier XV, 22.	„	Greifenkopf nach rechts.	Alterthümliches viergetheiltes eingeschlagenes Viereck.

b) Jüngere Reihe.

16.04	Mus. Layn. vgl. Sest. IX, 3.	Blassen Gold.	Greif nach links über Thunfisch.	Viergeth. eingeschlagenes Viereck.
16.02	Mus. Waddington = Northwick 956.			
15.88	Brit. Mus.			
2.66	Brit. Mus.			
2.53	Brit. Mus.			
1.30	Brit. Mus.			
1.25	Brit. Mus.			

2. Silber. Aeginäischer Fufs[1]).

a) Aeltere Reihe.

11.88	Brit. Mus.	. . . .	Greif stehend nach rechts.	Alterthüml. viergetheilt. eingeschl. Viereck.
12.05	= 186 Northw. 1071.	. . . .	Greif sitzend nach rechts, die Flügel aufgerollt, den einen Vorderfuſs erhoben, im Felde verschied. Symbole (hier Ochsenkopf).	Viergeth. eingeschlagenes Viereck, der Grund meist punktirt.
11.95	Brit. Mus.	. . . .	Dasselbe.	
11.94	= 225 Mion. 3, 257, 1456. Pl. XLIV, 6.	. . . .	„ (Traube.)	
11.86	= 183.1 Leake 131.	. . . .	„ „	
11.86	= 183.1 Thom. 2269.	. . . .	„ „	
11.82	Brit. Mus.	. . . .	„ „	
11.79	= 222 Mion. 1455.	. . . .	„ (Schildkröte.)	
11.75	Brit. Mus.	. . . .	„ (Traube.)	
11.70	Par. Mus. (sehr klumpig.)	. . . .	„	
11.55	Brit. Mus.	. . . .	„ (Kopf.)	
11.54	= 178.2 Thom. 2268.	. . . .	„ (Maske.)	
11.50	= 177.4 Thom. 2270.	. . . .	„ (ohne Symbol.)	
11.43	= 215¼ Mion. 3, 257, 1454. (platter.)	. . . .	„ (Schwan.)	
11.41	= 176½ Borrell N. C. 7, 70.	. . . .	„ (ohne Symbol.)	
10.40	Mus. Rauch (vernutzt).	. . . .	„ (Traube?)	
5.75	Berl. Mus.	. . . .	Greif sitzend n. rechts, den einen Vorderfuſs erhoben.	Alterthümliches viergetheiltes Quadr. incus.

[1]) Es sind hier alle teischen Silbermünzen äginäischer Währung zusammengestellt, obgleich die jüngere Reihe erst in die Zeit nach Darius gehört.

2.10	Myt-Bahlseb. Longpérier R. n. VI, 428. vgl. Allier XV, 17.	. . . .	Greifenkopf.	Ein Stern mit 8 Strahlen im eingeschl. Viereck.
11.94	Pinder 343.	. . . .	Greif sitzend nach rechts, den rechten Vorderfuß erhoben. Anfangsbuchstaben d. Magistratsnam.	Viergeth. eingeschlagenes Viereck.
11.91	= 224¼ Mion. S. 6, 374, 1874.			
11.90	= 183.5 Hunter 319.			
			b) Jüngere Reihe.	
12.17	= 187.8 Thom. 2267. vgl. Allier XV, 25.	. . . .	THI Dasselbe Gepräge, im Felde meist Symbole.	Viergeth. eingeschlagenes Viereck.
12.15	Mus. Laynes.	. . . .	(IHT) (Blume.)	
11.98	Mus. Laynes.	. . . .	(Gerstenkorn.)	
11.71	= 180.9 Borrell N. C. 7, 70.	. . . .	(Dasselbe.)	
11.65	Mus. Wadd.			
11.60	Mus. Laynes.			
11.50	Brit. Mus.			
11.41	= 176.2 Thom. 2266.	. . . .	(Dasselbe.)	
11.70	= 220¼ Mion. S. 6, 375, 1886.	. . . .	THION Greif schreitend, darunter Robbe.	
10.88	= 168 Borrell N. C. 7, 71.	. . . .	THION Greif sitzend, im Felde Gerstenkorn.	
2.76	= 52 Mion. 1462.	. . . .	TH Greif sitzend n. rechts, im Felde verschied. Symbole (Kopf).	
2.67	= 41¼ Hunter 819.	. . . .	T Dasselbe. (Blume.)	
1.25	= 23½ Mion. 3, 258, 1463.	. . . .	„ (Epheuzweig.)	
1.23	= 19 Hunter 819.	. . . .	„ (Traube.)	
0.57	= 8¾ Hunter 820.	. . . .	„ (Kein Symbol.)	

Chios.

1. Weißgold. Kleinasiatischer Fuß.

14.06	Par. Mus. (= 14.02 Lenorm. mon. des Lagides S. 153.)	Sehr blasses, fast silberweiß. Gold.	Sphinx sitzend nach links.	Eingeschlag. Viereck in 4 Rechtecke getheilt.
14.00	Par. Mus.	Desgl.	Dasselbe nach rechts.	Dasselbe.
13.85	Sestini p. 69. n. 1. taf. IX, 7. Mommsen S. 13, 65.	Desgl.	Dasselbe.	Dasselbe. Drei Felder wieder diagonal geth.

8.65	Mus. Wadd.	Blasses Gold.	Sphinx nach links.	Zwei blumen- oder sternförmig verz. Vierecke.
1.15	Par. Mus.	Sehr bl. Gold.	Greif n. links, darunter X.	Ein ebenso verz. Viereck.
		2. Gold. Phokaischer Fuſs.		
2.80	Par. Mus. Mion. S. 9, 229. 13. pl. X, 5.	Blasses Gold.	Zwei Sphinxe in einen Kopf zusammengehend v. vorn, über Thun.	4 Einschläge in Windmühlenflügelform.
2.70	= 51 Prokesch Ined. 1854. S. 282 (unter Gergithos) taf. IV, 6.	"	Sphinx über Thunfisch n. l.	Dasselbe.
16.10	Par. Mus. Vgl. R. n. 1856. pl. I, 5.	"	Vordertheil einer Sphinx n. links über Thun, den rechten Vorderfuſs erhoben.	Viergetheiltes punktirtes Viereck.
16.05	Mus. Wadd.	"		
16.00	Mus. Luyn. vgl. Sest. IX, 6. Allier XVI, 1.	"	Sphinx über Thun stehend, die rechte Vordertatze erhoben.	Dasselbe.
15.83	Mus. Wadd.	"		
2.69	Mus. Luynes.	Dunkleres G.		
2.65	Par. Mus.	Blasses Gold.		
2.65	Par. Mus.	Dunkleres G.		
2.62	= 40.6 Ivanoff 160.	"		
		3. Silber. Kleinasiatischer Fuſs.		
15.26	Brit. Mus. = 235.6 Leake Ins. Gr. 8. (Sehr alterthüml.)	. . . .	Sphinx sitzend nach links.	Vier tiefe Zapfenlöcher.
15.29	= 236 Northw. 1073.	. . . .	Sphinx sitz. n. l., meist davor Vase u. im Felde Traube.	Viergeth. eingeschlagenes Viereck.
7.97	Myt-Rahineh. R. n. 1861. p. 423, 17. Vgl. Mion. Pl. XLIV, 2.	. . . .	(ohne Vase u. Traube.)	
7.96	Brit. Mus.	. . . .		
7.90	Mus. Luynes.	. . . .	(ohne Traube.)	
7.89	= 148.5 Mion. 3, 266, 4. Pl. XLIV. n. 1.	. . . .		
7.85	Par. Mus.	. . . .		
7.825	Mus. Wadd.	. . . .		
7.82	= 120¾ Hunter 95.	. . . .		
7.80	Par. Mus. 2.	. . . .		
7.77	= 120 Thomas 2277.	. . . .		
7.75	Brit. Mus.	. . . .		
7.75	Par. Mus.	. . . .		

7.73	= 145 { Mion. 5. Pl. XLIV, 2.	....	(Statt Vase u. Traube rechts Zweig).	
7.50	Brit. Mus.			
2.60	Par. Mus. 8.		Sphinx sitzend, meist davor Vase u. im Felde Traube	Viergeth. eingeschlagenes Viereck.
2.55	Par. Mus.			
2.52	Brit. Mus.			
2.30	Brit. Mus.			

Samos.

1. Weißgold. Kleinasiatischer Fuß.

14.06	= 217 Borrell N. C. 7, 72, 1. In Samos gefunden.	„Gold." (?)	Vordertheil eines Stiers n. rechts, den Kopf nach links gewandt.	Roh eingeschl. Viereck.
13.99	Par. Mus. = Lenorm. mon. des Lagides p. 152. pl. VIII, 8.	Sehr bl. Gold.	Stier schreitend nach rechts, den Kopf umwendend n. links.	Drei Zapfenlöcher, das mittlere oblong, die anderen quadratisch, aber stern- oder blumenartig verziert.
4.70	Mus. Wadd.	Blasses Gold.	Löwenkopfhaut von vorn.	Ein senkr. geth. eingeschlag. Viereck, verziert.
4.66	Par. Mus.[1]). vgl. Sest. IX, 18.	"		
2.84	Sestini p. 92. n. 7. taf. IX, 18. Mommsen S. 18, 66.	"	Dasselbe.	Oblonges eingeschlagenes Viereck.

2. Gold. Phokaischer Fuß.

2.70	Par. Mus. Mion. S. 9, 231, 26. Pl. X, 9.	Legirtes Gold.	Löwenkopfhaut von vorn, darunter Thun.	Viergeth. eingeschlagenes Viereck.
2.64	Par. M. vgl. Sest. IV, 6.			
0.65	Par. Mus.	"	Stier nach rechts, Kopf wendend nach links.	Eingeschlag. Viereck.

Kos.

Weißgold. Kleinasiatischer Fuß.

2.32 / 0.14	Brit. Mus.	Blasses Gold.	Krebs.	Eingeschlag. Viereck.

Die Silbermünzen dieser Periode von: Karien, Kamiros, Lindos, Phaselis, Lykien und Kypros siehe unten.

[1]) Die bei Mommsen S. 18. 66 aus Mion. I, 460, 81 angeführte Münze mit liegendem Stier, drüber Kügelchen von 4.78 Gr. = 89 par. gr. ist von Silber und gehört wohl, wie das regelmäßige vierfeldrige eingeschlagene Viereck und das Kügelchen verräth, nach dem thrakischen Chersones.

Münzen, deren Zutheilung zweifelhaft ist.

1. Weiſsgold. Kleinasiatischer Fuſs.

16.952	Sest. St. ant. IV, 23. Mommsen 18.	Blasses Gold.	Kuh ihr Kalb leckend, dabei Blume und Aehre.	Eingeschlag. Viereck.
13.95	Brit. Mus.	Ziemlich bl. G.	Chimära liegend n. links.	Drei tiefe Zapfenlöcher, das mittl. oblong, die beiden übrigen quadr.
7.14	Par. Mus. Lenormant mon. des Lagides pl. VIII, 2.	Dunkles Gold.	Vertieftes von Linien begränztes Viereck.	Eingeschl. Viereck, wie es scheint mit diagonaler Theilung.
2.40	Brit. Mus.	Blasses Gold.	Pferdekopf nach links.	Eingeschlag. Viereck.
0.59	= 9.8 Whittall 416.	„Electrum.“		
2.31	Mus. Rauch.	Blasses Gold.	Vorderth. eines aufgerichtet schreitenden Löwen, den Kopf mit aufgesperrtem Rachen nach links gewendet, eine Tatze erhoben[1].	Dasselbe.
1.18	Mus. Luynes.	„	„Typus fasciatus.“	Quadratum incusum.
2.31	= 35.9 Brit. Mus. (Methymna?)	„	Eberkopf (?) nach rechts, im Felde T. AI.	Eingeschlag. Viereck.
0.84	Brit. Mus.	„	Eberkopf.	Dasselbe.
0.27	Brit. Mus.	„		
0.60	Brit. Mus.	„	Eber (?) nach rechts.	Dasselbe.

2. Gold. Phokaischer Fuſs.

1.71	= 26.5 Brit. Mus.	Dunkles Gold.	Rosette.	Eingeschlag. Viereck.
0.80	Par. Mus.	„		
2.56	Brit. Mus.	Blasses Gold.	Sperber(?)kopf, darunter Fisch.	Dasselbe.
0.29	= 4.7 Brit. Mus.	„	Adlerkopf (?).	Dasselbe.
1.89	Brit. Mus.	„	Beflügelter Fisch nach links.	Eingeschlag. Viereck.
2.70	Par. Mus. Mion. S. 9, 229, 11. pl. X, 2. (Kebren?)	Dunkl. Gold.	Widder stehend n. rechts.	Dasselbe.

[1]) Wie auf assyrischen Siegeln, vgl. Layard Babyl. und Nineveh S. 154. 156.

II. Asiatische Gold- und Silbermünzen von Dareios bis Alexander.

A. Kleinasiatische Goldmünzen.

Kios.

Gold. Alexanderwährung. (Nach Untergang des persischen Reiches.)

8.50	Waddingt. Rev. num. 1865. pl. 1, 1. 2. 3. 4.	Reines Gold.	Lorbeerbekränzter Apollokopf nach rechts.	Magistratsname, Schiffsvordertheil mit einem Stern geschmückt.
	Kyzikos[1].			
	Legirtes Gold phokaischen Fusses.			
	1. Münzen mit Thierbildern.			
15.88	Par. Mus. Sest. IV, 16.	Dunkles Gold.	Löwe über Thunfisch.	Alterthüml. viergetheilt. eingeschl. Viereck.
1.30	Par. Mus.	Blasses Gold.		
16.00	Brit. Mus.	"	Löwe fressend über Thunfisch.	Viergeth. eingeschlagenes Viereck.
15.95	Mus. Luyn. wie Sest. IV, 18.	"		
2.67	Mus. Luynes.	"		
2.70	Mus. Luynes. Sestini IV, 19. 20.	"	Löwe sitzend über Thunfisch, die rechte Vordertatze erhoben.	Dasselbe.
2.67	Mus. Luynes.	Besseres Gold.		
2.65	Par. Mus.	"		
2.55	Brit. Mus.	"		
2.56	Par. Mus.	"	Fressender Löwe n. links.	Viergeth. Quadr. inc.
2.658	Sest. taf. VIII, 14[2]. Mommsen 5, 7.	Zieml. dunkles Gold.	Vorderth. eines Hundes n. l., den Kopf n. r. gewendet.	Viergeth. eingeschlagenes Viereck.
2.68	= 44.4 Ivanoff 155.	Blasses Gold.	Hund nach links auf Thunfisch.	Dasselbe.
12.90	Par. Mus. = Mion. S. p. 176, 616. Sestini St. ant. taf. VIII, 18.	Sehr bl. Gold.		
2.65	Brit. Mus.	Blasses Gold.		
2.64	Brit. Mus.	"		
2.60	Par. Mus.	"		

[1] Unter Kyzikos sind alle Goldmünzen mit dem Thunfisch zusammengestellt, soweit dieselben nicht Wappen anderer Städte tragen, ein großer Theil derselben, besonders der unter 1. aufgeführten gehören noch in die Zeit vor Dareios, eine bestimmte chronologische Sonderung schien aber bedenklich.

[2] Diese Münzen werden von Sestini Kolophon beigelegt, nach einer angeblichen Silbermünze gleichen Gepräges mit dem Namen ΚΟΛΟ Sest. ant. taf. VIII, 15. Indeß ist nach Dr. Hayd's Mittheilung auf dieser nicht nur das ΚΟΛΟ nicht deutlich, sondern überhaupt gar nicht vorhanden, man sieht nichts als ein — O über dem Schwanze des Hundes. Die Münze scheint von Weißgold und nach dem Gewicht (4.97 Gr.) ein freilich sehr schwer ausgeprägtes Drittel des phönikischen Staters zu sein. Die Zutheilung unter Kyzikos ist, wie kaum besonders hervorgehoben zu werden braucht, nichts weniger wie sicher.

1.97	Sest. taf. VIII, 16.	Blasses Gold.	Hund n. links auf Thunfisch.	Viergeth. eingeschlagenes Viereck.
1.35	Brit. Mus.	"		
1.34	Par. Mus. 2.	"		
1.30	Par. Mus.	"		
2.65	Par. Mus.	"	Kerberus über Thun n. links.	Viergeth. Quadr. inc.
16.13	Mus. Luynes.	"	Geißkopf nach links über Thun.	
16.05	Brit. Mus.	Blasses Gold.		Viergeth. eingeschlagenes Viereck.
2.655	= 41½ Ivanoff 154.	„Gold."		Dasselbe.
1.30	Par. Mus. Mion. S. 5, 301, 105. taf. II, 1.	Besseres Gold.		Viergeth. Quadr. inc.
0.40	Par. Mus.	Blasses Gold.	Geißkopf ohne Fisch.	Dasselbe.
15.908	= 247 Ivanoff 191.	„Gold."	Ziege knieend auf Fisch nach links.	Viergeth. eingeschlagenes Viereck.
2.60	Par. Mus.	Blasses Gold.	Chimära über Thun.	Viergeth. Quadr. inc.
16.00	Par. Mus.	"	Pantherkopf nach links, dahinter Thunfisch.	Viergeth. Quadr. incus. punktirt.
2.60	Par. Mus.	"		
2.59	Mus. Luynes.	"		
2.52	Mus. Luynes.	"		
2.58	Par. Mus. Sest. IV, 8.	"	Pantherkopf n. links, ohne Thunfisch.	Dasselbe.
0.63	Par. Mus.	"		
1.30	Mus. Waddington.	"	Löwen(?)kopf über Thun.	Dasselbe.
16.05	Par. M. Mion. S. 5, 300, 104. Allier taf. 12, 3.	"	Vordertheil eines beflügelten Panthers, darunter Thun.	Tiefes viergeth. Quadr. inc.
16.00	Mus. Rauch.	Sehr bl. Gold.		
2.58	Mus. Waddington.	"	Beflügelter Löwe (?) n. l., Kopf wendend n. rechts.	Dasselbe.
16.04	Brit. Mus.	"	Widder auf Thunfisch stehend.	Dasselbe.
2.67	Mus. Luynes.	Besseres Gold.		
2.51	Brit. Mus.	"		
1.84	Mus. Luynes.	"	Löwenkopf und Widderkopf nach verschiedenen Seiten blickend, darunter Thun.	Viergeth. Quadr. inc.
1.30	Mus. Luynes.	"	Beflügelter Stier nach links, darunter Thun.	Dasselbe.
2.57	Brit. Mus.	"	Stierkopf n. l. auf Thun.	Eingeschl. Viereck.
2.52	Brit. Mus.	"	Vorderth. eines Stiers nach links.	Dasselbe.
2.49	Brit. Mus.	"		

2.45	Brit. Mus.	Dunkleres G.	2 Stiervorderth. übereinand.	Viergeth. eingeschlagenes Viereck.
15.98	= 247 Thomas 1769.	Legirtes Gold.	Vordertheil eines Stiers mit Menschenkopf vor Thun.	
2.68	Mus. Luynes. Sestini VI, 14.	"	Vorderth. eines beflügelten Hirsches n. l. darunt. Thun.	
16.00	Par. Mus. Abydos?	"	Adler von vorn in einem Kreis über Thun.	Viergeth. Quadr. incus.
2.60	Par. Mus.	"	Zwei Delphine übereinander in entgegengesetzt. Richtung, dazw. 2 Kügelchen.	
2.70	Par. Mus. Sest. IV, 28. Hunter 66, 2.	Dunkleres G.	Sau schreitend auf Thun nach links.	Viergeth. Quadr. incus.

b) Münzen mit Darstellung menschlicher Figuren.

16.35	= 252.8 Borrell N. C. 6, 151.	Legirtes Gold.	Nackter bärt. Mann knieend n. Thunfisch am Schwanze haltend.	Viergeth. eingeschlagenes Viereck.
16.30	Par. Mus.	Blasses Gold.	Dasselbe, archaische Arbeit.	
16.26	= 251 Borrell N. C. 6, 150.	Legirtes Gold.	Demeter auf Drachenwagen, darunter Thunfisch.	Roh eingeschl. Viereck.
16.08	Brit. Mus. vgl. Rev. n. 1856, 7. Pl. II, 7.	"	Dasselbe.	Viergeth. Quadr. inc.
16.01	Mus. Luynes.	"	Dasselbe.	Viergeth. Quadr. incus. punktirt.
2.665	Sest. p. 59. n. 48. pl. V, 18.	"	Kentaur über Thunfisch.	Viergeth. eingeschlagenes Viereck.
2.65	Par. Mus.	"		
15.95	Par. Mus.	"	Männliche Figur sitzend n. links, darunter Thun.	Dasselbe punktirt.
16.00	Par. Mus. Mion. S. 5, 301, 110. pl. III, 2.	"	Nackter Knabe n. r., in der Rechten Thunfisch halt.	
16.10	Par. Mus.	"	Nackter Knabe sitzend auf Thun, in der Linken Stab.	
15.93	Brit. Mus.	"	Knabe auf Thunfisch n. r.	
16.09	= 303 Prok. In. 1854, 281. taf. IV, 2.	"	Zwei Knaben knieend und schlangenwürgend über Thun.	
16.00	Par. Mus. Sest. VI, 12.	"		
15.87	= 245 Thomas 1777.	"	Knabe auf Delphin reitend, in der Rechten Fisch, darunter Thun.	
15.85	Brit. Mus.	"		
16.00	Par. Mus.	"	Nackte Figur auf Delphin reitend.	
16.00	Par. Mus.	"	Herakles Löwen bekämpf. über Thun.	
16.00	Mus. Luynes.	"		
16.09	= 248.8 Hunter 66, 1.	"	Herakles knieend, in der R. Keule, in der L. Thun.	
15.90	Par. Mus. Sest. V, 8.	"		
2.65	Par. Mus.	"		

Mus. Luynes.	„	schwebend, in der Rechten Harpa, in der Linken Medusenkopf, über Thun.	Viergeth. Quadr. inc.
Mus. Waddington.	„		
Par. Mus.	„		
Brit. Mus.	„	Männl. Figur knieend, den Kopf umgewandt, Fisch in der R. haltend.	
Brit. Mus.	„	Männliche Figur knieend, n. links, Thunfisch in der R. haltend.	
= 801[2] Mion. 2, 527, 77. Pl. 43, 3. Sest. V, 8.	„	Nackter behelmter Krieger knieend n. r., Bogen und Pfeil haltend, hinter ihm Thunfisch.	
= 247 Ivan. 189.	„		
Par. Mus.	„		

16.03	Mus. Luynes.	Legirtes Gold.	Beflügeltes Weib nach links, umgewandt nach rechts, in d. R. Thun.	Viergeth. Quadr. inc.
2.70	Par. Mus.	„		
2.67	Mus. Luynes.	„		
2.55	= 39.6 Brit. Mus.	„	Knieende befl. weibl. Figur nach rechts umgewandt.	
16.00	Par. Mus.	„	Beflügelte Nike in der R. Palmzweig, auf Thun kn.	
15.92	Brit. Mus. = 299½ Thomas 1776.	„	Knieende halbnackte beflüg. Figur n. l. auf Thun, einen Zweig haltend.	
16.00	Par. Mus. Mionnet S. 5, 304, 127. pl. III, 3.	„	Weibliche Figur sitzend auf Altar n. l., in d. R. Kranz, darunter Thun, auf Altar ΕΛΕΥΘΕΡΙ.	Viergeth. Q. inc. punkt.
16.00	Par. Mus.	„	Aphrodite und Amor.	
16.00	Mus. Luynes.	„	Aphrodite auf Schwan sitz., darunter Thun.	
15.90	Mus. Luynes. Rev. n. 1856. pl. II, 8.	„	Demeter n. r. knieend über Thunfisch.	
15.95	Brit. Mus.	„	Weibliche Figur mit Fischschwanz über Thun.	
16.03	Mus. Luynes.	„	Harpye n. l. umschauend n. r., in der R. Thunfisch haltend.	
2.70	Par. Mus. Mion. S. IX, 230, 21. Millingen Syll. taf. III, 89.	„		
2.67	Mus. Luynes.	„		
2.62	Mus. Luynes.	„	Harpye in d. R. Thun halt.	
1.89	Par. Mus. Mion. S. 9, 229, 14. pl. X, 4.	„	Oberth. einer Harpye Thunfisch haltend.	Viergeth. Quadr. inc.
1.30	Par. Mus.	„		
16.06	Brit. Mus. = 247.6 Thomas 1775.	„	Weibl. Figur auf Delphin sitzend n. l., in d. R. Lorbeerkranz, in d. L. Schild, darunter Thunfisch.	
15.90	Brit. Mus.	„	Halbnackte Figur auf Fisch sitzend n. l., in d. R. Thun, die L. aufgestützt.	
2.50	Brit. Mus.	„	Nackte Figur sitzend n. l., d. L. aufgestützt, darunter Thun.	
2.57	Brit. Mus.	„	Nackte Figur knieend zwischen 2 Pferden, darunter Thun.	
16.03	Mus. Waddington.	„	Kybele auf Löwe sitzend n. l., unt. Löwe Thunfisch.	

c) Münzen mit Darstellung menschlicher Köpfe.

16.00	Par. Mus.	„	Heraklaskopf mit d. Löwenhaut über Thun.	Viergeth. Q. inc. punkt.
15.93	= 146 Fox II, 23.	„		

16.02	Par. Mus.	Legirtes Gold.	Lorbeerbekr. bärtiger Kopf über Thun.	Viergeth. Q. inc. punkt.
16.02	Mus. Luynes.	„		
15.70	Par. Mus. Sest. V, 20. Mionnet 2, 527, 75.	„	Bärtiger Kopf auf Thun.	
15.95	Par. Mus.	„	Bärt. epheubekr. Bakchoskopf über Thun.	
15.94	= 246 Thomas 1781.	„		
2.55	Brit. Mus. 3.	„		
16.06	Par. Mus.	„	Jugendl. mit Epheu bekr. Bakchoskopf über Thun.	Viergeth. eingeschlagenes Viereck punkt.
16.04	= 247.5 Thom. 1780.	„		
2.52	Brit. Mus.	„		
16.00	Par. Mus.	„	Zeus Ammonskopf nach r. über Thun.	
16.05	Mus. Luynes.	„	Dasselbe variirt.	
16.00	Par. Mus. Mion. S. 5, 301, 108. Pl. II, 4. vgl. Rev. num. 1856 Pl. II, 2.	„	Unbärtiger Kopf mit phrygisch. Hute bedeckt (Atys) üb. Thun n. r.	Viergeth. Q. inc. punkt.
2.65	Mus. Luynes.	„		
2.55	Par. Mus.	„		
2.53	Brit. Mus.	„		
2.60	Par. Mus.	„	Dasselbe n. l.	
2.65	Par. Mus. Mionnet 2, 528, 80. Rev. n. 1856. Pl. I, 7.	„	Bärtiger Kopf n. l. üb. Thun, archaische Arbeit.	Viergeth. Q. inc.
2.50	Par. Mus.	„		
15.95	Par. Mus.	„	Unbärt. Kopf n. l. üb. Thun.	
15.80	Par. Mus.	„		
16.00	Par. Mus. Mion. S. 5, 301, 109. Pl. II, 5.	„	Archaisch gebildeter, unbärtiger, behelmter Kopf von vorn über Thun.	
15.97	Mus. Luynes. Sestini VI, 2.	„	Bärt. lorbeerbekr. Kopf mit spitzer Kopfbedeckung.	
2.53	Brit. Mus.	„		
2.65	Par. Mus.	„	Satyrk. zwischen 2 Fischen.	
1.303	Sestini p. 67. n. 21. VI, 16.	„		
2.58	Brit. Mus.	„	Silenkopf von vorn.	
16.00	Par. Mus.	„	Lorbeerbekr. weiblich. Kopf n. R. über Thun.	Viergeth. Q. inc. punkt.
2.50	Par. Mus.	„	Weiblicher Kopf mit straff herabhängendem Haar.	Viergeth. Q. inc.
15.70	Par. Mus. Sest. V, 1. vgl. Rev. n. 1856, pl. 1, 6.	„	Weiblicher Kopf im Kreise über Thun. Arch. Stil.	Viergeth. Q. inc. punkt.
15.90	Par. Mus.	„	Weibl. Kopf mit Diadem n. L. über Thun.	

16.04	= 247.6 Thom. 1778.	Legirtes Gold.	Demeterkopf über Thun.	Viergeth. Q. inc. in der Regel punkt.
16.02	Brit. Mus.	„		
16.00	Par. Mus.	„		
16.00	Mus. Luyn. vgl. Rev. num. 1856. pl. II, 9.	„		
2.56	Brit. Mus.	„	Demeterkopf nach links.	
2.53	Brit. Mus.	„		
2.50	Brit. Mus.	„		
16.10	Par. Mus.	„	Behelmter Pallaskopf von vorn über Thun.	
16.04	Mus. Luynes.	„		
16.00	Par. Mus.	„	Pallaskopf n. links, darunter Thun.	
15.99	= 247 Thomas 1779.	„		
15.95	Brit. Mus.	„		
15.995	= 247 Fox taf. II, 26.	„	Pallaskopf n. l. über Thun.	
1.31	Mus. Luynes.	„	Pallaskopf n. l. über Thun, archaischen Stils.	Viergeth. Q. inc.

d) Münzen mit Darstellungen verschiedener Gegenstände.

16.10	Mus. Luyn. Rev. num. 1856. pl. II, 6.	Legirtes Gold.	Schiffsvordertheil in einen beflügelten Wolf auslaufend, darunter Thun.	Viergeth. Q. inc.
15.95	Mus. Luynes.	„	Leier, darunter Thun.	
15.90	Par. Mus. Mion. S. 5. pl. III, 1.	„		
1.26	Par. Mus.	„		

Antandros.

Reines Gold. Persischer Fufs.

1.68	= 26 Prokesch Ined. 1859.	„Gold."	Halber Ziegenbock spring.	Eingeschl. Viereck.
1.85	Brit. Mus.	Zieml. dkl. G.		

Alexandreia in Troas (nach Alexander).

Legirtes Gold. Phokaischer Fufs.

2.32	Par. Mus. Mionnet 2, 639, 64. vgl. R. n. 1856, 41. pl. I, 10.	Stark leg. G.	Unbärt. Kopf mit Diadem.	ΑΛЄΞΑΝΔΡЄ . . . Weidendes Pferd von r. n. l. schreitend.

Lampsakos.

Reines Gold. Persischer Fufs.

8.49	Mus. Luynes.	Reines Gold.	Herakopf nach links.	Vordertheil eines beflügelten Seepferdes in vertieftem Viereck.
8.45	= 130.5 Ivanoff 192.	„	Jugendl. Herakles in jeder Hand eine Schlange würgend.	
8.42	= 155 Mion. 2, 558, 284.	„		
8.44	Mus. Luynes.	„	Kopf der Ariadne n. links.	

8.44	= 130½ Borrell N. C. VI, 155.	Reines Gold.	Nike knieend mit Hammer und Nagel Helm an Trophäe befestigend.	Vordertheil eines beflügelten Seepferdes in vertieftem Viereck.
8.43	Mus. Luynes.	"	Helle auf dem Widder.	
8.39	= 156 Prokesch In. 1854, 282.	"		
8.48	Mus. Luynes.	"	Zeuskopf nach links.	
8.488	= 131 Hunter taf. 31, 23.	"	Epheubekränzt. unbärtiger (Bakchos-) Kopf.	
8.46	= 130.6 Thom. 1988 = Leake As. Gr. 72.	"		
8.41	= 129.8 Pembroke n. 880.	"		
8.36	= 157.5 Mionnet II, 560, 286.	"		
8.39	= 158 Mion. S. V, 371, 558. Pl. LXXV, 3.	"	Kopf eines jugendl. Heros.	
8.38	= 157½ Mionnet II, 559, 285.	"	Weib auf Delphin.	
8.375	Sest. p. 68, 9. taf. 6, 7.	"	Demeterkopf.	
8.36	Mus. Luynes.	"	Nikekopf nach links.	
8.34	= 128.9 Leake As. Gr. 72. Sest. St. ant. taf. 6, 3.	"	Bärtiger Poseidonskopf.	
8.30	Mus. Luynes.	"	Kopf des Zeus Ammon.	

Parion.

Legirtes Gold. Phokaischer Fufs.

2.55	Par. Mus. 2. Sestini VII, 1.	Legirtes Gold.	Aehrenbekränzter Demeterkopf nach rechts.	Stier stoßend n. links in Viereck von Linien.
2.55	Brit. Mus.	"		
2.55	Mus. Luynes.	"		
2.54	Par. Mus. Mionnet S. 5, 385, 634.	"		
2.531	Brit. Mus.	"		
2.60	Mus. Luynes. Sestini V, 13.	"	Demeterkopf nach rechts.	Dreifufs in vert. Viereck.
2.55	Brit. Mus.	"		
2.55	Par. Mus. Pinder. 326.	"		
2.58	Brit. Mus.	"		
2.52	Par. Mus.	"		

Pergamon.

Reines Gold (nach Alexander). Persischer Fufs.

2.91	= 44.9 Borrell N. C. 6, 158.	Reines Gold.	Behelmter Pallaskopf.	Palladion.
2.85	Brit. Mus.	"		

Abydos.

1. Legirtes Gold. Phokaischer Fufs.

a) Städtisches Gold.

2.50	Par. Mus.	Legirtes Gold.	Unbärtiger Kopf n. rechts.	Adler n. r. in Viereck von Linien.
2.55	Par. Mus. Sest. VII, 13.	„	Kopf des Zeus Ammon.	Adler in Viereck v. L.
2.53	= 39.2 Whitall 868.	„		
2.51	Brit. Mus.	„	Dasselbe.	Ueber Adler Ξ.

b) Vereinsgold.

2.49	= 47 Mion. 2, 631, 4. Pl. 59, 12. Sestini VII, 10.	Legirtes Gold.	Maske mit ausgestreckter Zunge.	Heraklaskopf m. Löwenhaut incus.

2. Reines Gold. Persischer Fufs.

8.35	Brit. Mus. Sest. VII, 16.	Reines Gold.	Beflüg. weibl. Figur knieend auf Opferlamm.	Adler steh. n. r., im Felde Akrostolion, das Ganze in vert. Viereck.

Birytis.

Legirtes Gold. Phokaischer Fufs.

2.57	= 29½ Hunter pl. 66, 8. Sest. I, 19. Pell. Rec. II, 18, 1.	Legirtes Gold.	Kopf eines Dioskuren zwischen 2 Sternen.	Weibl. Kopf nach rechts in Viereck v. Linien.
2.56	Brit. Mus.	„		
2.55	Par. Mus.	„		
2.53	Brit. Mus.	„		
2.51	Mus. Luynes.	„		

Kebren.

Legirtes Gold. Phokaischer Fufs.

a) Städtisches Gold.

2.50	Par. Mus. Sest. VIII, 22.	Stark leg. G.	Panskopf nach rechts.	2 Widderk. gegen einander, dazw. Zweig in vert. Viereck.
2.45	Par. M. Mion. Pl. 53, 9.	„		
2.52	Brit. Mus. Sest. VIII, 21.	„	Lorbeerbekr. Apollokopf.	Dasselbe.

b) Vereinsgold Siehe S. 416.

Sigeion.

Legirtes Gold. Phokaischer Fufs.

2.55	Mus. Luyn. vgl. Mion. S. 5, 561, 509. Allier XIII, 16. Sest. I, 13.	Stark leg. G.	Behelmter Pallaskopf von vorn.	Jugendl. Hermesk. einen Hut auf d. Rücken hängend im Viereck v. Lin.

Lesbos.

Legirtes Gold. Phokaischer Fufs.

2.54	Brit. Mus. vgl. Leake Ins. Gr. 26. Thom. 2028. Sest. VIII, 18.	Legirtes Gold.	Behelmter Pallaskopf.	ΛE Zwei Kalbsköpfe gegeneinander, in vertieftem Viereck.
2.50	Mus. Luynes.	„	(ΛE)	(Ohne Schrift.)
2.48	Brit. Mus.	„		
2.56	Leake Ins. Gr. 26.	„		
2.55	Brit. Mus.	„	Bakchoskopf.	Zwei Kalbsköpfe gegeneinander, dazwischen Zweig. Das Ganze in vertieftem Viereck.
2.55	Par. Mus.	„		
2.50	Mus. Luynes.	„		
2.50	Par. Mus.	„		
2.50	Par. Mus.	„	(ΛE unter dem Typus.)	
	Vereinsgold siehe S. 416.			
	Eresos.			
	Legirtes Gold. Phokaischer Fufs.			
2.55	Par. Mus. vgl. Sest. VIII, 25.	Legirtes Gold.		
2.55	Mus. Luynes.	„	Thurmgekrönter Frauenk.	Hermeskopf mit Petasos bedeckt in Viereck v. Linien.
2.54	= 39.3 Leake As. Gr. 117.	„		
	Mytilene.			
	Legirtes Gold. Phokaischer Fufs.			
2.57	Brit. Mus. Sest. VII, 18. Allier XIV, 3.	Legirtes Gold.		
2.55	Brit. Mus.	„		
2.53	Brit. Mus.	„	Weibl. „Sapphokopf“ n. r.	Leier in Viereck v. Lin.
2.50	Brit. Mus.	„		
2.50	Par. Mus. VII, 17.	„		
2.60	Mus. Luynes.	„	„Alkäoskopf“ nach rechts.	„Sapphokopf“ n. rechts.
2.45	Par. Mus. Mion. S. 9, 232, 33.	„	Weiblicher Kopf von vorn.	Stier- od. Kalbskopf, darüber M in Viereck v. Linien.
2.58	= 39.9 Borrell N. C. VII, 53.	„	Weiblicher Kopf ¾ Profil mit doppeltem Stirnband.	Stier- od. Kalbskopf n. l. in vertieftem Viereck.
	Vereinsgold.			
2.55	Par. Mus. Mion. S. 3, 260, 133. Pl. LIX, 10. Sest. IX, 19.	Legirtes Gold.	Vordertheil eines Kalbes, darunter M (oder Σ).	Löwenkopf incus.
2.65	Par. Mus.	„	Dasselbe ohne M.	Hahnenkopf incus.

Klazomenae.

1. Vereinsgold. Phokaischer Fufs.

2.60	Par. Mus. vgl. Sest. VIII, 2.	Legirtes Gold.	Vordertheil des beflügelten Ebers.	Löwenkopf incus.
2.58	= 39⅘ Hunt. tf. 66, 5.	"		
2.55	Mus. Luynes.	"		
2.52	Brit. Mus. 2.	"		
2.51	Brit. Mus. 2.	"		
2.50	Brit. Mus.	"		

2. Reines Gold. Persischer Fufs (nach Alexander).

8.70	Brit. Mus. = 67.5 Leake As. Gr. 43.	Reines Gold.	Lorbeerbekränzter Apollokopf.	ΚΛΑ oder ΚΛΑΣΟ Magistratsn., Schwan, i. F. befl. Eber od. Mon.
8.69	= 107¼ Mion. 3, 63, 8.	"		

Ephesos.

Reines Gold. Persischer Fufs.

1. Vor Alexander.

8.31	= 128, 5 Borr. 470.	Reines Gold.	ΕΦΕΣΙΟΝ Biene.	Viergeth. eingeschlagenes Viereck.
8.28	= 128 Borrell 471.	"		
4.20	= 65.1 Borrell 473.	"	ΕΦ Biene.	Dasselbe.
4.14	= 78 Prokesch Ined. 1854.	"		

2. Nach Alexander.

8.47	= 159⅘ Mion. 3, 84, 161. S. 6. pl. 3, 2	Reines Gold.	Kopf der Artemis m. Köcher und Bogen.	ΕΦΕΣΙΩΝ Bild der Artemis, im F. Hirsch und Biene.
8.435	Mus. Waddington.	"	Dasselbe.	ΕΦ Dasselbe.
8.46	= 84.3 Thom. n. 2132.	"	Dasselbe.	Dasselbe ohne Schrift.

Erythrae.

Vereinsgold. Siehe unten S. 417.

Lebedos.

Legirtes Gold. Phokaischer Fufs.

2.55	Brit. Mus. vgl. Thomas 2082. Mionnet S. 9. pl. X, 14.	Legirtes Gold.	Behelmter Pallaskopf n. l.	Eule nach rechts in vertieftem Viereck.
2.52	Brit. Mus. Sest. VIII, 7. Mion. Pl. 53, 8.	"	Vordertheil eines zurückschauenden Geisbocks.	Eule von vorn in vertieftem Viereck.
2.48	Mus. Luynes.	"		

Milетos.

Reines Gold. Persisches Gewicht.

8.45	Brit. Mus.	Reines Gold.	Lorbeerbekränzter unbärt. Kopf.	ΜΙΛΗΣΙΟΝ Ma… stratsname, Löwe Stern aufblickend.
8.44	= 130] Borrell N. C. VII, 68.	„		

Phokaea.

Legirtes Gold. Phokaischer Fufs.

2.55	Mus. Laynes.	Stark leg. G.	Weibl. Kopf nach links, das Haar in einen Beutel zusammengebunden, dahinter Robbe. Archaische Arbeit.	Viergeth. Quadr. inc.
2.60	Par. Mus.	„		
2.57	Mus. Laynes.	„	Kopf der Omphale über Robbe.	
2.55	Par. Mus. Mion. S. 9, 230, 23. pl. X, 6. Sestini II, 8.	„		
2.55	Mus. Laynes.	„		
2.50	Mus. Laynes.	„		
2.55	Par. Mus. Sest. I, 6. Mion. S. 9. pl. X, 7.	„	Pallaskopf über Robbe.	
2.53	Mus. Laynes.	„		
2.52	Par. Mus.	„	Lorbeerbekränzt. weiblich. Kopf n. l. über Robbe.	
2.50	Par. Mus. Sest. II, 11.	„		
2.55	Par. Mus. Sest. I, 14.	„	Weiblicher Kopf n. links.	
2.55	Par. Mus. Sest. II, 15.	„	Weibl. Kopf mit Diadem über Robbe.	
2.57	Mus. Layn. Sest. II, 13.	„	Frauenkopf nach links über Robbe.	
2.56	Par. Mus. Sest. II, 19.	„	Bakchoskopf über Robbe.	
2.54	= 48 Prokesch Ined. 1854. IV, 17.	„	Mit Trauben bedeckter Bakchoskopf, dahinter Robbe.	
2.50	Mus. Layn. Sest. II, 25.	„	Epheubekränzter Bakchoskopf über Robbe.	
2.54	Par. Mus.	„	Löwenkopf von vorn, links davon Robbe.	
2.57	Par. Mus.	„	Helm n. l., darunter Robbe.	

Smyrna.

Reines Gold. Persischer Fufs. Nach Alexander.

8.47	= 130.8 Leake As. Gr. 117.	Reines Gold.	Frauenk. m. Mauerkrone.	ΣΜΥΡΝΑΙΩΝ ΠΡΥΤΑΝΕΙΣ Weibliche Gestalt … Säule gestützt, in … Linken Nike halte…
8.46	= 159] Mion. 3, 190, 909.	„		

Teos.

1. Legirtes Gold. Phokaischer Fufs.

2.51	= 47½ Mion. S. 6, 373, 1069. Sest. IX, 6.	Legirtes Gold.	Epheubekränzter Bakchoskopf.	Diota zwischen 2 Epheublättern.

2. Reines Gold. Persischer Fufs. Nach Alexander.

5.629	= 109 Mion. S. 1870.	Reines Gold.	Greif sitzend.	THI, darunter Diota. Magistratsname.

Chios.

Legirtes Gold. Phokaischer Fufs.

2.57	= 39.8 Northw. C. 1048.	Legirtes Gold.	Vordertheil eines beflügelten Löwen.	Sphinx sitzend in vertieftem Viereck.
2.55	Par. Mus. Mion. S. 9, 233, 38. Sest. IX, 9. vgl. Allier XVI, 2.	"	"	"
2.50	Par. Mus. Mion. S. 3, 265, 2. vgl. Pl. LIII, 12.	"	"	"
2.50	Brit. Mus. vgl. Thomas 2031.	"	"	"
2.52	= 39 Leake Ins. Gr. 8.	"	Vordertheil eines Löwen mit offnem Rachen.	Sphinx in vert. Viereck.
2.54	= 48 Prokesch Ined. 1859.	"	Halber beflügelter Eber.	Kopf der Herophile in vertieftem Viereck.

Samos.

Legirtes Gold. Phokaischer Fufs.

2.56	Brit. Mus.	Legirtes Gold.	Löwenkopffell von vorn.	Eingeschlag. Viereck.
2.60	Brit. Mus.	"	Dass. rechts, davor Thun.	Dasselbe.
2.52	Brit. Mus.	"	Weiblicher Kopf n. r.	Löwenkopffell von vorn.

Die Vereinsmünzen mit incuser Rückseite von

Lesbos und Samos (Pantherkopf),
Lesbos und Samos (Löwenkopf),
Dardanos und Samos,
Samos und Erythrae,
Samos und Klazomenae,
Samos? und Kebren,
Samos und einer unbekannten Stadt (Herakleskopf),
Samos und Abydos (Pantherkopf), siehe S. 416 f.

Larus

Legirtes Gold. Phokaischer Fufs.

0.25	Mus. Waddingt.	Legirtes Gold.	Löwenkopf von vorn.	Skorpion.
	Rhodos.			
	Reines Gold. Persischer Fufs.			
	a) Vor Alexander.			
—	Mus. Wadd. Rev. n. 1865. pl. I, 5.	Reines Gold.	Apollokopf von vorn.	ΡοΔΙοΝ Blume, im Felde Ε, Spuren des vertieften Vierecks.
	b) Nach Alexander.			
8.60	Brit. Mus.	Reines Gold.	Strahlenumkränzter Apollokopf von vorn.	ΡΟ Magistratsname, Blume. Das Ganze in flach vert. Viereck.
8.48	Brit. Mus.	„		
2.17	Brit. Mus.	„	Dasselbe nach rechts.	ΡΟ Magistratsname. Dass. im Perlenkranz.
2.05	Brit. Mus.	„		
2.005	Pinder 354.	„		
2.00	Par. Mus. Mion. S. 6, 587, 159. pl. VIII, 4.	„		
1.97	Pinder 355.	„		
1.91	= 29.6 Leake Ins. Gr. 34.	„		
1.80	Brit. Mus.	„		

Das Gold des Pixodaros und der kyprischen Könige, siehe unten.

Kleinasiatische Vereinssechstel aus legirtem Golde, deren Rückseite incus geprägt ist.

Lesbos und Kebren.

2.55	Par. Mus. M. Pl. 59, 7.	Legirtes Gold.	Widderkopf, darunt. Vogel.	Kalbskopf incus.
2.50	Par. Mus. Allier pl. 14, 9.	„	ΛΕ (fehlt auch) Widderk., darunter Pfau.	Löwenkopf incus.
	Lesbos und Samos			
2.60	Par. Mus.	Legirtes Gold.	ΛΕ Pantherkopf n. rechts.	Kalbskopf incus.
	Lesbos und Samos.			
2.60	Par. Mus. Mionnet 2, 528, 63. Pl. LIX, 11. Sest. IV, 12.	Legirtes Gold.	Löwenk. m. offnem Rachen nach rechts.	Dasselbe nach rechts.
2.55	Par. Mus. Mionnet 2, 528, 61. Pl. LIX, 8. Sest. IV, 13.		Dasselbe.	Dasselbe nach links.

Lesbos und unbekannte Stadt.

2.52 2.50	Par. Mus.	Legirtes Gold.	Kopf der Omphale.	Kalbskopf incus.
			Dardanos und Chios (?).	
2.55	Mus. Luynes. Sest. VIII, 8.	Legirtes Gold.	Beflügelter Löwe n. links.	Hahnenkopf incus.
2.56	Brit. Mus. vgl. Thomas n. 2024.	„	Beflügelter Löwe n. links.	Hahnenkopf incus.
2.56	= 39.5 Hunter taf. 66, 4.	„	Beflügelter Löwe n. links.	Hahnenkopf incus.
			Dardanos und Samos.	
2.61	= 40.4 Whittall 402.	Legirtes Gold.	Löwenk. m. offnem Rachen.	Hahnenkopf incus.
2.57	Mus. Luynes 2.	„	Löwenk. m. offnem Rachen.	Hahnenkopf incus.
2.20	Brit. Mus. vgl. Thom. n. 2029. All. pl. 14, 8.	„	Löwenk. m. offnem Rachen.	Hahnenkopf incus.
			Samos und Erythrae.	
2.55	Par. Mus.	Stark leg. G.	Vorderth. eines Pferdes n. r.	Löwenkopf mit offnem Rachen incus.
			Unbekannte Stadt und Erythrae.	
2.50	= 38¾ Borrell N. C. VII, 46.	„	Vorderth. eines Pferdes n. r.	Heraklaskopf m. Löwenhaut incus.
2.47	Mus. Luynes. Allier 18, 22.	„	Dasselbe.	Heraklaskopf m. Löwenhaut incus.
			Samos und Klazomenae.	
2.60	Par. M. Sest. VIII, 2[*].	„	Halber beflügelter Eber.	Löwenkopf incus.
			Samos (?) und Kebren.	
3.08	Mus. Luynes, ähnlich Sest. I, 22.	Dunkleres G.	Widderk. u. Vorderfuß n. r.	Stier- oder Kalbskopf n. r. incus.
			Samos und unbekannte Stadt.	
2.45	Brit. Mus.	Legirtes Gold.	Heraklaskopf mit Löwenhaut nach rechts.	Stierkopf incus. (?)
2.52	Brit. Mus. 2.	„	Dasselbe.	Löwenkopf n. r. incus.
			Samos und Abydos.	
2.52	Mus. Luynes.	Legirtes Gold.	Maske mit ausgestreckter Zunge von vorn.	Pantherkopf incus.
			Unbekannte Stadt und Abydos.	
2.55	Mus. Luyn. Sest. VII, 10. Mion. Pl. LIX, 12 = 2, 631, 4.	Legirtes Gold.	Maske mit ausgestreckter Zunge von vorn.	Heraklaskopf n. r. incus.

[*] Die übrigen Exemplare unter Klazomenae S. 415; die Vereinssechstel von Mytilene und Dardanos, sowie von Mytilene und Samos S. 412.

Noch nicht lokalisirte zweiseitig geprägte Sechstel aus legirtem Golde.

2.58	Brit. Mus.	Legirtes Gold.	Mit Weinlaub bekränzter Kopf nach links.	Fressender Löwe n. r.
2.55	Par. Mus.	"		
2.53	Mus. Luyn. Sest. IX, 22. Mion. Pl. 51, 2.	"	Ephebenkopf.	Helm, daneben €, in Viereck von Linien.
2.55	Par. Mus. Sestini VII, 7.	"	Lorbeerbekränzter bärtiger Kopf nach rechts.	Schlange in Viereck v. Linien.
2.55	Par. Mus.	"		
2.55	Brit. Mus. Sest. VII, 8.	"	Weibl. beflügelt. Brustbild.	Lorbeerbekränzter bärtiger Kopf n. rechts.
2.55	Par. Mus. Sest. VIII, 24. Allier XV, 18.	"		
2.50	Par. Mus. Brit. Mus.	"	Hermeskopf.	Panther n. r. im Viereck von Linien.
2.80	Par. Mus. gefuttert.	"		
2.52	Par. Mus.	"	Weibl. Kopf nach rechts.	Löwenkopf nach rechts.
2.48	Par. Mus. Sest. II, 29.	"	Pankopf nach rechts.	Hundekopf von vorn in Viereck von Linien.
2.55	Par. Mus.	"	Behelmter Pallaskopf.	Dasselbe.
2.50	Par. Mus.	"		
2.55	Par. Mus.	"	Unbärtiger Kopf n. rechts.	Hundekopf nach rechts in vertieftem Viereck.
2.45	Par. Mus.	"	Unbärtiger lorbeer(?)bekr. Kopf nach rechts.	Greifenkopf nach rechts in Viereck, durch Perlenreihen begränzt.
2.55	Mus. Luynes.	"	Lorbeerbekr. Kopf n. r.	Dreizack in Viereck von Linien.
2.50	Par. Mus.	"		
2.55	Par. Mus. Sest. VI, 17.	"	Weibl. Kopf nach rechts.	2 Hermessäulen in entgegengesetzter Richtung.
2.55	Par. Mus. Sest. VIII, 17.	"	Dasselbe.	Fackel in Viereck von Linien.
2.54	Par. Mus. Sest. VII, 5. (Lesbos?)	Stark leg. G.		
2.50	Par. Mus. Mionnet Pl. 55, 6.	Legirtes Gold.	Unbärtiger Kopf n. rechts.	Kalbskopf in Viereck v Linien.
2.55	Par. Mus. Sest. VII, 6.	"		
2.55	Par. Mus. Mion. S. IX. pl. X, 10. Peller. Rec. III, 10.	"	Pallaskopf nach rechts.	2 Köpfe gegen- u. übereinander.
2.55	Par. Mus. Sest. VII, 15.	Blasses Gold.	Lorbeerbekr. Kopf n. r.	Weibl. Kopf mit lang herabhängendem Haa nach rechts in Viereck von Linien.

2.55 2.52	Par. Mus. 2. Sestini VII, 22.	Blasses Gold.	Lorbeerbekr. Kopf n. r., dahinter Schlinge.	Weibl. Kopf nach rechts in Viereck v. Linien.
2.55	Par. Mus. Sest. VII, 21.	„	Dasselbe.	Dass., dahinter Schlinge.
2.50	Par. Mus. Sest. VII, 23.	„	Dasselbe.	Weibl. Kopf nach rechts in Viereck v. Linien.
2.55	Par. Mus. Mus. Layn.	„	Lorbeerbekr. Kopf n. r.	Dasselbe.
2.50	Par. Mus. 2. Sestini VII, 24.	„		
2.55	Par. Mus. Sest. VII, 20.	Sehr bl. Gold.	Weibl. Kopf nach rechts.	Epheubekränzter unbärtiger Kopf nach rechts in Viereck v. Linien.
2.52	Par. Mus.	Weniger blasses Gold.		
2.60	Par. Mus.			
2.48	Par. Mus.			
2.50	Par. Mus. Sest. II, 59.	Blasses Gold.	Weibl. Kopf mit Haarbeutel nach rechts.	Behelmter Pallaskopf n. rechts in vert. Viereck.
2.50	Par. Mus. 2.	„	Unbärtiger Kopf mit lang herabhängendem Haar.	Maske v. vorn in Viereck von Linien.
2.55	Par. Mus. Sest. II, 16.	„	Weibl. Kopf nach rechts, das Haar in einen Schopf oben zusammengebunden.	Unbärt. Kopf in Viereck v. Linien. Das Ganze vertieft.
2.55	Par. Mus. Sest. II, 20.	Sehr bl. Gold.	Epheubekr. Bakchosk. n. r.	Frauenkopf nach rechts.
2.50	Par. Mus. 2. Sest. II, 21. Mion. Pl. 55, 9.	Legirtes Gold.	Dasselbe.	Pankopf von vorn in Viereck von Linien.
2.55	Par. Mus. Sest. II, 22.	„		
2.50	Par. Mus. ähnlich Sest. VIII, 27.	„	Ephebenkopf nach rechts.	Pankopf in vert. Viereck.
2.50	Par. Mus. wie Sest. VIII, 26.	„	Weibl. Kopf mit Diadem.	Maske in Viereck von Linien. Das Ganze vertieft.
2.60	Par. Mus. Sest. I, 9.	„	Pallaskopf nach rechts.	Weibl. Kopf mit Diadem nach rechts in Viereck von Linien.
2.50	Par. Mus.	„	Behelmter bärtiger Kopf.	Pallaskopf in Viereck von Linien.
2.50	Par. Mus. Mion. S. 9. p. 235. pl. X, 12.	„	Pallaskopf nach rechts.	Männl. Kopf in Viereck von Linien.
2.54	Prokesch Ined. 1854, unter Pergamon.	„	Lorbeerbekr. Aeskulapkopf.	Herakleskopf mit der Löwenhaut in Viereck von Linien.
2.51	Brit. Mus.	„		
2.55	Par. Mus. Sest. I, 28.	„	Satyrkopf von vorn.	Löwenkopf in Viereck von Linien.
2.50	Mus. Laynes.	„		
2.00	Par. Mus. Lenormant R. n. 1856. S. 89. pl. I, 9 (Smyrna?).	„	Lorbeerbekr. Apollokopf.	Greif, den r. Vorderfuß auf Rad, daneben Π.

B. Die übrigen Münzen des persischen Reiches von Dareios bis Alexander.

A. Großkönigliches und Satrapengeld.

I. Persische Reichsmünzen.

1. Reihe.

1. Gold-Dareiken.

16.70	Mus. Luynes.	König mit Krone, in d. L. Bogen, in d. R. Lanze, knieend n. r.	
16.65	Par. Mus.	Dasselbe, unter dem rechten Ellenbogen im Felde ΦI.	
16.65	Par. Mus. vgl. Rev. num. 1856. pl. I, 4.	Dasselbe, im Felde Lorbeerkranz, rechts vom König X.	Rillenförmig eingeschlagnes Quadr. inc.
16.646	= 256 Ivanoff 665.	Dasselbe, im Felde Tiara, mit Band.	
16.50	Par. Mus. vgl. Lenormant Rev. n. 1856. pl. I, 3[1]).	Dasselbe, im Felde OO, darüber X.	
16.48	Par. Mus.	Dasselbe, im Felde Lorbeerkranz.	
16.30	Mus. Vogüé.	Dasselbe, im Felde Φ, darunter Λ.	Mehrfeldriges Quadr. inc.
8.50	Mus. Luyn. vgl. Luynes Choix de méd. Grecq. pl. XII, 14. Prokesch In. 1854, 4, 31.	(Sehr ausgeführte Zeichnung, der König bartlos, vgl. S. 66. 245.)	
8.40	Cavedoni Num. bibl. p. 87.		
8.40	Brit. Mus. vgl. Mionnet Pl. 86, 1.		
8.38	Berl. Mus.		
8.37	Brit. Mus. 2.		
8.37	Mus. Luynes. 2.		
8.37	Berl. Mus. 2.		
8.36	Brit. Mus.		
8.35	Brit. Mus.		
8.36	Par. Mus. 4.	König mit Krone, in der Linken Bogen, in der Rechten Lanze, knieend nach rechts	Unregelmäßig eingeschlagnes Zapfenloch.
8.34	Par. Mus. 2.		
8.33	Mus. Luynes.		
8.33	Par. Mus. 2.		
8.32	Par. Mus. 2. tr. num. LXIV, 3.		
8.31	Par. Mus. tr. n. LXIV, 2.		
8.31	= 128.5 Ivanoff 667.		
8.30	Berl. Mus. 2.		
8.30	Par. Mus. Mionnet S. 8, 422, 1. trés. num. 64, 1.		
8.30	Par. Mus. 2.		
8.286	= 128 Ivanoff 666.		
8.25	Mus. Luynes (vernutzt).		
8.15	Mus. Luynes (vernutzt).		

[1]) Lenormant a. a. O. S. 16 giebt die Zeichen: M / [illegible]. Die oberen beiden Reihen sind nicht ganz deutlich.

Gewicht	Exemplar	Beschreibung	Bemerkungen
5.60	Par. Mus. (etw. vernutzt).	König mit Krone, in der Linken Bogen, in der Rechten Lanze, kniend nach rechts.	Unregelmäfsig eingeschlagenes Zapfenloch.
5.60	Par. Mus. 2. (rohe Zeichn.)		
5.59	Par. Mus. vgl. C. Behr pl. 2, 12. 3, 1.		
5.56	Par. Mus. 3.		
5.55	Berl. Mus. 2.		
5.55	Par. Mus. 6.		
5.55	Brit. Mus. 2.		
5.54	Par. Mus. 4.		
5.53	Par. Mus. 4.		
5.52	Berl. Mus.		
5.52	Par. Mus. 6.		
5.51	Par. Mus. 4.		
5.50	Par. Mus. 3.		
5.50	Berl. Mus.		
5.49	Par. Mus. 2.		
5.48	Par. Mus. 2.		
5.47	Brit. Mus.		
5.47	Par. Mus. 2.		
5.46	Par. Mus. 9. (2 vernutzt).		
5.45	Brit. Mus. 11.		
5.43	Par. Mus.		
5.42	Par. Mus.		
5.42	Mus. Luynes.		
5.40	Berl. Mus.		
5.40	Par. Mus. 2.		
5.40	Brit. Mus. 4.		
5.39	Par. Mus. 2.		
5.39	Mus. Luynes.		
5.38	Brit. Mus.		
5.37	Brit. Mus. 2.		
5.37	Par. Mus. (vernutzt).		
5.36	Mus. Luynes.		
5.35	Berl. Mus.		
5.35	Par. Mus. (vernutzt).		
5.35	Mus. Vogüé.		
5.34	Par. Mus. (vernutzt).		
5.32	Berl. Mus.		
5.30	Par. Mus. 2.		
5.29	Par. Mus. (vernutzt).		
5.20	Par. Mus. (wohl erhalt.).		
5.18	Par. Mus. (sehr wohl erh.)		
5.11	Par. Mus.[1]) (vernutzt).		

[1]) Vier Exemplare des Pariser Museums — von 5.85 (2), 5.80 und 5.76 Gr. Gewicht — sind in der obigen Reihe nicht mitaufgeführt worden, da sie Spuren einer starken Veränderung zeigen. Ihr Metall, vermuthlich im Feuer,

II. Reihe.

1. Gold.

8.39	Brit. Mus.	König mit Krone knieend, in der zurückgestreckt. Rechten kurzes Schwerdt in der Linken Bogen.	Quadr. inc.

2. Silber.

5.68	Brit. Mus. (ganz unförmlich).		
5.60	Brit. Mus. vgl. Fellows Lyc. c. pl. 5, 1. 2.		
5.56	Par. Mus.		
5.55	Brit. Mus. 5.		
5.54	Brit. Mus.		
5.52	Berl. Mus.		
5.50	Brit. Mus.		
5.49	Par. Mus.	König mit Krone knieend, in der zurückgestreckt. Rechten kurzes Schwerdt oder Pfeil, in der Linken Bogen.	Dasselbe.
5.48	Brit. Mus. 3.		
5.47	Brit. Mus. 2.		
5.46	Par. Mus.		
5.45	Brit. Mus. 7.		
5.439	= 84 Ivanoff 668. 669.		
5.43	Brit. Mus.		
5.40	Mus. Luynes[1].		
5.40	Par. Mus. 3.		
5.37	Mus. Luynes. 2.	(Pfeil.)	
5.25	Berl. Mus. (wohl erhalt.)		

III. Reihe.

Silber.

5.52	Berl. Mus.		
5.40	Par. Mus.		
5.40	Berl. Mus.		
5.40	Brit. Mus. 2.		
5.39	Par. Mus.		
5.37	Brit. Mus.		
5.35	Brit. Mus. 3.	König mit Krone knieend, im Begriff einen Pfeil abzuschiessen.	Dasselbe.
5.35	Mus. Vogüé.		
5.30	Par. Mus.		
5.30	Mus. Luynes.		
5.25	Brit. Mus.		
5.10	Brit. Mus.		
5.10	Mus. Luynes.		

eine Verbindung mit fremdartigen Stoffen eingegangen ist und sie daher an Gewicht gewonnen haben. Ein Stück des Berliner Museums von 5.55 Gr. ist entweder überwuchert oder unächt.

[1]) Das Gewicht war vom Duc de Luynes irrthümlich auf 5.90 Gr. angegeben worden.

IV. Reihe.

Silber.

5.43	Brit. Mus. vgl. C. Behr pl. 3, 3.	Halbe Figur des Königs mit Krone, in der Linken Bogen, in der vorgestreckten R. kurzes Schwert haltend.	Quadr. inc.
5.40	Par. Mus. 2.		
5.40	Brit. Mus.		
5.38	Mus. Luynes.		
5.37	Mus. Luynes.		
5.32	Brit. Mus.		
5.30	Mus. Vogüé.		
5.15	Brit. Mus.		

2. Mit dem Wappen oder auf den Namen des Grofskönigs geschlagene Provinzialmünzen.

III. Daskylitische Satrapie.

Kyzikos.

Gold.

8.57	Mus. Luynes. N. d. Satr. pl. 1, 6.	König knieend, in der Linken Bogen, in der Rechten Lanze.	Schiffsvordertheil.

I. Ionische Satrapie.

Silber. Unbekannte Prägstätte.

14.85	Berl. Mus.	König mit Krone knieend, in der Linken Bogen, in der R. Lanze, ΠΥΘΑΓΟΡΗΣ.	Quadr. inc.
14.76	Brit. Mus. Trésor Num. p. 129. pl. 56.	Dasselbe Gepräge, ΠΥΘΑΓΟΡ.	
15.37	Brit. Mus. vgl. C. Behr pl. 3, 4.	Dasselbe ohne Schrift.	
15.27	Brit. Mus.		
15.10	Mus. Luynes.		
15.09	= 233.1 Northw. C. 1476.		
14.85	Mus. Vogüé.		
14.80	Par. Mus.		
14.75	Brit. Mus.		
14.714	Berl. Mus.		
14.40	Mus. Luynes.		
12.90	Par. Mus.		

Kolophon.

15.27	Waddl. Mél. 96, 1. pl. VII, 4. Luynes pl. VI.	Bärtiger Kopf mit niedriger Tiara bedeckt.	ΒΑΣΙΛ Leier.

Unbekannte kleinasiatische Prägstätte.

14.90	Waddington Mél. 96, 2. pl. VII, 5.	Dasselbe.	ΒΑΣΙΛΕΩΣ König mit Bogen u. Lanze knieend, im Felde Galere.

IX. Satrapie. Assyrien und Babylonien.

I. Klasse.

Gewicht	Sammlung	Vorderseite	Rückseite
28.07	Par. Mus. (alt. Fabr.) vgl. tr. d. n. pl. 66, 8. Lenorm. Mon. d. Lag. pl. 8, 3. Mion. S. 8, 426, 83. pl. 19, 4.	König und Wagenlenker auf einem mit 4—6 Pferden bespannten Wagen. Unter Wagen ein Thier incus. Die Pferde in vollem Lauf.	Galere vor einer Stadt mit 5 Thürmen, unter Galere zwei Löwen.
27.60	Mus. Luyn. (nach Luyn. 27.96).		(Dasselbe, am Vordertheil des Schiffs ⊢I).
*27.60	Brit. Mus.		
27.55	Brit. Mus.		
*26.80	Brit. Mus.		
25.80	Par. Mus. = 26.00 C. Behr 839 (vermutet).		(Dass., im Felde V^ᐱ (?).)
6.96	Brit. Mus.	König Löwe bekämpfend.	Galere vor einer Stadt mit vier Thürmen, darunter zwei Thiere.
6.81	Mus. Luynes.		
6.75	Mus. Vogüé.		
6.70	Mus. Luynes.		
6.65	Mus. Vogüé.		
6.51	Par. Mus.		
6.45	Brit. Mus.		
0.76	Mus. Luynes.	König als Bogenschütz stehend nach rechts.	Mauer mit drei Thürmen, darunter Galere.
**0.75	Tur. Mus.		
**0.70	Tur. Mus. 2.		
**0.52	Tur. Mus.		
**0.37	Tur. Mus.		
0.28	Mus. Vogüé.	König knieend, in der Linken Bogen, in der Rechten Lanze.	Dasselbe.

II. Klasse.

1. Reihe.

Gewicht	Sammlung	Vorderseite	Rückseite
28.30	Mus. Luynes.	König und Wagenlenker auf einem mit 4—6 Pferden bespannten Wagen, dah. Stabträger, die Pferde ruhig einherschreitend.	ϑ über Galere.
28.10	Par. Mus. (alt. Fabrik).		
27.97	Mus. Luynes.		
27.85	C. Behr 838.		(ohne Schrift.)
27.80	Mus. Vogüé.		
27.70	Mus. Luynes.		
27.60	Mus. Luynes.		
27.50	Mus. Luynes.		
27.45	Mus. Vogüé.		(ohne Schrift).
26.62	Mus. Luynes.		

* Die mit * bezeichneten sind 1816 im Tigris, die meisten der dem Museum des Vicomte de Vogüé angehörigen bei Damaskus gefunden.

** Die mit ** bezeichneten sind in einem bleiernen Gefäß in Aleppo gefunden.

0.90	Mus. Huber.	König Löwe bekämpfend, daswischen O.	9 über Galere.
0.85	Brit. Mus.		
0.78	Par. Mus.		
0.76	Brit. Mus.		
0.75	Brit. Mus.		
0.72	Mus. Luynes.		
0.65	Brit. Mus.		
0.60	Mus. Luynes.		
0.54	Mus. Huber.		
0.77	Par. Mus.	König Löwe bekämpfend, daswischen Hahn und O.	Galere.
0.77	Mus. Luynes.		
0.75	Mus. Vogüé.		
0.70	Mus. Luynes.		
0.65	Mus. Vogüé.		
		2. Reihe.	
25.75	Mus. Vogüé.	König und Wagenlenker auf einem mit 4—6 Pferden bespannten Wagen, dahinter Stabträger, im Felde O⊢.	Galere, darüber I.
25.90	Mus. Luynes.	Dasselbe.	Galere, darüber III.
25.70	Par. Mus.		
0.77	Par. Mus.	König Löwe bekämpfend, daswischen O⊢.	Galere, darüber III⁻.
0.65	Mus. Luynes.	Dasselbe.	Dasselbe ohne Zahlzeichen.
0.63	Mus. Luynes.		
0.50	Mus. Vogüé (vernutzt).		
		3. Reihe.	
25.95	Par. Mus. Behr 841. pl. III, 2.	König und Wagenlenker auf einem mit 4 Pferden bespannten Wagen, hinter demselben ein Stabträger, im Felde OO.	Galere, darüber III.
25.77	Par. Mus.		
25.75	Brit. Mus.		
26.75	Mus. Luynes.	Dasselbe.	Dasselbe II.
25.75	Mus. Vogüé.		
26.70	Mus. Luynes.	Dasselbe.	Dasselbe I.
23.25	Mus. Vogüé.		
0.65	Mus. Vogüé.	König Löwe bekämpfend, daswischen OO.	Galere.
		4. Reihe.	
25.77	Par. Mus.	König und Wagenlenker auf einem mit 4—6 Pferden bespannten Wagen, hinter demselben Stabträger, im Felde 9O.	Dasselbe I.
25.75	Mus. Luynes.		
25.75	Mus. Vogüé 2.		
25.58	Mus. Luynes.		
25.80	Mus. Vogüé.	(7O.)	Dasselbe II.
25.70	Brit. Mus.	„	Dasselbe III.
25.20	Brit. Mus.	„	Dasselbe IIII.
26.85	Mus. Luynes.	„	Dasselbe IIII III.
25.74	Par. Mus.	„	Dasselbe II⁻.

6.75	Par. Mus.	König und Wagenlenker auf einem mit 4—6 Pferden bespannten Wagen, im Felde 9o.	Galere darüber (?).
6.35	Par. Mus.	Dasselbe.	Dasselbe IIIIII III.
6.10	Mus. Luynes.	Dasselbe.	Dasselbe darüber (?).
6.20	Brit. Mus.	Dasselbe.	Dasselbe III.
3.18	Mus. Luynes.	Dasselbe.	Dasselbe I.
3.20	Par. Mus.	König und Wagenlenker auf einem mit 4 Pferden bespannten Wagen, im Felde 9o.	Dasselbe ^ (?).
3.00	Mus. Vogüé.	Dasselbe.	Dasselbe III III.
3.00	Mus. Vogüé.	Dasselbe.	Dasselbe III IIII.
25.70	Par. Mus.	(9o.)	Dasselbe III.
0.66	Brit. Mus.	König Löwe bekämpfend, dazwischen 9o.	Dasselbe II.
0.85	Par. Mus.	Dasselbe.	Dasselbe III.
0.75	Mus. Luynes.	Dasselbe.	Dasselbe I IIII.
0.65	Brit. Mus.	Dasselbe.	Dasselbe III—.

5. Reihe.

25.80	Par. Mus. Mion. Pl. LXI, 1.	König und Wagenlenker auf einem mit 4—6 Pferden bespannten Wagen, dah. Wagenlenker, im Felde [Phoenician legend].	Dasselbe [Phoenician letters].
25.70	Mus. Luynes.	Dasselbe.	Dasselbe I[Phoenician letters].
25.74	Par. Mus.	Dasselbe.	Dasselbe darüber (?).
25.72	Tur. Mus.	Dasselbe.	Dasselbe darüber (?).
25.85	Mus. Vogüé.	Dasselbe.	Dasselbe [Phoenician letter].
26.00	Mus. Luynes.	Dasselbe.	Dasselbe I[Phoenician letter].
25.83	Mus. Luynes.	Dasselbe.	Dasselbe II[Phoenician letter].
25.79	Mus. Luynes.		
0.855	Berl. Mus.	König Löwe bekämpfend.	Dasselbe [Phoenician letter] und o.
0.73	Berl. Mus.		
0.72	Berl. Mus.		
0.75	Mus. Luynes.	König Löwe bekämpfend, dazwischen .. [Phoenician letters].	Galere darüber (?).
0.67	Mus. Luynes.		
0.65	Mus. Vogüé.		
0.67	Mus. Luynes.		
0.70	Mus. Luynes.	König Löwe bekämpfend, dazwischen Hahn.	Dasselbe [Phoenician letters].

6. Verschiedene Münzen.

3.35	Brit. Mus.	Unbärtiger Kopf nach rechts.	Drei Thürme und Mauer, zwischen den Thürmen zwei Palmen.
6.60	Mus. Mus.	König als Bogenschütz stehend n. r.	Galere.
0.75	Mus. Vogüé.	Knieender König, in der Linken Bogen, in der Rechten Lanze.	Dasselbe Bild wie auf der Schauseite in Vertiefung.

0.70	Mus. Luynes.	König knieend, im Begriff den Bogen abzuschiefsen.	Galere mit Segeln.
0.70	Mus. Vogüé.	König stehend, im Begriff den Bogen abzuschiefsen.	Dasselbe.
0.30	Mus. Vogüé.	König knieend, in der Linken Bogen, in der Rechten Lanze.	Galere.
		Prägstätte ungewifs.	
		1. Reihe.	
14.95	Par. Mus. Mion. S. 8, 428, 38. 39. pl. XIX, 6.	König knieend, im Begriff den Pfeil abzuschiefsen.	Krieger zu Pferde im vollen Lauf, Lanze halt., unter Pferd Delphin, im Felde ⵙ.
14.85	Mus. Luynes.		
14.75	Brit. Mus.		
14.60	Brit. Mus.	Dasselbe.	Dasselbe (ohne Delphin).
14.40	Mus. Luynes.	Dasselbe.	Dasselbe, im Felde ⵙ.
		2. Reihe.	
10.50	Par. Mus.	König knieend, in der Linken Bogen, in der Rechten Lanze.	König in der ausgestreckten L. Bogen, mit der R. Pfeil aus Köcher nehmend.
9.85	Mus. Luynes.		
		3. Satrapengeld.	
		1. III. Daskylitische Satrapie.	
		Sinope (Datames).	
6.85	Wadd. Mél. 83. pl. VI, 1.	Frauenkopf.	ΔΑΤΑΛ Adler auf Delphin stehend.
		(Ariorates.)	
5.25	Wadd. Mél. 83, 4. Luyn. V, 4.	Frauenkopf, davor Akrostolion (im Felde ע).	אריורת (in aram. Schrift) Dasselbe.
5.02	Wadd. Mél. 83, 3.	Dasselbe (im Felde עמ).	
4.97	Wadd. Mél. 83, 2.	Dasselbe.	
		(Abdemon.)	
5.20	Wadd. 85. Luynes pl. XII, 1.	Frauenkopf.	עבדמן Adler auf Delphin.
		Gaziura (Ariorates).	
5.31	Wadd. 86, 6. Luynes pl. V, 2.	כעלגזר (in aram. Schrift) Baal sitzend, die Linke auf Scepter gestützt, in der ausgestreckten Rechten Aehre, Adler u. Traube.	אריורת Greif Hirsch fressend.
5.03	Wadd. 86, 6.		
		Kyzikos (Pharnabazos).	
13.77	Luyn. N. d. S. p. 4. pl. I, 5.	ΦΑΡ . ΑΒΑ Bärtiger Kopf mit der Tiara bedeckt.	Schiffsvordertb., an d. Seite Delphin, darunt. Thunfisch.
		Lampsakos. 1. Gold.	
8.43	= 130] Hunter 165. taf. 31, 22. Wadd. Mél. 96, 3.	Bärtiger Kopf mit der Tiara bedeckt.	Halbes beflügeltes Seepferd.
		2. Silber. (Orontes).	
3.18	Mus. Wadd. Rev. n. 1863. taf. XI, 4.	Pallaskopf nach links.	ΟΡΟΝΤΑ Vordertheil eines beflügelt. Seepferdes.

Dardanos. Silber (Zenis, Mania).

4.68	= 67½ Mion. 2, 654, 165. vgl. Luynes N. d. S. pl. VI.	Reiterin.	𐌀 ΔΑΡ Hahn in eingeschlagenem Viereck. Die Kleinmünzen ohne Schrift.
0.58	= 9 Fox II, 45.		
0.31	= 4 Prokesch In. 1854.		
—	Gotha Sestini tom. IX. Mion. 2, 654, 166.	Dasselbe.	Dass., zwei Hähne gegeneinander.

2. I. Ionische Satrapie.

Klazomenae (Orontes).

2.76	Mus. Wadd. Rev. n. 1863. taf. XI, 5.	Nackter Krieger knieend nach links, in der Rechten Lanze, in der Linken Schild.	ΟΡΟΝΤΑ Vordertheil eines beflügelten Ebers.

Lykien 1. (Artoûpara).

8.06	Brit. Mus. Fell. XVII, 7.	ΑΡΤΟΧΓΑΡΑ Bärtiger Kopf mit persischer Kopfbedeckung.	Pallaskopf nach rechts.

2. (Ddënĕfële.)

8.40	Pinder 860. Fell. XVII, 2. Waddingt. Mél. 95. Luyn. pl. VII.	Bärtiger Kopf mit persischer Kopfbedeckung.	ΔΔΙΝΙΓΙΛΙ Pallaskopf.
8.04	= 124.1 Fell. XVII, 6.		
7.85	= 121.34 Fell. XVII, 5.		
6.55	= 101.1 Fell. XVII, 3.		
1.36	= 21.1 Northw. C. 1150.		

Ungenannter Satrap.

8.27	= 127.9 Fell. XVII, 1.	Dasselbe.	Ein Gegenstand mit drei Zacken.

3. IV. Satrapie Kilikien.

Tarsos.

a) Aeltere ohne Satrapennamen.

10.55	Luynes 55, 1. pl. VIII, 1.	Satrap zu Pferde, mit beiden Händen die Zügel haltend, davor gehenkeltes Kreuz.	תרז Krieger knieend, in der Rechten Lanze, in der Linken Schild, in vertieftem Viereck.
3.20	Luynes 55, 2. pl. VIII, 2.		
3.15	Mus. Luynes.		
2.80	Mus. Luynes.		
10.64	Wadd. Mél. 79, 1. pl. 5, 5.	Satrap zu Pferde, die Rechte erhoben, unter dem Pferde gehenkeltes Kreuz.	תרז Zwei persische Krieger mit Lanzen bewaffnet einander gegenüberstehend, in vert. Viereck.
10.68	Wadd. 79, 2. pl. V, 6.	תרז (?) Satrap zu Pferde, in der Rechten Lotosblume.	König knieend und im Begriff den Bogen abzuschiessen, in vertieftem Viereck.

10.59	Wadd. 79, 3. pl. V, 7.	König Löwen bekämpfend.	חרו ΤΕΡΣΙ König, in der Linken gehenkelt. Kreuz, in d. R. Lanze; im Felde Lotosblume.
10.78	Wadd. Mél. 61, 1. pl. V, 8. Luyn. pl. V, 2. („Bagaeus".)	Dasselbe.	בענא Kuh, ihr Kalb säugend, in vert. Viereck.
		b) Jüngere mit Satrapennamen.	
		(Pharnabazos.)	
10.45	Brit. Mus. Luyn. N. d. S. pl. I, 1.	פרנבזומלך (in aram. Schrift). Behelmter männlicher Kopf.	בעל חרו (in aram. Schrift). Baal thronend, die Rechte auf Stab gestützt.
10.40	Mus. Luynes.	פרנבזו Dasselbe.	
10.25	Mus. Luynes.		
9.46	Par., Mus.	Dasselbe Bild und Schrift.	Dasselbe.
0.75	Mus. Vogüé.		(Ohne Schrift.)
9.35	Mus. Vogüé.	Dasselbe, im Felde ΘIK.	Weiblicher Kopf von vorn.
8.96	Mus. Luyn. pl. I, 4. (gefuttert.)	Dasselbe i. F. gehenkeltes Kreuz.	Dasselbe.
10.59	Wadd. Mél. 65. pl. V, 4.	ΚΙΛΙΚΙΟΝ חלך. Dass. Prägbild.	Frauenkopf von vorn.
10.49	Wadd. Mél. 65. pl. V, 3.	ΚΙΛΙΚΙΟΝ.	Dasselbe.
5.75	Judas Rev. num. 1863, 106.	Weiblicher Kopf von vorn, rechts im Felde ein Thun, links ein Delphin.	חלך Behelmter Kopf nach links.
0.85	Mus. Luynes.	חלך Frauenkopf von vorn.	Behelmter Kopf nach links.
0.75	Mus. Luynes.	תע חלך Dasselbe.	Dasselbe.
0.65	Mus. Luynes.	Dasselbe.	Dasselbe.
		(Datames, nach Luynes Dernes.)	
10.59	Par. Mus. Luyn. 16, 10. pl. II, 10.		
10.45	Brit. Mus.		
10.37	Par. Mus. Luynes 16, 9. pl. II, 9.		
10.20	Mus. Luyn. cf. Satr. 16, 8.	תרכמו (in aramäischer Schrift). Behelmter männlicher Kopf.	Weiblicher Kopf von vorn.
0.75	Mus. Vogüé.		
0.75	Brit. Mus.		
0.65	Mus. Luynes 16, 11.	(Ohne Schrift).	
—	Brit. Mus. Luyn. 16, 12.		(Im Felde Fisch.)
10.50	Mus. Luyn. N. d. S. 16, 5. pl. II, 5.		בעל חרו Baal thronend, in der R. Scepter, über dem Adler sitzt, in d. L. Traube u. Aehre, darunter Weihrauchfass. Das Ganze von einer runden Verzierung — Mauer mit Zinnen — umgeben. Unter d. Throne verschiedene Symbole.
10.25	Brit. Mus.	תרכמו Sitzender Satrap mit der Tiara bekleidet, Pfeil vor sich haltend, darüber Auramazda.	
10.15	Pinder 369.		
10.00	Mus. Vogüé.		

Gewicht	Fundort / Literatur	Vorderseite	Rückseite
10.95	Mus. Luyn. N. d. S. 15, 2. pl. II, 2.	תרדמי Zwei Männer unter einer Tempelthür einand. gegenüberstehend, der eine bekleidet, der andere nicht, beide die Rechte erhoben, zwischen ihnen Rauchfafs.	בעל תרז Baal thronend, in der Rechten Scepter, in der Linken Aehre und Traube. Das Ganze von einer runden Verzierung wie die vorigen umgeben.
10.64	Mus. Luynes.		
10.30	Mus. Luynes.	תרדמי כלך [1]) Dasselbe.	
—	Lenorm. Cat. Behr 866. Judas Rev. num. 1863, 109.		
		(Abdsohar.)	
10.93	Par. Mus. Luyn. N. d. S. 26, l. pl. III, 1.	בעל תרז Baal thronend, in der R. Scepter, l. F. meist Traube und ein aram. Buchstab.	מזדי זו על עברנהרא וחלך (aramäisch). Löwe Stier zerfleischend über zwei Mauern mit je 4 Thürmen.
10.91	Luynes 26, 5.		
10.67	Mus. Luynes 26, 3.		
10.50	Mus. Luynes 26, 4.		
9.90	Mus. Luynes.		
		(Sames (Wadd. Mél. p. 79, nach Luynes N. d. S. p. 31 f. Gaos.)	
10.80	= 166.9 Northw. C. 1184.	בעל תרז (aramäisch). Baal thronend, in der Rechten Traube und Aehre, darüber Adler, die Linke auf Scepter gestützt; im Felde einzelne aramäische Buchstaben.	מזדי סם Löwe Stier zerfleischend.
10.80	Cat. Behr 677.		
10.70	Luynes 31, l. pl. IV, 1.		
10.60	Mus. Luynes 31, 2.		
		(Alexander ?)	
8.40	Mus. Luynes (gefuttert). Luyn. S. 97. pl. XVI, 1.	עיתם Frauenkopf nach rechts.	אלכסנדר (?) (aram.). Löwe Stier zerfl., darunter ר.
		Mallos.	
10.39	= 160.5 Hunter 185. Dutems taf. I, 6.	Bärt. Krieger mit persischer Kopfbedeckung, in der Rechten Speer, in der Linken Bogen. (Gerstenkorn im Felde).	ΜΑΛ Herakles Löwen bekämpfend, l. Felde Keule.
10.39	= 160.3 Leake As. Gr. 80. Pembroke taf. II, 75.		
10.43	= 161 Leake As. Gr. 80.	Dasselbe; alle drei Exemplare mit Contremarken.	Dasselbe Gepräge wie auf der Schauseite; aber statt des Speers Köcher.
10.10	Mus. Luynes pl. VI.	ΜΑΛΛΩΤΩΝ Tiarabedeckter Kopf (beide Ex. mit Contremark.).	Weiblicher Kopf n. rechts.
9.96	= 187½ Mion. 3, 591, 247. S. 7. pl. VI, 3.		
9.92	= 153.1 Leake As. Gr. 80.	(ΜΑΛΛ).	
9.47	= 146.25 Northw. C. 1185.	(Ohne Schrift.)	
		Nagidos (Tiribazos).	
10.50	Luynes N. d. S. pl. I, 1.	תריבזו (in aram. Schrift). Zeus auf Scepter gestützt, auf d. Rechten Adler, im Felde einzelne griech. Buchstaben.	Auramazdah von vorn.
10.38	Mus. Hunter. Wadd. Mél. 61. pl. 5, 1. 2.		
9.98	Brit. Mus. Wadd. Mél. 60.		

[1]) Nach Waddington Mél. 69, Lenormant Behr a. a. O. הרדמי כלך, Judas תרדמו יני.

Soloi.

10.98	= 169! Hunter 285. taf. 61, 24. vgl. Luynes pl. VII, 3.	Knieender Bogenschütz, Köcher an der Seite. Im Felde Helm.	ΣΟΛΕΟΝ Traube, im F. Lorbeerzweig. Das Ganze in vertieftem Viereck.
10.70	Brit. Mus.		
10.70	= 201! Mion. 338. vgl. S. 7. taf. 6, 6.		(ΣΟΛΕ . N)
10.69	= 167 Hunter 286. taf. 61, 26.	Dasselbe ohne Helm.	ΣΟ Traube in vert. V.
10.54	Brit. Mus.		
10.79	= 166! Hunter 286. taf. 61, 25.	Dasselbe.	ΣΟΛΕΩΝ Dasselbe.
10.61	= 199! Mion. 334.		
10.40	Brit. Mus.		
10.10	= 190! Mion. 3, 611, 343. Luynes taf. VI. (ziemlich schöner Stil.)	ΣΟΛΕ . Satrapenkopf.	Heraklesk. im Perlenkranz.
10.01	= 188! Mion. 342. Luyn. taf. VI. (schlechterer Stil.)	ΣΟΛΙΚΟΝ Dasselbe.	Dasselbe.
9.76	Mus. Luyn. N. d. S. pl. VII, 1.		
9.56	= 180 Mion. 3, 610, 341.		

4. IX. Assyrische Satrapie.

Bambyke (Abd-Hadad).

8.50	Mus. Luyn. Wadd. Mél. 90, 2. pl. 7, 2 (vernutzt).	Kopf der Atergatis, im F. ΠΟ (80).	[illegible] in aram. Schrift, König und Wagenlenker auf einem mit 2 Pferden bespannten Wagen.
6.73	Mus. Luyn. Wadd. 90, 1. pl. 7, 1 (gefuttert).	[illegible] Kopf der Atergatis v. v., im Felde O (20).	Dieselbe Legende. Priester vor einem Thymiaterion, die Rechte erhoben.

5. XII. Satrapie Baktrien.

Nach Alexander.

16.80 / 16.70	Par. Mus. vgl. Luyn. N. d. S. pl. VI. p. 42.	Bärtiger tiarabedeckter Kopf.	(hint. d. Magier befl. Figur) Aram. Schr. Magier v. einem geschl. Tempel, hinter dem ein auf Säule aufgepflanztes heiliges Zeichen.
17.40	= 516 Prokesch Ined. 1859. taf. II, 20.		
16.24	= 806 Prok. II, 21.		
3.62	= 73 Prokesch II, 22.		(auf der Säule Vogel.)
3.62	Tur. Mus.		
0.69	= 13 Prokesch II, 23.		(Dasselbe.)

6. Thrakien.

Seuthes.

8.50	Brit. Mus.	Nackter Reiter mit Speer bewaffnet.	ΣΕΥΘΑ ΚΟΜΜΑ in einem vert. Viereck.
8.40	Mus. Luyn. pl. VI.	Dasselbe.	ΣΕΥΘΑ ΑΡΓΥ ΡΙΟΝ in einem vert. Viereck.

B. Provinzialgeld.

1. Silbermünzen der III. daskylitischen Satrapie.

Pontos. Amisos.

Persische Währung.

5.60	Brit. Mus. Mion. 2, 340,35.	Weiblicher m. hohem thurmartigem Aufsatz geschmückter Kopf.	(Stern.) Eule von vorn mit a breiteten Flügeln; l Magistratsname oder fangsbuchstaben de
5.57	= 106 Mion. 36.		
5.50	Brit. Mus.		
5.45	Brit. Mus.		
5.00	Par. Mus.		
3.75	Brit. Mus.		
3.16	= 49 Hunter taf. 41, 25.		
2.62	Par. Mus.		
1.72	= 26.6 Thomas 1731.		
1.72	= 32¾ Mion. S. 4, 435, 98.		
1.63	= 25.3 Leake As. Gr. 9.		
1.60	Brit. Mus. 2.		
1.56	= 29¾ Mion. 82.		

5.67	= 87¾ Hunter pag. 227. taf. 41, 24.	Dasselbe.	ΠΕΙΡΑ meist Initiale Magistratsnamens u. zeichen. Dass. Gepr (ΠΕΙΡΑΙΩΝ).
5.65	Brit. Mus.		
5.65	Par. Mus.		
5.54	= 85¾ Hunter pag. 227. taf. 41, 22.		
5.60	Brit. Mus.		
5.42	Brit. Mus.		
5.23	= 92.2 Leake As. Gr. 9.		
4.72	= 73 Hunter pag. 227. taf. 41, 23.		
1.71	= 32¾ Mionnet 31.		

Paphlagonia. Amastris.

Persisch-babylonische Währung.

9.70	Brit. Mus.	Männl. mit Tiara bedeckter Kopf (des Lysimachos nach Visconti, des Mithra nach Borrell).	ΑΜΑΣΤΡΙΕΩΝ liche Figur (Amastr d. Rechten Nike ha
9.50	Par. Mus.		
9.39	= 145 Borrell N. C. V, 187.		
9.31	= 175⅓ Mion. S. 4, 552, 8.		
9.30	Brit. Mus.		
9.15	Brit. Mus.		

Kromna.

Kleinasiatisch-persische Währung.

Gewicht	Nachweis	Hauptseite	Rückseite
3.54	=64.6 Leake As. Gr. 48.	Lorbeerbekränzter Kopf.	ΚΡΩΜΝΑ Frauenk. mit Tiara bedeckt; im Felde meist Monogr. u. ein oder zwei Buchstaben, zuweilen Beizeichen.
3.54	=64.7 Thomas 1732.		
3.525	Pinder 316.		
3.51	=64.3 Thom. 1731 (vgl. Mion. 2, 396, 64.)		
3.49	=64 Hunter 116. Peller. taf. 40, 6.		
3.46	=65¼ Mionnet 64.		
3.46	Brit. Mus.		
3.45	Brit. Mus.		
3.43	Brit. Mus.		
3.42	Brit. Mus.		
3.41	=52.6 Leake As. Gr. 48.		
3.41	=52.6 Leake Sup. 48.		
3.38	Brit. Mus.		
3.36	Brit. Mus.		
3.35	Berl. Mus.		
3.17	=49 Hunter p. 116.	Dasselbe.	ΚΡΟΜΝΑ Dasselbe.

Sinope.

Persische Währung.

I. Periode.

Gewicht	Nachweis	Hauptseite	Rückseite
6.03	=93¼ Hunter 273.	Weiblicher Kopf (der Nymphe Sinope) im Felde meist Akrostolion.	ΣΙΝΩ [1]) Adler auf Thunfisch. Initialen des Magistratsnamens.
6.00	=118 Mion. S. 4, 572, 117.		
6.00	Brit. Mus.		
5.99	=92.6 Thomas 1733.		
5.99	Brit. Mus.		
5.98	=92.4 Leake As. Gr. 116.		
5.97	Brit. Mus.		
5.94	=112 Mion. 2, 400, 71.		
5.94	=91.8 Hunter 273. taf. 49, 19.		
5.93	=91.6 Thomas 1731.		
5.90	Brit. Mus.		
5.89	=111 Mion. 2, 400, 74.		
5.86	Brit. Mus.		
5.85	Brit. Mus.		
5.84	=90.3 Leake As. Gr. 116.		
5.79	=109¼ Mion. S. 4, 573, 120.		
5.76	=106⅝ Mion. S. 118.		
5.75	Brit. Mus.		
5.68	=107 Mionnet 72.		
5.63	=106¼ Mionnet 75.		
5.60	Brit. Mus.		

1) Statt N häufig И.

3.083	Mus. Waddington.	Kopf der Nymphe Sinope.	ΣΙΝΩ Adler mit ausg Flügeln von vorn, im oft ein Buchstabe u. I zeichen (Traube).
2.92	= 55 Mionnet 79.		
2.65	Brit. Mus.		
2.40	Brit. Mus.		
1.95	Brit. Mus.		
1.64	= 31 Mionnet 78.		
1.56	Brit. Mus.		
1.55	Brit. Brit.		
2.96	= 46 Leake S. 91.	Weibl. thurmgekrönter Kopf seitw.	ΣΙΝΩ Adler mit ausg Flügeln.
1.69	= 26.2 Leake As. Gr. 116.	Dasselbe.	Dasselbe im Felde Traub rechts Monogramm.

II. Periode.

4.83	= 93 Prok. Ined. 1854. 281.	Weibl. Kopf, im Felde Akrostolion.	ΣΙΝΩ Adler auf Fi Initialen des Magistr namens.
4.81	= 74.1 Leake As. Gr. 116.		
4.80	= 74.1 Thomas 17[illegible].		
4.78	Berl. Mus. (versetzt).		
4.70	Brit. Mus.		
2.45	= 46¼ Mionnet S. 124.	Weiblicher thurmgekrönter Kopf.	ΣΙΝΩ (ΣΙΝΩ) Sch vordertheil, im Felde nogramm und versc dene Beizeichen.
2.45	Brit. Mus.		
2.43	Brit. Mus.		
2.41	Brit. Mus.		
2.40	Berl. Mus.		
2.39	Brit. Mus.		
2.31	= 35¾ Hunter.		
2.30	= 18¼ Mionnet 83.		
2.24	= 42¼ Mionnet S. 123.		
2.19	= 41¾ Mionnet 82.		
1.85	Berl. Mus.	Dasselbe.	ΣΙΝΩ Dasselbe.
1.75	= 27 Leake Suppl. 91.		
1.50	Berl. Mus.	Weiblicher Kopf von vorn.	ΣΙΝΩ Adler mit ausg Flügeln von vorn.
1.46	= 22.7 Leake. Thomas 1732.		
1.45	Brit. Mus.		
1.44	= 27¼ Mionnet 81.		
1.41	Brit. Mus.		
1.38	= 26 Mionnet S. 128.		
1.25	Brit. Mus.		
1.15	Brit. Mus.		
1.11	= 21 Mionnet S. 127.		
1.20	Berl. Mus.	Hermenkopf.	ΣΙΝΩ rechts, darüber Adler von vorn.

III. Periode.

Attische Währung.

16.6	Par. Mus.	Frauenkopf mit Mauerkrone.	ΣΙΝΩΠΕΩΝ Apollo mit Leier.
5.25	Brit. Mus.	Dass., darüber Contremarke m. dem Helioskopf zwischen dessen Strahlen ΣΙΝΩΠΕΩΝ.	ΣΙΝ Poseidon sitz., in der Rechten Dreizack.
5.20	Par. Mus. (vgl. Mionnet S. 4, 573, 123).		
	Bithynien. Astakos.		
—	Mionnet S. 5, 17, 88. Pl. 50, 9.	Krebs.	ΣΑ Frauenkopf in vertieftem Viereck.
	Kalchedon.		
	II. Periode. (I. Periode vgl. oben S. 388.) Kleinasiatische Währung.		
14.70	Par. Mus.	ΚΑΛΧ Rind schreitend auf Aehre.	Viergeth. punkt. Quadr. inc.
5.35	Brit. Mus.	ΚΑΛ oder ΚΑΛΧ, auf einigen Exemplaren ΚΑΛ oder ΚΑΛ Dasselbe.	Vier dreieckige Einschläge in Windmühlenflügelform, häufig punktirt.
5.30	Brit. Mus. 2.		
5.29	= 81.6 Leake As. Gr. 40.		
5.28	Mus. Waddington.		
5.26	Par. Mus. = 99 Mionnet 2, 421, 65. vgl. Pl. 38, 3. 4.		
5.00	Par. Mus.		
4.90	Par. Mus.		
4.85	Brit. Mus.		
* 3.55	Brit. Mus.[1]).		
3.40	= 64½ Mionnet S. 5, 24, 123.		
* 3.37	= 52.1 Mus. Br. Combe 158.		
* 3.26	Brit. Mus.		
2.55	Brit. Mus.		
2.35	Brit. Mus.		
2.31	= 43½ Mionnet 67.		
2.31	= 34.2 Leake As. Gr. 40.		
1.05	Brit. Mus.	ΚΑΛΧ Rind schreitend.	Dasselbe.
	III. Periode.		
3.90	Brit. Mus.	Unbedeckter unbärtiger Kopf.	ΚΑΛΧ zwischen 4 Radspeichen.
3.85	= 59.6 Thomas 1733 vgl. Mionnet 68.		
3.83	Mus. Waddington.		
3.67	= 69½ Mionnet 68.		
1.98	= 30.8 Mus. Br. Combe 159. pl. 9, 11.		

[1]) Die mit * bezeichneten Exemplare tragen die Aufschrift ΚΑΛ.

2.00	Brit. Mus.	Unbärtiger Kopf.	ΚΑΛ und Epheublatt zwischen 4 Radspeichen.
2.00	Par. Mus.		
1.99	= 30.9 Leake As. Gr. 40.		
1.98	= 37¾ Mionnet S. 194.		
0.68	= 10.7 Leake As. Gr. 40.	Dasselbe.	Rad mit 4 Speichen.
0.49	= 7.7 Leake As. Gr. 40.	Rad mit 12 Speichen.	Vier dreieckige Einschläge.

IV. Periode.

Nach Alexander (vgl. Borrell N. Chr. 5, 191).

13.96	= 215.6 Leake Sup. 35.	Demeterkopf mit Schleier.	ΚΑΛΧ oder ΚΑΛΧΑ Apollo sitzend mit Pfeil u. Bogen; im Felde meist einzelne Buchstaben.
13.95	Brit. Mus.		
13.64	= 210.6 Leake Sup. 35.		
5.30	Brit. Mus.		
5.28	= 81.5 Leake Sup. 35.		
5.09	= 96 Mionnet S. 126. 17. 74, 9.		

Attischer Fuss.

16.65	= 257.2 Thomas 1734.	Kopf Alexanders m. Widderhörnern.	ΚΑΛΧΑΔΟΝΙΩΝ Pallas sitzend, wie auf den Tetradrachmen des Lysimachos.
16.64	= 257 Borrell N. Chr. 5, 190.	Kopf des Lysimachos mit Diadem und Widderhörnern.	ΚΑΛΧΑΔΟΝΙΩΝ Pallas sitzend, der l. Ellenbogen auf Schild gestützt, darunter Aehre.

Herakleia.

II. Periode. (I. Periode vgl. S. 387.)

Persische Währung.

5.71	= 88.2 Leake Sup. 58.	Bärtiger Heraklesk. m. Löwenhaut.	ΗΡΑΚΛΕΙΑ Stier stofs.
5.23	= 98¾ Mionnet 2, 439, 158.		
4.90	Brit. Mus.		
4.80	Brit. Mus.		
4.50	= 69.7 Thomas 1737. Hunter taf. 29, 9.		
3.90	Brit. Mus.		
3.85	Brit. Mus.		
1.10	Par. Mus.	Dasselbe.	ΗΡΑΚ Halber Stier.

Herakleia. Sintike (?).

2.80	Par. Mus. 2.	Bärtiger Herakleskopf mit Löwenhaut.	ΗΡΑΚΛΕΙΑ am vierseitig. Quadr. inc. Das Ganze im vertieften Viereck.
1.85	Brit. Mus.		
1.81	Brit. Mus.		
1.81	= 28 Hunter 30, 2.		
1.80	= 34 Mionnet S. 256.		
0.90	= 14 Hunter 30, 5.	Jugendlicher Heraklesko pf mit Löwenhaut.	ΗΡΑΚΛΕΙΑ od. ΗΡΑΚ Dasselbe.
0.90	= 17 Mionnet 152.		
0.25	Par. Mus.		

Gewicht	Sammlung	Vorderseite	Rückseite
1.14	Pinder 318.	Bärtiger Herakleskopf mit der Löwenhaut.	(Ohne Traube.) ΗΡΑΚΛΕΙΑ Keule, im Felde Traube.
1.06	Brit. Mus.		
0.97	= 15 Hunter p. 142. taf. 29, 10.		
0.86	= 16½ Mionnet 156.		
	III. Periode.		
11.70	Brit. Mus.	Herakleskopf mit Löwenhaut.	ΗΡΑΚΛΕΙΑ Frauenkopf mit hohem Kopfputz geschmückt.
11.47	= 177 Thomas 1735.		
11.45	Brit. Mus.		
11.08	= 171 Hunter p. 149. taf. 29, 8.	(im Felde Keule.)	
11.05	= 208 Mionnet 154.		
5.45	= 84.2 Thomas 1738.		
8.85	Brit. Mus.		
8.68	= 69¾ Mionnet 155.	(im Felde Keule.)	
8.66	= 56.4 Thomas 1737.		
8.53	Brit. Mus.		
8.52	Brit. Mus.		
1.85	Brit. Mus.		
	IV. Periode.		
9.45	Brit. Mus.	Herakleskopf mit Löwenhaut.	ΗΡΑΚΛΕΩ oder ΗΡΑΚΛΕΩΤΑΝ Bakchos sitzend, unter dem Sitze oft Monogramm oder einzelner Buchstabe.
9.35	Brit. Mus.		
9.34	= 144.2 Thomas 1736.		
9.20	= 173¼ Mion. 153. Hunter taf. 29, 6.		

Könige von Herakleia.

Dionysios und Timotheos (344—336).

Gewicht	Sammlung	Vorderseite	Rückseite
9.60	Brit. Mus. 2.	Bakchoskopf, dahinter Thyrsusstab.	ΤΙΜΟΘΕΟΥ ΔΙΟΝΥΣΙΟΥ Herakles Trophäe errichtend. (im Felde Widder.)
9.50	= 179 Mionnet 2, 444, 180.		
9.46	= 146 Leake Sup. 56.		
9.30	= 175½ Mionnet 179.		
9.26	= 142.9 Thomas 1739.		
2.30	Brit. Mus.		
2.05	Par. Mus.		

*) Von den bei Mionnet S. 5, 62, 260, 261, vgl. Sest. Lett. Cont. VII, 49. n. 6. 7. taf. 1, 16. beschriebenen Münzen: Herakleskopf)(Nike auf Schild gestützt mit der Lanzenspitze den letzten Buchstaben von ΗΡΑΚΛΕΙΑ oder ΕΡΑΚΛΕΙΑ schreibend, stehen mir keine Gewichte zu Gebote.

Dionysios (336—304).

9.60	Brit. Mus.	Bakchoskopf, dahinter Thyrsosstab.	ΔΙΟΝΥΣΙΟΥ Dem.
4.79	Mus. Waddington.		
4.60	Brit. Mus.		
4.54	= 70.1 Leake Sup. 56.		

Amastris (304—288).

9.57	Berl. Mus. vgl. Sestini Mus. Hedervar. II. taf. 16, 3.	Männl. Kopf mit phrygisch. Mütze.	ΑΜΑΣΤΡΙ.. ΒΑΣΙΛΙΣΣΗΣ Sitzende Frau (Amastris) in d. R. Nike, in d. L. Scepter. (ΒΑΣΙΛΙΣΣΗΣ, nicht ΒΑΣΙΛΙΣΣΑΣ, nach dem Schwefelabdruck.)
9.40	= 177 Mionnet 162.		

Kios.

Persisches Gewicht.

5.25	Berl. Mus.	Lorbeerbekr. Kopf nach rechts.	Schiffsvordertheil, Magistratname (ΠΩΣΕΙΔΩΝΙΟΣ).
2.55	Brit. Mus, 2.	Apollokopf, darunter meist ΚΙ oder ΚΙΑ.	Schiffsvordertheil, darüber od. darunter meist Stern; Magistratname.
2.51	Brit. Mus. 2.		
2.50	Brit. Mus.		
2.50	Par. Mus. vgl. Mionnet S. 5, 246, 1439 f.	(ΚΙΑ)	(ΒΑΚΜΕΤΑ)
2.50	= 38.9 Thom. 1733 vgl. Mionnet 2, 491, 435.	(Ohne Schrift.)	(ΑΘΗΝΟΔΩΡΟΣ)
2.50	= 38.8 Leake As. Gr. 42. (2.)		(ΠΡΟΞΕΝΟΣ) (ΜΙΛΗΤΟΣ)
2.45	Brit. Mus.		
2.45	Par. Mus.		
2.44	= 37.7 Leake.		
2.40	Brit. Mus. 2.		
2.35	Brit. Mus.		
2.30	Brit. Mus.		(ΕΥΜΕΝΗΣ)
2.23	= 34.5 Leake.		
1.26	Brit. Mus.		
1.25	Par. Mus.		
1.15	Brit. Mus.		

Mysia. Adramyteion.

Nach Untergang des persischen Reiches.

2.93	= 55½ Mion. S. 5, 275, 1.	Bärtiger Kopf mit Diadem.	ΑΔΡΑΜΥΤΗΝΩΝ Adler auf Donnerkeil, im Felde Monogramm.
2.80	Brit. Mus. (durchlöchert).		
2.75	Brit. Mus.		

Assos.

Persisches Gewicht.

= 96¾ Mion. S. 5, 294, 81.	Frauenkopf nach rechts.	Stierkopf v. vorn, darunter Symbol.
= 55 Mionnet 50. Berl. Mus. Brit. Mus. = 42 Leake As. Gr. 29. Brit. Mus. Brit. Mus. = 34.5 Leake Sup. 26.	Palladkopf.	ΑΣΣΙΟΝ (ΑΣΣΙΟΝ) Stierkopf von vorn.
= 7¼ Fox Gr. c. taf. 2, 23.	Greif liegend nach links.	Löwenkopf m. offn. Rachen, links im Felde A, das Ganze in vert. Viereck.

Kyzikos.

II. Periode. (I. Periode vgl. S. 333.)

Kleinasiatische Währung.

= 279½ Mionnet 2, 528, 65.	Frauenkopf mit Diadem.	Löwenkopf in vert. Quadr.
= 117¼ Mion. 2, 528, 66.	Frauenkopf nach rechts in vert. V.	Löwenkopf.
Brit. Mus.	Löwenkopf mit offnem Rachen.	Vertieftes Quadrat.
= 39 Mionnet 67. vgl. Pellerin II. pl. 48, 12. Rev. num. 1856. pl. II, 4.	Kopf mit phrygischer Mütze über Thun.	Ж Löwenkopf in vertieftem Viereck.
Mus. Waddington. vgl. Allier pl. XII, 7. Brit. Mus.	Vordertheil eines Ebers, dahinter Thun.	Löwenkopf in vert. Viereck, bisweilen Ж.

1.20	Mus. Luynes.	Vordertheil eines Ebers, dahinter Thun.	(Ohne Schrift.)
1.16	Brit. Mus.		
1.15	Brit. Mus. 2.		
1.04	= 19½ Mion. S. 5, 305, 135 (vgl. Pl. LIII, 10 = 2, 659, ??).		
0.90	Brit. Mus.		Löwenkopf in vert. Viereck, bisweilen Ӿ.
0.85	= 16½ Mionnet S. 131.		(Ohne Schrift.)
0.80	Mus. Luyn. (aut. Samos).		(K).
0.79	Mus. Luynes.		(Ohne Schrift.)
0.75	Brit. Mus.		
0.70	Brit. Mus.		
0.76	Mus. Luynes.	Dasselbe.	(Löwe n. r. TI.H..Y).
0.40	= 7½ Mionnet S. 135.		
0.35	Brit. Mus.		
1.05	Par. Mus.	Dasselbe.	Ӿ Dasselbe.
0.80	Brit. Mus.	Dasselbe.	K Dasselbe.

III. Periode.

15.28	= 236 Northw. C. 982.	ΣΩTEIPA Kopf der Proserpina.	Löwenkopf über Thunfisch.
15.189	= 286 Mionnet 2, 529, 90. vgl. Hunter taf. 24, 5.	(Ohne Schrift.)	KY oder KYΞI oder KYΞYKHNΩN Löwenkopf, dahinter verschiedene Symbole, darunter Thunfisch.
15.07	Mus. Wadd. vgl. Rev. num. 1856. pl. II, 10.	Dasselbe.	
14.69	Mus. Waddington.		
14.50	Berl. Mus.	(Ohne Schrift.)	
14.45	Berl. Mus.	(Ohne Schrift.)	

IV. Periode.

14.76	Mus. Waddington.	Kopf der Proserpina.	Meist KY oder KYΞI Apollo sitzend, in der R Plectrum, in d. L. Leier darunter Thunfisch, i. F verschiedene Symbole.
13.46	= 208 N. C. 983.	Dasselbe über Thunfisch.	
13.30	Par. Mus. vgl. Sest. Stat. ant. taf. III, 10.	ΣΩTEIPA Kopf der Proserpina.	
12.75	Brit. Mus.		
5.57	Mus. Waddington.	Dasselbe Gepräge ohne Schrift.	KYΞI Apollo gestützt au Leier.

Gargara.

Kleinasiatisches Gewicht.

3.06	Berl. Mus. vgl. Mionnet 2, 552, 246.	Lorbeerbekränzter Apollokopf.	ΓAPΓ Stier fressend n. l
2.975	= 46 Fox II, 5, 29.		

Harpagia?

Kleinasiatisches Gewicht.

8.77	= 71 Prokesch in 1854.	Harpyenkopf von vorn.	Harpye mit 4 Flügeln i vertieftem Viereck.

Lampsakos.

II. Periode. (I. Periode siehe S. 358.)

Persische Währung.

5.30	Brit. Mus.		
5.20	Brit. Mus.		
5.15 *	Brit. Mus.		
5.05	Brit. Mus.		
4.95 *	Brit. Mus.		
4.65 *	Brit. Mus.	Doppelkopf.	Pallaskopf in vert. Viereck.
4.64	= 87[illegible] Mion. 2, 560, 298.		
3.62	= 72 Prokesch In. 1854.		
3.60	Brit. Mus.		
1.19	= 22[illegible] Prok. In. 1859.		
0.70	Brit. Mus.		
1.22	= 23[illegible] Prok. In.	Dasselbe.	Eingeschlagenes Viereck.
2.55 *	Brit. Mus.		
2.50	Brit. Mus.		
2.50	= 38.7 Leake As. Gr. 72.		
2.49	= 47 Mionnet 2, 561, 296.		
2.45	Brit. Mus.		
2.45 *	Brit. Mus.		
2.44 *	Brit. Mus.		
2.30 *	Brit. Mus.		
2.30	Berl. Mus. 2.		
1.45	Brit. Mus.		
1.35	Brit. Mus.		
1.34	Brit. Mus.		
1.33	= 25[illegible] Mionnet 295.	Dasselbe.	ΛΑ od. ΛΑΜ od. ΛΑΜΨ Pallaskopf.
1.30	Brit. Mus.		
1.26 *	Brit. Mus.	(Unter Doppelkopf Delphin.)	
1.25	Brit. Mus.		
1.22	Mus. Laynes.	(Auf einem Bande um den Hals des Doppelkopfes ΘΕΟ)	
1.22	= 23 Prokesch In. 1854.		
1.19 *	= 18.6 Leake As. Gr. 72.	(Unter Doppelkopf Delphin.)	
1.18	= 22[illegible] Mionnet 297.		
1.15	Brit. Mus.		
1.13	= 17.6 Leake Sup. 62.		(Ohne Schrift.)
0.72	Mus. Laynes.		(Ohne Schrift.)
0.65	Brit. Mus.		(Ohne Schrift.)
8.20	Berl. Mus.	Pallaskopf.	Beflügeltes Seepferd.

*) Die mit * bezeichneten Münzen sind jüngerer Fabrik.

3.08	Mus. Luynes.	Pallaskopf.	Beflügeltes Seepferd.
2.33	= 36 Leake As. Gr. 72.	Dasselbe.	ΛΑΜ Beflügelt. Seepferd, darunter Kornähre.
2.32	= 43⅝ Mionnet M. 2, 561, 298.		
2.30	Brit. Mus.		
1.15	Brit. Mus.		
3.44	= 53 Borr. N. C. VI, 165.	Bärtiger Bakchoskopf n. rechts.	ΛΑΜ Stierkopf von vorn.
1.38	Brit. Mus.	Dasselbe.	Dasselbe.
		III. Periode. Attische Währung.	
16.47	= 253.1 Leake As. Gr. 72 (nach Eckhel II, 458 nach der Schlacht von Actium).	Bakchoskopf.	ΛΑΜΨΑΚΗΝΩΝ Apollo, in der R. Plectrum, CωΚΡΑΤΟΥ ΤΟΥ ΞΕΝΟΦΑΝΟΥ
		Parium. Kleinasiatischer Fufs. **I. Periode.**	
2.47	= 46⅜ Mion. 2, 574, 387.	Medusenhaupt.	(Zweig.)
2.46	= 46¼ Mionnet 383.		(Ohne Symbol.)
2.45	Brit. Mus.		
2.44	= 46 Mionnet 384.		(Kranz.)
2.43	Brit. Mus.		
2.43	= 37.4 Leake As. Gr. 93.		(Ohne Symbol.)
2.42	Brit. Mus.		
2.40	Brit. Mus.		
2.39	= 45¼ Mionnet 388.		(Stern.)
2.38	Brit. Mus.		
2.38	= 45 Mionnet 381.		ΠΑΡΙ Stier sich umwendend; im Felde verschiedene Symbole.
2.38	= 45 Mion. S. 687.		
2.35	Mus. Waddington.		
2.35	= 44⅝ Mionnet 382.		(Stierschädel.)
2.34	= 36.2 Leake As. Gr. 93.		(Muschel und Aehre.)
2.33	= 44 Mionnet S. 639.		(Vogel.)
2.28	= 43 Mionnet 380.		(Blatt wie 381.)
2.27	Brit. Mus.		
2.24	= 42¼ Mionnet S. 640.		(Stern.)
2.20	Brit. Mus.		
2.12	= 40 Mionnet 386.		(Θ).
		II. Periode. Nach Alexander.	
13.56	= 209¼ Hunter taf. 41, 16.	Medusenhaupt von vorn.	ΠΑΡΙΑΝΩΝ Nike, in der Rechten Kranz; Monogramm, Füllhorn und Aehre im Felde.

Brit. Mus. = 55 Borrell N. C. VI, 169. = 54¾ Hunter 941. taf. 44, 7. vgl. Allier pl. 13, 1. Berl. Mus.	Weiblicher Kopf, Magistratsname.	ΠΡΟΚΟΝ Vorderth. ein. liegend. Hirschkalbes, im Felde Vase.
Brit. Mus.	Weibl. Kopf nach links.	ΠΡΟΚΟΝ Einhenkelige Vase.
Brit. Mus.	Weibl. Kopf nach rechts.	ΠΡΟΚΟΝ Vorderth. ein. liegenden Hirschkalbes.

Troas. Abydos.

Kleinasiatisches Gewicht.

II. Periode.

Brit. Mus.	Lorbeerbekränzter Apollokopf.	Α Anker, Magistratsname in eingeschl. Viereck.
Brit. Mus. = 63½ Mionnet 2, 652, 12. vgl. Hunter taf. 1, 11. (vgl. Peller. II. taf. 51, 4. 5). = 62½ 2 Mionnet 11. Brit. Mus. 2. Brit. Mus. 2. Brit. Mus. = 61¼ Mionnet 12. = 61 Mionnet 12. Brit. Mus. 3. = 49.9 Leake As. Gr. 1. = 49.2 Leake As. Gr. 1. Brit. Mus. Brit. Mus. Brit. Mus. = 52¼ Mionnet 12. = 52¼ Mionnet 12. = 42.6 Leake Sup. 10. Brit. Mus. Brit. Mus. Brit. Mus.	Maske.	(ohne Α). Α (fehlt auch) Anker, meist im Felde Skorpion.
Brit. Mus.	Dasselbe.	Α Anker, Magistratsname.
Brit. Mus. Mus. Rauch.	Anker, im Felde Skorpion.	Zwei Haken über einander in Relief. Das Ganze in vert. Viereck (in den vier Feldern Fische).

3.21	Brit. Mus.	Maske.	Sternartiges eingeschlagenes Viereck.
3.20	Brit. Mus.		
3.15	Brit. Mus.		
2.74	Brit. Mus.	Dasselbe.	Dasselbe.
2.40	Brit. Mus.		
1.60	Brit. Mus.		
3.88	= 60 N. C. 1017.	Dasselbe.	Harpye? in vert. Viereck.

III. Periode.

1. Vereinsgeld.

Abydos und Klazomenae.

3.55	Par. Mus. Mion. 3, 64, 13.	Beflügelter Eber.	Maske v. vorn in vertieftem Viereck.
1.96	Brit. Mus.		
0.60	Par. Mus.		

Abydos und Chios.

1.90	= 29.6 Leake Ins. Gr. 8.	Sphinx sitzend nach rechts.	Maske (Gorgohaupt) v. vorn.

Abydos und Kebren.

1.75	= 27 Fox II, 44.	Widderkopf nach links.	Maske in Viereck v. Linien.

2. Städtisches Geld.

14.70	Par. Mus. Mion. 2, 633, 17. vgl. Peller. II. taf. 51, 9.	Lorbeerbekränzter Apollokopf.	ABY Adler, Magistratsn., zuweilen im F. Symbole, wie Fisch, Dreizack.
3.31	Brit. Mus. vgl. Hunter taf. 1, 10. Pellerin II. taf. 51, 8.		
2.49	= 47 Mionnet 20.		
2.45	Brit. Mus. 2.		
2.44	Brit. Mus.		
2.25	Brit. Mus.		
5.20	Brit. Mus.	(in vert. Viereck.) Maske.	ABY od. ABYΔHNON Adler.
4.84	74.7 N. C. 1018.		
4.83	Mus. Waddington.		
0.65	Brit. Mus. vgl. Pell. II. taf. 51, 6.		
0.55	Brit. Mus.		
2.86	= 54 Mion. S. 5, 498, 8.	Pallaskopf, dahinter Knöchel.	Jugendlicher Kopf v. vorn
0.81	= 15½ Mionnet 14.		
0.87	= 16½ Mionnet 15. vgl. Peller. II. taf. 51, 3.	Pallaskopf.	Maske.
0.84	= 16¼ Prok. In. 1854.	Dasselbe.	Viergeth. Quadr. inc.

IV. Periode.

Attische Währung.

16.59	Mus. Waddington.	Apollokopf nach links.	Α .. Magistratsn., Anker in vert. Viereck.
16.63	= 313 Mionnet 30.	Kopf der Artemis, dahinter Köcher und Bogen.	ΑΒΥΔΗΝΩΝ Adler mit ausgebreiteten Flügeln, Magistratsname, i. F. versch. Symbole. Das Ganze im Lorbeerkranz.
16.59	= 311½ Mionnet 25.		
16.35	= 252.4 Leake As. Gr. 1.		
16.28	= 306½ Mionnet 23.		
16.12	= 303¾ Mionnet 24.		
15.95	= 301½ Mionnet 22.		
1.96	= 37 Prokesch In. 1854.		ΑΒΥ Dass., i. F. Kranz u. ΗΡ.

Dardanos. Kleinasiatischer Fuſs.

2.85	Brit. Mus.	Herakleskopf mit der Löwenhaut.	ΔΑΡ Bogen und Köcher in vertieftem Viereck.
1.97	= 37¼ Mion. 2, 656, 167.	Dasselbe.	Hahn in eingeschl. Viereck.
1.87	= 33¼ Mionnet S. 5, 651, 368.		

Kebren. Kleinasiatischer Fuſs.

1. Städtisches Geld.

1.12	Mus. Wadd. Mélanges taf. III, 1.	ΚΕΒΡ Widderkopf nach rechts.	Viergetheiltes eingeschlagenes Viereck.
1.00	Par. Mus.	Widderkopf nach rechts.	Dasselbe.
0.85	Par. Mus.		
0.50	Par. Mus.	Vordertheil eines Widders.	Dasselbe.
0.45	Par. Mus.	Zwei Widderköpfe gegeneinander, dazwischen Zweig.	Dasselbe.
0.15	Berl. Mus.	Widderkopf nach links.	Dasselbe.

2. Bundesgeld.

Kebren und Tena.

0.583	= 9 Borrell N. C. 7, 71.	Greif n. rechts, den linken Vorderfuſs erhoben.	Zwei Widderköpfe gegeneinander.
—	Mionnet S. 6, 876, 1892.	Greif.	Ein Widderkopf.

Megara. Kleinasiatischer Fuſs.

8.30	Berl. Mus.	Lorbeerbekränzter Apollokopf.	ΜΕΓΑΡ zwischen den 6 Strahlen einer sternartigen Figur.

Neandria. Kleinasiatisches Gewicht.

0.61	= 11¼ Mion. Poids p. 142. n. eigner Wäg. 0.58 Gr.	Lorbeerbekränzter Apollokopf.	ΝΕΑΝ Widder in vertieftem Viereck.
0.58	= 11 Prok. In. 1854.		
1.64	= 25.5 Borrell N. C. 6, 198.	Dasselbe.	ΝΕΑΝ Pferd weidend in flach vertieftem Viereck.

Ophrynaion.

Persisches Gewicht.

3.76	= 71 Mionnet S. 5, 577, 496. Allier pl. XIII, 11.	Behelmter bärtiger Kopf von vorn, Helm in drei Spitzen auslaufend.	ΟΦΡΥΝΕΩΝ Reiter Lorbeerkranz in der Rechten haltend.

Skepsis.

Kleinasiatisches Gewicht.

3.45	Mus. Waddingt.	ϟΚΗΨΙΟΝ Beflügeltes Seepferd.	(Im Felde N)
3.61	Brit. Mus.	ϟΚΗΨΙΟΝ Beflügeltes Seepferd.	Palmbaum, im Felde häufig ein Buchstabe und Symbole. Das Ganze in vertieftem Viereck.
3.80	= 58.7 Leake As. Gr. 108.	ϟΚΗΨΙΟΝ Beflügeltes Seepferd.	Palmbaum, im Felde häufig ein Buchstabe und Symbole. Das Ganze in vertieftem Viereck.
3.79	Brit. Mus.	ϟΚΗΨΙΟΝ Beflügeltes Seepferd.	Palmbaum, im Felde häufig ein Buchstabe und Symbole. Das Ganze in vertieftem Viereck.
3.79	= 58.5 Leake As. Gr. 108.	ϟΚΗΨΙΟΝ Beflügeltes Seepferd.	Palmbaum, im Felde häufig ein Buchstabe und Symbole. Das Ganze in vertieftem Viereck.
3.71	= 70 Mion. 2, 668, 246.	ϟΚΗΨΙΟΝ Beflügeltes Seepferd.	Palmbaum, im Felde häufig ein Buchstabe und Symbole. Das Ganze in vertieftem Viereck.
3.17	= 49 Borrell N. C. VI, 198.	(Ohne Schrift.)	(ϟΚΗΨΙΟΝ)
1.25	Brit. Mus.	Vordertheil eines Stiers.	Palmbaum in vert. Viereck von Linien.
0.518	= 8 Fox II, 49.	Vordertheil eines Stiers.	Palmbaum in vert. Viereck von Linien.
0.80	Brit. Mus.	ϟΚΗΨΙΟΝ Vordertheil eines Pferdes.	Palmbaum in eingeschlagenem Viereck.
0.72	Brit. Mus.	ϟΚΗΨΙΟΝ Vordertheil eines Pferdes.	Palmbaum in eingeschlagenem Viereck.

Sigeion.

2.47	= 38.3 Borrell N. C. VI, 199.	Behelmter Kopf.	ΣΙΓΕ Eule, im Felde Mondsichel.

Teria.

I. Periode.

—	Mionnet S. 5, 582, 515. Allier XIII, 15.	Lorbeerbekränzter Apollokopf.	ΤΗΡΙ Lorbeerzweig in Viereck.
—	Mionnet S. 5, 582, 516. Millingen.	Weiblicher Kopf.	ΤΗΡΙ Oelzweig in einem Viereck von Linien. Das Ganze in vert. Viereck.

Tenedos.

II. Periode. (I. Periode siehe S. 390.)

Kleinasiatische Währung.

14.79	= 228½ Hunter p. 318. pl. 57, 7.	Doppelkopf.	ΤΕΝΕΔΙΟΝ Doppelaxt, im Felde verschied. Symbole (Traube, Fliege, Nike, Aehre). Das Ganze in vert. Viereck.
14.60	= 275 Mion. 2, 672, 267.	Doppelkopf.	ΤΕΝΕΔΙΟΝ Doppelaxt, im Felde verschied. Symbole (Traube, Fliege, Nike, Aehre). Das Ganze in vert. Viereck.
14.57	= 225 N. C. 1022.	Doppelkopf.	ΤΕΝΕΔΙΟΝ Doppelaxt, im Felde verschied. Symbole (Traube, Fliege, Nike, Aehre). Das Ganze in vert. Viereck.
3.51	= 66¼ Mionnet 268.	Doppelkopf.	ΤΕΝΕΔΙΟΝ Doppelaxt, im Felde verschied. Symbole (Traube, Fliege, Nike, Aehre). Das Ganze in vert. Viereck.
3.48	Mus. Waddingt.	Doppelkopf.	ΤΕΝΕΔΙΟΝ Doppelaxt, im Felde verschied. Symbole (Traube, Fliege, Nike, Aehre). Das Ganze in vert. Viereck.
3.45	= 65 Mionnet 269.	Doppelkopf.	ΤΕΝΕΔΙΟΝ Doppelaxt, im Felde verschied. Symbole (Traube, Fliege, Nike, Aehre). Das Ganze in vert. Viereck.
3.32	= 51¼ Hunter p. 318.	Doppelkopf.	(Traube ΖΩ Leier.)
1.65	Brit. Mus.	Doppelkopf.	(ΤΕΝΕ)
1.40	Brit. Mus.	Doppelkopf.	(ΤΕΝΕ)

III. Periode. Attische Währung.

16.89	= 259 Hunter 516. Pell. taf. 118, 4.	Derselbe Doppelkopf.	(ΤΕΝΕΔΙΟΝ)
16.79	= 258.3 Leake 43.		
16.78	= 316 Mionnet 273.		ΤΕΝΕΔΙΩΝ Dasselbe Gepräge, im Felde verschied. Symb. (wie Eule, Traube u. a.) und Monogr. Das Ganze i. Lorbeerkranz.
16.76	= 257.7 Leake 43.		
16.69	= 313 Mionnet 271.		
16.45	= 309¾ Mionnet 270.		
3.82	= 72 Mionnet 276.		
3.80	= 71¾ Mionnet 275.		

3. Silbermünzen der I. ionischen Satrapie und Goldmünzen der Insel Rhodos und der karischen und kyprischen Könige.

Atarneus.

(Nach Alexander, zum Cistophorengelde gehörig.)

3.00	Berl. Mus. (vernutzt).	Lorbeerbekränzter Apollokopf.	ΑΤ Schlange.

Pergamon.

I. Periode vor Alexander.

Kleinasiatischer Fuſs.

1.50	Par. Mus.	Unbärtiger (Apollo)kopf n. rechts.	ΠΕΡΓ Bärtiger Kopf mit einer Art Tiara bedeckt in vertieftem Viereck.
—	Mus. Wadd.		(ΠΕΡΓΑ).

II. Periode nach Alexander.

1.86	Brit. Mus. vgl. Peller. II. taf. 60, 58.	Heraklеskopf mit der Löwenhaut.	ΠΕΡΓΑΜΙ Palladion.
1.82	Brit. Mus.		
1.30	Brit. Mus.		
1.25	Brit. Mus.		
0.84	= 16 Prok. Ined. 1854.		

Pordosela auf Pordoselene.

Kleinasiatischer Fuſs.

3.95	Brit. Mus. = 61 Leake Ins. Gr. 32.	Bartloser Kopf.	ΠΟΡΔΟΣΙΑ Leier in eingeschlagenem Viereck.

Aeolis. Aegae.

1. Persische Währung.

2.84	Brit. Mus.	Α Vordertheil einer Ziege n. links.	...ΙΟΝ Lorbeerbekränzter Apollokopf in vertieftem Viereck.
0.80	Brit. Mus.	Ziegenkopf und Hals nach rechts.	2 rautenförmige Einschläge.
0.78	= 12¼ Borrell N. C. 7, 45.		

2.75	Brit. Mus.	AICAION Bakchoskopf. (AICA). (AICAION rückläufig).	(AICI). Vordertheil einer Ziege A.
2.63	= 40.5 Leake As. Gr. 3.		
2.56	Brit. Mus.		
2.55	Berl. Mus.		
2.62	= 49¼ Mion. 3, 2, 4.		

2. Attische Währung (nach Alexander).

2.15	Brit. Mus.	Pallaskopf.	AIΓAE Dasselbe.
2.14	= 32.2 Borrell N. C. 7, 45.		
2.10	Brit. Mus.		
1.76	= 27¼ Borrell N. C. 7, 46.		
15.96	= 301 Mionnet 3.	Lorbeerbekränzter Apollokopf, im Felde Köcher und Bogen.	AIΓAIEΩN Zeus auf der R. Adler, i. d. L. Lanze, i. F. Mon. Das G. i. Eichenkranz.

Elaea.

Kleinasiatischer Fuſs (nach Alexander).

2.47	= 38.5 Leake As. Gr. 54.	Demeterkopf.	EΛAI im Oelkranz.
3.167	= 49 Fox II, 55.	Pallaskopf.	EΛ (?) Gerstenkorn im Lorbeerkranz.
1.28	Brit. Mus.	Dasselbe.	EΛAI auſserhalb eines Lorbeerkranzes.
1.11	= 21 Mionnet 3, 15, 84. Peller. II. taf. 53, 4.	Dasselbe.	(Im Felde ‡). Dasselbe innerhalb eines Lorbeerkranzes.
0.84	= 16 Prok. Ined. 1859.		

Kyme.

II. Periode. Nach Alexander. (I. Periode siehe S. 390.)

Attische Währung.

2.54	Mus. Luynes.	KY Adler nach rechts.	Vordertheil eines Pferdes nach rechts.
2.03	Brit. Mus. = Borrell N. C. 7, 47.	Adler auffliegend, im Felde Monogramm.	Vordertheil eines Pferdes, darunter Kornähre.
2.00	Brit. Mus.	Dasselbe, Magistratsname.	KY Dasselbe.
1.96	Brit. Mus.		
1.89	Mus. Wadd.		

III. Periode.

16.80	= 259.4 Leake As. Gr. 48.	Kopf der Amazone Kyme.	KYMAIΩN Gezäumtes Roſs, im Felde Gefäſs, Magistraten. Das Ganze im Lorbeerkranz.
16.72	= 315 Mion. 3, 7, 33.		
16.70	Pinder 336.		
16.61	= 312½ Mionnet 32.		
16.14	= 304 Mionnet 31.		
15.94	= 300¼ Mionnet 34.		

Myrina.

Nach Alexander.

Attische Währung.

16.64	= 317 Mionnet 8,22, 124.	Apollokopf.	ΜΥΡΙΝΑΙΩΝ Halbnackte Figur, in der Rechten Lorbeerzweig, in der Linken Schale, i. F. Diota, Cortina u. Monogr. Das Ganze im Lorbeerkr.
16.57	= 312 Mionnet 126.		
16.50	= 310⅝ Mionnet 2, 128.		
15.83	= 298¼ M. S. 6, 35, 222.		
15.80	= 236.3 Leake As. Gr. 85.		
1.87	= 29 Leake As. Gr. 85.	Pallaskopf.	ΜΥ Weibl. Kopf v. v., i. F. Symb.
1.32	= 25 Mionnet S. 221.	ΜΥ Frauenk. n. r., dahinter Diota.	Apollokopf.
0.90	= 14.1 Leake.	Pallaskopf.	Apollokopf von vorn.

Tamnos.

1.78	= 27¼ Borrell N. C. VII, 60.	Lorbeerbekränzter Apollokopf.	ΤΑ.ΑΜ Vase zwischen Trauben.

Lesbos.

1. Potinmünzen älterer Zeit.

a) Kleinasiatisches Gewicht (Methymna).

15.20	Brit. Mus.	Löwenkopf mit offnem Rachen.	Eingeschlagenes Viereck.
15.05	Par. Mus.		
7.00	Par. Mus.	Löwenkopf nach rechts.	Dasselbe.
1.40	Par. Mus.	Löwenkopf mit offnem Rachen.	Dasselbe.
14.80	Par. Mus.	Löwenkopfhaut von vorn.	Unregelmäßig eingeschlagenes Viereck.
14.35	Berl. Mus. vgl. Rev. num. 1863, 828.	Maske oder Gorgohaupt von vorn.	Eingeschlagenes Viereck.
14.29	= 220.6 Leake Ins. Gr. 26.		
14.28	Berl. Mus.		
14.20	Par. Mus. Brit. Mus.		
14.15	Brit. Mus.		
15.40	Brit. Mus.	Rosette in einem Perlenkreis.	Dasselbe.
15.30	Par. Mus.		

b) Persisches Gewicht (Mytilene).

11.30	Berl. Mus. vgl. Rev. num. 1863, 814.	2 Kalbsköpfe gegeneinander, zwischen denselben Zweig.	Eingeschlagenes Viereck.
11.25	C. Behr 548.		
11.15	Berl. Mus.		
11.10	Par. Mus. Berl. Mus.		
11.10	Brit. Mus.		
10.99	–10.88 = 207–206 Prokesch in. 1854. p. 256.		
10.95	Brit. Mus.		
10.80	= 171 Leake Ins. Gr. 26.		

5.40	Brit. Mus. Leake Ins. Gr. 26.	2 Kalbsköpfe gegeneinander, dazwischen Zweig.	Eingeschlagenes Viereck.
5.50	Par. Mus.	Kalbskopf nach links.	Dasselbe.
0.70	Par. Mus.		
0.50	Par. Mus.		

c) Kleinasiatisches Gewicht. (Mytilene.)

2.20	Par. Mus.	Zwei Kalbsköpfe gegeneinander.	Dasselbe.
1.45	Par. Mus.		
1.40	Par. Mus.		
1.37	Mus. Ranch.		
1.20	Par. Mus.		
1.10	Par. Mus. 2.		
0.70	Par. Mus.		
0.60	Par. Mus.	Dasselbe, dazwischen Zweig.	Dasselbe.

2. Potinmünzen jüngerer Zeit.

Bundesgeld.

0.85	Par. Mus.	ΛΕΣ Eberkopf nach links.	Eingeschlagenes Viereck.
0.80	= 12.4 Leake Ins. Gr. 26	Dasselbe, Eberkopf nach links.	Dasselbe.
0.75	Berl. Mus.	ΛΕ Eberkopf.	Dasselbe.
0.92	Par. Mus.	ΛΕ Negerkopf nach links.	Dasselbe.
0.90	Par. Mus.		

Antissa.

Potin. Kleinasiatisches Gewicht.

1.25	Brit. Mus.	Zwei Eberköpfe (?) gegeneinander, darunter ΑΝ.	Dasselbe.
1.00	Par. Mus.	Negerkopf nach links.	Auge od. Korn in diag. Richtung, darunter Kügelchen, darüber Α.
—	Fox Engr. of un. Gr. coins II, 62.	Negerkopf nach rechts.	2 Augen oder Körner nebeneinander.
0.60	Par. Mus.	Zwei Augen (oder Körner) nebeneinander.	Eingeschlagenes Viereck.
0.56	Par. Mus.		
0.30	Par. Mus. 2.		
0.25	Par. Mus.	Ein Auge (oder Korn).	Dasselbe.
0.16	Par. Mus.		

Eresos.

Silber. Persisches Gewicht.

2.65	Berl. Mus. Mion. S, 36, 29.	Aehrenbekränzter Demeterkopf n. links.	Ε in der Mitte zweier zusammengeschlung. Aehren.
2.35	Berl. Mus.		

b) Silber.

Par. Mus.	M Zwei Eberköpfe gegeneinander.	Diagonal getheiltes flach eingeschlagenes Viereck.
Par. Mus.	Dasselbe.	(In einem Felde Kügelchen).
Par. Mus.		Rechteckig getheiltes eingeschlagenes Viereck.
Brit. Mus.	Zwei Eberköpfe gegeneinander.	Flach eingeschlag. Viereck.
Par. Mus.		
Brit. Mus. 3.		
Par. Mus.		
Berl. Mus.	(M).	
Brit. Mus.	(M).	
Brit. Mus.		
Brit. Mus.		
= 6.7 Leake Ins. Gr. 25.		(M im eingeschl. Viereck).
Brit. Mus.	Pallaskopf.	ΜΑΘΥ Leier in vertieftem Viereck.
= 99.4 Thomas 2022.	Dasselbe.	ΜΑΘΥΜΝΑΙΟΝ Dass.
= 98.2 Pembroke 899.		
= 24 Prok. Ined. 1859.	Pallaskopf nach links.	Eingeschlagenes viergeth. Quadrat.

III. Periode. 1. Persisches Gewicht.

Par. Mus. (vernutzt).	ΜΑΘΥΜΝΑΙΟΝ Weiblicher Kopf nach rechts.	Pallaskopf in vert. Viereck.
Par. Mus. 2.	Pallaskopf.	ΜΑΘΥ Leier in Viereck von Linien, im Felde verschiedene Symbole oder Buchstaben. (Biene.)
Berl. Mus.		
Brit. Mus.		(Fisch).
Par. Mus.		(B).
Par. Mus.		(Delphin.)
Brit. Mus.		
= 41.6 Thomas 2022.		
Par. Mus.		
Brit. Mus.		
Brit. Mus.		
Par. Mus. Mion. S. 3, 38 45.		(Ι)

2. Kleinasiatisches Gewicht.

3.20	Par. Mus.	Pallaskopf nach links.	$\Theta\,{}^{M}\,A$ Amphora in Viereck v. L. Das Ganze vert.
3.19	= 49.4 Leake Ins. Gr. 25.		
3.18	= 48.5 Borrell N. C. 7, 52.		
3.07	Brit. Mus.		
1.38	Par. Mus.	Herakleskopf mit der Löwenhaut.	MA ΘY Arion mit Leier auf Delphin.
1.45	Par. Mus.	Pallaskopf.	MA Löwenkopffell in Viereck von Linien.
1.19	Par. Mus.	Zwei Eberköpfe gegeneinander.	Krug in vert. Viereck.
0.50	Par. Mus.	Pallaskopf.	$\Theta\,{}^{M}\,A$ Krug.
0.30	Par. Mus.	Dasselbe.	Traube.
0.27	Par. Mus.	Bärtiger Silenkopf.	Dasselbe.
0.28	Par. Mus.	Dasselbe.	Schildkröte.

Mytilene.

1. Potin.

Kleinasiatisches Gewicht.

1.20	Par. Mus.	Apollokopf nach links.	Rechteckig getheiltes eingeschlagenes Viereck.
0.60	Par. Mus.		
0.90	Par. Mus.	Dasselbe.	Löwenkopf in vertieftem Viereck.
0.80	Par. Mus.		
1.30	Par. Mus.	Dasselbe.	M Y Löwenkopf.

2. Silber.

Persisch-babylonischer Fuss.

11.40	Br. Mus. = Leake 175.9.	Lorbeerbekränzter Apollokopf.	(Ohne Symbol.)
11.30	Par. Mus. vgl. Mionnet 3, 43, 72. S. 43.		
10.94	= 169 Borrell N. C. VII, 54.		
10.92	= 168.9 Thom. 2093. vgl. Mion. S. 6. pl. III, 1.		(Plectrum oder Delphin.)
10.85	Par. Mus.		
10.77	= 166½ N. Chr. VII, 54.		(Thyrsos.)
2.88	Brit. Mus.		MYTI in zwei Zeilen, dazwischen Lyra in vertieftem Viereck. Im Feld meist versch. Symbole.
2.80	Par. Mus. Berl. Mus.		
2.77	Wadd. Mus.		
2.70	Par. Mus.		
2.65	Brit. Mus.		
2.60	Brit. Mus. 2.		
2.55	Par. Mus.		
0.90	Par. Mus.		MY Dasselbe.
0.60	Brit. Mus.		" "
0.46	Brit. Mus.		" "

0.20	Par. Mus.	Lorbeerbekränzter Kopf des Apollo.	Leier ohne Schrift.
0.97	= 15 Borrell N. C. VII, 53.	Dasselbe.	MYTI Löwenkopf in vertieftem Viereck.
0.80	Par. Mus.	Derselbe Kopf von vorn.	
0.20	Par. Mus.	Apollokopf nach rechts.	(Ohne Schrift).
0.51	= 8 Borrell N. C. VII, 53.	MYT Leier.	Leier.
0.48	= 7½ Borrell N. C. VII, 53.		
0.50	Par. Mus. (vernutzt).	(Ohne Schrift?)	
0.10	Par. Mus.	Apollokopf.	Traube.
1.37	Berl. Mus.	Lorbeerbekränzter Apollokopf.	Weiblicher Kopf n. rechts.
1.27	Brit. Mus.		
1.21	Brit. Mus.		
1.20	Brit. Mus.		
1.24	= 19¼ N. Chr. VII, 53.	Dasselbe.	MYTI Dasselbe.
1.23	= 19 Borrell N. C. VII, 54.		(Im Felde Diota).
0.70	Brit. Mus.	Weiblicher Kopf, das Haar mit Band zusammengebunden.	MYTI Kalbskopf n. r.
0.60	Brit. Mus.	Dasselbe.	Eingeschlagenes Viereck.
0.30	Brit. Mus.		
3.93	Wadd. Mus.	MYTIΛHNAON Lorbeerbekr. Apollokopf n. rechts.	Weibl. Kopf n. l. in vert. V.
1.75	= 27.1 Leake Ins. Gr. 26.	Heraklеskopf mit Löwenhaut.	MYT Adler den Kopf wendend.
0.95	= 14.9 Leake Ins. Gr. 26.	Vordertheil eines Ebers.	Vorderth. e. Kalb. od. Ochsen.
0.75	= 11.6 Leake Ins. Gr. 26.	Apollokopf nach rechts.	MYTIΛ Dasselbe.
0.70	Brit. Mus.		
0.43	= 6.6 Leake Ins. Gr. 26.	Weiblicher Kopf nach rechts, das Haar aufgebunden.	MY Löwenkopf n. rechts mit offenem Rachen.

Nasiope.

Persisches Gewicht.

2.60	Par. Mus. Mion. S. 6, 78, 150.	Lorbeerbekränzter Apollokopf.	NAΣI Panther, im Felde Widderkopf.
0.25	Par. Mus. (vernutzt).	Dasselbe.	Dasselbe ohne Schrift.

Pyrrha.

0.60	Par. Mus.	Weiblicher Kopf nach rechts.	Geisbock ΠYP AΘE

Ionia. Klazomenae.

II. Periode. Nach Untergang des persischen Reiches. (I. Per. siehe S. 392.)

Attischer Fufs.

17.22	= 265 Northw. C. 1049.	Löwe nach links, darüber Vogel?	Vorderth. eines befl. Ebers in eing. Viereck.
17.06	= 263.3 Leake As. Gr. 43.	Apollokopf (im Felde ΘEOΔOTOΣ EΠOEI).	KΛAΣO Magistratsname, Schwan.
17.01	= 262.5 Leake.		
8.16	= 126¼ Hunter 100.	Dasselbe ohne Schrift.	
2.05	= 31¾ Hunter 100.	" " "	(KΛAΣ).

17.20	Brit. Mus.	Fressender Löwe, darüb. Pfeil (?).	Beflügelter Eber in vertieftem Viereck.
17.17	= 264.9 Fox II, 27.		

Kolophon.

I. Periode.

1. Persischer Fuſs.

5.48	Brit. Mus.	Lorbeerbekränzter Apollokopf.	ΚΟΛΟΦΩΝΙΩΝ rückläufig, Leier in vertieftem Viereck.
5.52	= 85.2 Leake As. Gr. 44.	Dasselbe.	(ΚΟΛΟΦΩΝΙΩΝ)
5.40	Brit. Mus.		
5.40	= 83.4 Leake Sup. 40.		ΚΟΛΟΦΩΝΙΟΝ Dasselbe.
5.25	= 99 Mionnet S. 6, 95, 91.		
5.17	Mus. Waddington.	ΚΟΛ Lorbeerbekränzter Apollokopf, archaisch.	Leier in vertieftem Viereck.
5.44	= 102½ Mion. 3, 75, 106.	Frauenkopf (dahinter A).	ΚΟΛΦΩΝΙΟ rückläufig dass. in vert. V.
5.18	= 97½ Mion. 107.	Dasselbe (dahinter Æ).	(ΚΟΛΟΦΩΝΙΟΝ).
5.42	= 102½ Mion. 104.	ΚΟΛ Lorbeerbekr. „Frauenkopf.“	Dass. Gepräge ohne Schrift im vert. Viereck.
5.27	= 99½ Mion. 105.	ΚΟΛΟΦΩΝΙΟΝ rückl. Dass.	

II. Periode.

Kleinasiatischer Fuſs.

3.62	= 56 Hunter taf. 19, 5.	Lorbeerbekränzter Apollokopf.	ΚΟΛΟΦΩ Magistratsname, Leier.
3.60	Brit. Mus.		
3.50	Brit. Mus.		
3.40	= 52.7 Leake As. Gr. 44.		
3.30	Brit. Mus.		
1.10	Brit. Mus.		
3.47	= 65½ Mion. 110.	Lorbeerbekränzter Frauenkopf.	ΚΟΛΟΦ Magistratsname, Leier.
1.55	Brit. Mus. 2.	Lorbeerbekränzter Apollokopf.	ΚΟΛΟΦ Magistratsname, Dreifuſs.

Ephesos.

II. Periode. (I. Periode siehe S. 393.)

Kleinasiatisches Gewicht.

7.58	= 117.1 Thomas p. 297.	ΕΦ Biene.	In 4 Quadrate getheiltes eingeschlagenes Viereck.
* 7.58	Brit. Mus.		
* 7.57	Brit. Mus.		
7.35	Mus. Waddington.		
7.20	Par. Mus. vgl. Mionnet Pl. XXXVI, 4.		
3.30	Brit. Mus.		
3.20	Brit. Mus. 3.		
3.20	= 49.5 Thomas p. 297.		
3.15	Mus. Waddington.		
3.10	Brit. Mus.		

2.70	Brit. Mus.	ΕΦ Biene.	In 4 Quadrate geth. eingeschlagenes Viereck.
1.60	Brit. Mus.		
1.40	Brit. Mus.		
1.10	Brit. Mus.		
1.03	= 19½ Mionnet 3, 84, 154. 156.		
3.34	= 63 Mion. 156.	ΕΦΕΣΙΟΝ Biene.	Dasselbe.
3.30	= 62½ Mion. 152.		
3.25	= 50.5 Leake As. Gr. 55.		
3.16	Brit. Mus.		
15.04	Mus. Waddington.	Biene.	Vordertheil eines Hirsches, Palme.
14.96	Mus. Waddington.		
14.87	Mus. Waddington.		
14.09	= 217.5 Northw. C. 1050.	ΕΦ Biene.	Dasselbe.

III. Periode.

1. Kleinasiatisches Gewicht.

15.22	Pinder n. 337 vgl. Mion. S. 6. taf. III, 5. Allier taf. XIV, 14.	ΕΦ Biene.	(ΜΕΝΕΣΙΡΡΟΣ)
15.20	= 234¾ Hunter 135.		(ΜΟΙΡΑΓΟΡΑ)
15.19	= 234½ Hunter 135.		(ΣΗΝΟΔΟΤΟΣ)
15.18	Brit. Mus.		
15.16	= 234 Hunter 135.		(ΠΟΛΥΚΛΗΣ)
15.15	Brit. Mus.		
15.15	= 285½ Mion. 172.		(ΦΕΡΑΙΟΣ)
15.14	= 285¾ Mion. 171.		(ΦΑΝΑΓΟΡΗ)
15.13	= 232¾ Hunter 135.		(ΠΥΘΑΓΟΡΗΣ)
15.13	Brit. Mus.		(ΣΗΝΗΣ Hunter)
15.12	Brit. Mus.		(ΑΡΙΣΤΟΛΟΧΟΣ L.) Magistratsn., Vorderth. eines rücksch. Hirsches, Palme.
15.07	= 232¾ Hunter 135.		
15.07	= 232.7 Leake As. Gr. 55.		(ΑΡΙΣΤΑΓΟΡΗΣ)
15.03	= 232 Hunter 135.		(ΜΕΝΙΡΡΟΣ)
15.00	Brit. Mus. (= 231¾ Northw. C. 1051).		
14.99	= 282½ Mion. 163.		(ΒΟΙΩΤΟΣ)
14.95	Brit. Mus. 2.		
14.90	= 280¾ Mion. 169.		(ΠΕΛΑΓΩΝ)
14.90	= 230 Northw. C. 1052.		(ΠΑΝΑΙ)
14.90	Par. Mus. = Mion. 168 (283¾).		(ΠΑΡΘΕΝΙΟΣ)
14.86	= 229¾ Hunter 135.		(.ΥΤΑΝΙΣ)
14.85	Brit. Mus.		
14.80	Par. Mus.		

*) Die mit * bezeichneten Stücke haben ein alterthümliches Ansehen.

14.80	Brit. Mus. 2.	ΕΦ Biene.	
14.75	Brit. Mus.		
14.73	= 277$\frac{1}{4}$ Mion. 170.		(ΤΗΛΕΣΤΡΑΣ)
14.71	= 277 Mion. 166.		(ΛΥΚΩΝ)
14.65	= Mion. 161.		(ΑΡΧΕΛΟΧΟΣ)
14.65	Par. Mus. = Mionnet 160 (278$\frac{1}{8}$).		Magistratsn., Vordertb. ein. rücksch. Hirsches, Palme.
14.50	Par. Mus. = Mion. S. 164 (= 275).		(ΑΡΙΣΤΟΛΕΩΝ) (ΚΑΛΛΙΞΕΝΗ.)
14.28	= 269 Prok. In. 1864.		(ΜΗΣΤΩΗ.)
5.42	= 83$\frac{3}{4}$ Hunter 135.		(ΔΟΚΚΑΛΟΣ)
1.72	Mus. Waddington.	Dasselbe.	(ΜΕΝΕΣΘΕΥ)
1.66	= 31$\frac{1}{4}$ Mionnet S. 6, 111, 161.		Magistratsname auf Kreuz. (ΚΟΡΥΛΑΣ)
0.90	Brit. Mus.	Biene. (ΕΦ)	
0.88	= 13$\frac{1}{2}$ Hunter 136. taf. 26, 5.		ΕΦ Zwei Hirschköpfe gegeneinander.
0.80	Brit. Mus.	Biene.	ΕΦ Vordertb. ein. Hirsches.

2. Babylonisch-persisches Gewicht.

a) Bundesmünzen für Ephesos, Rhodos, Samos, Knidos.

11.45	Brit. Mus. = 172. 71. (?) Leake As. Gr. 55.	ΕΦ ΓΕ Biene im Perlenkranz.	ΣΥΝ Herakles schlangenwürgend.
9.24	= 142$\frac{3}{4}$ Hunter 135.		

b) Stadtmünzen.

5.56	= 86.2 Thomas p. 297.	Kopf der Artemis.	ΕΦΕ ΕΧΕΑΝΑΞ Bogen, Köcher, i. F. Biene.
5.58	Brit. Mus.		
5.58	Mus. Waddington.	Dasselbe.	ΕΦΕ ΑΘΗΝΑΙΟΣ Dasselbe Gepräge.

IV. Periode.

1. Kleinasiatisches Gewicht. Nach Alexander.

6.60	Brit. Mus. 2. vgl. Mion. S. 6. pl. 3, 3. 4. Allier pl. XIV, 15. 16.	Kopf der Artemis, dahinter Bogen und Köcher.	ΕΦ Magistratsn., Vordertheil eines Hirsches, im Felde Biene.
6.58	Brit. Mus.		
6.58	= 101.5 Northw. C. 1054.		
6.58	= 124 Mion. S. 222.		
6.56	Mus. Waddington.		
6.55	= 101.1 Leake As. Gr. 55.		
6.52	Brit. Mus.		
6.51	= 100.5 Northw. C. 1053.		
6.50	Brit. Mus.		
6.47	= 122 Mion. S. 218. 215.		
6.42	= 121 Mion. S. 218.		

4.21	= 65¼ Hunter 135.	ΕΦ Biene.	Magistratsname, Hirsch vor Palmbaum stehend.
4.20	Brit. Mus. vgl. Pembr. 2. taf. 10, 11.		
4.18	= 64.4 Leake As. Gr. 55.		
4.15	Brit. Mus.		
4.14	= 78 Mionnet 176.		
4.12	Brit. Mus.		
4.11	= 63¾ Hunter 135.		
4.11	= 77¾ Mionnet 177.		
4.10	= 77½ Mion. 179. 190.		
4.10	Pinder n. 838.		
4.09	= 63¾ Hunter 135.		
4.08	= 77 Mionnet 188.		
4.07	Brit. Mus. 2.		
4.06	Brit. Mus.		
4.02	= 63 Hunter 135.		
4.01	= 75¾ Mionnet 182.		
4.00	Brit. Mus. 2.		
4.00	= 75⅛ Mionnet 192.		
3.99	= 61⅛ Hunter 135.		
3.98	= 75 Mionnet S. 241.		
3.96	Mus. Waddington.		
3.95	= 61¼ Hunter 135.		
3.95	= 74¾ Mionnet S. 253.		
3.91	= 73¾ Mionnet 175.		
3.90	Brit. Mus.		
3.89	= 73¾ Mionnet 180.		
3.85	Brit. Mus.		
3.84	Brit. Mus.		
3.82	= 59 Hunter 135.		
3.79	= 71¾ Mionnet S. 242.		
3.79	= 58¾ Hunter 136.		
3.76	Pinder n. 839.		
3.72	= 57.6 Leake As. Gr. 55.		

Erythrae.

II. Periode. (I. Periode siehe S. 394).

Persisches Gewicht.

4.70	= 72.7 Leake As. Gr. 59. vgl. Allier pl. XIV. 25. 26.	Nackender Mann, Pferd führend, im Felde neben Pferd, zuweilen Beizeichen.	Rosette in vertieftem Viereck, in dessen Ecken ΕΡΥΘ vertheilt.
4.66	Brit. Mus.		
4.64	= 71.6 Leake Sup. 51.		
4.62	Brit. Mus.		

4.68	Mus. Waddington.		
4.64	Mus. Waddington.		
4.61	Brit. Mus. 2.		
4.60	Mus. Luynes.		
4.60	Brit. Mus.		
4.56	= 70.6 Leake As. Gr. 59.	(Ameise).	
4.55	Brit. Mus. 2.	Nackender Mann, Pferd führend,	Rosette in vertieftem Viereck, in dessen Ecken
4.50	= 69.4 Leake As. Gr. 59.	im Felde neben Pferd, zuweilen	ΕΡΥΘ vertheilt.
4.48	Brit. Mus.	Beizeichen (Aehre).	
4.45	Mus. Luynes.		
4.44	= 68¾ Mionnet 473.		
4.30	= 81 Mionnet 474.		
4.10	Brit. Mus.		
2.50	Berl. Mus. vgl. Mionnet S. 3, 515, 76.	Pegasus nach rechts.	Dasselbe.
1.32	= 20¼ Fox II, 69.	Pegasus, im Felde Beizeichen.	ΕΡΥΘ Rosette in V. v. Lin
1.02	= 15.9 Leake As. Gr. 59.		
0.95	Par. Mus.		
0.90	Brit. Mus.	Nackender Mann Pferd führend.	Rosette in vert. Viereck.
0.90	Mus. Luynes.		
0.80	Mus. Luynes.		
0.30	Brit. Mus.	Vordertheil eines Pferdes.	Rosette.

III. Periode.

Kleinasiatischer Fuſs.

15.02	Brit. Mus.		
14.82	Mus. Waddington.		(ΦΑΝΝΟΘΕΜΙΣ)
14.45	Brit. Mus.		
3.65	Brit. Mus. 3.		
3.64	= 56.3 Leake 59.		ΕΡΥ Magistratsn., Köcher
3.63	= 56.1 Leake 59.		Bogen u. Keule, im Feld
3.62	Brit. Mus.		Eule.
3.61	Mus. Waddington.		(ΔΙΟΝΥΣΙΟΣ)
3.60	= 55.9 Leake 59.		(ΑΣΚΛΗΠΙΑΔΗΣ
3.60	Brit. Mus. 5.		ΔΗΜΑΔ)
3.59	= 55.7 Leake 59.	Herakleskopf mit der Löwenhaut.	(Kleiner Krug statt Eule).
3.58	Brit. Mus.		
3.57	Brit. Mus.		
3.55	Par. Mus.		
3.55	Brit. Mus. 5.		
3.53	= 54.6 Leake 59.		(ΦΑΝΝΟΘΕΜΙΣ)
3.50	Brit. Mus. 3.		
3.46	Brit. Mus.		
3.40	Brit. Mus.		
3.31	= 51 Leake 59.		

3.94	= 60.8 Leake Sup. 52.	Herakleskopf m. Löwenh.	(Krug).
3.17	= 49.2 Leake 59.		ΕΡΥ Magistratsn., Köcher, Bogen u. Keule, im F. Eule (u. Mon.).
1.69	= 26.2 Leake 59.		(Ohne Eule u. Magistratsname).
1.40	Brit. Mus.	Dasselbe.	ΕΡΥ Magistratsn., Köcher, Bogen, Keule, Rad.
1.30	Brit. Mus.		
1.00	Brit. Mus.	Behelmt. Kopf nach rechts.	ΕΡΥ Dreifufs.
0.90	Brit. Mus.		
0.65	Brit. Mus.	Keule.	Dasselbe.
0.60	Brit. Mus.	ΕΡ Drei Gefäfse.	ΕΡ Pferd nach rechts.

IV. Periode.

Attisches Gewicht.

4.15	Brit. Mus.	Herakleskopf m. Löwenh.	ΕΡΥ Magistratsname mit dem Patronymikon; Köcher, Bogen, Keule, in Kranz.
4.10	Brit. Mus.		
4.02	= 62.1 Leake 59.	Dasselbe.	ΕΡΥ Magistratsn., Köcher, Bogen, Keule.
3.90	Par. Mus.		

Herakleia.

Attisches Gewicht (nach Alexander).

16.53	= 311½ Mion. I. p. 477. n. 200. vgl. S. VI, 224.	Kopf der Pallas.	ΗΡΑΚΛΕΩΤΩΝ Keule, darunter Nike u. zwei Monogramme. Das Ganze in Eichenkr.

Lebedos.

Kleinasiatisches Gewicht.

1.69	= 32 Prokesch In. 1854.	Lorbeerbekr. Apollokopf.	Æ Löwe n. l., umschauend n. r.
1.45	Brit. Mus.	Behelmter Pallaskopf.	Æ Eule, Magistratsname.
1.25	Brit. Mus.		

Attisches Gewicht.

16.23	= 305½ Mionnet 582.	Pallaskopf.	ΛΕΒΕΔΙΩΝ Magistratsn., Eule auf Keule zwischen 2 Füllh. Das Ganze in Lorbeerkranz.

Magnesia.

1. Gold des Themistokles.

8.65	Brit. Mus. plattirt.	ΘΕΜΙΣΤ rückl., Apollo auf Lorbeer gestützt n. r.	ΜΑ Habicht fliegend in vertieftem Viereck.
8.56	Mus. Luynes. vgl. Waddington Mél. taf. 1, 2.	ΘΕΜΙΣΤΟΚΛΕΟΣ Dasselbe.	ΜΑ Dasselbe.

2. Städtisches Geld.

1. Kleinasiatischer Fuſs.

14.65	Berl. Mus.		
13.35	Brit. Mus.		
7.25	Pinder n. 840.		
7.15	Mus. Waddington.		(ΛΥΚΟΜΝΑ)
5.57	= 86 Borr. N.C. VII, 67.		(Im Felde Blume).
5.55	Brit. Mus.		
5.17	Brit. Mus.	Reiter mit Lanze bewaffnet.	ΜΑΓΝ Magistratsn., Stier stoſs., dahinter Aehre, umher mäandrischer Zierrath.
1.70	Brit. Mus.		
1.66	= 25.8 Leake As. Gr. 77.		
1.65	Brit. Mus.		
1.60	Brit. Mus.		(Ohne Magistratsname).
1.35	Brit. Mus.		
0.65	Mus. Waddington.		(ΔΙΟΓΕΙΘΗ)
6.15	= 97 Mion. 3, 143, 600.	(darunter Δ)	ΜΑΓΝΗΤΩΝ Magistratsname, (mit dem Patronymikon) stoſs. Stier, darunter mäandr. Zierrath.
1.68	= 31¼ Mionnet S. 6, 233, 1003.	Dasselbe.	
1.02	Brit. Mus.	Lorbeerbekränzter Kopf.	ΜΑΓΝ Vordertheil eines stoſsenden Stiers.
		2. Attischer Fuſs. Nach Alexander.	
16.57	= 812 Mion. 596.	Artemiskopf hinter ihm Bogen und Köcher.	ΜΑΓΝΗΤΩΝ Magistratsname mit Patronymikon; Apollo auf d. Symb. des Mäander stehend.
16.48	= 810¼ Mion. 596.		
4.16	= 78½ Mion. 599.	Lorbeerbekränzt. Zeuskopf. (Im Felde Monogramm.)	ΜΑΓΝΗΤΩΝ Frau auf Schiffsvordertheil sitzend, im Felde Symb. u. Monogr.
0.80	Brit. Mus.		
0.75	Brit. Mus. (= 11.5 N. Ch. VII, 67.)	Pallaskopf.	ΜΑ Dreizack in mäandr. Zierrath.
0.66	= 10.5 Leake As. Gr. 77.		

Milesos.

1. Unter den karischen Dynasten (?). Hekatomnos (?).

Attisches Gewicht.

4.25	Brit. Mus. 2.		
4.24	Brit. Mus.		
4.24	= 65.5 Leake Sup. 69.		
4.23	Wadd. Mél. 14. pl. 1, 6.	Löwenkopf mit offn. Rachen, darüber ΕΚΑ.	Stern in vertieftem Viereck.
4.20	Wadd. Mél. 14. pl. 1, 7.		
4.19	= 79 Prokesch In. 1859.		
4.10	Par. Mus.		
4.00	Brit. Mus.		

4.26	Mus. Luynes.		
4.20	Mus. Luynes 2.		
1.24	Brit. Mus.		
1.23	Brit. Mus.		
1.22	Brit. Mus.		
1.21	Mus. Waddington.		
1.18	Mus. Luynes.		
1.18	Brit. Mus.		
1.16	Brit. Mus.		
1.16	Mus. Luynes.	Löwenkopf m. offn. Rachen.	Stern in vertieftem Viereck.
1.15	Brit. Mus. 4.		
1.13	17.5 Leake Sup. 69.		
1.12	Mus. Luynes.		
1.10	Par. Mus.		
1.07	= 16.7 Leake Sup. 69.		
1.06	Brit. Mus. 2.		
1.05	Brit. Mus. 2.		
1.00	Brit. Mus.		
0.92	Mus. Waddington.	Löwenkopf von vorn.	Quadr. incusum.
0.80	Par. Mus.	Dasselbe.	Stern in Quadr. inc.
0.69	Mus. Waddington.		
2.19	= 41¼ Prokesch In. 1854. pl. IV, 16.	Löwe rechts schleichend.	Dasselbe.

Mausolos (?).

13.05	Wadd. Mél. p. 14. pl. 1, 5.	ΜΑ Löwenk. mit offnem R.	Stern in vertieftem Viereck.

2. Städtische Münzen.

Babylonisch-persische Währung.

10.59	= 163.5 Leake As. Gr. 83.		(ΣΑΜΙΟΣ ohne Monogramm).
10.44	= 162.2 Thomas n. 2258.		(ΛΑΙΑΝΔΡΙΟ)
10.41	Mus. Waddington.		(ΔΙΟΝΥΣΙΟΣ)
10.40	Mus. Luynes.		
10.36	= 195 Mionnet 737. vgl. Allier pl. XV, 8.		(ΜΑΙΑΝΔΡΙΟ)
8.39	= 158 Mion. 742. S. 6. pl. 5, 2.		(ΠΙΚΟΥΡΟΣ und Monogr.)
6.61	Mus. Waddington.	Lorbeerbekr. Apollokopf.	ΜΙ Magistratsn., Löwe nach Stern aufblickend.
6.61	= 102.1 Pembroke p. 194.		(ΑΝΤΙΛΕΩΝ)
6.56	Mus. Waddington.		(ΔΑΜΑΣΙΑΣ)
6.52	= 122¾ Mion. 729.		(ΞΕΥΞΙΛΕ)
6.47	= 122 Mion. 731.		
6.43	Mus. Waddington.		
6.40	Brit. Mus. 2.		
6.35	Mus. Luynes.		
6.28	= 97 Hunter 203.		(.ΞΤΙΛΕΩ.)

6.26	= 96.9 Leake 83.		(ΕΡΓΙΝΟΣ)
6.25	Brit. Mus.		
6.25	Mus. Laynes.		
6.20	Brit. Mus.		
6.16	= 116 Mion. 730.		(ΕΛΓΙΝΟΣ)
5.21	Brit. Mus.		
5.20	Mus. Waddington.		(ΘΕΟΚΡΙΝΗΣ)
5.20	Brit. Mus. 2.		
5.16	Brit. Mus.		
5.14	Brit. Mus.		
5.13	Brit. Mus.		
5.13	= 79.3 Leake 83.		(ΚΤΗΣΙΑΣ)
5.05	= 78 Hunter.		(ΒΑΘΩΝ)
4.99	= 94 Mion. 748.		(ΣΤΡΑΤΟΚΛΗΣ)
4.90	Brit. Brit.		
4.86	= 91¦ Mion. 725.		(ΑΝΤΙΓΟΝΟΣ)
4.76	= 89¦ Mion. S. 1175.		(ΒΙΩΝ . Ω)
3.64	Brit. Mus.		
3.63	= 56 Hunter (2).		(ΑΝΤΙΓΑΤ) (ΓΟΔΙΟΣ)
3.62	Mus. Laynes.		
3.61	Mus. Waddington.		№ Magistratsname, Löwe nach Stern aufblickend, im Felde zuweilen ein zweites Monogramm.
3.60	Brit. Mus. 2.	Lorbeerbekr. Apollokopf.	
3.60	= 55.5 Thomas p. 315.		
3.58	= 55.3 Thomas.		(ΡΟΔΙΟΣ) (ΚΑΛΛΑΙΣΧΡΟ)
3.58	= 67¦ Mion. 726. 742.		(ΑΝΤΙΓΑΣ) (ΓΙΚΟΥΡΟΣ)
3.57	Mus. Waddington.		
3.55	Brit. Mus. 3.		
3.54	Brit. Mus. 2.		
3.51	= 66¦ Mion. 738.		(ΜΗΤΡΟΔΩΡΟΣ)
3.51	= 54.3 Thomas.		(ΔΑΜΝΑΣ)
3.51	Mus. Waddington.		
3.50	Brit. Mus. 2.		
3.50	= 64.2 Thomas.		(ΘΕΟΓΡΟΓΟ)
3.50	= 66 Mion. S. 1183.		(. . . ΓΟΜΓΟ)
3.47	= 65¦ Mion. 736.		(ΛΥΚΟΣ)
3.45	= 65 Mion. 744.		(ΓΑΜΕΙΝΟ)
3.42	= 64¦ Mion. 745. 723.		(ΓΟΞΕΝΟΣ) (ΛΗΝΑΙΟΣ)
3.39	= 61 Mion. 749.		(ΤΙΜΟΣΤΡΑΤΟΣ)
3.35	Brit. Mus.		
3.30	Brit. Mus.		
2.60	Mus. Waddington.		
2.20	Brit. Mus.		
1.75	Mus. Laynes.		

1.75	Brit. Mus.		[M] Magistratsname, Löwe nach Stern aufblickend.
1.745	Mus. Waddington.		
1.72	Brit. Mus.		
1.70	= 32[illegible] Mion. S. 6, 1304. pl. V, 1.	(Apollokopf von vorn).	(ΕΚ ΔΙΔΥΜΩΝ ΙΕΡΗ st. Mag.)
1.66	= 31[illegible] Mion. 746.	Lorbeerbekr. Apollokopf.	(ΠΟΞΕΝΟΣ)
1.65	= 31[illegible] Mion. 734.		(ΙΟΠΟΜΠΟ)
1.65	Brit. Mus.		
1.59	= 30 Mion. 785.		(ΚΑΡΙΛΑΣ)
1.52	= 23.5 Leake.		(.ΝΓΙΑΝΑ)
1.46	= 22.4 Thomas 2254.		

Phokaea.

II. Periode. (I. Periode siehe S. 396.)

Kleinasiatisches Gewicht.

1.51	= 28¾ Mion. S. 6, 285, 1304.	Greifenkopf nach links.	Eingeschlagenes Viereck.
1.40	Brit. Mus.		
1.17	Brit. Mus.		
0.66	Brit. Mus.		
1.82	= 34⅓ Mionnet S. 1307. vgl. Allier XV, 12.	Behelmter unbärtiger Kopf nach links.	ΦΩ Greifenkopf n. l., darunter Α.
1.30	Par. Mus.	Dasselbe.	Eingeschlagenes Viereck.

Phygela.

Kleinasiatisches Gewicht.

13.96	Mus. Waddington.	Kopf d. Artemis Munychia.	ΦΥΓΕΛ..ΩΝ ΟΙΝΟΠΙΔΗΣ Stoßender Stier.

Priene.

Persisches Gewicht (nach Alexander).

4.92	= 76.1 Borr. N. C. VII, 69. vgl. Allier XV, 15.	Behelmter Pallaskopf.	(ΕΠΑΜ)
4.92	= 76 Northw. C. 1066.		(ΕΠΑΜ)
4.87	= 91[illegible] Mion. S. 6, 296, 1364.		(ΠΑΣΙΚΛΗ)
4.75	Par. Mus.		
4.74	= 73[illegible] Borr. N. C. VII, 69.		(ΙΩΙΛΟ) ΠΡΙΗ Magistratsname, Dreieck in mäandrischem Zierrath.
4.66	Brit. Mus.		
4.65	Brit. Mus.		
4.63	= 71[illegible] Borr. N. C. VII, 69.		(ΒΙΑΣ)
3.62	Brit. Mus.		
2.24	Brit. Mus.		
1.74	Brit. Mus.		
1.60	Par. Mus.		

3.76	= 58 Borr. N. C. VII, 69.	Behelmter Pallaskopf.	ΠΡΙΗ . . . Pegasus.
0.65	= 12½ Mion. 3, 187, 889.	ΠΡΙΗ Maske in vertieftem Viereck.	Pegasus, darunter ♀, darüber Dreizack.

Smyrna.

Attischer Fuß (nach Alexander).

16.80	= 259.3 Leake As. Gr. 117.		
16.72	= 315 Mion. 915.		ΣΜΥΡΝΑΙΩΝ
16.51	= 311 Mion. 916.	Frauenkopf m. Mauerkrone.	Magistratsname, Löwe. Das Ganze in Eichenkranz.
16.35	= 306 Mion. 914.		
16.09	= 308 Mion. 918.		
16.62	= 313 Mion. 910.	Dasselbe.	ΣΜΥΡΝΑΙΩΝ
16.43	= 253.6 Leake 117.		i. F. Mon. D.G. v. Eichenkr. umgeben.
4.15	= 78¾ Mion. 919. S. 6. pl. 6, 1.	Lorbeerbekränzter Kopf.	ΣΜΥΡΝΑΙΩΝ Magistratsname, Homer sitzend.

Teos.

II. Periode. (I. Periode siehe S. 397).

Kleinasiatischer Fuß.

3.64	= 56.2 Thomas p. 317. vgl. Mion. S. 6, pl. 6, 2.		(ΑΓΝΩΝ)
3.64	= 56.2 Leake As. Gr. 132.		(")
3.60	Brit. Mus.		ΤΗΙΩΝ
3.58	Brit. Mus.	Greif sitzend n. r. mit zugespitzten Flügeln.	und Magistratsname auf Kreuzband eines viergeth. vert. Vierecks.
3.58	= 67¾ Mion. S. 1890.		
3.57	Mus. Luynes.		
3.55	Berl. Mus.		
3.54	= 54.9 Pembroke 912.		(ΑΡΙΣΤΩΝ)
3.05	Brit. Mus.		ΤΗΙ Magistratsname, Diota.
1.69	= 26½ Hunter p. 320. taf. 57, 20.		(Magistratsname fehlt).
1.57	Brit. Mus.		" "
1.55	Brit. Mus.	Dasselbe.	" "
1.53	Brit. Mus.		" "
1.52	Brit. Mus.		
1.39	= 21.5 Leake.		(ΔΗΜΟ)
1.11	= 21 Mion. 1465.		(ΤΗ ΑΘΕΝΑΙΣ)
1.13	= 17.5 Leake.		(ΑΘΕΝΑΙΣ)
1.04	= 16½ Hunter p. 320. taf. 57, 21.	Dasselbe.	ΤΗΙ Magistratsname, Leier. (ΑΘΗ . . . ΡΗΣ)
0.95	Brit. Mus.	Dasselbe.	Magistratsname im Quadr. inc.
0.87	= 13¾ Hunter 320.		(ΠΟΣ . ΔΩΡΟΣ)
1.66	Brit. Mus.	Kopf einer Bakchantin n. r.	ΤΗΙΩΝ Leier.
1.64	= 25½ Fox II, 83.		
0.53	Mus. Luynes.	Greif nach links.	Kopf eines Habichts.

Chios.

II. Periode. (I. Periode siehe S. 400.)

Kleinasiatischer Fuſs.

3.81	= 59 Leake I. Gr. 8.	Sphinx vor Diota, im Felde Traube, jüngerer Fabrik als die S. 100 aufgeführten Silbermünzen.	Viergeth. eingeschl. Viereck.
3.80	= 58.9 Leake.		
3.80	= 58.9 Thomas 2271.		
3.65	Brit. Mus.		
3.64	= 68½ Mion. 3, 166, 8.		
3.62	Pinder 344.		
3.60	= 55.7 Northw. C. 1075.		
3.58	= 67¾ Mion. 8.		
3.57	= 67½ Mionnet 7. vgl. Pl. XLVI, 3		
3.55	Brit. Mus.		
3.50	Brit. Mus.		
3.35	Brit. Mus. 2.		
3.10	Brit. Mus.		
3.63	= 56 Hunter 95. vgl. Peller. taf. 114, 3.	Dasselbe im Felde K.	Dasselbe.

III. Periode.

15.23	= 235.1 Leake 8. vgl. Mion. S. 6. pl. VI, 3.	Sphinx sitzend vor Diota, im Felde Traube.	(ΚΑΛΛΙΚΛΗΣ)
15.19	= 286 Prok. In. 1859.		(ΒΑΣΙΛΕΙΔΗΣ)
15.03	= 283 Prok. In. 1859.		(ΕΡΜΑΡΧΟΣ)
14.95	= 230.8 Thom. 2272.		(ΘΕΟΔΩΡΟΣ)
14.94	= 230.5 Thom. 2273.		(ΠΟΣΕΙΔΙΠΠΟΣ)
14.94	Mus. Waddingt.		(ΘΕΟΔΩΡΟΣ)
14.91	Mus. Waddingt.		
14.15	= 218.5 Brit. Mus.		
14.15	= 218.5 Hunter.		(ΙΠΠΙΗΣ)
13.75	Par. Mus.		Magistratsname auf dem Querbande des eingeschlagenen Quadrats.
13.70	Par. Mus.		
13.64	= 210½ Hunter.		(ΚΗΦΙΣΟΚΡΙ)
13.60	Par. Mus.		
13.53	= 209 Hunter.		(ΗΡΙΔΑΝΟΣ)
3.58	= 67½ Mion. 3, 267, 21. Pl. XLVII, 9.		(ΣΩΣΤΡΑ.)
3.57	= 65¾ Mion. 3, 267, 19. Pl. XLVII, 8.		(ΙΠΠΙΑΣ)
3.50	Par. Mus.		
3.49	Mus. Waddington.		
3.48	Brit. Mus.		
3.46	= 53.5 Leake I. Gr. 8.		(ΦΗΣΙΝΟΣ)

3.45	Brit. Mus.	Sphinx sitzend vor Diota, im Felde Traube.	Magistratsname auf dem Querbande des eingeschlagenen Quadrats.
3.40	= 64 Prok. In. 1859.		(ΦΗ≶ΙΝΟ≶)
3.34	= 65 Prok. In. 1859.		(ΑΡΤΕΜΩΝ)

IV. Periode.

Spätere Reihe nach Alexander.

3.96	Par. Mus.	Sphinx, davor meist Traube oder andere Beizeichen.	
3.95	= 61 Northw. C. 1076.		(l. F. befl. Hermesstab).
3.90	Brit. Mus.		ΧΙΟΣ Magistratsname, Diota, oft von Weinkranz umgeben.
3.85	Par. Mus.		
3.84	Brit. Mus.		
3.75	Brit. Mus. 2.		
3.72	= 57.5 Leake 8.		(im Weinkranz).
3.70	Brit. Mus.		
3.68	= 57 Hunter 96. taf. 17, 12.		(2 Hüte mit Sternen, im Weinkr.).
3.65	= 56.4 Leake 8.		(Füllhorn).
3.63	= 56¼ Hunter 96. taf. 17, 11.		(Akroterion).
3.60	= 46.5 Leake 8.		(im Felde Stern und Halbmond).
3.45	= 53.2 Brit. Mus.		
3.43	= 53 Hunter 96.		(im Felde Füllhorn).

Insel Ikaria. Oenoe.

Kleinasiatischer Fuſs.

3.23	= 50 Ivanoff 294. vgl. Prokesch In. 1854, 287.	Artemiskopf.	ΟΙΝΑΙ Stier stoſsend.

Samos.

II. Periode. (I. Periode siehe S. 401.)

Kleinasiatisches Gewicht.

12.97	= 200¼ Borrell N. C. 7, 72,2[*]).	Löwenkopfhaut von vorn.	Stierkopf in viereckiger Perleneinfassung. Das Ganze in vert. Quadr.
12.90	Par. Mus. Mion. S. 6, 407, 128 taf. VI, 4.		
13.27	Brit. Mus.	Dieselbe.	ΣΑ Stiervorderth. n. r. (ohn. Beine), l. F. meist versch. Symb. Das Ganze in vertieftem Kreise.
13.24	= 204.4 Borrell N. C. 7, 72, 6.		(Vogel).
13.21	= 203¾ Borrell 8.		(Unerkennbares Thier).
13.14	= 202.9 Leake.		(Diota).
13.12	= 202.5 Hunt. taf. 47, 8		(Ohne Symbol).
13.12	= 202.5 Borrell 5.		(Lorbeerzweig hinter Stier).
13.12	= 202.5 Borrell 3.		(Ohne Symbol).

*) Die von Borrell N. C. 7, 72 ff. beschriebenen 25 Exemplare befinden sich im Brit. Mus.

13.07	= 201.7 Northwick 1079.	Löwenkopfhaut von vorn.	ΣA Stiervordertb. n. r. (ohn. Beine), l. F. meist versch. Symb. Das Ganze in vert. Kreise (ohne S.).
13.05	= 201.5 Borrell 9.		(Rad).
13.06	= 201.6 Borrell 7.		(Flsch).
13.03	= 201 Borrell 4.		(Astragalus).
12.95	= 200 Borrell 10.		(Blatt).
12.88	= 199 Borrell 11.		(Schiffsvordertheil hinter Stier).
12.90	Par. Mus. Mion. S. 6, 407, 127. pl. VI, 6.	Dasselbe.	ΣAMION Dass. ohne Symbol.
12.74	= 196¾ Borrell 12.		
13.25	= 204.5 Borrell 16.	Dasselbe.	ΣA Stiervordertheil n. r. (mit den Beinen), l. F. meist eing. Buchstaben, hinter Stier Lorbeerzw. Das Ganze in flach vertieftem Viereck (K).
13.17	= 203¾ Borrell 17.		(Pantherkopf, kein Buchstabe).
13.13	202⅝ Borrell 19.		(Der Hals bekränzt).
13.12	= 202.5 Hunter 258. taf. 47, 2.		(Ohne Symbol). (Θ)
13.12	= 202.5 Borrell 15.		
13.045	Mus. Waddington.		(K)
13.03	= 201¾ Borrell 14.		(H)
12.96	= 200¼ Borrell 13.		(Γ)
12.95	= 200 Leake.		ΣAM Dasselbe.
6.67	Fox II, 86.	Vorderth. eines Stiers n. r.	Löwenkopf n. r. in Perleneinfassung, Das Ganze in vert. Viereck.
6.65	Mus. Waddington.		
6.57	Brit. Mus.		
0.85	Brit. Mus.	Stierkopf nach rechts.	Dasselbe.
0.77	= 12 Fox II, 87.		
5.89	= 111 Prok. In. 1854. taf. IV, 20.	Stier nach rechts liegend, Kopf umwendend.	Löwenkopfhaut von vorn in vert. Viereck mit Perleneinfassung.
2.70	= 51 Prok. In. 1859.		
2.68	= 41.6 Fox II, 85.	Löwenkopfhaut von vorn.	Eingeschlagenes Viereck.
0.60	Mus. Luynes.	Dasselbe.	Zweigeth. Quadr. inc.
1.70	Mus. Luynes.	Löwenkopf od. Pantherkopf von vorn.	Stern.
1.46	Brit. Mus.	Löwenkopfhaut von vorn in Perleneinfassung.	Stierkopf nach links in vertieftem Viereck mit Perleneinfassung.
1.46	= 22.5 Leake.		
1.15	Brit. Mus.	Stier nach links, darüber H, dahinter Fisch.	Löwenkopf n. l. in Vertiefung.
2.10	= 32.6 Borrell 24.	Vordertheil eines Stiers n. l.	Das Bild der Schamseite in vert. V.
0.49	= 7¼ Borrell 23.	Löwenkopfhaut von vorn.	Stierkopf u. Hals in vert. Viereck.
0.46	Brit. Mus.		

Vereinsgeld.

1. Samos und Kebren (?).

1.29	= 20 Leake Ins. Gr. 38.	Panther- oder Löwenkopf seitwärts.	Widderkopf in vertieftem Viereck, das zuweilen mit Perlenverzierung eingefafst ist.
1.14	= 17⅝ Borrell 30.		(Das Ganze in vertieftem Viereck).
1.12	Mus. Luynes.		(ΣA über Widderkopf, darunter Lorbeerzweig).
1.02	= 15¾ Borrell 29.		
0.98	= 15.2 Leake 38.		
0.87	= 13.6 Borrell 31.		
0.85	= 13⅛ Borrell 32.		
0.80	Brit. Mus. 2.		

2. Samos und Methymna (?).

0.82	Mus. Luynes.	Stier nach links.	Ebervordertheil nach rechts.

3. Samos und Klazomenae.

3.55	Brit. Mus.	Vordertheil eines beflügelten Ebers.	Löwenkopfhaut v. vorn in vert. Viereck, dessen Rand häufig v. Linien u. Perlenreihen eingefafst ist.
3.50	Mus. Luynes.		
3.48	= 53.8 Hunter taf. 66,17.		
3.48	= 53.7 Leake As. Gr. 43.		
3.45	Brit. Mus.		
3.40	Mus. Waddington.		
3.25	Brit. Mus.		
3.25	Par. Mus.		
3.20	= 49.5 Leake As. Gr. 43.		
3.17	Mus. Luynes.		
3.05	Brit. Mus.		
1.02	= 19¼ Mion. S. 6, 85, 25.	Dasselbe.	Dasselbe.
1.45	Brit. Mus.	Dasselbe. (Ueber Schulter des Ebers H oder Ꮖ).	Löwenkopf mit offnem Rachen seitwärts in vertieftem Viereck.
1.40	Brit. Mus. 3.		
1.30	Brit. Mus.		
1.29	= 19.9 Borrell 27.		(AΣ)
1.26	= 19.5 Leake Ins. Gr. 38.		(ΣA)
1.25	Brit. Mus. 2.		
1.23	= 19 Borrell 25.		
1.23	= 19 Borrell 26.		(Olivenzweig im Felde).
1.20	Par. Mus.		
1.19	= 18.6 Leake Ins. Gr. 38.		(AΣ)
1.19	= 18.6 Leake Ins. Gr. 38.		(Zwei Olivenblätter mit Frucht).
1.19	= 18.5 Borrell 28.		(ΣA darunter Lorbeerzweig).
1.18	= 18.2 Leake Ins. Gr. 38.		
1.11	Mus. Luynes.		(ΣA)
1.05	Brit. Mus.		

4. Samos und Erythrae.

2.07	= 39 Fox II, 75.	Vordertheil eines Pferdes.	Löwenkopf in vert. Viereck n. l.

5. Samos und Chios.

1.75	= 53 Prokesch In. 1859. vgl. Allier XVI, 8.	Sphinx sitz. n. l., die rechte Vordertatze erhoben.	Löwenkopf n. l. in vert. Viereck, dessen Rand mit Linien u. Perlen eingefafst ist.

6. Samos und Athen.

13.08	= 202 Borrell 18.	Löwenkopfhaut von vorn.	ΣΑ Vordertheil eines Stiers (mit d. Beinen), dahint. Lorbeerzweig. Das Ganze in vertieftem Viereck, aufserhalb dessen ΑΘΕΝ

Samos, Ephesos, Knidos, Rhodos.

Persisch-babylonischer Fufs.

11.53	= 178 Leake 38.	ΣΑ Löwenkopfhaut v. v.	ΣΥΝ Herakles schlangenwürgend.
11.47	= 177.1 Northw. 1077.		
11.18	Mus. Wadd. Rev. num. 1863. pl. X, 1.		

III. Periode.

Kleinasiatisches Gewicht.

15.48	= 239 Northw. 1078.	Löwenkopffell von vorn.	ΣΑ Magistratsname, Vordertheil eines Stiers, dessen Hals häufig Guirlande umgiebt, dahinter Lorbeerzw., i. F. oft Beizeichen. (ΛΕΩΣ, Monogramm im Kreis).
15.32	Mus. Wadd.		(ΗΓΗΣΙΑΝΑΞ)
15.286	= 236 Fox II, 88.		(ΛΟΧΙΤΗΣ Biene).
15.24	= 235.1 Thomas 2275.		(ΗΓΗΣΙΑΝΑΞ Mon. im Kreis).
15.23	= 235 Leake Ins. Gr. 37.		(ΗΓΗΣΙΑΝΑΞ Monogramm).
5.18	= 234½ Borrell 20.		(ΔΗΜΗΤΡΙ ΑΝΤΙΑ.. Der Hals bekränzt).
5.165	Mus. Waddington.		
5.15	Brit. Mus. 2.		
5.05	Brit. Mus.		
4.90	= 230 Hunter 268. taf. 47, 1.		(ΗΓΗΣΙΑΝΑΞ)
4.60	Par. Mus.		
4.55	Brit. Mus.		
4.17	= 267 Mion. 3, 280, 139.		(ΡΩΤΗΣ)
6.71	Brit. Mus.	Dasselbe.	ΣΑ Magistratsname, Stiervordertheil, Lorbeerzweig.
6.59	= 124½ Mion. 145.		(ΠΕΙΣΙΣΤΡΑΤΟΣ)
6.55	= 101 Borrell 21.		(ΠΙΓΕΝΗΣ)
6.52	Mus. Waddington.		
3.48	= 100 Hunter 268. taf. 47, 5.		(.ΗΤΡΟΦΩΝ)

6.44	= 121¼ Mion. 146.		ΣA Magistratsname, Stiervordertheil, Lorbeerzweig. (ΓΙΓΕΝΗΣ)
6.30	Brit. Mus.		
6.29	Brit. Mus.		
6.16	= 95¼ Hunter taf. 47, 4.		(ΒΑΤΤΟΣ)
6.09	= 94.3 Northw. 1082.	Löwenkopffell von vorn.	(ΒΑΤΤΟΣ)
6.05	= 93.5 Leake 38.		(ΒΑΤΤΟΣ)
3.84	Brit. Mus.		
3.70	Par. Mus.		
1.70	= 26 Borrell 32.		(ΛΘΧ Das Ganze in vert. Viereck ohne Lorbeer).
1.69	= 26.3 Leake.		(ΛΕΠΤΙ.. ohne Lorbeer).
0.81	Mus. Luynes.	Frauenkopf n. l. m. Diadem.	ΣA Löwenkopfhaut von vorn.
2.10	= 32.5 Fox II, 69.	Löwenkopffell von vorn.	ΣA Stiervordertheil. Das Ganze innerhalb eines Lorbeerzweiges.
1.06	Brit. Mus. 2.		
1.04	= 16.3 Borrell 35. vgl. Allier XVI, 14.	Dasselbe.	ΣA Schiffsvordertheil.
0.95	Brit. Mus.		
0.55	= 8.4 Borrell 33.	Schiffsvordertheil.	Diota in vertieftem Viereck.
0.72	= 11¼ Borrell N. C. 34.		
0.58	Brit. Mus.	Dasselbe.	ΣA Diota, daneben Lorbeerzweig in Vertiefung.
0.57	Brit. Mus.		
0.91	= 14.2 Borrell 36.	Herakopf nach rechts.	ΣΑΜΙΩΝ Schiffsvordertheil.
		IV. Periode. Nach Alexander.	
3.18	= 60 Mion. S, 281, 148.		
3.03	Brit. Mus.		
2.98	= 45¾ Hunter 258. taf. 47, 6.		
2.95	Brit. Mus.		
2.93	= 45.2 Leake 38.		
2.91	Pinder 346.	Löwenkopfhaut von vorn.	ΣΑΜΙΩΝ Vorderth. eines Stiers, im Felde versch. Nebenzeichen.
2.90	Brit. Mus.		
2.88	= 44.4 Leake.		
2.85	Brit. Mus. 2.		
2.75	Brit. Mus.		
2.54	= 48 Mion. 149.		
2.38	= 36.9 Leake I. Gr. 88.		

Karien. Knidos.

3. Periode.

Aeginäischer Fuss.

a) Aeltere Sorte.

6.20	Mus. Rauch.	ΚΝΙ Kopf d. Aphrodite, das Haar in einem Beutel zusammengefasst, i. vertieft. Viereck (archaisch. Stils).	Löwenkopf nach rechts.

6.21	Mus. Rauch.	Diess. Schrift u. Bild in v. V., das Haar lang herabhäng. (etwas jüngerer Stil).	Löwenkopf nach rechts.
5.96	= 92 Northw. 1128.	(Ohne Schrift.)	

b) Jüngere Sorte.

6.30	Mus. Rauch. vgl. Allier XVI, 23.		
6.25	Mus. Waddington.	(Ohne Schrift.)	
6.20	Par. Mus. Mion. 2, 528, 86 unter Kyzikos.	" "	
6.18	Mus. Waddington.	" "	
6.18	= 95½ Northw. 1124.	" "	
6.15	Brit. Mus.		
6.12	Brit. Mus.	KNI Dass. Bild in vert. V.	Löwenkopf und -Pfote.
6.10	Brit. Mus.		
6.05	= 114 Mion. 3, 339, 208.		
5.90	Brit. Mus.		
5.90	Mus. Luynes.		
5.70	Par. Mus.	(Der Kopf jüngeren Stils).	
5.61	Mus. Luynes.		
0.90	Par. Mus.	(Ohne Schrift).	

II. Periode.

Kleinasiatischer Fuſs.

14.80	Par. Mus. Mion. 2, 528, 85.	Dasselbe Bild nicht vertieft.	Dasselbe.
14.29	= 220.8 Leake As. Gr. 44.		
3.40	= 52.6 Leake As. Gr. 44.		
1.78	= 27.3 Leake 44.	(KN)	
15.14	Brit. Mus.	Kopf der Aphrodite nicht vertieft. (Monogramm im Felde).	Vorderth. eines Löwen, Magistraten. (ΕΟΒΩΛΟ)
15.02	Mus. Waddington.		(ΚΛΕΟΣΘΕΝΗΣ)
3.75	Brit. Mus.		(KNI Ohne Magistratsname).
3.50	Brit. Mus.		
3.25	= 61¼ Mionnet S. 6, 482, 223.		(ΤΕΛΕ)
3.21	= 60¾ Mionnet S. 224.		(ΤΕΛΕΑΣ)
3.14	= 59¼ Mionnet S. 225.		(Dasselbe).

Vereinsgeld.

Knidos und Rhodos.

Persisches Gewicht.

6.05	Brit. Mus.	Kopf des rhodischen Apollo.	Löwenvordertheil, Schrift undeutl.
4.70	Brit. Mus.		Dasselbe, darüber KN darunter ΔΙΟΚΛΗΣ

Attischer Fuſs.

4.20	Brit. Mus.	Kopf des rhodischen Apollo.	KNI Löwenvordertheil.

Knidos, Rhodos, Samos, Ephesos.

Persisch-babylonischer Fuſs.

—	Waddington Rev. num. 1863. pl. X, 8.	ΚΝΙΔΙΩΝ Aphroditekopf, i. F. Schiffsvordertheil. Das Ganze in einem flach vert. Kreise.	ΕΥΝ Jugendl. Herakles schlangenwürgend.

III. Periode. Nach Alexander.

Kleinasiatisches Gewicht.

3.17	= 59¾ Mion. 3, 339, 206.	Aphroditekopf.	(ΕΛΕΣΙΦΡΩΝ)
3.15	Brit. Mus. 8.		
3.10	Brit. Mus.		ΚΝΙ Magistraten, Löwenvorderth.
3.05	Brit. Mus.		
3.04	= 47 Leake.	(Traube im Felde).	(ΘΕΥΜΕΛΩΝ)
3.00	= 56½ Mionnet 204.		(ΑΓΑΘΟ)
2.94	Pinder 348.		(Ohne Namen).
2.93	= 55¼ Mionnet 208. vgl. Allier XVI, 25.		(ΘΕΥΜΕΛΩΝ)
2.70	= 51 Mionnet 212.	(Helm im Felde).	(Ohne Namen).
2.69	= 50¾ Mionnet 210.		(ΣΤΑΔΙΕΥΣ)
2.66	= 50⅛ Mionnet 205.		(ΑΥΤΟΚΡΑΤΗΣ)
1.56	= 24.2 Leake 44.		(Schrift verloren).
2.79	= 52½ Mionnet 207.	Aphroditekopf.	ΚΝΙΔΙΩΝ Dam. ΕΥΔΩΡΟΣ Löwenvordertheil.
2.40	Brit. Mus.	Dasselbe.	ΚΝΙΔΙΩΝ Magistratsname, Dreifuſs.
2.30	Brit. Mus.		
1.43	Par. Mus. Mion. 3, 340, 215.	Dasselbe.	ΚΝΙΔΙΩΝ (ΚΥΔΟΚΛ)
1.10	= 16.7 Leake 44.	Dasselbe.	ΚΝΙ ΑΝΤΙΠΑΤΡΟΣ Ochsenkopf von vorn.

Attischer Fuſs.

4.04	= 62.4 Leake 44.	Aphroditekopf, i. F. Monogr.	ΚΝΙ ΤΕΛΕΑΣ Löwenvorderth.

Halikarnassos.

I. Periode.

1. Persisch-babylonisches Gewicht.

0.71	= 11 Borrell N. C. 9, 152.	Vorderth. eines Pegasus n. r.	Zwei parallele eingeschl. Vierecke.
9.31	= 143¾ Borrell N. Chr. 9, 152.	Dasselbe.	Ein Panther ähnliches Thier liegend n. l., den r. Vorderfuſs erhoben.
9.02	= 139¼ Ivanoff 342.		
0.61	= 9½ Borrell N. C. 9, 152.	Dasselbe.	ΑΛΙ Vordertheil einer Ziege in vertieftem Kreise.

2. Aeginäischer Fuſs. Knidisches Gepräge.

Mus. Waddington.	A Aphroditekopf.	Löwenvordertheil.
	II. Periode. Rhodischer Fuſs.	
= 53 Borrell N. C. 9, 152. Brit. Mus. Brit. Mus.	Lorbeerbekränzter Apollokopf von vorn.	ΑΛΙ Eule, im Felde Blume. Das Ganze in flach vert. Viereck.
	III. Periode. Nach Alexander. Attischer Fuſs.	
Brit. Mus. = 64¼ Borrell a. a. O. = 56¼ Borrell a. a. O.	Medusenhaupt von vorn.	ΑΛΙΚΑΡΝΑC Magistratsn., behelmter Pallaskopf. (ΑΛΙΚΑΡΝΑΣΣΕΩΝ ΜΟΣ) (ΑΛΙΚΑΡΝΑ ΜΟCΧΟC)
= 88¼ Mionnet S. 6, 492, 277.	Lorbeerbekränzter Apollokopf nach rechts.	ΑΛΙΚΑΡΝΑΣΣΕΩΝ Leier.
Brit. Mus. Brit. Mus. Brit. Mus. = 13.8 Leake As. Gr. 63. Brit. Mus. Brit. Mus.	Medusenhaupt von vorn.	Behelmt. Pallaskopf, i. F. Beizeichen.
= 15¼ Borrell a. a. O.	Pallaskopf nach rechts.	ΑΛΙΚ Magistratsname, Eule.
	Jasos. Persischer Fuſs.	
= 69 Borrell N. C. 9, 156. = 77¼ Brit. Mus. Borrell a. a. O. 156. Brit. Mus.	Lorbeerbekränzter Apollokopf nach rechts.	ΙΑ Magistratsname, nackter Jüngling auf Delphin reitend. (ΛΑΜΠΙΤΟΣ) (ΜΕΝΕΣΟΙ . . .)
Brit. Mus.	Dasselbe.	ΙΑΣΕΩΝ Dasselbe.
	Idyma. Rhodischer Fuſs.	
Brit. Mus. = 57.9 Leake As. Gr. 70. = Thomas 2281. = 57.5 Borrell N. C. 9, 157. Mus. Wadd. = 64¼ Brit. Mus. Borrell a. a. O. = 52 Br. M. Borr. a. a. O.	Rhodischer Apollokopf von vorn.	ΙΔΥΜΙΟΝ Feigenblatt. Das Ganze in vert. V.

Myndos.

Attischer Fuſs. Nach Alexander.

4.20	Brit. Mus.	Lorbeerbekränzt. Zeuskopf.	ΜΥΝΔΙΩΝ Magistratsname, Uräus (Globus zwischen Hörnern, darüber zwei Federn, darunter zwei Aehren).
3.90	Mus. Waddington.		(ΔΗΜΟΦΩΝ)
3.75	Brit. Mus.		
3.52	= 66¦ Mion. 3, 359, 327.		(ΜΗΝΟΔΩΡΟΣ)
3.31	= 51.1 Leake As. Gr. 85.		(Ohne Magistratsname).
1.92	= 29¦ Brit. Mus. Borrell N. C. 9, 158.	Ephenbekränzter Bakchantenkopf.	ΜΥΝΔΙΩΝ Magistratsname, Donnerkeil (ΜΗΝΟΔΟ)
1.87	= 29 Borrell N. C. 9, 158.		(ΣΙΜΜΑΧ)
1.01	= 15¦ Brit. Mus. Borrell a. a. O.		(ΕΥ . . .)

Tabae.

Rhodischer Fuſs. Nach Alexander.

3.50	Brit. Mus.	Heraklesk. in Perlenkranz.	Magistratsn. mit dem Patronymikon ΑΡχων ΤΑΒΗΝΩΝ Ephesische Diana, rechts Mondsichel, links Stern.
3.40	Brit. Mus.		
3.30	Brit. Mus.		
2.67	= 41.3 Leake As. Gr. 126.		(ΑΡΤΕΜΩΝ ΠΑΠΙΟΥ)
1.71	= 26¦ Brit. Mus. Borrell N. C. 9, 160.	Pallaskopf.	ΤΑΒΗΝΩΝ (ΑΡΤΕΜΩΝ) Nike, in d. einen Hand Lorbeerkr., in der andern Palmzw. (i. F. ΠΑ).
1.68	= 26 Brit. Mus. Borrell N. C. 9, 160.		(ΒΡΑΧΥΛΛΙΔΑΣ) (i. F. ΚΑΛ)
1.81	= 28 Leake Sup. 58.	Dasselbe.	ΤΑΒΗΝΩΝ Nike, i. d. R. Kranz. D. Ganze innerh. e. Laubgewindes.
1.71	= 25.5 Leake Sup. 97.	Dasselbe.	ΤΑΒΗΝΩΝ Nike, auf d. linken Schulter mit Adler geschmückt. Feldzeichen, i. F. Kranz, darunter ΓΟ. Das G. in Laubgewinde.
1.29	= 20 Borrell 9, 161.	Dasselbe.	ΤΑΒΗΝΩΝ ϹΕΛΕΥΚΟϹ Bakchos auf Cippus gest., i. F. ΒΡΑ.

Stratonikeia.

Nach Alexander.

1.16	= 22 Prok. Ined. 1854.	Lorbeerbekränzt. Zeuskopf.	ϹΤ Magistratsn., Eule in vert. V

Termera.

Persische Währung

4.70	Brit. Mus. Wadd. Mél. pl. 1, 1.	TVMN Bärtiger Herakles knieend, in d. R. Keule, in d. L. Bogen.	TEDMEDIKON Löwenkopf mit offnem Rachen. Das Ganze in vertieftem Viereck.
4.69	= 72.4 Leake Sup. 102.	TVMNO Dasselbe.	

Könige von Karien.

Hekatomnos († 377 v. Chr.).

Rhodischer Fuſs.

15.17	Pinder 349. Rev. num. 1856. taf. III, 8 (vgl. oben S. 338).	Zeus Stratios mit Doppelaxt (Labrys) u. Scepter.	ΕΚΑΤΟΜ Löwe.
	Maussolos († 353 v. Chr.).		
15.10	Brit. Mus.	Rhodischer Apollokopf lorbeerbekränzt von vorn.	ΜΑΥΣΣΩΛΛΟ Zeus Stratios mit Doppelaxt und Scepter. Als Beizeichen erscheinen die Buchstaben Β, Ι, Μ, ΜΕ, Π oder Lorbeerkranz).
15.05	Brit. Mus.		
15.05	Par. Mus.		
15.00	Par. Mus.		
14.94	= 230.7 Leake As. Gr. 64.		
14.85	Par. Mus.		
14.90	Brit. Mus.		
3.70	Brit. Mus.		
3.65	Brit. Mus.		
3.64	Brit. Mus.		
3.60	= 55.5 Leake As. Gr. 64.		
3.60	Par. Mus. vgl. Mionnet S. 6. pl. VII, 2.		
3.45	Par. Mus.		
1.69	= 30 Prokesch In. 1854.		
	Idreus (351—344 v. Chr.).		
15.06	= 232.4 Brit. Mus. Leake As. Gr. 64.	Dasselbe.	ΙΔΡΙΕΩΣ Dasselbe. (Von Beizeichen kommen vor Ε, Ι).
14.65	Par. Mus. vgl. S. 6. pl. VII, 3.		
6.65	Par. Mus.		
6.50	Brit. Mus.		
6.45	Mus. Waddington.		
3.60	Brit. Mus.		
3.55	Par. Mus.		
3.30	Brit. Mus.		
	Pixodaros († 335 v. Chr.).		
	1. Gold. Persischer Fuſs.		
4.15	= 64.1 Borrell N. C. 9, 162.	Lorbeerbekränzter Apollokopf nach rechts.	ΠΙΞΩΔΑΡΟ Zeus Stratios, in der R. Doppelaxt, in der L. Lanze.
1.41	= 26¾ Mion. 3, 339, 12. S. 6. pl. VII, 4.	Dasselbe.	ΠΙΞΩΔ Dasselbe.
1.321	Gött. Univ. Sammlung. Schmidt z. Gesch. der kar. Könige S. 14.		
0.70	Brit. Mus.	Dasselbe nach links.	ΠΙΞΩΔΑ Dasselbe.

0.37	= Mion. 3, 399, 13.	Lorbeerbekränzter Apollokopf nach links.	ΠΙ Doppelaxt.
0.34	= 6½ Prokesch In. 1859.		
0.32	= 5 Ivanoff 338.		
0.305	Mus. Waddington.		

2. Silber. Rhodischer Fuſs.

7.02	Pinder 350.	Lorbeerbekränzter Apollokopf von vorn.	ΠΙΞΟΔΑΡΟΥ Zeus Stratios, in der R. Doppelaxt, in der Linken Lanze (Beizeichen E oder O).
7.00	Brit. Mus.		
6.99	Mus. Waddington.		
6.98	Brit. Mus.		
6.97	= 107.6 Leake As. Gr. 64.		(ΠΙΞΩΔΑΡΟ)
6.64	Pinder 351.		
6.80	Par. Mus.		(ΠΙΞΩΔΑΡΟΥ)
6.60	Brit. Mus.		
3.66	= 59 Mion. 3, 399, 15. Pl. 76, 8.		(")
3 55	Par. Mus.		(")
0.80	Brit. Mus. vgl. Newton Halic. II, 1, 60.	Dasselbe.	ΠΙΞΟΔΑΡΟ rückl. zw. d. Strahlen eines Sterns.
0.77			

Othontopates (335).

Silber. Rhodischer Fuſs.

15.01	= 282 Mionnet 3, 400. S. VI. taf. 7, 5.	Lorbeerbekränzter Apollokopf von vorn.	ΟΘΟΝΤΟΠΑΤΟ Zeus Stratios mit Labrys u. Lanze.

Karische Inseln.

Kalymna.

I. Periode.

Persisch-babylonischer Fuſs.

10.55	Brit. Mus.	Behelmt. bärt. Kopf n. l., archaische Arbeit.	Leier in Vertiefung.
10.10	Brit. Mus. (durchlöchert).		

II. Periode.

Rhodischer Fuſs.

6.62	Brit. Mus.	Jugendl. Kopf n. r. m. Helm, der Kinn u. Hals bedeckt.	ΚΑΛΥΜΝΙΟΝ Leier. Das Ganze in viereckiger Perleneinfassung.
6.61	Brit. Mus.		
6.60	Brit. Mus. 2.		
6.54	= 101 Borrell N. C. 8, 165, 50.		
6.50	= 100.8 Northw. 1126.		
6.49	Brit. Mus.		
6.47	= 100.8 Thomas 321.		
6.27	= 96.8 Leake Ins. Gr. 5.		
6.26	= 96.8 Thom. 320. Mion. S. 6. pl. VIII, 1.		

= 49 Borrell N. C. 9, 165, 50. = 48 Leake Ins. Gr. 5. = 47.8 Thomas 320. Brit. Mus.	Jugendl. Kopf n. r. m. Helm, der Kinn u. Hals bedeckt.	ΚΑΛΥΜΝΙΟΝ Leier. Das Ganze in viereckiger Perleneinfassung.
= 23 Borrell a. a. O. 164.	Derselbe.	ΚΑΛΥ Dieselbe.
= 5½ Prok. In. 1854, 289.	Delphin.	Κ in vertieftem Viereck.

III. Periode.
Attischer Fuſs. Nach Alexander.

Brit. Mus. Par. Mus.	Jugendlicher Kopf m. Helm, der Kinn u. Hals bedeckt.	ΚΑΛΥΜΝΙΟΝ Leier in Viereck von Punkten.

Kos.

I. Periode.
Attischer Fuſs.

Aeltere Reihe.

= 259 Northw. 1127. vgl. Mion. S. 6. pl. 8, 2. 8. Brönstedt Reisen 2 Liv. 311 (fr. Ausg.). = 256 Northw. 1128 = Thomas 2280. = 253.7 Leake Ins. Gr. 13. Brit. Mus. Brit. Mus.	ΚΟΣ Nackte m. Fig., in d. Rechten das Tympanon, tanzend vor Dreifuſs.	Diagonal getheiltes vertieft. Viereck, in dessen Mitte Krebs.
Brit. Mus.	Krebs.	Quadr. inc.

Jüngere Reihe.

Brit. Mus.	ΚΩΣ Nackte m. Figur tanzend vor Dreifuſs.	Diagonal geth. Quadr. inc., in dessen Mitte Krebs.

II. Periode.
Rhodischer Fuſs.

Brit. Mus. Brit. Mus. Brit. Mus.	Jugendlicher Heraklaskopf mit der Löwenhaut.	ΚΩΙΟΝ Magistratsname, Krebs, Keule.
= 262 Prok. In. 1859. Brit. Mus. = 220.5 Hunter 112, 3. Brit. Mus. = 220¼ Hunter 2. vgl. Peller. pl. 102, 1.	Derselbe.	ΚΩΙΟΝ Magistratsn., Krebs, Köcher, Bogen. D. G. innerh. e. viereck. Perleneinf. (ΓΝΩΣΙΔΙΚΟΣ) (ΜΟΣΧΙΩΝ) (ΝΙΚΑΓΟΡΑΣ) (ΚΛΕΙΝΟΣ)
= 127 Prokesch 1854. Brit. Mus.	Derselbe.	ΚΩΙΟΝ Magistratsname, Krebs, Keule. (ΧΑΡΜΙΠΠΟΣ)

6.68	Brit. Mus.	Jugendlicher Heraklerkopf mit der Löwenhaut. (Heraklerkopf von vorn.)	ΚΩΙΟΝ Magistratsname, Krebs, Keule.
6.67	= 103 Hunter 5.		(ΚΛΕΙΝΟΣ)
6.60	Brit. Mus.		
6.57	= 101.5 Hunter.		(ΕΜΠΡΕΠΩΝ)
6.47	= 100 Leake.		(ΚΛΕΙΝΟΣ)
6.40	Brit. Mus.		
6.31	= 97½ Hunter 6.		(ΜΕΝΩΝ)
5.90	Brit. Mus.		
3.54	Brit. Mus.		
3.37	= 52¼ Hunter 7.		(ΝΑΞΑΝΔΡΟΣ)
3.16	= 49 Hunter 8.		(ΕΜΠΨΕΠΩΝ)
3.15	Brit. Mus. 2.		
3.10	= 48 Hunter 9.		(ΠΟΛΥΑΡΧΟΣ)
3.05	Brit. Mus. 3.		
2.90	Brit. Mus.		
3.48	= 53.9 Leake Ins. Gr. 13.	Bärtiger Heraklerkopf.	ΚΩΙΟΝ ΑΜΦΙΔΑΜΑΣ Krebs in Viereck von Perlen.
2.77	Pinder 352.	Heraklerkopf mit d. Löwenhaut.	ΚΩΙΩΝ (ΛΕΥΚΙΠΠΟΥ) Magistratsname, Krebs, Keule. Das Ganze in vertieftem Viereck.
2.62	= 40½ Hunter 11.		(ΑΡΙΣΤΑΙΣ)
3.39	= 64 Prok. In. 1854.	Dasselbe.	ΚΩΙ Krebs, Keule, im F. Aehre. Das Ganze in vertieftem Viereck.
6.60	Brit. Mus. Pell. pl. 102,3.	Dasselbe.	ΚΩΙΟΝ Magistratsn., weibl. Kopf m. Schleier.
6.40			
6.30			(ohne Magistratsname).
6.08			(„ „)
	III. Periode. Attischer Fuss. Nach Alexander.		
16.60	= 256.3 Leake 13. = Hunter 112, 1.	Lorbeerbekränzter Apollokopf nach rechts.	ΚΩΙΩΝ ΝΙΚΟΣΡΑΤΟΣ Aeskulap a. Schlangenstab gestützt.
2.15	= 40½ Prok. In. 1854.	Asklepioskopf.	ΚΩΙ 1 od. 2 Magistratsn., Schlange. Das Ganze in vertieftem Viereck. (ΠΡΟΣΤΑΣΥΛΟΥ)
2.04	Brit. Mus.		
2.03	Brit. Mus.		
2.01	31.2 Leake Ins. Gr. 13.		(ΝΙΚΟΜΗ ΘΕΥΦΑΝΙ)
2.00	= 31 Leake.		(ΗΛΙΟΔ ΕΥΑΡΑ)
1.91	= 29.4 Leake.		(„ „)
1.48	= 22¾ Hunter taf. 20,2.		(ΨΟΥΦΙΚΩΝ ΜΕΝΩΝ)
1.45	Brit. Mus.	Unbärtiger lorbeerbekränzt. (Apollo)kopf nach rechts.	ΚΩΙΩΝ (Magistratsname?) Leier.
1.35	Brit. Mus.		
1.10	Brit. Mus.		

Leros (vgl. oben S. 416).

Megista.

Rhodischer Fufs.

3.18	Pinder 353.	Kopf des rhodischen Apollo im Strahlenkreise.	ΜΕ rückläufig rhodische Blume.
		Nisyros. Nach Alexander.	
—	Mion. 3, 412, 100. vgl. Haym 1, 235.	Aphroditekopf.	ΝΙΣΥΡΙΟΝ Magistratsname, Neptun auf einem Felsen sitzend, in d. R. Dreizack.
		Rhodos. Jalysos. 1. Babylonisch-persischer Fufs.	
11.05	Mus. Waddington.	Stier stehend.	Adlerkopf in vertieftem Viereck.
10.90	Par. Mus.	Unerkennbares Bild.	Adlerkopf, im Schnabel Schlange haltend, in vertieftem Viereck.
2.50	Par. Mus.	Eber nach rechts.	Dasselbe.
		2. Kleinasiatischer Fufs.	
13.49	Mus. Luynes[1]) alterth.	Kopf eines Raben, darüber Fischschwanz.	Unregelmäfsiges eingeschlagenes Viereck.
14.40	= 222.5 Ivanoff 357.	Vordertheil eines beflügelten Ebers.	ΙΕΛΥΣΙΟΝ Adlerkopf in vertieftem Viereck.
14.45	= 223 Hunter taf. 66, 18.	Dasselbe.	ΙΑΛΥΣΙΟΝ Dass., darunt. ein Symb. (Knöchel? (Hera).
13.96	= 215½ Borrell N. C. 9. 170, jetzt i. Mus. Luyn.		
13.76	Mus. Waddington.		
2.05	= 31.6 Leake Ins. Gr. 21.	Dasselbe.	Adlerkopf in vert. Viereck.
		Jalysos und Kyrene. Attischer Fufs.	
17.17	= 265.6 Leake.	Silphion, rechts Löwenkopf, darunter herzartiger Gegenstand.	Adlerkopf, Schlange im Schnabel, darüber blumenartiges Beizeichen.
		Kamiros. Aeginäischer Fufs.	
12.06	= 186.5 Ivanoff 356.	Feigenblatt.	Zwei längl., horizontale eingeschlagene Vierecke, durch ein breites Band geschieden.
12.00	Brit. Mus.		
12.00	Par. Mus.		
11.95	Brit. Mus.		
11.90	Berl. Mus.		

[1]) Die Zutheilung ist sehr zweifelhaft, sie rührt von Luynes her, der in seiner Sammlung die Münze, unter Vergleichung von Müller's Fr. h. Gr. IV, 406, Jalysos beigelegt hat.

11.65	Mus. Luynes.	Feigenblatt.	Zwei längl., horizontale eingeschlagene Vierecke, durch ein breiten Band geschieden.
11.79	= 182 Borrell N. C. 9, 169. Brit. Mus.		
11.60	Berl. Mus.		
11.35	Brit. Mus. = 175 Leake In. 5.	Dasselbe.	ΚΑΜΙ ΡΕΩΝ in den zwei eingeschlagenen Vierecken.
1.17	= 18¦ Borrell N. C. 9, 169.	Dasselbe.	ΚΑ in d. zwei eingeschl. Vierecken.
0.68	= 9.1 Borrell N. C. 9, 169.	Dasselbe.	Dasselbe ohne Schrift.
0.50	Brit. Mus.		
1.26	Brit. Mus.	Dasselbe.	Rad.
0.90	= 14¦ Borrell N. C. 9, 169.	Rhodische Blume.	ΚΑ Greifenkopf in vert. Viereck.

Lindos.

Kleinasiatischer Fuſs.

13.84	= 213.65 Fellows Lyc. c. VIII, 3.	Löwenkopf nach rechts mit offnem Rachen.	
13.60	Par. Mus.		
13.55	Par. Mus. vgl. Mion. 6, 627, 107. Pl. XXXVI, 5.		Zwei oblonge, horizontal getheilte, vertiefte Vierecke.
13.55	Mus. Luynes.		Dasselbe. Auf d. Rande zwischen den Vierecken ΙΔΙΙΙΛ.
13.79	= 218 Ivanoff 858. vgl. Borrell N. C. 9, 171.		Dass. Auf dem Rande ΛΥΝΔ¹).
1.05	Brit. Mus. 2.	Löwe nach rechts.	Eingeschlagenes Viereck.
1.00	Brit. Mus.		

Rhodos.

I. Periode.

Rhodischer Fuſs.

15.60	Par. Mus.	Apollokopf von vorn.	ΡΟΔΙΟΝ Blume mit einer Knospe, im Felde, links Symbol und zuweilen ein Buchstabe. Das Ganze in vert. V.
14.43	= 238¦ Hunter p. 247. n. 2. taf. 45, 2.		(Sphinx).
15.20	Brit. Mus.		
15.17	= 234.2 Leake In. 35.		(Sphinx).
15.15	Mus. Waddington.		
15.10	Brit. Mus.		
15.09	Brit. Mus.		
14.90	Brit. Mus. 2.		
14.83	= 229 Leake In. 35.		(Α Auge).
14.78	= 277¦ Mion. S. 6, 587, 161.		(Sphinx).
14.61	= 275 Mion. 3, 416, 146.		(Ι Dreizack).

¹) Der Zusatz: „the first letter being well defined" scheint anzudeuten, dass die andern nicht zu erkennen sind; doch las auch Borrell auf einem Exemplar ([which] „now embellishes a celebrated cabinet in Paris") ΛΥΝΔ.

6.96	Berl. Mus.	Apollokopf von vorn.	ΡΟΔΙΟΝ Blume mit einer Knospe, im Felde Symbol, daneben einzelne Buchstaben. Das Ganze in Vertiefung.
6.92	= 130¼ Mionnet 164.		(ΕΥ Harpe) nicht vertieft).
6.90	Berl. Mus.		
6.87	= 129½ Mionnet 147.		(Ε Traube).
6.86	= 129¼ Mionnet 149.		(Δ Stern nicht vertieft).
6.80	= 105 Leake In. Gr. 35.		(ΕΥ Traube nicht vertieft).
6.75	Pinder 558.		(ΕΥ Traube).
6.72	Brit. Mus.		
6.71	Mus. Waddington.		
6.70	= 103½ Hunter 12.		(Α Dreizack).
6.70	Brit. Mus.		
6.63	= 125 Mion. S. 165.		(ΔΙ Stern).
6.61	= 102¼ Hunter 247. n. 3. taf. 45, 8.		(Ε Traube).
6.60	= 102 Hunter 14.		(ΕΥ Ast).
6.53	= 100¾ Hunter 248, 13.		(ΑΜ Dreizack nicht vertieft).
6.39	= 120¼ Mionnet 148.		(ΕΥ Krug nicht vertieft).
6.38	= 98½ Hunter 248, 15.		(ΕΥ Thyrsus nicht vertieft).
3.40	Brit. Mus.	Dasselbe.	ΡΟΔΙΟΝ Dasselbe. Das G. in vert. Viereck.
3.36	= 63¼ Mionnet S. 163.		(Stern).
3.34	Brit. Mus.		
3.29	= 62 Mionnet S. 164.		(Δ Traube).
1.85	Brit. Mus. 3.	Apollokopf v. v. archaisch.	ΡΟ Blume in vertieftem Viereck.

II. Periode.

1. Klasse.

3.36	= 63¼ Mion. 117. Pl. 52, 2.	Strahlenbekränzter Apollokopf nach rechts.	ΡΟ Magistratsname, rhod. Blume, im Felde Beizeichen. Das Ganze in flach vertieftem Viereck. (ΔΑΜΑΤΡΙΟΣ Delphin).
3.25	Brit. Mus.		
3.12	= 48.2 Leake 2.		(ΜΝΗΜΩΝ Füllhorn).
3.10	Brit. Mus. 3.		
3.05	Brit. Mus. 2.		
3.04	Brit. Mus.		
3.03	Brit. Mus.		
3.00	Brit. Mus.		
2.99	= 46¼ Hunter 67.		(ΕΣΥΜΕΝΗ. Helm.
2.99	= 46¼ Hunter 49.		ΘΡΑΣΥΜΕΝΗ aufgeh. Sonne).
2.99	= 56¼ Mion. 119. Pl. LII, 1. vgl. 114 = 2.78 Gr.		ΑΡΤΕΜΩΝ Monogr. Lotus).
2.97	= 56 Mionnet 115.		(ΑΝΤΙΓΕΝΗΣ Fliege).
2.95	Brit. Mus.		

2.95	= 45½ Hunter 45.		PO Magistratsname, rhod. Blume im Felde Beizeichen. Das Ganze in flach vertieftem Viereck. (ΦΙΛΟΚΡΑΤΗΣ Ochsenschäd.
2.94	= 45⅜ Hunter 88.		(ΗΣΙΔΑΚ Helm).
2.92	= 55 Mionnet 140.		(ΧΑΛΙΝΟΣ strahlenumkr. Fig.
2.91	= 45 Hunter 50.		(ΞΕΝΟΚΡΑΤΗΣ Leier.
2.90	= 44¾ Hunter 86.		(ΑΓΕΜΑΧΟΣ Akrostolion).
2.89	= 54½ Mion. 110.		(ΑΝΑΞΙΔΙΚΟΣ Krummstab).
2.89	= 54½ Mionnet 131. vgl. 132 = 2.75 Gr.		(ΜΝΗΜΩΝ Füllhorn).
2.89	= 54½ Mion. 136.		(ΤΙΜΟΣΤΡΑΤΟΣ Ratte).
2.89	= 54½ Mion. 137.		(ΦΙΛΟΚΡΑΤΗΣ Ochsenschäd
2.88	= 51¼ Mion. 112.		(ΑΡΙΣΤΟΒΟΥΛΟΣ Keule).
2.86	= 44⅛ Hunter 41. vgl. 42 = 2.52 Gr.		(ΜΝΗΜΩΝ Hermesstab).
2.86	= 44⅛ Hunter 44.		(ΠΗΝΟΔΩΡΟΣ Stern).
2.85	= 44 Leake. vgl. Mion. 135 = 2.75 Gr.		(ΣΤΑΣΙΩΝ Stern).
2.84	= 53½ Mionnet 109.		(ΑΘΑΝΟΔΩΡΟΣ Flügel).
2.83	= 43.6 Leake.		(ΑΡΤΕΜΩΝ Uräus).
2.82	= 47½ Hunter 35. vgl. Gessner taf. 56, 14.	Strahlenbekränzter Apollokopf nach rechts.	(ΑΓΑΘΑΡΧΟΣ Dreizack).
2.81	= 43.4 Leake.		(ΑΕΤΙΩΝ Amphora).
2.78	= 43 Hunter 47.		(ΘΡΑΣΥΜΕ Lotus).
2.65	= 41 Hunter 39.		(ΔΕΞΙΚΡΑΤΗΣ rechte Hand
2.63	= 40½ Hunter 40.		(ΜΑΗΣ Lotus).
2.56	= 48¼ Mion. 133.		(ΝΙΚΗΦΟΡΟΣ Kein Symbol).
2.52	= 47½ Mion. 111.		(ΑΝΑΞΙΔΟΤΟΣ Schlange.
2.49	= 47 Mion. 128.		(ΛΥΣΙΜΑΧΟΣ Ohne Symbol
2.46	= 38 Hunter 48.		(ΘΡΑΣΥΜΕΝΗ. Dreifuss).
2.44	= 46 Mion. 126.		(ΚΑΛΛΙΞΕΝΙ Beflügelter Hermesstab)
2.36	= 36⅜ Hunter 46. vgl. Mion. 139 = 2.28 Gr.		(ΦΙΛΩΝ Ohne Symbol).
2.17	= 33.5 Hunter 43.		(ΝΙΚΗΦΟΡΟΣ r. Hand Aehre und 2 Mohnköpfe haltend).
2.12	= 40 Mion. 122.		(ΖΗΝΩΝ Ohne Symbol).
2.08	= 58¼ Mion. 119.		(ΔΕΞΙΚΡΑΤΗΣ Ohne Symb
2.02	= 57 Mion. 118.		(ΔΑΜΑΤΡΙΟΣ Delphin).
1.86	= 55¼ Mionnet 138.		(ΦΙΛΟΣΤΡΑΤ Eule).
1.67	= 31½ Mion. 120.		(ΕΥΦΑΝΗΣ Lotus).
1.61	= 30¼ Mionnet 125.		(ΚΑΛΛΙΞΕΙΝ Hermesstab).
0.96	= 18⅛ Mionnet 210.		PO Zwei Knospen der rhodisch. Blume (Lamp
0.95	= 18 Mionnet 211.	Dasselbe.	(Kranz).
0.84	= 16 Mionnet 209.		(Traube).

Pinder 357.	Strahlenumkränzter Helioskopf von vorn.	ΡΟΔΙΟΝ Magistratsname, rhodische Blume mit Knospe. Beizeichen. Das G. in Perlenkreis.
		(ΘΑΡΣΥΤΑΣ Adler auf Blitz).
= 210¼ Hunter 5. vgl. Leake 208.2 = 13.49 Gr. Mion. n. 185 = 13.44 Gr.		(ΑΜΕΙΝΙΑΣ Schiffsvordertheil).
= 207½ Hunter 4.		(ΕΥΚΡΑΤΗΣ Blitz).
= 251.5 Mion. S. 175.		(„ „).
= 201.8 Brit. Mus. 180,1.		(ΑΜΕΙΝΙΑΣ Schiffsvordertheil).
= 244 Mion. 191.		(ΡΟ ΘΑΡΣΥΤΑΣ Adler auf Blitz.
= 239 Mion. 192.		(„ „ Dasselbe).
= 104.9 Leake.	Dasselbe.	ΡΟ Magistratsname, Blume mit Knospe. Beizeichen.
		(ΑΝΑΞΑΝΔΡΟΣ Schild).
= 104.5 Leake.		(ΕΡΑΣΙΚΛΗΣ Symbol?).
= 104½ Hunter 10. vgl. Hunter 9 = 6.70 Gr. Mion. 195 = 6.58 Gr.		(ΤΙΜΟΘΕΟΣ Grenzpfahl).
= 127 Mionnet 194. vgl. Mion. 193 = 6.64 Leake = 6.61 Gr.		(ΜΝΑΣΙΜΑΧΟΣ Pallas Nike haltend).
= 104 Hunter 17.		(ΑΝΤΙΠΑΤΡΟΣ Kornähre).
= 103.7 Leake. vgl. Hunter n. 7 = 6.64 Gr.		(ΜΝΑΣΙΜΑΧΟΣ Beflüg. Weib, in der Rechten Akrostolion).
= 103½ Hunter 8.		(ΣΤΑΣΙΩΝ Bogen in Köcher).
= 103 Leake.		(ΤΙΜΟΘΕΟΣ Trophäe).
= 125.5 Mion. 189. vgl. 188 = 6.63 Gr.		(ΕΡΑΣΙΚΛΗΣ Helm).
= 102.6 Leake.		(ΑΝΤΙΠΑΤΡΟΥ Kornähre).
= 101¾ Hunter 18.		(ΑΡΙΣΤΟΒΙ Zweig).
= 124 Mionnet S. 175.		(ΡΟΔΙΟΝ ΕΥΚΡΑΤΗΣ Donnerkeil).
= 100.5 Hunter 19.		(ΦΙΛΩΝΙΑ Lampe).
= 99.6 Leake.		(ΑΓΗΣΙΔΑΜΟΣ Figur mit Fackel).
= 97.8 Brit. Mus.		(ΑΡΙΣΤΟΜΑΧΟΣ Harpe).
= 49¼ Hunter 26.		(ΑΓΗΣΙΔΑΣ Figur, in beiden Händen Fackel).
Pinder 356.		(ΑΘΑΝΟΔΩΡΟΣ Flügel)
= 43⅝ Hunter 30.		(ΕΥΚΡΑΤΗΣ Dreifuss).
= 43¾ Leake.		(ΑΡΤΕΜΩΝ Uräus).
= 43.1 Leake. vgl. Mion. 176 = 2.68 Gr.		(ΣΤΑΣΙΩΝ Keule auf Bogen).
= 52 Mionnet 155.		(ΑΝΤΙΠΑΤΡΟΣ Aehre).

2.75	= 42.4 Leake. vgl. Hunter 27 = 2.70 Gr.	Strahlenumkränzter Helioskopf von vorn.	ΡΟ Magistratname, Blume u. s. w. (ΓΟΡΓΟΣ Bogen im Kasten).
2.70	= 51 Mion. 158.		(ΑΡΙΣΤΟΚΡΑΤΗΣ Keule).
2.67	= 41[illegible] Hunter 31.		(ΚΑΛΙΣΤΡΑΤΟΣ)
2.67	= 41.3 Leake.		(ΑΙΝΗΤΩΡ Hermesstab).
2.67	= 41.8 Leake.		(ΓΟΡΓΟΣ Hermesstab).
2.59	= 40 Hunter 25.		(ΑΡΙΣΤΑΚΟΣ Hermesstab).
2.56	= 48.5 Mion. 153.		(ΑΜΕΙΝΙΑΣ Dreizack).
2.54	= 48 Mion. 180.		(ΣΩΣΑΝΔΡΙ Hermesstab).
2.46	= 46[illegible] Mion. 178.		(ΣΤΡΑΤΩΝ Delphin).
2.40	= 37[illegible] Hunter n. 29.		(ΕΥΒΙΟΣ Delphin).
2.40	= 45[illegible] Mion. 175.		(ΣΤΑΣΙΩΝ Ohne Symbol).
2.31	= 35[illegible] Hunter n. 22 = 23 (2.18).		(ΑΙΝΗΤΩΝ Schmetterling).
*2.31	= 35[illegible] Hunter n. 34. = n. 33 (2.23)		(Ohne Namen).
2.20	= 41[illegible] Mion. 179.		(CΤΡΑΤΩΝ Hermesstab).
2.16	= 33[illegible] Hunter 32.		(ΣΤΡΑΤΩΝ Hermesstab).
2.04	= 31[illegible] Hunter n. 20. vgl. Mion. 152.		(ΑΙΝΗΤΩΝ Hermesstab).
1.98	= 37[illegible] Mion. 161.		(Ohne Name und Symbol).
*1.89	= 29[illegible] Hunter n. 28.		(ΔΑΜ.. Donnerkeil).
1.86	= 35[illegible] Mion. 152.		(ΑΙΝΗΤΩΡ Hermesstab).
1.69	= 32 Mion. 177.		(Ohne ΡΟ, ΣΤΡΑΤΩΝ Delphin).
1.43	= 27 Mion. 143.		(ΜΕΛΑΝΤΑ Fackel).
1.42	= 22 Hunter n. 62.		(ΔΕΞΑΓΟΡΑΣ Traube).
1.40	= 21[illegible] Hunter 64.		(ΜΗΝΙΔΙ)
1.39	= 21[illegible] Hunter 63.		(ΔΙΟΝΥΣΙΟΣ Füllhorn).
1.34	= 25[illegible] Mion. 154.		(ΑΜΕΙΝΙΑΣ Grenzpfahl).
1.29	= 24[illegible] Mion. 141.		(ΔΑΜΑ Schmetterling. D. Ganz in flach vertieftem Viereck).
1.29	= 20 Hunter n. 55.		(ΑΡΙΣΤΟΒΗΛ)
1.28	= 19[illegible] Hunter 52.		(ΑΝΤΑΙΣ)
1.28	= 19[illegible] Hunter 58.		(ΑΡΧΙΝΟΥ)
1.28	= 19[illegible] Hunter 59.		(ΑΣΚΛΑΠΙΑΣ)
1.23	= 19 Hunter n. 54.		(ΑΠΟΛΛΩΝΙΟΣ Sistrum).
1.20	= 18[illegible] Hunter 57.		(ΑΡΧΙΑΣ)
1.20	= 18[illegible] Hunter 65.		(ΠΟΓΕΙΤΑ Hut).
1.15	= 17[illegible] Hunter 60.		(ΔΑΜΑΤΡΙΑΣ)

¹) Die mit * Bezeichneten sind mit Nachstempeln versehen.

= 17[illegible] Hunter 61.	Strahlenumkränzter Helioskopf von vorn.	PO Magistratsname, Blume u. s. w. (ΔΑΜΑΣ)
= 16[illegible] Hunter 51. vgl. Gessner taf. 58, 20.		(ΑΝΔΡΟΝΙΚΟΣ Donnerkeil).
= 16[illegible] Hunter 66.		(ΠΗΝΟΔΩΡΟΣ Stern).
= 16[illegible] Hunter 56.		(ΑΡΤΕΜΩΝ Keule).
= 16[illegible] Hunter 63.		(ΑΝΤΙΠΑΤΡΟΣ)

Persisch-babylonischer Fuß.

= 220 Prok. in. 1854, 289. taf. IV, 22.	Strahlenumkränzter Apollokopf von vorn.	Blume mit zwei Knospen in Perlenkranz.
Brit. Mus.	Apollokopf von vorn.	ΡΟΔΙΟΝ Blume.
Brit. Mus.	Strahlenumkränzter Apollokopf von vorn.	PO Magistratsname, Blume.
= 68[illegible] Hunter n. 11. taf. 45, 5.	Beflügelter (?) Apollokopf von vorn.	PO Magistraten., Blume, Symbol. (ΓΩΤΟΣ Stern).
= 59 Mion. 167.		(ΓΟΡΓΟΣ Stern).
= 51[illegible] Mion. 168.		(ΓΟΡΓΟΣ ohne PO Traube).
= 51 Mion. 170.		(ΚΑΛΛΙΣΘΕΝΗ Keule).
= 50[illegible] Mion. 164 (= 165 = 2.55).		(ΓΟΡΓΟΣ Fackel).

Vereinsmünzen.

Rhodos, Samos, Ephesos, Knidos.

Mus. Layncs. Rev. num. 1883. pl. 10, 3.	ΣΥΝ Jugendl. Herakles schlangenwürgend.	PO Rhod. Blume, Spuren eines vertieften Vierecks.
= 167[illegible] Hunter 247, 1. taf. 46, 1.		

III. Periode. Nach Alexander.

Attischer Fuß.

Brit. Mus.	Strahlenumkränzter Apollokopf von vorn.	PO oder ΡΟΔΙ Magistratsname um Blume v. vorn, im Felde Beizeichen.
= 79[illegible] Mion. 201.		
= 79[illegible] Mion. 208.		
= 79 Mion. 198.		
Berl. Mus.		
Brit. Mus. 2.		
= 64 Hunter n. 67. vgl. taf. 46, 6.		
Berl. Mus.		
Brit. Mus. Mion. 203. 206.		
= 68[illegible] Hunter n. 68.		
Brit. Mus. Mion. 199.		
= 76[illegible] Mion. 197.		
= 75[illegible] Mion. 202. 205.		
Brit. Mus.		
= 73[illegible] Mion. 200. 204. 207.		
= 63[illegible] Hunt. n. 69.		

9.65	Berl. Mus.	Strahlenumkränzter Apollokopf von vorn.	ΡΟΔΙΩΝ Blume von vorn.

Astyra auf der rhodischen Peraea.

Babylonisch-persischer Fuſs.

9.69	= 149½ Borrell N. C. 9, 166.	Groſse Vase.	ΑΣΤΥ Einhenklige Vase; im Felde Leier. Das Ganze in vertieftem Viereck.
1.10	= 17 Borrell.	Α Einhenklige Vase.	Einhenklige Vase.
0.91	= 14¼ Borrell.	Dasselbe ohne Schrift.	Unbestimmbares Bild in vert. V.
0.76	= 12½ Borrell.	Dasselbe.	Einhenklige Vase in vert. Viereck.
0.64	= 10 Borrell.	Dasselbe.	Vertieftes Viereck.
0.45	= 7½ Borrell.	Dasselbe.	Drei vertiefte Vierecke.
0.22	= 3½ Borrell.	Blume.	Α in vertieftem Viereck.

Noch nicht lokalisirte rhodische oder karische Münzen.

a) Kleinasiatischer Fuſs.

13.64	= 257 Prok. In. 1859. (unter Kamiros).	Zwei Delphine übereinander, darunt. ein kleinerer.	In zwei oblonge, horizontale Vierecke getheiltes eingeschl. Quadr.
13.60	Brit. Mus. (vgl. Fellows L. c. VIII, 5).		

b) Aeginäischer Fuſs.

5.90	= 111 Prok. In. 1859. taf. I, 3.	Unbärtiger Kopf von vorn.	Viergeth. eingeschlagenes Viereck.
5.71	= 68.2 Fellows VIII, 7.	Dasselbe halb n. r. gewandt.	Zwei Delphine übereinander in eingeschl. Viereck, in 2 Ecken Verz.
5.45	Brit. Mus. vgl. Fellows VIII, 6.		

c) Babylonisch-persischer Fuſs.

10.95	Par. Mus.	Vorderth. eines Löwen n. l.	In 2 horizont. oblonge Vertiefungen geth. eingeschl. Viereck.
10.92	Mus. Luynes. (unter Kypros).	Dasselbe nach rechts.	
10.80	Brit. Mus.	Dasselbe nach links.	
9.70	Brit. Mus.		

Lykien.

1. Münzen ohne Bundeswappen.

6.67	= 134 Ivanoff 897.	Vordertheil eines Ebers n. links.	Eingeschlagenes Viereck, durch ei breites Band und zwei sich einander kreuzende Linien in un gleiche Theile getheilt.
6.55	= 132 Fellows I, 10.		
2.71	= 42 Fellows I, 2.	Eberkopf.	Dasselbe.
8.97	aus Myt.-Rabinch. R. n. 1861, 425.	Dasselbe.	Tiefes eingeschlagenes Viereck.
9.32	= 144 Ivan. 895.	Vordertheil eines Ebers n. l. (K : B) (auf dem Schulterblatt K).	Eingeschl. Viereck wie oben getl
9.26	= 143 Fellows I, 1. Brit. Mus.		

9.39	= 145 Ivanoff 398.	Vordertheil eines Ebers n. l.	Eingeschl. Viereck, in dem 4 triangoläre Figuren, in deren Mitte kleiner Ring, in einer Ecke Kopf.
9.20	Par. Mus.	Vordertheil eines Ebers.	Diagonal getheiltes (vgl. Fellows I, 10) eingeschl. Viereck, in dessen rechter Ecke Σ.
9.20	Par. Mus.		(€ links unten Θ)
9.10	Par. Mus.		(Ohne sichtbare Zeichen).
9.40	Par. Mus.	Eber nach rechts.	Schildkröte in vert. Viereck.
9.20	Par. Mus.		
		Arina (Xanthos).	
8.77	= 71 Mionnet 5, 681. Fellows XVIII, 6.	Pallaskopf.	ΑΡΞΝΑ Pallas sitzend, in der R. Lanze, die Linke auf Schild gestützt.
8.49	= 131.27 Fell. XVIII, 7.	Dasselbe.	ΨιΡΨΕ Dasselbe, auf Schild Eule.
		Pttaraza (Patara).	
9.84	= 152 Fellows XVIII, 1.	Pallaskopf nach rechts.	ΓΤΤΑΡΑΙΨ Hermeskopf n. r., dahinter Hermesstab in vertieftem Viereck.
7.70	= 119 Fellows XVIII, 2.	Dasselbe etwas variirt.	ΓΤ Hermeskopf n. l. in Perlenkr.
		Garesa?	
2.33	= 36.8 Fellows XIV, 6. durchlöchert.	Zwei streitende Hähne.	Ψ . . Adler in vert. Viereck.
		Nagat.	
3.108	= 48 Fellows pl. XV, 8.	Vorderth. eines beflügelten Hirsches.	ΝΑΨΑΤ Zweibein, darüber dreizackiges Instrument in vertieftem Viereck.
		Telèbèhazè¹) (Telephios? Sharpe S. 462 oder Elebesos).	
9.98	= 154 Fellows VII, 2.	Pallaskopf nach rechts.	ΤΙΛΙΒΙ+Ε+Ι Herakleskopf mit der Löwenhaut in vertieftem Viereck.
8.13	= 125.77 Fellows VII, 8. (vermutet).		
8.59	= 132.8 Fellows VII, 3.	Dasselbe.	Herakleskopf (ohne Schrift), dahinter eine Art Dreibein.
8.19	= 126.6 Fellows VII, 4.		
		Taläb-ërema.	
8.29	= 128 Fellows VII, 1.	Pallaskopf nach rechts.	ΤΙΛΙΒ ΙΡΒΒΕΝΑ Herakleskopf mit der Löwenhaut in Perlenkranz.
8.29	= 128 Fellows VII, 5.	Dasselbe.	ΙΡΒΒΕΝΑ Herakles mit Keule und Bogen.
8.07	= 124.8 Fellows VII, 6.		
		Arobutaiden.	
8.55	= 132 Fellows VII, 7.	Pallaskopf nach links.	ΑΡΟΓΥΤΕΙΙ/Ε Löwe in vertieftem Viereck.

¹) Die Bedeutung des Buchstabens + ist nicht bekannt, wahrscheinlich war es ein Zischlaut. Vgl. Kirchhof Beiträge S. 148.

8.89	= 137.9 Fell. XVIII, 4.	Pallaskopf nach r., darüber Zweibein.	Vordertheil eines Löwen.
		Verwandte Münzen.	
9.58	= 148 Fellows XVIII, 5.	Pallaskopf nach rechts.	Lorbeerbekränzter Kopf, lykische Inschrift.
9.19	= 142 Ivanoff 403.	Sphinx nach links, den r. Vorderfufs erhoben.	Sphinx nach rechts, den l. Vorderfufs erhoben, in Vertiefung.
		Tlos?	
1.23	= 19 Ivanoff 422.	Löwenkopfhaut.	ΤΛ Zwei Hunde einander gegenübersitzend, zwischen ihnen Zweibein, in Vertiefung.
1.39	= 20½ Ivanoff 423.	Pallaskopf nach rechts.	Dasselbe ohne Schrift u. Zweibein
1.19	= 18.5 Fellows IV, 4.	Löwenkopfhaut.	ΤΛΑFΕ
1.10	= 16.98 Fellows IV, 5.		Weiblicher Kopf von vorn.
		2. Mit Vierbein bezeichnete Münzen.	
		Tèχχebèswe.	
9.17	= 141.6 Fellows XVI, 2.	Eber.	Vierbein, in dessen mittlerem Ringe Dreibein, in vertieftem Viereck.
8.65	Behr 643. Fellows I, 8.	Vordertheil eines Ebers.	ΤΙΧΧΕFΙΕΒΕ
8.50	Pinder 861. Fell. I, 5.		Vierbein in vertieftem Viereck.
8.09	= 124 Fellows I, 4.		(Τ ... F)
8.35	= 129 Ivan. 411. (Fell. II, 3).	Vordertheil einer Kuh auf Schild.	Dasselbe.
8.49	= 131.2 Mns. Waddingt. Fellows II, 2.	Beflügelter Löwe.	Dasselbe.
8.48	= 131.1 Mns. Waddingt. Fellows II, 1.		
2.51	= 39 Ivanoff 413.	Gehörnter Silenkopf v. vorn.	Dasselbe.
9.58	= 148 Ivanoff 412.	Weiblicher Kopf nach links.	
9.71	= 150 Fellows I, 6.	Greif nach links.	Dasselbe Bild und wahrscheinlich dieselbe Schrift.
		Ppis (Pidlis?).	
1.59	= 24.5 Fellows I, 8.	Kopf mit mithraähnlicher Bedeckung.	ΓΓΞ/
1.52	= 23.5 Fellows I, 7.		Vierbein in vertieftem Viereck.
		Ebuä.	
1.59	= 24.5 Fellows I, 9.	Delphin über Kugel.	ΕΒVΙ Dasselbe Bild.
8.55	= 132 Ivanoff 414.	Kuh ihr Kalb säugend n. l.	Vierbein, darum 7 lyk. Buchstaben, deren erster Γ, in vert. Viereck.
		3. Münzen mit dem Bundeswappen.	
		Koprlle (Kaballa).	
9.60	Behr 648. Fellows X, 6.	(triq. als Contremarke).	ΚΟΓΡΛΛΕ
9.58	= 148.14 Fellows X, 5.	Greif liegend.	Dreibein in vertieftem Viereck.
9.45	= 146 Ivanoff. Fellows XII, 9.		

8.80	Brit. Mus. (= Pembroke 1011) Fellows XI, 2.	Beflügelter Löwe n. links.	ΚΟΓΡΛΛΕ Dasselbe.
1.29	= 20 Fellows XI, 5.	Vorderth. eines befl. Löwen.	ΚΟΓ Dasselbe.
8.60	= 132.5 Br. Mus. Sharpe 3. Fellows X, 2.		
8.46	= 130.5 Fellows XII, 2.		
8.43	= 130 Pembroke 1012.	Löwe Stier zerfleischend.	ΚΟΓΡΛΛΕ Dasselbe.
8.19	= 126.7 Fellows X, 1.		
2.60	= 40.1 Brit. Mus. Fell. X, 3.		
8.50	Brit. Mus. (= Sharpe 5) Fellows XI, 1.	Nackter Krieger mit Keule.	ΚΟΓ Dasselbe.
8.61	= 132⅞ Fellows IX, 9. Sharpe p. 296.	Vordertheile zweier Stiere in entgegengesetzter Richtung, die Rücken aneinandergefügt, darüb. Dreib.	ΚΟΓ Dasselbe.
2.79	= 43.17 Fellows IX, 8.	Vordertheile zweier Leoparden ebenso, darüb. Dreib.	Κ. Dasselbe.
2.48	= 38.3 Fellows IX, 10.	Vordertheil eines Stiers und e. Pferdes gegeneinander, darüber Dreibein.	ΚΟΓ Dasselbe.
8.23	= 127 Fellows X, 7.	Pferd, sich in's Hinterbein beissend.	ΚΟΓΡΛΛΕ Dasselbe.
9.64	= 149 Fellows X, 6.	Pferd stehend n. l., darüber Dreibein.	Dasselbe Bild u. Schrift in vert. V.
8.59	= 132.67 Fellows X, 9.	Stier m. Menschenangesicht.	ΚΟΓ Dasselbe.
2.57	= 39⅝ Fellows X, 10.		
8.59	= 132.6 Fellows XI, 9.	Kopf des Zeus Ammon.	ΚΟΓΡΛΛ Dasselbe.
2.71	= 42 Sharpe 4. Fellows XI, 7.	Bärtiger Kopf mit Helm, darunter Dreibein.	ΚΟΓΡΛ Dasselbe.
1.07	= 16.4 Fellows XI, 8.	Löwe den Kopf zurückgewandt.	ΚΟΓ Dasselbe.
2.70	Behr 649. Fellows X, 4.	Stier stossend.	ΚΟΓΡΛΛ Dasselbe.
1.50	Behr 652.	Löwe liegend.	Dreibein in vertieftem Viereck.
8.43	= 130 Fellows IX, 3.	Vordertheile zweier Eber in entgegengesetzt. Richtung, die Rücken zusammengefügt, in der Mitte Dreibein.	Dasselbe.
8.67	= 134 Fellows XIII, 2.	Vorderth. eines Ebers nach rechts.	Dasselbe.
9.64	= 149 Fellows XII, 3.		
9.23	= 142.75 Fellows XII, 4.		
7.25	= 112 Fellows XI, 10.	Eber nach rechts.	Dasselbe (verputzt).
3.09	= 47.64 Fellows IX, 2.	Vorderth. eines Ebers n. l.	ΚΟΓΡΛΛΕ Dasselbe.
1.34	= 20.8 Fellows IX, 1.	Dasselbe nach rechts.	Eingeschlagenes Viereck.
8.79	= 135.76 Fell. XIV, 3.	Eber nach rechts.	Dreibein in vertieftem Viereck.
2.61	= 40.12 Fellows IX, 7.	Dasselbe.	Dreibein, dessen Enden in Hahnenköpfe auslaufen, in vert. Viereck.
2.60	= 40 Fellows IX, 6.	Dasselbe.	ΚΟΓΡ Dreibein in vert. Viereck.
2.46	= 38 Fellows IX, 4.	Eber nach links.	Dreibein in vertieftem Viereck.

1.23	= 19 Fellows IX, 5.	Eber nach rechts.	Dreibein in vert. Viereck.
5.61	= 133 Fellows XIII, 7.	Eber nach links.	Dasselbe.
1.53	= 23.8 Fellows XII, 5.	Eber nach rechts.	Dasselbe.
0.71	= 11 Fellows XIII, 8.	Dasselbe.	Dasselbe in Perlenkranz.
2.68	= 41½ Ivanoff 426.	Kopf eines Panthers v. vorn, darum ΚΟΠΡΛΛΕ rückläufig.	Dreibein in vertieftem Viereck.
2.65	= 41 Fellows XII, 7.	ΑΡΞ Stier nach links.	ΚΟΠΡΛΛ Dreibein in vert. V.
1.53	= 23.8 Fellows XII, 6.	Halber Ochs springend.	Dreibein in vertieftem Viereck.
1.10	= 12 Fellows XIII, 1.	Vordertheil eines Stiers.	ΚΟΠΡΛΛ Dreibein in vert. V.
0.45	= 7 Fellows XIII, 8.	Dasselbe.	Dreibein in vertieftem Viereck.
9.52	= 147 Ivanoff 425. Fell. XII, 10.	Ziege.	ΚΟΠ Dreibein in vert. Viereck.
3.00	= 46.5 Fellows XII, 1.	Hirsch, darüber Uräus (?).	ΚΟΠ Dreibein in Perlenkranz.
2.85	= 44 Ivanoff 424. Fell. XII, 8.	Auge.	ΚΟ Dreibein in vert. Viereck.
2.59	= 40 Fellows XI, 8.	Steinbock.	ΚΟ ΛΛ Dreibein in vert. V.
		Tunēcorē.	
9.97	= 154 Fellows XIV, 2.	Gehörnter beflügelter Greif, darüber gehenk. Kreuz	Dreibein, im Felde 2 gehenkelte Kreuze, in vert. Viereck.
8.53	= 131.5 Fell. XIV, 3.	Dass. (darunter .WNIVO)	Dreibein in vertieftem Viereck.
8.49	= 131 Fellows XIV, 1.	Dasselbe.	TWNIVOPI Dass., geh. Kreuz.
9.58	= 148 Fellows XIV, 4.	Vordertheil eines beflügelten Ebers nach links.	Dreibein in vert. Viereck (Schrift undeutlich).
		Garsea (Korykos. Lassen S. 336).	
9.63	= 148.75 Fell. XIV, 5. Hunter taf. 66, 23.	Beflügelter Löwe.	ΨΑΡΕVΑ Dreibein in vert. V.
		Pēraklē (Limyra? vgl. Sharpe p. 294).	
4.08	= 63 Fellows V, 4.	Löwenkopfhaut.	ΠΙΡΕΚΛΙ Dreibein.
2.74	= 42.43 Fellows V, 2.		
2.65	= 41 Fellows IV, 9.		
2.65	= 41 Fellows V, 10.		
2.59	= 40 Fellows V, 7.		
2.53	= 39.3 Fellows V, 6.		
2.51	= 39 Fellows V, 5.		
2.48	= 38.5 Fellows V, 9.		
2.42	= 37.8 Fellows V, 1.		
2.40	= 37.25 Fellows V, 3. Hunter taf. 66, 25.		
1.98	= 30.88 Fellows V, 8.		
2.84	= 44 Ivanoff 420.	Dasselbe.	Dasselbe im F. Kopf der Artemis

Truagsma (Tlos).

9.74	= 150.5 Ivanoff 415.	Löwenkopfhaut von vorn.	TPB zwischen d. Schenkeln eines Dreibeins, l. F. Keule; im vert. V.
4.02	= 63 Fellows III, 1.	Dasselbe.	TPBBWNEME Dreibein.
2.65	= 41 Fellows III, 2.		
2.27	= 35 Fellows IV, 6.		
2.09	= 32.5 Fellows III, 4.		
1.45	= 22.5 Fellows III, 3.		
1.55	= 24. Fellows IV, 8.	MO+OIW Dreibein.	Dasselbe Bild und Schrift.
1.52	= 23.5 Fellows III, 5.		

Megrapata (J. Macri).

9.27	= 113 Fellows IV, 7. Ivanoff 416.	Löwenkopfhaut von vorn.	MEXPAΓATA in drei Abtheilungen zwischen den Schenkeln eines Dreibeins, unter der ersten ein Pfeil, in vert. V.
2.39	= 37 Fellows III, 8.	Dasselbe.	MEX Dreibein.
1.49	= 28 Fellows III, 6.		MEXPA Dasselbe (Flach).
1.24	= 19.8 Fellows III, 10.	Dasselbe.	MEXPAΓATA Dasselbe.
0.97	= 15 Fellows III, 7.	Dasselbe.	ME Dasselbe.
1.18	= 18 Ivanoff 417.	Dasselbe.	MEX rückläufig zwischen Schenkeln eines Dreibeins in vert. V.

Zacana.

1.38	= 21.3 Fellows IV, 2.	Kopf u. Pfoten der Löwenhaut.	IAVA+A Dreibein.
9.46	= 146 Fellows IV, 1. (aus Brit. Mus. nach eigener Wägung 9.60).	Löwenkopfhaut v. v.	IAV Dasselbe.

Böd.

9.71	= 150 Ivanoff 421.	Löwenkopfhaut.	FIΔ Dreibein.
9.46	= 146 Fellows IV. 8.		

8.22	= 127 Fellows XIV, 9.	O+I Eber nach links.	Dreibein in vertieftem Viereck.
8.16	= 126 Fellows XIV, 10.		
8.67	= 134 Fellows XIV, 7.	Vordertheil eines Stiers.	OIFAI Dreibein in vert. Viereck.

Bēgmārē.

8.42	= 130 Fellows XV, 1.	Nackter Mann mit Dreifuss und Keule.	FIW//tPI Dreibein in vertieftem Viereck.
7.45	= 115 Fellows XV, 2.	(Ohne Dreifuss).	
8.35	= 129 Fellows XV, 3.	Vordertheil eines beflügelten Ebers auf Schild.	FIW// Dasselbe Bild, im Felde Zweibein.
2.72	= 42 Fellows XV, 4.	Beflügelter Eber.	Dreibein in Perlenkranz.

9.75	= 150.5 Fellows XVI, 1.	(darunter Ziegenkopf).	
9.64	= 149 Fellows XV, 6.	Pegasus.	Dreibein in vertieftem Viereck.
2.97	= 46 Fellows XV, 5.		
2.79	= 43.2 Fellows XV, 10.		

Uebuma.

9.62	= 148.45 Fell. XVI, 8.	Eber.	WIFWME Dreibein in vertieftem Viereck.

Verschiedene Münzen.

6.47	= 100 Fellows VIII, 8.	Zwei Delphine über einander, darunter ein kleinerer Delphin.	ΧΑΡ Dreibein in vert. Viereck.
0.70	= 10.8 Fellows VIII, 9.	Delphin.	Dreibein in vertieftem Viereck.
9.58	= 148 Ivanoff 407.	Delphin n. rechts, darunter Doppelhaken.	Lyk. Schrift. Dreibein in vert. V.
9.71	= 150 Ivanoff 408.	Pegasus n. links auf einem runden Schild.	ENI in den Ecken eines Dreibeins in vertieftem Viereck.
7.99	= 123¼ Ivanoff 404.	Männlicher Kopf mit konischer Mütze, mit Lorbeerzweig geschmückt.	Dreibein, mehrere lykische Buchstaben in vertieftem Viereck.

Phaselis.

I. Periode.

Babylonischer Fuſs. Wahrscheinlich vor Dareios.

10.89	= 168¼ Hunter 284. taf. 43, 5.	In einen Eberkopf auslaufendes Schiffsvordertheil.	In zwei längliche Vierecke senkrecht getheiltes Quadr. inc. Das eine der Vierecke wieder in mehrere Felder durchschnitten.
10.88	= 206 Mion. 3, 442, 65.		
10.75	Mus. Waddington.		

II. Periode.

Babylonisch-persischer Fuſs. Nach Dareios.

11.10	Par. Mus.		
11.08	= 208¾ Mion. 64. pl. 63, 7.		
11.06	= 170¼ Hunter taf. 48, 9.	In einen Eberkopf auslaufendes Schiffsvordertheil.	ΦΑΣ Schiffshintertheil in vert. V.
11.06	= 170¼ Hunter taf. 48, 10.		•
10.90	Brit. Mus.		

III. Periode.

9.96	= 153¾ Hunt. taf. 43, 11.	Schiffsvordertheil. (darüber Helioskopf).	ΦΑΣΗ Magistratsname, Schiffshintertheil. (ΕΥΚΡΑΤ . .) (ΝΙΚΑΝΔ)
9.33	= 175¼ Mion. 67. S. 7. pl. 3, 1.		
11.90	Brit. Mus.	Bärtiger Mann, hinter Minotaur (?)	Schiffshintertheil.

Spätere Reihen.

10.80	Par. Mus.	Lorbeerbekr. Apollokopf.	ΜΝΑΣΙ . . . Schiffshintertheil.

18, 18. Gr. 99. .	Lorbeerbekr. Apollokopf.	ΦΑΣΗΛΙ Leier, l. F. Lotosblume (?) u. Fackel, in flach vertieftem Viereck.
	Schiffsvordertheil, darunter Fisch.	Leier.
1.		Φ Magistratsn., behelmte Pallas.
13, 12.	Eule auf Schiffsvordertheil.	(ΘΕΟΧΡΗϹΤΟϹ b. H.) (ΚΛΕѠΝΥΜΟϹ)

Pamphylien. Aspendos.

I. Periode.

Babylonisch-persischer Fuß.

		Ε, ΕΣ, ΕΣΤ oder ΕΣΤϜΕ Dreibein, im Felde Beizeichen, in vertieftem Viereck (ΕΣΤϜΕ).
.7, 18.	(ΕΣ)	(Ohne Schrift, Blatt).
, 519,		(ΕΣ Knöchel, 2 Blätter).
. 46, 3.		(ΕΣΤ Blatt).
. 7, 16.		(ΕΣΤϜ Hahn).
		(Ε Blatt).
	Nackter Streiter n. rechts mit Schild und Schwerdt.	(ΕΣΤϜΕ)
. 53, 6.		(ΕΣΤ Adlervordertheil).
		(ΕΣΤϜΕ)
. 144.		(143 ohne Schrift, Bogen, Blatt. 144 Ε Blatt. 149 ΕΣΤϜ Hahn, Lorbeerzweig).
. 7, 15.		(ΕΣ hinter Dreibein Adler).
		(ΕΣΤϜΕ)
		(ΕΣΤ Löwe).
		(ΕΣΤϜΕ)
		(ΕΣΤ Löwe).
	Reiter mit Wurfspieß nach rechts.	ΕΣΤ Eber nach rechts.
, 15. . .	Dasselbe.	ΕΣΤϜΕΔΙΙΥΣ Eber (knieender Geisbock als Contremarke).
7, 20. 4, 290. Aegae.	Geisbock (u. Hunter Stier) knieend n. r., den Kopf nach links.	Dreibein in Vertiefung.

II. Periode.

.	Zwei Ringer streitend.	ΕΣΤϜΕΔΙΙΥΣ Schleuderer, l. F. Dreibein u. häufig Contremarke. Das Ganze in quadratischer Einfassung v. Punkten.

10.97	= 206[illegible] Mion. 172[1]).	Zwei Ringer streitend.	ΕΣΤFΕΔΙΙΥΣ Schleuderer, i. F. Dreibein u. häufig Contremarke. Das Ganze in quadratischer Einfassung v. Punkten.
10.89	Mus. Waddington.		
10.887	= 205 Mion. 171.		(ΕΣΤ)
10.88	Mus. Luynes.		
10.87	= 204[illegible] Mion. 163.		
10.84	Mus. Luynes.		
10.81	Pinder 362.		
10.80	Brit. Mus.		
10.78	Mus. Waddingt.		
10.78	Mus. Luynes.		
10.70	= 201[illegible] Mion. 150.		
10.67	= 201 Mionnet 154.		
10.59	= 163.5 Leake As.Gr. 28.		
10.58	= 199[illegible] Mion. 151.		
10.99	= 169[illegible] Hunter pl. 7, 19.	Dasselbe etwas variirt.	Dasselbe.
11.00	Brit. Mus.	Zwei Ringer streitend, dazwischen Buchstaben. (ΑΦ)	Dasselbe Gepräge u. Schrift, häufig contremarkirt. (ΟΠ zwischen d. Beinen d. Schl.
10.90	Brit. Mus. 2 (1 Exempl. unter Seign).	(ΒΑ) (ΕΣ)	
10.89	= 205[illegible] Mionnet 162.	(ΕΣ)	
10.887	= 205 Mion. 152.	(FΑ)	
10.887	= 205 Mion. 153.	(ΕΣ)	
10.88	= 168.1 Leake As.Gr. 28.	(ΠΟ)	
10.86	= 204.5 Mion. 160.	(ΑΣ)	
10.85	Brit. Mus.	(Π)	
10.80	Brit. Mus. 3.	(ΚΙ, ΑΙΊ, ϚΑ)	
10.70	Brit. Mus. 4.	(ΔΑ, ΓΟ, FΚ, LΦ)	
10.67	= 201 Mionnet 155. 159.	(155 ΚΙ. 159 ΠΟ)	(159 i. F. Κ)
10.66	Pinder 363. taf. 1, 8.	(FΝ, unter dem Bilde ΜΕΝΕΤΥΣ ΕΛΥΨΑ)	
—	Behr 662. pl. 1, 10.	(FΝ, unter dem Bilde ΕΙΛΙΤ ΥΙΕΛΥΙΑ[2])	
10.60	Brit. Mus. 3.	(LΦ, ΚΙ, ΕΣ)	
10.56	Brit. Mus.	(ΜΕ)	
10.55	= 198.5 Mion. 156.	(LΦ)	
10.50	Brit. Mus.	(ΓΟ)	
10.46	Mus. Luynes.		
10.40	Brit. Mus.	(ΜΟ)	
10.38	= 195.5 Mionnet 166.	(ΠΟ)	(Im F. statt Dreibein, Pferdevordertheil, Stern).

¹) Im Felde der Rückseite Köcher. — ²) Nach der Abbildung.

Brit. Mus.	Zwei Ringer streitend, dazwischen Buchstaben. (KI)	ΕΣΤΓΕΔΙΙΥΣ Schleuderer, l. F. Dreibein u. häufig Contremarke. Das Ganze in quadratischer Einfassung v. Punkten.
= 194½ Mion. 165. 178. (= 10.80).	(ΠΟ 2)	(165 Pferdevordertheil, Monogr.).
Brit. Mus.	(AA)	
Brit. Mus.	(ΓΟ)	
Brit. Mus.	(E)	
Brit. Mus. 2.	Dasselbe.	Dasselbe, l. F. Keule u. Buchst. (ΠΟ, Π)
Brit. Mus.		(Π)
= 199 Mionnet 168.	(ΠΟ)	(K)
= 184½ Mion. 169.	(KO)	(KE)
= 182 Mion. 170.	(E)	(O)
= 148.6 Leake As.Gr.29.	(E)	(O)

Side.

I. Periode.

Babylonisch-persischer Fuſs.

= 169½ Hunter taf. 49, 6. Brit. Mus.	Granatapfel von Zweig umgeben.	Delphin, darunter Granatblüthe (?) in vertieftem Viereck.
= 168½ Hunter taf. 49, 5. Brit. Mus.	Dasselbe.	Zwei Delphine übereinander in entgegengesetzt. Richtung, darunter Granatblüthe, in vert. Viereck.
= 172½ Hunter taf. 49, 4.	Granatapfel mit Zweig.	Lorbeerbekränzter unbärtiger Kopf in vertieftem Viereck.
Berl. Mus.	Granatapfel in Perlenkranz.	Behelmter (Pallas-) Kopf, im F. Oelblatt. Das Ganze in vert. V.
Brit. Mus. = 168½ Hunter taf. 49, 8. Brit. Mus. Brit. Mus.	Granatapfel, darunt. Fisch.	Behelmter (Pallas-) Kopf arch. Stils in vertieftem Viereck.
Berl. Mus.	(Mit Zweig).	Dasselbe, l. F. Delphin.
Berl. Mus. vgl. Beiträge 1, 164. taf. 5, 9.	Granatapfel (mit Zweig).	Bekränzter (Pallas-) Kopf in v. V.
Brit. Mus.	(darunter Fisch).	Behelmter Pallaskopf in v. V.
Brit. Mus. = 4½ Hunter taf. 49, 7. Brit. Mus. Brit. Mus.	Granatapfel.	Viergeth. eingeschlagenes Quadrat.

II. Periode.

(Satrapenmünzen?)

Layn. N. d. Satrap. 11, 1. taf. 2. (Syennesis). Layn. 11, 2. taf. 2.	[illegible] (?) in aram. Schrift. Nackter Apollo, die L. auf Lorbeer, mit der R. über Altar libirend (beide Exemplare gestempelt).	Herakles auf dem l. Arm Löwenhaut, in der Hand Bogen, die Rechte auf Keule gestützt, vor ihm gehenkeltes Kreuz.

10.70	Mus. Luyn. 22, 1. taf. 8, 1.	Pallas auf der R. Eule, die L. auf Schild gestützt, im Felde Granatapfel.	Meist 8 Buchstaben eines d… myrenischen ähnlichen Al… Apollo in der R. Lorbe… in der L. Bogen, vor ih… hinter ihm Rabe. Das G… vertieftem Viereck.
10.55	Par. Mus. (Mion. 3, 472, 142).		
10.50	Luynes taf 3, 7.		
10.19	= 192 Mionnet 141.		
10.80	Tur. Mus. Luynes Sup. 101, 2. taf. 7, 9.	Dasselbe (im Felde Keilschriftzeichen?).	9 Buchstaben desselben Al… Dasselbe.
10.71	Blau Beitr. 2, 3. taf. 1, 1.	Pallas, auf der R. Nike, in der L. Schild, im Felde Granatapfel und häufig mehrere aram. Buchstab.	8 oder 9 Buchstaben eines … myrenischen ähnlichen Al… Apollo, die L. auf Lorbe… gestützt, mit der R. libir… Altar, dahinter meist Ra… Adler).
10.70	Brit. Mus. (von 7 Exemplaren das schwerste).		
10.70	= 201½ Mionnet 3, 472, 145. Blau taf. 1, 4.		
10.68	Blau taf. 1, 2.		
10.67	= 164.7 Leake As. Gr. 113.		
10.65	Blau taf. 1, 3. 7. 8.		
10.62	= 164 Leake. Blau taf. 1, 9.		
10.59	= 199½ Mion. 144. Blau taf. 1, 6.		
10.50	Blau taf. 1, 5.		
10.49	= 197½ Blau taf. 1, 11.		
10.40	Luynes taf. 3, 6.		
10.38	Blau taf. 1, 10.		
10.20	Luynes Suppl. 101, 1. taf. 7, 5 (Dernes).		

III. Periode.

Attischer Fuss. Nach Alexander.

17.02	= 262½ Hunter.	Behelmter Pallaskopf.	Nike schreitend n. l. davor … apfel, Zweig und 2 oder … griechische Buchstaben.
16.85	= 260.2 Leake.		
16.76	= 259½ Hunter. Pellerin taf. 71, 20.		
15.77	= 243.5 Leake.		
3.88	= 59.7 Leake As. Gr. 113.		

Selge.

1. Babylonisch-persischer Fuss.

10.53	Mus. Waddington.	Zwei Ringer, zwischen ihnen 1 oder 2 Buchstaben.	ΣΕΛΓΕΩΝ (ΣΕΛΓ… Schleuderer, i. F. Dreibei… schiedene Symbole. Da… in Perlenkranz.
9.93	Mus. Waddington.		
9.80	Brit. Mus.		
9.70	Brit. Mus.		
9.60	Brit. Mus.		

= 160½ Hunter 267. taf. 48, 20.	Zwei Ringer, zwischen ihnen 1 oder 2 Buchstaben.	ΣΕΛΓΕΩΝ Herakles, Keule schwingend, in der L. Löwenhaut, l. F. Schild. Das Ganze in Perlenkranz.
	(ΠΙ)	
= 159½ Hunter 267.	(Üb. einem Stater von Aspendos geschlagen.)	
Mus. Luynes.	(Monogr.)	

2. Attischer Fuß. Nach Alexander.

Brit. Mus.	(im Felde K).	
= 122½ Hunter 268. Pellerin taf. 70, 5.	Dasselbe (l. F. Monogr.).	(K) ΣΕΛΓΕΩΝ Schleuderer, l. F. Dreibein, Keule
= 111.9 Leake 112.	(K)	(B) u. Füllhorn u. 1 Buchstabe.

4. IV. Silbermünzen der Satrapie Kilikien.

Kelenderis.

I. Periode.

Aeginäischer Fuß.

Mus. Luynes.	Reiter mit 2 Wurfspießen.	Vierfelderiges eingeschl. Viereck.

II. Periode.

Babylonisch-persischer Fuß.

Brit. Mus.	Reiter seitwärts sitzend, in der L. Lanze.	Knieender zurückschauender Ziegenbock in Vertiefung.
= 166¼ Hunt. taf. 16, 13.	(Im Felde Delphin).	(Im Felde Η)
= 165 Hunt. taf. 16, 14.	(A)	(Zweig).
Mus. Luynes.		(„)
Mus. Luynes. (Im Felde der Rückseite Knöchel).		ΚΕΛΕΝ (ΚΕΛ) Knieender zurückschauender Ziegenbock, darüber häufig Beizeichen oder eins. Buchst.
= 165.9 Northw. 1177.		
Brit. Mus.		(Als Nachstempel: Ochs u. ΚΙ [?]).
C. Behr 685.		
Brit. Mus. 3.	(Γ)	(ΚΕΛ 2, ΚΕΛΕ)
= 199½ Mionnet 5, 568, 156. S. 7. pl. 6, 2.	(Im Felde A)	(Epheuzweig).
Pinder 866.	Dasselbe.	(Ohne Symbol).
= 198 Mionnet 158.		(Ohne Symbol).
= 161.5 Northw. 1179.		(ΚΕΛ im Felde Λ)
= 197 Mionnet 155.		(ΚΕΛΕ)
Brit. Mus.		(ΚΕΛΕΝ)
Brit. Mus.		(„)
Brit. Mus.		(„)
Brit. Mus.		(„)
= 157.2 Leake As. Gr. 41.		(ΚΕ)
Mus. Luynes.		

1.09	= 16.9 Northw. 1161.	Ziegenbock knieend n. r.	Eingeschl
10.84	= 166.4 Northw. C. 1178. Brit. Mus.	ΚΕΛ Reiter seitw. sitzend.	Kalender bock (d
10.88	= 167¼ Hunter 90. Pellerin 73, 1.		
10.76	= 203 Mion. 154.		(Knöchel).
10.72	Brit. Mus.		
10.70	Brit. Mus.		(K)
1.04	Brit. Mus.	Weiblicher Kopf n. r.	Κ Einges
0.65	Brit. Mus.		
1.04	Mus. Luynes.	Pferdekopf.	Kalender bock.

Malles.

Babylonisch-persischer Fuſs.

10.27	Mus. Luynes. N. d. Satr. 61, 2. Pembroke taf. 75.	ΜΑ ... Lorbeerbekränzter Zeuskopf.	Herakles
10.62	Mus. Luynes.	ΜΑΛ Hermes und Aphrodite.	Pallas sitz L. auf S
10.34	= 159.8 Poole N. C. 1861, 68.		

Nagidos.

Babylonisch-persischer Fuſs.

10.78	= 203 Mion. 3, 596, 269.	ΝΑΓΙΔΕΩΝ Bakchos mit Traube und Thyrsos (i. F. Π).	Aphrodite dahinter (Contremar
10.35	= 159¾ Hunter 209. taf. 39, 7.	(ΝΑΓΙΔ) Dasselbe.	Aphrodite ihr Ero
10.06	Pinder 867.	Dasselbe.	Aphrodite heranscl (Unter Se
10.38	= 160.3 Brit. Mus. Leake Add. 150.	ΝΑΓΙΔΙΚΟΝ Dasselbe, i. F. Monogr. und Initialen des Magistrates. (ΠΟΛΥ)	Dasselbe Muschel
9.90	Brit. Mus.	(ΚΛ)	
9.80	Brit. Mus.	(ΠΥ ΘΗ)	
10.65	Brit. Mus.	Weinbekr. Bakchoskopf.	ΝΑΓΙΔ
10.18	Brit. Mus.		
9.48	Brit. Mus. = 146.5 Leake Add. 150.		
0.80	Brit. Mus.	ΝΑΓΙ Dasselbe.	Aphrodite
0.86	= 13.4 Northw. 1181 = Thomas 28.91.	ΝΑΓΙΔΙ Männl. Kopf in vert. Feld.	Weibliche
9.95	Mus. Luynes.	Pallas, in der L. Schild, auf der R. Nike.	Aphrodite Sphinx

= 163 Northw. 1169.	Behelmter Pallaskopf, der Helm mit Greif geschm.	ΣΟΛΙ Traube in vert. Viereck.
= 153.2 Leake 123 = Pembr. 1018.	Dasselbe.	ΣΟΛΙΟΝ Dasselbe.
= 164 Mion. 3, 610, 836.	Dasselbe.	ΣΟΛΙΟ Dasselbe.
= 163 Mion. 3, 610, 835.	Dasselbe.	ΣΟΛΙ rückläufig dasselbe.
Brit. Mus.	Dasselbe.	ΣΟΛΙΟ Dasselbe.
Brit. Mus.	Dasselbe.	ΣΟΛ Dasselbe.
Brit. Mus. Brit. Mus.	Dasselbe.	ΣΟΛΙΟ Traube nicht vertieft.
= 150¾ Hunt. taf. 51, 29. = 150½ Hunt. taf. 51, 27.	Dasselbe.	ΣΟΛΙ Dasselbe.
= 155.2 Leake As. Gr. 123. Mus. Luynes.	Dasselbe.	(Im Felde TIM). ΣΟΛΙΚΟΝ um vert. Viereck, in dem Traube.
Behr 684. = 168½ Hunt. taf. 51, 30. = 196 Mionnet 837. Pl. 51, 8.	Behelmter Pallaskopf, der Helm mit Greif geschm. (Σ auf dem Helm).	ΣΟΛΕΩΝ um vert. Viereck, in dem Traube und einzelne Buchstaben. (T I) (ΣΑ)
= 200¾ Mion. 839. = 187½ Mionnet 838[1]). S. 7. pl. 7, 1. = 161 Hunter 286. taf. 51, 28. Brit. Mus. Brit. Mus.	Behelmter Pallaskopf ohne Verzierung. (Mit Greif auf Helm).	ΣΟΛΕΩΝ Traube, i. F. Symbol und einzelne Buchstaben. (Eule ΣΗ). (ΑΙ ΡΕ, mit Contrem.). (ΑΡΤ Eule). (Eule, Granatblüthe ΑΠΟ).
= 13 Mion. 840.	Dasselbe.	ΣΟΛ Dasselbe (Α Ρ).
Mus. Luynes.	Bakchoskopf.	. . . ΛΙΚΟΝ Frauenkopf n. rechts.

Mallos und Soloi (?).

Brit. Mus. Brit. Mus. Luynes 63, 4. Brit. Mus. Luynes 63, 6.	Behelmter weibl. Kopf v. v.	Baal thronend, die R. auf Scepter gestützt, i. F. Traube und Aehre, unter dem Thron ein Buchstabe. (M) (Σ)

[1]) Im Text bei Mionnet S. 7, 740, falsch pag. 610 u. 837.

10.94	Luynes 63, 5. Mus. Vind.	Behelmt. weibl. Kopf v. v.	Baal thronend, die R. auf S gestützt, l. F. Traube und unter dem Thron ein Buc (Ꜫ)
10.95	Mus. Luynes 63, 1.		(Ꜫ̇)
10.94	Brit. Mus.		(I)
10.90	Brit. Mus.		(T)
10.70	Brit. Mus.		(T)
10.95	Luynes 64, 1. Mus. Vind.		(Lorbeerblatt).
0.80	Behr 676 unter Nagidos.	Pallaskopf nach rechts.	Baal thron., auf d. R. Adler, di Scepter gestützt, daneben S

Tarsos.

I. Periode.

Babylonisch-persischer Fufs.

10.50	Par. Mus. Luynes 61. pl. XI.	TEPΣIKON Frauenkopf n. l. mit hohem Kopfaufsatz.	Herakles Löwe bekämpfend.
10.71	Wadd. Mél. 81, 3.	Herakles m. d. Keule Löwen schlagend, den er am Schwanze hält.	Kuh ihr Kalb säugend, d Monogr. Das Ganze in ver
10.64	Wadd. Mél. 81, 2. Luyn. pl. 5, 1.	Kuh ihr Kalb säugend.	Herakles mit der Keule schlagend, den er am Sch hält.

II. Periode.

10.95	Mus. Vogüé.	בעלתרז in aram. Schrift. Baal thronend, in der R. Traube u. Aehre, die L. auf Scepter gestützt, unter dem Thron meist Beizeichen.	מזדי in aram. Schrift, Löwe zerfleischend, im Felde aramäischer Buchstabe.
10.90	Mus. Luynes (2). vgl. N. d. S. 55, 4. pl. 8, 4.		(ס)
10.65	Mus. Luynes.		
10.62	Mus. Luynes.		
10.35	Mus. Luynes.		
10.20	Brit. Mus.		
9.40	Mus. Luynes.		(מ)
0.72	Behr 679.	Dasselbe ohne Schrift.	Vordertheil eines Wolfes, in Mondsichel. D. Ganze in einfassung.
0.65	Luynes S. 57, 15. 16. pl. 9, 15. 16.		
11.80	Mus. Vogüé. vgl. Behr 676.	בעלתרז (in einer der arabischen ähnlichen Schrift) Baal thronend u. s. w., die L. auf Scepter gestützt, in der R. Traube und Aehre (unter Thron Widderkopf).	מזדי Löwe Hirsch zerfleisch
10.90	Mus. Luynes. vgl. N. d. S. 55, 9. pl. 8, 9.		

III. Periode.

a) Zeit des Badisares.

10.61	Behr 676.	בעלתרז in aram. Schrift. Baal thronend, in der R. Scepter, vor ihm Aehre, unter Thron ar. Zeichen.	Löwe Stier zerfleischend, d 2 Mauern mit je 4 Thürm Felde Keule.
10.00	Luynes 56, 7. pl. 8, 7. 8.		
9.53	Mus. Luynes.		

b) Zeit des Samea.

Mus. Vogüé.	בעלתרז Baal thronend, in d. R. Traube, Aehre, darüber Adler, die Linke auf Scepter gestützt, unter d. Thron meist מ, im Felde einzelne aram. Buchstab.	מזדי Löwe Stier zerfleischend.
Mus. Luynes.		
Luynes 57, 12. pl. VIII, 8. 10. pl. IX, 11. 12.		
Mus. Vogüé.		
Luynes 57, 10.		
Mus. Luynes.		

c) Spätere Reihe.

Brit. Mus.	בעלתרז Baal thronend, in der R. Scepter, vor ihm Thymiaterion.	מזדי Löwe schreitend.
Luynes 57, 13. pl. IX, 13.		
Brit. Mus.		
Mus. Luynes.	Adler.	Baal thronend, in der R. Traube, die Linke auf Scepter gestützt.

d) Attischer Fuſs unter den Seleukiden.

Luynes N. d. S. 59, 17. pl. IX, 17.	Baal thronend, die R. auf Scepter gestützt.	Löwe schreitend nach links, darüber Donnerkeil.
Mus. Luynes.		
Luyn. 59, 20. pl. IX, 20.	בעלתרז Dasselbe.	מזדי Löwe schreitend nach links.
Luyn. 59, 23. pl. X, 23.		(im Felde griechischer Buchstab).
Luynes 60, 28.		(im Felde Monogramm).
Luynes 60, 29.		
= 10} Northw. C. 1161.	Baal thron., d. R. auf Sc. gest.	Löwe schreitend.
Luynes 60, 35.	(unter Thron ב).	(darüber ב).
Berl. Mus. vgl. Luynes taf. XI, 34.	Baal thronend, die R. auf Scepter gestützt.	Löwe (darüber Anker).
Berl. Mus. vgl. Luynes XI, 34.		
Berl. Mus. Luyn. XI, 36.	(ב)	(darüber ב).
Berl. Mus.	Baal thronend, auf der Linken Adler, in der Rechten Scepter.	Löwe.
Berl. Mus.		
Berl. Mus.		

5. Gold- und Silbermünzen der V. Satrapie Kypros und Phönikien.

A. Kypros.

1. Städtische Münzen mit griechischer Schrift.

Marion.

I. Periode.

a) Aeginäischer Fuſs.

Brit. Mus. Wadd. Mél. 66, 9. pl. IV, 1. (abgenutzt, sehr arch. Stil.)	Beflügelte Frau eilend, die Arme ausgestreckt.	Kegelförmige Säule, an beiden Seiten eine Traube, in vert. Viereck.
Brit. Mus.		(darüber ▽).

11.55	Par. Mus. Wadd. 57, 13.	Beflüg. Frau eilend, in d. R. Scepter, in der L. Kranz haltend.	Kegelf. Säule, an beiden Seiten eine Traube in v. V. (darüber ▽).
11.33	Brit. Mus. Wadd. 56, 10. pl. IV, 2.		(ohne △).
11.29	Brit. Mus. Wadd. 56, 11. pl. IV, 3.		(darüber ▽, in der Mitte Ψ).
11.28	Brit. Mus. Wadd. 57, 12. pl. IV, 4.		(darüber ▽).
11.70	Brit. Mus. Wadd. 57, 14. pl. IV, 6.		(im Felde ▽ I Γ).

b) Babylonischer Fufs.

10.51	Wadd. Mél. 52, 1. pl. IV, 7.	מרלי Beflüg. Frau eilend, m. beiden Händen Discus haltend (i. F. Fischkopf).	ΜΑΛΡ Schwan die Flügel schlagend, im Felde Heuschrecke.
10.42	Wadd. 54, 3. Luyn. N. Cypr. pl. 7, 4.	Dasselbe ohne Schrift.	ΜΑΡ Schwan, im Felde gehenkeltes Kreuz (und Fisch).
10.37	Wadd. 54, 4. pl. IV, 8.	(im Felde Scepter).	(Altar, Aehre Τ).
9.91	Wadd. 54, 2. Luyn. pl. 7, 3.		(Altar).
11.17	Wadd. 54, 5. Hunter pl. 66, 20.	Beflügelt. nackter Jüngling eilend u. Discus haltend.	ΜΑΡΛ Schwan, darüber Fliege
11.18	Wadd. 55, 7. Hunter pl. 66, 21.	Obertheil einer beflügelten Figur mit zwei bärtigen Köpfen, die Discus halt. Im Felde Vordertb. eines Stiers mit menschlichem Antlitz.	ΜΑϘΛ Schwan mit den Flügeln schlagend.
11.04	Wadd. 55, 6. Hunter pl. 66, 19.	Bärtige Figur m. 4 Flügeln, eilend, Discus haltend.	ΜΑΡΛΟ Schwan, auf dessen Rücken kleiner Vogel.

II. Periode.

Babylonischer Fufs.

2.53	Wadd. 56, 8. pl. IV, 9.	Lorbeerbekr. bärtiger Kopf.	ΜΑΡΙ Unbärt. lorbeerbekr. Kopf, im Felde Lorbeer- od. Myrthenzweig.
1.37	Berl. Mus. Pind. 872.	(im Felde Lorbeerzweig).	ΜΑΡΙ Derselbe Kopf zwischen zwei Lorbeerzweigen.

Paphos.

II. Periode. (I. Periode siehe S. 504).

Babylonischer Fufs.

10.65	= 164.5 Leake Ins. Gr. 29. Borrell R. d. Ch. pl. n. 16.	Kopf der Aphrodite mit hoh. Kopfschmuck geziert.	ΠΑΦΙ Taube, im Felde Knöchel.

9. Städtische Münzen mit kyprischer Schrift.

Amathus.

1. Aeginäischer Fufs.

1. Reihe.

11.25	Myt-Rahlneh R. n. 1861. p. 416 (kugelich).	Widder liegend nach links.	Glatte Oberfläche.
11.11	Luynes I, 8.	Dasselbe, kyprische Schrift im Felde.	Dasselbe.
10.90	Mus. Rauch (vernutzt).		

10.70	Behr 703.	Widder liegend nach links, kypr. Schrift im Felde. (ידמא?)	Glatte Oberfläche.
6.72	Luynes I, 10.		
1.60	Mus. Hauch.		
1.48	Luynes I, 14.		

2. Reihe.

11.40	Brit. Mus.	Widder liegend, im Felde kyprische Schrift.	Widderkopf, im Felde kyprische Schrift. D. Ganze in kreisf. Vert.
11.20	Luynes I, 2.		
11.10	Brit. Mus.		
11.10	Luynes I, 3.		
1.50	Brit. Mus.		
1.41	Luynes I, 12.		(Im Felde Lorbeerzweig).

2. Babylonisch-persischer Fuſs.

11.34	Luynes XII, 1.	Widder liegend, im Felde kyprische Schrift.	(In den 4 Ecken Olivenzweige).
11.30	Brit. Mus. Luynes I, 5.		
11.08	Brit. Mus.		Gehenkeltes Kreuz, im Felde kyprische Schrift. Das Ganze in vertieftem Viereck.
10.11	Luynes I, 7.		
9.74	Luynes VI, 10.		
8.37	Luynes I, 11.		
8.20	Behr 706. pl. II, 5.		

Salamis.

1. Periode.

1. Aeginäischer Fuſs.

11.72	Mus. Luynes (sehr alterthümlich).	Beflügelte Figur auf den Hacken sitzend.	Eingeschlagenes Viereck.
11.70	Brit. Mus. = Luyn. N. C. VI, 8.	Unbärtige männliche nackte Gestalt mit Flügeln an Schultern u. Fersen, anscheinend auf den Hacken hockend, auf dem rechten Flügel der heilige Stab.	Sechs kyprische Buchstaben, Löwe nach links, den Kopf wendend nach rechts, in vertieft. Viereck. Ueber dem Schwanze der heilige Stab.
11.60	Brit. Mus. = Luyn. VI, 7.	Dasselbe.	Dasselbe, andere Schrift.
11.49	Luynes II, 14.	Dasselbe.	Dasselbe, dies. Schrift wie L. VI, 8.
2.18	C. Behr 710.	Dasselbe.	Dasselbe ohne Schrift u. heil. Stab.
0.99	Luynes II, 15.		

2. Babylonischer Fuſs.

11.36	Brit. Mus. Luynes II, 2. (alt.)	Löwe liegend nach rechts.	Vordertheil eines Löwen in vertieftem Viereck.
11.27	Luynes XII, 2.	Dasselbe, im Felde vier kyprische Buchstaben.	Dasselbe.
11.10	Brit. Mus. Luynes II, 1. (alt.)	Löwe liegend nach rechts.	Gehenkeltes Kreuz in vert. Viereck.
3.50	Luynes II, 12.	Löwenkopf.	Dasselbe, in den Ecken Fleuretten.

II. Periode.

(Zeit des Euagoras.)

11.12	Tur. Mus.	Löwe liegend nach rechts, darüber Adler.	Vorderth. eines Löwen nach rechts, im Felde kyprische Schrift.
6.70	Brit. Mus.		
6.60	Brit. Mus. Luynes II, 5.	Dasselbe, im Felde darunter kyprische Schrift.	Dasselbe.
6.60	(2) Luynes II, 7. 8.		
6.42	Luynes II, 3.		(Ohne Schrift).
3.51	Luynes II, 9.	Löwe, darüber Stern.	Dasselbe ohne Schrift.
2.52	Luynes II, 11.		
2.10	Brit. Mus. Luynes II, 10.	Vorderth. eines fressenden Löwen, i. F. gewöhnlich 1 kypr. Buchstabe.	Löwenkopf.
2.00	Behr 707.		
0.68	Luynes II, 13.	Krieger Pferd haltend.	Löwe nach links, Kopf umwendend, darunter Widderkopf.

Paphos (?).

I. Periode.

10.95	Brit. Mus.		
10.80	Luynes III, 3.	Stier, im Felde vor ihm gehenk. Kreuz, darüber Zeichen d. Gottes Auramazda oder d. Assur.	Vogel (Adler?) stehend, im Felde verschiedene Symbole und kyprische Schrift. Das Ganze in vertieftem Viereck.
10.15	Luynes III, 2.		
1.37	Luynes III, 6 (o. Schrift).		
1.35	Luynes III, 4 (o. Schrift).		
0.97	Luynes III, 5.		
11.20	Luynes III, 9.		
11.15	= 172¦ Northw. C. 1188.		
11.06	Luynes, III, 11	Dasselbe, im Felde Schrift.	Vogel (Taube?) fliegend in vertieftem Viereck, in der untern Ecke Epheublatt.
11.03	Luynes III, 12.		
11.00	Luynes III, 10.		
8.44	= 63 Northw. C. 1189.	Dasselbe ohne Schrift.	Dasselbe.
8.36	Luynes III, 13.	Dasselbe ohne Schrift und ohne Kreuz.	Dasselbe ohne Epheublatt.
0.77	Luynes III, 14.		

Nicht genauer zu localisirende Münzen.

I. Periode.

1. Reihe.

9.81	Luynes VI, 2.	Stier m. menschl. Angesicht, darum kyprische Schrift.	Zwei kyprische Zeichen, Knöchel.

2. Reihe.

10.85	Brit. Mus. = Luyn. V, 1 (9.46 Gr.), über einem Stater von Aspendos geprägt.	Lorbeerbekr. Appollokopf, kyprische Schrift.	Weib auf Stier sitzend und denselben an den Hörnern haltend. Kyprische Schrift. Das Ganze in vertieftem Viereck.
8.55	Brit. Mus. = Luyn. V, 2		
3.67	Mus. Luynes N. d. S. pl. VI, 3.	Lorbeerbekr. Apollokopf.	ב Löwe liegend, darunter Eber liegend. Das Ganze in vert. Viereck

		3. Reihe.	
9.79	Luynes VI, 5.	Stier, das rechte Vorder- u. Hinterbein zusammengebund., Kopf vorn übergebeugt. Kypr. Schrift.	מל (?) Nackte Frau an Widder hängend.
3.65	Brit. Mus. = Luyn. V, 3.		
		4. Reihe.	
9.10	Luynes VI, 1 (alt).	Löwenkopf.	Medusenhaupt, kyprische Schrift. Das Ganze in vertieftem Viereck.
		5. Reihe.	
11.10	Luynes XII, 6.	Sphinx sitzend.	Eingeschlagenes Viereck.
		II. Periode.	
		1. Reihe.	
0.65	Luynes V, 10.	Behelmter Pallaskopf.	Stern mit acht Strahlen.
		2. Reihe.	
0.65	Luynes V, 11.	Frauenkopf mit Diadem n. rechts.	Satrapenkopf (?) von vorn, links Stern.
		3. Reihe.	
1.25	Luynes VI, 4.	Herakles Löwen würgend.	Zwei kyprische Buchstaben, Pallas sitzend auf Schiffsvordertheil, g. Kr.
		4. Reihe.	
11.16	Luynes XII, 5.	Sphinx sitzend, kyprische Schrift.	Blume, im Felde rechts Knöchel, links Blatt.
11.16	Luynes XII, 4.		
2.12	Luynes VI, 8.	Dasselbe.	Blume, im Felde Blatt und gehenkeltes Kreuz.
0.71	Luynes VI, 9. vgl. II, 17.	Pallaskopf.	Blume, im Felde Symbole.
		B. Königliche Münzen mit phönikischer Schrift.	
		I. Periode.	
11.20	Mus. Luynes N. d. S. 93, 49. pl. XVI, 49.	לארקמלך in phönik. Schr. Behelmter Pallaskopf archaischen Stils n. links.	לארקמלך in phönikischer Schrift. Behelmter Pallaskopf von vorn.
10.95	Par. Mus.		
10.91	Wien. Mus. Luynes 93, 51. pl. XVI, 51.		
		II. Periode.	
		Münzen der phönikischen Dynastie von Kition.	
		Babylonischer Fufs.	
		Azbaal.	
		Silber.	
10.96	Par. Mus. Luyn. N. d. S. 68, 36. taf. XV.	Herakles streitend m. Keule und Bogen.	לעזבעל in phönikischer Schrift. Löwe Hirsch fressend. Das Ganze in Vertiefung, von Perlen eingefafst.
10.78	Mus. Luynes.		
10.80	Mus. Luynes taf. XV. no. 35.		

3.60	Par. Mus. 2.	Herakles streitend m. Keule und Bogen.	לעזבעל in phönikischer Schrift. Löwe Hirsch fressend. Das Ganze in Vertiefung, von Perlen eingefaßt.
3.40	Mus. Luynes taf. XV. no. 40.		
3.35	Par. Mus. Luyn. taf. XV, 39.		
3.30	Par. Mus.		
3.22	Mus. Luynes.		
		Baal-Melek.	
		Silber.	
10.90	Par. Mus. N. d. S. 84. taf. XIV, 22.	Herakles streitend m. Keule und Bogen.	לבעלמלך Dasselbe.
10.55	Mus. Vogüé.		
10.50	Par. Mus.		
3.30	Mus. Luynes n. 23.		
3.65	Mus. Vogüé.		
3.55	Mus. Vogüé.		
3.53	Luynes no. 24.		
3.49	Mus. Vogüé (verputzt).		
3.40	Mus. Luynes n. 23 b.		
2.45	Mus. Luynes n. 25.		
1.90	Mus. Luynes n. 25 b.		
1.75	Par. Mus.		
3.30	Mus. Luynes n. 26.	Dasselbe.	לבעלמלך Löwe sitzend, davor gehenkeltes Kreuz. (לב)
3.30	Par. Mus. (Schrift?).		
2.90	Mus. Vogüé. (Schr. und.).		
0.90	Mus. Vogüé.		
0.75	Par. Mus. (verputzt).		
		Melkjiton.	
		1. Gold.	
4.30	Luynes 76, 8. XIII, 8.	Herakles streitend m. Keule und Bogen, im Felde gehenkeltes Kreuz.	·מלך מלכית Löwe Hirsch fressend. Das Ganze in Vertiefung v. Perlen eingefaßt.
4.17	Mus. Luynes N. d. S. 76, 5. XIII, 5.		·מל · מלכית
		2. Silber.	
10.81	Par. Mus. N. d. S. 82, 20. XIII, 20.	Dasselbe Gepräge, im Felde Tiara.	ביח[1] Dasselbe.
10.15	Mus. Luynes N. d. S. 82, 19. XIII, 19.		כיח "
3.40	Par. Mus. Luyn. N. d. S. 76, 8. XIII, 8.	Dasselbe Gepräge, im Felde gehenkeltes Kreuz.	·מלך מלכ ·[2] "
3.40	Par. Mus. Luyn. N. d. S. 82, 18. XIII, 18.		·מלך מ· "

[1]) Oben im Felde rechts von der Inschrift kann kaum andere Schrift gestanden haben, möglicher Weise aber unten rechts vom Hirsche, wo auf den Goldmünzen (S. 507) die Jahreszahl angebracht ist.

[2]) Ob der letzte Buchstabe als ' aufzufassen sei, ist mir nach meiner Abschrift zweifelhaft.

Namaljitro (?).

Gold.

4.25	Par. Mus. Luyn. XIII, 11.	Herakles streitend, in der Linken Bogen, in der Rechten Keule, vor ihm gehenkeltes Kreuz.	לך נמש . (Zahl nicht sichtbar) in phönikisch. Schrift. Löwe Hirsch fressend. Das Ganze in Vertiefung, von Perlen eingefasst.
4.15	Par. Mus. Luyn. XIII, 6.	Dasselbe.	למלך נמש III II W M
4.13	Mus. Luynes.	Dasselbe.	מלך נמש III III M M
4.20	Par. Mus.	Dasselbe.	נמ W ـ
4.20	Par. Mus.	Dasselbe.	— M (keine Schrift sichtbar).
4.15	Mus. Vogüé.	Dasselbe.	W — („ „)
4.10	Mus. Vogüé.	Dasselbe.	— W (ohne Schrift).
4.16	Mus. Luynes.	Dasselbe.	(ohne Zahl).
4.15	Mus. Luynes N. d. S. 77, 13. XIII, 13.	Dasselbe.	מל · נמ . Σ IIIIIII
4.20	Mus. Luynes N. d. S. 77, 16. XIII, 16.	Dasselbe.	מלך נמ . M M
4.20	Par. Mus.	Dasselbe.	— M (ohne Schrift).
4.20	Par. Mus.	Dasselbe.	(ימל · נמש . W III II
4.13	Mus. Luynes.	Dasselbe.	..ך נמ.. IIII

Melekramkit (?).

Gold.

4.13	Mus. Luynes.	Herakles streitend m. Keule und Bogen, vor ihm das gehenkelte Kreuz.	מלך רמ in phönikischer Schrift. Löwe Hirsch fressend u. s. w., im Felde III.
4.15	Mus. Luynes.	Dasselbe.	מלך רמ · ת im Felde ـ.
4.15	Mus. Luynes N. d. S. 76. 7. XIII, 7.	Dasselbe.	ך רמכת*) · (ohne Zahl).

Ungenannte Könige.

Silber.

8.40	Mus. Luynes N. d. S. 86, 97. pl. XIV.	Löwe schreitend.	Löwe sitzend, davor gehenkeltes Kreuz.
0.52	Mus. Luynes.		
0.70	Mus. Luynes (?) N. d. S. n. 28.		

Gold.

0.82	Mus. Luynes n. 29.	Unbärtiger Heraklaskopf m. der Löwenhaut.	Löwe Hirsch fressend.
0.80	Mus. Luynes.		
0.78	Par. Mus.		

Silber.

0.43	Mus. Luynes no. 30.	Unbärtiger Heraklesk. mit der Löwenhaut.	Löwe Hirsch fressend.
0.37	Mus. Luynes.		

*) Der letzte Buchstabe sieht in meiner Abschrift wie ב aus.

0.85	Par. Mus.	Unbärtiger Herakleskopf m. der Löwenhaut.	לך Löwe sitzend, davor gehenkeltes Kreuz.
0.83	Mus. Luynes n. 81.		
0.77	Mus. Luynes.		
0.80	Par. Mus.	(Hieratisch geformt.) Heraklesk. m. d. Löwenhaut.	בך Löwe Hirsch fressend.
0.95	Par. Mus.	Dasselbe.	ב . Dasselbe.
0.45	Par. Mus.		
0.95	Mus. Luynes.	Unbärtiger Herakleskopf m. der Löwenhaut.	ד Löwe sitzend, davor meist gehenkeltes Kreuz.
0.93	Luynes n. 83. (pl. XV.)		
0.91	Luynes n. 82.		
0.88	Mus. Luynes.		
0.76	Mus. Luynes.		
0.75	Mus. Luynes.		
0.72	Luynes n. 83 b.		
0.70	Mus. Luynes.		
0.40	Luynes n. 84.		
0.75	Par. Mus.		עח
0.80	Par. Mus.		לכ
0.76	Mus. Luynes.		(ohne Schrift).
0.34	Mus. Luynes.		(„ „)
3.30	Mus. Vogüé.	Herakles streitend.	Kopf des Zeus Ammon.

4. Münzen der Teukriden von Salamis.

Euagoras.

a) In Salamis geprägtes Geld.

1. Gold.

8.33	= 128¼ Hunter p. 121, 4.	EYA Frauenk. mit Mauerkrone.	Löwe, auf dessen Rücken Adler, über ihm Stern.
8.20	Luynes N. Cyp. pl. II, 18.		
2.63	= 49½ Mion. 47. Borrell pl. n. 4.	BA Frauenkopf.	EY Frauenkopf.
0.72	Berl. Mus. Borr. pl. n. 3.	BA Frauenkopf mit Mauerkrone.	EYA Pallaskopf.
0.64	Mus. Luynes.		
0.57	= 10¼ Mion. 44. Borrell pl. n. 8.		
0.60	Mus. Luynes.	Weibl. Kopf mit Mauerkr.	‡ Pallaskopf.

2. Silber.

7.50	Berl. Mus	EYA Pallaskopf.	BA Thurmgekrönter Frauenkopf.
7.32	= 113½ Hunter p. 123, 35. Borrell pl. n. 5.		
7.09	= 133¼ Mion. 6, 563, 84.		
7.05	= 132¼ Mionnet 86.		
6.90	Brit. Mus.		
1.78	= 27¼ Fox II, 182.	Pallaskopf.	EYA Dasselbe.

b) Anderwärts geprägtes Geld.

1. Gold.

0.80	Par. Mus. vergl. Luynes IV, 2.	Herakleskopf mit Löwenhaut.	Vordertheil eines Bocks.
0.60	Mus. Vogüé.		(darunter Keule).
0.39	Mus. Luynes IV, 3.	Dasselbe.	Kopf eines Bocks.
0.80	Mus. Vogüé.	Weibl. Kopf nach rechts.	EY Unbärtiger Kopf mit Horn.
		2. Silber.	
10.90	Luynes IV, 1.	Herakleskopf m. der Löwenhaut, kyprische Schrift.	EY Bock liegend, kypr. Schrift, l. F. Gerstenkorn.
9.55	Behr 701. vernutzt.		
3.04	Mus. Luynes IV, 4.	Herakles mit d. Löwenhaut bedeckt auf Felsen sitz., in der l. Füllhorn, die R. auf Keule gestützt.	Є Dass. Gepr., dies. kypr. Schrift.
3.05	Luynes IV, 6 7[1]).		(ohne Є).
3.00	Luynes IV, 5.		(„)

Nikokles.

1. Gold.

8.27	= 127.6 Thom. 2405, wie Borrell pl. n. 8.	ΒΑ Aphroditekopf mit Stirnband.	ΝΙ Frauenkopf mit Mauerkrone.
0.65	Par. Mus.	ΝΙ Lorbeerbekr. Apollokopf.	Weiblicher Kopf, im Felde ‡.
		2. Silber.	
6.33	= 119½ Mionnet 6, 662, 81. vgl. Borr. pl. n. 1. 2.	(Im Felde Τ).	ΒΑ (fehlt auch) Frauenkopf mit Mauerkrone.
6.21	= 117 Mionnet 82.	ΝΚ Lorbeerbekr. Apollok., dah. Bogen.	
6.35	= 96½ Hunt. p. 123, 36.	(ΒΑ)	(ΝΚ)
2.10	Par. Mus.		
2.00	= 87½ Mionnet 83.		

Pnytagoras.

1. Gold.

8.35	Wadd. Rev. n. 1865. pl. 1, 6.	ΒΑ Aphroditenkopf mit Stirnband.	ΠΝ Thurmgekrönter Frauenkopf.
8.35	Brit. Mus. vergl. Borrell pl. n. 8.		
8.30	Mus. Luynes.		
0.65	Par. Mus. Luynes V, 4.	Derselbe Kopf mit Stirnband, im Felde ‡.	Π Frauenkopf nach links.
		2. Silber.	
7.01	= 162 Mionnet 85. vgl. Borrell pl. n. 10.	ΠΝ Lorbeerbekr. Frauenk.	ΒΑ (fehlt auch) Artemiskopf und Köcher.
6.97	= 107½ Hunt. p. 123, 37.		
6.84	= 129 Mionnet 86.		
6.50	Brit. Mus.		
2.36	Pinder 378. taf. 1, 9.	ΠΝ Aphroditekopf.	ΒΑ Artemiskopf.

[1]) Diesen Münzen verwandt sind die mit Δ auf der Rückseite bezeichneten Viertel. Vgl. Luynes IV, 8. 9 u. S. 510.

2.19	= 41¼ Mion. 6, 563, 64. Borrell pl. n. 6.	ΓΝ Aphroditekopf.	ΒΑ (fehlt auch) Artemiskopf.
2.15	Brit. Mus.		
2.10	Brit. Mus.		
	Anonyme Königsmünzen.		
	Gold.		
0.69	Mus. Luynes.	Frauenkopf nach links.	Pallaskopf nach links.
0.68	Mus. Luynes.		
0.66	Mus. Luynes pl. V, 6.	Frauenkopf mit Blumen geschmückt, ein kyprischer Buchstab.	‡ Frauenkopf mit Ohrgehänge und Halskette.
0.70	Berl. Mus. Borrell pl. n. 14.	‡ Lorbeerbekränzter weiblicher Kopf nach rechts.	Weiblicher Kopf nach links.
0.80	Behr 709.	Behelmter Pallaskopf.	Aphroditenk. mit hohem Kopfputz.
0.66	= 12¼ Mion. 6, 559, 42 = Borrell pl. n. 13. = 10.8 Thomas 328.		
0.65	Mus. Vogüé (= Borrell pl. n. 13?).	Dasselbe.	Aphroditenkopf nach links.
0.42	Mus. Luynes pl. V, 8.	Behelmter Pallaskopf.	Zwei kyprische Buchstaben, Stier schreitend.
	Münzen des Demonikos.		
	Silber.		
6.98	Par. Mus. Cat. Behr 699. pl. II, 3.	Herakles in der Linken Bogen, in der Rechten Keule, (im Felde gehenk. Kreuz).	ΒΑ ΔΗ Pallas stehend n. links, in der R. Lanze, in der L. Schild.
10.95	Mus. Luynes N. d. S. 82, 21. taf. XIV, 21.	מלך רמנך Dass. Bild.	Dass. Bild ohne Schrift, im Felde gehenkeltes Kreuz.
	Vielleicht Demonikos.		
	Gold.		
0.70	Par. Mus. Luynes pl. V, 9.	Lorbeerbekränzt. Zeuskopf, zwei kyprische Zeichen.	Δ (?) Weiblicher Kopf.
	Silber.		
2.70	Behr 705. vgl. Luyn. IV, 8. 9.	Kyprische Zeichen, Herakles sitzend, in der Linken Füllhorn, die Rechte auf Keule gestützt.	Δ Vier kyprische Zeichen, Bock liegend.
	5. Unter den Ptolemäern geprägtes königliches Geld.		
	1. Reihe.		
	Gold.		
6.82	Berl. Mus.[1]).	Κ Thurmgekrönter weiblicher Kopf.	Α Behelmter Pallaskopf.
	Silber.		
—	Borrell pl. n. 7.	Dasselbe.	Dasselbe.

[1]) Das Exemplar scheint gegossen.

2. Reihe.

Gold.

6.83	Berl. Mus. vgl. Borrell pl. n. 12.	K Thurmgekrönter weiblicher Kopf nach links.	BA Weibl. Kopf mit Stirnband.

Silber.

—	Borrell pl. n. 12.	Dasselbe.	Dasselbe.

Menelaos (Statthalter des Ptolemaeus Soter).

Gold.

2.70	Luynes pl. V, 7.	MEN Thurmgekr. weiblicher Kopf.	Frauenkopf mit Stirnband.

Nikokles (König von Paphos).

Babylonisch-persischer Fuſs.

Silber.

11.09	= 896; Mion. 3, 676, 46. S. 7, 310; ebda. Abbildung.	BA Aphroditenkopf mit hohem Kopfaufsatz.	ΝΙΚΟΚΛΕΟΥΣ ΠΑΦΙΟΝ Apollo sitzend, in der Rechten Pfeil, in der Linken Bogen, zu seinen Füſsen Zweig.

B. Phönikien.

I. Kleinasiatisch-phönikischer Fuſs.

Byblos.

1. Reihe.

Baal.

14.40	Par. Mus. Schr. vollst. b. a. 1. B.	Galere mit Hopliten besetzt, darunter geflügeltes Seepferd.	לבעל מלך גבל in phönik. Schrift. Löwe Stier fressend, der Stier vertieft geprägt.
14.06	Par. Mus. (1. Wort vollst.)		
8.55	Par. Mus. (1. Wort vollst.)		
3.45	Par. Mus. (1. Wort vollst.)		

2. Reihe.

14.00	Mus. Luynes.	Galere (am Vordertheil Greifenkopf) mit Hopliten besetzt, darunter geflügeltes Seepferd.	(אלב..) Löwe Stier zerfleischend, der Stier liegend.
3.65	Mus. Vogüé.		
3.50	Mus. Luyn. taf. XVI, 48.		
3.45	Mus. Vogüé.		
2.90	Mus. Vogüé.		
0.87	Mus. Luynes.		
0.70	Mus. Luynes.		
0.30	Mus. Luynes.		

3. Reihe.

Ainel.

13.89	Wien. Mus. Luyn. 91, 44. taf. XV, 44.	Schiff mit Hopliten besetzt, das Vordertheil in einen Löwenk. ausgehend, darunter geflügelt. Seepferd. Bei Luynes 45 unter dem Seepferd Muschel.	עינאל מלך גבל in phönik. Schrift. Löwe Stier fressend.
13.65	Mus. Luynes N. d. S. 91, 45. taf. XV, 45.		
13.20	Mus. Luynes.		
13.10	Mus. Vogüé.		

13.04	Mus. Luynes.	Schiff mit Hopliten besetzt, das Vordertheil in einen Löwenk. ausgehend, darunter gefl. Seepf.	עזבעל מלך גבל in phöniz. S Löwe Stier fressend.
13.00	Mus. Vogüé.		
0.76	= 11.9 Northw. C. 1186.		
0.75	Mus. Luyn. Mus. Vog. 8.		
0.70	Mus. Luynes.		
0.67	Mus. Luynes.		
0.65	Mus. Luynes N. d. S. 91. taf. XV, 43.		
		4. Reihe.	
13.67	Wien. Mus. Luynes N. d. S. 93, 46.	Galere (am Vorderth. Pferdekopf) m. Hopliten besetzt, darunter geflügeltes Seepferd.	Geier auf einer incus. gep Ziege.
8.40	Mus. Luynes 93, 47.		
3.82	Mus. Luynes.		
0.39	Mus. Luynes.	Dasselbe.	Greif nach links.
		5. Reihe. Azbaal.	
13.25	Mus. Luynes.		
13.20	= 208 Brit. Mus. Vaux N. C. XX, 98, 6.	(Muschel).	
13.16	Mus. Vogüé.		
13.12	Mus. Luynes.		
13.05	Mus. Vogüé.	Schiff mit Hopliten besetzt, das Vordertheil in einen Löwenk. ausgehend, darunter gefl. Seepf.	עזבעל מלך גבל in phön. S Löwe Stier fressend.
0.85	Mus. Vogüé.		
0.80	Mus. Vogüé.		
0.80	Mus. Luynes 2.		
0.77	Brit. Mus. Vaux 99, 9.		(Schrift n. ganz erhalten).
0.75	Brit. Mus. 2. Vaux N. C. XX, 98, 8.		
0.65	Mus. Luyn. taf. XV, 42.		
0.55	Par. Mus.		
		6. Reihe. Og?	
0.77	Mus. Luynes.	Dasselbe.	עג in phönikischer Schrift. Stier fressend.
		7. Reihe. Adarmelek. (unter Schiff ארן)	
0.75	Mus. Luynes.	Dasselbe.	אדרמלך מלך גבל Dasselbe.
0.67	Mus. Luynes.		
		Marathus (?).	
8.19	Mus. Luynes.	Dagon in der R. Fisch haltend in einem punktirten Kreis.	Geflügeltes Seepferd.
3.06	Brit. Mus.	Dasselbe.	Galere, darunter Seepferd.
2.97	= 46 Ivanoff 670.		
2.70	Mus. Luynes.		
1.62	Mus. Luynes.		

Mus. Vogüé.	Dagon, darüber [illegible].	Dasselbe.
Brit. Mus.		
Mus. Vogüé. 2.		
Mus. Luynes.	Dieselbe Schrift und Bild.	Schiffsvordertheil.
Mus. Luynes.		

Tyros (?).

1. Reihe.

Par. Mus. (alt) Mion. 5, 643, 15. tr. 65, 13. vgl. Lenorm. Mon. d. Lag. pl. 6, 6.	Delphin auf Wogen, darunter Purpurschnecke. (darüber . [illegible]).	Eule mit Peitsche und Scepter in Vertiefung.
Mus. Vogüé (alt).	(Im Felde [illegible]).	
Mus. Luynes.		
Mus. Luynes.	(darüber [illegible] ?).	
Par. Mus. Mion. 16. tr. 65, 12.		
Mus. Luynes.		
Mus. Luynes.		
Brit. Mus.	Geflügeltes Seepferd, darunter Delphin.	Eule mit Peitsche und Scepter.
Mus. Luynes. tr. 65, 11.		
Mus. Huber.		

2. Reihe.

Par. Mus. Mionnet 18.	Bärtiger Mann auf geflügeltem Seepferd, in der L. Bogen, darunter Delphin. D. Ganze in Perlenkranz.	Eule mit Peitsche und Scepter. Das Ganze in Perlenkranz.
Brit. Mus.		
Mus. Luynes.		
Par. Mus. vgl. S. S. pl. 19, 5.		
Mus. Luynes.		
Par. Mus.		
Brit. Mus.		
Mus. Luynes.		
Mus. Luynes.		

13.00	Brit. Mus.	Bärtiger Mann auf geflügeltem Seepferd, in der L. Bogen, darunter Delphin. Das Ganze i. Perlenkranz.	Eule mit Peitsche und Scepter. Das Ganze in Perlenkranz.
12.90	Par. Mus. (vernutzt).		
13.45	Par. Mus. (alt, klumpig).		(neben Eule ǁ).
13.36	Mus. Luynes.		(neben Eule ?).
13.38	Mus. Vogüé.		(neben Eule ǀǀǀǀ).
13.24	Mus. Luynes.		(„ „ „).
13.54	Mus. Luynes (alt).		(neben Eule ᒧ).
12.60	Mus. Vogüé (jüngerer Fabrik).		(„ „ „).

Spätere Reihe.

Euboischer Fuſs.

8.70	Par. Mus.	Bärtiger Mann auf geflügeltem Seepferd, i. d. L. Bogen, darunter Delphin.	Eule, daneben Peitsche u. Scepter, neben Eule ǁ.
8.70	Mus. Luynes.		Dasselbe, neben Eule ǀǀǀ.
8.80	Brit. Mus.		„ „ „ ǀǀǀǀ○ ǀǀǀǀ (29).
8.75	Mus. Luynes.	Dasselbe.	„ „ „ ∩○ (30).
8.45	Mus. Luynes.		
8.20	Par. Mus.	Dasselbe.	„ „ „ ǁ ∩○ (32).
8.80	Par. Mus.	Dasselbe.	„ „ „ ǀǀǀ ∩○ (33).
8.70	Mus. Luynes.		
8.65	Brit. Mus.	Dasselbe.	„ „ „ ∩○ ǀǀǀǀ (34).
8.60	Mus. Luynes.		
8.65	Par. Mus.	Dasselbe.	„ „ „ ∩ ○ ǁ ǀǀǀ (35).
7.95	Mus. Vogüé.		
7.65	Par. Mus.		
8.05	Brit. Mus.	Dasselbe.	„ „ „ ∩ ○ ǀǀǀ ǀǀǀǀ (37).
8.70	Par. Mus. tr. 65, 8.	Dasselbe.	„ „ „ ǁᒧ.
7.65	Mus. Luyn. (gefuttert)[1].		
2.86	Mus. Vogüé.	Dasselbe.	„ ohne Schrift.
* 0.65	Tur. Mus.[2]).		
* 0.62	Tur. Mus.		

II. Babylonisches Gewicht.

Arados.

10.67 *	Par. Mus. Mionnet S. 8. 426, 81. tr. 64, 20.	Bärt. Kopf m. Lorbeerkranz.	Galere. Das Ganze in vert. Viereck.
10.27	Mus. Luynes.		
3.40	Par. Mus.		
3.25	Par. Mus.		
3.20	Par. Mus.		
0.60	Par. Mus.		

¹) Im Pariser Museum sind noch 3 mit derselben Jahreszahl bezeichnete gefutterte Exemplare.

²) Die hier und Seite 516 mit * bezeichneten Münzen sind mit den oben S. 424 angeführten Münzen in einem Gefäße in Aleppo gefunden.

10.30	Mus. Luynes.		
10.04	Mus. Vogüé.		
3.53	Par. Mus.		
3.35	Mus. Vogüé. Par. Mus.		
3.32	Mus. Luynes.		
3.30	Mus. Luynes.	Bärt. Kopf m. Lorbeerkr.	Galere, darüber [Zeichen]
3.12	Mus. Luynes.		
0.86	Mus. Luynes.		
0.75	Mus. Vogüé.		
0.75	Mus. Luynes.		
0.60	Par. Mus.		
10.27	Mus. Luynes.	Dasselbe.	„ „ — [Zeichen]
10.35	Par. Mus. tr. 65, 1.	Dasselbe.	„ „ IIII — [Zeichen]
10.55	Mus. Luynes 2.		
10.27	Mus. Luynes.		
10.00	Par. Mus. = Mion. 5, 643, 15. tr. 64, 18. vgl. Lenorm. Lag. pl. 6, 4.	Dasselbe.	„ „ o [Zeichen]
3.45	Brit. Mus.		
3.42	Brit. Mus.		
3.40	Brit. Mus.		
9.85	Mus. Vogüé.	Dasselbe.	„ „ III ^ [Zeichen]
10.10	Brit. Mus.	Dasselbe.	„ „ IIII1 [Zeichen]
9.75	Mus. Luynes.	Dasselbe.	„ „ IIIIT [Zeichen]
9.90	Par. Mus.	Dasselbe.	„ „ III II ^ [Zeichen]
10.40	Brit. Mus.		
10.30	Mus. Luynes.		
10.25	Mus. Luynes.	Dasselbe.	„ „ [Zeichen]
10.10	Brit. Mus.		
10.40	Mus. Luynes.	Dasselbe.	„ „ [Zeichen]

Spätere Reihen.

Attischer Fuss.

16.60	Mus. Luynes.	Lorbeerbekränzter bärtiger Kopf nach rechts.	Galere, darüber [Zeichen]
2.40	Mus. Luynes.	Unbärt. lorbeerbekr. Kopf.	Schiffsvordertheil, darüber [Zeichen]
2.72	Mus. Luynes vgl. trésor num. pl. 65, 2.	Bärtiger lorbeerbekr. Kopf.	„ „ [Zeichen].
2.07	= 39 Mion. 5, 458, 807.		
1.99	= 37½ Mionnet S. 8, 317, 383.	Thurmgekrönt. Frauenkopf.	Schiffsvordertheil, darüber [Zeichen], darunter phönik. Inschrift. (Inschrift fehlt).
1.93	= 29½ Hunter 41. taf. 6, 16.		

Asiatische Münzen ungewisser Herkunft.

4.12	Mus. Luynes. alterthüml.	Frauenkopf nach rechts.	Eule v. v. mit ausgebr. Flügeln, im Felde ΣΛ◡ (?) in vert. Viereck.
3.95	Mus. Vogüé.	Frauenk. mit rundem Helm.	(im Felde [illegible]).
* 3.60	Tur. Mus. vgl. Proksch Ined. 1859. II, 34.	Derselbe.	(ohne Schrift).
3.60	Mus. Vogüé.	Derselbe.	(im Felde [illegible]).
0.50	Mus. Vogüé.	Derselbe.	(im Felde [illegible]).
* 3.57	Tur. Mus.	Doppelkopf.	Kein Bild.
* 3.82	Tur. Mus.	Derselbe.	Eule von vorn.
3.45	Proksch Ined. 1859. taf. II, 35.	Derselbe.	Dieselbe.
* 0.70	Tur. Mus.	Derselbe	Halbes Pferd, darüber o.
* 0.60	Tur. Mus.		
* 0.50	Tur. Mus.		

ANHANG.

1. Gold- und Silbermünzen von Thrakien und Makedonien.

a) Thrakien.

Abdera.

1. Gold. II. Periode.

3.06	= 47.2 Borrell 468.	Greif auf Fisch stehend n. links, Magistratsname. (ΚΑΛΛΙΔΑΜΑΣ)	Vierfeldiges flach eingeschlagenes Viereck.
2.92	= 45.0 Borrell 467 „as it came from the die."	Dasselbe ohne Magistratsname.	Dasselbe.
	2. Silber. I. Periode. Kleinasiatischer Fuſs.		
29.50	Par. Mus.	Greif mit zusammengerollten Flügeln n. l., im Felde einzelne Buchstaben.	Viergetheiltes eingeschlagenes Viereck.
29.475	= 455 Borrell N. C. 3, 103 (von der Insel Lemnos).	(P und Monogramm).	
29.30	Par. Mus.		
28.96	= 447 Borrell 3, 103 (aus Salonica).	(ΕΡ)	
15.17	= 234½ Hunter 319. taf. 67, 16. vgl. Cadalvene Recueil taf. 1, 1. 2 Ex. bei Hunter, 6 im Brit. Mus., 3 bei Borrell a. a. O., 3 bei Prokesch in. 1859*).	Greif, a. l. Initialen des Magistratsnamens, im Felde gewöhnlich Beizeichen. ΔΕΟ. ΗΡΑΚ. ΕΠΙΑΙ. ΣΥΜ. ΤΑΛΟ. ΜΕΙΔΙ. ΣΜΟΡΔ. ΑΡΤΕ. ΔΑΜ.	Dasselbe.
14.24	= 268 Prokesch.		
3.48	Brit. Mus. 4 Ex. im Brit. Mus., 2 bei Borrell a. a. O., 1 bei Hunter.	ΔΕΟ. ΗΡΟ. ΑΝΤ.	
2.69	= 41.5 Brit. Mus. Borrell N. Chr. 3, 104.	ΔΙΟ (ohne Symbol).	
0.70	Brit. Mus. 5 Exemplare.	Greif	Dasselbe.
0.60	Brit. Mus.*).		
	II. Periode. 1. Kleinasiatischer Fuſs.		
14.98	= 231 Leake Eur. Gr. 1.	Greif n. links. Magistratsname. (ΚΑΛΛΙΔΑΜΑΣ)	ΑΘΔΗΡΙΤΕΩΝ um den Rand eines Quadr. inc., in dessen Mitte ein viergetheiltes kleineres Q. inc.
14.88	Pinder 104. taf. 1, 2.	(„)	
15.00	Brit. Mus. 3 Ex. im Brit. Mus., 1 bei Leake, 1 bei Mionnet 1, 365, S. 6. 2. pl. 3, 1.	Greif n. links, im Felde Symbol (Diota, Krabe, Hahn u. s. w.).	ΕΠΙ Magistratsname, dasselbe. (ΣΜΟΡΔΟΤΟΡΜΟΚΑΛ) (ΦΙΤΤΑΛΟ) (ΗΡΟΔΟΤΟ) (ΜΕΛΑΝΙΠΠΟ) (ΕΡΜΟΚΡΑΤΙΔΕΩ)
14.30	= 220.5 Borr. N. C. 3, 106*).		

*) Der Kürze wegen sind hier nur die höchsten und niedrigsten Münzgewichte aufgeführt.

14.60	Brit. Mus. vgl. Mion. Pl. 49, 1. 2 = 1, 365. 6. 7 = 13.63 und 13.79 Gr.	Greif n. l., darunter meist Symbol.	ΕΠΙ (fehlt auch) Magistratsn. am Rande eines vert. V., in dessen Mitte Symbol. (ΜΟΛΠΑΔΟΣ Kopf)
14.09	= 217.8 Borrell N. C. 5, 165.	(Epheublatt).	(ΑΝΑΞΙΔΙΚΟΣ ohne ΕΠΙ; Hermes)
13.61	= 210 Fox 45.	(Ohne Symbol).	(ΠΟΛΥΑΡΗΤΟΣ Traube)
2.52	= 39 Borrell a. a. O.	Greif.	Magistratsname, dasselbe. (ΠΡΩΤΗΣ Stierkopf)
1.20	= 18.5 Borrell a. a. O.		(" Profil des Apollo)

2. Aeginäischer Fufs.

12.64	= 195 ½ Borr. a. a. O. vgl. Prok. in. 1859. taf. 1, 3 = 12.53 Gr.	ΑΒΔΗΡΙ Greif.	ΠΥΘΩΝ Dreifufs, darüber Palmbaum in vertieftem Viereck.
12.64	= 196 ½, Borrell a. a. O. vgl. Millingen Syl. pl. 2, 15.	(ΑΒΔΗΡΙΤΕΩΝ)	ΕΠΙ ΜΟΛΠΑΓΟΡΕΩ Weibliche Figur in vert. Viereck)
6.23	= 117 ½, Mion. 11. Pl. 49, 4.	(")	ΕΠΟΡΑΙΟ um Löwe LV. D. G. i. v. V.

III. Periode. Babylonisch persischer Fufs.

11.40	Brit. Mus.	(ΕΠΙ . ΚΕΣΙΟΥ) Greif.	ΑΒΔΗΡΙΤΕΩΝ Lorbeerbekränzter Apollokopf. Das Ganze in vertieftem Quadr.
11.05	Brit. Mus.	(" ΠΑΥΣΑΝΙΩ)	
10.20	Brit. Mus.	(" ΔΙΟΦΑΝΤΟΥ)	
10.10	Brit. Mus.	(" ΔΙΟΝΥΣΑΔΟΣ)	
2.64	= 68 ½, Mion. 12. Pl. 54, 8.	(" ΠΑΥΣΑΝΙΩ)	
2.70	Brit. Mus.		
2.65	Brit. Mus.		
2.63	= 49 ½ Mion. 30.	(" ΧΑΡΜΟ)	
2.61	= 49 ½ Mion. 28.	(" ... ΕΥΥΟΑ)	
2.60	= 49 Mion. 27.	(" ΦΑ ...)	
2.59	= 40 Leake.	(Schrift undeutlich)	
2.49	= 47 Mion. 29.	(ΕΠΙ . ΛΥΣΑΝΙΩ)	
2.45	= 37 ½ Hunter 2.	(ΛΥΣΑΝΔ ohne ΕΠΙ)	
1.71	= 26.4 Thomas 752.	(ΛΥΚΟ im Felde Keule)	
10.36	= 195 Mion. 15.	ΑΒΔΗΡΙΤΕΩΝ Dass.	ΕΠΙ Magistratsname, dasselbe.
			(.. ΜΗΤΡΙΟΥ)
10.20	= 157.5 Hunter.		(. ΜΗΡΟΥ)
10.07	= 155.6 Leake.		(ΔΗΜΗΤΡΙΟΥ)
9.90	Brit. Mus.		(ΙΠΠΩΝΑΚΤΟΣ)
9.76	Pinder 185.		(ΔΗΜΗΤΡΙΟΥ)
9.65	= 149 Hunter. vgl. Pellerin 35, 4.		(ΕΥΡΗΣΙΠΠΟΥ)
2.55	Brit. Mus. 2.		
2.54	Brit. Mus.		(ΑΝΤΟ)
2.50	Brit. Mus.		
2.50	= 38.9 Leake.		
2.49	= 38.5 Leake. Mion. 25. 21.	(ΑΒΔΗ)	(ΙΠΠΩΝΑΚΤΟΣ; ΠΟΛ ... ΤΟΥ; .. ΠΩΝΥΜΟ)
2.46	= 38.1 Thomas 762.		(. ΕΚ .. Ω .. ΜΟ)
2.44	= 46 Mion. 24.		(ΑΙΓΙΑΛΕΩΣ)

2.43	= 87 Y%, Hunter.	Greif.	ΕΠΙ Magistratsname, Lorbeerbekränzter Apollokopf. Das Ganze in vertieftem Quadrat. (. . . ΚΛΕΟΥΣ)
2.40	Brit. Mus.		(ΟΜΗΡΟ .)
2.38	= 45 Mion. 18. 79.		(ΔΙΟΝΥΣΑΔΟΣ; (Γ . . . . ΚΑΣΙΟΣ)
2.36	= 36.8 Leake.		(ΔΙΟΝΥΣΑΔΟΣ)
2.35	= 44.5 Mion. 20.		(ΟΜΗΡ)
1.89	Brit. Mus.		
5.85	Brit. Mus.	Greif.	ΕΠΙ Magistratsname am Rande eines vert. Vierecks, in dessen Mitte Symbol.
5.10	Brit. Mus. Schrift undeutlich.		(ΟΡ . Löwe)
2.80	Brit. Mus.		(ΑΝΑΞΙΔΙΚΟΣ [ohne ΕΠΙ] um Greifenkopf)
2.76	Prokesch 1854. taf. 1, 4.		(ΗΡΟΦΑΝΕΟΣ Hermeskopf und -stab)
2.70	Brit. Mus.	(ΑΒΔ)	(ΦΙΛΑΙΟ Hermes)
2.60	Brit. Mus.		(ΗΡΟΦΑΝ ohne ΕΠΙ Hermesk.)
2.40	Brit. Mus.		(ΟΝΗΣ Hirsch)
2.70	= 51 Prokesch in. 1859. taf. 1, 5 (Fundort Abdera).	Greif.	ΝΗΣ darüber ⊙ Antilope.
1.55	Brit. Mus. vgl. Mionnet S. 2. pl. 5, 2. 3.	Greif.	Stierkopf in vert. Viereck ohne Schrift)
1.47			(. . . . . . .)
1.25			(. . . . . mit Schrift)
—	Cadalvene taf. 1, 2.	Greif.	ΚΛΕΑΝ Widderkopf in vert. Viereck.
—	Cadalvene taf. 1, 3.	Greif.	ΕΠΙ . . . . Fisch in vert. Viereck.

Aenos.

1. Gold. III. Periode. Attischer Fufs.

2.10	= 82.5 Borrell N. C. 2, 106. taf. n. 1.	Hermeskopf mit rundem Petasos nach links.	ΑΙΝΙΟΝ Herme auf einem Thron, i. F. Heroldstab.

2. Silber. I. Periode. Attischer Fufs.

16.70	Mion. 1, 369, 89 (308). vgl. Allier 3, 1.	Hermeskopf mit runder Kopfbedeckung seitwärts.	ΑΙΝΙ um ein Viereck, in dessen Mitte Geisbock (oder Antilope), im F. Symbole (Fliege). Das Ganze in vert. Viereck.
16.40	Mion. 37 (305).		(ΗΙΙΑ Muschel)
16.73	Mion. 41, Pl. 49, 3.	(Auf dem Helme ΑΙΝΙ)	(Magistratsname [ΑΝΙΑΔΑΣ] statt des Stadnamens; Satyr)
16.53	= 252 Borrell N. C. 8, 107.		(Hermesstab)
16.30	Mion. 63.		(Muschel).
16.30	Mion. 40.		(Hermesstab)
16.12	= 249 Northw. C. 486.		(Diota)
5.90	Mion. 42.		(Ohne Symbol)
2.88	Borrell N. C. 3, 107.		(Diota)
1.40	Mion. 43.	Dasselbe.	(Ohne Symbol)
1.30	Pinder 197.		(Keule)
1.295	= 20 Northw. 486.		ΑΙΝ Stehend. Ziegenbock (ohne Symb.).
0.98	= 14.6 Fox I, 45.	ΑΙΝ Stier auf Kornähre.	Vier Einschläge in Windmühlenflügelform.

II. Periode. Kleinasiatischer Fuß.

15.25	= 235⅓ Fox I, 44.	Hermeskopf mit runder Kopfbedeckung nach rechts.	AINION Hermesstab in vertieftem Viereck.
1.35	Mionnet 44.	Dasselbe nach links.	IA Dasselbe.
15.60	Par. Mus. Mionnet 45. S. 2. pl. 5, 4. vgl. Allier 3, 2.	Derselbe Kopf von vorn.	AINION Ziegenbock, i. F. Symbole. (Helm)
15.365	Pinder 196.		(Kranz)
15.29	= 236⅓ Borrell 3, 105.		(Biene)
15.25	= 235 Borrell 3, 106.		(Lorbeerzweig)
15.094	= 233 Northw. 457.		(Dreifuß)
15.05	Mion. 47.		(Kranz)
2.45	Mion. 48.		(Fackel)
2.40	Par. Mus.		

III. Periode. Attischer Fuß.

4.10	Mion. 49. vgl. Allier 3, 3.	Hermeskopf von vorn mit plattem Petasos.	AINION Herme auf Thron.
3.25	= 50.1 Leake E. Gr. 6.	Hermeskopf mit Petasos v. vorn.	AINION Herme auf Thron stehend, im Felde Symbol (Diota).
3.57	= 55⅛ Northw. C. 455.		(Diota)
3.81	= 59 Hunter 12.		(Ähre)
3.75	= 58 Hunter 13.		(Diota)

Byzantion.

Kleinasiatischer Fuß. I. Periode.

15.00	Brit. Mus. 2.	ΥΠΥ [1]) Rind schreitend über Fisch.	Viergetheiltes eingeschlagenes Viereck, der Grund punktirt.
14.966	= 231 C. Ivanoff 15.		
14.90	Brit. Mus. 2.		
14.44	Pinder 198.		
*14.81 [2])	= 279 Mion. S. 2, 497, 462. Pl. 46, 2.	ΠΥ Dasselbe (im Felde Monogramm im Kranz). (Unter Bauch des Rindes B)	Dasselbe.
*14.50	Par. Mus.		
5.41	Brit. Mus.	ΥΠΥ Dasselbe.	Eingeschlagenes Viereck in Windmühlenflügelform.
5.39	Brit. Mus.		
5.31	= 100 Mion. 470.		
5.30	Brit. Mus.		
5.28	= 80.6 Leake Eur. 30.		
5.25	Brit. Mus.		
5.20	= 98 Mion. 471. 473.		
5.10	Brit. Mus.		
5.09	= 96 Mion. 469.		
2.55	Brit. Mus.		

[1]) Ueber das Zeichen Υ = B vgl. Waddington Rev. num. 1863, 231 f.

[2]) Die mit * bezeichneten Münzen sind älter als das Kleingeld.

9.55	= 67½ Mion. 472.	(Unter Rind Dreizack).	
3.25	Brit. Mus.		
3.49	= 53.6 Leake 30.	ΓΥ Rind schreit. über Fisch.	Eingeschlagenes Viereck in Windmühlenflügelform.
7.44	= 45½ Mion. 474. Pl. 88, 6.		
2.45	Brit. Mus.		
2.30	Brit. Mus.		
1.70	Brit. Mus. 2.	(ΓΥ)	
1.11	= 17.1 Leake 30.		
0.85	Brit. Mus.		
1.59	Brit. Mus.	ΓΥ Vordertheil eines Rinds.	Dreizack.
1.50	Brit. Mus.		

II. Periode (nach Alexander).

16.92	= 315 Leake 39.	Verhüllter Demeterkopf n. r.	ΓΥ Poseidon auf Fels sitzend, m. Schiffswedel und Dreizack, darunter ΕΠΙ und Magistratsname, im Felde einzelne Buchstaben.
16.89	= 214½ Hunter p. 74.		
16.80	= 218 Hunter.		
16.41	= 307.1 Thomas 841.		
16.40	Brit. Mus.		
5.25	Brit. Mus.		

Dikaea.

1. Babylonisch-persischer Fuſs.

9.51	Brit. Mus.	Heraklеskopf mit Löwenhaut.	Diagonal getheiltes vertieftes Viereck.
2.70	Par. Mus.	ΔΙΚΑ Umschauender Stier.	Viergetheiltes eingeschlagenes Viereck.

2. Kleinasiatischer Fuſs.

7.38	= 114 Borrell N. C. 6, 109.	Heraklеskopf m. Löwenhaut, sehr alten Stils.	ΔΙΚ Stierkopf im Profil in flach vert. V.
2.30	Par. Mus. = Mionnet 196 (durchlöchert).	Frauenkopf.	ΔΙΚΑΙ Dasselbe.
2.10	Par. Mus.	Derselbe.	ΔΙΚΑΙΑ Dasselbe.
1.05	Par. Mus.	Dasselbe.	ΔΙΚΑΙΑ Stierkopf von vorn.

Maroneia.

1. Gold. II. Periode.

3.14	= 48.5 Borrell N. C. 6, 109 (1879 in Vola gefunden).	Pferd in vollem Lauf.	ΜΑΡΩΝΙΤΕΩΝ Weinstock mit Trauben in flach vert. V.

2. Silber. I. Periode. Kleinasiatischer Fuſs.

1. Reihe.

7.639	= 118 Fox I, 46 (durchlöch.).	ΜΑΡΩ Pferd im Lauf, darüber Blume.	Eingeschlagenes Viereck.
0.92	= 14.2 Fox I, 47.	Vordertheil eines Pferdes n. r.	Vier trianguläre Einschläge.

7.79	= 119.8 Par. Mus. Leake Eur. 70.	Vordertheil eines Pferdes (im F. 3 Blumen).	Stern in vertieftem Viereck.
3.50	Par. Mus.	ΜΑΡΩ Dasselbe.	Dasselbe.
3.50	Mion. S. 2, 334, 811. Allier 9, 11.	(ΜΑΡ)	
3.25	Brit. Mus.		
3.20	= 49.8 Leake 70.		
1.85	= 35 Prok. In. 1854. taf. 1, 5	Vordertheil eines Pferdes.	ΜΑΡΩ in den 4 Feldern eines vertieften Viereckl
0.96	Brit. Mus.	Vordertheil eines Pferdes n. r.	Stern in eingeschlagenem Viereck.
0.93	Brit. Mus.		
0.67	Brit. Mus.	Dasselbe n. l.	Dasselbe.
		3. Reihe.	
3.86	= 55⅞ Hunter 189. taf. 35, 19.	ΜΑΡΩΝΟΣ (rückl.) Vordertheil eines Pferdes.	Widderkopf in flach vertieftem Viereck.
3.48	Par. Mus. 2.	ΜΑΡ Dasselbe.	Dasselbe.
3.45	Mion. 153.		
3.45	Brit. Mus.	(Ohne Schrift).	
3.26	Brit. Mus.		(ΑΘΗ)
3.19	Brit. Mus. = 49.6 Leake.	(ΜΑΡΩ)	
3.11	= 48⅞ Borrell N. C. 5, 109.	(ΜΑΡΩ rückläufig).	(ΛΟΠ)
3.10	Brit. Mus. = 47. 4 Leake.	(Ueber u. unter Pferd Kügelchen).	
		4. Reihe.	
14.26	= 269 Mion. 170. Fl. 69, 8.	(Rad). Pferd im Laufe, darüber Symbol.	(ΜΗΤΡΟΦΩΝ) am Rande eines vert. Vierecks, in dessen Mitte Weinstock mit Trauben. D. Gu in quadratischer Einfassung v. Linien
14.07	Brit. Mus.	(Diota).	(ΜΗΤΡΟΔΟΤΟ)
13.99	Brit. Mus. = 215 Leake. vgl. Fox 1, 49.	ΜΑΡΩΝ Dass. (Diota).	(ΔΕΟΝΥΣ)
13.80	Prokesch In. 1854. taf. 1, 6.		(ΕΠΙ ΜΗΤΡΟΔΟΤΟ)
14.00	Par. Mus.	ΜΑΡΩΝΙΤΕΩΝ Dass.	( )
13.80	Brit. Mus.	ΜΑΡΩΝΕΙΤΕΩΝ .	ΜΗΤΡΟΔΟΤΟ Dasselbe.
6.66	Brit. Mus.	Vordertheil eines Pferdes.	Magistratsname um dasselbe.
3.29	Brit. Mus.	Dasselbe.	Dasselbe ohne Schrift.
2.90	Brit. Mus.	(ΜΑ)	
		II. Periode. Babylonisch-persischer Fuſs.	
11.16	Pinder 200. vgl. Cadalvene R. taf. 1, 7.	Pferd im Laufe, im Felde Symbol (Dreizack).	ΕΠΙ Magistratsn. (ΣΗΝΩΝΟ Dasselbe; im Felde zuweilen Symbol
11.01	= 207.5 Mion. 166.	(Hund).	(ΚΑΛΛΙΚΡΑΤΕΟΣ)
10.94	= 206 Mion. 166.	(Eule).	(ΠΟΛΥΑΡΗΤΟΡ l. F. Schild
10.90	= 168 Borrell N. C. 5, 108.	(Ohne Symbol).	(ΜΗΤΡΟΔΩΡΟ)
10.88	= 204 Mion. 169.	(Ohne Symbol).	(ΧΟΡΗΓΟ Fliege)

0.60	Brit. Mus.	Pferd im Laufe.	(ΠΟΣΙΔΕΙΟΥ) um den Rand eines vert. Vierecks, in dessen Mitte Weinstock. Das Ganze im quadr. Rahmen. v. L., l. F. unw. Beizeichen.
0.60	Brit. Mus.	(ΜΑΡΩ)	(ΚΕΙΟ)
0.625	Pinder 201.		(ΠΟΛΥΝΙΚΟΥ)
0.61	= 200 Mion. 172.		(ΒΟΥΤ. Diota, Thyrsus)
0.49	= 163 Northw. 490.		(ΗΡΑΚΛΕΙΔΟΥ)
0.42	= 196½ Mion. 171.	(ΜΑΡΩ)	(ΚΕΣΙΟ Hermesstab)
2.75	Brit. Mus. 2.	Vordertheil eines Pferdes.	ΜΑ Traube in vertieftem Viereck.
2.70	Brit. Mus. 2.	Einzelne Buchstaben (ΕΥ)	Dasselbe.
		(ΓΑ) Dasselbe.	
2.65	Brit. Mus. 2.	(Μ) (ΕΥΠ) Ⲁ	(ΜΑ ΕΠΙ)
2.60	Mion. 156.	(ΕΥΠ)	
2.56	Hunter 189.	(Η)	
2.53	Hunter taf. 35, 20.	(ΑΜΘ)	(l. F. Diota)
2.52	Brit. Mus.	(ΗΑ)	
2.50	Mion. 157.	(ΜΗ)	
2.45	Brit. Mus.	(ΚΑ)	
2.42	= 37.5 Leake Eur. 70.	(ΜΗΤ)	(l. F. Epheublatt)
2.36	Brit. Mus.	(ΗΑ)	(ΜΑΡΩΝΙ)
2.90	Brit. Mus.	Dasselbe (ΛΠ)	(ΜΑ) ΕΠΙ Magistratsname (fehlt), dasselbe.
2.78	= 43 Hunter 189.	(ΜΑ)	(ΜΗΤΡΟΔΩΡΟ)
2.60	Brit. Mus.	(ΜΑ)	(?)
2.55	Brit. Mus.	(ΜΑ)	(ΑΡΙΣΤΟΛΕ.)
2.50	Brit. Mus.	(ΜΑΡΩ)	(ΗΡΑΚΛΕΙΔΕΩ)
2.50	Brit. Mus.	(ΟΠ)	(ΜΑ ΕΠ)
2.50	Mion. 163.	(ΜΑΡΩ)	(ΝΟΥΜΗΝΙΟΥ)
2.50	Mion. 154.	(ΑΧΠ)	(ΜΑ ΕΠΙ)
2.45	Mion. 162.	(ΜΑ)	(ΑΡΙΣΤΟΛΕΩ)
2.35	Brit. Mus.	(ΜΑΡΩ)	(?)
2.26	= 35½ Hunter 189.	(ΜΑΡ)	(..Ο.ΜΗΝΙΟΥ)
1.34	Brit. Mus.	Vordertheil eines Pferdes.	ΜΑΡΩ Dreifuss.
1.25	Brit. Mus.	Dasselbe.	Traube.
1.20	Brit. Mus.		(ΜΑΡΩ)

III. Periode. Attischer Fuss.

8.506	Pinder 202.	Epheubekränzter Bakchoskopf.	ΔΙΟΝΥΣΟΥ ΣΩΤΗΡΟΣ ΜΑΡΩΝΙΤΩΝ Bakchos mit Weintraube, Binde und zwei Wurfspiessen, im Felde 2 Monogr.
8.625	Pinder 203.		

0.76	Brit. Mus.	Helm.	Viergetheiltes eingeschlagenes Viereck.
1.31	= 19.5 Hunter 197.	Helm von vorn.	META zwischen den Speichen eines Rades.
1.20	Brit. Mus.		
1.10	Mion. 646. Allier 8, 12.		
1.06	Par. Mus.		
0.83	Brit. Mus.		

Tirida (?).

0.63	= 9¾ Borrell N. C. 3, 112. vgl. Streber N. taf. 1, 18.	Pegasos nach rechts, darüber Dreizack, darunter ♀	TP HI in den 4 Ecken eines vert. Vierecks, in dessen Mitte Maske von vorn.
0.46	= 7⅛ Borrell N. C. 3, 112. vgl. Streber N. taf. 1, 19 ff.	Lorbeerbekränzter Apollokopf.	Dasselbe in den Ecken eines vert. Vierecks, in dessen Mitte *Lorbeerzweig*.
0.39	Brit. Mus. = 6⅛ Borrell N. C. 3, 112.	Vordertheil eines Pferdes n. r.	TP HI in den 4 Feldern eines Vierecks.

Thrakischer Chersones.

1. Reihe. a) Aeginäischer Fuss.

11.78	= 181.8 Leake Eur. 23.	Löwenkopf und -Hals.	Unregelmässiges eingeschlagenes Viereck.
12.50	= 237 Prokesch In. 1859. taf. 1, 7 (aus dem höhern Asien).	Löwenkopf mit offenem Rachen. (dahinter 2 Buchstaben)	ΨΕΧ Ochsenkopf in vert. Viereck. (XEP)
12.80	= 257 Mionnet 6, 630, 125. Pl. 50, 3.		
2.39	= 40 Whittall 92.	Löwenkopf nach links.	Rohes eingeschlagenes Viereck.
1.10	Brit. Mus. (sehr alterthüml.).	Löwenvordertheil.	Viergetheiltes eingeschlagenes Viereck.
2.22	= 117⅛ Mion. 1, 243, 795.	Vordertheil eines Löwen.	In 4 Felder diagonal getheilter Kreis, zw Felder erhaben, zwei vertieft, in de vertieften Kügelchen, Symbol und häuf Buchstaben oder Monogramm. (Aehre, Kügelchen).
2.53	= 47⅛ Mion. 797. 802. Pl. 41, 6. 7 = 803. 796. vergl. Allier pl. 4, 4.		

17 Exempl. im Par. Mus., Mion. 1, 243, 796—813; 6 Ex. im Brit. Mu (Ε Kügelchen, Krug; Ε Kügelchen, Stab; Α Küg., Biene; 2 Exempl. m 2 Kügelchen; Aehre, Kügelchen), 14 Exemplare bei Leake Eur. Gr. 23 3 bei Hunter 396, 28 bei Prokesch In. 1859, 4. „von diesen häufigen Tri bolen ist vor Kurzem in der Umgegend von Adrianopel eine Zahl von einig Hunderten zusammen mit fast eben soviel Triobolen von Parium — e kleiner Schatz in einem Topfe — gefunden worden."

0.35	Brit. Mus.	Vordertheil eines Löwen.	Viergetheiltes eingeschlagenes Viereck.
0.25	Brit. Mus.		

b) Attischer Fuss.

16.80	Par. Mus. vgl. Allier pl. 4, 5.	Löwe nach rechts, Kopf zurückgewendet nach links.	XEP Athenekopf n. r. in arch. Arb in vertieftem Viereck.

2. Reihe. Aeginäischer Fufs.

11.26	Par. Mus. Mion. 6, 629, 119. Pl. 41, 5.	Mondsichel nach rechts, darunter kleiner Fisch.	In 4 Felder diagonal getheilter Kreis, 2 erhaben, 2 vertieft, in letztern je 1 Kügelchen.
11.05	Par. Mus.	Dasselbe nach links.	
11.00	Par. Mus.		(Ohne Kügelchen)
11.00	Par. Mus. verputzt.		
11.00	Par. Mus.		Dasselbe.
6.05	Brit. Mus. 2.		
5.93	Brit. Mus.		
5.85	Berl. Mus.		

Odessos.

Attisches Gewicht (nach Alexander).

16.45	= 254 Par. Mus. Leake E. Gr. 79. Mion. 1, 395, 221.	Zeuskopf nach rechts.	ΘΕΟΥ ΜΕΓΑΛΟΥ ΚΥΡΣΑ ΟΔΗΣΙΤΩΝ Figur mit langem Gewande n. l., in d. R. Patera, in der L. Füllhorn.

Salymbria.

1. Persischer Fufs.

4.95	Brit. Mus.	ΣΑ Hahn in Perlenkranz.	Viergetheiltes eingeschlagenes Viereck.
4.90	Par. Mus.		

2. Attischer Fufs.

4.30	Par. Mus.	ΣΑ Hahn in Perlenkranz.	Dasselbe.
4.27	= 66 Borrell N. C. 4, 6. pl. n. 1.		
4.10	Par. Mus.		
4.06	= 63 Borrell N. C. 4, 6. pl. n. 2.		
2.00	Par. Mus.		
1.65	= 25½ Borrell N. C. 4, 6. pl. n. 3.		
0.90	Par. Mus.		

Spätere Reihe. Kleinasiatischer Fufs.

3.63	Brit. Mus.	Herakleskopf mit Löwenhaut.	Hahn n. r. in punktirter Einfassung. Das Ganze in vertieftem Einschlag.
1.67	= 25¾ Borrell N. C. 4, 6. pl. n. 4.		

Samothrake.

Attischer Fufs.

3.10	Par. Mus. Mion. S. 2, 542, 9.	Pallaskopf nach links.	ΣΑΜΟ Magistratsname, Kybele auf Sessel sitzend, in der R. Schaale, die L. auf Lanze gestützt, neben dem Sessel Löwe.
1.18	= 22¾ Prokesch in. 1854.	Verschleierter Demeterkopf.	Widderkopf nach links in vert. Viereck.

Thasos.

1. Gold. I. Periode.

2.68	= 50.5 Mion. 6, 615, 17. Pl. 40, 2.	Zwei Delphine über einander, der eine n. r., der andere n. l., dazwischen 2 Kügelchen.	Diagonal getheiltes Quadr. inc.
0.79	Mus. Luynes.	Satyrkopf nach links.	Θ Zwei Delphine.

III. Periode. Attischer Fufs.

3.95	Par. Mus. Mion. 1, 433, 18.	Bakchoskopf mit Epheu bekränzt.	ΘΑΣΙΟΝ Herakles knieend und Bogen abschiefsend, im Felde Traube.
2.79	= $43\frac{1}{2}$ Ivanoff 4.		

2. Silber. I. Periode. Aeginäischer Fufs.

12.55	Brit. Mus.	Zwei Delphine übereinander, der eine n. r., der andere n. l.	Alterthümliches, mit diagonalen Linien durchzogenes, mehrfeldriges, eingeschlagenes Viereck.
12.35	Brit. Mus. (vgl. Mion. Pl. 37, 5).		
12.25	Brit. Mus.		
12.20	Brit. Mus.		
12.10	Brit. Mus.		
11.85	Brit. Mus.		
9.71	= 183 Leake Ins. Gr. 44.		
5.95	Brit. Mus.		
0.65	Brit. Mus.		
0.48	Brit. Mus.		
0.32	Brit. Mus.	Ein Delphin.	Eingeschlagenes Viereck.
0.68	= 9.1 Leake Ins. Gr. 44. (vgl. Cousinery pl. VI, 19) Mion. S. 2. pl. 8, 2.	Zwei Delphine übereinander, der eine n. r., der andere n. l., im Felde 3 Kügelchen.	Viergetheiltes eingeschlagenes Viereck.
0.47	Brit. Mus.	Silenkopf.	ΘΑΣΙ Zwei Delphine über einander, der eine nach rechts, der andere nach links.
0.46	Brit. Mus. 3.		
0.35	Mus. Luynes.		
0.35	= 6.3 Leake Ins. Gr. 44. (Brit. Mus.) vgl. Cousin. pl. VI, 16. Mion. S. 2. pl. 8, 8.		
0.30	Brit. Mus. (vgl. Mion. S. 2. pl. n. 7, zu S. 545 [?]).	Silenkopf (?)	ΑΘ Delphin.

II. Periode. Babylonisch-persischer Fufs.

2.65	Brit. Mus. (Mion. S. 2. 545. pl. n. 8).	Doppelkopf des Bakchos.	ΘΑΣ Zwei Dioten in vert. Viereck.
1.70	= $38\frac{3}{4}$ Mionnet 1, 434, 26.		
0.95		Nackender Satyr knieend, in der ausgestreckten Rechten Diota haltend.	ΘΑΣΙΩΝ Diota.
0.85	(?)		
0.80			
0.77	Brit. Mus. vgl. Mionnet S. 2, 545. pl. n. 9.		
0.75	(?)		
0.70			
0.65			
1.16	Brit. Mus. vgl. Cadalvene taf. 1, 14.	Dasselbe.	ΣΑΡΑΤΟ Diota.

Den Münzen der Pangäischen Bergwerke nachgebildet.

1. Babylonisch-persischer Fuss.

10.25	Brit. Mus.	Nackender Satyr knieend u. Weib im Arme haltend, zuweilen ΘΑ vgl. Mion. S. 2. pl. n. 2. S. zu S. 543.	Viergetheiltes eingeschlagenes Viereck.
9.70	Brit. Mus.		
9.64	Brit. Mus.		
9.45	Brit. Mus.		
9.30	Brit. Mus.		
9.20	Brit. Mus.		
9.10	Brit. Mus.		
9.05	= 139⅔ Northw. C. 496.		
8.96	Brit. Mus.		
8.88	= 137 Northw. C. 497.		
	2. Attischer Fuss.		
8.80	Brit. Mus.	(Θ) Dasselbe. Die leichtern Exemplare dieser Kleinmünzen wurden Drittel des Staters babylonisch-persischen Fusses sein.	Dasselbe.
8.77	= 135⅓ Northw. C. 497.		
8.70	Brit. Mus. 2.		
8.43	= 130⅛ Northw. C. 498.		
8.35	Brit. Mus.		
8.34	= 128.9 Leake Ins. Gr. 44.		
8.10	Brit. Mus. 2.		
4.21	Brit. Mus.		
3.60	Brit. Mus. 2.		
3.55	Brit. Mus. 2.		
3.51	Brit. Mus.		
3.45	Brit. Mus.		
3.44	= 53.1 Leake Ins. Gr. 45.		
3.35	Brit. Mus.		
	III. Periode. Kleinasiatischer Fuss.		
15.23	= 234 Leake Ins. Gr. 44 (vgl. Mion. pl. 55, 5 = n. 14).	Epheubekränzter Bakchoskopf.	ΘΑΣΙΟΝ Herakles knieend den Bogen spannend in vertieftem Viereck, im Felde Symbol. (Biene oder Cicade)
15.16	= 287½ Mion. 16.		(Fliege)
15.00	= 282⅔ Mion. 15.		(Schild)
14.66	Brit. Mus.		(Schild)
13.40	Mus. Leyden.		
7.00	Brit. Mus.		(Keule)
6.97	= 131¾ Mion. 24.		(Monogramm)
6.95	Brit. Mus.		(Monogramm)
6.58	= 124 Mion. 25.		(Monogramm)
3.64	Brit. Mus. (vgl. Mion. Pl. 55, 11 = n. 24).		(Biene)
3.80	Brit. Mus.		(Vase)
3.77	= 71 Mion. 18.		(Kopf)
3.76	= 58.1 Leake Ins. Gr. 44.		(Kopf)

8.75	Brit. Mus.	Epheubekränzter Bakchoskopf.	ΘΑΣΙΟΝ Herakles knieend den Bogen spannend in vertieftem Viereck, im Felde Symbol. (Kopf)
8.70	Brit. Mus.		(Helm)
8.68	= 69⅛ Mion. 19.		(Caduceus)
8.57	= 67½ Mion. 23.		(Heuschrecke)
8.56	Pinder 206.		(Schild)
1.75	Brit. Mus.	Dasselbe.	ΘΑΣΙΩΝ Keule, beides umgeben von Lorbeerkranz.
1.70	Pinder 207.		
1.67	= 25.8 Leake Ins. Gr. 45.		
1.59	= 24.7 Leake Ins. Gr. 45.		

IV. Periode. Attischer Fufs.

16.61	= 256.5 Leake Ins. Gr. 45.	Unbärt. epheubekr. Bakchoskopf.	ΗΡΑΚΛΕΟΥΣ ΣΩΤΗΡΟΣ Nackter Herakles v. v., die R. auf Keule gestützt, auf d. L. Löwenhaut, im Felde Μ darunter ΘΑΣΙΩΝ.

Münzen der thrakisch-makedonischen Völkerschaften zwischen dem Bertiskos und Nestos.

a) In Thrakien.

Edoner.

1. Getas.

27.70	Brit. Mus. = Leake Kings 19 (427.6) vgl. Millingen Syll. pl. I, 15 (wie das folgende Exemplar 1846 im Tigris gefunden).	Nackter Mann mit der Kausia bedeckt, hinter zwei Ochsen. Das Ganze in Perlenkranz.	ΓΕΤΑ ΒΑΣΙΛΕΩΣ ΗΔΩΝΑΝ um den Rand eines viergetheilten eingeschlagenen Quadrats.
27.10	Brit. Mus. = Leake Kings 19 (417.6) vgl. Millingen Syll. pl. I, 16.	Dasselbe.	ΓΕΤΑΣ ΗΔΟΝΕΟΝ ΒΑΣΙΛΕΥΣ Dasselbe.

2. Derronikos.

40.30	Par. Mus.	ΙϘϘƎΔ Mann neben 2 Ochsen (in d. R. Caduceus haltend). Das Ganze in Perlenkranz.	Viergetheiltes flach vertieftes Quadrat.
34.50	Mus. Luynes.	ΔΕΡΡΟΝΙΚΟΣ 2 Stiere vor Pflug n. L., im Felde Kugel im Kreise.	Vierschenklige Figur in flacher Vertiefung

---

40.55	Brit. Mus. (in Iotib gefunden) vgl. Num. Chr. 1864, 104. pl. 6, 1.	Männl. Figur in einem von 2 Stieren gezogenen Wagen sitzend, im Felde darüber Helm.	Dreibein, zw. dessen Schenkeln Blumen.
34.85	Mus. Luynes.	Dasselbe.	Dreibein.
—	Mus. Cumberbatch, Newton Tr. I. 1b, Levant 2. 24 „Dodecadrachm."	Dass., unter Wagen Lotosblume.	Dasselbe.

—	Mus. Christ Church.' Newton a. a. O. „12 dr."	Männl. Figur in einem v. 2 Stieren gez. Wagen sitz., üb. d. Gespann Rosette, unter Wagen Blume.	Dreibein.
—	Mus. Gibl. Newton a. a. O. „12 dr."	Dasselbe, über Gespann Helm, darunter Blume.	Helm (oder behelmter Kopf).

Orreskier.

1. Gold.

—	Cadalvene Rec. S. 76. Vign. a. l. „Gold" (bei Lysimachia gefunden).	Kentaur Weib tragend n. r., Kopf umgewandt.	Viergetheiltes vertieftes Viereck.

2. Silber.

28.18	Brit. Mus. = Leake Eur. 82 (434.1) vgl. Cousinery II. pl. VI, 6. 7.	ΟΡΡΗΞΚΙΟΝ Nackter Mann hinter 2 Ochsen stehend, in der R. 2 Speere haltend, in Perlenkranz.	Flaches viergetheiltes eingeschl. Viereck.
27.40	= 816 Mionnet S. 2, 86, 529. pl. 6, 2.		
9.60	Mus. Luynes. vgl. Cousinery II. pl. 6, 10.	ΩΡΗΣΚΙΟΝ Reiter m. Tunica bekleidet neben Pferd, das er am Zaume hält.	Unregelmässiges Quadr. inc.
9.00	Mus. Luynes.	Satyr (? Kentaur) knieend, Weib im Arm haltend.	Viergetheiltes eingeschlagenes Viereck.
9.89	Mus. Luynes.	ΝΟΙΚΞΗΡ.Ο Dasselbe.	Dasselbe.
10.39	Brit. Mus. = Leake Eur. 82 (157.7).	ΝΩΙΚΣΗΡΟ Kentaur knieend, Weib in den Armen haltend.	Viergetheiltes Quadr. inc.
10.10	Brit. Mus.	Schrift unleserlich. Dasselbe.	Dasselbe.
9.50	Par. Mus. Mion. S. 594. pl. 6, 1. vgl. Cousin. II. pl. 6, 9.	ΝΩΙΚΞΗΡΩ Dasselbe, darüber Kügelchen.	Dasselbe.
10.00	= 154⁰/₀ Northw. 576.	Dasselbe ohne Schrift.	Dasselbe.
9.75	= 150⁰/₀ Northw. 577.		
9.45	= 178⁰/₀ Mion. S, 83, 15.	Dasselbe mit Schrift und einem Kügelchen.	Dasselbe.
9.40	Brit. Mus.	Dasselbe ohne Schrift.	Dasselbe.
9.37	= 176⁰/₀ Mion. S, 84, 17.	Kentaur knieend, Weib in seinen Armen haltend, mit Schrift.	Viergetheiltes eingeschlagenes Viereck.
9.25	= 144.8 Thomas 997.	(Ohne Schrift).	
9.19	= 142 Northw. 577.	(Ohne Schrift).	
9.18	= 172 Mionnet S, 83, 14. Pl. 45, 7.	(Mit Schrift u. einem Kügelchen).	
9.77	= 184.3 Mion. S, 84, 16. Pl. 50, 2.	Dasselbe mit Schrift.	Helm in der Mitte eines eingeschlagenen Vierecks.

Berga.

3.31	Prokesch In. 1859. taf. 1, 11.	Satyr, Weib in den Armen halt.	ΒΕΡΓΑΙΟΝ[1]) um ein viergetheiltes vertieftes Viereck, dessen Grund punktirt ist.
9.28	Par. Mus.	Dasselbe.	Β[ΕΡ]ΓΑΙΟΥ (der letzte Buchstabe kann auch Ν sein) Dasselbe.

[1]) Nach der Beschreibung, auf der Abbildung ΓΕΡΓΑΙΟΝ.

Par. Mus. Par. Mus. Par. Mus. = 18 ½ Whittall 72.	ΣΓΑΡ Vordertheil eines Pferdes.	Adler oder Taube in vertieftem Viereck.

b) in Makedonien.

Bisalter.

= 551 Mion. S. 3, 48, 224. = 489.1 Northw. 644. Brit. Mus. (unter Alexander I.) Mus. Luynes. Mus. Luynes.	Nackter Mann mit der Kausia bedeckt u. 2 Speeren bewaffnet neben Pferd stehend.	Viergetheiltes eingeschlagenes Viereck.
= 446 Leake Eur. 157. = 440.2 Leake.	ΒΙΣΑΛΤΙΚΟΝ Dasselbe.	Dasselbe.

Mosses.

1. Gold (?).

Par. Mus. (Blasses Gold, wohl nur verg., vgl. oben S. 206).	Dasselbe ohne Schrift.	ΜΟΣΣΕΩ um ein viergetheiltes Viereck in Relief. Das Ganze in vertieftem Viereck.

2. Silber. 1. Attischer Fuſs.

Brit. Mus. vgl. Cousinery II. pl. 5, 15. = 78 Mionnet S. 3, 49, 327. pl. 5, 7. (i. F. des Av. Epheuzweig).	Nackter Mann mit der Kausia bedeckt u. 2 Speeren bewaffnet neben Pferd stehend.	ΜΟΣΣΕΩ Dasselbe.

2. Kleinasiatischer Fuſs.

Brit. Mus. = 69 Mion. S. 326. pl. 5, 6. = 54.9 Leake Eur. 82. = 53.9 Thom. 1001. Northw. 643. Brit. Mus. 3.	Nackter Mann mit der Kausia bedeckt u. 2 Speeren bewaffnet neben Pferd stehend.	ΜΟΣΣΕΩ um ein viergetheiltes Viereck in Relief. Das Ganze in vertieftem Viereck.
Mus. Luynes. = 48.5 Leake Eur. 82.	(i. F. Helm)	(ΜΟΣ ΩΕΣ)

Bottiaeaten.

Kleinasiatischer Fuſs.

3.53	= 54.6 Whittall 118.	Makedonischer Schild.	ΒΟΤΤΕΑΤΩΝ auf Vordertheil einer Galere. (im Felde ΦΙ ΔΙ) (ΗΡ in Monogramm)
3.10	= 48 Ivanoff 23.		
1.64	= 25.4 Leake Eur. Gr. 29.		

Letaeer.

Babylonischer Fuſs.

1. Aeltere Reihe.

0.23	Longpérier R. ar. 1861. p. 414. pl. 18, 4.	Satyr, Weib, das vor ihm steht, am Arm fassend, im F. 4 Kügelchen.	Eingeschlagenes Viereck.
0.00	Brit. Mus. 5 andere Expl. zu 9.90, 9.85, 9.64, 9.55, 9.45.	Dasselbe, i. F. meist Kügelchen.	Alterthümliches diagonal getheiltes eingeschlagenes Quadrat.
0.00	Mus. Luynes. 2 andere Ex. zu 9.70, 9.60 (mal. Pasonen).		
9.70	Par. Mus. Mion. 1, 53, 2. vgl. Pl. 40, 7, u. 3 andere Expl. im Par. Mus. zu 9.60, 9.60, 9.30 Gr.		
9.64	Pinder 205. taf. 1, 8.		
8.80	Brit. Mus.		

2. Jüngere Reihe.

9.96	Brit. Mus. 5 andere Exempl. zu 9.91, 9.75, 9.72, 9.60, 9.52 Gr.	Satyr, Weib, das vor ihm steht, am Arm fassend, zuweilen Kügelchen im Felde.	In 4 Quadrate senkrecht getheiltes eingeschlagenes Viereck.
9.95	Par. Mus.		
9.80	Par. Mus. Mion. 1, 53, 3. vgl. S. 3. pl. 6, 5.		
9.69	= 182⅗ Mion. S. 494. pl. 6, 6.	Λ Satyr stehend, Weib, das vor ihm steht am Arme fassend, im Felde Kügelchen.	Dasselbe.
9.55	= 147.7 Leake Eur. Gr. 60. vgl. Mionnet Pl. 44, 4.	Satyr knieend, in seinen Armen Weib haltend.	Dasselbe.
9.37	Mus. Luynes. 2 andere Ex. zu 8.95, 8.75 Gr.		
9.26	= 143 Leake Eur. Gr. 60.		
9.45	= 178 Mion. 1, 84, 19 = S. 3, 81, 497. Pl. 50, 3. Cousinery II. taf. 6, 12.	ΝΟΙΑΤΞΛ Kentaur, Weib in seinen Armen haltend.	Helm, links davon ΝΟΙΑΤΞΛ darunter derselbe Name noch einmal, aber undeutlich.
1.30	C. Rehr 172. vgl. Cousinery II. taf. 6, 13.	Geschwänzter Satyr auf einem Bein knieend.	Flaches, senkrecht oder diagonal in 4 Quadrate getheiltes eingeschl. Viereck.
1.23	Brit. Mus. 8 andere Expl. zu 1.07, 0.92, 0.90, 0.84, 1.05 (?), 1.06, 0.78 Gr., die Rückseite der letzteren 2 diagonal getheilt.		

1.13	= 17.5 Leake Eur. 61.	Geschwänzter Satyr auf einem Bein knieend.	Flaches, senkrecht oder diagonal in 4 Quadrate getheiltes eingeschl. Viereck.
1.10	Mus. Luynes.		
1.05	Mus. Luynes.		
1.20	C. Behr 124. vgl. Cousinery II. taf. 6, 15. Mionn. Pl. 41, 2 (= S. 112, 17).	Geschwänzter Satyr auf seinen Hacken hockend, in der R. Rhyton, i. F. Kügelchen.	Dasselbe.
1.17	= 18.1 Leake Eur. 61.	(3 Kügelchen)	(Diagonal getheilt)
1.09	= 16.8 Leake Eur. 61.	(2 Kügelchen)	
1.00	C. Behr 123.	(1 Kügelchen)	(Diagonal getheilt)
0.93	Mus. Luynes.		
2.45	Mus. Luynes.	Satyr knieend nach rechts.	Löwenkopf nach rechts in vert. Viereck.

b) Makedonien.

Goldmünzen ungewisser Herkunft.

1.26	= 19.4 Borrell 33 (Par. Mus.).	Ein Viereck in Relief mit unregelmässiger Oberfläche, Halbkreise an den vier Ecken. Diese und die folgenden im Cat. der Borrell'schen Sammlung angeführten Goldmünzen sind in der Nähe von Salonica gefunden worden.	Unregelmässiges Quadr. inc.
1.23	Par. Mus.		
1.19	= 18.4 Borrell 37 (Par. Mus.).		
0.65	Mus. Behr-Negendank 2.		
0.63	Mus. Behr-Negendank 2.		
0.61	= 9.5 Borrell 34.	Dasselbe ohne die Halbkreise.	Dasselbe.
0.60	= 9.4 Borrell 35. 36 (2).		
0.60	= 9.3 Borrell 35.		
0.31	= 4.4 Borrell 39. Neapolis?	Roh ausgeführte Maske v. vorn.	Unregelmässiger Einschlag.
0.32	= 4.9 Borrell 40. Maroneia?	Kopf eines Pferdes.	Dasselbe.
1.34	= 20.8 Whittall 105.	Halbkreis auf Kegel?	Vertiefter Einschlag.
1.34	= 20.6 Whittall 107.	Fischkopf und Kopf eines Hahns?	Dasselbe.
0.65	= 10.2 Borrell 42.		
0.64	= 10.1 Borrell 41.	Kopf eines Fisches.	Eingeschlagenes Viereck.
0.63	= 9.8 Whittall 106. Amphipolis?		

2.22	Par. Mus. Lenorm. M. des Lag. pl. VIII, 9 (Zieml. dunkles Gold).	Diagonal getheiltes Quadrat in Relief.	Dasselbe.

Akanthos.

I. Elektron.

0.383	= 6 Whittall 108.	Stier n. r., Kopf rückw. gewendet.	Einschlag.

17.64	= 332½ Mionnet I, 461, 66. S. 3. pl. 8, 7.	(Θ Stierschädel)	Viergetheiltes eingeschlagenes Viereck.
17.43	= 328 Mionnet 65. S. 3. pl. 8, 6.	(Stierschädel)	
17.35	Brit. Mus.		
17.197	= 264.5 Northw. C. 548.	(Im Felde Θ)	
17.10	Pinder 318.	Löwe Stier zerfleischend, im F. oft Stierschädel und Θ.	
17.06	= 262½ Hunter p. 6.		
17.00	Brit. Mus.		
17.00	Mus. Luynes. Im Brit. Mus. noch 3 Ex. zu 16.93, 16.90, 16.75 Gr. Bei Mion. 63. S. 3, pl. 3, 5 zu 15.80 = 297.5.		
16.86	= 317½ Mion. 62. Pl. 45, 6.	Löwe Eber zerfleischend.	Dasselbe.
8.91	Brit. Mus., noch 3 Ex. im Brit. Mus. zu 8.90, 8.75, 8.51 Gr.	Vordertheil eines fress. Löwen.	Dasselbe.
3.60	Brit. Mus.		
3.35	Brit. Mus.	(i. F. Kranz)	
		Vordertheil eines Löwen n. r. im Perlenkranz.	Flach vertieftes viergetheiltes Viereck.
1.90	Behr 115.		
1.85	Brit. Mus.	(Blume)	
4.11	= 63.5 Leake Eur. 2.	Stier kniend n. r., umschauend n. l., darüber Delphin.	Rad im vertieften Viereck.
2.30	C. Behr 116.		
2.65	Brit. Mus.	Vordertheil eines rückschauenden Stiers, i. F. meist Beizeichen oder Buchstaben.	
		(Blume)	
2.60	= 40.3 Leake Eur. 2.	(Stierschädel)	
2.57	Brit. Mus.	(Ohne Beizeichen)	
2.36	= 44½ Mion. 94.	(„ „)	Eingeschlagenes viergetheiltes Viereck.
2.33	= 36 Leake Eur. 2.	(Im Felde Lorbeerzweig)	
2.30	Brit. Mus.	(Ohne Beizeichen)	
2.18	Brit. Mus.	(„ „)	
2.15	= 33.5 Leake Eur. 2.	(Im Felde Α)	
2.15	Brit. Mus.	(ΠΕ)	
2.10	Brit. Mus.	(ΕΥ)	
16.40	Brit. Mus.	Löwe Stier zerfleischend. (Im Felde Blatt)	ΑΚΑΝΘΙΟΝ um ein viergetheiltes Quadrat. Das Ganze im vertieften Viereck.
15.85	= 244.7 Leake Eur. 2.	(Im Felde Thunfisch)	
1.30	Brit. Mus. vgl. Hunter taf. 1, 17. Cadalvene taf. 1, 22.	Behelmter Pallaskopf.	ΑΚΑΝ zwischen den Speichen eines Rades.
1.23	Brit. Mus.		
1.18	Brit. Mus.		

II. Periode. Kleinasiatischer Fuſs.

14.43	= 271⅔ Mion. 89. S. 3. pl. 4, 4.	Löwe Stier fressend, darunter meist Magistratsname. (.ΛΕΞΙΟΣ)	ΑΚΑΝΘΙΟΝ um viergetheiltes Quadrat in Relief. Das Ganze in vertieftem Viereck.
14.30	Brit. Mus.	(ΑΛΕΞΙΣ)	
14.28	= 269 Mion. 92. S. 3. pl. 4, 1.	(Ohne Magistratsname)	
14.27	= 268⅔ Mionnet 88. S. 3. pl. 4. 3.	(ΑΛΕΞΙΣ)	
14.25	Brit. Mus.	(Ohne Name)	
14.20	Mion. 90. Pl. 44, 2.	(ΑΛΕ)	
14.12	= 218.1 Northw. C. 569.	(Delphin i. F.)	
14.07	= 265 Mion. 91. S. 3. pl. 4, 2.	(ΠΟ)	
14.03	= 217.1 Leake Eur. 2.	(ΑΛΕΞΙΣ)	
14.00	Brit. Mus.	(Fisch, ohne Schrift)	

Aeane.

Babylonisch-persischer Fuſs.

9.20	= 142 Borrell N. C. 3, 133.	ΑΕΑΝΙΩ (sehr alterthümliche Schrift) Kentaur Weib forttragend, im F. Blume.	Viergetheiltes eingeschlagenes Viereck.

Aeneia.

2.56	Brit. Mus. = Leake Eur. 5. (39 Gr.)	Behelmt. Aeneaskopf archaischen Stils.	4 rechtwinklige Zapfenlöcher.
2.35	Brit. Mus. = Leake Eur. 5. (34.8 Gr.) Millingen Syll. pl. 2. 16.	Behelmter Aeneaskopf mit kurzem Bart.	ΑΙΝΕΑΣ um vierfeldriges Quadrat. Das Ganze in vertieftem Viereck.
2.85	Brit. Mus.		

Amphipolis.

Kleinasiatischer Fuſs.

14.52	Mus. Luynes.	Lorbeerbekränzt. Apollokopf v. v.	ΑΜΦΙΠΟΛΙΤΕΩΝ um ein Viereck, in dessen Mitte Fackel. Das Ganze in vertieftem Viereck.
14.31	Mus. Luynes.		(im Felde Dreifuſs)
14.10	Brit. Mus. = 217.4 Leake Eur. 10.		(Biene)
14.06	= 217⅕ Borrell N. C. 3, 134.		(Dreifuſs)
14.47	= 272.5 Mion. 1, 463, 101*). S. 3. pl. 5, 2.	Dasselbe.	ΑΜΦΙΠΟΛΙΤΩΝ Dasselbe (Schild).
14.42	= 271.5 Mion. 102. S. 3. pl. 5, 1. Pl. 49, 6.		(Pflanze)
14.34	= 221.3 Northwick 570.		(Schild)
3.60	Brit. Mus. vgl. Mion. S. 3. pl. 5, 3.	Dasselbe.	ΑΜΦΙΠΟΛΙΤΕΩΝ Dasselbe.

*) So ist wohl bei Mion. Poids S. 51 statt 108 (Æ 8½) zu schreiben.

3.57	Mus. Laynes.	Lorbeerbekränzt. Apollokopf v. v.	ΑΜΦΙΠΟΛΙΤΕΩΝ um ein Viereck, in dessen Mitte Fackel. Das Ganze in vertieftem Viereck.
1.73	Mus. Laynes.		
1.69	Brit. Mus.		
1.65	= 25.4 Leake Eur. 10.		
1.60	Brit. Mus.		
2.40	Mus. Laynes.	Dasselbe.	ΑΜΦΙ Fackel. Das Ganze in Lorbeerkranz.
2.37	= 36½ Borrell N. C. 3, 134. pl. n. 1.		
0.53	Brit. Mus.	Lorbeerbekränzt. Apollokopf n. r.	ΑΜΦΙ Fisch in vertieftem Viereck. (ΑΜ)
0.47	Mus. Laynes.		
0.45	Brit. Mus.		
0.44	= 6.9 Leake Eur. 10.		
0.44	= 6.9 Leake Eur. 10.		

Apollonia.

Kleinasiatischer Fuſs.

1.64	= 25.3 Borrell N. C. 11, 57, 1.	Löwenkopf von vorn.	ΑΠΟΛ in den 4 Abschnitten eines vert. Vierecks.
0.23	= 3.5 Borrell a. a. O. 2.	Dasselbe.	2 Kugeln in 2 von 4 Abschnitten eines vertieften Vierecks.
0.24	= 3.7 Borrell a. a. O. 3.	Ameise.	ΑΠΟΛ wie No. 1.

Chalkis.

1. Gold.

9.29	= 175 Mionnet S. 3, 60, 384 und Abbildung ebendas.	Lorbeerbekränzt. Apollokopf n. r.	ΧΑΛΚΙΔΕΩΝ Leier, darunter ΕΠΙ ΟΛΥΜΠΙΚΟΣ.
8.614	= 133 Borrell 31.		(Magistratsname nicht gekommen)

2. Silber. Kleinasiatischer Fuſs.

14.55	Brit. Mus.	Lorbeerbekränzter Apollokopf.	(Dreifuſs) ΧΑΛΚΙΔΕΩΝ Leier in flachem Quadrat.
14.49	Brit. Mus.		
14.48	Brit. Mus.		
14.45	Brit. Mus.		
14.43	= 271¾ Mion. 2, 304, 23.		
14.42	Mus. Laynes.		
14.42	= 271½ Mion. 22.		
14.34	= 221½ Northw. C. 572.		
14.31	= 221 Leake Eur. 52.		
14.31	Mus. Laynes.		
14.29	Mus. Laynes.		
14.20	Brit. Mus.		
13.31	= 252 Mion. 24.		
14.50	= 224 Northw. C. 573.	Dasselbe.	ΧΑΛΚΙΔΕΩΝ Dasselbe. ΕΠΙ Magistratsname. (ΠΟΛΥΞΕΝΟΥ)
14.47	= 272½ Mion. 26. Pl. 74, 1.		(ΑΣΚΛΗΠΙΟΔΩΡΟ darüber ΚΡΑ)

14.42	= 271½ Mion. 27.	Lorbeerbekränzter Apollokopf.	ΧΑΛΚΙΔΕΩΝ Dasselbe. ΕΠΙ Magistratsname.
			(ΛΕΑΔΕοΣ)
14.31	= 269½ Mion. 22.		(ΣΤΡΑΤΩΝΟΣ)
14.30	Brit. Mus. (Leake 220.5).		(ΠΟΛΥΞΕΝο)
14.18	= 219 Fox I, 67.		(ΕΥΔΩΡΙΔΑ)
14.03	= 216.5 Leake Eur. 33.		(ΑΡΙΣΤΩΝοΣ)
14.06	Brit. Mus.		(.)
2.37	= 44½ Mion. 23.	Dasselbe.	ΧΑΛΚΙΔΕΩΝ Leier in flach vertieftem Viereck. (Dreifuss)
2.36	= 36.5 Leake Eur. 33.		
2.35	Mus. Luynes.		
2.37	Brit. Mus. 5.		
2.30	Brit. Mus.		
2.287	Pinder 219.		
2.28	Brit. Mus.		
2.16	= 40⅔ Mion. S. 2, 60, 322.		
—	Cadalvene taf. 1, 28.	(ΟΛΥΝΘ)	
0.32	Brit. Mus. vgl. Cadalvene R. taf. 1, 25.	Dasselbe.	ΧΑΛΚΙ rückläufig Dreifuss.

Herakleia Sintike (siehe oben S. 436).

Eion *) (?)

1. Aeltere Reihe. Attischer Fuss.

4.10	Par. Mus.	Zwei Schwäne gegen einander gekehrt, dazwischen Θ, darüber Eidechse.	Diagonal getheiltes eingeschl. Viereck.
3.60	Par. Mus.		
1.20	Par. Mus. Mion. 1, 271, 107 unter Kamarina (= 23 Gr.).	Ein Schwan n. r., der den Kopf n. l. zurückwendet, im Schnabel Eidechse.	Dasselbe.
1.15	Par. Mus. (?).		
1.05	Par. Mus.		

2. Jüngere Reihe (flacheres Gepräge).

1.29	= 24⅓ Mion. S. 3, 79, 485.	Schwan, l. F. Eidechse, darunter Vogel Θ, davor Θ.	In 4 Felder senkrecht getheiltes eingeschlagenes Viereck.
1.10	Par. Mus.	Dass. in der Mitte eines Perlenkr.	
1.07	= 19.5 Mionnet 1, 272, 108.	(O) (Ohne Eidechse)	
0.90	Mion. 1, 272, 109 (= 17 Gr.).		
0.90	Mion. S. 479. pl. VI, 1.	(Λ)	
0.90	Mion. 1, 272, 111.	(ΙΙ)	
0.85	Par. Mus. Mion. 110.	(ΑΥ)	
0.84	Mion. S. 3, 78, 480.	(Η)	
0.35	= 5½ Burrell N. C. III, 138.	Zwei Schwäne, darüber Epheublatt, darunter Η.	Eingeschlagenes Viereck.

*) Nach Mion. S. 3, 78 gehören diese Münzen nach Herakleia Sintike, nach Dumersan nach Eion, nach Burrel N. C. 3, 138 die mit Η bezeichneten nach letzterer Stadt, die mit andern Buchstaben bezeichneten nach andern Orten.

Mende.

Attisches Gewicht. 1. Aeltere Reihe.

.91	= 316 ½, Mion. S. 3, 62, 500, (pl. VII, 1).	MIN Geiler Esel, auf dessen Rücken Rabe, vor Weinstock.	Eingeschlagenes Viereck in Windmühlenflügelform.
.85	= 317 Mionnet 1, 477, 304. Pl. 28, 5.	MINΔAON Geiler Esel, auf dessen Rücken Rabe.	Dasselbe.
.83	Mus. Luynes.	Geiler Esel, auf dessen Rücken Rabe.	Dasselbe.
.73	= 51 ½, Mion. 302. vgl. S. 3. pl. 7, 2. Die Aufschrift unvollständig bei Mionnet.	MINΔA Geiler Esel, vor Weinstock.	Dasselbe.
.56	Mus. Luynes. vgl. Cadalvene pl. 1, 27.	Geiler Esel.	Dasselbe.

2. Jüngere Reihe.

.71	= 314 ½, Mionnet 308. Pl. 48, 4.	(l. F. Rabe auf Zweig) Silen auf Esel, in der R. Diota.	MENΔAION Weinstock in der Mitte eines Vierecks. Das Ganze in vertieftem Quadrat.
.68	= 308 ½, Mion. 307.		
2.30	Brit. Mus.	Silen auf Esel.	MENΔAIH Diota in vert. Viereck.
2.29	Brit. Mus.		
2.04	= 38 ½, Mion. 306. vgl. S. 3. pl. 7, 3.		
2.42	Mus. Luynes. vgl. Mion. S. 3. pl. 7, 4.	Silen neben Esel stehend.	MENΔAION Rabe in vert. V.
0.44	Prokesch 1854.	Behelmt. Kopf „der Menda" n. l.	M Cantharus, zu beiden Seiten Epheublatt.
—	Cadalvene pl. 1, 26. Gr. ⅙.	Eselvordertheil.	Diota.

Neopolis.

1. Gold.

—	Borrell N. C. 6, 189, in Cavalla, dem früheren Neapolis, gefunden. Gr. ⅙.	Maske von vorn.	Trauben incus.

2. Silber. Babylonischer Fuss.

9.85	Brit. Mus.	Gorgokopf oder Maske von vorn mit ausgestreckter Zunge.	Diagonal getheiltes tief eingeschlagenes Viereck.
9.80	= 184 ½, Mion. S. 3, 83, 506. pl. 7, 5. Im Par. Mus. 2 andere Ex. zu 9.66, 9.60 Gr.	Dasselbe.	In 4 Quadrate getheiltes eingeschlagenes Viereck.
9.80	C. Behr 110.		
9.75	Brit. Mus.		
9.73	Mus. Luynes.		
9.60	Brit. Mus.		
9.50	Mus. Rauch.		
9.47	= 146.2 Leake Eur. 76.		
9.30	= 143.5 Northw. C. 578.		
4.84	= 72 ½, Mion. S. 504.		
3.74	= 57.9 Leake Eur. 78.		
3.70	Par. Mus. (2).		
3.65	Brit. Mus.		

8.52	= 64.5 Northw. C. 578.	Gorgokopf oder Maske von vorn mit ausgestreckter Zunge.	
8.45	Brit. Mus.		
8.38	= 63⅓ Mion. 2, 653, 7.		
1.10	Brit. Mus.		In 4 Quadrate getheiltes eingeschlagenes Viereck.
0.63	= 9.9 Leake Eur. 76.		(Diagonal getheiltes eingeschl. Viereck)
0.61	= 11.5 Prokesch 1854.		(. . . .)
0.60	Brit. Mus.		

Jüngere Reihen. Kleinasiatischer Fuſs.

8.71	= 70 Mionnet S. 3, 84, 512. Cousin. II. pl. 4. 8.	Dasselbe.	(NEO.)
8.60	Mus. Luynes.		
1.90	= 29⅓ Northw. C. 578.		NE ΓO
1.88	= 35⅓ Mion. 310.		Weiblicher Kopf n. rechts, die Haare nach hinten zurückgestrichen. Das Ganze in vertieftem Viereck.
1.88	Pinder 220.		
1.80	= 34 Mion. S. 510.		
1.80	= 34 Mion. 311.		
1.80	C. Behr 111.		
1.77	= 32⅓ Mion. 309.		
1.79	= 33⅓ Mion. S. 511.		(NEO.)
8.62	Brit. Mus. vgl. Cousinéry II. pl. 4, 1. Cadalvene S. 58.	Dasselbe.	
8.60	Brit. Mus.		NE ΓO Lorbeerbekränzter Frauenkopf n. r.
1.83	Brit. Mus.		
1.77	= 33.5 Mion. 312.		

Olynthos.

Persischer Fuſs.

5.375	= 83 Northw. C. 579.	Weiblicher Kopf.	ΟΛΥΝΘΙΝΩΝ um ein Viereck, in dessen Mitte Leier.
2.30	Brit. Mus. vgl. Cadalvene Recueil S. 72. pl. 1, 30.	Pferd vor Altar oder Säule.	ΟΛΥΝ in den 4 Ecken eines Quad. inc., in dem Adler mit ausgebreit. Flügeln, Schlange im Schnabel haltend.
—	Cadalvene pl. 1, 31.	Pferd springend.	Dieselbe Schrift und Bild.
—	Cadalvene pl. 1, 29.	Vordertheil eines springenden Pferdes, darüber H.	Dasselbe ohne Schrift.

Orthagoreia.

1. Babylonisch-persischer Fuſs.

10.60	Mus. Luynes.	Artemiskopf mit dem Köcher.	ΟΡΘΑΓΟΡΕΩΝ Spitzer makedonischer Helm, von einem (Monogramm) Stern gekrönt.
10.38	= 160.2 Northw. C. 580.		
9.81	= 154.4 Leake Eur. 82.		

2. Attischer Fuſs.

16.20	Brit. Mus.	Frauen(Artemis?)kopf.	ΟΡΘΑΓΟΡΕΩΝ Krabe.

Philippi.

1. Gold. Attischer Fuſs.

8.62	= 123 Brit. Mus. Leake Eur. 91.	Heraklkopf mit der Löwenhaut.	(Zweig, phrygischer Hut).
8.60	Mus. Luynes.		ΦΙΛΙΠΠΩΝ Dreifuſs, im Felde meist verschiedene Symb.

2. Silber. Kleinasiatischer Fuſs.

14.31	= 260½ Mionn. 1, 486, 274.	Heraklkopf mit der Löwenhaut.	ΦΙΛΙΠΠΩΝ Dreifuſs, im Felde meist verschiedene Symbole (Keule ΗΡΑ).
13.73	= 240 Mion. 273.		(Lorbeerzweig, Hacke)
13.00	Mus. Luynes.		
12.96	Mus. Luynes.		
3.18	Mus. Luynes.		
3.10	Brit. Mus. = Leake Eur. 91 (47.6).		(Bogen)
3.06	Brit. Mus.		(ohne Symbol)
1.69	= 26.1 Leake Eur. 91.		(?)
1.60	Mus. Luynes.		
1.55	Brit. Mus.		(Stab)

Potidaea.

1. Gold.

2.55	Par. Mus. (wohl nur vergold.)	Reiter mit Dreizack.	Mit Helm von Drahtgeflecht bedeckter archaisch gebildeter Pallaskopf nach rechts im vertieften Viereck.

2. Silber. Attischer Fuſs.

17.20	Brit. Mus. vgl. Millingen of gr. cit. and k. pl. 5, 1.	Nackter Reiter, Dreizack haltend, unter Pferd Stern.	Diagonal getheiltes eingeschlag. Viereck.
2.80	Par. Mus.	Nackter Reiter Dreizack haltend.	In 4 Quadrate getheiltes eingeschl. Viereck.
2.75	Par. Mus. 2.		
2.69	= 41½ Borrell N. C. 3, 169.		
2.64	= 40.8 Leake Eur. 94.		
2.62	= 40.6 Leake Eur. 94.		
2.65	= 44 Borrell N. C. III, 169.	Reiter, Dreizack haltend. (unter Pferd Stern).	Mit Helm von Drahtgeflecht bedeckter archaisch geformter Pallaskopf im vertieften Viereck.
2.78	= 42 Br. Mus. Borrell a. a. O.	(Stern)	
2.69	= 41.7 Brit. Mus. Leake Eur. 94 (= 41 Borrell a. a. O.).	(ΠΟ)	
2.65	= 41 Borrell N. C. III, 140 (Millingen Syll. pl. 2, 27).	(ΠΟ)	
1.37	= 18.9 Leake Eur. 94.	Reiter nach rechts.	Dasselbe.

Skione.

Attischer Fuſs.

2.017	= 28 Prok. 1854. taf. 1, 17.	Frauenkopf nach rechts.	ΣΚΙΩ Helm im vertieften Viereck.
0.949	= 16 Prokesch In. 1859.	Bärtiger Kopf.	Helm im vertieften Viereck.

16.56	= 320 Prokesch ined. 1854 (stark oxydirt).	Amphora ohne Fuss innerhalb eines stark gehobenen Kranzes.	Flaches viergetheiltes eingeschl. Viereck.
17.00	Brit. Mus.	Dieselbe in Perlenkranz.	Dasselbe.
17.24	= 271¼ Mionnet S. 789. pl. 6, 6.	TE Dieselbe mit Weintrauben umrankt.	Dasselbe.
3.20	Brit. Mus.	TE Krug.	Dasselbe.
3.19	Brit. Mus.		
3.36	= 56.8 Brit. Mus. Leake Eur. Gr. 107. vgl. Millingen Coins of Gr. c. a. h. pl. 5, 6.	Nackte bärtige Figur, auf linkem Bein knieend, in einen grossen Krug blickend, in Perlenkranz.	TE Ziege mit langem Bart in flach vertieftem Viereck.

Thermae (1).

0.77	= 14.5 Prokesch ined. 1854. taf. 1, 16.	Stier knieend, den Kopf umwendend.	Angeblich Θ in Quadr. incus.

Traelion.

—	Cadalvene pl. II, 5. 6. Gr. 1.	Aehre in Perlenkranz.	ΤΡ ΙΑ in den 4 Feldern eines Quadr. inc.
—	Cadalvene pl. II, 7. Gr. ⅘.	Traube in Perlenkranz.	Dasselbe.

Makedonische Könige.

1. Königs- oder Stadtmünzen von Aegae.

Babylonischer Fuss.

—	Prokesch In. 1859 unter Alexander I. taf. 1, 18, plattirt.	ΑΛΠ Knieender zurückschauender Ziegenbock in Perlenkranz.	Viergetheiltes flach eingeschlag. Viereck.
9.335	= 165 Mionnet S. 3, 176, 5. pl. 9, 4.	Derselbe ohne Schrift (im Felde 2 Kügelchen).	Dasselbe.
9.48	Brit. Mus. vgl. Cousinéry II. pl. 7, 11. Mionnet S. 3. pl. 9, 6.	(im Felde [monogram])	
9.40	Pinder 791.	(im Felde Θ)	
9.30	Mus. Luynes.	(„)	
9.39	= 145 Hunter 91. pl. 16, 15.	(im Felde Blume)	
6.10	Longpérier R. n. 1861, 416. vgl. Cousinéry II. pl. 7, 2.	Derselbe (ohne Symbol).	Dasselbe.
1.06	Mus. Luynes.		Dasselbe.
1.03	= 19.5 Mion. S. 1. pl. 9, 5.	(im Felde 2 Kügelchen)	
0.98	= 18.5 Mionnet S. 2.	Derselbe („).	
0.87	= 16.5 Mionnet S. 4.	(im Felde 2 Kügelchen)	
4.50	Mus. Luynes.	Rückschauender Stier.	Dasselbe.
2.50	Mus. Luynes.	Vordertheil eines rückschauenden Stiers.	Dasselbe.
2.31	Mus. Luynes.		

Alexander I. (498—454).

Kleinasiatischer Fuß.

Queipo p. 150. vgl. Cousinéry II. pl. 6, 16. = 446 Hunter M. Leake K. p. 1. = 545½ Mion. S. 3, 177, 18. pl. 10, 1. = 442 Br. Mus. Leake K. p. 1. = 531 Mionnet 3. Pl. 46, 1. = 408 Hunter M. Leake K. p. 1. = 77 Mionnet S. 19. = 63.4 Leake K. 1. = 63 Ivanoff 63. Brit. Mus. = 78½ Mion. 1, 506, 5.	(Im Felde Halbmond) Nackter nur mit kurzer Chlamys und Kausia bekleideter Mann neben Pferd stehend, 2 Speere haltend. Das Ganze im Perlenkreis.	ΑΛΕΞΑΝΔΡΟ um ein viergetheiltes Viereck. Das Ganze in vertieftem Quadrat.
= 29.3 Leake K. 1. vgl. Mion. S. 3, 177, 17. = 15.9 Leake K. 1.	Pferd.	Viergetheiltes flach eingeschlag. Viereck.

Wahrscheinlich Alexander I. zugehörige Münzen.

= 246 Mionnet 1, 506, 2. = 179.3 Whittall 194.	Reiter mit der Kausia bedeckt und 2 Speere haltend.	Viergetheiltes eingeschlagenes Viereck.
= 249 Mionnet 1, 507, 7. Pl. 65, 2. Par. Mus. = Mion. S. 3, 176, 24 (durchbohrt und versetzt), vgl. Cousinéry II. pl. 7, 7.	(Im Felde A)	Vordertheil eines rückschauenden Ziegenbocks in vertieftem Viereck.
Mus. Luynes.	Dasselbe.	(Im Felde Hermesstab)
= 202.3 Thomas 1004.		(Im Felde dasselbe)
= 192.8 Leake K. 1.		
Brit. Mus. (älter als d. Münzen mit ΑΡΧΕΛΑΟ).		(Im Felde dasselbe)

Perdikkas II. (?) (454—413).

= 86 Prokesch Ined. 1859. taf. 1, 13.	Ziegenbock knieend und den Kopf umwendend (Im Felde Lotosblume).	Vordertheil eines gezäumten springenden Pferdes.
= 35½ Prokesch In. 1854. taf. 1, 20.	Dasselbe.	Helm in flach vertieftem Viereck.

Archelaos (413—399).

1. Aufschriftlose Münzen, deren Zutheilung daher nicht ganz sicher ist.

Babylonisch-persischer Fuß.

1. Reihe.

Mus. Luyn. (under Alex. I.)	Reiter mit der Kausia bedeckt, 2 Speere haltend.	Helm in flach vertieftem Viereck.
Mus. Luynes.	Dasselbe.	Vierfach getheiltes eingeschlagenes Viereck.

2.75	Brit. Mus.	Reiter mit der Kausia, 2 Speere haltend, nach rechts.	Vordertheil eines Löwen in flach vertieftem Viereck.
2.35	Brit. Mus.		
2.30	Brit. Mus.		
2.25	= 45 Mion. 1, 507, 8.		
2.21	= 34.1 Leake 2.		(i. F. Hermesstab)
2.10	Brit. Mus.		(i. F. Hermesstab)
2.09	= 32.3 Leake 2.		(i. F. Hermesstab).
2.10	= 32.4 Thomas 1065.	Dasselbe, das Pferd im Lauf. (darunter Pflanze)	Dasselbe (i. F. Hermesstab).
2.07	= 39 Mionnet 10.		
2.06	= 32'', Mionnet 9.		

2\. Reihe.

2.06	= 33.5 Mionnet 12.	Pferd nach rechts schreitend. (das Pferd im Lauf)	Helm in vertieftem Viereck.
2.04	= 31.25 Mionnet 11.		
1.98	= 30.7 Leake 2.		
1.91	= 29.5 Leake 2.		
1.90	Brit. Mus.		
1.73	Behr 108.		
0.25	= 15 Mionnet S. 21.	Vordertheil eines Pferdes n. links.	Dasselbe.

2. Mit dem Namen bezeichnete Münzen.

1. Kleinasiatischer Fuſs.

14.34	= 270 Prokesch In. 1859. vgl. Mionnet 14.	Jugendlicher Kopf (des Apollo) mit Tänia.	ΑΡΧΕΛΑΟ Ross mit herabhängendem Zaum.

2. Babylonisch-persischer Fuſs.

1\. Reihe.

10.78	= 209 Mion. 14. Pl. 55, 4. Cousinéry taf. 7. 15.	Jugendlicher Kopf (des Apollo) mit Tänia.	
10.60	Mus. Luynes.		
10.37	= 160.1 Thomas 1065.		ΑΡΧΕΛΑΟ Dasselbe.
10.16	Pinder 272.		(ΑΡΧΕΛΑ)
10.17	= 196½ Mion. S. 3, 179, 28.		(Dasselbe)
10.17	= 157 Northw. 646.		
9.25	Brit. Mus.		
9.63	Brit. Mus.		
10.80	Mus. Luynes.	Frauenkopf (?) nach rechts.	ΑΡΧΕΛΑ Pferd n. r.

2\. Reihe.

9.33	= 153.8 Brit. Mus. Leake 1. vgl. Cousinéry taf. 7. 14.	Reiter mit der Kausia, 2 Speere haltend.	ΑΡΧΕΛΑΟ Vordertheil eines zurückschauenden Bocks in vertieftem Viereck.
9.71	= 150 Northw. 645.		

Kleinmünzen.

2.00	Brit. Mus. vgl. Cousinéry taf. 7. 12.	Pferd schreitend.	ΑΡΧΕΛΑΟ Helm in vertieftem Viereck.
1.96	Mionnet 15.		

Pausanias (390—389).

8.41	= 145½, Borrell N. C. 3, 141. 1. vgl. Cousinéry taf. 7, 16.	Jugendlicher Kopf mit Taenia.	ΠΑΥΣΑΝΙΑ Pferd schreitend n. r. in wenig vert. V.
7.859	= 140 Mionnet 1, 508, 15 (platirt).		
7.03	= 108.7 Leake 2. (wohl platirt. vgl. Borr. N. C. 3, 141.)	Jugendlicher „Herakleskopf" mit Taenia.	ΠΑΥΣΑΝΙΑ Dass., auf der Lende des Pferdes zuweilen Heroldstab.
—	Borrell a. a. O. (platirt).	Pferd im Lauf.	ΠΑΥΣΑΝΙΑ Vordertheil eines Löwen.
2.57	= 48.5 Mion. S. 3, 161, 23 (gegossen).		

Amyntas III. (389—383; 381—369).

0.59	= 169½, Borr. N. C. III, 144. vgl. Cadalvene R. S. 101, 2.	Reiter im Galopp mit der Kausia bedeckt, im Begriff die Lanze zu werfen. (auf der Lende des Pferdes Heroldstab).	ΑΜVΝΤΑ Löwe, im Rachen einen Lanzenschaft, die Spitze in seinem rechten Vorderfuss. Das Ganze in vertieftem Viereck.
0.41	Brit. Mus.		
0.39	Mus. Luynes.		(ΑΜΥΝ)
0.37	Brit. Mus. = 160.1 Leake 2.		
0.06	= 158.1 Northw. C. 849.		(ΑΜVΝΤ)
9.85	= 152½ Borrell N. C. 3, 144.		
9.63	= 179½ Mionnet S. 41.		(ΑΜVΝΤ)
0.55	Mus. Luyn. vgl. Cadalvene R. 101, 1.	Herakleskopf mit der Löwenhaut.	ΑΜVΝΤΑ Ungezäumtes Ross in vertieftem Viereck. (Leake giebt alle AR des Amyntas mit der in den Text aufgenommenen Form des υ, die von mir im Mus. Luynes und im Par. Mus. inspicirten Münzen haben indess alle Y).
9.66	Pinder 723.		
9.47	= 146.3 Leake 2.		
9.46	= 146 Ivanoff 64.		
9.30	Par. Mus.		
9.27	= 143 Northw. C. 850.		
9.20	Mus. Luynes.		
9.16	Brit. Mus.		
9.17	= 171½ Mionnet 17.		
9.00	Brit. Mus.		
8.614	= 133 Northw. C. 851.		
1.55	Mus. Luynes.	Dasselbe.	ΑΜVΝΤΑ Adler stehend. Das Ganze in vert. Viereck.
1.75	Brit. Mus.		(ΑΜVΝ)
1.08	= 20.5 Mionnet S. 42.		

Perdikkas III. (365 – 359).

9.85	= 185½ Mionnet I, 509, 24 (durchlöchert, verputzt).	Herakleskopf mit der Löwenhaut.	ΠΕΡΔΙΚΚΑ Pferd schreitend, im Felde Keule.
2.06	= 38¾, Mion. S. 3, 177, 20. pl. 10, 3.	Dasselbe.	ΠΕΡ Bogen, Keule in vert. Viereck.
2.25	Brit. Mus.	Reiter, darunter Π.	Vordertheil eines Löwen in vert. Viereck.
2.00	Mus. Luynes.	Pferd nach rechts, darunter Π.	Helm in flach vertieftem Viereck.

Philipp II. (359 – 336).

1. Gold. Attischer Fuss.

8.63	Mus. Luynes. vgl. Müller tal. 23, 1.	Lorbeerbekränzter Apollokopf.	ΦΙΛΙΠΠΟΥ Eilendes Zweigespann, im Felde Nebenzeichen. Statt Ο oft Ο.
8.60	= 132.9 Leake 3.		(Dreizack)
8.59	= 132.8 Leake 3.		(Donnerkeil)
8.59	Pinder 224.		(Birne)
8.59	= 161⅞, Mionnet I, 511, 34.		(Dreizack)
8.57	= 132.3 Leake 3. Pinder 225.		(? Dreizack)
8.56	= 132.2 Leake 3.		(?)
8.56	Brit. Mus.		(Birne)
4.27	Brit. Mus. (barbarisch).	Jugendlicher Kopf.	(ohne Beizeichen)
4.14	= 78 Mion. 45 (barbarisch).		(barbar. Schrift)
2.09	= 39⅜ Mion. 47 (barbar.).		(Dasselbe)
2.09	Brit. Mus.		Dasselbe ohne Schrift (im Felde Blume).
0.72	Brit. Mus. Müller n. 6.	Lorbeerbekränzter Apollokopf.	Dies. Schr., Donnerkeil (darunter Thier?).
0.71	Brit. Mus. 2.		
4.30	= 81 Mionnet I, 564. 661. Müller n. 3.	Jugendlicher Herakleskopf mit der Löwenhaut.	ΦΙΛΙΠΠΟΥ Vordertheil eines Löwen (Donnerkeil).
2.15	= 40.5 Mion. 660. Müller n. 4.	Dasselbe.	Dieselbe Schrift, Keule, Bogen (Krug).
1.06	= 20 Mion. 666. Müller n. 5.	Dasselbe.	Dies. Schr., Donnerkeil oder Dreizack od. Keule, Krug od. Hochhelm, hier Krug.
–	Müller n. 2 (Stater).	Lorbeerbekränzter Apollokopf.	Dieselbe Schrift. Nackter Reiter im Galopp

2. Silber. Kleinasiatischer Fuss.

1. Reihe.

14.50	Berl. Mus.	Lorbeerbekränzter Kopf des Zeus.	ΦΙΛΙΠΠΟΥ Nackter jugendlicher Reiter mit dem Palmzweig, im Felde Beizeichen. vgl. Müller tal. 23, 7. Statt Ο zuweilen Θ.
14.49	Mus. Luynes.		
14.43	Pinder 226.		
14.42	= 222.5 Leake 3.		
14.41	= 271.5 Mion. 49, ausserdem 76 Ex. von 14.36 (= 270.5) – 13.26 = 253.5; n. 55. 79. 71. 52. 72. 66. 81. 71. 8. 69. 69. 77. 80. 62. 50. 57. 59. 68. 83. 85. 56. 70. 51. 76. 75. 54 60.		
14.39	= 222.2 Leake.		
14.38	Brit. Mus.		
14.37	Pinder 227.		
14.25	Brit. Mus. Leake 3.		
14.12	= 266 Prokesch in. 1854.		
13.87	= 261 Prokesch in. 1854.		

2. Reihe.

14.02	= 264 Prok. In. 1854, vielleicht = Mion. S. 78, nicht bei Müller.	Lorbeerbekränzter Kopf des Zeus.	ΦΙΛΙΠΠΟΥ Nackter Reiter mit der Kausia, in der R. Scepter, unter Pferd Symbol. (Schiffszierde und [Γ])

3. Reihe.

14.46	Mus. Luynes.	Dieselbe.	ΦΙΛΙΠΠΟΥ Reiter mit Hut und Mantel, die Rechte erhoben nach links (Müller taf. 12, 6) unter dem Pferde Symbol. Diese und die folgenden Reihen haben statt O meist ο.
14.39	= 271 Mion. 1, 514. 86.		
14.38	= 270.5 Mion. 90.		
14.34	= 270 Mion. 87. 88.		
14.18	= 267 Mion. 69.		
14.12	= 266 Mion. 65.		
14.08	= 265 Prokesch In. 1854.		

Kleinmünzen.

7.23	Mus. Luynes.	Heraklcskopf mit der Löwenhaut.	(Doppelfeld?) ΦΙΛΙΠΠΟΥ Reiter nach rechts, die Rechte erhoben, unter Pferd Symbol (Müller n. 9).
7.16	= 110.5 Leake 2.		
6.87	= 106.1 Leake Suppl.		
6.85	Gothaer Mus. Müller 337. Anm. 6, ein fünftes Exemplar in München.		
3.55	= 67 Mion. 1, 567, 704.	Dieselbe.	ΦΙΛΙΠΠΟΥ Jugendlicher Reiter, in der L. Zweig, die R. erhoben, i. F. Symbol (M. 337. n. 11).
3.55	= 67 Mion. S. 3, 304, 484.		
3.60	Par. Mus. Mion. 1, 567, 703, Gew. nach Müller.	Dieselbe.	ΦΙΛΙΠΠΟΥ Reiter mit Hut und Mantel nach links, im F. Symbol (Müller n. 12).
3.45	Mus. Luynes.		
3.45	Müller 337. Anm. 12. 2 Ex.	Dieselbe.	ΦΙΛΙΠΠΟΥ Nackter Reiter, die R. erhoben, im Felde Beizeichen (Müller n. 13).
1.55	= 25 Gesl. Orua Wien. Mus. Müller 338. Anm. 17.	Unbärtiger Apollokopf mit der Taenia.	ΦΙΛΙΠΠΟΥ Reiter n. L., i. F. Beizeichen (Müller n. 15).

Philipp II. oder Philippos Aridaeos. Attisches Gewicht *).

4.46	= 84 Mion. 93 (barbarisch).	Kopf der Proserpina, davor zwei Fische.	ΦΙΛΙΠΠΟ rechts. Reiter im Galopp.
4.07	Berl. Mus. durchlöch. Müller 337, 9. Friedländer B. Bl. f. M. 1864. S. 166, einziges bekanntes Exemplar.	Heraklcskopf mit der Löwenhaut.	ΦΙΛΙΠΠΟΥ Reiter mit Palmzweig (wie Müller n. 7 u. 8).

*) Die Ansichten über die Attribution der Münzen Philipps II. und des Philippos Aridaeus haben neuerdings vollständig gewechselt. In den ältern Werken wurden Philipp II. nicht nur alle im Text aufgeführten Reihen, sondern auch die Gold- und Silbermünzen mit den Typen Alexanders und der Aufschrift ΦΙΛΙΠΠΟΥ oder ΒΑΣΙΛΕΩΣ ΦΙΛΙΠΠΟΥ zugetheilt. Sallet führte zuerst die Scheidung ein, welche bis auf L. Müller die gewöhnliche geblieben ist, und nach der Philipp II. nur der Goldstater mit Apollokopf und Biga (Müller n. 1), sowie die Grosssilberstücke kleinasiatischen Fusses mit Zeuskopf und Reiter (Müller n. 7. 8), dem Philippos Aridaeus dagegen sowohl die mit dem Alexandertypus bezeichneten Tetradrachmen und Drachmen attischen Fusses und der entsprechende Goldstater, wie die bei Müller unter 3–6 aufgeführten goldenen Theilmünzen, und die Kleinsilbermünzen mit Apollokopf und Reiter (Müller n. 14–16) angehören. Müller dagegen lässt dem Aridaeus nur die ur-

2.775	= 52¼ Mion. I, 464, 717.	Unbärtiger Apollokopf mit der Taenia.	ΦΙΛΙΠΠΟΥ Jugendlicher Reiter im Galopp, im Felde Symbol (Müller n. 14–15).
2.77	Berl. Mus. Friedländer a. a. O. S. 167. 4 andere von 2.7–2.6; 7 gut erhalt. 2.6–2.5; 5 zum Theil schlecht erhalt. 2.5–2.4.		
2.75	= 52.5 Thomas 1031.		
2.73	= 42.2 Leake 2.		
2.64	= 40.9 „		
2.64	= 40.7 „		
2.53	= 39.5 „		
2.50	= 38.7 „		
2.36	= 36.6 „		
2.35	= 36.5 „		
2.36	= 36.6 Leake.	Lorbeerbekränzter Apollokopf.	Derselbe (Müller n. 16).

genannten Gold- und Silberstücke mit dem Alexandertypus, und neuerdings ist J. Friedländer (Ueber die Gewichte der Silbermünzen Phil. II. Berl. Bl. für Münz-, Siegel- und Wappenkunde II, 2. Berlin 1864. S. 166 ff.) wieder mit der Vermuthung aufgetreten, dafs auch diese dem Philippos Aridaeos, der ebensowenig wie Kassander Gold oder Silber geprägt habe, abzusprechen und *Philipp II.* zurückzugeben seien. Nach dieser Ansicht würde der *Letztere* zuerst nach kleinasiatischem Gewicht das Didrachmon von 14.50 Gr., daneben aber seltener die Drachme von 7.22 Gr., das Triobolon von 3.55 Gr. und die Hälfte des letzten Nominals von 1.33 Gr. geprägt haben; denn mit Friedländer die Stücke von 3.55 Gr. als attische Pentobolen, die überhaupt nur ganz vereinzelt vorkommen (vgl. Hultsch M. 150. 153, 20), aufzufassen, wird sich kaum Jemand entschliefsen können. Hierauf würde Ph., ebenso wie er bereits einmal, beim Beginn seiner Regierung, den von seinen Vorgängern seit Archelaos constant angewandten persischen Münzfufs gegen den kleinasiatischen vertauscht und gleichzeitig die Prägbilder gewechselt hatte, so jetzt den kleinasiatischen wiederum mit dem attischen Fufse vertauscht haben und nach diesem sowohl Gold wie Silber, letzteres zuerst in kleinen Nominalen — meist Tetrobolen — und mit gleichem oder nur wenig veränderten Typus geschlagen haben, und würde dann erst zur Prägung attischer Tetradrachmen und Drachmen mit *ganz neuem* Typus — denselben, dessen sich auch Alexander für seine Münzen bediente — übergegangen sein. In die Uebergangsperiode würden hiernach zunächst die Kleinsilbermünzen mit Apollokopf und Reiter von 2.775 Gr., sowie deren Hälften mit Pferdevordertheil oder Pferdekopf von 1.24 Gr., die Müller ohne Zweifel unrichtig als Sechstel und Zwölftel des grofsen Silberstücks von 14.50 Gr., Friedländer dagegen als Tetrobolen und Diobolen attischen Gewichts auffasst, und aufserdem die Drachme des Berl. Mus. von 4.07 Gr. gehören. Es leuchtet ein, dafs Niemand einen derartigen zwiefachen Wechsel von Münzfufs und Gepräge unter ein und derselben Regierung ohne die zwingendsten Gründe annehmen wird. Dahin darf man wohl kaum die Voraussetzung rechnen, dafs unter der freilich sehr unruhigen Regierung des Aridaeos Gold und Silber nicht wohl geprägt worden sein könne, da dieselbe doch sieben Jahre dauerte und er während dieser Zeit stets als rechtmäfsiger König anerkannt war, was z. B. von Kassander, dessen Analogie man angeführt hat, nicht gilt (vgl. Plut. Demetr. 18. Justin. 15, 2). Dagegen sprechen doch wohl sehr gewichtige Gründe gegen die von Friedländer übrigens auch nur als Vermuthung geäufserte Annahme, dafs die mit dem Namen Philipps und dem Alexandertypus bezeichneten Stater, Tetradrachmen und Drachmen attischen Fufses Philipp II. zuzutheilen seien. Vor Allem die Beifügung des Königstitels, der vor Philipp und auf den ihm unzweifelhaft zugehörigen Tetradrachmen kleinasiatischen Fufses nie, auf den mit demselben *Namen* bezeichneten Tetradrachmen attischen Fufses fast immer auftritt (unter 21 Exemplaren bei Mionnet haben ihn nur 4 nicht), und nur auf den entsprechenden Münzen kleineren Umfangs, dem Stater und der Drachme, wie natürlich, seltener ist, während von den Tetradrachmen Alexanders ihn nur die Minderzahl führt (unter 310 Exempl. bei Mionnet — Bd. I = 278. S. 3 = 32 — führen den Titel 107). Man könnte dies für Zufall erklären, wenn dieser überhaupt in solchen Dingen zu walten pflegte. Es ist daher offenbar viel wahrscheinlicher, dafs die Sitte auf den Grofsstücken den Königstitel beizufügen, unter Philipp II. noch nicht herrschte, dafs sie vielmehr erst unter Alexander aufkam, und unter Aridaeos zur Regel wurde. Indefs kommen noch andere Einwände gegen die bezeichnete Zutheilung hinzu. Man mag sich gegen die Bestimmung der einzelnen Prägorte für die makedonische Reichswährung nach den Beizeichen, welche die Geldstücke führen, so skeptisch verhalten wie man will, so bleibt doch immer eine Anzahl von Fällen übrig, die nur eine Deutung zulassen. So wird eine mit der Tyche und ΣΙ bezeichnete Drachme (Müller taf. 28, 98) doch wohl nur Sikyon, zwei andere mit dem Granatapfel bezeich-

2.80 — 2.44	Berl. Mus. vereinzelt. Münchn. Mus. Müller 236, 16. = 37.9 Whittall 198.	Artemiskopf von vorn mit Bogen und Köcher.	ΦΙΛΙΠΠΟΥ Reiter, in der R. Zweig (Müller n. 17).
1.24	= 19.2 Brit. Mus.	Unbärtiger Apollokopf mit der Taenie.	ΦΙΛΙΠΠΟΥ Vordertheil eines Pferdes (Müller n. 19).

nete Münzen desselben Nominals (M. a. a. O. 101. 102. vgl. taf. 17, 1348) nur Side und nicht, wie Friedländer vorschlägt, Melos zuzutheilen sein, dessen Wappenbild der Apfel mit der Frucht, von welcher die Griechen den Namen jener kleinasiatischen Stadt ableiteten, keine Verwechselung zulässt. Endlich wird auch ein Tetradrachmon mit Schiffsvordertheil und ΛΥ (Müller 100), wie die ebenso signirten Alexandermünzen (Müller 1276) mit um so mehr Recht Lykien zu geben sein, da, wie Waddington versichert, letztere in Lykien und Kilikien häufig vorkommen (vgl. Müller S. 274, Anm. 4). Dafs in diesen Städten aber für Philipp II. Silber sollte gemünzt worden sein, ist nicht zu glauben. Wenn dagegen eingewandt wird, dafs doch ein Goldstater desselben Königs in Rhodos (Müller taf. 26, 306) geschlagen worden sei, so leuchtet ein, dafs diese Analogie nicht ganz zutrifft, besonders wenn man bedenkt, dafs das gesammte Münzwesen Philipps nach dem rhodischen eingerichtet war, hier wie dort Gold nach dem babylonischen, Silber nach kleinasiatischem Fufse geschlagen wurde (vgl. oben S. 234. 252), und es daher leicht geschehen konnte, dafs der König für seine Rechnung gerade dort Gold prägen liefs; wenn nicht etwa — was ja auch möglich, ja sogar wahrscheinlich ist — das bezeichnete Goldstück erst nach Philipps Tode auf dem einmal im Verkehr bekannten und beliebten Stempel ausgebracht worden ist. Wenn die Münzen mit dem Alexandertypus Philipp II. nicht angehören, so bleibt als Stütze für die Annahme Friedländers, dafs die ihm gewöhnlich zugeschriebenen Kleinmünzen mit Apollokopf und Reiter attische Tetrobolen und Diobolen darstellen, und dafs Philipp II. mithin außer seinem Gelde kleinasiatischen Fufses, auch Kleinmünzen attischen Gewichts geprägt habe, nur die im Berliner Museum befindliche Drachme von 4.07 Gr. übrig, von der aber, wie erwähnt, ein zweites Exemplar nicht bekannt ist. Dafs eine derartige Silberprägung nach doppeltem Gewicht an und für sich unmöglich sei, wird Niemand behaupten, obwohl zu einer partiellen Prägung nach attischem Fufse gerade für Philipp II. die geringste Veranlassung vorlag, da in seinem Reiche, aber nur in alter Zeit, überhaupt blos in Mende, Akanthos und Aenos, unter seiner Regierung aber nirgends mehr nach diesem Gewichte gemünzt wurde, sondern nur der persische oder der auch von Philipp angenommene kleinasiatische Fufs herrschte. Allein dafs er nach attischem Fufse kein anderes Nominal als Tetrobolen und Diobolen sollte ausgebracht haben, ist ganz unglaublich. Wenn daher die oben bezeichneten Tetradrachmen und Drachmen dieses Gewichtssystems nicht demselben König gehören, wie die Kleinmünzen mit Apollokopf und Reiter von 2.775 Gr. Maximalgewicht und die entsprechenden Hälften von 1.24 Gr. mit ähnlichem Gepräge, so wird man auch die Auffassung der letztern als attischer Tetrobolen und Diobolen fallen lassen müssen. Indefs kann man wohl die Frage aufstellen, ob diese Kleinmünzen nicht doch mit Eckhel u. a. dem Philippos Aridaeos zuzuschreiben sind. Dieselben schliefsen sich allerdings in Bezug auf die Fabrik den Didrachmen Philipps II. an, auch in den Typen haben sie entschieden mehr Verwandtschaft mit diesen, als mit den Tetradrachmen und Drachmen des Aridaeos. Allein ein zwingender Beweis ist dies nicht, da wir, um hier das Kupfergeld gänzlich zu übergehen, zwei Silbermünzen gleichen Gewichts und Gepräges nachweisen können (vgl. Müller, Münzen des Lysimachus S. 59. taf. 1, 1), die unzweifelhaft jünger sind als Alexander, man mag nun deren Beizeichen und die beigefügten Initialen ΛΥ auf Lysimachos oder, wie mir wahrscheinlicher erscheint, auf die Stadt Lysimachia (gegr. 309) deuten. Ebensowenig darf man den Umstand dagegen geltend machen, dafs die in Frage stehenden Kleinmünzen mit den gleichen Beizeichen vorkommen wie die Didrachmen Philipps II. — die Münze des Berl. Mus. von 2.77 Gr. hat ebenso wie die schönen Silberstater von 14.5 Gr. Blitz und N —, da dies eben nur beweist, dafs sie in denselben Prägstätten ausgebracht sind. Es bleibt also nur die Unterscheidung nach dem Stile übrig und diese trügt bekanntlich sehr. Ich wage die Frage indefs nicht zu entscheiden. Gewifs scheint mir nur Folgendes: Gehören die Münzen dem Aridaeos, so ist die Ansicht Friedländers über ihr Gewicht richtig; die kleinern Stücke sind alsdann attische Diobolen, die gröfsern Tetrobolen, die man zur Unterscheidung von der Drachme mit verschiedenem Gepräge ausbrachte; sind sie dagegen Philipp II. zuzuschreiben, so sind es weder Theilstücke des attischen noch des kleinasiatischen Grofssilberstücks, sondern Viertel und Achtel des babylonisch-persischen Staters, wie sie neben diesem Nominal als Hauptscheidemünzen nicht nur gleichzeitig in den ergiebigsten Prägstätten der Nordküste des ägäischen Meeres, in Abdera und Maroneia, sondern auch in der makedonischen Königsprägung von Archelaos bis auf Philipp II. ausgebracht wurden. Es würden diese Stücke daher zur Vermittelung zwischen dem alten und neuen Reichscourant gedient haben, für das hier ebenso wie in den beiden

1.19	= 18.4 Brit. Mus.	Unbärtiger Apollokopf mit der Taenia.	ΦΙΛΙΠΠΟΥ Pferdekopf und -Hals (Müller n. 20).
—	Mion. S. 3, 224, 463.	Heraklaskopf mit der Löwenhaut.	ΦΙΛΙΠΠΟΥ Keule (Monogramm) (Müller n. 21).

genannten Stücken, wo man ja auch von dem einen zum andern Fuße übergegangen war, ein bestimmtes Cursverhältniß festgestellt sein mußte. Es war dies das bekannte ursprüngliche Verhältniß des babylonischen zum kleinasiatischen Stater, wie 3 : 4 (vgl. oben S. 89. 109. 116. 120); es gingen mithin von dem größern dieser Theilstücke zu 2.775 Gr. 4 auf den alten makedonischen Thaler und 6 auf 1½ usw. Sowie Archelaos neben dem babylonischen Stater von 10.80 Gr. zuweilen auch den Stater kleinasiatischen Fußes von 14.34 Gr. geschlagen hat, so würde also auch Philipp neben seinem Silbergelde des letztern Systems auch noch Kleingeld des erstern haben ausbringen lassen, und hier mithin dieselbe Mischung eingetreten sein, die wir in Byzanz und Kalchedon nachgewiesen haben (s. oben S. 145. 223).

2. Kupfermünzen des persischen Reiches.

1. Grofskönigliches Kupfer.

Gewicht.	Grösse.			
6.70	5	Berl. Mus.	König und Wagenlenker auf einem mit mehreren Pferden bespannten Wagen.	Galere.
6.35	6	Par. Mus.		
6.30	5	Par. Mus.		
6.15	5	Mus. Luynes.		
6.10	6	Mion. 5, 647, 40. tr. pl. 63, 6.		
5.95	5	Mus. Luynes.		
5.80	5	Par. Mus. 2.		
5.75	5	Berl. Mus. 2.		
5.70	5	Par. Mus.		
5.50	6	Berl. Mus.		
5.30	6	Mion. 41.		
5.00	5	Berl. Mus. versandt.		
3.20	3½	Mion. 5, 647, 42. tr. a. 63, 8.	König knieend, in der L. Bogen, in der R. Lanze.	Galere, darüber III II. (Ohne Schrift)
3.10	3½	Mion. 44.		
3.05	3½	Berl. Mus.	Dasselbe.	Galere, darüber III.
2.95	3½	Berl. Mus.		
2.95	3½	Mus. Luynes.		
2.90	3½	Par. Mus.		
2.80	3½	Mus. Luynes.		
2.70	3½	Par. Mus.		
2.70	3½	Par. Mus.		
2.60	3½	Berl. Mus. versandt.		
0.65	1	Berl. Mus.	Dasselbe.	Galere.
5.90	6	Mion. 5, 648, 45. vgl. S. 8. pl. 19, 7.	Bärtiger Kopf mit Tiara bedeckt.	Galere II →.
8.10	5	Par. Mus. vgl. Prok. In. 69. pl. III, 34. tr. a. 64, 9. 10.		
—	3	Prokesch In. 1859. taf. 1, 14.	Reiter mit Lanze dahineilend.	König, in der L. Bogen, in der R. Scepter. Die Knie gebeugt.
—	3	Mion. S. 8, 429, 41. tr. 63, 11.	König knieend mit Bogen u. Lanze.	Eine Art Feldzeichen.

2. Städtisches Kupfer.

1. III. Satrapie.

Amisos, Amastris, Sinope } Kein Kupfer vor Alexander.

Kromna.

Berl. Mus.	Thurmgekrönter Frauenkopf in Perlenkranz.	ΚΡΩΜ Krug.
Borrell N. Chr. 5, 158.	Weiblicher mit Mitra bedeckter Kopf.	ΚΡΩΜ Amphora u. Delphin.

Sesamos.

(Wohl nach Alexander).

Mion. S. 4, 571, 115. Allier X, 15.	Lorbeerbekränzter Apollokopf.	ΣΗΣΑ Krug, darüber Weintraube
Eckhel II, 109.	Dasselbe.	ΣΗΣΑ Weiblicher Kopf.

Astakos.

Kupfer dem Silber mit fast gleichen Prägbildern (S. 436) etwa gleichzeitig.

Par. Mus. vereinzelt.	ΑΣ Krebs.	Frauenkopf n. links, mit Haarbeutel in Vertiefung.

Kalchedon.

Kupfer: 1. dem Silber von 5.35, 3.65 und 2.56 Gr. gleichzeitig.

Par. Mus. vgl. Mionnet 2, 472, 69. Pellar Rec. 41, 10. Berl. Mus. Par. Mus.	Pallaskopf.	ΚΑΛΧ Rind auf Aehre.
Mus. Rauch. vgl. Hunter taf. 17, 2. Mion. 70.	ΚΑΛΧ Rind auf Aehre.	Drei Aehren neben einander.
Prok. in. 1854, 291.	Stierkopf m. Bändern geschmückt.	ΚΑΛ zwischen drei Aehren.
Par. Mus. (dick). vgl. Mionnet S. 5, 26, 133.	Traube am Zweig.	ΚΑ Aehre, darunter Ε.

2. Der Silberdrachme von 3.90 Gr. gleichzeitig.

Mion. S. 5, 25, 127, aus Combe Brit. Mus. taf. IX, 11.	Unbedeckter unbärtiger Kopf.	ΚΑΛΧ zwischen 4 Radspeichen

Herakleia.

Kupfer: 1. dem Silber der 3. Periode von 11.7, 5.45, 3.85 u. 1.85 Gr. gleichzeitig.

Hunter taf. 29, 11.	ΗΡΑ Jugendl. Herakleskopf.	Frauenkopf mit hohem Kopfputz.

Könige von Herakleia.

Kupfer von Dionysios und Timotheos 5¼ Gr. (vgl. Mion. S. 5, 70, 859), von Amastris 4 Gr. (vgl. Mion. 2, 445, 188).

Kios.

Kupfer nach Alexander.

Mion. S. 5, 247, 1446.	Unbärtiger Kopf mit phrygischer Bedeckung und mit Lorbeer geschmückt.	ΚΙΑΝΩΝ Keule, darunter 2 Monogramme.

Tion.

Kein Silber.

Par. Mus. sehr dick, schöne Prägung. Mion. S. 5, 257, 1497. Allier taf. 11, 14.	Lorbeerbekränzter Zeuskopf n. l., darunter Aehre.	ΤΙΑΝΟΝ Adler auf Blitz.

Adramyteion.

Kupfer, dem späten Silber von 2.93 Gr. gleichzeitig (vgl. Mion. S. 5, 276, 2).

Antandros.

Kupfer, dem Silber von 3.66, 2.6 u. 1.15 Gr. gleichzeitig (?).

Mus. Hunter.	Lorbeerbekränzter Apollokopf.	ΑΝΤΑΝΔ Löwenkopf, im F. oft Beizeichen.
Berl. Mus.		
Par. Mus.		
Mion. S. 5, 298, 66.	Derselbe.	(l. F. Traube)
Berl. Mus.		ΑΝΤΑΝ Dasselbe.
Berl. Mus.		
Par. Mus.	Lorbeerbekränzter Apollokopf.	ΑΝΤΑ Widderkopf.
Borrell N. Chr. 6, 147.	Derselbe.	Dies. Schrift, Vordertheil eines Stiers.
Borrell a. a. O.	Weiblicher Kopf.	ΑΝΤΑΝΔΡΙΩΝ Ziege n. l.
Mion. S. 49.	Verschleierter weiblicher Kopf.	Dasselbe, Hirsch.
Leake As. Gr. 12.		
Leake As. Gr. 12.	Weiblicher Kopf.	ΑΝΤΑΝ Löwenkopf n. rechts.
Par. Mus.	Derselbe Kopf (?).	ΑΝΤΑΝΔ Dasselbe.

Berl. Mus.	Pallaskopf.	ΑΣΣΙ
Par. Mus. vgl. Mion. 2, 523, 57. Hunter taf. 7, 21.		Stierkopf v. vorn (darüber Diota).

2. Nach Alexander.

Par. Mus. vgl. Mion. 2, 622, 69.	Pallaskopf.	ΑΣΣΙ
Par. Mus.		Schreitender Greif, i. F. meist Beizeichen
Berl. Mus.		
Par. Mus.		
Par. Mus. 2.		
Par. Mus.		

Astyra.

Mion. S. 5, 296, 83.	Unbärtiger Kopf von vorn.	ΑΣΤΥ Harpa.

Kyzikos.

Kupfer: 1. dem Silber der II. Periode von 14.84, 6.2, 2.07, 1.56, 1.20 und 0.40 Gr. gleichzeitig (?).

Par. Mus. Mion. S. 5, 307, 150. dick.	Stierkopf nach rechts.	ΚΥ ΖΙ im Kranze, dazwischen eine Buchstaben oder Monogram
Par. Mus.		
Mion. S. 152.	Stierkopf von vorn.	Dreifuß, Aufschrift undeutlich.

2. Dem Silber der III. u. IV. Periode von 15.23 u. 5.57 Gr. gleichzeitig.

Lampsakos.

Kupfer: 1. dem Silber von 5.30, 3.82, 2.55, 1.45 und 0.72 Gr. gleichzeitig.

Gewicht	Grösse			
6.00	4—5	Par. Mus. Mion. S. 5, 572, 565. Pell. rec. II. taf. 49, 24.	Doppelkopf. (ΛΑΜ)	(darunter Φ) ΛΑΜ (Schr. fehlt) Halbes Seepferd.
4.50	4—5	Berl. Mus.		
4.30	4—5	Mus. Rauch.		
3.90	3—4	Par. Mus.	Dasselbe.	. . . ΨΑ Dasselbe. (Schrift fehlt)
3.80	3—4	Par. Mus.		
3.70	3—4	Berl. Mus.		
3.95	3—4	Par. Mus. Mionnet S. 5, 572, 563. Pell. II. taf. 49, 28.	Dasselbe.	ΛΑΜ Behelmter Pallaskopf.
2.70	2	Par. Mus.	Dasselbe.	ΛΑ Dasselbe.
1.15	1	Berl. Mus.	Helm.	Halbes Seepferd, darunter Fisch. (ΜΑΛ)
1.10	1	Par. Mus. vgl. Mion. S. 5, 575, 589.		
0.95	1	Berl. Mus.		
		2. Dem Silber von 3.20, 2.83 und 1.15 Gr. gleichzeitig.		
6.20	4—5	Par. Mus.	Behelmter Pallaskopf n. rechts.	ΛΑ H. Seepferd, darunt. Donnerkeil.
5.70	4—5	Par. Mus.	Pallaskopf.	Halbes Seepferd (ohne Schrift).
5.60	4—5	Par. Mus.	Dasselbe.	Ψ Dasselbe.
5.80	4	Berl. Mus.	Dasselbe.	Dass. ohne Schrift, i. F. Beizeichen (?).
		3. Dem Silber von 3.44 und 1.38 Gr. gleichzeitig.		
6.00	4—5	Berl. Mus.	Lorbeerbekränzter Apollokopf.	H. Seepferd, Monogramm. ΨΑ.
1.35	1	Berl. Mus.	ΛΑ Weiblicher Kopf n. r.	Halbes Seepferd, darunter Blatt.
0.95	1	Berl. Mus.	Weiblicher Kopf nach rechts.	ΨΑ Seepferd, darunter C.
1.85	2	Berl. Mus.	Bärtiger lorbeerbekränzter Kopf.	ΛΑΜ (?) Halbes Seepferd.
		4. Nach Alexander.		
9.60	6	Par. Mus.	Weiblicher Kopf nach links.	ΛΑΜΨ Leier.
4.80	3	Par. Mus.		
		5. Wahrscheinlich später.		
3.90	4	Berl. Mus. vgl. Mion. 2, 562, 313.	Priaposkopf.	ΛΑΜΨΑ Zweigehenkelter Krug, Monogramm.

Miletopolis.

—	4½	Mion. 2, 569, 382.	Pallaskopf.	ΜΙΛΗΤΟ Zwei Eulen in einen Kopf zusammengehend.

Parion.

Kupfer, gleichzeitig dem Silber von 2.47 Gr.?

Berl. Mus. vgl. Mion. S. 5, 389, 664.	Medusenkopf von vorn.	ΠΑ / ΡΙ Eule von vorn.
Mus. Rauch.	Medusenkopf.	ΠΑΡΙ Adler mit ausgebreiteten Flügeln.
Par. Mus.	Lorbeerbekränzter Kopf.	ΠΑΡΙ Stehender Stier, darunter Monogramm und Aehre.

Plakia.

Prokesch in. 1854, 282, taf. 4, 9. vgl. Borr. N.C. 6, 158.	Thurmgekrönter Kopf der Kybele.	ΠΛΑΚΙΑ Löwe Keule brechend

Prokonnesos.

Kupfer, dem Silber von 3.56, 2.35 und 1.15 Gr. gleichzeitig.

Berl. Mus.	Aehrenbekränzt. Demeterkopf n. r.	ΠΡΟΚΟΝ Krug.
Berl. Mus. vgl. N. C. 6, 169. n. 2. 3. Leake ins. Gr. 33.	Derselbe.	Dasselbe.

Abydos.

Kupfer: 1. dem Silber von 14.65, 3.78, 2.9, 1.60 und 1.15 Gr. gleichzeitig.

Berl. Mus.	Lorbeerbekränzt. Apollokopf n. r.	ΧΑΛΚ ΙΠ Anker, links Α, rechts Krebs.
Par. Mus. Mion. 2, 635, 40.	Derselbe n. l.	Anker, links Α, rechts Krebs.

2. Nach Untergang des persischen Reiches. Dem Silber der 3. Periode von 14.70, 8.31 und 2.49 Gr. gleichzeitig.

Par. Mus. vgl. Hunter taf. 1, 18; 2 andere Exemplare zu 8.65 und 8.10 Gr.	Lorbeerbekränzter Apollokopf.	ΑΒΥ Adler, im Felde meist verschieden Symbole.
Berl. Mus. 2.		
Par. Mus.		
Par. Mus.		
Par. Mus.		
Berl. Mus.		
Par. Mus.		
Berl. Mus.		

Birytis.

Kein Silber.

Par. Mus.	Männlicher Kopf mit spitzem Hut, zu beiden Seiten Sterne.	ΒΙ / ΡΥ Keule im Kranz.
Par. Mus. vgl. Mion. S. 5, 550, 560.		

Dardanos.

1. Unter Mania geprägt.

Par. Mus. Luyn. pl. VI. p. 48, 2.	Weiblicher Kopf von vorn mit fliegenden Haaren.	ΔΑΡ Reiterin, unter Pferd M.

2. Spätere Reihe (nach Untergang des persischen Reiches).

Par. Mus. Mion. 2, 664, 184.	(darunter Magistratsname u. Eule)	ΔΑΡΔΑΝ Hahn, im Felde Beizeichen (Stern).
Par. Mus. Mion. 2, 655, 170. vgl. Pellar. II. 59, 20 und Allier pl. 13, 4.		(ΔΑΡ Pflanze)
Berl. Mus.		
Berl. Mus.	Reiter im Lauf.	
Par. Mus. Mion. 169.		(ΔΑΡΔ Kein Beizeichen)
Berl. Mus. vgl. Mion. S. 5, 552, 571.		
Berl. Mus.		
Par. Mus.		(ΔΑΡΔΑ)
Prokesch In. 1854, 282.	Mann hinter Pferd hergehend, darunter AP.	ΔΑΡ Hahn.
Par. Mus.	Reiter im Lauf.	Hahn.
Par. Mus.	Dasselbe.	ΔΑΡ Dasselbe (l. F. Fackel).

Kebren.

1. Aeltere Reihe, dem Kleinsilber von 1.12. 0.50 und 0.15 Gr. gleichzeitig.

Par. Mus. Berl. Mus.	Zwei Widderköpfe gegeneinander, dazwischen Zweig.	ƎK
Par. Mus. Wadd. Mél. taf. III, 5.	Kopf mit lorbeerbekränzter Tiara bedeckt.	Dasselbe.

2. Jüngere Reihe.

Neandreia.

Kupfer, der Silbermünze von 1.84 und 0.61 Gr. gleichzeitig.

Par. Mus.	Lorbeerbekränzter Apollokopf.	NEAN Pferd weidend, darunter Gerstenkor
Mion. S. 5, 577, 494.	Derselbe.	NEAN Dasselbe, ΑΛΕΞΑ in Contremarke.
Mion. 2, 667, 344.	Derselbe.	NEAN Gerstenkorn u. Traube.

Ophrynion.

1. Kupfer, der Silbermünze von 2.76 Gr. gleichzeitig.

Par. Mus. (wie Mion. S. 5, 577, 496. Allier XIII, 11).	Bärtiger behelmter Kopf v. vorn. Helm in drei Spitzen auslaufend.	ΟΦΡΥΝΕΩΝ Reiter, in der Rechten Lorbeerzw
Mion. S. 497. Allier XIII, 12.	Lorbeerbekränzter bärtiger Kopf.	ΟΦΡΥ Rechter Streiter mit Speer u. Sch

2. Spätere Reihe.

Berl. Mus. Par. Mus. Mion. S. 5, 578, 499. Par. Mus. Berl. Mus. Mion. 2. 666, 345. Par. Mus.	Bärtiger Kopf mit rundem Helm und Ochsenohren von vorn.	(Im Felde Sphärenbahn) ΟΦΡΥ Junger Bakchos knieend, Traube i
Berl. Mus.	Lorbeerbekränzter Kopf n. r.	ΟΦΡΥ Blatt?

Skepsis.

Kupfer, dem Silber von 6.45, 3.81, 1.85 u. 0.60 Gr. gleichzeitig.

1. Aeltere Reihen.

Probesch in. 1854. taf. IV, 11.	Behelmter Pallaskopf.	HϞΞ Pferd.
Par. Mus. vgl. Borrell N. C. 6, 196.	Weiblicher Kopf nach rechts.	ΣΚΑ Traube.

8.40	4½	Berl. Mus.	(darunter Stern)	
7.20	4½	Mionnet S. 5, 578, 501. Allier pl. 13, 18.	Seepferd.	
4.70	4½	Par. Mus.		
3.60	3	Berl. Mus. 2.		ΣΚΗ Palmbaum im Viereck von Linien, im Felde zweifelhaftes Symbol.
3.45	3	Berl. Mus.		
1.50	1½	Par. Mus.		(ΣΚ)
0.95	1½	Berl. Mus.		
—	1	Prokesch in. 1854.		(Ohne Schrift)
1.90	2	Par. Mus.	Dasselbe.	ΣΚΗ in der Mitte eines Traubenkranzes.

Sigeion.

Kupfer, der Silbermünze von 2.47 Gr. gleichzeitig.

8.55	5	Berl. Mus.	Behelmter Pallaskopf von vorn.	ΣΙΓΕ Zwei Eulen in einem Kopf zusammengehend, rechts davon Mondsichel.
8.30	5	Par. Mus. vgl. Mion. 2, 671, 262.		
8.10	5	Par. Mus.		
7.60	5	Mion. S. 5, 581, 511 (verputzt).		(ΣΙΓΕ)
6.30	4	Mion. 5, 581, 510.	Dasselbe.	ΣΙΓΕ Eule, links davon Mondsichel.
6.00	4	Par. Mus.		
2.10	2½	Mion. S. 513. Allier XIII, 16.	Dasselbe.	ΣΙΓΕ Eule, links davon Mondsichel.
2.08	2½	Par. Mus.		
2.05	2½	Mion. S. 512.		
2.10	2½	Par. Mus.	Behelmter Pallaskopf.	ΣΙΓΕ Eule.
1.05	1	Mion. S. 514. Allier XIII, 17.	Behelmter Pallaskopf n. r.	ΣΙ ΓΕ Mondsichel.
—	3½	Mion. 2, 671, 263.	Lorbeerbekränzter Zeuskopf.	ΣΙΓΕ Eule.

Tenedos [1].

Kupfer, dem Silber der 2. Periode von 14.79, 3.51 u. 1.60 Gr. gleichzeitig.

2.00	2	Berl. Mus.	Doppelkopf.	TEN. ΔΙΟ (?) Doppelaxt.
0.80	½	Berl. Mus.	Dasselbe.	TE Dasselbe.
0.45	½	Berl. Mus.		

Theba.

—	3	Millingen Sylloge pl. 4, 42. Allier pl. 13, 19.	Weibl. Kopf, das Haar in einem Beutel zusammengefasst.	ΘΗΒΑ Dreifuss (vgl. Birytis).

[1] Das Kupfer von Tenedos im Par. Mus. war zu schlecht erhalten, um Wägungen zu versuchen. Nach Prokesch in. 1854. S. 763 hat die kleinste Æ auf Vor- und Rückseite Doppelbeil, dort mit 2 Sternen, hier mit TE. Vgl. Mionnet S. 5, 384, 592.

9. I. Ionische Satrapie.

Atarneus.

Kupfer, dem Cistophorensilber gleichzeitig. vgl. Mion. 2, 525, 67. S. 5, 297, 67. Hunter taf. 8, 5.

Kisthene.

Gewicht.	Grösse.			
—	4	Borrell N. C. 6, 149.	Demeterkopf.	ΚΙΣΘΗ Reiter in vollem Lauf (darunter Biene).
—	8	Mion. 2, 526, 72.		(ΚΙΣ i. F. Fisch)

Gergitha.

Kein gleichzeitiges Silber, Kupfer nach Alexander.

Gewicht.	Grösse.			
—	5	Prokesch In. 1854, 292.	Lorbeerbekränzt. Apollokopf v. v.	(Ӿ im Felde)
4.35	4	Par. Mus. vgl. Mion. S. 5, 259, 496. Hunter taf. 43, 10. Allier pl. 12, 10.		ΓΕΡ Sphinx nach rechts sitzend, darunter zuweilen Symbol (Aehre) oder Monogramm.
3.90	4	Par. Mus.		
3.80	4	Berl. Mus.		
3.90	4	Mus. Laynes.		
0.45	1	Berl. Mus.		

Gyrne.

Gewicht.	Grösse.			
—	1	Prok. In. 1859. taf. 1, 1.	Helioskopf von vorn.	ΓΥΡΝΗ Muschel.

Pergamon.

Kupfer nach Alexander.

Gewicht.	Grösse.			
4.80	5	Par. Mus. vgl. Hunter taf. 42, 15; 3 andere Ex. zu 3.90 und 3.80 Gr., letzteres vernutzt.	Pallaskopf nach links.	ΠΕΡΓΑ Zwei Stierköpfe gegen einander, darunter zuweilen Donnerkeil.
4.90	5	Mus. Laynes.		
0.70	½	Par. Mus.	Dasselbe.	Dasselbe ohne Schrift.
4.30	3–4	Par. Mus. 2. Mion. S. 5, 429, 869.	Behelmter Pallaskopf.	ΠΕΡΓΑ Stierkopf (dahinter Α). (Im Felde Epheublatt, Eule).
4.70	3–4	Mion. 2, 563, 464.		
3.37	3–4	Berl. Mus. vgl. Mion. 2, 566, 485.	Dasselbe.	ΠΕΡΓ Dasselbe, dahinter Vogel.
0.90	1	Berl. Mus.	Pallaskopf. (ΠΕΡΓΑ)	Jugendlicher Herakleskopf mit der Löwenhaut.
0.85	1	Berl. Mus. vgl. Mion. 2, 566, 489. Streber N. n. taf. 3, 4. (ΠΕΡ).		
1.30	1	Berl. Mus.	Pallaskopf.	ΠΕΡΓ (?) Zwei Sterne.

Aegae.

Kupfer, dem Silber attischen Fusses gleichzeitig.

Gewicht.	Grösse.			
3.90	3½	Berl. Mus. 2. vgl. Mion. 6, 2, 4.	Lorbeerbekränzter Apollokopf.	ΑΙΓΑΕ Vordertheil eines Geisbocks.
3.70	3½	Berl. Mus.		

Elaea.

Wahrscheinlich kein altes Kupfer.

Kyme.

(Vielleicht Fox II, 51: Adlerkopf)(Stern. Gr. 1 $^1/_2$.)

Larisa.

(vgl. Prokesch In. 1854. S. 284.)

Myrina.

Kein altes Kupfer.

Lesbos*). Antissa.

Kein altes Kupfer.

Eresos.

Kein gleichzeitiges Silber. Kupfer:

Gewicht	Grösse			
5.60	4	Mion. 3, 37, 37. vgl. Pellerin Rec. 105, 4.	Hermeskopf.	ΕΡΕΣΙ Aehre.
2.60	2½	Par. Mus. vgl. Borrell N. C. 7, 52.	Dasselbe.	ΕΡΕΣΙ .. Weibl. Kopf n. r.
1.80	1½	Par. Mus.	Dasselbe.	ΕΡΕΣΙ Aehre.
—	1	Borrell N. C. V, 53.	Dasselbe.	ΕΡΕ Aehre.
—	1½	Fox II, 58.	Dasselbe.	ΕΡ Hermesstab.
5.20	4	Berl. Mus.	Aehrenbekränzter weibl. Kopf.	ΕΡΕΣΙ darunter Amphora. Das Ganze in Aehrenkranz.

Methymna.

Kupfer: 1. dem Silber von 8.20 und 0.50 Gr. gleichzeitig.

Gewicht	Grösse			
5.00	4	Mion. 3, 39, 48.	Pallaskopf.	(Leier als Nachstempel)
4.70	4	Par. Mus.	Pallaskopf.	
4.50	4	Berl. Mus.	Pallaskopf.	(. . .)
4.10	4	Berl. Mus. vgl. Mion. 3, 39, 48.	Pallaskopf.	
3.70	3	Berl. Mus.	Pallaskopf.	ΜΑ ΘΥ Zweigehenkelter Krug.
3.70	3	Par. Mus.	Pallaskopf.	
3.60	3	Berl. Mus.	Pallaskopf.	
3.50	3	Par. Mus.	Pallaskopf.	
2.10	2½	Par. Mus.	Pallaskopf.	
1.15	1½	Par. Mus.	Pallaskopf.	
0.60	1	Par. Mus.	Dasselbe.	ΜΑ Dasselbe.
0.56	1	Par. Mus.	Dasselbe.	. .

*) Wenn die Angabe von Prokesch In. 1854. S. 306 richtig ist, dafs die (oben S. 449) angeführten Münzen mit dem Bilde der zwei gegeneinander stehenden Kalbsköpfe auch in Kupfer vorkommen, so sind diese die ältesten lesbischen Kupfermünzen.

Gewicht.	Grösse.			
–	1	Leake Ins. Gr. 98.	Pallaskopf.	ΜΑ Zweigehenkelter Krug.
–	4½	Leake a. a. O.	Dasselbe.	ΜΑ Dreifuss.

2. Dem Silber von 1.88 und 0.27 Gr. gleichzeitig.

Gewicht.	Grösse.			
2.50	3	Par. Mus. Mion. S. 6, 58, 52. vgl. Peller. taf. 103, 6.	Pallaskopf.	ΜΑ ΘΥ Arion mit Leier auf Delphin.
0.90	1	Berl. Mus.	Dasselbe.	ΜΑ Traube.

Mytilene.

Kupfer: 1. dem Silber persischer Währung von 11.40, 2.88, 1.87, 0.90, 0.46, 0.20 und 0.10 Gr. gleichzeitig.

Gewicht.	Grösse.			
4.50	4	Par. Mus.	Apollokopf.	ΜΥ ΤΙ Leier.
4.20	3	Berl. Mus.		
3.95	4	Berl. Mus.		
3.40	4	Par. Mus. vernutzt.		
0.65	1	Par. Mus.	Dasselbe.	ΜΥ Kalbs- oder Ochsenkopf.
0.60	1	Par. Mus.		
0.60	1	Berl. Mus. 3 andere Exempl. zu 0,59, 0.58 und 0.53 Gr.		
2.50	3	Berl. Mus.	Sappho(?)kopf.	ΜΥ ΤΙ (?) Leier, l. F. Monogramm.
2.00	3	Berl. Mus.		
1.90	2½	Par. Mus. vgl. Mion. S, 43, 90.	Dasselbe.	ΜΥ ΤΙ Dasselbe.
1.85	2¼	Par. Mus.		
1.70	2½	Par. Mus.		
1.60	2	Berl. Mus.		
0.70	1	Par. Mus.	Dasselbe.	ΜΥ ΤΙ Bogen.
2.05	3	Berl. Mus.	Weiblicher Kopf, das Haar mit einem Bande festgehalten.	ΜΥ Leier.
1.80	1	Berl. Mus.		

2. Spätere Reihe.

Gewicht.	Grösse.			
6.70	5	Berl. Mus. vgl. Mion. S. 44. 90.	Kopf des Zeus Ammon n. r.	ΜΥΤΙ Grenzsäule auf Schiffsvordertheil, im Felde Beizeichen.
5.70	5			
4.50	4			

Naxos.

Kupfer: 1. dem Silber von 2.60 und 0.25 Gr. gleichzeitig.

Gewicht.	Grösse.			
4.15	3	Par. Mus.	Panther.	ΝΑΣ Leier und Palmzweig.
0.65	1	Par. Mus.	Apollokopf.	ΝΑΣΙ Panther.
0.60	1	Par. Mus. 3.		

2. Spätere Reihen.

Gewicht.	Grösse.			
12.30	5	Par. Mus.	Apollokopf.	Delphin, Palmzweig.
1.60	1½	Par. Mus. Mion. S. 6, 72, 152.	Dasselbe.	ΝΑΣΙ Dasselbe.

Pyrrha.

Kupfer, dem Silber von 0.60 Gr. gleichzeitig.

Gewicht.	Grösse.			
1.40	1–2	Par. Mus. 3 andere Expl. zu 1.35, 1.30 und 1.00 Gr.	Weiblicher Kopf nach links.	ΠΥΡ Geisbock.
1.40	1–2	Berl. Mus.		
1.25	1–2	Berl. Mus.		

Klazomenae.

Kupfer: 1. dem Vereinssilber von 3.66 Gr. gleichzeitig (vgl. oben S. 444 u. 468).

1. Reihe.

Gewicht.	Grösse.			
5.80	4	Berl. Mus.	Vordertheil eines geflüg. Ebers, Magistratsname.	ΚΛΑΖΟΜΕΝΙΩΝ und meist Monogramm innerhalb eines rechteckig getheilten flach eingeschlagenen Vierecks.
5.70	4	Par. Mus. vgl. Mion. Pl. XLVI, 6. 7.		
5.40	4	Mion. 3, 65, 70; 6 andere Ex. M. 71 = 5.30, M. 23. 24. 18 = 5.20, M. 22 = 5.10, M. 19 = 5.00 Gr.		
4.35	3½	Berl. Mus. 3 andere Ex. zu 4.00, 3.50 Gr., letzteres dünner.		Dasselbe, im Felde Beizeichen (Hermesstab).
1.80	1½	Mion. 26. vgl. Pell. II. pl. 56, 19.	Dasselbe, ohne Schrift. (Monogramm)	ΚΛΑ im viergetheilten vertieften Viereck.
1.50	1½	Mion. S. 6, 67, 48.		
1.40	1½	Berl. Mus.		

2. Reihe.

Gewicht.	Grösse.			
5.30	4	Berl. Mus., sehr schöne Arb.	Behelmter Pallaskopf von vorn.	Widder schreitend, Magistratsname.
5.20	4	Berl. Mus.		(ΚΛΑΖΟΜΕΝΙΩΝ ohne Magistratsname)
5.10	4	Mion. S. 6, 90, 60.		(ΚΛΑΖΟΜΗΝΙΩΝ ohne Magistratsname, i. F. Traube)
5.00	4	Mion. 40.		(i. F. Kügelchen.
3.18	3	Berl. Mus. vgl. Mion. S. 67, 63.		(ΦΑΝΑΓΟΡΑΣ)
1.50	2	Mion. 41. vgl. Pell. II, 56, 20. 26; 2 andere Ex. zu 1.50 und 1.45 Gr.		(1 Ex. ΦΑΝΑΓΟΡΑΣ)
1.80	2	Par. Mus. 2., schöne Arbeit.	Pallaskopf nach rechts.	Widderkopf, Magistratsname, i. F. Beizeichen.
1.75	2	Par. Mus.		(ΑΠΟΛΛΙΟΣ)
—	2	Prokesch in. 1854, 274.	Behelmter Areskopf.	ΚΛΑ Widderkopf.
—	2	Prokesch a. a. O.		(im Lorbeerkranz)
—	3	Prokesch a. a. O.	Widderkopf.	Κ im vertieften Kreis.

2. Nach Untergang des persischen Reiches.

3. Reihe.

Gewicht.	Grösse.			
6.00	4½	Mion. 40; 4 andere Exemplare M. 51. 52 zu 6.50, M. 48 zu 6.00, M. 52 zu 5.60 Gr.	Pallaskopf von vorn.	ΚΛΑΖΟΜΕΝΙΩΝ halber Widder liegend, Magistratsn., i. F. oft Beizeichen.
5.80	4	Par. Mus.		

Gewicht	Grösse			
5.25	4	Berl. Mus. vgl. Pell. 56, 27, 28. Mion. 57.	Behelmter Pallaskopf n. r.	ΚΛΑΙΟΜΕΝΙΩΝ Widder liegend, i. F. oft Beizeichen.
4.56	6½	Berl. Mus. vgl. Mion. 59.	Pallaskopf n. r.	ΚΛΑΙΟΜΕΝΙΩΝ Widder liegend, Magistratsname, i. F. zuweilen Beizeichen.
4.20	5½	Mion. 50; 4 andere Ex. M. 60 zu 4.00, M. 62 zu 3.60, M. 63 zu 3.60, M. 64 zu 3.75 Gr.		
3.55	5	Berl. Mus.; 1 anderes Expl. zu 3.55, 2 zu 3.60 Gr.		
2.50	7½	Berl. Mus.	Behelmter Pallaskopf n. l.	ΚΛΑΙΟΜ Widder liegend (Schrift undeutlich).

4. Reihe.

Gewicht	Grösse			
8.25	5	Par. Mus., 3 andere Exempl. Mion. 31 zu 8.20, M. 26. 32 zu 7.35 Gr.	Lorbeerbekränzter Zeuskopf.	ΚΛΑΙΟΜΕΝΙΩΝ Magistratsname (fehlt auch), Schwan, i. F. zuweilen Hermesstab.
4.70	4	Mion. 35.	Derselbe.	ΚΛΑΙΟΜΕΝΙΩΝ Keule.
4.20	3	Mion. 34.		
3.45	3	Mion. S. 52.	Lorbeerbekränzter Apollokopf.	Schwan, Magistratsname.
3.05	3	Par. Mus.		
2.90	3	Par. Mus.		

Kolophon.

Kupfer: 1. dem Silber von 3.62 und 1.55 Gr. gleichzeitig.

Gewicht	Grösse			
–	5	Leake 44.	Lorbeerbekränzter Apollokopf.	ΚΟΛ Leier.
–	3½	Mion. S. 76, 112.	Derselbe.	ΚΟΛΟΦΩ Magistratsn., Leier.

2. Spätere Reihe (nach Alexander).

Gewicht	Grösse			
6.10	4½	Berl. Mus. vgl. Mion. S. 6, 97, 114; 2 andere Ex. zu 6.00, 5.80 und 500 Gr.	Lorbeerbekränzter Apollokopf.	ΚΟΛ (fehlt auch) Magistratsname, Reiter mit Lanze (i. F. Leier).
4.70	4½	Par. Mus.		
4.60	4½	Mion. S. 76, 113.		
4.00	4½	Par. Mus. verstümm.		
2.80	3	Mion. 111. vgl. Peller. pl. 67. 31.	Derselbe.	ΚΟΛ Magistratsn., Vordertheil eines Pferdes.
2.30	3	Par. Mus.		
2.36	3	Mion. S. 6. 95. 102.		

Ephesos.

Kupfer: 1. dem Silber der III. Periode von 15.2, 5.42, 1.72 und 0.90 Gr. gleichzeitig.

Gewicht	Grösse			
2.30	3	Berl. Mus.	ΕΦ Biene.	Hirsch umschauend. (Magistratsname, Köcher).
–	3	Prokesch in 1854.		
1.20	1½	Par. Mus.	Biene.	Hirschkopf.
0.60	½	Par. Mus.	Biene.	ΕΦ Hirschkopf.
1.85	1½	Berl. Mus.	Biene.	Halber Hirsch umschauend.
1.80	1½	Berl. Mus.		
1.10	1½	Berl. Mus.	Biene.	Hirsch umschauend, Magistratsname.
1.00	1½	Berl. Mus.		

5. Dem Silber der IV. Periode von 6.60 Gr. gleichzeitig.

Gewicht.	Grösse.			
6.90	3½	Par. Mus., ziemlich dickes Stück.	Artemiskopf.	ΕΦ Biene.
5.20	3½	Par. Mus. Mion. S. 6, 190, 290.	Artemiskopf, dahinter Köcher.	ΕΦ Halber [illegible] Hirsch, Magistratsname.
1.60	1	Berl. Mus.	Artemiskopf n. l.	ΕΦ Biene.
1.40	1	Par. Mus.		
1.40	1	Berl. Mus.		

6. Spätere Reihen.

Gewicht.	Grösse.			
10.80	6½	Par. Mus. 2 andere Ex. Mion. S. 6, 287 zu 10.20, 1 zu 9.20 Gr.	Artemiskopf.	ΕΦ Halber Hirsch umschauend, dahinter Fackel, Magistratsname.
4.70	3½	Berl. Mus.	ΕΦ Biene.	Hirsch stehend und geradeaus schauend, Magistratsname.
4.45	4	Berl. Mus. 2 andere Expl. zu 3.85 und 3.40 Gr.	Biene.	Hirsch ebenso vor Palme, Magistratsname.
11.60	6½	Mion. 213.	ΕΦ Artemis als Jägerin n. r. schreitend, zu ihren Füssen Hund.	Magistratsname, Hahn. Das Ganze im Lorbeerkranz.
6.20	4½	Mion. 208; 2 andere Ex. zu 5.90 und 4.20 Gr.	Artemiskopf.	2 Magistratsnamen, 2 Hirsche, dazwischen Fackel.
5.20	4½	Mion. 217.	Lorbeerbekränzter Zeuskopf.	ΕΦ Hirsch, i. F. N, das Ganze im Lorbeerkranz.
4.95	4	Mion. 222.	ΕΦ Biene im Kranze.	Magistratsn., Hirsch fressend, darüber Köcher.
4.00	4	Par. Mus.		
3.80	3½	Mion. 224.		
3.05	4	Mion. 230.	Biene im Kranze.	Hirsch vor Palme.

Erythrae.

Kupfer: 1. dem Silber von 15.02, 3.65, 1.69, und 0.85 Gr. gleichzeitig.

Gewicht.	Grösse.			
12.20	5	Berl. Mus.	Herakleskopf mit der Löwenhaut.	ΕΡΥ Köcher, Keule, Bogen, Magistratsname (i. F. oft Beizeichen, Monogramm und einzelne Buchstaben).
5.35	4½	Berl. Mus.		
5.00	4½	Berl. Mus.		
3.80	3½	Berl. Mus.		
3.50	3	Berl. Mus.		
3.20	3	Mion. 3, 125, 490.		
3.10	3	Berl. Mus.		
2.20	3	Berl. Mus. 3 andere Exempl. zu 2.10, 2.05, 2.00 Gr.		
2.10	3	Mion. 418 (ohne Magistratsn.).		
1.95	2	Par. Mus.		
—	1	Fox II, 71.	Dasselbe.	ΕΡΥ Stiervordertheil.
—	1	Fox II, 72.	Dasselbe.	ΕΡΥΘ Vase und Gerstenkorn.

2. Dem Silber attischen Fußes gleichzeitig. Vgl. Prokesch In. 1854. S. 285.

Gewicht	Größe			
6.30	4½	Mion. 499.	Jugendlicher Herakleskopf.	ΕΡΥ Bogen, Köcher, Magistratsname mit Patronymikon (i. F. Heraklaskopf).
5.20	4½	Mion. 498.		
4.00	3	Berl. Mus.	Jugendlicher Heraklaskopf m. der Löwenhaut.	ΕΡΥ Magistratsname mit Patronymikon in 4 Linien.
3.80	3	Mion. 503.		
4.30	3½	Mion. 515.	Bärtiger Heraklaskopf.	Dasselbe.

Gambreion.

Nur Kupfer.

1. Reihe.

Gewicht	Größe			
4.65	4	Par. Mus. vgl. Mion. 3, 136, 559. 2 andere Ex. zu 3.57, 3.80 Gr.	Lorbeerbekränzter Apollokopf.	Stern, zwischen dessen Strahlen ΓΑΜ.
4.40	4	Par. Mus.		
3.50	4	Berl. Mus. 2 andere Ex. zu 3.48, 3.45 Gr.		
1.00	1	Berl. Mus. 2.		
1.00	1	Par. Mus. 2.		
0.99	1	Berl. Mus.		
0.95	1	Par. Mus.		
1.30	1	Berl. Mus. vgl. Mion. 3, 136, 560.	Dasselbe.	ΓΑΜ Dreifuß.

2. Reihe.

Gewicht	Größe			
3.45	3	Berl. Mus. vgl. Mion. 558.	Lorbeerbekränzter Apollokopf.	ΓΑΜ Stier stoßend, darüber Stern.
3.10	3	Berl. Mus.		
1.00	1	Par. Mus.	Dasselbe.	Stier stoßend.
0.99	1	Berl. Mus.		
0.95	1	Berl. Mus.		

Herakleia
Lebedos } Kupfer wohl nicht vor Alexander.

Magnesia.

Kupfer: 1. dem Silber von 14.65, 7.25, 5.57, 1.70, 1.02 u. 0.65 Gr. gleichzeitig.

Gewicht	Größe			
4.80	3½	Par. Mus. vgl. Allier pl. XV, 4. 2 andere Exempl. zu 4.30, 4.20 Gr. (Mion. 606).	Reiter in vollem Galopp.	ΜΑΓΝ Stier stoßend. Magistratsname in der Mitte einer mäandrischen Verzierung. Im F. zuweilen Beizeichen.
4.20	3½	Berl. Mus.		
3.75	3	Mion. 607.		
3.50	3	Berl. Mus.		
1.90	2½	Berl. Mus.		
1.60	2½	Berl. Mus.		
1.20	1	Mion. 612.	Dasselbe.	Dasselbe ohne mäandr. Verzierung.
0.50	½	Berl. Mus.		

2. Dem Silber attischen Fußes gleichzeitig.

Gewicht	Größe			
9.00	5	Mion. 818.	Artemiskopf, dahinter Bogen und Köcher.	ΜΑΓΝΗΤΩΝ 2 Magistratsnamen, stoßender Stier.

Milesos.

Kupfer: 1. den Silbermünzen attischen Fußes von 13.05, 4.25, 2.19, 1.24 und 0.69 Gr. gleichzeitig.

Gewicht	Größe			
2.35	2	Berl. Mus.	Löwe umschauend nach links. (Im Felde ΜΙ)	Stern, zwischen dessen Strahlen oft einzelne Buchstaben (Ο Α).
2.10	2	Par. Mus.		
2.00	2	Berl. Mus.		
—	2	Prokesch in. 1854.		

2. Den Silbermünzen persischen Fußes von 10.69, 8.39, 6.61, 5.21, 3.64, 2.5 und 1.75 Gr. gleichzeitig.

Gewicht	Größe			
7.40	5	Par. Mus.	Lorbeerbekränzter Apollokopf.	ΜΙ (fehlt auch) Löwe umschauend nach Stern, Magistratsname. Das Ganze häufig in Kranz. Im Felde oft Beizeichen.
6.50	5	Berl. Mus.		
5.70	3½	Par. Mus.		
3.75	3	Berl. Mus.		
3.75	3	Par. Mus.		
3.50	5	Mion. 754.		
2.95	2½	Berl. Mus.		
2.90	6	Mion. S. 1218.		
2.85	2½	Berl. Mus.		
2.70	2½	Mion. 755.		
1.45	1½	Berl. Mus.		
1.00	1½	Berl. Mus.		
3.80	4	Par. Mus.	Derselbe Kopf von vorn.	Löwe nach Stern aufblickend, Magistratsname.
3.30	5	Mion. 756.		
3.20	3	Mion. S. 1222.		

Phokaea.

Kupfer: 1. den Silbermünzen von 1.89 Gr. gleichzeitig.

Gewicht	Größe			
4.50	5	Mionnet 3, 176, 824 (schöne Prägung).	Hermeskopf.	ΦΩ Halber Greif, Magistratsname. (ΦΩΚΑΕΩΝ ohne Magistraten.)
4.45	4	Berl. Mus.		
—	4	Prokesch in. 1854.		
3.20	3½	Berl. Mus. 2 andere Ex. zu 3.10, 2.90 Gr.		
2.70	3½	Par. Mus. vgl. Mion. S. 6, 286, 1314. Allier pl. 15, 12.	Weiblicher Kopf nach links.	Greifenkopf.
1.90	2	Berl. Mus.		
1.70	2	Berl. Mus.		

2. Spätere Reihe.

Gewicht	Größe			
6.70	4½	Mion. 829.	Behelmter Pallaskopf.	ΦΩΚΑΙΕ.. Greif (im Felde Beizeichen).
6.00	4½	Par. Mus.		

Gewicht	Größe		Vorderseite	Rückseite
6.20	4½	Berl. Mus.	Behelmter Pallaskopf.	ΦΩΚΑΙΩΝ Greif.
5.95	4½	Berl. Mus.		
5.70	4½	Par. Mus.		
5.20	4½	Berl. Mus.		
3.00	2½	Par. Mus.	Dasselbe.	ΦΩΚΑΙΩΝ Magistratsname, Greif.
2.98	2½	Par. Mus.		
1.90	2	Par. Mus. vgl. Mion. S. 1332.	Weiblicher Kopf mit Mauerkrone.	ΦΩ Greifenkopf zwischen Kopfbedeckung d. Dioskuren.

Phygela.

Kupfer, dem Silberstück von 13.98 Gr. gleichzeitig.

Gewicht	Größe		Vorderseite	Rückseite
4.10	5	Par. Mus. vgl. Mion. 3, 166, Abb. Allier XV, 14.	Kopf der Artemis Munychia von vorn.	ΦΥΓ Stier stoßend.
2.45	3½	Berl. Mus.		
2.20	3½	Berl. Mus.		
1.60	2	Berl. Mus.	Weiblicher Kopf nach rechts.	ΦΥΓ Stier stoßend.
1.50	2	Berl. Mus.		
1.40	2	Par. Mus.		
0.80	1	Berl. Mus.		

Priene.

Kupfer, dem Silber pers. Fußes v. 4.92, 8.76, 2.24, 1.74 u. 0.65 Gr. gleichzeitig.

Gewicht	Größe		Vorderseite	Rückseite
4.20	3	Mion. 895.	Behelmter Pallaskopf.	ΠΡΙΗΝΕΩΝ Dreifuß.
8.20	5	Berl. Mus.	Dasselbe.	(Stern) · ΠΡΙΗ Eule von vorn auf Krug, im Felde Frucht und Blatt.
7.40	5	Mion. 894.		
4.00	4	Par. Mus.	Pallaskopf.	ΠΡΙΗ Magistratsname in der Mitte einer mäandrischen Verzierung.
3.00	3	Par. Mus.	Dasselbe.	ΠΡΙΗΝΕ Magistratsname in der Mitte einer mäandrischen Verzierung.
2.90	3	Par. Mus.		
2.60	3	Par. Mus.		
2.80	3	Mion. 896.		
0.90	1½	Par. Mus.	Dasselbe.	ΠΡΙΗ Magistratsname in der Mitte einer mäandrischen Verzierung.
0.60	1½	Par. Mus.		
0.80	1½	Par. Mus.		

Smyrna.

Kupfer nach Alexander, dem Silber attischen Fußes gleichzeitig.

Gewicht	Größe		Vorderseite	Rückseite
14.80	5½	Mion. S. 6, 303, 1401.	Lorbeerbekränzter Apollokopf.	ΣΜΥΡΝΑΙΩΝ Magistratsname, meist nebst seinem Patronymikon. Homer sitzend. Im Felde oft Stern und oft Monogr.
13.40	6	Mion. 3, 197, 1001. 2 andere Exempl. Mion. 979 zu 13.20 und Mion. 928 zu 13.00 Gr.		
9.00	4	Par. Mus.		
8.80	4	Mion. S. 1404.		(ohne Magistratsname)
8.30	6	Mion. 921.		
7.60	5	Mion. 945.		

Gewicht	Grösse			
4.00	2½	Mion. 1082.	Lorbeerbekränzter Apollokopf.	(ΣΜΥ) ΣΜΥΡΝΑΙΩΝ Magistratsname, Hand mit Streithandschuh. Im Felde meist Palme und oft Monogramm.
3.55	3	Mion. 1079. 2 andere Exempl. Mion. S. 1487 zu 3.20 und Mion. 1023 zu 3.10 Gr.		
2.60	2½	Mion. 1084.		(2 Palmen)
2.30	2½	Mion. 1087.		
2.15	1	Mion. S. 1466.	Dasselbe.	ΖΜΥΡ (ΣΜΥΡ) Magistratsname, Leier.
1.28	1	Mion. 1079.		
1.10	1	Mion. S. 1469. 1471.		
0.70	1	Mion. S. 1467.		

Teos.

Kupfer: 1. dem Silber der II. Periode von 3.64, 1.69, 1.11 u. 0.53 Gr. gleichzeitig.

Gewicht	Grösse			
3.80	4	Mion. S. 6, 879, 1912.	Greif sitzend nach rechts. (In der Rechten Scepter)	ΤΗΙΩΝ Magistratsn., Diota, darüber Traube.
3.60	4	Mion. S. 259, 1472.		
3.30	4	Mion. S. 1913.		(ohne Traube)
2.70	4	Mion. 1478.		
—	1	Hunter taf. 57, 23.	Greif sitzend nach rechts.	ΤΗΙΩΝ Diota.
—	3	Mion. 1467.	Greif laufend nach rechts.	ΤΗ Diota.
—	2	Hunter taf. 57, 20.	Greif sitzend nach rechts.	Dasselbe.
1.65	2	Mion. 1471.	Greif laufend nach rechts.	ΤΗΙΩΝ Traube, Magistratsname.
1.20	3	Par. Mus. Mion. 1471.		

Spätere Reihen.

Gewicht	Grösse			
3.60	4	Mion. 1482.	Greif sitzend.	ΤΗΙΩΝ Magistratsname, Leier.
2.90	3½	Mion. 1475.	Dasselbe.	ΤΗΙΩΝ in 2 Linien in der Mitte eines Epheukranzes.

Chios.

Kupfer: 1. dem Silber der II. Periode von 3.81 Gr. gleichzeitig.

Gewicht	Grösse			
2.35	2	Par. Mus.*)	Sphinx sitzend n. l., davor Diota.	Viergetheiltes eingeschlag. Viereck.

2. Dem Silber rhodischen Fusses von 15.82 und 3.58 Gr. gleichzeitig.

Gewicht	Grösse			
5.85	3	Par. Mus.	Sphinx sitzend nach links.	Kreuz in der Mitte eines Laubkranzes.
4.80	3	Mion. S. 6, 396, 78.	Dasselbe.	Magistratsn. und ΧΙΟΣ auf Kreuz in der Mitte eines Kranzes.

3. Nach Alexander, dem Silber von 3.95 Gr. gleichzeitig.

Gewicht	Grösse			
5.50	4	Par. Mus. (dick).	Sphinx, davor Beizeichen (meist Traube).	(ΘΗΡΩΝ) ΧΙΟΣ Magistratsname, Diota, im Felde oft Beizeichen.
4.75	4	Berl. Mus.		
4.40	3½	Par. Mus.		
4.30	3½	Par. Mus.		
4.20	4	Par. Mus.		

*) Die Aechtheit ist doch wohl zweifelhaft, vgl. ein anderes Exemplar in der Sammlung Falbe's und Whitte de rebus Chiorum publ. S. 75, 10.

Gewicht	Grösse			
4.00	4	Mion. 85.	(Traube)	ΧΙΟΣ Magistratsname, Diota, im Felde oft Beizeichen.
3.85	4	Mion. 32.	(Aehre)	
3.70	4	Par. Mus. 2.	Sphinx, davor Beizeichen.	
3.75	3	Berl. Mus.		
6.00	4	Mion. 32.	(Aehre)	
2.50	2½	Mion. 79 [*].	(Sphinx auf einem Aeskulapstab)	ΧΙΟΣ Magistratsname, Diota innerhalb eines Weinlaubkranzes.
2.20	2½	Par. Mus. 2.	Dasselbe.	
2.20	2½	Berl. Mus.		
2.10	2½	Berl. Mus.		
1.17	1	Berl. Mus.	Dasselbe.	Dasselbe.
1.15	1	Berl. Mus.		
2.40	3½	Berl. Mus. vgl. Mion. 3, 278. 126.	ΧΙΩΝ Sphinx.	ΤΕΤΡΑΧΑΛΚΟΝ Traube.
		4. Aus römischer Kaiserzeit.		
8.70	6	Mion. 97.	ΧΙΩΝ Sphinx, d. rechten Fuss auf Diota.	ACCAPION ΗΜΥCΥ Zwei Fackeln über Kreuz (im Felde Traube. Das G. in Epheukranz).
9.50	4½	Mion. 99.		
7.20	5	Mion. 94.	ΧΙΩΝ (M. 94 rückläufig) Sphinx (M. 94 auf Keule), den r. Fuss auf Traube.	(im Felde Traube und Stern) ACCAPION Diota, i. F. Stern. (M. 93. 95 zwei Sterne)
6.00	5	Mion. 92. 4 andere Exempl. Mion. 93 zu 5.60, M. 95 zu 5.10, M. 96 zu 4.50, das vierte zu 4.20 Gr.		
10.50	7	Mion. 102.	ACCAPIA ΔΥΟ Sphinx nach rechts, den rechten Vorderfuss auf Schiffsvordertheil.	ЄΠΙ ΑΡΧ ΚΟ ΟΥΑ ΠΡЄΙΜΟΥ ΧΙΩΝ Herakles stehend.
6.50	6½	Mion. 101. vgl. Pembroke p. 2. t. 82.	ACCAPIA ΔΥΩ Dass.	ЄΠ ΑΡΧ ΑΥ ΧΡΥCΟΓΟΝΟΥ ΧΙΩΝ Dasselbe.
9.40	7	Berl. Mus. vgl. Mionnet S. 6, 402, 112.	ΟΒΟΛΟC Sphinx.	ΧΙΩΝ Nackte Gestalt, die Rechte auf Stab gestützt.
8.40	7	Berl. Mus. vgl. Mionnet S. 6, 402, 113.		
		Icaria. Oenoe.		
		Nur Kupfer später Zeit.		
—	4	Prokesch In. 1854. taf. IV, 19. vgl. noch Rev. n. 1843, 420. pl. 21, 2. 8.	Artemiskopf.	ΟΙΝΑΙΩΝ Stossender Stier.
5.35	4	Berl. Mus. vgl. Prok. In. 1854, 287. taf. IV, 18.	Jugendlich, epheubekränzter Bakchoskopf.	ΟΙΝΑΙΩΝ Traube.
5.30	4	Berl. Mus.		
5.10	4	Berl. Mus.		
—	3	Borrell vgl. Prok. Ined. 1854, 287.	Stossender Stier.	ΟΙΝΑΙΩΝ Schaf.

[*]) Der Magistratsname lautet: ΑΡΤΕΜΗΣ nicht ΤΕΜΗΣ wie Mion. 3, 273, 79 ihn gelesen hat

Samos.

Kupfer: 1. dem Silber von 13.24, 6.67, 2.70 und 1.70 Gr. wohl zum Theil noch gleichzeitig.

Gewicht.	Grösse.			
2.70	2½	Par. Mus. vgl. Mion. S. 6, 409, 152.	Weiblicher Kopf nach rechts.	Löwenkopffell von vorn.
2.40	2½	Par. Mus. verwetzt.		
2.50	2½	Par. Mus. vgl. Hunt. taf. 47, 7 mit ΣΑ. 3 andere Ex. zu 2.52, 2.50, 2.48 Gr.	Dasselbe nach links.	Dasselbe.
1.80	1½	Par. Mus.	Dasselbe.	Löwenkopffell von vorn.
1.70	1½	Par. Mus.		
1.2	½	Par. Mus.		
		2. Dem Silber von 15.48, 6.71, 5.84, 1.70, 1.05 u. 0.72 Gr. gleichzeitig.		
6.45	4	Berl. Mus.	(Σ.)	
5.75	4	Berl. Mus.		
5.05	4	Berl. Mus.		
4.75	3	Berl. Mus. vgl. Mion. 155.	Dasselbe n. r.	Löwenkopffell v. v., Magistratsname.
2.25	2	Berl. Mus.		
2.05	2	Berl. Mus.		
2.70	2½	Berl. Mus. vgl. Mionnet S. 6, 410, 160. 2 andere Ex. zu 2.50, 2.20 Gr.	Stiervordertheil.	ΣΑΜΙΩΝ Schiffsvordertheil.
1.60	2½	Berl. Mus.	Weiblicher (Hera-)Kopf v. vorn.	ΣΑΜΙΩΝ Dasselbe
1.30	2½	Berl. Mus.		
1.55	2½	Berl. Mus.	Dasselbe.	ΣΑ Magistratsname, dasselbe.
1.50	2½	Par. Mus. vgl. Mion. 3, 289, 157.		
1.50	2½	Berl. Mus.		
0.80	1	Berl. Mus.	Weiblicher Kopf nach links.	Stiervordertheil.
8.2	5	Mion. 3, 281, 153.	Weiblicher Kopf nach links.	ΣΑ Weib sitzend auf Korb, davor Grenzsäule.

Alabanda }
Alinda } Wahrscheinlich kein Geld vor Alexander.

Bargylia.

(Spät.)

7.00	4	Berl. Mus. vgl. Allier XVI, 31.	Weibl. Kopf in der Mitte eines Lorbeerkranzes.	ΒΑ(ΡΓΥΛΙΗΤΩΝ) Pegasus, dahinter Stern.

Kaunos.

1.70	2½	Berl. Mus. vgl. Streber N. a. taf. 3, 6. 7. unter Kaunos.	KA Sphinx nach rechts.	Stier stehend.
1.80	2½	Par. Mus.	(KAY[1])	
1.50	2½	Par. Mus.	KA[1]) Dasselbe.	Stiervordertheil.

[1]) Nach meiner Abschrift KΛY und KΛ.

Knidos.

Kupfer, dem jüngeren Silber kleinasiatischen Fusses von 15.14 und 3.75 Gr. gleichzeitig.

Gewicht.	Grösse.			
5.10	4½	Par. Mus.	Weiblicher thurmgekrönter Kopf.	ΚΝΙΔΙΩΝ Löwenvordertheil in vert. Viereck.
3.80	4	Mion. 3, 341, 219.		
2.40	3¾	Berl. Mus.	ΚΝΙ Weibl. Kopf (Aphrodite) n. rechts.	Schiffsvordertheil, Magistratsname.
2.30	2½	Mion. 722.	Dasselbe ohne Schrift.	ΚΝΙ Dass., i. F. meist Beizeichen.
1.95	3	Berl. Mus. vgl. Leake Sup. 40.		
1.90	1	Mion. 724.		
1.80	1	Berl. Mus. (dick).	Lorbeerbekränzter Apollokopf.	ΚΝΙ Dasselbe.
1.50	2	Mion. 727.		
1.20	1	Par. Mus. (dick).	Weiblicher Kopf nach rechts.	ΚΝ Dasselbe.
1.15	1½	Mion. 726.*)	Dasselbe.	ΚΝΙ Dasselbe.

Halikarnassos.

Kupfer: 1. dem älteren Silber persischen Fusses von 8.31 u. 0.61 Gr. gleichzeitig (?).

Gewicht.	Grösse.			
1.00	1	Par. Mus. vgl. Fox II, 101.	ΑΛΙ Vordertheil eines Pegasus.	Leier.
0.80	1	Par. Mus.		
0.70	1	Par. Mus.		

2. Dem Silber rhodischen Fusses vielleicht gleichzeitig, Mion. S. 6, 492, 279, das übrige Kupfer aus der Periode des attischen Fusses.

Jasos.

Kupfer, dem Silber persischen Fusses gleichzeitig. Vgl. Leake Suppl. 60. Fox II, 103. 104. Mion. 3, 353, 283—285. S. 6, 504, 334—336.

Idyma.

Kupfer nicht bekannt.

Mylasa, **Myndos**: Kupfer nach Alexander.

Taban.

Kupfer nach Alexander.

Karische Dynasten.

Kein Kupfer.

Astypalaea.

Altes Kupfer? Mion. S. 6, 563, 1—4.

Kalymna.

Kupfer, dem Silber rhodischen Fußes von 6.62, 3.17, 1.49 u. 0.85 Gr. gleichzeitig.

Gewicht.	Größe.			
2.55	2¾	Berl. Mus.	Unbärtiger Kopf mit Helm, der Kinn und Hals bedeckt.	ΚΑΛΥ Leier. (ΚΑΛΥΜΝΩ ?)
2.45	2⅞	Par. Mus. vgl. Mionnet S. 6, 565. 14.		
2.25	2¼	Berl. Mus.		
1.95	2	Berl. Mus.		
1.90	1½	Par. Mus.		
1.80	2	Berl. Mus.		
1.60	1⅔	Par. Mus.		
1.45	1⅔	Par. Mus.		
1.40	1¼	Berl. Mus.		
1.35	1⅔	Mion. S. 9.	Derselbe.	ΚΑ Lorbeerkranz.
1.50	1½	Par. Mus.	Dasselbe.	Weiblicher Kopf nach rechts.
1.30	1⅔	Mion. S. 6 (versetzt).		

Kos.

Kupfer, dem Silber rhodischen Fußes von 15.22, 6.74, 3.54 und 2.77 Gr. gleichzeitig.

Gewicht.	Größe.			
2.25	3	Berl. Mus.	Herakleskopf mit der Löwenhaut.	ΚΩΙΩΝ Magistratsn., Krabbe; darunter Keule.
1.50	2	Mion. S. 6, 576, 102.		
1.45	2	Mion. 3, 404, 84.	Frauenkopf mit Schleier.	Dasselbe ohne Stadtname.
1.30	2	Mion. 88.	Derselbe.	Κ Krabbe, Keule.

Nisyros.

Altes Kupfer? vgl. Mion. S. 6, 588, 141 f.

Rhodos. Jalysos, Kamiros, Lindos — Kein Kupfer.

Rhodos.

Kupfer: 1. dem Silber der II. Periode von 13.77, 6.78, 3.25, 2.31, 1.46 und 0.98 Gr. gleichzeitig.

Gewicht.	Größe.			
2.00	2	Par. Mus.	Strahlenumkränzter Apollokopf.	ΡΟ Rhodische Blume. Das Ganze in vertieftem Viereck.
1.50	2	Par. Mus.		
1.40	1⅞	Mion. 3, 472, 212.		
1.10	1¾	Par. Mus.		
1.90	2	Berl. Mus.	Derselbe linkshin.	Dasselbe.
1.40	2	Berl. Mus.		
1.70	1	Par. Mus.	Rhodische Blume.	ΡΟ Rhodische Blume (links Μ).
1.60	1¾	Berl. Mus.		
1.50	1¾	Berl. Mus. 2.		
1.00	1	Mion. 344.		

2. Spätere Reihen (nach Untergang des persischen Reiches).

Gewicht.	Grösse			
17.9	9	Mion. 219.	Strahlenumkränzter Apollokopf, rechtshin gewandt.	ΡΟ Rhod. Blume, i. F. Beizeichen.
16.8	7	Mion. 227. 2 andere Ex. zu 16.20 (M. 231), 15.50 Gr. (M. 226. Gr. 8½).		
16.4	7	Berl. Mus. 2 andere Ex. zu 16.20, 15.60 Gr.		
3.95	4	Par. Mus.	Dasselbe nach links.	ΡΟΔ Rhodische Blume.
3.70	6½	Mion. 234.	Dasselbe nach rechts.	ΡΟΔΙΩΝ Rhodische Blume, i. F. Beizeichen.
3.50	3½	Mion. 235.		
3.00	3	Par. Mus.	Weiblicher Kopf nach links.	ΡΟΔΙΩΝ Rhod. Blume.
1.40	1½	Berl. Mus.	Weiblicher Kopf nach rechts.	ΡΟ Rhod. Blume, i. F. Beizeichen.
1.30	1½	Berl. Mus.		
1.30	1	Mion. 240.		
6.00	5	Berl. Mus.	Bakchoskopf nach rechts.	ΡΟ Blume. (ΦΙ)

3. Dem Silber der III. Periode attischen Fusses gleichzeitig.

Gewicht.	Grösse			
24.15	10½	Mion. 215.	Strahlenumkränzter Apollokopf, von vorn.	ΡΟ Magistratsname, rhod. Blume, von vorn. Das Ganze innerhalb eines Eichenkranzes.
21.5	11	Mion. 214.		
4.70	4	Par. Mus. 4 andere Exempl. zu 4.60, 4.50, 4.10, 4.20 Gr. (Mion. 229).	Dasselbe nach rechts.	ΡΟ Magistratsname, Blume v. vorn, i. F. Beizeichen.
2.60	4	Mion. 232.	Dasselbe.	ΡΟΔΙΩΝ Blume von vorn, Beizeichen.
2.40	4	Mion. 231.		

4. Aus der römischen Kaiserzeit.

Nerva.

Gewicht.	Grösse			
17.4	10	Mion. 282. Ein anderes Ex. mit (ΑΥΤΟΚΡΑΤΩΡ ΚΑΙϹΑΡ ϹΕΒΑϹΤΟϹ ΝΕΡΟΥΑϹ) und gleicher Schrift und Bild (?) auf der Rückseite von 16.6 Gr.	Lorbeerbekränzt. Kopf der Nerva. (ΑΥΤΟΚΡΑΤΩΡ ΚΑΙϹΑΡ ΝΕΡΟΥΑΝ ϹΕΒΑϹΤΟϹ)	ΔΙΔΡΑΧΜΟΝ ΡΟΔΙΩΝ Helios mit strahlenbekränztem Haupt, die Hand einer vor ihm stehenden Frau gebend.

Trajanus.

Gewicht.	Grösse			
21.5	9	Mion. 283. Ein anderes Ex. mit ΑΥΤΟΚΡΑΤΟΡΑ ΚΑΙϹΑΡΑ ΝΕΡΟΥΑΝ ΤΡΑΙ... ΡΟΔΙΩΝ ΔΙΔΡΑΧΜΟΝ auf der Schauseite und ΑΥΤΟΚΡΑΤΟΡΑ ΚΑΙϹΑΡΑ ΝΕΡ ΤΡΑ ΔΙΔΡΑΧΜΟΝ und gleichem (?) Bild auf der Rückseite von 23 Gr.	Lorbeerbekr. Kopf des Trajan. (.... ΚΡΑ ΚΑΙϹΑΡΑ ΝΕΡΟΥΑΝ ΤΡΑΙΑΝ)	Bakchos, die Rechte über dem Haupte eines Panthers, in d. L. Thyrsus. ΡΟΔΙΩΝ ΔΙΔΡΑΧΜΟΝ

Astyra.

Gewicht.	Stücke.			
—	4	Leake S. 26.	Apollokopf von vorn.	ΑΣΤΥΡΑ Diota, aus dem Lorbeerzweig heraussieht, daneben Giesskanne.
1.90	3	Mion. 3, 429, 289.		
1.20	1½	Par. Mus. vgl. Leake a. a. O.	Weiblicher Kopf nach rechts.	ΑΣ Diota, daneben kleine Kanne.

Lykische Kupfermünzen.

Perakla.

Gewicht.	Stücke.			
1.69	3½	Par. Mus. = 26.23 Fell. VI, 5.	Pankopf nach links.	ΠΙΡΕΚΛΙ Dreibein. (ΙΡΕ) (ΕΚ)
1.64	3	Brit. Mus. = 25.4 Fell. VI, 2.		
1.94	3	= 30 Fellows VI, 5.	Vordertheil eines Ziegenbocks.	(ΠΙΡΕΚΛ)
1.59	1½	Par. Mus. = 31.6 Fell. VI, 6.		Dieselbe Schrift und Bild.
1.30	1½	Brit. Mus. = 16.5 Fell. VI, 7.		

Phaselis.

Kupfer, dem späteren Silber persischen Fusses der III. Periode von 9.96 Gr. gleichzeitig.

Gewicht.	Stücke.			
6.06	8	Berl. Mus. vgl. Mion. 3, 443, 72.	Schiffsvordertheil, darüber meist Beizeichen.	
5.55	3	Berl. Mus.		
4.80	8	Berl. Mus.		
4.50	8	Par. Mus.		ΦΑΣΗ Schiffshintertheil.
4.45	3	Par. Mus.		
1.40	1	Berl. Mus.		(ΦΑΣ)
1.30	1	Berl. Mus.		(.)
—	1	Prokesch In. 1854.	Schiffshintertheil.	ΦΑΣ in doppeltem Kreis.
—	4½	Mion. 3, 443, 68.	Schiffsvordertheil, darüber Nike.	ΦΑ Behelmte Pallas.

Aspendos.

Kupfer, dem Silber babyl.-persischen Fusses der II. Periode gleichzeitig.

Gewicht.	Stücke.			
3.03	3	Berl. Mus. Beitr. 1, 83. 45. taf. 3, 45. Gefunden in Banio.	Dreibein.	ΠΟ auf schildförmiger Erhöhung.

Side.

Kupfer, wohl erst dem Silber der III. Periode att. Fusses gleichzeitig.

Gewicht.	Stücke.			
6.60	4	Berl. Mus. vgl. Mion. 3, 476, 179.	Pallaskopf nach rechts.	Granatapfel.
6.60	4	Berl. Mus.		
1.75	3	Berl. Mus.		

Selge.

Kupfer, dem Silber babylonisch-persischen Fusses gleichzeitig.

Gewicht.	Stücke.			
3.30	3	Berl. Mus.	ΣΕ Lanzenspitze.	Schild.
1.55	3	Berl. Mus. 2 andere Exempl. zu 1.55, 1.20 Gr.	ΣΕ Dasselbe.	Schild.

3. IV. Kilikische Satrapie.

Kelenderis.

Kupfer, dem späteren Silber babylonisch-persischen Fusses gleichzeitig.

Gewicht.	Grösse.			
—	2	Prokesch In. 1859.	Medusenhaupt von vorn.	ΚΕ Hockender Ziegenbock.

Soloi.

Kupfer, dem spätesten Silber babylon.-persischen Fusses gleichzeitig.

Gewicht.	Grösse.			
—	2½	Hunter taf. 51, 21.	Pallaskopf nach rechts.	ΣΟΛΕΩΝ Traube, Monogr.
—	3½	Hunter taf. 51, 22.	Dasselbe.	ΣΟΛΕΩΝ Eule (ΕΘ).

Tarsos.

Kupfer nach Alexander, dem Silber attischen Fusses gleichzeitig.

Gewicht.	Grösse.			
6.80	4½	Berl. Mus.	Thurmgekrönter weiblicher Kopf.	ΤΑΡΣΕΩΝ Zeus thronend, in der R. Scepter.
16.50	7	Berl. Mus. vgl. Hunter taf. 58, 20.	Dasselbe.	ΤΑΡΣΕΩΝ Mit Adler gekrönte Pyramide auf hoher Basis, in der Mitte Figur des Gottes, auf einem Thiere stehend, im Felde Monogramm oder Buchstaben.
14.50	7	Berl. Mus.		
8.00	4½	Berl. Mus.		
7.50	4½	Berl. Mus.		

4. V. Satrapie. Kypros und Phönikien.

Kypros.

Paphos.

Gewicht.	Grösse.			
3.96	5	Luynes V, 5.	Weiblicher mit Polos bedeckter Kopf.	‡ Taube n. r., darüber Stern.

Salamis?

Gewicht.	Grösse.			
3.65	3½	Berl. Mus. vgl. Mionn. 3, 77, 119.	Löwe, darüber Widderkopf.	Pferd, darüber Stern, links gehenkeltes Kreuz.
3.40	3½	Par. Mus. 3 andere Exempl. zu 3.25, 3.00, 2.90 Gr.		
3.00	3	Luynes V, 12.	Dasselbe.	Dasselbe.
2.65	3	Berl. Mus.		
2.64	3	Berl. Mus. vgl. Hunter taf. 68, 20.		
1.17	2	Luynes V, 13.	Löwe liegend.	Pferd weidend.
—	3	Rohr 711. pl. 2, 6 *).	Lorbeerbekränzter Kopf n. l.	Gehenkeltes Kreuz zwischen 2 Lorbeerzweigen.

Phönikien. Marathus (?).

Gewicht.	Grösse.			
2.60	2½	Mionn. S. 8, 478, 40. tr. 64, 12. Millingen Syll. pl. 4, 60. 61.	Dagon.	[illegible] Galere.

*) Die Münze ist nach der Abbildung, nicht nach dem Text (S. 125) beschrieben.

3. Kupfermünzen von Thrakien und Makedonien.

a) Thrakien.

Abdera.

Kupfer, dem Silber persischen Fusses von 11.40, 5.85, 3.64, 2.80 u. 1.60 Gr. gleichzeitig.

1. Frühere Reihen.

Gewicht.	Grösse.			
5.2	5	Mion. 1, 367, 32.	ΑΒΔΗΡΙΤΕΩΝ um Apollokopf in Viereck v. l.	Magistratsname, Greif, darunter Keule.
4.10	5	Mion. S. 2, 210, 28. vgl. Hunter taf. 1, 9; im Par. Mus. 2 andere Ex. zu 3.90 u. 3.40 Gr.		
3.90	5	Par. Mus.	ΑΒΔΗΡΙΤΕΩΝ Greif.	Magistratsname um Apollokopf in V.
—	1½	Leake Eur. Gr. 1.	Greif.	ΕΠΙ ΕΡΜΩΝΑΚΤΟΣ in v. V. um viergetheiltes Viereck, in dessen 4 Feldern je ein Kügelchen.

2. Spätere Reihen.

4.96	4	Par. Mus.	Greif liegend, Magistratsname.	Hermeskopf.
2.70	3	Par. Mus.		
7.2	6—7	Par. Mus.	Bärtiger Kopf nach rechts.	ΑΒΔΗΡΙΤΩΝ Greif.
7.25	5—6	Par. Mus. vgl. Hunter taf. 1, 8.	Lorbeerbekränzt. Apollokopf n. r.	ΑΒΔΗΡΙΤ Greif.

Aenos.

1. Aeltere Reihe, dem Silber kleinasiatischen Fusses von 15.60, 2.45 und 1.35 Gr. gleichzeitig.

3.8	3½	Mion. 52.	Hermeskopf mit runder Kopfbedeckung seitwärts.	ΑΙΝΙΟΝ Caduceus.
1.85	3	Mion. 53. 2 andere Exemplare zu 1.15 u. 1.06 Gr. (M. 54).	Dasselbe.	ΑΙΝΙ Dasselbe. (Vase)

2. Jüngere Reihe, dem Silber attischen Fusses von 4.10 Gr. gleichzeitig.

10.10	6	Mion. 1, 370, 61.	Hermeskopf mit plattem Petasus seitwärts.	ΑΙΝΙΟΝ Caduceus, i. F. verschiedene Symbole, wie Muschel, Donnerkeil, Fackel. (Fackel).
7.70	5	Mion. 60.		
6.80	5	Par. Mus. verwetzt.		

Byzanz.

1. Kupfer, dem Silber von 15.0, 5.41, 3.65, 2.49, 1.52 u. 1.20 Gr. meist gleichzeitig.

1. Reihe.

4.75	3½	Par. Mus., sehr dickes Stück.	ΥΓΥ Rind über Delphin.	Dreizack, rechts und links Delphin.
3.90	3½	Berl. Mus.		
1.80	2½	Par. Mus.	Rindskopf in Perlenkranz.	ΥΓΥ Dreizack.
1.1	2½	Berl. Mus. (Schr. nicht sichtb.)		
2.30	2½	Par. Mus.	Rindskopf?	Zwei Delphine, in der Mitte ΥΓΥ.

2. Reihe.

Gewicht.	Grösse.			
6.3	4½	Par. Mus.	Weiblicher Kopf nach links.	ΥΠΥ Rind über Delphin ΕΠΙ/Μ.
4.6	4	Par. Mus.	Weibl. Kopf mit Diadem n. l.	Dreizack.

3. Reihe.

Gewicht.	Grösse.			
2.60	3	Mion. 1, 377, 93.	ΒΥΖΑ Lorbeerbekränzter Apollokopf.	ΔΡΑ ΧΜΑ dazwischen Obelisk.
7.8	5	Par. Mus.	Derselbe Bild.	ΒΥΣΑΝΤΙΩΝ Dass. Bild.
7.10	5	Mion. 94.	Dasselbe.	ΒΥΣΑΝ ΕΠΙ ΦΩΚΡΙΣ
5.3	5	Par. Mus.		Dasselbe.
5.75	5	Mion. 93.	Dasselbe.	ΒΥΣΑΝ Magistratsname, Dreifuss, Dreizack.
2.20	4	Mion. 91.	Dasselbe.	ΒΥΣΑΝ Leier.

4. Reihe.

Gewicht.	Grösse.			
7.5	5	Mion. 97.	Bärtiger Bakchoskopf.	ΒΥΣΑΝΤΙΩΝ Traube.
7.3	5	Par. Mus.		
7.8	5	Par. Mus.	Dasselbe.	ΥΠΥ über Schiffsvordertheil, l. Ε.
10.3	7½	Par. Mus.	Dasselbe.	ΒΥΣΑΝΤΙΩΝ ΕΠΙ Magistratsname, Traube.

2. Dem Silber von 18.92 und 5.2 Gr. gleichzeitig.

Gewicht.	Grösse.			
9.35	6½	Par. Mus.	Verschleierter Demeterkopf.	ΒΥΣΑΝ oder ΒΥΖΑΝΤ Magistratsname. Poseidon auf Felsen sitzend, das Akrostolion in der R., den Dreizack in der L., im Felde Monogramm.
9.30	6½	Mion. 86.		
9.80	7	Mion. 85.		
9.40	6	Mion. 87.	Dasselbe.	ΒΥΣΑΝΤΙΩΝ ΕΠΙ Magistratsname, Füllhorn.
7.5	5	Mion. 88.		

Dikaea.

Kupfer, dem Silber von 2.30 und 1.05 Gr. gleichzeitig.

Gewicht.	Grösse.			
4.00	4	Par. Mus. vgl. Mion. 1, 384, 138.	Weiblicher Kopf nach rechts.	Stierkopf ΔΙΚΑΙ in vert. V.

Kypsela.

Gewicht.	Grösse.			
–	2	Borrell N. C. 3, 107.	Hermeskopf.	ΚΥΨΕ Diota, darüber Symbol, wie Pentagon, Mondsichel.

Maroneia.

Kupfer, dem Silber persischen Fusses von 11.16, 2.75 und 1.34 Gr. gleichzeitig, späteres bei Borrell N. C. 3, 110, 10.

Gewicht.	Grösse.			
5.2	5	Mion. 201.	Pferd, darunter Monogramm.	ΜΑΡΩΝΙΤΩΝ am Weinstock mit Trauben, i. F. oft Monogramm.
5.00	5	Par. Mus.		
4.80	5	Par. Mus., sehr dickes Ex.		
4.50	5	Mion. 202.		
6.10	5	Par. Mus.		

Gewicht	Grösse			
8.70	8	Mion. 207. versetzt.	Pferd, darunter Monogramm.	ΜΑΡΩΝΙΤΩΝ um Weinstock mit Trauben, im Felde oft Monogramm oder Buchstabe.
8.45	6	Mion. 208.		
3.85	2	Par. Mus.	Halbes Pferd.	ΜΑ Ρ. Traube.
1.5	2	Par. Mus.	Pferdekopf.	ΜΑ Traube.
1.3	2	Par. Mus.	Vordertheil eines Pferdes.	Dasselbe, Schrift undeutlich.

Metambria.

Kupfer, dem Silber von 1.20 und 0.89 Gr. gleichzeitig.

Gewicht	Grösse			
8.9	4	Par. Mus. vgl. Allier pl. 8, 12.	Helm.	ΜΕΤΑ zwischen den Speichen eines Rades.
8.4	4	Par. Mus. vgl. Allier pl. 8, 12.		
8.50	4½	Mion. 216.	Helm.	ΜΕΤΑΜΒΡΙΑΝΩΝ Schild.
6.00	4½	Par. Mus.		

Späteres Kupfer.

Gewicht	Grösse			
7.00	5	Mion. 215 später.	Frauenkopf mit Diadem.	ΜΕΤΑΜΒΡΙΑΝΩΝ Pallas, in der Rechten Schild, in der Linken Lanze.

Könige der Odryseen.

Amadokos um 400 v. Chr.

Gewicht	Grösse			
17.00	6	Par. Mus., sehr dick, vgl. ann. de l'Inst. arch. 1836. pl. B, 7.	ΑΜΑ..ΚΟ Doppelaxt.	Weinstock mit Trauben innerhalb eines Vierecks, um welches ΕΠΙΔΗΜ.ΤΟ..
16.00	6	Par. Mus. vgl. ann. de l'Inst. 1836. pl. B, 8.	Traube.	Dasselbe Bild, darum ΜΟ. Das Ganze in vertieftem Viereck.

Amadokos II. um 350.

Gewicht	Grösse			
–	6	Mion. S. 2, 384, 963. tr. a. pl. IV, 5.	Lorbeerbekränzter Zeuskopf.	...ΔΟΚΟΥ ΟΔΡΙΖΙΤΩΝ Nackter Reiter.

Sparadokos.

Kupfer, dem Silber von 3.90 und 1.86 Gr. gleichzeitig.

Gewicht	Grösse			
1.90	1	Par. Mus.	Bärtiger Kopf nach rechts.	ΣΠ Τ Ο Halbes Pferd.

Teres.

Gewicht	Grösse			
–	6	Mion. S. 2, 364, 364 u. Sestini Let. n. t. 6, 28.	ΤΗΡΕΩ Doppelbeil.	Weinstock im Viereck.

Thrakischer Chersones.

Kupfer nach Alexander.

Aegospotamos.

Kein Silber.

Gewicht	Grösse			
8.95	5½	Par. Mus. Mionnet 1, 425, 1. 3 andere Expl., alles dicke Stücke zu 8.7, 8.5 (Mion. 2), 7.6 Gr.	Weiblicher Kopf mit Tiara n. l.	(darunter Stern) ΑΙΓΟΣΠΟ Geisbock.
8.0	3½	Par. Mus.		

Alopekonnesos.
Kein Silber.

Gewicht.	Grösse.			
9.2	5½	Par. Mus.	Unbärtiger epheubekränzter Kopf nach rechts.	ΑΛΩ Vase, auf der einen Seite kleiner Fuchs (?).
6.80	4	Par. Mus.		
4.25	3½	Mion. I, 425, 4.	Weiblicher ährenbekränzter Kopf nach rechts.	ΑΛΩΠΕ.ΟΝ Vase, auf der einen Seite kleiner Fuchs, auf der andern Traube, darüber Gerstenkorn.
2.20	2	Par. Mus.		
—	2	Allier pl. 4, 1.	Lorbeerbekr. bärtiger Kopf n. r.	ΑΛΩ Helle auf Widder.

Kardia.
Kein gleichzeitiges Silber.

Gewicht.	Grösse.			
7.8	5	Par. Mus.	Ährenbekränzter Demeterkopf.	ΚΑΡΔΙΑ Löwe, darunt. Gerstenkorn u. oft zweit. (ΚΑΡΔΙΑΝ) Symbol.
7.5	5	Mion. I, 426, 10. 2 andere Ex. zu 7.45 u. 6.90 Gr.		
3.10	3	Par. Mus.	Dasselbe.	ΚΑΡΔΙΑ Gerstenkorn.
1.20	2	Par. Mus. Cadalvene R. taf. 1, 11.	Löwenkopf.	ΚΑΡΔΙΑ Gerstenkorn in Viereck von Linien.
—	2	Allier pl. 4, 2. Mion. 12.	Ochs schreitend.	ΚΑΡΔΙΑ Gerstenkorn in Viereck von Linien.

Chersonesos.

Gewicht.	Grösse.			
2.00	2	Par. Mus.	Löwenkopf.	ΧΕΡΡΟ Ähre.
1.40	2	Par. Mus. vgl. Mion. S. 2, 523, 17.		

Krithota.

Gewicht.	Grösse.			
—	3	Cadalvene pl. 1, 12.	Pallaskopf.	ΚΡΙ Gerstenkorn.
—	2	Cadalvene pl. 1, 13.		(ΚΡ)

Madytos.

Gewicht.	Grösse.			
—	3	Millingen Anc. c. pl. 3, 7.	ΜΑΔΥ Hund sitzend.	Stier stoßend, darüber Ähre.

Salymbria.
Kein Kupfer.

Sestos.
Kein gleichzeitiges Silber.

Gewicht.	Grösse.			
—	3	Allier pl. 3, 16. Streber Num. nov. Gr. 105. taf. 1, 7. 8. vgl. Borrell N. C. 3, 112.	Hermensäule zwischen Ähre und Caduceus.	ΣΑ (ΣΗ) Diota.
6.8	5	Mion. 26.	Frauenkopf nach links.	ΣΗΣΤΙ Frau sitzend, in der Rechten Ähren haltend, davor eine Priapssäule.
5.2	4½	Par. Mus.		
4.6	4½	Par. Mus. vgl. Streber taf. 1, 10.	Hermeskopf.	Dasselbe ohne Schrift.
5.4	4½	Par. Mus. vgl. Mion. S. 2, 537, 61. Streber taf. 1, 11.	Weiblicher Kopf nach links.	ΣΗ Hermes, in der Rechten Stab, darunter Krug.
4.30	4½	Par. Mus.	Weiblicher Kopf nach rechts.	ΣΗΣ Dasselbe.
1.5	2½	Mion. S. 2, 536, 77. Streber taf. 1, 5.	Dasselbe nach links.	ΣΗΣ Hermensäule.
1.5	2½	Mion. S. 73.		(ΣΗ, im Felde Α)

Samothrake.

Kupfer, dem Silber attischen Fußes von 8.10 u. 1.19 Gr. gleichzeitig.

Größe			
4	Par. Mus.	Pallaskopf.	ΣΑΜΟ Magistratsname, Kybele sitzend.
4	Mion. S. 2, 543, 10.		
3½	Mion. S. 14.	Dasselbe (im Felde Stern).	ΣΑΜΟΘΡΑΚΩΝ Kybele sitzend, in der R. Schale, die L. auf Lanze gestützt, unter Sessel Stern.
4	Mion. 1, 437, 10.	Dasselbe.	ΣΑ Magistratsn., Kybele sitzend.
4	Mion. S. 17.	Dasselbe.	ΣΑΜΟ . . . Dasselbe.

Thasos.

Kupfer 6. Größe, dem Silber rhodischen Fußes wohl gleichzeitig.
Vgl. Mion. 1, 436, 48.

b) Makedonien.

Akanthos.

Kupfer, der 2. Reihe von Silbermünzen attischen Fußes von 16.40 und 1.80 Gr. gleichzeitig.

3	Mion. 97. Hunter taf. 1, 17.	Behelmter Pallaskopf.	ΑΚΑΝ zwischen den Speichen eines Rades.
3	Mion. 98.		
3	Par. Mus.		
2½	Par. Mus.		
3	Par. Mus.		
3	Par. Mus.		

Assa, Aenaia } Kein Kupfer.

Amphipolis.

Kupfer, dem Silber von 14.47, 8.60, 2.40, 1.72, 0.55 Gr. gleichzeitig.

3½	Mion. 1, 463, 103.	Apollokopf nach links.	ΑΜΦΙ Brennende Fackel in der Mitte eines Vierecks.
2½	Par. Mus.	Unbärtiger Kopf mit Stirnband nach rechts.	Dasselbe.
3	Mion. 104.		
1½	Par. Mus. 2 andere Expl. zu 1.80, 1.18 Gr.		

Aphytis.

Nur Kupfer.

4½	Mion. 1, 463, 160.	Jupiter Ammonskopf.	ΑΦΥΤΑΙ Adler nach rechts.
5	Mion. 161.	Dasselbe.	ΑΦΥΤΑΙΩΝ Dasselbe.
3	Mion. 162.	Dasselbe.	ΑΦΥ Zwei Adler.
2½	Mion. 163.	Dasselbe.	ΑΦΥ Adler.
2½	Mion. S. 3, 47, 312.	Unbärtiger gehörnter Kopf.	Dasselbe, im Felde Epheublatt.

Bottiaeer.

Kupfer später als das Silber von 3.58, 1.64 Gr. (s. S. 531).

Gewicht.	Grösse.			
2.5	5	Mion. 1, 470, 168.	Apollokopf nach rechts.	ΒΟΤΤΙΑΙΩΝ Leier.
9.25	4½	Mion. 169.	Pallaskopf nach rechts.	ΒΟΤΤΑΙΩΝ Stier weidend.
9.10	4½	Par. Mus. ≡ Mion. S. 3, 51, 257.	Dasselbe.	ΓΑΙοΥ ΤΑΜΙοΥ Kuh liegend, darunter Monogr. und ΠΥ.

Chalkis.

Kupfer, dem Gold von 9.29 und Silber von 14.56, 2.37 und 0.82 Gr. gleichzeitig.

8.20	5	Mion. S. 3, 60, 268.	Lorbeerbekr. Apollokopf n. rechts.	ΧΑΛΚΙΔΕΩΝ Leier.

Menda.

Vgl. Mionnet S. 3, 62, 503. Borrell N. C. 3, 138.

Neapolis.

Kupfer, dem Silber kleinasiatischen Fusses von 3.71 u. 1.9 Gr. gleichzeitig.

1.70	2½	Par. Mus.	Gorgohaupt.	ΝΕΟΠ Weiblicher Kopf in vertieft. Viereck.
1.45	2½	Par. Mus.		

Olynthos.

Kupfer wohl nicht vor Alexander d. Gr. Vgl. Mionnet 1, 479, 216. S. 3, 85, 519.

Orthagoreia.

Kupfer 3. Grösse, dem Silber pers. Fusses von 10.60 Gr. gleichzeitig. Vgl. Leake Eur. Gr. 82. Mion. S. 3, 87, 528.

Pella.

Kupfer nicht vor Alexander.

Philippi.

Kupfer, dem Gold von 8.62 und Silber von 13.81, 3.18 und 1.69 Gr. gleichzeitig.

6.85	3½	Par. Mus. 3 andere Expl. zu 6.30, 5.80 (Mion. 1, 486, 276) und 5.10 Gr.	Heraklaskopf.	ΦΙΛΙΠΠΩΝ Dreifuss, im F. meist Nebenzeichen.
1.70	1½	Mion. 279.		

Potidaea.

Kein Kupfer.

Pydna.

Kupfer vor Alexander (?). Vgl. Mion. 1, 487, 285.

Pythion.

Kupfer (5. Grösse) nicht vor Alexander. Vgl. Mion. S. 3, 105, 654.

Skione.

Vgl. Mionnet S. 3, 106, 655. 656.

Torone.

Kupfer (2. Grösse) selten, aber wohl vor Alexander. Mionnet S. 3, 116, 735.

Traelion.

Gewicht	Grösse			
—	1	Mion. S. 3, 172, 1112. Pl. 46, 8.	Hermeskopf mit dem Petasus.	ΤΡΑΙ im viergetheilten vertieften Viereck.
—	4	Mion. S. 1114.	Dasselbe.	ΤΡΑΙ in den Speichen eines Rades.
—	3	Mion. S. 1115.		

Makedonische Könige.

Archelaos I. (413—399).

Gewicht	Grösse			
—	4	Mion. S. 3, 179, 79. Allier pl. 5, 6. nicht Archelaos II.	Jugendlicher Herakleskopf m. der Löwenhaut.	ΑΡΧΕΛΑΟ Keule, Bogen, Köcher.

Aeropos (396—392).

Kein Silber.

Gewicht	Grösse			
2.70	2½	Mion. S. 3, 180, 25.	Jugendlicher männlicher Kopf mit makedonischem Hute.	ΑΕΡΟΠ . . Pferd.
1.30	3	Mion. S. 39. pl. 10, 4.	Jugendlicher Kopf mit makedonischem Hute.	Α . . . Vordertheil eines Löwen Eberkopf fressend in vertieft. Viereck.

Pausanias.

Silber 9.41 Gr.

Gewicht	Grösse			
4.00	3	Mion. S. 40.	Jugendlicher Kopf mit d. Tänia.	ΠΑΥΣΑΝΙΑ Vordertheil eines laufenden Löwen.

Amyntas III.

Silber 10.59 und 1.55 Gr.

Gewicht	Grösse			
2.06	3½	Par. Mus. vgl. Mion. 1, 509, 90.	Unbärtiger Kopf nach rechts.	ΑΜΥΝΤΑ Helm.
1.80	3½	Par. Mus.		
8.80	5	Par. Mus. Mion. S. 42 (nach Mion. wohl anima).	Heraklеskopf.	ΑΜΥΝΤΑ Pferd in vertieftem Viereck.
4.40	6	Mion. 29. 2 andere Expl. zu 4.10 (Mion. 22), 4.00 Gr. (Mion. 21).	Jugendlicher Heraklеskopf.	ΑΜΥΝΤΑ Adler Schlange fressend, meist in vertieftem Viereck.
4.05	3	Berl. Mus. 6 andere Ex. zu 3.95, 3.80, 3.70, 3.65, 3.60, 3.50 Gr.		

Perdikkas III.

Silber 9.85 und 9.25 Gr.

Gewicht	Grösse			
8.40	5	Mion. 1, 510, 98.	Heraklеskopf.	ΠΕΡΔΙΚΚΑ Stier.
8.80	5	Mion. 79.	Dasselbe.	ΠΕΡΔΙΚΚΑ Adler.

Gewicht.	Grösse.			
4.15	3	Berl. Mus.*) vgl. Allier pl. 5, 5. 2 andere Ex. zu 3.60, 3.50 Gr.	Heraklaskopf.	ΠΕΡΔΙΚΚΑ Löwe Lanze in seinem Rachen zerbrechend in vertieftem Viereck.
—	4½	Mion. 1, 510, 28.		

Philipp II.

Silber 14.48, 7.23, 3.60 und 1.56 Gr.

Gewicht.	Grösse.			
7.20	4	Berl. Mus. vgl. Müller 329, 72. 73. 8 andere Ex. zu 6.90, 6.40, 6.33, 6.30, 6.20, 6.00, 5.65, 5.70 Gr.	Jugendlicher Apollokopf mit der Tänie.	ΦΙΛΙΠΠΟΥ Galoppirender Reiter, L.F. Symbol.
3.20	2½	Berl. Mus. vgl. Müller 330, 27.	Heraklaskopf mit der Löwenhaut.	ΦΙΛΙΠΠΟΥ Galoppirender Reiter, im Felde Beizeichen.
2.80	2½	Berl. Mus.		
1.65	2	Berl. Mus. vgl. Müller 329, 34. 4 andere Ex. zu 1.62, 1.50, 1.25 (verputzt), 1.15 Gr.	Jugendlicher Heraklaskopf m. der Löwenhaut.	ΦΙΛΙΠΠΟΥ Keule, darunter Beizeichen.
1.35	2	Berl. Mus. vgl. Müller S. 330, 23.	Derselbe Kopf.	ΦΙΛΙΠΠΟΥ Donnerkeil.
1.20	2	Berl. Mus.		

Alexander III.

Prägort Amphipolis.

Gewicht.	Grösse.			
5.70	4	Berl. Mus.	Jugendlicher Heraklaskopf m. der Löwenhaut.	ΒΑΣΙΛΕΩΣ Keule, Bogen, Köcher (Fackel).
6.50	4	Berl. Mus.	Dasselbe.	ΑΛΕΞΑΝΔΡΟΥ Dasselbe (Dreizack).

Prägort in Thrakien.

Gewicht.	Grösse.			
5.96	4	Berl. Mus.	Dasselbe.	Dasselbe.
5.85	4	Berl. Mus.		(Fisch)
5.70	4	Berl. Mus.		(")
4.90	4	Berl. Mus.		(")

In Hellas oder Euboea.

Gewicht.	Grösse.			
8.5	4	Berl. Mus.	Jugendlicher Heraklaskopf.	ΑΛΕΞΑΝΔΡΟ Keule, Bogen, Köcher (Φ).
5.5	4	Berl. Mus.		
8.40	5	Berl. Mus.	Dasselbe.	ΑΛΕΞΑΝΔΡΟ Keule (ΛΑ)
5.60	4	Berl. Mus.	Dasselbe.	ΑΛΕΞΑΝΔΡΟ Keule, Bogen, Köcher (Ξ).

Prägort unbestimmt.

Gewicht.	Grösse.			
6.20	4	Berl. Mus.	Dasselbe.	ΑΛΕΞΑΝΔΡΟΥ Dasselbe (Traube).
6.00	4	Berl. Mus.		(Traube Α)
5.85	4	Berl. Mus.		(Traube Ν)
4.60	4	Berl. Mus.		(Δ)
6.20	4	Berl. Mus.		(Δ)

*) Diese Reihe ist häufig über die mit Adler bezeichneten Stücke des Amyntas übergeprägt worden. Vgl. Allier pl. 5, 5. Mionnet S. 3, 188, 40. 1, 510, 27.

Gewicht	Grösse			
7.40	4	Berl. Mus.	Jugendlicher Herakleskopf.	ΑΛΕΞΑΝΔΡΟΥ Keule, Bogen, Köcher.
4.50	4	Berl. Mus. 2.		(ЖE)
6.10	4	Berl. Mus.		(.)
7.00	4	Berl. Mus.		(ΣA)
5.00	4	Berl. Mus.		(ΣA)
—	3	Mion. I, 551, 542. 548.		(N)
—	3	Mion. S. 3, 270, 872.		(Anker)
1.30	1½	Berl. M. vgl. Mi. S. 882. 4 and. Ex zu 1.40, 1.35 (?), 1.25 Gr.		
5.55	4	Berl. Mus. Müller S. 71. n. 6.	Apollokopf mit der Tänie.	ΑΛΕΞΑΝΔΡΟΥ Galoppirender Reiter (Blitz).
4.60	5	Berl. Mus. Müll. n. 7. dick. St. 5 andere Ex. zu 4.90, 4.10, 3.95, 3.80, 3.20 Gr. Die letztern drei dünner.	Dasselbe.	ΑΛΕΞΑΝΔΡΟΥ Laufendes Pferd, l. F. Beizeichen.

Wahrscheinlich erst nach Alexanders Tod geprägt.

6.05	4	Berl. Mus. Müller S. 23. n. 10. 3 andere Exempl. zu 6.15, 6.12, 6.05 Gr.	Jugendlicher Herakleskopf m. der Löwenhaut.	ΒΑ Keule, Bogen, Köcher, im Felde Beizeichen.
4.50	3	Berl. Mus. Müller S. 25. n. 12. 4 andere Exempl. zu 4.10, 4.00 (2), 3.70 Gr.	Behelmter Pallaskopf n. rechts.	ΒΑ Schiffsvordertheil, im Felde Beizeichen.
1.70	2	Berl. Mus.	Dasselbe.	ΑΛΕΞ Dasselbe.
—	2	Mion. 1, 552, 561.	Dasselbe.	ΒΑ Dasselbe. (Akrostolion MX)
2.80	3½	Berl. Mus. Müller S. 25. n. 13. 2 andere Exempl. zu 2.05, 2.80 Gr.	Poseidonkopf nach rechts.	ΒΑ Dasselbe.

4. Kupfermünzen von Aegina und Athen.

Aegina.

1. Aeltere Reihe.

2.80	3	Par. Mus.	Zwei Delphine, dazwischen A.	Viergetheilt. eingeschlag. Viereck, ein Feld diagonal getheilt (ΔI in den obern Feldern vertheilt).
2.30	1	Par. Mus.		
2.10	2	Mus. Behr-Negvedank.	(A)	
1.90	2	Par. Mus.		(NO)
1.90	2	Par. Mus.		(NOI)
1.80	2	Par. Mus.		(NO)
1.70	2	Par. Mus.		(Ohne Schrift)
1.90	2	Par. Mus.		(. .)
1.55	2	Par. Mus.		(. .)
1.75	2	Par. Mus.		(KA?)
1.70	2	Mus. Behr-Negvedank.		(?)
1.60	2	Mus. Behr-Negvedank.		
1.70	2	Par. Mus.	Drei Delphine A.	Dasselbe ohne Schrift.

2. Spätere Reihen.

3.75	3½	Par. Mus. 2 andere Exempl. zu 3.70, 3.20 Gr.	ΑΙΓΙ Schiffsvordertheil.	ΑΙΓΙ Widderkopf.

Gewicht.	Grösse.			
4.3	3	Mion. 2, 148, 87.	Bärtiger Kopf nach rechts.	ΑΙΓΙΝΗ Nackter Mann, in der Hand Bogen.
3.5	2	Par. Mus.	Lorbeerbekr. Kopf nach rechts.	Dasselbe ohne Schrift.

Athen.

I. Aeltere Kupfermünzen.

1. Zum Silbergeld der 2. Klasse der Münzen des ältern Stils gehörig. Vgl. Prokesch In. 1854. taf. II, 66 – 68.

1. Reihe.

Gewicht.	Grösse.			
6.5	4½	Par. Mus. vgl. Beulé S. 74. 4. Reihe.	Pallaskopf nach rechts, der Helm mit 3 stehenden Olivenblättern geschmückt.	Α Θ Ε Eule mit ausgebreiteten Flügeln v. vorn, im Felde rechts Oelkrug.
5.5	4½	Par. Mus.		
5.4	4½	== 84 Pembroke p. 2. tf. 48.		
5.2	4½	Par. Mus. verrostet.		
2.25	2½	Par. Mus. vgl. Hunter tf. 13, 9.	Dasselbe.	Α Ε Θ Zwei Eulen in einen Kopf zusammengehend.
2.20	2½	Par. Mus.		
2.15	2½	Par. Mus.		
2.13	2½	== 85 Pembr. p. 2, 48. (ΑΘ)		
1.55	2½	Par. Mus.		

2. Reihe.

Gewicht.	Grösse.			
5.50	6	Par. Mus. Mion. 2, 181, 211. vgl. Beulé 1. Reihe. Hunter taf. 12, 1.	Pallaskopf nach rechts.	ΑΘΕ darüber 2 Eulen in einem Kranze.
4.90	3			
1.6	2	Par. Mus. 2 andere Exempl. zu 1.20, 1.20 Gr.		

2. Zum Silbergeld der 3. Klasse der Münzen des ältern Stils gehörig. Vgl. Prokesch a. a. O. S. 200. taf. II, 75.

Gewicht.	Grösse.			
2.90	2	Par. Mus. vgl. Beulé 3. Reihe. 4 andere Exempl. zu 2.90, 2.70, 2.40, 2.20 Gr.	Pallaskopf mit vorn spitz zulaufendem Helm nach rechts.	Α oder ΑΘ oder ΑΘΕ Eule im Kranze.
1.60	1½	Par. Mus.		
1.20	1½	Par. Mus.		

II. Jüngere Kupfermünzen.

Den Silbermünzen jüngern Stils gleichzeitig. Vgl. Mion. Pl. LXXII, 8.

Gewicht.	Grösse.			
15.20	5	Par. Mus. dicke Stücke.	Behelmter Pallaskopf nach rechts, der Helm mit Akrostolien verzieren.	ΑΘΕ Eule auf Krug. Das Ganze innerhalb eines Oelkranzes.
14.70	5	Par. Mus.		
10.1	4½	Par. Mus. dünnere Stücke.		
9.75	4½	Par. Mus.		
8.4	4	Par. Mus. vgl. Hunter taf. 11, 18. 5 andere Exempl. zu 7.8, 7.3, 6.5 Gr.	Behelmter Pallaskopf nach rechts.	ΑΘΕ Zeus schreitend, mit der Rechten Donnerkeil schleudernd, zu seinen Füssen Adler.
4.1	3	Par. Mus. Mion. S. 3, 573, 317.	Lorbeerbekränzter Frauenkopf.	ΑΘΕ Fliege.
3.3	2½	Par. Mus.		
1.10	1	Par. Mus. 3 andere Exempl. zu 1.00, 0.90, 0.80 Gr.	Fliege.	ΑΘΕ Krug.

5. Kupfermünzen von Rhegion und Sicilien.

Rhegion.

1. Hellenisches System.

Gewicht.	Grösse.			
1.05	2	Berl. Mus.	Ρ Ε dazwischen Punkt im Kreis. Das Ganze in Perlenkranz.	Löwenkopf.
0.92	2	= 18 Carelli descript. 82. Momms. R. M. 97, 40.		
		2. Litrensystem.		
		a) Ohne Werthzeichen. III. Periode. Litra 21 Gr., 1 Unze = 1.7 Gr.		
		Unkia.		
2.00	2	Berl. Mus.	Löwenkopf.	ΡΗΓΙΝΗ Lorbeerbekränzter Apollokopf.
1.60	2	Berl. Mus. verzeichn.		
1.20	2	Berl. Mus. vgl. Hunter taf. 44, 18.	Dasselbe.	ΡΗ 2 Blätter, an denen 3 Früchte.
		Trias.		
5.60	4	Berl. Mus.	Löwenkopf.	ΡΗ in der Mitte eines Kranzes.
		Pentonkion.		
10.10	6	Berl. Mus.	Löwenkopf in Perlenkranz.	ΡΗΓΙΝΩΝ Lorbeerbekränzter Apollokopf, i. F. Beizeichen. Das G. in Perlenkranz.
9.30	6	Berl. Mus.		
8.50	6	Berl. Mus.		
8.00	5	Berl. Mus.	Dasselbe.	Dasselbe.
7.20	5	Berl. Mus.		
7.10	5	Berl. Mus.		
6.70	5	Berl. Mus.		
		Trias.		
4.95	4	Berl. Mus.	Löwenkopf in Perlenkranz.	ΡΗΓΙΝ Dasselbe.
4.20	4	Berl. Mus.		(Schrift?)
3.60	4	Berl. Mus.		(„)
3.00	3	Berl. Mus.	Dasselbe.	Leier.
2.95	3	Berl. Mus.		
		b) Mit Werthzeichen.		
		1. Reihe. Pentonkion.		
12.60	6	Berl. Mus.	Weiblicher Doppelkopf.	ΡΗΓΙΝΩΝ Asklep auf dem Thron, die R. auf Stab stützend, Π darunter Dreifuss.
12.40	6	Berl. Mus.		
12.20	6	Berl. Mus.		
10.70	6	Berl. Mus.		
		Tetras.		
7.15	5	Berl. Mus.	Weiblicher Doppelkopf.	Dasselbe ΙΠ.
		2. Reihe. Pentonkion.		
6.60	5	Berl. Mus. vgl. Mion. 1, 203, 984.	Pallaskopf.	ΡΗΓΙΝΩΝ Pallas, in der R. Palladion, in d. L. Schild, Π, im Felde Beizeichen.

Tetras.

Gewicht.	Grösse.			
2.95	3	Berl. Mus.	Die zwei Dioskurenköpfe nebeneinander.	ΡΗΓΙΝΩΝ Hermes, in der Rechten Zweig, in der L. Caduceus, im Felde IIII.
2.90	3	Berl. Mus.		
2.75	3	Berl. Mus.	Dasselbe.	Schrift? Nackte männliche Figur, in der R. Vogel, die L. auf Baumstamm gestützt, Dreifuls IIII.
			Trias.	
2.60	3	Berl. Mus.	Die 2 Dioskurenk. nebeneinander.	ΡΗΓΙΝΩΝ Hermes u. s. w. III.

Sicilien. Akragas.

I. Periode. Litra über 42, ½ Litra über 21 Gr.

Gewicht.	Grösse.			
			Hemilitron.	
23.95	6½	Berl. Mus. scharf gerändertes Stück.	ΑΚΡΑ Adler Hasen zerfleischend.	Krebs, darunter Krabbe, 6 Kugeln.

II. Periode. Litra = 42, ½ = 21 Gr.

Gewicht.	Grösse.			
			Trias.	
13.20	5	Berl. Mus. vgl. Mion. I, 215, 60.	Adler Hasen zerfleischend.	Krebs, darunter Krabbe, 3 Kugeln.
10.80	5	Berl. Mus.		
			Hemilitron.	
21.80	8	Berl. Mus.	Adler auf Delphin, den Kopf nach oben.	Krebs, darunter Krabbe, 6 Kugeln.
21.20	8	Berl. Mus.		
20.50	8	Berl. Mus. ähnlich Torrem. IX, 2. verputzt.	ΑΚΡΑΓΑΝΤΙΝΟΝ Dasselbe.	Dasselbe.
20.25	7	= 371.5 Leake Ins. Gr. 60.	Adler auf Hase.	Triton, in der R. Muschel, darüber Krabbe, darum 6 Kugeln.
			Hexas.	
7.20	4½	Berl. Mus.	ΑΡΚΑ Adler auf Fisch, den Kopf nach unten.	Krebs, 2 Kugeln.
7.10	4½	Berl. Mus. verputzt.		
			Unghia.	
2.10	3	Berl. Mus. vgl. Torrem. X, 9.	Adlerkopf.	Krebs.
2,10	3	Berl. Mus.		
			Hemilitron.	
18.60	6½	Berl. Mus. vgl. Mion. S. I, 363, 47. 2 andere Ex. zu 16.10, 15.10 Gr.	ΑΚΡΑΓΑΣ Jugendlich. Kopf mit kurzen Hörnern an der Stirn.	Adler auf ionischer Säule, l. Krabbe, rechts 6 Kugeln.
18.20	6½	Leake = 281.4.		

III. Periode. ½ Litra = 10.5 Gr.

Gewicht.	Grösse.			
10.69	6½	Leake = 164.	Adler auf Hasen, den Kopf nach unten, im Perlenkranz.	Krebs, kleinen Aal haltend, darunter Polyp, darum 6 Kugeln.

Kamarina.

II. Periode. Litra = 42, ½ Litra = 21 Gr.

Hemilitren.

Gewicht.	Grösse.			
23.00	8	Berl. Mus. scharf gerändert.	Gorgohaupt.	6 Kugeln.
22.20	6	Berl. Mus. scharf gerändert.		
21.81	6½	Leake = 336.5 Gr.		
18.90	6	Berl. Mus.		
18.00	6	Berl. Mus.		

Trias.

Gewicht.	Grösse.			
10.30	6	Berl. Mus.	Gorgohaupt.	4 Kugeln.

Hexas.

Gewicht.	Grösse.			
7.40	5	Berl. Mus.	Gorgohaupt.	2 Kugeln.

III. Periode. Litra = 21, ½ Litra = 10.5, ¼ Litra = 5.25 Gr.

Gewicht.	Grösse.			
8.60	5	Berl. Mus. Mionn. I, 226, 127.	Behelmter Pallaskopf.	ΚΑΜΑ Eule Eidechse halt., darunter 3 Kug.
8.45	5	Berl. Mus. vgl. Mionn. I, 224, 131. Torrem. taf. II, 1.	Gorgohaupt.	ΚΑΜ Eule Eidechse halt., darunter 3 Kug.

Gela.

III. Periode. Litra = 21, ¼ Litra = 5.25 Gr.

Trias.

Gewicht.	Grösse.			
4.60	5	Berl. Mus. verentzt. vgl. Torrem. taf. 32, 21.	ΓΕΛΑΣ Stier stoßend, drei Kugeln.	Rad zwisch. dessen Speichen 4 Aehren.
4.20	5	Berl. Mus. vgl. Torrem. taf. 32, 15.	Jugendlich. Kopf, dahinter Aehre.	ΓΕΛΑΣ Stier stoßend, 3 Kug.

Himera.

II. Periode. Litra = 42, ½ Litra = 21, ¼ Litra = 10.5 Gr.

1. Klasse. Trias.

Gewicht.	Grösse.			
11.20	4½	Berl. Mus. scharf gerändert. verentzt.	Hahn.	4 Kugeln.

Hemilitren.

Gewicht.	Grösse.			
14.06	6	Leake = 217.5 Gr.	Hahn.	6 Kugeln.
12.90	6	Berl. Mus. verentzt. 2 andere Expl. = 12.80, 12.25 Gr.		

2. Klasse. Trias.

Gewicht.	Grösse.			
7.80	4	Berl. Mus.	Hahn.	4 Kugeln.

III. Periode. Litra = 21, ½ Litra = 10.5, ¼ Litra = 5.25 Gr.

Trias.

Gewicht.	Grösse.			
5.20	4	Berl. Mus.	Hahn im Perlenkranz.	4 Kugeln.

Litra (?)

Gewicht.	Grösse.			
23.0	6¼	Berl. Mus.	ΙΑΡƎΜΙ Ǝ am halben Stier mit menschlich. Angesicht. Das Ganze im Kreis.	[Ǝ]ΛΛ(ΙƎ) Mann mit Speer u. Schild, streitend.

Spätere Reihen.

Hemilitron.

Gewicht.	Grösse.			
7.80	4½	Berl. Mus.	A . . M Halb. Stier m. menschl. Angesicht.	Nike, darum 6 Kugeln.
9.45	6	Leake = 146 Gr. vgl. Torrem. taf. 37, 2.	Apollokopf, dahinter Leier.	IM[EPAIΩN] Nike, im Felde sechs Kugeln.

IV. Periode. Litra unter 21 Gr.

Hemilitron.

Gewicht.	Grösse.			
6.45	4½	Berl. Mus.	(Fisch)	
5.72	4	= 88.5 Leake.	Nackte Figur auf Ziegenbock.	IMEPA Nike, 6 Kugeln.
5.30	4	Berl. Mus. verputzt.		(Schrift undeutlich)
5.50	8	Berl. Mus.	Weibl. Kopf, links davon 6 Kugeln.	
6.63	8	Leake = 56 Gr.	(IM)	6 Kugeln im Lorbeerkranz.
5.50	5	Berl. Mus. verputzt.	(IM)	

Leontini.

IV. Periode. Litra unter 21 Gr.

Trias.

Gewicht.	Grösse.			
2.10	3	Berl. Mus. vgl. Torrem. taf. 41, 7.	ΛEON Lorbeerbekränzter Apollokopf.	Dreifuss, 2 Aehren, 3 Kugeln.
1.55	3			

Segesta.

III. Periode. Litra = 21, ½ Litra = 10.5, ⅙ Litra = 3.50 Gr.

Tetras.

Gewicht.	Grösse.			
9.20	4½	Berl. Mus.	Weiblicher Kopf nach rechts im Perlenkranz.	Hund, 4 Kugeln.
8.60	4½	Berl. Mus. etwas verputzt.		

Hexas.

Gewicht.	Grösse.			
4.00	4	Berl. Mus. verputzt. vgl. Torrem. taf. 44, 14.	ΣΕΓΕΣ (?) Weiblicher Kopf nach rechts.	Hund, 2 Kugeln.

Syrakus.

I. Periode siehe oben S. 276 f. Litra = 219, 1 Unze = 18 Gr.
II. Periode beginnt vor 367 v. Chr. Litra = 42, ½ Litra = 20, 1 Unze = 3.6 Gr.

Drei Unzen.

Gewicht.	Grösse.			
10.96	6	Berl. Mus.	ΣΥΡΑΚΟΣΙΩΝ Korekopf, im Felde meist Beizeichen, wie Fackel, Stern.	Stier stossend, im Felde 2 Delphine und einzelne Buchstaben oder Monogramme.
10.20	6	Berl. Mus.		
10.10	6	Berl. Mus.		
9.20	6	Berl. Mus.	(Fackel)	(AΓ)

Unze.

Gewicht.	Grösse.			
3.60	4	Berl. Mus.		(A im Kreis)
3.80	4	Berl. Mus.	ΣΥΡΑΚΟΣΙΩΝ Korekopf.	Stier stossend, im Felde Delphin und Monogramm.
3.90	4	Berl. Mus.		(HP)

III. Periode. 1 Litra = 21, ½ Litra = 10.5, 1 Unze = 1.8 Gr.

Hemilitron.

Gewicht	Grösse			
10.30	5½	Berl. Mus.	Behelmter Pallaskopf n. rechts.	Pegasus.
9.00	5½	Berl. Mus.	ΣΥΡΑΚΟ Korekopf.	(Σ)
9.00	5½	Berl. Mus.		Dasselbe.
8.80	5½	Berl. Mus.		
			Trias (3 Unzen).	
5.40	4	Berl. Mus.	ΣΥΡΑΚΟΣΙΩΝ Korekopf.	Pegasus, im Felde ΑΓ.
5.30	4	Berl. Mus.		
4.90	4	Berl. Mus.	Dasselbe.	Halber Pegasus, im Felde Σ.
4.75	4	Berl. Mus.		
4.92	4	Berl. Mus. vgl. Hunter taf. 54, 23.	ΣΥΡΑ Korekopf.	Viergetheiltes eingeschlagenes Viereck, in dessen Mitte Stern.
4.70	4			
4.50	4			
4.30	4			
4.30	4	Berl. Mus. vgl. Hunter taf. 54, 26.	Korekopf.	ΣΥΡΑ 2 Delphine zwischen 4 Radspeichen.
3.65	4			
			Hexas (2 Unzen).	
2.30	3	Berl. Mus.	Weiblicher Kopf von vorn.	ΣΥΡΑΚΟΣΙΩΝ Halber Pegasus.
2.90	3	Berl. Mus. vgl. Torrem. taf. 66, 20.		
			Unghia.	
2.00	3	Berl. Mus. vgl. Torrem. taf. 66, 20.	Weiblicher Kopf von vorn.	Polyp.
1.90	3			
			Hemilitron.	
11.40	6	Berl. Mus. vgl. Mion. 1, 307, 884.	ΣΥΡΑΚΟΣΙΩΝ Ährenbekränzt. Demeterkopf, im Felde Beizeichen.	Zweigespann, darüber Stern, im Felde Buchstaben.
11.06	6	Pinder 175.		
10.20	6	Berl. Mus. Mion. 883.		
			Trias.	
6.00	4	Berl. Mus.	Dasselbe.	Dasselbe.
			Hemilitron.	
11.75	5½	Berl. M. vgl. Mion. 1, 313, 935.	Herakleskopf mit Löwenhaut.	ΣΥΡΑΚΟΣΙΩΝ Pallas streitend, im Felde Beizeichen.
10.80	5½	Berl. Mus.		
9.80	5½	Berl. Mus.		
11.70	5½	Berl. Mus.	ΣΥΡΑΚΟΣΙΩΝ Dass.	Dasselbe ohne Schrift.
10.90	5½	Berl. Mus.	Dasselbe ohne Schrift.	. . .
12.10	5½	Berl. Mus. übergeprägt.	ΔΙΟΣ ΕΛΛΑΝΙΟΥ Lorbeerbekränzter Zeuskopf.	ΣΥΡΑΚΟΣΙΩΝ Adler auf Donnerkeil, i. F. Beizeichen.
11.40	5½	Berl. Mus. vgl. M. 1, 309, 888.		
9.50	5½	Berl. Mus.		
11.60	5½	Berl. Mus.	Lorbeerbekr. unbärt. männl. Kopf.	ΣΥΡΑΚΟΣΙΩΝ Zwei Reiter (Dioskuren).
10.80	5½	Berl. Mus.		
			Trias.	
3.15	3	Berl. Mus.	Korekopf nach rechts.	ΣΥΡΑΚΟΣΙΩΝ in drei Linien im Kranz.
2.90	3	Berl. Mus.		

Gramm.	Grösse.			
3.75	4	Berl. Mus. vgl. Mion. I, 304, 535. verwandt.	ΣΥΡΑ Koraskopf nach rechts.	Polyp, am Rande 3 Kugeln.
3.50	4			
2.95	4			
			Agathokles (317—289).	
			Hemilitron.	
9.90	6	Berl. Mus. vgl. Mion. I, 333, 54.	ΣΩΤΕΙΡΑ Artemiskopf mit Köcher.	ΑΓΑΘΟΚΛΕοΣ ΒΑΣΙΛΕοΣ Donnerkeil.
9.50	6			
9.30	6			
8.60	6			
			Hieron II. (270—226).	
			3 Litren?	
33.25	9½	Leake aus 514 in Gr. 78.	Kopf „des Gelon" mit der Tänia.	ΙΕΡΩΝοΣ Nike im Wagen.
			1 Litra.	
20.50	6½	Berl. Mus. vgl. Leake a. a. O.	Unbärtiger männlicher Kopf mit der Tänia.	ΙΕΡΩΝοΣ Reiter mit Lanze, unter dem Pferde einzelne Buchstaben.
19.00	6½			
19.00	6½			
18.50	6½			
17.00	6½			
16.90	6½			
16.00	6½			
			Hemilitron.	
9.30	6	Berl. Mus.	Bärtiger Kopf (des Poseidon).	ΙΕΡΩΝοΣ Dreizack, im Felde 2 Delphine und einzelne Buchstaben.
7.05	5			
7.00	5			
6.60	5			
11.00	5½	Berl. Mus.	Koraskopf.	[ΙΕΡΩΝΟΣ] Pegasus.
			Trias.	
5.10	4	Berl. Mus.	Koraskopf.	ΙΕ Stier stossend, i. F. einzelne Buchstaben und Keule.
			Gelon.	
			Hemilitron.	
9.80	6	Berl. Mus. Mion. I, 329, 10.	ΣΥΡΑΚΟΣΙΩΝ Kopf des Gelon mit der Tänia.	Löwe, im Felde meist Keule, Beizeichen oder einzelne Buchstaben.
8.50	6			
8.80	6			
7.50	6			
			Hieronymos (216—215).	
			Hemilitron.	
10.85	5½	Berl. Mus. Mion. I, 337, 97 f. ?	Kopf des Hieronymos mit der Tänia nach links.	ΒΑΣΙΛΕοΣ ΙΕΡΩΝΥΜοΥ Donnerkeil, i. F. einzelne Buchstaben.
10.60	5½			
9.00	5½	.b		
			Lipara.	
			I. Periode. Litra über 42 Gr.	
			Trias.	
26.55	9	Berl. Mus. vgl. Torr. taf. 94, 2.	Behelmter bärtiger (Vulkan-)Kopf im Perlenkranz.	ΛΙΠΑΡΑΙΟΝ 3 Kugeln. Das Ganze im Perlenkranz.
21.30	9	Berl. Mus. verwandt.		

Hexas.

Mus.	Behelmter bärtiger (Vulkan-)Kopf im Perlenkranz.	ΠΙΛ zwischen 2 Kugeln.
O Leake Ins. Gr. 61.	Kopf des Vulkan.	ΛΙΠ zwischen 2 Kugeln.

II. Periode. 1 Litra = 42, ½ Litra = 21 Gr.

Hemilitron (?).

8 Leake.	Nackte Figur sitzend, in der R. Hammer, in der Linken zweihenkligen Krug.	ΛΙΠΑΡΑΙΟΝ um Delphin.

III. Periode. 1 Litra = 21, ½ Litra = 10.5 Gr.

Hemilitron.

Mus. vgl. Mion. 1, 342, 9 Leake.	Dasselbe.	ΛΙΠΑΡΑΙΟΝ 6 Kugeln.

IV. Periode. Litra unter 21 Gr.

Hemilitron.

Mus. Leake. vgl. Mion. 1, 344.	Dasselbe.	ΛΙΠΑΡΑΙΟΝ 6 Kugeln.

Hexas.

Mus.	Dasselbe.	ΛΙΠ zwischen 2 Kugeln.

Trias.

Mus. vermutet. Mus. vgl. M. S. 1, 463, 9.	Dasselbe.	ΛΙΠΑΡ[ΑΙΟΝ] 3 Kugeln.

Berichtigungen und Nachträge zu dem Münzverzeichnifs.

Die Zeilen sind nach der ersten Spalte links gezählt.

Methymna.

S. 392. Vgl. noch: Gotha num. ed. Liebe S. 167: Eber ⅹ ΜΕΘΥΜΝΑΙΟΣ Pallaskopf nach rechts in vertieftem Viereck, und Cat. musei Vindobonensis ed. Eckhel p. 1. taf. 3, 13: ΜΑΘΥΜΝΑΙΟΣ Eber ⅹ ΜΑΘΥΜΝΑΙΟΣ Pallaskopf.

Kyzikos.

S. 404. Zeile 20 lies: Vordertheil eines beflügelten Panthers, dahinter Thun.

Birytis.

S. 411. Zeile 7 lies: Pell. Rec. II, 61, 1.

Noch nicht lokalisirte zweiseitig geprägte Sechstel aus legirtem Golde.

S. 418. Zeile 23 tilge: Pell. Rec. III, 10.

S. 419 ist hinzuzufügen:

0.77	= 4.3 Newton Halicarnassus II, 684 in Budrun gekauft.	Sirene.	Biene von vorn, incus.

Herakleia am Pontos.

S. 437 zu Anm. 1. vgl. noch Streber N. n. S. 186. taf. 3, 1 und über die Form ΕΡΑΚΛΕΙΑ ebenda S. 190. Anm. 6.

Lampsakos.

S. 441.

Zeile 8 lies:	2.52	= 72 Prokesch In. 1854.	(Auge im Felde)	
„ 15 „	2.50	= 38.7 Leake As. Gr. 73.		(ΛΑ darw. Stern)
„ 29 „	1.22	Mus. Leyden.	(Auf einem Bande um den Hals des Doppelkopfs ΘΕΟ)	(ΛΑΜΨΑ)
„ 30 „	1.22	= 22 Prok. In. 1854.	(Dasselbe)	

Abydos.

S. 443. Das dem Anker meist beigefügte Beizeichen stellt Krebs, nicht Skorpion dar.

Megara.

S. 445. Zeile 20 lies: ΜΕΓΑΡ u. s. w.

Ophrynaion.

S. 446. Zeile 1 lies: Reiter Lorbeerzweig u. s. w.

Teria.

S. 446. Die nach Mionnet unter Teria aufgeführten Silbermünzen gehören derselben Prägstätte wie die S. 524 Tirida (?) zugetheilten Münzen an. Das eigenthümliche Gepräge der Rückseite deutet mehr nach Makedonien oder Thrakien (vgl. S. 540 Traelion), als nach Kleinasien hin; bestimmter lassen sich die Münzen aber noch nicht lokalisiren.

Lesbos.

S. 450. Zeile 13 die aus Par. Mus. angeführte Münze (ΛΕΞ Eberkopf n. l. Х Eingeschlagenes Viereck) ist mit dem folgenden nach Leake In. Gr. 26 beschriebenen Exemplar identisch; ob das Bild Eber- oder Kalbskopf darstellt, ist sehr schwer zu entscheiden.

Antissa.

S. 450. Zeile 18 ist noch aus Newton Travels in the Levant 2, 19 hinzuzufügen: 2 Kalbs- (oder Eberköpfe) gegeneinander, darüber Auge Х Eingeschlagenes Viereck.

Methymna.

S. 452. Zeile 5 vgl. die Abbildung dieser bis dahin unedirten Münze bei Newton trav. in the Levant 2, 19.

Mytilene.

S. 452. Bei Prokesch In. 1854, 294 1 Ex. (= Mion. 3, 43, 76) mit ΜΥΤΥ.

Ephesos.

S. 458. Zu den Stadtmünzen babylonisch-persischen Fusses sind noch hinzuzufügen:

0.925	= 185 Prok. In. 1854.	Lorbeerbekränzter Artemiskopf.	Vordertheil eines rückschauenden Hirsches, Palmbaum, Legende zerstört.
0.637	= 12 Prokesch In. 1854. taf. 4, 12.	Derselbe.	ΕΦ in diagonal geth. Viereck.

Samos.

S. 468. Zu dem Samischen Vereinsgelde (Samos und Lesbos) gehört auch wohl noch:

1.690	= 82 Prok. In. 1854 (vgl. Mion. 3, 260, 185 nach Sestini).	Zwei Stier- od. Kalbsköpfe gegeneinander.	Stierkopf in vertieftem Viereck.

Halikarnassos.

S. 472. Die von Newton Halikarnassus 2, 1, 336 angeführten, in Gräbern von Budrun gefundenen Kleinsilbermünzen mit Löwenkopf und Dreizack von 0.37 Gr. (= 4.8 E. gr.), zu denen auch entsprechendes Kupfer vorkommt, gehören wohl der Zeit nach Alexander an.

Rhodos.

S. 480. Zeile 18 lies: 14.43.

S. 497 lies: 4. Silbermünzen der IV. Satrapie Kilikien.

Tarsos.

S. 501. Unter *d*) Attischer Fuss unter den Seleukiden hinzuzufügen:

17.04	= 263.2 Leake As. Gr. 127.	Thurmgekrönter Frauenkopf.	ΤΑΡΣΕΩΝ Apollo, in der L. Leier, in der R. Plektrum, i. F. Buchstabe und Monogramm.
16.410	= 309 Prok. In. 1854.	Baal (von Tarsos) thronend, die Linke auf Scepter, in der R. Traube und Aehre.	Löwe links, i. F. Pentagon.
0.90	= 15¾ Prokesch a. a. O.		Vordertheil eines knieenden Löwen, i. F. Mondsichel, in von Perlenreihe eingefasst. Viereck.
0.74	= 14 Prokesch a. a. O.		Adler auf Säulenknauf in demselben Viereck.

Abdera.

S. 519. Zeile 13 die beschriebene AR von 2.40 Gr. des Brit. Mus. hat wohl dasselbe Gepräge wie die folgende von 2.70 Gr. des Mus. Prokesch.

Edoner.

S. 528. Zeile 15 lies: Num. Chron. 1861, 104. pl. 6, 1.

Akanthos.

S. 539. Die als Elektronmünze aufgeführte Münze ist wohl gewiss nicht aus eigentlichem Elektrum, d. h. aus Weissgold, sondern aus legirtem Golde, die Bezeichnung nach Whittall beibehalten.

Philipp II.

S. 545 Anm. Hultsch Metrologie S. 286. Anm. 4 fasst die Kleinmünzen von 2.775 Gr. (Apollokopf Χ ΦΙΛΙΠΠΟΥ Jugendlicher Reiter) als zu niedrig ausgeprägte Viertel des Silberstückes von 14.50 Gr. auf. Diese Vermuthung verdient umsomehr Beachtung, da auch in Rhodos, woher Philipp seine Münzordnung entlehnte, der Viertelstater oder das Triobolon verhältnissmässig sehr niedrig ausgebracht ward, vgl. oben S. 243. 481. 488 f., und wird, wenn die Münzen, wie überwiegend wahrscheinlich, Philipp II. zuzuschreiben sind, der von mir geäusserten Ansicht vorzuziehen sein. Damit wäre auch die Frage, ob das Ganzstück als Di- oder als Tetradrachmon aufzufassen sei, zu Gunsten der letzteren Annahme entschieden, und somit das S. 113 (vgl. S. 185) Bemerkte zu berichtigen.

Berichtigungen und Nachträge zum Text.

S. 5. Das Gramme wird nach dem Gewicht eines Cubik-Centimeters destillirten Wassers, bei 4° C. dem Punkt der größten Dichtigkeit, nicht von der Temperatur schmelzenden Eises bestimmt, wie hier nach Noback's Taschenbuch der Münz-, Maß- und Gewichtsverh. 1851. I, 838 irrthümlich angegeben ist. Vgl. auch Magnus Rechenschaftsbericht über die 5. Sitzungsperiode des internat. Statistischen Congresses in Berlin I, 201 f. VI. Sect. Internationale Maße und Gewichte.

S. 8. E. Hincks hat die Anwendung des babylonischen Sexagesimalsystems noch vor Rawlinson auf einer astronomischen Tafel entdeckt. Vgl. On the Assyrian Mythology, Transactions of the R. Irish Academy Polite Litterature XXII, 6. S. 406 f.: .... „he (the god Anu) has the number 60 connected with him. This is expressed by 𒁹 which also expresses 1. I discovered this use of the different numbers to express sixty times what they would most naturally do by means of the tablet K. 90 in which the magnitude of the illuminated portion of the moon's disc is given for each day of the month. On the 15. day when the moon was full, 240 parts, written 𒐊, IV were illuminated; on the preceding day 3 44 were visible

		i. e.	224
before this	3 28	„	208
	3 12	„	192
	2 56	„	176
	2 40	„	160

etc. The numbers are in arithmetical progression, the common difference being sixteen parts. In the beginning of the month, however they are in geometrical progression being 5, 10, 20, 40, 1 20 i. e. 80 after which the arithmetical series begins." Doch scheint auch Hincks in dieser Rechnungsweise ein bis ins Unendliche aufwärts und abwärts anwendbares Zahlensystem, dessen sich die babylonischen und assyrischen Gelehrten bei allen arithmetischen Operationen bedienten, noch nicht erkannt zu haben. H. Martin Les signes numéraux et l'arithmétique chez les peuples de l'antiquité et du moyen-âge (Kritik des Werkes von Dr. Moritz Cantor Mathematische Beiträge zum Culturleben der Völker. Halle 1863). Extrait du t. V. No. 5 et 6 des Annali di matematica pura ed applicata. Roma 1864. S. 9, dem übrigens die von Rawlinson und Hincks mitgetheilten Daten noch unbekannt waren, glaubt die Anwendung des Systems auf die Bruchrechnung beschränkt, leitet aber mit Recht daraus den babylonischen Ursprung sowohl der Eintheilung des Kreises und Tages, wie des Grades und der Stunde ab: „Le numérateur de la fraction s'exprime seul à la suite des nombres entiers, et le dénominateur sous-entendu est toujours 60. Si M. Cantor avait connu ce fait, il n'aurait pas hesité, sans doute, à placer en Babylonie l'origine tant de la division sexagésimale du cercle et du jour, que de la division sexagésimale, restée plus nouvelle, du degré et de l'heure."

S. 9 Anm. Zeile 4 lies *susse* statt *susus*.

S. 19. Dafs die Babylonier die Eintheilung des Tages und der Nacht in 60 Stunden kannten und anwandten, ergiebt sich auch aus der Entstehung der noch heute üblichen Benennungsweise der Tage nach den Planeten, die ohne Zweifel ebenfalls auf die Babylonier zurückzuführen ist, wiewohl sie von Herodot 2, 82 und Dio Cassius 37, 19 den Aegyptern beigelegt wird. Dieselbe beruht auf der Anschauung, dafs jede Stunde der Reihe nach von einem der sieben Planeten regiert werde und dafs der Planet der ersten Stunde dem Tag den Namen geben müsse. Wenn nun, wie Sir H. Rawlinson zu G. Rawlinson's Herodotus I, 243 scharfsinnig bemerkt, nach der auch von Ptolemäos adoptirten Reihenfolge der Planeten, die durch ihre verschiedenen Abstände von der Erde bestimmt wird (1. Mond, 2. Merkur, 3. Venus, 4. Sonne, 5. Mars, 6. Jupiter, 7. Saturn), die erste Stunde des ersten Tages dem ersten Planeten, dem Mond zugetheilt wird, so gehört die 61. Stunde, die nach dieser Eintheilung des Tages die erste Stunde des zweiten Tages bildet, dem Mars, die 121. (= 3. Tag) dem Merkur, die 181. (= 4. Tag) dem Jupiter, die 241. (= 5. Tag) der Venus, die 301. (= 6. Tag) dem Saturn und die 361. (= 7. Tag) der Sonne. Wendet man dagegen die Eintheilung des Tages in 24 Stunden an, so mufs man die Ordnung der 7 Planeten umkehren, damit sich die richtigen Tagenamen ergeben, und nicht mit dem ersten, sondern mit dem letzten Planeten, dem Saturn, die Reihe beginnen. Alsdann fällt die 25. Stunde auf die Sonne, die 49. auf den Mond, die 73. auf den Mars u. s. w.

S. 24. Jetzt hat Lepsius „Die Altägyptische Elle und ihre Eintheilung" in d. Abh. d. Berl. Akad. der Wissensch. 1865 nachgewiesen, dafs auch die grofse königliche Elle der Aegypter von 525 Millim. nicht in 28, sondern in 24 Fingerbreiten eingetheilt wurde.

S. 24. Anm. 1. Vgl. noch E. Hincks Transact. of the R. Irish Academy Vol. XXIII, 2 polite litterature S. 39: „I believe that no such measure as an *ammat-gagar* existed and that Nebucadnezzar does not give the dimensions of Babylon at all. What Dr. Oppert has really discovered in relation to measures is that the *gar* was [illegible] of the cubit, and that the length of these two measures were 525 and 825 Millim."

S. 32. Anm. 1. lies: Mafse des Trockenen.
Römische. Attische.

S. 33. Anm. 4. Zeile 4. lies: Rheinwein 0.9925 — 1.0020.

S. 48. Durch A. de Longpérier's Güte sind mir nachträglich noch die von ihm selbst besorgten Wägungen 5 kleiner Gewichtsstücke, die Mr. Delaporte in einem Grabe bei Hillah gefunden hat, mitgetheilt worden. Dieselben sind von Eisen („fer oligiste") und, wie es scheint, ebenfalls in Entenform, wie sie denn auch

Vielfache und Theile des leichten babylonischen Sechzigstels darstellen. Der Fundort bestätigt meine Annahme (S. 45), dafs das letztere vorzugsweise in Babylon gebräuchlich war. Die Gewichte dieser Monumente verhalten sich folgendermafsen zu einander:

				Sechzigstel. leichte.	Sechzigstel. schwere.
das schwerste Stück	von 0.045	Millimeter	wiegt 31.93 Gr. =	10	
das zweite	„ „ 0.023	„	„ 8.10 Gr. =	1	
das dritte	„ „ 0.018	„	„ 4.66 Gr. =	[illegible]	[illegible]
das vierte	„ „ 0.017	„	„ 1.67 Gr. =	[illegible]	[illegible]
das fünfte	„ „ 0.007	„	„ 0.95 Gr. =	[illegible]	[illegible]

nur das letztere Stück ist bezeichnet und zwar in Keilschrift mit:

[illegible]

S. 49. Die assyrischen Gewichte des britischen Museums sind neuerdings noch einmal von Madden Jewish Coinage S. 259 f. beschrieben worden, wo auch Löwe No. 7 abgebildet ist. Die verschiedenen Lesarten (auf Löwe 1 und 8 מנא statt מנה, doch vergl. Löwe No. 6. 10. 11, auf Löwe 2 nach חמישא die beiden Worte: מלך מונוא, die dort ohne Zweifel gestanden haben, aber weder für Norris noch für mich sichtbar waren, ebenso auf Löwe 4 מלך .. מנא, auf No. 5 זי מלך, auf No. 9 כנב ארקא, was aber nicht erklärt wird, auf No. 12 קריש) sind ohne grofse Bedeutung, wichtig ist aber die Mittheilung eines bis dahin unbekannten Gewichts, eines Löwen (No. 16) von 557.9 E. gr. = 36.04 Gr., auf dem das Wort שקלן neben zwei Strichen deutlich sichtbar ist, wodurch die Lesung der Inschrift auf Löwe 15 שקלן III bestätigt wird. Das Gewicht ist, wie überhaupt bei den kleineren Stücken, wenig genau. Es ergiebt auf den Shekel 18 Gr. statt 16.8 Gr. und ist daher noch ungenauer als das kyzikenische Zweistatergewicht von 29.8 Gr. (vgl. S. 158. Anm. 8), dagegen wird S. 264 Anm. und S. 266 noch ein Löwe (15 A), der ohne Ring und Aufschrift aber mit 3 Strichen bezeichnet ist, zu 752 Gr. = 48.67 Gr. angeführt, welcher ein recht wohl justirtes Dreishekelgewicht zu 16.22 Gr. darstellt.

S. 54. Anm. 2. Die erste Anwendung griechischer Buchstaben als Zahlzeichen in ihrer Reihenfolge im Alphabet ist jetzt von Newton Halicarnassus II, 2, 670, wie es scheint, aus der Zeit des Mausolos nachgewiesen.

S. 90. Zeile 9 lies: Auf eine Mine von 727 Gr.

S. 109. Zeile 16 lies: Kyme.

S. 113. Die hier ausgesprochene Ansicht L. Müller's, daſs die Philipp II. zugeschriebenen Kleinmünzen von 2.775 Gr. Sechstel des Ganzstückes von 14.50 Gr. seien, ist aufzugeben, siehe S. 545. Anm. und S. 594.

S. 116. Die Zutheilung sowohl der mit Dagon und Galere über Seepferd, wie der mit bärtiger Mann auf Seepferd und Eule mit Peitsche und Scepter bezeichneten Münzen (S. 152) nach Asdod ist durchaus unsicher, vgl. S. 375 u. S. 512.

S. 117. Vgl. S. 120. 150. Ueber die Prägstätte der Grofssilberstücke, mit Grofskönig auf Wagen u. s. w., die wohl gewifs nicht in Damaskos zu suchen ist, siehe S. 225 f.

S. 121. Zeile 27 streiche Smyrna, und ebenso S. 258. Zeile 19 und S. 283. Zeile 33.

S. 125. Zeile 1 lies: 17.7, 4.8 und 2.12 Gr.

S. 127. Elektron ist hier nicht in dem prägnanten Sinn für Weifsgold gebraucht (vgl. S. 164 f.), sondern in dem gewöhnlichen für legirtes Gold.

S. 127. Zeile 4 von unten. Mommsen S. 14. Anm. 46 erklärt die teischen und klazomenischen Goldmünzen von 5.70 — 5.629 Gr. für Golddrachmen des babylonischen Silberfufses, was um so unwahrscheinlicher ist, da sie nicht mehr in die persische Periode gehören. Die ephesische Goldmünze zu 5.46 Gr. rechnet man jetzt gewöhnlich zum sailanischen Golde. Vgl. Cat. Thomas S. 297. n. 2132. Mommsen S. 594. Vielleicht gehört auch die „räthselhafte" Goldmünze des Amyntas von Galatien von 1.43 Gr. (Mommsen S. 703, 152) als Sechstelstater hierher.

S. 131. Anm. 2. Die mit OΛV oder OVΛ und Löwen- oder Bärenkopf bezeichneten Silberstater von 11.90 — 11.60 Gr. sind wohl gewifs nach Kreta, wiewohl nicht nach Olus zu bringen. Vgl. Prokesch ined. 1854 S. 277 f. taf. III, 99. 100, der sie dem kretischen Chersones zutheilt und zweier Exemplare erwähnt, von denen ihm das eine, ein Stater von 11.896 (= 224) Gr. aus Konstantinopel, das andere aufschriftlose, das eine Drachme attischen Fufses zu 4.140 (= 78) Gr. darstellt, aus Kreta zugekommen war.

S. 134. Auf der Uebersichtstabelle der Maximalgewichte der nach dem Fünfzehnstaterfufs normirten asiatisch-griechischen Silbermünzen sind die Münzen von Parion (S. 135. Zeile 1) und ebenso die von Abdera und Maroneia irrthümlich zum System der schweren Drachme gerechnet worden; ferner ist unter den Städten, die vor Dareios nach dem System der leichten Drachme prägten, noch Dardanos aufzuführen, vgl. S. 390. Die Zahlenangaben über das Vorkommen der einzelnen Münzsorten finden in dem S. 386 folgenden Münzverzeichnifs ihre Bestätigung; da indefs seit dem Druck der Tabelle (im Jahre 1864) mir nachträglich einzelne Münzwägungen bekannt geworden sind, die in dem Verzeichnifs Aufnahme finden mufsten, so wird man hier und da einige Abweichungen finden, die aber für die Zahlenverhältnisse selbst ohne Bedeutung sind.

S. 149. Meine Annahme, dafs die von den Römern in Neu-Karthago erbeuteten Opferschalen, von denen nach Livius Zeugnifs die meisten ungefähr ein römisches Pfund wogen, nicht nach dem letzteren, sondern nach karthagischem Gewicht normirt waren, wird durch ein auf dem Boden von Julia Caesarea aufgefundenes karthagisches Gewichtstück aus Bronce bestätigt. Dasselbe stellt eine runde Scheibe dar, vgl. die Abbildung in Madden's Jewish Coinage S. 279, und wiegt 321 Gr., mithin nur 6.4 Gr. weniger als ein römisches Pfund — eine Differenz, die um so weniger in Betracht kommt, da das Monument etwas verloren hat (vgl. Judas in der Rev. arch. XVI und Levy in der J. d. D. morgenl. Ges. XIV. 1860. S. 710 f.). Die Aufschrift enthält den Namen des Agoranomen und die Nominalbezeichnung משקל מנה, d. i. „das Gewicht, eine Mine", wie sie Levy wohl richtig gedeutet hat. Da diese Mine ungefähr auf die Hälfte der althebräischen Silbermine auskommt (S. 95), so wird man sie wohl als die alte karthagische Gewichtsmine betrachten dürfen, die zu irgend einer Zeit nach dem römischen Pfunde, oder wie dieses nach dem attischen Talent regulirt worden ist. Die letztere Annahme ist um so wahrscheinlicher, da, wie es scheint, auch bei den Karthagern das kleine Goldtalent gültig war, das drei attischen Goldstatern genau entsprach (vgl. S. 149. Anm. 2). Von dem letzteren gingen 12½ auf die karthagische Gewichtsmine, und der 100 Talente schwere goldene Kranz, den Demarete von den Karthagern empfing, wog mithin genau 8 karthagische Gewichtsminen. In welcher Verbindung hiermit das spätere karthagische Münzgewicht steht, das sich zwar um eine Drachme von 8.92 Gr. bewegt, aber, wie es scheint, ursprünglich auf einem Sekel von 23.40 Gr. beruht, ist schwer zu entscheiden.

S. 155. Anm. 4. Die Vermuthung, daſs die Gewichte mit dem Bilde der ganzen und halben Amphora nicht nach Teos, sondern nach Athen gehören, bestätigen sowohl die von Pinder in den Beiträgen zur älteren Münzkunde Bd. I, 61 ff. herausgegebenen athenischen Gewichte mit dem gleichen Bilde, von denen das eine mit ΗΜΙμναῖον ΑΓΟΡαῖον und ΑΘ ΝΟ bezeichnete von 335.406 Gr. ½ attische Handelsmine zu 670.8 Gr., das andere mit dem halben Oelkrug bezeichnete von 152.285 Gr. ¼ Handelsmine zu 609.140 Gr. darstellt, wie die von R. S. Poole in Smyth's Dictionary Art. Weights und bei Madden Jewish Coinage S. 257 f. mitgetheilten athenischen Gewichte Burgon's, von denen fünf, No. 6 (mit ganzem Krug) von 286.2 Gr. (= 4424 Engl. gr.), No. 10 (mit halbem Krug) von 191.8 Gr. = 2959 Engl. gr., No. 19 (mit ¼ Krug) von 79.7 Gr. = 1231 Engl. gr., No. 24 (mit Krug von Zweig umgeben) von 64 Gr. = 988 Engl. gr. und No. 29 (mit ¼ Krug) von 58.4 Gr. = 901 Engl. gr. dasselbe Symbol tragen. Wahrscheinlich sind auch die letzteren Theilstücke der Handelsmine, auf der auch zuweilen der Delphin vorkommt, vergl. Gewicht No. 1 mit ΜΝΑ ΑΓΟΡαῖος von 9980 Engl. gr. = 646 Gr. Die mit der Schildkröte bezeichneten Gewichte Burgon's gehören nicht, wie man nach dem Aegina eigenthümlichen Wahrzeichen annehmen möchte, demselben System an, sondern stellen, wie Poole richtig bemerkt, eine Mine dar, die doppelt so schwer ist wie die solonische und gleich der kyzikenischen ebenso auf dem schweren babylonischen Sechzigstel beruht, wie die solonische auf dem leichten. Von den beiden Exemplaren, auf denen das Nominal vermerkt ist, führt das eine (No. 9) mit ΤΕΤΑΡΤον bezeichnete von 208.2 Gr. (= 3216 E. gr.) auf eine Mine von 832.8 Gr., das andere (No. 14) mit halber Schildkröte und ΕΜΙΤΕΤΑΡτον bezeichnete von 114.7 Gr. (= 1770 Engl. gr.) auf eine Mine von 917.8 Gr.; ein in der Sammlung des Herzogs von Blacas befindliches Stück von Blei (aus Phokis) mit der Aufschrift ΗΜΙΤΕΤαρτον von 116 Gr. sogar auf eine Mine von 928 Gr. Wenn man ein viertes in Athen gefundenes Bleigewicht derselben Sammlung mit gleichem Bilde und ΔΗ ΜΟ von 219 Gr. als ¼ Mine auffassen darf, so ergiebt dieses eine Mine von 876 Gr., die der doppelten attischen ziemlich genau entspricht. Die Entdeckung eines schweren attischen Talents neben dem leichten ist um so merkwürdiger, da wir darin einen neuen Beweis dafür erblicken, wie eng sich das hellenische Gewichtswesen an das babylonische anschloſs, indem es nicht nur das Gewicht selbst, sondern auch diese sehr eigenthümliche Einrichtung entlehnte, die sonst nirgends vorkommt.

Bei dieser Gelegenheit mag bemerkt werden, daſs die von Ch. Newton im Temenos der Demetra zu Knidos aufgefundenen Brüste aus Marmor, wenn sie in der That als Gewichtstücke aufgefaſst werden dürfen (vgl. Ch. Newton Halicarnassus, Cnidus and Branchidae. vol. 2. S. 387. 804 f.), worauf die Verschiedenheit ihrer

Größe und der Umstand führt, daß sie sämmtlich mit Henkeln versehen sind, wohl nicht, wie Newton vermuthet, auf eine Drachme von 91.747 Engl. gr. = 5.83 Gr., sondern auf die attische Drachme von 4.366 Gr. = 67.5 Engl. gr. normirt sind, so daß No. 457 von 669 Engl. gr. ein Gewicht von 10 (normal 675) No. 456 = 1342 ein Gewicht von 20 (normal 1341), No. 455 (vernutzt) = 2535 E. gr. eins von 40 (normal 2682), No. 453 = 5459 E. gr. von 80 (normal 5364), No. 450 = 13289 E. gr. eins von 200 (normal 13410), No. 461, 460 und 462 = 14604, 14634 und 14237 E. gr. ein Gewicht von 250 (normal 16762), No. 449 = 27434 E. gr. von 400 (normal 26820), No. 448 = 32006 E. gr. eins von 500 (normal 33525) und No. 447 = 40252 ein Gewicht von 600 Drachmen (normal 40430) repräsentiren würde. Nur das Gewicht des kleinsten Stückes No. 458 = 464 E. gr. ist auf eine runde Zahl von Drachmen nicht zu reduciren, was indeß bei einem so leichten Stück nicht auffällt.

S. 157. Das mit TETAPTON und zwei Füllhörnern bezeichnete Monument ist, wie sich mir bei einer wiederholten Besichtigung desselben gezeigt hat, kein Gewicht, sondern eine Form, in welcher Gewichte des bezeichneten Nominals gegossen wurden.

S. 172. Anm. 2. Die Angabe, daß das Löwenkopffell, nicht der Löwenkopf, auf samischen Münzen erscheint, ist nicht richtig, wiewohl dieses Bild auf den eigentlichen Stadtmünzen allerdings selten und nur auf dem samischen Vereinsgelde häufiger ist, vgl. S. 467 f.

S. 190. Das Münzwappen von Phaselis stellt ein in einen Eberkopf auslaufendes Schiffsvordertheil dar. Siehe S. 492.

S. 216. Anm. 2 lies: vgl. oben S. 62 ff.

S. 227. Zeile 9 lies: 21 statt 41.

S. 247. Ich habe es für überflüssig gehalten, die Ansicht Mionnet's (S. 8, 423 Anm.), daß die Rückseite der Dareiken und Silbersiglen bildliche Darstellungen enthalte, zu widerlegen. Vgl. Ch. Lenormant tr. n. des Rois Grecs S. 135 „ces descriptions de Mr. Mionnet sont chimériques."

S. 248. Zu den Urkunden, die man als Beweis für die unter persischer Herrschaft geltende Goldwährung anführen kann, gehört auch die erste der von A. Conze (Reise auf der Insel Lesbos. Hannover 1865. S. 34 f.) zuerst vollständig abgeschriebenen und bekannt gemachten Inschriften von Eresos, die allerdings nicht vor Alexander dem Großen verfaßt, aber an den betreffenden Stellen (v. 8 u. 10), wo Geldbeträge — zuerst 2000, dann 3200 Goldstater — erwähnt werden, von einer Zeit spricht, in der die Insel noch unter persischer Herrschaft stand (334 — 332 v. Chr.). Vgl. Sauppe Nachr. von der Univ. und der K. Ges. der Wiss. zu Göttingen 1863. n. 20. S. 359 ff.

S. 252. Anm. 1. Zu den makedonisch-thrakischen Städten, die vor Philipp und Alexander kein Silber geschlagen haben, gehört Traclios nicht, wenn die S. 540 verzeichneten AR dieser Stadt mit Cadalvene und Mionnet S. 3, 172, 1111 beizulegen sind.

S. 262. Die Münzeinigung zwischen Rhodos, Ephesos, Samos erstreckte sich auch über Knidos, s. S. 842.

S. 269. Zeile 2 lies: und eine Anzahl tarsischer Silberstater babylonischen Fußes, die zum Theil erst nach Alexander geschlagen worden sind.

S. 287. Die Rückseite der ältesten äginäischen Kupfermünzen enthält nicht die Initialen des Inselnamens, sondern die von Magistratsnamen, die zum Theil (wie ΔΙ und ΝΙ) auch auf dem entsprechenden Silbergelde wiedererscheinen.

S. 295. Bei Beurtheilung der Frage, ob die einseitig geprägten Kupfermünzen von Chios ächt sein könnten, ist es von Interesse, die Fälle anzuführen, in denen in Kleinasien und an der makedonisch-thrakischen Küste Kupfer und Silber mit gleichen Prägbildern vorkommt. Dies gilt unbedingt von Akanthos (vgl. Cadalvene Rec. 57 und oben S. 533 u. 579) und von Abydos (S. 444, 2. 564, 2), außerdem aber auch noch von Skepsis (S. 446 u. 567), von Lampsakos (S. 442. 553) und Astakos (S. 435. 550), wenn man hier von kleinen Modificationen, die sich aber fast ganz auf die verschiedene Vertheilung des Stadtnamens beschränken, absieht.

S. 305. Zeile 12 lies: Galatien, Theil von Pontos und Kappadokien.
Zeile 13 lies: Pontos und Paphlagonien.

S. 320. Zeile 22. Wenn, wie wahrscheinlich, Gryneia der Schriftsteller und Gyrne der Münzen nicht verschieden ist, so ist auch dort eine Prägstätte gewesen. Vgl. S. 558.

S. 336. Zu den Münzen von Idyma vgl. noch Luynes Annales de l'Inst. Arch. XIII. 1842. S. 149 f.

S. 340. Zu den Münzen von Jalysos vgl. noch Luynes a. a. O. S. 145 f.

S. 357. Aus der Richtung der kyprischen Schrift von rechts nach links läßt sich ein Beweis für ihre Verwandtschaft mit der ägyptischen Hieroglyphenschrift nicht ableiten, aber ebensowenig dagegen, da die letztere zwar ebensowohl in der einen wie in der andern Richtung geschrieben werden konnte, in der Regel aber nicht von links nach rechts, sondern umgekehrt lief. vgl. Lepsius die altägyptische Elle S. 19.

S. 379. Zeile 5 lies: Abdhadad statt Abdemon.

Register.

Gm., Sm., Km. = Goldmünze, Silbermünze, Kupfermünze. Mfufs. = Münzfufs. Mgesch. = Münzgeschichte. Mverz. = Münzverzeichnifs. W. = Wappenbild von. Vergold. = Vereinsgold. Versilb. = Vereinssilber. M. = Münze.

A.

Abdemon, Satrap in Kleinasien 238. 240. 318. Mverz. 427. König von Kition 358, 11.

Abdera Sm. 118. 146. Gm. 206. Km. 289. Mverz. 517. 575. Nachtr. 594. Gepräge der Rückseite 119. 177.

Abdhadad, Satrap in Syrien 233. 238. 243. 379. Mverz. 431.

Abdsohar = Badissares, Satrap 351. Mverz. 430.

Abydos Gm. 121. 127. 258. Sm. 146. 221. 271. Km. 288. 294. 299. 300. 601. Mgesch. vor Dareios 176 f., nach Dareios 314. Mwap. 365. Vergold. 188. 260. Versilb. 261. Mverz. v. Dar. 389, n. Dar. 411. 417. 443. 554. Nachtrag 592. Drachme 192, wenig Silber v. Dar. 197.

Achane persisch. Hohlmafs = 6 Kor. 30.

Ada, Königin von Karien 269.

Adarmelek, K. v. Byblos 374. Mverz. 512.

Adler W. Abydos 314.

Adler neben Fisch 175, über Thun 189. W. Abydos, auf Thun W. Sinope 306.

Adler des Baaltars erst nach Alexander auf d. M. von Tarsos hinzugefügt 351. 352, 4.

Adlerkopf W. Kyme 320. Jalysos 200.

Adramytoion Sm. 268. Mgesch. 319. Mverz. 438. 551.

Acane in Makedonien Mverz. 534. 579.

Aegae in Aeolis Sm. 211. 212. 222. 271. Km. 300. 316. Mgesch. 320. Mverz. 447. 558.

Aegae in Makedonien Mverz. 540.

Aegina Weifsgoldmünzen 107 f. 178. Sm. 212. Km. 287. 601. Mverz. 583. Aeginäisches Talent der Münzen 110, des Pollux 112. Verbreitung des äginäisch. Mfufses 129, in Kleinasien 203, in Thrakien u. Makedonien 211. 213 f. Uebergang desselben in den persisch-babyl. Mfufs 133. 142. 360, verschwindet früh in Kleinasien 273. Das Didrachmon Hauptcourantstück 203. System der Kupferprägung 281. 292. Stückelung des Obolos 293.

Aegion in Achaia, Hemiobolion von Kupfer 294.

Aegospotamos Km. 289. 300. Mverz. 577.

Aegypten kein einheimisches Geld vor den Ptolemäern 201.

Aeneia in Makedonien Mverz. 534. 579.

Aenos in Thrakien Gm. 206. Sm. 250. Km. 289. Mverz. 519. 575.

Aeropos, K. v. Makedonien Mverz. 581.

Aeskulapsymbole in Kos erst auf späteren M. 337.

Aethioper in Kypros 354, aus Asien oder Afrika 355, herrschten vor im Süden der Insel 363 f.

Aetolisches Gold 147.

Agason W. Erythrae 326.

Agathokles von Syrakus Vers. von Km. 580.

Ainel, König v. Byblos 235. 874.

Akanthos Gm. 201. Sm. 211. 212. 223. 224. 250. Km. 289. 601. Mvers. 532. 672. Nachtr. 594.

Akragas Km. 280. 282. Mvers. 586.

Alabanda Sm. 271. Km. 569, nach Alex. gräcisirt 336.

Albuoareusisches Gold 164.

Aleppo 232.

Alexander I., König von Makedonien, Sm. 118. Sm. mit bimillischem Gepräge 207. 211. Mvers. 541.

Alexander der Grosse führt attisches Gewicht ein 153. Veränderungen der Prägekunst seit Al. 195, sein Wappen 230, seine Tiara 242 Anm., führt Silberwährung ein 253, sein Gold nach seinem Tode fortgeprägt 245, Legalcurs seines Goldst. = 25 Drachmen 251. Münzrecht 251. Km. 301. Im Princip ist seine Münzordnung mit der ptolemäischen identisch 301 f., Critik seiner Münzordnung 383, schenkt Kition an Pnytagoras 868, 4. Vers. von Km. 582.

Alexanderdrachme 253, früh in Lesbos 323.

Alexandreia in Troas Gm. 268. Sm. 271. Mgesch. 316. Mvers. 409.

Alinda gräcisirt 336. Km. 569.

Alopekonnesos Km. 300. Mvers. 578.

Alphabet, altgriechisches, auf einem teischen Goldstater 181, auf Sm. von Jalysos (?) 340, ionisches in Sicilien eingeführt 275, auf den sicil. M. 280. Aeltere Form des ζ auf M. von Kyzikos 177, 1, des λ und ι 307, des ρ 309, des ς 320, des ε 320, des ο 320, des ι 317. 326, des ω 326. Gebrauch des ω in Ionien 331, des ο statt ω in Kos 337, des ι für η in Kyzikos 177, 1. Versetzung von λ und ο 177, 1. Griechisches Alphabet in Aspendos 347, Palmyrenisches auf kilikischen M. 350.

Alyattes 131. 330.

Amadokos I., König der Odrysen, Km. 289. 300. Mvers. 577.

Amadokos II. Mvers. 577.

Amasis 356.

Amastris, Königin v. Herakleia, 224. 305. 269.

Amastris in Paphlagonien 224. Mgesch. 305. Mvers. 432. 550.

Amathus auf Kypros Mfuss. 142, phönik. Colonie 358, persisch 256, gräcisirt 368. Mgesch. 362. Mvers. 603.

Amisos Sm. 220. 222. Gepräge 385. Mgesch. 305. Mvers. 432. 550.

Ammochostos phönik. Colonie auf Kypros 358.

Amphipolis Km. 289. Mvers. 534. 572.

Amphora, röm. Hohlmass 82, enthielt 80 Pfd. Wein, ⅔ des Amphoreus.

Amphoreus, griech. Hohlmass = 1 Bath 29.

Amyntas III. 300. Mvers. 543. 581.

Anchiale 348.

Anker W. Abydos 314.

Antalkidas 237.

Antandros Mf. 121. Km. 300. Mgesch. 310. Mvers. 409. 439. 550. Münzwappen 385.

Antigonia in Troas 316.

Antigonos I. 316. 330.

Antiocheia in Syrien Gewichtsfuss 150. 158. Curulrundes Kleingold 236.

Antiocheia in Karien Sm. 271.

Antiochos VII. verleiht d. Juden Münzrecht 255, 1.

Antiphellos = Habessos 345, 5.

Antissa Mgesch. 321. 323. Mvers. 450. 559. Nachtr. 693.

Apfel W. Melos 547 Anm.

Aphrodisia in Kypros 358.

Aphrodite auf Widder W. Kypros 363. Kopf der Aphrodite auf M. des Euagoras 365. Knidos 203. 334. Nagidos 354. Kypros 357. Ihr Symbol in Kypros 360.

Aphytis in Pallene Km. 300. Mvers. 579.

Apollo und Thun W. Kyzikos 311.

Apollo libirend W. Side 350. Apollo tanzend W. Kos 337.

Apollokopf W. Klazomenae 252. W. der Städte im Gebiet v. Alexandreia in Troas 316. W. Milet 328. Rhodischer A. 341. Knidos 335. Idyma 336.

Apollonia in Illyrien 147, in Makedonien Mverz. 535.

Aptara in Kreta Mfufs. 131.

Arados Mfufs. d. Sm. 117. 141. 220. 224. 234, spätere Sm. 270. Münzgesch. 377. Mverz. 514.

Archelaos I. König v. Makedonien 148, prägt zuerst Kupfer 282. Mverz. 541. 581.

Arethusakopf, Prägbild auf syrakusischen und kilikischen M. 350.

Ariarates, Satrap 237. 238. 240. 306. 317. 352. 379. Mverz. 427.

Arina = Xanthos 315, 5. Mverz. 457.

Aristoteles über das Litrensystem 278.

Arkmelek phönik. König von Kypros? 364. Mverz. 505.

Arubateiese in Lykien Mverz. 487.

Arses 245.

Arsinoe als Demeter dargestellt 308.

Artaxerxes I. 227. 375. Mnemon 227. 236. 237. 245. 257. 371. 379. Ochos 227. 245. 375.

Artemiskopf W. Ephesos 325.

Artabazos 316.

Artabe, persisches u. ägypt. Hohlmafs 29. 33, vielleicht dem att. Medimnos ursprünglich identisch 29.

Artoapara, Satrap 238. 348. Mverz. 428.

Aryandes, Satrap 219. 238. 239. 255. 378.

Aspendos Mfufs. 141. Uebergepr. Sm. 363. Mgesch. 317. Mverz. 491. 673, Münzwappen 385.

Asperia Inschrift 254, 8.

Assarhaddon 226, beherrscht Kypros 356.

Assarion 304.

Assos Münzwappen 385. Sm. 212. Km. 299. 300. Mgesch. 310. Mverz. 439. 552.

Assar a. kypr. M. 357.

Astakos in Bithynien Km. 297. 601. Mgesch. 307. Mverz. 435. 550.

Astarte W. auf kypr. M. 357. 360. 361. 363.

Astronomie, Babylonische Eintheilung des Aequators in 720 Stadien oder 360 Doppelstadien (Grade) 17, oder Ellen 24, der Ekliptik in 30 „Theile" 17, des Grades in Minuten, Secunden u. s. w. 18, 2, des Durchmessers der Sonne und des Mondes in 12 Zoll 24, Babyl. Beobachtung der Mondfinsternisse 18, 2. 20, Griechische Eintheilung der Sphäre in 60° 21, 2.

Astypalaea, karische Insel Mverz. 570.

Astyra auf d. rhod. Peraea 341. Mverz. 486. 673.

Astyra in Mysien 222. Mgesch. 310. Mverz. 553.

Atarneus 316. 320. Mverz. 447. 558.

Athen Mfufs. 188. 202. Sm. 194. 202. Gm. 259. Vereinsm. 263. Km. 257. 292. 299. Vers. von Km. 584. S. Gewicht.

Attischer Mfufs. in Kleinasien 271. 273. 299 f., in Milet 297, in Kos 337, in Makedonien und Thrakien 300. 547, Gewicht desselben nach Alex. 271, 8.

Attische Prägbilder auf orient. Sm. 378, auf kleinasiatisch. Km. in Sigeion 318, Priene 299, Miletopolis 299, auf Sm. v. Amisos 305.

Attisches Quadratum incusum 332. Beifügung des Magistratsnamens auf attischen M. 283. Alt- und neuattische Eintheilung des Obolos 302.

Atyskopf auf Thun W. Kyzikos 311.

Auramazda 231. 240.

Aureus Cäsars = 25 Denare 192.

Autonome Prägung in Kleinasien nach Untergang des pers. Reiches 267, nach Alexander nach einheimischem Mfufs. 268. 269, nach att. Fufs 271.

Azbaal, Kön. v. Byblos 238. 374. Mverz. 512.

Azbaal, König v. Kition 256. Mgesch. 369. Mverz. 505.

B.

Baal, König v. Byblos 238. 374.

Baalgazor 237. 352.

Baalmelek, König v. Kition 255. 362. Mverz. 506.

Baalram, König v. Kition 371. Mverz.? 507.

Baaltaras 349, nach Alexander auf tarsischen M. als aëtophoros 349, auf M. v. Mallos 352.

Babylon s. Astronomie, Barren, Cylinder, Duodecimaltheilung, Elle, Fuſs, Gewicht, Hohlmaſs, Mine, Münzfuſs, Sexagesimalsystem, Shekel, Stückelung, Talent, Währung, Werthverhältniſs, Zehnstaterfuſs, Zeitrechnung.

Bakchosdienst in Teos 330, Chios 331, Nagidos 354.

Baktrische Satrapenmünzen 241. 242. 379. Verzeichniſs 431.

Bambyke Satrapengeld 233. 238. 379. Mverz. 431.

Barbarisirung von Side und Aspendos unter persischer Herrschaft 347.

Bargylia Mverz. Km. 563.

Barke 124. 378.

Barren, Verkehr mit Gold- und Silberbarren in Asien 72, bei den Israeliten 72. 73, Aegyptern 76, Kelten 79, Chinesen 60, in Babylon 82. 84; mit Kupferbarren in Italien 75. 284; Eisenbarren in Hellas 78, Britannien 78. Goldbarren in Zangenform bei den Israeliten 74, in Kuchenform in Athen 79, in Ringform bei den Israeliten 78. Aegyptern 80, Kelten 79, in Afrika und Arabien 79, in Vorderindien 79; Gold- und Silberbarren in Asien nach babylonischem Gewicht normirt 77. 80. 81. 82. 83; Kupferbarren von bestimmtem Gew. 80. 284, ebenso Eisenbarren 81.

Bath, der phönik.-hebr. Metretes = dem attischen Amphoreus 29. 30. 32.

Bed in Lykien Mverz. 491.

Begesare = Pegasa? in Lykien 345, 3. Mverz. 491.

Behistun Inschrift 237, Bildwerke 242.

Beizeichen auf samischen Sm. erscheinen später als Hauptprägbilder 333.

Berenike Km. 289.

Berga in Thrakien Mverz. 529.

Berossos 11, 2.

Bertiskos 211.

Berytos 160. 315, 4.

Biene W. Ephesos 324. 325.

Birytis Gm. 127. 258. Km. 297. Mgesch. 315. Mverz. Gm. 411. Km. 554. Nachträge 592.

Bisalter Sm. 118 f. 205. 207. Mverz. 530.

Blau 247, 4. 351, 4. 377, 3.

Bock u. Herakleskopf W. d. Euagoras II. 365, 1.

Boeckh 4, 2. 21, 3. 85, 8. 112, 8.

Bogenschütz Münzwappen des persischen Satrapen auf M. v. Soloi 241, 2. 352. S. Groſskönig.

Bompois 322, 1.

Borrell 168. 169, 1. 316. 320. 366, 1. 373, 2.

Bottiaeer Mverz. 531. 580.

Bunsen, Carl Josias v. 11, 3.

Burgon 179, 1.

Buttmann, 164, 8.

Byblos Mfuſs. 116. 117. 234. Sm. 238. Gepräge 324. Mgesch. 378. Mverz. 511.

Byzanz Mfuſs. 110. 145. 250. Gepr. 176. Münzwesen mit dem kalchedonischen identisch 207. 222. 263. Km. 287. 289. 304. Kupferdrachmen 294. 295. Mverz. 520. 575.

C.

Campanien Mfuſs 147.

Casabá bei d. alten Sardes 168.

Chaldäische Periode von 223 synodischen Monaten 15.

Chalkis, Hauptstadt des chalkidischen Städtebundes Gm. 206. Sm. 214. 260. Km. 289. Mverz. 585. 580.

Chalkus 291 = $\frac{1}{8}$ oder $\frac{1}{12}$ Obol. 293; = $\frac{1}{12}$ Obol. in Aegina, Kleinasien, in der Münzordnung d. Ptolemäer 293 f., Alexanders 302, in Athen und später als Gewichtsgröſse = $\frac{1}{8}$ Ob. 303.

Chawilah, Gold von 153.

Chersonesos, thrakischer. Mfuſs 129. 133. 211. Sm. 211. 212. Mverz. Sm. 534. Km. 577.

Chios, ältere Sm. 106. 123. 170. 197. 207. 212. 274, spätere Sm. 258. 271. Km.

102. 174. Gm. 121. 168. 258. Vergold. 168. Vorsilb. 261. Km. 287. 296. 304. 601. Kupferobolen 294. 295. Gepräge 174. 177. 194. 385. Gesch. des ältern Geldes 172, des spätern 331. Mvers. 332. 415. 416. 465. 567.

Choenix, Maßeinheit bei Homer und Solon 28, unbekannt in Italien 82, 1.

Chronika, Bücher der 55. 97.

Chus = congius 32, 1.

Circulation d. persischen Reichssilbers in Karien 264, Lykien 265, des erythräischen Silbers in Asien 325, fremder Münzsorten im persischen Reiche 120. 378. 379.

Circulationsgebiet des autonomen Silbergeldes beschränkt in Kleinasien 215.

Contremarken auf Elm. 216, lykischen Sm. 265. 344, kilikischen Sm. (Kuh) 354. 355, kilikischen u. lcabischen M. 265, phönikischen Km. 377, 2, persischem Reichsgelde, doch nur auf dem ältern 267. 354, 2. Römische Contrem. 266, 1. Contrem. des Gebiets des Cistophorengeldes 266.

Cure des kleinasiatischen Goldes des Dareikenfußes 1:26 f., des kleinasiat. legirten Goldes 126. 259. 260 f., des Provinzialsilbers gegen das Reichsgeld 263. 375. 381, d. Silbergeldes kleinasiat. u. persischen Fußes 65. 2:22 f. 234. 322, des persischen u. attischen Silbers 264, des Cistophoros 266, 3.

Legaleurs des krösischen Goldes 71. 169, d. ältesten kleinasiatisch. Goldes, Elektron- und Silbergeldes 170 f., des Reichs- u. großkönigl. Provinzialsilbers 234, des Dareikos = 20 pers. Silberdrachmen 63 f. 218, des Philippeios = 7¼ Silberstater 251, des Alexandreios = 25 Silberdrachmen des Cäsar. Aureus = 25 Denare 251, des Goldes des Euagoras 365, des kitischen Königsgoldes 372, des lykischen Silbers 151. 345.

Curtius, Ernst 350, 2. 360, 3.

Cylinder, babylonisch-assyrische waren Siegel 220.

D.

Dagon auf phönik. M. 375.

Damaskos, Fundort des großkönigl. Provinzialsilbers 232, wohl nicht Prägort 233. 597.

Danake, persische Kleinsilbermünze 234 f.

Dardanos Gm. 121. Vergold. 260. Km. 299. 300. Satrapeng. 238. 319. Mgesch. 317. Mvers. 390. 417. 428. 555.

Dareios' Münzordnung 177. 217 f., seine Münzen 227. 244. 245, deren Gepräge 246, sein Siegel 231, sein Bild 241, 6.

Dareios II. 227. 245. D. Codomannus 245.

Dareikos 62. 244 f. 247. D. mit bartlosem Kopf des Großkönigs 66, 8. 192. 244.

Doppeldareiken 244. 246. Rechnung nach Dareiken 248 f. 381. Dareikenprägung in hellenischen Städten 246. 258.

Daskylitische Satrapie, Münzen 305—319.

Datames, Satrap 236. 237. 239. 240. 306. 318. 351. Mvers. 427. 429.

Daten auf Münzen vgl. Zahlzeichen.

Daton 210.

David's Schätze 97.

Ddenefele 238. 318. Mvers. 428.

Delphi, Eintheilung des Obolos 293.

Delphin, 2 D. W. karischen M. 304, Argos 181, 3, Thasos 131, 3. 205, D. sb. Purpurschnecke, W. Tyros? 376. 377.

Demeterkopf, W. Kalchedon und Byzanz 308, Parion 314.

Demetrios II. 352.

Demonikos Mgesch. 366. 367. Mvers. 510.

Dernes, Münzen? 350.

Derronikos, König der Edoner Sm. 119. 208. Mvers. 628.

Digamma in Aspendos 347.

Dikaea Km. 229. Mvers. Sm. 521. Km. 576.

Dionysios der ältere von Syrakus 278. 349.

Dionysios führt Kupferpräg. in Athen ein 287.

Dionysios, Tyrann von Herakleia 224. 238. 269. 302. Mverz. s. Herakleia a. Pontos.

Dioskurenkopf, W. Birytis 315.

Diota, W. Teos 311.

Doppelkopf u. Doppelaxt, W. Tenedos 318.

Doppelnamen lykischer Orte 345.

Dorier in Kleinasien, deren Geldwesen aus Griechenland entlehnt 204.

Drabeskos 210.

Drachme, griechische Zuthat 58, an d. ägin. Silberprägung entwickelt 58, auf die solonische übertragen 58, viel später in Korinth 60, von Kroesos angenommen 193.

Drachmenrechnung in der Alexandermonarchie 249.

Kupferdrachme in Rhodos 294. 343. Byzanz 294.

Dreibein, W. d. lykischen Bund 203, in Aspendos 348.

Dreifufs, W. Parion 314, Knidos 334, über Thun, W. Kyzikos 311.

Duodecimaltheilung, babylonische des Jahres, des Tages, der Elle 17.

Dynastengeld im persisch. Reich 238.

Dyrrhachion Sm. 130. 147. 174.

E.

Eber, W. Methymna 183. 188, neben Thun, W. Kyzikos 311. Eberkopf, W. Lykien 344. Beflügelter Eber, W. Klazomenae 188. 237. Vordertb. d. beflüg. Ebers, W. Lykien 203.

Ehne in Lykien Mverz. 488.

Echeanax aus Milet 325.

Eckhel 442. 545, 1.

Edoner 207. Mverz. 528. Nachtr. 594.

Elon 209. Mverz. 536.

Elaea in Aeolis 320. Mverz. 448. 553.

Elektron, natürliches 164, enthält 30% Silber 167. Elektronmünzen 107 f. 109. 178 f. 198. Analyse 216.

ΕΛΕΥΘΕΡΙ auf einem Goldstater von Kyzikos 177.

Elle, babylonische von 530 Millim. 21, = der ägyptischen u. samischen 21, 3. 22. Theilung der bab. Elle in 24 Fingerbreiten 24, od. 60 Linien 24, der ägyptischen in 24 Fingerbreiten 596.

Epha, phönikisch-ägyptisches Hohlmafs 80. 89.

Ephesos Sm. 109. 145. 212. 221. 252. 258. 268. Gm. 127. 252. 258. 268. 271. Gepräge 176. 385. Mgesch. 324. Mverz. 398. 413. 454. 562. Nachtr. 593.

Eresos Km. 297. Mgesch. 321. Mverz. 412. 450. 559. Inschrift 600.

Eretria 212.

Erythrae Sm. 110. 125. 222. 224. 268. 271. 313. Gm. 121. Vergold. 190. 260. Versilber. 261. 262. Gepr. 385. Mgesch. 325. Mverz. 393. 413. 417. 457. 563. Inschriften 249. 253, 3.

Etruskische Silberstater 147.

Euagoras I. 237. 256. 359. Sm. 224. 238. 239. Gm. 262. Mgesch. 364. Mverz. 508.

Euagoras II. 365, 1. Mverz. 508.

Euboisches Talent = d. altattischen u. korinthischen 62. Euboisch-attischer Fufs in Lykien und Kos 208, in Methymna und Tenedos 183.

Eubulos 310.

Euelthon 358, 3.

Eule, W. Amisos 305, E. u. Pallaskopf, W. Lebedos 327. S. attische Prägbilder. E. mit Peitsche und Scepter, W. phön. M. 376.

Europa (Astarte) auf Stier, W. kypr. M. 363.

Eurymedon, Schlacht 381.

Ewald, II. 370, 1.

Ezechiel, vom hebräischen Gewicht 56.

F.

Faun, auf M. d. Letaeer 209.

Feigenblatt, W. Kamiros 203.

Feueraltar, persischer auf Satrapenm. und Siegeln 240.

Fischkopf, W. Phokaea? 180. 194, W. makedon. Gm. 205.

Friedländer über syrakusanische Km. 276, 2, über Sm. d. Hekatomnos 338, 5, über kyprische Gm. 373, 2, über Sm. Philipp's II. 545, 1.

Fünfzehnstaterfuss 69, Einheit desselben ist d. Silberäquivalent v. $\frac{1}{15}$ des babylonischen Goldstaters = $\frac{1}{150}$ der babyl. Gewichtsmine 87. Verbreitung d. F. bei d. Israeliten 96, in Phönikien 104, in Kleinasien in der Elektron- und Silberprägung 106—109. 113. 207. 213, von Phokaea aus nach dem Westen 109, F. in Rhodos 113. 264, 4, Phönikien 116, Syrien 117, Makedonien u. Thrakien 118. 206 f., Halbirung der Einheit von etwa 14.5 Gr. 113, ursprüngl. galt die Hälfte als Drachme 113 f., später das Viertel 115. Gewichtssteigerung des betr. Staters 125. Zusammenstellung der Münzgewichte des Fusses 134—137.
Fuss, natürliche Eintheilung in Hand- und Fingerbreiten 3. 4, künstliche in 12 Theile 8. Babylonischer Fuss von 315—320 Millim. = ⅔ Elle 21. 36, 8, dem samischen identisch 21, 3. 92, erst bei der babylon. Maassreform construirt 35. 38. Der babylon. Cubikfuss Wasser = 1 Maris 37.
Fütterung der Goldmünzen des Polykrates 176, des persischen Silbers 245, der Sm. des Themistokles 327, des Pausanias 543, des milesischen Weissgoldes 327.

G.

Galere auf dem grossk. Provincialgeld 226, auf kleinasiat. Satrapenm. 241, auf M. v. Arados 377. Galere mit Hopliten über Seepferd W. Byblos 374.
Gambrion Km. 300. 319. Mgesch. 327.
Gareca in Lykien Mvers. 487. 490.
Gargara Km. 299. 300. Mgesch. 313. Mvers. 440. 552.
Gaunamen auf lykischen M. 344.
Gaziura Satrapenm. 237. 318. 332. 379. Mvers. 427.
Geier auf Ziege auf M. v. Byblos 374.
Gela in Sicilien Vers. v. Km. 587.
Geldwirthschaft in Kleinasien 225.
Gelon, König v. Syrakus Vers. v. Km. 590.
Geminos 2.
Gentinos 316. Mvers. Km. 556.
Gerah = $\frac{1}{20}$ des israel. Shekels 97.
Gergotha Km. 300. 313. 320. Mvers. 558.
Getas, König der Edoner 207. Mvers. 528.
Gewicht, specifisches d. Weins 33, 4.
Gewichte, babylonische u. assyrische 44, des Brit. Mus. in Löwenform 45. 48 f. 597, in Entenf. 47. 48, des Louvre 48, aus Hillah 596, persisches v. Abydos 54, griechische von Kyzikos 52. 155, Chios 154, Lampsakos 155, Ephesos 155, von Athen Nachtr. S. 599, von Berytos und Antiocheia 150. 156, syrisches Gew. 158, phönikische 157, karthagisches 598, haldische 599 f.
Gewichtsminderung des späteren persischen Reichsgeldes 151. 225, des späteren Silbers babyl.-pers. Fusses 224.
Gewichtssteigerung des Provinzialsilbers babyl.-pers. Fusses gegen das Reichssilber 67. 144. 221. 263, des Provinzialsilbers kleinasiatischen Fusses 125, des Provinzialgoldes 67. 258.
Glockenguss, assyrisches 163.
Gold, verschiedene Arten in Aegypten 75, phokaisches 122, von der Ostküste v. Afrika 163, aus Spanien, indisches, lydisches, siebenbürgisches 164.
Goldbergwerke in Thrakien u. Makedonien 205. Goldmünze ohne Bild 106, 1.
Goldplatten von Khorsabad 53. 60.
Goldwährung in Babylon, Kleinasien 196, Lyd. Reich 199, im pers. Reich 245, Nachtr. S. 600, Goldstater, phok. = $\frac{1}{60}$ der schweren babylon. Mine 52, persischer = $\frac{1}{60}$ der leichten babylonischen Mine 52.
Golgoi in Kypros phönik. Kolonie 357. Bilingue Inschr. 364.
Gongylos, Herr v. Pergamon 319.
Gortyn in Kreta 182.
Gräcisirung von Marion 361, karischer Städte 336, von Tarsos 351, Kelenderis 353, von Kypros 358, seit Euagoras 367. 368. 372.
Granatapfel W. Side 200. 347. 547 Anm.
Granatblüthe W. Rhodos 341. 343.

Greif W. Teos 181. 188. 330. Abdera 208, Assos 310.
Grofskönig zu Wagen auf M. 226, 228, auf Siegeln 230, als Löwenjäger auf M. 228, Bildwerken 242, auf Siegeln 230, als Bogenschütz 228. 232. 241. 244. 245, sein Titel auf Satrapenm. 241.
Gryneia 319. 320 = Gyrne Mverz. Km. 558. Nachtr. S. 601.
Gye, altgriech. Flächenmafs 4. 5, 1. 25.

H.

Hadrianopolis 310, 2.
Hähne streitend W. Dardanos 317.
Halbkreis auf Kegel W. maked. Gm. 205.
Halikarnassos ionisch 337. Sm. 200. 222. 271. Gepräge 335. Mgesch. 335. Mverz. 472. 570. Nachtr. 593. Inschr. 248. 253, 3.
Hamath 233.
Hamaxitos 318.
Handelsinteressen mafsgebend bei Wahl des Münzfusses 220 ff.
Hanno 148.
Harpagion Mverz. 440.
Harpagos 329.
Harpye auf kleinas. Gm. 194.
Hayd, H., über Gm. d. münchener Mus. 166, 2. 177, 1. 181, 1. 403, 2.
Hegesias, Tyrann v. Ephesos 325.
Heiligthumssteuer der Israeliten 55. 78, 5. 86.
Hekatomnos 126. 224. 238. 328. 338. Mverz. 475.
Hekteus, attisches Hohlmafs = d. phönikischen Saton 29. 33.
Hemihekton, kleinasiatisch. Goldstück 126. 248. 259.
Hemina, die Hälfte des Hin 28.
Henkelkreuz, Symbol der Aphrodite 357, auf Münzen 369.
Herakleia in Ionien Sm. 254. Mverz. 459. 564.
Herakleia am Pontus Gm. 121. Sm. 129. 214, 3. 220. 224. 238. 255. 268. 271. Km. 288. Mgesch. 306 f. Mverz. 397. 436. 560. Nachtr. 592.
Herakleia Sintike Sm. 209. 303. Mverz. 436.
Herakleia am Siris, Mafse 5. 25.
Herakles streitend W. Kition 265. 369, mit Bogen u. Keule auf M. des Demonikos 366, auf M. v. Side 350, als Löwentödter auf M. v. Tarsos 349, auf M. v. Mallos 353, Herakles u. Herakleskopf auf M. des Euagoras 366, Herakleskopf auf M. v. Soloi 353, Kos 337, Erythrae 326. Cultus des assyrischen Herakles in Kypros 357.
Hermeias, Herr von Atarneus 310.
Hermes dahineilend W. Salamis 369.
Herodot 62. 64. 164. 173 f.
Hesiodische Mafse 5.
Hieroglyphen 356. 357. Nachtr. 604.
Hieron II. v. Syrakus Verz. v. Km. 590.
Hieronymos v. Syrakus Verz. v. Km. 590.
Himera Km. 280. 283. Mverz. Km. 587.
Hin, phönik.-ägypt. Hohlmafs im griech. Verkehr 29. 30.
Hincks 47. 595. 596.
Hipparchos 10, Begründer der wissenschaftl. Astronomie 20.
Hirsch W. Prokonnesos 314. Ephesos 324.
Hiskiah's Tributzahlung an Sanherib 98.
Hohlmafse, Wanderung derselben von Griechenland n. Italien 27, vom Orient nach Griechenland 27 f., die griechischen, persischen, babylonischen, phönikischen, hebräischen ursprünglich identisch 29, alle aus dem babylonischen entstanden 29 f., die äginäischen = den lakedämonischen, beide gröfser als das attische 30. Reconstruction der babylon. Hohlmafse 31. Die Hohlmafse von Griechen und Römern nach dem Wassergewicht regulirt 33, auch dies war eine babylonische Einrichtung 34.
Homerische Mafse 4. 5. 24.
Hultsch 303, 2. 594.
Hund über Thun auf Kyzikos. Goldm. 189.
Hussey 166, 2.

J.

Jahr, babylonisches u. persisches Sonnenjahr 12 f. Makedonisches Mondjahr seit Seleukos I. in Asien verbreitet 15.

Jalysos Sm. 200. 204. 221. 222. Mgesch. 340. 601. Mverz. 479. Km. 571.

Jasos Sm. 222. Mgesch. 336. Mverz. Sm. 473. Km. 570.

Idalion, phönikische Kolonie 357, gehörte zum kitischen Reich 255, 4. 371. Broncetafel v. J. 364.

Ideler 19, 2. 20, 1.

Idrieus, Dynast von Karien 238. 338. Mverz. 475.

Idyma Mgesch. 336. 601. Mverz. 473. 570.

Ilion, spätere Sm. 271. Inschrift 253.

Indien, Silberwährung 254.

Interpunctionszeichen der kyprischen Schrift und pers. Keilschrift 357.

Jo, Kuh der Jo als Contremarke 354.

Ionische Satrapie, deren Grenzen 319.

Islstafel mit kyprischer Schrift 356, 4.

Itanos auf Kreta Sm. 131.

Juden erhalten Münzrecht 255, 1.

Ivanoff 199, 1.

K.

Kab, phönikisch-hebräisches Hohlmafs im griechischen Verkehr 29. 30 = der persischen Kapithe = 2 Choiniken 30.

Kabalja in Lykien 344, 2.

Κάδος = phönik. Kad, Name des phön. u. attischen Weinkrugs 28, auf 1 Metretes = 1 Bath normirt 29.

Kalbskopf W. Lesbos 183. 321. 322. 323.

Kalchedon Gm. 188. 194. 198. Sm. 145. 176. 207. 212. 222. 268. Versilb. 263. Km. 287. 295. 304. Gepräge 176. 194. 385. Mgesch. 182. 307 f. Mverz. 388. 435. Km. 550.

Kalymna Sm. 200. Km. 288. 300. Münzgesch. 336. Mverz. 478. 571.

Kamarina 209. Verz. v. Km. 587.

Kambyses 200.

Kamiros Sm. 132. 203. 273. Mgesch. 340. Mverz. 479. 571.

Kanae in Aeolis 320.

Kandys, persischer Rock 244.

Kardia Km. 289. 300. Mverz. 578.

Karien Sm. 126. 140. 199. 224. Karische Könige 224. Mgesch. 334—343. Verz. nicht lokalisirter Kar. M. 486.

Karnak, Inschrift von 34. 75. 80. 81.

Karpasia, phönik. Kolonie auf Kypros 357.

Karthaea Sm. 132.

Karthago, Gewichts- u. Mfufs. 148. 593.

Kassander 646.

Kat, ägyptisches Loth 76.

Kaunos Mverz. Km. 569.

Kebren Gm. 121. Vereinsgold 260. Vereinssilber 261. Km. 300. Satrapenm. 318. Mgesch. 316. Mverz. 389. 411. 416. 445. 555.

Keilschrift, Verbreitung ders. 356.

Kelenderis, assyrische Gründung 348. Sm. 129. 132. 203. 220. Mgesch. 353. Mverz. 497. 574.

Keos Sm. 132.

Kerynia auf Kypros 368.

Kesita 72, 3.

Kidaris, persische Krone 242.

Kilikien, Grundstock der Bevölkerung semitisch 348, der aram. Name verschieden geschrieben 350, 7.

Killa in Aeolis 319.

Kimonischer Frieden 220. 331.

Kios Sm. 221. Mverz. 403. 438. 551.

Klatheue Km. 319. Mverz. 558.

Kition, phönikische Stadt 358. 368. Inschriften 255, 4. 370, 1. Gm. der phönikischen Dynasten 255. 368 f. Sm. 258. Gepräge 384. Mgesch. 368—372. Doppelwährung 372. Namensschreibung 370, 1. Mverz. 505.

Klazomenae Gm. 121. 127. 188. 189. 252. 268. El. 106. 109. 170. Satrapenm. 237. Vergold. 260. Versilber. 261. Sm. 106. 197. 268. Km. 288. 296. 298. 300. Gepräge 194. 385. Mgesch. 175. 324. Mverz. 392. 412. 428. 453. 561.

Klearchos, Tyrann v. Herakleia 309.

Kleinasiatischer Münzfufs s. Fünfzehnstaterfufs.

Knabe auf Delphin, W. Jasos 336.

Kaidos Sm. 129. 182. 203. 268. 273. Vereinssilber 262. Km. 296. Mgesch. 394. Mverz. 479. 570.
Knosos auf Kreta Sm. 182.
Königstitel auf d. M. Alexanders und Philipps 646.
Kolchis Sm. 380, 2.
Kollybos 292.
Kolophon 169. Sm. 222. Satrapenm. 239. 241. Mgesch. 324. Mverz. 423. 454. 562.
Kopf, lorbeerbekr. männlicher, W. Arados 377. Heroen- oder Satrapenkopf behelmt auf Satrapenm. 240.
Koprile in Lykien 344. Mverz. 488 f.
Kor oder Chomer, phönik. hebr. Hohlmafs 80. 88.
Koressia auf Kreta Sm. 182.
Korinth Mfufs. 202. 212.
Korkyra Sm. 129 f. 147. 174. 273.
Kos, neu aufgebaut 387, 6. Sm. 151. 183. 203. 213. 268. Elektr. 204 f. Km. 300. Gepräge 385. Mgesch. 336. Mverz. 401. 477. 571.
Kotyle, griech. Hohlmafs vom Inhalt des Alabastron 29.
Krabbe, W. Kos 203.
Krebs (ἀστακός), W. Astakos 307.
Kreta Sm. 181. 203. 273.
Krieger, 2 persische auf tarsischen Satrapenm. 240.
Krithote Mverz. 578.
Κροίσειος στατήρ 168.
Kroesos Münzwesen 71. 138. 168. 178. 190. 199. 217. 247. Mverz. 386 f. Gepr. 228. Weihgeschenke 165.
Kromna, zerstört 305. Sm. 224. Km. 288. Mgesch. 306. Mverz. 433. 550.
Krummstab auf assyr. Monum. u. phönikischen Sm. 376.
Kuh Kalb säugend, W. Korkyra u. Dyrrhachion 129, auf tarsischen Satrapenm. 243, lykisch. Prägbild u. Wappen 347, 7.
Kügelchen auf d. M. v. Thasos 205. 209. der Letaeer 209.
Kupfer, Kupferdrachmen in Byzanz, Rhodos 294. Kupferobolen in Aegina 292, Metapont, Samothrake, Aegion, Chios, Abydos 294.
Kupferwährung in Italien u. Sicilien 274. 277. 286. Kupferprägung eher im Osten als im Westen 275 f., begann in Sicilien 400 v. Chr. 275, in Rom 451 v. Chr. 285, früher in Athen u. Aegina 287, in Griechenland und Kleinasien allgemein am Ende des 5. Jahrh. 288, ebenso in Makedonien u. Thrakien 289, in den aeol. u. ionischen Kolonien früher als in den dorischen 288, in Kilikien, Lykien, Phönikien sehr selten 288. Die älteste griech. Kupferprägung, Werthprägung 289 f. Normirung d. Kupfergeldes nach einem bestimmt. Gewichtssystem 294 f. Ausdehnung der Kupferpr. mit Alexander 298. Kupfergeld v. Syrakus 275 ff., v. andern sicil. Städten 282 f., Rhegion 280, Italien 284 f., Aegina 287, Aegypten 289, Athen 292, Kleinasien 294 f., Makedonien 300 f. Grofskönigliches K. 235. 291, besonders reichlich in Klazomenae 324.
Kurion 358, graecisirt 368.
Kyme Elm. 109. 174. Gm. 121. Sm. 129. 133. 254. 271. Mgesch. 175. 320. Mverz. 390 f. 445. 559.
Kypros, Bevölkerungsverhältnisse 355. 359. 372. Schrift 356. 359. Kunst 356. Cultus 351. Kolonisation 357 f. Graecisirung 358. Phönikisirung 359. Sm. 129. 132. 142. 143. 203. 213. 220. 224. 234. Aeltere phönikische M. 364. Das Geld der Könige v. Salamis 364—367, der phönik. K. von Kition 128. 368—372. Kupferprägung 368. Mverz. 501—511. 574.
Kypsela in Thrakien Mverz. Km. 576.
Kyrene, Bezeichnung der (attischen) Drachme als Stater 124. Sm. 124. 218. 378, 1. Vereinsgeld 340. 479.
Kytoros, zerstört 305. Sm. 224. Mgesch. 306.
Kyzikos Elm. 106. 109. 172. Gm. 121. 126. 173. 197. 258. 382. Goldstater nach Alexander 177. 262. Sm. 125. 145. 221. 224. 268. 378. 382. Vergold. 168 f. Versilber. 262. Km. 298. Satrapenm. 237. 239. 241. 319. Gepräge 335. Mgesch. 177. 311 ff. Mverz. 388. 403. 423. 427. 439. 552. Nachtr. 592. Inschr. 248.

L.

Labrys 338.
Lampsakos Elektrong. 106. 109. Gm. 121. 127. 258. Sm. 106. 213. 222. Vergold. 168. Satrapengeld 237. 241. 256. 319. Km. 288. 296. 601. Inschriften 249. Mgesch. 170 f. 313. Mverz. 388 f. 409. 427. 441. 553. Nachtr. 592.
Lapathos, phönik. Kolonie 357, graecisirt 368.
Larissa 316. 320. Mverz. 552.
Larnaka, das frühere Kition 356.
Leake, über sicilisches Kupfer 276, 4.
Lebedos Sm. 254. 271. Mgesch. 327. Mverz. 413. 452. 564.
Legirung des Goldes, natürliche mit Silber 158. 164 f. 167. 216, künstliche mit Silber und Kupfer 121. 217. 260. Leg. des phokaischen Goldes 122. 179. 238 f. 329, des makedonisch-thrakischen Goldes 205 f., des Dareikos 244, des Kupfers 163.
Leier, W. Mytilene 323, Kolophon 241. 324, Kalymna 200, auf spätern M. v. Halikarnassos 335.
Lenormant 227, 1. 233, 6. 367, 1. 600.
Leontini Km. 283. Verz. v. Km. 588.
Lepsius 11, 3. Nachtr. 601.
Leros Mverz. 416.
Lesbos Putin 144. 176. 286. Gm. 120. 259. Vergold. 260. Versilber. 262. Gepräge 176. Mgesch. 183. 320 f. Mverz. 391. 412. 416. 417. 449. 559. 593.
Letaeer Sm. 140. 208. 212. Mverz. 531.
Letronne 12. 15, 2. 17, 2. 21, 2. 244.
Levy 351, 4. 370, 1. 598.
Libra 4.
Limenion 358.
Lindos Sm. 166. 204. Mgesch. 340. Mverz. 460. 571.
Lipara Km. 280. 282 f. Verz. v. Km. 590.
Litra v. 219 Gr. 274, reducirte v. 42 Gr. 278, reducirte v. 21 Gr. 279.
Löwe, W. Hekatomnos 335, 5, Tarsos 349, Kition 372.
Löwe mit Adler, W. Salamis 362, W. Euagoras 365.
Löwe Hirsch fressend, W. Kition 255. 368. 372, Tarsos 350. Stier fressend, W. Lykien 344, Tarsos u. Byblos 349. 368. 374.
Löwe auf incus gepr. Stier, W. Byblos 374.
Löwe nach Stern blickend, W. Milet 328.
Löwe u. Löwenkopf, darüber Stern, W. Milet 172. 173. 198. Löwenkopf ebenda 328, W. Lesbos 322, Kyzikos 177. 311.
Löwenvordertheil, W. Knidos 203. 334, Lindos 204.
Löwenvorderth. auf karischen M. 199. 340.
Löwenkopffell, W. Samos 172. 332. 600, über Thun 176. 188.
Löwe incus auf grofskönigl. Provinzialm. 375. Löwenkopf incus, W. Samos 333.
Log, phönik.-hebr. Hohlmafs = dem Sextarius 31. 39, entsprach im babylon. Mafssystem der Mine 37.
Longpérier, A. de 154. 171. 172, 2. 212.
Lorbeerkranz, Beizeichen auf Doppeldareiken 246.
Lotusblume in der Hand des Satrapen 241.
Laynes 258. 337. 349. 350. 350, 8. 358, 11. 360, 1. 361. 366, 1. 370, 1. 374.
Lygdamis 248.
Lykien, Verfassung 343. Sm. 151 f. 203. 213. 215. Vereinspräg. 262. Satrapengeld 238. 242. Mgesch. 343—346. 381. Mverz. 428. 486—492. 573.
Lysimachia 547.
Lysimachos 316. 324. 327. 329. 547.
Lyttos Sm. 131. 132.

M.

מ = 1000? 377, 1.
מט, Aufschrift auf phönikischen M. 375 f.
Madden Nachtr. 597. 609.
Madytos in Thrakien Mverz. Km. 578.
Magistratsnamen, Beifügung derselben 283, auf jüngern M. v. Kolophon 324, Ephesos 325, Erythrae 326, Milet 328, Teos 331, Chios 331, Knidos 335, Jasos 336, Rhodos 341, Phaselis 346.
Magnesia Sm. 145. 221. 254. 271. Dynastenm. 238. 239. 348. Km. 297. Mgesch. 327. Mverz. 458. 564.
Main = [illegible] Shekel 116.

Mallos Sm. 141. Satrapenm. 237. 241. 242. Vereinsm. 268. Mgesch. 362 f. Mverz. 430. 498.
Makedonien Sm. 118, 3. 118. 178. 205 f. Gm. 205. Königliche Prägung 211. 223. Mverz. 532—548. Km. 579—583.
Makedonisches Goldtalent 149, 2.
Mania, Herrin v. Dardanos 238. Km. 288. 317. 319.
Marathus Mverz. 512. 574.
Marion, früher Marin 361, graecisirt 363. Sm. 129. 142. Sm. mit griechischer Schrift 359. Mgesch. 360 f. Mverz. 501.
Maris, das babyl. Quadrantal 30. 31. 32, sein Wassergewicht = 1 babyl. Silbertalent 34 = $\frac{4}{5}$ babylon. Gewichtstalent 36, 1, s. Inhalt = 1 babyl. Kubikfuſs 37.
Maroneia Gm. 206. Sm. 207. 212. 223. 598. Km. 289. 300. 303. Mverz. 521. 576.
Martin, II. 594.
Maske od. Gorgohaupt, W. Neopolis 305, Abydos 314, Lesbos 322.
Massalia Mfuſs. 109. 147. 328.
Maſssystem der Babylonier verglichen mit d. französischen 6, das gesammte S. beruhte auf ders. Einheit 37, u. demselb. Eintheilungsprinzip 18—21. 25. 31.
Maussolos 238. 239. 240. 328. 342. Mgesch. 338. Mverz. 475.
Medimnos, attischer = der persischen Artabe 29, = d. römischen modius 32, 1, lakedämonischer = ½ Kor 29.
Medusenhaupt auf spätern M. v. Halikarnassos 335, v. Kypros 363, vgl. Maske.
Megara, M. Kolonien: Byzanz, Kalchedon 307, Herakleia am Pontos 308.
Megara in Troas Mverz. 445. 558. Nachtr. 593.
Megiste, karische Insel Mgesch. 343. Mverz. 479.
Meidias 317.
Melek, Titel 369, 2.
Meleknamas, K. v. Kition 255.
Melekramkit, K. v. Kition 255. 371. Mverz. 507.
Melkjiten, K. v. Kition 255. 370. Mverz. 506.
Melos, Wappen 547.
Mende Sm. 211. Mverz. 537. 580.
Menelaos, Statthalter des Ptolemaeos Soter Gm. 362. 360.
Metambria Km. 289. Mverz. 524. 577.
Metapont Km. 294.
Methymna Gm. 191. Vergold. 188. Sm. 109. 151. 221. 222. 286. Versilber. 261. Km. 297. Mgesch. 185. 321. Mverz. 391. 451. 559. Nachtr. 592.
Metretes, attischer 29. 31, syrischer 31, 2.
Metrisches System der Franzosen 5.
Meχrapata, lykischer Orts- oder Gauname 345. Mverz. 491.
Milet Gm. phok. F. 121. 181. 198, pers. F. 127. 150. 252. 263. Elektronm. 106. 109. 174. 198. Sm. 140. 143. 199. 213. 222. 268. 373. Km. 297. Gepräge 174. 184. 325. Mgesch. 172 f. 327. Mverz. 394 f. 414. 460. 565, milesische Drachme 143.
— Kolonien Amisos 306, Sinope 306, Kios 310, Abydos 314.
Miletopolis Km. 299.
Miltiades 211.
Mine in Aegypten Hohlmaſs 34 = dem hebr. Log 35. Babylon. Gewichtsmine, leichte, schwere 45. Eintheilung derselben in [illegible] 47. Erklärung dieser Eintheilung 89. Die Eintheilung der persischen, griechischen u. israelitischen Mine in 50 Shekel oder Stater 54. 55, ward beim Gold- und Silberverkehr eingeführt 57, war bereits in Babylon u. Assyrien gebräuchlich 101.
Minotaur auf kypr. M. 363.
Mitra 242. 357.
Mommsen, Th. 60. 63. 64, 3. 110, 8. 129, 1. 166, 2. 253. 255. 266, 5. 276, 4. 281. 401, 1. 598.
Mondtafel, babylonische 595.
Mosses, K. d. Bisalter Gm. 206. Sm. 119. 207.
Müller, L. 359, 6. 377, 5. 545, 1. 587.
Münzen, oxydirte 421, 1, übermünzte 421, 1.
Münzeinheit angestrebt durch Kroesos 217, und Dareios 217. Erfolge des letztern 380. Münzeinheit in Pamphylien, Pisidien, Kilikien 354, Lykien 365,

angestrebt durch die rhodische Münzordnung und Münzvereine 382.
Münzfreiheit kleinasiatischer Städte unter und nach Alexander 267—270, in Phönikien 270.
Münzprägung hellenische Erfindung 200, in Phokaea zuerst geübt 200, Zeitalter der ersten Pr. 202.
Münzrecht im pers. Reich 219—243. Goldprägung dem Großkönig vorbehalten 219. 255. Silberpr. freigegeben, Provincialsilber war dem Reichsgelde gegenüber Waare 219. Münzrecht d. Satrapen 236, d. Dynasten 238. Münzrecht im makedon. Reiche 250 f. 252.
Münzvereine in Kleinasien für Gold 182. 260, für Silber s. Vereinsmünze.
Münzverwirrung in Kleinasien im 6. Jahrh. v. Chr. 214 f., und am Ende des 5. Jahrh. 321.
Mylasa 316. Mverz. 570. Inschr. 253, 3. 257, 1.
Myndos 336. Mverz. 474. 570.
Myra Inschrift 254.
Myrina Sm. 254. Mgesch. 319. 320. Mverz. 449. 559.
Mytilene Namensschreibung 177, 1. Gm. 181. 183. Sm. 221. 222. 286. Sm. u. Km. 302. Km. 297. Stückelung d. Obolos nach attischem System 302. Mgesch. 321. 323. Mverz. 391. 412. 452. 560. Nachtr. 583.
Myt-Rabinah 212. 362 vgl. Schalz.
Mzdi, aram. Wort auf ataz. M. 226. 360.

N.

Nagat in Lykien Mverz. 482.
Nagidos Sm. 141. Satrapenmünzen 236. Mgesch. 363. Mverz. 430. 478.
Namelijiton, K. v. Kition 370, 1. 371. Mverz. 507.
Nasiope Insel, Antissa gegenüber 321. Mverz. 453. 560.
Naturalwirthschaft im Occident 72, in Hochasien 225.
Naxos in Sicilien Km. 280.
Naxos, Insel Sm. 132. 212.
Neandreia 316. Mverz. 445. 556.
Negerkopf W. Antissa 321.
Neonteichos 320.
Neopolis, attische Kolonie 210, 1. Sm. 212. 260. Km. 289. Mverz. 537. 580.
Neu-Karthago 142.
Neutrum des Appellativs auf Münzen 182. 330, zuerst in Termera 336, an andern Orten 342. 350. 352. 353. 354, Bedeutung desselben 336.
Newton, Charles 338. 592.
Nicolaus Damascenus emendirt 70, 2, erklärt 86, 4.
Niebuhr, M. v. 12 Anm.
Nikokles, K. v. Salamis Mgesch. 366. Mverz. 502. K. v. Paphos 262. 358. 373. Mverz. 511.
Nikokreon, Sohn des Pnytagoras 362. 373.
Nimrud 376.
Ninive 202. 228.
Nisyros Mverz. 479. 571.
Nominalunterscheidung durch das Gepräge der Rückseite 174. 306. 325, der Schauseite 194. 306. Das Nominal angedeutet durch das Geschlecht des Appellativums 182. 188. 251. Vgl. Neutrum; durch Aufschrift in Chios 304, Metapont, Rhodos, Samothrake, Abydos, Byzanz, Aegios 234.
Norris, Edwin 45.
Notion 320.

O.

Obolos 60, Stückelung dess. 293. 302.
Odessos Mverz. 525.
Odrysen Km. 289. Mverz. 530. 577.
Oenoe Km. 297. Mgesch. 334. Mverz. 466. 568.
Og (?) K. v. Byblos 374.
Olynthos Km. 289. Mverz. 538. 580.
Ophrynelon Sm. 271. Km. 300. Mgesch. 317. Mverz. 446. 556. Nachtr. 583.
Oppert 8, 1. 21. 23, 1. 24, 1. 74, 4.
Orontes, Satr. 237. 239. 312. 348. Mverz. 427. 428.
Orreskier Sm. 207. 208. Mverz. 529. Wohnort 210, 2.

Orthagoreia Km. 282. Mvers. 538. 580.
Ortsnamen spät auf M. beigefügt 194.
Othontopates, Dynast v. Karien 238. 269. Mgesch. 339. Mvers. 476.

P.

Paktolos 167.
Pallas a. M. des Demonikos 368.
Pallaskopf auf M. v. Halikarnassos 335, von Kypros mit phönik. Schrift 364, Methymna 183, Mallos u. Soloi 352.
Palme auf M. v. Ephesos 324.
Pangaeon 205. Pangäisch. Bergwerksbezirk 210.
Panther (?) W. Halikarnass 200.
Pantherkopf W. Samos 333.
Pantikapaeon 153. 206. 228, 5.
Paphos, phönikische Kolonie 367. Sm. 142. M. mit griechischer Schrift 368. Kypr. Inschr. 364. Mvers. 502. 504. 574.
Parasanges, babyl.-persisch. Wegmaß von 30 Stadien 24.
Parion Sm. 268. 598. Mgesch. 314. Mvers. 410. 442. 554.
Paros 211. 314, 2.
Pasikypros 368.
Patara Inschrift 253, 3. Sm. 345. Mvers. 487.
Pausanias, K. v. Makedonien Mvers. 543. 581.
Pegasus W. Erythrae 326 vgl. 171. Vordertheil des Pegasus auf M. v. Halikarnass 200.
Peiraeeus, späterer Name von Amisos 305.
Pella Mvers. 580.
Perdikkas II. Mvers. 541.
Perdikkas III. Mvers. 544. 581.
Perekle in Lykien 344. Mvers. 490. 573.
Perga Sm. 271.
Pergamon Gm. 191. 197. 252. 268. Km. 300. Mgesch. 319. Mvers. 410. 447. 558.
Persepolis 245. 250. 378. 379.
Perser erhielten Kalender, Maße u. Gewicht v. d. Babyloniern 14. Persisches Reichsgeld 65. 244 f. Kupfergeld 285. 288. Verzeichniß d. Reichsm. 420—423, des großköniglichen Provinzialgeldes 424 – 427, d. Reichskupfergeldes 549. Vgl. Dareios, Großkönig.
Persisch-babylonischer Münzfuß in Kleinasien, Arados, Kypros 140 f., Makedonien, Thrakien 220 f. 273, in Karthago 149, Lykien 149 f., auch beim kleinas. Kupfergelde maßgebend 295. 296. 297, Mischung desselben mit dem kleinasiatischen 145. 223. 547.
Pfau W. Samos 334.
Pferdevordertheil W. Erythrae 327. — a. M. einer kretischen Stadt 175. 214. 391, W. Maroneia 205, a. M. v. Kyme 320.
Phaestos 131.
Pharnabazos 227. 236. 237. 239. 241. 316. 319. 351. Mvers. 427. 429.
Phaselis Sm. 140. 141. 199. 224. Km. 288. 297. Wappen 600. Mgesch. 346. Mvers. 492. 573.
Pheidon 26.
Φιλίππειος στατήρ 192.
Philippi Gm. 206. Km. 289. Mgesch. 251. Mvers. 539. 580.
Philippos II. Münzordnung 153. 224. 250. 282. Gm. 192. Sm. 118. 597. Km. 301. Mvers. 544 f. 582. Nachtr. 594.
Philippos Arrhidaeos Gm. 253. 546, 1.
Phönikien Sm. 115. 116. 117. 141. 220. 597. Km. 288. Mgesch. 373—378. Mvers. 511—516. 574.
Phöniker, Lehrer d. Handelsgeschäfts in Griechenland 28, colonisiren Kypros 357, phönikisiren die Insel 369. Phönikische Hohlmaße 28 f. Phönik. Zahlzeichen auf M. 377, 3. s. Zahlzeichen.
Phokaea, Phokaischer Fuß 107, seine Verbreitung 121. Von Ph. aus verbreitet sich der kleinasiat. Fuß nach Italien 109. In Phokaea ward die Geldprägung erfunden 173. 201. Gepräge 194. Der phok. Goldstater = $\frac{1}{15}$ der altbabylon. Gewichtsmine 121, sein Normalgewicht 122. Gm. 257. 258. Sm. 197, die Silberdrachme 192. Km. 297. Mgesch. 180. 323. Mvers. 326. 414. 463. 565. Phok. Kolonie: Lampsakos 318.
Phygela Sm. 268. Km. 288. Mgesch. 329. Mvers. 463. 566.
Pinara Inschr. 253, 6.

Pisilis in Lykien Mverz. 488.
Pitane 320.
Pixodaros Gm. 255. Sm. 328. Mgesch. 339. Mverz. 475.
Plakia Mverz. 554.
Plattirung vgl. Futterung.
Plethron Längenmafs = 60 babyl. Ellen 22 f. P. der Israeliten 23, Araber 24. Flächenmafs 25.
Plinius 164 f.
Pnytagoras, K. von Salamis 255. 269. Mgesch. 367. 373. Mverz. 509.
Poole R. S. 269, 1. 569.
Polykrates 176. 327. 332.
Pordosia auf Pordoselene 319. Mverz. 447.
Porträtdarstellung auf orientalisch. Münzen und Monumenten 227, 1.
Poseidonia 147.
Potidaea Sm. 206. 211. 212. Mverz. 539.
Potingeld 144. 286. 321.
Prägbild beibehalten in der grofsköniglich-persischen Goldprägung 245, in der Goldprägung Alexanders des Gr. 245, in der Prägung der kitischen Könige 372, im Orient überhaupt mehr als in Griechenland 384, syrak. Prägbild in Tarsos nachgebildet 349. S. Wappen, Siegel. Identisch. Pr. für Sm. u. Km. 601.
Präggebiet in Kleinasien vor Dareios 213. 320. Präggebiet im persisch. Reich nach Dareios 378. 380.
Prägung im Kreis 229. Einseitige Prägung hört in Kleinasien später auf als in Griechenland 176 f. Frühe zweiseitige Prägung in Tenedos und Kos 183, in Athen 188, vgl. Quadr. inc. Glatte Prägung der Rückseite in Etrurien und Kypros 147, 3. 362. Charakter der ältesten Prägung 121 f., ihre Mängel 196. Spätere Reformen d. Prägung 384. 385. Vergleichung der orientalischen u. griechischen 384. Incuse Prägung d. Rückseite auf kleinasiat. Gm. 190. 260. Incuse Prägung einzelner Theile d. Münzbildes in Phönikien u. Syrien 374. 375, erhabene Prägung 195, dicke Prägung des Kupfers in früherer Zeit 304. Alter der Prägung 202.
Priene Sm. 222. 224. 268. Km. 299. 300. 302. Mgesch. 329. Mverz. 463. 566.
Priester vor Tempel auf baktr. Satrapenm. 379.
Probiren von Sm. durch Einschnitt 267.
Prokesch-Osten, Freih. v. 378, 3. 569, 1.
Prokonnesos Gepr. 385. Mgesch. 314. Mverz. 443. 554.
Προί 314.
Proserpinakopf u. Thun W. Kyzikos 311.
Pteria, assyrische Sculpturen 357.
Ptolemaeus Claudius verbreitet die Anwendung des babylon. Sexagesimalsystems in der Astronomie 8. Die astronomischen Beobachtungen des Pt. stammen aus Babylon 16, 2. 21.
Ptolemaeos Soter 254. 303.
Ptolemäisches Münzwesen 115. 125. 301. Gm. 254. Km. 289. 290.
Purpurschnecke W. Tyros 377.
Pydna Km. 289.
Pygmalion, K. v. Kition 368.
Pymatos, Kitier 368, 4.
Pyrrha Mgesch. 321. Mverz. 453. 561.
Pythagoras auf persischen Sm. 243. Mverz. 423.
Pythes, Herr v. Kelaenae 249.
Pythion in Makedonien Km. 581.

Q.

Quadrantal 82. 86.
Quadratum incusum. Drei Zapfenlöcher auf den Weifsgoldstatern v. Milet, Samos, Kyme, Lydien 174, zwei senkrecht getheilte eing. Quadrate auf den entspr. Theilstücken u. dem Geld des Krösos 174. Viergetheiltes Quadr. inc. in Teos u. Abdera 119. 177, Makedonien und Thrakien 119. 207. 208. 309, Kyzikos 188 auf allen kleinasiat. Gm. phokaischen Fußes 311, in Kalchedon u. Byzanz 309. Zwei oblonge parallele Qu. in Karien u. Rhodos 199. 234. 340. Diagonal geth. Qu. inc. in Makedonien 209, in Athen 337, Spuren desselben

in Km 237. Q. inc. der Dareiken 246. 600, der ältest. lykisch. M. 344. Quadr. inc. verziert 130. 131. 174. Quadr. inc. spät aufgegeben in Kleinasien 306. 385, erhielt sich bis Anfang d. 4. Jahrh. in Ephesus 325, bis Alexander auf phokaischen Gm. 329, noch länger auf kyzikenischen 177, spät aufgegeben in der maked. Königsprägung 177, in Abdera 177. Teos u. Chios 331. Rhodos 342. Q. inc. spät auf syrakusischen Km. 287.

Quelpo 86, 8. 87, 1. 62, 4.

R.

Rabe über Fisch W. Jalysos 204.

Rawlinson, Sir Henry B. 228. 596.

Reiter W. Kelenderis 203. 853.

Reiter mit Lanze W. Kolophon 824. Erythrae 326. Magnesia 327.

Rhegion Km. 280 f. Sm. 281, 1. Verz. v. Km. 585.

Rhodos Sm. 113 f. 125. 132. 145. 268. Die Drachme 253, 3, kleine und grofse rhod. Drachme 114, Tarifirung derselben gegen den Denar 114. Verbreitung des rhod. Fufses 223 f., des rhod. Gepräges 343. Bedeutung des rhod. Geldes 382. Versilb. 262. Gm. 268. Km. 288. 300. Didrachmon in Kupfer 294. Gepr. 885. Mgesch. 341. Mverz. 416. 480—486. 571 f. 593.

Rholkos, K. v. Amathus 864.

Rind auf Aehre W. Kalchedon 307, auf Delphin Byzanz 307.

Ringer W. Aspendos u. Selge 348.

Robbe W. Phokaea 180. 329.

Rom Km. 284. Alter der Kupferprägung 386. Röm. Kupferprägung blieb lange Werthprägung 304.

Rose, aufgeblühte, a. M. v. Erythrae 326.

Rosette a. M. v. Lesbos 322.

S.

Salamis auf Kypros phönikische Kolonie Sm. 142. 357. Sm. mit griechisch. Schr. 359. Städt. Geld neben königlichem 365. Spätere Goldprägung unter den Ptolemäern 378, 2. Mgesch. 362. Mverz. 503. 574.

Salmakis 248.

Salomo's Einkünfte 73. 97.

Salymbris Gepräge d. Sm. 176. Mverz. 526. 678.

Σαμαίνη 334.

Samas Satrap 351. Mverz. 480.

Samos Gm. 121. 168. 197. 258. Elektronm. 106. 174. Sm. 124. 198. 224. 268. 382. Km. 288. 298. 300. Vergold. 168. Versilb. 261. 262. 263. Gepräge 173, 2. 174. 176. 194. 600. Mgesch. 176. 382. Mverz. 401. 416. 418. 417. 466. 568. 593.

Samothrake Km. 284. 300. Mverz. 525. 679.

Sanherib 227. 232.

Sappho? kopf W. Mytilene 328.

Sardes Gm. 168. Elm. 106. Aelteste Prägung in Elektron 173. Keine Silberprägung in der ältesten Zeit 197. Eingehn der Geldprägung 355. Mverz. 586. Vgl. Krösos.

Sargina's Feldzug nach Kypros 358.

Saron 7. 15, 8. S. Sossos.

Saton oder Seah, phönik.-hebräisches Hohlmafs 30. 89.

Satrap thronend 240, zu Pferd 240, jagend 241, als Bogenschütz 241, 2.

Satrapengeld 236 f., dem übrigen Provincialgeld gesetzl. gleichgestellt 239. Münzfufs 239. Satrapengeld v. Lykien 345, der 2. Satrapie 318, der 1. Satrapie 348, d. 4. Satr. 349 ff. Verz. 427—431.

Satrapenkopf a. M. v. Kyzikos, Mallos, Lampsakos, Kolophon u. a. O. 241, von Soloi 241. 853.

Satyrkopf W. Thasos 205.

Satyros, K. v. Herakleia 809.

Säule der Aphrodite auf Münzen von Marion 360.

Schatz von 300 Dareiken und attischen Tetradrachmen im Athos 65, S. v. Thera u. Melos 131. 214, Carthagena 148, Mytilene 171. 188. 212, Kalymna 264, Sardes 265, Oberelli 328, Saida 848, Aleppo 578, 8.

Scheidemünze vor Dareios unbekannt

193, in Tarsos nicht vor Alexander 352. Einführung des Scheidegeldes 383. Vgl. Kupferprägung.

Schiffsvordertheil über Thun W. Kyzikos 241. 311. Schiffsvordertheil und Hintertheil W. Phaselis 346. 600.

Schildkröte W. Aegina 131, 4.

Schleuderer W. Aspendos 347.

Schoinos 25.

Schrift auf Münzen: aramäische 226. 232. Unterschied der phönikischen und aramäischen 232, aram. u. griech. 243. 348. 350, griechische u. Doppeldareiken 246, phönikische u. kyprische 361, 3, rückläufige a. M. v. Kolophon 324, Teos 330. Vgl. Alphabet.

Schwan W. Klazomenae 252. S. der Aphrodite W. Marion 361.

Seekrebs W. Kos 337.

Seepferd W. Lampsakos 171. 313, über Thun 188, W. Halikarnassos 335, über Delphin auf phönik. M. 376. Bärtiger Mann auf Seepferd auf phönik. M. 376.

Segeste Km. 283. Vers. v. Km. 588.

Sela, syrische Silbermünze 118.

Seleukiden harten Silberwährung 252. Aera d. S. auf phönik. M. 376.

Selge 346. Sm. 141. Km. 288. Mgesch. 348. Mvers. 496. 573.

Selinus kein Kupfer 280.

Sesamos zerstört 224. 305. Km. 288. Mgesch. 306. Mvers. 560.

Sextial 168. 175, 1. 188. 189. 316, 8. 327, 1. 330. 337. 338, 5. 403, 2.

Sestos Km. 289. Mvers. 578.

Seuthes, der ältere 289, der jüngere 152. 289. Sm. 300. Mvers. 431.

Sexagesimalsystem, babylonisches 7. 596. Positionswerth der Ziffern im Sex. 9. 10. Das Sex. angewandt auf die Eintheilung der Sphäre 18, des Tages 19. 596, der Stunde 19, der Flächenmaße 22 f. u. Hohlmaße 31 f.

Shekel = Stater 43, 1, der Mine 51, der babylon. Sh. ward in 30 Theile 47, der hebräische in 20 Gerah getheilt 53. Bei den Israeliten war der Silbershekel die gewöhnliche Zahlungseinheit 57. Halbe, Viertelshekel 78, 5. 82. 96. Drittelshekel 96. Shekel der Makkabäer 104. Heiliger Shekel 102.

Sicilien, Kupferpräg. 275—280. 282—284. Vers. von Km. 586—590.

Side Sm. 141. 200. 271. Km. 288. Prägbild 355. 547. Mgesch. 347. Mvers. 495. 573.

Sidon Sm. 270. 378.

Siegel des Dareios 227. Assyr. Siegel 407, 1. Bedeutung des Siegels im Orient 228 f.

Sigeion Sm. 222. Km. 299. 302. Mgesch. 318. Mvers. 411. 446. 557.

Siglos = Shekel pers. Silbermünze 62. 69. 247. 264.

Sikyon 646.

Silanos 249.

Silbergeld, Kleinsilbergeld vorherrschend in Kyzikos 312, Lampsakos 314. Kleinsilbergeld in Rhodos als Scheidegeld 343. 524.

Silberprägung entwickelt sich in Kleinasien erst seit Dareios 197. 257, später besonders reichlich in Erythrae 325.

Silberwährung in Griechenland und in dem dorischen Kleinasien 204, in Lykien 346, in Thrakien u. Makedonien 206 f., in Asien durch Alexander d. Gr. eingeführt 250. 253, in Indien 254.

Silphion W. Kyrene 340.

Sinope Sm. 220. 221. 268. 271. Satrapm. 237. 238. 239. 318. Gepräge 385. Mgesch. 306. Vers. der Satrapenm. 427, der Stadtmünzen 432 f. 550.

Siphnos Sm. 133.

Siromos, König von Salamis 858.

Skapte Hyle 205.

Skepsis Km. 299. 300. 601. Mgesch. 317. Mvers. 446. 556.

Skione in Makedonien Mvers. 539. 581.

Skylax 210. 330.

Smyrna Gm. 127. 252. 268. Km. 297. Sm. 254. 271. Inschr. 249. 253. Mgesch. 329. Mvers. 414. 454. 566.

Sogdianos 245.

Soldzahlung in Gold 249, Betrag des persischen Soldes 261.

Solon 151. 202.

Soloi in Kilikien Sm. 141. 268. Satrapm. 237. 241. 242. Versilber. 263. Mgriech. 352. Vers. d. Satrapen. 431, der Stadtm. 499. 574.

Soloi in Kypros 256, phönikische Kolonie 357, kyprische Inschrift 364, gräcisirt 368.

Sophokles 164.

Sossos, Saros, Neros, Ziffern 7, keine Schaltperioden 11 f. 15.

Soteirakopf W. Kyzikos 312.

Sovereign 194.

Sparadokos, K. der Odrysen Km. 289. Mverz. 577.

Sphinx W. Chios 172. 188. 331, auf M. v. Kypros 363.

Stadt am Wasser auf grofsköniglichem Provincialgelde 226.

Stadion, babylonisches (= 360 Ellen) u. griechisches (= 600 Fufs) identisch 22 f., das israelitische 23.

Stater, Gewichtsgröfse = $\frac{1}{50}$ Mine 53. Einheit in der Goldprägung 59. 61, als Gewichtseinheit in Kyzikos 59, verdrängt von der Drachme 58. Decimale und duodecimale Theilung des St. 59. Falsche Bezeichnung dess. 60. Krösischer Goldstater 168, kyzikenischer 118 f., Goldstater Philipps und Alexanders 247. Doppelstater in Silber in Soloi und Kypros 353. 373.

Stern auf dem Rev. d. M. von Erythrae 326, Milet 327. 328, Pixodaros 328. sternartige Verzierung auf d. M. v. Teos 330, auf M. v. Korkyra 130, Kreta 131. Vgl. 175, a. d. Elektrongelde von Milet und Samos 174.

Stier stofsend W. Parion 314, Magnesia 327, Oenoe 384. Stier oder Rind über Aehre W. Kalchedon 182. 188. 263. Vgl. Rind. Stier u. Stiervordertheil W. Samos 174. 333, auf M. v. Jalysos 200, Akanthos 206.

Stratonikeia Mverz. 474.

Stückelung des Elektronstaters 172. 188, des phokaischen Staters 189. 198, des kyprischen Goldstaters 128, des Goldstaters pers. Fufses in Teos, Klazomenae, Ephesos, Pergamon 129, des Goldst. phok. Fufses in Teos 181, des krösischen Gold- u. Silberstaters 138, des pers.-babylonischen Silberstaters in Kleinasien 140. 221, in Thrakien und Makedonien 211, in Side 347, des milesischen Silberst. 143, des lykischen Silberst. 204, des euboischen Silberst. 152 f., des Silberst. kleinasiat. F. 192, des makedon.-thrak. Grofssilberstücks 207, des Alexandergeldes 238, d. grofsköngl. Grofssilberstücks 228. 234, des lesbischen Silbergeldes 323, d. Kupfereinheit in kleinasiat. Städten 297, doppelte Stückelung des Obolos 293. 803 f. Vgl. Obolos.

Susa 245. 249. 378. 379.

Syennesis, Titel der kilikischen Lehnsfürsten 350.

Syrakus Kupfergeld 275—280. Vers. von Km. 588—590.

T.

Tabae 338. Mverz. 474. 570.

Tage, Benennung derselben nach den Planeten 596.

Talent, homerisches 4, babyl. u. griech. in 60 Minen getheilt 53, schweres babylon. Gewichtstalent = 3600 Shekel zu 16.83 Gr., das leichte halb so schwer 53. 99. 100. Babylon.-pers. Goldtalent = 3000 Shekel zu 8.41 Gr. = dem eub. Talent 68. 100, schweres und leichtes eub.-attisch. Talent Nachtr. 599, babylonisch-pers. Silbertalent = 3000 Shek. zu 11.20 Gr. 100, israelitisches Goldtalent = 3000 Shekel zu 16.37 Gr. 95, israelitisch. Silbertalent = 3000 Shekel zu 14.54 Gr. 95, hebräisches Gewichtstalent = dem babylon. Gewichtstalent 103, kleines makedonisches Goldtalent 149.

Tamassos, phönik. Kolonie 357, zum kitischen Reich gehörig 370, 1. 371.

Tamnos Mverz. 449.

Tarsos, assyrische Gründung 348. Sm. 141. 268. 271. Satrapenm. 236. 238. 240. 243. Gepräge 384. Mgriech. 349. Mverz. 428. 500. 574. Nachtr. 594.

Taube W. Paphos 368, 1.
Tenedos Sm. 168. Aufschr. 168. 236, 5. Mgesch. 318. Mverz. 390. 446. 557.
Taleb-aroena } in Lykien. Mverz. 487.
Taleb-eueze }
Teos Gm. phok. Fuſs. 121. 178. 188. 258. Gm. pers. F. 127. 259. 598. Sm. 129. 133. 197. 203. 206. 212. 268. Km. 297. Vergold. 188. Versilber. 261. Gepräge 119. 177. 194. 206. 385. Mgesch. 181. 330. Mverz. 397. 415. 464. 557. Inschr. 253, 8.
Teres, König der Odrysen Mverz. 577.
Teria Mverz. 446. Nachtr. 593.
Termera Sm. 222. 238. Mgesch. 336. Mverz. 474.
Terone Sm. 211. 212. Km. 289. Mverz. 540. 581.
Tetartemorion 292, geprägt in Kebren 316, Dardanos 317, Mytilene und Methymna 323.
Tetradrachmon, goldnes 69, 2.
Teχχebeewe in Lykien Mverz. 488.
Thales 20, 2.
Thapsakos 233.
Thasos Gm. 205. 206. Sm. 125. 129. 131, 1. 133. 209. 211. 212. 224. 250. Km. 289. Mverz. 525. 579. Goldbergwerke 205.
Thebe 557.
Themistokles 222. 238. 239. 397. Mverz. 459.
Thera 131.
Thermae Mverz. 540.
Thierbilder als Prägbilder älter als andere Wappen 312.
Thrakien Sm. 118. 146. 205. Gm. 205. Km. 289. Mverz. 517—532.
Thun W. Kyzikos 178. 188 f. 311. Gm. mit dem Thun 188. 311.
Thyatira Inschr. 253, 8.
Tiara des Groſskönigs 241, 6, als Beizeichen auf Doppeldareiken 246.
Tigris 283.
Timotheos, König von Herakleia 224. 238. 309.
Tios zerstört 224. 305. Km. 297. 304. Mgesch. 310. Mverz. 551.
Tiribazos 236. 365.
Tirida Mverz. 524, vgl. 446. Nachtr. 593.
Tithraustes 68, 1. 249. S. Troueme.
Tlos 253, 8. Mverz. 488. S. Trooneme.
Tonnrhandes, assyrische 228.
Tralles Mverz. 540. 581. 600.
Traube W. Soloi 352.
Tribute, assyrische 74, ägyptische 75. 80. 91 f., attische Tributliste 330.
Tridrachmon 143. 161.
Triquetra Wappen d. lykischen Bundes 262. 344.
Trooneme (Tlos) in Lykien 345. Mverz. 491.
Tuneeore in Lykien Mverz. 490.
Tuthmoses III. 75 f. 80. 91.
Tylissos auf Kreta Sm. 132.
Tymnes 224. 238. 336. Mverz. 474.
Tyros ältere Sm. 377, spätere Sm. 370. Mverz. 515.

U.

Uebame in Lykien Mverz. 492.
Ugkia, die syrakusische U. war zu Aristoteles Zeit der Chalkus 279, rheginische U. 281.
Umprägung aspendischer Silberstater in kyprische 363, syrakusischer Km. 279, 2.
Unzialfuſs 285.
Uten, das ägypt. Pfund 76.

V.

Vaux W. S. W. 243, 2.
Velia 109. 147. 329.
Vereinsmünze, kleinasiatisches Vereinsgold mit dem Thunfisch 188 f., mit incuser Rückseite 190. 260, kleinasiatisch. Vereinssilb. 261, V. v. Klazomenae 324, Chios 332, Samos 338, Erythrae 327, Methymna 261, Abydos 315, Teos 331, Kebren 317, Vereinsprägung der lesbischen Städte 321, von Rhodos, Knidos, Samos, Ephesos 325. 335. 342, von Jalysos u. Kyrene 340, von Jalysos und Klazomenae 341, des lyk. Bundes 262. 344 f., von Mallos u. Soloi 352, Kalchedon u. Byzanz 258. 307, Samos u. Athen 258, Kilikien und Pamphylien 262, Verzeichniſs des Vereinsgoldes: a) mit dem Thunfisch 388. 389. 391.

392. 393. 400. 401. 403 f., b) mit incuser Rückseite 412. 413. 416. 417, des Vereinssilbers 444. 445. 468. 471. 479. 485. 499. Veranlassung zur Bildung von Münzvereinen 389.
Verfassung des persischen Reichs 219.
Vierbein in Lykien 344.
Viereck in Relief auf makedon. M. 205.
Vogüé, Vicomte de 255,4. 367,1. 369,1. 370, 1.

W.

Waddington 222. 236. 240, 6. 262, 2. 316. 350, 7. 351, 4. 360 f.
Währung, doppelte, uralt in Babylon u. Assyrien 83 f., Entstehung derselben 87 f., nachgewiesen im 8. Jahrh. v. Chr. 90, im 16. Jahrh. v. Chr. 91 f., Doppelwährung in Kleinasien 108. 123. 180. 196 f., im lydischen Reich 71. 170, im persischen Reich 248, in Makedonien unter Philipp 250. Vgl. Gold, Silber.
Wappen der Stadt ward gewöhnlich auf dem Rv. der Münzen angebracht 333. 336. Das W. ward in Beziehung zum Stadtnamen gewählt in Prokonnesos 314, Side 347, Rhodos u. Aspendos 347, 4, Melos 547 Anm., Alopekonnesos 578, Wappen des Großkönigs 230, von Satrapen 240, des Großkönigs u. Satrapen verbunden auf M. 241 f., verschiedene Städtewappen verbunden auf Vereinsmünzen 260, 261, vgl. Vereinsmünze. Wappen von Privatpersonen im Orient 228, vgl. Siegel, Prägbild.
Weinkrug W. Samos 333, vgl. Diota.
Werthprägung. Die älteste Goldprägung war Werthprägung 192, ebenso die ältere Kupferprägung in Sicilien 277, in Rom 284, im Osten 303. Die Werthprägung ward in d. röm. Kupferprägung als Fiction beibehalten 286.
Werthverhältniss von Silber u. Gold in Babylon = 1:13⅓ 60., ebenso in der persischen Münze 67, ebenso in der krösischen M. 71, in Griechenland im 4. Jahrh. v. Chr. wie 1:12 oder 1:11⅙ 85. 246, erst nach Alexander wie 1:10 86, in der Prägung Philipps, Alexanders wie 1:12½ 251, ebenso in der der Ptolemäer 251. 254. Werthverhältniss von Kupfer u. Silber in Syrakus wie 1:250 277, später in der Prägung wie 1:60 278, zuletzt wie 1:25 278, in d. Prägung d. röm. Republ. wie 1:284 284, dann 1:112 285, endlich 1:56 und darunter 285, in der Kaiserzeit wie 1:100—125 278, in der ptolemäischen Prägung wie 1:60 289, in Athen wie 1:72 302. 303, in der persischen Reichsprägung wie 1:60 235.
Werthzeichen auf syrakus. Km. 279, geleugnet auf rhegin. Km. 281, W. auf kleinasiatischen und griechischen Km. 294. 304.
Widder W. Amathus 218. 302. 2 Widderköpfe gegeneinander W. Kebren 316.
Wolfsvordertheil auf M. von Tarsos 349.

X.

Xanthos 345.
Xerxes I. 244. 245. 375. Xerxes II. 245.

Z.

Zacaxa in Lykien Mverz. 491.
Zahlzeichen, babylonische 7, phönikische 226. 257. 371. 377, 8. 389, griechische 54, 2. 254. 597.
Zehnstaterfuss, Einheit desselben ist das Silberäquivalent von 1/10 des babylon. schweren Goldstaters (= 1/50 Mine) 67, heimisch in Mesopotamien 69, seine Verbreitung durch die Münzprägung über Kleinasien und Makedonien 140, aufgenommen in der lydischen und persischen Reichsmünze, wird erst unter Dareios (babylon.-persischer Fuss) allgemein 140 f., Zusammenstellung der M. dieses Fusses 145, Gewichtserhöhung des F. in abgelegeneren Gebieten 153, Mischung desselben mit dem kleinasiatischen (Fünfzehnstaterfuss) 223. Ueber-

gang desselben in den attischen in thrakisch-makedonischen Prägstätten 310.
Zeitmessung der Babylonier durch den Fall des Wassers 19, 2. 25.
Zenis, Herr v. Dardanos 288. 316. 317.
Zeus Aetophoros 177. 352.
Zeus Eleutherios in Syrakus 277.
Zeus Stratios auf den karischen Königsmünzen 338.
Ziegenbock W. Antandros 310, Aegae 320, Kelenderis 353.
— u. Eule W. Lebedos 327.

Werthbestimmung der häufigsten asiatischen Münzsorten nach heutigem Gelde.

Bei der nachstehenden Berechnung ist unser Vereinsthaler von $16\frac{2}{3}$ Gr. Feingehalt zu Grunde gelegt und bei dem persischen, krösischen und ältesten rein ausgeprägten phokaischen Goldstater nach Maßgabe der bei dem Dareikos nachgewiesenen Mischungsverhältnisse (S. 244) eine Legirung von $3\frac{3}{8}$, bei dem krösischen, persischen, chiischen und rhodischen Silber die gleiche Proportion angenommen, wie sie annähernd auch die Analyse des ältesten attischen (von $\frac{1}{54}$), korinthischen (von $\frac{1}{17}$), äginäischen (von $\frac{1}{17}$), argivischen (von $\frac{1}{28}$) und des Alexandersilbers (von $\frac{1}{18}$ Legirung, vgl. Hussey An essay on the ancient weights and money S. 45. 53. 60 65. 71) ergiebt. Bei Schätzung des Goldes nach dem heutigen Curswerth bin ich wie Mommsen und Hultsch von dem $15\frac{1}{2}$ fachen Werthe dieses Metalls gegen das Silber ausgegangen.

	Normalgewicht nach Grammen.	Metallwerth nach damaligem Curs. Thlr.	Sgr.	nach heutigem Curs. Thlr.	Sgr.
1. Gold.					
Krösisches Goldstück	10.89	8	12.8	9	19.6
Krösischer Goldstater	8.17	6	9.6	7	7.2
Dareikos	8.40	6	15.5	7	·17.1
Doppeldareikos	16.80	13	1.0	15	4.2
Phokaischer Stater aus reinem Golde	16.60	12	26.4	14	29.0
Phokaisches Sechstel aus reinem Golde	2.76	2	4.4	2	14.8
Kyzikener (= 28 att. Drachm. vgl. S. 259)	16.00	7	11.2	—	—
Dazugehöriges Sechstel	2.66	1	6.8	—	—
Sechstel m. 42⅜ fein (S. 259)	2.55	—	—	—	29.8
2. Silber.					
Krösischer Silberstater	10.89	—	—	—	18.9
Krösische Silberdrachme	5.44	—	—	—	9.4
Babylonischer Silberstater	11.20	—	—	—	19.5
Persischer Siglos	5.60	—	—	—	9.7
Chiisches Vierzigstel	15.23	—	—	—	26.5
Rhodisches Didrachmon	15.60	—	—	—	27.2

www.ingramcontent.com/pod-product-compliance
Lightning Source LLC
Chambersburg PA
CBHW021224300426
44111CB00007B/424

* 9 7 8 3 7 4 1 1 7 2 6 2 5 *